安徽省志

Chorography of Anhui Province

工业志

Industry

（1986—2005）

安徽省地方志编纂委员会办公室
Compilatory Commission of Anhui Chorography

方志出版社
Publishing House of Local Records

U0790929

图书在版编目（CIP）数据

安徽省志. 工业志：1986-2005 / 安徽省地方志编纂委员会办公室编. — 北京：方志出版社，2017.12
ISBN 978－7－5144－2421－8

Ⅰ. ①安…　Ⅱ. ①安…　Ⅲ. ①安徽 — 地方志　②工业史—安徽—1986—2005　Ⅳ. ①K295.4

中国版本图书馆CIP数据核字（2017）第128547号

安徽省志·工业志（1986—2005）

编　　者：安徽省地方志编纂委员会办公室
责任编辑：李　静

出 版 人：冀祥德
出 版 者：方志出版社
地址　北京市朝阳区潘家园东里9号（国家方志馆4层）
邮编　100021
网址　http://www.fzph.org
发　　行：方志出版社图书经销中心
电话（010）67110500
经　　销：各地新华书店
印　　刷：安徽联众印刷有限公司

开　　本：889 × 1194　　1/16
印　　张：53.75
字　　数：1361千字
版　　次：2017年12月第1版　　2019年1月第1次印刷
印　　数：0001~1500册

ISBN 978－7－5144－2421－8　　定价：380.00元

·版权所有　翻版必究·

安徽省地方志编纂委员会

主　任：王翠凤

副主任：傅　博　史涤云　郑训练　江刘伍　雷起平　郭德成

委　员：刘玉杰　沈小平　范荣晖　陈昌虎　李国庆　周　勤
胡再生　金　燕　夏　辑　柯文斌　王俊贵　陈超英
朱艾勇　林　海　潘海滨　刘少为　徐敬启　朱永东
黄　英　何长风　高俊文　张　健　项小龙　王大军
董恒康　程　胤　朱训义　李孝全　陈一胜　程潜龙
吴　静　施立业　樊忠厚　单　强　孙传琴　安润斌
佘方勇

曾任安徽省地方志编纂委员会成员

（按姓氏笔画为序）

马新民	王　信	王　洵	王守亚	王宇铭	王佛生
王金山	王林建	王学银	王宜斌	方志华	邓顺华
叶如强	田唯谦	毕美家	吕振凡	朱　宁	朱文根
仲建成	任兆祥	刘　泉	刘成典	刘志祥	刘战平
江明安	孙永吉	孙亚军	李　明	李　斌	李玉华
李迎春	李抗美	李明阳	李维勇	杨本清	杨绿章
肖桂兰	吴　行	吴　浩	吴韦人	吴世平	吴桂和
余　群	汪华东	汪建国	汪炳瑜	沈　毅	张　永
张少国	张正耀	张华建	张武扬	张岳峰	陈　平
陈亚萍	陈运才	陈素伟	林　红	罗　宏	罗建国
罗曙生	周　庆	周建春	郎　涛	郑　宏	赵卫弘
胡　冰	俞凤翔	洪治社	洪禹候	秦亚东	聂庆义
聂皖辉	莫　欣	夏邦文	夏育才	徐礼国	徐家声
高　莉	高维岭	郭　敏	郭本纯	黄发友	黄玉明
黄红文	黄家华	曹承锋	崔海燕	董　庆	董介林
蒋传华	蒋福亮	谢广祥	楚建平	蔡建平	樊　勇

《安徽省志》总编室

主　　任：郭德成

副 主 任：吴　静　吴良琴

成　　员：（按姓氏笔画为序）

王富宏　计媛媛　史五一　朱海滨　孙　平　苏爱梅

杜中文　李宇涵　杨永成　余祖本　张　军　周小平

胡　利　胡卫星　章慧丽

《安徽省志·工业志》审稿组

初　　审：吴良琴　程英春

复　　审：吴　静　柯文斌

核　　审：郭德成　牛筝韬

审查验收

安徽省人民政府

《安徽省志·工业志》编纂委员会

主　任：牛弩韬

副主任：杨　明　徐成然　王有军　吴韦人　王灯明　廖为真
王厚亮　徐文章　柯文斌　刘一成　蒋光华　石象斌
王国武　张德山　曹晓武　程　斌　王庆山　展　岩
陈家宝　穆志萍

委　员：程英春　胡海林　马翠兵　赵　明　余要火　潘　峰
张绪翔　冯皖东　樊淑凤　李　韵　李传芹　陈槐青
魏庆银　严立鸣　申晓林　金建国　何维进

《安徽省志·工业志》编辑室

主　编：柯文斌

副主编：程英春

编　辑：沈青马　王　红　贺　琦　林　淮　江东海　徐　斌
牟长葆　徐绪恩　杜国庆　傅世昶　王新台　万仁虎
王　勇　王　强　谈华生　魏保芝　倪　楠　戴琳琳

1990年8月，全省纺织系统地市局长（经理）及大中型企业负责人会议

1994年4月，安徽工业经济成果展在北京举办

2002年3月，全省纺织工作暨劳模表彰大会在合肥召开

2003年9月,首届中国徽商大会在合肥召开

华茂股份有限公司国际先进的喷气织机生产线

铜陵有色天马山矿业

国内首辆全承载豪华大客车——“安徽-凯斯鲍尔”

合力叉车生产车间

2003年8月，日产8000吨国内最大规模的水泥熟料生产线在池州海螺水泥股份有限公司建成

1999年，美菱股份公司推出节能王BCD-251冰箱

合肥淝河汽车制造厂生产的客车底盘

合肥锻压机床有限公司生产的单动薄板冲压液压机

江淮汽车生产线

安庆石化基地

铜陵金威铜业有限公司高精度铜板带

荣事达洗衣机内筒待装工位

马钢集团现代化列车车轮生产车间

马钢集团二铁总厂1号高炉外景

2004年5月，安庆帝伯格茨活塞环公司参加第55届全国汽车配件交易会展台

全椒柴油机厂生产车间

合肥美菱公司生产线

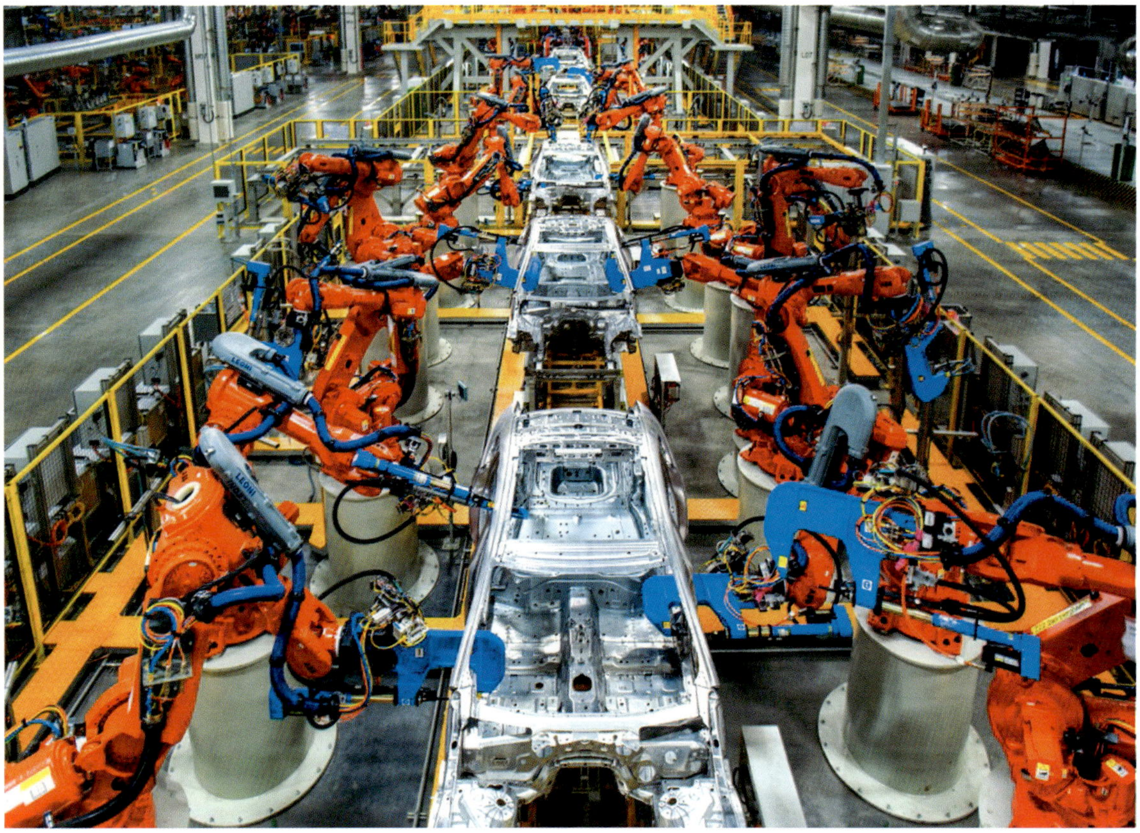

奇瑞捷豹路虎全铝车身车间

安徽安利合成革股份公司生产车间

安徽棉纺织厂生产车间

海螺水泥厂

皖南机床厂生产车间一角

总　凡　例

一、《安徽省志（1986—2005）》以马克思列宁主义、毛泽东思想、邓小平理论、“三个代表”重要思想、科学发展观、习近平新时代中国特色社会主义思想为指导，坚持辩证唯物主义和历史唯物主义的立场、观点和方法，全面、客观、系统地记述1986—2005年间安徽省自然、政治、经济、文化、社会等方面的情况。

二、本志贯彻国务院《地方志工作条例》《安徽省地方志工作条例》，依法修志。

三、本志遵循中国地方志指导小组《地方志书质量规定》，力求存真求实、客观公正、全面系统，寓观点与记述之中。

四、本志各分志名称为《安徽省志·××志（1986—2005）》。

五、本志记述的地域范围为2005年的安徽省行政区域；时间上限为1986年，下限为2005年，少数分志的时限根据情况作适当上溯或下延，特色分志不设时限。

六、本志采用述、记、志、传、图、表、录等体裁，以志为主。各分志一般为篇章节条目体，部分为章节条目体，个别分志根据实际需要采用条目体。

七、入志人物坚持生不立传的原则。除人物志外，各分志坚持以事系人、人随事出的原则，不设人物录、人物简介。

八、本志采用规范书面语体文、记述体。表述力求严谨、朴实、简洁、流畅。语言文字、标点符号、计量单位等使用规范，按国家规定执行。

九、本志资料由各承编单位搜集整理，文中不注明出处。

十、本志采用省统计部门公布的法定数据，没有列入统计范围的，采用业务主管部门的统计数据。

十一、本志所涉组织、机构、法律法规、文件、会议等专有名称，第一次使用时用全称，简称括注于全称之后。各类译名以新华通讯社译文为准。

十二、本志所用地图均以安徽省测绘部门和有关部门绘制或审定的为准。

十三、本志设总凡例，各分志设凡例。

凡　　例

一、《安徽省志・工业志（1986—2005）》采用篇、章、节与条目结合体，重点记述安徽20年间全省工业化和信息化快速发展的状况。

二、本志书为首轮《安徽省志・工业志》的续修，重点记述机械、冶金、石化、轻工、纺织、建材、黄金、盐业、军工、信息产业等方面的发展情况，其中信息产业篇因内容记载需要，下限适当下延。全书力求做到思想性、科学性、资料性相统一。

三、本志书由图片、凡例、目录（含英文要目）、概述、专志、附录和编纂始末组成，充分运用述、志、图、表、录等多样式体裁。

四、本志书资料来源于工业各行业的主管部门，统计数字以统计部门公布的数字为准。统计部门没有公布的，以相关业务主管部门提供的数字为准。部分资料来源于官方网站。

五、本志书正文中涉及的工业企业，采用通俗简称，如马鞍山钢铁股份有限公司简称“马钢”。记述的单位名称、人员职务、专业名称，均以事件发生时的名称、职务为准记载。

六、本志书表格排列按所在篇章节编排，表号则表明第几篇第几章第几节第几表，如“表1–5–3–5”即为第一篇第五章第三节第五表。

目　录

概　述 ………………………………………………………………………… 1

第一篇　机械工业……………………………………………………………… 13

第一章　汽车工业 …………………………………………………………… 18

第一节　汽车整车制造………………………………………………………… 18

客　车　载货车　微型车　商务车　轿车　皮卡车

第二节　汽车零部件及配件制造……………………………………………… 24

客车底盘　车桥　活塞　发动机　其他汽车配件

第三节　改装汽车制造………………………………………………………… 29

第二章　工程矿山机械 ……………………………………………………… 31

第一节　工程机械……………………………………………………………… 31

挖掘机　装载机

第二节　矿山及起重运输机械………………………………………………… 33

叉车　起重机　输送机

第三章　农业机械 …………………………………………………………… 38

第一节　农用运输机械………………………………………………………… 38

拖拉机　农用三轮、四轮车

第二节　柴油机………………………………………………………………… 42

第三节　耕作、植保、收获及加工机械……………………………………… 46

植保耕作机械　收获机械　农用加工机械

第四节　农机配件……………………………………………………………… 48

滤清器　轮轴　缸套　油泵油嘴　活塞　齿轮　其他农机配件

第四章　电工电器 …………………………………………………………… 51

第一节　电机…………………………………………………………………… 51

“七五”期间　“八五”期间　“九五”期间　“十五”期间

第二节 变压器……………………………………………………………… 54
“七五”期间 “八五”期间 “十五”期间
第三节 电器开关……………………………………………………………… 56
“七五”期间 “八五”期间 “九五”期间 “十五”期间
第四节 电线电缆……………………………………………………………… 58
“七五”时期 “八五”时期 “九五”时期 “十五”时期
第五节 锅炉及专用设备……………………………………………………… 59
“七五”时期 “八五”期间 “九五”期间 “十五”期间
第六节 蓄电池………………………………………………………………… 61
第五章 机床工具 ……………………………………………………… 63
第一节 金切机床……………………………………………………………… 63
“七五”期间 “八五”期间 “九五”时期 “十五”时期
第二节 锻压设备……………………………………………………………… 66
大、中型液压机 金刚石压机 中小型压力机
第三节 砂轮…………………………………………………………………… 68
“七五”时期 “八五”时期 “九五”“十五”时期
第四节 木工机械与工量具…………………………………………………… 69
木工机械 工具量
第五节 机床配件……………………………………………………………… 70
第六章 石化通用环保机械 ……………………………………………… 71
第一节 工业泵………………………………………………………………… 71
“七五“期间 “八五”期间 “九五”期间 “十五”期间
第二节 阀门…………………………………………………………………… 72
“七五”期间 “八五”期间 “九五”“十五”时期
第三节 风机…………………………………………………………………… 73
第四节 气体压缩机…………………………………………………………… 74
“七五”时期 “八五”时期 “九五”时期 “十五”时期
第五节 印刷及食品包装机械………………………………………………… 76
第六节 环保机械……………………………………………………………… 77
第七节 石油化工机械………………………………………………………… 77

“七五”期间　“八五”期间　“九五”期间　“十五”期间
第七章　仪器仪表 …… 80
第一节　电工仪表 …… 80
第二节　光学仪器与流量仪表 …… 81
光学仪器　流量仪表
第三节　车辆仪表 …… 82
汽车仪表　摩托车仪表
第八章　基础件 …… 84
第一节　轴承 …… 84
“七五”期间　“八五”期间　“九五”时期　“十五”时期
第二节　液压件 …… 89
“七五”时期　“八五”时期　“九五”期间　“十五”期间
第三节　标准紧固件 …… 90
第九章　其他机械产品 …… 92
第一节　铸件 …… 92
“七五”期间　“八五”期间　“九五”时期　“十五”时期
第二节　锻件 …… 94
第三节　模具 …… 95
第四节　纺织机械 …… 96
第五节　机械安装 …… 96
第十章　企业管理 …… 98
第一节　基础管理 …… 98
标准管理　定员定额　班组管理　工艺管理　设备管理　档案管理
第二节　综合管理 …… 101
现代企业制度　现场管理　成本管理　企业内审　人员管理　“学邯钢”活动
第三节　质量管理 …… 105
总体部署　宣传教育　质量评比与整治　质量服务活动　质量体系认证
第四节　安全生产管理 …… 111
培训与宣传工作　安全生产检查　安全月活动　安全级企业评选
第五节　依法管理 …… 114

法制宣传与培训　法律顾问　企业法治建设
第十一章　营　销 …… **116**
第一节　国内销售 …… 116
企业自销　机械产品展
第二节　出口贸易 …… 118
总体布局　产品出口
第十二章　职业教育 …… 126
第一节　学校教育 …… 126
基础设施建设　思想教育　专业技能培训　联合办学
第二节　岗位培训 …… 128
技能培训　技师考评
第三节　技术比武 …… 134
岗位练兵　技能竞赛
第十三章　管理机构与行业协会 …… 138
第一节　管理机构 …… 138
省级管理机构　市级管理机构
第二节　专业协会 …… 139
安徽省汽车工业协会　安徽省铸造协会　安徽省机床工具协会　安徽省机械工业工艺协会　安徽省机械工业企业管理协会　安徽省机械行业投资管理协会　安徽省机械工业质量管理协会　安徽省机械工业劳动学会　安徽省机械情报学会　安徽省机械行业思想政治工作研究会　安徽省机械系统职工技术协会　安徽省机械工业安全卫生协会
第二篇　冶金工业 …… 143
第一章　钢铁工业 …… 146
第一节　基本建设与技术改造 …… 146
马钢建设　合钢建设　芜钢建设　新兴铸管集团有限公司建设　铜陵钢铁股份有限公司建设　“小三线”钢铁厂建设
第二节　企业改革 …… 159
马钢改制　合钢改制　芜钢改制　“小三线”钢铁厂调整
第三节　节能减排 …… 162

马钢 合钢 芜钢
第二章 有色金属工业 …… 166
第一节 基础建设与技术改造 …… 166
铜陵有色金属公司建设 芜湖冶炼厂建设 池州冶炼厂建设 合肥铝厂建设 濉溪铝厂
第二节 环保治理项目 …… 173
第一冶炼厂环保项目 金昌冶炼厂环保治理工程 铜官山矿环保治理工程
铜陵有色环保治理工程 芜湖冶炼厂节能减排项目
第三节 企业改制 …… 174
铜都铜业上市 安徽鑫科新材料股份有限公司上市
第四节 有色金属工业园区 …… 176
田营循环经济工业园 芜湖鑫科工业园
第三章 冶金矿山建设 …… 177
第一节 马鞍山钢铁公司直属矿山 …… 177
矿山资源 矿山生产
第二节 铜陵有色公司直属矿山 …… 182
铜官山铜矿 铜山铜矿 狮子山铜矿 凤凰山铜矿 金口岭铜矿 安庆铜矿
天马山硫金矿恢复工程
第三节 地方小矿山 …… 197
月山铜矿 池州市黄山岭铅锌矿 顺风山铁矿 铜陵市鸡冠山铁矿 淮北铁矿
第四节 霍邱铁矿 …… 203
矿区优势 铁矿生产
第四章 行业管理与科技进步 …… 205
第一节 行业管理 …… 205
管理机构 发展规划与成果
第二节 科技成果 …… 211
钢铁工业 有色金属工业
第五章 重点骨干企业简介 …… 223
第一节 马鞍山钢铁公司 …… 223
沿革 主要产品 基建与技改 体制改革 股份制改制 企业生产 产品营销
进出口贸易 企业管理

第二节 铜陵有色集团公司……………………………………………… 235
基建和技改 企业生产 企业改革 产品营销 企业管理
第三节 合肥钢铁集团有限公司……………………………………… 244
企业生产 产品供销 企业改革 企业管理
第四节 安徽长江钢铁股份有限公司………………………………… 253
第五节 芜湖钢铁厂（芜湖新兴铸管有限责任公司）………………… 254
企业生产 企业改革 企业管理
第六节 芜湖恒鑫铜业集团有限公司………………………………… 257
企业生产 新产品开发 企业改革
第七节 池州有色金属（集团）有限公司……………………………… 261
企业生产 技改项目 企业改革
第八节 安徽省金光钢厂（蚌埠市经纬轮辋钢有限责任公司）……… 264
企业搬迁 企业生产 企业改革
第三篇 石油化学工业………………………………………………… 267
第一章 发展综述 …………………………………………………… 270
第一节 基建与技改…………………………………………………… 270
“七五”期间 “八五”期间 “九五”时期 “十五”期间
第二节 企业生产……………………………………………………… 274
“七五”期间 “八五”期间 “九五”时期 “十五”期间
第三节 科技创新……………………………………………………… 281
“七五”期间 “八五”期间 “九五”期间 “十五”期间 节能减排
第四节 对外开放……………………………………………………… 284
“七五”期间 “八五”期间 “九五”期间 “十五”期间
第二章 重点分行业 ………………………………………………… 286
第一节 无机化工……………………………………………………… 286
企业生产 科技进步
第二节 有机化工……………………………………………………… 288
企业生产 科技进步
第三节 高分子化工…………………………………………………… 289
企业生产 科技进步

第四节　精细化工……………………………………………… 290
科技进步　农药工业企业生产　农药工业项目建设
第五节　橡胶工业……………………………………………… 293
企业生产　科技进步　结构调整
第三章　行业管理 ……………………………………………… 299
第一节　管理机构……………………………………………… 299
省级管理机构　直属企事业单位
第二节　企业改革……………………………………………… 300
第四篇　轻工业……………………………………………… 303
第一章　发展综述 ……………………………………………… 306
第一节　企业生产……………………………………………… 306
“七五”期间　“八五”时期　“九五”时期　“十五”时期
第二节　企业改革……………………………………………… 313
“七五”期间　“八五”期间　“九五”期间　“十五”期间
第三节　科技进步……………………………………………… 314
“七五”期间　“八五”期间　“九五”期间　“十五”期间
第四节　名牌产品……………………………………………… 316
名牌战略　主要产品名录
第二章　重点分行业 ……………………………………………… 321
第一节　家电工业……………………………………………… 321
企业生产　企业结构　制造基地　存在问题　重点企业
第二节　白酒制造业……………………………………………… 330
企业生产　存在问题　重点企业
第三节　造纸工业……………………………………………… 344
企业生产　结构调整　重点企业
第四节　日用化学制品业……………………………………………… 351
企业生产　结构调整　重点企业
第五节　塑料制品业……………………………………………… 356
企业生产　科技进步　重点企业
第六节　室内装饰行业……………………………………………… 359

企业生产　管理体制　设计、施工队伍　企业生产　重点企业
第七节　其他行业……361
基本情况　重点企业
第三章　机构……372
第一节　省级机构……372
省轻工业厅（总会）　安徽省轻工集体企业联社
第二节　省级轻工主管部门所属单位……374
直属企事业单位　专业协会
第五篇　纺织工业……375
第一章　发展综述……378
第一节　基建与技改……378
“七五”期间　“八五”期间　“九五”时期　“十五”时期
第二节　企业生产……381
“七五”期间　“八五”时期　“九五”时期　“十五”时期
第三节　产品营销……389
“七五”时期　“八五”时期　“九五”时期　“十五”期间
第四节　企业改革……392
“七五”期间　“八五”时期　“九五”时期　“十五”时期
第二章　重点分行业……395
第一节　棉纺织工业……395
企业生产　重点企业
第二节　印染工业……400
企业生产　重点企业
第三节　毛纺织工业……403
企业生产　重点企业
第四节　麻纺织工业……407
企业生产　重点企业
第五节　丝绸工业……410
企业生产　重点企业
第六节　针织复制工业……415

企业生产　重点企业
第七节　化学纤维工业 …… 419
企业生产　重点企业
第八节　纺机与纺器工业 …… 422
企业生产　重点企业
第九节　服装工业 …… 425
企业生产　重点企业
第三章　机构 …… 429
第一节　管理机构 …… 429
机构沿革
第二节　专业机构 …… 431
安徽省纺织工业科学研究所　安徽省纺织工业设计院
安徽省纺织产品质量监督检验测试中心　安徽职业技术学院
第六篇　建材工业 …… 433
第一章　水泥工业 …… 436
第一节　水泥生产 …… 436
水泥种类　新型干法水泥　散装水泥　水泥生产企业
第二节　水泥制品生产 …… 451
水泥制品　水泥制品生产企业
第三节　企业改革与技术进步 …… 456
企业改革　技术进步
第二章　玻璃与陶瓷建材工业 …… 459
第一节　平板玻璃工业 …… 459
主要产品　重点企业
第二节　建筑卫生陶瓷工业 …… 462
主要产品　重点企业
第三章　新型建筑材料 …… 466
第一节　化学材料 …… 466
建筑塑料　建筑涂料　防水材料　乳化沥青　木塑新材料　拆装轻质隔墙
塑料管材生产企业　涂料生产企业

第二节　墙体材料…………………………………………………………… 476
传统墙体建筑材料　新型墙体材料　新型墙材生产企业
第三节　保温隔热材料………………………………………………………… 485
保温材料及制品　保温材料生产企业
第四节　装饰装修材料………………………………………………………… 489
主要产品　主要生产企业
第四章　非金属矿及其制品 ………………………………………………… 495
第一节　非金属矿产品………………………………………………………… 495
石膏　石棉　石英石（石英岩、石英砂岩、脉石英）　陶瓷粘土　沸石
珍珠岩　硅灰石　方解石
第二节　非金属矿开采及其制品……………………………………………… 499
非金属矿开采及深加工　非金属矿制品　非金属矿生产企业
第三节　无机非金属新材料…………………………………………………… 505
玻纤与特种玻纤　玻璃钢 / 复合材料　主要生产企业
第四节　人工晶体新材料……………………………………………………… 507
人工晶体生产　主要生产企业
第五章　建材机械与装备制造 ……………………………………………… 509
第一节　砖、瓦机械设备……………………………………………………… 509
设备生产　主要生产企业
第二节　水泥机械设备………………………………………………………… 511
设备生产　主要生产企业
第三节　散装水泥车、混凝土搅拌车………………………………………… 513
第六章　对外开放与市场建设 ……………………………………………… 515
第一节　对外开放……………………………………………………………… 515
招商引资　产品出口
第二节　建材市场……………………………………………………………… 518
安徽红旗建材批发市场　安徽合肥东方商城建材市场　安徽国强钢材交易中心
第七章　科研设计与教育培训 ……………………………………………… 520
第一节　科研与设计…………………………………………………………… 520
科研机构　设计机构

第二节 教育与培训 …… 529
人才培养 教育机构
第八章 行业监管 …… 532
第一节 管理机构 …… 533
省级管理机构 专项管理机构 地方管理机构
第二节 行业管理 …… 540
企业改革 结构调整 技术改造
第七篇 黄金工业 …… 545
第一章 黄金地质矿产 …… 548
第一节 金矿资源 …… 548
区域分布 资源储量
第二节 矿山资源 …… 551
类型 主要矿床
第三节 金矿勘查 …… 555
勘查队伍 地勘政策 探矿 探矿前景
第二章 黄金生产 …… 563
第一节 行业发展 …… 563
建设规划 企业生产
第二节 重点企业 …… 575
铜陵有色金属集团控股有限公司 铜陵金蟾矿业有限公司 安徽朝山新材料股份有限公司朝山金矿 铜陵市狮子山区包村金矿 霍山县黄金矿业有限责任公司 铜陵市鸡冠山金矿 铜陵有色股份天马山黄金矿业有限公司 铜陵华金矿业有限责任公司 铜陵县牛山矿业有限责任公司 铜陵市新桥金银矿 铜陵市戴家冲金矿 凤阳县毛山金矿 铜陵县虎山金矿 芜湖市福鑫矿业开发有限公司 铜陵冠华矿业有限责任公司 安徽紫金矿业有限公司
第三章 科技进步与技术改造 …… 586
第一节 科技进步 …… 586
科技成果
第二节 技术改造 …… 587
霍山县金矿 铜陵市鸡冠山金矿 铜陵朝山金矿 铜陵戴家冲金矿 铜陵金蟾矿业

第四章　行业管理 …… 589
第一节　管理机构 …… 589
省级管理机构　市级管理机构　其他地市级管理机构　县区级管理机构
其他县区级管理机构
第二节　管理工作 …… 591
第八篇　盐　业 …… 593
第一章　食盐储运 …… 596
第一节　政策法规 …… 596
分配调拨　储运安全
第二节　食盐调运 …… 597
食盐购进　规范调运
第三节　国家储备盐 …… 602
储备盐动销、核销　储备盐清理工作
第二章　食盐专营 …… 604
第一节　专营体制 …… 604
食盐指令性计划管理　食盐定点生产许可证制度　食盐批发许可证制度
食盐准运证制度
第二节　专营管理 …… 606
“五统一”管理　食盐价格管理　销售网络管理
第三章　食盐加碘 …… 608
第一节　政策制定 …… 608
第二节　加碘盐工作 …… 611
项目制定与建设　碘含量标准　碘盐包装　碘盐防伪标志　碘盐检测　宣传教育
第四章　盐税和盐价 …… 615
第一节　盐　价 …… 615
价格改革　食盐价格变动　工业用盐价格变动
第二节　盐　税 …… 621
税改　碘盐基金
第五章　行业管理 …… 623
第一节　机构与队伍建设 …… 623

机构改革　队伍建设
第二节　盐政执法……………………………………………………………… 625
法治建设　行政执法　执法工作宣传
第三节　市场管理……………………………………………………………… 627
质量管理　市场稽查
第九篇　军　工……………………………………………………………… 631
第一章　兵器工业 ………………………………………………………… 634
第一节　地方兵工调整搬迁…………………………………………………… 634
第二节　重点单位……………………………………………………………… 635
中国兵器工业集团第二一四研究所　安徽军工集团控股有限公司
安徽神剑科技股份有限公司　安徽东风机电科技股份有限公司
安徽方圆机电股份有限公司　安徽红星机电科技股份有限公司　皖淮机械厂
安徽省长江计量所
第三节　主要产品……………………………………………………………… 638
主要军品　汽车电子类产品　给用水 PP-R 管材管件
建筑排水用 UPVC 管材管件　PVC-C 电力电缆保护管、普通保护管系列
涡旋式汽车空调压缩机系列产品
工程机械油缸系列　绝缘材料　ATM 锚具系列　民爆器材
第二章　航空工业 ………………………………………………………… 639
第一节　主要企业……………………………………………………………… 639
安徽江淮航空供氧制冷设备有限公司　合肥皖安机械厂　合肥昌河汽车有限责任公司
第二节　主要产品……………………………………………………………… 640
主要军品　主要民品
第三章　军工电子行业 …………………………………………………… 641
第一节　重点单位……………………………………………………………… 641
中国电子科技集团公司第八研究所（简称八所）　中国电子科技集团公司第十六研究所（简称十六所）　中国电子科技集团公司第三十八研究所（简称三十八所）
中国电子科技集团公司第四十研究所(简称四〇所)　中国电子科技集团公司第四十一研究所（简称四十一所）　中国电子科技集团公司第四十三研究所
安徽博微长安电子有限公司　安徽四创电子股份有限公司

铜陵蓝盾光电子有限公司　安徽华东光电技术研究所
第二节　主要产品……………………………………………………………………645
第四章　船舶工业　…………………………………………………………646
第一节　重点企业……………………………………………………………………646
芜湖造船厂　安庆船用柴油机厂　安庆船用电器有限责任公司
芜湖长江轮船公司　芜湖大江造船有限公司
第二节　主要产品……………………………………………………………………649
主要产品　生产规模　产品出口
第五章　民用爆炸物品行业　…………………………………………………650
第一节　重点企业……………………………………………………………………650
安徽雷鸣科化股份有限公司　安徽江南化工股份有限公司
淮南舜泰化工有限责任公司　安徽恒源技研化工有限公司
安庆市向科化工有限公司　企业改制
第二节　主要产品……………………………………………………………………652
产品生产　产品结构调整
第六章　民口配套行业　………………………………………………………653
第一节　部分重点企业………………………………………………………………653
合肥通用制冷设备有限公司　合肥星波通信技术有限公司
合肥航太电物理技术有限公司
第二节　主要产品……………………………………………………………………654
第七章　行业管理　……………………………………………………………655
第一节　机　构………………………………………………………………………655
管理机构　直属事业单位
第二节　军工管理……………………………………………………………………657
军品能力调整　企业债转股　船舶业专项治理　民爆行业专项整治
军工保密资格审查认证
第十篇　信息产业……………………………………………………………659
第一章　电子信息产品制造业　………………………………………………662
第一节　概　述………………………………………………………………………662
第二节　电子材料与元器件…………………………………………………………665

重点企业
第三节　信息家电 …… 672
重点企业　主要产品
第四节　仪器与电缆 …… 674
重点企业　主要产品
第五节　其　他 …… 681
企业选介　产品选介
第二章　信息化 …… 685
第一节　建设规划 …… 686
安徽省“十五”国民经济和社会信息化三年实施意见
“数字安徽”建设五年规划纲要（2003—2007年）
关于推进农业信息化建设的若干意见　“数字安徽”建设规划纲要（2008—2012年）
第二节　保障体系 …… 687
基础设施　数据库　信息安全保障　信息化指标测评
第三节　信息化建设 …… 690
信息化起步　信息化全面推进　“数字安徽”建设　电子政务建设　电子商务建设
农业信息化　公安信息化　教育信息化　安徽金保工程　交通运输信息化
信息资源开发利用　信息化人才建设
第四节　重要会议与活动 …… 703
会议选介　活动选介
第三章　软件业 …… 707
第一节　企业生产 …… 707
企业选介　重点园区　产业基地　技术中心
第二节　双软认定 …… 717
实施办法　软件企业认定　软件产品登记
第三节　教育机构与科研项目 …… 749
教育机构　技术项目
“KD系列汉语文语转换系统”获2002年度国家科技进步二等奖
“基于本体的交通系统驾驶员个性化培训技术开发及标准化”项目获2005年度
国家科技进步二等奖。　“面向网络及嵌入式环境的语音合成技术”获 信息产业部举办的2005年（第五届）信息产业重大技术发明奖　“CRI2002企业铁路智能运输调度综合信息平台”获2007年度国家科技进步二等奖　KJ293矿井机车运输监控系统1996年获国家科技进步三等奖　安庆智能交通示范工程获200 年度安徽省科技进步一等奖

第四章　无线电管理 …… 755

第一节　频率与台（站）管理 …… 755

频率管理　无线电管理收费　台站管理　无线电频率、台站和设备的普查登记工作　无线电台站检查和核查工作　无线寻呼台专项检查　清理三高寻呼发射机台站　清理整顿卫星通信网和地球站　保护民用航空无线电专用频率专项整顿活动　长江水上船舶电台整治活动　广播电视台站专项整顿活动　手机信号屏蔽器的使用管理

第二节　设施建设 …… 759

技术设施建设　基础设施建设

第三节　无线电行政执法 …… 762

依法行政　执法检查

第四节　无线电监测与检测 …… 763

无线电监测　无线电检测　无线电干扰查处

第五章　管理机构 …… 766

第一节　省电子工业局机构 …… 766

第二节　信息化建设管理机构 …… 766

省级管理机构　市县信息化工作机构　直属单位和协会　宣传媒体

第三节　软件业管理机构 …… 768

管理机构　中介服务机构

第四节　无线电管理机构 …… 769

省级无线电管理机构　市级无线电管理机构

附　录 …… 773

编纂始末 …… 817

Main Contents

Preface ································· 1

Part 1　Industry of Machinery ································· 13

Chapter 1　Automobile ································· 18
Chapter 2　Engineering and Mining Machinery ································· 31
Chapter 3　Agricultural Machinery ································· 38
Chapter 4　Electrical Engineering and Equipment ································· 51
Chapter 5　Machine Tools ································· 63
Chapter 6　General Eco–friendly Machinery of Petrochemistry ································· 71
Chapter 7　Instruments and Apparatuses ································· 80
Chapter 8　Mechanical Basic Parts ································· 84
Chapter 9　Other Machineries ································· 92
Chapter 10　Enterprise Management ································· 98
Chapter 11　Marketing ································· 116
Chapter 12　Education and Training ································· 126
Chapter 13　Administration and Associations ································· 138

Part 2　Industry of Metallurgy ································· 143

Chapter 1　Iron and Steel Industry ································· 146
Chapter 2　Industry of Non–ferrous Metal ································· 166
Chapter 3　Metallurgical Mines ································· 177
Chapter 4　Management and Scientific Development ································· 205
Chapter 5　Key Backbone Enterprises ································· 223

Part 3 Industry of Petrochemistry ········ 267
Chapter 1 General Development ········ 270
Chapter 2 Key Branch Industries ········ 286
Chapter 3 Management ········ 299

Part 4 Light Industry ········ 303
Chapter 1 General Introduction ········ 306
Chapter 2 Key Branch Industries ········ 321
Chapter 3 Administration ········ 372

Part 5 Textile Industry ········ 375
Chapter 1 General Introduction ········ 378
Chapter 2 Key Branch Industries ········ 395
Chapter 3 Management ········ 429

Part 6 Industry of Building Materials ········ 433
Chapter 1 Cement Industry ········ 436
Chapter 2 Industry of Glass and Ceramic Building Materials ········ 459
Chapter 3 New Building Materials ········ 466
Chapter 4 Nonmetallic Mines and Products ········ 495
Chapter 5 Machinery of Builidng Materials and Equipment Manufacturing ··· 509
Chapter 6 Opening–up and Market Building ········ 515
Chapter 7 Scientific Research & Design and Education &Training ······ 520
Chapter 8 Industry Supervision ········ 532

Part 7 Gold Industry ········ 545
Chapter 1 Prospecting and Mineral Resources of Gold ········ 548
Chapter 2 Manufacturing of Gold ········ 563
Chapter 3 Scientific Development and Techonological Updating ········ 586

Chapter 4　Management and Administration ······ 589

Part 8　Salt Industry ······ 593
Chapter 1　Salt Storage and Transportation ······ 596
Chapter 2　Specialization of Salt Market ······ 604
Chapter 3　Iodization Treatment of Salt ······ 608
Chapter 4　Salt Taxes and Pricing ······ 615
Chapter 5　Management and Regulation ······ 623

Part 9　Military Industries ······ 631
Chapter 1　Industry of Weaponry ······ 634
Chapter 2　Aerospace Industry ······ 639
Chapter 3　Electronic Military Industry ······ 641
Chapter 4　Industry of Ship Building ······ 646
Chapter 5　Industry of Civil Explosive Equipment ······ 650
Chapter 6　Industry of Supporting Civil Enterprises ······ 653
Chapter 7　Management and Administration ······ 655

Part 10　Information Industry ······ 659
Chapter 1　Manufacturing Industry of Electronic Information Products ··· 662
Chapter 2　Informationization ······ 685
Chapter 3　Software Industry ······ 707
Chapter 4　Radio Control and Regulation ······ 755
Chapter 5　Managing Bodies ······ 766

Appendix ······ 773
Afterword ······ 817

概　　述

1986—2005年的20年，是安徽工业从改革开放起步、攻坚、实现跨越式发展的20年。20世纪80年代，美菱、荣事达、黄山等黑白家电享誉全国，安徽成为轻工大省，90年代，奇瑞汽车和江淮汽车全面振兴，成为中国汽车工业自主创新的典范，这20年是安徽工业建立较为完整的新型工业化体系，迈向可持续发展阶段的关键时期。

一

1977年，安徽省委根据《中共中央关于召开全国科学技术大会的通知》精神，作出落实知识分子政策、恢复安徽省科学技术委员会等6项决定。一些国务院所属科研院所等机构，在安徽组建科研院所、大学，先期迁入合肥的有中国科学技术大学和科研院所，省会合肥逐渐形成较为突出的科技、教育优势，成为全国重点科教基地之一。

1979年10月，安徽省革命委员会发出《关于扩大企业自主权试点工作的通知》，先后组织了两批共174家国营工商企业进行扩大企业自主权的试点，随后逐步扩展到全省大部分国营工商企业，使国营企业在人财物、产供销等方面的自主权有所扩大。1981年8月，省委发出《关于工商企业实行经济责任制问题的通知》，当年在省辖市所属100个企业进行了利润留成试点。1982年，全省有586个县以上国营企业实行了经济责任制，在企业内部尝试打破干好干坏一个样的“大锅饭”，实行计件、超额计件、浮动工资等劳动分配形式，企业内部管理得到加强，经济效益有所提高。从1983年年初到1986年年末，安徽省按国家部署分两步对国营企业实行“利改税”改革，基本完成了企业上缴由利润形式向税收形式的过渡，初步稳定了国家与企业在利润分配上的关系，扩大了企业经营自主权。

1984年，以中共十二届三中全会为标志，改革的重点由农村转向城市，安徽广泛推行了各种形式的经济承包责任制，同时，积极改革政府管理经济的方式，大幅度减少指令性计划，逐步放开价格，建立和培育现代市场体系。这期间，以公有制为主体、多种经济成分共同发展的格局也初步形成，1978年，全省个体户仅有7049人，私营企业基本空白。而到了20世纪80年代初，安徽省个体私营经济开始萌芽发展，出现了一批私营企业主。

1985年，安徽工业生产总值101.37亿元，首次突破100亿元。

二

安徽“七五”期间(1986—1990)可以分为两个阶段，前一阶段从1986年到1988年9月，特点是经济发展持续过热，不稳定因素增加；后一阶段从1988年9月到1990年，为经济的治理整顿时期。

“七五”时期，安徽的资本、保险、人才、技术、土地、劳动力和产权等生产要素市场迅速发展。自1985年起，省人民银行和工商银行机构分设，人民银行专门行使中央银行职能。1986年，地方和专业银行开始兴办独立的信托投资公司、城市金融服务社等金融机构，改变了国有银行的垄断局面。国有专业银行向商业银行过渡迈出了第一步。1986年年末，全省40家金融服务社共对2576个个体工商户发放的贷款余额达775万元，比全省的工商银行对个体户的贷款还多281万元，有力地支持了民营经济的发展。1986年，中国人民银行颁发了《城市信用合作社管理暂行规定》。1988年，安徽省国际信托投资公司在合肥开设省内首家证券营业部。1988年4月省外汇调剂中心成立，同年省金融市场成立。到1990年，全省经批准设立的城市信用社共135家。此外，1986年，安徽在新招用劳动合同制职工中普遍实行了社会养老保险制度，并推进退休费用社会统筹。上述改革为工业企业的改革发展提供了必要的支撑。

1987年和1990年，安徽推行了两轮企业承包经营责任制。到1991年年底，全省国有大中型工商企业承包面达到82%。与之相配套，厂长(经理)负责制、厂长任期目标责任制和内部经济责任制在全省企业中得到普遍推行，直接刺激了企业增产增收的积极性。承包制虽然没有冲破旧的计划经济框架，仍然存在产权主体缺位的状况，难以避免经营者的短期行为，未能真正把企业推向市场，但是，经济改革在安徽乡镇企业改革中却有了突破，股份合作制成为全省各类中小企业制度创新的重要形式之一。按照国家“七五”规划的要求，安徽深化经济体制改革，促进国有企业成为相对独立的经济实体，自主经营、自负盈亏。同时，在坚持公有制为主体的前提下，继续发展多种所有制形式和多种经营方式，缩小指令性计划，进一步改革价格体系和价格管理体制，完善厂长（经理）负责制，实行各种不同形式的承包责任制，改革企业劳动分配制度；逐步完善市场体系，建立资金市场、技术市场，促进劳动力的合理流动。

安徽以扩大企业自主权为中心环节，广泛推行各种形式的承包经营责任制，试行租赁经营和资产经营，并对计划、财税、金融、价格、劳动工资、外贸等体制进行初步改革。这一阶段，工业增加值年均增长12.2%。1990年，安徽全年实现工业增加值223亿元；全年外贸出口总额6.54亿美元，进口总额1.23亿美元。

三

“八五”时期（1991—1995年），安徽经济体制改革向纵深推进；全方位对外开放的格局初步形成。省委做出“抓住机遇、开发皖江、呼应浦东、强化自身、迎接辐射、带动全省”的战略决策，合肥、芜湖两个国家级开发区的建设成效显著。17个省级开发区建设取得进展。一些跨国公司进入开发区，对外开放进入新的层次。全省先后设立了9个国家一、二类口岸，芜湖、铜陵港实现了对外轮开放。合肥、黄山机场开通国际包机。利用外资取得显著进展，“八五”期间，全省实际利用国外贷款7.4亿美元；新增“三资”企业3216家，实际利用外资11.7亿美元。对外贸易大幅度增长，1995年进出口总额由1990年的7.37亿美元增加到23.1亿美元，年均增长25.7%。现代企业制度试点企业和优化资本结构试点城市的工作全面展开，股份制试点进一步扩大，以公有制为主体、多种经济成分竞相发展的格局基本形成。价格和流通体制改革取得突破，商品市场和生产要素市场建设成效明显，90%以上产品的价格由市场决定，证券交易市场较快发展，美菱、马钢、皖能三只股票公开上市。1995年，工业经济中乡镇工业和其他民营工业的产值比重已超过70%。一批优势企业脱颖而出，出现一大批市场占有率高的名牌产品，轻工大省的地位初步确立。

到“八五”末的1995年，安徽人均国内生产总值比1980年翻两番。省工业总产值达到2300亿元，年均增长28.9%，工业总产值在全国的位次由第十四位上升到第十一位，财政收入增加，市场容量扩大。1995年全省财政收入达147.5亿元，比1990年增长1.8倍。

“八五”时期，三次产业结构发生重大变化，一、二、三产业比例由1990年的37.7:37.7:24.6调整为1995年的26.5:50:23.5。以乡镇企业为代表的非国有经济持续快速发展，成为经济发展中最活跃的因素，1995年乡镇企业营业收入比1990年增长9倍。经济结构的变化，标志着安徽省初步完成从农业省向工业省的转变，已形成工业行业门类比较齐全的格局，煤炭、电力、冶金、机械、电子、化工、建材、纺织、制革、食品等行业都达到了相当的规模；形成了淮南、淮北能源基地、马鞍山钢铁工业基地、铜陵有色金属加工基地、安庆石油化工基地、皖中加工工业基地以及合肥高新技术工业园区等重要的基地；轻工大省的地位初步确立；全省新增“三资”(外资、港资、台资)企业达到3216家；出口商品结构进一步改善，工业制成品出口比重由1990年的59%上升到1995年的80%左右。

四

“九五”时期（1996—2000年），安徽工业遇上了又一波压力和挑战。国有企业产权不明、政企不分的现象依然存在，企业活力不足，抗市场风险能力弱，大多数产业整体技术水平仍落后于世界先进水平20年左右，粗放型经济增长方式仍然没有扭转，管理、技术、人才等生产要素供给短缺的状况仍将持续存在，因此，必须面对促进产业结构高端化和合理化的战略课题；再者，人口与就业矛盾增大，淮河、巢湖等地污染严重，水资源供需矛盾日益突出，煤电单位消耗过高，必须面对可持续发展的战略问题。1997年，始发于泰国的亚洲金融危机，使中国外贸出口增幅从上年的20%猛跌至0.5%，利用外资额跌至20年来最低点；国内产能过剩、有效需求不足又成为经济生活中的突出矛盾。国企改制对国企职工的生活影响巨大，1997年年末，全国下岗职工人数为1200万人左右，比1996年增加300多万人。就业状况的恶化使城镇居民收入的增势开始减缓。

在安徽的“九五”规划中，中共安徽省委、省政府制定了“科教兴皖、外向带动、可持续发展”三大战略，实行两个具有全局意义的根本性转变，即：经济增长方式从粗放型向集约型转变；实施外向带动战略来积极推进跨地区产业结构的战略性调整；实行可持续发展战略，正确处理经济发展和人口、环境、生态、资源的关系。在《关于安徽省国民经济和社会发展“九五”计划和2010年远景目标纲要的报告》中，要求工业方面要基本完成由资源大省向加工业大省的跨越，工业在国民经济中的主导作用更加强化，工业结构进一步优化升级。

“九五”时期，安徽的工业继续以国有企业改革为重点，广泛进行存量资产的流动和重组，探索建立国有资产监管和营运体系，继续贯彻“抓大放小”的方针，实施大公司、大集团发展战略，进一步放开搞活国有小企业。按照《中华人民共和国公司法》组建大公司、大集团，采取多种方式，引导社会资源向优势企业和支柱产业集中。集中力量抓好国家确定的一批大型企业，依法进行公司制改造。主要的举措是：实现政企分离、解决企业历史包袱，积极推进国有企业人事、劳动和分配制度等改革。继续改进工效挂钩办法，试行经营者年薪制，全面搞好“三改一加强”，把推进企业改革与强化企业内部管理结合起来，并综合运用各种手段，解决国有企业历史包袱；继续搞好“拨改贷”，将经营性基本建设基金本息余额转为国家资本金；对于条件具备的企业，通过发行股票、设立专项投资基金等办法筹措资金，改善其资产负债结构。加大对职工失业保险的实施力度。

“九五”时期，安徽工业投入主要是围绕三个方面，一是培养和壮大机械、电子和家用电器、汽车、石油化工等支柱产业，使其形成产业集群，并带动相关产业的发展，促进产业结构高端化和合理化；二是实施名牌战略和大企业集团战略，形成具有明显市场优势的产品群和企业群，扩大在国内和世界市场的影响力；三是巩固发展冶金、建材、煤炭、电力等基础工业，加快重点项目建设。

“九五”时期的第二年，即1997年，安徽工业生产总值达1102亿元，首次突破了1000亿元大关。安徽以“抓大放小”的重要举措对国有企业实施战略性改组。以资本为纽带，通过市场形成具有较强竞争力的跨地区、跨行业、跨所有制和跨国经营的大企业集团。自1998年以来，安徽先后组织实施企业间兼并、联合等重组案例270余例，盘活存量资产近230亿元。同时，积极争取中央财政补助30多亿元，通过企业间兼并、联合和重组，一批骨干企业得到快速发展，逐步成为支撑安徽省经济发展的支柱产业。

“九五”期间，安徽汽车及工程机械、家电、新型建材、生物制药等加工制造业开始成为安徽的支柱产业。形成了以合力、江淮等企业为代表的机械工业，以美菱、荣事达、扬子等企业为代表的新型电器工业，以海螺、马钢、铜陵有色等企业为代表的新型建材和优质金属材料工业和以新力药业、安科生物为代表的医药业的加工制造产业群。被誉为黑马的奇瑞汽车公司也在悄然崛起，2000年，生产了2000多辆汽车。

同时，安徽发挥潜在的科技优势，着力科研成果的转化，共取得省部级以上重大科技成果511项。合肥市着力高新技术开发区、合肥经济技术开发区的发展。1999年，合肥市高新技术产业实现产值135亿元，占全市工业企业总产值的比重达32%。

“九五”期间，安徽省经受了亚洲金融危机和连续三年严重水旱灾害等考验，工业年均增长11%，投资建设取得突破性进展，5年累计完成固定资产投资3671亿元，是“八五”时期的2.3倍，集中建设了一批交通、水利、能源、城市基础设施和工业技改等重大项目。到了2000年，全省工业增加值为1101亿元。外向型经济发展较快，全方位对外开放格局初步形成。5年累计进出口总额128.5亿美元，其中出口81.9亿美元，分别是“八五”时期的1.8倍和1.6倍；实际利用外资34.7亿美元，是“八五”时期的1.6倍。重点项目建设取得突破性进展，2000年列入考核的省重点项目41个，建成或基本建成的重大项目和单项工程共有15个，芜湖长江大桥竣工通车，淮北二电厂、合肥二电厂一号机组、安徽汽车零部件基地一期工程、铜陵电子覆铜板、祁南煤矿、淮南化工总厂尿素扩建工程等一批重点项目投入使用。港口湾水库、合徐公路南段、沪蓉公路合安段、蚌埠机场等项目进展顺利。

五

“十五”时期，安徽工业经过“九五”期间的企业深化改革和工业结构的战略性调整，进入快速发展的历史阶段，但仍然面临着解决产业结构高端化和可持续发展的两大战略课题。

《安徽省国民经济和社会发展第十个五年计划纲要》对工业发展的指导方针和任务有如下方面：1. 实施“科教兴皖、大开放、城镇化和可持续发展”四大战略。2. 加速运用高新技术和先进适用技术改造传统产业。3. 积极扶持中小企业，建立健全社会化服务体系，特别要加快建立主要面向中小企业的贷款担保体系。中小企业要坚持“专、精、特、新”的方向，在与省内外优势企业合作中加快发展。4. 重点抓好以信息技术改造制造业的工作，推进机电一体化和计算机辅助技术的应用，加速开发数字化装备和产品，推动生产和管理的自动化、智能化、网络化。5. 全面优化区域经济布局。加快合肥及周边地区经济发展，使之成为科教基地和高新技术产业密集区；加快开发开放以芜湖为龙头的皖江经济带和皖东南地区，使之成为全省对外开放的前沿和经济快速增长区。6. 振兴县域经济，因地制宜，着力培育各具特色的优势产业，积极壮大骨干企业。

“十五”时期，安徽突出结构调整，推进国有企业战略性重组，先后组织实施企业兼并联合重组 270 余例，盘活存量资产近 230 亿元。到 2005 年年底，国有及国有控股大中型企业平均资产由 1998 年 3.1 亿元增长到 2005 年 13.1 亿元，增长 3.3 倍。加快公司制改革步伐，除中央在皖企业外，全省 331 户国有大中型企业已有 329 户按照股份有限公司和有限责任公司两种形式完成了公司制改革，基本完成了建立现代企业制度的改革，占总数的 99.4%。通过“九个一批”的改革措施，放开、搞活中小企业，为民营经济发展创造广阔空间。到 2005 年年底，已有 1537 户国有中小企业完成改制任务，全省国有及国有控股大中型工业企业的数量由 554 户减少到 231 户，规模以上非国有工业企业的户数由 2625 增加到 5021 户，所占比重由 67.5% 提高到 95.2%，非国有工业企业的增加值占全部工业的比重由 1998 年的 73.6% 提高到 86.4%；通过对劣势企业重组“打捆儿”申报债转股，共将 55 户企业成功重组为 21 个项目，债转股金额 116.5 亿元。通过实施债转股，21 户债转股企业年平均减少财务费用支出 6.5 亿元，负债率下降了 25 个百分点。“十五”期间，安徽成功上市企业 21 家，募集资金 120 亿元。上市公司率先享受了资本市场融资的优惠政策，五年累计融资超过 72 亿元。规范公司法人治理结构，安徽省约有 60% 的国有及国有控股企业建立了董事会、监事会、经理层三权制衡机制，企业普遍实行了劳动合同制，全省有 309 万名职工签订了劳动合同，签订率为 91%。对困难企业实施政策性关闭破产，全省共争取将 118 个企业列入全国企业兼并破产和职工再就业工作计划，共涉及资产 149.1 亿元，职工 37.2 万人，核销银行呆坏账 88.6 亿元，截至 2005 年年底，有 102 个项目已经实施终结。通过实施关闭破产，消灭了一批亏损源，生成了一批新的优强企业。分离企业办社会机构的职能，按照“属地移交、属地管理”原则，全省共分离移交企业办中小学校 253 所，占总数的 85.8%，基本完成了大中型企业所办医院的分离移交或企业化改革管理工作。推进企业离退休人员的社会化管理，全省现已有 114.2 万企业离退休人员纳入社会化管理服务，社会化管理服务率达到 96.2%；国有大中型企业基本完成了企业生产与生活的水、电分离。截至 2005 年年底，全省 32 家国有工业大型企业已累计分离辅业企业（含集体）333 个，剥离三类资产 64.7 亿元，分离富余人员约 13 万人，安置职工 10.3 万人。

在实施可持续发展方面，综合开展淘汰落后产能工作。全省共关闭865处落后和安全隐患严重的小煤矿，关闭264户小水泥企业，关停60户小轧钢、小冶炼、小铁合金厂，压缩落后棉纺29万锭，压缩落后缫丝能力10万绪。对786户长期亏损、扭亏无望、严重资不抵债企业和资源枯竭矿山实施关闭破产，减少企业亏损36.6亿元，盘活存量资产112.9亿元，安置职工54.1万人。

“十五”时期累计完成工业投资2640亿元，占全社会固定资产投资的32.9%。亿元以上重点技术改造项目新开工128项，竣工投产60项。全面实施技术改造“百千工程”。重点围绕建设钢铁及有色、能源、化工医药、新型建材和非金属材料、汽车及零部件和装备制造业、日用电器、电子信息、农副产品深加工等八大基地，做大做强产业集群，不间断地进行技术改造和技术创新，推动实施一批重点技术改造项目。

“十五”期间，安徽省生产总值由2000年的2787亿元增加到2005年的5375.8亿元；人均生产总值首次突破1000美元大关，达到1049.5美元，比2000年增加494.3美元，实现了具有里程碑意义的跨越。全省全部工业增加值由2000年的1100亿元增加到2005年的1833亿元，年均增长10.8%，其中规模以上工业实现增加值由2000年的547.6亿元增加到2005年的1373.5亿元，增长1.5倍，年均增长20.0%。

六

1986年至2005年的20年，是安徽工业经历“七五”到“十五”4个五年计划的20年，也是安徽工业加速发展的20年。这20年，安徽工业经历了“七五”较快增长、“八五”高速增长、“九五”平稳增长、“十五”恢复增长四个阶段。安徽相继由农业大省转向工业农业省，由工业化初期阶段跨入工业化中期阶段。1995年至2005年，安徽工业化速度在全国31个省（市）中排名第18位，2000年至2005年提升了7位，工业化加速度在31个省（市）中排名达到第6位。这20年安徽工业发展呈现出以下特征：

交融式发展。安徽具有承东启西、贯通南北、接连中原、通江达海的区位优势，经济、科技、文化的交融始终活跃。早在20世纪50年代，即1955年和1956年，先后两批从上海迁来108个企业，加强了安徽工业的技术力量，初步形成了安徽工业的雏形。1953年至1957年，全省工业总产值由7.34亿元增加到15.01亿元，增长1.1倍，年平均增长近16.8%。自1964年起，国家一批军工、电子企业相继落户安徽，雷达、电子仪器、信号源、微电机、集成电路和专用元器件等军工产品渐成安徽省的工业特色产品，“小三线”和“五小”工业建设形成高潮，这期间，安徽省先后研制成功中国第一批2.5英寸黑白投影管、第一部5英寸黑白投影电视和第一台微型计算机，晶体管黑白电视、超短波无线电话机等产品相继量产，在皖南、大别山区等地兴建一大批“小三线”项目，到 1972 年，一批军工企业相继建成，并配套建设了交通、通信、电力等工程，客观上也为安徽工业新添了后备力量，并且在其后的改革开放时期的“军转民”的阶段发挥了积极的作用。“文化大革命”之后，安徽工业进入恢复调整和发展起步时期，国务院不少所属职能部门，在安徽组建科研院所、大学，先期迁入合肥的有中国科技大学和部属科研院所，省会合肥逐渐形成较为突出的科技、教育优势，成为全国重点科教基地之一。

后来的发展证明，尤其是在 1986 年至 2005 年的 20 年里，许多产业内领军人才、知名品牌、科技成果的涌现，都与安徽之前承接经济、科技、文化的交融的历史有着关系。

开放包容发展。1984 年，以中共十二届三中全会为标志，安徽受农村“大包干”成功的启发，广泛推行了各种形式的经济承包责任制，同时，着手建立和培育现代市场体系。以号称“中国第一商贩”的年广久为例，他曾三次入狱，三次被邓小平点名肯定，分别为 1980 年、1984 年、1992 年，这刚好是改革开放的三个重要转折点。年广久命运的起承转合，反映了安徽民营经济的发展进程，逐渐形成安徽开放包容的发展理念。

由于坚持开放和引进，从 1984 年首家外商投资企业——安徽安利合成革股份公司的成立，到 2005 年，全省实际利用外商直接年均增长 40%，在皖投资的客商来自美国、新加坡、日本、韩国、德国等 90 多个国家和地区，投资领域涉及交通、电力、能源、机电、化工、医药、轻工、纺织、建筑、房地产、综合服务等 30 多个行业。落户安徽的境外世界 500 强企业达 40 家，外商投资企业在皖从业人员已超过 32 万人。20 世纪 90 年代初，浦东开发伊始，安徽省提出“开发皖江，呼应浦东”；此后，2003 年提出“融入长三角”，2005 年，提出主动承接长三角产业转移的“东向发展”战略，并于 2006 年将其作为六大战略之一正式纳入“十一五”发展规划。

投入与技术并行。1978 年全省投资总量仅 13.1 亿元，1995 年突破 500 亿元，2002 年突破 1000 亿元，2005 年突破 2000 亿元，年均增长 22.8%。特别是“十五”以来，投资对国内生产总值（GDP）增长的贡献率达 58.1%，有力地促进了全省经济和工业持续、稳定、快速增长。中共安徽省委、省政府于 2003 年做出了实施“861”行动计划（建设 8 大重点产业基地和 6 大基础工程）重大决策，骨干企业继续发挥牵引作用，代表性企业是马钢，2004 年，马钢成为安徽省首家收入超 200 亿元的工业企业。到了 2005 年，安徽省工业年销售收入 10 亿元以上的工业企业达 63 户，其中，超百亿元以上企业达到 10 户。

投资主体多元化发展迅速。1978 年以前，投资主体为国有经济，改革开放以后，随着国家一系列相关政策的出台，激发了多元投资主体的热情，逐步形成国有、集体、城乡个人、外商、港澳台等多种经济类型共同发展的格局，多元化的投资体系基本形成，推进了工业化、城市化进程。

项目投资推进了企业技术进步。2006 年，全省高新技术产业实现产值 1810 亿元，实现增加值 506.8 亿元，占全省 GDP 比重的 8.25%。合肥、芜湖、蚌埠 3 个高新区实现总收入 1180 亿元， 10 个特色高新技术产业基地实现总收入 293 亿元，省营业收入亿元以上的高新技术企业已达 195 家，10 亿元以上的 35 家。上市高新技术企业已达 31 家。高新技术产业已成为安徽经济发展新的重要增长极。在工业化与信息化融合方面，自 2002 年以来，以冶金、汽车、建材、机械等行业为突破口，每年有重点地选择一批信息技术改造传统产业项目给予支持，共安排支持资金 1700 万元。安徽省被认定为国家制造业信息化工程示范省，合肥市和芜湖市被认定为国家制造业信息化工程重点城市。

企业的技术进步推动了国际贸易，2005 年，全省进出口总额 91.2 亿美元，其中出口 51.9 亿美元，比 2000 年分别增长 1.7 倍和 1.4 倍；进出口总额相当于 GDP 的比例由 2000 年的 9.5% 提高到 13.9%，经济外向度提高 4.4 个百分点。

民营经济催生。安徽省民营经济从无到有，从少到多，从小到大，不断发展。1985 年至 2002 年，全省个体、私营等非公有制经济平均增长率为 15.1%，高于同期国内生产总值 9.9% 的年平均增长速度，2002 年对国内生产总值的贡献率达 35.4%，截至 2003 年 12 月底，全省个体工商户达 120.1 万户，注册资金 123.8 亿元，从业人员 286.3 万人；私营企业 7.5 万户，注册资金 662.3 亿元，从业人员 118.8 万人。全省私营企业实现总产值 363.9 亿元，社会消费品零售额 260.7 亿元。

2002 年度全省百强民营企业的营业收入总额 286.84 亿元，缴税总额为 10.48 亿元，资产总额为 189.30 亿元，分别比 1998 年增长了 3.84 倍、2.5 倍和 3.8 倍。1998 年营业收入超亿元的为 22 户、资产超亿元的为 15 户、缴税超 200 万元的为 22 户、利润超 1000 万元的为 6 户，2002 年营业收入超亿元的为 87 户、资产超亿元的 64 户、缴税超 200 万元的为 185 户、利润超 1000 万元的为 29 户。部分民营经济比较发达的市、县、区民营经济对国内生产总值的贡献率已达 70~80%，成为县域经济的主体。

2005 年，全省私营工业 2725 户，比重达 51.6%，占规模以上工业半壁江山，实现总产值 715 亿元。与 2000 年相比，民营企业个数增长 4 倍，工业总产值增长 8 倍。

电子信息产业崛起。安徽电子信息产业的规模在全国的位次从“十五”初期（2001 年）的第 17 位提升到第 12 位。销售已突破 200 亿元。建有省部级以上研发机构 40 个，其中，国家级 3 个、部级 6 个、省级 31 个；在中文语音技术、新型显示材料以及汽车电子等方面，产学研结合取得了显著的成效，全省信息产业共有 157 项成果获得安徽省科技进步奖。“交通事故预防研究及应用项目”荣获国家科技进步一等奖，“KD 系列汉语文语转换系统”“基于本体的交通系统驾驶员个性化培训技术开发及标准化”项目荣获国家科技进步二等奖。“面向网络及嵌入式环境的语音合成技术”被评为国家信息产业重大技术发明。

合肥软件园等具有特色和优势的高新技术产业基地、产业园，初步形成了以电子信息、机电一体化、汽车及关键零部件为代表的一批产业群体。在中文语音、智能交通、电力、电信等领域形成了一批具有自身技术特色，在市场上具有较强竞争力的产品。

皖江开发战略和招商引资凸现。八百里皖江流经马鞍山、铜陵、芜湖、安庆、滁州、巢湖、宣城、池州八市。芜湖、马鞍山、铜陵、池州、安庆五大港口地理优势十分明显。沿江各市尤其是芜湖、马鞍山、铜陵逐步培育出各具特色的优势产业。

2005年，随着美的、科龙、实达等国内知名企业和日立、西门子等跨国公司的进入，芜湖的空调器生产能力达350万台，约占全国产能的8%左右，家用电器电机产量已达1500万台。奇瑞轿车已具备年产30万台发动机、35万辆整车的生产能力；芜湖市汽车及其零部件、电子电器、新型建材等三大支柱产业产值达189亿元，对全市工业增长的贡献率达80%。马鞍山市的专用汽车、造纸、精细化工、磁性材料等一些行业和产品在国内外的比较优势逐步凸现。其中，星马主导产品在全国同行业中产销量居第一位，巨龙主导产品在全国同行业中居第二位，中橡产品在全国同行业中居第三位。具备建成全国制造业生产基地的基本框架。铜陵市初步形成有色、电子、化工、建材和纺织五大支柱产业，铜陵有色的电解铜产能和产量已连续五年保持国内第一，铜产业销售达100亿元；铜峰电子生产电容器膜的产能是世界第一；精达股份是全国最大的特种漆包线生产企业，其产品在国内市场占有率高达30%以上。

皖江开发形成了产业集聚和能量集合，构筑了具有较强竞争力的产业集群，充分发挥了水、公路、铁路联网作用，加快物流园区建设，并形成了物流产业集群等现代服务体系。

循环经济和可持续发展加快。“十五”期间，全省共完成重点节能技术改造项目278个，完成投资365亿元，一批新型干法水泥、余热利用、高炉煤气回收发电、煤矸石发电等项目相继竣工投产。安徽省认真贯彻落实国家有关资源综合利用鼓励的政策，引导企业开展资源综合利用，如利用低温余热发电，利用工业废气、废渣延伸产业链条；实施国家和省级示范项目，重点为矸石制建材、矸石发电、粉煤灰制建材、磷石膏制建材、高炉煤气发电、冶金、化工、造纸、酿酒、水利用等。2004年，国家发改委对安徽省申报的资源综合利用产品分两批进行了认定，共有96户企业、150多个产品通过认定，可利用工业固废801万吨、工业废气11.2亿立方米。享受国家税收优惠近2.8亿元，调动了企业的积极性。

七

安徽省具备加快发展的很多有利条件。生产要素流动和产业转移加快，长江三角洲经济圈与周边地区互利合作、加快融合，有利于安徽省更加充分地利用两个市场、两种资源；推进工业化、城镇化进程，中央实施促进中部地区崛起战略，为安徽奋力崛起提供了难得的政策机遇。“861”行动计划积蓄的能量持续释放，为加快发展积累了坚实的物质基础。但是，安徽省工业发展也面临不少矛盾和问题。资源和环境容量受到严重制约，能源、土地资源危机、水资源危机、环境污染的危机已经威胁到社会和经济的发展。煤炭资源大省的安徽将由原来的煤炭净调出省转为煤炭净调入省；煤炭资源供应不足，会导致煤电供应的紧张；此外，城市化进程中房地产对耕地的过度侵蚀，将导致粮、油、蔬菜的产量减少，价格的大幅波动，居民收入购买力降低；城市化进程也导致失地农民数量增多，构建和谐社会面临的问题比较复杂，就业压力较大。经济发展已经走到了必须转变经济增长方式、实现可持续发展的历史阶段。安徽工业通过深化改革开放，破除阻碍发展的各种体制弊端，强化落实科学发展观的体制保障，充分激发全社会的积极性和创造性；加速融入长江三角洲经济圈，全面提高对内对外开放水平，着力建设和谐安徽，注重社会公平，注重民主法制建设。同时注重工业对农业的反哺，促进农业产业化、工厂化，保障耕地和粮食安全，促进经济社会协调发展。安徽的工业发展必将迎来更广阔的明天。

第一篇　机械工业

1986—2005 年，是安徽机械工业发展的重要时期。这一时期，企业改革不断深化，对外开放进一步扩大，促进安徽机械工业不断实现量的增长、质的提高。尤其是汽车、工程矿山机械在这一时期快速发展，逐步成为安徽机械工业的支柱产业。农业机械、机床工具、电工电器、通用机械、仪器仪表、机械基础件也有较大发展。2005 年，全省机械工业总产值登上 800 亿元台阶。

1986 年以后，全省机械工业企业加快改革开放步伐，普遍推行了经济责任制，这一时期，省机械厅对直属工业企业实行承包经济责任制改革。承包形式实行“三包一挂”，即包实现利润、包上缴利润、包技改投入；工资与经济效益挂钩。省机械厅与直属工业企业即合肥叉车总厂、合肥轴承总厂、江淮汽车厂、淝河汽车厂、合肥汽车配件厂、安徽客车总厂、芜湖汽车发动机厂、六安汽车齿轮厂分别签订了三年承包合同。经济责任制执行较好。

为加强集体企业的改革和管理，1987 年 12 月，省机械厅制定了集体企业管理办法和重点集体企业五项标准，管理办法规定：集体企业成立要按规划报主管部门审批；凡列入发展规划的，主管部门要负责组织协调。重点集体企业的五条标准是：服从全行业统一管理；产品有发展前途；有一定生产规模（固定资产和工业总产值在百万元以上）；企业管理有一定基础；有产品出口。省机械厅还规定，凡列入的重点集体企业，自 1988 年起，纳入省机械行业统一发展规划，适当安排指令性计划和新产品试制计划，并在技术改造、生产手段、原材料供应方面给予支持。

1988 年 7 月，省机械厅在马鞍山市召开第五次技术进步会议，会议提出到 1990 年全省机械工业产值达 30 亿元、利税 1 亿元～ 3 亿元、出口创汇 4000 万美元～ 5000 万美元；会议提出“1131”目标，即到 1990 年，建成 10 个 1 亿元企业、10 个 5000 万元企业、30 个 3000 万元企业、100 个 1000 万元企业。这次会议对全省机械工业发展具有重要意义。

1990 年，全省机械工业产值达 33 亿元，实现利税 1.5 亿元，完成出口交货值 2.07 亿元，创汇 3850 万美元。

1993 年，在邓小平视察南方谈话的推动下，全省机械工业深入贯彻改革开放方针，大力调整产品结构和企业组织结构，生产快速发展、经济效益大幅度提高。全系统完成工业总产值86亿元，比上年增长35.07%；销售收入84亿元，增长51%；实现利税6.1亿元，增长32%，提前两年超额完成了“八五”计划目标。在战略上，进一步突出重点，围绕汽车、工程机械、农业机械、机床、电工电器、基础机械六个重点行业加大投入，进行技术改造，发展生产，使这些产品产量大幅度增长。当年，叉车达到3900台、汽车2.5万辆、冰箱45万台、三轮车15万辆、农用车1.3万辆、液压挖掘机460台。其他产品如微型电机、锻压机床、流量仪表、汽车仪表、“三滤”件、“485柴油机”等也都比上年增长。全系统机电产品出口创汇达8000万美元，比上年增长26.4%。同时，进一步扩大对外开放，全年新办“三资”企业15家，总投资3115万美元，引进技术成交5项，成交额1300万美元。机电产品出口完成交货值3.4亿元，比上年增长56.3%；创汇8232万美元，增长30%，其中机械设备进出口公司完成3965万美元，增长22.3%。全系统已有重点出口企业33家，其中出口基地企业6家，扩权企业10家，有进出口自营权企业9家。

1994年年初，机械部举办的首届中国机械工业百强企业评价揭晓，安徽的中国扬子电气（集团）公司、合肥江淮汽车制造厂、皖南机动车辆厂、安徽合肥叉车总厂名列其中。

全省机械工业加快建立现代企业制度工作。合肥矿机厂、蚌埠压缩机总厂、芜湖重型机床厂、淮南华联机械总公司、安庆活塞环厂、黄山仪器仪表公司、绩溪光明齿轮厂、巢湖柴油机厂、池州家用机床厂、安徽叉车集团公司等10家机械工业企业列入全省工业现代企业制度试点。

为了推动实施“科教兴国”的战略，提高企业的技术自主开发能力与创新能力，增强企业的综合技术素质，合肥锻压机床总厂、芜湖仪表厂、皖南电机厂、蚌埠滤清器总厂等四家企业建立省级技术中心。在这之前，省机械系统已有八个企业建立了技术中心，其中合肥叉车总厂、扬子集团两个企业为国家级的技术中心。经过技术改造和企业自身建设，全省机械工业企业规模不断扩大。至1994年年底，巢湖柴油机厂、江淮汽车制造厂、淝河汽车制造厂、芜湖微型电机厂、芜湖仪表厂等5家企业晋升为大型二类企业。到此，省机械系统大型企业已有16家。机械工业规模也不断扩大。

1995年8月，省政府命名43家企业为“安徽省管理示范企业”，机械系统有8家，其中综合管理示范企业2家：安徽叉车集团公司、江淮汽车集团公司；计算机应用及辅助管理示范企业1家：安徽叉车集团公司；目标成本管理示范企业1家：合肥轴承厂；现场管理示范企业4家：扬子冰箱总厂、皖南电机厂、合肥高压开关厂、黄山金马仪表有限公司。1995年，全省机械工业完成工业总产值124亿元，比上年增长24%；实现销售收入110亿元，增长18.5%；实现利税6.2亿元，增长10.9%，其中利润1.6亿元，增长25%。

“九五”期间，全省机械工业继续贯彻改革开放方针，加快技术进步和管理进步，实现了新的发展。省政府决定对省级企业集团采取扶持政策支持发展。1997 年 9 月叉车集团、江汽集团、扬子集团、飞彩集团等 4 家企业入选安徽省级重点企业集团试点。在深化改革的同时，省机械系统进一步扩大对外开放。到 2000 年，全省机械工业总产值达 183 亿元，比上年增长 13.1%；实现销售收入、利税增长 20%；完成出口交货值 6.3 亿元，增长 12.5%。

“十五”期间，国有企业改制实施。省机械工业协会抓紧对代管的直属工业企业的改制脱钩，先后完成了合肥轴承总厂的分立改制；配合省有关部门和芜湖市做好芜湖汽车发动机厂的下放移交工作，终止芜发厂与杭发厂联营协议。对代管的 7 个直属经营性公司分别进行改制脱钩或实行关闭。全省机械系统许多国有企业也分步实施了改制。

2005 年，全省机械工业完成工业总产值 814.7 亿元；销售收入 792.4 亿元；利润 37.34 亿元，创历史水平。

第一章 汽车工业

安徽汽车工业起步较早。经过前期（主要是“六五”计划时期）的建设，已经具备一定基础。到 1986 年，已经批量生产轻卡、重卡、客车底盘和多种零部件。江淮汽车厂、淝河汽车厂及一大批零部件企业初具规模。重点汽车企业加快技术改造，提高生产能力和产品水平。淝河汽车厂以大型客车底盘和重型载货车为主进行技术改造，实力增强，水平提高。该厂“七五”期间共投资 2672 万元，新建了联合厂房、热处理车间，建成有 17 条生产线，整体生产工艺达到国内先进水平，成为国内大型客车专用底盘和重型载货车的骨干企业。

省机械行业的摩托车生产也开始启动。1994 年 3 月，滁州电扇总厂研制的 YZ-50Q 型摩托车通过了机械部汽车司组织的鉴定，并小批量投产。该产品填补了省内空白。

进入 21 世纪，安徽汽车工业快速发展。到 2001 年，全省汽车生产 22.45 万辆，销售 22.8 万辆，居全国第 5 位；全年销售收入 129.03 亿元，实现利税 16.81 亿元。在整车中，江汽达 5.11 万辆，奇瑞达 3 万辆，合肥昌河达 6.23 万辆。江淮汽车从 1990 年开始，连续保持 50% 的速度增长。到 2003 年 11 月，江汽股份公司销售额已达 53.96 亿元，其中 JAC 轻卡销售 5.5 万辆。当年出口汽车 2616 辆，其中轻卡出口 2363 辆。2005 年江汽继续发展，实现利润 7.4 亿元，成为安徽省机械行业当年利润最高的企业。2005 年，奇瑞汽车行业四个第一，即销量增幅第一，全年销售汽车 18.5 万辆；单一品种销量第一；第一台自主品牌汽车发动机诞生；轿车出口第一，全年出口 1.8 万辆。

安徽汽车工业的基础建设不断加强。1993 年，安徽省汽车研究所成立，设在江淮汽车厂厂区。研究所第一项成果即研制配有日本发动机的 6700 底盘获得成功。2004 年 12 月 30 日，江汽博士后工作站揭牌仪式在公司技术中心大楼举行。有关专家在该站第一个项目——“产品开发生命周期管理研究与运用”协议书上签字，标志着博士后工作站工作已进入实施阶段。

到 2005 年，安徽汽车产销量已突破 30 万辆，进入全国各省、市、自治区前 10 名，成为发展最快、增速最大的省份之一。

第一节 汽车整车制造

客 车 安徽客车起步较早。1986 年，由皖西汽车配件厂改制的安徽客车厂已开始生产客车；投放市场后，因价廉适用，受到欢迎。

1988年，蚌埠华阳汽车厂生产的微型面包车（8座）销售良好。在蚌埠当年秋季经济技术交流会上，2天就订出300辆。

合肥客车厂生产中型客车，是安徽最早的正规生产客车的企业，每年产销1000多辆。

在此期间，江淮汽车厂、淝河汽车厂在发展客车底盘的同时准备生产中型客车和大型客车，1991年，省政府副省长龙念、省机械厅厅长朱煦春到北京与机械部部长何光远、副部长包叙述商谈，确定对安徽进行项目支持。商谈结果同意安徽江淮汽车厂、淝河汽车厂搞深加工，由生产底盘转到生产中型客车和大型客车。1993年，江淮汽车厂与合肥汽车修配厂联合成立“合肥江淮汽车制造厂客车厂”，生产HF6600•LIK6700轻型客车。

1993年，淝河汽车厂生产的双层大客车JLY6121S荣获交通部科技成果奖，这一年，该厂工业总产值达2.4亿元、利税2000万元。

1993年8月4日，淝河汽车厂蚌埠客车分厂挂牌，专门生产由淝河汽车厂提供客车底盘的“鲸”牌客车，包括双层客车和长途卧铺客车，规模是年产50辆。

1993年7月20日淝河汽车厂引进德国凯斯鲍尔公司大客车制造技术签字仪式在合肥举行。德国凯斯鲍尔公司的大客车在世界上居领先水平。签字仪式后不久，淝河汽车厂第一批派出21人到德国强化培训。1994年6月，淝河汽车厂的“安徽凯斯鲍尔”大客车首次进入市场，中国银行总行以每辆248万元购置两辆。不久，安徽凯斯鲍尔大客车投入成渝高速公路。紧接着淝河汽车厂被列入国家定点生产大型豪华旅游车的重点企业。

1993年12月20日，安徽客车总厂当年第1000辆客车下线，这一产量使该厂进入全国100家同类企业中第15位，该厂当年实现产值6280万元、销售收入7300万元、利税330万元。主要产品有：AL6700DQ中型客车、AC6630中型客车、AC6600轻型客车。

1993年安徽又一客车企业——扬子集团六安客车厂投产，到1994年已形成年产1000辆生产能力，并于当年出口116辆。工厂制定了年产3000辆的技改实施方案，1996年3月通过了省机械厅组织的审查。

1994年，安徽客车已居全国第九位（含一汽、二汽、中汽总公司），在各省市则排列第六位。

1995年8月初，中汽客车有限责任公司安徽分公司成立并开业，该公司是以江淮汽车厂与王圩经济区联合经营的公司，是中汽客车有限责任公司的一个分部，董事长为左延安。

1995年，淝河汽车厂的豪华大客车有更快发展。5月9日，工厂与德国EVD公司在安徽博物馆举行“安徽凯斯鲍尔”客车展，这是安徽举办的第一次车展，吸引了广大用户和观众前来参观。

安徽客车总厂生产的“华厦”牌客车（城交公交车和无人售票车）销售良好，1996年全省有十多个城市前来购买作城市公交车，1996年5月，当年计划已订购一空。

淝河汽车厂生产的安凯客车深受用户欢迎。1996年11月14日在广州举办的“中国首届旅游汽车推荐会”上，该厂生产的“安凯”牌6120GD型、6120K01型豪华大客车获推荐会“豪华高档推荐产品第一、二位”称号。1998年上半年，安凯开发出豪华空调巴士、会议房车，其中豪华中巴采取侧装单座椅52个，站员100人，吊环式扶手，双门设计，前后档风玻璃采取全景式夹胶安全玻璃，具有视野开阔、转弯直径小、室内空间大、噪音低、耗油少等特点。该车在“1998全国城乡公交改革与信息座谈会”上一推出即受到欢迎，首批35辆低地板公交车被济南客运公司一次性购走。安凯公司生产的公安警察专用车也获得成功。此车车内设有指挥系统工作室，开始进入公安、警察领域。

1997年，原省交通系统的合肥客车厂划归江淮汽车集团公司，更名为合肥客车制造有限公司。划归江汽以后，该厂加强经营管理，1997年即扭亏为盈，1998年年客车开始出口。1998年年底，江汽集团合客公司引进韩国现代公司“AEROTOWN”客车技术，系现代公司90年代推出的改进性车型，长度分别为8.5米、9米，座位是29座和33座，有单开门、双开门的，并可装配空气悬挂和ABS。到1999年10月，已形成批量生产能力。

1998年，中国扬子集团有限公司也积极发展客车，1—10月，共生产、销售客改装车1000多辆。汽车已成为扬子集团的主导产品。

1994—1997年，安客总厂连年亏损，1997年亏损达891万元。1998年1月起，安凯汽车公司托管安客总厂。托管后，安凯将中档客车交给总厂生产，使企业很快转机。1998年共生产客车1029辆，实现销售收入1.23亿元，利税420万元。1998年，安客总厂的“华厦”牌客车获安徽省著名商标。

到1998年，安徽汽车整车已达10万辆（含农用车），其中江淮、安凯、扬子、合肥昌河4家整车厂的整车达7万辆。

1999年10月1日，合肥客车制造有限公司生产的“合肥现代”豪华中型客车（HK6600型）在国庆节面世。该车是公司引进韩国现代公司90年代水平的A/J客车技术生产而成，仅用10个月时间就形成了批量生产能力。到2000年公司生产客车1239辆，销售收入2.19亿元，利税4339万元，其中利润1470万元。

经过多年的发展，安凯的客车水平提高很快。1999年，该公司开始推出6101WK04长途客车、6110WK12中档卧铺客车和6110K11长途客车，很适合市场需要。在1999年底前办的“第二届全国城市旅游汽车产品推荐会”上，安凯股份公司生产的

HFF6120GD豪华大客车和HFF6100K05豪华客车夺取“五星级”最佳推荐产品第一、二名。这是该公司继1996年在第一届城市旅游汽车推荐会上夺魁后再次夺魁。2000年2月9日，安凯2辆申奥会务专用车开往北京交给首汽股份公司，用于申奥会务专用。此车属豪华尊重型，车内配置有液晶电视、电脑、秘书桌、星级小酒吧、会客厅等设施。在2002年6月北京举办的中国国际汽车展览会上，安凯·塞特拉客车以300多万元成交，被项氏兄弟客运公司购得。

2001年，合肥新马客车有限公司在长丰双墩挂牌。该公司由合肥客车制造有限公司与合肥公交总公司共同投资建设。确定目标：到2002年生产公交客车600辆，销售收入5000万元。

2003年以后，安徽客车已成为汽车工业的主导产品，产量不断增加，水平不断提高。2005年，客车生产能力已达5000多辆。

载货车 安徽的载货车制造，以江淮汽车厂的HF131、HFD131轻型载货车和淝河汽车厂150、151重型载货车为主，逐年发展。1986年1月6日到7日，省汽车工业公司受省机械厅委托组织对江淮HF131、HFD131进行省级鉴定。到2005年，江汽轻型载货车已近10万辆，淝河汽车厂的重型载货车由1986年的几百辆发展到2005年的3000多辆。

江汽汽车厂不断改变产品结构，对汽车驾驶室、车身等进行优化设计。1993年10月28日，江淮汽车厂1万辆汽车下线，省长傅锡寿、副省长王秀智等领导出席下线仪式。1994年工厂提出实施“整体规划、分步实施、小步快跑、滚动发展、适度超前”的经营决策。省有关部门批准进行轻型汽车一条龙改造。通过改造，江淮牌轻型汽车的产量和质量都有很大提高，在全国的位次逐年提升。1996年，江淮汽车厂又开发的新型载货车HF1061通过省级鉴定。

淝河汽车厂的重型载货车也快速发展，成为安徽汽车工业的重要组成部分。1986年该厂生产的HF150载货汽车经国家监督检查被评为一等品。“七五”期间，淝河汽车厂共投放2672万元，新建了联合厂房、热处理车间，建成了17条生产线，整体生产工艺已达到国内先进水平，成为国内大型客车专用后盘和重型载货车骨干企业。1996年年底，淝河汽车厂成立30周年，当年实现产值3.1亿元，其中安凯豪华客车产销100辆，产值2亿元。

1997年5月18日，江淮汽车集团有限公司成立。集团以轻型车和农用车为龙头，以资产为纽带，控股合肥客车制造公司、黄山特种车厂、合汽汽车制造厂、安徽六安汽车齿轮箱厂、安徽客车总厂，并拥有半紧密型企业100多家。

1997年7月7日至9日，安凯汽车股份公司股票5800万股在合肥上市，这是安徽省汽车行业第一家上市公司。这次上市采取“全额预缴、比例配售、余款转存”的方式，在合肥发行6000万A股（其中职工股200万股），通过发行股票筹措的资金，用于技术改造和扩大生产。1998年6月24日，江汽有限公司产销1万辆。

到1998年，安徽全省汽车已达到12万辆整车生产能力。

江汽公司的质量管理不断上台阶。2005年11月21日，公司同时获得ISO9001：2000质量管理体系论证和TS.O14001.2004环保管理体系论证。当年，江汽又有5个新产品通过鉴定，即重型牵引车、重型载货车、微卡、商务车和底盘，从而使江汽的载货车品更齐全，形成系列化生产，实现利润7.4亿元，成为安徽机械行业利润增长最快的企业。

微型车 安徽的微型车产生于淮海机械厂，淮海机械厂1990年即开始生产微型车。这是中国最早问世的微型车。1991年，该厂生产的飞虎牌微型车，1—4月就达707辆，比上年增长一倍，全年达2000辆。

1993年，淮海机械厂开发微型车形成了系列生产，拥有单排座、双排座、微型面包车等多个品种，并形成年产3万辆生产能力。1993年12月28日，淮海机械厂隆重举行庆典，庆祝当年生产的第10000辆飞虎牌微型车下线，从而取得年产2.5亿元、销售额2.9亿元、利税1485万元的重大成就，并跻身于全国500家交通运输设备制造企业的行列，成为安徽省第二个年产逾万辆汽车的厂家。1994年6月9日，淮海机械厂生产的200辆飞虎牌微型车出口叙利亚。到1994年年底，该厂的微型车生产突破2万辆，1994年12月26日，举行第20000辆车下线仪式。

此时，蒙城机械总厂的微型车也开发成功，形成小批量生产，投放市场。

1993年10月，合肥汽车制造厂研制成功飞鹤牌HF6420微型客车，并投入生产，性能较好。

1994年4月18日，以蚌埠华阳汽车制造厂为基础的“蚌埠华阳汽车工业总公司”揭牌成立，张金陵任总经理。1995年上半年，蚌埠华阳汽车厂在原来微型面包车基础上改制的供金融和公安部门专用的BHQ5010型金融车和警车，各项设计达到了国家技术标准要求，具有重量轻、体积小等特点，通过省级鉴定。

合肥昌河汽车有限公司于1997年11月18日成立，通过技术改造，已形成年产5万辆生产能力。1998年6月23日，当年第15000辆微型车下线。2000年，合肥昌河汽车公司的微型车产销突破6万辆，销售收入16.5亿元，利税2400万元。至此，该公司已形成厢式客车、单排座货车3大系列141个品种。2003年9月28日，合肥昌河汽车公司新款爱迪尔车下线。2004年6月，合肥昌河公司当年出口汽车404辆，其中到叙利亚392辆，到孟加拉国12辆。

合肥昌河公司加快新产品开发并取得明显成效。2004年，公司四大系列车型即CH7111、CH6353、CH1012、CH101等新产品通过省级新产品鉴定。此时，产量也不断增长，到 2004 年，日产爱迪尔车由 80 辆增加到 200 辆。

2005 年，以合肥昌河公司为主的微型车继续发展，成为安徽汽车工业的重要组成部分。

商务车　2001 年 3 月 16 日，江汽公司与韩国现代公司签订小型乘务车技术转让协议。“H”小型乘用车是现代公司 20 世纪 90 年代末开发的主力商用车，比较适应中国机关、团体、企事业单位需要。

2004 年 7 月，江汽公司 200 辆瑞风商务车 MPV 被解放军总后勤部采购。这是瑞风车第一次“入伍”，也是中国 MPV 第一个“入伍”的产品。

2005 年，江汽公司的商务车继续发展，已经成为江汽公司的主导产品之一。

轿车　1993 年，合肥汽车制造厂研制的 HF1010 型飞鹤牌微型轿车（长宽高为 4140cm×1640cm×1460cm），时速 95 公里，每公里耗油 5.9 升，可乘坐 5 人，是安徽省最早生产的轿车之一。

1998 年，蒙城安驰汽车（集团）公司引进韩国技术生产的“安驰”牌 WC6330 微型轿车，单价 4 万多元，投放市场后很受城乡用户特别是个体户欢迎。

1997 年初，芜湖奇瑞公司前身即“安徽汽车零部件工业公司”在芜湖诞生。1998 年 12 月 8 日，奇瑞第一辆轿车生产出来，但此时仍是一个没有“准生证”的“黑户”。2001 年，奇瑞加入上汽集团，从而取得市场销售的资格。在此期间，奇瑞公司加速建设和发展，很快形成批量生产，而且由于价格低、质量较好，一投放市场即受到欢迎。

奇瑞公司注重在海外建立销售网点。2004 年 12 月 16 日，奇瑞公司与美国视野汽车公司在芜湖签署奇瑞汽车出口协议，据此协议，美国视野公司拥有奇瑞汽车在北美地区（美国、加拿大、墨西哥）的分销权，双方约定：从 2007 年起，奇瑞向美国批量出口汽车。至此，奇瑞已与全球 20 多个国家建立了整车出口或合作建厂协议。2004 年上半年全国轿车出口 3392 辆，其中奇瑞就有 2958 辆，占 87.7%。奇瑞还在伊朗合作建设一个 CKD 整车厂。

2003 年 5 月 1 日，奇瑞 QQ 轿车上市，该车排量为 1.1 升，单台售价 4.98 万元。2004 年，600 辆“东方之子”被选定服务于全国人大十届二次会议和全国政协十届二次会议。2005 年 3 月，奇瑞汽车公司并购芜湖一汽扬子公司。芜湖一汽扬子公司占地 27 万平方米，建筑面积 12 万平方米，具有年产 3 万台底盘和 2000 辆客车生产能力。但由于经营管理不善，长期亏损。2005 年 1—11 月，奇瑞生产轿车 16.7427 万辆，比上年增长 110.4%，增速为全国第一。2005 年上半年，上汽占有奇瑞的 20% 股权撤出。

2005 年，奇瑞公司创最高历史纪录，1—11 月产车 167427 辆，比上年同期增长 110.4%，增速为全国第一。全年创全国汽车行业四个第一，即销售量增幅第一，全年销售汽车 18.5 万辆；单一品种销量第一；第一台汽车发动机自主品牌诞生；轿车出口第一，全年出口 1.8 万辆。

2005 年 6 月 16 日，奇瑞成立汽车工程研究院，专门从事汽车的研发和设计。

皮卡车 安徽的皮卡车由中银扬子汽车有限公司生产，一投放市场就受到欢迎。1998 年产皮卡车 1000 多辆，1999 年达 4000 多辆，接着，新式皮卡车“麒麟”牌皮卡车问世。2000 年，中标国家技术监督局的执法专用车，一次中标 270 辆，价值 800 多万元。在这以后逐步发展，到 2005 年 1—3 月就产销 2500 辆，形成万台生产能力。之后，湖南长丰汽车公司（生产越野吉普车等）兼并了扬子汽车公司成立安徽长丰扬子汽车公司，生产猎豹牌皮卡车，销售市场良好。

第二节　汽车零部件及配件制造

进入 20 世纪 80 年代，随着汽车的快速增长，汽车配件的品种不断增多，总量不断增加。到 2000 年，全省汽车配件企业达 300 多家，当年完成产值 1.56 亿元、销售收入 1.59 亿元，分别比上年增长 38.25% 和 41.38%。实利税 1748 万元，其中利润 804 万元，分别增长 66.48% 和 79.46%，工业总产值达 300 多亿元，成为安徽汽车工业重要组成部分。到 2005 年，全省汽车配件伴随着汽车整车的发展有很大增长，汽车配件产值达到 350 亿元，成为汽车工业的重要行业。

客车底盘 从 1986 年起，江淮汽车厂根据市场上轻型客车需要量增多，而轻型客车底盘缺门的情况，着手进行轻型客车底盘的研发和生产，并形成特色。淝河汽车厂的大型客车底盘也发展很快，逐步形成特色和优势，广泛为省内外的客车生产厂提供产品。1987 年，淝河汽车厂生产的 2 台 FH682 大型客车底盘，被一家企业改装成豪华大客车，投放市场后反映良好。

在这以后，江淮汽车厂继续发展轻客底盘，产量不断增大，到 90 年代，最高一年达 3 万多辆，广泛为省内外客车厂配套，成为国内生产批量最大、用户反映最好的客车底盘生产企业。1991 年，淝河汽车厂开发的 6120D09•HFF6120D10 型大型客车底盘获得成功，达到国际 20 世纪 80 年代水平，并已形成 1000 台生产能力。3 月 11 日，参加北京首届全国工业企业技术进步成就展，受到热情关注。到年底，已形成 1000 台生产能力。

1995 年 6 月 20 日，江淮汽车厂“八五”技改项目竣工验收，江淮厂以 HF6700 客车专用底盘为基础开发的四十余种底盘，形成了“高中低、中长短、前后置、汽柴油”齐全的多品种、系列化产品，到 1998 年，江汽公司的客车底盘深受欢迎。上海、天津的客车公司、公交公司都纷纷前来订购该公司的客车底盘制作中巴。

中国扬子集团有限公司也从底盘入手发展汽车，1998 年 1—10 月共完成一汽扬子底盘7300多辆。

进入21世纪以后，安徽的客车底盘加快发展。尤其是江汽的轻客底盘，逐步上升。到2005年已经成为企业的主导产品，在国内享有较高声誉。

车桥 地处宿州市的安徽车轿厂坚持技术进步，到1993年，已能开发出8吨、12吨、14吨、15吨级车桥总成，形成挂车车桥总成的系列产品。1995年4月，安徽车桥厂生产的WS4118制动器、ZS系列车桥及车轴、轮毂制动器通过了交通部汽车测试中心检测，达到优等品水平。

合肥汽车配件厂的车桥（后桥）也发展很快，1994年该厂的车桥（后桥）突破2万台，销售收入8000多万元，利税550万元。1995年，订货达4万台。1995年7月，合肥汽车配件厂首批前桥（3～5吨位）下线，结束了该厂只能生产后桥不能生产前桥的历史。合肥汽车配件厂生产的前轿质量和水平有很大提高。1998年其两种型号即415A、415B（0.5吨插管式前桥）首批出口莫桑比克。

合肥汽车配件厂的两种汽车后桥即HF16016、HF16019属引进日本50龄汽车驱动桥技术且有改进创新的产品，1999年通过省级鉴定，可为4吨级中型规载货车和8米客车底盘提供总成。新开发的6吨、8吨、12吨、15吨、18吨、25吨等多吨位级车桥广泛为东风、黄河、斯太尔等轻重型货车配套。1998年上半年完成销售收入3344万元，利税218万元，1999年成为全国重型车车桥的配套厂家。

为配合江汽公司瑞风商务车发展，自2002年起合肥车桥公司（即原合肥汽车配件厂）生产高档车桥，替代进口，为瑞风商务车配套。2004年，合肥车桥有限公司又开发出HF18045系列驱动桥，该车桥有效负荷8吨，有ABS抱死技术，采用气制、油制两种制动方式，可为不同技术要求的客车、货车配套。

安凯汽车股份公司生产汽车车桥有较好基础。2002年年初，由安凯股份公司、北汽福田有限公司和丹东曙光车桥有限公司三家联合成立安凯福田曙光车桥有限公司，计划到2002年产车桥1万根，2006年达到20万根。成立不久，即呈现旺盛的销售形势。

活塞 安徽活塞环厂生产的活塞环质量较好，投放市场即受到欢迎。1988年，经二汽东风联营公司同意，该厂正式成为东风联营公司的成员，并获得联营公司颁发的“二汽联营定点厂证书”。安徽活塞厂生产的活塞水平较高，其中GAG480活塞被芜湖家用轿车（通达汽车厂）配套。

1992年7月，安庆活塞环厂引进美国哈斯汀公司具有国际最先进水平的轿车钢带环全套技术，仅两个月就拿出样品，很快达到年产200万套的生产能力。1993年，工厂创产值3102.13万元，销售收入2762.92万元，实现利税761.21万元。1994年，企业进入全国机械工业500强、安徽企业100强、安徽机械工业50强。1996年，企业与日本帝国活塞环株式会社、英国TEN汽车零部件集团公司合资，3月成立安庆帝伯格茨（ATG）活塞环有限公司。首期项目投资2995万美元，注册资金2800万美元，其中中方投入净资产800万元，日、英各投资1000万美元。该项目具备生产5200万片高中档汽车及摩托车活塞环的能力，占国内市场三分之一以上。到1998年，安庆帝伯格茨（ATCT）活塞环公司生产的活塞环为国内许多主机厂如大连柴油机、无锡柴油机、玉林柴油机、柳州发动机、杭州发动机配套。1999年，公司产品又通过德国大众汽车公司审核，获准进入德国大众汽车集团汽车配件全球采购系统。1999年该公司工业总产值突破2亿元，达21500万元，销售收入17500万元，分别比上年增长47%和61%；实现利税5200万元，其中利润3200万元，分别增长123%和146%。

2000年，该厂与日本帝国活塞环公司、安庆ATG公司达成协议，决定进行第二轮合作——生产粉末冶金发动机气门座圈。2001年，以安庆帝伯格茨活塞环公司为基础成立安庆环新集团。2002年6月，安庆环新集团与日本ART金属工业株式会社、日本帝国活塞环株式会社三家成立安庆雅德帝伯活塞有限公司。到2005年形成240万只活塞生产能力。成立不久，新型活塞即投产并形成批量生产。

地处庐江县城的庐江活塞厂为适应汽车工业发展需要，1993年，引进美国的全自动活塞浇铸机，属国内首创。引进的设备价值73.2万美元，具有国际20世纪90年代水平，可为轿车发动机提供488型活塞毛坯。

发动机 1987年，芜湖汽车发动机厂研制成6130Q型柴油机，额定功率为210马力，可为10吨载货车、大型客车配套，于12月7日通过省级技术评审。

芜湖汽车发动机厂生产的发动机基础较好，到1993年，已形成月产300～400台。1993年上半年工厂共完成工业总产值1956万元，销售收入2221万元，实现利润175万元。在1993年与杭州发动机厂紧密联营后，依靠杭州发动机的支撑，在生产6120发动机的基础上，又开发出6130、6108型柴油机以及多种零部件，扩大了为汽车服务的领域。到1995年，该厂生产的传动轴经长春汽配研究所检测，各项性能一次性合格，形成年产10万台套的生产能力。

奇瑞公司致力研制汽车发动机并取得成功。2005年3月28日，型号为“ACTED”发动机下线点火成功，11月开始装车。这种发动机代表了21世纪的国际水平，具有超常省油、超级环保、超长寿命等特点。

其他汽车配件 1986年，皖西汽车配件厂的车用空气压缩机研制成功，并获得部优产品称号。该厂还生产汽车轮毂，也有较大的市场。

合肥汽车油泵厂于1986年研制成功2C-2C3型举升泵，可用于汽车维修时将车子举升，在国内占据一定的市场。

1986年，潜山方向机厂研制的新产品N1142循环球式汽车方向机获得成功。该产品采用高传动效率的滚珠丝杆和可调整间隙的齿轮组成，与其他方向机相比，具有安全可靠、使用寿命长、操作轻便灵活的特点，能满足车辆操作多方面的需要。

凤阳散热器厂是从事汽车散热器的专业厂，到1986年，已形成较大规模，生产的散热器为众多的汽车厂家配套。2000年，凤阳散热器有限公司取得了ISO 9001质量管理体系证书，通过引进德国、日本的生产设备，年产车用散热器20万只，“中都”牌系列产品400余种，尤其是引进日本TCM技术和韩国现代公司技术，建立5万只中冷器和铝散热器生产线，提高了产品档次，产品销往江汽、安凯、跨进、黄山、金龙等汽车生产企业。

专业生产汽车齿轮箱的六安汽车齿轮厂有新的发展。1987年12月，该厂生产的HF132载货车变速箱通过鉴定。

1988年，蚌埠拖拉机附件厂生产的KW2036空气滤清器通过鉴定并批量投产，这种产品引进的是西德技术，第一批生产600余只。

汽车油箱首先在蚌埠开始发展。1990年，蚌埠油箱厂开发的CA-141、EQ-140S、TY-2015汽车油箱获得成功，并为一汽、二汽配套。

岳西县积极发展汽车配件生产,其汽车缸套、蓄电池、汽缸垫达到一定水平。1993年，中国汽车工业总公司同意将岳西缸套厂、岳西蓄电池厂、汽缸垫厂列入省汽车工业公司成员厂，纳入汽车行业管理，并同意将部分配件扩散给这些企业生产。同时，帮助岳西成立汽车工贸公司，以贸促工，共同发展，从而形成了以岳西缸套厂为主的汽车配件联合体。1992年销售收入就达4500万无，利税700万元，从而成为岳西县的支柱产业。

1990年，原三线厂江南机械厂搬迁至合肥，围绕汽车配件艰苦创业，先后开发出发动机盖铰链、车门铰链和微型车前悬挂及后轿等，到1992年，当年就完成工业产值1940万元，1993年产值达4000万元，利税350万元。

经过前些年的发展，蚌埠滤清器厂已形成一定规模。1993年，工厂加入北京内燃机集团，加入集团以后，每年可供配套1000万元，占蚌埠滤清器厂年产的六分之一。1995年11月，蚌埠滤清器总厂与蚌埠机床工具公司垫铁厂合资成立“蚌埠清城机械股份公司”，发展滤清器生产，公司注册资金125万元，其中滤清器总厂投入设备和资金64万元，占51.4%。1999年1—6月完成工业总产值6323.16万元，分别比上年同期增长37%和48%; 实现利润45.5万元，扭亏为盈。蚌埠滤清器总厂加快新产品开发。2000年1月，又研制出K2404环保型空气滤清器，此种滤器带有恒温控制，可促使发动机充分燃烧，从而有效地降低排放，减少污染，节省油耗。同时，该厂的3XO710A旋转式机油滤清器获1999年国家级新产品称号。

芜湖仪表厂开发软轴生产。1993年，新型软轴RZ23115/007研制成功并投入批量生产，这种软轴采取钢丝编织骨架尼龙内衬套，外覆高密度乙烯塑料外壳，具有稳定性能强、外观美、重量轻等特点，可广泛用于中型车、大客车。

江南机械厂生产的轿车铰链组合件继续发展，接着又开发汽车前悬后桥，1993 年利税达 500 万元（其中利润 273 万元）。

在汽车工业快速发展的影响下，一些小企业也开始发展汽车配件生产。1993 年，庐江县东方化油器厂开始生产化油器，畅销全国 19 个省、市、自治区。同时，蚌埠汽车配件厂投资 40 万元建成一条龙汽车弹簧生产线，1994 年 2 月交付使用。该厂生产钢板弹簧有 19 年历史，但是过去只限于生产农机弹簧。建成汽车弹簧生产线以后，具有年产 BGBO、CQ141 汽车板簧 28000 余架的生产能力。

地处绩溪县的皖南利民机械厂积极发展汽车刹车片生产。1995 年 7 月，工厂与香港合资生产中小轿车碟式 / 鼓式非石棉刹车片在上海签字。这一项目列入安徽省“九五”计划 20 个重点引进项目。

蚌埠汽车钢圈厂也有新发展。1994 年，共接收订货 35 万套，打入全国 50 多个汽车生产厂。1995 年订货达 10 万台，广泛为全国汽车行业配套。

汽车真空助力器是汽车的重要配件。1994 年，芜湖汽车配件厂与台湾享通汽车部件股份公司合资成立的华享汽车部件有限公司生产的真空助力器获得成功，产品质量经德国奥迪公司检测合格，为一汽奥迪轿车配套的首批真空助力器获免检资格。1995 年为一汽奥迪轿车配套 1.8 万台，产值 1.5 亿元，效益很好。接着，公司又成功生产 CA1040 汽车液压制动主缸总承，其 9 项指标均达合格，经专家鉴定同意为一汽轻型卡车配套。

地处涡阳的安徽汽车制动器厂生产制动器有一定基础，但由于经营管理不善，1993 年前处于亏损。1994 年，通过深化改革加强管理，1995 年即创产值 3000 多万元，销售收入 2548 万元，利税 170 万元，创历史最高水平，并建立了康达机械实业集团。

安徽省红旗机械厂积极生产汽车配套产品，1995 年上半年，成功生产出微型车汽车货厢、沙发座椅，并形成批量生产能力，为淮海机械厂等企业配套。

1998 年，合肥汽车油泵厂改制为合肥天力公司，公司新研制的 QG18/13-D14 转向助力泵为上海柴油机配套，开始进入汽车领域。

地处六安的安徽汽车齿轮箱总厂研制出“5T30”“5T97”等型号的变速箱，为客车底盘配套，获得较好效益，1997 年完成产值 5021 万元，利税 558.6 万元。2000 年 6 月 29 日，安徽汽车齿轮箱总厂又一新产品 LC5788 变速箱通过省级鉴定，该产品系引进吸收日本 50 龄技术研制而成，是 1.5 吨至 2.5 吨轻型货车的理想配套产品。

1998 年，安徽唯一生产内燃机进排气门、活塞栓的安徽庆龙有限公司（桐城内燃机配件厂）生产的 6110、GA488 进排气活塞栓已达到一汽集团的水平要求，经一汽集团检验认定，允许使用“一汽”和“红旗”两个商标，公司与一汽签订了商标使用合同。

宁国中鼎公司大力发展汽车密封件，规模不断扩大。到1997年，公司职工有4300人，固定资产5.5亿元，销售收入达4.2亿元，利税9000万元（其中利润5500万元），在全国名列前茅。

地处休宁县的黄山汽车电器有限公司生产的组合开关、汽车锁等产品质量好，为一汽、大众、江龄等企业配套，有较高声誉，1999年接受德国、澳大利亚客商订货组织出口。2000年，黄山汽车电器有限公司获得中国汽车产品认证委员会质量体系认证中心颁发的QS9000证书，这是该企业继1997年取得ISO 9001质量体系证书后获得的又一张市场通行证。当年1月，该公司又被确定为“省级企业技术中心”。

芜湖华享汽车部件公司引进英国卢卡斯技术生产的IVECO真空助力器，经过消化吸收，到1999年3月已全部实现了国产化，并为南京跃进汽车等整车厂配套。

安徽汽车制动器厂加快发展，1999年，该厂完成工业总产值6340万元、销售收入5940万元、实现利税450万元，均创历史最好水平。2000年年初，工厂通过ISO 9002质量认证。2000年，生产的制动器已达40多种，广泛用于国内轻、重型卡车。到2001年该厂产量达30万只，完成产值3.4亿元，进入全国同行业先进行列。安徽汽车制动器厂生产的康达制动器质量好、水平高，2004年首批34套47030–0677A等6种制动器出口日本，为日本日野公司配套。企业举行了首发仪式。

由于各种原因，自2002年以后，黄山金马集团有限公司经营遇到困难。2003年6月，浙江铁牛实业有限公司并购黄山金马集团有限公司，注入资金3000多万元，对职工身份进行置换，重组后再投入1.2亿元用于发展生产。

2002年，来安县科来兴实业有限公司（原来安县第一机械厂）生产汽车门保持件、门铰链，也获得成功，2003年正式投产，为一部分汽车厂家配套。

第三节　改装汽车制造

安徽的改装车生产比较分散，以后逐步增多，并相应集中。

1987年，马鞍山冷藏车厂生产出新型冷藏保温车。1988年年初通过省级鉴定（采用东风140、解放141、北京130二类底盘）。

1998年4月，江淮汽车集团用HFC1061系列底盘制造的箱式车，被香港太古可口可乐公司选中作为专用车，首批8辆样车交付使用。

为适应专门作业需要的专用车也发展很快。2004年，马鞍山星马汽车公司研制成高档水泥搅拌车，该车采用奔驰二类底盘，配置奔驰V型6缸发动机，符合欧Ⅱ标准。此车搅拌容量为10立方米。

合肥昌河公司与格力空调公司合作，2004年4月18日又有143辆微型车改为格力空调服务车。至此，累计已有 500 辆昌河汽车作为格力空调服务车。

2000 年，蚌埠顺达汽车制造有限公司（汽车改装企业）经蚌埠滤清器总厂兼并后，积极开发厢式半挂、大吨位自卸车，产品合格率达 100%，产销率达 100%，到年底，该公司转亏为盈。

2003 年以后，江淮汽车公司接收皖东机械厂，也开始从事专用车生产，形成一定能力。2005 年以后，又独立成立江汽公司专用车分公司，专门从事专用车生产。

第二章　工程矿山机械

工程机械包括叉车、挖掘机、装载机，矿山机械包括综采设备、皮带运输机、装岩机、矿车及其配件。在 1986 年至 2005 年，由于中国的基本建设加快，对这类机械设备需求量增多，工程矿山机械发展势头良好，成为这一时期仅次于汽车工业发展较快的行业。

第一节　工程机械

挖掘机　自 1986 年起，合肥矿机厂即开始研制液压挖掘机。1990 年 12 月，合肥矿机厂 WY-20 型轮胎式液压挖掘机研制成功，通过省级鉴定。该机系引进德国技术制造而成，自重 18.5 吨，计容量 0.8 立方米，此机填补国内空白，达到国内 20 世纪 80 年代水平。

1991 年 1 月，合肥矿机厂“七五”技术改造通过验收。到此为止，工厂已累计生产挖掘机 2570 台，其中 WY-60 型挖掘机被评为国家金奖，WY-80 型挖掘机被评为部优产品。企业还引进德国利勃海尔公司技术，开发出 A922、R922、WY100、WYZ20（轮胎式）新产品，形成了年产 500 台的生产能力。工厂并获得国家二级企业称号。

1991 年上半年，合肥矿机厂生产挖掘机 138 台，产值 3586.5 万元，销售 148 台，销售收入 4215 万元，实现利税 518.4 万元，均比上年增长 1 倍多。是年 11 月 22 日上午 10 时，中共中央总书记、国家主席江泽民在省委书记卢荣景、合肥市委书记陈光琳的陪同下，视察了合肥矿机厂，并为工厂题写厂名“合肥矿山机器厂”。

1991 年，机械部决定合肥矿机厂参与引进日本小松挖掘机。合肥矿机厂加快发展，逐步做大做强。1992 年，产销挖掘机 400 台，实现利税 2000 万元。1993 年 9 月，工厂晋升为国家大型企业，并获得 1993 年度全国用户满意企业（全国 50 家企业之一），WY60A 型和 WY80 型挖掘机被评为全国用户满意产品。

1993 年，合肥车辆厂与天津工程机械研究所联合研制 WY12.5A 型履带式液压挖掘机获得成功。该机反铲计容量为 0.5 立方米，液压系统为高压恒功率变量，性能达到国内同类产品先进水平。1993 年 12 月，该厂生产的 12.5A 履带式挖掘机和 12.5B 轮胎式挖掘机通过机械部鉴定，6 台样机全部合格。

1995 年 4 月 11 日，合肥矿机厂与日本建机、日本三菱商事、邱永汉事务所四方共同出资建立“合肥日立挖掘机有限公司”。根据协议规定：合肥矿机厂每年提供不少于600台套的挖掘机部件，后来又具体到1996年600台、1997年1200台、1998年1500台、1999年1800台、2000年2000台，合资公司提供9700万元的设备用于生产。合资公司在合肥经济开发区建立新厂。合肥矿机厂与日本日立建机合资后，留在老厂的人员成立合肥万方矿山机器股份有限公司。1999年开发成功新一代HK200型液压挖掘机，于8月12日试制成功。

1995年3月27日，合肥日立挖掘机有限公司取得营业执照，正式成立。公司位于合肥市经济技术开发区，占地36万平方米。总投资额为4.3亿元人民币。注册资本2.74亿元人民币，是由日本国日立株式会社、日本国三菱商事株式会社、香港暨永实业有限公司三方共同投资兴建的、具有世界先进水平专业化生产技术的液压挖掘机的大型外商独资企业。

1995年12月21日，公司开始组装EX系列液压挖掘机。1996年，结合市场需求从日立建机导入EX300型、EX200-5型液压挖掘机进行小批量生产，全年生产挖掘机317台，销售挖掘机265台。1997年，EX200-5型液压挖掘机投入批量生产，并从日立建机导入EX200LC-5型挖掘机进行试作。全年生产挖掘机568台，为1996年产量的179%，全年销售挖掘机445台。在市场占有率方面，合肥日立挖掘机在全国挖掘机行业位居榜首。9月8日，在北京建设机械展览会上，合肥日立挖掘机有限公司生产的EX200-5型液压挖掘机荣获外观质量一等奖。12月9日，合肥日立挖掘机有限公司获得使用“HITACHI”商标的许可权。1998年，合肥日立挖掘机有限公司生产规模进一步扩大，在EX200-5型机的基础上派生开发了EX210LC-5型挖掘机，同时又从日立建机导入EX350LC-5型挖掘机进行试作，全年共生产挖掘机964台，为1997年生产量的170%，全年销售挖掘机1117台，有8台挖掘机作为海外施工工程的装备机前往苏丹作业。在市场占有率方面，合肥日立挖掘机继续位于首位。9月28日，公司累计销售EX液压挖掘机台数突破1000台。1999年，合肥日立挖掘机有限公司生产挖掘机1197台，连续三年蝉联中国挖掘机行业产销量第一的好成绩。10月29日，合肥日立挖掘机有限公司取得上海质量体系审核中心ISO 9002的认证审核。

2000年，合肥日立挖掘机有限公司生产挖掘机1286台，同时进一步追加投资，注册资本达3.74亿元人民币，总投资额达6亿元人民币。2001年4月29日，合肥日立挖掘机有限公司累计销售液压挖掘机台数突破5000台。10月18日，合肥日立挖掘机有限公司取得机械工业环境管理中心ISO 14001的认证审核。2002年，合肥日立生产挖掘机3541台，销售挖掘机3379台，产值达20多亿元，纯利润达1.2亿元。1月18日，合肥日立挖掘机有限公司更换EX产品，开始生产新世纪具备未来动力的ZAXIS系列液压挖掘机。2003年，公司销售挖掘机4901台，生产挖掘机4850台，销售额达到32亿元人民币；在出口方面，出口挖掘机整机53台，共计335.06万美元，出口零部件销售387.97万美元。12月15日，合肥日立挖掘机有限公司首批50台液压挖掘机返销日本。2004年，合肥日立挖掘机有限公司生产液压挖掘机3403台，实现工业总产值25.1亿元，实现产品销售收入20.6亿元，实现纯利润1.7亿元，市场占有率达17.07%。5月31日，合肥日立挖掘机有限公司入选2003年度全国进出口500强企业（全国第446位，安徽省第5位）。

2005年4月30日，合肥日立挖掘机有限公司更名为日立建机（中国）有限公司。6月30日，日立建机（中国）有限公司荣获中国机械工业行业销售收入百强企业。12月9日，公司扩充了新品种起重机，改变了单一的挖掘机产品。2005年，公司生产挖掘机3191台，产值达22个亿，纯利润达2亿元人民币，同时公司进一步追加投资，注册资金达4.24亿元人民币，投资总额达10亿元人民币。

围绕挖掘机发展，一些机械企业积极发展零部件，如地处滁州南谯经济开发区的滁州恒昌机械制造有限公司生产后配重外壳、驱动链条、系列轴肖等，为卡特彼勒、日立、神钢等主机配套，2005年产值突破1亿元。还有一些企业承担挖掘机有关零部件生产，也取得较好效益。

装载机　装载机是工程机械的重点产品之一。1987年2月，蚌埠第二机床厂研制出ZL08型轮式装载机。1994年，在该厂成立蚌埠装载机厂，从事装载机生产。1995年1—5月完成105台，实现工业产值870万元，销售收入800万元，初具规模。但是没有形成批量生产。

1993年，六安手扶拖拉机厂研制出1.5—3吨的轮式装载机。这种机型可用于城镇建设、矿山开采、公路施工，也可进行散装物料的装卸、起运及运输牵引。

第二节　矿山及起重运输机械

叉车　合肥叉车厂是安徽工程机械的重点企业，也是国家定点生产的工程机械企业。进入1986年，合肥叉车厂的叉车生产有新的发展。1986年3月，工厂生产的CPC3叉车通过部级采用国际标准验收，当时该厂的叉车已达到国内先进水平。

1987年，在合肥叉车厂发展史上是重要的一年，这一年，工厂引进日本TCM公司的系列叉车技术，车型包括有2吨、3吨的汽油机叉车和2.5吨、3吨、4.5吨的柴油叉车。先行开发的2—4吨叉车投放市场，反映良好。同时，企业又在研制1—10吨共30多个品种的系列叉车。

随着合肥叉车的发展，其关键配套件叉车变速箱需要发展。1988年12月13日，省机械工业厅决定在安徽拖拉机厂生产TCM叉车变速箱，经过不到一年的努力，获得成功并通过省级鉴定。随后，该厂以小批量供货为合肥叉车配套。

随着合肥叉车厂的规模扩大，合肥叉车厂改为合肥叉车总厂。1987 年，以该厂为核心，成立了安徽叉车集团，并逐步吸收相关企业加入集团。

1988 年 7 月，蚌埠液力机械厂加入安徽叉车集团。该厂生产的 JIH265、JIA315A 型液力变矩器也属系列引进日本 TCM 专项技术，具有 20 世纪 80 年代水平，可为叉车等工程机械提供配套。

从 1989 年以后，合肥叉车总厂继续加快发展，企业通过引进日本 TCM 公司技术后加大技术改造，已经形成年产 2500 台叉车的生产能力。1991 年 6 月 15 日，企业第 10000 台叉车（累计）下线。

由于合肥叉车厂的叉车质量可靠、水平提高，从 1985 年起开始出口。1990 年，企业出口创汇达 264.4 万美元，超过 1985—1989 年五年出口量的总和，出口的产品主要是 1 ~ 10 吨叉车。1992 年产叉车 3080 台，销售收入 2.25 亿元，实现利税 2330 万元，出口创汇 400 万美元，而且产品达到国际 20 世纪 80 年代中期水平。1993 年，企业完成叉车达 3900 台，比上年增长 111%；实现销售收入 3.85 亿元，增长 60%；实现利税 4500 万元，增长 84%；出口创汇 562 万美元，增长 35%。

合肥叉车总厂重视产品质量和销售服务。1993 年，企业组织的第一次"质量服务万里行活动"启动，共经过 28 个省、市、自治区、167 个市，行程 45360 公里，等于绕地球一圈多，服务队共走访用户单位 350 个，维修叉车 796 台，还签订 300 多台叉车供销合同。

为配合叉车生产，合肥铸锻厂采用"V"法铸造工艺生产的叉车配重铁获得成功，除批量供给叉车配套外，还出口日本，具有很高的经济效益。

1993 年 12 月 22 日，中日合资安徽 TCM 叉车有限公司成立并举行签字仪式。该公司总投资 1000 万美元，注册资金 500 万美元，其中合肥叉车总厂占 45%，TCM 公司占 45%，西日本贸易株式会社占 10%，公司建成后，计划形成年产 3.5 吨以上 2500 上台的规模。

1994 年，安徽拖拉机厂生产的叉车变速箱开始供货给陕西宝鸡叉车厂，用户使用反映良好。

1994 年 12 月 20 日，合肥叉车总厂第 20000 台叉车下线，达到三年（即 1992 年—1994 年）共生产叉车 1 万台的产量，等于前 30 年的总和（1 万台），实现了省机械厅提出的三年达到一万台的目标。尤其是出口增长快，这一年企业出口创汇 502 万美元（折合人民币 4084 万元），出口叉车 404 台，成为中国叉车行业出口最多的企业，列入国家机械部表彰的出口创汇 500 万美元以上的 104 家企业之一，也是安徽的唯一企业。到 1995 年 1 月 28 日，企业获得的国家级技术中心认证并正式成立挂牌。安徽叉车集团公司成立以后，产品出口量不断增大，早在 1991 年公司就获得进出口自营权。为适应扩大出口需要，1997 年，又成立安徽合力进出口有限公司，专门从事叉车的进出口工作。

1995 年 11 月 21 日，日本参与投资的安徽 TCM 叉车公司在合肥成立并举办开业仪式。该公司设在合肥叉车总厂内，占地 6390 平方米，总投资 1000 万美元，注册资金 500 万美元，由合肥叉车总厂厂长刘汉生任董事长，日本岛田英三任总经理。生产 3.5 吨以上的叉车，规划年产叉车 2500 台。2000 年以后，安徽 TCM 叉车公司最高年产量达 5000 台。

随着合肥叉车总厂产量不断扩大，需要一些专业厂为其承担重要部件。1996 年 10 月 18 日，经安徽省经贸委批准，安庆车桥厂无偿划拨给已成立的安徽叉车集团公司，承担叉车车桥的专业生产。1997 年 9 月 27 日，安徽叉车集团公司收购蚌埠液力机器厂。

安徽叉车集团公司在发展主导产品叉车的同时，又开发其他产品。1997 年 9 月，公司开发出新产品——QQ20 型牵引车；接着，又首次开发出扒渣车（CPCD60NZ-W 型）2 台，系为贵州铝厂 40 吨混合炉搅拌及排渣专用设备，供货使用后反映良好。

安徽叉车集团公司不断发展壮大。1997 年，公司实现工业总产值 6.35 亿元、销售收入 6.44 亿元、利税 1.1 亿元、出口创汇 1570 万美元，又创新高。

陕西宝鸡叉车四厂于 1997 年 10 月加入安徽叉车集团后迅速发展，1998 年即实现盈利，1999 年产销叉车 800 台，实现利润 50 万元。同时，在安徽叉车集团的带动下，蚌埠液力机器厂大力发展叉车变矩器，从 1999 年起逐步改变了困难局面，1–5 月生产叉车变矩器 1901 台，销售良好。

由于安徽叉车集团公司的“合力”叉车的质量和水平不断提高，受到解放军总后勤部装备部的重视，1999 年 7 月，公司向解放军总后装备部提供 29 台“合力”叉车，总价值 200 万元。2000 年 10 月 30 日，安徽叉车集团公司 133 台“合力”叉车经过解放军总后勤部华北军用物资处订购“入伍服役”，至此，该公司已累计向解放军提供“合力”叉车 700 台。

2000 年，安徽叉车集团公司实现销售收入 8.69 亿元，比上年增长 34%；出口创汇 1786 万美元，增长 21%；实现利税 1.29 亿元，增长 65%，其中利润 8014 万元，增长 80%。公司已是连续十年获得全国第一。2001 年，安徽叉车集团公司出口叉车 913 台，实现出口销售收入 9696 万元，回笼资金 1.08 亿元。

随着形势的发展，安徽叉车集团公司所属的宝鸡合力叉车厂、蚌埠液力机器厂、安庆车桥厂与集团公司更加紧密。自 2002 年 1 月 1 日起变更工商执照，正式成为安徽合力股份公司分公司。

2004 年 1 月，合力工业园建设启动。工业园占地 800 亩，总投资 15 亿元，计划到 2006 年建成。全部建成后，可形成年销售收入 100 亿元、利税 12 亿元、出口创汇 1.2 亿元美元的规模。

安徽叉车集团公司的“合力”叉车质量和水平不断提高，受到国家有关部门的重视。2005 年 4 月，安叉的“HECI”品牌被评为商务部重点培育和发展的出口名牌，这是中国工程车辆行业唯一获此殊荣的品牌，7 月 2 日在人民大会堂召开的“第三届中国市场用户满意品牌高峰论坛年会”上“合力牌”叉车被评为行业 2005 年度“中国叉车市场第一品牌”。

2005 年 11 月 3 日，安徽叉车集团公司通过由国家安全总局、中国机械安全协会专家进行的“创建一级安全质量标准化”复查，从而成为全国首批（22 家）、安徽首家的“一级安全质量标准化企业”。

2005 年，安徽叉车集团公司又成功试制出“合力”G 系列叉车，进一步改进了叉车的操作性、舒适性、安全性和视野效果，受到用户欢迎，从而成为公司新的经济增长点。

2005 年，安徽叉车集团公司生产叉车突破 2 万台，连续 15 年位居全国第一。2005 年 12 月，公司又在上海建立叉车行业“4S”店（集产品销售、配件供应、维修服务于一体）。成为中国叉车行业创建的首家“4S”店。

2005 年，江淮汽车公司重组原合肥矿机厂的银联公司后，开始生产 1 ~ 3 吨叉车，年产逐步达 2000 台；合肥丰华机械公司在肥东工业园征地建厂从事小吨位叉车生产；合肥锻压机床公司也在经济开发区辟出新厂，着手生产叉车。但在这个时期，这些企业生产叉车还属于起步阶段。

围绕叉车的发展，一些企业也积极发展叉车零部件生产。除安徽叉车集团所属子公司生产主要部件外，凤阳散热器有限公司生产散热器、合肥长源液压件有限公司生产的液压泵、齿轮泵为叉车配套，取得较好效益。

起重机　起重机主要在蚌埠起重机厂生产。1988 年，该厂已能生产 QY8 型（8 吨）汽车起重机、趸船吊、高空作业专用车等产品，市场反应较好。

1992 年，马鞍山回转支承厂生产 SF10 型建筑物料提升机（与北京建筑机械研究所联合），最大提升高度为 60 米，起重量为 1 吨，成为国内建筑施工行业理想的物料提升机械。

芜湖起重运输机器厂通过技术改造不断发展壮大。1994 年 6 月，工厂成功开发了 LS 系列螺旋输送机和 TH•TB 系列计式提升机，产品畅销，为宝钢二期工程供货，企业获得较好的经济效益。

芜湖矿山机械厂加快新产品开发，1994 年 7 月，该厂研制的多用途建筑机械——QT630 塔式起重机获得成功，该产品由上海建工设计院设计，采用德国、法国的机型和技术研制而成。此产品最大起重力矩为 79.8 吨米，最大回转半径为 48 米，最大起重高度为 140 米，可满足 30 ~ 40 层楼房建筑的需要。

随着形势的发展，起重运输机械的联营在不断推进。1996 年 8 月 31 日，芜湖宏威集团成立。集团由芜湖起重运输机械厂、芜湖宏威起重建筑机械厂（由原芜湖矿山机械厂分立重组）为核心企业。吸收芜湖中工机械厂、芜湖长江机械厂等5个企业参加。宏威集团有限公司总资产2.2亿元，职工3700人。主要生产高效斗式提升机、桥式起重机、建筑塔吊等。

输送机　芜湖起重运输机器厂生产输送机械有较好基础。1987年年底，工厂首次建成安徽省第一家斗提机、螺旋输送机试验台。这为输送机械加强科研试验、开展新产品开发创造了条件。

1988年，以芜湖起重运输机器厂为龙头，安徽首家水泥设备制造集团在芜湖成立。集团共有13家企业参加，属跨地区、跨部门、跨行业的融合。

1990年,淮南华联机械公司(原淮南机床厂)根据煤矿开采需要,开发出刮板输送机、综合采煤机组获得成功,成为安徽省煤矿机械的重要生产企业,产品销售全国许多煤矿,用户反映尚好。

1991年10月，国内最大的螺旋输送机（LS-1000）由芜湖起运机厂试制成功，整机性能达到国际八十年代水平，填补了国内空白，并可替代进口。这种产品可广泛用于建材、电力、冶金、化工行业。

随着煤矿工业的发展，矿山、输送设备需要量增多。淮南煤矿机械厂研制的中国首台管状带式输送机获得成功。淮南煤机厂是个老国有企业，有职工1.2万人，其中工程技术人员1778人，有固定资产2.3亿元，各种设备1500台套，主要生产掘进机、带式输送机等，其中50型掘进机曾获得国家金奖。这次研制成功的首台管状带式输送机代表了该厂的技术和开发水平。

淮北煤矿机电装备公司生产煤矿机械主要是液压支架、刮板运输机，除供应本省使用外，还供省外。企业取得较好效益。

淮南华联机械公司生产刮板运输机，用于煤矿井下的煤炭运输，效益较好。

铜陵运输机械厂是皮带运输机的专业生产厂。生产的皮带运输机品种多，质量好，广泛为矿山、化工、机械、冶金等行业服务。为加快发展，企业进行改制。1994年10月20日，铜陵运输机械有限责任公司成立，这是安徽省机械行业成立较早的有限责任公司。

在以后的几年里,起重运输机械也有不同发展,成为安徽工程机械的重要组成部分。

2000年以后，淮南煤矿机器厂继续保持发展。芜湖起运机器厂改制为芜湖起运机械有限公司，生产经营正常，并逐年有所发展。

第三章　农业机械

农业机械包括农用运输车、拖拉机、柴油机、收割机械、植保机械、排灌机械等，品种繁多。到 1986 年，安徽省农业机械已形成较好基础。农机企业规模逐步做大，并逐步形成了一批重点骨干企业。

第一节　农用运输机械

农用运输车是这个时期发展最快的产品，尤其是在九十年代中期，生产企业最多，产量也最高。

拖拉机　拖拉机是安徽农业机械主要产品之一。20 世纪 90 年代是安徽省拖拉机发展较快的时期。

1985 年，安徽拖拉机厂通过技术改造，增添了设备，扩建了厂房，装备水平有新的提高。该厂生产的小四轮拖拉机质量好，性能稳，深受用户欢迎。1986 年 1 月就销售小四轮拖拉机 1000 多台，全年产销近 2 万台。1987 年，“江淮 12”手扶拖拉机产量已达 8600 多台，进入全国手扶拖拉机企业的先进行列。为了加快安拖厂农用运输车的发展，1988 年 2 月，安徽拖拉机厂与合肥市常青乡联营建立分厂，由常青乡出资 150 万元，提供土地 28 亩，筹建“安徽拖拉机厂常青铆焊分厂”，主要为安拖生产“江淮”牌拖拉机驾驶室、拖车、铆焊件等。全部投产后，年产值可达到 1000 万元。

六安手扶拖拉机厂生产的小手扶拖拉机非常适合农民田间作业需要。1986 年以后逐步发展，1991 年第一季度就生产小手扶拖拉机 8209 台，工业总产值达 1556 万元，实现利税 70.8 万元。全年产量达 5 万台，已位居全国第一。企业被安徽省劳动竞赛委员会评为 1990 年度“创最佳经济效益夺魁单位”。

这个时期，全省小型拖拉机发展很快。到 1994 年，共生产小型拖拉机 13.5 万台，位居全国先进行列。其中六安手扶拖拉机厂 1994 年 1—10 月就生产小手扶拖拉机 46300 台，销售收入 8500 万元，比上年增长 2 倍多。进入全国中小型拖拉机 10 强之一。

安徽拖拉机厂的小四轮拖拉机逐年增长。1993 年产量达 12000 台。并且产销两旺。

六安手扶拖拉机厂的小手扶，受到外商青睐。1994 年 5 月 18 日，南非客商到该厂考察，对该厂的 6-8 马力小手扶拖拉机很感兴趣，当场决定订购 300 台，并提出年购3000～10000台的意向。

1994—1995年，安徽小型拖拉机继续增长。六安手扶拖拉机厂通过技术改造，添置了重点设备如微机、液压机等，生产能力增强。1995年1月就生产5800台，产值1339.6万元，销售收入848.9万元。上半年生产6～8马力手扶拖拉机41200台，创工业产值1.02亿元，利税1500多万元，分别比上年同期增长1.64倍、2.16倍、8.16倍。工厂加强销售，与全国14个省、市400多家农机公司建立了固定供货关系。

1997年，由三线厂搬迁合肥的合肥动力机械厂试制成功61型和81型手扶拖拉机，经过测试达到国家标准，首批5台全部销售出去。

1997年以来，一直生产小四轮拖拉机的阜阳拖拉机产销也有增长，最高年产达2万多台。

1998年以后，安徽小型拖拉机企业发生很大变化。安徽拖拉机厂因多种原因产量逐渐下降，1999年企业关闭停产。阜阳拖拉机厂因企业改制，领导人更换，生产不够稳定。从2000年到2005年，有的年份产销拖拉机达3万多台，有的年份仅产销1万多台。六安手扶拖拉机厂一直保持在几万台产量，到2005年最高年产达10万台小手扶拖拉机。

在此期间，原有的手扶拖拉机厂通过改制发生裂变，有关人员办起了新厂。2004年，全椒县全丰拖拉机有限公司在全椒武岗经济开发区成立，主要从事“全拖”QT-41、QT-61、QT-91、QT-101型手扶拖拉机生产，并纳入国家支持推广的农机产品目录。此外，六安手扶拖拉机分离出来的人员也办起了小手扶拖拉机厂，生产小手扶拖拉机，如六安瑞尔拖拉机有限公司也达到一定产量。

农用三轮、四轮车　地处宣城的皖南机动车辆厂于1981年即生产飞彩牌机动三轮车，产品非常适合城乡农民运输。1985年达9300台，1986年突破万台，占全国总产量的40%以上，并且非常畅销，经常出现农民坐等要货的情况，产品供不应求。

合肥手扶拖拉机厂在发展手扶拖拉机的同时，也积极开发小型农用运输车。1986年9月，工厂开发的“合肥-12C”、“合肥-15”两种型号的农用运输车通过省级鉴定，其中“合肥-15”型农用运输车带有液压装置，接近汽车的功能和水平。

随着农用运输车的发展，农用挂车发展很快，为加强农用拖车的管理，1986年10月，省机械厅在蚌埠召开农用挂车行业“生产许可证”会议。会议明确此项工作由省机械厅质量处统一管理，省农机研究所具体负责省级预审工作，有关企业负责提供2吨、1.5吨、1吨挂车的图纸。

安徽拖拉机厂在发展农用运输机械继续前进。1987年12月23日，工厂新研制的黄山牌AT系列农用运输车通过省级鉴定，该车吸收采用了日本运输车的技术，有1～5吨系列产品，达到较高水平，投放市场后反映尚好。

在此期间合肥农用车厂积极开发农用运输车。从1991年开始，用不到一年的时间就开发了 HFC1305 型（0.5 吨）、HFC2815（1.5 吨）两个系列六个规格的新车型，投放市场，反映良好。

1991 年 9 月，寿县农机厂试制成功 0.75 吨农用四轮车前桥。当年 10 月 25 日参加邯郸农机订货会，受到省内外 10 多家农用车厂的重视，吸收配套。

皖南机动车辆厂不断发展。1992 年工厂共完成工业总产值 2.58 亿元，实现利税 1003 万元。

宁国机械工业公司在 20 世纪 80 年代就开发出农用三轮车，被誉为中国农用三轮车的发源地。随后产量不断上升，在 1993 年年底召开的订货会上，共签订 1994 年 5 亿元的“三环牌”农用运输车（包括三轮、四轮车）的供货合同。

1992 年，全椒柴油机总厂也开发、生产农用运输车，主要品种有 0.5 吨、0.75 吨和 1.5 吨，产品质量也比较好。但是由于其他原因，不久即停产。

合肥农用车厂快速发展，到 1993 年，生产“五叶牌”农用车已达到 2000 台。产值 3200 万元，利税 260 万元，产品销售全国 13 个省市、区，品种有 0.5 吨到 1.5 吨的自卸车、客货两用车、双排座卧铺车以及面包车。1993 年 12 月 8 日，举行了第 2000 台农用车下线仪式。

1993 年，淮北市果园农用车厂也开发出新型农用车，投放市场后反映良好。

1994 年全省机动三轮车 21 万台，农用运输车 1.8 万辆，其中合肥农用车厂在 1994 年销售农用车达 5000 辆，并且供不应求，出现“砸破玻璃为买车”的故事：1994 年 9 月一客户看到一辆农用车入库，他拿起扳手把挡风玻璃打碎，声称以原价买下这辆车子，宁愿损失 100 多元重新配上玻璃，达到早点买车到手的目的。1994 年 11 月 6 日郑州召开的全国农机订货会上，安徽农机成交 11.75 亿元，主要产品也是农用三轮车、四轮车。

此时，皖南机动车辆厂的三轮农用车也快速发展，1994 年 1—5 月，工厂完成产值 3.1 亿元，销售收入 2.8 亿元，实现利税 828 万元，比上年同期大幅度增长。

合肥农用车厂规模不断扩大，在此基础上 1994 年年初成立了五叶集团。1994 年 9 月 28 日，五叶集团金寨农用车组装车厂挂牌。

农用车市场的兴旺，也吸引安徽省其他机械企业发展农用车生产。1994 年 5 月，宿州柴油机厂与福建龙江集团签订协议，成立龙江集团宿州农用车厂，1994 年当年生产农用车 1000 台。

1994 年 4 月，全国农用车市场调研评价结束，安徽共有 3 个企业 4 种产品获“用户信得过产品”，它们是：皖南机动车辆厂“飞彩”牌系列农用四轮车、“飞彩”牌 TY 系列农用三轮车、合肥车辆制造厂“安乐”牌 TY 系列农用三轮车。

农用车的旺盛市场，引发了皖南地区有关机械企业的兴趣。黄山金马集团新洲机械厂先是开发出“黄山飞碟”牌厢式农用车，接着又开发出新产品 1305X 型“黄山五叶”

牌小中巴车，于1995年7月20日通过检测，该车长4.4米，宽2.2米，配用“385Q”发动机，可替代农用三轮车等。

到1995年5月，全省农用车厂已有23家，省机械局会同省技术监督局对这23家农用车厂统一进行检测，整机合格率高于全国29个百分点。产品产量也明显上升。到1995年5月，安徽的四轮农用车已占全国第五位，三轮农用车产量已占全国总产量的七分之一。主要企业如皖南机动车辆厂1995年三轮车达19万辆，五叶集团的四轮农用车突破1万辆。1995年11月在北京举办的第二届中国农业博览会上，合肥农用车厂“五叶”牌1305型农用车、皖南机动车辆厂“飞彩”牌1205型农用车获得银奖。

随着农用车的发展，农用车配套件也趋势而上。地处绩溪县的皖南利民机械厂生产农用车后桥及转向器为“五叶”牌农用车配套，反映良好。以寿县农机厂为基础成立的皖西寿通机械集团于1995年10月30日成立，企业生产的ST1308、ST1608农用车辆通过国家新产品质量认证，荣获省新产品科技进步奖，为“五叶”牌农用车配套。

五叶集团合肥农用车厂的农用车生产发展很快。1995年1—10月，共生产四轮农用车10700辆（其中10000辆为农民巴士），比上年同期增长194.5%，产销率达96%，在全国的名次由第12位上升到第4位，产品获机械部“全国达标特别推荐产品”。紧接着，该厂又开发出0.75吨农用车，包括载货车和厢式车，参加1995年邯郸全国农机订货会，受到欢迎，展车当即被购走。

1994年，全椒柴油机厂也开发农用运输车，并被国家定点为生产厂家。同时该厂还开发出0.75吨豪华型、普通型面包车和1.5吨自卸运输车等系列产品。但后来没有坚持发展下去。

淝河汽车厂在发展汽车的同时，从1993年开始即注重发展农用车生产。成立了淝河农用车分厂，生产“神龙”牌农用车，品种有0.5吨、0.75吨、1吨级的单排座、双排座，还有厢式车、农用中巴、农用面包车等十多个品种，畅销全国18个省、市、自治区，1995年一季度就生产350多辆，全年产量近2000辆。

1995年下半年，安徽省红旗机械厂在生产微型汽车货厢、沙发座椅之后，也开发出“玉龙”牌系列农用运输车（HQ1608型系列），并有4种车型通过鉴定登上国家农用运输车生产目录。

萧县机械总厂原生产小四轮，后来停下来只生产前桥总承。1995年，该厂也看好农用车市场，成功研制出“富达”牌975型农用三轮车，投放市场也受到欢迎。

1996年，合肥农用车厂10种型号的农用车通过检测，全部获准上了机械部农用车目录。

1997年6月10日，安徽飞彩集团公司挂牌成立，集团由皖南机动车辆厂、宁国机械工业总公司强强联合而成。当时，皖南机动车辆厂已成为全国农用车四大生产基地之一，宁国机械工业总公司也进入全国农机工业企业10强。飞彩集团的快速发展，引起国外企业的青睐。1997年7月17日，印度JAGAT企业集团负责人来到飞彩集团，与飞彩签订协议，在印度建立组装厂，这是飞彩集团在国外办的第一家组装厂，说明飞彩农用车已开始进军国际市场。这个时期，是飞彩集团发展的鼎盛时期。1997年10月在集团举办的98′飞彩农用车订货会上，共推进新车型四十余种，签订供货合同书250份，预订农用车38.1万辆（三轮车35万辆、四轮车3.1万辆），销售金额达30亿元。飞彩集团通过多年的发展，经济实力增强。1997年9月22日，飞彩车辆股份公司在深圳交易所成功上市，共发行4000万A股。至此，飞彩成为安徽省机械行业第三家上市公司。

宁国机械工业总公司的“三环”牌农用车发展很快，并有出口。1997年1月，50辆三环牌农用车出口到南美洲，在此之前，该公司的农用车已出口到东南亚、非洲等地。

农用运输车的发展，吸引了更多的企业积极开发。1997年上半年，蚌埠柴油机厂开发出“富达”牌BC180T型拖拉机变形运输车获得成功。此机由拖拉机变形而来，适应农村短途运输，属农机部门挂牌管理，有较好的发展市场。

宁国机械工业总公司的三环农用车厂（1997年12月从总公司划分重组而成）加入飞彩集团以后，在飞彩集团的统一规划支持下，发展较快。1998年产仅减亏1100万元，还上缴税金112万元。

为适应飞彩集团的发展，一些企业积极争取承担“飞彩”牌农用车的配套件。1999年5月，绩溪通用机械厂生产的JY975-Z型齿轮条式方向机获得成功，为飞彩农用车配套。

此时，安徽省的农用车行业逐步以长江为界，江南、江北两大集群。1996年，省机械厅在宣城召开会议，会上提出，江南以飞彩、江北以五叶为龙头，争取形成两大农用车集团，加快安徽农用车行业的发展。

在以后的几年中，由于市场的变化特别是轻型汽车的迅猛发展，原来农用车占有的市场逐步被轻型汽车所代替，使得安徽农用车产销逐年下降，一些批量较小的农用车厂难以生存，不得不停产或改做其他产品。到2005年，安徽农用车规模严重萎缩。

第二节　柴油机

柴油机是农业机械的动力机械。1986年，安徽柴油机厂家较多。随着农业机械特别是农用运输车的快速发展，安徽省柴油机行业发展较快。

1986年，全椒柴油机厂成为生产小缸径柴油机的专业厂，主要产品R175A、R180、R185型柴油机，1986年后，产量逐年增长。1986年达6万多台，1988年，工厂联合县内29家企业组建“国光农业机械集团”，将零部件扩散给集团成员厂生产，自己主搞总装。7月15日，工厂更名为全椒柴油机总厂，并在县城东北征地建立新厂。当年生产柴油机13万台，1989年产量达18万台。

芜湖柴油机厂看好小型单缸柴油机市场，积极开发“金狮”牌195型柴油机，1986年1—9月共生产柴油机12618台，1987年达2万多台，位居全省小缸径柴油机前列。1988年3月通过省级新产品鉴定。同时，该厂又研制出S280型柴油机，采用立式、双缸、轻型，动力为16～20马力，可适用于拖拉机、农用汽车，也可用于发电机组及工程机械。

1986年，阜阳柴油机厂研制出S1100柴油机，12月通过省级新产品鉴定。此种机型是在195型柴油机扩缸，从而扩大了用途，投放市场后深受欢迎。

宿州柴油机厂生产柴油机历史较早，但产品水平不高，发展也较缓慢，市场销售有限。1987年，该厂与常州柴油机厂联合，由宿柴厂生产制造，经常柴厂检验合格，然后挂“常柴”牌出厂。当年8月，首次出厂100台柴油机，用户反映较好。

随着小型柴油机的发展，省内生产小型柴油机企业联合，形成合力，加快发展。1988年2月，安徽省成立小型内燃机经济协作联合体。联合体提出规模目标，到“七五”末即1990年，全省S195（1100）柴油机达15万台，R175（R180）柴油机达20万台，S280柴油机达2万台。有关企业以此总目标制定了自己的规划、目标，努力实现。

芜湖柴油机厂除大力发展S195、S280柴油机外，1988年，工厂还与围山农机厂联合投资建立芜湖铸造厂，该厂房面积1800平方米，主要设备18台套，制造工艺装备300余台套。设计规模年产柴油机铸件8000～10000吨。

1990年，巢湖柴油机厂生产485Q、490Q柴油机，是全省率先生产多缸机的企业，产品质量稳定，市场较好，销往全国六省一市，企业获得较高的经济效益。全椒柴油机厂的R175、R180被机电部评为优质产品。产品销售遍及全国29个省、市、自治区，企业位于中国机械工业最大企业89名，安徽最大工业企业26名。

1991年，全柴厂在遭受特大洪水袭击下，仍生产柴油机30万台，创产值2.9亿元，销售收入2.5亿元，利润2706万元，R175柴油机获国家优质产品银奖。这一年江泽民总书记、李鹏总理相继到全柴视察，对全柴给予很高评价。1992年，全柴与美国签订了引进美国实型铸造生产线合同，相继开发出N285R、190C、S1100、S1110、N385Q、N485Q型柴油机，企业被国家计委等评为国家大型一档企业，并向东南亚市场销售柴油机28440台。

1993年，由三线厂搬迁合肥的合肥动力机械总厂生产的12V—135系列大型柴油机填补安徽省空白，投放市场后供不应求。1993年3月28日上午，该厂对三月份超产的3台柴油机采取拍卖，取得较好效果。

1993年，全椒柴油机厂生产单缸柴油机15万台，实现销售收入2.1亿元，减亏至

1244万元，上缴税金320万元，企业逐步回升。全椒柴油机厂生产单缸机在全国居领先位置。从1994年开始，工厂一改只生产单缸机的做法，开始发展多缸机生产，相继开发出285、385、485多缸机，并小批量投放市场。生产的多缸机一炮打响，投放市场反映良好。在此期间，全椒柴油机厂加强质量管理，巩固老产品，开发新产品，取得优异成绩。“R175A”型柴油机先后获安徽省优质品、机械部优质品、国家银牌奖；“R185”型柴油机获国家星火奖、省优质品称号；N285Q、N385Q、N485Q柴油机被国家科委列为国家级新产品。1994年，全椒柴油机总厂加大技术改造和技术革新，除了对175、180、185柴油机改进提高外，又恢复195、1100柴油机生产，并且又开发出285、385、485、4102柴油机，企业生产快速发展。1994年，工厂完成产值2.8亿元，销售收入2.99亿元，分别比上年增长84.8%和66.9%；实现利税1554万元，均创历史最高水平。1995年1—4月产柴油机14.8万元，产值2.08亿元，全年达50万台，创产值6亿多元。为提高柴油机铸件质量，促进柴油机生产，1995年初，全椒柴油机总厂花了3000万元从美国福康公司引进国内第一条消失模铸造线，经过安装调试，于当年8月3日试产成功，顺利生产出6台4120Q型柴油机缸盖。这条生产线达到国际20世纪90年代水平，设计规模是年产5万台。

巢湖柴油机厂自开发485QA、490QA柴油机后，经济效益明显提高。1993年工厂实现销售收入突破1亿元、利税1000万元。工厂提出，继续加快发展，努力建成小缸机多缸机生产基地。

蚌埠柴油机生产柴油机历史较早，但由于装备水平不高，企业生产经营困难，该厂寻求对外重组。1993年1月初，经过谈判协定，工厂整体并入徐州工程机械集团公司。加入徐工以后，蚌埠柴油机厂增强了活力。1994年6月，该厂开发的495柴油机获得成功，经省技术监督局抽查评定，被评为一等品。这一年该厂共产销柴油机4324台，实现销售收入3300万元，实现利润26.6万元，生产经营出现转机。蚌埠柴油机厂加快产品开发，1999年8月，企业又开发出超长冲程的4100AT型柴油机、直喷式2100Q型柴油机并通过了省级鉴定。蚌埠柴油机厂加入徐工集团以后，徐工集团帮助解决所负债务。2000年5月，徐工集团蚌埠柴油机厂与华融公司签订了6300万元债转股协议。这是蚌埠柴油机厂加入徐工集团后取得的一大进展。

宁国机械工业总公司（过去曾冠名宁国柴油机厂）为发展多缸机生产，适应农用车发展需要，1994年，引进美国AED公司柴油机生产线并签订协议。1995年9月在宁国试产成功，1996年开始批量生产。但是后来发现引进的是美国AED公司的二手设备，许多技术不过关，未能形成大规模生产。

到1996年，全椒柴油机总厂又有新发展，除原有品种外，又自行开发出F系列柴油机，主要有160F、165F、170F等系列产品，1996年8月通过省级鉴定，此时，工厂生产的柴油机品种已达20多个。由于品种多，产品适销对路，企业生产快速发展。1996年年初，工厂就迎来开门红，两个月就生产柴油机76516台，比上年同期增长25.3%；完成工业总产值7969.1万元，增长24.4%；实现利润313.9万元，与产值增长同步。此时，全椒柴油机总厂还重视发展出口，产品出口越南、菲律宾、土耳其等国。从1994年起，每年出口4万台以上。全椒柴油机总厂1996年销售收入达8亿多元，出口创汇1400美元；

1997年，经省政府批准，全椒柴油机总厂改为全柴集团有限公司，属国有独资公司。该集团以全椒柴油机总厂为核心，有8个紧密层企业、36个半紧密层企业和188个松散性企业组成。产品有五大系列30多个品种。1997年1—8月出口39557台，创汇698万美元。小缸径柴油机连续10年位居全国第一，市场占有率达30%，产品除畅销国内以外，并出口东南亚、南亚、欧美等20多个国家和地区。同时，N系列多缸机已形成批量生产。全柴集团成为安徽省重点企业集团之一。

全柴集团的产品质量不断提高。1998年上半年，495Q柴油机获安徽省名牌产品，并取得良好经济效益。当年1—6月，企业实现产值2.58亿元，销售收入2.2亿元，利润2252万元。

1998年6月，经安徽人民政府批准，同意全柴集团作为独家发起人，以其经营性资产20896万元作为发起人资本，以公开发行6000万元人民币普通股（A股）的募集方式，设立“安徽全柴动力股份有限公司”。1998年10月26日，向社会公众发行境内人民币普通股6000万股，每股面值1元，每股发行价5.68元，其中向职工配售600万股，共募集资金3.3亿元。1998年12月3日在上海证券交易所挂牌上市股票代码为600218,股票简称“全柴动力”,从而成为滁州第一家安徽省内燃机行业第一家上市公司。1998年11月22日，全柴动力股份有限公司成立。1998年，全柴集团的R175柴油机获全国内燃机行业最高质量奖国优银奖，R180型柴油机获省优和国家星火计划成果奖。R185、R195、S1110柴油机获安徽省首届名牌产品。

1999年以后，全柴集团出口又有增加，1998年出口创汇达1500万美元；1999年1—5月又比上年同期增长40%。发展快的原因，一是产品质量好，特别是采用了消失模铸造技术，增添了加工中心，使柴油机的内外观质量都有很大提高；二是增加了出口品种，除出口本企业的单缸机、多缸机以外，企业还通过收购手扶拖拉机、水泵、发电机组组织出口。

到2000年，全柴集团的多缸机特别是385、395、495、4102-4105系列产品，质量提高性能稳定，广泛为北汽福田、时风集团、飞彩集团的汽车、农用车以及石家庄的拖拉机、广州的金浪收割机配套，从而促使全柴取得良好的经济效益。

全柴集团的多缸机逐年增长，2003年12月，年产10万台多缸柴油机下线，标志着该企业已达到年产10万台以上生产能力。

为谋求更大发展，2003年8月，全柴集团公司还与上海柴油机厂、北汽福田环保动力股份公司共同出资6000万元，创建安徽全柴上海动力有限公司，生产新一代环保产品4JR3型柴油机，获得成功。2004年4月20日，公司第一台柴油机下线，4月25日，通过国家内燃机专家组的生产许可证认证，8月26日，4JR3柴油机通过安徽省新产品鉴定。2005年8月15日，公司第2000台产品下线。

进入2004年以后，全柴厂加大技术改造，在“十五”期间，共投入6亿元，对铸造、金加工、装配、试机、新产品开发检验进行改造，共建立了20条生产线，引进德国卧式加工中心设备，加强信息化建设，投资2000万元建立信息化网络，促进发展。到2005年，全柴集团公司的多缸柴油机突破16万台，比上年增长12.88%。继广西玉柴和云南内燃机厂以后居第三位；同时，居100毫米以下缸径的小柴油机全国第一。

2000年以后，全省其他柴油机厂由于多种原因，逐步退出市场，企业关闭停产。唯一全柴集团“一枝独秀”，不断做大做强。2001年，全柴向东北证券公司申报配股成功，募集资金2.1亿元；与北汽富田公司签订《战略联盟合作合同》。

2002年以后，全柴多缸机快速发展，到2003年，多缸机产、销突破10万台，分别达到102525台和102390台，多缸机营业收入达4.42亿元。2005年，多缸机生产142453台，销售139875台，营业收入达5亿多元。

第三节　耕作、植保、收获及加工机械

耕作、植保、收获及加工机械都是主要农业机械。但安徽生产这类机械的企业比较分散，厂家不多。

植保耕作机械　水泵是农业的重要植保、浇灌机械。1988年，蚌埠液压泵厂生产的高扬程小巧潜水电泵（QXD550型），扬程可达20米，非常适合农田灌溉，销售良好，到1988年6月，就订货300台。

安庆潜水泵厂采用中国水产学院上海渔业研究所设计的QSP多喷头增氧机图纸，开发的渔业增氧机，每台售价800多元，可用于9—12亩的水产使用，这种增氧机每亩水面可增加鱼500余斤，效益非常明显。1986年年初，供给江西省南昌市郊区养鱼场，一次销售300台。

安徽三联泵业是生产水泵的专业厂，进入90年代发展很快。产品不仅畅销国内，还有出口。1998年1—5月，该厂共出口水泵6300台，创汇80万美元。

合肥三益电机电泵公司生产的大型轴流水泵非常适应排水灌溉需要。1998年6月，

湖南长沙遭遇洪水灾害，经朱镕基总理指示，合肥三益电泵公司调去三台大泵排水，发挥了重大作用。

收获机械　在收获脱粒机械中，安徽省一些机械企业本着经济实用的原则，生产一些产品。潜山农机一厂生产的打稻机（半机械化脱粒机械）一投放市场就很畅销。1990 年生产 7000 多台，1991 年 1—8 月生产 8000 多台，回笼资金 63.32 万元，企业取得较好的经济效益。

收割机械是农业的重要机械，安徽省机械行业着力发展。1993 年，宿县柴油机厂与省农机研究所合作，共同研制成 5TZW—70 型脱粒机和 4LZ—1.3 小型联合收割机，被安徽省经委、省机械厅列为重点开发项目，总投资 218 万元，1992 年通过省级鉴定，1993 年批量生产。

1997 年，安徽省农机厂开发的全喂式小型联合收割机获得成功，此种机械每小时可收割 2 ~ 4 亩，是适合农民家庭、专业户比较理想的收割机械。

蚌埠柴油机厂利用企业加工能力强的优势，1997 年年初成功开发出"新疆 –2"型联合收割机。为了扩大产品宣传，促进销售，在 6 月收割大忙季节，工厂开着 20 台联合收割机，奔赴怀远、固镇、太和县一带，帮助农民收割小麦，既检验了机子性能、质量，又扩大了产品宣传，收到很好效果。

农用加工机械　1987 年，枞阳柴油机厂生产的 9KSJX—100 型螃蟹饲料加工机械，填补了中国水产养殖饲料机械加工的空白，投放市场受到用户欢迎。

在农副产品加工机械方面，五河县机械厂生产的 6FTS—15 型及 19 型等级粉加工成套设备，质量好，尤其是此机上的磨辊，采用独特的工艺制造而成，具有很强的耐磨性。该面粉机组被列入国家"星火计划"，畅销全国 27 个省市、自治区。1987 年，该厂的"雪松"牌 6FTS—19 型面粉加工机组被国家机械委评为"委优"（即部优）。五河县机械厂进一步做大做强，1993 年 12 月 18 日，成立安徽雪松集团。1994 年，新产品 6FTD—32 型等级粉加工成套设备又开发成功，成为企业经济效益新的增长点。

碾米机是农副产品加工的普通机械，在 20 世纪八九十年代，使用比较普遍。1990 年，岳西缸套厂生产的碾米机，适合农民需要，一个相当长时期都销售很好。

安徽省农机研究所积极研究为农业服务的机械特别是耕整机、碾米机、茶叶机械，取得了重要成果，所里建立了机械部茶叶科研基地、水泵检测站和农机产品质量检测站，并建造了 800 平方米的农机生产车间。

生产过碾米机的岳西缸套厂米机分厂为适应农用需要，1995 年又开发出 6N—54 型家用微型碾米机，于当年 10 月通过鉴定。此种碾米机重仅 29 千克，配套动力为 195 柴油机或 220V 家用照明电，每小时出米 200 千克，吨粮能耗为小于 11 千瓦时，每台售价 400 元，适合家庭和专业户用。产品除销售国内市场，还出口印度尼西亚 420 台，具有良好的经济效益。

以寿县农机厂为核心成立的皖西寿通机械集团公司，在生产其他产品的同时，还生产水泵、烘茧灶。尤其是烘茧灶，适合了安徽茧丝网的发展，具有良好的效益。

为了更多地为农林服务，安徽省机械行业有关企业对园林机械也有涉足。2003 年，安徽飞彩集团公司成功开发园林机械。共有 500 多台静音剪草机、电动环保剪草机出口到意大利、菲律宾等国。在 2004 年以后，由于多种原因，特别是省外、国外先进机械产品的进入，安徽生产耕作、植保、收获及加工机械逐年萎缩。只有小部分企业维持生产，发展规模不大。

第四节　农机配件

在这个时期，随着农业机械的较快发展，农机配件生产也发展很快。一些农机配件厂、内燃机配件厂如桐城凸轮轴厂、岳西缸套厂、安徽活塞厂、安徽油嘴油泵厂等企业的产品产量大幅度提高，有些企业已成为“小巧巨人”。

淮南市轴瓦厂的华鹰牌 P5 系列柴油机轴瓦、滁州汽缸套厂滁州牌 100 系列汽缸套、岳西缸套厂的山鹰牌 175 汽缸套、萧县黄口内燃机配件厂的皖青牌 S195 柴油机曲轴、安徽八一齿轮厂的 BY 牌 95 系列铜套和 BY 牌 7Y-500 三轮车齿轮等获安徽省“1986 年度优质产品”称号，标志着安徽省的内燃机配件已达到较高的质量和水平。

滤清器　蚌埠拖拉机附件厂生产的滤清器，开始主要为农机（主要是拖拉机）服务。1985 年，工厂引进意大利旋装式滤清器技术及生产线，1986 年起正式消化吸收，生产的旋装滤清器居全国领先水平，为农机（主要是拖拉机）配套深受欢迎。

蚌埠滤清器总厂在发展寻求联营以扩大规模。1995 年 11 月，该厂与蚌埠机床工具公司垫铁厂合资成立蚌埠清城机械股份公司，发展滤清器生产。该公司注册资金 125 万元，其中滤清器总厂投入设备和资金 64 万元，占 51.49%，实行控股。1999 年上半年完成工业总产值 6323.16 万元，销售收入 3663.3 万元，分别比上年同期增长 37% 和 48%，实现利润 45.5 万元。

轮轴　桐城凸轮轴厂积极开发柴油机的曲轴、凸轮轴生产，到 1988 年，已能批量生产 S195、R175、S1100 等 12 种机型的曲轴、凸轮轴，广泛为各种柴油机配套。进入“八五”以后，桐城凸轮轴厂继续发展。生产的曲轴、凸轮轴畅销全国 18 个省市、自治区。1995 年经国家经贸委经济研究咨询中心、中国社会调查 2 分所调查、测评，该厂的产品被确认为“中国公认名牌产品”，授予“中国公认名牌”标牌和证书。这在安徽省机械行业企业中属不多见。2000 年 1 月，生产曲轴、凸轮轴的桐城金光机械有限公司通过了 ISO 9002 质量体系认证，这为该公司今后的更快发展奠定了基础。

1986 年，全椒县永顺动力凸轮有限公司成立（前身为全椒县凸轮轴厂），是全柴总厂第十八分厂，主要为全柴配套生产柴油机凸轮轴、油泵凸轮，开始以 R、S、N、F、QC 五个系列 60–1100 单缸机为主，并逐步从毛坯发展到成品加工，形成生产流水线。进入 2000 年后，全椒永顺动力凸轮有限公司又开发出多缸机凸轮轴，主要产品有 4120QC、N490、N490ZLQ、N485 等多缸机凸轮轴，及六缸机凸轮轴，为全柴配套，生产能力达 25 万台。

缸套　地处肥西县的合肥缸套厂是生产缸套的专业厂，主要生产 6120 型、6135 型缸套，1990 年产量达 30 万只，实现利润 99.4 万元。

进入 20 世纪 90 年代，滁州汽缸套厂不断发展，产量增加，质量提高。1995 年 1—3 月就生产汽缸套 27.6 万只，实现产值 615.9 万元。

油泵油嘴　安徽油泵油嘴厂（巢湖）是安徽省唯一生产柴油机油泵油嘴的专业厂，原来有较好基础。1986 年以来逐步发展，1992 年，该厂以配套 485Q 柴油机为重点，又实现了较快发展，其多缸机泵已形成年产 5 万台生产能力。1993 年月产达 3000 台，1993 年上半年实现工业总产值 2400 万元，利税 230 万元，在全国成为仅次于无锡油泵油嘴厂居第二位的专业油泵油嘴专业厂。

活塞　安徽活塞厂（庐江）生产历史较早。进入 1986 以后，工厂通过技术改造，实现逐步发展，生产的活塞广泛为省内外单缸机、多缸机配套。1993 年 1—8 月，该厂就完成销售收入 1675 万元，实现利润比上年同期净增 54.6 万元。为适应小型单缸柴油机的发展，1997 年，安徽活塞厂开发出 160、165、170 型农机活塞受到欢迎。1998 年 1—6 月，连同其他品种的活塞，共生产活塞 86.96 万只，完成工业总产值 2001 万元，企业取得较好效益。

齿轮　农机齿轮是拖拉机、内燃机的关键配件。合肥齿轮总厂（原八一齿轮厂）自 1986 年以后，开发出 3Y15 齿轮等 20 多种新产品，还开发出 YZ10 驱动桥中长传动机、3Y15 变速箱，投放市场后深受用户欢迎。

东至齿轮厂也是生产农机齿轮的专业厂。该厂采用新工艺（先进热处理工艺）加工齿轮，产品质量明显提高，为拖拉机、柴油机配套，1986 年以后取得较快发展。1993 年工厂创产值 2383 万元，实现利税 203 万元。东至齿轮厂在为拖拉机、内燃机配套服务上越做越好，经济效益也逐渐提高，1995 年工厂被评为全省百家最佳经济效益单位，这是当时池州地区机械工业唯一获此荣誉的一家企业。1999 年，工厂开发的 12 型拖拉机齿轮获得成功，投放市场后受到欢迎，广泛为山东崂山拖拉机厂、河南开封机械厂及拖拉机厂供货配套，成为企业经济效益新的增长点。东至齿轮厂改制为东至齿轮有限公司后，由于产品质量好、水平比较先进，受到常州拖拉机厂的重视。2000

年年初，常州拖拉机厂派人到东至厂进行考察，与东齿公司签订了 1.2 万台风 12 型拖拉机齿轮的供货合同。

1995 年 5 月，绩溪县通用机械厂生产的 JY975-Z 型齿轮齿条式方向机为农用车配套，经在飞彩牌农用车试用反映良好，逐步进入农用车领域。

其他农机配件 专业生产内燃机进排气门、活塞肖、连杆的桐城内燃机配件厂，通过“八五”期间的技术改造，已经成为年产进排气门 450 万件、活塞肖 200 万件、连杆 40 万件的中型企业。1994 年企业完成工业总产值 783.5 万元，利税 151 万元，取得较好效益，成为“小型巨人”。

1996 年，全椒鑫隆机械有限公司（原全椒县滤清器厂）在发展滤清器的同时，于年底又投资新上了机油泵生产线，发展 S 系列柴油机机油泵生产；1999 年又新上了柴油机连杆生产线，生产柴油机连杆，促进了企业发展。

1998 年，地处绩溪的黄山链条厂已改为黄山链传动有限公司。该公司大力发展农机链条，尤其是拖拉机链条，包括滚子链、异形链、大规格链等，深受用户欢迎。加上其他领域的链条，1998 年共完成工业总产值 5280 万元，实现利税 883 万元。

安徽一些市、县生产农机配件的积极性很高。2000 年，庐江县潜川机械有限公司研制开发出为拖拉机、农用车配套的离合器获得成功，于 4 月初通过省农机鉴定，可为拖拉机、农用车配套。

地处全椒县的滁州兴达机电有限公司在 2003 年投资 1000 多万元引进自动控制的多缸机缸体生产线，形成年产 10 万台生产规模，生产多缸机机体，为玉柴、时风、锡柴等企业配套，取得较好效益。

在此期间，全椒县恒通机械有限公司生产柴油机机体，为全柴厂配套，到 2004 年，年产量达 4 万台，取得较好效益。

全椒鑫隆机械公司生产的连杆、机油泵，主要为全柴配套。到 2005 年年产连杆 80 万套，机油泵 55 万套，产值 2500 万元。

到 2001 年以后，安徽主要农机配件企业基本保持下来，有的并发展壮大。但是，后来由于全省农机工业萎缩，一些小型农机配件企业难以生存，相继关闭停产；一些较好的农机配件企业转产汽车配件，农机配件的份额也逐年减少。2005 年，仅有一部分农机配件继续生产，其中桐城凸轮轴厂（后改为安徽金光机械有限公司）、桐城轴瓦厂（后发展为华祥集团）发展较快，成为农机配件的重点企业。

第四章　电工电器

电工电器是安徽机械工业的重要组成部分。从 1986 年至 2005 年，由于国民经济发展和人民生活的提高特别是日用电器的需求增多，安徽的电工电器有很大的发展，涌现出中国扬子电器公司、合肥 ABB 公司等重点骨干企业。

第一节　电机

“七五”期间　芜湖微型电机厂是生产微型电机的专业厂，生产的产品主要有分马力电机、缝纫机电机，生产历史悠久，产品不仅畅销国内还有出口。1986 年，工厂又开发出 DOL–12 离合器电机、AOC 系列三相离合器电机，更好地适应了需要。由于企业发展势头好，特别是出口形势好，这一年经国务院机电出口办和外经贸部批准，该企业为全国机电产品出口基地企业。

地处祁门县的朝阳微电机厂原是小三线企业，1986 年第一批移交到地方。移交到地方以后，该企业积极发展微电机生产，移交后的第一年就生产微电机 4 万台，创产值 260 万元。

皖南电机厂生产电机历史悠久，具备很好基础。进入 1985 年以后，该厂在电机行业率先采用国际标准，1986 年，该厂的 Y 系列 H80–132 三相异步电机通过采用国际标准化验收。这是安徽省机械行业第一批验收的 15 个企业之一。

为适应抗旱排水和园林浇灌的需要，合肥电机厂开发出高压潜水电泵，产品质量好、水平高。在国家有关部门组织的测评中，工厂生产的“三益”牌 QKSG320–120 千瓦电泵获得 1987 年国家金奖。

1990 年，合肥电机厂又开发出 ZDB 型轴流潜水电泵，具有较高水平。1991 年 4 月 16 日至 17 日举行现场演示，演示后受到用户欢迎，当天即订货 19 台，价值 30 多万元。

“八五”期间　以芜湖微型电机厂为主的芜湖市有关企业积极发展微型电机生产，逐步在芜湖形成微电机集群。为加强联合，促进微型电机的更快发展，1991 年 6 月，芜湖万通集团挂牌成立。该集团以微型电机厂为核心，芜湖电表厂、芜湖阀门总厂、芜湖机械研究所、芜湖电表仪器厂、芜湖科兴电子有限公司等 9 个企业参加；马鞍电磁线厂等企业作为松散性组织成员进入，形成跨地区、跨部门的企业集团。

合肥电机厂生产的大型潜水电泵饮誉国外。1993年，工厂在参与伊朗甘蔗田工程公司组织的产品竞标中，该厂击败了德国、日本、英国、波兰的同类产品一举中标。11月26日，伊朗前工业部副部长、伊朗甘蔗田工程公司总经理戴沙菲拉与合肥电机厂、合肥开关厂（提供开关柜配套）的负责人签订了《关于向伊朗出口潜水电泵、电气控制装置设备协议书》，决定购买这两个企业的产品。根据协议，合肥电机厂首批向伊朗提供价值2000万元的潜水电泵，合肥开关厂向伊朗提供1000万元的电控设备。

六安电机厂积极开发新产品，并不断提高工艺装备水平，成为安徽电机行业的骨干企业。1993年1—9月生产各类电机21万千瓦，实现销售收入2872万元，利税416.2万元，各项指标创历史最好水平。

皖南电机厂生产继续稳步发展，经济效益逐年提高。1992年，国家机电部统计司对全国机电系统2187个大中型机械工业进行经济效益指标排队，该厂得数为158.71%，排在全国电动机制造业第5名。1994年，该厂又开发出多种特种电机，成为企业新的经济增长点，取得明显成效。

1993年12月，南华电机集团成立。集团核心企业是皖南电机厂，紧密层企业有皖南特种泵厂、皖南自动化仪表厂，半紧密层企业有泾县工具厂、泾县氧塑料泵厂等16家。

合肥电机厂在轴承电泵上不断开发新品种，1993年工厂又成功研制出ZDB轴承潜水电泵，2月通过省级鉴定，认为达到国际九十年代先进水平。这种轴流泵具有结构紧凑、体积小、重量轻、安装维修方便等特点，比传统泵站节省建泵站费30%～40%，可适用于江、河、湖泊及城市给排水需要。产品问世后，不仅畅销部分省市，还有出口。这年5月，该厂的潜水电泵一举中标山东微山湖大型排灌工程建设项目，一共提供174台排灌电泵。1995年，合肥电机厂7台400千瓦和132千瓦的潜水电机又出口到泰国。

1995年2月16日，由40辆卡车组成、满载合肥电机厂、合肥开关厂的电泵成套设备从合肥驶向上海，然后再装船运往伊朗霍梅尼港。此次出口的86台套价值1000万元的大流量轴流泵和68台价值600万元的电器控制设备，到伊朗用于甘蔗田灌溉。

1995年8月12日，皖南电机股份有限公司成立。该公司由皖南电机厂、皖南特种泵厂、皖南自动化仪表厂等5家企业联合发起成立、具有独立法人资格的股份制企业。成立大会通过了章程，选举产生了公司董事会和监事会成员。该公司的成立，标志着皖南电机的发展进入了新的阶段。

在此期间，朝阳微电机厂取得了较快发展。到1995年，工厂完成工业总产值达1.4亿元，利税500多万元。企业固定资产达2000多万元，有职工1700人，经济效益名列全国同行业（分马力电机）前茅。与1985年由小三线厂接收时相比，增长2倍多（1985年该厂工业产值400万元，固定资产530万元，职工500人）。

随着节能的需要，发展节能电机势在必行。1995 年，合肥电机厂与合肥工业大学联合，生产出 FGXY–13 和 15 千瓦稀土永磁同步电机，属中国第三代节能永磁电机产品。据专家测试，这种第三代节能电机的功率比第二代产品提高 1.7%，以一年运转 7000 小时计算，1000 台电机可节电费 110 多万元，具有明显的推广价值。

金寨县南溪镇是革命老区。1994 年，由省机械厅搭桥，电子部第 16 所支持，金寨县南溪机械厂开发出空调器电机获得成功，1995 年产值达 1200 万元，利税 60 万元。

“九五”期间　芜湖微型电机厂积极开发新产品，努力扩大服务领域。1997 年 3 月，工厂又成功开发出 H50T/S 卷帘门电机，该产品是电动卷帘门的配套产品。芜湖微电机厂生产的这种电机，具有启动力矩大、噪音低、体积小等特点，投放市场后即受到好评，首批出口到香港。

合肥电机厂在潜水电泵产品不断研究、开发，1997 年又生产出 710 千瓦、400 千瓦、220 千瓦的高压潜水电泵，出口俄罗斯，于 1997 年 11 月双方签订合同。此次签订合同共 8 台价值 300 万元。

为加快发展，把企业做大做强，合肥电机厂以本企业为核心成立“合肥三益电机电泵股份有限公司”。1998 年 2 月 28 日召开公司成立大会，新成立的三益电机电泵股份有限公司，以合肥电机厂为核心，联合广州第一水泵厂、苏州矽钢片厂、安徽省机械设备进出口公司等七家企业组成。

2000 年，朝阳微电机厂工业产值达 1.6 亿元，工厂先后开发出 YY90–2、YL90–2、Y180–2、Y190S4 等型号的电机，还研制出“三耐”电机、防爆电机等等。在这个企业，每天都有 40 ~ 50 个品种的电机在同时生产，企业经济效益良好。

2000 年，合肥三益电机电泵公司由于实力增强，新产品开发进一步加快。2000 年 7 月，公司新研制的 1400ZDB–7.6 千伏和 10 千伏的潜水电泵通过部省级鉴定，认为这两种产品达到当时国际先进水平。这两台电泵被誉为“亚洲第一泵”，开发出来以后，即为福建重点工程泉州浦西滞洪区排涝泵站和安庆市新河泵站防洪排涝采用。

2000 年下半年，朝阳微电机厂在发展微电机的同时，又接受国家新型太阳能光伏水泵系统项目，组织进行生产。首批 150 台（套）于当年投放市场，在新疆乌鲁木齐招商会上签订合同 2240 万元。光伏水泵的开发成功，大大增强了朝阳微电机厂的经济实力和发展后劲。

2000 年，由于原芜湖微型电机厂破产，一些分流人员自行办起了小型电机厂，如宏成泵阀厂等，使芜湖的小型电机企业达到 20 多家，逐步形成微电机产业集群。

“十五”期间　2003 年 6 月 26 日，芜湖龙达科技有限公司在芜湖汽车部件工业园成立，该企业是对国有芜湖万通电机公司改制而成，拥有职工 200 人，建筑面积近

3 万平方米，固定资产 8000 万元，生产 16 个系列 500 多个品种规格的电机。该企业传承了原芜湖电机厂的技术、设备和品牌优势，发展很快。

由于各个电机企业努力发展，全省电机生产规模不断扩大。到 2004 年，全省当年完成电机 206.9 万千瓦，比 2003 年增长 17.6%，并且形成了一批电机行业的重点骨干企业。

2004 年 12 月，合肥三益江海泵业有限公司成立。该公司是在合肥三益电机电泵公司被改制成立恒大自控集团后分离出来而成立。江海公司继续从事潜水电泵生产，该公司成立后，注重加强企业管理特别是质量管理，1995 年 11 月 23 日，江海公司获得安徽省质量管理奖。

到 2005 年，全省电机行业继续保持较好的发展势头。皖南电机股份公司等继续增长，六安江淮电机公司快速发展，成为安徽电机行业的两个重点企业。芜湖龙达科技公司（万通电机公司）、合肥江海泵业有限公司等继续发展，从而使安徽的电机生产保持较大规模，较好地适应了国民经济发展的需要。

第二节　变压器

“七五”期间　安徽的变压器起步较早。到 1986 年，形成了一定规模，后来通过引进外资和企业重组，实现了新的发展。

芜湖变压器厂原来生产一般的油浸式变压器。1986 年 9 月，工厂研制成 SCL-100/10 环氧干式变压器，是安徽省率先研制的干式变压器生产厂家。此种变压器与油浸式相比，每台每年可节电 1000 多度，节约钢材 50%，节油 100%，该产品可逐步替代油浸式变压器，是符合节能节材的理想产品。由于此种变压器有这些特点和优势，一投放市场即受到欢迎。

安庆变压器厂在发展中积极开发低损耗节能变压器，取得成效。1987 年，工厂生产的 SL7 低损耗变压器获得国家机械委颁发的优质产品证书。紧接着，工厂又生产出防雷、干式及工业炉用的特种变压器。“七五”期间，该厂投资 563 万元进行技术改造，通过改造，年生产能力达到 100 万千伏安。到 1990 年，“七五”期间共创利税 1245 万元，比“六五”增长 6 倍多。

“八五”期间　合肥变压器厂通过“七五”期间的技术改造有很大发展，生产的变压器品种多，质量好，1991 年 4 月，该厂的变压器首次出口 20 台到巴基斯坦。

安庆变压器厂实行销售承包，收到立竿见影效果。1991 年一季度就完成销售额 422 万元，工厂历史最高水平。该厂在全省率先发展电站成套设备，生产的“组合成套变电站”，具有节能、造价低、占地面积小、移动方便等特点，对城乡电网改造非常适用。此项产品获得国家专利，并在国家科委举办的全国星火计划科技成果展上获得金奖。

到1992年，安庆变压器厂已能生产110千伏变压器，进入全国55家大型变压器行列。

芜湖变压器厂为发展干式变压器生产，投入资金建立环氧浇注生产线，1993年9月在芜湖竣工验收。验收专家认为，该厂的环氧树脂浇注工艺先进，使干式变压器达到国内先进水平。

合肥为加快大型变压器生产，更好适应基本建设发展需要，决定以合肥变压器厂为基础，引进世界著名品牌企业ABB公司在合肥投产。1992年11月10日签订合资协议，1993年1月16日，ABB合肥变压器有限公司在原合肥变压器厂挂牌成立。新成立的合资企业总投资2000万美元，外方占51%，合肥变压器厂占44%，建设银行安徽分行占5%，合作期限30年。由外方提供技术，生产35～220千伏电力变压器，质量达到ABB水平，销售国内外市场。合肥ABB变压器有限公司在“七五“以后先后投入6800万元进行技术改造，引进4条生产线，生产能力达500万千伏安，产量居全国第5位。ABB成立以后，合肥变压器厂仍单独存在。

随着城乡电网改造的扩大，各种变压器的需求量增多，一些企业也积极发展变压器生产。1993年3月，合肥东方特种变压器开发的JSSG-2.5-24/0.5变流伺服变频器用三相电源变压器通过省级鉴定。认为该产品系引进德国西门子技术，产品达到国际80年代水平。

合肥变压器厂在ABB合肥公司划分出去以后仍继续生产，并且逐步发展。由于产品质量好，受到国内外用户欢迎。1994年，该厂有17台变压器出口到马来西亚。这17台变压器总容量为51万千伏安，产值2013万元。这是继该厂过去出口到巴基斯坦、菲律宾、泰国以后的又一大宗变压器出口。

避雷器是变压器的配套产品，是保护变压器免受雷电袭击的重要装置。一些企业也在积极研制和发展。1994年初，安庆变压器总厂的高压电瓷厂自行设计、生产的首台40安时220千伏镉镍电池直流屏和11万伏阀式避雷器打入宿松11万伏输变电工程，为企业今后的发展取得良好开端。

安庆变压器厂致力于发展箱式成套变电站越做越好。1995年，总厂生产的NXB-10型箱式成套变电站通过国家电力部、机械工业部组织的鉴定，填补了省内空白，顺利投放市场。

在看到ABB合肥公司生产大型变压器取得良好效益以后，合肥变压器厂也开始注重发展大型变压器。1995年，工厂生产的第一台大型变压器即SFZ8-40000/110大型变压器获得成功，此台变压器是为合肥供电局生产，在合肥高新技术开发区安装使用。

“九五”期间　为区别合资以前的企业名称，合肥变压器厂更名合肥金环变压器有限公司，1997 年 12 月 10 日，该公司挂牌成立。该公司主要生产 110KV 级电力变压器，还生产矿用变压器、干式变压器、整流变压器等 100 多个品种、450 个规格，除畅销国内外，产品出口到马来西亚、菲律宾、巴基斯坦等国。这一年公司生产的 S9 系列变压器（共 17 个品种 51 个规格）通过了国家变压器检测中心的检测。

1999 年，安徽大力实施农村电网改造。全省机械行业电工电器企业积极参加。这一年变压器共有 5 次招标计 8296 台，安徽省机械企业有 5 家企业参加，中标 3321 台，价值 4000 多万元，占总数的 40%。其中，合肥金环变压器有限公司中标较多。其他变配电设备，安徽省机械行业电工电器企业也有中标。

2000 年 1 月，合肥金环变压器有限公司在安徽省 2000 年首次两网（城、乡）改造变压器招标会上，又中标 19 台产品，计产值 309 万元，占这次招标数量的 50%。

“十五”期间　经过几年的发展，安徽省变压器产量增长很快。2004 年，全省机械行业变压器产量已达 1293.8 万千伏安，比上年增长 34.1%。这些变压器在国民经济、人民生活尤其是两网改造中发挥了重要作用。

合肥金环变压器有限公司在发展中遇到资金困难，2004 年，经合肥市政府同意，保定天威集团拟对该企业实行兼并重组。2004 年 9 月，由保定天威集团、北京国富投资管理公司联手收购重组合肥金环变压器有限公司于 9 月初在合肥签字，一期工程投资 5 亿元 ~ 6 亿元，促进金环变压器生产。合肥金环变压器有限公司加入天威保变以后，2005 年在双凤开发区建立新厂，当年产值就达 2 亿元。以后每年都有很快发展。

进入 2005 年，通过改制的芜湖变压器有限公司、安庆变压器有限公司等企业也都有较快发展，成为安徽省变压器行业的重要企业。

第三节　电器开关

安徽的电器开关也生产较早。主要企业有合肥开关厂、合肥高压开关厂以及一些市县的电器开关厂。在 1986—2005 年这一时期，随着电力工业发展，电器开关也有发展。

“七五”期间　1986 年 8 月，合肥高压开关厂研制成 DW2-35G 型多油断路器，填补了安徽省空白，这种产品可广泛适用于各个行业。

1986 年，省机械厅根据机械部有关文件精神，对全省电器开关企业进行生产许可证审批。共有 23 个企业 16 种、47 个规格的产品通过检查，其中生产许可证通过检查的 5 个，设计许可证通过的 3 个。主要有：淮南蔡家岗电器厂的 HK2（六个规格）的闸刀开关、芜湖低压电器厂的 HK2（六个规格）闸刀开关等。

采用国际标准，是电器开关行业的重要生产条件。经过努力，安徽省一些电器开关企业取得进展。1986 年，省机械厅对电器开关企业采用国际标准进行验收，合肥高压开关厂的 SN10–10I/630–20 户内高压少油断路器、CN19–10/630–20 户内高压隔离器以及 CN19–10C1/630–20 开关通过了采用国际标准验收。

合肥高压开关厂生产高压电器开关历史悠久。1987 年底，合肥高压开关总厂又试制出 ZNO–10 型新式真空断路器在西安通过试验。它可替代少油断路器，为安徽省中压断路器从有油化到无油化填补了一项空白。

“八五”期间　1993 年，合肥高压开关厂又生产出 GGD、GCK 高低压配电柜、高压计量柜三个系列近百种产品的开关，投放市场后很受欢迎，产品销往大庆油田、齐鲁电厂、安庆石化总厂等，用户反映良好。

合肥开关厂是生产电器开关的专业厂。1993 年工厂成功开发出 BKD6–630A/660V.1140V 矿用隔爆型真空馈电开关和 BQD7–315A/660V.1140V 隔爆兼安全型真空电磁启动器，通过了省机械厅组织的鉴定。参加鉴定的设计院、所、学校、用户单位的 20 多名专家认为：这两种产品技术性能可靠、结构合理、水平先进。其中 BKD6–630A 馈电开关具有 20 世纪 80 年代末世界先进水平，填补了国内空白；BQD7–315A 起动器达到了国内先进水平，填补了省内空白。通过这两种产品的开发成功，合肥开关厂全面完成了对防爆电器两大系列（即馈电开关和起动器）产品的真空化改造，保持了在国内同行业的领先位置。经过几年的发展，合肥开关厂已形成以低压电器元件为主导、以防爆电器和成套电器为两翼的发展格局，企业经济效益增长很快。1992 年完成工业总产值 3400 万元，利税 320 万元，分别比上年增长 23% 和 39%。在产值和利税中，新产品分别占到 40% 和 60%。

1994 年广德电器厂研制的 DDC 系列电磁离合器、双向电磁离合器、制动器，成为华东地区唯一的具有此项产品生产能力的专业厂家。产品销往全国 26 个省、市、自治区，并部分出口欧美等国。

合肥高压开关厂在产品开发上不断取得新成绩。1995 年，工厂新开发的 ZN12–35 真空断路器、KYN1–10 双回路手车式高压开关柜、GBC–35Q 型开关柜三种新产品填补省内空白，达到国内同行业先进水平，通过部级鉴定。为促进产品开发工作，工厂设立了新产品开发成果奖、技术革新成果奖，提高了工程技术人员和技术工人开发新产品的积极性。工厂引进丹麦技术而研制的“多米诺”（DOMINO）低压组合式抽屉柜通过鉴定，填补了安徽省一项空白。由于新产品增多，出口量也增大。1995 年，该厂的产品出口伊朗达 2300 多万元，占总产值的一半。该厂生产的防爆电器水平领先，产量较高，使企业成为全省防爆电器的排头兵。

“九五”期间　1998 年，合肥高压开关厂又新开发出 GG–35 固定式高压开关柜，获得国家新产品称号，从而使该厂在高压开关柜发展方面又进了一步。进入 2000 年，由于市场变化等原因，安徽主要生产电器开关的企业也发生变化。

“十五”期间 从2000–2005年，安徽电器开关企业有的进行改制，有的进行搬迁，发生了新的变化，主要是在品种开发、生产规模有不同程度的发展。合肥高压开关厂被浙江耀华集团收购后逐步发展，2002年企业筹资在合肥瑶海工业园建立新厂，继续从事高压开关生产。合肥开关厂经过破产，原工厂负责人出资组建合肥合开防爆电器有限公司，生产防爆开关和电力设备，2003年一年就完成工业总产值3000多万元。

第四节 电线电缆

电线电缆是安徽机械工业的一个重要行业，在1986—2005年期间，随着国民经济发展，电线电缆需要量增多，发展也比较快。

“七五”时期 芜湖电线厂生产电线电缆较早且具有较好基础。1986年5月，工厂与中国科学技术大学合作，研制成具有国际八十年代水平的自控加热电缆，通电后可起到电加热、保温、自限温度、自调功率等多种功能，可广泛使用于石油、化工、机械、农副产品加工，受到用户欢迎。

进入20世纪80年代，合肥电缆厂发展很快。为进一步加快发展，尤其是增加品种，1987年8月，该厂与合肥郊区战塘村达成联营协议，在该村征地投产建立合肥绿宝橡皮电线厂，从事橡皮电缆生产，成为安徽省第一家橡皮电缆生产的乡镇企业。

安庆市电线厂注重提高产品质量，电线的质量和水平不断提高。1986年，该厂的日月牌RVS型铜蕊聚氯乙烯绝缘绞型连接软线首次被评为安徽省优质产品。

随着工艺的改进和生产的发展，合肥电缆厂生产的交联聚乙烯电力电缆水平不断提高，1988年7月通过了省级鉴定，专家认为达到了国内同行业先进水平。

1987年，合肥电缆厂加快技术改造，分别从德国、美国引进两条生产线，又从意大利进口两台拉丝设备，都具有国际八十年代水平，工厂又投资240万元建立裸电线车间。通过技术改造，工厂形成年产4000吨导体和新增1500公里电缆的生产能力，进入全国电缆行业的重点企业。

1990年，合肥电缆厂“七五”技术改造通过验收。该厂“七五”期间完成总投资2875万元，新建厂房1289平方米，新增设备127台（套），其中有从美国、意大利、德国引进的4条具有八十年代水平的生产线，形成了年产1.5万吨（折铜量）、年创汇100万美元、利税1000万元的生产能力。这一年，工厂实际实现利税1200万元，出口创汇100万美元。

“八五”时期 经过几年的发展，合肥电缆厂的产品品种进一步增加，1991年上半年，大截面电缆（ZRY）V–226/150m平方米、185m平方米、300m平方米又相继投产，大大增强了该厂的市场竞争能力。

安庆电线厂针对当时国内私人电话量增多、电话线需求量增大的情况，1992年引进加拿大北方电讯集团公司的电话弹簧线二手设备（70台）和技术，生产电话线。引进后工厂加快学习消化吸收，很快投入生产。1992年1—8月即生产电话线15万条，除销售国内外还出口美国。

1993年以后，安徽的电线电缆企业继续发展。合肥电缆厂、芜湖电线厂、安庆电线厂等企业都实现了新的增长。

“九五”时期　1998—2000年，安徽省兴起“两网”改造，需要大量的电线电缆。全省有关电线电缆积极参与农村电网改造指标。仅在1999年的农村电网改造招标中，五次导线招标计10900吨，安徽省机械行业6家电线电缆企业中标4688吨，占43%，其中合肥电缆厂中标1360吨，为中标企业之首。

1997年以后，安徽省无为县高沟镇兴起一批电线电缆企业，其中尤以安徽江淮电缆公司、华菱电缆公司等企业规模较大，发展较快，为以后形成高沟电缆集群打下了基础。

在此期间，以天长仪表厂为核心成立的天康集团也大力发展电缆生产，很快形成规模，成为安徽的重点电缆企业之一。

1999年，安徽欣意电缆有限公司适应城乡“两网”改造需要，开发出10KV和110KV交联乙烯绝缘电缆，受到用户欢迎，促进了企业发展。

“十五”时期　2001年，合肥电缆厂进行改制，成为合肥绿宝电缆有限公司。其他企业也发生了变化，有的进行了改制，有的因多种原因停产关闭。

地处滁州市来安县的安徽省赛华电缆有限公司生产电力电缆、通讯电缆，到2003年，年产值达2亿多元，年实现利润1600多万元。

在2001年至2005年期间，一批民营企业电缆厂兴起并快速发展，尤其是无为高沟的电缆企业发展很快，形成了电缆产业集群，年产值达150亿元。天长市也兴起了安徽电缆厂、蓝德电缆厂，加上天康集团，形成了天长电缆产业集群，年产值达到50多亿元。

第五节　锅炉及专用设备

锅炉也属于电工电器产业。但安徽生产锅炉的企业较少，主要有芜湖锅炉厂、马鞍山锅炉厂、合肥锅炉厂和合肥东风锅炉厂、蚌埠锅炉厂等。规模大的芜湖锅炉厂。

“七五”时期　芜湖锅炉厂重视技术进步和质量提高，1986年，该厂的SHL6-13-AⅡ中质煤链条炉排锅炉获得安徽省科技进步四等奖；同时获得此奖的还有合肥化工机械厂的 F=33 ㎡中置式废热锅炉。锅炉焊接工艺是关键工艺，为促进锅炉工艺上水平，1986 年，省机械厅确定“七五”期间工艺样板单位（11 个），芜湖锅炉厂铆焊车间名列其中。

芜湖电工专用设备厂是安徽省唯一生产电工专用设备的专业厂。1986 年，工厂成功开发出机械压力机、间歇冲槽机、卧式绞线机、高速冲槽机等产品，受到电工行业欢迎。1987 年 10 月，该厂生产的 JD-91 型冲槽机在湖南湘潭电机厂通过部级鉴定。

锅炉、压力容器是关系到人身安全的重要产品。1987 年 6 月，全省锅炉、压力容器通过许可证资格审查。有 7 个企业获得锅炉生产许可证，即芜湖锅炉厂（C 级）、马鞍山锅炉厂（D Ⅰ级）、合肥锅炉厂（D Ⅰ级）、合肥东风锅炉厂（D Ⅰ级）、蚌埠锅炉厂（D Ⅰ级）、芜湖弋江机械厂（E 级）、阜阳压力容器厂（E 级）。

获得压力容器制造许可证的是：合肥化工机械（一、二、三类）、淮南石油化工机械厂（一、二、三类）、马鞍山压缩机厂（一类）、芜湖戈江机械厂（一、二类）、阜阳压力容器厂（一、二类）、芜湖印染设备厂（一、二类）、淮南东风化工机械厂（一、二类）、中国机械工业安装总公司第五安装工程公司（一、二类）、蚌埠第二空压机厂（一、二类）、马鞍山锅炉厂（一、二类）、宿州压力容器厂（一、二类）、蚌埠水泵厂（一、二类）、芜湖锅炉厂（一、二类）。

获得部、省压力容器设计单位批准书的是：合肥化工机械厂（化工部、安徽省）、淮南石油化工机械厂（安徽省）、蚌埠空压机厂（安徽省）、蚌埠第二空压机厂（安徽省）。

1986 年，芜湖锅炉厂的 SHL 型锅炉通过部级采用国际标准验收。

1986 年，合肥化工机械厂的“金环”牌 F=33 ㎡中置式废热锅炉获得机械部优质产品。

马鞍山锅炉厂积极开发新产品，1987 年，该厂试制的两台 240 大卡 / 小时热水锅炉列入国家重点开发项目。

1987 年，芜湖锅炉厂的 SHL6.5-13-A Ⅱ型锅炉获得机械部全国机械工业优秀节能产品称号。

“八五”期间 安徽电工专用设备生产企业主要是芜湖电工专用设备厂。芜湖电工专用设备厂不断开发新产品。1988 年上半年，工厂研制的 JD91-5 型高速冲槽机，在用户单位南京汽轮机厂通过了部级技术鉴定，鉴定认为，该冲槽机冲次可达 600 次 / 分，达到了国外同类产品水平。这种产品主要用于电机的冲槽，2000 年以后，企业继续保持发展，生产的电工专用设备市场较好。

“九五”期间 合肥化工机械厂在发展压力容器产品继续前进，1997 年 4 月 23 日，该厂生产的 Φ1400 尿素合成塔获得成功，填补了安徽省一项空白。

1996 年，芜湖电工专用设备厂研制的自动冲孔卷绕机获得成功。此产品最高冲次可达 420 次 / 分，技术指标达到国际先进水平。

芜湖锅炉厂狠抓技术进步和产品更新，建有宽大的铆焊车间和试验台，生产的锅炉达到B级锅炉水平，1998年，工厂成为全国拥有B级锅炉的14个厂家之一。该厂开发的B级系列锅炉广泛用于电站、化工、轻工、造纸等行业。这一年开发的B级35吨/时锅炉新产品受到用户欢迎。1999年，工厂与清华大学联合设计开发的35吨/H循环流化床锅炉又获得成功，投放市场。

1998年，芜湖锅炉厂通过ISO 9000质量认证。

为适应环保需要，江淮汽车股份公司于2000年建立省内最大的焚烧炉，这种焚烧炉设有有害气体吸收塔和袋式除尘器等装置，每小时可焚烧处理汽车及生活固体废弃物300公斤，烟气排放符合国家标准。这一锅炉的投运，彻底改变了过去垃圾外运及手工处理的历史，消除了生产、生活对环境的污染。

“十五”期间　2001年，芜湖锅炉厂又开发出“低温液体贮槽”，这种产品属20世纪具有世界先进水平的储存液态稀有气体的设备，具有体积小、容量大的特点。该厂开发出15、10、5等不同立方容量的设备5台，产值达200多万元，具有环保型，前景良好，被誉为“朝阳产业”。

2002年以后，安徽省主要锅炉企业继续发展，其中芜湖锅炉厂改制为芜湖金鼎锅炉有限公司，生产规模扩大。但规模较小的企业如马鞍山锅炉厂、合肥锅炉厂等由于多种原因出现萎缩。

第六节　蓄电池

安徽的蓄电池以安徽迅启蓄电池厂（后改为安徽迅启蓄电池有限公司）为主，该厂坐落于安徽省岳西县天堂镇建设西路69号。1972年建成投产，1999年12月改制为股份制有限公司，后更名为安徽迅启蓄电池有限公司。

公司前期生产蓄电池极板，提供蓄电池修理修配劳务。后逐步引进专业设备和检测技术，生产汽车、摩托车用铅酸蓄电池。生产的“迅启”牌铅酸蓄电池，1992年获“省优”，1998年获安徽省名牌产品称号。公司属安徽省第一批通过采用国际标准组织生产认证的企业，是原机械工业厅定点生产铅酸蓄电池的专业企业，并于90年代初开始给江淮汽车配套生产蓄电池产品，自此，公司驶入了加速发展的快车道。

进入21世纪，迅启公司看准市场机遇，在全国率先引进德国HADIEquipment（哈迪）公司具有全球领先技术水平的牵引蓄电池生产线，开始进军牵引蓄电池市场。经过公司和外方技术人员的共同努力，生产线如期调试成功。此后，公司生产的牵引蓄电池已覆盖全国所有省、市、区，并远销韩国、沙特、印尼等海外市场，与国内主流叉车生产厂家如合力叉车、杭州叉车、江淮银联、浙江美科斯等均建立了稳定的合作关系，牵引蓄电池市场占有率已位居全国第一。

截至 2005 年，公司占地 66300 平方米，建筑面积 38600 平方米，拥有四大专业生产车间，设备总数达 224 台（套），其中进口牵引蓄电池生产线、铅粉生产线、自动和膏机、自动化涂板机、智能化成直流充电电源、全自动装配线等大型设备处于国内领先或先进水平。

公司是中国蓄电池行业协会会员、安徽汽车行业协会理事、安徽机械行业管理协会理事、安徽省汽车零部件高新产业区骨干企业、国家“守合同重信用单位”、“AAA”信用单位，并是安徽江淮集团、安徽叉车集团成员企业。迅启产品和商标先后被认定为“安徽省名牌产品”“安徽省免检产品”“安徽省著名商标”。

公司的生产规模也逐步扩大。1986 年，企业销售收入 105 万元，完成税收 1.5 万元；到 1995 年，已发展到销售收入 1836 万元，税收 42 万元；到 2000 年，销售收入达 8832 万元，税收 239 万元；到 2005 年，销售收入达 2.51 亿元，税收 452 万元。

此外，在 1990 年前后，安徽省还有芜湖蓄电池厂、淮南蓄电池厂，后因多种原因逐步停产或改产其他产品。

第五章　机床工具

机床是工业的工作母机。安徽省机床工具行业有较好的基础。主要产品有金切机床、液压成型机床、剪切机床、冲压机床；工具方面有砂轮、量刃具、钻孔工具等。1996年至2005年，随着机械加工工业的不断发展壮大，对机床工具需要量增多，机床工具行业发展较快。

第一节　金切机床

安徽省的金切机床生产企业主要有六安机床厂、蚌埠机床厂、黄山第一机床厂、黄山机床厂、皖南机床厂、安庆机床厂，以及池州家用机床厂，还有一些机床配、附件企业，大多数属于中型企业，也有小型企业。

“七五”期间　经过前一时期的发展，一批机床企业产品质量提高，水平上升。1996年在公布的安徽省科技进步奖获奖项目中，安庆机床厂的3M4740钢珠精研机床获二等奖，蚌埠机床电器厂的JZG系列接触式继电器获三等奖，黄山机床厂的AT-280型多功能工具机获三等奖，安庆第二机床厂的C7325型弧形切削弓锯床、安庆地区机床厂的QH-400型多功能工具机、安庆机床厂的3MT4320×200滚子球基磨床获得荣誉奖。

为加强联合，增强安徽机床工具行业的整体实力，1986年4月，安徽省机床工具公司在芜湖召开的机床工具行业会上宣告成立。该公司由合肥锻压机床厂、芜湖重型机床厂、蚌埠机床厂三家发起，吸收有关机床工具企业参加。合肥锻压机床厂厂长吴道辉任董事长，芜湖重型机床厂厂长曹佳凡、蚌埠机床厂厂长吴开应任副董事长，公司实行董事会领导下的经理负责制。公司地址在合肥锻压机床厂内。

1986年9月，蚌埠机床厂试制成MVC-10立式加工中心，具有20世纪80年代水平，采用美国的电脑控制，装有24把刀具，可以进行铣、镗、铰、攻丝等多工序加工。

1986年，池州家用机床厂生产的QH-400型多功能工具机具有车、钻、铣等多种功能，很适合家庭、教学及个体专业户使用。首批出口50台到美国、加拿大，反映良好。

马鞍山机床厂的C-3车床出口量大。为提高机床油漆技术，1986年10月，省机械厅在马鞍山机床厂举办机床油漆技术培训班和油漆技术现场交流会。马鞍山机床厂以 C–3 车床为对象进行油漆操作表演。

1987 年，省机械厅发出 1986 年获得生产许可证企业名单，其中马鞍山机床厂的 AMC36/1000 马鞍车床、蚌埠机床厂的 Z4010、4119、4123BT 系列台式钻床获得生产许可证。

根据国家安排，原在山区的小三线厂搬迁出来交给地方。1986 年 1 月，歙县县政府派人接收了上海在皖南的“小三线”工厂——跃进机械厂，改名成立“安徽省皖南机床厂”。接收以后，工厂立即抓紧建设，恢复生产。1987 年 6 月，皖南机床厂生产的第一批 57–3C 万能升降铣床通过专家审定认可，准予批量生产。1987 年，该厂就生产铣床 146 台，做到了搬迁、生产两不误。

1986 年，池州家用机床厂与安庆红旗机床厂联合生产 HQ–400 多功能工具机，1987 年被评为安徽省优质产品。

1987 年，芜湖通用机械厂研制出 MJ337 型台式木工带锯机。

由于安徽省机床行业的快速发展，机床企业重组也开始进行。1988 年 8 月，马鞍山机床总厂成立，总厂管辖马鞍山市机床厂、铸造厂、利群机械厂（三线厂刚搬迁过来）三个分厂。总厂实行厂长负责制，统一对外，主要生产出口机床，同时也生产纺织机械、汽车配件、工模具、铸件等。

安庆红旗机床厂在多功能工具机方面不断迈进，1988 年 3 月，该厂又推进 HK–388 经济型数控多功能工具机、HQ–400 型多功能工具机，获得安徽省重大科技成果奖，并选送参加广交会。

“八五”期间　芜湖重型机床厂生产镗铣床较早。1990 年，该厂又设计制造出 TH6380 卧式加工中心，于 1991 年 1 月通过部级鉴定。这种加工中心，刀库容量达 40 或 60 把刀，可实行三轴联动，完成铣、削、镗、钻等多工序加工，其数控部分采用日本 FANVC–6MB 数控系统，并带有 14 吋彩色 CRT，产品达到国内领先水平。投放市场后即受到欢迎。

地处滁州市的安徽第二纺机厂曾生产过冲床。1992 年，工厂根据冲床在市场上走俏的情况，恢复生产老产品冲床，组织了 JC23–62 型、J23–80 型、J–23–100 型、JC21–160 型系列冲床生产百日会战，很快形成了较大批量，填补了安徽省当时的空白，投放市场后很受欢迎。

安庆鸿庆精机有限公司是由台商严孝诚投资兴办的企业，生产 CNC 立式加工中心和 CNC 车床等机电一体化产品。1991 年 6 月 1 日投产，当年完成产值 360 多万元；由于产品水平较高，投放市场即受到欢迎，产销大幅度上升，1992 年完成 CNC 系列加工中心 88 台，实现工业总产值 4680 万元，利润 210 万元，位居全国同行业前茅。1993 年实现工业总产值 1.5 亿元，再上新台阶。

1993年以后的几年，由于国家强化宏观调控，减少资金投放，加上国产机床在质量、水平上与国外存在一定的差距，全国机床销售量出现下降，安徽也不例外。

蚌埠机床厂生产的台钻是该企业的传统优势产品。1994年年初，该厂台钻分厂生产的I4019台钻经国家质量检验，被评为一等品。生产的X5042A立式升降台铣床、Z4019台钻通过鉴定，可投放市场。

在此期间，六安机床厂、黄山机床厂、黄山屯溪机床厂（后改为黄山第一机床厂）、马鞍山机床厂、黄山台钻厂也不断取得新的发展。蚌埠奥力机床厂生产冲压机床，形成一定规模。

走产学研结合之路，是发展机床工业的捷径。皖南机床厂在搬迁完成、生产稳定之后，积极与合肥工业大学联合研制“山”字牌XK6125A万能铣床；与上海机床研究所联合研制X5325/1数显升降台铣床，畅销国内并有出口。通过产学研联合促进了企业发展，1993年该厂跻身于“安徽省百家最佳经济效益单位”。1994年1—4月就完成工业总产值590万元，比上年同期增长40%；出口577万元，增长53%；实现利税57.3万元，也有增长。

芜湖重型机床厂是生产镗、铣床的重点企业。进入20世纪90年代，企业加大技术改造，生产能力增强。主要产品有立式镗床、落地镗铣床、数控立式镗铣床、卧式加工中心、数控立式车床等等，形成8大系列20余个品种，年生产能力达500台，产品销售全国各地及世界30多个国家和地区，其中立式精镗床占国内市场70%；T716A、T7220A、MJ4220A等镗床被机械部评为优质产品。1993年企业工业总产值达4377万元，销售收入4290万元，实现利税985.8万元。

进入20世纪90年代中期，企业改制逐步进行。1994年12月19日，池州家用机床厂改制为安徽池州家用机床股份有限公司并宣告成立，公司董事长汤三益。由于该企业改制比较规范，管理较好，被列入全省50家股份制规范企业和100家现代企业制度试点企业。这一年，企业生产发展很快，完成产值4200万元，实现利税200多万元。同时，地处太平县的黄山机床厂也进行股份制改革，与安徽省机械设备进出口公司组成股份制企业黄山机床股份有限公司。

20世纪90年代初，蚌埠机床工业总公司成立，该公司集产销于一身，既销售，又设立车间生产。1994年，公司生产的BB22系列多功能工具机出口德国、澳大利亚200多台，创汇60多万美元。

池州家用机床厂改制为池州家用机床股份有限公司以后，转换经营机制，促进企业发展。1995年，该公司出口工具机、台式车床6003台，创汇405万美元，其中自营出口210万美元，成为安徽省机械行业出口创汇较多的企业。公司研制的52台多功能木工机床，经商检部门认可出口美国，成为该公司多功能系列工具机和台式车床后又一出口的机床产品。

“九五”时期 到 20 世纪 90 年代后期，蚌埠机床厂经营困难，亏损严重。1998 年，企业进行改制。成立民营的蚌埠机床有限公司，张传明担任董事长，此后，企业逐步出现转机。到 2000 年以后逐步发展。生产的产品仍以铣床为主，并向大型、高档数控铣床发展。

地处潜山的安徽精科机器有限公司积极进军机床领域，2000 年成功开发多功能自动冲压成型机，当年 7 月通过省级鉴定，这种成型机可用于汽车、航空、电子、轻工及日用机电产品的金属线材或带材的冲制、折弯，实行全自动一次成型，与传统的冲床相比，具有安全性能好、效率高等特点，获得国家专利。

“十五”时期 进入新世纪以后，安徽省的金切机床生产企业继续发展，尤其是一些企业紧跟市场需求，积极生产数控机床，包括数控车床、数控铣床和加工中心，加快了发展。

六安机床厂由于多种原因经营困难，发展缓慢，2001 年，浙江双龙公司兼并该厂，成立六安双龙机床有限公司，派王宝民担任总经理，自此企业逐步发展。

在此期间，蚌埠市兴建了金洋机床有限公司、天宇机床有限公司，贝可机床有限公司，专门生产家用机床（多功能工具机），各厂每年产量都在 4000 ~ 5000 台。产品主要用于出口，形成了一定特色。

2003 年，芜湖重型机床厂改制为芜湖恒升重型机床有限公司，与老厂剥离，在芜湖县机械工业园征地建立新的厂房，2004 年即投产，生产镗铣床、立车等产品，2005 年又兴建年产 2 万吨铸件的铸造中心。

第二节　锻压设备

安徽省生产锻压设备主要是合肥锻压机床厂，以生产大、中型液压机为主；还有以后发展的合肥压力机械厂，生产小型压力机。

大、中型液压机 通过前一时期的发展，合肥锻压机床厂已具备较好基础。1986 年在评定的安徽省科技进步奖中，合肥锻压机床厂的 YZ71K-63A 数控塑料制品液压机、YZ71-63A 全自动肘杆式塑料制品液压机获得三等奖，YA32-630 型 630 吨四柱万能液压机、HD-026 型 500 吨拉伸液压机以及蠕墨铸铁工艺研究和稳定生产获得荣誉奖。该厂生产的 YHDY32 型 500 吨四柱液压机被机械部评为优质产品；YHD 牌 Y32-200 型 200 吨四柱液压机被评为安徽省优质产品。

合肥锻压机床厂积极为汽车工业发展专用设备，1987 年，工厂研制的 HD-028 型、HD-030 型 2000 吨汽车纵梁液压机获得成功，后来在长沙汽车制造厂试用通过省级鉴定。

1988年年初，合肥锻压机床厂更名为合肥锻压机床总厂。该厂在汽车专用设备方面继续发展，在生产出1250吨、2000吨汽车纵梁联动液压机以后，又开发出3000吨汽车纵梁联动液压机，其制作方法是将6台500吨的四柱万能液压机组合在一起，实行多缸多机联动液压。

1991年12月18日，合肥锻压机床总厂又自行设计一台50000KN的汽车纵梁液压机，经专家鉴定和用户现场验收合格。此产品专为湖北汉阳特种汽车厂设计制造，由两台2500KN液压机并联而成。机体总重420吨，单台结构为三梁八柱式，既可单台使用，又可两台同步联动；此机工作台面11.5米，可压制汽车纵梁12米，系国内首创。

1993年，合肥锻压机床总厂又继续发展，1—5月就完成工业总产值3270万元，实现销售收入3935.2万元，利税834万元（其中利润644.6万元），一跃成为全国同行业第二。

为发展联营，把企业做大做强，1994年11月18日，合肥华德液压机集团成立。集团以合肥锻压机床总厂为核心，以华德液压机为龙头，联合上海、天津、安徽七省市44家企事业单位组成，是融企业、商贸、科研院所为一体的跨地区、跨部门、跨行业的企业集团当时，合肥锻压机床总厂固定资产已达8400多万元，职工3000多人。自从1985年引进德国罗菲尔公司技术以后，企业已能生产100千牛至50000千牛的各种液压机209个品种，广泛适用于汽车、轻工家电、航天航空等行业。成立合肥华德液压机集团，对发展安徽液压机生产具有重要意义。

1996年8月，合肥锻压机床总厂又自行设计制造全液压汽车冲压生产线，属全国第一条汽车液压冲压生产线，由7台RZV系列快速液压机组成，主要用于金属薄板的拉伸、弯曲、翻边、成型工艺，具有良好的功能和使用价值。

1997年，合肥锻压机床总厂进行改制，9月8日成立合肥锻压机床股份公司，该公司由合肥锻压机床总厂、北京首钢重型机器厂、合肥电机厂等14个单位共同发起。新成立的股份公司总股本8005万元。公司董事长兼总经理由黄廷龙担任。

合肥锻压机床股份公司的联动液压机为汽车服务领域越走越宽广，1999年，该厂生产的2000吨、2500吨、5000吨联动液压机又被湖南冷水潭汽车厂、云南汽车厂购置使用，反映良好。2000年，公司又研制成国内最大的双动薄板拉伸液压机（YH28-1600/2400型），用于汽车、拖拉机、航空的复盖件压制。为一家化工企业研制的三台精密成型液压机即YH33-1000、YH33-500、YH33-500A，获得成功；研制的YH25-200D车门折边液压机，可用于金属薄板的弯曲、翻边、压制；尤其是研制的YH40-100型1000KN精密数控液压机是国家重点新产品试产项目，属国内首创，该机采用了具有人机对话功能的触摸式工业显示屏，可进行参数预置、参数适时显示及数据存储打印功能。这种液压机不仅适用于飞机机翼整体壁板的精密成型与校直工艺，满足复杂形状的板类零件或三维形状工件成型和校直工艺，还能满足轴套类零件的校直工艺，具有很高的水平。

紧接着，合肥锻压机床股份公司又逐步进入食品、轻工领域，2003 年，公司为盼盼集团打造专用生产线，生产线由 7 台 RZU 系列快速薄板深拉伸液压机组成，具有良好的功能和效益。

2003 年，合肥锻压机床股份公司进行改制，由香港曼图集团出资收购企业，成立合肥锻压机床有限公司，严建文任董事长。公司搬迁合肥经济技术开发区，建立新厂，投入生产。

2004 年至 2005 年，合肥锻压机床有限公司快速发展，生产多种型号的液压机，并着手研制机械压力机。2005 年，企业工业总产值达 3 亿多元，创历史最高水平，并在全国液压件行业居领先位置。

金刚石压机　金刚石压机也属压力机械。1986 年，阜阳通机厂研制的 6×600 吨六面顶金刚石压机获得成功。1993 年，合肥动力机械总厂金刚石分厂研制成功 6000 吨金刚石压力机，填补中国空白。这种压力机型号为 Y75/4800/A 的六面顶压力机，可满足 22 毫米腔体金刚石合成的要求，当时生产 3 台投放无锡市场，实现利润 18 万元。1993 年共生产压力机 15 台，创产值 500 万元，利润 60 万元。

中小型压力机　地处合肥岳西路的合肥压力机械厂生产中小型压力机销路较好，企业稳步发展。在 2000 年以后，合肥压力机械厂也不断发展，生产的压力机、冲压机销售全国部分省市，企业也取得较好效益。

第三节　砂轮

砂轮作为磨料磨具，属于机床工具行业。安徽的砂轮生产企业较少，且都是小型企业。1986—2005 年，安徽的砂轮行业发展缓慢。

“七五”时期　合肥砂轮厂生产砂轮历史较早。1986 年 1 月，该厂生产的 WJ9325“火矩”牌砂轮填补安徽省空白，这种砂轮具有防尘、除尘功能，投放市场后，反映较好。1986 年，该厂生产的“火矩”牌 PB400×3×32 树脂砂轮和 PB300×3×32 砂轮被评为安徽省优质产品。

“八五”时期　地处含山运槽的巢湖砂轮厂为加快发展，引进了郑州砂轮研究所工程技术人员高成喜并委以厂长重任。在他的带领下，企业发展很快，经济效益较好，1991 年 5 月 1 日，该厂被评为安徽省创“最佳经济效益竞赛夺魁单位”，这在全省机械行业是为数不多的企业之一。到 1994 年该厂的固定资产已达 456 万元，能生产直径为 900 毫米、厚度为 19 毫米的大直径超薄砂轮，达到国际先进水平。1994 年企业进入全国同行业第5名，产品畅销全国28个省、市、自治区，并出口新加坡、朝鲜、美国等国家和中国香港地区。

进入20世纪90年代中期，合肥砂轮厂继续发展。该厂开发的“增强界面砂轮”获得国家专利，这种砂轮的特点是：增大砂轮的抗冲击性和韧性，其安全系数比普通砂轮提高二倍。1994年1–9月，工厂完成销售收入1355万元，实现利税177.8万元。

在这时期，凤阳砂轮厂改为凤阳东方砂轮有限公司，生产的砂轮质量较好，形成一定规模。

“九五”“十五”时期　到20世纪90年代后期，巢湖砂轮厂由含山运槽迁至巢湖市，继续生产各种砂轮，企业取得较好效益。

进入2000年以后，上述各家砂轮企业维持正常生产，但由于多种原因，发展不快。2000年，合肥砂轮厂停产，厂房作为房地产使用，2005年，又在合肥东区兴建合肥砂轮厂，重新生产。在此期间，凤阳东方砂轮有限公司因经营困难，也基本停产。

第四节　木工机械与工量具

木工机械　1986年，芜湖通用机械厂生产的双安牌M3110A、MJ319B普通木工带锯机通过采用国际标准验收，被评为安徽省优质产品。

工具量　工量具也属机床工具行业。但是安徽工具量具企业较少，生产规模不大，经济效益不高，1986—2005年发展不快。

1986年，省机械厅对有关企业进行发放生产许可证审查。合肥工具厂的Φ3–Φ10直炳麻花钻，巢湖量具厂的WQ251、501外径千分尺、YK1251、1501镀铬游标卡尺领到生产许可证，从此企业具备了生产条件。

这一年，安徽省通过评审公布了省优质产品，合肥工具厂的“合字”牌锥炳麻花钻名列其中。

1987年，巢湖量具厂（后改为安徽量刃具厂）引进德国的数显量具，通过消化吸收，很快生产出产品。通过引进，提高了该厂量具的产品质量和技术水平，对企业发展具有重要意义。

舒城工具厂是生产机械加工工具的专业厂，1986年以后有一定发展。1995年，该厂加入上海工具集团公司，生产的产品挂“上工”牌子出厂。1996年，该厂由原来的旧厂房搬至新建的厂房，从事工具生产。

1998年，合肥工具厂撤并，企业停止生产。

进入2000年以后，安徽量刃具厂维持生产，但发展缓慢。到2003年，由浙江德力西集团公司兼并重组，并在巢湖市经济开发区征地建立新厂，2004年开始投产。舒城工具厂也维持生产。

第五节 机床配件

安徽的机床配件主要有石台机床配件厂、合肥高压开关厂（合肥机床配件厂）、蚌埠机床电器厂等企业，1986—2005年，生产发展缓慢。

蚌埠机床电器厂在生产中重视提高产品质量和技术进步，1986年，该厂生产的JZC1系列接触式继电器获安徽省科技进步三等奖。

石台县机床配件厂多年来生产机床丝杠，1986—2005年保持平稳生产。每年实现工业总产值300—400万元。丝杠产品供全国部分省市的机床配套。

合肥机床配件厂生产机床的配件，1986—2005年，每年实现工业总产值700万元～800万元，为省内外机床企业配套。

第六章　石化通用环保机械

安徽通用环保机械起步较早。1985 年，全行业有企业 22 家，职工 6895 人，其中工程机械人员 512 人，年末固定资产原值 5829 亿元，净值 3062.3 万元，主要设备 1441 台；主要产品仍然是工业泵、阀门、风机、压缩机以及相关的机械及零部件。1985 年完成工业总产值 8262.8 万元，实现利润 1172.6 万元，上缴利税 1156.7 万元。

1991 年 9 月 24 日，省通用机械产品质量监测站成立。该站由省通用机械工业公司、合肥通用机械研究所联合成立。在成立的第一次会议上，通过了通用机械产品审查认可细则。

第一节　工业泵

“七五“期间　1985 年，全省工业泵企业有 5 家，职工 1178 人，其中工程技术人员 56 人，年末固定资产 534.6 万元，净值 296.1 万元，共有设备 190 台。全年生产工业泵 1146 台，完成工业总产值 856.5 万元，实现利润 18.1 万元，上缴利税 64.3 万元。

主要企业有：芜湖工业泵厂、和县工业泵厂、和县水泵厂、芜湖水泵厂、桐城通用机械厂。

芜湖工业泵厂规模最大，当时同属省通用机械公司。1985 年，该厂有职工 416 人，其中工程技术人员 24 人，年末固定资产原值 198.2 万元，净值 84.0 万元，有生产设备 55 台，主要产品有船用电动往复泵、锅炉给水泵、真空泵、矿用多级泵等。年产 1693 台，当年实现工业总产值 221.6 万元，上缴利税 16.9 万元。1986 年，安徽省科技进步奖公布，芜湖工业泵厂的 ZDSL 型船用电动往复泵改进设计获得省科技进步三等奖。

一些工业泵企业通过加强管理，产品质量合格并有提高，1986 年，省机械厅公布领证或检查通过的企业及产品有：和县工业泵厂的 1H50–32–160、1H65–50–160、1H80–65–160 化工泵，安庆市工业泵厂的 1S65–50–160、1S80–65–160IS 泵、桐城通用机械厂的 IS80–65–160IS 泵。

1987 年，芜湖工业泵厂与上海锅炉研究所共同研制的 CYG–6–25/86 锅炉给水泵获得成功，当年通过省级鉴定。

“八五”期间　到 20 世纪 90 年代初，工业泵成为安徽省通用机械的主要产品。1993 年，省通机公司（以芜湖工业泵厂为主）实现销售收入 3100 万元，比上年增长

15%；实现利税 57 万元，增长 8.94%。1994 年计划销售收入 3500 万元，利税 60 万元，也预期实现。1993 年，省机械厅评比安徽机械系统 50 强企业，和县水泵总厂按利税 514.6 万元名列第 32 名。

蚌埠潜水泵厂继续发展，到 1994 年，工业总产值达 1855 万元，1995 年一季度就达 370 万元，比上年同期增长 30%。当时厂里制定重奖的销售政策，极大地提高销售人员积极性，从而促进了销售工作。

和县三联泵业生产的水泵发展很快，1995 年该厂水泵产量达 12503 台，产品达到 13 个系列 300 多个品种规格，全厂销售收入 4517 万元，成为安徽省机械系统的重点企业。

“九五”期间　1996 年 12 月 20 日，省政府召开新闻发布会，公布第二批安徽省名牌产品，和县三联泵业的水泵在 14 种机械产品里名列其中。同年 12 月 4 日，省质量检查监督局公布第三批质量最佳企业，全省 40 家，其中机械系统 7 家，安徽三联泵业公司名列其中。

安徽三联泵业公司的产品在畅销国内的同时，还不断出口。1998 年 1—5 月就出口水泵 6300 台、成品铸件 500 吨，创汇 80 万美元。

“十五”期间　进入 21 世纪，通过改革重组，除少数企业如安徽三联泵业公司、蚌埠潜水泵厂继续发展外，其他企业发生变化，有的产品萎缩，改产其他产品；有的被兼并、破产。

第二节　阀门

“七五”期间　1985 年，安徽省阀门行业有企业 7 家，生产各类阀门 6682 吨，其中高中压阀门 546 吨，低压阀门 6136 吨。年末固定资产原值 872.7 万元，净值 198.5 万元，共有生产设备 375 台。当年完成工业总产值 1286.5 万元，实现利润 218.8 万元，上缴利税 178.5 万元。

主要生产企业有：屯溪高压阀门厂，1985 年有职工 531 人，其中工程技术人员 32 人，年末固定资产原值 419.6 万元，净值 250.6 万元，有设备 124 台。当年生产高中压阀门 324 吨，完成工业总产值 712.6 万元，实现利润 206.6 万元，上缴利税 152.7 万元。白湖阀门厂，1985 年有人员 2759 人（含劳改犯人），其中职工 1061 人。年末固定资产原值 856 万元，有各种设备 458 台。当年生产各类阀门 4047 吨，其中出口 523 吨，完成工业总产值 838 万元，实现利润 172 万元。还有和县阀门厂、来安阀门厂。

主要企业屯溪高压阀门厂管理较好，产品质量高。1986 年，安徽省科学技术进步奖公布：该厂的 FS-O 型阀门寿命试验机获省科技进步四等奖。同年，在省机械厅公布的 1986 年度领取生产许可证或通过检查验收的企业中有来安阀门厂。

“八五”期间　在此期间，重点阀门企业加快发展，生产规模和经济效益不断进步。1991 年 5 月 1 日，全省机械系统有 38 个企业在劳动竞赛中获得优胜，受到省劳动竞赛委员会表彰，在“创最佳经济效益”竞赛夺魁单位中，屯溪高压阀门厂、和县阀门总厂名列其中；在“安徽省模范班组”中，屯溪高压阀门厂金工二车间三班榜上有名。

重点阀门企业的快速发展，在全国机械行业的位次也有提升。1992 年，机电部信息统计司对 2187 个大中型机械工业企业经济效益指数进行排队，安徽机械系统 77 个大中型企业中有 24 个企业的工业经济效益综合指标（%）排序为前 10 名，其中屯溪高压阀门厂综合指数为 139.03，排序全国高中压阀门制造业第 2 名；和县阀门总厂指数为 109.18，排序全国低压阀门制造业第 3 名。

和县阀门厂积极通过技术改造，形成了万台生产能力。1993 年工业总产值达到 3500 万元，实现利税 285 万元。1994 年继续大幅度增长。该厂在发展内销的同时，还积极扩大出口，产品主要销往美、英、日、韩国、加拿大、巴基斯坦等国家。

1994 年，屯溪高压阀门厂采取热模锻工艺生产锻件，质量好，产量高，经省机械厅鉴定认为该厂的热膜锻是全省最先进的锻压设备。工厂将热模锻分离出来，单独成立锻造分厂，与省内许多企业建立了锻件加工协作业务，取得明显经济效益。

“九五”“十五”时期　宏大集团致力于发展球墨铸件阀门，产品有球铁阀门、喷塑衬胶闸阀、止回阀等产品，产品不仅畅销国内，还大量出口欧美等国。1998 年出口创汇 534 万美元，1999 年继续增长，仅 1—4 月就出口创汇 189 万美元。

2000 年以后，全省阀门行业继续发展，成为安徽省机械行业的重要组成部分。重点企业宏大阀门集团、白湖阀门厂产量增加，品种增多。

第三节　风机

1985 年，安徽风机行业主要是地处庐江县的安徽风机厂。当年企业有职工 486 人，其中工程技术人员 13 人。年末固定资产原值 392 万元，净值 242.7 万元。有主要生产设备 174 台（其中专用设备 19 台）。当年生产各种风机 3401 台，实现工业总产值 400.6 万元，实现利润 50.1 万元，上缴利税 28.8 万元。

1987 年年初，安徽风机厂研制的 AGY2-12N6.3 和 AGY4-12N07.1 型高效低噪音风机获得成功。经专家鉴定这两种产品属国内首创。投放市场后用户反映尚好。

安徽风机厂继续发展。到 1991 年初，该厂生产的风机有 26 个系列 150 个品种，基本属于国家推广的节能产品。

1992 年，国家机电部信息统计司公布的 2187 个大中型企业工业经济效益综合指数排位，安徽风机厂为 121.77%，排序风机制造业第 6 名。

1996 年，安徽风机厂又积极开发电站风机、环保风机、编织带风机、罗茨风机、屋顶风机，销售越来越好，企业经济效益也不断提高。

在这以后，安徽风机厂继续保持平衡发展，产品销售较好，企业每年也取得一定的经济效益。

2000 年以后，安徽风机厂进行改制，成为民营企业。直到 2005 年，仍坚持生产并保持一定规模。

第四节　气体压缩机

“七五”时期　1985 年，全省共有气体压缩机生产企业 4 家，职工 2896 人，其中工程技术人员 218 人，年末固定资产原值 2704.9 万元，净值 1222.9 万元，主要生产设备 485 台。当年生产各种压缩机 3234 台，完成工业总产值 3985.9 万元，实现利润 712.1 万元，上缴利税 670 万元。

主要生产企业有：蚌埠空气压缩机厂、蚌埠第二空压机厂、马鞍山压缩机厂、蒙城制冷机厂。

蚌埠空压机厂，1985 年有职工 1195 人，其中工程技术人员 141 人，年末固定资产原值 951.7 万元，净值 381.1 万元，主要生产设备 187 台，当年生产压缩机 611 台，完成工业总产值 1520 万元，实现利润 329.1 万元，上缴利税 331.8 万元。

蚌埠第二空压机厂，1985 年有职工 1001 人，其中工程技术人员 65 人，年末固定资产原值 1481.4 万元，净值 648.2 万元，有主要生产设备 206 台。当年完成工业总产值 1885.3 万元，实现利润 268.8 万元，上缴利税 275.8 万元。产品不仅销售国内，还出口到朝鲜、巴基斯坦等国。

马鞍山市压缩机厂，有职工 200 人，生产设备 56 台，主要生产小型空气压缩机。

1986 年，马鞍山市压缩机厂研制的新产品 WM-30/0.5 型膜片式压缩机获得成功。在这一年，安徽省科学进步奖公布，该厂的 WM-3C/0.5 型膜片式压缩机获得荣誉奖。

1986 年，安徽省优质产品评选揭晓，蚌埠空压机厂的双箭牌 2DG-1.5/16-24 无润滑液化石油气循环压缩机、蚌埠第二空压机厂的 BEY 牌 S-10/250 车装空压机、蒙城县制冷机厂的雪塔牌 2F6.5 型制冷压缩机名列其中。

1987 年，蚌埠空压机厂、蚌埠第二空压机厂合并，成立蚌埠空压机总厂。合并以后，增强了开发力量，统一了市场销售，为蚌埠市空压机的更快发展增加有利条件，形成了一致对外的有利局面。

蚌埠空压机总厂积极开发新产品，1988 年上半年，总厂研制的 L-7.6/2-5 型天然气增压压缩机通过省级鉴定，为中国在天然气回收入输送工程增补了一项空白。1990 年，该厂根据中国煤田地质局需要又成功研制出 W-15/15 型空气压缩机和 W-1/50-60 型空气增压压缩机配套机组，可替代进口。

“八五”时期　1993 年，蚌埠空压机总厂又生产出 NC-7 气体加注车，供上海航天局第八设计产部使用，反映良好；这一年，该厂又从西德引进先进技术，开发出无油无基础 ZP 系列压缩机，订货达 1500 余台。同时，生产的 BH-12/7 型滑片压缩机也受市场欢迎，当年订货达 130 多份，产值 1300 万元。

蚌埠空压机总厂的发展，在全国的位次提升，据 1992 年国家机电部信息统计司公布的机电系统大中型企业排序，该厂工业经济效益综合指数为 102.61，排序气体分离设备制造业第 5 名。

1993 年，安徽省劳动竞赛委员会开展创最佳经济效益评选，蚌埠空压机总厂、马鞍山压缩机厂被评为 1993 年度安徽省创最佳经济效益竞赛夺魁单位。

1994 年，安徽机械工业 50 强排行金榜公布，蚌埠压缩机总厂以销售收入 6831.1 万元，排序第 27 位。

1994 年，马鞍山市压缩机总厂改制为马鞍山市正棱压缩机有限责任公司。公司股本总额为 1000 万元，总厂法人股 700 万元，职工合股基金为 300 万元，由职工个人出资购买。

1994 年，蚌埠压缩机总厂继续发展。该厂研制的 NC-5B 倒差式高压空压机通过省级鉴定。此机可用于压缩氮气和其他气体，供国防工业和航天部门使用。这年 3 月，在云南昆明一次订货会上，用户一次订购达 3000 多万元。海军工程局急需这种压缩机 15 台，工厂接此任务后抓紧生产，按时完成，受到用户好评。

“九五”时期　1996 年 7 月 28 日，蚌埠压缩机总厂又为酒泉卫星发射中心研制成 NC-9 高压动力空压机（3 台），试车后顺利通过鉴定。这是由该厂与北京成套公司、北京通用公司等 5 家大型企业竞争获胜后而获得的成果。此种压缩机除用于航天航空外，还可用于食品、医药、纺织等行业的高压动力气源储备。

蚌埠压缩机总厂生产的空压机品种增多，质量提高，在畅销国内的同时还有出口。1997 年，该厂 72 台型号为 ZW-0.95/8-12 液化石油压缩机出口伊朗。

1997 年，全省机械系统有 11 家企业达到安全级企业，蚌埠压缩机总厂、马鞍山市正棱压缩机有限公司名列其中。

1998 年 4 月，蚌埠压缩机总厂开发的 V-1.5-250 型天然气充瓶压缩机获得成功，通过了技术鉴定。

1998 年，蚌埠压缩机总厂通过 ISO 9000 质量体系认证，这属安徽省机械系统最早获此认证的企业之一。

“十五”时期　进入 2000 年以后，蚌埠压缩机总厂继续发展。到 2005 年，企业进行改制，成立安瑞科压缩机有限公司，仍然从事压缩机生产。马鞍山正棱压缩机有限公司维持正常生产。蒙城制冷机厂因经营困难，难以为继，企业关闭，压缩机停产。

第五节 印刷及食品包装机械

1985 年，安徽印刷及食品包装机械行业共有企业 7 家，职工 2020 人，其中工程技术人员 132 人，年末固定资产原值 1116 万元，净值 656 万元，有生产设备 338 台，当年生产印刷机械 106 台，食品机械 738 台，包装机械 1895 台。完成工业总产值 1312.8 万元，实现利润 111.4 万元，上缴利税 104.2 万元。产品销售全国多个省、市、自治区，并有部分产品出口。

主要企业淮南印刷机械厂，1985 年有职工 806 人，其中工程技术人员 68 人，年末固定资产原值 416.6 万元，净值 213.7 万元，有生产设备 121 台。当年生产印刷机械 1163 台，完成工业总产值 600.2 万元，实现利润 61.2 万元，上缴利税 57.9 万元。产品主要有订书机、切线机、模印机、订箱机等。产品销售全国许多省市并有出口。

1985 年，蒙城制冷机厂有职工 241 人，其中工程技术人员 20 人，年末固定资产原值 153.8 万元，净值 113.4 万元，有生产设备 38 台。产品有冰棒机、冷藏箱、冷压机、制冷机等。当年生产制冷机械 735 台，完成工业总产值 301 万元，实现利润 13.5 万元，上缴利税 11.5 万元。

1985 年，怀宁县食品机械厂有职工 128 人，其中工程技术人员 4 人，年末固定资产原值 88.4 万元，净值 64.6 万元，有生产设备 31 台，主要产品有糕点制作机械及成套设备。当年完成工业总产值 63.3 万元，实现利润 13.2 万元，上缴利税 5.8 万元。

1986 年，安徽省科学技术进步奖评选揭晓，淮南包装机械厂生产的 MWB900 型半自动平压模印机、怀宁县食品机械厂生产的方片糕成套设备获得四等奖。

1986 年，安徽省优质产品公布，淮南印刷机械厂的“卫星”牌 DTP20 单头平订铁丝订书机、“卫星”牌 MCB707 半自动立式模切机获得安徽省优质产品称号。

1995 年，蚌埠包装印刷机械厂（原蚌埠农机厂）生产的切纸、折叠、黏合、瓦楞、印刷、装订等 16 种包装印刷机械，从纸料投入到纸箱成型，20 多道工序一气呵成，受到用户欢迎。1995 年 1—10 月生产 288 台，很快销售一空。

进入 2000 年，由于多种原因，食品包装机械行业发生变化。淮南印刷机械厂发生裂变，企业改制以后，一些人员分流出去自己办了小型印刷机械厂，生产印刷包装机械，到 2005 年，类似这样的企业达到二三十家，逐步形成印刷机械产业集群，使淮南印刷机械总量大大增加。怀宁食品机械厂因多种原因，停产关闭。蒙城制冷机厂、蚌埠包装印刷机械厂也破产关闭。

第六节　环保机械

安徽省环保机械比较薄弱。1985 年，主要有蚌埠净化设备厂，生产空气过滤器、人防过滤器、净化工作台。该厂有职工 357 人，其中工程技术人员 22 人，年末固定资产原值 208.8 万元，净值 146.2 万元，有生产设备 34 台。当年生产空气过滤器 3046 台、人防过滤器 205 台（组）、净化工作台 835 台。完成工业总产值 420.4 万元，实现利润 61.8 万元，上缴利税 57.1 万元，产品销售全国许多省、市、自治区并有出口。

此外，还有合肥矿机厂生产的 L30 型环卫垃圾车、皖西汽车配件厂研制的环保监测车。

1995 年 9 月，蚌埠净化设备厂生产的 HQ 高效节能恒温换气机获得成功。这种换气机是宾馆、家庭、会议室用于净化室内空气的理想产品。

1996 年，铜陵环保机械厂生产小型环保机械，主要是垃圾车、垃圾处理设备，规模不大。

1998 年，飞彩集团公司开发出空气调节器，用于家庭、宾馆室内空气调节，开始具有一定的市场，后来由于这种产品不是家庭、宾馆的必需产品，加上省电节能需要，这种产品销量不大，逐步退出市场。

第七节　石油化工机械

“七五”期间　安徽的石油化工机械有一定基础。1986 年 1 月，安徽省公布全省机械行业优质产品称号，合肥化工机械厂“金环”牌 ¢ 700 铜液洗涤塔获部优产品称号，同时也获省优产品称号。

1987 年 10 月，安徽化工机械企业获得压力容器制造许可证，其中合肥化工机械厂获一、二、三类，淮南石油化工机械厂获一、二、三类，淮南东风化工机械厂获一、二类，中国机械工业安装总公司第五公司获一、二类。

淮南石油化工机械厂是生产石油化工行业需用容器的专业企业，该厂加强企业管理，具备生产条件。1987 年 2 月，工厂获得国家“压力容器”生产许可证。为进一步走专业化之路加快产业发展，1988 年 7 月，淮南石油化工通用机械企业集团成立。集团以淮南石油化工机械厂为骨干和依托，以石油化工机械和通用机械产品为对象，发展产品，从而为炼油、化工、电力、冶金等行业提供一、二、三类压力容器、化工机械、炼油机械、印刷机械及成套设备。集团采取半紧密型，实行企业自主经营，独立核算，实行董事会领导下的总经理负责制和任期目标责任制。

1986 年 4 月 9 日，由淮南石油化工机械厂生产制造的 ZZG50A 新型脱蜡转鼓真空过滤机，在使用厂家——辽宁锦西炼油厂通过了由中国石化总公司主持、国家机械委参加的技术鉴定。

ZZG50A 转鼓真空过滤机是在炼油厂润滑装置中，对润滑原料进行溶剂脱蜡的关键设备，是国家“六五”期间炼油设备更新改造重点攻关项目之一，中国石化总公司北京设计院吸收国外同类产品的优点，针对国内老式产品存在的问题，进行了改型设计。淮南石油化工机械厂 1985 年投入试制，1986 年 4 月试制完工并在锦西炼油厂进行安装试用。

ZZG50A 真空过滤机与老式的 GM50 型相比，提高了过滤强度和油收率，增加了经济效益。仅油收率一项，每台每年可多收油 723 吨，价值 19 万元。该机设计结构先进，制造质量良好，运行可靠，相当于国外同类机组水平。鉴定过后，淮南石油化工机械厂对该产品投入小批量生产，以满足国内市场需要。

淮南石油化工机械厂继续开发新产品。到 1990 年 7 月，该厂开发的新产品有：系列装油大鹤管、系列空气预热器、钛制系列换热器、转鼓真空过滤机、系列空气干燥器、折流杆换热器等 6 个品种和 20 多个规格的节能产品，其中填补国内行业空白一项，填补省内空白四项，并有二项达到国际先进水平。

1990 年 7 月 12 日，合肥化机厂的 18 立方米液氨贮罐爆炸焊接残余应力新工艺通过省级鉴定。该技术是由合肥化机械厂与大连理工大学力学所共同研制开发而成。专家认为，此项技术是八十年代国际上的一项新成果，在国内属领先地位，具有很高的推广价值。

1990 年 7 月，化工部装备总公司在四川化工设备机械厂召开 QC 成果发布会，全国有 44 家企业 60 多名代表参加，会上发布了 55 个 QC 成果。合肥化机厂的热加工车间热处理 QC 小组的成果——提高 ¢ 500-700 系列绕带容器环缝退火质量荣获一等奖；第二铆焊车间焊工 QC 小组的成果——提高废锅高压管对接焊的 X 光拍片合格率获二等奖。

“八五”期间　合肥化机厂重视新产品开发，1994 年 2 月 27 日，该厂研制 2 种新产品即 10 吨和 6 吨液化气汽车槽车通过鉴定。这两种槽车可采用斯太尔、黄河、淝汽重型汽车底盘配套，设计先进，达到国内先进水平，填补安徽省空白，是液化气站及液化气运输的理想工具。鉴定会上，一台 10 吨级样车当即被休宁县液化气站买下；马鞍山液化气站也当即预付 28 万元，订购了即将完工的第二台产品。

“九五”期间　合肥化机厂积极发展尿素、磷胺设备，受到用户欢迎，到 1996 年 4 月，已承接全年 6000 万元产品的订单，生产任务十分饱满。

进入 1997 年，合肥化机厂承接合同增多。该厂与化三院签订了年产 18 万吨合成氨装置、30 万吨尿素装置，产值达 1100 万元；承担出口智利硫酸装置等达 300 多万元；

承担宿县化工总厂全套“4 改 6”化工设备 500 多万元，累计达 6500 万元。

1997 年 4 月 23 日，合肥化机厂生产的大型尿素合成塔出厂。这台规格为 ¢ 1400 尿素合成塔、直径 1.4 米、长近 35 米、重达 130 吨的设备，系淮南化工总厂 13 万吨中尿素生产的关键设备。此项产品的成功填补了安徽省空白。

“十五”期间　进入新世纪，企业进行改革。合肥化机厂、淮南石油化工机械厂都改为民营企业，已不专门生产化工机械产品。到 2005 年，这些企业均进行改制，人员分流；有的成立其他民营企业，转产其他产品或兼做一部分石化机械产品。

第七章 仪器仪表

1985年，全省仪器仪表行业有企业10多个，职工3603人，其中工程技术人员284人，年末固定资产原值2472万元，有生产设备582台，主要产品有电工仪表、汽车仪表、电表、水表、流量计等。当年完成工业总产值4271万元，实现利润570万元。1986年，安徽省科学技术进步奖公布，芜湖仪表厂的8105型组合汽车仪表、芜湖水表厂的LXS-15C—40C旋翼湿式水表获科技进步四等奖，合肥仪表总厂仪表生产激光热处理获科技进步荣誉奖。2001年以后，安徽省主要仪表厂先后进行改制。合肥仪表总厂改为合肥精大科仪表有限公司，并搬迁合肥高新技术开发区建立新厂房，仍然从事以流量仪表为主的产品生产。芜湖仪表厂曾一度与黄山金马仪表公司重组后又分开，仍保留芜湖仪表厂厂名进行生产汽车仪表。天长市以天长仪表厂为核心组建天康集团，从事多品种生产，但仍保留仪表生产。其他仪表厂有的进行改制，有的进行改组，都发生了变化。

到2005年，仍然保持仪表正常生产的主要企业有：合肥精大仪表有限公司、芜湖仪表厂、天康集团（仪表是其中一部分）、石台鸿凌仪表有限公司等。仪表生产仍为安徽机械工业的重要组成部分。

第一节 电工仪表

在全省仪器仪表行业中，主要有以下生产企业。

合肥仪表总厂，1985年有职工839人，其中工程技术人员89人，年末固定资产原值813.6万元，净值530.5万元，有生产设备110台。当年生产椭圆齿轮流量计10505台，蒸汽流量计1352台，电子显示仪334台，完成工业总产值903.9万元，实现利润235.8万元，上缴利税226.6万元。

马鞍山仪表厂，1985年有职工209人，其中工程技术人员16人，年末固定资产原值132.1万元，净值98.2万元，有设备55台。主要产品是氧气减压器、压力表。完成工业总产值312万元，实现利润62万元，上缴利税10.2万元。

芜湖电表厂，1985年有职工660人，其中工程技术人员50人，年末固定资产原值562.2万元，净值480.9万元，有设备55台。主要产品是各种电度表。当年完成工业总产值1257.7万元，上缴利税47万元。

安庆市电工仪表厂，1985年有职工222人，其中工程技术人员22人，年末固定资产原值 124.8 万元，净值 73.2 万元，主要产品有直流标准电阻、精密线绕电阻、安装式电表以及交直流电压转换器等。当年完成工业总产值 145.1 万元，实现利润 19.7 万元。

此外，还有天长电表厂、芜湖水表厂、石台县仪表厂、肥东仪表厂等企业。

1986 年，省机械厅对部分产品检查发放生产许可证，芜湖电表厂的 DD14 电度表获通过并领证。芜湖水表厂的 LXS-15C-40C 型旋翼式冷水表、安庆市电工仪表厂的 BZ3 型直流标准电阻通过采用国际标准验收。

1986 年，安徽省公布省优质产品，马鞍山市仪表厂的马仪牌 QY-1 氧气减压器、合肥仪表总厂的 WF 牌 LC 系列椭圆齿轮流量计、芜湖仪表厂的芜字牌 8321、8361 油汽压报警器名列其中。

在 1990 年前后，安徽省仪表行业主要发展较快，经济效益明显提高。1991 年“五一”前夕，安徽省劳动竞赛委员会开展竞赛评比，全省机械系统有 38 个企业被评为“创最佳经济效益”竞赛夺魁单位，天长县仪表厂、黄山仪表厂、芜湖仪表厂名列其中。

1991 年 6 月，安徽省第一个仪表集团公司成立。该集团以合肥仪表总厂为主（其椭圆齿轮流量计在国内市场占 75%），合肥油泵厂、合肥自动化仪表厂（肥东）、省电影机械厂等 7 个企业参加。

1994 年，安徽机械工业 50 强企业排行公布，芜湖仪表厂以销售收入 7802 万元排为第 21 名，利税 1327.9 万元排为第 8 名；黄山金马仪表有限责任公司以销售收入 6386.8 万元排为第 30 名，利税以 774.7 万元排为第 16 名；天长县仪表厂以销售收入 4765.3 万元排为第 40 名，利税以 723.1 万元排为第 21 名；合肥仪表总厂以利税 529.6 万元排为第 28 名。

在仪表行业中，石台仪表厂颇具特色，该厂生产燃气仪表，适合城乡燃气化的需要，在九十年代后期，企业快速发展，产品销往全国众多省、市、自治区，并有出口。

1994 年，全省机械系统有 11 个企业列入全省工业现代企业制度试点，黄山金马仪表有限责任公司名列其中。

2000 年，合肥仪表总厂又研制出新一代环保产品 JQ0601-A 液化石油气加气机。此产品是用液化石油气取代汽油、柴油作为机动车辆动力燃料的罐装产品。这是该厂工程技术人员在广泛消化吸收国内外先进技术的基础上设计研制而成的新产品。

第二节　光学仪器与流量仪表

光学仪器　芜湖光学仪器厂是全省唯一生产光学仪器的企业。1985 年，有职工 412 人，其中工程技术人员 46 人，年末固定资产原值 337.7 万元，净值 211.2 万元，有设备 56 台，主要产品为比较显微镜、体积显微镜、金相显微镜、光电浊度仪、激光微区光谱分析仪等。当年完成工业总产值 293.7 万元，实现利润 66.1 万元。

1988 年，该厂生产的三型比较显微镜、光电度仪质量好、水平高，不仅畅销国内多个省市，还开始出口。

流量仪表 1986 年，肥东仪表厂和大庆油田共同研制的 LBT-40 型弹性刮板流量计获得成功，填补了国内空白。接着又研制成高压油注水流量计及与之配套的二次仪表，也获得成功。

1988 年，芜湖水表厂试制 XSLX-01 水表流量计、远传显示器通过省级鉴定；同时，该厂生产的 LXS-15E-25E 旋翼湿式冷水水表也通过省级鉴定。

1991 年 10 月 9 日，合肥仪表总厂生产的 1180 型双转子流量计通过省级鉴定。这种产品可用于管道中多种液体流量的测量控制，具有精度高、运转平稳、噪音低、流量大、寿命长等特点，达到国际 20 世纪 80 年代水平。

1992 年，合肥仪表总厂又开发出 VA200 型涡街流量变速器（口径为 200 毫米），经上海工业自动化仪表研究所检测，一次通过性能试验，性能达到国内先进水平。该厂开发的 BC-606 型微机流量控制技术及产品，被国家机电部评为节能产品，可广泛应用于石油、化工、食品、医药、冶金等行业，还可以进行 4-8 路管道液体物料的自定量灌装自动化控制。

1996 年 9 月 26 日，合肥奥巴尔仪表有限公司成立。该公司由合肥仪表总厂与日本奥巴尔公司合资而成，主要生产世界最先进的容积式流量表，用于石油、冶金、电子等行业。公司设在合肥仪表总厂内。

在这期间，合肥仪表总厂继续发展，该厂生产的流量仪表参加巢湖治污受到欢迎，其明渠流量计、涡街流量计、超声波流量计以及高黏度泵，在由省环保局召开的安徽省治理水污染技术推介会上受到重视和肯定。

2000 年，该厂的椭圆齿轮流量计被秦山核电站采用，首批订购 150 万元，是安徽省机电产品首次打入核电站的范例。

第三节 车辆仪表

汽车仪表 芜湖仪表厂生产的汽车仪表已达到较高水平和规模。1986 年，该厂加入北京吉普车国产化共同体。年底，又加入中国汽车零部件工业联营公司。1988 年，工厂成功试制出 8-1R 轻型组合汽车仪表，主要为 BJ130 汽车、轻卡、吉普车、小客车配套。该厂引进西德 VDO 公司技术开发的汽车仪表，经过消化吸收，到 1988 年已形成批量生产，国产化能力达 95%，企业新产品产值率达 85%。主要产品型号是 CA-141、BJ-130、BJ-122 三种。引进后，共开发汽车仪表、组合仪表 39 种。

到1993年，芜湖仪表厂通过对引进德国VDO汽车仪表的消化吸收并进行技术改造，建立了“奥迪100”、“高尔夫A2”汽车仪表生产线，共开发成套汽车仪表27种，组合仪表39种。1993年上半年就完成工业总产值5002.6万元，利税484万元，分别比上年同期增长97.8%和60.7%。据统计，此时该厂的汽车仪表在全国市场份额中占四分之一，即在奔跑的汽车中，4辆车中有一辆装有芜湖仪表厂的汽车仪表。

为适应汽车工业发展需要，1993年，芜湖仪表厂又开发新型软轴RZ23115/007并获得成功，投入批量生产。软轴采用钢丝编织骨架、尼龙内衬管、外覆高密度乙烯塑料外壳，具有性能稳、外观美、重量轻等特点，产品在国内居领先水平，可广泛用于中型车、大客车。

1996年12月20日，安徽省公布第二批省名牌产品，芜湖仪表厂的汽车仪表名列其中。同时该厂又被评为同年12月4日公布的安徽省第三批质量最佳企业之一。

2000年1月，经国家发改委批准，芜湖仪表厂10万套100P轻型汽车仪表项目被确定为国家“1999年高技术产业化推进项目”。100P轻型汽车仪表是该厂为配合中国引进日本新一代50龄系列汽车而研制的电子式汽车仪表，具有技术含量高、附加值高等特点，达到国际20世纪90年代水平。该项目完成后，可形成年产10万套汽车仪表生产能力，实现年销售收入5000万元、利税600万元。该厂的“牡丹”牌成套汽车仪表又通过了省级鉴定。

摩托车仪表　黄山金马仪表有限责任公司大力发展摩托车仪表，1993年生产摩托车仪表141.9万只，完成工业总产值7300万元，利税555.7万元，摩托车仪表达141.9万只，而且每年都有10多个新产品问世。

黄山金马仪表有限责任公司不断发展，1997年成立黄山金马集团，到1998年，集团已有资产5亿元，年利税6000多万元，生产的品种达200多个。

第八章　基础件

第一节　轴承

安徽轴承行业有较好的基础，主要轴承生产企业稳步发展。“六五”期间，全省轴承行业企业重视技术进步和技术改造工作，一些企业成效显著。在1986年4月16日至18日芜湖召开的全省机械系统技术进步工作会议上，合肥轴承厂、芜湖轴承厂被评为全省机械系统技术进步先进单位（会上共评为先进单位17家）。

“七五”期间　安徽省轴承质量监督检测站于1986年2月成立，成立后积极实施对全省轴承行业的产品质量监督职能，发挥省级质量检测作用。为提高轴承行业产品质量做出了积极的努力。

在此期间，六安轴承厂投入大量资金进行技术改造，重点是更新设备，增加测试手段，通过改造，提高了制造实力和工艺水平。1986年2月，工厂的“六五”技术改造通过省机械厅验收。2月，全省10家轴承厂进行评比，该厂经济效益位居第一。1986年上半年，安徽六安轴承厂在市场轴承钢短缺的情况下，提出“向技术要材料，向节约要材料”的目标，革新轴承加工工艺，取得了明显的经济效益。这家厂的轴承内圆毛坯原为筒形锻件，钢材浪费很大。为改变这种状况，厂里组织了革新攻关。技术部门和生产车间共同努力，经过几十次反复试制，终于创出了适合本厂情况的成型辗扩工艺——次扩出中、小挡边。按这种工艺投入生产品种10个，节约钢材23吨。仅此一项，材料利用率就提高了5%～10%，一年可节约钢材50吨，价值近7万元左右。

1986年1月，公布安徽省机械1985年优质产品，潜山轴承厂的“万山”牌单列向心球轴承205、江南轴承厂的“白豚鳍”牌托辊轴承4G204KA获部优产品称号，同时也获省优产品称号。

1986年1月公布安徽省机械行业1985年优质产品，合肥轴承厂的“金工”牌305、307、312轴承获省优产品称号。

繁昌轴承厂认真抓好企业整顿，成效显著，1986年11月13日，安徽省企业整顿领导小组和省经委为其颁发“安徽省企业整顿先进单位”奖牌。

金属工件采用可控气体热处理新工艺是机械工业部确定的“七五”时期热处理技改方向。淮南轴承厂在1985年投资10万元购置4台可倾式回转电阻炉及附属设备，改造后适用于低碳钢球生产。可控气体热处理新工艺的采用，使这个厂曾停产数年的低碳钢球又恢复了生产，取得较好经济效益。过去，淮南轴承厂的十几台冲床由于没有安全保护装置，断指伤指事故屡有发生。该厂运用冲床自动安全保护装置新技术获得成功。1986年8月底，经市有关部门鉴定合格。这安全保护装置分为“光电”“机械”两个部分，这种新技术的使用，属于首创。

1987年3月，芜湖轴承厂开发出310KA矿用轴承。该产品是由工厂与上海煤炭研究所合作研制的矿用专用轴承，经上海煤炭研究所室内试验，寿命达1000小时以上，比普通310轴承寿命增加五倍，通过鉴定。专家认为，此类轴承市场看好。

从“七五”开始，一些企业开始采用微型计算机管理，六安轴承厂把微型计算机应用于技术图纸的编辑与打印，在微机上设计图纸，打印工艺卡片，提高了效率和工作质量，减轻了技术人员劳动强度。“七五”期间，六安轴承厂共投资380万元进行技术改造，共更新、自制设备77台，改造部分厂房，建立控制的套圈淬火自动线，增强了开发能力，提高了产品质量，提高了经济效益。据统计，“七五”期间工厂共开发新产品50种，生产品种达100个，全部执行国际标准，一等品率达到32%，两年内出口轴承10.3万套，出口额达730万元。五年内上缴利税460万元，成为六安地区的利税大户。“3512”等“3字头”轴承是国内需要的紧俏产品。六安轴承厂加强产品研制工作，到1988年4月，先后试制成功“3512”“3513”“3514”双列球面滚子轴承并逐步批量生产，较好地适应了市场需求。1990年12月，省机械厅组织专家对六安轴承厂“七五”技术改造进行评审并通过了验收。

“八五”期间 1991年8月24日，国务院企业管理指导委员会、机电部派人对阜阳轴承厂进行综合审核，认定该厂为国家二级企业。

在1991年11月7日至9日省机械厅召开的全省机械系统技术进步工作会议上，一批企业被评为“七五”期间技术进步企业，合肥轴承厂获技术进步一等奖，繁昌轴承厂获二等奖，江南轴承厂、芜湖轴承厂、阜阳轴承厂获三等奖。

采用超低温技术进行加工是机械加工的新技术。1991年下半年，合肥轴承厂在合肥工业大学黄禄官教授的指导下，率先将低温技术应用在车刀、锻模和冷锻冲球模具处理上，取得显著成果，表现在刀具使用寿命延长、减轻劳动强度、节约能源等。合肥轴承厂在抓好生产的同时还注重营销工作，1994年9月28日，工厂投资1000万元兴建的经销公司“轴承大厦”破土动工，该大厦位于新火车站建设区内，建筑面积4560平方米，高7层，计划于1995年10月1日交付使用。“轴承大厦”将成为安徽省最大的轴承集散地。

淮南轴承厂不断加强管理，提高产品质量。1990年9月，国家轴承质量监督检验中心通知：该厂生产的7207正圆锥滚子轴承通过可靠性试验，产品符合优化设计，产品可靠性超过国优标准，名列全国同行业榜首。

1993年，六安轴承厂继续加快新产品开发，到11月10日，推出新产品8502317、3540、3630三个系列品种，专家认为，这些产品采用无外圈圆柱滚子轴承保持架，具有额定负荷大、承载能力强、疲劳寿命长等特点，可广泛应用于冶金、矿山、石油等行业的重型机械。

安徽省轴承锻造厂（地处繁昌县）由于专业化特色，1993年8月被国家计委、机械部选定为特定振兴企业。企业为此而制定振兴规划，规划为两个发展阶段，即从1994年至1995年为第一阶段，以精化毛坯为特定振兴产品，同时开发大、中型铁路轴承毛坯和汽车、叉车等专用轴承毛坯；从1996年至2000年为第二阶段，以拓宽精化毛坯产品范围和提高产品质量为目标。

芜湖轴承厂努力开拓发展。1995年12月，工厂在芜湖经济技术开发区独资建成芜湖扬子轴承厂，新建一条“7类轴承”生产线，经过一个多月的紧张调试，首批7206轴承生产出来，经检验各项指标达到设计要求。“7”类轴承主要为农机、汽车配套，经济效益好。“7类轴承”的投产，改变了该厂只生产“0类轴承”的状况，具有很好的发展前景。

淮南轴承厂重视销售工作，充实销售队伍，建立销售网络，在1995年11月底召开的1996年订货会上，共签订合同2012万元，创历史最高水平。

合肥轴承厂抓住国家将其列为特定振兴企业的机遇，投资600多万元兴建了具有现代化水平的第四磨装车间（八五技术改造重点项目），于1995年11月竣工投产。该车间为三层框架结构，总面积4000平方米，建有10条生产线，装配间采用中央空调、封闭作业。全部投产后，可新增产值7500万元，新增利税700万元，使该厂在品种、质量、效益上登上新台阶。

为适应职工技术培训和技能鉴定的需要，合肥轴承厂依据省有关文件，在1995年4月开始筹建“合肥轴承制造专业（工种）职业技能鉴定站”，获得合肥市劳动局正式批准并发给“国家职业技术鉴定站”牌。该站是安徽省轴承行业唯一的轴承制造各工种职业技能鉴定机构，它承担轴承行业企业初、中、高级技术等级的考核、鉴定、发证工作，其核发的等级证书为轴承行业认可。

为适应产品质量提高和技术上等级的需要，六安轴承厂借助院校所力量对设备进行技术改造，1995年，工厂先后与北京自动化研究所、合肥工业大学、省农机所联合开发PC、PLC应用项目，用于可编程序控制器改造J31–630压机、C7620车床等19台设备，推广应用交流变频器技术改造M11200无心磨床、MZ2110内圆磨床、MZ2015A自动内圆磨床等6台设备。改造后的设备路线结构简单，具有起动性能好、节电效果明显等特点，对企业生产发展起了积极作用。该厂研制的8502317短圆柱滚子轴承于

1995年12月获得省科技进步二等奖。这一产品填补了国内摆线针轮差速器专用轴承的空白，替代了进口，据测定，该轴承使用寿命比进口的提高一倍多，而价格仅进口的1/8，经济效益、社会效益十分明显。

随着中国汽车工业的发展，汽车轴承需要量增多。淮南轴承厂抓住这一机遇，在1994年12月成立新产品开发小组，重点开发汽车轴承，到1995年2月获得成功。首批开发的汽车轴承主要为：五十铃VPR系列轻型汽车专用轴承，有29587/20、29590/22、28680/22三个品种，经检验达到国家标准，首批开发的15000套轴承很快被用户订购。

1995年1月，合肥轴承厂投资230万元新建的氮基保护气氛热处理生产线顺利投产，并通过部级鉴定。此生产线投产后，运用此项工艺生产的轴承零件脱炭层由原来的0.1毫米降到0.04毫米以下，轻系列轴承的变形量由原来的5%降到2%以下，产品的内在质量、使用寿命有较大提高，而且省去了一道酸洗工序，实现无污染生产。合肥轴承厂这条热处理生产线达到国内领先水平。

1995年12月28日，合肥轴承总厂成立。总厂以原合肥轴承厂为主，联合兴华锻造厂、安庆钢球厂等企业而成立。其目的是为了壮大生产规模，走集约化经营道路。

“九五”时期　进入“九五”时期，芜湖轴承厂抓紧制定九五技改扩产计划，1996年5月28日通过省机械局组织的省级评审。在芜湖市经济技术开发区新建一幢八层的综合大楼，融生产、理化、计量、办公为一体，新增两条低噪音轴承CNC自动生产线和两条装配线、五条汽车用“7类轴承”生产线。总投资2980万元。技改项目实现后，可新增轴承300万套，其中“7类轴承”150万套，“0类低噪音轴承”150万套，工业产值达1.5亿元。芜湖轴承厂重视发明和申报专利工作。进入1997年，芜湖轴承厂开发新产品又取得成果。这年5月，工厂开发的KA系列轴承经省科委组织的专家评审，列为安徽省第三批“火炬计划”项目，这是全省轴承行业唯一获此计划的项目。KA轴承是矿车轴承，主要用于煤炭工业，它具有防卡、防尘、耐腐蚀、耐冲击的特点。芜湖轴承厂的这一成果是国内首创，填补了中国一项空白。1998年2月，工厂申报的轴承防卡专利成功。六安轴承厂积极抓好生产经营，1999年实现了年初厂领导班子提出的三超目标：产值3000万元、销售收入4000万元、利税300万元。取得了显著成绩。

六安轴承厂不断开发新品种，1996年1月，该厂开发的2322E、2324E、2326E加强型圆柱滚子轴承，53634H、3053736加强型调心滚子轴承及3544大型轴承通过地区级技术鉴定。同时通过的还有“LJQ-Ⅱ型合成切削液”和“轴承套圈仿型车削新工艺”。1998年1月，六安轴承厂研制成功圆柱滚子轴承保持架铆钉热铆机（型号MH-50），通过在N317、N319、N326等轴承生产中试用，具有铆头成型好、铆接牢固、安全可靠、效率高等特点，专家认为可以广泛推广应用。1998年10月初，该厂研制的23121CA

轴承通过六安地区鉴定。此种轴承参照瑞典 SKF 公司同类产品结构研制而成，具有较高水平，可用于化工设备。

安徽省轴承行业大力发展出口。1996 年 11 月，省轴承工业集团公司组织 2.5 万套价值 1.67 万美元的轴承（主要是 204、205 轴承）出口至日本，产品主要由繁昌轴承厂生产。这是安徽轴承首次出口到号称“轴承王国”的日本，说明安徽轴承质量和水平的提高。

1997 年 10 月，淮南轴承厂改为淮南轴承有限公司并宣告成立。这是淮南市较早成立的公司制企业。

安徽轴承行业在发展中研究制订轴承标准。由芜湖轴承厂和安徽江南轴承有限公司共同起草的《滚动轴承、煤矿输送机械轴承标准》得到国家重视，1998 年 3 月 19 日，国家机械工业部发布此标准，决定 1998 年 7 月 1 日实施。

1999 年 11 月 4 日至 6 日在上海召开的中国轴承行业企业管理工作会议上，阜阳轴承股份有限公司获得“中国轴承行业企业管理进步奖”。这是安徽省唯一获此奖的企业。

芜湖轴承厂于 1999 年投资 400 万元建立了一座精品车间，面积达 800 平方米，全部安装无锡机床厂等企业的数控机床，并对工人实行岗前培训，于 2000 年 1 月正式投产，1—2 月共生产低噪音轴承 4 万套，产品达到 E1 组 15%、E2 组 80%。精品车间的建成，为该厂快速发展特别是出口奠定了基础。1999 年 12 月，芜湖轴承厂通过 ISO 9001 质量认证。这是全省轴承行业通过此项认证的为数不多的企业之一。通过此项认证，为该厂今后发展特别是出口奠定了基础。

1998 年以后，由于多种原因，合肥轴承总厂出现亏损。1999 年下半年，张本发担任厂长，厂领导班子确定“以市场为中心，突出营销、改制两个重点，抓好机制、技术、管理三个创新，实现经济运行质量提高”经营思路，开发出双列角接触球轴承和系列电机轴承，到 1999 年底即扭亏为盈。

“十五”时期 进入新世纪，国有企业改制步伐加快，合肥轴承总厂列入安徽省首批 14 家建立现代企业制度规范试点企业之一。从 2002 年起，在上级部门指导下，总厂制定了改制方案，并请有关部门论证。2002 年底，经省机械工业协会同意报省经贸委批准。2003 年 2 月 26 日至 27 日，合肥轴承总厂召开十二届九次职工代表大会讨论通过了改制方案。2003 年 5 月 18 日，改制成立的民营企业合肥金工轴承有限公司挂牌，原合肥轴承总厂厂长张本发出任公司董事长、党委书记。

阜阳轴承股份公司成立以后，不断深化改革。2003 年取得新进展。精简科室，将原有 28 个科室合并为 16 个，机关工作人员由 130 人压缩至 56 人，被精减人员充实生产第一线。加大销售系统。销售公司下设 10 个业务部、3 个驻外机构、1 个进出口公司，实行国内国外两个市场一齐抓。争取实行债转股，转股资金达 5000 万元，减轻了企业负担，增加了发展能力。

在2004年至2005年，安徽轴承行业稳步发展，成为基础件的主要组成部分，在装备制造业振兴发展中起着重要作用。

第二节　液压件

安徽的液压件产品主要是合肥液压件厂生产，并有较好基础。

“七五”时期　1986年1月，公布安徽省机械1985年度优质产品，合肥液压件厂的“合液”牌CBF-E40齿轮油泵获得国优（银牌）称号。该厂的合液牌IWFL-F15L单路稳定分流阀获省优产品称号。

1987年2月公布，合肥液压件厂的合液牌CBQ-F5齿轮油泵获安徽省优质产品。

“八五”时期　合肥液压件厂生产稳步发展，经济效益逐年上升。1991年1月，该厂被机电部选入国家A类企业。为进一步推动工厂的发展，该厂制定了《合肥液压件厂八五期间技术改造实施方案》。1993年6月，在机械部组织的行业产品质量抽检中，合肥液压件厂所有产品均达到一等品标准，再次名列第一。

由于合肥液压件厂各项管理工作扎实，经济效益好，1993年8月，国家计委、机械部在全国基础机械和基础件行业选定220家重点企业，作为重点支持发展的特定振兴企业，合肥液压件厂名列其中，这也是安徽液压件行业唯一的一家。

1994年，合肥液压件厂改为总厂。总厂重视产品质量。奉行“生产一种即做好一种”，取得成效。1994年10月，工厂生产的CBF-E40齿轮油泵在国家液压元件质量监督检测中心的突击抽查中，质量名列全国同类产品前茅。

进入1995年，合肥液压件总厂抓好技术改造。全年投资2400万元用于扩大厂房，增添高、精、尖设备，以实现多品种、大批量的目标。1995年底该厂的齿轮油泵首次被评为安徽省名牌产品。主要产品在国内的市场覆盖率达90%，并随机出口到世界20多个国家和地区。

“九五”期间　进入1996年，合肥液压件总厂强化销售工作，提出把1996年作为销售年，通过走访用户，开拓市场，搞好服务，促进销售工作，发展规模经济。

1996年4月，合肥液压件总厂又开发出6CBWS双向泵新产品，这种产品采用先进技术研制而成，具有双向开关阀门、结构紧凑、可靠性好和效率高等特点，可用于选煤、电力、化工等行业，属国内首创。

1997年2月，合肥液压件总厂又开发2种新产品并通过鉴定。这2种产品是CBG2系列高压齿轮油泵和新系列高压三联齿轮油泵。这些产品均采用高强度铸造铝合金材料，具有重量轻、压力高、容积效率高的特点，可应用于装载机、汽车吊及其他工程机械行业，有着广阔的市场。

1998 年初，合肥液压件总厂改为合肥液压件股份有限公司，周明长任董事长，产品产销量大幅度提高，产品随整机出口 26 个国家。

1998 年，面临原材料涨价、生产成本升高的情况，合肥长源液压件股份有限公司（原合肥液压件厂）提出"厂外损失厂内补"，在全公司范围内开展增产节约、增收节支活动，取得了明显成效。全年实现产值、利税比上年增长 20% 多。

1998 年 12 月，合肥长源液压件股份有限公司开发的新产品 IS1-L15E 多路换向阀通过省级鉴定，该产品是由单向阀、安全阀、进油体、回油体等组合而成，可广泛用于联合收割机、叉车、工程机械、起重运输机械的液压系统，用于改变液流方向，实现多个执行机构的集中控制，达到国际 20 世纪 90 年代初水平。

合肥长源液压件股份有限公司加强以质量为重点的企业管理工作，实施"零缺陷输入、零缺陷制造、零缺陷输出"，在质量上努力与国际接轨，提高了产品质量，2000 年 3 月，公司顺利通过质量体系认证，领到了中国进出口商品质量认证中心颁发的 ISO 9001 质量体系认证证书。2000 年 9 月，该公司又被评为"安徽省高新技术企业"。

"十五"期间　2002 年，中国机械工业联合会等有关单位对全国 5000 多家机械企业进行企业核心竞争力测评，合肥长源液压件股份有限公司被评为"竞争力之星"企业。

在以后的 2004 年至 2005 年，合肥长源液压件股份有限公司继续发展。尤其是在 2005 年搬迁至合肥瑶海工业园以后，建立了新厂房，增添了数控机床、加工中心等新设备，企业发展更快，自此以后，公司每年完成工业总产值均在 2 亿元以上，成为中国液压件行业的重点企业。

第三节　标准紧固件

安徽标准件生产有一定基础，并且有的企业发展较好。1986 年 1 月，公布安徽省机械行业 1985 年优质产品，蚌埠标准件厂的"三螺"牌 GB67-66 半圆头螺钉获部优产品称号。

安庆标准件厂是生产标准件的专业企业。该厂积极研制新产品。1986 年 6 月，工厂试制成功 JB-X 型扣紧螺栓，样品受到外贸部门及外商好评，第一批产品于 10 月销往美国，这是安徽省标准件首批出口。安庆标准件厂是一个集体所有制企业。该厂面向市场开发产品，从 1993 年起产销量逐渐上升，1995 年 10 月又签订了第二年 720 万元的合同。工厂为寻求更快发展，1995 年 4 月与香港德兴国际发展公司签订合同，总投资 800 万元，在市经济技术开发区建立新厂，投产后可实现年产值 2000 万元、利税 400 万元的生产能力。

1987年2月公布，合肥标准件厂的“角棱”牌六角螺母（M6–M20）获安徽省优质产品，这是安徽省紧固件行业唯一获省优产品的企业。

为加快标准件发展，1988年2月，蚌埠市标准件工业公司成立，公司系独立核算、自负盈亏的集体所有制企业，实行总经理负责制。公司成立后，发挥企业集团的作用，除生产经营标准件外，还生产、经营通用机械零部件等。

蚌埠标准件厂积极开发出口产品，1988年8月厂长获得国外对T型螺栓需要的信息，工厂积极研制开发，只用2个多月时间在10月份就研制出来，很快，形成批量生产并通过外贸部门出口到美国。

1995年以后，由于多种原因，安徽的标准件企业发生变化，有的改产其他产品，有的因经营困难逐步停产。到2005年，安徽标准件企业存在很少。

第九章　其他机械产品

1985—2005年，安徽机械行业还有的企业生产其他机械产品，主要有铸件、纺织机械、木工机械、标准件等。

第一节　铸件

“七五”期间　马鞍山马铁厂是生产铸件的专业厂。1986年，该厂为铁路路轨改造开发出两种新产品，即P60-75平垫板和P75防爬器。由于该厂采用铸造配方独特，经过石墨退火后的产品具有高强度、高延伸和高韧性等特点，受到北京、上海、郑州、济南、广州等铁路局的肯定和欢迎。

1986年，蚌埠隆华机器厂与济南铸锻研究所共同研制成了1113B型卧式冷室压铸机，于年底通过了省级鉴定，可批量生产。1987年，该厂又研制成J1125D型卧式冷室压铸机，属国内首创。

1986年，萧县黄口内燃机配件厂采用铁模复砂铸造新工艺建立的S195曲轴毛坯铸造自动线，投产后铸造毛坯曲轴的成品率高达95%（过去只有75%）；每根曲轴的毛坯由17.5公斤减少2公斤，铸造工时也缩短46%，每根曲轴成本下降10%。由于工艺先进、质量好，该厂为全省6家S195柴油机厂配套使用。

宁国耐磨材料总厂生产的铸造磨球质量好、水平高，主要为冶金、建材行业服务。1986年以后企业发展很快，除畅销国内外，还有出口。

马鞍山市当涂县球墨铸铁厂研制的低合金耐磨球墨铸铁磨球，于1986年6月通过省级鉴定，可广泛为冶金、建材、电力行业服务。

1987年12月，无箱挤压造型线在淮南沪淮健身器材厂试产成功，其全套设备均为国产，生产能力每小时造型为210～270箱，每箱10～15公斤，年产铸件4500吨，比人工铸造效率提高3～4倍，而成本降低10%～15%。

1988年，芜湖柴油机厂与芜湖围山农机厂联合投资建立芜湖铸造厂，该厂厂房占地1800平方米，主要设备18台套，制造工艺装备300余台套。

1990年，合肥精密铸造厂为冶金行业生产冶金配件、冶金模具获得成功，一次性为马钢、酒泉钢铁公司供货200万元。

“八五”期间　1991年6月21日，合肥精密铸造厂研制的冶金调整线材导卫系统导辊通过了部级鉴定，冶金部科技司和机动司主持了鉴定会，认为该产品达到了国内先进水平。

1991 年 2 月，蚌埠隆华机器厂与济南铸锻研究所开发的全数控 J1140 型压铸机获得成功，通过国家级鉴定。蚌埠隆华机器厂通过发展压铸机生产，带动了企业发展。1994 年，该厂生产产值突破 1 亿元，达到 10611.7 万元，销售产值 10189.2 万元，利税 710 万元。大型压铸机产销两旺。

1991 年 11 月，马鞍山回转支撑厂引进的年产 4 万吨球铁管工程竣工，11 月 5 日成功试制出第一根 400 毫米的离心球墨铸铁管，不仅填补省内空白，还有出口。1993 年，马鞍山回转支撑厂（铸管厂）引进德国技术用于生产 DN350 至 700 毫米离心球墨铸铁管项目建成，设计能力为年产 1.5 万吨。

1993 年，巢湖柴油机铸造分厂研制成功 C404 机电一体化智能仪，用于铸造车间炉前分析。这种设备操作简便，测试准确，效果很好。采用这种设备进行炉前检测，铸件废品率平均下降 4%。

1993 年 7 月，蚌埠柴油机厂研制的 J218 型压铸机通过省级鉴定。该压铸机采用了日本光洋公司的可编制控制和全自动燃烧技术，属国内首创。此机可广泛用于航空仪器仪表、汽车制造业，投放市场即受欢迎。

1994 年，安徽叉车集团合肥铸锻厂继“V 法”铸造工艺成功用于铸铁生产之后，又采用“VRH”铸造工艺获得成功。这种工艺与一般的二氧化碳水玻璃砂工艺相比，水玻璃砂加入量减少 1/2，二氧化碳消耗量减少 2/3 以上，且硬化速度快，生产周期短，生产的铸件表面质量好，达到国际先进水平，具有明显的经济效益和社会效益。

1995 年，全椒柴油机总厂花 3000 万人民币从美国福康公司引进国内第一条消失模铸造线，8 月 3 日调试成功，顺利生产出 6 台 6120Q 型柴油机缸盖，这条生产线达到国际 20 世纪 90 年代水平，设计规模是年产 5 万台。

“九五”时期　1997 年底，合肥精密铸造总厂生产的调整线材轧机导卫总成（精铸件）出口印尼、菲律宾等国家，第一批共有 14 架次 56 套总成、6000 多个备件，外商反映很好。

1999 年，蚌埠隆华机器厂继续发展压铸机生产，企业保持较高经济效益。

“十五”时期　2000 年底，合肥铸锻厂“201 工程”改造完成，其“V 法”造型线年生产能力达到 1 万吨（“201 工程”即：2000 年完成这一改造，形成 1 万吨生产能力）。通过技术改造，合肥铸锻厂逐年发展，2003 年创历史最高水平：工业总产值达到 1.15 亿元，比上年增长 38.8%；销售收入 1.59 亿元，增长 32.8%。

进入 2000 年以后，安徽应流集团大力发展各种铸件生产，产品涉及机械、汽车、冶金、石化等多个领域，并大量出口，企业生产规模不断扩大，经济效益明显提高。

到 2005 年，工业总产值已实现 10 亿元。集团生产的各种铸件、精锻件大部分出口，取得很好的经济效益。

合肥铸锻厂引进国外消失模铸件技术生产 L5–10t 变速器壳获得成功，形成批量生产。2003 年年产达 2629 吨，产品不仅供应国内，还有出口。2004 年在第七届中国国际铸造、锻压及工业炉展会上获得金奖。

2005 年 12 月，合肥铸锻厂在合力工业园兴建的合力铸造项目工程正式动工，该项目占地 500 亩，主要有"V 法"工艺、树脂砂工艺、静压工艺等，设计生产能力为年产 10 万吨铸件。

第二节　锻件

安徽的锻件生产企业不多，在 1986 年主要有合肥汽车锻件厂（后改为合肥汽车锻件有限公司），以及以后成立的安庆百协锻件有限公司、芜湖汽车锻件有限公司。

1986 年，合肥汽车锻件厂继续发展。公司拥有大型摩擦压力机、热挤压机、辊锻机、摆辗机、楔模机等专用设备。在此之后，又逐步增添了金切机床、模具加工和热处理制备。建立了轻卡、重卡前轴、叉车半轴精辊模锻生产线、半轴套管挤压生产线、内燃机连杆锻造线、转向节和变速箱轴类生产线等六条生产线。这些生产线每条造价都在 4000 万元 ~ 5000 万元，具有国内先进水平，能够从事多品种、多规格锻件的生产制造。主要产品有前轴、半轴套管、连杆、转向节等。到 1990 年以后，公司加大技术改造和技术创新，购置数控机床等先进设备提高加工精度和产品质量；推广应用 ERP，提高自动化水平，使公司的装备水平和制造能力又上了新台阶。公司生产的锻件都是汽车、工程机械、内燃机的关键件，为江淮汽车、南京汽车、湖南车桥、扬州柴油机等整车整机配套。

进入 2000 年以后，随着中国汽车工业加速发展，对汽车锻件需要量增多。合肥汽车锻件有限公司产量也不断增加。到 2003 年，工业总产值已突破 1 亿元，到 2005 年已达 1.2 亿元。

1996 年，安庆百协汽车锻件有限公司成立，从事汽车锻件生产，主要有转向节、活塞。其中活塞属高端产品，供出口汽车配套使用。到 2000 年，该公司年产值已达 6000 多万元，而且由于生产的是高端产品，经济效益较高。

芜湖汽车锻件有限公司于 2000 年成立，主要生产转向节等汽车锻件，到 2005 年，已形成年产 4000 多万元生产能力。

第三节　模具

安徽的模具主要集中在滁州市，呈现由少到多、由低水平到高水平发展。

1986年，模具企业很少。到1990年，随着滁州扬子冰箱的快速发展，一些模具企业开始成立并发展壮大起来。

1996年9月，滁州市宏达模具制造有限公司成立，开始阶段只做一些业务加工。2003年起从事模具生产并且出口，2004年出口模具50万美元。以后产品水平逐步提高，2003年大型真空成型模、发泡模被科技部批准为国家级新产品。在第九次上海国际模具展览会上，被专家评定为具有国际水平的模具。并获滁州市科技进步三等奖。2005年，该公司生产的大型精密真空成型模、发泡模整体技术水平达到国内同类产品领先水平，其中，发泡模具所采用的随动滑块机构、真空成型模具滑块采用的变位角设计、减少位移摩擦等技术，填补了国内空白，达到了国际水平。2005年共生产大型精密成型模、发泡模700副，居全国先进行列。

2000年8月，滁州科创模具有限公司成立。主要生产冰箱成套钣金模具、冰箱吸塑发泡模具，以及微波炉、洗衣机成套钣金模具，产品为家电制造、汽车制造服务。并有部分产品出口到印度、孟加拉、伊朗等国。

到2005年，滁州市模具生产企业已有50多家，而且冰箱真空成型模具和发泡模具制造成为该模具行业的特色，在全国冰箱模具生产领域占有70%以上市场份额。全市冰箱模具生产企业有20多家，其中规模以个企业15家，主要集中在滁州市市区，还有一部分分布在南谯区、全椒县和来安县。滁州市冰箱模具产业已成为国内冰箱模具重要的制造基地，代表性的企业有安徽鲲鹏装备模具制造有限公司（原中国扬子集团滁州装备模具制造有限公司）、滁州市宏达模具制造有限公司、滁州市经纬模具制造有限公司、滁州科创模具制造有限公司、滁州市博精模具设备制造有限公司等。此外还拥有安徽天大集团模具公司、滁州迪蒙德模具制造有限公司、安徽安缆模具有限公司、滁州市凤凰制冷配件有限公司等主要生产注塑模具的企业，拥有以精密模具公司为代表的主要为本企业生产配套的模具生产分厂。

2005年，滁州市模具行业实现营业收入2亿多元，拥有1家省级企业技术中心和6家市级企业技术中心，与国内外大专院校、科研院所建立了产学研联合攻关的自主创新体系，每年自主研发新产品、新技术、新工艺达200多项，并在家电模具开发、成套设备提供方面具有国内领先水平的产品标准。

合肥、芜湖、宁国等市的模具企业也逐步发展。如成立于2003年12月的安徽宁国中鼎模具制造有限公司位于安徽省宁国市经济技术开发区中鼎工业园内，占地面积6000平方米。公司总人数为200人，其中工程设计技术人员30人，技术工人150人，其他管理人员 20 人。公司以先进而不断创新的技术，实行开发与引进相结合的原则，研发、生产汽车、家电、办公自动化等领域的橡胶和塑料标准件模具，年生产模具能力达 10000 余套。

成立于 2004 年 5 月 18 日的安徽江淮福臻车体装备有限公司，坐落于合肥市经济技术开发区繁华大道与玉屏路交口，占地面积 4.2 万平方米，一期占地面积 1.3 万平方米，是一家从事设计、制造大中型汽车车身内、外覆盖件冲压模具、焊装夹具、检具的合资公司。公司已装备有多台大型高精度高速数控铣镗床、大型铣床、大型三坐标测量仪、大台面研配压床等设备，适合大型汽车模具、检具、夹具的生产。二期扩建总投资额 1.6 亿元人民币，2005 年投入建设，二期竣工后，可年产模具 4000 吨。

第四节　纺织机械

1985 年，滁州二纺机厂继续生产纺织机械，主要是细纱机，产品销售良好，企业保持一定的经济效益。

1988 年，马鞍山机床总厂利群分厂研制的 Z201D 型汗绒布两用针织机获得成功，通过省级鉴定，填补了安徽省纺织机械的一项空白。

1986 年，安徽淮河机械厂生产的 Z113B 提花园机获得成功，投放市场后反映良好。

2001 年 7 月，东至齿轮有限公司研制 5 套纺织机械齿轮，经上海精纺化纤机械厂检验合格。此种齿轮型号为 A201E-4101，精度为 7 级，具有较高水平。

第五节　机械安装

在安徽的机械安装企业是中国机械工业第五建设工程公司，属中国机械工业建设总公司所属的全资子公司，是机电设备安装工程专业承包一级企业，具有钢结构工程专业承包壹级、电梯安装工程专业承包壹级、消防设施工程专业承包贰级、化工石油设备管道安装工程专业承包贰级、建筑智能化工程专业承包叁级等资质。还具有对外承包工程经营资格。并取得一、二类压力容器设计、制造许可证，锅炉改选安装 1 级（参数不限）许可证，GB 类、GB2 级压力管道安装许可证，B 级桥式起重机、门式起重机的安装、改造、维修许可证，具有比较广泛的施工经营范围。该公司源于 1965 年设立的安装总公司德阳一公司第三工程处，1978 年因华东地区建设需要第三工程处迁往合肥，1983 年经机械工业部批准独立为机械工业部第五安装工程公司，1990 年更名为中国机械工业第五安装工程公司，2007 年更名为中国机械工业第五建设工程公司。

该公司位于合肥市庐阳区，配套有 1 条 Ⅱ 型钢生产线、1 台 50 吨行车、9 台 10 吨行车及多头切割机、悬臂自动焊机等配套设备，年生产能力达 1.5 万吨。1986 年至

1996 年，先后承建了合肥建材三厂、安徽省江淮磷矿硫酸工程、合肥百货大楼技改项目、马鞍山向山硫铁矿、安徽省科委展览厅等工程。1987 年，冶金工业部和轻工部联合组织的技术鉴定会上，该公司“国产 ocr18ni9 钢构制造啤酒容器设备的应用研究”获同意推广应用。1989 年，公司承建的中国科学技术大学同步辐射加速器安装工程荣获鲁班奖。十年间，产值由 404 万元增加到 2601 万元，利润年增长 6% 左右，劳动生产率由 18611 元 / 人增加到 47125 元 / 人。

1997 年至 1999 年，该公司先后参建了马来西亚 200 万吨 / 年热轧卷钢厂安装工程、江阴长江大桥拼装工程、广州地铁体育西路站机电设备安装工程和澳门政权移交大典场馆钢结构制作安装等具有影响力的重点工程，1998 年 12 月 24 日，该公司通过 ISO 9001 认证，产值由 1997 年的 2376.4 万元增加到 1999 年的 4548.6 万元，利润由 1997 年的 6 万元下降到 0.2 万元，职工收入由 1997 年的 6714 增加到 1999 年的 7058 元。2000 年，产值由 1999 年 4536 万元增加到 2004 年的 10127 万元，任务月发由 1999 年的 2515.15 万元增加到 2004 年的 7296 万元，利润由 1999 年的亏损 190 万元增加到 2004 年的 52.8 万元。2004 年，公司的“压力容器不锈钢账管技术”获中国安装协会科技进步三等奖。

第十章　企业管理

1986 年至 2005 年，全省机械系统按照国家机械部（机械局）以及中国机械工业联合会的部署，抓好管理工作促进了机械工业发展。为调动各方面的人才共同加强企业管理工作，1986 年 11 月，省机械厅在安庆召开大会，成立安徽省机械工业企业管理协会。会上还决定创办《安徽机械管理》刊物。

第一节　基础管理

基础管理系指定员定额、标准管理、班组建设、工艺管理等等。1986 年，省机械厅在全系统抓紧了这项工作。这年 12 月，为做好基础管理工作，省厅在太和县举办了两个标准即省级先进企业标准（试行）和企业管理基础工作实施细则及考核标准研讨会，各地、市机械局、公司及有关企业共 56 个单位 63 名代表参加。会上强调要围绕提高产品质量、提高经济效益抓好基础管理工作，努力争创省级先进企业。

标准管理　为抓好标准化工作，1987 年，省机械厅发布了《1987 年标准化工作意见》。意见主要内容：继续提高认识，完善标准化体系；强化标准的贯彻执行；认真做好省企业标准的制、修订工作；抓好六项基本标准的贯彻；结合技术改造和技术引进，做好标准转化工作；充分发挥专业标准化委员会的作用。

定员定额　劳动定员定额管理是机械工业重要的基础管理之一。为推进双定管理工作，1989 年 6 月，省机械厅在滁州召开劳资工作暨"双定"工作会议。会上表彰双定工作先进企业、先进个人。合肥矿机厂、江淮汽车厂、芜湖锅炉厂、蚌埠起重机厂等 4 个企业被评为先进企业；芜湖市机械局劳资科等 24 个单位被评为先进集体，王乐平等 36 人被评为先进个人。

1990 年以后，企业进入市场，经营机制已逐步转变，企业以经营承包、计件工资为主要形式，企业的定员定额管理有所削弱。2000 年，省、市机械工业部门撤销，无人抓定额定员管理，不再开展交流活动。

班组管理　班组是企业的基础，班组管理是办好企业的基本环节。1986 年，全省机械系统班组建设取得成效。1000 多名班组长有 50% 经过了一个星期以上的培训，60% 的班组骨干队伍已经形成，开展的"三组竞赛"即"合格班组""信得过班组""优秀班组"竞赛取得成效。

1986年9月，机械工业部和中国机械工会通报全国机械工业“模范班组”，合肥淝河汽车厂热处理车间调质班、安徽拖拉机厂齿轮车间磨工班、合肥叉车厂二金工车间车工二班名列其中。

蚌埠重工业局重视班组建设，采取培训班组长、整顿班组，使该市机械系统合格班组达到80%。安徽拖拉机厂重视班组建设，组织班组长学习基础管理知识。该厂过去曾涌现“专机一班”“齿轮磨工班”等多个获得省、部级称号的模范班组。该厂组织班组长培训班，通过对基础理论的学习和电化教学、经验交流等形式的教学，全面增强班组长对现代化生产的管理意识，提高他们的班组管理水平。努力发挥班组在企业生产中的“细胞”作用。

进入2000年，全省机械行业进一步加强班组建设，开展创建合格班组、优秀班组、标杆班组活动。在这方面，省机械工会做了大量工作，促进了班组建设，为提高企业管理水平起到了重要促进作用。

工艺管理　工艺是机械工业生产、提高产品质量的保证。为推动工艺工作，1986年8月，省机械厅确定“七五”期间工艺样板单位及目标。这次列入样板的单位有：安徽拖拉机厂铸造车间、蚌埠柴油机厂铸造车间、合肥矿机厂铆焊车间、蚌埠起重机厂铆焊车间、屯溪高压阀门厂锻压车间、合肥热处理厂处理车间、芜湖重型机床厂热处理车间、合肥变压器厂装配车间、江淮汽车厂油漆车间。并对这些单位的关键制造技术和主要经济技术指标分别提出了要求。

1987年2月，省机械厅成立“工艺突破口”领导小组，确定合肥车辆厂、皖南电机厂等44个企业作为工艺突破口试点企业。这44个企业先后完成了工艺体系的健全完善、工艺普查、工艺文件和管理制度的整顿。

1988年年初，省机械厅提出工艺突破口工作意见。意见包括：工艺突破口试点企业由44家扩大到100家；组织对这100家企业的总工程师、工艺科长进行培训；原定的44家试点企业要先行一步，达到初见成效的要求。

1988年1月，省机械厅在合肥轴承厂召开第三次工艺突破口工作经验交流会，合肥轴承厂、合肥矿山机器厂、合肥车辆厂三家企业在会上介绍了经验。

1990年7月12日，合肥化机厂一新工艺，即液氨贮罐爆炸消除焊接残余应力新工艺通过鉴定。这是合肥化机厂与大连理工大学力学所共同研究开发的一项新工艺。在鉴定会上，专家认为该工艺是国际20世纪80年代新成果，在国内处于领先位置，应用前景十分广泛。

皖南电机厂为加强工艺突破口工作，制订了《生产现场管理考核办法》《深化工艺管理措施计划》《工艺纪律检查细则》，促进工艺突破口工作的落实。

1994年，合肥汽车制造厂工艺突破口工作加大力度，采用CB/T10300-3-88《质量管理和质量保证体系》为标准，明确各部门职能，加强工程技术人员学习和员工培训，并且充实完善工位器具500余套，调整了10多条工艺路线，从而促进了质量工作，促进了生产发展。汽车驱动桥产量由1991年的2900台上升到1994年的2.2万台，上了新台阶。

2000年，一些企业采用新的工艺如树脂砂造型、消失模铸造，以及新式切割、焊接工艺以后，对工艺管理提出了新的要求。这些企业紧跟技术进步的要求，加强和改进工艺，达到较高水平。全柴集团公司、安徽叉车集团公司等企业的消失模铸造，生产的机体、变速箱达到国内先进水平。合肥日立公司、淮南煤矿机械厂等企业采用的切割、焊接工艺也居全国同行业领先位置。

设备管理 省机械厅还重视抓好设备管理，积极开展设备管理评检活动，在1986年全系统的设备管理评验中，蚌埠第二空压机厂名列榜首。芜湖柴油机厂对设备管理建立群管网，实行奖惩制，1987年年初，该厂荣获全国机械工业设备管理先进企业称号。

合肥电缆做到使用维修与计划检修相结合，修理改造与设备更新相结合，技术管理与经济管理相结合；并且认真执行设备管理规章制度，做到保证周检查月评比，保证设备完好率。由于该厂设备管理工作做得好，连续四年被评为设备管理先进单位称号。

江淮汽车有限公编写5万余字的《设备预防维修手册》，指导设备维修工作；其次是运用计算机编制月度设备维修计划，并实行“定时清洗、定时保养、定时维修”；并利用节假日企业不生产时对设备进行集中维修。第三是开展设备管理流动红旗评选活动，表彰先进。通过这些措施，到1999年6月底，设备完好率和利用率分别达到97.94%和98.23%。

1988年4月，共评选出淮北矿机厂等18家企业为设备管理优秀单位，合肥手扶拖拉机厂等6家企业为设备管理先进单位，鲍广年等44人为设备管理先进个人。

1988年5月，国家机械委命名1986–1987年度全国设备管理优秀单位131家，安徽省合肥叉车厂、安徽拖拉机厂名列其中。

合肥叉车总厂重视设备管理，坚持做到日保养、周检查、月评比、季度开展红旗设备竞赛，设备管理良好。1990年4月国家机电部公布，该厂获得机电部第三届（1988—1989年度）设备管理优秀单位。至此，该厂已是连续三年获得设备管理“部优”。

岳西缸套厂重视设备管理，坚持设备定期保养制度，每天进行设备巡查，每周进行设备大检查，检查结果与当月奖金挂钩。1991年，全厂360多台设备，利用率达95%，保证了生产发展需要。

2000年以后，由于省、市机械工业部门撤销，设备管理主要靠企业自己进行。设备管理的交流、评比基本没有开展。

档案管理 淝河汽车厂重视档案管理工作，经过安徽省档案局、省机械厅和国家级档案考评组考核，1988 年 11 月 29 日，正式批准该厂为国家二级档案管理企业。紧接着，六安轴承厂、马鞍山回转支承厂档案管理也升级，1990 年 4 月通过了省企业档案升级考评组考核评定，达到企业档案国家二级标准。

安徽省机械系统一些企业在档案管理上不断上台阶。1990 年 8 月国家档案局公布 1990 年晋升国家一级档案管理的企业名单，安徽省机械系统有淝河汽车厂、合肥变压器厂、芜湖锅炉厂 3 家。

1990 年 1 月，受国家档案局委托，安徽省档案局会同省机械厅组成档案升级考评组对合肥变压器厂档案管理进行考评验收。国家档案局正式批准合肥变压器厂为国家一级企业档案管理。

在此之后，一些重点企业档案管理还继续坚持。但由于到 2000 年以后，省、市机械工业部门撤销，档案管理缺乏监督指导，企业的档案管理处于自由状态。

第二节　综合管理

进入 1986 年，省机械厅按照上级部署，加强企业管理，抓好企业管理现代化工作。1986 年 3 月 25 日至 27 日，省机械厅在合肥叉车厂召开企业管理现代化座谈会。这是省机械厅成立企管处以后召开的第一次会议。会上提出了“七五”期间特别是近 2 年企业管理现代化目标。提出到 1990 年，全系统晋级企业（1–3 级）总数要占企业总数 45%。紧接着，一些大型企业和企业集团也相继召开会议或作出部署，抓好企业管理上等级工作。进入 2000 年，全省机械行业企业特别是重点企业，进一步重视企业管理，按照“1250 工程”逐步推进，提高了综合管理水平。“1250 工程”是中国机械工业企业管理协会提出的管理进步工程，即到“十五”末，全省机械行业要实现 1000 家企业管理基础工作规范达标，200 家企业达到管理进步示范企业标准，创建 50 家现代化管理企业。

现代企业制度　1994 年 9 月，根据安徽省“4552 规划”部署，全省 50 家企业为安徽省工业企业现代企业制度试点联系单位。安徽省机械系统有 11 家企业名列其中，这些企业是：合肥矿机厂、蚌埠压缩机总厂、芜湖重型机床厂、淮南华联机械总公司、安庆活塞环厂、黄山仪器仪表公司、扬子电气集团公司、绩溪光明齿轮厂、巢湖柴油机厂、池州家用机床厂、安徽叉车集团公司。

1995 年年初，安徽省机械系统又有 5 家企业晋升为大型企业，它们是：巢湖柴油机厂、江淮汽车制造厂、淝河汽车制造厂、芜湖微型电机厂、芜湖仪表厂，均为国家大型二类企业。至此，全省机械系统已有大型企业 16 家。

1995 年 5 月 30 日，省机械局在宣城召开全省机械工业企业管理工作会议，会议总结了近年来企管工作的情况和成绩，提出要改变“以包代管”“以转代管”“以奖代管”的做法。1995 年，省政府批准命名 43 户企业为安徽省管理示范企业。

1998 年，安徽叉车集团公司结合企业长期管理实践，总结制定“实时、有效管理法”，被列入“安徽省企业十大管理法”，在企业及社会界产生很大影响。

2000 年以后，先后由一批企业如六安江汽汽车齿轮有限公司等通过基础工作规范达标，江淮汽车股份有限公司、安徽叉车集团公司、安庆帝伯格茨有限公司、合肥昌河汽车公司评为管理示范企业。2004 年以后，江淮汽车股份公司、安徽叉车集团公司、合肥昌河汽车公司又被评为现代化管理企业。

进入 2005 年，全省机械行业继续抓好管理，重点是管理升级，一些企业尤其是重点企业采取措施、开展活动。

江淮汽车集团公司在管理上不断上台阶。2005 年 11 月 21 日，公司同时获得 ISO 9001:2000 质量管理体系认证、ISO 14001:2004 环境管理体系认证和 OHSAS18001:1999 职业健康安全管理体系认证。同时获得三个国际管理体系认证，标志着该公司管理水平又上了一个新台阶。

现场管理　1986 年，全省机械工业企业进入以现场管理为主的企业整顿。1986 年 1 月 13 日，繁昌轴承厂获省企业整顿领导小组和省经委颁发的“安徽省企业整顿先进单位”奖牌。

1987 年 3 月，省机械厅召开企业管理领导小组第二次例会，讨论审核 8 个行业省级先进企业标准的制订情况。1988 年年初，省机械厅制定了“集体所有制企业管理 20 条”下发到各地市机械局及机械系统的集体企业。

1990 年年初，省机械厅明确主抓示范企业的做法。1990 年，在原定的 7 个示范企业均有提高的基础上，又增加了 9 个示范企业，通过抓试点工作，也取得了新的成绩。1989 年，合肥轴承厂获“1988 年度全国机械电子行业企业管理优秀单位”。合肥动力机械总厂被省经委、省企业管理委员会评为省级先进企业。巢湖油泵油嘴厂获 1989 年机械电子部质量管理奖。

江淮汽车股份公司重视现场管理，从 1999 年开始，在生产车间布置花盆、金鱼缸。为职工创造美好、和谐的氛围，受到职工的好评。蚌埠滤清器厂针对企业机构庞大、人浮于事的现象，1997 年，大力实行减人增效。将原来的 12 部 1 室，中层干部由 31 人精减为 16 人，精简了机构，压缩了非生产人员，提高了工作效率，促进了生产发展。

成本管理　合肥汽车制造厂重视成本管理，通过人员培训，增强成本管理意识，熟悉成本管理业务；完善经济责任制度，推行“联利计奖”；认真贯彻 ISO 900 标准严格质量管理。通过以上措施，1999 年上半年，企业许多费用尤其是管理费、修理费、招待费、差旅费均比上年同期下降。

安徽活塞厂重视成本管理，一是“增加定额”降成本，如将热处理车间由15人月产定额71604只调整为12人153000只；总检包装车间由45人月产定额64940只调整为31人143172只，减少了人员提高了产量。二是“扩大规模”降成本上升，将浇铸车间投入28万元进行技术改造，增加生产场地，使铸件毛坯由月产12万只增加到20万只规模。三是“改进工艺”降成本。如采用保温单冒口浇铸，每年可降低铝材熔损80吨，节约成本128万元；采用铝屑回收工艺进行熔炼，铝屑回收率提高5个百分点，熔炼损耗减少6%；四是“关停关转“降成本。鉴于翻砂车间开工不足，且每公斤铸件要比市场价高4–5元，工厂撤掉翻砂车间，所需铸件从市场购买，也降低了成本。五是“提高质量”降成本。CA488活塞项目建成以来，质量不过关。工厂成立质量攻关组，反复改进工艺，解决了铸造问题，毛坯合格率达90%，已实现批量生产，并向一汽等大企业供货，提高了经济效益。通过以上措施，到1997年8月，完成产值1786万元，比上年同期增长16.8%，交税还贷1000余万元，减少亏损341万元。

合肥锻压机床总厂推行目标成本管理。其方法是：经过认真测算，确定目标成本，分解下去；然后要求各车间、分厂抓好基础工作，完善原始记录、厂内结算价格、计量检测手段及各项规章制度。厂部则按月对各车间、分厂进行检查考核，并把考核结果与奖励挂钩，保证落实。通过推行目标成本管理，提高了经济效益。

合肥轴承总厂实行的目标成本管理与邯钢经验有相似之处，他们按照邯钢经验进一步充实完善，把管理工作做得更好。安徽活塞厂（庐江）在学邯钢中狠抓炉子改造、节能降耗，也取得成效。

企业内审　从1990年起，省机械厅开始抓全行业的审计（内审）工作。1993年6月，省机械厅在泾县召开全省机械系统内审工作会议，会议要求企业要健全审计机构，充实工作人员，抓好基础工作，提高审计质量，包括企业的财务收支审计、承包审计、离任审计。

“八五”时期全省共开展审计811项，审计资金总额100多亿元，查出并纠正违纪违规金额2.3亿元，促进增收节支1970万元，提出审计建议万条。内审工作促进了党风廉政建设、提高企业管理水平、防止国有资产流失、维护财务会计信息真实性，为企业经营决策和建立现代企业制度奠定了基础。

1996年以后，审计工作继续进行，并取得较好成效。2000年，省机械厅撤销。2003年，由新成立的省国资委负责省属企业的审计工作。

人员管理　合肥车辆厂从1988年在全厂推行“合格职工达标”活动。1990年11月，省机械厅在该厂召开推广“合格职工达标”现场会，决定在全省机械系统推广该厂的这一做法。“合格职工达标”经验得到国家机电部的重视，并决定通过召开经验交流会，在全国工程农机行业2100家企业中推广这一经验。《中国农机化报》系统、全面地介绍报道这一经验。

为加深学习“劳动法”，1994 年 12 月 17 日，江淮汽车厂举办“劳动法”知识竞赛。竞赛分必答题和抢答题计分。全厂各科室、车间选拔推荐的 6 支代表队参加竞赛。省机械厅、省汽车工贸公司和厂领导出席竞赛并给优胜者颁奖。

进入 20 世纪 90 年代，皖南电机厂坚持八项控制，实行规范管理，这八项控制是：人员的主动控制、物流的有效控制、工序的跟踪控制、设备的超前控制、生产的动态控制、工艺的全面控制、安全的绝对控制、责任的考核控制。通过八项控制，加强了企业管理，提高了经济效益。到 1995 年，该厂一直居于全国同行业前列，进入“全国 500 家最大电气机械及器材制造企业”“安徽省机械工业 50 强”“安徽省质量最佳企业”行列。

芜湖轴承厂由于基础差，一度名列全省轴承行业倒数第一。从 1994 年开始，工厂狠抓企业管理，具体做法：以岗定编，挂牌上岗，做到人人有岗，人人有责；严格考核，按质量、数量计算报酬，不吃“大锅饭”；搞活用人机制，实行竞争上岗，增强危机感。通过加强管理企业面貌发生变化，在 1995 年全国 2000 多家轴承企业质量检测中，列为合格的 90 家企业之一。

合肥轴承厂一直重视企业管理，坚持以人为本，坚持各项制度，坚持改革与创新，取得了明显成效。1990 获全国机械工业企业管理先进单位，省机械局确定全省机械工业企业管理样板厂之一。到 1995 年，工厂已创国优（银质奖）1 个、部优质奖 4 个、省优质奖 7 个。

“全员劳动合同制”是国家提倡推行的劳动工资改革制度。合肥市机械局自 1992 年起先行在合肥电缆厂等企业试行这项制度，取得成功，接着，在全市机械系统推广。到 1994 年，全市机械系统 25 家国有企业全面推行全员劳动合同制，签订劳动合同制的员工达 33750 人，占全系统员工总数的 100%。

为加强“劳动法”的贯彻实施，1994 年 11 月 15 日至 17 日，省机械厅在巢湖举办厅直单位“劳动法培训班”，厅直单位的分管副厂长、书记、工会主席和劳资科科长共 45 人参加了培训。培训采取通读原文、收看收听、电视录像，系统地学习了《中华人民共和国劳动法》内容。

职工持证上岗是企业综合管理的基础工作。合肥铸锻厂为扎实提高企业管理水平，2004 年 7 月对全厂 711 名在生产岗位上的员工进行持证上岗考试考核。7 月 2 日进行了厂情厂史和专业理论考试，在此之前，工厂编制了 61 个生产岗位工种的实践操作大纲，考场安排和评分标准。全体员工都参加了这次考试。

江淮汽车集团公司在 1997 年就提出建立学习型组织，建立“40 + 4”制度（即每周 40 小时工作 4 小时集中学习），还采取“走出去、请进来”等方式，培训职工，通过建立学习型组织，提高了员工素质，促进了企业发展，从 1995 年到 2005 年，江汽公司基本以每年 50% 的速度增长。

“学邯钢”活动　1996 年 4 月，安徽省组织学习推广邯钢经验“模拟市场核算，实行成本否决”。5 月 28 日，省机械局在舒城召开“学邯钢经验，强化企业管理”工作会议。

一些企业结合实际开展“学邯钢”活动，如合肥叉车总厂召开中层以上干部大会，提出“学邯钢、找差距、抓质、降成本”。芜湖轴承厂在“学邯钢”活动中，成立了“目标成本管理”“价格管理”两个领导小组，具体抓好成本管理、价格管理。东至齿轮厂在开展学邯钢、抓管理、增效益活动中，把邯钢经验与销售工作结合起来，促进了产品销售，收到明显成效。

合肥矿机厂在学邯钢经验中，在厂内划小核算单位，采取内部银行的办法进行核算，使每个基层单位做到“有家可当、有财可理、有责可负、有利可得”，提高了基层管理人员的积极性，促进了企业管理工作。

合肥电焊条总厂在学邯钢经验中，健全管理制度加强工艺突破口工作，严格质量管理，日班产量由 12 吨上升到 25 吨，焊条一次性投入产出合格率达 100%。

合肥汽车制造厂学邯钢抓管理，降低各种费用开支，对各部门的办公费、电话费、招待费下达限额指标，实现奖罚兑现。加强产品成本管理，工厂建立内部银行试行联利计奖，促进了节电、节约原材料。完善质量管理，严格质量考核办法。1998 年上半年主要经济技术指标增长 20% 多，资金回笼率达 95% 以上。

合肥长源液压件有限公司针对原材料涨价、生产成本升高的情况，大力加强内部管理，降低消耗，努力做到“厂外损失厂内补”。公司制定了工位器具、机物料、煤气电等消耗品考核规定，要求各车间、班组努力达到，实现目标的奖励，达不到的惩罚。规定下达后，各车间、班组立即行动，积极贯彻，有的开展废物再生利用，有的控制工具、物料发放，有的随手关灯、节约用电，很快收到明显成效，例如，制线车间每月节电 1000 多度。到 1998 年 9 月，全公司提前三个月完成年度生产计划，实现产值、利税比上年增长 30%。

第三节　质量管理

产品质量是企业的生命。质量管理是企业管理的重点。安徽省机械行业质量管理有较好基础，也积累了不少经验。1986 年以后，质量管理工作继续紧抓不放。

总体部署　1986 年 5 月 27 日至 30 日，省机械厅、省机械工业质量管理协会在泾县省机械系统全面质量管理经验交流及 QC 成果发布会。1987 年以后，全省机械行业尤其是重点企业按照国家机械部和省有关部署、要求，抓好质量管理工作，不少企业都取得较好成效。

1993 年 9 月 1 日，中国正式贯彻实施《中华人民共和国产品质量法》，8 月，省机械厅就贯彻《中华人民共和国产品质量法》发出文件，提出意见，要求厂长（经理）必须到位抓质量。具体内容有 6 条：厂长（经理）首先要增强质量意识；厂长（经理）是质量工作第一责任人；厂长（经理）直接领导质量检测机构；厂长（经理）要制定和实施质量工作责任制；厂长（经理）抓质量要积极与国际接轨；厂长（经理）要从严治厂。

为进一步抓好产品质量，1995 年 3 月 30 日，省机械厅首次召开全省机械系统质量工作会议。会议提出：建立健全质量责任制、落实厂长（经理）到位抓质量、抓好基础工作，加强质量管理，包括工艺技术、工艺纪律、工艺管理贯标、执行全面质量管理、初稿名牌战略，等等。

为全面实施“质量振兴纲要”，1997 年 4 月，省机械局按照国家机械部、国家技术监督局、中国机械冶金工会的部署，在全省机械行业开展“千厂万组无次品”活动。省机械局发出通知，要求此项活动要以行政为主，党团工会参与，广泛宣传、齐抓共管；同时开展此项活动要以质量为主题，与降废减损、工艺突破口、QC 小组活动、质量信得过活动结合起来进行。

1997 年 10 月，省机械局发出通知，宣布“千厂万组无废品活动”评比揭晓，安徽叉车集团公司二金工车间轮壳班等 13 个班组被评为“千厂万组无废品班组”，合肥轴承总厂磨装三分厂内径班等 46 个班组被评为先进班组。安叉公司二金工轮壳班和合肥江淮汽车厂车架分厂铆接班 2 个班组还被机械部评为“无废品班组”。1997 年，全省机械系统大打质量翻身仗取得明显成绩。

1998 年 2 月，经省机械工会、省局质量处联合评审，共评出 47 名质量标兵，并在全省机械系统工会工作会议上受到表彰。7 月，国家机械工业局公布第二批中国机械工业名牌产品共 82 项，安徽有 3 家企业 3 项产品获此殊荣，这就是安徽叉车集团公司的 2 吨、2.5 吨、3 吨内燃平衡重式叉车，安徽飞彩集团公司的 7Y-950 系列、7YPJ-950 系列三轮农用运输车，芜湖仪表厂的“芜”字牌汽车仪表总成。

2001 年 7 月，中国机械工业质量管理协会在新疆乌鲁木齐召开“全国机械工业开展质量管理活动 20 周年纪念大会”暨全国机械工业第 20 次质量信得过班组和质量管理小组代表会议，对先进单位和个人进行表彰。安庆帝伯格茨活塞环有限公司等 10 个企业榜上有名，合肥江淮汽车有限公司董事长左延安、安庆帝伯格茨活塞环有限公司潘一新被评为全国机械工业质量小组活动卓越领导者，合肥昌河汽车有限公司质保处副处长李大文被评为全国机械工业质量管理小组活动优秀推进者。

从 1999 年到 2005 年，全省机械工业质量管理工作继续向前推进，涌现出一批安徽省名牌产品，其中1999年49个，2000年4个，2001年7个，2002年7个，2003年17个，2004年22个，2005年22个，并有一批产品获得安徽省著名商标和中国驰名商标称号。

宣传教育　1993年，淝河汽车厂开展质量达标竞赛活动，活动内容：对12个车间分别制定质量达标考核标准，每月进行评比。这一做法，有力提高了工厂的产品质量，促进了企业发展，该1993年1–5月，生产汽车965台，销售汽车928台，实现销售收入8781万元，分别比上年同期增长146.2%、124.5%和182.5%。

皖南电机厂加强质量管理，在全体职工中开展“下一道工序就是自己的用户”的质量教育活动，增强了质量意识，保证该厂产品质量的稳定提高。为提高全员质量意识，1994年5月，蚌埠柴油机厂举办质量管理和保证体系标准学习班，学习CB/T19000质量管理和质量保证体系标准。

皖南机动车辆厂重视质量管理，在全厂开展TQC知识培训和车间四大员的学习，增强质量意识；坚持上道工序对下道工序负责、下道工序监督的体制；坚持执行“四不规定”，即不合格材料不投产，不合格外协件不装配，不合格标准件不转入，不合格产品不出厂。

1994年至1995年，蚌埠重工业局深入开展质量宣传教育，通过举办培训班、学习班，系统学习CB/T19000系列国际标准。同时，开展质量攻关和生产许可证发放工作，共组织了21项质量攻关项目，指导2家企业完成生产许可证发放。组织开展创名牌产品和明星企业工作，将8家企业12个产品列入了创牌计划进行指导帮助。通过这些措施，促进了全系统产品质量和经济效益的提高。

蚌埠柴油机厂大力宣传“产品质量法”“计量法”，加强绎检验人员培训，受培率达100%，考核合格率达95%；加强对产品质量的整改提高，奖罚分明，从而提高了产品质量。该厂生产的495基本型柴油机于1997年9月被省农机质量检测部门评为优等品，生产的新疆–2型联合收割机受到农民欢迎。

质量评比与整治　从1993年开始，合肥江淮汽车厂开始推行“奥迪特质量评审方法”，制定了“表面外观”“整车装调”等八个方面313个检查项目，大力推行“奥迪特质量评审办法”工厂标准，每周评审一次。该厂结合实际，不断探索总结，奥迪特评审已从静态评审扩展到动态评审，从定性分析发展到定量分析，从整车扩展到总成件。奥迪特评审办法使轻型江淮汽车质量始终保持稳定状态。

合肥仪表总厂抓好产品质量，1996年6月，工厂设立了质量专项奖励基金。对质量达标者进行奖励。这一措施，提高了产品质量。到9月份检查，产品的主项合格率达99%，成品抽查合格率达100%。

1997年，江南机械股份公司在北京牛津—剑桥国际质量认证咨询中心的帮助指导下，制定了《质量手册》《质量保证体系程序文件》《支持性质量文件》等。

1997 年 9 月，黄山屯溪高压阀门有限公司举办了一次“废品和质量问题曝光”，通过废次品的展览，进行“五查”活动，即查质量意识、查质量水平、查质量体系、查现场管理、查质量损失，共曝光以 52 项实例和 23 件实物，使全体员工受到一次生动深刻的质量教育。

芜湖电机厂的分马力电机首获国家金牌，但进入 1995 年以后质量有所下降。为改变这一状况，从 1997 年起工厂进行以质量为重点的五项整顿，即整顿外购件质量，整顿外协件质量，整顿生产过程质量，整顿检验工作质量，整顿工艺纪律，通过半年多的努力，产品质量明显回升，一些用户又恢复了与其业务。

合肥锻压机床股份有限公司坚持“用户是上帝，服务创一流”思想，确定 11 名维修服务人员长年在外服务，不论接到何处电话均在 48 小时内赶到。并且做到五不准：不修好机器不准离开、不准接收用户的礼品、不准刁难用户、不准接受用户吃请、不准损害公司信誉。仅 1997 年就收到用户表扬信就有 100 多封，1998 年 3 月被中国质量管理协会授予“全国优质维修服务网点”的称号。

2002 年 8 月 30 日，奇瑞公司通过德国莱茵公司的现场审核，成为国内首家通过 ISO/TS16949 标准的整车制造企业，产品质量的管理与控制达到国际标准；10 月 1 日，ERP/SAP 项目上线，在国际著名的软件供应商 SAP 的支持下，奇瑞公司正式走上信息化管理之路，实现了管理上的飞跃。

进入 2004 年，安徽省机械工业许多企业继续上质量不停步。2004 年 7 月，合肥昌河汽车公司顺利通过安徽省质量管理奖评审。2004 年 10 月 10 日，中国质量认证中心到合肥铸锻厂进行 2004 年度质量管理体系监督审核。合肥锻压机床有限公司被安徽省国资委、安徽省质量协会评定、授予 2004 年度“安徽省质量管理奖”。

2005 年 8 月，中国国内客车首次安全侧翻试验在湖北襄樊实车碰撞试验基地进行碰撞试验，其结果是：安凯公司的安凯牌 HF6850 型客车在与地面倾斜 40° 的角度时才翻车，车架没变形，车内空间没出现任何挤压现象，客车各部件完好无损，发动机运行正常，车门开关自如，客车照常行驶（仅有前窗玻璃破损，侧窗玻璃未损）。实验专家指出，这种试验是按照欧洲 ECE-R26 客车强度认证标准进行的可靠性试验，国际上侧翻 35° 能达到此结果为临界点。安凯客车能在侧翻 40° 达到如此结果，说明安凯客车的质量已达到国际领先水平。

奇瑞汽车公司在 2003 年 7 月 14 日至 2005 年 5 月 6 日期间生产的“东方之子”，由于供应商提供的部分遮阳板化妆镜盖一致性控制出现差错，公司决定召回在此期间生产的“东方之子”（2005 年 5 月之后生产的车子不存在此缺陷）。公司通过公告、电话通知受此影响的车主，在 2005 年 11 月 26 日至 2006 年 2 月 28 日期间到奇瑞各地特约维修站接受免费检修。

合肥三益江海泵业有限公司是原合肥三益电机电泵公司于2004年改制重组后成立的。抓好生产现场5S管理、3T管理，抓好ISO 9001质量体系复评，产品质量有很大提高。2005年11月公司通过省国资委、省质量管理协会组织的评审，于11月23日获得了“安徽省质量管理奖”。

质量服务活动　安徽叉车集团公司为提高产品质量，做好用户服务，从1992年开始即开展“质量服务万里行”，2002年9–10月，又开展了第11年“质量服务万里行”，历时一个多月，行程1万多公里，到了28个市县和22个部队所在地，维护保养叉车120余台。

2004年9月，全国开展质量月活动，安徽省机械行业企业热烈响应，积极行动，许多企业尤其是重点企业都成立活动领导机构，制定活动计划并认真实施。例如，合肥铸锻厂组织职工学习文件，开展质量知识竞赛，举办QC小组成果发布；合肥车桥有限公司开展质量大反思活动，查找问题，展开讨论。通过反思，进一步查找差距，制定措施，落实整改。2005年7月2日在北京人民大会堂召开“首届消费者（用户）喜爱品牌民意调查”新闻发布会暨第三届中国市场用户满意品牌高峰论坛年会上，安徽叉车集团公司的“合力”牌叉车被评为2005年度“中国叉车市场第一品牌”，标志着该公司的叉车产品质量达到很高水平，得到社会公认和用户称赞。

质量体系认证　1996年白湖阀门厂该厂生产的“白湖”牌低压阀门获“安徽省名牌产品”称号，1998年2月，经挪威船级社检验审查，工厂又顺利通过了ISO 9002质量体系认证，成为安徽省首家通过的质量体系认证的监狱企业。

为切实抓好质量工作，1999年7月，合肥车桥厂召开“质量手册发布会”，这个质量手册是按ISO 9001质量体系制定的，共有35个程序文件。质量手册的实施，对该厂质量工作是一个新的推动。

1999年7月，安凯集团所属的安凯汽车股份公司、安凯车桥厂通过ISO 9001质量体系认证。这是两企业自1998年10月以来加强质量管理工作的结果。此次认证是由中国汽车产品认证委员会质量认证中心颁发的。

安徽活塞厂在质量管理中注重建立质量保证体系，聘请专家来厂里指导，动员职工从基础工作做起。1999年9月28日，中国汽车产品认证委员会质量体系认证中心到厂里进行为期三天的审核，一致同意该厂通过ISO 9002国际认证。这在安徽汽车零部件企业还不多见。

到1999年10月，蚌埠市又有5家企业通过ISO 9000质量认证。这5家企业是：蚌埠柴油机厂、蚌埠双环电阻器公司、蚌埠压缩机厂、蚌埠滤清器总厂、蚌埠汽车钢圈厂。这标志着这5家企业质量工作已达到新的水平。

合肥仪表总厂管理层对质量体系高度重视和支持，于1999年10月通过ISO 9001国际标准认证，为该厂产品进入国际市场奠定了基础。

合肥天力汽车油泵有限公司（合肥汽车油泵厂）认真开展ISO 9001标准宣贯工作，经中国进出口商品质量认证中心安徽评审中心组织的审核组进行审核，于1999年11月通过ISO 9001质量认证，并报请中国进出口商品质量认证中心（CQC）注册，颁发证书。

1999年11月1日至5日，经上海质量体系审核中心专家组现场审核，芜湖华京汽车部件有限公司和芜湖华跃汽车部件有限公司双双一次通过了ISO 9002国际质量标准体系认证。此次认证，为两家企业进入国内国际市场奠定了坚实基础。

1999年12月，安徽汽车制动器厂领取了中国汽车产品认证委员会质量体系认证中心颁发的ISO 9002质量体系认证证书。这一年，工厂从质量贯标入手，加强质量管理，提高工艺水平，促进了产品质量提高，也促进了生产经营发展。1999年，工厂完成工业总产值6340万元，销售收入5940万元，实现利税450万元。

同时，获得质量体系谁认证证书（QS9000）的还有黄山汽车电器有限公司。这是该公司继1997年获得ISO 9001质量体系认证后又一次获得的质量体系证书。安徽金光机械股份公司获得ISO 9002质量体系认证证书。芜湖轴承厂获得ISO9001质量体系认证证书。合肥汽车制造厂获得ISO 9001质量体系认证证书。

合肥金环变压器有限公司狠抓质量管理，于1999年底在变压器行业率先通过ISO 9001认证，新开发的S9系列变压器达到国内领先水平，被国家经贸委推荐为全国城乡电网改造的生产厂家，1999年在安徽省“两网”建设改造变压器设备招标中，中标数为全省第一名。

安庆ATG活塞环公司高度重视产品质量，在1998年获得ISO 9002质量体系认证之后，积极引进美国、德国的技术标准，提高质量管理工作。2000年8月，公司通过了QS9000及VDA6.1认证。QS9000是由美国三大汽车公司克莱斯勒、福特、通用共同建立并采纳的质量体系标准，VDA6.1是德国汽车工业协会提出的质量体系标准。安庆ATG公司通过这两项质量体系认证并获得证书，标志着该公司质量管理达到国际水平。

安徽省汽车齿轮箱总厂重视质量管理，1999年通过了ISO 9001质量体系认证，以后又获得“安徽省著名商标”“安徽省质量免检产品”等称号。在此基础上，继续抓好质量管理工作，推行AVDIT（奥迪特）评审，实施精品工程，使产品的出厂合格率达到100%，2001年1月，该厂被省经贸委、省质量管理协会评为“安徽省质量管理奖”企业。这是该厂获得省级质量的最高荣誉。

东至齿轮有限公司是生产汽车、拖拉机、三轮车的齿轮、花键轴企业。该公司严格质量考核制度，产品合格率保持较高水平。2001 年 3 月顺利通过了 ISO 9002 质量体系认证，获得了通往市场的绿色通行证。产品销往全国 11 个省 100 多个市、县市场。

2001 年 7 月 17 日，中国船级社认证公司审核员对芜湖仪表厂 ISO 9001 质量体系进行年度监督审核。由于该厂质量体系健全，运行正常，审核顺利通过。

蚌埠振冲安利工程机械有限公司重视加强企业管理，提高产品质量，取得明显成效。2001 年 11 月，该公司顺利通过北京、新世纪质量体系认证中心和英国 NQA 国家质量保证（中国）有限公司对该公司进行的 ISO9001 及 ISO2000 标准认证。公司一次拿到这两家认证机构颁发的质量体系认证证书。

安凯汽车股份有限公司认真贯彻执行国家和安徽省关于质量管理的有关方针、政策和法规，扎扎实实地推行全面质量管理，1999 年顺利通过 ISO 9001 质量体系认证，2002 年 1 月，安徽省经贸委、省质量管理协会又授予公司“安徽省质量管理奖”。这是省内质量最高的荣誉称号。

合肥昌河公司坚持以质量管理为中心，以“零缺陷”管理为目标，强化生产过程和关键工序质量控制，提高计量、检测等基础管理水平，产品质量稳定提高，2000 年 9 月，“昌河”品牌为国家工商总局认定为“中国驰名商标”，2002 年 4 月经中国汽车产品认证委员会质量体系认证中心确认：通过 2000 版 ISO 9001 质量管理体系认证。

安庆帝伯格茨活塞环公司不断加强质量保证体系和现场管理，受到德国大众的好评。2002 年 8 月，德国大众亚太地区质保部专家对该公司进行两天的质量审核，公司获得 90 分的好成绩，同意公司取得德国大众“A 级供应商”资格。

芜湖市汽车零部件比较发达。一些企业重视质量管理工作，取得了进展。2002 年上半年，又有 5 家企业通过 ISO 9000 质量体系认证，这 5 家企业是：围山机械有限公司、中兴机械技术开发有限公司、荣事达塑胶有限公司、永固橡胶制品有限公司、汽车液压制动泵厂。到 2002 年 8 月，芜湖市汽车行业已有 21 家企业通过 ISO 9000 质量体系认证。

中银扬子汽车工业公司认真建立产品保证体系，规范工作程序文件。2003 年 6 月，中银扬子汽车工业公司通过了由中国质量认证中心专家组组织进行的“3C”认证，标志着该公司生产的扬子系列汽车质量达到新的水平，通过了国家强制性认证。

第四节　安全生产管理

安徽省机械行业安全生产工作有良好的传统。进入 1986 年，省机械厅继续抓好安全生产工作，每年召开全系统安全生产工作总结表彰会议。1990 年 8 月，机电部公布全国 127 个安全级企业，安徽省马鞍山压缩机厂、合肥轴承厂、五河机械厂、六安手扶拖拉机厂名列其中。省机械厅改为省机械局以后，继续重视安全生产工作。基本做到一年召开一次全系统安全生产工作会议。为加强全省机械行业的安全卫生工作，2005 年 12 月 21 日，安徽省机械工业安全卫生协会成立，由协会牵头，全面、系统地抓好安全生产工作。

培训与宣传工作 1988 年 11 月 2 日至 8 日，省机械厅在省机械干校举办“安全性评价标准”第一期培训班。

安庆市机械冶金局重视安全生产工作，1990 年年底，局安全生产委员会举办各企业车间主任培训班。

地处蚌埠的江北机械厂长期抓好安全工作，建立了以安全生产责任制为核心的安全管理制度 837 项，实现安全生产管理标准化、规范化，同时经常进行安全生产教育，做到安全生产预防为主。到 1997 年实现了从建厂以来 25 年安全生产无事故。

江淮汽车股份公司为增强员工的安全生产意识，落实安全生产工作，在全公司举办安全宣传展板评选活动。

合肥金环变压器有限公司组织各基层单位以“安全责任重于泰山”“安全有我，我要安全”为主题，举办宣传板报及板报评选活动，促进了企业安全生产工作。

安全生产检查 蚌埠市重工业局针对元旦、春节容易松懈、易于发生安全事故的情况，1991 年 1 月组织开展安全生产大检查，通过检查，发现隐患，引起重视，制定措施，进行整改，促进了全市机械系统的安全生产工作。

皖南电机厂重视对安全生产工作的领导，企业成立了以总经理为主任的安全生产委员会，并在全厂建立了安全生产网络。重视安全生产的宣传教育工作，通过多种形式对全体员工经常进行安全教育。重视安全生产检查和安全隐患整改。抓好安全生产基础管理，建立健全规章制度，建立多种安全生产台账。加大安全生产投入对 160 吨冲床进行改造，添置并更换消防设施及机床防护设备等。通过以上措施，1997 年该厂顺利通过国家安全级企业复评，位居全省机械行业第二。

2003 年 5 月，省机械工业协会部署安全生产大检查。各企业特别是重点企业积极行动，开展以消防设施、消防通道、配电房、管道、车辆、用电、煤气的安全检查，排除隐患、消除不安全因素，从而推动了安全生产工作。

合肥车轿有限公司创新安全管理方法，每天以班组一个成员为安全员，负责本班组的设备、现场管理和劳保用品的穿戴，查找安全隐患，并把查找情况向车间汇报。各车间还按季度对各班组安全生产情况进行评比，对先进集体、个人给予奖励，对发生安全事故的集体、个人给予处罚。

安全月活动 1991 年 1 月，合肥机械工业公司在合肥车辆厂召开全市机械系统安全月动员大会。会上还成立了市机械工业公司“开展安全活动”领导小组。

安徽叉车集团公司把安全生产工作作为企业发展的一项长期战略任务，按照《中华人民共和国安全生产法》要求，落实安全生产责任制，健全各项管理制度，要求职工严格执行操作规程，并大力开展“安全月活动”，促进了安全生产，多年来未发生一起消防安全重大伤亡事故。

2005年，全省机械行业重点企业都开展了“安全生产月”活动。许多企业张贴标语，悬挂横幅，宣传安全生产，营造“安全”气氛。一些公司还组织安全生产知识讲座。

安全级企业评选　到1997年，全省机械系统有11家企业通过“安全级企业”复评，他们是：安徽叉车集团公司、合肥化工机械厂、合肥轴承总厂、马鞍山正棱压缩机有限公司、马鞍山传动机器厂、五河县机械厂、蚌埠压缩机总厂、博西扬制冷公司、岳西缸套厂、安庆帝伯格茨活塞环有限公司、安徽庆龙机械股份有限公司。

安徽飞彩车辆股份公司按照“机械工业安全性评价标准”进行贯彻，积极整改，达到了国家安全级企业标准。1999年11月，以851.89分优异成绩一次性通过国家安全级企业认证。

安徽叉车集团公司蚌埠液力机械厂按照集团公司“各成员厂基础管理必须与总部同步”的要求，切实加强安全管理，整改薄弱环节，加强基础工作，使全厂的安全生产管理水平有很大提高。2000年12月8日，工厂一次性通过了安全级企业认证。安徽叉车集团公司合力工程车辆有限公司组织职工学习贯彻“安全性评价标准”、按照“分级管理、分线负责”的原则和PPCA循环工作方法自上而下开展整改，2001年9月5日，获得国家级安全性评价认证，成为国家安全级企业。安徽叉车集团公司合肥铸锻厂重视安全生产工作，较早获得“安全级企业”称号。2001年9月，省经贸委会同省机械工业协会组织专家对该厂进行“安全级企业”复评并顺利通过。2004年，安徽叉车集团公司获“安徽省机械行业安全生产先进单位”称号。2005年，中央宣传部、国家安全生产监督管理总局、中国机械工业联合会等部门举办的“首届全国安全生产及技术装备展览会”，安徽叉车集团公司作为安徽机械行业的唯一代表参加了展览。

六安江淮汽车齿轮制造有限公司编制《争取安全级计划大纲》《创安全级企业目标管理责任分解》等文件，并邀请省机械工业协会领导和专家进行指导帮助。2002年6月，经国家安全评价师评审，以863.95分一次通过国家安全级企业论证。

2005年11月，由国家安全生产监督管理总局、中国机械工业安全卫生协会对安徽叉车集团公司进行“创建国家一级安全质量标准化企业”复评，从而成为全国首批（22家）、安徽省首家“国家一级安全质量标准化企业”。

合肥锻压机床有限公司加强以质量为重点的企业管理，生产的“华德牌”液压机质量不断提高，1998年年初获得安徽省首批名牌产品，2003年9月又通过了安徽省名牌产品复审。

第五节 依法管理

安徽省机械行业在抓好其他管理的同时，还重视依法管理。1986 年前后，省机械厅相关处室设立专人负责法制工作。1988 年 3 月，省机械厅专门成立政策法规处，具体从事以法管理、法律咨询和服务工作。2000 年，省机械厅撤销。一些企业法律顾问还有存在，自发开展工作和活动。到 2005 年，省属企业的法律顾问工作逐步转移到省经贸委、省国资委负责。

法制宣传与培训 1988 年 5 月，省机械厅在合肥举办“企业法律顾问学习班”，介绍了全国先进经验，并进行了相互交流。

合肥市机械工业公司在“二五”普法教育工作中成立了普法领导小组，全系统各企业先后完成了学习《中华人民共和国宪法》《中华人民共和国国旗法》《中华人民共和国行政诉讼法》《中华人民共和国义务教育法》《安徽省计划生育条例》等“十二法一例”的普法任务。全系统各单位充分利用闭路电视、激光照排印刷的企业报、简报、快报、广播、宣传橱窗、黑板报等宣传工具进行了广泛宣传。全系统共培训普法教员 523 名，专兼职教员 48 名，举办各种普法培训班 356 期，购买各种普法教材和自编教材 2 万余册。

安徽油泵油嘴厂积极宣传贯彻新修订的《中华人民共和国合同法》，举办培训班，培训班采取以自学为主、法律顾问集中辅导，结合本企业案例进行研讨等方式进行。

法律顾问 1986 年，合肥江淮汽车厂就建立经济合同管理网。具体做法是：工厂的合同专用章由工厂法律顾问室统一管理，各类经济合同的签定都必须填写“经济合同审批表”，由法律顾问室和财务科审签，并且，在有关科室设立法人委托人和合同管理员，明确职责。合同管理员每季填报经济合同季报表，从而形成了全厂的经济合同管理网。安徽叉车集团公司、合肥汽车配件厂、合肥车辆厂、合肥动力机械厂、巢湖油嘴油泵厂、蚌埠空压机厂等企业法律顾问工作也比较扎实，为企业完善经济合同、解决经济纠纷中做了大量工作，挽回经济损失，取得明显成效。

1988 年 3 月，省机械厅在六安召开全系统经济法律顾问咨询服务工作座谈会，会上成立了安徽省机械系统经济法律顾问咨询服务中心。

1988 年 9 月，省机械系统经济合同管理现场交流会在宿州召开，宿州柴油机厂、合肥江淮汽车厂等在会上介绍了经验，对进一步加强经济合同管理提出了意见。

为加强企业法律顾问工作，1989 年 12 月，全省机械系统经济法律顾问业务研讨会在滁州召开，这次研讨会对提高法律顾问水平起了积极作用。

1990年5月19日，合肥市机械工业公司成立公司经济法律事务所。宣传经济法规，接受委托担任经济法律咨询服务，协助企业审查重大经济合同，担任企业常年法律顾问。

到1990年，全省有89人获得“法律顾问工作证书”，120多家企业获得各级工商部门颁发的“重合同、守信用”证书，法律顾问工作为行业企业挽回了大量损失。

蚌埠柴油机厂单独成立法律顾问室，法律顾问室一方面抓“事后补救”，即催要货款、解决债务，一年来共清回“呆、烂、死”账90多万元；另一方面抓好事前防范，参与指导企业订立经济合同，开展法律咨询服务，指导企业努力按法办事。

企业法治建设　运用经济法规，加强企业管理，同时也为企业挽回了损失。1987至1988年，蚌埠水泵厂获得一糖厂补偿2万元，池州家用机床厂挽回损失51.8万元；芜湖锅炉厂追回货款32万元、违约金6.51万元。

皖南电机股份有限公司坚持以法治厂，加强经济合同管理，1996年10月，公司调整了经济合同管理委员会，确立了9类经济合同管理员，修改完善了《经济合同审查制度》《经济合同法定代表委托制度》《经济合同档案管理制度》，对经济合同的签订、合同专用章的使用、经济合同管理责任权限都作了明确规定。

第十一章　营　销

1986 年，中国逐步进入有计划的商品经济和社会主义市场经济，安徽省机械工业除少数产品属计划供给和定点配套外，大部分是企业通过各种渠道、各种方法自行销售。

第一节　国内销售

国内销售，也称内销，是机械产品的主要销售渠道。从 1986 年开始，省市机械主管部门和各企业都采取各种形式进行销售。20 世纪 90 年代以后，安徽省机械行业主要依靠企业自销，践行“渠道为王”，保证了生产发展。

企业自销　进入 1986 年，安徽拖拉机厂加强销售，仅 1 月份，就售出拖拉机 1000 多台。

1986 年 8 月，合肥电机电器公司召开 1987 年度电工产品订货会，会上总成交额达 5766 万元，比 1986 年省机电产品预拨订货会的 1529 万元翻了两番。从订货情况看，输变电设备特别是大容量、高电压产品畅销；大规格电缆、导体产品趋紧，Y 系列电机看好，而橡套电缆、防爆电器出现滞销；电焊条由于价格较高，影响了销售。

合肥电缆厂实行销售承包责任制，即厂部与销售经营部、销售经营部与销售人员分别签订合同，并把销售业绩与个人的 20% 工资挂钩，提高了销售部门和销售人员积极性，据 1987 年 6 月统计，全厂完成销售额比上年同期增长 1.2 倍。

1987 年 3 月，省机械厅召开了安徽省机械工业首届供销工作成果交流和表彰大会，并向 22 个先进集体和 87 名先进个人颁发了奖旗、奖状。

为促进全省汽车销售，1990 年 3 月，省汽工贸（集团）公司制定了安徽省汽车工贸联营（集团）公司所属生产、经营企业联营联销法，这是成立集团公司以来，产销双方联合销售的开端。公司已与汽车生产厂就开展联营联销工作形成一致意见。由中汽合肥贸易公司组织所属的 16 个地、市销售分公司以及各生产厂的销售部门，结成广泛销售网络，宣传、推销本省汽车产品，尽快使本省产品在省内市场上扩大影响，促进销售。同时，借助产销双方与外省建立的各种业务关系，努力拓宽省外销售工作，进行省内外联销，提高安徽汽车产品的知名度和覆盖面。各生产厂尽量让利于集团内销售部门，让利办法应根据不同的销售方式和不同的批量，采取不同档次劳务反馈，使销售部门能获利，调动其积极性。建立的销售网旺季或淡季，生产厂都要先保证集团内销售部门的供货。同样销售部门也要积极做好宣传工作，努力推动本省汽车产品的销售。各生产厂在各地的销售点，都应从集团公司的整体大局出发，在搞好自身销售的同时，分队集团内各种产品推销，优惠和奖励办法与销售企业一样。

合肥电缆厂改革销售办法，实行销售人员全额承包。1991 年 1 月，厂长与销售部门签订了《销售承包合同书》，实行销售任务的全额承包，给承包者以充分的自主权。承包方案既有硬指标，如销售收入、资金回笼、销售服务等目标和差旅费、业务费等费用承包，又有销售档案、信息、库房和货场的管理、精神文明建设等软管理。把开拓国际市场、出口创汇列入考核内容，与承包挂起钩来。承包合同中明确规定了年出口创汇指标，并按每半年的发货量进行考核。突出强调了销售资金回笼的均衡性，并以此为基数进行考核，把工资、浮动工资、奖金捆在一起实行奖惩。

潜山县汽车配件厂为摆脱“三角债”的困扰，采取工工（工厂与工厂）联销、以货易货的灵活经营方式，盘活了资金，加快了资金回笼，企业经济效益大增。该厂是只有二百多名职工的小型国营企业，生产的 HF150 汽车方向机和小四轮拖拉机方向机，一直为淝河汽车制造厂和安徽拖拉机厂配套使用。由于“三角债”的困扰，发往主机厂的方向机货款经常不能按时回笼。为摆脱困境，厂领导和销售人员抓住附近县小四轮拖拉机热销的有利时机，从安徽拖拉机厂拉回小四轮拖拉机 61 台，按国家规定的价格很快被太湖、怀宁等县农机公司销光，回笼资金 31.32 万元；又得知县搬运公司急需购置 8 吨江淮牌载重汽车但又苦于无力一次付款的信息后，从淝河汽车制造厂开回江淮牌汽车 4 部，按国家规定的价格，以分期付款的方式转给了县搬运公司，不仅解决了用户的燃眉之急，还回笼资金 32 万元。工工联销，以货易货，不仅使本企业加快了资金回笼，搞活了资金，也帮助主机厂拓宽了产品销路，还使用户买到了需要的产品，真是三方面都受益。这种灵活的经营方式，使企业尝到了甜头。9 月 2 日，他们又从安徽拖拉机厂运回小四轮拖拉机 25 台，销售后又回笼资金 12.84 万元，至此，该厂从工工联销、以货易货的销售中回笼货款 76 万元，企业生产经营稳定，经济效益大增。

1991 年 2 月，省机电行业物资流通协会根据省机械厅领导意见和协会章程，为表彰长期在机电行业供销岗位上辛勤劳作，并为发展安徽省机电工业做出杰出贡献的老同志，继 1989 年第一次评选之后为全省机电行业第二批 51 名从事供销工作三十年的同志评发了荣誉证书。

1996 年前后，由于多种原因，省机械供销总公司出现亏损。1997 年调整领导班子，拓宽经营范围，强化服务意识，推行经济责任制，盘活资产，搞好物业管理和使用，增加收入。同时，加强内部管理，压缩开支，1998 年减亏 162.1 万元，上缴税金 59 万元。到 2000 年，省机械供销总公司由于多种原因，经营困难，难以为继。到 2005 年，公司基本停业，不再从事经销活动。

机械产品展

从 2001 年开始，好博展览公司每年举办一次机械产品展（又叫工业装备展），到 2005 年已办了五届。每次展览都有 200 ~ 300 家企业参加，成交销售额 1 亿元 ~ 2 亿元，其中省内 7000 万元 ~ 8000 万元，成为安徽省机械行业营销工作的一个重要活动。

第二节　出口贸易

机械产品（又称机电产品）是安徽省出口的重点产品。省机械厅和省机械设备进出口公司每年召开 1988 年年度出口工作会议，落实出口任务。

总体布局　自 1986 年开始，全省机电产品出口持续增长。全行业共有四十多家企业生产出口产品。出口的主要产品有：阀门、机床、锻压设备、电机、仪器仪表、轴承、工具、拖拉机、柴油机、发电机组、农副产品加工机械、叉车、空压机、单晶硅、手拉葫芦等。安徽省机械系统的机电产品已经进入美国、智利、澳大利亚、东南亚等 20 多个国家和地区。

1988 年 2 月，国务院机电产品出口办公室和外经贸部批准安徽省马鞍山机床厂和淮南沪淮健身器材厂为扩大外贸自主权企业。至此，安徽省机械行业已有 6 家企业获外贸经营自主权，它们是：芜湖微型电机厂、淮南印刷机械厂、合肥砂轮厂、白湖阀门厂、马鞍山机床厂、淮南沪淮健身器材厂。

1989 年，安徽省机械工业出口首次突破亿元大关。据安徽省机械工业生产月报统计表明，1989 年全省机械系统机电产品出口产值完成 10267.8 万元，比 1988 年增长 5.8%，占全行业工业总产值的 3.66%，比 1988 年增加 0.22 个百分点。1989 年，全省机械系统 80 多个企业生产出口产品，出口任务较大的是芜湖微型电机厂，其出口产品产值约占全系统的四分之一，是安徽省机电产品创汇大户，合肥叉车总厂首次批量出口叉车 100 台，池州家用机床厂、黄山机床厂和安庆红旗机床厂的家用机床出口量达到 8000 台以上，创历史最好水平。此外，马鞍山机床厂、白湖阀门厂、和县阀门总厂出口产品产值都比 1989 年有较大幅度增长。

为进一步抓好机电产品出口工作，1990 年 2 月 14 日至 16 日，全省机械工业出口工作会议在合肥召开。会议认为，面向两个市场，扩大机电产品出口，这既是克服当前国内机电产品市场疲软的有效措施，也是发展机械工业的长期战略方针，必须抓紧当前有利时机，扩大出口。1990 年 6 月，经省政府同意，省经贸委、计委、经委确定了全省有 169 家出口生产重点企业，其中省机械系统有芜湖微型电机厂、滁州扬子电冰箱总厂、淮南印机厂、合肥砂轮厂、池州家用机床厂、淮南健身器材厂、马鞍山机床厂、黄山机床厂、合肥叉车总厂、蚌埠空压机厂、铜陵矿山机械厂、凤阳砂轮厂、合肥轴承厂、芜湖阀门总厂、和县阀门总厂、安庆红旗机床厂、安庆标准件厂、岳西铸钢厂，共计 18 家。根据省经贸委、省计委、省经委的规定，对出口生产重点企业实行优惠政策。

1990 年，全省机械工业产品出口又上新台阶，全年完成出口产值 2.07 亿元，创汇 3850 万美元，比上年增长 73.56%；其中省机械设备进出口公司创汇 2501 万美元，增长 30.94%。在出口产品中，微电机、阀门、工具机、轴承等都比上年增长。

“八五”期间，全省机械行业采取多种形式扩大出口，取得明显效益。出口大户的创汇地位越来越显著。如芜湖电机厂 1992 年出口值达 4000 多万元，创汇 600 多万美元，比上年增长 50% 以上。合肥叉车总厂出口创汇达 430 万美元，比上年增长 9.7%。仅两个企业创汇数就达到全系统工业企业出口创汇的 30%。“三资”企业已开始出口创汇。1991 年以前，“三资”企业基本上没有出口，1992 年仅安东铸造有限公司就创汇 263 万美元，鸿庆精机有限公司创汇 100 万美元。另外，马鞍山佳兴电子公司也开始出口创汇。有进出口经营权的企业，自营出口已开始起步。1992 年全系统四个有进出口经营权的企业，自营出口企业克服人才缺乏，大胆开拓市场，自营出口创汇 413 万美元，其中扬子冰箱总厂自营出口创汇 197 万美元；芜湖电机厂自营出口创汇达 100 万美元；合肥叉车总厂自营出口创汇 75 万美元。池州家用机床厂分别在意大利、美国设立公司，扬子电气公司分别在斐济、美国设立公司，进行产品销售、开拓市场。出口多元化迈出新的步伐，出口领域进一步拓宽。省机械设备进出口公司在稳定发展原有市场的同时，1992 年重点开发了印尼、南美、中东市场，对这 3 个市场的出口 1992 年已达 400 万美元。边境贸易也有所进展，如柴油机出口越南，叉车出口俄罗斯。出口公司在扩大机械产品出口的同时，还进一步拓宽出口产品的领域，如 1992 年出口家电达 2218.5 万美元，比上年增长 1.1 倍。工贸关系进一步协调、稳固。有自营出口的企业在积极开拓国际市场的同时，密切与省公司配合，努力多生产，不仅满足自营出口的需要，还积极向省公司提供货源。如 1992 年池州家用机床总厂、芜湖电机厂、合肥叉车总厂通过省机械设备进出口公司出口创汇 92.27 万美元、328.1 万美元、60.25 万美元，分别比上年增长 16.6%、31.88%、27.4%。省公司在各方面也给予生产企业以大力支持，在资金上及时付给生产企业贷款，只要企业有困难，公司都想方法帮助解决。同时还经常组织企业人员出国考察推销，参加各类展销会、交易会，积极宣传工厂，宣传产品，使更多的企业走向国际市场。“八五”时期是安徽省机械系统出口及对外经济工作的好时期，5 年共完成交货值 18.9 亿元，创汇 3.85 亿美元，分别是“七五”时期的 3.8 倍和 2.8 倍，兴办“三资”企业 69 家，总投资 3.88 亿美元，注册资金 2.4 亿美元，分别是“七五”时期的 17.25 倍、61.7 倍，成交技术引进和设备进口 50 个，用汇 9829 万美元，相当于“七五”“六五”时期总和的 1.64 倍。尤其是 1995 年，出口创汇达 1.03 亿美元，首次突破 1 亿美元大关，有 3 个企业均超过 1000 万美元。

1996 年 10 月，国家经贸委、外经部正式批准全国 145 家企业为第 15 批机电产品出口基地和扩大出口生产企业。安徽省有 4 家为扩大出口企业，它们是：安徽省黄山链条厂、宁国耐磨材料总厂、石台县煤气仪表总厂和霍山县锻压工具厂。

2005 年，全省机械行业完成出口交货值 127 万元，创历史最高水平。出口产品结构进一步优化。技术含量高、附加值高的产品如汽车、叉车、内燃机、机床等都大量出口。奇瑞汽车公司、江淮汽车公司、安徽叉车集团公司等成为出口重点企业，对全省出口创汇带动很大，安徽机械行业已成为安徽省外贸出口的支柱产业。

产品出口 1986 年 4 月，合肥电缆厂将一组电线电缆产品送往澳大利亚，参加 6 月在澳举办的中国（安徽）商品展销会。这组产品有 4 个系列 8 个品种，其中 U 型橡套电缆、聚酯漆包园铜线分别是省优、部优产品，高压潜水线绕组线是国际新产品，据测定达到联邦德国产品水平。

1987 年，省机械设备进出口公司自营出口创汇 1256 美元，比上年增长 2.5%，在全国各省、市、区外贸公司中居第 12 位，出口产品 50 多个，销往 20 多个国家和地区。

池州家用机床厂 1987 年出口工具机 3042 台，出口到 20 个国家和地区，成为安徽省机械行业出口创汇大户，在 1988 年全省机械行业出口工作会议上，被评为"1987 年机电产品出口先进单位"，受到表彰。1988 年，工厂 1-10 月共生产多功能工具机 4100 台，出口 3300 台，出口创汇 132 万美元，提前 2 个月完成全年出口创汇计划。该厂出口的产品主要有 HQ-400、HQ400/1、CI320、CZW-150 型多功能工具机和经济型数控机床，出口国家和地区达 28 个。

马鞍山机床厂 1987 创汇 50 万元，主要出口机床有 L-3 车床、AMC/36 车床等。

1988 年 3-4 月，蚌埠机床附件厂的平口台钳计 38 台销往瑞士等国家；蚌埠水泵厂生产的 QXB13×3 微型潜水电泵出口科威特，创汇 10000 美元。科威特一公司又来函要求订货 400 台。

1988 年 9 月，芜湖通用机械厂生产的 Q11-3×1200m/m 电动剪板机出口美国和泰国，填补了安徽省剪板机出口的空白。

1990 年 1 月 20 日，安庆红旗机床厂首批 3000 台"三宝"牌 HQ-400 型多功能工具机出口到苏联。这种工具机具有车、钻、铣多种功能，被誉为家用机床，进入苏联后很受用户欢迎。

1989 年，芜湖围山机械总厂向新加坡等国出口各种规格的台虎钳 6000 台，出口额达 10 万余元，1990 年上半年外商又向该厂订购台虎钳 6000 台。

合肥电缆厂大力开拓国际市场，1989 年工厂生产的 35 毫米防腐钢芯铝绞线参加世界博览会后，被外商看中，1990 年 1 月，中国线缆出口公司与该厂签订了出口 300

吨的出口合同。

蚌埠重工局组织企业开拓国际市场，1989年，全市机械系统共出口289万元，主要产品有机床及机床附件、滤清器、空气压缩机等。

1990年3月，芜湖电工机械厂的J23-16、J23-40两种机械压力机获得出口许可证。

1990年4月28日，蚌埠起重机厂12台“安利”牌汽车起重机QY系列10吨、12吨销往苏联，这是安徽省机械工业大型产品的出口。

屯溪机床厂1990年出口创汇突破100万美元大关，成为安徽省机床出口基地企业。

1991年4月，合肥变压器厂首批20台变压器经外方专家测试签证，首批出口巴基斯坦。这是安徽变压器行业首次出口。1993年，合肥电机厂出口潜水电泵1000多台，出口巴基斯坦、黎巴嫩、沙特、俄罗斯等国，取得良好效益。该厂与福建省机械设备进出口公司合作，1993年初在国际招标中一举中标17台变压器，总容量51万千伏安，产值达2013万元。这是该厂产品继出口巴基斯坦、菲律宾、泰国之后，安徽省变压器行业出口量最大的一批产品。1994年6月16日，合肥变压器厂第三批9台电力变压器出口巴基斯坦，至此总计17台变压器全部发运完毕。

安庆标准件厂积极发展“T”型螺栓出口，出口量不断增加，1990年被省政府列入“安徽省出口产品重点企业”。1991年上半年又完成出口额132万元，比上年增长一倍多。

合肥叉车总厂调整产品结构，引进具有20世纪80年代水平的日本1-10吨系列叉车先进技术，以高质量的产品和不断开发的新产品拓展了国际市场，主要零部件都按照日本有关标准，进行耐久性强化试验，根据外商要求改进产品结构，使出口创汇额取得了突破性进展，产品打入西欧、北美、澳洲以及东南亚地区。1990年出口创汇264.4万美元，超过1985-1989五年出口量的总和。进入1991年又保持良好的出口势头，头两个月实现出口创汇30万美元，比去年同期增长一倍。合肥叉车总厂连续两年获合肥市出口创汇先进单位。

1990年，蚌埠家用机床厂的BV20型家用机床销往美国、德国等17个国家和地区，数量达6000多台，创汇280万美元，1991年9月，省人民政府授予该厂“明星企业”“出口生产重点企业”称号。

1991年10月4日，合肥电机厂生产的Y355L2-6极250千瓦的10台中型电机出口泰国，这是该厂首次出口电机。1995年7月，合肥电机厂研制的YQGN740-14P160千瓦、Y225M-4P45千瓦、Y160M-4P11千瓦等三个品种的潜水电机由合肥运出前往上海港，运往日本。这是该厂首次向日本出口的电机。

和县阀门厂也是安徽省机械行业较早出口产品的企业，1991和1992年，在全国49家出口阀门的企业中，该厂名列第4，人均出口额达3.312万元。和县阀门厂继续扩大出口，1995年，美国SIGMA公司又购买了该厂500万元的阀门。

1993 年，全省机械工业出口又有增长，全年完成出口额 3.4 亿元，比上年增长 56.3%，创汇 8232 万美元，增长 30%。其中省机械设备进出口公司完成 3965 万美元，增长 22.3%。

1994 年 6 月 9 日，淮海机械厂生产的 200 辆飞虎微型汽车出口叙利亚，这是安徽汽车产品一次性批量最大的一次出口，表明安徽汽车工业已达到较高水平。

蚌埠机床厂生产的升降台铣床功能多，适合于机械加工和设备维修，在展览会上受到外商关注。1994 年 10 月工厂一次出口 13 台 5042A 型升降台铣床到俄罗斯，出口额达 187.8 万元。

蚌埠压缩机总厂生产的压缩机具有较高水平，在畅销国内的同时，工厂开拓国际市场，1994 年 12 月初，该厂生产的 EW-6/7 型柴油移动式压缩机首次出口到缅甸，共 19 台，出口额达 134.9 万元。出口后，缅甸又同该厂签订了 50 台压缩机合同。

芜湖通用机械厂生产的木工机械在国外市场看好，工厂在 1994 年完成 150 台 MJ319A-Ⅱ型木工带锯机出口以后，1995 年继续抓住不放，又完成 210 台出口任务，出口的国家是马来西亚。

1995 年，安徽皖江机械厂生产的 GE446 织袜机也出口到孟加拉国。岳西缸套厂生产的 6N-54 型微型碾米机 420 台出口到印尼。

芜湖水泵厂生产的农用小水泵有八个系列、45 个品种、400 多个规格。在畅销国内的同时，工厂组织出口，1995 年通过外贸公司出口达 80 万元。

全椒柴油机总厂 1995 年共出口柴油机 7.3 万台，创汇高达 1162 万美元，产品出口到越南、柬埔寨、泰国等国家。成为安徽机械行业产品出口的大户。全柴动力股份公司组织柴油机出口，1998 年出口创汇达 1500 万美元，1999 年 1-5 月又比上年同期增长 40%。出口产品不仅以单缸机为主，还有新开发的多缸机，此外，公司还收割了手扶拖拉机、水泵、发电机组出口。出口国家仍以东南亚地区为主。

1996 年 4 月，蚌埠安利机械厂 2 台汽车起重机出口印尼，出口额 54 万元。这是安徽省机械行业大型产品的出口。

1996 年蚌埠汽车钢圈厂生产的 605-20 型汽车钢圈出口菲律宾，出口额达 184.8 万元。

岳西缸套厂生产的碾米机 1996 年上半年出口 500 多台，出口国家为印尼、马来西亚等国，受到用户欢迎。

皖南电机股份公司应美国 AA 公司要求，生产的 97 个品种共 1126 台电机获得认可，1996 年 9 月发出。这是该公司出口量最大的一笔生意。

1996 年 11 月，安徽省轴承工业集团公司将价值 1.67 万美元的 2.5 万套轴承出口至号称“轴承王国”的日本。这是该公司今年向日本出口第三批产品。

1997年9月，苏丹瑞瓦吉公司客商到安徽飞彩集团考察，双方签订合作生产三轮车、销售四轮车协议。从此，飞彩集团的农用车开始出口。

1997年，由伊朗委托的中立国瑞士SGS公司对芜湖锅炉厂6台锅炉进行商检，结果满意，同意发货，标志着芜湖锅炉厂锅炉开始出口。

1998年，合肥开关厂电控设备有1000多台价值2800万元的设备出口伊朗、柬埔寨。

1998年5月，蚌埠压缩机总厂与埃及军方签订10台SLC-ⅢA型空压机出口合同，年底完成交货，价值500多万元。这是该厂较大金额的一笔合同，也是向埃及军方出口的压缩机。进入1999年，蚌埠压缩机厂共完成出口压缩机18台，销售额261.9万元，出口国家有苏丹、巴基斯坦、蒙古、埃及等国。

1999年，合肥锻压机床公司向苏丹、越南出口快速液压机，价值1500万元。这是安徽机械行业出口的大型产品之一。

江淮汽车有限公司积极发展汽车出口。1998年3月第四批出口汽车20辆，改装车14辆到阿根廷。全年意向订货出口800辆。

合肥轴承总厂大力发展轴承出口，1999年3月，有29337套关节轴承，价值62.4万元出口美国。

黄山链传动有限公司1999年1–4月完成出口交货值890万元，首次出现出口大于内销的好局面。

安徽宏大集团积极发展铸件、密封件出口，1999年1–4月完成出口创汇189万美元，比上年同期增长5%。

合肥铸锻厂通过引进技术和进行改造，形成了"V"法铸造的规模效应，工厂组织铸件出口。1999年出口铸件2000吨，出口总额850万元。出口国家有日本、荷兰等。

1999年，省机械设备进出口公司进一步深化改革，转换经营机制，努力扩大进出口经营，取得了较好成绩。全年共完成进出口总额6541.8万美元，比上年增长33.6%，其中进口到货3965.8万美元，增长48.5%；出口创汇2516.6万美元，增长13.1%。经济效益也比上年有所增长。如家电出口完成975.3万美元，占了出口总额的三分之一强；机床完成316万美元、铸件（阀门类）288.99万美元，也比上年有所增长。

滁州市扬子汽车总厂是由中国扬子集团和香港中银集团联合组建的。2000年6月，工厂生产的40辆扬子皮卡车出口伊拉克。

合肥轴承总厂2000年上半年就完成出口额416.35万元，同比增长324%。由于出口成绩显著，2000年6月，工厂获得出口经营自主权。

2000年，蚌埠滤清器总厂加强出口工作，全年完成出口额突破1000万元，是计划出口的4倍。出口滤清器的品种达100多个，成为国外畅销的滤清器。

连续八年创全国同行业第一的安徽叉车集团公司依靠进出口公司自营出口，1998

年初，集团公司成立“合力机械进出口有限公司”，成为安徽省首家由生产企业成立的工贸进出口公司，八五时期每年出口创汇都在1500万美元左右，占公司产销量的五分之一。出口已成为这个大型企业提高经济效益的重要保证和途径。1998年8月在美国迈阿密投资成立了“合力叉车（美国）有限公司”，成为开拓南美市场的窗口和桥头堡。接着又建立了韩国合力重工业株式会社、英国合力公司，在阿根廷建立独家代理和荷、比、卢地区独家代理。形成了一批稳定的销售区域，取得了明显成效，已经向南、北美出口叉车357台，在阿根廷出口40台；通过韩国株式会社已向西班牙出口20台。1999年又开拓了澳大利亚、捷克市场，取得成功。徐州工程集团在海外有十多个办事处，安叉集团公司利用徐工集团在中东的办事处，向沙特、阿联酋出口叉车。2001年共出口叉车913台，出口额9696万元，回笼资金10853万元，分别比上年增长33.1%、7.7%和14%。其中自营出口822台，比上年增长63.4%。出口国家有40多个。2005年，安徽叉车集团完成出口叉车3800台，比上年增长51%，出口的叉车包括1–10吨内燃叉车、1–3吨蓄电池叉车、电动托盘叉车、牵引车等。出口创汇在中国叉车行业中名列第一。

上汽奇瑞汽车公司自1997年开始建厂，1998年小批量生产，1999年批量生产，到2001年就开始出口汽车。2001年10月，第一批10辆奇瑞轿车出口中东，意在对国外市场投石问路；2002年5月，第二批奇瑞轿车驶出国门，参与国际竞争。2003年2月12日，上汽奇瑞公司与伊朗SKT公司签订合作协议，双方将在伊朗投资建设奇瑞轿车生产基地，设计能力为年产3万辆。这标志着奇瑞公司实施产品国际化迈入新阶段。2004年1月，上汽奇瑞汽车公司海外订单达700辆，月底出口500辆，产品有风云、旗云、QQ、东方之子四大系列车型。除出口传统的中东地区以外，还首次出口南美洲。

2003年1月，扬子汽车总厂1175辆扬子麒麟、福玲系列皮卡及SUV出厂经上海港运往利比亚，这是当时安徽汽车工业整车出口最大的一批出口。

2003年，江淮汽车有限公司一季度共出口汽车1160辆，创汇1200万美元。这1160辆中，包括960辆轻卡和200辆客车。主要销往北非和东南亚地区。

飞彩集团公司在发展农用车的同时，还开发了剪草机等园林机械，此种产品非常适合国外用户。2003年10月，公司500台剪草机出口到意大利和菲律宾。它表明飞彩集团在开发国际市场又迈开了新步伐。

合肥日立挖掘机公司生产的挖掘机质量过硬，技术先进。2003年自营出口挖掘机及零部件达672万美元，其中51台挖掘机出口到日本。2004年出口继续增加，出口额达近1000万美元。

安徽康达汽车制动器有限公司是安徽省唯一生产汽刹制动器的厂家。公司在满足国内市场的同时，从2003年起抓紧出口。2004年6月，公司生产的47030–0677A、

47040–0621A 等 6 种型号的制动器，分“空运”和“海运”从上海运往日本。公司在厂内举办了出口日本（日野公司）首发仪式。

中国扬子集团的设备模具有限公司生产的模具适合国际市场需要，逐步出口。2004 年出口模具达 100 万美元，出口国家有美国、意大利、法国、印尼等国。

2004 年，合肥昌河汽车公司的汽车又一次出口叙利亚 392 辆，出口孟加拉 12 辆，共计 404 辆。市场反应良好。

2005 年 11 月，安凯曙光车桥公司 72 台车桥出口欧洲，这该公司首次实现车桥出口。

江淮银联重工开发的叉车中拥有 2–7 吨内燃液力叉车，天然气和液化气叉车、1–2.5 吨电瓶叉车。2005 年 8 月，56 台叉车出口欧洲，标志着该公司叉车达到较高水平。

第十二章 职业教育

职业教育是建设“四有”（有理想、有道德、有文化、有技术）职工队伍的重要措施，是促进机械工业发展的重要保证。安徽省机械行业职工教育有较好的基础。在 1986 年至 2005 年期间，国家多次发出文件，对职业教育提出规划和要求。在此期间，安徽省机械行业职业教育又有新的发展。

第一节 学校教育

到 1986 年，省机械行业拥有 2 所机械中专学校、6 所机械技工学校，并隶属省机械厅管理。省机械厅继续加强对这些学校的领导和管理，并在学校建设、教育规模上给予支持。各个学校也积极努力，扩大教学规模、提高教学质量，学校教育不断取得新的成就。“六五”期间，经过大范围和持续的培训，安徽省机械系统完成了职工初级文化、技术补课任务，达到了中央规定的高线要求。对企业的厂长、中层干部、技术人员、经营管理人员开展了现代经营管理知识、新的科学技术知识的培训。建立各类职工高等学校（站）5 个，开设十个专业；建立职工专校（班）4 个，开设 5 个专业；技工学校有了较快的发展，全省机械系统共有技工学校 12 所。安徽省机械系统唯一的一所中专校芜湖机械学校也得到了恢复。全系统基本形成了一个多层次、多学科、多形式的办学体系。通过各种培训，为全系统培养和输送了大批的合格人才。

“九五”期间，全系统专业技术人员（含管理人员）占职工总数比例达到 24%，其中大中型企业达到 26% ~ 28%；工程技术人员占职工总数比例达到 13%，其中大中型企业达到 15%；高级技术工人占职工总数比例达到 8%，其中大中型企业达到 10%；技师和高级技师占职工总数比例达到 2%；芜湖和合肥机械学校在校生总数达到 3000 人，“九五”期间累计培养输送中专毕业生 5000 人；六所机械技工学校在校生总数达到 8000 人，“九五”累计培养输送中级技术工人 7800 人；机械类通用技术工程招收新工人全部实行“变招工为招生”。

2000 年，安徽省进行机构改革，撤销省机械厅，成立省机械工业协会。2 所中专学校交省教育厅管理，6 所机械技工学校交当地劳动部门管理。省机械工业协会不再承担这些学校的管理职责。

基础设施建设 由江淮汽车厂主办的省汽车工业技校不断发展壮大。1993 年 9 月

8 日，该校新教学楼落成，此教学楼总投资 200 多万元，面积 4000 平方米，可容纳 600 余名学生就读。

为加快学校发展，合肥机械学校于 1994 年 9 月委托省机械工程咨询中心制定该校整体发展规划，并通过论证，省机械厅正式批准。规划按在校学生近期达 640 人、2000 年达 1000 人设计，分三年实施，到 1996 年年底，校园面积达 44.33 亩，新建学生宿舍楼、综合办公楼、风雨操场、教职工宿舍楼等，总面积达 9360 平方米，预算总投资 823 万元。

江淮汽车职教中心（又名江淮汽车技工学校）是一所厂办技校，于 1991 年兴建，后来又逐步进行扩建。到 1996 年，职教中心大楼有 4000 平方米，可容纳 600 名学生上课。为适应现代化教学需要，学校还配备 7 台微机和一套语音教学设备，并建立了一个拥有 30 多台设备、可容纳 80 名学生实习的工厂，成为安徽省机械系统企业办的一所最好的学校。

2000 年以后，芜湖机械工业学校改为芜湖机电职业技术学院，搬迁芜湖高校教育区。在校学生逐步增加到 1 万人。安徽省汽车工业学校在双凤工业园征地 300 多亩建立新校区，教学规模不断扩大，在校学生逐步增加到 9000 多人。地处蚌埠、六安、阜阳、芜湖等地的 6 所机械技工学校在当地劳动部门的支持下，也办得较好，招生规模扩大，教学设施改善，教学水平提高。这些学校为机械、汽车行业输送了大批人才。

思想教育　合肥机械学校重视学生品德教育。一方面，学校制定了“学生守则”并严格执行，通过量化考核，培养学生良好的行为规范；另一方面，通过表扬、评比等激励手段，促进良好校风、学风的形成。该校结合中专学生的特点来开展德育教育工作。通过新生军事训练、日常爱国主义教育、英模报告、法制教育社会实践活动等活动，将德育教育的主题寓于其中，使学生受到了潜移默化的教育。

蚌埠机械技工学校位于城乡接合部。学校重视品德教育。首先，要求 80 多名教职员工率先垂范，为学生做出榜样，并且加强管理，实行 24 小时值班。其次，严格学校管理制度，加强对学生的传统教育、普法教育，还经常开展有益的文体活动。由于重视品德教育。1996 年，学校被上级评为先进单位。

芜湖机械学校强调以机械行业技工培养为特色，提高学生素质，坚持思想教育系列化，对学生进行道德规范教育和爱国主义教育，同时进行法制教育、专业思想教育、劳动观念和集体主义教育，让学生了解和认识自己的专业，看到前途和希望，激发学生学习专业的积极性和从事机械行业工作的自豪感和责任感。

专业技能培训　学校教育也重视实际操作技能。1990 年 6 月，全省技工学校举办 1990 届钳工毕业生进行实际操作比赛，在各校推荐的 42 名应届毕业生中，有 12 名获奖，其中蚌埠机械技工学校 4 名。8 月，蚌埠机械技工学校学生方立军在全国技工学校车钳工比赛中获得车工第二名，这是安徽省技工学校首次在全国性比赛中获得名次。方立军还因此参加了1992年日本举行的奥林匹克车钳工赛。

省机械干部中专学校是以培训干部为主的学校。1987年6月，学校举办首届企业管理营销班学员毕业典礼。这期培训的学员大部分是企业工作骨干。通过2年的集中学习，提高了理论水平和业务素质，收到了良好效果。

芜湖机械学校为安徽省重点中专学校，1999年11月3日，经省机械局和省机械工会评审验收，该校被评为“安徽机械系统模范职工之家”，并颁发了奖牌。根据社会需求调整专业、调整办学方式，在机电行业为主的车、钳、电、冷作、微机、铸造等十余个专业中，不仅办普通班，还开办了行业内的委培班，并走出行业，开办与机械相关的专业。在教学方法上采取基本操作训练在学校，岗位实作训练在工厂，深化训练在学校的三段式实践教学方法。由于方法得当，措施有力，该校毕业生的“双证率”达85%以上，大部分达到四级工操作水平。2000年6月，国家教育部公布首批国家级重点中等职业学校名单，安徽省仅有10所，芜湖机械学校名列其中，这标志着该校已达到很高水平。

联合办学 随着先进技术的引进和新产品的开发，企业对口专业技术人员需求量越来越大。合肥电缆厂电线电缆专业人员奇缺。为了适应形势发展的需要，厂领导决定走联合办学之路，培养企业急需专业人员。1990年，经省和国家教委批准，与哈尔滨电工学院、安徽工学院联合创建“电气绝缘与电缆技术专业合肥函授站”。该专业也是安徽省大专院校唯一一家。这个站首届面向全省招生20名，该厂就有11名，占55%。学员们经过三年系统地理论学习，基本掌握了电线电缆专业知识。这是改革开放以来，通过联合办学，培养的第一批专业技术人员，为合肥电缆厂的开拓发展增添了后劲。1993年9月合肥电缆厂首届11名电线电缆专科函授生顺利通过答辩，获得哈尔滨电工学院颁发的大专毕业证书。

蚌埠机械职工大学是安徽省人民政府批准、国家教委备案的职工大学，学校改革办学方式，举办多渠道、多层次、多学历的培训班，1994–1995年，先后与10多家企业联合举办大、中专专业证书班，共培训2500多名专业人才。学校的师资力量和水平也不断提高，副教授职称的人员占全校老师的33%，中级职称老师占全校老师的50%，连续多年荣获蚌埠市成人教育先进单位称号。

第二节 岗位培训

1986年以后，安徽省机械厅提出要发展多层次、多规格、多形式的培训。在干部培训方面，组织干部学习基础管理知识和政治经济理论，完成厂长、经理轮训；继续抓好科技干部的知识更新学习；对新进厂的工人要逐步按岗位要求招收一批，培训一批；企业班组长要通过培训。对各种培训教育，要做到“五统一”，即统一招生，统一教学大纲，统一教材，统一进度，统一考核，并按照要求配齐教师，落实教学场地，解决必要的教学设施和教学经费。

从1986年到2005年，安徽省机械行业重视抓好职工培训，不仅提高了一线员工的技术水平和操作技能，也提高了管理人员的业务水平和工作能力。为安徽机械工业这一时期的快速发展提供了人才资源和技术支持。

技能培训　1986年7月5日至11日，省机械情报所举办了安徽省机械系统首期金属涂镀技术培训班。该班采取理论学习——实际操作——再理论学习的方法对学员进行培训。

安徽拖拉机厂采取多种方式培训新工人，一是师傅点名带徒弟，进行定向培养；二是以理论考试和实际考核定级别，促进工人学习；三是选拔有素质有技能且有组织能力的工人担任班组长。他们首先在工厂机修车间试行，然后向全厂推广，促进了工人尤其是青年工人的成长。

1987年1月，为提高电焊工技术水平，省机械工会与合肥职工科技大学联合举办一期电焊工技术培训班。培训班主要讲授焊接新技术、新工艺、新材料和工艺评定、国外焊接技术等，培训后进行考试，合格者发给结业证书。

芜湖机械局重视职工培训工作，从1986年共举办技术培训班17个，设有车、钳、锻等专业技术工种，有442名初级技工接受了中级工应知应会教育；开设大、中专班20个，有1023名职工分别参加了机械制造、企业管理、工业会计、工业统计等专业学习；还组织了管理人员、技术人员知识更新培训，共有451名调度员、财会员、安技员、营销员接受了中专水平的专业培训，培训面达到70%；创办了机械工程师进修大学，有121名工程技术人员参加了进修学习，更新了知识。

1987年，安徽省机械系统领导干部有283人参加厂长经理统考学习，其中60人获省级优秀，9人获国家级优秀；有4406人参加了专业管理人员培训和考试。工人岗位培训突出操作技能的提高，有2266人参加了中级技术培训。各企业结合生产实际，开展了不同类型的短训班共3840个，参加培训人数一万多人次。

芜湖汽车发动机厂抓好职工技能培训，从1986年开始，工厂先后办起了车、钳工工种的技工班，共有车工30名学员、钳工45名学员，通过近2年的学习，技能水平得到明显提高，在参加省市举办的工种比赛中取得优秀成绩。

1990年3月，皖南电机厂联合芜湖机械学校在该校举办了高级工培训班，成绩合格者发给高级工专业理论合格证书。共有皖南电机厂、泾县农机厂45人参加了培训学习。

1991年，淝河汽车厂（下简称“淝汽厂”）在引进技术中同时引进了一批先进设备，为了使一线职工尽快掌握设备操作和维护技能，从年初开始，工厂先后选派11名技术好、素质高、热爱本职工作的车工、焊工、压床工和维修工，赴奥地利、德国和瑞典，进行理论和实践相结合的培训学习。回国后，担任进口设备的安装、调试、操作和维修工作。一线工人出国培训，这在淝汽厂的历史上尚属首次，极大激发了工人自觉学文化、学技术的积极性。

合肥开关厂先后举办各类岗位培训班94期，培训职工5900余人次，提高了职工队伍素质，促进了产品质量提高和企业发展。

合肥叉车总厂针对老工人逐渐减、青年工人接替不足的情况，开展“献绝技、传绝招”活动，取得了较好成效。通过现场表演传授、办讲座、以师带徒等形式，形成了“一师献一招，多徒学一技”的新风气。

为常年抓好职工岗位培训，1995年5月8日，黄山金马集团公司创办的黄山金马技术学校挂牌。该校是由公司与安徽省知行中学联合创办的一所以培养初级、中级专业技术人员、技师为目标的职业技术学校，于1995年秋季招生，学制三年。这所学校的创办，能够直接培养企业所需的人才。

东至齿轮厂重视职工教育，采取领导与服务结合、工厂与学校结合、培训与练兵结合，从1995年到1996年共举办培训班10多期，培训职工400人次，有效地提高了职工素质。

合肥汽车制造厂为实现更好更快发展，1997年3月，工厂根据《安徽省汽车工业“九五”人才工程发展规划》，制定了工厂“九五”人才教育计划。规划提出：到“九五”末，在岗的中层以上干部要达到大专以上水平，专业技术人员要达到高级水平；生产、销售、管理人员中的工程技术人员要达到15%以上，高级技师、技师要占工人的15%以上。

全椒手扶拖拉机厂工人吴若琪，在工作中刻苦钻研技术，擅长模具钳工，1997年6月，机械工业部授予他“机械工业突出贡献技师”。当时获此称号的全国有316名，安徽省仅10名，吴若琪是其中之一。

在企业中，班组长的基础作用很大。为提高班组长水平，1997年7月，芜湖轴承厂对全厂的班组长进行理论、业务培训，受训人员有50多人。培训内容有班组的八项管理、班级台账及管理、班组劳动保护、安全管理等内容。培训方式主要由工厂领导和有实践经验的中层干部上课。

在职工培训中，一些企业还重视中层管理干部培训。1997年11月10日，安徽叉车集团公司首期中层干部工商管理培训班开学。这次培训是为了贯彻落实机械部《关于机械行业企业管理人员工商管理培训实施意见》，落实集团公司“九五人才工程发展规划”。重点学习社会主义市场经济理论、现代企业组织与管理、市场营销、企业财务会计、人力资源开发、经济法规。成绩合格者发给省统一印制的工商管理培训证书。

2000年，黄山金马集团有限公司制定并实施新世纪读书计划，要求每个青年员工每天读书不少于1小时，读书内容以电子信息技术、市场营销、法律法规、岗位知识为主。兴起了读书学习风气。

江淮汽车有限公司在职工培训上不断上台阶。为搞好企业内部职工培训，2000年7月，公司首次评聘46人为兼职培训师。这次评聘的46名兼职培训师，是在对基层单位申报的100多名培训员跟踪考核的基础上，严格按培训师标准综合考评产生的。他们中既有公司领导、中层干部、工程技术人员，也有生产一线工人。

在企业改制中，有部分职工下岗。为帮助下岗职工掌握所需技术，实现再就业，1998年6月17日，省机械局举办了直属企业下岗职工微机培训班，培训班在安徽叉车集团公司学校举办，有30名学生参加了培训。经过22天的培训，都拿到了微机操作初级证书，有的职工培训一结束就被用人单位录用。

蚌埠滤清器在全厂建立职工培训网络，覆盖全厂各车间、科室；根据不同岗位特点进行针对性培训，1997年办培训班21期，培训技术骨干700多人次，加上其他培训，培训面达到97%。

针对企业下岗人员增多的情况，合肥市机械局及工会积极开展免费培训。1998年6月14日至7月4日，市局工会举办免费微机培训班，来自合肥皖江机械厂、恒通机械公司、合肥精密铸造厂等企业的35名下岗职工集中在合肥矿机厂微机教育中心参加了培训学习。经过20天的培训，这些职工基本掌握了微机操作技能，获得市劳动局颁发的结业证书。

安徽客车总厂采取师傅带徒弟方法，传授技术，提高了青年工人技术水平。在该厂1400名职工中，青年工人占75%。为了帮助他们尽快提高技术水平，工厂采取师傅带徒弟即“一对”的办法学习技术，并实行一季度一检查，半年一评比，取得了良好成效。

进入2000年，地处休宁县溪口镇的黄山汽车电器有限公司先后与安徽省电大黄山分校、安徽机电学院、芜湖机械学校、合肥工业大学联合办班，以委培、请进来、送出去等方式培养企业所需专业人才，从而形成企业技术人才队伍。到2000年，公司的工程技术人员已达121人，大中专生占42%，为企业发展增强了后劲。

安徽叉车集团公司为全面提高职工素质，从1982年开始，每两年举办一次职工操作技术运动会。2000年10月13日至15日，操作运动会在公司隆重举行。参加这次操作运动会共有15个工种、22个项目、320名选手，这些选手都是经过各分厂、车间从1300名职工中选拔上来的。参赛的工种有车工、焊工、行车工、钳工、造型工等前方工种，也有炊事员、微机等后方服务人员。

合肥市锻压机床有限公司是生产大型液压机的专业企业，为提高职工素质，造就企业的“能工巧匠”，2003年11月，公司举办“装配电工、钳工培训班”。

为培训销售维修服务人员，安徽叉车集团公司于2004年在公司教育培训中心举办销售维修服务人员培训班，来自集团公司系统45名学员参加了培训。通过培训，使学员较好掌握了企业文化、经济合同法、市场营销理论以及人际沟通技巧、广告知识、叉车基本故障的判断与排除方法，收到较好成效。

为提高青年工人的技术水平，安徽叉车集团公司还实行“导师带徒”活动。“导师带徒”还签订了合同，规定了双方的责任和要求。公司举办“导师带徒”表彰、经验交流会，推动这一活动深入开展。

合肥铸锻厂在职工培训中做到三结合即日常培训与专题培训相结合、理论培训与技能培训相结合、单项培训与复合培训相结合，并实行鼓励政策：凡利用业余时间学习，在厂级、公司级技术比武中名列前茅者，可获得一次性奖励，并晋升一级工资。

2004年，合肥昌河汽车公司致力建设学习型企业，抓好各类员工培训。年初，公司制定培训计划，提出培训内容，包括：政治理论、物流、质量、财务、工商管理、计算机基础知识、汽车驾驶技术等。为检验培训学习效果，公司还决定每半年检查一次，并设立学习型班组建设奖，督促学习。

2004年7月安徽叉车集团合肥铸锻厂开展员工的持证上岗考试工作。企业员工参加厂情厂史、专业理论考试及现场操作考试。以应知应会为主要内容，促使企业各层面各类人员真正符合上岗要求和达到本岗位应具有的技能水平，不断增强企业核心竞争力，以使企业保持持续、健康、快速的发展。2004年10月，合肥铸锻厂举办了为期两天的技术、管理、生产岗位副主管骨干人员培训研讨班，抓好企业骨干人员培训、学习，提高他们的业务水平和工作能力，

为在全省机械行业开展建设学习型组织活动，加快安徽省机械行业发展，省机械工业协会于2004年9月10日至11日在合肥召开了“学江汽，创建学习型企业”推介大会。江汽集团将中国传统管理思想与学习型组织理论有机结合，开展创建学习型组织，取得很好成效。

2005年4月，江淮汽车集团公司举办“高管团队丰田生产方式”研习班。邀请国内“丰田生产方式”的资深专家刘胜军担任老师。在为期两天的培训中，培训老师以日本丰田管理经验为样本，结合目前国内大多数企业重设计、轻工艺的现状及江汽公司现场管理中存在的问题，以大量鲜活的案例、通俗易懂的语言、图文并茂的视觉展示，深入浅出地阐明了精益生产方式的特点、如何建立精益体系和精益生产方式推进体系，详细地讲解了推进精益生产方式的工具和方法。

技师考评　随着安徽省机械系统工人技师队伍成长壮大，1990年2月，省机械厅首次在直属企业考评工人技师，经过理论考试、操作考试和工作考核，省机械厅考评

委员会审定，共有29个工种108人被评为工人技师。他们之中最大的接近60岁，最小的35岁。

1990年3月22日，芜湖市机械局举行首批工人技师评聘仪式，向芜湖电工机械厂、柴油机厂、起重运输机器厂的19名技工颁发了技师资格证书。

六安汽车齿轮厂重视技工培训，1990年5月，有6名工人获得工人技师证书，他们之中有车工、钳工、磨工、浇铸工。

蚌埠潜水泵厂成立了职工教育机构，采取送出去（学员）、请进来（教师）进行培训员工，三年内共选送23人到高等院校培训；工厂定期为员工上文化课、技术课。通过培训提高了员工技术水平，工厂为30多名自学成才员工评定了技术职称。

合肥叉车总厂技师评定较早，进入1986年以后，工厂加强对技师的管理、使用。1990年初，总厂又聘任29名技师，厂里对这些技师建立了档案，明确了技师的权利、职责、义务，并制定了“合肥叉车总厂工人技师管理办法”，明确了管理范围、内容、方法等，同时加强对技师的考核，充分发挥工人技师在企业生产建设中的作用。

为提高技师理论水平，1997年5月24日，省机械局首次组织高级技师理论考试，考试地点在江淮汽车股份公司职教中心举行，全省机械系统有68名高级技师参加了考试。

为培养企业自己的人才，蚌埠柴油机厂聘任工人技师。1997年11月，首批聘任了7个工种16名工人技师。这次聘任采取个人报名和单位推荐相结合的办法，由厂科技领导小组和劳动人事部门组成的评聘机构考核评议。被聘任的工人技师享受工程师待遇，并履行工程师的权利和责任。

1998年6月，全省机械系统首批69名高级技师评出。这些高级技师都具有本专业的技术理论知识，高超精湛的技艺和综合操作技能，并在实践中做出显著成绩。首批评出的高级技师，均是由各企业推荐，由省机械行业高级技师考评委员会评定。他们之中最年轻的只有36岁。

2001年省机械工业协会成立，继续重视职工培训工作，并成立安徽省机械国家职工技能鉴定所。2003年5月31日，鉴定所组织对江淮汽车有限公司59名中级工晋升高级工进行了理论考试和实际操作考核，这次考试考核，涉及维修电工、工具钳工、车工、磨工、数控机床、汽车维修、质量检验等10多个工种，通过鉴定，对合格者评定技术工种等级，对职工学习钻研技术起了重要作用。

2005年3月，安徽叉车集团公司李萍、王可宏、陈燕燕三位员工获得国家职业资格企业人力资源管理师二级证书。

2005年年底，安徽叉车集团数控车工张之松、董慧和工具钳工刘未来被省劳动和社会保障厅破格晋升为高级技师，成为该公司历史上最年轻的高级技师。这三位青工同时被团省委推荐入选“全国高技能人才（后备人才）库”。

第三节　技术比武

1986 年到 2005 年，为提高职工的操作技能，大力培养各种技术能手，安徽省机械系统经常开展岗位练兵和技术比武活动。

岗位练兵　1986 年，合肥铸锻厂开展“四个一”（即 4 个工种达标）活动，组织了炉前工、熔炼工、锻工、造型工四个工种的练兵比赛活动，共有 244 人参加。通过层层比武选拔，然后参加厂部组织的比武活动。全厂职工参赛面达 50%，取得了良好的效果。

在 1995 年 10 月首次“全国技能月”活动中，安徽省劳动厅授予 28 人为“安徽省技术能手”，机械系统有 2 名榜上有名，他们是：淝河汽车厂铆工技师李德银，中国扬子电气集团公司模具中心助理工程师章双满，池州家用机床厂钳工技师章新光。

合肥矿机厂为提高职工操作技能，在厂内举办技术考核。1997 年 2 月，工厂组织各分厂、车间的 52 名焊工进行一次初级电焊工考核，经过四小时的操作评比，有三名女焊工李晓艳、韩萍、李雪卿获得前三名。

上汽集团奇瑞汽车有限公司从 2003 年 9 月开始，在全国各地的 400 家经销服务商就开展了“钻产品知识，练营销技能，赢用户满意，比服务品质，赛销售业绩，争比武冠军”的活动，通过请资深汽车营销专家集中授课、电视教学、经验交流会等多种形式的学习活动，提升营销知识与技能。

2004—2005 年，全省机械系统技术比武活动继续开展，许多企业把技术比武与职工技术创新结合起来，进一步提高了职工素质，促进了机械行业技术创新。2004 年 12 月由省机械工业协会、省机械工会举办的首届全省机械系统职工技术创新成果演示会，共演示 22 项成果，展示了职工技术水平和职工技术创新成效，受到行业企业的称赞。

技能竞赛　1997 年 6 月，省机械厅在合肥举办专业管理人员《政治经济学》《企业管理概论》基础知识答题竞赛。参加竞赛的有全省各地 10 个代表队 39 名代表。这些代表都是各地、市选拔推荐上来的。经过两天的笔试与口试，芜湖市代表队荣获集体第一名，阜阳地区代表队获第二名，滁县地区代表队获第三名。荣获个人前三名是：滁州电扇总厂刘鲁明、芜湖市电表厂王健强、芜湖重型机床厂鲍根稳。

1986 年 7 月规模空前的全省电焊工“焊花飞”技术比赛。淮南化机厂庞士全、芜湖造船厂柴兴发、芜湖锅炉厂夏春荣、芜湖弋江机械厂赵和才、合肥叉车厂蔡国栋和淮北发电厂董志刚等分获高级工组前五名；巢湖农机厂李晓宁、合肥化机厂胡斌、合肥东风锅炉厂范良斌、合肥物扶拖拉机厂李玉、安庆石化厂吴章生等分获初级工组前五名。合肥矿机厂队获团体第一名。

1987年9月，省劳动局、总工会、省机械厅等七家单位在滁州市联合举办全省“扬子杯”青工车、钳工大奖赛。决出了三个团体奖，二十二名选手获得了个人奖。

为迎接全国首届青年工人技术比赛，1990年9月，全省车工云集六安汽车齿轮厂进行选拔赛，江淮汽车制造厂刘万舟获第一名，合肥锻压机床厂耿协平获车工第二名，蚌埠水泵厂廖纪和获钳工第一名。他们代表安徽省参加全国的比赛。

为提高会计、统计人员的珠算业务，1990年11月13日，省电机行业珠算技术操作赛在芜湖微型电机厂举行，来自合肥、皖南、太湖、六安和芜湖微型电机厂的10名选手参加比赛。芜湖微型电机厂女会计车玉群以100分的满分夺魁；该厂会计王笑萍和皖南电机厂的朱艳书以96.5的成绩名列第二；合肥电机厂张浩、六安电机厂严仍美、皖南电机厂章玲获得第三名。

1991年，蚌埠压缩机厂举办TQC知识竞赛，取得较好成绩。

以提高青工学文化学技术，促进岗位成才为主要目的的淮南市机械系统青年车工岗位技术练兵赛于1991年10月底在淮南轴承厂摆开擂台。来自全市10多家企业的18名选手跃上“擂台”参加决赛。这次参赛者全部是35周岁以下、技术等级在4～6级的中级技工，比赛采取理论与实际操作相结合，综合进行考评。

进入1993年以来，全省机械系统技术比赛经常开展。1993年10月，安徽省机械系统起重运输矿山机械行业劳动竞赛委员会在合肥叉车总厂举办了行车工技术比赛。来自12个厂家的20名选手，进行了行车工基础理论考核和实际操作技能比赛。合肥矿山机器厂王宏满以理论考核和实际操作总成绩92.24分荣获本次比赛第一名，合肥叉车总厂范立奋、王先贵并列第二名，合肥运输机械厂许彩珍、芜湖矿山机械厂叶红林和合肥叉车总厂傅书梅分别名列第三。1993年8月省机械工业厅在蚌埠技校组织的全省技术比武选拔赛，压缩机总厂一分厂钳工王旭获全省第一名，参加全国奥林匹克青工技术比武。

1993年11月25日，为期三天的安徽省变压器行业工业会计劳动竞赛在滁州市降下帷幕。经过角逐，合肥变压器厂、安庆变压器总厂、滁州变压器厂代表队获团体前三名，合肥变压器厂王璐、安庆变压器总厂王叙庆、合肥电气设备厂宋跃起进获个人前五名。省机械系统开关行业高压装配技术比武赛于11月28日在合肥开关厂降下帷幕，合肥开关厂青工杨亮、唐琦夺得小组第一名。

1995年11月，省轴承行业第十一届青工技术比赛在芜湖轴承厂举办，比赛分理论考试、技术比武两个阶段进行。共有11个代表队、60余选手参加，经过三天比赛，磨工、钳工、车工三个一等奖的得主是：芜湖轴承厂高俊清、合肥轴承厂戴敫、芜湖轴承厂唐宗明。芜湖轴承厂获本次比赛的组织奖。

进入1996年，微机技术开始普及。为促进职工学习计算机技术，提高计算机水平。1996年10月15日至16日，全省机械系统微机应用操作技术比赛在安徽叉车集团叉车技校举行。全系统有12个地市60名选手参加。比赛分理论考试和实际操作两部分组成，第一名被授予“省技术比武状元”，授省五一劳动奖章。

进入1997年，计算机应用已逐步普及，为提高计算机辅助设计技术，1997年7月24日，省机械局科技处在合肥首次举办CAD绘图竞赛。来自全省机械系统28名选手参加了比赛。此次比赛使用了华中软件公司的绘图软件。通过比赛，芜湖锅炉厂王宝获一等奖，安徽叉车集团的周齐齐、芜湖重型机床股份公司的朱喜获二等奖，合肥电机厂的周巧霞等5人获得三等奖。安徽叉车集团、芜湖锅炉厂、芜湖重型机床股份公司获团体大奖，安徽南华电机集团等六单位获优胜奖。

1997年9月初，省机械局在合肥举办“江淮杯”车工选拔赛。全省机械系统有28名选手参加了比赛。经过8小时的操作比赛，最后评分，江淮汽车有限公司刘万舟、皖南机床厂方立君、江淮汽车有限公司陈运新三名青年车工分别获得前三名，他们被推荐代表安徽参加10月在洛阳举办的全国青年岗位能手技能运动会机械行业车工的比赛。

行业比赛经常举行。1997年11月1日至2日，全省矿山起运机械行业电焊工比赛在淮北矿机厂举行。经过理论考试和操作比赛，淮南华联机械公司秦开兰获得第一名，安徽叉车集团合肥运输机械厂丁宏伟、淮北矿机厂朱俊武获得第二名，淮北矿机厂李玉侠、铜陵运机厂唐先进、淮北工矿设备厂姜中华获得第三名。

1998年9月19日至20日，省机械局在黄山机床厂举办了省机床行业“AT”杯车工比赛，经过2小时的理论考试和4小时的实际操作皖南机床厂唐贤获第一名，黄山机床厂杨冬生获第二名，合肥压力机械厂杨青、合肥锻压机床严峻获第三名。

1998年11月23日，全省汽车行业车工比赛举行。通过比赛，安凯汽车集团公司郭俊获第一名 ，江淮汽车有限公司陈运新、刘方舟并列第三名，安徽汽车齿轮箱总厂陈旭明、江淮汽车有限公司郝加杰、安凯汽车集团公司许丙宏并列第三名；合肥昌河汽车有限公司周灵宝等11人获优秀选手奖。

1999年8月28日，为迎接全省计算机大赛，省机械局在安凯汽车集团公司举办全省汽车行业暨直属单位计算机比赛。有30名选手参加比赛。比赛采取理论考试和操作评比相结合的办法进行。通过比赛，江淮汽车有限公司吴睿车获一等奖，江淮汽车有限公司孔信群、安凯汽车有限公司马建军获二等奖，安凯汽车有限公司马永峰、张来震、江淮汽车有限公司郭祥获三等奖。

1999年10月24日，全省起重运输机械行业钳工技术比赛在安徽叉车集团公司合肥叉车总厂举办，比赛采取实际操作和理论考试两个阶段进行。经过比赛，安徽叉车集团刘未来获第一名，安徽叉车集团宋应宝获第二名，淮南华联机械公司李鹏获第三名，合肥万方集团公司许家胜、蚌埠安利机械公司陆风超、合肥万方集团阮怀斌分别获第四、第五、第六名。

经过各市和选定的初赛，安徽省劳动竞赛委员会、省总工会于1999年11月14日举办首届计算机大赛。参加大赛的有17个地市、12个产业和省直共29个代表队87名选手。优胜选手被授予“安徽省企业职工计算机应用技术能手”称号。

芜湖市机电系统“岗位练兵车工技能大赛”于1999年11月结束揭晓：芜湖电机厂车工曹俊勇一举夺魁，荣获“技术状元”称号；芜湖锅炉厂沈良金、芜湖重型机械有限公司曹明辉获二等奖，被授予“技术能手”称号，这三名同时晋升一级工资。芜湖轴承厂丁明、芜湖电工机械厂徐斌、芜湖重型机床有限公司尹东强分别获三等奖，获“技术能手”称号，并各获奖金200元。从1998年到1999年，芜湖市机械系统共有29个工种2099人参加的各种工种岗位练兵和技术比赛，一些职工具备了较好的技能基础，从而在技能大赛中取得较好成绩。

2003年7月27日，在江淮汽车有限公司落幕的全国职工职业技能大赛安徽（工具钳工）选拔赛上，安徽叉车集团公司刘未来、江淮汽车集团马西民、喻广荟、江海波等4名选手脱颖而出，荣获一等奖，于9月份代表安徽省参加全国大赛。

2003年11月15日至16日，安徽省矿山起重运输机械行业第18届行车工比赛在合肥运输机械厂举行。经过两天的角逐，安徽叉车集团公司直属二金工车间范立奋获一等奖，合肥铸锻厂杨慧和、江世娟获二等奖，合肥运输机械厂柯玲美、安徽叉车集团公司直属试制车间董春秀、合肥铸锻厂吴萍获三等奖。

2004年8月12日全国数控技能大赛安徽赛区的竞赛在合肥工业大学举行。第一阶段理论考试，第二阶段实际操作比赛。大赛分为学生、职工两组，并分为数控车床、数控铣床和加工中心三个竞赛工种，以制造业产业技术升级为主题，以数控技能竞赛为主线，配之以岗位实训、技术练兵等各种辅助培训活动，以竞赛为平台，着力培养和展现能同时掌握数控软件编程和机床操作技术的数控技师及技术工人。

第十三章　管理机构与行业协会

1986 年至 2005 年期间，安徽省机械行业管理机构经历了数次变革。保留和新成立的专业协会有 11 个。2000 年省经贸委下达文件规定，这些专业协会由省经贸委管理，省机械工业协会代管。

第一节　管理机构

省级管理机构　1986 年，仍设安徽省机械工业厅。厅内设置处室：办公室、人事教育处、规划财务处、科技处、生产处、机电处、农机处、外经处、机关党委、机械工会。省机械工业厅职责：负责全省机械工业的行业管理，包括生产统计、重点产品生产高度及产品配套、新产品开发、企业管理、职工教育、外经贸工作；负责直属企事业单位的人、财、物管理，等等。

1995 年 12 月，按省政府机构改革方案，安徽省机械工业厅改为安徽省机械工业局。局内机构设：办公室、人事教育处、规划财务处、生产信息处、科技质量处、体改法规处、汽车工业处、外经处、机关党委、机械工会、监察室、审计处等 12 个处室。

2000 年 2 月，省政府机构改革方案公布，撤销省机械工业局，成立省机械行业办公室，行使全省机械工业行业管理职能。3 月，省政府下达文件，任命原省机械工业局副局长任省机械行业办公室主任。

2000 年 9 月，省政府决定将省机械行业办公室等七个工业行业办公室改为行业协会。12 月，根据安徽省机构编制委员会〔2000〕20 号文和省经贸委〔2000〕641 号文，成立安徽省机械工业协会。根据省编委和省经贸委批复，定编 21 人，四个处即综合处、监测预测处、经济技术咨询处、行业合作联络处。12 月 26 日，安徽省机械工业协会在原省机械局办公楼挂牌，正式办公。

1986—2005 年安徽省机械工业管理部门负责人一览表

表 1-13-1-1

时　间	机关名称	负责人
1986.1—1990.12	安徽省机械工业厅	厅　长：宋文礼 副厅长：刘玉山、何兆祥、胡昭耀、朱煦春
1991.1—1993.12	安徽省机械工业厅	厅　长：朱煦春 副厅长：刘玉山、何兆祥、许金和、胡昭耀、 纪检组长：曹　非

续表 1-13-1-1

1993.12—1999.12	安徽省机械工业局	局　长：许金和 副局长：胡昭耀、何光祥、陈白琪、程传如 总工程师：陈伯祥 纪检组长：刘育松 副巡视员：覃先贤
2000.1—2002.12	安徽省机械工业协会	会　长：程传如 副会长：徐斌、金建国
2002.12—2004.1	安徽省机械工业协会	副会长（主持工作）：陈斌 副会长：徐斌、金建国
2004.1—2005.12	安徽省机械工业协会	副会长（主持工作）：徐斌 副会长：金建国 分党组成员：方平

市级管理机构　1986 年至 1995 年，各市都有机械工业行政主管部门，为机械工业管理局。1995 年 7 月，安徽省地市机构改革方案出台，省委省政府批准 14 个地市机构改革方案。

有 10 个地市的机械工业主管部门改为行署或市政府的直属事业单位，暂保留行业管理职能作为过渡。它们是：蚌埠市机械冶金工业管理局、芜湖市机械工业管理局、淮南市机械工业管理局、宿县地区机械电子工业管理局、滁州市机械电子工业管理局、淮北市机械电子工业管理局、铜陵市机械工业管理局、巢湖地区机械电子工业管理局、宣城地区机械电子工业管理局、六安地区机械化工管理局。

仍保留机械工业主管部门为行政机构的 4 个地市是：马鞍山市机械工业局、安庆市机械冶金工业局、黄山市机械电子工业局、池州地区重工业局。

2000 年后，随省级管理部门改革，市级管理机构相应进行改革。

第二节　专业协会

安徽省汽车工业协会　安徽省汽车工业协会成立于 1999 年 6 月，2002 年 1 月，其主管部门由原省机械工业局变更为省经贸委。此时，省汽车工业协会共有单位会员 114 个，其中理事单位 34 个，常务理事单位 29 个，副会长单位 5 个。协会会长梁华平，秘书长徐雁。专职工作人员 4 人。

2001 年 10 月 23 日，协会召开二届二次理事会，会上通过了二届一次理事会工作报告，通过了将省汽车工业协会更名为省汽车行业协会，通过了章程修改及部分理事单位因法人变更而进行调整的提案，增补奇瑞公司为副理事长单位。

2001 年 5 月 5 日至 8 日，省汽车工业协会与中国汽车工业联合会共同举办了中国（合肥）黄山国际汽车博览会。会议期间还举办了 8 场学术报告会。

协会还创办了内部交流资料《安徽汽车信息》。

到 2005 年，省汽车行业协会正常开展活动，主要是举办汽车展，进行全省汽车工业统计，编印《安徽汽车信息》。

安徽省铸造协会 安徽省铸造协会于 1988 年 8 月召开第二届会员代表大会，进行换届，当时任四海任理事长。以后按时换届，正常活动。2005 年 3 月 12 日，协会召开五届五次理事会。此时，协会共有单位会员 124 个，其中理事单位 69 个，常务理事单位 23 个。协会理事长金建国同时兼任秘书长。

协会开展一系列活动，主要有：召开常务理事会；申报 10 家企业的资料，争取能享受国家有关铸造行业的优惠政策，与上级部门进行汇报、沟通；邀请省人大常委会副主任季昆森做"循环经济与铸造工业"的学术报告，会上就推进循环经济发展进行了研究讨论；在合肥举办化学分析人员培训班，学员通过培训、考核，全部合格；为会员开展咨询服务；按期出刊《安徽铸造通讯》。

安徽省机床工具协会 安徽省机床工具协会成立于 2005 年 12 月 18 日。当时有单位会员 35 个，其中理事单位 21 个，常务理事单位 14 个，理事长严建文；秘书长刘国强。

协会成立后，开展了大量活动：起草"安徽省机床工业发展若干意见"，并获省经委批转；配合省机械工业协会举办了中国国际（安徽）工业装备展，收到很好的成效；为会员企业创名牌产品、著名商标、企业管理创新等开展咨询服务，使一些企业的产品获得安徽省名牌产品、安徽省著名商标称号；编印出版《机床与工具》刊物，刊登有关机床工具企业介绍和机床工具市场信息。

安徽省机械工业工艺协会 安徽省机械工业工艺协会成立于 1988 年 5 月，当时有单位会员 276 个，个人会员 1 个；有理事单位 86 个，常务理事单位 27 个。理事长为何兆祥，秘书长赵新民。

1986 年以后，协会开展了一些活动，主要有组织开展工艺突破口，帮助企业进行工艺攻关，推广新工艺；进行工艺工作经验介绍，选树工艺工作先进典型；配合有关部门进行工艺成果鉴定；为企业推进信息化建设开展咨询服务。

2000 年以后，由于机构改革，省机械局撤销，协会理事长、秘书长退休，安徽省机械工业工艺协会基本没开展重大活动。

安徽省机械工业企业管理协会 安徽省机械工业企业管理协会成立于 1986 年 11 月 12 日，当时有单位会员 159 个，个人会员 183 个；有理事 83 个，常务理事 35 个。理事长许金和，秘书长王光彩，有兼职工作人员 4 人。

协会成立后特别是 2000 年以后开展大量工作和活动，主要有：协助省机械工业协会抓好代管直属企业的改制脱钩，协调解决改革中的有关问题；参与举办工业装备展和中国芜湖汽车博览会，参与组织招商招展；组织对申报“1250工程”的企业初评、推荐以及申报安徽省质量管理奖的初评、推荐；协助省机械工业协会对有关专业协会的年审、上报。

安徽省机械行业投资管理协会　安徽省机械工业投资管理协会成立于1993年10月，当时有单位会员75个，个人会员81个；有理事50个，常务理事35个。理事长栾桂毓，秘书长张善明。

协会成立后，特别是2000年以来，协会活动正常，并开展了一些有益的工作，主要有：对机械企业的基本建设、技术改造进行咨询、论证，提出前期意见；帮助企业特别是重点企业进行产品结构调整，对提高产品档次、水平进行指导；召开有关会议，介绍国家有关宏观经济政策，引导投资取向；配合省机械工业协会向有关主管部门上报项目，争取资金和扶持政策。

安徽省机械工业质量管理协会　安徽省机械工业质量管理协会成立于1990年10月15日，当时有单位会员127个，有理事37个，其中常务理事17个，理事长赵新民，秘书长为宋家铭。兼职工作人员3人。

协会成立后特别是2000年以后，围绕提高产品质量，开展了以下活动：组织对申报中国名牌产品、安徽省名牌产品的企业进行评价、培育和推荐；组织对申报安徽省质量管理奖企业进行评价、培育和推荐；开展质量管理小组和质量月活动；推荐质量信得过班组、安徽省机械工业优秀QC小组；评价、推荐安徽省著名商标和中国驰名商标。

安徽省机械工业劳动学会　安徽省机械工业劳动学会成立于1992年5月10日，当时有单位会员60个，理事20个，其中常务理事11个，兼职工作人员3人。理事长刘育松，秘书长方平。

协会成立后，主要开展以下活动：组织全省机械行业企业内部薪酬最佳比例研讨会；举办如何做好企业内部劳动调解和仲裁工作的培训班；调查研究省机械行业三方协调机制的状况及存在的问题；配合省机械工业协会抓好企业改制中的人员安置及政策落实。

安徽省机械情报学会　安徽省机械情报学会成立于1987年12月，有单位会员12个，个人会员108个；有理事21个，其中常务理事7个。理事长刘鸿基，秘书长姜晓宇，有兼职工作人员5人。

协会成立后，主要开展了以下活动：利用挂靠单位省机械情报所的信息优势，开展相应的机械情报信息交流和咨询服务活动；协助省机械情报所完成一些课题调研，其中完成的“苏、浙、皖装备制造业比较研究和政策建议”课题列入了安徽省2004年度软科学研究项目计划；组织会员单位参加中国机械工程学会科技情报分会的有关活动，参与业务交流；组织部分会员单位参加中国制造业发展论坛和全省机械工业发展工作会议及安徽机械工业发展论坛，听取学术报告，交流经验。

安徽省机械行业思想政治工作研究会 安徽省机械行业思想政治工作研究会成立于1986年10月15日，2000年4月换届，有单位会员91个，理事91个，其中常务理事17个，理事长程传如，秘书长刘光银，有兼职工作人员2人。

协会换届之后，开展了以下工作和活动：组织会员单位学习党的十六大文件和省委、省政府有关会议精神；召开思想政治工作研究会，先后在寿县、合肥金工轴承有限公司、省农机所等单位召开政研会，交流经验；组织职工主要是政工干部撰写论文，汇报中国职工思想政治工作；组织人员参加中国机械工业联合会举办的高级培训班，考试合格，获得合格证书。

安徽省机械系统职工技术协会 安徽省机械系统职工技术协会成立于1990年5月5日，有单位会员6个，理事长徐斌，秘书长李士平，兼职工作人员2人。

协会成立后，开展了以下活动：组织和指导直属企业工会开展职工技协活动，一些企业取得明显成效，如安徽叉车集团公司组织技术攻关、技术创新，提高了叉车产品质量和水平；合肥车桥有限公司组织职工自制专机，解决车桥焊接问题；组织交流职工技协经验，通过召开工作会议，现场交流会，推广一些技协开展好的企业的成功经验；推广合肥市职工技协的做法和经验，解决部分企业在职工技协中存有的困难和问题，推动全系统职工技协的发展。

安徽省机械工业安全卫生协会 安徽省机械工业安全卫生协会成立于2005年12月21日，常务副理事长（法人代表）刘怀宝，秘书长刘怀宝（兼），专职工作人员2人。

协会成立后，开展了以下活动：组织专家对企业进行安全质量标准化评价，已有一部分企业达标；协助主管部门和省机械工业协会抓好安全生产，减少事故；组织企业安全生产人员培训，提高素质和水平。

第二篇　冶金工业

安徽临江近海，矿产资源丰富，能源供应充裕，水陆交通便利，发展冶金工业的自然条件得天独厚。早在春秋战国时期，安徽沿江江南就开始采矿冶铜。唐代大诗人李白的《秋浦歌》中“炉火照天地，红星乱紫烟，赧郎明月夜，歌曲动寒川”的动人诗句，就是对当时江南如火如荼的采矿炼铜业的生动写照。

新中国成立后，经过几代人的艰苦创业，安徽冶金工业在旧中国遗留的废墟上创造出惊人的业绩。古老的铜都重新焕发出夺目的光彩，在扬子江畔又矗立起一座现代化的钢城。1986 年至 2005 年是安徽冶金工业发展的黄金年代。改革开放 30 年以来，在邓小平建设有中国特色的社会主义理论的指引下，依靠科技创新，加快结构调整，强化内部管理，经过 1979—1982 年 3 年的治理整顿和调整，特别是“六五”期间以来“挖潜、改造、扩建、配套”战略的实施，使得行业经济规模和实力显著壮大。钢、铜、黄金的产量，由 1985 年的 194.3 万吨、3.25 万吨、1035 千克（有色副产金），分别增长到 2005 年的 1106 万吨、35.8 万吨、6750 千克；分别净增 4.7 倍、10 倍、5.5 倍。铅、锌冶炼从 1985 年开始起步，到 2005 年产量分别达到 20.4 万吨、1 万吨。按钢产量和十种有色金属总量排序，安徽钢铁工业位列全国第九，有色金属工业位列全国第九（铜第二位、铅第三位）。截至 2005 年年底，安徽企业总资产达到 690 亿元（人民币），从业人员 11.43 万人。国际和国内上市公司已有五家（马钢股份、铜陵有色、精诚铜业、鑫科材料、天大管业）。

第一章　钢铁工业

“七五”期间，安徽钢铁工业实施大规模的挖潜改造，扩建马钢，扶持配套芜钢，顺应时势，调整钢铁“小三线”企业。

“八五”期间的发展，使安徽钢铁工业在生产规模上迈上新台阶。五年间，冶金工业累计投入基建和技术改造资金达85亿元，是“七五”期间的3.29倍，建成和更新改造了大中型项目63个，生铁195万吨，钢98万吨，连铸125万吨，烧结矿350万吨，车轮轮箍5万吨，汽车轮辋钢2万吨线材10万吨，离心球墨铸管6万吨，无缝管3万吨，高功率电极0.5万吨；五年间共获省、部科技进步奖190项，国家科技进步奖15项。技术进步加快了新产品开发和节能减排，马钢的“板、轮、线、型”四大产品系列在十大钢中独具特色。特别是连铸发展突飞猛进，建成连铸机八套，连铸能力由38万吨增长到218万吨，马钢二炼钢、合钢转炉钢基本实现全连铸，全省钢的连铸比达48.5%，高于全国平均水平。五年间钢材产品累计出口创汇3.2亿美元，全省钢铁企业通过各种渠道利用外资1.2亿美元。

“九五”期间（1996—2000年）是中国经济发展的战略调整期，钢铁产品的需求游卖方市场转向买方市场，出口的压力逐年增大，新的国际国内市场形势，迫使钢铁工业加快了自身结构调整的步伐，中国钢铁企业开始探索新的发展思路，这就是武钢走出来的品种质量效益型之路，安徽省钢铁企业结合自身实际加快战略转型。

“十五”期间，安徽钢铁工业大规模新建及优化重组。钢铁企业进一步调整产品结构，提高产品附加值，增强企业市场竞争力，2005年年底，钢、生铁、钢材的生产能力分别达到1349万吨、1134万吨、1571万吨，比2000年净增819万吨、574万吨、1031万吨。皖西铁矿资源的开发为安徽钢铁工业提供了资源支撑。

第一节　基本建设与技术改造

马钢建设　由于“五五”和“六五”期间中国钢铁工业固定资产投资规模主要用于上海宝山钢铁公司的新建，故在安徽省的国家重点钢铁企业的马钢长期缺少资金投入。据统计，国家和省“五五”和“六五”计划的基本建设和更新改造资金总投入仅91715万元，致使马钢生产装备落后，导致效率低、能耗高、效益差，企业自我积累严重乏力，年人均产钢仅24.8吨，吨钢综合能耗1.555吨，1985年企业利润3272万元，自我发展面临困境。

1987年7月15日，冶金工业部批复马钢2500立方米大高炉初步设计方案。从此，揭开了安徽工业史上最大的项目——马钢大高炉系统工程的建设序幕。

马钢“八五”期末达到400万吨的规模，国家和省“九五”期间安排建设总投资为67.8亿元，其中基本建设投资26.9亿元，更新改造投资40.9亿元。主要项目有2500立方米高炉系统（含300平方米烧结机、高炉煤气回收及装机容量10千瓦的发电机组）、3个5000吨级泊位的港口码头和受料量615万吨的现代化料场。1994年6月8日，1号2500立方米高炉系统建成投产，马钢400万吨配套和600万吨规划方案获得原则同意，由此拉开了马钢扩大产能与结构调整的序幕。

1994年12月26日，H型钢工程举行奠基典礼。H型钢工程的技术水平、装备水平是国内一流的，其工艺机械、液压技术、设备、电气、计算机控制系统和加热炉技术均由德国曼内斯曼公司、迪马克萨克公司、西门子公司和美国依他姆公司提供。设计年生产能力60万吨，主要生产H700毫米～200毫米各种型号的H型钢及钢板桩、大型材。工程总投资约23亿元人民币。H型钢工程于1994年12月26日举行奠基典礼。1995年5月1日，厂房第一根立柱基础浇灌混凝土，至1996年10月10日开坯机区域设备安装条件具备，外方现场指导专家正式进入现场，标志着安装工程开始，1998年7月14日开坯机热负荷试轧成功，随后万能粗轧机组、精轧机、热锯、冷床变截距多辊矫直机以及精整区内的堆垛、打捆冷锯等工艺陆续完成负荷调试，1998年9月20日工程竣工投产。

“七五”期间的五年是马钢发展的重要时期，这个时期马钢技术改造的量大、速度快。主要是围绕200万吨规模配套的三大续建工程和八个新建项目，不仅是马钢而且也是安徽省“七五”期间的重点技术改造内容。三大续建工程为高速线材工程、钢坯连轧机工程和1万立方米/时制氧机；八大重点技改工程为二钢厂增钒改造一期工程和2号方坯连铸机改造工程，三钢厂板坯连铸机、车轮轮箍系统改造、二轧钢厂H型钢生产线、中板厂二期工程、五号焦炉、2500立方米高炉系统和凹山采选600万吨/年改造工程等。这一时期，马钢通过技术改造实现了四大突破：一是钢产量大幅提高，登上200万吨台阶；二是拥有一批具有世界先进水平的新技术装备；三是初步形成了“线、轮、板、型”四大产品结构；四是马钢主体设备由以中小型为主向以大中型为主过渡，使马钢跨入了特大型钢铁联合企业的行列。1992年7月30日，国家经贸委、国家计委等部门以第79号文件批准马钢公司为全国特大型企业，并颁发证书。

“九五”期间钢铁行业处于发展的低谷时期，马钢在此期间审时度势，及时调整发展思路，改变资金投向，集中人力、财力，抓紧建设“八五”时期开工的“四大工程”，完成投资48.57亿元。同时，把有限的资金投向结构调整的基建技改项目。其中投资 34 亿元的马钢大 H 型钢、异型坯连铸机、棒材轧机和 3.5 万立方米 / 时制氧机“四大工程”全部建成。“四大工程”的建成投产，使马钢基本形成了年产铁、钢、材各 400 万吨的生产能力。“四大工程”建成投产后，马钢基建技改的定位是，停止外延扩张，把工作着力点放到提高经济运行的质量和效益上来，充分发挥 400 万吨配套效益，建设的重点是关键性的结构调整项目。一是成功实施工艺结构调整项目——球团工程。1999 年 2 月 27 日，球团工程破土动工，当年 8 月竣工投产，年内便顺利达产见效。球团工程投资 2230 万元，比新建同等规模球团厂节省投资一半以上。马钢球团工程是全国第一家利用烧结改球团的工程，结束了马钢炼铁原料无球团矿历史，为优化马钢炼铁炉料结构、全面改善高炉的各项经济指标、降低炼铁成本，创造了条件。2000 年 4 月，马钢再次决定投资 1044 万元，建设年产 30 万吨球团矿的二期工程。工程于 6 月 l5 日开工，当年 11 月 18 日建成投产。二是炼钢平炉改转炉工程。1999 年上半年，马钢决定建设平改转系统工程。一期工程重点建设 l 座 95 吨转炉。工程在 2000 年 1 月 20 日正式开工，当年底基本建成。三是高炉煤气余压发电 (TRT) 工程。总投资 3400 万元，工程安装了壹台余热发电机组，年发电量可达 0.153 亿千瓦 / 小时。工程于 1999 年 12 月开工，2000 年 12 月投产。“九五”期间，马钢按照钢铁工业“控制总量，调整结构”的要求，基建技改紧扣调整结构的主题，建成一批提高质量，降低成本的新技术、新工艺应用项目，工艺结构、产品结构更趋合理，装备水平和生产能力显著提高，走上一条可持续发展的道路。2000 年，马钢生产铁 397.11 万吨，钢 392.44 万吨，钢材 355.7 万吨，分别是“八五”末 1995 年的 1.22 倍、1.5 倍和 1.84 倍。

“十五”时期是马钢实现钢铁主业结构结构调整的重要时期，“十五”期间基建技改工程建设的投资规模项目数量在马钢建设史上前所未有。铁前系统建设项目主要是港务原料场地扩建工程、300 平方米烧结机移地大修工程、2 号高炉移地大修工程、2 号焦炉移地大修工程、焦化干熄焦工程和焦化煤气回收工程。钢后系统建设项目主要是一钢厂圆坯连铸机及铁水预处理工程、一钢厂转炉二期工程、二钢厂老高速线材改造工程、三钢厂六机六流方坯连铸机工程、高速线材改造工程、车轮压轧系统技术改造工程、热轧薄板工程、冷轧薄板工程和彩涂板工程。辅助系统建设项目主要是热电厂 5 号电站锅炉工程、2 万立方米 / 时和 4 万立方米 / 时制氧机工程和 20 万立方米煤气柜工程。至 2005 年年底，高线改造工程、二钢厂高线改造工程、港务原料厂改扩建工程、三烧结厂 300 平方米烧结机移地大修工程、热轧薄板工程、热电厂 5 号全烧高炉煤气电站工程和焦化 1 号焦炉等先后竣工。

2011 年 6 月 3 日，国务院第 41 次办公会议通过了马钢热连轧和冷轧薄板工程的可行性研究报告，马钢迅速成立了基建技改领导小组，与之相关的各个项目经理部同时成立，至此，马钢“十五”期间结构调整技改工程建设全面启动。

2001年12月18日，马钢“十五”计划建设龙头工程——热轧薄板工程项目破土动工；建安分公司仅用了215天，就在热轧薄板工程工地开挖土方10万多立方米，支护模板8.7万平方米，绑扎钢筋1.4万吨，浇注混凝土7万立方米，实现施工产值5000多万元，创造了国内建设薄板生产线土建工程最快速度。2003年1月1日上午8时，热轧薄板线上首件设备、重达140吨的轧机机架就位，机制公司在有关部门及一钢厂的大力配合下，成功浇注了“两板”18片特大型铸钢件机架。他们不仅为马钢节约资金上千万元，而且刷新了安徽省机械制造史新纪录。

热轧薄板坯连铸连轧工程是马钢“十五”期间建设的核心项目，该生产线技术及主体设备采用德国的西马克—德马格公司的CSP技术，加热炉采用意大利的PIANTI炉子公司的专利技术，电气设备及控制采用德国的西门子技术，整个连铸连轧生产线由德国的西马克—德马格公司技术总负责，工艺技术和装备水平代表了当时世界薄板坯连铸连轧发展的最新水平。机电分公司承担该工程连铸和连轧两大主体区域的机电设备安装，其工艺复杂，安装精度要求极高，机械设备总量约1.9万余吨，各类电气设备287台/套，总装机容量10.9万千瓦。工程建成后每年可生产0.8毫米～0毫米厚度、900毫米～1600毫米宽度的热轧板卷200万吨。生产线由两台薄板坯连铸机、两座辊底式隧道炉、七架轧机及相应的配套设施组成，能满足铁素体、超薄规格产品和半无头轧制的要求。与其配套项目有冷轧薄板工程和转炉二期工程。工程于2001年12月18日正式破土动工。整条CSP生产线由德国西马克公司技术总负责，工厂设计及国外图纸的转化设计由武汉钢铁设计研究总院承包。主体建设由马钢建设公司总承包。2座辊底式加热炉建设由北京凤凰工业炉公司总承包。

2003年9月18日，1号连铸机以3.5米/份的速度开浇拉出第一块70毫米厚的薄板铸坯，进入试生产阶段。10月4日，2号连铸机热负荷联动试车，开浇拉坯一次成功，进入试生产阶段。10月18日，连铸连轧生产线一次性热试轧成功，产出第1卷热轧板卷，填补了安徽省1项空白。

冷轧薄板工程是公司“十五”期间实施产品结构调整的重点技改项目。主要是改造利用初轧厂现有厂房、公辅设施和新建9万平方米的工业厂房，引进国际先进技术和关键设备；建设1条酸洗——冷轧联合生产线、1条热镀锌连续生产线以及相应的钢卷平整机组、全氢罩式退火炉、精整剪切生产线、轧辊加工设备和各种公用辅助设施。改造后的生产能力为冷轧板卷130万吨、其中，商品冷轧板卷100万吨、热镀锌板卷30万吨。产品等级为CQ、DDQ、和HSLA等，代表钢种有Q195、08A1、Q345、IF钢等，产品规格为厚度0.30～2.5毫米；宽度900～1575毫米；可以满足各种冷轧建筑用薄板要求，部分热镀锌板卷产品还可作为高档轻工、家电类产品的基板。2004年4月28日，冷轧薄板生产线建成投产。

“十五”期间的基建技改，使马钢钢铁产量达到1000万吨规模，主要产品升级换代，技术装备水平大大提升，经济运行质量、市场竞争力和经济实力显著增加。

合钢建设 合肥钢铁公司是冶金工业部确立的全国18户地方骨干钢铁企业之一。进入“七五”期间，为适应国民经济发展需要，为改变合钢生产设施不配套，工艺装备落后，经济效益较差的状况，省计划委员会、省经济委员会、省冶金工业厅联合向国家计委、国家经委、冶金工业部上报了《合肥钢铁公司技术改造设计任务书的报告》，国家计委、国家经委和冶金工业部研究同意合钢的技术改造计划，报国务院并获得批准。该任务书规定：“七五”期间合钢自筹资金，通过技术改造，形成年产铁50万吨、钢60万吨、钢材50万吨的生产能力，即“五六五”规划。为了加快实施，解决合钢技术改造资金问题，安徽省人民政府给予相关扶植政策，批准给予合钢“七五”期间五项优惠政策：实行税前还贷；由工商银行和建设银行提供专项贷款7000万元；合钢出售钢锭集资2000万元所得税全免；增值税年定额上缴330万元；从1986年起每年让出4.4万吨计划内统配钢材改作议价钢材自销。

为寻求融资渠道，1986年12月12日合钢与华能原材料公司签订合资改扩建合钢的合同书，同年12月19日获国务院批准，以煤代油专项资金，为合钢实现“五六五”规划技改争取1亿元贷款。合钢在实施“五六五”规划时，遇到国家银根抽紧、贷款政策变更、省内贷款集资困难等因素，决定将其规划进行调整。第一步是“七五”完成“三四三”综合生产能力；第二步是在“八五”末或稍后一段时间，形成“五六五”生产规模。“七五”期间合钢技术改造累计完成投资2.08亿元。完成主要项目有20吨转炉工程，3200立方米/时制氧机工程，30吨化铁炉工程，24平方米烧结机，630轧机一期改造，薄板退火炉改造，一厂区铁路进厂线改造，110千伏变电所及外线工程等。上述项目建成投产，年新增生产能力：钢29万吨，烧结矿24万吨，钢材10.3万吨，开坯能力6万吨，基本上形成了“三四三”的综合规模。“七五”时期合钢固定资产原值由“六五”末的2.3亿元，增长为“七五”末的4.5亿元，增长95.6%；固定资产净值由“六五”末的1.6亿元增长为“七五”末的3.4亿元，增长112.5%。

完善合肥钢铁公司“五六五”规模配套（即50万吨钢、60万吨铁、50万吨钢材综合生产能力）。1991年4月17日省政府原则同意结合钢公司“七五”的优惠政策延续至“八五”期末。1992年1月1日第二炼钢厂3号连铸机投产，经精心操作和维护，严格工艺纪律，投产后第三个月便达到年产15万吨的设计水平。至1992年年底，共生产连铸坯157597吨，创全国冶金系统同类机型达产最新纪录。1993年合钢连轧小型项目初步设计方案获批准通过。1994年8月18日，以合肥恒兴轧钢有限公司为借款人，省国际信托投资公司为担保人，意大利国民劳动银行所属埃菲班卡为贷款人，三方签署了《出口信贷协议》，获意大利厂商供货总金额为1230万美元。1995年2月安徽省人民政府、冶金工业部批准了合钢 100 万吨钢发展规划。

“八五”期间是合钢历史上生产规模发展最快的五年。五年工业总产值 28.2 亿元（按 1990 年不变价格计算），比“七五”时期的 15.7 亿元增长 79.7%；生产铁 195.5 万吨，比“七五”时期的 116.72 万吨增长 67.5%；产钢 245.64 万吨，比“七五”时期的 144.86 万吨增长 69.6%；产钢材 201.21 万吨，比“七五”时期的 102.52 万吨增长 96.3%。五年产品销售收入 55 亿元，利税总额 42891 万元，其中利润 5668 万元，比“七五”时期分别增长 246.88%、140.30%、51.2%，五年累计上缴各种税费 4.06 亿元。五年共完成技改投资 4.89 亿元，新增固定资产 3.66 亿元，与“七五”相比，投资增长 135.1%。完成技改工程 16 项。主要有烧结原料混匀设施、3 号连铸机、300 立方米高炉等。五年技术改造措施大修投资 1.53 亿元，生产工艺技术装备水平进一步完善提高。

从 1996 年开始，合肥钢铁集团开展学邯钢活动，实行全员、全方位、全过程的成本管理。1998 年 8 月，根据冶金部专家组建议，成立了铁前综合治理领导小组，专攻铁前产、质量水平提高和工序成本的降低。次年又将铁前综合治理延伸至钢前，并在转炉、炼铁、烧结等关键工序实行风险薪制，调动了职工降本增效积极性。1998 年 7 月起，对生产成本相对较高、效益较差的特钢公司电炉钢进行限产。此后，由于国家明令淘汰小电炉炼钢以及因欠巨额电费而屡受拉电影响，于 1999 年 1 月对电炉炼钢实行永久停产。为优化结构、降低成本，于 1999 年 8 月又关停了小型轧钢厂 250 生产线，其多火成材生产线被拆除。至 2000 年年底，一火成材产量已占钢材总产量的 78.8%。1997 年 3 月，线材车间一火成材改造完毕，使线材年产量达 18 万吨，比改造前年净增 8 万吨。2000 年对钢前系统进行改造、3 号连铸机高效化改造等，提高了炼钢技术经济指标。1996 年 8 月，历时 7 年的一厂区轧钢废水治理工程竣工投入运行。1999 年初，为实施合肥市巢湖流域污染“零点行动”，合钢集团投入 5100 万元用于二厂区污水处理。处在市区的钢管公司整体搬迁至一厂区，以减少市区环境污染。2000 年 12 月，合钢建设史上投资最大的年产 30 万吨焦炭的大焦炉工程举行了开工仪式。

“九五”期间合钢在主要生产工序开展了技术攻关活动。其中烧结系数由 1995 年的 1.382 吨 /(平方米 • 时) 提高到 2000 年的 1.981 吨 /(平方米 • 时)；高炉毛焦比由 1995 年的 701.04 千克 / 吨降至 2000 年的 613.36 千克 / 吨；转炉钢铁水耗由 1995 年的 1040.54 千克 / 吨降至 2000 年的 952.75 千克 / 吨；钢材综合成材率由 1995 年 87.02% 提高至 2000 年的 92.31%。主要技术经济指标的改善，为合钢集团扭亏创造了条件。

芜钢建设　芜湖钢铁厂是安徽省钢铁行业骨干企业，由于 20 世纪 70 年代缺乏资金投入，到 80 年代仍为单一炼铁企业，且生产能力不足 20 万吨 / 年。为改变落后状况，“七五”期间在省、市政府及有关部门支持下，芜湖钢铁厂采取多渠道筹集资金，围绕“七五”末年产 20 万吨目标加快实施扩建改造。

为填补扩建资金的严重不足，芜湖钢铁厂通过补偿贸易集资形式向上海冶金局供应站、无锡市生资公司等单位实际集资 4620 万元兴建 300 立方米高炉。1985 年 9 月 21 日安徽省冶金厅同意开工建设。1989 年 2 月 26 日高炉主体竣工，3 月 8 日投料，3 月 10 日出铁。

1986 年 11 月，芜湖钢铁厂铁路专用线编组站方案设计改造工程通过审查，工程总概算为 974. 11 万元。1987 年 2 月芜钢厂与芜湖供电局达成协议，把弋江变电所有偿转让给芜钢使用，有偿转让费 530 万元。1987 年，芜湖钢铁厂建 2×1500 千瓦热电站，总投资 940 万元。

1988 年 3 月 16 日芜湖市经委批复同意芜湖钢铁厂第二组烧结扩建工程申请设备贷款报告，该项目烧结机带冷机所需投资 10 万元。芜湖市计委批复同意芜湖钢铁厂移地重建二组 66 – Ⅳ 型复热式焦炉，总投资 4900 万元。

“七五”期间是芜湖钢铁厂建厂以来发展速度最快的时期，芜钢通过集资方式筹集资金 4620 万元，通过贷款、拨款 2992 万元，合计筹资 7611 万元，扩建了一组烧结机，新建一座 300 立方米高炉和其他改造工程，固定资产投资 11258 万元，“七五”期间固定资产增值 2.78 倍，还完成了轧钢加热炉改造，烧结点火器改造、水泥球磨机改造、扩建机械化原料厂和焦化污水处理等五个项目。

1991 年 7 月芜湖钢铁厂对 1 号 24ff12 烧结机进行改造，同时利用预留位置及建成的公用设施增加 2 号烧结机和机械化混匀料场，项目总投资 2200 万元，其中冶金部专项贷款 1000 万元，地方贷款 500 万元，其余企业自筹 700 万元。1992 年 12 月原料场一期工程建成移交。

1992 年 1 月，安徽省冶金厅同意芜湖钢铁厂修改高炉煤气柜方案，建一座 5 万立方米干式高炉煤气柜，干式气柜预计投资 970 万元，并于 1993 年开工建设。1992 年 4 月，芜湖钢铁厂将 2×1500 千瓦抽凝式热电站调整为 2×3000 千瓦抽凝式热电站。工程总投资 1166 万元，先上 1×20/h 燃气锅炉配 1×3000 千瓦抽凝式汽轮发电机组。该项目于 1993 年开工建设，1996 年 1 号、2 号发电机组并网发电，职工集资 870 万元。

为结束芜钢有铁无钢、产品单一的历史，该厂于 1992 年 10 月新建 10 吨电炉一座，生产规模年产钢锭 3.75 万吨。项目总投资 968 万元（自筹解决），厂内职工集资 92 万元，协作单位法人股（5 个）1150 万元。1993 年 3 月底 10 吨炼钢电炉竣工投入试生产。

按照安徽省计委批复的《芜湖钢铁厂技术改造总体规划》（铁 30 万吨、钢材 20 万吨、钢 20 万吨，简称“三二二”规划），1993 年 5 月轧钢配套予以立项。项目总投资 3125 万元，主要项目有：新增 2 号 10 吨电炉一座，配套 150 立方米 / 时制氧站及其他辅助设施，购制 φ550 轧机两台、φ350 轧机五台。1993 年 12 月 24 平方米烧结机（二组）及原料场项目建成投产。1994 年 1 月和 4 月，2 号电炉、150 立方米 / 时制氧机分别竣工投产。1995年年底为压缩基建规模，决定轧钢二期工程缓建。

新兴铸管集团有限公司建设　2002年，经芜湖市人民政府同意，新兴铸管集团有限公司重组芜湖钢铁厂并承债式整体收购全部资产。2003年至2005年，芜湖新兴铸管有限责任经过三年时间的大规模技术改造，淘汰落后生产工艺和装备，总投资17亿元，已全面完成一期技改工程项目，工序能力配套，调整了产品结构，提升了产品附加值，主要产品产量和技术经济指标大幅增长，产品成夺进一步降低。公司产品从单一的生铁已成功转型以球墨铸铁管和逐步过渡到优质制造用钢为主导产品。2005年，该公司全年完成生铁121万吨，同比增长13.97%；冶金焦炭53.44万吨，同比增长25.18%；入炉机烧结矿188.75万吨，同比增长2 6.31%;球墨铸铁管18.76万吨，同比增长87.84%;当年完成工业增产值28.48亿元，同比增长1252%;实现销售收入28.3亿元，同比增长19.65%;实现利税408亿元，同比增长17%；净利润2.3亿元，同比增长39.2%;该公司荣列2005年安徽企业50强第24名，2004年度芜湖工业企业50强第四名。公司以生产离心球墨铸铁管、生铁和煤化产品为主要产品的企业，拥有世界上规模最大、技术最先进的现代化单体铸管厂，年产离心球墨铸铁管40万吨，产品规格为DN80–1400毫米。360立方米、260立方米3、248 m立方米高炉各一座，40平方米烧结机一台；36平方米烧结机两台；HB4.3–90型42孔焦炉两座；3000千瓦高炉煤气发电机组两组、6000千瓦高炉煤气发电机组一组；年产70万吨球团回转窑生产线一条；以及高炉喷煤、制氧、化产回收和水电风汽等辅助配套设施。

为保护环境，2001年11月21日，国家发展计划委员会批复芜湖正兴材料有限公司清洁生产工艺改造工程可行性研究报告。项目建设规模为年产9万吨球墨铸铁管、1万吨管件。项目总投资29213万元，利用亚行贷款2205万美元。公司按照“系统改造、总体规划、分步实施”的原则，先后对铁焦烧原料系统、优特钢系统、铸造生产线等进行技术改造，并按照国家有关规定使项目在环保、消防、劳动保护、安全卫生等方面做到“三同时”。该公司为实施技术改造规划项目对配套公用设施如一级供水系统、排水系统、空压站、道路、办公用房、绿化等综合配套设施进行改造，增设一条一级供水管线，保证供水安全；增建七台空压机及配套管网，形成240立方米/毫米供风能力等。项目固定资产投资4800万元，建成后，能年产80万吨优特钢、30万吨铸管、30万台（件）汽车铸件，满足公司总体技术改造项目的综合公用辅助设施配套要求。为了给炼钢系统的生产提供有效和必要的动力保障，降低炼钢系统综合能耗，有效消除原电炉炼钢废水外排所造成的水质污染。炼钢系统综合配套技术改造项目包括供电及配套系统，供水及处理系统、余热利用等辅助设施，与年产80万吨的优特钢炼钢系统形成综合配套。项目固定资产投资4980万元，建成后年处理循环水4251万立方米，年回收蒸汽11.55万吨。轧钢技术改造配套工程项目包括原料准备建设与轧钢生产线配套的原料准备、钢坯加热炉、轧钢水循环系统、轧辊加工及装配件等设施。

该公司采用先进成熟技术，对现有的两座 120 立方米高炉进行大修改造，使高炉效率与寿命得以提高。改造后炉容为 2×200 立方米，年生产生铁能力由 14.25 万吨提高到 58.4 万吨，年新增生铁 44.15 万吨。项目固定资产投资 4950 万元，所需资金企业自筹解决，项目达产后年新增利润 2422 万元，新增税率 1717 万元。此项目从 2003 年 11 月开工，2003 年 12 月竣工。

该公司还对现有两座 300 立方米高炉进行大修改造，包括高炉本体、热风炉、煤气处理系统、高炉上料系统及供配电、循环冷却水、除尘系统等。改造后炉容由 314 立方米增加到 360 立方米，年生产生铁能力由 14.25 万吨提高到 58.4 万吨，年新增生铁 44.15 万吨，项目固定资产投资 4980 万元，所需资金企业自筹解决。目达产后年新增利润 2037 万元，新增税率 1700 万元。对三座高炉进行技术改造项目的实施，不仅能满足该公司优特钢产品和铸管产品生产的优质铁水的需求，而且，通过配套进行综合治理，大大减少污染物排放，有效地改善了环境质量，符合当前国家对环保综合治理和优化资源利用的要求，具有良好的经济和社会效益。项目从 2003 年 8 月开工，2003 年 9 月竣工投产。

该公司对原料燃料堆场、配料、混料系统，以及现有烧结机机尾密封系统和烧结机布料系统进行改造，完善除尘排烟系统等。改造后，年生产烧结矿能力由 60 万吨增加到 110 万吨。项目固定资产投资 4861 万元，铺底流动资金 1500 万元，所需资金企业自筹解决。项目达产后，年新增利润 934 万元，新增税率 349 万元。项目 2003 年 5 月开工，2003 年 9 月竣工投产。

在原 2 号 9 0 型焦炉预留基础上扩建一座 42 孔同炉型焦炉，改造完善备煤及化产回收系统、装煤及推焦消烟除尘系统及相应公辅设施等。改造后，年生产焦炭能力由 17.5 万吨增加到 45.5 万吨。项目固定资产投资 4903 万元，铺底流动资金 2600 万元，所需资金企业自筹解决。项目达产后，年新增利润 2948 万元，新增税率 1452 万元。项目 2003 年 5 月开工，2004 年 8 月竣工投产。

该公司用高炉煤气作燃料，采用链篦机——回转窑法生产工艺，增加润磨机、成球盘、链篦机、回转窑等关键设备，新建一条回转窑球团生产线，主体设备为一台 2.8×36 米链篦机，一座直径 4.0×36 米回转窑，配套改造配料系统及给排水、供配电、自控等公辅设施。年生产球团能力 70 万吨。项目固定资产投资 4968 万元，铺底流动资金 1000 万元，所需资金企业自筹解决。项目达产后，年新增利润 816 万元，新增税率 377 万元。项目 2005 年 2 月开工，2005 年 8 月竣工投产。

用高炉煤气作燃料，采用回转窑法焙烧工艺，建设石灰石原料储存及筛粉系统、石灰石上料及预热系统、回转窑炉、成灰冷却与输送及筛粉储存系统、以及配套辅助及除尘系统等，新建一条回转炉活性石灰生产线。改造后，形成年产 18 万吨的活性白灰规模。项目固定资产投资 4850 万元，铺底流动资金 1000 万元，所需资金企业自筹解决。项目 2005 年 月开工，2005 年 8 月竣工投产。

该公司结合对现有高炉大修改造，增加喷煤制粉系统，并对电力系统、给排水、工料系统等进行改造，达到节能降耗，保证生产的目的。改造后，新增喷煤量 125 千克 / 吨铁，入炉焦比由 510 千克 / 吨铁降低到 410 千克 / 吨铁。年喷煤能力 13.75 万吨，年节约冶金焦炭 11 万吨。项目固定资产投资 4880 万元，所需资金企业自筹解决。项目达产后，年新增利润 2514 万元，新增税率 99 万元。项目于 2003 年 7 月开工，2003 年 10 月竣工投产。

结合对高炉煤气除尘系统、出铁场除尘系统、矿槽除尘系统等进行配套改造，将原湿式除尘改为干式除尘，实现高炉清洁生产。改造后，年减少铁粉尘 15400 吨，高炉煤气 193200 万立方米，年减少烟尘排放 15 万吨，达到污水零排放。项目固定资产投资 4600 万元，所需资金企业自筹解决。项目于 2003 年 5 月开工，2004 年 2 月竣工投产。

采用保护浇筑、结晶器电磷搅拌等技术，新建两台 3 机 3 浇连铸机及相应配套设施。项目固定资产投资 4985 万元，铺底流动资金 2000 万元，所需资金企业自筹解决。项目达产后，年新增利润 4438 万元，新增税金 1484 万元，项目从 2005 年 8 月开工建设。

该公司采用钢水炉外精炼技术，新增 2440 吨精炼炉及相应配套设施等。改造后，形成以年 8 0 万吨优特钢钢水炉外精炼规模。项目固定资产投资 4981 万元，铺底流动资金 2000 万元，所需资金企业自筹解决。项目达产后，年新增利润 4437 万元，新增税金 1376 万元。项目从 2005 年 8 月开工。

采用钢水预处理和转炉冶炼技术，淘汰原有落后的两座 10 吨电炉炼钢工艺，建设混铁炉，两座 30 吨转炉及配套生产设施等。改造后，形成年产 80 万吨转炉钢水规模。项目固定资产投资 4991 万元，铺底流动资金 2000 万元，所需资金企业自筹解决。项目达产后，年新增利润 5282 万元，新增税金 1727 万元。项目从 2005 年 8 月开工。

该公司淘汰原有落后的横列式轧钢工艺及装备，建设年产 80 万吨优特钢材连铸机一火成材连续轧制线。项目达产后，年实现销售收入 181169 万元，年新增利润 4305 万元，新增税金 2636 万元，项目固定资产投资 4990 万元，铺底流动资金 2000 万元，所需资金企业自筹解决。项目于 2005 年 8 月开工，2006 年 5 月竣工投产。

该公司建设供电及配套系统，供水及水处理系统，余热利用等辅助设施，与年产 80 万吨优特钢炼钢系统形成综配套。建成后，年处理循环水 4251 万立方米，年回收蒸汽 11.55 万吨，项目固定资产投资 4980 万元，所需资金企业自筹解决。

建设一套 6000 牛 • 立方米 / 时制氧机组以及配套的氧气站区管网与辅助设施等。

项目建成后，年实现内部销售收入3024万元，利润431万元。项目固定资产投资4990万元，利润431万元。项目固定资产投资4990万元，所需资金企业自筹解决。项目于2004年3月开工，2004年12月竣工投产。

该公司对110KVA复电所及输入输出线路，煤气综合利用发电等进行扩容改造。变电站主变容量由2 ×20000KVA，110/6KV扩容至3×40000KVA，110/6KV。煤气发电站新增一台35吨/时次中压燃气锅炉及6000千瓦发电机组一套。项目建成规模为年发电量4132.8万千瓦时，供电量3719.5万千瓦时。项目建成达产后，年实现内部销售收入1673.78万元，利税783.16万元。

2005年，实现销售收入28.3亿元，利税4.08亿元，净利润2.3亿元，荣列2005年安徽企业50强第24名。

铜陵钢铁股份有限公司建设 铜陵市钢铁厂始建于1970年,有13立方米高炉1座，年产800吨生铁；1985年有50立方米、84立方米高炉各1座，年产4.59万吨生铁；经过三十多年的建设和配套改造，已逐步发展成为拥有103、124、130立方米高炉各一座，24平方米烧结机一台，1500千瓦、3000千瓦、6000千瓦高炉煤气发电机组各一台等主要设施，占地面积35万平方米，年产生铁35万吨，资产总额达2.5亿元的安徽省冶金中型企业。1993年以来，先后获得“安徽省目标成本管理示范企业”等称号和“安徽省高新技术企业”定型明星企业称号。铜陵市钢铁厂1994年12月更名铜陵钢铁股份有限公司。

铜陵钢铁股份有限公司技术改造工程有35项以上，总投入技术改造工程款16148.4万元。“七五”期间，总投资1917.4万元，实施了12个技改项目。1986年，投资367.4万元，120立方米高炉进行扩建。1988年，投资636万元，2井高炉进行了易地大修，新增生产能力3.5万吨/年。1988年和1989年，投资900万元，对1#、3#高炉进行了炉容改造和基建，总容积由134立方米扩大到250立方米，跨入了中型钢铁企业行列。投资618万元，新建年产15万吨烧结矿的盘烧工程；3#高炉达产。“七五”期间，还完成了喷煤系统工程。万吨水塔工程，供电一期工程、30吨地磅房工程、高炉外供煤气改造工程、圆锥破碎机安装工程、1#高炉温式除尘等工程。

“八五”期间，总投资9250万元，实施了9个技改项目。1991年，对1#、3#高炉提前进行了中修；除尘设备工程建成投产；利用高压静电原理对钢厂高炉煤气进行净化处理工程于2月22日正式竣工投产。1992年，投资7000万元，24平方米带式烧结工程于12月22日正式开工建设。1993年，投资500万元，对停产5年之久的2#高炉进行了恢复性大修，当年发挥了效益。年底，投资1000万元，煤气发电一期工程1500千瓦机组和35千伏新变电所工程开工建设。1994年，24平方米带式烧结工程原料库框架完工，投入使用。1995年，1500千瓦煤气发电机组安装完工，顺利并网发电。

“九五”期间，总投资4981万元，实施14个技改项目。1996年，24平方米带式烧结机及其配套的35千伏变电所正式投入生产。3#高炉的技改工程当年实施、竣工，投入使用。1997年投资1200万元，3000千瓦发电机组及配套设施工程开工建设。1#高炉进行了恢复性大修。高炉煤气发电二期工程完工。24平方米带式烧结工程于9月8日投入运行。1998年，对2#高炉进行了中修；完成了烧结生石灰输送系统工程。投资40万元，烧结微机配料自动控制系统安装工程完毕。1999年，投资500万元，开始重点环保的污水处理系统工程建设。微机配料自动控制系统工程竣工投入使用，年产生经济效益50万元。高炉煤气洗涤水处理工程于8月份开工。2000年，高炉煤气洗涤污水处理工程按期完工并投入运行。1986年至2000年，3座高炉累计生产合格生铁170.68万吨。

炼铁生产主要由原（燃）料加工和高炉冶炼两部分构成。原（燃）料加工主要是对高炉冶炼的原（燃）料破碎、筛分、生铁矿烧结等进行整合，分为烧结、供矿、供焦三个生产系统。“七五”期间，年产15万吨烧结矿的盘式烧结矿工程建成并投入使用。1997年9月8日，24平方米带式烧结矿工程正式投入运行，替代落后的盘式烧结工艺。1999年，烧结微机配料自动控制系统工程竣工投入使用。至2000年年底，烧结矿年生产能力达到30万吨，15年共生产烧结矿170.36万吨。

1995年以后，开始进口印度、澳大利亚等国生铁矿粉，共计30万吨。15年间，供矿系统平均每年生产矿石22.76万吨。到2000年，供矿能力已达到35万吨以上，基本满足高炉生产用料要求。年供焦能力达到25万吨，15年总共供焦137万吨。

随着国家对钢铁产业政策的调整以及市政建设的发展需要，企业面临关闭停产的生存危机，2003年6月市政府果断决定对铜钢公司实施整体搬迁，异地重建，该项目在2005年被列入省“861行动”重点项目。在冶化工业园内分期建设2座450立方米高炉及配套工程。2005年10月铜钢公司进行了以职工身份置换及核产清资为内容的第二次改制工作。同时市政府通过招商引资，对铜钢公司实施整体搬迁改造。最终由民营企业繁昌富鑫钢铁公司承担异地重建的全部资金，整体租赁经营铜钢公司两年，同时接收全部原铜钢公司在岗人员，并与他们签订了三年劳动合同。2005年11月，在承接原铜钢公司和整体收购铜陵金港公司基础上正式成立铜陵富鑫钢铁公司，并承担组织实施二座450立方米高炉及相关配套建设工程。根据国家发改委制定的关停小钢铁、2007年必须淘汰200立方米以下的小高炉的产业政策，富鑫钢铁公司租赁的铜钢公司厂区于2007年11月20日全面停产。

1986—2004 年铜钢公司产品历年产量表

表 2-1-1-1

年份	生铁（万吨）		烧结矿（万吨）		发电（万千瓦时）		炉渣（万吨）
	产量	完成 %	产量	完成 %	产量	完成 %	
1986	7.43	105	3	98.2	—	—	—
1987	7.60	108	3.2	98.9	—	—	—
1988	7.81	110	3.5	100.0	—	—	—
1989	7.06	98	5.0	125.0	—	—	—
1990	8.68	103	4.7	99.7	—	—	—
1991	7.11	97	5.4	105.0	—	—	—
1992	10.07	112	6.1	115.0	—	—	—
1993	10.71	102	7.5	120.0	—	—	—
1994	12.47	124	8.0	109.0	—	—	—
1995	12.58	121	10.2	110.0	524.6	110.0	—
1996	10.46	100	9.6	96.0	765.0	120.0	—
1997	13.50	115	20.5	130.0	1065.0	131.0	—
1998	16.10	117	24.26	131.0	1951.0	140.0	—
1999	18.50	121	28.50	139.0	3194.0	120.0	—
2000	20.60	129	30.90	140.0	3350.0	125.0	—
2001	21.74	104	32.2	103	3414	108.4	—
2002	23.29	104	33.9	93.08	3459	104.0	—
2003	28.07	100	39.02	84.84	4926	104.8	—
2004	29.42	95	41.57	90.37	6363	106.1	—
总计	273.2		317.05		29011.6		170

说明：因铜钢公司于2005年10月改制，故以后年份的产量未作统计（由富鑫钢铁公司接管）

“小三线”钢铁厂建设　安徽省金光钢厂汽车轮辋钢合作项目——金光钢厂搬迁蚌埠的一期工程告罄之后，为走特钢及高附加值产品的发展方向，1987 年 3 月，由当时的蚌埠市政府牵头，组建由鞍山钢铁公司、东风汽车公司和金光钢厂三家跨地区、跨行业的横向松散性联合体，引进鞍钢国家金牌产品汽车轮辋钢的生产技术，金光钢厂开发并形成批量生产，东风汽车公司包销使用。1987 年 6 月，该厂开始对已竣工的 ϕ550×2 开坯车间重新改造，形成 ϕ550×4 中型轧钢车间，生产专用汽车车轮轮辋用热轧型钢，以替代东风汽车公司的进口产品。1994 年冶金部将金光钢厂确定为全国轮辋钢四个定点生产厂家之一（另三家是鞍钢、上钢三厂、重钢）。1995 年“金光”牌轮辋钢被评为安徽省名牌产品。

第二节　企业改革

马钢改制　1988年2月，安徽省政府批准马钢实行以“两包、两保、双挂钩”为主要内容的为期五年（1988年至1992年）的承包经营责任制。同年6月，结合内部承包责任制的推行，马钢对管理机构进行全面改革，调整机构设置，明确职责权限，实行干部聘任制，由公司经理聘任二级厂矿的正、副职，全面实行经理领导下的厂矿长责任制，实现了二级厂矿领导体制的转变。1989年，马钢提出具有自己特色的“一线双标”管理模式，“一线”即以物质文明建设和精神文明建设为主线，“双标”即大力开展标准化管理和标准化操作。至1991年年底，马钢先后发布管理标准235个。此后，马钢开展群众性的“上标准班，干标准活，出标准产品”的创“标准岗”活动，推动了操作标准化和管理标准化的贯彻落实。

为加快马钢400万吨规模的建设步伐，进而带动安徽经济的腾飞，中共安徽省委决定马钢实施股份制试点。1993年3月1日，安徽省人民政府批准《马鞍山钢铁公司股份制改组总体方案及有关政策问题的请示》，同意马钢股份有限公司采取国内、境外两种形式向社会公开发行股票，具体方案经省政府审核后报国家体改委审批。1993年9月14日，国家证券委员会同意马钢在香港公开发行H股额度173293万元（每股面值人民币1元），并向香港联合交易所申请上市；向社会个人公开发行人民币股票（A股）为6亿元（每股面值1元），法人股8781万元。1993年11月3日，马钢H股在香港联合交易所正式挂牌交易；1994年1月6日，马钢A股在上海证交所挂牌上市。至此，马钢在境内外筹资总额达64亿元人民币，成为“中国钢铁第一股”。马钢改制成功为自身的机制创新、管理创新注入了强劲的活力，是马钢迈向市场化、国际化的关键一步。

1993年马钢实行股份制改制，马钢重组分立为马钢总公司和马钢股份公司。分立重组后，马钢总公司实行总经理负责制，是股份公司的控股公司。1996年，马钢股份公司对焦化厂等8家单位模拟分公司运作，实行法人授权委托放开经营。1997年，马钢总公司对所属经营性单位着手实施子公司分立工作。1998年2月，马钢总公司对矿山系统、建设系统和生活后勤系统的10家单位实施资产授权经营，模拟子公司运行。同年11月，马钢总公司改制为马钢集团公司，2000年10月，上述10家单位连同规划设计院改制为10家子公司和1家分公司。同日，马钢股份公司对9家生产辅助单位改制为分公司。2000年10月，马钢做出了近期体制改革的决定，此后，马钢集团公司将原建设系统的建安公司、民建公司、马建一公司、二公司和机电安装公司5家单位重组整合为马钢集团建设有限责任公司，将规划发展部、矿管办和非钢办进行重新整合。马钢股份公司将科技部与技术中心进行重组。2003

年以后，马钢先后对股份公司主体厂实行了一系列的厂区整合，对集团公司建设系统的机构和所属企业进行了新的组合，并将中小学、离退休管理、医院等实施了分离。通过这些改革，实现了资源优化配置和专业集中管理，增强了企业的经营活力和竞争优势。

合钢改制 2000 年年底至 2002 年，合钢集团顺延了三年扭亏解困的好势头，生产经营实现了较大发展，钢产量接近百万吨目标，同时企业改革、技术进步均取得了明显成果。2003 年至 2005 年，由于酝酿改制重组和国家实施宏观调控的影响，生产经营出现严重滑坡。2002 年合钢集团的钢产量 95.25 万吨，此后逐年下滑。2003 年下降 16.48%，2004 年下降 6.3%，2005 年下降 8.87%。3 年钢产量年均下降 10.7%。2003 年企业盈利 2000 万元，2004 年亏损 2 亿元，2005 年亏损 4.88 亿元，主要靠政府输血才能维持简单再生产。

2002 年 11 月，马鞍山钢铁股份公司提出兼并合钢基本意向方案，即将合钢资产通过缩水变为零资产，由马钢全盘接收，马钢计划在二三年内通过投资将合钢的钢铁产能从既有的 100 万吨扩至 200 万吨，新增 100 万吨的税收向政府申请留在企业，作为合钢支付劳服企业的改制成本。

2003 年 3 月，上海复星集团投资公司（以下简称上海复星）有意重组合钢。合肥市政府召开合钢产权制度改革专题会，决定由上海复星重组合钢，并于当年 9 月在上海签订了重组协议及附加条款后上海复星因故放弃重组合钢。2003 年 10 月合钢召开职工代表大会提出，合钢产权出让应按国家有关规定，实行竞价招投标方式，再度寻求重组对象。

2003 年 11 月起，合钢重组又相继与印度伊斯帕特公司、中华钢铁投资公司（外方控股）、马钢等进行商务洽谈。《合钢寻求战略投资者公告》公开发布，引起海内外十多家投资企业关注和参与。在省政府领导及有关部门的协调下，2005 年年初，马钢组成工作组进入合钢清产核资并制定重组方案。2006 年初，经省、市政府批准后，于 4 月底合钢主体生产厂交付马钢，正式成立马钢合肥责任有限公司。当年，马钢合肥责任有限公司扭亏为盈。

“十五”期间，合钢围绕降本增效为工作重点，加大工序成本控制和考核力度，开展对标挖潜攻关，以提高主要技术经济指标。2002 年在 20 项主要物能耗指标中，有 14 项比上年有明显进步，当年可比产品成本降低额 5347 万元，降低率 3.7%。2004 年烧结矿品位保持在 53% 左右，高炉毛焦比较上年下降了 68.77 千克 / 吨。技术改造继续推进。2001 年，技改投资 1.97 亿元，其中自筹 1.14 亿元。完成了 40 万吨棒材生产线收尾（总投资 4 亿元）、11 万伏变电所二期工程、3 号高炉中修改造、1100 立方米 / 时风机改造、1 号烧结机多管除尘器改造、电炉除尘改造等 11 个技改项目。2004

年 11 月焦炉工程化产粗苯系统建成投产；炼焦系统 2003 年 11 月 10 日焦炉试产移交；2004 年 12 月备煤系统竣工交付；外部管线系统 2004 年年底完工移交生产。2# 高炉 100 立方米扩容为 420 立方米，设计年产量为 42.56 万吨，总投资 1.3 亿元，于 2003 年 7 月停炉拆炉开建，2004 年 8 月 16 日建成投产、当月达产。

芜钢改制　经芜湖市人民政府同意，新兴铸管集团有限公司重组芜湖钢铁厂并承债式整体收购全部资产。2002 年 5 月 24 日，芜湖市人民政府决定成立芜湖焦化制气有限责任公司（即从芜钢厂独立出来的焦化分厂），注册资本 8000 万元，归口市建委管理。该公司由市建投公司、市燃气总公司和芜湖钢铁厂 3 家国有企业出资组成，芜钢厂出资 86.4 万元，占总股本的 1.08%。2002 年 12 月 5 日，新兴铸管集团有限公司与芜湖钢铁厂、芜湖市经贸委正式签订《新兴铸管集团有限公司重组芜湖钢铁厂协议书》。

2003 年 3 月 2 0 日，芜湖市人民政府同意芜湖钢铁厂及芜湖焦化制气有限责任公司实施资产重组。由芜湖新兴铸管有限责任公司为主体承债或收购全部资产。3 月 23 日，新兴铸管股份有限公司与芜湖市人民政府签订《新兴铸管股份有限公司重组芜湖钢铁厂、芜湖焦化制气有限责任公司协议书》。4 月 17 日，芜湖新兴铸管有限责任公司在芜湖市工商局登记注册，注册资本五亿元，新兴铸管股份有限公司出资 3 亿元，占注册资本的 60%，新兴铸管集团有限公司出资 2 亿元，占注册资本的 40%，4 月 27 日正式挂牌。重组后的芜湖新兴铸管有限责任公司坐落原厂址，2005 年公司在编员工 3516 人，专业技术人员 340 人。

“小三线”钢铁厂调整　安徽省金光钢厂始建于 1966 年 8 月，隶属安徽省国防工业办公室的唯一“小三线”特殊钢厂，因备战需要厂址选在皖西大别山区的金寨县江店公社，建厂初期规模为年产特钢 1000 吨，建厂总投资 1000 万元，职工人数 1000 人。产品方向主要为三线军工企业提供特殊钢钢材。由于是特殊时期建立的特殊军工企业，企业地处山区交通不便，能源、原材料供应紧张，军工企业的社会化负担沉重。故自 1969 年建成投产后，企业一直处于亏损，至 1984 年年底累计亏损 1800 万元。20 世纪 80 年代后，随着国民经济计划体制调整，该厂面临无力生存的困境。1984 年，省政府批准安徽省金光钢厂搬迁蚌埠市并下放该市管理。1985 年 10 月，钢厂新建工程在蚌埠市东郊锥子山破土动工。

根据国务院关于“小三线”战略调整的规定，上海市在安徽皖南小三线的最大工业企业——上海八五钢厂，于 1986 年 7 月 31 日正式移交安徽省贵池县，更名为贵池钢厂，并经省政府研究确定由马钢承包经营，时间初定 3 年。贵池县政府、马钢公司于 1986 年 12 月 28 日正式办理交接。

休宁新光钢厂由休宁县政府接收，之后县政府请求省冶金厅给予行业帮扶，委托合肥钢铁公司抽调部分管理和技术骨干，协助地方开展经营管理。

第三节　节能减排

马钢　2000 年以前，马钢的装备水平参差不齐，存在着大量生产工艺落后、资源和能源浪费大、污染严重的生产设施。20 世纪 80 年代初开始，马钢的能源、环保工作开始起步并做了大量的工作，如开展污染源调查、污染治理、建立管理体系等，但受当时的各方面条件限制，能源、环保管理水平维持在较低的水平，各项能源、环保指标也较低，例如 1988 年吨钢综合能耗指标为 1495 千克标煤 / 吨， 2000 年为 931 千克标煤 / 吨；工业水循环率低于 60%。很多污染源未得到治理，部分重点污染难题未得到根本解决，如具有代表性的、受到全市人民关注的一钢平炉烟尘污染等。

强化基础管理，完善组织、制度保障措施，提高节能减排管理水平。实行以公司能源、环境管理委员会领导下的能源、环境管理网络，建立能环委会制度，定期分析公司能源消耗和环保状况，及时制定决策公司重大的能源、环境政策和措施。

实施节能减排问责制，完善节能减排制度建设，根据国家、各级政府下发节能、环保责任目标、指标，包括节能指标、排污总量控制指标等，进行认真分析、核定，按年度分解落实到各厂，实行严格的目标责任制，同时进一步加大考核力度，建立节能、环保等重点指标为重点的考核体系各项经济责任制考核办法的制定。制定了马钢节能、环保管理办法以及管理实施细则等较为全面的管理制度，从制度上保证节能、环保工作进行的扎实有效。

坚持进行能源规划编制工作，持续开展能源审计，从“九五”开始，马钢始终坚持长期（3 ~ 5 年）节能规划编制和年度计划制定工作。2004 年年底，完成了《马钢“十一五”节能总体规划》编制工作，并予实施。开展能源审计，健全能源计量、统计制度，强化用能监测，分析用能状况，查找原因，挖掘潜力，改进提高；同时鼓励引导生产单位努力使用余热余能，不断提升能源利用水平。

加速淘汰落后生产工艺、设备，减少资源流失、浪费和环境污染，从源头控制污染。马钢以结构调整为主线，大力淘汰落后生产工艺、设备，积极推进技术进步，为节能减排提供坚实的技术支撑，从源头开始，节约能源、控制污染，彻底改变落后的生产模式，使公司的节能减排工作向前推进了一大步。2000 年起，先后淘汰了 2 座 185 吨炼钢平炉、8 座小高炉、7 台小烧结机、7 座炼钢、铁合金小电炉、850 毫米初轧机、250 毫米小型轧机和复二重线材轧机以及石灰窑、焙烧窑、燃煤小锅炉等生产设施。

贯彻“限制总量，优化结构”方针，坚持节能减排与结构调整、技术进步相结合。选用大型的、先进的节能环保型工艺设备，实施了一钢平炉改造 120 吨转炉系统工程、薄板坯连铸连轧（CSP）工程、冷轧薄板和彩色涂层板工程、车轮压轧系统改造等一系列工程，项目严格执行环保“三同时”和环境影响评价制度，控制新污染源产生，优先选用能耗低、物耗少、污染物产生量少的清洁工艺和设备，认真落实节能和污染防治措施建设，项目建成后，能源利用保持在较高水平，污染物排放达到国家排放标准，主要污染物排放总量得到有效控制，真正做到“以新代老”，削减总量，不仅产品结构和档次显著提高，而且能源消耗、污染物排放也大幅度降低。同时，围绕节能、环保和配套的动力介质供应，实施了一大批节能环保工艺技术。在生产过程中加强资源、能源管理，推进清洁生产，强化污染防治方式；利用回收净化后的煤气用于轧钢、发电、球团、石灰窑焙烧，充分利用了二次能源，同时也大幅度减少了煤气、粉尘放散；钢坯红送热装，减少了燃煤、焦炭的用量；热电总厂锅炉掺烧、全烧高炉煤气，减少了用煤量和烟尘的排放；高炉煤气余压发电技术、炼钢转炉二次烟气治理、高炉出铁场及矿槽除尘、焦炉装煤、出焦除尘、烧结矿冷却低温烟气回收发电等，这些措施既降低了能源、资源的浪费，又减少了污染物的排放，对改善环境发挥了较好的效果。

在环境保护工作方面，2004 年在原有环境管理的基础上进一步整合资源，建立 ISO 9000、ISO 14001 和 OHS 18001“三标一体化”管理体系。开展了现场环境监督管理工作，制定日常监督计划，对现场环境管理情况进行监督，并将公司的重点污染源作为重点监控对象，对发现的问题限期整改，进一步严肃工艺运行纪律，落实环保各项制度，有效控制污染物排放总量。

严格执行国家的法律、法规，控制新的污染源。工程项目严格执行环境影响评价制度和环保“三同时”制度，把好建设项目环境保护关，从源头防止和控制环境污染。2000 年以后，马钢所有的工程项目都认真落实“环评”制度，按国家法规开展项目的环评工作，同时进一步加强环保“三同时”制度的管理，落实已承诺的污染防治措施，“三同时”执行率 100%。严格把好项目的验收关，让环保设施发挥其应有的功效。通过这些措施，马钢在生产不断发展的情况下，污染物排放增量仍然维持在较低水平。

马钢高度重视能源、环保工作，特别是“十五”期间，积极推行循环经济，开展环境友好型企业建设，在获取企业效益最大化的同时也产生了良好的社会效益，环境效益，有效的削减了资源、能源消耗，减少了污染，大气及水环境显著改善，主要节能减排指标均明显进步。

截至 2005 年，马钢的各项技术经济指标与“九五”末的 2000 年相比，钢产量由 392 万吨上升到 964.6 万吨，吨钢废水排放量由 25.3 吨下降到 7.19 吨，吨钢二氧化硫排放量由 8.40 千克降至 3.1 千克，吨钢烟尘排放量由 0.80 千克降至 0.30 千克，吨钢粉尘排放量由 4.0 千克降至 1.42 千克；废气排放达标合格率由 89% 上升至 96.8%，废水排放达标合格率由 92% 上升至 94%，工业固体废物利用率由 88.5% 上升至 89.42%。

厂区环境质量指标基本达到国家二级标准水平，污染物排放总量全部达到政府总量控制指标要求。2000—2005年，政府环保部门对马钢环境目标责任书考核结果均为优秀。

马钢能源消耗处行业领先水平，截至2005年，能耗指标与“九五”末的2000年相比，吨钢综合能耗由978千克标煤/吨降至731千克标煤/吨，下降了247千克标煤/吨，降幅达25.26%，按吨钢综合能耗环比计算，累计节能160万吨标煤，价值达8亿元以上。吨钢耗新水由48吨降至11.2吨，降幅达76.67%。煤气综合利用率由89.97%上升至96.57%，转炉煤气吨钢回收率由1.45立方米/吨，上升至65立方米/吨，煤气利用水平逐年提高。公司发电量也由2000年的8.55亿千瓦时，上升至2005年的18.57亿千瓦时，上升率高达117%，在燃煤消耗不增加情况下，实现了企业自发电量大幅增加，公司能源费用占制造成本比例大幅度降低，进入国内同行业领先水平，节能降本成效极为显著。

合钢　合钢集团对环境治理加大投入，1996年8月，历时7年的一厂区轧钢废水治理工程竣工投入运行。1999年年初，为实施合肥市关于治理巢湖流域污染“零点行动”，合钢集团投入5100万元，于1999年年底完成了二厂区污水处理工程。处在市区的钢管公司（原第三钢铁厂）于2000年年底正式决定整体搬迁至一厂区，以减少市区环境污染。

“九五”期间合钢集团在主要生产工序开展了技术攻关活动。其中烧结系数由1995年的1.382吨/(平方米·时)提高到2000年的1.981吨/(平方米·时)；高炉毛焦比由1995年的701.04千克/吨降至2000年的613.36千克/吨；转炉钢铁水耗由1995年的1040.54千克/吨降至2000年的952.75千克/吨；钢材综合成材率由1995年的87.02%提高至2000年的92.31%。主要技术经济指标的改善，为合钢集团扭亏创造了条件。

芜钢　1986年，芜钢用于废水处理投资65.96万元，实际处理废水2692400吨。1986年9月，芜湖钢铁厂焦化废水处理工程项目已列入安徽省1986年环保更新改造措施计划，核定总投资250万元，1986年完成投资100万元，其中自筹30万元，芜湖市污染源治理补助资金70万元，根据工程进度分期拨款。

新兴铸管有限责任公司重组芜湖钢铁厂后，通过强化管理，加速改造，技改项目履行了环境影响评价审批手续，环境保护设施与主体工程同时设计、同时施工、同时投产使用。对原有生产工艺、装备和污染源进行综合治理，对废水、废气、固废利用、噪声四大类别11个项目进行技术改造，共建成39台（套）除尘器，废气处理能力295万立方米/时，主要水污染物悬浮物、挥发酚、氰化物、COD、氨氮等去除平均达到90%以上。焦化生产废水全部内部循环使用，达到废水零排放。该公司积极推进清洁生产工艺，进一步提高“三废”处理的去除率，实现了经济效益、环境效益、社会效益的三个统一。技改工程“三废”治理投入 13974 万元，占总投资的 19%。

该公司为实施技术改造规划项目对配套公用设施一级供水系统、排水系统、空压站、道路、办公用房、绿化等综合配套设施进行改造，增设一条一级供水管线，保证供水安全;增建七台空压机及配套管网，形成 240 立方米 / 毫米供风能力等。项目固定资产投资 4800 万元，建成后，能满足公司年产 80 万吨优特钢、30 万吨铸管、30 万台（件）汽车铸件，总体技术改造项目的综合公用辅助设施的配套要求。为炼钢系统的生产提供有效和必要的动力保障，降低炼钢系统综合能耗，有效消除原电炉炼钢废水外排所造成的水质污染。炼钢系统综合配套技术改造项目包括供电及配套系统，供水及处理系统、余热利用等辅助设施，与年产 80 万吨优特钢炼钢系统形成综合配套。项目固定资产投资 4980 万元。建成后年处理循环水 4251 万立方米，年回收蒸汽 11.55 万吨。

第二章　有色金属工业

“七五”期间，铜陵有色金属公司依靠资源优势，投资近4000万元，发展铜加工业生产。至1990年年底，生产能力达1.2万吨以上，其中动力厂8000吨，机械总厂1500吨，金口岭2500吨。铜材实际产量由1984年的925吨提高到4469吨。

“八五”期间的发展，使安徽有色金属工业在生产规模上上了新台阶，年新增铜矿采选160万吨，银金矿采选6万吨，粗铜冶炼1.5万吨等，铜陵有色公司的金隆铜业、安庆铜矿采选、芜湖冶炼厂的铜杆连铸连轧等工程都居于国内先进水平，兴办各类合资、合作企业50多家，在境外投资兴办的合资和独资企业8个。铜陵一冶、二冶的改造不仅实现扩容，最重要的是解决了长期困扰企业的污染问题。

“九五”期间，安徽省有色金属行业更是精彩纷呈，如铜陵有色一冶、二冶的环保治理，不仅还了铜陵市一片蓝天，而且使古铜都焕发青春，铜冶炼产量居国内同类企业第二；安庆铜矿的新模式办矿及其当代一流的采选装备和工艺，使参观后国内外专家为之赞叹不已；2000年，铜、铝各类型材的产量由1995年1.3万吨猛增到4.4万吨，新技术、新产品的开发应用，使传统的原材料工业不断增值、长久增效。

2000年以后，随着市场经济的发展，安徽有色金属行业注重转型与重组。铜陵有色集团“十五”期间按照“管改结合、再造企业”的方针，着力推进改革，积极调整结构，转变经济增长方式，提前实现了“双百亿”的发展目标（销售收入、资产增值各100亿元）。中小企业加快兼并重组，成立安徽鑫科新材料股份有限公司并成功上市。截至2005年年底，鑫科材料资产总额为182750万元，净资产为117350万元，2005年实现主营业务收入212146万元，净利润11833万元。

第一节　基础建设与技术改造

铜陵有色金属公司建设　坐落在中国古铜都的铜陵有色金属公司，历经新中国成立后三十多年发展，已经成长为中国有色金属行业中屈指可数的大型联合企业，铜陵再度成为华东地区主要的铜工业基地。1984年起，随着国家有色金属工业管理体制调整，铜陵有色金属公司由安徽地方企业上收为国家有色金属工业总公司直属企业，实行“人、财、物、产、供、销”六统一（2001年再度下放地方，隶属于安徽省国资委）。

为确保公司未来的可持续发展，“七五”期间，铜陵有色金属公司实施“以矿山为基础，以冶炼为支柱，一业为主、多种经营”的发展战略，狠抓装备生产线的技术改造，拓展横向联合，加快经济转型，发挥资源优势。五年间累计投入基建投资和更新改造资金累计 5.64 亿元，用于新矿建设和解放初期兴建的老矿、冶炼厂的更新改造。其中共投入技改资金 33408 万元，其中 33 项重点技改项目投资 20665 万元。

铜陵有色金属公司改造冶炼生产线。第一冶炼厂先后进行了铜工艺和塔式法制酸的改造；第二冶炼厂完成了电解二期扩建以及阳极泥处理工程和硫酸净化改造，对强化冶炼、提高综合回收能力、改善烟气制酸条件起到了一定的作用。在铜材加工方面，“七五”期间公司投资近 4000 万元，发展铜材生产，初步形成了无氧铜杆、铜棒、铜管、裸铜线、漆包线、电缆等产品的生产系统，其中无氧铜杆的开发，填补了安徽省的空白。铜材生产的发展，为公司进一步发展开拓了新路。第二冶炼厂的电解铜改造。1986 年 3 月年产 15000 电解铜的电解车间竣工投产。原 5000 吨电解生产系统停止生产，改造为铜冶炼烟灰综合利用系统。1990 年扩建 15000 吨 / 年的电解工程竣工投产，从此实现原设计年产 3 万吨电解铜生产规模。1990 年 10 月 18 日生产电解铜 100.27 吨，首次突破日生产百吨大关，创投产以来的最高纪录。

“七五”期间进行冶炼技术改造，使粗铜、电解铜的生产规模扩大，增加了粗铜含金银量和阳极泥的产量。1988 年，对阳极泥处理系统进行改造，增加了一座火法系统，提高了黄金产量。

动力厂引进无氧铜杆 (线坯) 生产项目。“上引法”工程于 1986 年从芬兰奥托昆普公司引进设备和工艺，经一年半的建设，于 1987 年 12 月建成并一次试生产成功，1988 年 3 月正式投产。动力厂在运用“上引法”生产线的生产过程中，注重引进技术的消化和吸收，在备品备件国产化上下功夫。1989 年 2 月成立了国产化办公室，辖工艺、机械、电气三个组，分别做了大量工作。改进了熔炉感应器等重要备件。使“上引法”设备、电器元件国产率达到 70% 以上。

无氧铜材是铜线材升级换代产品，填补了国内空白。经上海电缆研究所、中国电工委员会检测中心检验，质量超过国家标准。1988 年、1989 年先后获安徽省、中国有色金属工业总公司颁发的优质产品证书。“七五”期间共生产销售无氧铜杆 10679 吨，创产值 9730 万元。

铜管棒是与无氧铜杆并列的铜材生产新系列，该项生产线于 1987 年开始生产，由于电力影响和挤压机的先天质量问题，实际产量达不到设计规模 (800 吨 / 年)，且因产品单一，加工成本高，缺乏市场竞争力。主要产品有：φ5—44 毫米各种壁厚的挤制、拉制 T2、T3 铜管和异型管；φ2.6—12 毫米的 H62、H65、H68 黄铜线材。1990 年产品通过省级鉴定，填补了安徽省二项空白。T2 黄铜管获省优产品。“七五”期间共生产铜管、铜线材 2702 吨。

有色金属公司的铜芯橡套电缆厂于 1989 年 7 月投产，设计年产铜芯橡套电缆 2500 千米，主要产品有橡套软电缆、矿用橡套电缆和电焊机电缆三大系列，1990 年 8 月产品通过安徽省电缆检测中心技术鉴定，填补了铜陵地区空白。

截至 1990 年年底，铜陵有色金属公司电解铜产量由 1985 年的 5378 吨上升到 1990 年的 21779 吨，副产金由 128 千克上升到 494 千克。但这五年的铜资源量没有明显增长，铜精砂含量仅比 1985 年增长 634 吨，这预示铜陵有色金属公司将由单一资源开发向多元化转型。

"八五"期间，铜陵有色公司加快金隆铜业工程建设。金隆工程是 1992 年经中国有色金属工业总公司批准，在铜陵有色公司第一冶炼厂的基础上组建起来的、安徽省内最大的中外合资企业。该公司由铜陵有色公司控股 52%，工程项目总投资 20 亿元，注册资金 6.54 亿元，年生产能力为：高纯电解铜 10 万吨，硫酸 37.5 万吨。1993 年 5 月开工，1994 年 10 月国家计委批准该项目可行性研究报告，1995 年 12 月 6 日经国务院同意，国家计委正式批准工程开工。

安徽铜都铜业股份有限公司于 1996 年 11 月 20 日在深圳成功上市，催生了一批高新精尖产品。"金豚"牌、"铜冠"牌高纯阴极铜先后在伦敦金属交易所注册成功，成为国际著名品牌。纳米银粉、铜及铜合金粉、高纯硝酸银、特种陶瓷过滤机、T150 钻机等高新技术产品相继问世。公司的"常温变量喷射一动力波洗涤闪速炼铜技术"和"地下矿山高阶段强化开采新工艺综合技术研究"两项成果获 2001 年国家科技进步一、二等奖。

1996 年完成了金昌冶炼厂主工艺前期外围工程的技术改造，1998 年收购了安庆铜矿并完成了其二期工程建设，1999 年公司兼并了张家港铜业公司，投资新建了 I、Ⅱ电解铜工程；2000 年公司收购了狮子山铜矿，冬瓜山项目也进入了大规模开发建设阶段，作为公司铜加工项目的芜湖铜加工有限公司一期工程也于 2000 年年末基本建成，培育了新利润增长点，为"十五"期间进一步调整产品结构、增强公司综合实力奠定了基础。期货、现货、进出口联动操作的策略思想和大经贸战略的实施，使公司参与国内外市场竞争的经济实力和水平不断提高。

"九五"期间，股份公司累计实现工业总产值 117.5 亿元 (1990 年不变价)，实现销售收入 71.69 亿元，电解铜完成 33.8 万吨。公司在规范化经营中焕发出蓬勃生机，实现了资产的快速增值，净利润由 1996 年的 4778 万元增长到 2000 年 13846 万元，增长 2.9 倍；总资产由 1996 年的 3.40 亿增长到 2000 年约 27 亿元，增长 7 倍。铜的综合生产能力上升到国内同行业第五位。

集团公司调整了发展战略，大力发展铜和非铜产品深加工，尤其是在铜加工上改变了过去低水平、小打小敲的发展格局，采取高起点、高技术、高水平、大规模的发展思路，延长了产业和产品链。列入安徽省“861”行动计划的20个重点建设项目全面启动。冬瓜山铜矿已建成投产，金昌冶炼厂等四座冶炼厂相继进行了技术改造。治理了污染，提升了产业水平，扩大了产能。高精度铜板带项目建设全面推进；万吨漆包线项目一期工程实现达产达标；7000吨无氧铜材和磷铜球项目竣工投产。以年产80万吨硫酸、120万吨铁球团和自备热电厂为龙头项目的循环经济园已破土动工。万吨碳酸二甲酯项目建成投产，陶瓷过滤机二期扩建建成投产，金湘重科井下无轨化设备二期全面展开，这些“专精特新”产品成为集团公司经济发展新的亮点。稀贵金属及延伸加工等项目开始筹备建设。积极实施资源控制战略。坚持发展项目与招商引资、扩大合作相结合，“十五”期间，招商引资和资本运营取得丰硕成果。国际化、市场化的进程加快。“十五”期间，集团公司进出口贸易总额比“九五”增长161.15%。获得境外期货保值业务资格。加大大宗物资招议标采购力度，积极构建统购统供平台，实现了采供模式由单一供应型向供应服务和对外经营相结合的机制转换。

2005年与2000年相比，销售收入增长2倍，达到180亿元，增加值增长2.3倍，达到21亿元，利税大幅度增长，资产总额增长2倍，达到163亿元，主要产品产量电解铜、铜加工材、铁精砂、硫酸、黄金、白银等都有较大幅度的增长。在世界铜精炼企业排序中由2000年的19位上升到13位。

芜湖冶炼厂建设　“七五”期间，芜湖冶炼厂为加速开发新产品，对现有装备进行了22项技术改造，其中最具关键作用的项目是从意大利引进的年产3.5万吨低氧光亮铜杆生产线，自1988年11月竣工投产后，一举改变芜湖冶炼厂产品的低端状况，产品的高附加值使之成为企业新的利润增长点，以致芜湖冶炼厂1990年跨入全国工业500强，位列第409位。

池州冶炼厂建设　1987年池州冶炼厂实施铅系统综合治理改造。新建铅鼓风炉烟气湿法除尘系统，投资120万元，对铅烧结系统进行技术改造，新建100米的烟囱，解决了二氧化硫低空排放对环境的危害问题。1987年该厂首次扭亏为盈，结束了16年连续亏损，当年实现利税96万元。

扩建改造了粗铅、硫酸、磷肥生产线，提高产能。1988年，国务院批准安徽省调整安庆行署行政区划，原安庆地区铅锌冶炼厂也更名为池州地区铅锌冶炼厂。当年，该厂除扩建了粗铅、硫酸、磷肥生产线，粗铅产能由1984年的1200吨扩大到3000吨，硫酸产能达到4万吨。投资50万元新建铅电解车间（年产2800吨），结束了该厂有粗铅、无精铅的历史。当年销售收入达1664.9万元，实现利税200.7万元。1989年，该厂新开发了氟硅酸钠和电铅项目，电铅项目于当年11月份投入试生产，当年生产1#精铅440吨。

1990年4月，安徽省冶金厅主持召开了“池州铅锌冶炼厂锌冶炼改造可行性研究审查会”，确定了锌冶炼改造项目总投资 740 万元。1990 年 5 月份，该厂 500 吨电解铅产品首次出口到比利时，为国创汇。1990 年 12 月 6 日，池州铅锌冶炼厂升格为中型企业。

经过“七五”期间的努力，1990 年产铜 50348 吨、比 1985 年净增 17838 吨，铝 9652 吨、比 1985 年净增 1758 吨，铅 3907 吨、比 1985 年净增 3422 吨，锌 95 吨。

公司产品品种结构和质量有明显改善。5 年间完成新产品开发 52 项。市场适销的无氧铜杆、光亮铜杆等品种的市场占有率逐步提高。5 年创部优产品 5 个、省优产品 18 个、国优银牌 1 块。能耗、物耗显著下降。电解铝电耗由 18100 千瓦时 / 吨下降到 17000 千瓦时 / 吨以下，万元产值能耗 18.93 吨标准煤下降到 16.81 吨，按可比能耗计算，5 年间累计节约标准煤 47 万吨；技术进步取得新成就。合铝碳素、安庆铜矿采选、铜陵一冶改造、池州冶炼厂铅系统综合治理等工程的建设和投产，为今后发展增添了后劲，使企业所在地的环境有明显改观。

池州铅锌冶炼厂实施大规模铅冶炼挖潜技术改造。1991 年 1 月，湿法处理铅阳极泥，提取金银及有价金属项目投入试生产，硫酸扩建工程投产后产品畅销市场。两项技改成功使公司加快了技术进步的投入。投资 168 万元，年产 1 万吨电铅的扩建改造项目当年竣工并达产。年设计能力 7000 吨粗铅扩改项目中的铅砂库及烧结厂房年底投入使用。1992 年 4 月 1.2 平方米鼓风炉项目投入使用，实现了与万吨电解铅相配套的生产能力。1992 年年初启动的设计能力 2500 吨的锌冶炼扩改工程，于当年 12 月按期投入试生产，顺利产出合格的 1# 电解锌；利用和改造原 0.5 平方米鼓风炉富集处理铅冰铜回收粗铜；完善 0.5 吨转炉炼银技改冶炼工艺。

根据市场需求，冶炼厂与安徽省信托投资公司合资兴建了万吨铜冶炼项目，该项目分为粗铜和电解两期。1994 年 8 月，粗铜冶炼建成投产，当年就产出粗铜 800 吨。

池州铅锌冶炼厂“八五”期间的大规模挖潜技术改造，使企业规模、产品结构和经济效益迈上了一个新台阶。因而，该厂 1995 年进入安徽省实施的省级扶优扶强重点支持 56 户大中型企业的项目范围，同时被纳入安徽省人民政府确定的“50 户现代企业制度试点工作”范围。

池州有色金属集团（原池州冶炼厂）大力拓展产品延伸。1996 年公司年产 2 万吨电解铜项目建成，并于年底产出第一批合格电解铜，主品位达 99.96%，质量优于国标一级品。年产 180 吨的锌技改工程竣工，1996 年 10 月投产，当年产锌粉 100 吨。1997 年 3 月对公司投资 650 万元对粗铜项目和铜砂库进行扩容改造，使粗铜年产能力由 1 万吨提高到 1.5 万吨。针对锌市场行情看好，公司又投入 440 万元，将年产 2500 吨电解锌的生产能力扩容改造为年产 6000 吨，同时为其增建一座 3.5 千伏变电所。1998 年投资 55 万元对粗铜冶炼的阳极炉进行改造，将生产能力由 50 吨提升至 70 吨。公司在

1999年成功试生产出精铋，精铋的产出为企业增添了一个新的经济增长点。经过努力，池州有色集团公司发展成为大型有色金属冶炼企业，被誉为安徽冶金行业乃至全省工业企业“学邯钢”的一面旗帜。

合肥铝厂建设　1983年4月，合肥铝厂与中国国际信托投资公司签订协议，决定合资经营碳素产品，一期扩建工程开工，共投资1830万元（其中中信投资1160万元）对碳素系统的各主要生产工序进行了设备更新和技术改造，到1985年年底扩建工程基本竣工，达到年产石墨电极5000吨、阳极糊类制品6000吨的生产能力，生产的Φ610毫米石墨电极产品，填补了国内大规格石墨电极的空白。

1986年初，石墨电极一期改造投产，当年生产成品电极3083吨、阳极糊类制品4128吨。合肥碳素厂固定资产原值达到5474万元，职工总人数1747人（合肥铝厂合署办公、经营独立核算）。

1987年该厂继续与中国国际信托投资公司和国家原材料投资公司合作，集资对现有的碳素公司进行第二期技术改造，将原有的生产规模扩大一倍，生产国际最新的高科技产品——高功率与超高功率石墨电极。此项工程于1988年1月开工，共投资12283万元，经过五年的艰苦施工，1993年终于形成了年产石墨电极1.6万吨，其中高功率电极5000吨、糊类制品6000吨的生产规模。在碳素系统改造的基础上，为进一步提高铝产品的产能，决定对铝电解进行易地改造。1991年12月铝电解易地改造工程开工，到1995年9月共投资3702万元新建60千安电解槽34台，增加产能5300吨，使电解铝的年总产能达到1.3万吨。1996年又投资2000余万元新建了20台60千安电解槽，使产能达到了1.6万吨。

1990年合肥铝厂实际完成铝产品6393吨、石墨电极4201吨、阳极糊4012吨，工业总产值9407万元（90年不变价）。固定资产原值达到5944万元，职工总人数2228人。

濉溪铝厂　1970年，濉溪铝厂动工兴建，1973年20台6千安培电解槽建成投产，年产铝锭300吨。1981年，濉溪铝厂进行技术改造、改建成6万安培电解槽12台，年能力提高到1800吨铝锭。被国家冶金部有色金属总公司确定为全国电解铝定点生产厂之一。

1986年，濉溪铝厂与江苏省海门铝带材生产厂联合开发锅卷带生产线。1987年1月，铝卷带项目批准立项，总投资65万元，占地面积573平方米。5月，濉溪铝厂新上一条年产800吨铝型材的生产线。年底，铝型材进入试生产阶段。1988年，铝型材生产线竣工，形成了年产800吨型材的生产能力。1987年濉溪铝厂与江苏海门不锈钢厨具厂联合筹建铝锅生产线，年设计生产能力150万件，投资120万元，占地1460平方米。是年9月，濉溪铝厂自行完善5000吨电解铝技改项目取得成功。经贵阳铝厂、徐州铝厂和上海硅整流器厂等单位专业技术人员鉴定，达到部颁标准。是年，濉溪铝厂投资

85 万元，扩建碳素车间，占地 1681 平方米，设计年生产阳极糊（碳素）3000 吨。

1988 年濉溪铝厂铝型材生产线竣工，形成了年产 800 吨型材的生产能力。是年，投资 45 万元新建电解铝微机自控室，年节电 80 万千瓦时。重熔铝锭被评为省优质产品。

1989 年年初，濉溪铝厂碳素车间建成试产，当年产阳极糊 428 吨。1991 年初投入批量生产。产品经郑州轻研所检测分析，均达到 GB8741–88 标准。

1991 年，濉溪铝厂投资 68 万元，在电解车间 60 千安电流强度槽系列中串联精铝试验槽。是年，铝锅生产线投入了批量生产，填补了市内空白。同年铝卷带工程竣工，通过了市新技术、新产品验收。

1992 年 9 月，濉溪铝厂精铝试验槽转入正常试生产。产品经国家轻工业局质量监督检测中心检测，符合 GB8644–86 的要求。该项目技术在全国属首创。在省首届博览会上，“卧牛”山牌铝锭荣获金奖。自此，铝锭销售由省冶金厅统一调拨改为自销。

1993 年 8 月，濉溪铝厂精铝冶炼通过省级鉴定并申请了国家专利。1994 年，精铝冶炼技术获市科技进步二等奖，省科技进步四等奖。电解铝厂被评为安徽省百家最佳经济效益企业。

1994 年，濉溪铝厂着手实施《完善万吨电解铝技术改造方案》。是年，《完善 1000 吨铝型材氧化着色生产线实施方案》经市科委批准立项，总投资 75 万元，占地 338 平方米。当年 4 个便建成投产。次年，为解决 1000 吨电解铝的铸造和型材、铝板带等坯料的加工，新上铸造部 1 栋，总投资 110 万元，占地 843 平方米。

1995 年，濉溪铝厂改制组建“安徽省皖北铝业有限责任公司”。

1996 年，濉溪铝厂《万吨电解铝综合节能技改工程》由省冶金设计院设计、省计委批准立项，总投资 2241 万元。投产后，年可节电 1033 万千瓦时，节水 9 万立方米，折标准煤 1271 吨，增效 623 万元。是年底，完善万吨电解铝工程竣工，投入运行。

到 1996 年，濉溪铝厂先后建成碳素车间和铝型材、铝卷带、铝箔生产线及相关配套设施，总投资 5314 万元，形成碳素 3000 吨、型材 1000 吨、铝箔 1700 吨、冷板带材 1900 吨的生产能力，步入国家中型企业行列。

1996 年起，皖北铝业效益开始下滑，以后连续亏损。2003 年 12 月，皖北铝业有限公司因资不抵债被濉溪县人民依法宣告破产。2004 年，电解铝冶炼正式停产。2004 年，原皖北铝业型材厂及板材厂国有资产出售，安徽恩远铝业有限公司、淮北银丰铝业有限公司公司先后成立。

1986—2003年皖北铝业主要经济指标情况表

表2-2-1-1

年 份		1986	1990	1995	2000	2001	2002	2003
产品产量	铝锭（吨）	1671	2851	5639	9813	--	10305	10483
	铝型材（吨）	--	42	254			1180	1603
	复合铝箔（吨）	--	60	467				
利润（万元）		130	344	1197	–582	112.6	150.6	– 40
税金（万元）		110	89	269		90.8	784.4	1063
销售收入（万元）		922	1670	9516	16717	16784	16142	17006
固定资产（万元）		308	1137	7248	15608	16064	16038	11030

第二节　环保治理项目

安徽有色金属工业企业积极加快环保治理工程建设，实现可持续发展。

第一冶炼厂环保项目　第一冶炼厂的“硫酸排管冷却水治理”“制酸系统交换器更新”“制酸尾气硫酸雾治理”以及“工业废水、烟气达标排放治理”四大项目，总投资为1352万元；年增产硫酸12600吨、年节水378万立方米、节电1000万千瓦时，尾气硫排放在0.0016%以下。

金昌冶炼厂环保治理工程　自1990年起，铜陵有色金属（集团）公司就着手金昌冶炼厂（原第二冶炼厂）的环境污染治理改造工程建设。1991年1月4日，中国有色金属工业总公司批准对铜陵有色公司冶炼厂技术改造工程总体方案，该方案所确立的技改建设的方针目标是：“总体规划，分步实施，先扫清外围，后攻主工艺”及“完善配套，挖潜增效，治理污染，节能降耗”。主要是四大改造：粗铜冶炼工艺改造，设计能力3万吨，改造后于1995年达产能达3.7万吨；电解铜改造，投资2338万元，1994年能力达到4.5万吨；金银工艺改造；硫酸工艺改造，投资6930万元，1992年4月开工，1994年年底竣工，硫酸产量由9万吨提高到12.5万吨。

铜官山矿环保治理工程　1990年9月，国家有色总公司委托北京矿冶研究总院来铜陵调查已闭库的铜官山尾砂坝。经澳大利亚国际发展援助局（澳援局）、国家经贸部、中国有色总公司、北京矿冶研究总院、国家环保局和国家土地局等有关方面研究，将铜官山矿五公里尾矿库作为无土复垦的典范。五公里尾矿库复垦治理项目是中国有色金属工业总公司与澳大利亚经济技术合作中的第二大项目，该项目是以改善尾矿库区周围生态环境和人们的生活环境为目标，突出复垦治理工作的社会效益，为将来中国的矿山的废弃场所的处理树立一个样板。

铜陵有色环保治理工程 铜陵有色集团一冶铜系统环保治理工程。1999 年 12 月，一冶新 1 号转炉改造竣工，使铜系统环保治理的外围工程基本完成，紧接着治理的重点就集中到熔炼主工艺的改造上。铜系统环保治理工程的资金来源，一是国债、二是亚行贷款。其中国债项目（即主工艺改造工程）于 1999 年 4 月 27 日获国家经贸委批准立项。根据立项批复要求，1999 年 2 月安徽铜都铜业股份有限公司委托北京有色冶金设计研究总院编制工程可行性研究报告，并于同年 9 月 3 日通过了原中国铜铅锌集团公司组织的评审。1999 年 10 月 5 日，中国工商银行通过 1.4 亿元人民币贷款。亚行贷款项目（即熔炼工艺改造及环境治理工程）由国家计委立项批复。金昌冶炼厂熔炼工艺改造及环境治理工程是其中八大子项工程之一。11 月 30 日，熔炼工艺改造及环境治理工程可行性研究报告获国家计委批复。12 月 19 日熔炼工艺改造及环境治理项目获亚洲开发银行审批，金额 2600 万美元，成为安徽省长江流域酸雨控制区环境治理打捆八项目中最大的项目。铜熔炼主工艺采用国际上先进成熟的顶吹浸没式喷枪熔炼工艺，达到 20 世纪 90 年代国际先进水平。

芜湖冶炼厂节能减排项目 根据市场燃料变化，天然气作为新型能源，在冶金行业应用已是一种普遍趋势。2006 年 11 月，芜湖冶炼厂改造平炉燃料系统，重油改天然气作为燃料。在降低能源消耗、减轻员工劳动强度及减少二氧化硫等有害气体排放量等方面均取得了明显的经济效益和环境效益，达到了减排效果。

第三节　企业改制

铜都铜业上市 经国家体改委批准，安徽铜都铜业股份有限公司于 1996 年 11 月 20 日在深圳成功上市，铜都铜业上市标志着公司步入了资本运营领域，铜陵有色金属(集团)公司先后将金昌冶炼厂、安庆铜矿、张家港联合铜业公司、狮子山铜矿、铜材厂优良资产收购或配进铜都铜业。公司先后成功地实施了高比例配股、资产重组、兼并和收购等一系列资本运作计划，实现了资本的良性扩张，总股本由初期的 1.4 亿股增加到 2000 年的 4.66 亿股，累计募集资金 9.4 亿元。

铜陵有色集团内部各项改革逐步深化：完善母子公司管理体制，稳步实施资源枯竭矿山关破工作，加快中小企业改革，积极推进主辅分离和专业化重组步伐，剥离企业办社会职能，积极推进三项制度和配套改革。结构调整步伐加快，企业核心竞争力增强。

安徽鑫科新材料股份有限公司上市 芜湖恒鑫铜业控股设立安徽鑫科新材料股份有限公司并成功上市。这是由经安徽省人民政府批准的芜湖恒鑫铜业集团有限公司作为主要发起人,联合合肥工大复合材料高新技术开发有限公司、安徽省冶金科学研究所、芜湖市建设投资有限公司和芜湖市鸠江工业投资有限责任公司，以共同发起方式设立的科工贸、产学研为一体的股份有限公司。该公司1998年9月28日获得安徽省工商行政管理局核发的企业法人营业执照。总资产为23485.76万元，净资产为9931.43万元，注册资本为6500万元人民币，股本总额为6500万股，其中：国有法人股5743.96万股，占股份总额的88.37%；法人股756.04万股，占股本总额的11.63%。公司设立时，芜湖恒鑫铜业集团有限公司与芜湖市鸠江工业投资有限公司分别将其所持有的鑫达公司93.26%和6.74%的权益作为出资,即鑫达公司的全部资产投入本公司。鑫达公司的主要资产包括一条意大利引进的年产3.5万吨的光亮铜杆生产线、两条年产5000吨的精密铜带生产线、一条年产4000千米的辐照电缆生产线及相关生产辅助设施,经评估确认后的资产净值为8056.7万元。合肥工大复合材料高新技术开发有限公司以其全资附属企业化学试剂厂的全部净资产作为出资,包括年产20万件碳纤维复合材料制品生产设施、一条年产20吨氧化物系陶瓷粉体及10万件制品的生产线、“碳纤维连续镀铜的方法”发明专利和“精密结构陶瓷拉丝模及其制造方法”发明专利申请权,经评估确认后的资产净值为1155.2万元。安徽省冶金科学研究所以其全资附属企业火炬公司的全部净资产作为出资,包括一条年产200吨钼酸铵、钼制品的生产线和仲钼酸铵生产专有技术,经评估确认后的资产净值为369.5万元。芜湖市建设投资有限公司以现金350万元人民币作为出资。

公司自1998年10月开始完善现代企业制度，按照《中华人民共和国公司法》的规定,设立了股东大会、董事会、监事会和生产经营管理机构；并根据生产经营需要，先后设立了光亮铜杆厂一个直属厂和铜带、异型铜材、复合材料、特种材料、电线电缆五个分公司。1999年4月，鑫科材料被安徽省科委认定为高新技术企业。

为争取上市，五家发起人投入公司的净资产总额为9931.43万元,按照65.448%的比例折为6500万股股份，每股面值一元。2000年10月26日，公司经上海证券交易所向社会公开发行3000万人民币普通股A股，本次发行采用上网定价发行的方式，发行后公司股本总额扩大至人民币9500万元。

经省和国家证监部门审核批准，2000年11月22日，公司股票在上海证券交易所挂牌上市，股票简称“鑫科材料”，股票交易代码：600255。

公司成立上市后承担了4项国家火炬计划项目，拥有2项国家发明专利，2个国家级重点新产品，先后获得国家科技进行奖3项，以及省部级科技进步奖和国家级科技成果、省部级科技成果等。

2001年6月，公司控股股东恒鑫集团因拖欠芜湖飞尚公司1.5亿元债务未能清偿，恒鑫集团遂将其所持51.76%鑫科材料股权(4917万股)质押给了芜湖飞尚公司。2001

年底，恒鑫集团出资人芜湖市经济贸易委员会与深圳飞尚持股 90% 的子公司芜湖飞尚和自然人余劲松达成协议，将恒鑫集团股权转让给芜湖飞尚和自然人余劲松。2002 年 3 月 12 日，转让获安徽省政府批准。鑫科材料控股股东恒鑫集团由国有股变更为法人股，分别由芜湖飞尚和自然人余劲松各占 50% 股权。深圳飞尚则是芜湖飞尚的母公司，公司大股东最终控制人实际为深圳飞尚和余劲松，深圳飞尚从而间接持有鑫科材料 51.76% 股权，成为公司的实际控股人。

第四节　有色金属工业园区

田营循环经济工业园　界首市再生铅冶炼加工业，自 2000 年以来发展迅速，年再生铅能力超过 20 多万吨。为达到节能减排、实现可持续发展，该市设立了田营循环经济工业园，规划面积 5.2 平方公里，园区内现有再生铅企业 2 户，其中安徽华鑫铅业集团下辖 12 个子公司，从原料购销至成品铅销售一条龙，从业人员近万人，固定资产 3 亿多元。该工业园 2005 年完成销售收入 15 亿元，上缴税收 4050 万元，是安徽省再生铅行业首家循环经济工业园。园区已达到年处理废旧电瓶 30 万吨、再生铅冶炼 18 万吨的能力，占全国生产能力的近一半。田营工业园区被省发改委评为首批循环经济工业园之一。华鑫铅业集团的再生铅项目已列入省“861”行动计划，华鑫铅业集团不仅是全国《再生铅锭标准》的制定单位，也是全省唯一持有“危险废物经营许可证”的企业集团。再生铅产业链条实现有序延伸，2005 年深加工项目签约 10 个。

芜湖鑫科工业园　鑫科工业园位于芜湖市经济技术开发区的核心地带，占地约 19 万平方米，项目总投资 11.33 亿元人民币。该园是芜湖市首家上市公司——鑫科材料股份公司创立，计划将 1 万吨 / 年的高精度稀土铜带等几个高新技术项目按照“统一规划，分期实施”的原则在园内分步实施，形成公司新的增长点。经过近一年的筹划工作，鑫科工业园暨稀土高精带工程奠基典礼于 2001 年 11 月 18 日举行，2002 年 12 月 31 日高精带项目全线贯通，2003 年 11 月 20 日精密铜带分公司顺利通过达标验收。2003 年 8 月 28 日，铜合金线材项目开工建设，2004 年 3 月 30 日 10000 吨 / 年铜合金线材项目顺利竣工并正式投产，同年 8 月 23 日铜合金二期项目竣工验收，同时异型分公司生产主体进入鑫科工业园。省计委于 2001 年 11 月 8 日同意该鑫科工业园主体工程项目之一，年产 1 万吨高精度稀土铜板带材项目列入省计委 2001 年省“三高”项目计划。2001 年 11 月 18 日项目正式破土动工，2003 年 1 月 1 日全线贯通试生产，产品质量稳定，同年 4 月 4 日顺利通过省市专家验收。全部工程建设历时十三个半月，创造了建设工期短，投资省、见效快的全国乃至世界同类建设投资的新纪录。

第三章　冶金矿山建设

截至2005年年底马钢集团公司生产建设规划矿山共计资源储量：铁矿11.09亿吨，硫铁矿3549.3万吨，伴生五氧化二钒金属量142.08万吨，五氧化二磷金属量352.8万吨，铜金属量1.82万吨，硬石膏4119万吨。

进入20世纪90年代，马钢矿山迎来新的建设高潮。其中心任务是：巩固凹山，改造东山，延伸桃冲，扩建姑山，新建高村铁矿，以适应马钢钢铁各600万吨对铁矿石的需要。

铜陵有色公司抓老矿山挖潜。矿山先后开拓16个新中段，下掘延伸7条竖井，累计完成采掘剥总量1506.4万吨，掘进井巷21.4万米，采矿量1047.8万吨，出矿量1073.5万吨，其中采掘剥总量、采矿量、出矿量分别比“六五”增长3.98%、4.54%和2%；新增开拓矿量约780万吨，到1990年年底矿山保有开拓矿量1945.5万吨，采准矿量273万吨，备采矿量205.7万吨；

在新矿山开发方面，采选能力为1500吨/日，年产铜金属量3000吨的安庆铜矿于1987年恢复建设，1990年年底其选矿系统、尾砂排放系统、运输及通风工程全部完工，具备了投料试车的条件，成为公司又一新的主力矿山；大团山、冬瓜山矿床的探采结合前期工程也在进行中。

安庆铜矿1987年9月经国家计委批准复建，设计规模为年产铜金属量9350吨、铁精砂39万吨、硫精砂2.3万吨，截止1991年年底已累计投资2.78亿元，1991年3月7日投产试车。1991年至1995年主要是一期工程收尾及配套项目，投资2761万元。1992年起二期工程起步，总投资为1.75亿元。安庆铜矿不仅是铜陵有色公司重大资源后续项目，同时也是公司乃至全国有色行业，探索市场经济条件下新的办矿模式试点。

第一节　马鞍山钢铁公司直属矿山

矿山资源　马钢集团公司现生产矿山截至2005年年底铁矿资源储量为1.42亿吨，可采储量2279.34万吨。伴共生矿产主要有钒、硫、磷等。其中硫铁矿498.4万吨，伴生五氧化二钒金属量11.92万吨。

凹山铁矿床累计探明铁矿资源储量2.14亿吨，累计消耗储量1.81亿吨，截至2005底铁矿石资源储量3329.02万吨，矿石质量：全铁28.04%，五氧化二钒0.228%；伴生五氧化二钒金属量 7.59 万吨。

东山铁矿床累计探明铁矿资源储量 2764 万吨，累计消耗储量 1322.2 万吨，截至 2005 年年底铁矿石资源储量 1441.8 万吨，矿石质量：全铁 33.23%，五氧化二钒 0.3%；共生硫铁矿 498.4 万吨，品位 10.06%；伴生五氧化二钒金属量 4.33 万吨。

姑山铁矿床累计探明铁矿资源储量 1.31 亿吨，累计消耗储量 4437.19 万吨，截至 2005 年年底铁矿石资源储量 8681.81 万吨，矿石质量：全铁 41.73%。

桃冲长龙山铁矿床累计探明铁矿资源储量 2495.3 万吨，累计消耗储量 1755.21 万吨，截至 2005 年年底铁矿石资源储量 740.09 万吨，矿石质量：全铁 45.88% 。

马钢集团公司基建矿山截至 2005 年年底铁矿资源储量为 9.11 亿吨。

高村铁矿。高村铁矿主要有 8 个矿体组成，主要矿体呈不规则似层状，沿走向倾斜，构成走向北 30° 东，倾角 30° ~ 60° ，长约 1600 米，厚度 50 ~ 300 米不等，沿倾斜延伸 800 ~ 1000 米，其赋存标高自地表 45 米至 –535 米。铁矿床中金属矿物以磁铁矿为主，累计探明铁矿资源储量 2.19 亿吨。一期设计规模 150 万吨 / 年，2001 年 5 月正式动工，2002 年 6 月 28 日正式出矿。二期设计规模 500 万吨 / 年，2003 年 12 月动工，基建期三年。2005 年又开展了二期优化设计，生产规模 700 万吨 / 年，计划 2008 年底建成投产。

和尚桥铁矿床。矿体一般呈扁豆状及似层状，矿床较平缓，3 号矿体为主要矿体，占整个矿床储量的 84%，3 号矿体长 2400 米，宽 300 ~ 600 米，厚约 28 米由西向东倾伏，倾角 5° ~ 30° 左右，赋存标高自 7 米至 –216 米。铁矿床中金属矿物以磁铁矿为主，累计探明铁矿资源储量 1.76 亿吨。和尚桥铁矿设计规模 300 万吨 / 年，露天开采。

和睦山铁矿。和睦山铁矿由后和睦山矿段和后观音山矿段组成，后和睦山矿段矿体呈似层状，走向北 50° 西，倾向北东，倾角 20° ~ 45° ，矿体长 400 米，平均厚 32 米，赋存标高自地表至负 50 米，以混合矿为主；后观音山矿段埋深 –150 ~ –350 米，以磁铁矿为主，累计探明铁矿资源储量 2958.1 万吨。和睦山铁矿设计规模 70 万吨 / 年，井下生产。2003 年 2 月 28 日基建开工。

白象山铁矿床。矿体呈似层状，总体以 13° 左右呈波状向北倾伏。主矿体长 1630 米，宽 950 米，平均厚度 34.41 米，赋存标高自 –200 米至 –600 米。铁矿床中金属矿物以磁铁矿为主，累计探明铁矿资源储量 1.46 亿吨。铁矿设计规模 200 万吨 / 年，井下生产，2005 年已得到安徽省发改委项目核准。

罗河铁矿床。矿体呈似层状、平缓透镜状，沿北东—西南方向延伸，由东向西倾伏，倾角 3° ~ 12° ，主矿体为 Ⅰ、Ⅱ 号矿体。其中，Ⅰ 号矿体平均长 2135 米，宽 1372 米，厚度 59.66 米，赋存标高自 –402 ~ –780 米；Ⅱ 号矿体平均长 1283 米，宽 1085 米，厚 24 米，赋存标高自 –533 ~ –847 米。铁矿床中金属矿物以磁铁矿为主，累计探明铁矿资源储量 5.06 亿吨。一期设计规模 300 万吨 / 年，井下生产。

马钢集团公司远景矿山有铁矿资源储量计有 5612 万吨。伴生矿产主要五氧化二钒金属量 8.98 万吨。钟九铁矿床：主矿体呈簸箕状，走向北东，矿体长 1200 米，宽 700 米，厚 10 ~ 75 米不等，平均厚约 28 米，延深 937 米。矿体赋存标高自 –22 米至 –665 米。铁矿床中金属矿物以磁铁矿为主。累计探明铁矿资源储量 5612 万吨。矿石质量：全铁 33.93%，硫 1.20%，磷 0.43%，五氧化二钒 0.16%，伴生五氧化二钒金属量 8.98 万吨。

桃冲老虎垅石灰石矿。老虎垅石灰岩矿床位于桃冲矿业公司选矿车间西侧，距荻港江边矿自备码头 7.5 千米，有公路和窄轨铁路线相通，交通便利。全矿床熔剂灰岩与水泥灰岩资源储量共计 5791.68 万吨。其中熔剂灰岩资源储量为 2007.11 万吨，平均品位氧化钙 54.07%，氧化镁 0.82%，二氧化硅 1.23%，硫 0.025%。

青阳白云石矿。青阳县五溪白云岩矿位于青阳县五溪镇，东距县城 6 千米，矿区位于 318 国道青贵公路北侧，矿区西离池州长江码头 40 千米，贵池码头至马鞍山码头水运距离约 200 千米，交通方便。青阳五溪白云石矿经省储委批准的、可作为设计依据的地质勘探储量为 8033.45 万吨，平均氧化镁品位 21.33%、氧化钙品位 30.42%、二氧化硅品位 0.55%；从工业指标上看，特级品为 9323.94 万吨，占地质总储量的 91%，其余的 973.01 万吨均为一级品和二级品。

矿山生产　马钢采矿起源于 20 世纪初，1951 年马钢恢复生产，已经开采的冶金矿山有南山、姑山、桃冲 3 个铁矿区，均分布在长江南岸，总计矿区占地面积 19.96 平方千米，此外还有花山石灰石矿区。

1998 年 2 月 5 日，马钢集团公司为进一步建立和完善现代企业制度，决定将马钢 3 个矿山依法改制为矿业分公司。2000 年 12 月 17 日，马钢为构建母子公司体制，形成资本授权经营格局，决定对南山矿和姑山矿依法改制为全资子公司，对桃冲矿依法改制为分公司。

南山矿业有限责任公司。南山矿业有限责任公司（以下简称南山矿）是马钢主要的矿石基地，中国华东地区规模最大的黑色冶金露天矿山，国内大型冶金矿山之一。矿区位于马鞍山市东南 8 千米的向山镇境内，占地 1429 万平方米，工业建筑 17.98 万平方米，民用建筑 42.49 万平方米。

1998 年 3 月，南山铁矿更名为南山矿业公司。2000 年 12 月，南山矿业公司改制为全资子公司，更名为南山矿业有限责任公司。2005 年年底，南山矿机关设 17 个职能部门（科室），二级生产和辅助单位（车间、厂、所、公司）25 个。

南山矿主体生产分凹山和东山两个采、运、选联合生产体系，并拥有包括机械制造、设备检修、物资供应、炸药加工、汽车运输等配套齐全的辅助生产系统。另有高村采场二期工程在建。从 1954 年建矿到 2005 年年底，南山矿共采出铁矿石 2.0560 亿吨，生产铁精矿 7171 万吨，为马钢创造内部经济效益超过固定资产原值的 2.5 倍以上。

2005 年，南山矿业公司完成采剥总量 1294.05 万吨，采矿量 615.60 万吨，生产铁精矿 207.15 万吨，实现内部利润 2.15 亿元。集团设计院全年实现科研收入 945.57 万元，盈利 3.54 万元。

南山矿主要技术装备集中在采场和选矿厂。凹山、东山两个采场有采掘设备 37 台，运输设备 176 台。凹山、东山两个选矿厂现有颚式破碎机 4 台，圆锥破碎机 7 台，球磨机 20 台，永磁圆筒磁选机 49 台和自磨机 2 台，全矿固定资产原值 10.97 亿元，净值 3.93 亿元，设备总重 2.20 万吨。

1991 年至 1992 年，凹选以降低碎矿与磨矿产品粒度为突破口，在磨选主厂房增设三留槽细筛，对中矿再磨再选进行工艺改造，稳定了精矿品位和回收率。1995 年，进行了东山采场降铝、降硫工艺改造和凹山采场品位指标优化研究，取得了良好的经济效益。1998 年，完成了冷车—机车联合运输转载方法研究，解决了采场深部运输及转载能力等采矿工艺难题。2001 年至 2003 年，针对生产经营实际，先后完成了降低凹选碎矿产品粒度工艺改造、提高东选铁精矿品位工艺改造和东山采场综合爆破控制技术开发等一批科技项目。2004 年至 2005 年，开始启动和实施凹山选厂提升能力技改工程，工艺技术改造采用德国进口的高压对辊机，该工程使凹山选厂生产能力提升至 650 万吨 / 年，同时具备处理极低品位矿石的技术手段。高村铁矿、和尚桥铁矿等后备矿山的筹建工作有条不紊推进。

20 世纪 90 年代中期以后，马钢集团公司对南山矿相继实行了经济责任制承包、资产授权经营和改制为全资子公司。南山矿由生产型企业向生产经营型企业转变，管理的重点也由生产管理转变为以成本、费用管理为主要内容的财务管理。

1998 年，马钢将南山矿改为模拟子公司运作的“南山矿业公司”，实行资产授权经营。南山矿抓住改制的机遇，全面推进改革，建立充满活力的内部分配激励机制。2000 年 12 月，将南山矿正式改制为全资子公司，成为自主经营、自负盈亏、自我发展、自我约束的法人实体和市场竞争主体。2004 年，马钢将集团设计院剥离部分经济实体后，成建制划入南山矿业公司。

姑山矿业有限责任公司。姑山矿业有限责任公司（以下简称姑山矿）地处当涂县境内，姑山矿占地 33.3 万平方米，建筑面积 25.13 万平方米。

姑山矿区已有 90 多年的开采历史。1998 年 3 月，姑山铁矿更名为姑山矿业公司。2000 年 12 月，姑山矿业公司改制为全资子公司，更名为姑山矿业有限责任公司。2005 年底，固定资产原值 2.8 亿元，净值 1.2 亿元。

1988 年以来，姑山矿矿石产品主要为铁精矿（又分为跳块和粉精）、合格矿，其中合格矿（亦称高炉块矿）1991 年至 1994 年曾停产。根据马钢对产品结构的要求，

1991年至2000年，跳块占有的比例小于粉精。自1999年，粉精矿产量每年都在40万吨以上。1988年至2005年，姑山矿累计采矿1763.93万吨，生产成品矿1021.72万吨。2005年，姑山矿矿石销售收入达2.29亿元，当年上缴国家财政2559.98万元。

姑山矿建矿以来，矿山生产完成了手工—半机械化—小型机械化—大型机械化—现代化的跨越。1989年至1992年，逐步应用SQC-6-2700强磁机及SLON-1500脉动高梯度磁选机，1992年至1998年完成了阶段磨选—强磁（SQC）—脉动高梯度工艺改造，钟山碎矿场修复启用，重新恢复高炉块矿加工、原矿分级机溢流自流汇入洗矿液流，取消φ24米原矿缩密池。2000年，高炉块矿加工生产线改建工程启动，改建后的生产线迁址龙山。同年龙山选厂用SLON-1750高梯度磁选机代替SQC强磁选机改造工作完成。采掘—运输—加工由建矿初期的手工—船运（水路）—手工发展到2005的KQ-200、WK-4-42T级贝拉斯、SY准轨机车，年处理能力100万吨碎选生产线。

姑山矿坚持“科技兴矿”取得的重大科研成果有：姑山矿弱磁性矿物抛尾设备及工艺研究获国家冶金局科技进步一等奖；选矿污水净化及提高循环利用率的研究获冶金工业科学技术进步四等奖；SLON立环脉动高梯度磁选机的推广应用获国家科学技术委员会国家科技进步三等奖。“弱磁性矿石高效强磁选技术与设备”研究项目获江西省科学技术进步一等奖。

2003年2月28日，姑山矿年产70万吨后备矿山和睦山矿开始兴建，新矿山采用井下开采，主副井位置离现有龙山选厂不足1千米，2005年年，已具备试出矿能力。白象山铁矿工程2005年11月16日正式获省发改委批准立项，筹建工作全面开展。非矿产业有：空心砖厂、钢材销售市场、合金包芯线厂、饮料厂及滤清器厂等。

桃冲矿业公司。桃冲矿业公司（以下简称桃冲矿）位于安徽省繁昌县以西长江中下游南岸，为中型黑色金属地下矿山。全矿占地面积234.38万平方米，建筑总面积17.2万平方米，其中工业建筑面积3.8万平方米。1998年3月，桃冲铁矿更名为桃冲矿业公司。2000年12月，改制为桃冲矿业分公司。2005年年底，桃冲矿下设7个车间（含2厂、1队），18个机关科室（含2个公司）。

1988年至2005年，共开采矿石799.04万吨。拥有固定资产原值2.8563亿元，净值2.0718亿元。

桃冲矿产品按矿质分有富铁矿、贫铁矿和云母氧化铁；按矿石自然类型分有石英、方解石型铁矿石、辉石型铁矿和石榴子铁矿石；按矿石加工分有合格矿（块矿）、粉矿和铁精矿；按冶炼适应性分有高炉铁矿、平炉铁矿和烧结用矿。2005年，采掘总量71.7万吨；铁矿石66.2万吨；成品矿37万吨；主要产品：高炉粉矿19.27万吨，铁精矿13.88万吨。掘进进尺2002.3米。中深孔11.67万米。金属回收率69.62%。高炉粉矿品位47.84%。铁精矿品位55.98%。

桃冲矿坚持技术创新实施多项技术改造。–90米以下延伸工程于1989年5月3日开工，总投资4500万元，工程开拓量为4.5万立方米。1993年9月29日竣工投产。1988年6月14日，井下山南通风系统节能技术通过部级鉴定。1998年，桃冲矿自行设计对原选矿工艺进行改造，仅3个月完成了粉矿一期工程，将15 ~ 40毫米的高炉块矿加工成0 ~ 8毫米粉矿。2000年11月，又着手二期工程，将原粉矿加工成0 ~ 6毫米的最终产品，全面达到烧结生产对矿产品的技术要求，高炉粉矿逐步取代高炉块矿成为主导产品之一。2003年5月，将选矿主厂房工艺流程改为弱磁—中磁，实行二次扫选，同时利用分泥斗对弱磁精矿进行脱泥。2003年12月，选矿无尾矿输送项目改造完成，实现选矿尾矿的零排放。2005年，与东北大学合作井下采空区安全和回采技术研究项目。其研究成果保证了出矿、采准和残矿回收等工作的安全。从43米和30.5米分层出矿生产来看，较好地控制了地压；30.5 ~ 93米全年可多回收矿石12万吨，经济效益十分突出。

桃冲矿非矿产业有水泥厂和青阳白云石矿。水泥厂是马钢涉足非钢产业的大型投资项目。1996年3月5日，马钢正式下达项目建设计划，同年5月1日工程破土动工。1998年10月29日，试生产出第一批“寨峰”牌水泥。1999年5月1日，全面竣工投产。工程总投资1.2亿元；2000年11月26日，通过ISO 9002 ：1994版质量体系认证。2003年7月，通过ISO 9001 ：2000版质量管理体系认证，同时通过产品质量认证。2004年，将年产18万吨熟料生产线改造为年产50万吨的旋窑。2005年，生产42.5级普通硅酸盐水泥14.06万吨、32.5级普通硅酸盐水泥5.16万吨、32.5级矿渣硅酸盐水泥12.20万吨，还可开发多种特殊水泥。根据《“十五”期间马钢发展非钢产业指导意见》要求，青阳白云石矿于2003年5月8日破土动工，同年11月20日成功负荷试车，设计年产白云石100万吨；拥有各种设备125台（套），设备总重量528.69吨。2005年生产云粉43.4万吨，已成为马钢冶金辅料基地之一。

第二节　铜陵有色公司直属矿山

公司先后建立8座矿山。其中位于江苏省江宁县的铜井铜矿于1958年移交江苏省，井边铜矿因资源枯竭于1979年闭坑。1990年年末，主要矿山有铜官山铜矿、铜山铜矿、狮子山铜矿、凤凰山铜矿、金口岭铜矿和安庆铜矿。矿山职工1.67万人，历年来累计掘进总量129.7万米，采矿总量6850万吨，生产铜金属量58.63万吨，硫精砂512.75万吨，铁精砂635.48万吨。“七五”期间，生产矿山采掘比204米/万吨，平均年采矿量210万吨，地下采矿占97%。除安庆铜矿未投产外，其余五座矿山的主要经济指标均达到国家二级企业标准。

铜官山铜矿　该矿1980年以后坑下生产进入老化期，铜金属量占原勘探储量的90%，原矿含铜品位从1%下降到0.5%左右，到1985年底降至0.3%，日供矿量下降到1264吨。1989年铜料只能维持500吨/年，按有色公司内部价格计算年亏损1667万元。“七五”期间，着重老区深部松树山–175米、–215米二个中段、老庙基山–215米、–255米二个中段的开拓及提升运输系统的改造与完善。1989年完成宝山矿段闭坑。1987年年初，老大井井筒再次延深至–335米，开拓老庙基山矿段–295米、–335米中段。该项工程由铜官山矿自行设计、施工。1990年年底竣工。累计工程量：坑道1828.5米，其中竖井井筒160米，混凝土工程量1050立方米，大修井筒246米，安装设备和钢结构件314吨，耗资180万元。经试运行、验收合格。

铜官山铜矿的天马山硫金矿于1988年建成投产，为有色公司金银生产发展增添了后劲。另外还大量收购含金物料，采用含金石英石代替普通鹅卵石作冶炼熔剂，以增加粗铜含金量。“七五”期间，外购含金物料达24万吨。改造选矿工艺，提高金银回收率。通过改造，使碎矿实现粗、中、细三段闭路破碎，提高了磨矿细度，同时采用BK301新药剂，使选金回收率由1988年的46.29%提高到1990年的53.5%，每年多回收金20千克。风矿将浮选流程改为半优先–混合–分离浮选流程，控制pH值，采用P–60与丁铵黑药混合添加新工艺，金银回收率提高了7.78个百分点，可增产黄金20余千克。天马山硫金矿床开拓。由铜官山矿设计，中国有色金属总公司(86)中色生字第045号文审批，1984年4月开工，1988年12月竣工投产，投资700万元。该矿段主要采用斜井开拓方式，并利用铜官山铜矿的老系统完善通风、排水、供水、供电等系统。投产后前期规模年产矿量5万吨，(200吨/日)实际生产能力已达到300吨/日。精矿含金150～240千克/年，硫精砂2.7万吨/年，1989年年底达到设计能力。“七五”期间生产金精砂(金块矿)含金279.23千克，精砂含硫16.63万吨。

黄狮涝山金矿开拓探矿。由地质矿产部812队和铜官山铜矿设计，中国有色总公司审批。1987年4月由铜官山矿施工。1989年5月，国家黄金局以决定该矿交铜陵县开发，1989年12月铜陵市决定探矿工作由铜陵县接替完成。1990年3月11日铜陵有色金属公司与铜陵县签订了移交协议书。工程计划投资700万元，移交前已完成投资300万元。计划开拓135米平硐和105米两中段平坑3162米，完成三通一平和坑口简易设施，购置了部分采掘设备。该工程投产后，可获金矿储量180万吨(品位5.5克/吨，含硫28%)，生产能力200吨/日，精矿含金250～300千克。

1994年3月25日，铜官山铜矿开采年限最长的松树山矿段实施闭坑工作，该矿段自1954年开采以来累计完成采矿量438.3万吨，供矿466万吨，产出原矿含铜量3.93万吨。

1994年11月11日，涝山矿段开始实施闭坑，该矿段自1973年开采以来，累计采矿127.9万吨，供矿122.96万吨，产出原矿铜量2336.8吨。

1991 — 1995 年铜官山铜矿主要产品产量表

表 2-3-2-1

指标名称	单位	1991 年	1992 年	1993 年	1994 年	1995 年	合计
铜料	吨	1563	1780	1951	2004.23	1700.4	8998.63
自产铜量	吨	—	—	—	1207.23	958.6	2165.83
铁精砂	万吨	5.61	6.3	6.1	7.58	0.5	26.09
硫精砂	万吨	15.07	13.8	15.12	17.22	20	81.21
矿产金	千克	—	—	260.11	400.1	449.97	1116.2

铜官山铜矿继小铜官山铜矿、宝山、涝山、松树山等矿段相继实施闭坑后，1998 年 3 月 8 日，最后一个矿段老庙基山矿段停止生产作业，实施了闭坑，标志着铜官山铜矿铜系统长达 46 年铜开采史结束。铜官山铜矿铜系统自 1952 年投产以来，累计生产铜量 23.95 万吨，铁精砂 582.8 万吨，硫精砂 472.21 万吨。矿段闭坑工作，包括人员转岗转移、物资拆迁回收、封闭墙施工和编写闭坑地质资料报告，均按闭坑工作计划完成。

1998 年 3 月 8 日铜官山铜矿铜系统正式闭坑。因此，关闭了老庙基山通风系统，关闭了老庙基山 –375 米、–335 米、–215 米中段水泵房，关闭了老大井、新盲井、老庙斜井等系统，完善了天马山 –95 米以上南北翼通风系统，调整了天马山排水系统。

1996 — 2000 年铜官山铜矿主要产品产量表

表 2-3-2-2

指标名称	单位	1996 年	1997 年	1998 年	1999 年	2000 年
铜料	吨	1338.2	1300.9	436.12	—	—
自产铜量	吨	1153.9	1156.2	—	—	—
铁精砂	万吨	3.29	2.68	—	—	—
硫精砂	万吨	23.31	25.84	22.48	17	14.42
矿产金	千克	571.89	281.03	561.23	520.48	439.07
矿产银	千克	5534.4	4190.3	1868.43	—	—

为防止矿山停产给大局稳定带来不利因素，2001 年年初矿部根据职代会通过的综合改革方案，对水泥厂实行租赁经营，模拟法人运行。水泥厂引入新的经营机制和管理体制，按照公开、公平、公正的原则，职工通过考试、考核、优化劳动组合，竞争择优上岗。湿法窑和干法窑两条生产线于 4 月投入生产，水泥产销形势逐月好转。集体、分流企业的一些具有生产条件的厂队也逐步扩大恢复生产的范围。通过积极开展生产

自救工作，有效地缓解了因停产而引发的各种矛盾，当年生产水泥7.66万吨（4—12月），产销平衡。2002年该矿分流实体金恒公司和集体企业工业公司，想方设法扩大生产自救的范围，缓解了因停产所带来的矛盾和压力。

2004年，资产重组工作按照《集团公司关破重组指导意见》和管委会资产重组方案的总体安排，一季度完成了天马山硫金矿、水泥厂的重组工作。天马山硫金矿重组进入铜都公司，成立了铜都天马山硫金矿业有限责任公司，并于4月投入生产经营。在水泥厂重组工作上，利用招商引资、招议标形式，实现水泥厂资产变现的最大化。在资源管理工作方面增设了矿产资源管理部，由管委会统一进行残矿回收、生产技术、安全、销售、火工品管理，劳务施工由铜官山工业公司承担。10月中旬以前完成了火工库的改造，并通过了公安部门的验收，涝山矿段的单体回收方案在通过公司主管部门的审查以后，已于10月底开始残矿回收生产。

2005年，矿山抓紧处置历史遗留问题。继续加强资产看护工作，加快矿山边缘地带废旧物资的清理回收和处置。通过了五公里尾矿库安全评价恶化闭户设计方案的评审，井下注浆堵水工程全面完成，并组织了预验收，为下一步移交创造了条件。加强尾矿库等矿山遗留设施和残矿回收过程中的安全管理，配备了专职安全管理人员，并实行了安全生产例会制度。重点整治宝山、涝山、毕山及两个尾矿库的非法开采行为。

铜山铜矿　“七五”期间，对新大井进行改造，增加提升能力，加快新区–257米系统工程配套，完成了79号矿体–127米中段开拓探矿。对–214米和–257米2个中段进行了开拓，30号矿体和31号矿体形成了生产能力。

1985年重点放在新区采场准备及前山79矿体，铜山1号矿体中段下降和采出衔接上。新区是按公司要求年底形成出矿能力300吨的批示展开作业。1986年至1990年共完成采矿量172.75万吨。

1986年至1990年，铜山铜矿共生产铜量17958吨，选铜回收率90.31%，铜精矿品位16.84%，生产硫精砂（35%）243345吨，选硫回收率50.29%，硫精砂品位35.48%；生产铁精砂（60%）163821吨，选铁回收率23.14%，铁精砂品位63.05%。

铜山铜矿1991年以提高坑下采出矿水平为重点，抓了通风、充填及新大井改造等生产系统完善及—257米中段开拓探矿工程。1991年完成开拓996米，完成计划88.5%。9#通风井筒垮帮造成79#矿体停产，经抢修，于3月底恢复了生产，确保了铜量任务的完成。

1992年更换了新大井罐笼和主井翻罐笼，并将盲风井由–214米延伸到–257米，改善了井下通风状况。

1993年单硫工程精矿脱水系统和地表卸矿站正在加紧施工，通风系统改造已基本完成，–80米中段84样矿体顶板单硫矿体采切工程已结束，完成掘进量2397.8米，5#

矿体、29# 矿体正进行采切。

1994 年在坑下高硫采场自然发火(新 4# 矿体 3 采房采场)长达半年之久的情况下，及时调整采场狠抓露天剥离和采出矿，使上半年铜料生产得以双过半。全年采出矿 46340 吨，弥补了坑下供矿量的不足，1995 年新区 –257 米新 4# 矿体、30# 矿体和 29# 矿体开拓探矿工程相继结束，形成了一定的生产能力，弥补了铜山矿区消失能力；选矿泥矿系统修复改造取得了效果，铜精矿品位和选铜回收率分别提高 4 个和 6 个百分点。

1995 年在确保安全的前提下，积极回收露天矿锅底残矿，全年共回收矿量 3.9 万吨。为加快技术改造步伐对南风井风机和充填系统进行改造，1995 年充填系统改造工程工作完成了设计等项工作。

1991 — 1995 年铜山铜矿主要产品产量表

表 2–3–2–3

指标名称	单位	1991 年	1992 年	1993 年	1994 年	1995 年
铜料	万吨	31.689	32.036	31.564	29.686	40.041
外购铜量	万吨	1.585	0.598	1.378	0.67	0.306
铁精砂	万吨	2.001	2.366	1.89	1.802	2.708
硫精砂	万吨	5.093	5.807	5.764	5.253	5.8
矿产金	千克	62.39	68.38	85.75	67.16	90.91
矿产银	千克	957.14	993.51	1183.26	914.2	1419.65

1996 年进行南风井风机改造安装、露天锅底治理和选矿临时系统恢复。1997 年 –257 米以下开拓工程已于 9 月开工，将形成新的接替能力。1998 年，84# 矿体 –214 米中段和 30# 矿体 –257 米中段年内形成生产能力。

1999 年，重点进行了深部开拓盲井竖井安装，为深部开拓顺利进行奠定了基础；同时对 79# 矿体通风系统进行了改造，地表回风道掘进浇灰年底结束，–80 米、–120 米部分坑道清理恢复进展顺利；尾胶充填系统上半年投产，目前运转正常。

2000 年，加大前山露天残矿回采力度，全年供矿 5.03 万吨，确保了 1000 吨 / 日生产能力和铜量任务的完成。

1996 — 2000 年铜山铜矿主要产品产量表

表 2–3–2–4

指标名称	单位	1996 年	1997 年	1998 年	1999 年	2000 年
铜料	万吨	35.103	34.236	35.634	34.645	36.698
外购铜量	万吨	0.889	0.299	0.041	—	—
硫精砂	万吨	4.24	4.054	4.8	5.3	5.4

续表 2-3-2-4

铁精砂	万吨	1.366	1.366	1.502	2.13	3.26
铜精矿含金	千克	75.15	84.98	68.19	77.33	81.96
铜精矿含银	千克	1357.4	1281.82	968.97	1093.76	1205.31

2001 年的深部开拓工程。全年完成掘进 16108 立方米、支护 3455 立方米，采切工程 4600 立方米，分别占年计划的 116.7%、123.3%、76%；主要形象进度为：–301 米中段和 –345 米中段开拓系统掘砌已结束，并完成新大井 –257 米以下清理、恢复、安装等工程，新中段排水系统、供电系统、供风供水和铺轨架线及溜井系统等均已完工，实现了简易生产。

2002 年，深部开拓工程完成了新大井提升系统改造，–345 米中段主泵房、配电所及采区配电所安装；–301 米中段 30 号矿体和 4 号矿体分别于 4 月和 8 月采出矿，并已达标达产。选矿恢复工程主体已完工。待计划和资金落实后即可进行设备购置、安装。冶铜厂经大胆试用国家“十五”科技攻关课题——矿石制粒堆浸技术，已于 8 月生产出首批合格电解铜。

2003 年，抓好深部采场衔接，确保新大井年提运矿石 24 万吨。进一步加大残矿回收力度，缓解矿源紧张矛盾。

2005 年，坑下充填工作得到进一步强化，全年完成充填 10 万余立方米，除完成充填任务外，有效弥补部分往年的充填欠账，缓解采充矛盾。

狮子山铜矿　狮子山铜矿是有色公司“七五”期间唯一达产的矿山。“七五”期间开拓了东山 –120 米、–160 米 2 个中段；西山 –160 米、–220 米 2 个中段；老鸦岭 –250 米、–280 米 2 个中段。

“七五”期间，狮子山矿在矿山生产中，与兄弟单位合作，承担了国家“七五”攻关课题——地下矿连续开采工艺及装备的研究，推广应用了 VCR 法和 ZT 法采矿。引进了具有国际先进水平的乳化炸药生产线，与北京矿冶研究总院共同研制了国内第一台 x 荧光分析仪。近几年矿产铜量逐年增长。

由于东、西狮子山矿段资源在“八五”期间将逐步枯竭，1985 年起，由狮子山铜矿和井巷公司共同承担对大团山、冬瓜山矿床进行坑探施工。大团山、冬瓜山矿床已分别完成井巷开拓 2231 米 /1.96 万立方米和 2255 米 /2.99 万立方米。

“七五”期间，狮子山铜矿的铜产量逐年增加，五年中共生产铜量 32445 吨，平均选铜回收率达 95.69%，铜精矿品位 24.88%，铜精砂含金 1988 年达到历史最高产量 295.84 千克。这个时期主要进行碎矿改造，研制 X —荧光分析仪系统和提高伴生金银选矿回收率的工业试验等。

狮子山铜矿与设计研究部门共同试验，将过去主加丁基黄药改为主加丁铵黑药，适当控制 pH 值，通过工业试验，可使选金回收率在原基础上提高 5 ～ 7 个百分点，一年可多回收金 20 多千克、银 500 千克；1990—1991 年，该矿还进行了碎矿改造，降低了碎矿粒度，提高了磨矿细度，选金回收率得到了进一步提高。

1991 年，重点研究 –160 米主运输巷道下移方案，同时稳定和提高老鸦岭生产能力，扩大了崩落法的使用范围（原为 –160 米以上中段，现为 –190 米中段以上中段）并强调完善尾胶充填系统尽快充填 –220 米中段空区，确保安全生产。大团山、冬瓜山矿床加快了探采步伐。

1992 年对混合井箕斗进行改造，使每斗提升量由原来的 16 吨增加到 17.7 吨，并改造了通往水木冲尾矿库的一条尾砂输送备用管道作为回水管道。

1993 年冬瓜山主井控制工程累计完成掘进量 352.5 米 /11997 立方米，主井已掘至 –686.7 米标高，–730 米中段冬瓜山盲副井到团山副井巷道已掘至 518.3 米 /3632.8 立方米，剩下 162.3 米，1994 年贯通；大团山工程完成 3221 米 /33639.3 立方米，至年底，团山副井已掘至 –774.3 米，井筒支护到 –762.8 米，混合井加深到 –508 米标高。

1994 年大团山工程进展顺利，在出矿品位低于计划的情况下，及时改善出矿条件，制定承包政策，年增产矿量 10 万吨。

1995 年大团山接替工程于 10 月底正式验收投产，至年底已采出矿量 4500 吨；1995 年狠抓 –360 米中段和大团山矿段接替工程建设步伐，基本实现了按时投产，弥补了部分消失能力，增强了矿山后劲。

1995 年 4# 球磨矿分级系统年底调试结束，从而使选矿日处理能力增加到 1000 吨；闪速浮选工程 1995 年投入试运行，效果良好。

1991 — 1995 年狮子山铜矿主要产品产量表

表 2–3–2–5

指标名称	单位	1991 年	1992 年	1993 年	1994 年	1995 年
铜料	吨	7001	7076	6811	6808.8	7207
自产铜量	吨	—	—	6491	—	—
矿产金	千克	272.6	242	232	211.7	210
矿产银	千克	7451	7122	7444	7617.5	7737

1996 年 –430 米、–460 米中段均投产。进一步完善了 –280 米中段运输系统。积极采边扫残，以延长团山上部、东山矿段服务年限，为大团山顺利接替创造了条件。

1997 年，在选矿车间一段磨矿分级作业中采用北京矿冶研究总院自行研制的 YX — 8 立方米闪速浮选机，处理高浓度、粗颗粒的旋流器沉砂直接获得最终合格的精矿产品。闪速浮选机的底流返回球磨机再磨，旋流器的溢流送人常规浮选。通过闪速浮选机及时早拿多收有价的，特别是金、银等粗颗粒矿物，既可降低磨矿分级循环负荷，改善磨矿分级条件，提高系统处理能力，又可减少矿物过磨，避免有价矿物泥化和中间环节的损失，从而达到提高有价矿物，特别是金、银回收率的目的。

1998年，开拓了老鸦岭 –250、–280米回风天井、–280米中段回风道底板沿等，老鸦岭 –310米开拓基本结束，1999年转入探矿工作。重点完善了老鸦岭矿段上部、深部的通风系统，–310米以上回风系统、–390米、–460米中段回风道年内施工结束。1999年，重点安排了桦树坡 –520米以上中段通风系统完善。

2000年，调整供矿地点，努力降低贫化，以利挖潜增产。排水系统改造工程，签订了重点工程责任状，制定了一系列的奖惩措施，上半年顺利竣工。12月配股上市，12月1日更名为“安徽铜都铜业股份有限公司狮子山铜矿”。

2001年，重点工程冬瓜山掘进工程量完成16.08万立方米（其中出风井2.21万立方米），混凝土量完成6470立方米，投资完成1.08亿元。2002年，加速西山 –190米中段资源回采速度，确保年内实现闭坑，实现生产布局的大调整。加速 –520米、–580米中段公司统管工程和老鸦岭深部自营工程的施工。2003年，冬瓜山掘进工程量完成9万立方米，投资完成3.5亿元，技改工程量完成4万立方米。

2005年，冬瓜山铜矿床建设工程。2000年在铜都铜业公司实行高比例配股时，该项目被铜都铜业公司收购。项目总投资167433万元。建设规模及产品方案：日采矿石能力1万吨，日选矿石能力13000吨（含老区3000吨/日），达产后年均产精矿含铜3.57万吨（其中达产前10年年产精矿含铜3.95万吨），精矿含金729千克，精矿含银14946千克。矿山服务年限29年。2005年实施计划投资11300万元，实际完成投资14416万元，完成计划的127.58%。自开始建设至2005年底累计完成投资163416万元。整个工程于2004年10月投入重负荷试车。除炸药存放室、排泥系统、首采52/54/56/58线盘区主溜井系统剩余工程、通风系统— 850米中段右侧回风道、充填系统扫尾工程、尾矿分级系统、脱水车间质检中心、坑口服务楼外，其余工程全部建成投产。

2005年，在生产组织上，加强采场管理，狠抓了采场准备及大爆破管理工作，合理调整采场出矿，为选矿提供充足原矿；加强老区挖潜力度，缓解中段消失导致的困难局面。狠抓 –280米中段掘进浅采和出矿工作，确保了 –280米以上中段按期回采结束。加强了桦树坡 –520米中段和大团山 –460米中段采出矿工作；加速深部技改，为后续生产创造条件。狠抓大团山 –580以上重点工程施工，为2006年大团山按期投产提供了保证。

1996 — 2000 年狮子山铜矿主要产品产量表

表 2-3-2-6

指标名称	单位	1996 年	1997 年	1998 年	1999 年	2000 年
铜料	吨	7452	6602.6	6520	6518	6654.5
自产铜量	吨	6920	—	—	—	—
铜精矿含金	千克	180	153.87	139.7	158	128.5
铜精矿含银	千克	7256	6513.78	5950	6393	6437.3

2001 — 2005 年狮子山铜矿主要产品产量表

表 2-3-2-7

指标名称	单位	2001 年	2002 年	2003 年	2004 年	2005 年
铜量	吨	6859.02	6701	6606	5860	10026.28
硫精矿（35%）	吨	—	—	—	—	38763.5
含硫	吨	—	8592.64	8268	7800	13386.1
含金	千克	140.901	134.46	107.01	89	166.152
含银	千克	6197	5885.14	4702	3340	4653.399

凤凰山铜矿　“七五”期间是凤凰山铜矿投产以来的一个稳定发展阶段，年供矿量平稳在 55 至 56 万吨。1986—1989 年共回采矿柱矿量 32 万吨，回采小矿体 10 万吨，并进行了 6 号矿体的开拓和 86 号小矿体的采准以及 34 线、3 号等采场的恢复工作。凤凰山铜矿主要生产中段 -240 米水平的大多数采场已回采至 180 米水平，矿体赋存条件更趋复杂，回采难度增大。面对这一难点，对现有 0 至 7 号生产采场进行了因地制宜的改造，将 1、2 号采场合并，将 5、3 号采场分解，重新划分 0、2、6、7 号采场，根据地质条件和开采现状进行技术改造，理顺采场回采顺序，合理划分采区。通过改造 0 至 7 号采场增加回采矿量 4.5 万吨，提高了生产工效和矿石回收率。对于尾砂充填采场内的残矿，在采场出矿完毕后，组织人员检矿回收，尽可能降低二次损失。1986—1990 年共回收残矿 1 万吨，同时与附近农村零散矿点联系，外购矿石累计 1.3 万吨。

这期间，矿山注重系统的完善，结束了新副井安装的扫尾工程，解决了混合井矿石和人员、材料交叉提运的重大事故隐患，完善了新副井提升系统的信号闭锁装置，更新了设备，8、9 号压风机投入了运行。负 360 米中段已形成环形运输。通过对生产系统的逐步改造，为稳定生产创造了条件，同时也为矿山的长远发展奠定了良好的基础。

1986—1990 年，凤凰山铜矿产量逐年增加，共生产铜量 32492 吨，平均选铜回收率 93.34%，铜精矿品位 19.60%。生产硫精砂（35%）124300 吨，回收率 36.91%，硫

精砂品位 36.61%。生产铁精砂 160%，356100 吨，回收率 26.25%，铁精砂品位 63.97%

1991 年，–300 米、–360 米中段开拓完成 1043.4 米。1992 年，完成了新措施井井筒大修工程；消除了井筒“s”形罐道的重大隐患。1993 年，重点工程深部粉矿回收井安装结束，–300 米中段一期工程主开拓巷道和措施坑道掘完。

1994 年，–360 米中段深部开拓工程原定 8 月底完成，因工程滞后，延迟至 1995 年一季度末才试采。针对高品位采场即将消失的问题，积极做好配矿工作，调剂原矿品位，在管理上下工失，使上半年的供矿量品位达到 1.02%。挖掘生产潜力，紧抓了 –120 米 4 号采场水平矿柱的回采，全年出矿 1.8 万吨。

1995 年，–360 米深部开拓接替工程于二季度基本结束并投入生产，至年底累计采出矿量 44515 吨，完成掘进工程量 3.8 万立方。对新明井进行了改造，形成 –360 米中段矿石提升系统，投入使用。1996 年 –360 米中段投产。

1991 — 1995 年凤凰山铜矿主要产品产量表

表 2–3–2–8

指标名称	单位	1991 年	1992 年	1993 年	1994 年	1995 年
铜料	吨	6120	6450	5600	5400	6000
外购铜量	吨	28.811	99.268	70.36	28.83	301.72
铁精砂	万吨	86600	94500	80000	82200	85820
硫精砂	万吨	28600	43800	45000	45600	50600

1996 年，形成南风井下矿系统。确定 –360 米中段回采顺序及破碎系统方案，为 –360 米中段破碎系统施工及达产达标打下了基础。

1997 年，混合井电控系统改造和 –360 米中段破碎系统于 5 月份结束并投入生产，为 –360 米中段达产达标创造了条件。

1998 年，–360 米中段北沿 2 号矿体开拓年底掘进全部结束，1999 年进行铺轨架线安装。对 –360 米中段 2 号、3 号矿体运输线进行了改造，改造了金牛露天开采内高压线路，完善金牛露天脱泥站和 –360 米中段北沿通风系统。

1999 年，对副井提升系统进行了改造，更换了副井罐道、–312 米运矿皮带和 –396 米计量设施等，完成了 –360 米中段北沿铺轨架线工程，为北沿采场采做好了准备，确保了 –360 米中段生产能力稳定在 800 吨 / 日。

2000 年，充分挖掘 –360 米中段生产能力，全年平均日产达 850 吨，弥补了 –240 米以上残矿及露天采场的欠产。相思谷尾矿库泄洪排水工程上半年竣工，并经受了雨季考验。露天临时排土场扩容工程年内已完成了橡胶厂、措施井和 2 号排土场扩容工程，增加了库容，为 2001 年生产奠定了基础。

表 2-3-2-9

1996 — 2000 年凤凰山铜矿主要产品产量表

指标名称	单位	1996 年	1997 年	1998 年	1999 年	2000 年
铜料	吨	5200	4888	6158	5320	5001
外购铜量	吨	772	886	1488	1260	1250
硫精砂	吨	51000	46500	41500	38800	39600
铁精砂	吨	80000	62000	74500	67300	60100
铜精矿含金	千克	167	152	170	145	140
铜精矿含银	千克	4790	4211	5200	4888	4793

2002 年，–440 米中段开拓工程，方案经过三次优化后，于 11 月 28 日顺利开工。

2003 年，根据生产实际，坚持自产、外购、露采三块同步发展的原则，围绕目标，精心组织，合理安排，制定生产自救措施，积极进行生产自救，强化采、充及采、掘、剥衔接，加速循环，加强重点采场的采出矿强度，严格控制采场损失率、贫化率，做到废石不出采场，确保供矿品位。

2005 年，凤凰山铜矿管委会 –360 米中段以下续建工程。此项工程于 2000 年上半年正式开始做前期工作，项目优化设计后总投资 1391 万元。建设规模；–440 米中段生产能力 600 吨 / 日。2005 年实施计划投资 650 万元，实际完成投资 611 万元，完成计划的 94%。该工程自开始建设至 2005 年底止累计完成投资 1352 万元。整个工程基本建成投产。

金口岭铜矿 1985 年开始因资源减少，生产逐渐下降。“七五”期间，为充分利用资源，边找矿，边尽力回收残矿，回采零星矿体。主要在笔山矿段正 125 米至 –171 米近 300 米高范围内边探边采，累计采出残矿和边端难采矿石 31 万吨。巷道开拓 1553 米，年平均开拓 310 米，其中笔山区罗村充填系统开拓 348 米；金口岭区 –236 米、–296 米 2 个中段开拓探矿。笔山于 1989 年形成罗村充填系统。1986—1990 年平均供矿量只有 11.6 万吨，自产铜量年平均 900 吨。

“七五”期间，共生产铜量 5634 吨，选铜回收率 92.64%，铜精矿品位 22.36%。生产（60%）铁精砂 29221 吨，回收率 46.9%，铁精砂品位 66.25%。

1991 年，加速尾砂充填系统建设。年底基本建成。1991 年完成充填量 2.083 万立方米。对 3 号矿体深部开拓方案进行了反复研究，确定了斜井开拓方案。1992 年，充填系统年底进行了试车。

1993 年，深部开采工程，重新开采了金口岭 –296 米Ⅲ # 和笔山 –131 米中段的矿体，并进行了笔山 –45 米和 –85 米采场的贫矿回收。重新开设了笔山 –221 米和金口岭 –376

米新中段，年内进入采准。

1993 年底结束矿段 –176 米、–236 米中段的采、掘、出工作，笔山矿段 –171 米中段进入扫尾阶段。因此，金口岭铜矿发展化工基地是老矿发展的方向。经过八年的投资建设，截至 1993 年年底，已相继建成金属选冶厂、防腐防水材料厂、精细化工厂、玻璃钢厂。

1994 年，针对钼产品价格上扬趋势，及时调整生产计划，增大钼矿供矿量，全年完成钼精矿 (45%)172 吨，获得一定的经济效益。在原矿品位下降的情况下，加大出矿量，不仅完成了全年铜量任务，而且铜精矿含金完成 122.7 千克。超计划 223.09%。在笔山区加强残矿回收，从回采过的采场中回收过去丢弃的铜钼矿石 1.3 万吨，增加产值 160 多万元。

1994 年深部开采工程：主要开采了金口岭 –296 米Ⅱ号、Ⅲ号矿体，进行了笔山 –45 米、–85 米、+65 米及 –131 米中段采场的钼矿资源回收。同时，加快开采笔山 –221 米和金口岭 –376 米新中段的前期准备工作。

1995 年为了扭转被动局面，矿部确定了“以铜为主、主攻外购、掘进领先、加大备采”的生产方针，促进了外购矿石的收购，加强了井下残矿的回收利用，强化了生产调度指挥的管理，全年铜料完成 1104 吨，超过奋斗目标。针对五公里尾砂库超期服役现状，金口岭铜矿尾砂排放需另寻出路，经公司协调，金口岭铜矿分级细尾砂准备向涝山排放，至年底已完成了设计工作。

1995 年罗村北矿体深部开拓工程：于 6 月底开始工程开拓，到年底，基建投资 80 万元，按照工程开拓网络计划，基本完成了 –168 米中段以上主体工程的掘进和下掘的准备工作，为 1996 年的盲井下掘创造了条件

1991 — 1995 年金口岭铜矿主要产品产量表

表 2–3–2–10

指标名称	单位	1991 年	1992 年	1993 年	1994 年	1995 年
铜料	吨	1106.5	1120	1086	1012.54	1104.47
铁精砂(60%)	吨	4321	10275	8770	4167	449
矿产金	千克	89.9	57.07	101.76	122.69	109.81
矿产银	千克	857	899.5	928.3	862.75	1365.75

1996 年罗村北开拓进展较快，至年底已完成 –168 米车场、绕道、卷扬机硐室、绳道、配电硐室等工程，井筒已下掘到 –315 米标高 (距井底还有 83 米)，–228 米、–288 米马头门已完成。地质探矿、生产探矿全年共完成坑深 6030 米，钻探 24137 米，探获

新增铜金属量3177吨，新增金金属量1270千克，银金属量8.5吨，铁金属量8万吨；变级铜金属量3.46万吨，铁金属量48万吨。

1997年罗村北矿段提升运输系统基本形成，1998年投产后将形成100吨/日产量，弥补笔山矿段的能力消失。

1996—2000年金口岭铜矿主要产品产量表

表2-3-2-11

指标名称	单位	1996年	1997年	1998年	1999年	2000年
铜料	吨	1139	—	—	3422.7	3367
自产铜量	吨	—	723.32	722.52	560.13	—
铁精砂（60%）	吨	1246.22	—	—	—	—
铜精矿含金	千克	164.38	85	69.58	—	—
铜精矿含银	千克	1040.24	756.79	946.48	—	—

2001年，阳极泥项目技改成效显著。废水回收系统建成投入使用。2月27日首次成功实现了从阳极泥渣中提取出铂、钯产品。成品金、成品银在没有增加资金投入的情况下，完全依靠技术，使1号成品金、银的品质继续得到巩固和提高，其中白银已达到了美国标准。

2005年，针对钼矿石价格较好的行情，积极做好前期准备，先期试采了600吨钼矿石，为下年的全面开采做好了充分准备。

笔东深部开拓工程于当年5月28日顺利展开，工程安全和施工进度总体状况不错。

2001—2005年金口岭铜矿主要产品产量表

表2-3-2-12

指标名称	单位	2001年	2002年	2003年	2004年	2005年
铜量	吨	3177	3806	3800	5948	4222
自产铜	吨	819.6	818	840	781	652.35
铁精砂	吨	—	—	—	25532	19955.48
转炉渣加工	吨	—	—	—	—	3537.92
含金	千克	911.7	658.2	—	—	—
含银	千克	31041.5	31730.2	—	—	—

安庆铜矿 安庆铜矿矿床主要由3个矿体组成，经安徽省地质局326地质队1976年7月和1977年9月提交的地质储量表明，安庆铜矿铜矿石储量为113万吨，含铜金属量42.39万吨，品位1.315%，铁矿石储量1569万吨，硫储量133万吨，并伴有金7.37吨，银162吨，钴5893吨。

1981年8月至1986年9月，中日共同进行了精密探矿合作过程，1991年上半年，矿山一期工程基本建成。即坑下-400米中段以上矿体开拓工程，地表选矿、尾矿、充填、供电、供水、精矿外部运输、辅助生产设施以及民用建筑全部建成，完成投资31262万元。考虑到坑下开拓工程量大，一次开拓建成工期较长，铜陵公司和北京有色冶金设计院提出两步走方案，先行回采 -400 米以上矿量，同时进行 -400 米以下矿体开采，即将原方案 -520 米主运输中段提到 -400 米，坑内破碎系统提升到 -400 米至 -520 米之间。至 1994 年年底，-400 米以上矿量进行了四年试生产，共生产铜料 14874 吨。

1991 年 3 月 7 日，安庆铜矿隆重举行投料试车仪式。4 月 21 日，自动化控制的主井卷扬提升系统经过调试，日提升能力突破 600 吨大关；6 月 25 日，选矿系统全面开车最终产品出现在脱水车间铜、硫、铁仓内；7 月 25 日，-385 中段 1 号采扬掏槽部位进行首次爆破，总装药量 1000 公斤，爆破矿量 2500 多吨；8 月 18 日，第一批合格铜精砂开始运往一冶，安庆铜矿正式步入试生产阶段。到年底共生产铜料 1502 吨。

1991 年 3 月 7 日试生产以来，选矿生产逐渐稳定，选矿工艺指标逐步上升。碎矿系统改造后，碎矿生产趋于稳定，解决了井下碎矿产品粒度超过中碎进料粒度要求的问题。磨矿系统改造后使系统生产能力达到了 3500 吨 / 日的要求。浮选系统将半优先浮选机由 1 台增加为 2 台，保证了一粗的精矿产率，为选矿技术经济指标的提高创造了条件。选矿系统改造提高了处理能力，优化了流程，对稳定提高生产技术经济指标起到了至关重要的作用。脱水系统改造基本解决了铁精矿产品含水过高的问题。

安庆铜矿 1 号矿体 -280 米以上矿段开采工程。由于安庆铜矿 1 号矿体 -280 米以上矿段 130 万吨矿量基建时期未列入设计范围，为使矿山开采顺序更趋于合理，同时考虑到矿山达产后回采中段均衡下降，持续稳产，必须加速该矿段的开拓回采工作。-280 米以上矿段的回采方案，1992 年 5 月经公司设计研究院设计完毕，7 月 21 日，公司原则同意该矿段开采工程方案。费用概算核定为 1078 万元，开拓系统工程费用 751.32 万元，基建工程要求在 1993 年内竣工，基建施工完成后所获得的三级矿量为：开拓矿量 78.3 万吨，采准矿量 24.1 万吨，备霉矿署 24.1 万吨。

安庆铜矿选矿系统主体工艺由北京有色冶金设计总院设计，中国有色第四建设公司施工，规模为日处理矿石 3500 吨，该系统全部采用国产设备，1991 年 3 月 7 日正式投产，选矿产品为铜精砂、铁精砂。投产后增加了选矿自动化系统，这套系统的自动化程度较高，主要用于控制球磨机的给水和给矿，它稳定了球磨机的生产，使球磨机的运转达到了较佳状态，提高了处理能力，使磨矿最终产品粒度更均匀，为后续的浮选作业提供了良好的条件。

二期工程于 1993 年年初开工。工程主要内容是井巷掘进工程量 27.044 万立方米，由铜陵有色井巷公司和铜都铜业安庆铜矿等共同施工。建设规模使安庆铜矿采选能力达到 3500 吨 / 日，年产铜精砂含铜 9350 吨。至 2000 年年底累计完成投资 16610 万元，含建设期利息 4175.1 万元。完成掘进工程量 292311 立方米。（副井井筒延伸，1# 和 2# 盲井、主斜坡道、主井提升系统改造等施工完；1#、2# 矿体各中段沿脉开拓完，溜井系统基本形成；1#、2# 矿体通风系统形成），整个工程基本结束。矿山 2000 年生产铜料 10018 吨，矿石处理量 116.3 万吨，实现达标达产目标。

1991 — 1995 年安庆铜矿主要产品产量表

表 2-3-2-13

指标名称	单位	1991 年	1992 年	1993 年	1994 年	1995 年
铜料	吨	1502	3518	4288	5802	7302
铁精砂	万吨	4.6	12.7	19	22.9	28
硫精砂	吨	1162	5800	—	—	—
矿产金	千克	—	—	—	20	—
矿产银	千克	—	—	—	1200	—

1996 — 2000 年安庆铜矿主要产品产量表

表 2-3-2-14

指标名称	单位	1996 年	1997 年	1998 年	1999 年	2000 年
铜料	吨	7208	6038	7600	9066	10018
铁精砂	万吨	33.6	30.98	34.61	42.22	45.8

2001 年，安庆铜矿大球团项目上半年完成各项审批工作，7 月 2 日施工队伍进场，7 月中旬全面开工，12 月 28 日举行了竣工投产仪式，完成投资 4500 万元，已开始试生产。

2002 年，安庆铜矿 8 平方米竖炉球团分阶段组织试生产。通过反复的生产过程试验，探索适宜的热工参数及操作方法，使焙烧温度比国内同规模球团厂降低 150℃ ~ 260℃，不仅促进球团生产稳定，而且节约大量能源。全年共生产球团矿 28 万吨。

2005 年，安庆铜矿 -580 米中段以下 1 号深部开拓工程，2 号西部探矿与开拓工程，东 1 号、东 2 号探矿工程，2005 年完成投资 1528 万元，自开始建设至 2005 年年底累计完成投资 5208 万元。

2001 — 2005 年安庆铜矿主要产品产量表

表 2-3-2-15

指标名称	单位	2001 年	2002 年	2003 年	2004 年	2005 年
铜量	吨	10008	9902	9508	9350	8508
铁精砂（60%）	万吨	45.8	47.8	46.7	52.2	50.6
球团矿	万吨	8.5	28	32.3	40	36

天马山硫金矿恢复工程 天马山硫金矿恢复工程项目固定资产投资 4922 万元，建设规模及产品方案：采选能力从 500 吨 / 日扩建到 1500 吨 / 日，其中硫金矿 1200 吨 / 日、单硫矿 300 吨 / 日，年出矿量 49.5 万吨，年产金含量 747 千克，银含量 3.46 吨。该工程自 1996 年开始建设至 2000 年底止累计完成投资 3368 万元。2001 年此项工程缓建。2003 年 10 月 28 日集团公司党政联席会议决定由铜都铜业公司控股恢复天马山硫金矿生产经营。

2004 年实施计划投资 1000 万元，实际完成投资 1350 万元，完成计划的 135.50%。天马山硫金矿业公司自 2004 年 1 月 1 日正式筹备组建以来，经历了组建、恢复生产、试生产、正式经营运作四个阶段。实现了当年筹建，当年生产，实现利润 734 万元。5 月 1 日矿业公司硫金矿系统正式生产。6 月 1 日转炉渣加工项目正式投产，矿业公司进入到全面生产经营的新阶段。2005 年南、北两翼通风系统全线贯通，完善了废石系统和单硫系统，–215 米中段、–255 米中段开拓工程量超计划完成。压滤机工程较好地解决了产品脱水问题，使产品质量指标得到了有效的改善。对 2#、4# 矿体及长山头露天进行了综合治理；利用五公里尾矿库的尾矿选铁，尾砂向 4# 矿体采空区充填，基本实现了尾砂零费用向井下充填。2005 主要产品产量；金精砂含金 420 公斤，硫精砂（35%）18 万吨，残矿回收 4.8 万吨，转炉渣加工返回铜精砂含铜 9315 吨，尾铁 4.5 万吨。

第三节　地方小矿山

月山铜矿　月山铜矿位于安徽省怀宁县月山镇境内，南距安庆市 24 公里，北到合肥 160 公里，矿区有 318 和 206 国道穿境而过地理位置优越，交通便利。矿山隶属于安庆市机械电子协会。由铜牛井、刘家凹、龙门山三个矿区组成，均为采选联合生产矿区，2007 年 12 月因资源枯竭被国务院批准实施政策性关闭破产。其中铜牛井于 1965 年 11 月开始建设，1970 年 7 月投产，采选能力为 250 吨 / 日，于 1996 年 11 月实际闭坑；刘家凹于 1967 年 2 月开始建设，1986 年元月投产，采选能力为 170 吨 / 日，于 1997 年 6 月实际闭坑；龙门山于 1993 年 4 月开始建设，1997 年 7 月投产，采选能力为 300 吨 / 日，于 2007 年 12 月关闭。全矿 1965 年至 2005 年，固定资产原值 10147 万元。

铜牛井矿体，矿床类型为含铜石英脉型裂隙充填中温热液矿床，矿体延长 700 米，延深 250 ～ 300 米，倾向北西，倾角 75 ～ 85 度，最大厚度 50 米，平均 7 米。地质品位：铜平均 0.934%，钼 0.071%，金 0.22 克 / 吨，银 4 克 / 吨，主要为黄铜矿和辉铜矿类型，矿石稳定，其硬度 f 值为 8 ～ 12，围岩为闪长岩，硬度 f 值为 8 ～ 12。

刘家凹矿体，矿床类型为接触交代矽卡岩型铜铁矿床，矿体长 300 米，延深 150 米，倾向东，倾角 50 ～ 65 度，矿体最大厚度 80 米，平均 40 米，矿体地质品位：铜 1.37%，铁 36.6%，主要为黄铜矿和磁铁矿类型，矿石较稳定，硬度 f 值 8 ～ 10，围岩为闪长岩，大理岩，较稳定，硬度 f 值为 8 ～ 10。

龙门山矿体，矿床类型为小型隐伏矽卡岩型铜矿床，深埋在标高度 500 米以下，东西长约 500 米，南北平均宽 250 米，厚约 30 ～ 50 米，向北倾斜，倾角 10 ～ 45 度。矿体地质品位铜 1.09% ～ 1.77%，铁 15.15%，主要为黄铜矿和斑铜矿类型，矿石稳定，其硬度f值为10 ~ 15 ，围岩为闪长岩，硬度f值为10 ~ 12 。由L — 5、L — 7和L — 23三个主要矿体及其他二十个小矿体组成。其中经开采证实L — 7和L — 5为同一矿体，呈凸透镜状，矿体走向80 ~ 260度，倾向NNW，斜角20 ~ 30度，具分枝和局部膨大现象，沿走向长445米，平均宽度130米，赋存标高 –525 ~ –665米；L — 23矿体实际地质储量较地质报告有所增加，并在88线以西还有扩大趋势。

截至2005年底地质储量289.8万吨，铜金属量3.74万吨，平均品位1.29%，铁实物量24.87万吨，平均品位22.08% 。其中工业矿量189.8万吨，铜3.04万吨，铁实物量4.87万吨；远景矿量100万吨，铜7000吨，铁实物量20万吨。

三级矿量：开拓15.15万吨，保有期19个月；采准9.2万吨，保有期12个月；备采3.8万吨，保有期5个月；存窿10.0万吨，保有13个月。

铜牛井矿区原设计采选规模7.65万吨 / 年，精矿含铜量1031吨 / 年，钼精矿125吨 / 年。1996年闭坑当年实际采选规模6.5万吨，精矿含铜量263吨，钼精矿51吨，金2.78公斤，银42公斤，硫250吨。

刘家凹矿区原设计采选规模5.2万吨 / 年，精矿含铜523吨 / 年，铁精矿8389吨 / 年。1997年闭坑当年实际年采选规模9.8万吨，精矿含铜量748吨，铁精矿16354吨，金3公斤，银50公斤，硫690吨。

龙门山矿区原设计采选规模9.18万吨 / 年，精矿含铜量1063吨 / 年，铁精矿13000吨 / 年。2005年实际年采选规模12.3万吨，精矿含铜量1624吨，铁精矿20900吨，金9公斤，银110公斤，硫1350吨。

月山铜矿的三个矿区都是地下开采，均采用独立的开拓系统。

铜牛井矿区采用下盘竖井和盲斜井联合开拓，阶段高度40 ~ 50米，分六个水平五个中段，于1996年11月实际闭坑。其中主竖井位于下盘，地表井口标高75米，井底标高 –60米，井筒净断面3.02 × 2.2米，井深141米，采用ZKY — 1600/824型单筒卷扬机，功率95千瓦，单罐提升矿石和部分设备材料；盲斜井倾角26度，断面2.6 × 2.5米，斜长205米，采用JST–1600/1224型单筒卷扬机，功率110千瓦，主要提升 –60米到 –150米中段的矿石和材料；副井位于下盘，地表井口标高45米，井筒净断面2.48 × 1.7米，井深150米，采用ZJST–1200/830型卷扬机，功率40千瓦，单罐提升人员、设备材料并兼作风井。

刘家凹矿区采用侧翼斜井和中央下盘竖井联合开拓，阶段高度为30 ~ 40 ~ 50米，分四个水平三个中段，于1997年6月实际闭坑。其中主竖井地表井口标高为97米，井底标高 –110米，井筒直径4米，井深215米，采用ZJSP1700/925双筒卷扬机，功率110千瓦，双罐提升矿石；斜井地表标高47米，井底标高 –110米，倾角26度，断面2.5 × 2.4米，斜长358米，采用JST–1600/1224型单筒卷扬机，功率110千瓦，用于提升人员、设备材料，并曾作为废石充填运输通道。

龙门山矿区采用明竖井和风井对角式开拓，阶段标高30米，分四个水平三个中段。其中主井设在粗矿仓西侧30米左右，地表井口标高98.938米，井底标高656米，井深755米，井筒直径5米。采用一套JKM1.6×4型245千瓦功率卷扬机提升4×1.45米单层罐笼，用天提升矿石各部分设备材料，一套JKM1.3×4型55千瓦功率卷扬机提升1.3×9.8米单层罐笼，用于提升人员和材料。风井设在龙门山矿区东端北部，地表井口标高56米，井底标高度–605米，井深661米，井筒直径3米，主要用作通风，兼作应急安全出口。

自投产至闭坑，铜牛井和刘家凹矿区均采用浅孔采矿法，龙门山矿区采用浅孔与中深孔相结合采矿法。铜牛井矿区采矿工效22.8吨/工班，台效92.5吨/台班，刘家凹矿区采矿工效10.1吨/工班，台效111.8吨/台班，龙门山矿区采矿工效35.16吨/工班，台效192吨/台班。矿柱回采，当顶柱的矿石品位高时，使用钢筋混凝土与普通混凝土充填法进行回采；当间柱的矿石品位高时，使用胶结充填法进行回采。低品位矿柱均不回采。铜牛井和刘家凹矿区均采用浮选法选矿，龙门山矿区采用先浮后磁法选矿。

月山铜矿选矿主要技术指标表

表2–3–3–1

项目	原矿品位（%）			精矿品位（%）			金属回收率（%）		
	Cu	Mo	Fe	Cu	Mo	Fe	Cu	Mo	Fe
历史最好水平	1.59（1987）	0.089（1988）	17.76（2005）	28.98（2005）	50.12（1988）	65.12（2005）	98.16（2004）	82.54（1992）	57.34（2005）
2005年平均	1.338	—	17.76	28.98	—	65.12	98.08	—	57.34

月山铜矿选矿主要经济指标表

表2–3–3–2

项 目	原 矿 成 本（元/吨）	精矿成本（元/吨）		
		Cu	Mo	Fe
历史最好水平	32.13（1988）	1270.42（1986）	6143.64（1986）	79.23（1988）
2005年	160.98	10525.12	—	150.00

2005年，全矿职工人数1579人，其中生产探矿工人18人，采矿工人45人，选矿工人180人，技术人员135人，管理人员120人，其他1081人。矿山实行每天三班各8小时工作制，全年工作天数330天。

月山铜矿主产品为铜、钼、铁金属，副产品为金、银、硫等。2005年生产铜金属量1624吨，工业总产值15254万元，实现利税888.39万元。自建矿至2005年累计生产铜金属量4.2万吨，钼精矿2250吨，铁精矿20.756万吨，上缴利润总额6350万元。

池州市黄山岭铅锌矿 黄山岭铅锌矿地处皖南山区，坐落于池州市南东34公里的贵池区棠溪镇双合村境内。矿山于1967年建矿，1973年投产，是一座采选联合矿山。设计生产能力8.25万吨，1999年通过技改扩规后实际生产能力已达15万吨。矿山采用地下开采方式，斜井开拓，采矿方法以普通房柱法为主，选矿采用一般浮选法。采矿损失率21%左右，贫化率8%左右，选铅回收率88.5%，选锌回收率77%。主要产品为铅精矿（含银）、锌精矿、铜精矿（含银）。

矿区目前已发现主矿体7个，小矿体34个，围绕隐伏岩体（赋存于–450m水平以下）北西部。呈弧形分布。Ⅰ、Ⅱ、Ⅲ号矿体及顶板小矿体已相继采空，现服务矿山生产的为Ⅳ号矿体。

Ⅳ号矿体为Ⅰ号矿体尖灭再现的产物，呈似层状、透镜状产出，形态较规则。走向北东，倾向南东，倾角12° ~ 29° 。赋存标高–2.5 ~ –312.5米。矿体底板围岩主要为矽卡岩、大理岩、矽化大理岩；顶板围岩主要为碳质硅质页岩，局部为粉砂质页岩和矽卡岩。矿体厚度最大15米，平均5米左右。

“七五”期间采出矿量39.9万吨，刘保安矿柱损失矿量7.8万吨，累计探明各级地质储量保有量326.9万吨，勘探增加储量24.4万吨，回采率83.2%，贫化率10.8%。“七五”末保有量：铅矿石279.2万吨、铅金属量74282吨、锌矿石168.7万吨、锌金属量31724吨。“七五”末全矿职工人数866人，“七五”期间选厂处理量41.13万吨，生产铅金属量11363吨，锌金属量3464吨，铅平均回收率90.18%，锌平均回收率73.16%，实现工业总产值3923.1万元，上缴利税410.77万元。

“八五”期间采出矿量40.7万吨，留保安矿柱损失矿量7.5万吨，累计探明各级地质储量保有量323.6万吨，勘探减少储量3.3万吨，回采率82.1%，贫化率8.8%。“八五”末保有量：铅矿石227.7万吨、铅金属量55354吨、锌矿石144.8万吨、锌金属量31782吨。“八五”末全矿职工人数965人，“八五”期间选厂处理量46.54万吨，生产铅金属量15604吨，锌金属量5531吨，铅平均回收率93.46%，锌平均回收率76.95%，实现工业总产值6787.1万元，上缴利税140.48万元。

“九五”期间采出矿量80万吨，留保安矿柱损失矿量10.5万吨，累计探明各级地质储量保有量379.8万吨，勘探增加储量56.2万吨，回采率83.8%，贫化率9.7%。“九五”

末保有量：铅矿石 223.4 万吨、铅金属量 54734 吨、锌矿石 107.2 吨、锌金属量 23246 吨。“九五”末全矿职工人数 1113 人，“九五”期间选厂处理量 60.45 万吨，生产铅金属量 25131 吨，锌金属量 11760 吨，铅平均回收率 91.61%，锌平均回收率 76.76%，实现工业总产值 15264.06 万元，上缴利税 184.4 万元。

“十五”期间采出矿量 70 万吨，留保安矿柱损失矿量 18 万吨，累计探明各级地质储量保有量 417.8 万吨，勘探增加储量 38 万吨，回采率 80%，贫化率 8%。2005 年底Ⅲ号矿体复核，核销地质储量 39.2 万吨。“十五”末保有量：铅矿石 95.03 万吨、铅金属量 23458 吨、锌矿石 95.03 万吨、锌金属量 10636 吨。“十五”末全矿职工人数 953 人，“十五”期间选厂处理量 80.25 万吨，生产铅金属量 16489 吨，锌金属量 4897 吨，铅平均回收率 85.94%，锌平均回收率 77.77%，实现工业总产值 43402.3 万元，上缴利税 199.8 万元。

顺风山铁矿　顺风山铁矿始建于 1961 年，位于芜湖市繁昌县孙村境内，离市区 40 公里。主要生产平炉矿石，其矿石含铁品位在 62% 以上。铁矿石选别主要是对贫铁矿进行精选。1986 年前是人工筛选和水洗。铁矿石主要是对贫铁矿进行精选。1986 年，建设了选矿车间。选矿流程为：一段粗磨、一段弱磁选别。富矿不须选别，直接送往钢铁厂。1998 年，铁矿全部采完，闭坑。1993 年 . 青山铁硫矿成立，顺风山铁矿获得开采权，1998 年开始全面建设。

顺风山铁矿铁矿石储量为 107.88 万吨，铁矿石平均品位 62.3%。铁矿石类型主要是以磁铁矿石为主，占整个矿石储量的 90% 以上，其次有褐铁矿及少量的赤铁矿、假象赤铁矿等。1986 年以前，矿区＋ 80 米以上部分铁矿基本上采完，1985 年年末，保有的铁矿石储量主要是埋藏在＋ 80 米至 –60 米之间。

从 1986 年开始，该矿对＋ 800 米至－ 60 米的铁矿石采用竖井与斜井联合开拓，共开拓＋ 73.5 米、＋ 66 米、＋ 40 米、＋ 26.5 米、＋ 8 米、–8 米、–27 米、–47 米、–60 米八个水平中段，中段高度为 13.5 米至 26 米。采矿工艺为浅引分层崩落法采矿，其采矿法每分层高度为 2.5 ～ 3.5 米不等。采场长度 30 ～ 50 米，宽度为矿脉水平分层假厚度。每一采场设一个供矿、行人、通风巷道使天井与大巷联络沟通。出矿采用专用漏斗直接放矿。掘进生产线：支柱、打眼、爆破、扒矿装车、车运；采矿生产线：穿孔、爆破、扒矿（放矿）、装车、车运、卷扬提升运矿到地面。顺风山铁矿总共采得铁矿石 199.5 5 万吨，回采率为 73.93%，损失率为 26.07%。其中 1986 年以来采得铁矿石 84.1 5 万吨，回采率 78%，损失率 22%。1998 年，该矿铁矿全部采完，实行闭坑。铁矿石选别主要是对贫铁矿进行精选。1986 年前是人工筛选和水洗，1986 年建成选矿车间。1991 年顺风山铁矿投入 3 万元，增设了磁选机、中磁机等设备，扩大了选矿球磨生产能力。

1998 年，顺风山铁矿因铁矿石全部采完而闭坑。顺矿关闭后转而建设青山铁硫矿，

1998 年 5 月，经过四五年时间的筹备，作为铜陵市冶金工业“九五”期间第二大新建工程项目的青山铁硫矿开始了全面建设。工程建设走探建结合之路，边探边采，边采边建设。至 2000 年，青山铁硫矿各项工程建设全部结束，共采得矿量 215400 吨，其中硫铁矿 146780 吨，铅锌矿 26478 吨，硫金矿 42130 吨，产黄金 139.312 千克，共创产值 1593 万元。后来因为企业经营不善，属于半停产状态，2004 年，该矿因企业改制所要求拍卖给华金矿业公司。

铜陵市鸡冠山铁矿 铜陵市鸡冠山铁矿成立于 1971 年。位于朱村乡境内。1992 年 12 月，更名铜陵市冶金矿山实业总公司，是由鸡冠山金矿、鸡冠山铁矿和鸡冠山银金矿为基础而组建的国有中型企业。1997 年 2 月，铜陵市冶金矿山实业总公司改名为“铜陵市鸡冠山矿业有限责任公司”。

1985 年年末保有的铁矿储量为 74.37 万吨，铁矿石平均品位 53%，主要是以黑色铁矿石为主。矿床离地表近，即采用铁锅型螺旋式下掘露天采挖。采矿生产线：剥离土石方、打眼、爆破、铲装、汽车运输。该铁矿总共采得铁矿石 287.8 万吨，回采率 93%，损失率 7%。其中 1986 年以后采得铁矿石 62.10 万吨，回采率 93.5%，损失率 6.5%。1999 年，该矿铁矿石基本采完，转向周边的金矿和铜矿的开采。铁矿石铁品位都在 53% 左右，不需选别，直接销往钢铁厂。

从 1995 年到 1998 年，铜陵市鸡冠山矿业有限责任公司新建新华山铜矿，主井到位 -250 米，风井建成 -125 米，井下总开拓量达到 2600 多米，由于井下开拓过程中遇到地下水流而暂停。2000 年，地面选厂及采选配套设施工程建设全部完工，井下水流治理方案得到了进一步论证并得以实施。

1999 年，鸡冠石银金矿开采完毕。开采期间，经济效益可观。鸡冠山金矿投产后，经济效益十分可观，至 2006 年年底，共产成品黄金 2014 千克。

淮北铁矿 1960 年淮北市即发现铁矿。前常、陈庄两矿曾于 20 世纪 70 年代初投资建设，因矿体产状变化大，顶板岩性松软等原因，于 70 年代末停建。1980 年，又先后发现徐楼铁矿、刘楼铜铁矿、邹楼铁矿、三铺铁矿、吴窑铁矿、王场铁矿。探明储量为铁矿石 8443 万吨，铜矿石 2.7 万吨，金、银矿石 5.8 吨和 6.8 吨。1986 年中国有色金属总公司、安徽省冶金厅、淮北市共同集资复建前常、陈庄矿，1989 年因资金不到位停建。

2000 年起，淮北市引进外地资金和技术，陆续复建、新建了前常铜铁矿、陈庄铁矿和刘楼铁矿。到 2005 年，投产矿井 3 对，在建矿井 2 对。累计开采铁矿石 25.98 万吨。淮北市勘探采选的钢铁矿石品位较高，约在 35% 以上。主要由前常、陈庄、刘楼三矿采选。2003—2005 年累计采矿 25.98 万吨。

2003－2005年淮北市金属矿采选业主要经济指标表

表2-3-3-1　　单位：万元

项目＼年份	企业个数	从业人数	固定资产合计	产量	工业总产值	工业增加值	销售收入	利税总额	利润总额
2003	2	410	1590		2429	907	2281	353	145
2004	3	4881	1760	15	2875	1653	2886	816	491
2005	3	502	2291	10.8	3574	2464	3475	–12	1069

第四节　霍邱铁矿

霍邱铁矿位于霍邱西部，北临淮河，西与河南省固始县相邻，现有9个大中型铁矿床和15个零星铁矿，已探明储量20亿吨，远景储量30亿吨以上，位居全国第五，华东第一，是全国唯一一个刚开发的特大型铁矿富集区，属鞍山式沉积变质铁矿，平均品位为32%～34%，被列为全国大型铁矿基地。铁矿资源丰富。霍邱铁矿资源储量大，埋藏浅，矿体厚，分布集中，矿石成分、水文地质条件简单，硫、磷含量低，品质好，易采选。

矿区优势　冶金辅料充足。矿区附近及邻近地区淮南、寿县一带，赋存着丰富的石灰石、白云岩、其储量完全可以满足霍邱铁矿深加工冶金辅料的需要，质量均达到冶金熔剂要求。

能源充沛。矿区距两淮煤矿、阜阳颍上煤矿较近，矿区已建成110千伏变电所一座，在建220千伏变电所一座，可满足电力供给。

水资源丰富。矿区南有龙潭水库，北有淮河，东有城西湖，水源供给有了保障。

交通便捷。105国道、济南—广州高速公路纵穿矿区；矿区向南60公里与312国道、宁西高速公路连接；拟建的阜阳—六安铁路线纵穿矿区，南接宁西铁路姚李站60公里，北连京九铁路阜阳站60公里；紧临矿区的500吨级淮河专用码头，水运可达长江沿岸码头；矿区内已形成便捷的公路网络。环境容量宽松。

铁矿深加工产品市场前景看好。霍邱周边300公里内没有大的钢铁企业和铁矿深加工项目，霍邱紧靠钢材消费量最大的华东市场，是钢材销售增长最快的地区，是中部地区兴建钢厂和铁矿深加工项目的最佳地区之一。

铁矿生产　2002年以来，先后有大昌、诺普、草楼、开发矿业4家采矿企业，7家探矿企业先后进驻范桥、周油坊、重新集、刘塘坊、付老庄、环山、王街道等探矿点开始探采。如此同时还新建了球团、免烧砖等10个矿产品深加工项目；截至2005年，共23个企业落户霍邱矿区，4家采矿企业和七家探矿企业。矿区的重点项目年产100万吨球墨铸造、120万吨球团2个深加工项目均列入省“861”和市“568”计划。除已开发的铁矿外，另有周集、李老庄等两个铁矿已完成地质详查待开发，铁矿床储量为2.3亿吨。霍邱矿区自2002年获准开发以来至2005年年底，累计完成投资10.15亿元，建设各类矿井3 8口（已建成2 3口），建设选矿厂7个（3个投产、4在建）。当年采选铁矿石202. 4万吨生产铁精粉52.8万吨，销售收入3.89亿元，上缴税收3862万元。

第四章　行业管理与科技进步

1986 年 1 月 3 日，中共安徽省委、省人民政府召开联席会议，专题听取安徽冶金工业发展以及马钢实施“七五”双两百万吨规模相关重要事项的汇报。

第一节　行业管理

管理机构　为了加快安徽冶金工业的发展，协调和促进冶金行业经济的健康运行，中共安徽省委、安徽省人民政府决定撤销 1983 年成立的安徽省冶金工业总公司，成立安徽省冶金工业厅，进入政府序列。王秀智任厅长，副厅长周屏、刘大成、朱秉伦。厅机关内设办公室、政治部、计划处、财务处、生产处、机动能源处、安环处、科技处、调研室（另设纪检组、机关党委）。

1989 年 9 月，安徽省人大常委会批准任命周本模为安徽省冶金工业厅厅长，副厅长陈明仁、刘大成、苏聪福，纪检组长万静（1992 年后任副厅长）。1990 年 6 月厅机关内设机构经省人事厅批准进行适度调整，内设办公室、政治部、计划处、财务处、生产处、体制改革处、安环处、科技处、调研室（另设纪检组、审计处、机关党委）。

1995 年 12 月，经中共安徽省委、安徽省人民政府研究，撤销安徽省冶金工业厅、退出政府序列，设立安徽省冶金工业局、为省人民政府直属机构。同时任命蔡庆中为省冶金工业局局长，苏聪福、万静为副局长，罗昌平为纪检组长。

2000 年 3 月，中共安徽省委、安徽省人民政府根据国家的统一部署，决定撤销各工业局，将原各工业局行使的行业管理职能交由新成立的安徽省经济贸易委员会，内设冶金行业管理办公室，负责指导、协调、管理冶金行业和联系企业的相关事项。

2000 年 10 月 13 日，安徽省机构编制委员会批复省经济贸易委员会（皖编〔2000〕20 号），同意成立安徽省冶金工业协会，其主要职责是负责协调行业间、企业间经济技术活动；协会不定级别，会长暂按副厅级配备；协会编制 20 人，列入全额供给事业单位管理序列，参照公务员制度管理。安徽省冶金工业协会在省经贸委、国资委的领导下，除负责协调行业间、企业间的经济技术活动之外，还承担原冶金局直属企事业单位的日常管理和迈入市场化转制改革的指导，以及完成省政府有关部门交办的行业规划、有色金属产业链调整意见、钢铁工业结构调整建议、有色资源的再生利用规划等重大课题，再就是参与重点企业对中小企业的兼并重组的相关协调指导工作。

发展规划与成果 1986 年 3 月 6 日，安徽省冶金工业厅挂牌。按照全国冶金工业和有色金属工业工作会议精神，确定了“七五”期间安徽冶金工业发展总的思路，即围绕安徽国民经济发展总体目标，根据冶金行业的实际，工作的重心是立足于现有企业的挖潜、改造、配套、扩建，着眼点是节能降耗、提高经济效益，坚持依靠深化改革、推进技术进步和国家政策支撑，加快现有企业技术改造，改善装备水平，强化企业管理，加速后备矿山建设。

根据安徽省“七五”计划国民经济发展的需要，安徽冶金工业“七五”奋斗目标是：到 1990 年，年产钢 250 万吨、生铁 280 万吨、钢材 210 万吨、铁矿石 1000 万吨，年产粗铜 8 万吨、电解铜 4 万吨、铝 1.3 万吨。1990 年实现工业产值 28 亿元，实现利税 8.3 亿元，当年实现出口创汇 1600 万美元。为此，安徽省冶金工业厅根据冶金工业部、国家有色金属工业总公司“七五”计划的战略重点，结合安徽实际，提出“挖掘潜力，提高效益，滚动发展，改造扩建，扩大规模，调整产品结构”的发展思路，依据自身的情况和发展目标，统筹规划，调整布局，确定了 “七五”计划发展的重点。省冶金厅先后编制和上报了马钢公司《关于抓紧 200 万吨配套工程的报告》和《双六百万吨扩建改造方案》《合钢公司“五、六、五”综合技术改造规划》《安徽省金光钢厂搬迁改造方案》《铜陵有色公司技术改造规划》等，分别得到了国务院、国家计委、冶金部、国家有色总公司和省人民政府的批准。使安徽冶金工业的发展建设在总体规划的指导下，进入了有史以来技术改造投入最多的时期，持续推进整个行业不断向前发展。

为加快重点技术改造项目，多渠道争取和落实落实建设资金。1986 年至 1990 年，全省冶金工业累计完成固定资产投资 25.86 亿元，其中钢铁工业 19.7 亿元，有色金属工业 6.1 亿元。5 年间，马钢双 200 万吨配套项目完成投资 14.1 亿元，主要续建项目有高速线材、钢坯连轧和万立方米制氧机三大工程，以及新建的三钢厂板坯连铸机、二轧钢厂 H 型钢生产线、5 号焦炉、2500 立方米炼铁高炉系统和南山铁矿凹山采选 600 万吨 / 年扩建等五大工程。铜陵有色公司五年完成投资 4.99 亿元，主要建设工程有：安庆铜矿精密探矿及新矿一期工程，冬瓜山铜矿前期探矿，狮子山铜矿的大团山矿床坑探工程，以及老矿山的挖潜改造等。

经过“七五”期间五年的努力，1990 年产钢、生铁、钢材分别为 248 万吨、285.6 万吨、188.3 万吨，比 1985 年净增 54 万吨、43 万吨、48 万吨；产铜 50348 吨，比 1985 年净增 17838 吨；铝 9652 吨，比 1985 年净增 1758 吨；铅 3907 吨，比 1985 年净增 3422 吨；锌 95 吨。

5 年间品种结构和质量有明显改善。完成新产品开发 52 项。马钢以线、型、板、轮为代表的产品结构初具雏形，市场适销的无氧铜杆、光亮铜杆、汽车轮辋钢、球墨铸管、高功率碳素电极、预应力钢丝及钢绞线、气保焊丝等品种的市场占有率逐步提高。5年创部优产品20个、省优产品49个、国优金银牌各1块。

能耗、物耗显著下降。吨钢综合能耗由85年的1.56吨下降到1.51吨标准煤，吨铁炼铁焦比下降51公斤，电解铝电耗由18100千瓦时/吨下降到17000千瓦时/吨以下，轧钢成材率（锭—材）提高了3%。万元产值能耗18.93吨标准煤下降到16.81吨，按可比能耗计算，5年间累计节约标准煤133.4万吨。

“七五”期间，全行业完成科技成果245项，其中34项获省以上科技进步奖；推广应用新工艺、新技术5项；技术改造取得较大进展。五年累计完成技术改造投资25.86亿元，比“六五”增长两倍。马钢“双二百”配套已完成。合钢基本形成了“三、四、三”规模。随着芜钢新增300立方米高炉和24平方米烧结机；金光钢厂搬迁、合铝碳素、马鞍山球墨铸管、安庆铜矿采选、马钢2500立方米高炉、H型钢改造等工程的建设和投产，为今后发展增添了后劲；保治理有明显改观。累计投入资金1亿元，建成环保项目255个。多年来引人注目的马钢、合钢两条“黄龙”被制服，治理“三废”变废为宝，资源综合利用年产值超过1亿元。

“八五”期间是冶金工业发展的特殊时期，中国改革开放和国民经济发展进入了一个新的高速发展的时期，工业化、市场化的进程加快，促使国内金属原材料市场需求旺盛，以致中国钢铁工业和有色金属工业进入了新一轮规模扩张的时期。据统计，全省冶金行业5年累计投入基本建设和更新改造资金98.8亿元，对现有企业进行大规模挖潜改造与新建扩建，建成投产的重点项目27个，而投资的主体方向偏重于装备更新、综合能力的配套、以及大型企业规模的扩张，以适应钢材和有色金属急剧升温的市场需求。前3年的1991年至1993年，安徽冶金工业在国民经济大势的推动下，尤其是房地产以及制造业的加速发展，刺激了金属原材料市场的升温，产量随之快速增长。1993年钢材产量达259万吨、比1990年净增71万吨、增长38%，有色金属年产量由64002吨增长到86950吨、增长36%。1994年至1995年的后两年，由于国家实施宏观调控的力度加大，固定资产投资增速下降，金属产品需求减少，冶金工业发展的外部环境条件偏紧。为渡过暂时呈现的困难，冶金企业与时俱进，加快转变观念，调整发展思路，持续开展“转机制、抓管理、练内功、增效益”活动，不仅克服了面临的困难，而且实现了5年的持续增长，使安徽冶金工业在生产规模、行业经济素质、企业的生存和积累能力等方面都迈上了一个新台阶。

1990年8月，《关于加强安徽冶金工业行业管理的暂行办法》（下简称《暂行办法》）颁布，《暂行办法》主要有三条：第一、省内冶金企业重点建设项目须经冶金厅审核；第二、合肥钢铁公司、芜湖钢铁厂、合肥铝厂、芜湖冶炼厂、琅琊山铜矿5个骨干企业领导班子的调整，有关地、市党委和政府须征求省冶金厅党组的意见；第三、省冶金厅参与有关部门对重点企业的资产管理和年度经营目标的考核。

“八五”期间，冶金工业累计投入基建和技术改造资金达85亿元，是“七五”期间的3.29倍，建成和更新改造了大中型项目63个，生铁195万吨，钢98万吨，连铸125万吨，烧结矿350万吨，车轮轮箍5万吨，汽车轮辋钢2万吨线材10万吨，离心球墨铸管6万吨，无缝管3万吨，高功率电极0.5万吨；铜矿采选160万吨，银金矿采选6万吨，粗铜冶炼1.5万吨等。5年累计生产钢1429万吨、比“七五”净增337.5万吨，产铜32.4万吨，比七五净增10.1万吨；产黄金14552千克，比“七五”净增3288千克；工业总产值年均增长8.1%。冶金产品累计出口创汇3.2亿美元，全省冶金企业通过各种渠道利用外资1.2亿美元，兴办各类合资、合作企业50多家，在境外投资兴办的合资和独资企业8个。累计实现利税72.5亿元、比“七五”净增40.74亿元，其中企业累计利润36.96亿元、比“七五”净增20.52亿元，累计上缴国家税费39亿元。企业积累增长较快，资产总额由1990年的55.8亿元上升到1995年的296.04亿元，年均增值率达39.6%。

5年间共获省、部科技进步奖190项，国家科技进步奖15项。技术进步加快了新产品开发和节能减排，马钢的“板、轮、线、型”四大产品系列在十大钢中独具特色。特别是连铸发展突飞猛进，建成连铸机八套，连铸能力由38万吨增长到218万吨，马钢二炼钢、合钢转炉钢基本实现全连铸，全省钢的连铸比达48.5%，高于全国平均水平。铜陵有色公司的金隆铜业、安庆铜矿采选、芜湖冶炼厂的铜杆连铸连轧等工程都居于国内先进水平。由于装备的改善和企业练内功的效应，5年开发的新产品累计增效5.74亿元，累计节约能源折标准煤67万吨。

“九五”期间，社会主义市场经济体制逐步健全和完善，为安徽冶金工业提出了新的挑战和发展良机。安徽冶金工业按照国家发展冶金工业的总体要求，结合自身实际，明确提出以品种、质量、效益和节能降耗为重点，大力发展连铸，带动工艺装备结构的优化，立足现状，努力完善具有安徽冶金特色的产品体系，并以此正确引导投资方向，努力推进安徽冶金工业结构调整。5年预计完成固定资产投资96亿元，基本建成投产或正在实施的重大项目15个。其主要是马钢公司H型钢工程、60万吨连铸棒材、3.5万立方米制氧机、平炉改造；合肥钢铁公司的连轧小型车间、焦化清洁生产工艺及二厂区污染治理项目；铜陵有色金属公司的金隆工程、金昌炼厂主工艺改造；池州有色金属集团的电解铜工程、底吹氧炼铅示范工程等。

1998年3月开始，按照国家冶金工业局和有色金属工业局《关于工业企业开展品种质量效益型道路活动的通知》的安排，在全行业开展向武汉钢铁公司学习的活动，模拟市场管理，推进管理升级，开展工序对标挖潜，向品种质量、节能降耗要效益。活动整整持续了一年，不仅经济收效颇丰，而且涌现了铜陵钢铁厂和池州冶炼厂两个先进典型，在全省工业系统产生强烈反响。

进入90年代以后，由于国际、国内金属原材料市场供求关系发生重大变化，尤其是绝大多数普通建筑用钢和有色金属初期产品的结构性过剩问题充分显现出来，加之产品质量档次低、消耗高的粗放式经营，以致冶金行业经济效益出现滑坡，特别是中小企业面临生存危机。社会需求、经济发展对冶金工业产品高质量、低成本的要求、以及环境对冶金生产高标准的要求，集中向传统而又脆弱的安徽冶金企业袭来，计划经济赶超战略已不再适应当代安徽冶金工业发展的目标。为此，安徽冶金工业及时调整战略部署，立足市场，以产品结构调整为龙头，以工艺技术装备结构调整和技术升级为基础，以企业的组织结构调整为保证，展开全行业结构调整的攻坚战。在《全省冶金工业“九五”发展规划》的基础上，制订了《全省钢材产品结构调整规划》《全省有色金属产品结构调整规划》以及《全省冶金工业结构调整规划》，用以进一步指导“九五”安徽冶金工业的发展，并取得了令人鼓舞的成果。马钢公司60万吨H型钢、60万吨连续棒材相继投产，合钢连轧小型生产线建设，不仅使安徽省钢材产品质量、品种跃升了一个较高的档次，同时使安徽冶金工业以H型钢为代表的高层建筑用材异军突起，夯实了安徽省建筑用材基地的基础，为一步调整、完善安徽冶金工业钢材产品结构创造了条件。

冶金工业是能耗大户，其能耗占产品成本相当大的一部分，“九五”建成的马钢60万吨棒材车间、合钢30万吨连轧小型车间，改变长期以来安徽钢铁工业钢材加工多火成材、能耗高、金属损失大的状况，实现进一步提高质量、降低钢材成本的目标。马钢平炉改转炉工程，彻底结束了马钢公司炼钢工序先进装备和落后装备并存的局面。铜陵有色金属公司金隆工程采用国际先进的闪速熔炼的工艺技术装备，极大地提升了安徽铜冶炼的技术水平，不仅使安徽省电解铜产量一跃居全国第1位，技术装备领先全国同行业的水平，同时其铜产品质量达到和满足英国伦敦金属交易所的标准要求，且国际市场急需的高纯阴极铜产量可达50%，为其参与国际竞争打下了基础。池州有色集团公司底吹氧炼铅新工艺示范工程的实施，为全国炼铅行业淘汰落后、改善装备水平，起到了一定的示范作用。

冶金生产是环境污染大户。“九五”期间，安徽冶金工业把提高工艺技术装备水平与改善环境条件紧紧地结合起来，极大地改变了冶金工业环境保护落后的状况。马钢平炉改造工程的完成，彻底消除了笼罩在马鞍山上空的“黄龙”。铜陵有色公司继一冶改造完成后，金昌冶炼厂主工艺改造及环境综合治理工程，极大地改善其自身和周边地区的环境，是长期深受污染的古铜都重现碧水蓝天。合肥钢铁公司焦化清洁生产工艺及二厂区污水治理项目的投入使用，为改善巢湖水系的水质做出了应有的贡献。

耗能大户马钢、合钢2000年的吨钢综合能耗（折标准煤）为986千克、996千克，比 1995 年的 1445 千克、1222 千克分别下降 459 千克、226 千克。按同口径计算，2000 年相比 1995 年两企业累计节约能源折标准煤为 136 万吨。

“九五”安徽冶金工业发展道路是艰难的，但取得的成绩是令人振奋。短短的 5 年使行业经济规模再上新台阶。2000 年钢、生铁、钢材的生产能力达到 530 万吨、560 万吨、540 万吨，分别比 1995 年净增 130 万吨、50 万吨、190 万吨；有色金属的铜、铝、铅锌的生产能力达到 25 万吨、2.5 万吨、2.5 万吨，分别比 1995 年净增 16 万吨、1 万吨、1.5 万吨；截至年底，全行业资产总额达 390 亿元，比 1995 年净增 70 亿元。这 5 年取得的成就比较突出。

结构调整的步伐加快，产业内重大比例关系逐步趋向合理，钢、铁、材比例接近于 1，连铸比由 47.5% 提高到 98%；单一炼铁的骨干企业逐渐发展为钢、铁、材一体化的联合企业；特别是马钢经过一系列的配套和扩建，形成了具有自身特色的板、轮、线、型四大系列产品。

2000 年后，安徽冶金工业随着国家经济大势进入跨越式发展。“十五”间，全行业固定资产投资累计达 279.46 亿元，是“九五”期间的 2.9 倍。截至 2005 年年底，全行业资产总额达到 690 亿元，比 2000 年净增 300 亿元；2005 年年底，钢、生铁、钢材的生产能力分别达到 1349 万吨、1134 万吨、1571 万吨，比 2000 年净增 819 万吨、574 万吨、1031 万吨；粗铜冶炼 36.4 万吨 / 年、电解铜 46.5 万吨 / 年，分别净增 15 万吨 / 年、21.4 万吨 / 年；电解铝因淘汰落后产能，致使合肥铝厂、淮北铝厂停产关闭，产能消失。铅产能因皖北再生铅循环经济产业园的建立，当年全省产能达到 26 万吨。

“十五”期间，马钢瞄准国际一流水平，投资 150 亿元，完成了以冷、热轧薄板项目为龙头的钢铁主业结构调整，“十五”末形成了新的“板、轮、线、型”为主导的产品结构，且产能达千万吨级。

2005 年年初，马钢按照国家批准的“十一五”结构调整规划，拉开新区建设的序幕，新区项目工程设计为冷轧、热轧薄板能力达 750 万吨，将使马钢公司的产能迈上 1600 万吨 / 年，实现历史性的大跨越。2005 年 4 月，马钢股份公司还重组了合肥钢铁股份公司，使亏损多年濒临倒闭的大企业恢复了生机。

铜陵有色集团公司 2001 年由中央企业下放为省属企业，集团公司在管理体制变更的同时，按照国家有关政策，对集团内部的矿山和冶炼厂，实施了一系列配置改革措施。一是对资源枯竭的老矿山实施关停并转；二是坚持外向发展战略利用国外资源，加快铜冶炼装备扩容改造；三是实施重组兼并，加快省内中小有色矿产资源的优化配置；四是促进企业全面上市。截至 2005 年年底，铜陵有色集团已形成的年综合生产能力，铜含量 6 万吨、粗铜冶炼 37 万吨、电解铜 47 万吨、铅 30 万吨、锌 1 万吨，以及副产硫酸、黄金等。

“十五”期间，皖西铁矿资源的开发为安徽钢铁工业提供了资源支撑，皖北（界首、太和）循环经济工业园的建立为冶金工业资源综合利用开拓了新的途径。

第二节　科技成果

1986年至2005年是安徽冶金工业发展的盛世，一方面是改革开放的大势成就了安徽冶金工业20年的持续高速、稳定发展，另一方面就是“科学技术是第一生产力”的强大“裂变效应”使冶金工业产生质的飞跃。20年来，冶金企业坚持走科技创新之路，在体制、机制上不断探索，在人才培育、队伍建设上不断强化，以致行业科研开发和技术创新硕果累累。20年间全行业累计完成科研成果437项（不含科研院校），其中获省部级科技进步奖的255项、国家级科技进步奖9项。成果的取得不仅实现了产品的优质、低耗和高效，也使企业的生产力水平和内在经济素质得以提高，使安徽冶金企业迈向市场化、国际化的进程不断加快。同时，也使涉及行业发展的重大结构比例关系、工艺技术、装备水平等都发生了显著变化，在做大企业的同时也做强了安徽冶金工业。

钢铁工业　1986年至2005年是安徽钢铁工业科研成果频出的黄金时期。20年间，钢铁企业共获得市级以上科技进步奖296项（不含科研院校），其中国家级科技进步奖五项、省部级科技进步奖174项，市级科技进步奖117项。马钢《双流管坯水平连铸机》获国家科技进步二等奖，《混匀料场设计》《铁路车站遥控型微机联锁系统》《中板轧机控制系统》等四项获国家科技进步三等奖；合钢开发的新产品高精度冷拔管属国内首创，多年来一直畅销不衰。20年来，钢铁工业科技进步的重点主要是三方面：一是围绕技术改造推广应用新技术、新工艺，如铁前系统的原料混匀、球团新工艺、高炉喷煤粉、高炉煤气综合利用技术；炼钢系统技术改造不仅淘汰了平炉且实现了全连铸；轧钢系统的马钢高速线材、冷轧薄板、大H型钢、高速铁路客车车轮，合钢的小型连轧，芜湖新兴铸管的大口径球墨铸管，是国内标志性的先进生产线。二是坚持用高新技术改造传统产业，计算机控制应用于炼铁、炼钢、轧材以及生产过程管理、经营管理等已是常态化。三是技术攻关突出节能降耗减排，实现钢铁工业可持续发展。吨钢综合能耗已由1986年的1.7吨标煤降到2005年的0.79吨，固体排放物94%达标，煤气回收及余压发电，轧钢冷却水重复使用，不仅企业经济效益得到提高，而且社会效益更加显著。

1987年合钢与北京科技大学合作开发的高精度冷拔管获合肥市优秀新产品奖，1989年被国家计划委员会批准为“国家级新产品”，并列入国家级新产品试产计划。1990年12月，合钢建成高精度冷拔管生产线，建立高精度冷拔管车间。

离心球墨铸铁管是芜湖新兴铸管公司主导产品之一，具有铁的本质，钢的性能，高强度、高延伸、抗腐蚀，是用于供水输气安全可靠的新产品。2004 年 7 月，仅用 10 个月时间，总投资 2.42 亿元，具有自行研制开发，年产 40 万吨球墨铸铁管厂建成投产，生产管理系统全部由计算机控制，是当时世界上规模最大，技术最先进的现代化单体铸管厂。该项目被科技部认定为“2005 年度国家级火炬计划项目”（项目编号：2005EB030883），公司铸管产品在国内市场占有率达到 40%。

马钢坚持自主创新，提升企业核心竞争能力。在加快结构调整和技术改造过程中，把引进消化吸收再创新作为推进自主创新的突破口，注重加强各种相关技术的融合，着力形成具有较强市场竞争力的成套技术和产品，提高集成创新水平。成功开展了热轧 H 型钢产品开发和应用技术研究，此项成果被评为“冶金科学技术奖”特等奖；转炉烟气分析动态控制自动化炼钢技术和薄板坯连铸连轧工艺（CSP）生产电工钢技术，开创了国内先河；采用世界先进水平的热机械轧制技术（TMCP）成功研发了在线软化处理的高性能低成本冷镦钢盘条生产技术；在姑山矿采用高梯度磁选取代强磁选，使红矿选别技术在国内处于领先水平；自动化控制和信息技术集成能力迈入钢铁企业先进行列。自主开发研制了重达 280 吨的轧机机架，使马钢重型设备制造能力迈入全国先进行列。通过引进消化，自主创新，马钢的主要工艺技术装备水平实现了全面升级，企业综合竞争能力不断增强。

1996 年 12 月，马钢股份公司成立省级技术中心，2001 年 12 月被国家认定为国家级企业技术中心。2002 年，马钢顺利实施了技术中心与原科技质量部的整合，优化了资源配置，简化了管理流程，加快了管理节奏。整合后的技术中心不断加强技术创新能力建设，组建了综合利用、检验、科技信息、炼铁、炼钢、长（型）材、车轮和两个板材技术研究所，培养了一批技术专家和专业技术人才，建设了中心实验基地。2004 年，技术中心对 11 家生产厂化验室进行整合。为适应马钢 1000 万吨钢生产规模和厂区整合，解决检验点多、布局分散等对理化检验工作效率和管理水平提高的瓶颈，技术中心进一步调整了在线生产检验管理体制，将现场作业区整合成 8 个，新建了交接口、冷板、彩涂板 3 个作业区。

2001 年 9 月，马钢技术中心启动了理化检验实验室国家认可工作，2002 年 7 月 17 日，中国实验室国家认可委员会正式批准并通过了实验室国家认可，认可的技术能力范围包括含铁原料、合金料、冶金产品、金属材料和非金属材料等理化性能检测，获得认可的实验室检测数据与报告在 46 个国家或地区都相互认可。2004 年，中心实验基地设计方案通过论证公司正式立项，计划在 18 个月内完成。作为公司技术创新平台，该项目建设获得了国家发改委 500 万元资助。截至 2005 年年底，已完成 1.50 万平方米实验室厂房建设，各工艺实验室进入了合同签订、设备制造和安装阶段。

2002 年，经人事部批准，马钢成立了马钢博士后科研工作站，与北京钢铁研究总院、南京理工大学建立了共同培养博士后工作关系，引进4名博士后进站工作；2005年，马钢成立了两公司在读研究生科研培训基地，首批60余名在读硕士研究生进入培训基地从事科研工作。2003年4月，马钢建立博士后科研工作站，科研工作站根据马钢生产和人才需要，结合马钢未来发展，研究设定重点科研课题。通过博士后工作站，引进高层次科研人才，培养并带动一批高层次、复合性科技和管理人才，提高研发水平，增强技术创新能力，促进马钢的发展。

“十五”期间，马钢逐步形成了较为合理的科研开发技术队伍。根据技术人员技术能力和发展情况分为三个培养梯队，即专家梯队，骨干梯队和后备发展梯队；开展了技术主管、技术带头人和技术骨干评选活动，逐步完善了技术人员绩效评价办法；建立了骨干津贴制度。马钢技术中心有公司级专家9人，高级技术主管3人，培养硕士研究生（含在读）35人，博士研究生（含在读）4人，聘任高级和正高级工程师26人，引进高层次技术人才2人。马钢技术中心与美国匹斯堡大学建立了培养马钢技术人才协议，选送5人到该校进修。

2002年开始，马钢通过建立“产学研”合作机制，进一步提高技术创新能力，培养专业技术人员。马钢依托“产学研”合作和科研开发模式，充分利用一切可利用资源为生产科研服务，加强技术交流，增强技术创新这一核心竞争力。2002年11月22日至23日，马钢与北京钢铁研究总院、北京科技大学、海军工程大学、东北大学、铁道科学研究院、安徽工业大学分别举行了“产学研”合作协议签字仪式和“产学研”实验基地的揭牌仪式。

2003年，马钢在新产品开发中引入“专家负责制”，整合了人力资源、智力资源、技术资源，集中技术力量解决重大技术难题，加快了市场开发进程。至2005年，马钢基本形成铁、钢、材1000万吨配套生产规模，拥有了国内领先、世界一流的冷热轧薄板、镀锌板、彩涂板、H型钢、高速线材、高速棒材和车轮轮箍等生产线，形成了新的“板、型、线、轮”产品结构，产品出口到48个国家和地区。

针对制约生产稳定顺行的工艺技术及产品质量问题，围绕产品结构调整，马钢投入大量资金，及时组织科研开发和技术攻关。“十五”期间，共投资9000余万元，完成科研开发项目288项，技术攻关项目62个。其中，3项科研项目获国家“863”项目立项，国际合作项目2项，国家重点新产品项目4项，国家火炬计划1项，国家重大科技攻关项目1项。通过组织实施这些项目，为马钢广大技术人员拓展了技术创新的平台，锤炼了马钢科研队伍，培养了高素质的科技人才，为马钢技术创新增添活力，支撑马钢经济效益的增长。

铁路整体机车车轮研制与开发。成功开发出Æ1050毫米、Æ1250毫米整体内燃机车、电力机车车轮，产品成功取代进口产品，实现了中国机车用整体车轮的国产化。

该项目为 2001 年国家重点技术创新项目计划，荣获中国金属协会冶金科学技术进步奖二等奖。

重载铁路列车用车轮的研制。为了更好地适应铁路向高速、重载发展的新形势，马钢不断加大车轮新产品研发力度，“重载铁路列车用车轮钢及关键技术的研究”已被列入“十一五”国家“863”计划项目，重点研制出适用于中国货运线路的 25 ~ 30 吨级轴重重载货车用车轮。

马钢坚持以市场为导向，以科技为手段，以效益为目标的原则，以形成具有自主知识产权的核心技术为重点，组织实施新产品开发，成功开发了时速 270 公里以上的高速车轮，高品质海洋石油平台、铁路车辆及桥梁用 H 型钢，耐大气腐蚀系列薄板、DQ 级冷轧深冲薄板，高性能低成本冷镦钢系列产品，铌微合金化高强度Ⅲ级钢筋等各类新产品就达 200 多个，创经济效益 10 多亿元。其中，冷轧薄板（含镀锌板）和热轧盘条获得国家免检产品称号，H 型钢产品广泛应用于中华世纪坛、大亚湾核电站、三峡大坝等国家重点工程，免退火冷镦钢线材成功用于“神舟五号”“神舟六号”飞船和新一代核潜艇。“双高”产品在钢材增量中占 55% 以上，部分产品填补了国内空白，一部分产品成为替代进口产品，特别是“建筑抗震耐火 H 型钢的研究”“高性能低成本冷镦钢研究”“高速车轮材料及关键技术研究”3 个国家 863 项目，使马钢“板、型、线、轮”四大系列产品中三个系列产品拥有了自主知识产权和核心技术，H 型钢和车轮产品相继荣获了“中国名牌”称号。

H 型钢系列产品开发。形成了中国第一条高效化异型坯连铸万能轧制 H 型钢生产线，实现了从设计年产 60 万吨到 2005 年 120 万吨的稳定生产规模。热轧 H 型钢产品质量达到了国际先进水平，获“中国名牌”产品称号。1998–2005 年，马钢累计生产热轧 H 型钢 480 万吨，其中出口 85 万吨，产品销往全国所有省份（除台湾省）、港澳地区以及美国、加拿大、欧盟、日本、韩国、东南亚等。石油平台、铁道车辆、耐火、耐候等专用高品质 H 型钢国内市场占有率达到 100%。

在线软化处理高性能冷镦钢开发。马钢已成功开发销售了低成本高性能的冷镦钢线材以及在线软化处理高性能冷镦钢盘条。为冶金生产企业带来经济效益，也为紧固件生产企业节约了制造成本、提高了质量，同时还可替代进口的高强度紧固件用冷镦钢线材，具有广泛的经济效益和社会效益。

2002 年，马钢制定了《马钢两公司专利管理办法》，初步建立了覆盖全公司的专利管理网络。马钢由总工程师主管，技术中心承担两公司专利、计算机软件著作权等知识产权管理（法律事务部负责商标权、著作权等知识产权管理）；二级厂矿由主任工程师主管，技术质量部（科）设兼职专利管理员，具体负责本单位的专利工作。马钢的专利项目多数是实施后申请，因而专利实施率达 90% 以上。这些项目的实施为公司效益的提升起到了一定作用。如干熄焦、高炉炼铁等方面授权的多个技术专利，为公司带来了巨大的经济效益。

马钢授权专利证书目录

表 2-4-2-1

序号	专利名称	专利号	专利类型
1	高压真空断路器机械联锁保护装置	95240278.5	实用新型
2	金属陶瓷表面复合层钢定模	95240475.3	实用新型
3	用于砌筑冶金容器的复合耐火材料预制件	95240474.5	实用新型
4	中间包冲击区挡坝	95226694.6	实用新型
5	型钢尺寸公差重量速查尺	96231017.4	实用新型
6	转炉钢包车拖电缆自动卷取装置	96200604.1	实用新型
7	一种精密微调烟道阀门	96231116.2	实用新型
8	自封闭泄爆阀	96231117.0	实用新型
9	挡渣加球机	96201753.1	实用新型
10	高炉重力除尘器清灰用环喷水封消尘装置	96231512.5	实用新型
11	压紧式堵漏装置	96212376.5	实用新型
12	煤气分析仪器净化预处理装置	97235552.9	实用新型
13	一种合金烘烤炉	97236191.x	实用新型
14	皮带机用块状金属物料检测装置	97236509.5	实用新型
15	一种钢板吊具	97247486.2	实用新型
16	钢包穿孔预报警装置	97243027.x	实用新型
17	皮带防跑偏装置	97243026.1	实用新型
18	V 型皮带自动调心下托辊装置	98226363.5	实用新型
19	一种 V 型皮带前倾上下托辊装置	98226584.0	实用新型
20	型钢定尺优化锯切的方法	98111549.7	发明
21	车轮自动成垛机	99227509.1	实用新型
22	自卸车气压制动举升电气联锁安全装置	99228333.7	实用新型
23	复合式钢水保护套管	99229239.5	实用新型
24	铁路道口电动栏门电磁阻动装置	99229850.4	实用新型
25	一种铁水脱硫装置	99229849.0	实用新型
26	十六段码显示装置	99230165.3	实用新型
27	非回转蓄热式工业炉烟气反吹装置	99230271.4	实用新型

续表 2-4-2-1

序号	专利名称	专利号	专利类型
28	复合道床式熄焦车轨道	00219238.1	实用新型
29	一种箅条筛	00219239.x	实用新型
30	转炉出钢口	00240961.5	实用新型
31	车轮成垛吊	00261709.9	实用新型
32	自动铲料装置	00261710.2	实用新型
33	车轮内圆吊	00261711.0	实用新型
34	一种车轮轮箍外径尺	01244571.1	实用新型
35	一种车轮加工夹具	01245366.8	实用新型
36	一种车轮加工刀具	01245367.6	实用新型
37	两位车轮翻轮机	01245146.0	实用新型
38	竖炉齿辊卸料机齿辊密封装置	01263243.0	实用新型
39	挠性线材抽取装置	02262528.3	实用新型
40	可调煤粉喷枪	02262529.1	实用新型
41	一种冲制箱	02264746.5	实用新型
42	自动打号机	02264749.x	实用新型
43	一种断齿修复后的齿轮	02264748.1	实用新型
44	一种轧制线材的装置	02264747.3	实用新型
45	干法熄焦车电气传动装置	02262527.5	实用新型
46	干熄焦旋转焦罐车	02262607.7	实用新型
47	合金浇注机	03221250.x	实用新型
48	一种将黏性物料与其他物料混配的装置	03259542.5	实用新型
49	一种管道除垢装置	03259543.3	实用新型
50	电阻型热模拟试验机试验夹头装置	03259544.1	实用新型
51	一种工业容器用衬板	03259540.9	实用新型
52	用于炼钢连铸的中间包水口烘烤装置	03259541.7	实用新型
53	转向台电动滚筒式皮带机	200320113714.0	实用新型
54	一种含铌 H 型钢的轧制方法	02138375.8	发明
55	一种金属基体冷却壁的铸造方法	03113465.3	发明
56	H 型钢连轧机组轧件堆钢检测装置	03222673.X	实用新型

续表 2-4-2-1

序号	专利名称	专利号	专利类型
57	旋转式物料落下试验装置	200420080825.0	实用新型
58	纵列式电加热冷轧钢筋应变时效处理装置	200420080826.5	实用新型
59	高炉熔渣水淬处理装置	200420080824.6	实用新型
60	高炉熔渣水淬水处理装置	200420080823.1	实用新型
61	一种改善车削加工性能的火车车轮热处理方法	02113182.1	发明
62	干熄焦车载旋转焦罐	2005200713594	实用新型
63	干熄焦旋转焦罐底门	2005200713575	实用新型
64	库顶全自动均化布料机	200520128845.5	实用新型
65	剪式自动挂钩脱钩吊具	200520071356.0	实用新型
66	X 射线衍射仪用旋转样品台	200520076390.7	实用新型
67	干法熄焦旋转焦罐的吊运及开门装置	200520071355.6	实用新型
68	干熄焦车载式焦罐旋转装置	200520071358.X	实用新型
69	新型自动打号机	200520077744.X	实用新型
70	卡断剪滚动导卫装置	200520077745.4	实用新型
71	板钩式车辆连接装置	200520071354.1	实用新型
72	一种轧钢用堆焊复合导卫板	200520128846.X	实用新型
73	高温粉尘水冷排出装置	200520071360.7	实用新型
74	环形加热炉周向精确定位装置	200520140046.X	实用新型
75	圆条形立活套滚动导卫装置	200520078120.X	实用新型
76	可离线调整的滚动导卫底座	200520078122.9	实用新型
77	钢水炉外精炼剂	200410103090.3	发明
78	二辊水平轧机防错辊装置	200520077739.9	实用新型
79	异型坯连铸板式结晶器腹板水冷装置	200520140045.5	实用新型

2003 年，马钢制定了《马钢股份公司科技成果管理办法》。通过科研、攻关和产品开发，引导技术人员在工作实践中提高成果申报意识，在工作实践和课题总结中提炼出马钢独特的工艺技术，提高技术诀窍和技术成果的申报水平。

2000—2005 年度马钢获国家、省、冶金行业奖情况

表 2-4-2-2

序号	获奖年度(国家、省、行业)	项目名称	主要完成单位	获奖等级
1	2000 年（省）	H200-700 毫米 Q235、Q345 级热轧 H 型钢产品研制	马鞍山钢铁股份有限公司	一等奖
2	2000 年（省）	快速车轮用钢的研究和开发	马鞍山钢铁股份有限公司	三等奖
3	2001 年（省）	马钢中型（50 吨）转炉溅渣护炉系统优化技术应用研究	马钢股份有限公司、安徽工业大学	二等奖
4	2001 年（省）	小方坯高效连铸技术	马鞍山钢铁股份有限公司第二炼钢厂	二等奖
5	2001 年（省）	400 立方米 / 时喷雾推进通风中温冷却塔研制与应用	马钢股份有限公司供排水厂、北京金航信诺科技发展有限公司	三等奖
6	2001 年（省）	大型钢铁联合企业计算机管理信息系统 GMIS	马鞍山钢铁股份有限公司、东北大学	三等奖
7	2002 年（省）	高产低耗高炉操作技术	马鞍山钢铁股份公司	二等奖
8	2002 年（省）	高强度高韧性海洋石油平台用 H 型钢产品研制	马鞍山钢铁股份公司	二等奖
9	2002 年（省）	小粒烧结矿的回收利用技术	马鞍山钢铁股份公司	三等奖
10	2002 年（省）	75 平方米烧结机系统优化烧结技术的开发与应用	马鞍山钢铁股份公司	三等奖
11	2002 年（省）	连铸低碳易拉丝钢热轧盘条	马鞍山钢铁股份公司	三等奖
12	2003 年（省）	高效异型坯连铸技术的开发与应用	马钢股份有限公司、安徽工业大学	一等奖
13	2003 年（省）	干熄焦装置接运红焦技术及设备研制	马钢股份有限公司、马鞍山市双益机械制造有限公司、安徽工业大学华冶自动化工程公司	二等奖
14	2003 年（省）	200 千米 / 时高速铁路客车车轮的开发	马钢股份有限公司	三等奖
15	2003 年（省）	马钢高炉煤气综合利用技术攻关	马钢股份有限公司	三等奖
16	2005 年（省）	烟气分析动态控制炼钢技术在长寿复吹转炉中的开发研究与应用	马鞍山钢铁股份有限公司	二等奖
17	2005 年（省）	电磁超声检测车轮表面缺陷技术	马鞍山钢铁股份有限公司	三等奖
18	2005 年（省）	16Mn 系列专用板冶炼工艺研究	马鞍山钢铁股份有限公司	三等奖
19	2005 年（省）	马钢薄板轧机机架及 5000 吨油压机横梁大型铸钢件的研制	马鞍山钢铁股份有限公司、清华大学	三等奖
20	2001 年行业	快速车轮用钢的研究和开发	马鞍山钢铁股份有限公司	三等奖

续表 2-4-2-2

序号	获奖年度（国家、省、行业）	项目名称	主要完成单位	获奖等级
21	2001 年行业	马钢第三炼钢厂“LBE 技术更新与提高”自动化系统	鞍钢集团自动化公司 马鞍山钢铁股份有限公司	三等奖
22	2002 年行业	大型钢铁联合企业计算机管理信息系统——MGMIS	马鞍山钢铁股份有限公司 东北大学	二等奖
23	2003 年行业	高产低耗高炉操作技术	马鞍山钢铁股份有限公司	二等奖
24	2003 年行业	高强度高韧性海洋石油平台用 H 型钢	马鞍山钢铁股份有限公司	二等奖
26	2003 年行业	附着式轧制力智能监测系统研制与应用	北京科技大学 马鞍山钢铁股份有限公司	二等奖
27	2003 年行业	75 平方米烧结机系统优化烧结技术的开发与应用	马鞍山钢铁股份有限公司	三等奖
28	2003 年行业	2500 立方米高炉槽下“动、静条自清理筛网”振动筛的研制与应用	马鞍山钢铁股份有限公司	三等奖
29	2004 年行业	干熄焦装置接运红焦技术及设备研制	马鞍山钢铁股份有限公司 马鞍山市双益机械制造有限公司 安徽工业大学华冶自动化工程公司	二等奖
30	2004 年行业	200 各米 / 时高速铁路客车车轮的开发	马鞍山钢铁股份有限公司	二等奖
31	2004 年行业	YNHK 型系列滚轮式滑动水口的研究和应用	马鞍山钢铁股份有限公 宜兴市耐火材料厂	三等奖
32	2004 年行业	马钢公司销售 CRM 系统	马鞍山钢铁股份有限公司	三等奖
33	2005 年行业	铁路机车车轮的研制和开发	马鞍山钢铁股份有限公司	二等奖
34	2005 年行业	建筑用耐火钢的研制	马鞍山钢铁股份有限公司 钢铁研究总院	三等奖
35	2005 年行业	马钢薄板轧机机架及 5000 吨油压机横梁大型铸钢件的研制	马鞍山钢铁股份有限公司 清华大学	三等奖

标准管理。马钢冶金产品技术标准管理工作由公司总工程师领导，各二级单位设立专职（或兼职）标准联络员，在公司内部形成了完整的标准化管理体系。是全国钢标准化委员会中国冶金标准化协会、耐火材料协会等组织的成员单位。

马钢及时组织修订企业标准、内控标准，适应公司产品结构调整需求，同时积极参与国家、行业标准的制修订工作。2001—2005 年期间，马钢作为第一起草单位承担 10 项国家标准制修订工作，其中《热轧 H 型钢和剖分 T 型钢》获首届“中国标准创新贡献奖”。2002 年，马钢被评为全国标准化工作先进单位。

2001—2005 年完成的企业标准制修订项目

表 2-4-2-3

序号	标 准 号	标 准 名 称
1	Q/MGB 213-2001	苯渣
2	Q/MGB 216-2001	10℃邻甲酚
3	Q/MGB 220-2001	二甲残油
4	Q/MGB 453-2001	SM400B 铁道车辆用 H 型钢
5	Q/MGB 454-2001	冶金产品包装、标志、质量证明书（含修改单）
6	Q/MGB 726-2001	锰铁及硅锰铁中磷含量的光度法快速测定
7	Q/MGB 727-2001	铝硅质耐火材料的 X 射线荧光光谱分析方法
8	Q/MGB 728-2001	镁质耐火材料中 CaO、MgO 含量的测定
9	Q/MGB 119-2002	高炉喷吹用无烟煤
10	Q/MGB 711.14-2002	生铁快速化学分析方法高频感应燃烧红外法测定碳、硫含量
11	Q/MGB 711.15-2002	生铁快速化学分析方法 X 射线荧光光谱法测定硅、锰、磷、钒、钛含量
12	Q/MGB 720.7-2002	烧结矿快速化学分析方法铋磷钼蓝光度法测定磷量
13	Q/MGB 455-2002	SM490YB 海洋石油平台用热轧 H 型钢
14	Q/MGB 456-2002	Q345 铁道车辆用热轧 H 型钢
15	Q/MGB 116-2003	氧化铁皮
16	Q/MGB 214-2003	初馏分
17	Q/MGB 227-2003	冶金焦炭
18	Q/MGB 231-2003	铁烧结矿
19	Q/MGB 234-2002	铁球团矿
20	Q/MGB 235-200 3	闪蒸油
21	Q/MGB 236-200 3	古马隆残油
22	Q/MGB457-2003（试行）	薄板坯连铸连轧热轧钢卷的包装、标志及质量证明书的一般规定
23	Q/MGB 458-2003	冷连轧钢板及钢带的包装、标志及质量证明书
24	Q/MGB 460-2003	DGH 电杆混凝土用热轧盘条
25	Q/MGB 461-2003	拉丝用低碳低硅热轧盘条
26	Q/MGB 462-2003	MA345、MB345 热轧 H 型钢
27	Q/MGB 463-2003	ASTM A36H 型钢
28	Q/MGB 464-2003	BS 43A 英标 H 型钢
29	Q/MGB 729-2003	转炉补炉砂制样、检验方法
30	Q/MGB 730-2003	3，5-Br2-PADAP- 过氧化氢光度法测定钢铁中钒量

续表 2-4-2-3

序号	标 准 号	标 准 名 称
31	Q/MGB 731-2003	原子吸收光谱法测定硅系合金中钙含量
32	Q/MGB 732.1-2003	高炉渣快速化学分析方法硅钼蓝光度法测定二氧化硅含量
33	Q/MGB 732.2-2003	高炉渣快速化学分析方法铬天青 S 光度法测定三氧化二铝含量
34	Q/MGB 732.3-2003	高炉渣快速化学分析方法磺基水杨酸光度法测定氧化亚铁含量
35	Q/MGB 733-2003	复合碳硅锰快速分析方法 X 射线荧光光谱法测定硅、锰、磷含量
36	Q/MGB 117-2004	石灰石和白云石
37	Q/MGB 447-2004	矿用热轧型钢
38	Q/MGB 459-2004	彩色涂层钢带的包装、标志及质量证明书
39	Q/MGB 465-2004	彩色涂层钢带
40	Q/MGB 734.1-2004	铬铁化学分析方法 磷钼蓝光度法测定磷量
41	Q/MGB 734.2-2004	铬铁化学分析方法 硅钼蓝光度法测定硅含量
42	Q/MGB 113—2005	混匀矿
43	Q/MGB 114—2005	铁矿石
44	Q/MGB 129—2005	球团用膨润土
45	Q/MGB 465-2005	彩 色 涂 层 钢 带
46	Q/MGB 466—2005	SS400 热轧碳素结构钢钢板及钢带
47	Q/MGB 454.9-2005	铁路快速客车和快速货车整体辗钢车轮的包装、标志及质量证明书
48	Q/MGB 324-2005	连铸 H 异型坯
49	Q/MGB 451-2005	热轧角钢
50	Q/MGB 454.3-2005	冶金产品包装、标志及质量证明书 热轧带肋钢筋
51	Q/MGB 805 — 2005	H 型钢电弧焊补技术条件

有色金属工业　1986 年至 2005 年，安徽省有色金属行业累计获得市级以上科技进步奖 141 项（不含科研院校），其中国家级科技进步奖 4 项、省部级科技进步奖 81 项、市级科技进步奖 56 项。

铜陵有色公司的“地下连续开采工艺技术和装备研究”是国家“七五”科技攻关课题，在内外先进技术基础上，全部采用国产研制设备，开发两条连续开采生产线，达到国际采矿业 20 世纪 80 年代水平，主要技术经济指标达到攻关预定要求。1992 年获国家科技进步一等奖。“常温变量喷射 - 动力波洗涤闪速炼铜技术”以节能、高效、环保和自动化为目标，针对当时国际上“热风”闪速炼铜技术存在的问题，综合运用现代计算机、化学、材料、机械、冶金等跨学科的原理和技术，经至多年研究解决了铜闪速冶金领域节能理论和实用技术问题，成功开发了包括工艺、装置和计算机软件在内的、有多项关键技术属于中国自主知识产权的闪速炼铜新技术，实现了“绿色冶炼”。成果总体水平达国际先进，关键技术和指标达国际领先。1997 年研究成果应用于铜陵金隆铜业公司，技术和装置出口伊朗哈通阿巴德愿一厂，创汇 9000 万美元。已取得重大的经济效益和社会效益，并使中国成为拥有世界先进铜闪速冶金成套技术和装备的国家，对中国铜冶金产业技术跨越做出了重要贡献。该研究成果获 2000 年国家科学技术进步一等奖。另外，“矿山复垦污染防治研究”“地下矿高阶段强化开采研究”两项科研为矿山安全、高强度、高效率开采以及环境治理方面的特殊成果，获国家科技进步二等奖。

池州有色公司“氧气底吹炼铅新工艺产业化示范工程”——“氧气底吹炼铅法”于 1983 年 9 月被国家科委正式批准为国家“六五”科技攻关项目，1983 年至 1984 年完成单元试验，1986 年开始进行半工业试验，1997 年，国家科委、国家经贸委将氧气底吹炼铅列入“九五”科技攻关指导目录，1997 年 5 月，安徽省经贸委批准了池州有色公司的“氧气底吹炼铅”项目，1997 年 10 月，包括池州有色公司在内的几家冶炼厂和北京有色设计院联合出资继续进行氧气底吹炼铅的半工业试验。1998 年国家计委将池州有色公司“氧气底吹炼铅法”列为 1998 年第一批高技术产业化示范工程项目计划，1999 年，国家计划委员会批准池州有色公司“氧气底吹炼铅法”项目的可行性研究报告，并安排国家产业化资金 1000 万元作为对高技术产业化项目的扶持投入。2000 年 4 月，氧气底吹炼铅项目开始在池州有色公司所属的池州经济技术开发区项目工地破土动工，经过两年多的施工，项目于 2002 年 7 月全部竣工，8 月 10 日，该建设项目一次性投料成功，全流程运行流畅，并产出合格产品。2002 年，安徽省发展计划委员会认定池州有色公司氧气底吹炼铅新工艺为高科技产业化示范项目。2003 年 3 月 22 日，安徽省科技厅主持召开项目成果鉴定会，是年，池州有色公司“氧气底吹炼铅法”获得安徽省科技研究科技成果证书，同年，安徽省人民政府授予池州有色公司氧气底吹炼铅新工艺产业化技术应用为“安徽省科学技术进步一等奖”。该工艺首次应用成功，为中国铅冶炼的技术进步做出了历史性的贡献。

有色科技进步研究与应用活动广泛开展，不仅改变了数千年的传统采矿方式，提高了生产效率、减轻了劳动强度，更重要的是安全生产和环境污染得到根本性的改观。再就是生产工艺和装备水平上台阶，安庆铜矿的采选系统、铜陵一冶的闪速炉粗铜冶炼装备、池州冶炼厂的闪速炉炼铅设备、鑫科材料股份公司的“水平连铸—高精冷轧铜合金带材”等生产线，生产工艺的技术水平涉足世界顶尖，其装备水平已属国内一流。

第五章　重点骨干企业简介

第一节　马鞍山钢铁公司

马鞍山钢铁公司（以下简称“马钢”）是中国特大型钢铁联合企业、国际上市公司、安徽省最大的工业企业。2005 年总资产达 440 亿元，已具备年产 1000 万吨钢铁配套生产能力，拥有国内领先、世界一流的冷热轧薄板、彩涂板、镀锌板、H 型钢、高速线材和车轮轮箍生产线。形成了以冷热轧薄板、H 型钢、高速线（棒）材、车轮轮箍为主导产品的“板、型、线、轮”的产品结构，是中国重要的车轮和建筑用钢的生产基地。马钢由马钢（集团）控股有限公司（以下简称马钢集团公司）和马鞍山钢铁股份有限公司（以下简称马钢股份公司）组成。马钢集团的下属分公司或二级单位为矿山开采、冶金建设和社会性服务企业，冶金工厂均在马钢股份公司。

沿革　马钢是一个老工业基地，早在 1949 年 4 月马鞍山地区解放后，南京市军事管制委员会接管了原国民政府资源委员会华中矿务局马鞍山分矿。1950 年 1 月马鞍山矿务局成立。1953 年 2 月马鞍山矿务局改名为马鞍山铁矿厂，同年 10 月改称马鞍山铁厂。

1958 年 8 月 1 日，经安徽省委批准，马鞍山钢铁公司正式成立。1992 年 9 月，经征得国家经贸委、中国人民银行同意，并报国务院领导批准，国家体改委决定将马鞍山钢铁公司作为国家体改委进行股份制规范化试点的九家企业之一。1993 年 9 月 1 日，马钢重组分立为马钢总公司和马钢股份公司，马钢总公司是马钢股份公司的控股公司，行使国有法人所有权，并相应享受权利和承担义务。1998 年 3 月 5 日，安徽省人民政府和冶金工业部批准同意马钢总公司改建为国有独资公司，更名为马钢（集团）控股有限公司。省政府授权集团公司经营公司范围内的国有资产，马钢股份公司为集团公司的控股子公司，原马钢总公司所属企业（生产单位）改制为子公司或分公司。

从 1958 年 8 月 1 日马鞍山钢铁公司成立到 2005 年年底的 47 年时间里，马钢由一个年产 20 万吨生铁的小型单一的炼铁企业发展成为一个具有年产 1000 万吨钢铁规模的特大型钢铁联合企业，成为全国重点钢铁生产基地之一和海内外上市的股份公司。马钢走出了一条主要靠自我发展、自我积累，以内涵为主扩大再生产，分步规划、分步建设、滚动发展的道路。

从 1953 年马鞍山矿区恢复建设到 2005 年年底，马钢累计生产铁矿石 2.43 亿吨，生铁1.04亿吨，钢8634万吨，钢材7093万吨。

马钢的发展是中国钢铁工业发展的缩影。新中国成立初期，在矿山恢复建设中，马钢人在一个烂摊子上建一个新的矿山生产体系，为马钢向钢铁联合企业发展奠定了基础。1958年马钢公司的成立，标志着马钢向中型钢铁联合企业迈出了第一步。1958年至1960年，马钢建成矿山、高炉、转炉、电炉、烧结、焦炉、耐火材料、轧钢等27项骨干工程，具有了钢铁联合的雏形。但是由于受“大跃进”“高指标”“浮夸风”的影响，1959年至1963年，马钢连续5年亏损。为了扭转困难的局面，从1961年开始，马钢认真贯彻中央调整方针，狠抓生产结构调整，推行文明生产方针，1964年扭亏为盈，1966年主要产品产量均创历史最好水平，成为当年中国钢铁工业战线的先进企业。在1966年至1976年的“文化大革命”10年里，马钢的生产和建设几起几落，但仍保持了企业的相对稳定性和生产的连续性。

2004年11月24日，国家正式批准马钢“十一五”技术改造和结构调整总体规划。该规划的主体内容：建设一条起点高、流程紧凑、全新的从焦化、烧结、炼铁、炼钢到热轧、冷轧、镀锌、彩涂板的生产线，年设计生产能力为500万吨钢，总投资约250亿元。整个工程于2007年建成，使马钢形成年产1600万吨的钢铁生产规模。

马钢的机构设置在生产建设的发展中不断完善、健全和充实。1993年马钢实行股份制改制，马钢重组分立为马钢总公司和马钢股份公司。总公司和股份公司作为独立完整的企业，分目单独设立了较为完整的管理机构，总公司有32个，股份公司有35个。1998年3月两公司对管理机构做了部分调整，先后将两公司办公室、组织、宣传、团委和武装等部门进行合署办公，初步解决了党群机构关系不顺的问题。

1998年3月马钢总公司依法改制为马钢（集团）控股有限公司，同年9月两公司机关实行机构改革，改革后设置党政管理机构23个，其中集团公司15个，除财务部外，均为两公司合署；股份公司7个；列入二级单位序列，兼有管理职能的机构7个，其中集团公司2个，股份公司5个。

2005年年末，马钢两公司在职职工66647人，其中，集团公司职工20704人，占31%；股份公司职工45943人，占69%。全部职工中具有研究生及以上学历507人，占0.76%；本科学历5528人，占8.3%；大专学历11304人，占17%。职工队伍构成比例：管理人员（作业长以上）3937人，占5.9%；专业技术人员8485人，占12.7%。

在管理人员队伍中，公司高级管理人员20人，处级管理人员394人，科级管理人员2489人。在技术人员队伍中，享受国家津贴的技术专家31人，省政府津贴13人，省市优秀专家称号的26人，享受公司一、二等津贴的优秀科技人员77人。在马钢10801名具备技术职称的技术人员中，具有高级技术职称的1843人，具备中级职称者4708人，初级技术职称4250人。马钢工人队伍中，高级技师68人，技师1314人。

主要产品 马钢集团公司生产的产品有天然铁矿（含铁矿石、铁精矿）、人造块矿（含烧结矿、球团矿）、生铁、钢、钢坯、钢材、炼焦及化学产品，耐火材料制品和机械产品等9大类，其中钢材是市场化和商品化程度最高的产品。随着马钢以钢材为主的钢铁产品系列的不断丰富，开始形成以薄板、H型钢、线棒材、车轮为主导产品的独具马钢特色的“板、型、线、轮”产品结构。所有产品均通过ISO 9002-1994质量体系认证。

马钢的钢板产品有中板和薄板两种。中板产品有碳素结构钢板、低合金高强度钢板、锅炉钢板、压力容器钢板和船体用结构钢板等五大系列。板厚为6 ~ 25毫米。冷轧薄板、镀锌板产品有普通商业板、冲击板和深冲用钢，厚度为0.3 ~ 2.5毫米；热轧薄板产品有碳素结构钢、优质碳素结构钢、低合金高强度结构钢、超低碳素钢、汽车结构钢、高耐候结构钢和管线钢等七大系列；带钢厚度为1.0（0.8）~ 12.7毫米。

马钢型钢产品有中型型钢和热轧H型钢两种。中型型钢产品有等边角钢、不等边角钢、船用不等边角钢、槽钢、矿用工字钢和U型钢等六大系列。热轧H型钢产品有碳素结构钢、桥梁用结构钢、船用结构钢、低合金结构钢和耐候钢等五大系列，腹板高度为200 ~ 700毫米。

马钢线材产品有高速线材和棒材两种。高速线材产品有冷墩钢（铆螺线）、优质碳素盘条、普通碳钢盘条、弹簧钢和低碳易拉丝盘条等五大系列，规格为直径5 ~ 22毫米，棒材产品有螺纹钢和圆钢两大系列，规格为直径8 ~ 40毫米。

马钢车轮产品有车轮、轮箍和盘环件三种，计有车轮、轮箍、军工盘环件、民用轮环件和件等五大系列1300多种规格。

基建与技改　马钢公司成立以来，结合企业自身实际，强化管理，自我积累，滚动发展，壮大企业实力，扩大企业规模。20世纪90年代以来，随着改革开放逐步深入，企业面临日益剧烈的市场竞争。马钢在生产上加快结构调整和产品升级步伐，加大技术改造力度，提出“精细管理、精心操作、精料入炉”的管理要求。坚持以市场为导向，以销定产，以产促销，进入了发展的新阶段。1994年6月9日，1号2500立方米高炉系统建成投产时，国务院副总理邹家华亲临马钢主持马钢发展现场办公会，研究马钢400万吨配套和600万吨规划方案，并获得原则同意，由此拉开了马钢扩大产能与结构调整的序幕。与此同时，马钢抓住股份制改制的历史机遇，明确企业改造目标：以结构调整为主线，以科学管理为基础，以技术进步为支撑，加快淘汰落后，优化工艺结构，提升产品档次，坚持高技术起点，采用世界先进的生产工艺和技术装备，以最快的速度、最好的质量、最省的投资、最优的环境进行脱胎换骨式的改造，提升马钢的市场竞争力。其主要做法：一是淘汰落后设备。马钢先后关、停小烧结机7台、小高炉5座；平炉2座、混铁炉3座、小电炉7座；420毫米开坯机、850毫米初轧机组；250毫米小型轧机、湿式煤气柜等大批工艺落后、效率低下、高能耗、污染环境的生产设备。二是采用世界先进的生产工艺和技术装备。利用国家贴息建设的一钢平改转工程、车轮轮箍压轧系统改造、建筑用薄板技术改造、管理信息化二期工程、焦化干熄焦技术改造、转炉高炉煤气综合利用，建设使用高炉煤气作燃料的自备热电厂等项目。自筹资金改造的项目有新 1 号焦炉工程、2 号 2500 立方米高炉工程、薄板坯连铸连轧工程、冷轧薄板、镀锌板、彩涂板工程、优质高线改造、二钢厂高线改造、二钢高速棒材改造、三钢厂转炉改造、第二条 H 型钢生产线，2 万立方米 / 小时、4 万立方米 / 小时制氧机等公辅系统配套设施。三是加快结构调整步伐，大批改造建设项目顺利投产达产。1998 年投产的热轧大 H 型钢是世界最先进的热轧大 H 型钢生产线，开发出海洋石油平台用耐湿、耐候 H 型钢填补了国内空白。2 号 2500 立方米高炉系统于 2003 年 10 月投产，次月利用系数超过设计指标，创造了国内行业同类型设备顺利投产新纪录。一钢厂平炉改转炉工程于 2001 年建成投产，淘汰了平炉炼钢，加快了生产节奏，提高产品质量档次，降低了工序能耗（实现负能炼钢）和生产成本，消除了困扰马鞍山市民多年的黄龙，根治了环境污染。马钢自行制造热轧薄板轧机主机架的冷热轧薄板工程，创造了世界上最快的建设速度，2004 年 4 月 28 日建成投产，并且创造了世界同类型轧机投产初期的最好生产水平，开创了用 CSP 短流程的热轧基板生产冷板和热镀锌板的国内先例。2004 年 9 月 24 日，彩涂板工程建成投产，并创造了“三通一平”、设备安装、产品调试及生产线建设周期最短的四项国内同行第一。四是大力加强技术改造。车轮压轧系统的改造，为中国铁路运输高速、重载将起到支撑作用，提高了马钢产品国际市场竞争力。车轮产品取得美国 AAR 认证，时速 240 千米的高速车轮已在国内试运行，时速 270 千米的高速车轮已通过国家技术鉴定。优质高速线材与二钢厂高线工程，投产第三个月全面达产，尤其是优质高速线材轧机，曾经获得世界上最快线材轧机的美誉。经过改造，取得世界上工艺最先进轧机称号。

经过一系列高起点的基本建设和技术改造，并全面推进执行“三精”方针，优化生产工艺路线，扩大产能与结构调整并举，努力提高“双高”产品和板带钢材比例，马钢生产进入跳跃式增长时期。

1997 年钢产量达到 301.22 万吨，3 年后，2000 年又形成铁、钢产量双 400 万吨的生产能力。2001 年起钢产量首次超过生铁产量，连续三年平均以每年 100 万吨速度递增。2003 年铁、钢、材全面形成年产 600 万吨的生产规模，2004 年形成年产 800 万吨的生产规模，2005 年形成年产 1000 万吨的生产规模。与此同时，开始了新区建设，为“十一五”期间马钢进一步发展奠定了坚实基础。在扩大产能的同时，马钢注重节能降耗，确保持续发展，能源消耗的增长幅度始终低于钢产量的增长幅度。1990 年钢产量首次突破 200 万吨，达到 204.11 万吨，能源消耗总量为 275.08 万吨标准煤。2000 年钢产量达到 392.24 万吨，为 1990 年的 1.92 倍，能源消耗总量为 413.16 万吨标准煤，仅为 1990 年的 1.5 倍。2003 年钢产量达到 606.21 万吨，为 1990 年的 2.97 倍，能源消耗为 473.53 万吨，仅为 1990 年的 1.72 倍。吨钢综合能耗则由 1990 年的 1348 千克标煤 / 吨，下降至 2005

年的724千克标煤/吨。马钢在扩大产能中实现节能降耗是科学管理和技术进步的结果。

2005年年底，马钢股份公司主要专业设备有：烧结机5台计885平方米；球团竖炉5座，计46平方米，其中8平方米球团竖炉2座，10平方米球团竖炉3座；炼铁高炉12座，计9100立方米，其中，300立方米高炉5座，350立方米高炉2座，450立方米高炉2座，1000立方米高炉1座，2500立方米高炉2座；铸铁机4台；炼钢转炉11座，其中，30吨转炉4座，50吨转炉4座，95吨转炉1座，120吨转炉2座；炼钢电炉2座，其中，20吨电炉1座，15吨电炉1座；连铸机12套，其中，板坯连铸机1套，圆坯连铸机1套，方坯连铸机6套，异型坯连铸机2套，CSP薄板坯连铸机2套；钢压延加工设备20套，其中，大H型钢轧机1套，小H型钢轧机1套，中型型材轧机2套，棒材轧机2套，线材轧机2套，中厚板轧机1套，CSP热轧宽钢带轧机1套，六辊冷轧薄板轧机1套，镀锌机组2套，彩涂板生产线2套，七辊卧式车轮轧机1套，立式车轮轧机1套，轮箍轧机1套，小环件轧机1套，大环件轧机1套；炼焦设备有机械化焦炉6座，计360孔。股份公司固定资产原值为279.20亿元，净值为185.08亿元，

2005年，马钢股份公司完成工业总产值（现价）332.09亿元，主营业务收入320.83亿元，主营业务税金及附加2.19亿元；全年实现利税总额55.79亿元，其中实现利润33.22亿元。炼铁毛焦比421千克/吨、喷煤比132千克/吨；吨钢综合能耗731千克标煤/吨，吨钢可比能耗752千克标煤/吨。炼钢钢铁料消耗1102千克/吨；钢材综合成材率93.75%，能源消耗总量473.53万吨标煤，万元产值能耗6.58吨标煤/万元。

体制改革　五年承包经营。1988年2月15日，安徽省人民政府正式批准马钢实行“两包两保双挂钩”承包经营责任制，同年4月，马钢与马鞍山市政府签订了承包经营合同，承包期为5年。“两包两保双挂钩”的主要内容为：“两包”即马钢包国家指令性生产计划和上缴利润的完成，包已经国家批准的重点技术改造和扩建项目的完成；“两保”即国家保马钢生产经营的基本条件，保企业完成技改和扩建项目的基本条件；“双挂钩”即承包期内马钢公司的职工工资总额与上缴利税的增长和生产性固定资产投入量按一定比例挂钩进行浮动。1988年是马钢公司与马鞍山市签订承包的第一年，也是马钢开始实行内部承包的第一年。和国家确立关系以后，马钢将承包指标逐层分解落实，对二级厂矿全面推行了“四包一保一挂钩”的承包方式。“四包”即包产量（工作量）、质量、品种，包效益，包工序晋等，包安全；“一保”即公司确保二级厂矿生产建设基本条件；“一挂钩”即公司对职工工资奖金实行多种形式的挂钩浮动分配办法，明确了责任，拉开了分配差距，大大调动了企业和职工的积极性，有力地促进了马钢的发展。

股份制改制　1992年9月，国务院领导及国家体改委批准了安徽省和冶金部的联合报告，马钢成为全国首批9家股份制规范化试点企业之一。在中央有关部委、安徽省及马鞍山市的大力支持下，马钢于1993年9月成功改制，原马钢公司重组分立为马

鞍山马钢总公司和马鞍山钢铁股份有限公司。

马钢股份公司以发起方式成立，在境内外成功地发行 A 股、H 股股票，成为上市公司，募集资金 60 多亿元，共拥有股份总数 64.5530 亿股，其中国家股 40.3456 亿股，占 62.5%；A 股 6.8781 亿股（其中法人股 8781 万股，社会个人股 6.0000 亿股），占 10.65%；H 股 17.3293 亿股，占 26.85%。原马钢的钢铁生产经营主体，包括 30 个主要生产单位、主要辅助生产单位和相应的经营管理部门的资产以及 5.3 万职工转入马钢股份公司，注册资本为 64.5530 亿元。上市以来，马钢股份公司严格按招股书的承诺，使用募集资金，先后建成了 2500 立方米高炉系统、国内第一条大 H 型钢生产线、60 万吨棒材生产线、异型坯连铸机、3 .5 万立方米 / 时制氧机等一大批重点项目，为马钢乃至安徽经济的发展起到了重要的推动作用。

原马钢未纳入股份公司的 23 个单位，包括矿山系统、建设系统、生活服务系统、教育系统、医疗卫生系统和相应部门的资产及 3.3 万职工留在马钢总公司。马钢总公司受省政府委托行使控股权，代表国家持有股份公司 40.3456 亿股股票，占马钢股份公司总股本的 62.5%。

1998 年 11 月，马钢总公司改制为马钢（集团）控股有限公司，注册资本 62.9829 亿元。2000 年 5 月，安徽省地方税务局下达了同意马钢集团公司实行并表纳税的批复。同年 8 月，安徽省政府下达了《关于马钢（集团）控股有限公司实行国有资产授权经营的批复》。2000 年 10 月 25 日正式下发了《关于马钢近期体制改革的决定》，马钢集团公司将 11 家单位依法改制成为 10 家全资子公司，

马钢按照母子公司模式，依据《中华人民共和国公司法》等国家有关法律、法规和《国有大中型企业建立现代企业制度和加强管理的基本规范（试行）》，制定了《马钢（集团）控股有限公司全资子公司管理通则（试行）》和《马钢分公司管理通则（试行）》。两个“通则”的制定，是马钢通过体制创新，推动机制转换的重要标志。为了避免“内部人控制”的风险，建立了激励约束机制：一方面，母（本）公司对子（分）公司的经营者实行资产（授权）经营责任制考核，并参照“年薪制”或实行“模拟年薪制”，根据经营效绩确定经营者的分配办法；另一方面，也建立了董事会集体决策及可追溯个人责任的董事会议事制度，董事、监事报告制度，引咎辞职制度，外派监事、财务总监等。

企业生产 1958 年 6 月 1 日，马钢第一台烧结机建成投产，结束了马钢炉料结构熟料率为零的历史。随着马钢公司炼铁生产的不断发展，烧结生产通过挖潜改造、增加投入，烧结生产规模不断壮大。随着炼铁生产结构的调整，1998 年 6 月原第三炼铁厂 2 台分别为 18 平方米和 24 平方米烧结机永久性停产；1998 年 12 月 30 日，第一烧结厂 4 号 26 平方米和 5 号 27.5 平方米烧结机永久性停产，2001 年 5 月 26 日，第一烧结厂 1 号、2 号、3 号 26 平方米烧结机永久性停产。

马钢球团矿的生产起步于90年代末。1999年8月28日，利用第三炼铁厂存量资产更名新建的球团厂第1座8米竖炉竣工投产，开始了马钢生产球团矿的历史，使马钢入炉原料结构得到优化。2000年11月18日，球团厂第2座8平方米竖炉竣工投产。2001年7月18日，第一烧结厂2座8平方米竖炉建成投产。2003年5月，第三烧结厂2号300平方米烧结机建成投产，与2号2500立方米高炉配套。

1953年10月，马鞍山铁厂改建成功的6座71 ~ 74立方米小高炉陆续投产，标志着马钢炼铁生产的开始。随着技术改造不断加快，生产规模得以不断扩大。2004年2月，马钢股份公司对铁前生产区域和业务进行整合，将第二烧结厂、第一炼铁厂、第二炼铁厂成建制重组成立第一炼铁总厂；将第三烧结厂和第四炼铁厂成建制重组成立第二炼铁总厂。2005年3月，马钢进行新一轮区域和业务整合，在马钢新区设立第三炼铁总厂。至此，马钢股份公司铁烧系统由第一烧结厂、球团厂和三个炼铁总厂构成。

到2005年底，形成年烧结生产能力达1000万吨和年球团矿生产能力达200万吨的生产规模，炼铁系统形成年产生铁900万吨的规模。

经过几十年的努力，尤其是近几年来的跨越式发展，马钢生铁产量从1953年的1.79万吨，至1970年首次突破百万吨，达113万吨。2003年突破500万吨，达544万吨；2005年突破800万吨，达到837.17万吨。

马钢高炉冶炼品种主要有：炼钢用生铁、铸造用生铁、含钒生铁等。副产品主要有：高炉煤气、水渣等。高炉煤气作为轧钢加热炉、球团竖炉、汽机锅炉主要能源得到充分利用；水渣作为生产水泥的原料，畅销全国各地。

配套工程中，辅助生产系统共有16个单位。担负着马钢冶金工厂的运力、动力、原料、燃料、耐材供应；冶金机械、矿山机械的备品备件加工、制造、安装；设备、炉窑、工业建筑的大中修及部分技措、安措工程的建设。

运力供应共有2个单位：铁路运输公司、汽车运输公司。动力介质供应有4个单位：第一能源总厂、第二能源总厂、气体销售分公司、热电总厂。原料、燃料、耐材供应共有4个单位：煤焦化公司、耐火材料公司、港务原料总厂和仓储配送中心。机械制造共有2个单位：重机公司、第二机械设备制造公司。修建工程共有1个单位：修建工程公司。其他还有粉末冶金公司、机电分公司和钢构分公司。

在马钢的改革进程中，辅助生产单位率先走向市场。1996年5月，马钢股份公司首批8家二级生产单位放开搞活，辅助生产单位就占7家，即耐火材料公司、煤焦化公司、粉末冶金公司、汽车运输公司及原3个机械制造公司。1999年12月马钢股份公司对9个二级单位实施资产授权经营，模拟子公司运作，辅助生产单位占了7家，即耐火材料公司、粉末冶金公司、汽车运输公司、修建工程公司以及原3个机械设备制造公司。

产品营销　产品国内营销。马钢的销售模式演变是与中国经济体制改革相伴而行，随着中国国民经济从计划经济转向市场经济，马钢的产品营销模式同样也从计划经济下的销售模式转向市场经济下的营销模式，其营销模式经历了三个阶段。

在计划经济条件下，马钢产品销售模式是按照国家下达指令性计划进行，绝大部分产品由国家统一分配，特别是钢材、钢坯、钢锭、生铁、焦炭、焦化副产品和水渣都由国家物资总局和冶金部根据国家计划来安排生产和进行分配。马钢只能用少量的产品或非计划生产的留用或增产提成部分，进行必要的协作和物资串换、补偿贸易及对外单位有限支援。

在20世纪80年代计划经济向市场经济过渡的背景下，马钢充分运用国家赋予企业的自主权，在确保完成国家指令性计划的前提下，对内通过对不适应市场经济发展的营销体制进行改革和调整，充实和加强营销队伍建设与管理，加强对资源的计划管理和资源产、销、运、存的规范化动态平衡管理；对外采取“以销保供，以供保产，以产包销”的营销策略；变坐商为行商，大力组织人员推销等等多种营销策略，最大限度地组织计划外产品和自销产品的销售，为公司增加了经济效益。

为适应市场经济，马钢实行“以市场为导向，以营销为龙头，以效益为中心”的营销方针，先后制定了一系列适应市场需求和变化的营销策略和营销方式。1991年开始，马钢在全国设立8个联销点，到1994年3月发展到31家物资流通单位，同年8月又选择了近50家物资流通单位作为马钢产品的代理点。1995年，国家在冶金企业正式推行代理制，1996年在杭州召开首届代理制工作会议上，马钢在联销网点的基础上正式确立了12家国家代理和30家企业代理。为了适应企业不断发展的需要，改变单纯依靠联销和代理销售的局面，1996—1999年，马钢先后成立南京、合肥、上海等14个分（子）公司。

至2005年，马钢已形成以销售为中心的经营管理机制。市场营销已成为决定计划，引导生产的关键环节，建立起既适应市场竞争要求又符合马钢自身特点的营销运行体系。在产品销售价格上，采取紧贴市场价格的定价方法，既保证经销商有一定的利润，又能最大限度地提高公司效益；在资源分配上，采取经销商订货计划与生产计划相匹配的原则，同时根据市场需求的季节性差异和变化，积极组织资源向高价位区域合理流动，以实现有限资源的效益最大化；在销售渠道上，采取以自销、互保、经销商经销、直供等多种方式并存。

进出口贸易　1980年11月，马钢国际经济贸易总公司的前身马钢外经处成立，马钢的外贸业务开始起步。1982年年初，马钢获准直接办理进出口业务。1984年2月，马钢引进高速线材轧机，开始配合中技公司办理自主进口业务，马钢的自主出口业务也从此真正开始。

从1985年起，随着马钢生产的发展，出口产品的品种和数量逐年增加。1985年，出口车轮轮箍、角钢、五氧化二钒等产品，创汇43万美元。从1986年到1990年的5年间，马钢出口创汇额增加10倍，连跨3个台阶，从96万美元上升到1044万美元。

1991年出口创汇2016万美元，跨过2000万美元台阶，并进入全国进出口总额最大的500家企业的行列。1993年年底，马钢实行股份制改制，股票在境内外公开发行上市，企业有了新的发展活力，企业知名度显著提高，外贸也有了新的长进。1995年至1997年，马钢出口创汇连续突破1亿美元，在全国进出口总额最大的500家企业中排名跃入前100位。

国外原燃料进口和国外设备技术引进是马钢国际贸易的又一项业务。近年来，因产能扩张，马钢自营矿山的矿石供应已无法满足生产需要，进口矿石逐年递增，2005年进口矿石达900万吨以上。马钢使用的主要进口矿种有巴西粉矿、澳大利亚粉矿、印度粉矿以及巴西球团矿。铁矿石进口在价格和质量上做到货比三家，在供应商之间形成竞争机制，并有多渠道供应可调整品种，满足生产要求。马钢在重大基建项目中引进国外设备与技术，坚持“技术先进、价格合理、市场竞争”的原则，既要引进先进的设备与技术，也要节省大量引进费用。

经过20多年的外贸实践，马钢在融入国际大市场的过程中，不断熟悉国际贸易规则，逐步学到国际营销手段，大大推动了业务的新发展。1988年3月，马钢以补偿贸易的方法，用马钢的五氧化二钒作补偿，引进日本住友的焦炉除尘等5项技术和设备。同年12月，马钢利用卢森堡政府的混合贷款，引进该国阿尔贝德公司的LBE技术、转炉自控技术和合金微调技术。1989年，马钢以“进料加工”形式进口澳大利亚10万吨铁矿石。此外，马钢外贸主动出击寻找市场，充分利用国家授予的业务权限，两次参加亚洲开发银行在浙江与上海的工程招标，中标钢材4万吨。营销手段的多样化还体现在对信息的快速反应上。1999年8月，马钢获悉美国对日韩的H型钢实行反倾销，抓住机遇立即主动与美国厂商联系，一次就签订向美出口7000吨H型钢的合同，从此打开了美洲市场。2001年5月，马钢H型钢被美国列为倾销对象加以立案调查，倾销税率幅度152%，同年12月，美方做出初步裁决，倾销税率幅度上升为159%。马钢H型钢的出口运作不存在任何倾销行为，马钢外贸积极应诉反倾销案。2002年5月，经过长达一年的较量，马钢应诉获胜，美国商务部最终确定马钢H型钢倾销差额为零，倾销税率幅度由初裁159%降至0%。

2005年，马钢实现进出口总额11.314亿美元，其中，进口8.803亿美元，出口2.511亿美元。进口中设备、备品备件2.772亿美元，原燃料5.885亿美元（973.67万吨）；出口钢材54.79万吨，创汇2.314亿美元。

企业管理　1986年以后的几年内，马钢主要是贯彻落实《中华人民共和国全民所有制工业企业法》，推动企业扩权改革的发展，企业开始形成有利于发展商品经济的经营机制。

1993年，马钢率先在全国钢铁企业中实行股份制规范化改制。马钢总公司和马钢股份公司作为完整的企业，各自单独设立了较为完整的组织机构，总公司成立了企业管理部，负责总公司的专业管理、基础管理、责任制考核等管理职能。1994 年 10 月，为了加强企业管理工作，股份公司计划部实行两块牌子一套班子。1997 年年底，在总结以前年度经济责任制运行的经验教训基础上，对经济责任制的指导思想、指标设置、考核的基本内容和分配方法等方面作了较大的调整。一是改革分配机制，按责、权、利相统一和多劳、多创、多得的原则，增加工资中活的比例，拉大分配差距；二是以实现财务预算为目标，建立指标体系；三是向提高市场竞争力的重点工序和难点指标倾斜，转变经营导向。加快对市场营销部经营机制的转换，按模拟子公司运作。9 月，马钢总公司依法改制为马钢集团公司。1999 年公司加大实行减员增效力度，同时加强了再就业服务工作。积极推进非钢产业的发展。2000 年下半年，集团公司 11 家单位改制为 10 家全资子公司，股份公司 9 家分公司模拟子公司操作，初步形成母子公司体制，形成了投资中心和利润中心两个层次。2000 年，马钢公司在省、市对公司领导实行年薪制的基础上，对机关及二级单位处级领导干部实行模拟年薪制，坚持约束与激励相结合的原则。2001 年，集团公司重组建设系统，创新建设公司管理模式和运行机制。股份公司"十五"期间结构调整项目全面实行项目经理负责制。2002 年，集团公司整合部分职能部门管理体制，实行"部处制"。引进宝钢以作业长制为中心的基层管理模式。

2003 年至 2005 年，马钢加快整体改革的步伐，设计了马钢医院改制的方案；针对马钢"十五"期间机构调整的需要，从有利于江东企业发展和维护集体职工切身利益的角度出发，利用拆迁补偿方式，支持江东集体企业的产权改革和职工身份置换工作，取得了实质性进展。进行了铁前系统、机制系统、钢后系统部分厂（公司）整合重组工作。不仅实现了工序物流的重组、创新了工艺流程，而且大大压缩了二级单位的数量，精简了一半以上的机构和管理人员。

管理制度　1986 年至 2005 年期间，马钢管理制度制定工作逐步走上规范化、科学化、体系化的轨道。从 1988 年开始，围绕企业晋等升级进入国家一级企业的目标，公司重新审核制定了二级厂矿工序晋等升级标准，制定下发了马钢企业管理若干规定 22 条，制定了《马钢公司内部经营责任制考核和奖金分配办法》等一系列重要制度。为了开展企业标准化管理工作，1990 年编制了 283 个公司级管理标准；1993 年制定了《马钢独资企业管理办法》《马钢联营企业管理办法》；1995 年，为了强化两公司分立后总公司的各项基础管理工作，分别制定下发了质量、计量、内部审计、工程合同和经济合同等 6 项管理制度。1998 年至 2003 年，公司管理制度的规范化、体系化建设取得了新的成绩，以修订完善《马钢规章制度管理办法》为标志，公司进行大规模的建章立制工作，其间共制定（修订）各项管理制度 447 份，涉及企业运行中的企业管理、经营采购、财务审计、科技质量、安全环保、建设工程、人力资源、后勤保障等各个管理环节，基本达到了体系健全，覆盖企业运行管理全部内容的要求。2003 ~ 2005 年，制定了涉及组织管理、人力资源、生产组织、质量、设备能源、计量、安全环保、技术、财务、投资建设等 13 项管理等要素 100 多项制度。为提高人力资源管理水平，提高员工岗位绩效，制定了《员工绩效管理办法》《岗位绩效工资制度》等 8 份制度；为规范对外技术输出和管理输出工作，统一对外输出管理，保护商业秘密和技术秘密，制定了《技术和管理输出管理办法》；为推动公司技术进步和发挥技术专家的积极作用，制定了《马钢博士后工作站管理办法》《马钢专家、优秀科技人员津贴制管理办法》《马钢专家绩效考核办法》和《科技成果管理办法》；为了适应安全环保工作需要，以人为本，推动职业健康安全工作，制定了《岗位安全规程管理办法》《职工伤亡事故管理办法》《马钢环境保护专业管理考核办法》《马钢大气污染防治管理办法》等制度。

经济责任制考核　1993 年是马钢进行股份制改制、企业经营机制发生重大变革之年。改制后，马钢总公司根据各单位经营状况，对矿山、建设系统及科研等 11 个单位实施放开经营，由马钢总公司总经理与 11 个单位负责人签订经营承包责任书，并授予法人委托，赋予更多的经营自主权。马钢股份公司在完善对二级生产厂经济责任制的同时，本着“精干主体，放开辅助”的原则，也先后对焦化厂、机修厂等 11 家相对独立的辅助保产单位实施放开经营，在政策上鼓励放开经营单位在服务好主线生产的同时，面向社会开展多种经营。

从 1998 年开始，马钢在经济责任制考核分配方面实行了重大改革举措，集团公司在原放开经营的基础上，先后对矿山、建设及生活服务等 13 家单位实施资产授权经营、模拟子公司运作，实行以国有资产保值增值为核心的资产授权经营责任制，在分配上实行职工工资总额与经济效益指标挂钩浮动，超额利润按 5 ∶ 5 比例分成，实行上不封顶下不保底的分配政策。股份公司经济责任制则以成本为中心，对二级单位实行工资总额与成本挂钩浮动的办法，成本超支实行线性否决，成本降低按比例予以奖励。2000 年，又着手子（分）公司的改制工作。集团公司将 12 家授权经营单位改制成为 11 家具有独立法人资格的子（分）公司；股份公司将 9 家放开经营单位改制成为分（子）公司，实行资产（授权）经营责任制。通过改制，各子、分公司享有了更大的经营自主权，完全成为一个自主经营、自负盈亏、独立运作的经济实体。同时，为了适应社会主义市场经济发展和建立现代企业制度的需要，建立领导干部激励和约束机制，从 2000 年起公司在省、市对公司领导实行年薪制的基础上，对机关及二级单位领导干部实行模拟年薪制，重点突出对本单位效益指标及基础管理工作的考核，从而将领导干部的当前利益与公司长远利益结合起来。以上政策的实施，使马钢经济责任制考核工作从此步入一个新的历史局面。

生产现场管理　从 1998 年开始，马钢强化了旨在提高企业综合素质的现场管理达标活动。马钢通过有领导、有步骤、有重点地持续推进和深化现场管理，各单位从整顿生产作业现场入手，在深化现场管理内涵上狠下功夫，有效地促进了专业管理落实到位，促进了生产要素的优化组合，使生产现场的工序管理、物流管理、环境管理向科学、合理的方向迈进。到 2003 年年底，两公司各单位就全部实现基本达标，带动了企业整体素质的提高，为公司增强市场竞争力和提升效益奠定了基础。

马钢现场管理以《冶金企业现场管理规范》为目标，持续、稳步推进现场管理水平不断上台阶。分阶段达标，形成几个具有国内先进水平进而达到国际水平的生产现场。1997 年打好基础，从 1998 年开始分 4 年实施基本达标。

1998 年，马钢成立了现场管理领导小组，领导小组下设办公室，作为日常管理机构。各二级单位也相继成立了领导小组，由党政主要领导担任组长。各单位把现场管理组织网络向科室、车间、工段、班组延伸，明确责任单位和责任人，一级抓一级，一级对一级负责，做到层层抓，层层落实。由于强化组织领导，从而形成了完善的管理网络。

在制度建设方面抓目标系统的建立和制度制定。为协调各专业管理按目标轨道运行，1997 年制定下发了《马钢股份公司现场文明生产达标升级考核标准》，1998 年又重新修订和完善了标准，明确了环境整洁、物流有序、设备维护、信息准确、员工形象、安全管理、生产均衡、施工现场、专业到位等 9 个方面的 75 条具体标准。各单位根据公司的总目标和实施步骤，结合本单位特点和现场管理实际，也相应地制定出具体的子目标系统和达标实施计划，按责任制逐级落实，按标准评价考核。

1998 年起，由马钢现场管理领导小组办公室组织的巡查组采用随机抽查的方式，事先不打招呼，不分节假日，不确定时间和地点，全天候实施检查。同时，巡查组还把检查后的整改作为检查的重要内容，形成 PDCA 循环。各单位则把检查出来的问题归纳整理制定相应整改措施，形成规章制度，促进了企业基础工作不断强化。

1999 年，马钢将现场管理纳入经济责任制考核体系，对生产现场发生的各种违章违纪行为严格考核，并且都落实到具体的责任人。各二级单位也不断地加大考核力度，严格按规定给予考核，同时各单位把活动的开展同减员分流、职工上下岗考评等管理工作结合起来，进一步增强了职工遵章守纪的自觉性，提高了爱岗敬业的主人翁意识。

1998 年开始，通过开展现场管理达标活动，现场管理进入了规范运作、基本达标阶段。基本扭转了管理粗放、职责不清、考核不严的局面，促进了马钢整体素质的提高和生产经营的良性循环。

财务管理　1993 年前，马钢财务管理分为二级，公司设财务处，各厂矿和少数机关处室设财务科。1989 年开始，马钢财务管理逐步转向集中，规定各厂矿处室所属的科协、咨询、横向联合、集体企业等财务必须纳入全民所有制财务统一领导，集中管理，分别设账，单独核算。

1993 年 9 月，马钢重组分立为马钢总公司和马钢股份公司，两公司分别设立财务部。1998 年 9 月，马钢总公司财务部更名为马钢集团公司财务部，马钢股份公司财务与计划部整合后更名为计划财务部。

马钢重组分立后，两公司财务部门根据国家有关制度、法规分别制定统一的财务、会计制度，并据此实行合并监督。马钢集团公司实行二级或三级核算，利润分配集中在集团公司。马钢股份公司除物资、销售等部门，对大部分单位实行集中的财务管理体制，二级单位的财务科为计财部的派出单位，主要管理所在单位成本和日常零星的收支业务。

第二节　铜陵有色集团公司

基建和技改　“七五”期间，铜陵有色集团公司（以下简称“铜陵有色”）制订了“以矿山为基础，以冶炼为支柱，一业为主，多种经营”的发展战略。不断推进改革，狠抓技术改造，强化内部管理，实现了由单一原料生产向产品深度加工转变，由产品经济向商品经济转变，由封闭式经营向开放式经营转变，老企业开始呈现出勃勃生机，企业面貌发生深刻变化。

“七五”期间，铜陵有色共投入技改资金 33408 万元，其中 33 项重点技改项目投资 20665 万元。在矿山生产方面，矿山先后开拓 16 个新中段，下掘延伸 7 条竖井，累计完成采掘剥总量 1506.4 万吨，掘进井巷 21.4 万米，采矿量 1047.8 万吨，出矿量 1073.5 万吨，其中采掘剥总量、采矿量、出矿量分别比“六五”增长 3.98%、4.54% 和 2%；新增开拓矿量约 780 万吨，到 1990 年年底矿山保有开拓矿量 1945.5 万吨，采准矿量 273 万吨，备采矿量 205.7 万吨；采选能力为 1 500 吨 / 日，年产铜金属量 3000 吨的安庆铜矿于 1987 年恢复建设，1990 年年底，其选矿系统、尾砂排放系统、运输及通风工程全部完工，具备了投料试车的条件，成为公司又一新的主力矿山；大团山、冬瓜山矿床的探采结合前期工程也在进行中。在冶炼生产方面，第一冶炼厂先后进行了铜工艺和塔式法制酸的改造；第二冶炼厂完成了电解二期扩建以及阳极泥处理工程和硫酸净化改造，对强化冶炼、提高综合回收能力，改善烟气制酸条件起到了一定的作用。在铜材加工方面，“七五”期间公司投资近 4000 万元，发展铜材生产，初步形成了无氧铜杆、铜棒、铜管、裸铜线、漆包线、电缆等产品的生产系统，其中无氧铜杆的开发，填补了安徽省的空白。铜材生产的发展，为公司进一步发展开拓了新路。

企业生产　“七五”期间，铜陵有色固定资产投资 56424 万元；生产铜料 99294 吨位，粗铜 257253 吨，电解铜 77560 吨，铜材 18366 吨。累计生产成品金银比“六五”分别增长 8.6 倍和 21 倍，矿产金银比“六五”分别增长 17.8% 和 14.4%；粗铜含金银比“六五”分别增长 6.6% 和 41.4%。国务院黄金工作领导小组、安徽省黄金工作领导小组分别授予铜陵有色公司为全国、全省“七五”期间黄金生产先进集体称号。

截至 1990 年年底，公司下辖 5 座生产矿山，1 座基建矿山，2 个冶炼厂、2 个铜材生产厂等 24 个厂矿事业单位。

“七五”期间铜陵有色集团公司年末生产能力

表 2-5-2-1　　　　单位：万吨

时　间	采矿能力（矿量）	选矿能力（处理量）	粗铜冶炼能力	电解铜冶炼能力
1986 年	211.2	379.3	6.7	1.5
1987 年	211.2	379.3	5.5	1.5
1988 年	217.8	373.6	5.5	3.0
1989 年	217.8	393.6	5.5	3.0
1990 年	217.8	379.3	7.0	3.0
合计	1075.8	1925.1	30.2	12

“七五”期间铜陵有色集团公司主要产品产量

表 2-5-2-2

年份 主要产品	1986	1987	1988	1989	1990	七五
铜精矿含铜（吨）	18698	22156	19767	19838	18835	99294
粗铜（吨）	5237	47277	50101	52475	55027	257253
电解铜（吨）	10506	12805	14052	18418	21779	77580
铜材（吨）	1121	1729	5247	5963	4333	18393
硫酸（吨）	143702	168024	133964	99481	146167	691342
硫精矿（35%）（吨）	19501	237811	184059	224071	194056	1031498

金隆铜业有限公司是经国家批准、由铜陵有色金属(集团)公司、日本住友金属矿山株式会社、住友商式株式会社、伊藤忠商事株式会社、香港金光国际有限公司共同组建的中外合资企业，基建总投资约 20 亿人民币，注册资金 6.54 亿元，其中铜陵有色金属(集团)公司控股 52%。金隆铜业筹建于 1992 年，1993 年 7 月 1 日开工，1996 年 12 月 28 日闪速炉正式点火烘炉。1997 年 4 月 8 日，闪速炉正式投料试生产。金隆铜业主工艺采用闪速熔炼工艺、设计、制造基本立足国内，部分关键设备从国外引进，建设规模为年产电解铜 10 万吨，硫酸 37.5 万吨，公司定员 500 人。金隆铜业有限公司的筹建与投产标志着铜陵有色的冶炼工艺进入世界先进水平。

“金豚”牌、“铜冠”牌高纯阴极铜先后在伦敦金属交易所注册成功，成为国际著名品牌。纳米银粉、铜及铜合金粉、高纯硝酸银、特种陶瓷过滤机、T150 钻机等高新技术产品相继问世。公司的“常温变量喷射－动力波洗涤闪速炼铜技术”和“地下矿山高阶段强化开采新工艺综合技术研究”两项成果获 2001 年国家科技进步一、二等奖。

1996 年完成了金昌冶炼厂主工艺前期外围工程的技术改造，1998 年收购了安庆铜矿并完成了其二期工程建设，1999 年公司兼并了张家港铜业公司，投资新建了Ⅰ、Ⅱ电解铜工程，2000 年公司收购了狮子山铜矿，冬瓜山项目也进入了大规模开发建设阶段，作为公司铜加工项目的芜湖铜加工有限公司一期工程也于2000年年末建成，培育了新利润增长点，为“十五”期间进一步调整产品结构、增强公司综合实力奠定了基础。

“九五”期间，公司累计实现工业总产值117.5亿元（1990年不变价），实现销售收入71.69亿元，电解铜完成33.8万吨。公司在规范化经营中焕发出蓬勃生机，实现了资产的快速增值，净利润由1996年的4778万元增长到2000年13846万元，增长2.9倍；总资产由1996年的3.40亿增长到2000年约27亿元，增长7倍。铜的综合生产能力上升到国内同行业第五位。

2000年，公司电解铜产量9.76万吨，位居全国第三位，占国内电解铜年总产量的8.3%。公司通过资本运营，以做大、做强、做优主业为目标，经过近八年的发展，从小到大、从弱到强，由一个总股本仅4000万股（4000万元）、年利润不足500万元、缺乏营业规模的小公司，至2000年年底，发展成为总股本46555.6万股，总资产27亿多元、净资产近17亿元、年利税2.35亿元的绩优上市公司，实现了股本扩张与经济效益的同步增长，成为国内上市公司中的一道亮丽风景。

1997年年末，公司利用上市募集资金投资3810万元收购了张家港铜业公司55%的股权。该公司的纳入，使公司电解铜生产能力增加了60%。同时，公司着力优化产业结构，将资本运营方向瞄向资源市场。分别于1998年3月和2000年12月实施了10∶3和10∶8连续两次配股，共募集货币资金8亿多元，前期1.7亿元投入了安庆铜矿二期工程，后期6.24亿元投入了狮子山铜矿的冬瓜山项目。公司控股股东铜陵有色金属(集团)公司在两次配股中先后以其优良资产安庆铜矿和狮子山铜矿认购配售股份，使公司的原料自给率由零达到17%。其中，抵配进入公司的狮子山铜矿2000年12月1日举行揭牌仪式，其冬瓜山项目具有铜储量百万吨，建成后年产铜料达3万吨，将成为中国乃至亚洲最大的坑采有色矿山，大大缓解公司原材料供应的瓶颈局面，降低公司生产和市场风险。安庆铜矿和狮子山铜矿的成功纳入，成为公司新的利润增长点和长远发展的强力支撑。

通过成功的资本运作和资产重组，公司逐步形成了铜开采、冶炼、加工并附产黄金、白银、硫酸的主业发展格局，确立了国内一流铜生产企业地位。

从2000年开始，公司利用募集资金1.33亿元和2600万美元亚行贷款，引进具有国际先进水准的浸没式喷枪熔炼技术，对金昌冶炼厂进行现代新技术改造，使其达到九十年代国际先进水平，并同时解决冶炼污染问题，努力实现达标排放。发展高科技铜材深加工项目，延长铜产业链。1999年8月，公司利用安徽芜湖经济开发区良好的投资环境，控股组建了铜都铜业芜湖电工有限公司。2000年11月，公司将下属的铜都国际大酒店与集团公司铜材厂进行资产置换，随即公司决定投资进行7000吨特种无氧铜材、6000吨阳极磷铜扩建。

2001年年底，冬瓜山重点工程累计完成投资6.3亿元，已完成井巷掘进工程量41万立方米，占设计井巷掘进工程量的47.78%。主井井塔土建工程，选厂基础工程等均已开工建设。金昌冶炼厂主工艺改造累计完成投资1.2亿元，主要设备完成订货，部分土建工程相继完工，其中污酸污水处理系统已完成调试。张家港公司三期扩建工程于10月1日一次性试车成功，比原计划提前50多天竣工投产。安庆铜矿8平方米竖炉球团工程进展迅速，于12月28日试车成功。芜湖电工公司一期工程于5月份进入试生产，现已形成年产2000吨漆包线生产能力，同时二期扩建工程正在抓紧建设。

2002年9月，中国质量协会根据用户满意度调查，正式授予"铜冠"牌高纯阴极铜"全国用户满意产品"称号，全国有色企业唯一一家获此殊荣。铜都铜业金昌冶炼厂生产的"铜冠"牌金锭在上海黄金交易所首批挂牌交易，成为安徽省唯一一家进所挂牌交易品牌。成为上海黄金交易所首批认证标准金锭生产企业。2004年，铜冠牌阴极铜获"中国名牌产品"称号。

"九五"期间铜陵有色集团公司主要产品产量

表2-5-2-3

主要产品＼年度	1996	1997	1998	1999	2000
铜精矿含铜（万吨）	—	—	0.76	0.91	1.06
粗铜（万吨）	4.86	5.60	5.76	5.67	6.39
电解铜（万吨）	4.66	5.27	7.41	9.00	9.76
铁精矿（万吨）	—	—	34.61	42.25	45.89
硫酸（吨）	12.18	13.76	14.70	15.31	16.86
黄金（千克）	1401	1558	1503	1466	1455
白银（千克）	30707	35905	34093	32505	32006

"十五"期间，集团公司调整了发展战略，大力发展铜和非铜产品深加工，尤其是在铜加工上改变了过去低水平、小打小敲的发展格局，采取高起点、高技术、高水平、大规模的发展思路，延长了产业和产品链。列入安徽省"861"行动计划的20个重点建设项目全面启动。冬瓜山铜矿已建成投产，金昌冶炼厂等四座冶炼厂相继进行了技术改造。治理了污染，提升了产业水平，扩大了产能。高精度铜板带项目建设全面推进；万吨漆包线项目一期工程实现达产达标；7000吨无氧铜材和磷铜球项目竣工投产。以年产80万吨硫酸、120万吨铁球团和自备热电厂为龙头项目的循环经济园已破土动工。万吨碳酸二甲酯项目建成投产，陶瓷过滤机二期扩建建成投产，金湘重科井下无轨化设备二期全面展开，这些"专精特新"产品成为集团公司经济发展新的亮点。

2005年与2000年相比，铜陵有色金属公司销售收入增长2倍，达到180亿元，增加值增长 2.3 倍，达到 21 亿元，利税大幅度增长，资产总额增长 2 倍，达到 163 亿元，主要产品产量电解铜、铜加工材、铁精砂、硫酸、黄金、白银等都有较大幅度的增长。

企业改革　1993 年，公司在推进内部改革上，以转换企业经营机制为突破口，结合实际，创造性地提出和实施“精干主体、拓展两翼”的战略方针，制定了拓展两翼、分流人员的目标和办法，先后出台了“转换经营机制，走向市场的若干意见”和“精干主体，拓展两翼实施办法”及补充规定。公司根据各单位生产经营的性质及特点，对具备条件的 11 个单位实行了放开经营，鼓励他们走向市场，参与竞争。选择橡胶制品厂等 4 个不同类型的单位进行了“公有私营”改革试点，在企业产权制度改革上进行了有益的探索和尝试。与此同时，公司在巩固、完善、提高的基础上，继续推进“三项制度”改革，共有 10 个单位的“三改”工作通过了公司复查验收，初步形成了内部竞争激励机制。公司还从理顺关系，转换职能入手，改革内部管理体制，对公司管理幅度、层次和范围作了重新调整，并围绕属于公司管理权限的 28 个方面，对公司机关机构进行了改革，为推进集团化管理创造了条件。经过公司上下努力，全公司通过拓展两翼兴办经济实体达 93 个，分流人员 3600 多人。公司内部经济结构开始形成多元化，出现了股份制、股份合作制、租赁经营、公有私营、合作合资经营等多种形式，企业内部机制进一步得到改善。

经国家批准，安徽铜都铜业股份有限公司于 1996 年 11 月 20 日在深圳成功上市，作为安徽省第一家股份制试点企业，公司始终坚持生产经营和资本经营并重的方针，成为中国铜工业第一家上市公司，被誉为“中国铜板块第一股”。标志着公司由单纯生产经营型向生产经营和资本经营并重型转变。公司股票简称：铜都铜业；股票代码：000630。铜陵有色金属(集团)公司先后将金昌冶炼厂、安庆铜矿、张家港联合铜业公司、狮子山铜矿、铜材厂优良资产收购或配进铜都铜业。铜都铜业上市以来，业绩年年攀升。铜都铜业上市成功，标志着铜陵有色步入了资本运营领域。

1992—2000 年，尤其是 1996 年公司股票公开上市以后，公司依托资本市场，不断进行资产重组，调整和优化产业布局，从一开始主导产业不突出到 1994 年通过资产重组成功确立铜金属产业发展方向，从起初经营规模不明显到发展成为国内重要的铜开采、冶炼、加工企业。公司主业不断发展壮大，资产盈利能力不断提高。

公司上市以来，先后成功地实施了高比例配股、资产重组、兼并和收购等一系列资本运作计划，实现了资本的良性扩张，总股本由 1996 年的 1.4 亿股增加到 4.66 亿股，累计募集资金 9.4 亿元左右。

考虑到集团公司是国有特大型企业，现隶属中国有色总公司，投资主体在短期内还难以做到多元化的实际，选择有限责任公司的特例形式——国有独资公司，把集团公司改组为“铜陵有色金属（集团）有限责任公司”（简称集团公司或母公司）。

1997 年 8 月 18 日，为认真贯彻省、市政府关于在国有中小型企业、集体企业全面推行股份制和股份合作制的决定精神，保证集团公司所属劳服型集体企业、分流企业改制工作的顺利进行，积极稳妥地进行试点，集团公司成立了经济体制改革指导组，主要负责全集团公司改制工作部署，研究制订改革方案和实施计划，组织指导各项改革工作的实施。同时，还成立了集体企业改制试点工作组，在公司经济体制改革指导组统一领导部署下，正式拉开集体企业进行股份制和股份合作制改造的帷幕。1997 年 9 月 2 日，集团公司印发了《关于集体企业全面推行股份合作制的工作意见》，明确了集体企业改制的基本原则、改制形式、目标任务、工作步骤、组织领导和配套措施。1997 年 9 月 3 日，集团公司召开了改制工作动员会，印发了《关于集体企业、分流企业实行股份制和股份合作制若干问题原则意见的通知》（铜色研字〔1997〕212 号），对改制中的有关问题提出了明确要求，力争改一个，成一个，活一个，带一片。按照“积极稳妥，精心操作，先易后难，注重质量”的原则，集团公司要求：铜兴实业总公司及其直管企业，实行单一改制或合并改制；厂属劳服型集体企业适于整体改制的，采用整体改制方式；整体改制条件暂不成熟的，实行“先下后上，先局部后整体”的方式进行改制；分流企业一般以所从属的主体为单位统一改制，同时提倡分流企业与劳服型集体企业合并重组后改制，或按专业化协作的方式实行跨主体单位联合改制。截至 1997 年年底，集团公司已完成改制的集体企业达 3 家。

1998 年集团公司本着整体规划、上下结合，条块结合、分步推进、重点突破的原则，选择部分厂矿进行建立现代企业制度试点。建立母子公司运行体系，扩大资本经营力度，实施资产经营责任制；实施下岗分流减员增效和再就业工程改革方案，按照以产定岗、以岗定人的原则，以 1997 年末职工人数为基数，区别不同单位性质等情况，按 5% ~ 10% 的比例进行人员分流。

2002 年，公司积极推进企业改制工作，铝塑门窗公司率先完成了企业整体改制工作，经营状况明显好转。结合新项目筹建运作，制定了铜都铜业狮子山铜矿新模式办矿方案。年底收购了金口岭铜矿黄金选冶厂，与铜都铜业金昌冶炼厂黄金选冶厂合并重组，进一步发挥黄金生产的规模效益。

产品营销 公司注重加强对市场和指导全局性战略方针的研究，根据国际国内市场的变化，开通了与上海金属交易所的行情终端，建立了每周一次的经营调度会制度，及时分析市场，研究行情，运用市场经济规律指导生产，调整产品结构。增加了高标号水泥产量；引进了大拉机，按照国际标准组织铜线材生产，赢得了较好的市场效益；把握黄金销售最佳时机，增加效益 6000 余万元；采取现货、期货、委托加工、双经销、以货易货等一系列经贸手段，不断搞活经营，在国内铜产品期货贸易中，取得了良好的经济效益。积极发展外向型经济，参与国际市场竞争，1993 年金永紧固件和金盈电机中外合资企业投产。上海公司、北京公司、南京接待处、深圳公司、芙蓉阁宾馆等一批驻外窗口在公司建设中逐步发挥作用，有的取得较好的效益。进出口贸易有了新的进展，全年公司出口创汇额 340 万美元，比上年增长 10.2%。

1992 年，公司积极参与市场竞争，以市场为导向，先后加入了深圳、上海铜交易所、上海化工交易所、上海煤炭交易所，11 月份又成立了上海经纪公司。

“十五”期间，集团公司进出口贸易总额比“九五”增长 161.15%。获得境外期货保值业务资格。加大大宗物资招议标采购力度，积极构建统购统供平台，实现了采供模式由单一供应型向供应服务和对外经营相结合的机制转换。

企业管理 “七五”期间，铜陵有色进行了一系列配套改革。一是向基层放权，增强二级厂矿的活力。1985 年，根据《中共中央关于经济体制改革的决定》和国务院《关于进一步扩大工业企业自主权的暂行规定》，制订了《关于对二级厂矿放权和实行经济承包的暂行规定》，给二级厂矿下放了生产经营计划、部分产品销售、定员定额管理、劳动人事管理、工资奖金和联合经营等 11 个方面的权力。二是推行厂长(经理)负责制和任期目标责任制。1985 年 9 月，公司被有色总公司批准为经理负责制试点单位；1987—1990 年，公司对二级厂矿实行了“厂矿长任期目标责任制”，其间于 1988 年对二级厂矿同时实行“承包经营责任制”。

“七五”期间，铜陵有色业内部开始模拟市场运作。公司对二级单位推行各种经济承包形式，单独核算，由内部银行统一运作资金，形成了内部模拟市场运作方式。在管理工作上，推行邯钢经验，以“学邯钢、创三优，管理达标争一流”活动为主线，推进内部管理上台阶，特别是成本控制上，取得可贵的管理经验，1989 年荣获中国有色金属工业企业管理优秀奖。

1992 年，公司按市场经济要求，改革经济贸易体制，强化经营贸易部门，成立了经营贸易部；老厂新办工作在抓紧试点的基础上取得初步成效，大多厂矿单位开始单独核算，划块管理和放开经营等新的管理模式。安庆铜矿新矿特办的具体措施得到落实，生产与生活分离工作正在稳步进行；兴办股份制企业的工作有了实质性进展，全年有 5 家由公司控股或职工个人参股的股份制企业成立，医疗、住房制度改革取得初步成效。

“学邯钢、创三优”和“管理达标争一流”活动在全公司深入扎实开展，公司下属四个主要生产单位全部通过 ISO 9000 质量标准体系认证，各项技术经济指标明显改善，节能降耗，节支增效成效显著，提高了产品竞争力。铜都铜业以良好的成长性和发展潜力受到社会各界的关注，被安徽省人民政府授予全省最佳经济效益单位的称号。2000 年综合绩效排序在全国 1080 家上市公司名列第 195 位。

铜陵有色金属（集团）有限责任公司组建后，通过资产（股权）这一基本纽带，联结全资、控股子公司和参股公司组成跨地区、跨行业、多层次、多企业法人的“联合舰队”，形成母子公司运营体制。公司是利润中心和投资中心，各二级厂矿是成本中心，并按“控股经营”的模式治理各子公司。母公司由主体生产矿山和工厂组成，以分公司的形式由集团公司统一核算、统负盈亏。各分公司单独核算，自计盈亏。有条件地将主体工艺配套，但又向社会提供服务的单位，经产权界定，按《中华人民共和国公司法》改制为集团公司法人财产出资的控股子公司，实行控股经营。但在未来正式找到其他投资人的情况下，暂列为集团公司的分公司。将可与生产主体部分分离而又具有独立经营条件的辅助生产、产品延伸单位，以不损害整体利益为原则，对业务相近的单位进行合并，并按照《中华人民共和国公司法》改制为以集团公司法人财产单独出资的全资子公司，让其成为自主经营、自负盈亏的法人实体和市场竞争主体。为使分公司职能相对单一，更好地让其集中精力搞好生产和成本控制，将其内部从事社会职能的公益性和福利性后勤服务部分，按照专业化、社会化的原则、改制为福利与社区服务中心统一管辖的全资子公司。实行谁受益谁承担有偿服务的形式，为在今后适当时机向社会移交创造条件。创造条件组建集团公司技术中心。对各分公司、子公司的主要物资供应和部分产品销售，采取集中于集团公司本部统一对外的组织策略，由集团公司统一经营。将各厂矿、事业单位已分离出来的金加工机修实体，进行资产重组构筑成集团公司的一个统一的机电修造联合体。将各厂矿、事业单位分离出来的汽车队和汽修厂合并，组建汽车运输公司。对控、参股企业，由集团公司投资管理部门按照公司章程和规定程序进行监控与管理。对集团公司和铜都公司机关机构实施改革，制定并进一步完善了《铜陵有色金属（集团）公司母子公司事叔划分通则》，制定并上报了集团公司公司制改革实施方案。稳步实施资源枯竭矿山关破工作。第一批铜官山等 4 个项目关闭破产法律程序终结，制定了《关破企业重组指导意见》和《关破企业职工安置办法》，资产重组工作正在抓紧推进。加快中小企业改革。制定了《中小企业改革总体方案及实施指导意见》，采取重组、合资、管理层收购、经营者持大股、关闭销号等多种形式，积极推进中小企业改制和产权制度改革。积极推进主辅分离和专业化重组步伐，剥离企业办社会职能。集团公司所属 13 所中小学校、公安、地震台、林业队、民用转供电等社会职能和退休人员移交地方。大力实施专业化重组和资产重组，组建了五松山旅业公司、机关服务中心、金诚招标公司、安工学院、动力厂等，选择试点企业进行股份制改造，将铜材厂、电线电缆厂、冬瓜山铜矿、天马山硫金矿等优质资产置换或配股进入铜都铜业。积极推进三项制度和配套改革。全面推行劳动人事代理制度，加强劳动合同管理，妥善解决富余人员安置。初步拟定了集团公司全员身份置换意见和工资制度改革方案框架。不断完善干部管理制度。逐步完善了养老保险、医疗保险制度。新的工伤保险制度已于 2005 年元月正式出台实施。

“十五”以后，在经营管理方式上，打破了由母公司直接指挥子公司生产经营的格局，取而代之的是以生产经营为基础，以资本经营为高级形式的经营管理方式。集团公司由偏重日常生产和行政事务管理转为以资产保值增值为中心的产权管理和经营控制，实行资产经营责任制，推行财务负责人委派制和全面预算管理，强化内部审计和财务监督。

在主要业务流程优化上，通过细化和明确母公司与子公司的责任、权利、义务，调整管理部门的职责权限，优化职能分工，将集团公司机关的经营职能分离到子公司，使其贴近企业、贴近市场，提高生产经营指挥效率，集团公司侧重抓长远规划和发展战略，抓重大决策、投融资和组织结构与产品结构调整等关系集团全局和长远发展重大事项。

在激励与约束机制上，集团公司建立了以资产经营责任制考核为主要内容的子公司负责人经营业绩考核制度，母公司直接与全资子公司负责人签订资产经营责任制合同，根据薪酬原则和合同规定对经营负责人进行年度考核和任期考核，并依据合同考核结果确定经营负责人的年收入；对控股子公司，则由母公司向董事会提出其经营负责人的资产经营责任制考核建议。集团公司的管理关系初步理顺，各子公司、分公司的积极性得到有效调动。

构建母子公司管理体制，是集团公司对过去单一行政控制手段的突破，即由过去的行政控制手段向市场化的控制手段突破，由过去的集权管理向集权和分权相结合的管理方式突破。

2003 年，积极深化改革，企业运行机制得到优化。根据“五分开”要求，进一步明确母子公司事权划分，实行业务流程再造，形成了人、财、物、产、供、销相对独立的运行体系，实行了全公司范围内的财务、投资、营销、质量、能源、技术和人力资源的集中管理。按照快速、准确、高效的要求，对各分（子）公司实行分类管理，规范企业管理体制：对分公司实行产供销、人财物一体化管理，统一经营；对控股子公司通过经理层实施管理，职权适度下放。同时全力做好集团公司委托管理企业的生产经营工作，提升公司整体运作能力。切实做好中小企业改制工作。对与主业关联不高的小企业，实施了“经营层控股、经营者持大股”和职工身份置换的改革。收购金口岭黄金选冶厂并成功实施整合重组，扩大了黄金产业规模。充分发挥公司的经营优势与集团公司的资源优势，有效利用集团公司的关破资产，按照充分利用外包和社会化协作的模式控股组建了天马山硫金矿业有限责任公司，为公司的发展增添了新的经济增长点。

第三节　合肥钢铁集团有限公司

合肥钢铁集团有限公司（以下简称合钢集团）成立于1998年5月，注册资本11.09亿元，是安徽省地方骨干钢铁企业、合肥市属国有大型钢铁联合企业。合钢集团前身为合肥钢铁公司（以下简称合钢）。经过40多年的建设发展，合钢集团具有从采矿、烧结、焦化到炼铁、炼钢、轧钢等钢铁生产全部工序，并有耐火材料、机修、铁路运输、动力等公用配套设施；具有年产铁120万吨、钢130万吨、钢材125万吨的综合生产能力。2005年年底，在岗职工总数22625人。公司占地面积9170.44亩，其中工业用地6255.43亩（一厂区1691.14亩、二厂区2330.74亩、钟山矿业2233.55亩）；长丰县两个农场农业用地1438.91亩；商业用地6.15亩（黄山疗养院5.13亩、钢南商店1.02亩）；住宅用地1469.95亩。拥有总资产37.90亿元，其中固定资产原值29.43亿元，净值18.68亿元。

企业生产　“七五”期间，为改变合钢生产设施不配套，工艺装备落后，经济效益较差状况，安徽省计划委员会、经济委员会、冶金厅联合向国家计委、国家经委、冶金工业部上报《合肥钢铁公司技术改造设计任务书的报告》，国家计委、国家经委和冶金工业部研究同意合钢的技术改造计划，报国务院并获得批准。该任务书规定：“七五”期间合钢自筹资金，通过技术改造，形成年产铁50万吨、钢60万吨、钢材50万吨的生产能力，即“五六五”规划。为了解决合钢“七五”期间技术改造资金问题，安徽省人民政府给予合钢的“实行税前还贷、由工商银行和建设银行提供专项贷款7000万元、合钢出售钢锭集资2000万元所得税全免、增值税年定额上缴330万元、从1986年起让出4.4万吨计划内统配钢材改作议价钢材自销”的这五项优惠政策。1986年12月12日合钢与华能原材料公司签订合资改扩建合钢的合同书，同年12月19日获国务院批准，以煤代油专项资金，为合钢实现“五六五”规划技改争取1亿元贷款。“七五”期间合钢技术改造累计完成投资20838万元。完成主要项目有20吨转炉工程，3200立方米/时制氧机工程，30吨化铁炉工程，24平方米烧结机，630轧机一期改造工程，薄板退火炉改造工程，一厂区铁路进厂线改造工程，110千伏变电所及外线工程等。上述项目建成投产，年新增生产能力：钢29万吨，烧结矿24万吨，钢材10.3万吨，开坯能力6万吨，基本上形成了“三四三”的综合规模。1987年合钢与北京科技大学合作开发的高精度冷拔管获合肥市优秀新产品奖，1989年被国家计划委员会批准为“国家级新产品”，并列入国家级重大新产品试产计划。1990年12月，合钢建成高精度冷拔管生产线，建立高精度冷拔管车间。合钢固定资产原值由“六五”末的2.3亿元增长到“七五”末的4.5亿元，增长95.6%。固定资产净值由“六五”末的1.6亿元增长为“七五”末的3.4亿元，增长112.5%。

“七五”期间合钢5年生铁实际完成116.72万吨，钢实际完成144.84万吨，钢材生产实际完成102.23万吨，焦炭生产实际完成81.41万吨，耐火砖生产计划7万吨。

“八五”期间，合钢的发展受主客观因素的影响，大起大落。1990年出现较大亏损，1991年扭亏，盈利100万元。1992年7月30日，合钢被全国划分企业类型协调小组核定为全国冶金大型二档企业。1993年上半年，合钢进入发展最好时期。当年按销售额排序，合钢在全国500家最大经营规模工业企业中列166位。此后随着全国经济紧缩，进入调整时期，加上企业内部应变能力不强，生产经营效果每况愈下，实现利润从1993年下半年开始逐步下降。1994年补贴9000余万元，盈利6.2万元，1995年补贴近6000万元，盈利12.6万元。企业经济效益又重新处在严重滑波的过程中。

1991年4月17日，省政府原则同意给合钢公司“七五”的优惠政策延续至“八五”。1993年7月由省经委批准合钢连轧小型项目初步设计方案。1994年8月获意大利厂商供货总金额为1230万美元。1992年1月1日第二炼钢厂3号连铸机投产，经精心操作和维护，严格工艺纪律，投产后第三个月便达到年产15万吨的设计水平。至1992年年底，共生产连铸坯157597吨，创全国冶金系统同类机型达产最新纪录。1995年2月20日安徽省人民政府、冶金工业部联合批准了合钢100万吨钢发展规划。

“八五”期间是合钢历史上生产规模发展最快的5年。5年工业总产值282019万元（按1990年不变价格计算），比“七五”时期的156945万元增长79.7%；生产铁195.5万吨，比“七五”时期的116.72万吨增长67.5%；产钢245.64万吨，比“七五”时期的144.86万吨增长69.6%；产钢材201.21万吨，比“七五”时期的102.52万吨增长96.3%。5年产品销售收入551679万元，利税总额42891万元，其中利润5668万元，比“七五”时期分别增长246.88%、140.30%、51.2%。5年累计上缴各种税费4.06亿元。5年共完成技改投资4.89亿元，新增固定资产3.66亿元。与“七五”相比，投资增长135.1%。完成技改工程16项。主要有烧结原料混匀设施、3号连铸机、300立方米高炉等。5年技术改造措施大修投资1.53亿元。生产工艺技术装备水平进一步完善提高。

“九五”期间，是合钢发展的非常时期，改革和扭亏脱困贯穿合钢5年工作的始终。1996年至1998年，合钢亏损额逐年上升。1997年、1998年连续两年出现巨额亏损，生产经营面临前所未有的困境。按照中央关于搞活大中型国有企业，加快国企改革和扭亏脱困步伐的方针政策，1998年5月，合钢集团成立后，制订了《合钢集团三年改革与扭亏总体方案》，加快了合钢改革步伐；同时动员职工，全面开展了扭亏脱困攻坚战。至2000年年底，三年改革和扭亏脱困初见成效，合钢基本实现扭亏为盈。

从1998年7月起，对生产成本相对较高、效益较差的特钢公司电炉钢进行限产。此后，由于国家明令淘汰小电炉炼钢以及因欠巨额电费而屡受拉电影响，于1999年元月对电炉炼钢实行永久停产。为进一步优化结构、降低成本，合钢有限于1999年8

月又关停了小型轧钢厂 250 生产线，其多火成材生产线被拆除。至此，合钢有限轧材系统一火成材比例相对上升，2000 年年底，一火成材产量已占钢材总产量的 78.8%。1997 年 3 月至 4 月，线材车间一火成材改造完毕，使线材年产量达 18.08 万吨，比改造前年净增 8 万吨。2000 年，合钢有限对钢前系统进行了一系列短平快改造：高炉富氧，3 号和 4 号高炉风机，槽下、筛分、烧结、制粒系统、溅渣护炉，3 号连铸机高效化改造等有效地提高了钢前各项技术经济指标。为保持合钢集团的可持续性发展，在 2000 年恢复了因资金不到位而停建的小型连轧工程。2000 年 12 月，合钢建设史上投资最大的年产 30 万吨焦炭的大焦炉工程举行了开工仪式。

“九五”期间，合钢集团通过改革和扭亏脱困，生产经营形势发生了深刻变化，企业各方面工作都有长足进步。5 年间，累计生产铁 304.5 万吨，钢 336.3 万吨，钢材 283.4 万吨，分别比“八五”期间增长 55.75%、36.91%、40.85%。至 2000 年年底，合钢集团已达到年产铁 80 万吨、钢 80 万吨、钢材 70 万吨的生产规模。

“十五”期间，合钢围绕降本增效为工作重点，突出保铁增钢，加大工序成本控制和考核力度，把对标挖潜同技术攻关，采取新工艺、新技术相结合，以提高主要技术经济指标。2002 年在 20 项主要物能耗指标中，有 14 项比上年有明显进步。其中高炉毛焦比 574 千克 / 吨，比上年降低 30 千克 / 吨；高炉喷煤 75 千克 / 吨，比上年提高 13 千克 / 吨；转炉铁水耗 867 千克 / 吨，比上年降低 85 千克 / 吨。2002 年可比产品成本降低额 5347 万元，降低率 3.7%。2004 年烧结矿品位保持在 53% 左右，高炉毛焦比为 645.49 千克 / 吨，较上年下降了 68.77 千克 / 吨，转炉炼钢现场整炉事故比上年减少 23 炉，溅渣率提高 4%，钢水收得率提高 0.8%。技术改造与技术进步工作又有新进展。2001 年，技改投资 17557 万元，财务用款 19660 万元，其中自筹资金 11445 万元。先后完成了 40 万吨棒材生产线、11 万伏变电所二期工程、3 号高炉中修改造、1100 立方米 / 时风机改造、1 号烧结机多管除尘器改造、电炉除尘改造等 11 个技改项目。其中，新建成的棒材生产线总投资约 4 亿元人民币（不含土地），于 2001 年 7 月建成投产，11 月产量达 3.36 万吨，创国内同类型轧机达产最快纪录。大焦炉工程化产系统至 2003 年底累计完成建安工程量约 1800 万元；化产粗苯系统于 2004 年 11 月顺利建成移交生产；备煤系统 2003 年年底累计完成投资约 1650 万元，2004 年 12 月建成交付使用；炼焦系统 2003 年完成建安工程量约 4200 万元，至当年 11 月 10 日焦炉简易出焦并移交生产；外部管线系统 2004 年年底完工移交生产。2# 高炉 100 立方米扩容改造为 420 立方米，设计年产量为 42.56 万吨，总投资约 1.3 亿元，于 2003 年 7 月实施停炉拆炉，9 月 12 日新建高炉正式动工，2004 年 8 月 16 日建立投产，当月即达设计生产能力。

2000 年年底至 2002 年，合钢集团顺延了三年扭亏解困的好势头，生产经营实现了较大发展，钢产量接近百万吨目标，同时企业改革、技术进步均取得了明显成果。

2003 年至 2005 年，由于酝酿改制重组和国家实施宏观调控的影响，生产经营出现严重滑坡。2002 年合钢集团的钢产量 95.25 万吨，此后逐年下滑。2003 年下降 16.48%，2004 年下降 6.3%，2005 年下降 8.87%。三年钢产量年均下降 10.7%。2003 年企业盈利 2000 万元，2004 年亏损 2 亿元，2005 年亏损 4.88 亿元，主要靠政府“输血”才能维持简单再生产。

1986—2005 年合钢产值和主要产品产量表

表 2-5-3-1

年度	产值（万元）	生铁（万吨）	钢（万吨）	焦炭（万吨）	耐材（万吨）	钢材（万吨）
1986	13738	20.51	26.81	16.43	1.36	18.74
1987	14714	23.20	28.21	16.23	1.42	19.15
1988	16559	22.19	27.67	15.62	1.5	22.28
1989	15413	24.18	27.79	16.51	1.54	20.42
1990	15169	26.64	34.36	16.62	1.54	21.64
1991	39704	30.05	38.54	16.8	1.55	27.86
1992	49194	33.55	46	17.1	1.6	34.74
1993	58574	36.45	50.4	17.14	1.7	41.5
1994	63392	45.14	52.13	17.16	1.65	45.36
1995	71155	50.31	58.55	18.33	1.67	51.75
1996	80742	54.5	65.86	17.49	2.29	56.80
1997	81030	59.31	69.49	18.20	2.10	60.69
1998	77908	56.06	65.53	18.08	1.81	58.04
1999	78147	64.54	65.09	18.52	1.46	56.61
2000	80981	70.07	70.31	18.44	1.58	51.65
2001	88500	76.34	79.02	18.18	2.05	76.96
2002	179000	85.20	95.20	18.00	2.14	94.80
2003	108100	67.04	78.48	20.15	2.19	71.94
2004	249354	68.09	73.15	44.77	5.14	77.00
2005	221521	68.35	67.06	35.75	5.38	66.50

1986—2005年合钢主要产品质量表

表 2-5-3-2　　　　合格率：%

年度	生铁	电炉钢		转炉钢	钢材
		一炼钢	机修厂		
1986	99.27	99.03	98.86	97.70	97.14
1987	99.33	9.18	99.01	98.01	96.51
1988	99.41	99.05	98.75	98.20	96.34
1989	—	99.06	98.97	97.56	96.47
1990	—	99.05	98.98	98.10	96.25
1991	99.62	99.38	99.22	98.74	97.72
1992	99.81	99.44	99.30	98.85	98.13
1993	99.59	99.46	99.37	98.59	98.03
1994	99.06	99.26	99.37	98.44	98.19
1995	99.63	99.30	99.24	99.09	97.96
1996	99.72	99.48	99.36	99.28	98.14
1997	99.66	99.47	99.32	99.35	98.28
1998	99.65	99.37	99.25	99.18	98.19
1999	99.90	99.60	—	99.29	98.12
2000	99.91	99.56	—	99.42	98.72
2001	99.84	99.91	—	99.64	99.54
2002	99.84	99.78	—	99.87	99.38
2003	99.45	99.5	—	99.90	99.64
2004	99.79	99.2	—	99.82	99.65
2005	99.58	99.32	—	99.89	99.66

1986—2005年合钢集团主要产品消耗表

表 2-5-3-3

年度	生铁	钢				钢材		综合成材率(%)
	毛焦比	电炉钢		转炉钢		锭—材		
		金属料消耗		电耗				
	（千克/吨）	一炼钢（千克/吨）	机修（千克/吨）	一炼钢（度/吨）	机修（度/吨）	金属料（千克/吨）	氧耗（立方米）	
1986	929.59	1053	1129	680	744	1229.82	—	77.58
1987	881.46	1065	1138	685	707	1213.99	—	77.08
1988	881.91	1063	1063	685	690	1234.73	—	78.76
1989	865.19	1064	1048	780	751	2592.84	—	80.93
1990	759.05	1060	1029	765	758	1189.30	—	80.15
1991	730.00	1144	1061	739	721	1142	34.44	81.42
1992	658.00	1142	1046	700	708	1149	32.16	83.93
1993	668.00	1183	1030	701	676	1163	34.85	86.04
1994	725.00	1191	1064	694	691	1186	30.97	86.18

续表 2-5-3-3

年度	生铁	钢				钢 材		综合成材率(%)
	毛焦比	电炉钢		转炉钢		锭—材		
		金属料消耗		电 耗		金属料（千克/吨）	氧耗（立方米）	
	（千克/吨）	一炼钢（千克/吨）	机修（千克/吨）	一炼钢（度/吨）	机修（度/吨）			
1995	701.00	1103	1054	660	655	1134	28.43	87.02
1996	664.94	1032	1058	590	606	1107.09	97.83	87.59
1997	676.92	1031	1060	562	576	1106.18	96.01	87.77
1998	674.90	1030	1069	574	593	1121.61	74.44	88.57
1999	662.98	—	1074	—	776	1109.72	78.12	89.20
2000	613.36	—	1105	—	873	1106.13	74.60	89.50
2001	603.7	—	1096	—	831	1135.65	—	95.20
2002	574.36	—	1081	—	782	1094.07	—	94.08
2003	714.26	—	1042	—	620	1111.09	—	95.30
2004	647.49	—	1035	—	676	1118.91	—	94.98
2005	650.50	—	1040	—	630	1117.56	—	95.20

1986—2005 年合钢产值和主要产品产量表

表2-5-3-4

名称 / 年度	产值（万元）	钢（万吨）	生铁（万吨）	钢（万吨）	焦炭（万吨）	耐材（万吨）
1986	13738	20.51	26.81	16.43	1.36	18.74
1987	14714	23.20	28.21	16.23	1.42	19.15
1988	16559	16.43	27.67	15.62	1.5	22.28
1989	15413	24.18	27.79	16.51	1.54	20.42
1990	15169	26.64	34.36	16.62	1.54	21.64
1991	39704	30.05	38.54	16.8	1.55	27.86
1992	49194	33.55	46	17.1	1.6	34.74
1993	58574	36.45	50.4	17.14	1.7	41.5
1994	63392	45.14	52.13	17.16	1.65	45.36
1995	71155	50.31	58.55	18.33	1.67	51.75
1996	80742	54.5	65.86	17.49	2.29	56.80
1997	81030	59.31	69.49	18.20	2.10	60.69

续表 2–5–3–4

名称 年度	产值（万元）	钢（万吨）	生铁（万吨）	钢（万吨）	焦炭（万吨）	耐材（万吨）
1998	77908	56.06	65.53	18.0	1.81	58.04
1999	78147	64.54	65.09	182	1.46	56.61
2000	80981	70.07	70.31	8.44	1.58	51.65
2001	88500	76.34	79.02	18.18	2.05	76.96
2002	179000	85.20	95.20	18.00	2.14	94.80
2003	108100	67.04	78.48	20.15	2.19	71.94
2004	249354	68.09	73.15	44.77	5.14	77.00
2005	221521	68.35	67.06	35.75	5.38	66.50

产品供销　1998 年，合钢集团强化产品销售，公开招聘销售人员 56 人，充实了销售队伍。1999 年起合钢集团改革原材料采购方式，实行竞价招标采购，有效降低了采购成本。1999 年 4 月 10 日，集团公司原供应处改制为合钢有限责任公司供应公司，负责本公司的大宗物资材料供应和废次材、废旧物资的统一回收和集中销售。4 月 18 日在原销售处基础上，成立了合钢有限销售公司。建立以直销为主，自销、联销为辅，多渠道并存的销售格局，形成了以本地市场为主，辐射周边的销售网络。

企业改革　从 1996 年开始经两年的酝酿、筹划，1998 年 5 月 18 日，合钢集团成立，组建了董事会、经理层、监事会，由政府授权经营。按照“精干主体、搞活辅助”的原则，先后分别将耐火材料公司改制为耐火材料有限责任公司；将机械制造厂改制为机械设备制造有限责任公司；将钟山矿改制为钟山矿业有限责任公司；将第三钢铁厂改制为钢管有限责任公司；将民用建筑公司与修建部合并，改制为建设有限责任公司；将房屋管理从行政处分离出来，改制为房地产开发有限责任公司；将高精管车间从钢研所分离出来，改制为高精度冷拔管有限责任公司；将汽车运输从运输处分离出来与富海汽运公司合并，改制为汽车运输有限责任公司；将劳动服务公司改制为四创经济发展有限责任公司；将第一炼钢厂改制为特殊钢有限责任公司（未经工商注册，1999 年年初因产品结构调整而解体）；将行政处的后勤服务部门和技改处的工程监理部门分别改制为新事业发展公司和监理公司，作为集团公司的分公司；职工医院和子弟学校作为托管单位由合钢集团托管。1999 年 3 月，合钢集团与国华能源投资公司就国华“煤代油”资金债转股问题达成协议，国华能源投资公司将合钢所欠“煤代油”资金本息计 1.94 亿元作为股本金，与合钢集团、合钢有限职工持股会三方出资共同组建了“合钢有限”。2000 年 4 月，合钢集团通过“债转股”，与中国华融资产管理公司、中国长城资产管理公司、中国信达资产管理公司共同出资组建了“新钢有限”。其中，合钢集团以实物资产形式出资 7.4309 亿元，华融、长城、信达等 3 家资产管理公司以“债转股”形式分别出资 3.9 亿元、1.3571 亿元和 0.4 亿元。合钢集团公司下辖的合钢有限、耐材、机制、钢管、高精管、建设、汽运、富海、恒兴等 9 家公司列为新钢有限的子公司。为解决企业办社会问题，1999 年 9 月 6 日，合钢集团向合肥市政府书面请示要求将本企业办的 5 所中小学、4 所幼儿园、2 所医院逐步移交政府有关部门管理。9 月 9 日，合肥市同意从 2000 年起至 2002 年止，将合钢集团的 5 所中小学、4 所幼儿园、2 所医院移交政府有关部门管理。

“十五”期间，合钢集团继续改革改制。2001 年全面实行劳动合同制度，进一步完善劳动合同制度的变更、续订、终止和解除等各项工作。在分配制度上，自元月起执行人均 40 元档案工资，出台了《合钢集团 2001 年工效挂钩考核办法》，把工资收入与企业效益和职工实际贡献挂钩，重点向生产一线和科技人员倾斜。在人事制度上，实施《合钢集团中层领导人员管理体制改革方案》，实行中层干部业绩考核，建立厂处级后备人才库。继续推行、完善 3% 职工待岗办法。为保证国有资产保值增值，合钢集团还对第二炼钢厂东、西二座钢渣山实行公开竞拍，并分别获得 2130 万元、2550 万元收益。此举对利用钢渣资源、变废为宝、腾出土地、净化环境具有较高的经济和社会效益。

2002 年 11 月，马鞍山钢铁股份公司有意兼并合钢，提出兼并基本意向：即将合钢资产通过缩水变为零资产，由马钢全盘接收，马钢计划在二、三年内通过投资将合钢的钢铁产能从既有的 100 万吨扩至 200 万吨，新增 100 万吨的税收向政府申请留在企业，作为合钢支付劳服企业的改制成本。2005 年 10 月 20 日，合钢集团召开第十二届职工代表大会第一次会议，743 名代表认真审议了《合钢集团公司改革总体方案》，审议并以无记名投票方式表决通过了《职工分流安置实施办法》。职代会之后，合钢集团全面推进改革总体方案和人员分流安置办法的落实，至 2005 年 12 月 31 日，全集团内部退养 2400 人，解除劳动关系支付经济补偿金 1087 人，清退临时工 120 人，退休人员移交社区管理 7300 人，水、电、气分离完成工作量的 95%。

企业管理 合钢企业管理现代化技术和手段的应用取得较好成果，在推广应用方针目标管理、经营决策技术、滚动式计划、价值工程、A B C 分类控制法、网络计划技术、正交试验法、全面质量管理、全员设备管理、微机应用等方法和技术中，共有 1 项成果获安徽省管理现代化二等奖，7 项成果获安徽省管理现代化三等奖，10 项成果获安徽省管理现代化四等奖，14 项成果获安徽省管理现代化成果五等奖。合钢是国家经委列入全国 991 个大中型工业企业推行全面质量管理重点单位之一，于 1988 年以马钢为组长的省验收组对合钢全面质量管理进行验收被认定合格。5 年间，合钢的钢综合格率为 98.29%，其中电炉钢 99% 以上，转炉钢稳中提高至 1990 年达 98.10%，比 1986 年提高 0.4%；钢材合格率 96.49%；铁综合合格率 99.46%，比 1986 年提高 0.19%。

从 1996 年开始，合钢即开展学邯钢活动，实行全员、全方位、全过程的成本管理。1997 年至 1998 年，成本管理突出节能降耗、主要技术经济指标的提高及采购成本控制。1998 年 8 月，根据冶金部专家组建议，合钢集团成立了由总经理为组长的铁前综合治理领导小组，专攻铁前产、质量水平提高和工序成本的降低。次年又将铁前综合治理延伸至钢前，并在转炉、炼铁、烧结等关键工序实行风险薪制，调动了职工降本增效积极性。加强财务集中统一管理：1998 年 5 月 29 日，合钢集团决定将钢铁生产主线 12 个单位的财务科成建制地划归公司财务处。2000 年年底，合钢集团将资产部、合钢有限财务处、新钢有限财务部合并，成立合钢集团资产财务部，即一个单位，三块牌子，各司其职，统一管理。

第四节　安徽长江钢铁股份有限公司

安徽长江钢铁股份有限公司始建于 2000 年 8 月，坐落于安徽省马鞍山市当涂县太白镇龙山桥工业园内。公司前身为龙山桥钢铁总厂，龙山桥钢铁总厂创办于 20 世纪 90 年代初，拥有两条横列式轧钢生产线，2 座 20 吨小电炉以及 2 座 28 立方米的小高炉。由于生产装备落后、前后工序不匹配、导致生产成本过高、能耗大、污染重、产品质量不稳定，加之生产、经营管理不善，企业濒临倒闭。

2000 年 7 月，安徽省马鞍山市长江钢厂在当涂县工商行政管理局注册成立，利用前龙山桥钢铁总厂的生产工装设施，积极利用现有资源，盘活资金，使公司当年顺利进行了投产，通过努力经营，使生产逐步取得了稳定。2000 年 12 月 31 日，经马鞍山市经济贸易委员会批准，淘汰原有的两座工艺落后、产量低、能耗大、污染严重的 28 立方米的小高炉，采用国内先进成熟的技术装备和高炉长寿、长效技术，更新改造为 2 座 258 立方米高炉。

2001 年 5 月对轧钢一车间生产线进行了技术改造，从年产 10 万吨棒材的生产能力增加到了年产 40 万吨的年生产能力，并于年底该生产线顺利进行投产，年可新增销售收入 9 亿元，利税 4000 万元，使企业原有资产发挥出更好的效益。2002 年 5 月对轧钢二车间进行了生产线技术改造项目，从年产 20 万吨的生产能力增加到了年产 25 万吨的年生产能力，于当年底使该条生产线顺利进行投产。年可新增销售收入 1.5 亿元，利税 1000 万元。

2002 年 12 月 3 日，为淘汰高耗能、污染严重的电炉炼钢生产工艺，利用现有的厂房和公辅设施，通过技术改造淘汰原有的2座20吨的小电炉，形成了2座40吨氧气顶吹转炉，提高产品质量，降低能耗，减少污染，形成年产100万吨炼钢生产线。该项目于2003年年底建成并进行了试生产。

2002年2月公司在国家工商行政管理局商标局注册了“荣恒”商标。

2003年1月，公司更名为安徽长江钢铁有限责任公司，注册资本15800万元，总资产达到110000万元。同时根据国家有关政策要求，取得了国家质量监督检验检疫总局颁发的热轧带肋钢筋工业产品生产许可证。

2003年12月11日，马鞍山市经济贸易委员会对公司年产60万吨连轧生产线技术改造项目进行了批复，该项目主要是淘汰现有生产工艺落后的非连轧生产线，采用连铸坯热装热送，改造成一条年产60万吨连轧生产线，同时将燃煤式加热炉改造为蓄热式煤气加热炉，并对相关辅助实施进行适应改造。该项目属于《当前国家重点鼓励发展的产业、产品和技术目录（2000修订）》十四、“钢铁”中“连铸坯热装热送技术开发”类的国有投资项目。项目建设期为1年，建成达产后年新增销售收入3.2亿元，新增利税3500万元。当年炼铁1号和2号高炉也顺利进行了投产。

经过2004年至2005年稳定的生产经营，通过招商引资，已经形成了集采矿、炼钢、炼钢、轧钢的钢铁联合企业。炼钢1号转炉于2004年5月投产，2号转炉于2005年10月投产。公司在2005年底实现销售收入超14亿元，入库税金超7800万元。

第五节　芜湖钢铁厂（芜湖新兴铸管有限责任公司）

企业生产　芜湖钢铁厂始建于1958年大炼钢铁时期，是安徽省冶金行业的骨干企业。由于诸种因素的影响，截至1985年年底该厂仍然是一个单一的炼铁企业，生铁的年生产能力20万吨、焦炭20万吨，生产设备和工艺相对较为落后国内同类企业，企业发展缺乏后劲。

“七五”期间，是芜钢建厂以来发展速度最快的时期，从1985年改革开放以来，芜钢走自力更生的道路，利用当时经济环境比较宽松的机遇，通过集资方式筹集资金4620万元，通过贷款、拨款2992万元，合计筹资7611万元，扩建了一组24平方米烧结机，新建一座300立方米高炉和其他改造工程，固定资产投资11258万元，“七五”期间固定资产增值2.78倍，还完成了轧钢加热炉改造，烧结点火器改造、水泥球磨机改造、扩建机械化原料厂和焦化污水处理等工程。

“八五”期间的基建及技改工程，企业基于量力而行，稳步发展的原则，在加强管理，节约挖潜，努力提高经济效益的基础上，一方面优先考虑铁前系统配套项目，另一方面为了改变芜钢有铁无钢的局面，终因东南亚金融风波的影响及市场行情的急剧变化等种种原因，企业步履艰难，发展缓慢。

1996 年 1 月 13 日，为压缩基建规模，集中资金保证生产，决定轧钢二期工程缓建。1996 年 2 月 28 日，一号热电机组试运行发电。1996 年 4 月 30 日，二号热电机组运行发电。

新兴铸管有限责任公司重组芜湖钢铁厂后，2003 年至 2005 年，经过三年时间的大规模技术改造，淘汰落后生产工艺和装备，总投资 17 亿元，已全面完成一期技改工程项目，工序能力配套，调整了产品结构，提升了产品附加值，主要产品产量和技术经济指标大幅增长，产品成本进一步降低。公司产品从单一的生铁已成功转型以球墨铸铁管和逐步过渡到优质制造用钢为主导产品。2005 年，该公司全年完成生铁 121 万吨，同比增长 13.97%；冶金焦炭 53.44 万吨，同比增长 25.18%；入炉机烧结矿 188.75 万吨，同比增长 26.31%；球墨铸铁管 18.76 万吨，同比增长 87.84%；球团 14.4 万吨，发电量 10380 万千瓦时，同比增长 15.12%；当年完成工业增产值 284790 万元，同比增长 12.52%；实现销售收入 28.3 亿元，同比增长 19.65%；实现利税 4.08 亿元，同比增长 17.%；净利润 2.3 亿元，同比增长 39.2%；该公司荣列 2005 年安徽企业 50 强第 24 名，2004 年度芜湖工业企业 50 强第四名。公司以生产离心球墨铸铁管、生铁和煤化产品为主要产品的企业，拥有世界上规模最大、技术最先进的现代化单体铸管厂，年产离心球墨铸铁管 40 万吨，产品规格从 DN80 — 1400 毫米；360 立方米、260 立方米、248 立方毫米高炉各一座；40 平方米烧结机一台；36 平方米烧结机两台；HB4.3 — 90 型 42 孔焦炉两座；3000 千瓦高炉煤气发电机组两组、6000 千瓦高炉煤气发电机组一组；年产 70 万吨球团回转窑生产线一条；以及高炉喷煤、制氧、化产回收和水电风汽等辅助配套设施。

芜湖新兴铸管有限责任为加快实施总体规划技术改造进度，调整产品结构，增强综合实力和市场竞争力，按照“系统改造、总体规划、分步实施”的原则，先后对铁焦烧原料系统、优特钢系统、铸造生产线等进行技术改造。轧钢技术改造配套工程项目包括建设与轧钢生产线配套的原料准备、钢坯加热炉、轧钢水循环系统、轧辊加工及装配件等设施。项目固定资产投资 4980 万元。为进一步调整产品结构，提高产品附加值，增强企业市场竞争力，芜湖新兴铸管公司开工建设年产 80 万吨转炉炼钢、80 万吨优特钢水炉外精炼和 80 万吨优特钢连续轧制生产线等技术改造项目。

企业改革　随着国有企业改革的不断深入，经芜湖市人民政府同意，新兴铸管集团有限公司重组芜湖钢铁厂并承债式整体收购全部资产。2002 年 12 月 5 日，新兴铸管集团有限公司与芜湖钢铁厂、芜湖市经贸委正式签订《新兴铸管集团有限公司重组芜湖钢铁厂协议书》。

2002 年 5 月 24 日，芜湖市人民政府为了促进芜湖市焦化制气业的迅速发展，满足城市生产、生活用气的需要，决定成立芜湖焦化制气有限责任公司（即从芜湖厂独立出来的焦化分厂），注册资本 8000 万元，归口市建委管理。该公司由市建投公司、市燃气总公司和芜湖钢铁厂 3 家国有企业出资组成，芜钢厂出资 86.4 万元，占总股本的 1.08%。

2003 年 3 月 20 日，芜湖市人民政府同意芜湖钢铁厂及芜湖焦化制气有限责任公司实施资产重组。由芜湖新兴铸管有限责任公司为主体承债或收购全部资产。3 月 23 日，新兴铸管股份有限公司与芜湖市人民政府签订《新兴铸管股份有限公司重组芜湖钢铁厂、芜湖焦化制气有限责任公司协议书》。4 月 17 日，芜湖新兴铸管有限责任公司在芜湖市工商局登记注册，注册资本五亿元，新兴铸管股份有限公司出资 3 亿元，占注册资本的 60%，新兴铸管集团有限公司出资 2 亿元，占注册资本的 40%。

芜湖新兴铸管有限责任公司占地面积 85 万平方米，25 公里铁路专用线与宁铜线火龙岗站接轨。芜湖新兴铸管有限责任现设 14 个科室，4 个处，11 个生产单位，下设 56 个作业区、工段（站），一个职工医院，2005 年，全公司在编员工 3516 人，专业技术人员 340 人。

企业管理 1994 年，芜湖钢铁厂强调眼睛向内，加强管理。加强对成本、费用、利润等指标的考核，努力消化各种涨价因素；节约挖潜，努力降低消耗；自力更生，一些重点工程和大的维修项目都是自己承担，大大减少了各种费用的支出；加快资金周转，降低库存物资占用，提高资金利用率；强化催款要债等措施，采取以物易物的方式，回笼货款，以加快资金回笼。在资金极度困难的条件下，通过各种渠道积极筹措资金达 5111 万元。

1996 年是芜钢厂“学邯钢，降成本，加强企业管理年”。在学邯钢，强化管理中，模拟市场核算，实行成本否决，按照市场能接受的产品价格，测算出生铁成本，坚决实行成本否决，1—4 月份虽然生铁产量比 1995 年同期增加 5139 吨，因没有完成成本指标，被否决了全部成本奖。由于实行了成本否决，1996 年全年生铁成本比 1995 年下降了 1.6%（916.36 元），总成本降低了 386 万元。

1996 年，该厂法人代表与市政府签订《目标责任书》，并首次与副厂级行政领导及八个主辅生产单位行政主要负责人签订《目标责任书》，进一步细化全年的生产经营目标和责任，内部管理得到了加强。经营部门面对资金紧缺、市场疲软的严峻形势，千方百计向市场要效益，他们把货款回笼指标分解到个人与奖金挂钩进行考核。全年产销率达 98.6%，资金回笼率达 101.9%。

芜湖新兴铸管公司随着装备水平的提高和工序的不断完善，坚持走循环经济发展之路，生产能耗得到较大改善，主要产品产量和技术经济指标大幅度增长，通过了英国劳氏质量管理体系认证，该公司已形成了年产生铁 120 万吨，40 万吨球墨铸铁管的生产能力。2005 年，实现销售收入 28.3 亿元，利税 4.08 亿元，净利润 2.3 亿元，荣列

2005 年安徽企业 50 强第 24 位。

第六节　芜湖恒鑫铜业集团有限公司

芜湖恒鑫铜业集团有限公司坐落于安徽省芜湖市，注册资本为 15000 万元人民币，1996 年 12 月改制前名为芜湖冶炼厂。占地面积 30 多万平方米，总资产 5.52 亿元，2002 年销售收入 16.2 亿元。公司控股鑫科新材料股份有限公司（上市公司）并设三个子公司。拥有员工 2000 多人。芜湖恒鑫铜业集团有限公司是一个以铜精炼和铜加工为主的大型企业，是安徽省和芜湖市的大型冶炼骨干企业，1994 年、1996 年“安徽省百家质量最佳企业”；全国 500 家最大经营规模工业企业排行榜、安徽省工业企业 50 强，为安徽省首批质量最佳和重合同、守信用企业，并被省科委认定为高新技术企业，被省经贸委确定为技术创新试点企业。在 2005 年“安徽省民营企业百名排序”中，公司获得 10 强企业。

公司控股的鑫科新材料股份有限公司，下设电解铜厂、熔炼厂、稀贵金属厂、机动厂四个生产厂和海源铜业有限责任公司、运输公司两个子公司。主要产品有：电解铜、黄金、白银、各类铜加工材（管、棒、板、带、排、箔、丝）、电阻焊铜线、无氧光亮铜杆、漆包线、硫酸铜等。其中，年产量 4.5 万吨的“晶晶”牌电解铜为“安徽名牌产品”，曾两次荣获国家银质奖，于 1998 年 5 月通过 ISO 9002 质量体系认证，并在上海、深圳金属交易所注册。公司主要产品有：电解铜、低氧光亮铜杆、黄金、白银、各类铜加工材（管、棒、板、带、排、箔、丝）、电阻焊铜线、漆包线、硫酸铜等。公司还是上海黄金交易所首批可提供标准金锭的企业。电解铜及铜材加工产品行销全国 20 多个省、市、自治区，外销日本、韩国等。

企业生产　芜湖冶炼厂自 1958 年 8 月建厂后，铜熔炼挖地为炉，手工操作，用 100 号坩埚烧焦炭鼓风炼铜，后逐步发展到 2 吨、5 吨、40 吨、50 吨发射炉。电解铜生产也由小阳极铜丝到大耳阳极，始极片、阳极板用人工平整到机械化操作。产品由单一电解铜发展到稀贵金属、有色化工、电解铜及铜合金加工材等四大类 20 余种。1959 年 6 月简单投产，生产出首批电解铜 1070.8 公斤。1961 年 1 月下马，1962 年 3 月恢复生产。1963 年 10 月，5 吨新平炉建成。1964 年 4—6 月，5 吨反射炉扩容为 10 吨。1965 年改造平炉供出料系统，增建卷扬机牵引浇铸平板模车、用 3 吨葫芦起吊阳极板。1971 至 1973 年 10 月，相继建成 10 吨、15 吨、40 吨 4 座反射炉。1973 年年初，15 吨反射炉经改造扩容为 20 吨阴极炉，7 月竣工投产；1982 年大修，再次扩容为 30 吨，采用落地式加料机加料、重油供热。1984 年，新建 70 吨阴极炉，增设 1 台 12 模双锭圆盘浇铸机，加料、出铜均采用机械化。1985 年 3 月 1 日竣工，投资 102 万元。

到 1985 年年底，国家累计基建投资 1276 万元，形成电解铜生产能力 2.85 万吨 / 年，生产电解铜 32.2 万吨，上缴利税总额 1.36 亿万元，是国家投资的 10.19 倍。1985 年芜湖冶炼厂从意大利引进一套铜杆连铸连扎生产线，首次进入全国有色行业 50 家最大经营规模企业行列，排名第 32 位。合资兴建了芜湖市金属压延厂，铜扁线厂，为芜湖冶炼厂的发展增强了后劲。1986 年芜湖冶炼厂占地面积 248400 平方米，房屋建筑面积 75047 平方米，全部职工人数 1910 人，主产品电解铜产量为 29262 吨，黄金 868 公斤，白银 9539 公斤，铜加工材 2500 吨，工业总产值 34781 万元。1986 年 7 月将平炉车间阳极炉有效面积从 13.4 立方米扩大到 19.43 立方米，当年主产品“晶晶”牌电解铜完成 29262 吨，比原计划增长 4.5%，完成全年工业产值 34781 万元，比原计划增长 8.89%。1986 年从意大利引进年产 3.5 万吨低氧光亮铜杆成套设备和技术，新建一座 0.5 立方米鼓风炉，1992 年上马了年产 1000 吨漆包线项目，1994 年建成年产 20 万对公里通讯电缆项目。

工厂“八五”规划提出“稳住中间，向两头延伸”的战略，充分发挥七五期间形成的冶炼与加工能力，稳住现有产品，并在此基础上向两头发展，向前发展粗铜冶炼，解决原料来源，向后发展深度加工，重点放在铜管、漆包线、通讯电缆、电解铜箔等深度加工项目，增加产品附加值，提高企业经济效益。1986 年至 1996 年对 50 多个技术改造和技术引进项目共投资 1 亿多元资金，通过在大规模的技术改造，使主产品电解铜的年生产能力达到 5.5 万吨，铜材加工能力 6 万吨，产品达 30 多种，工艺设备先进、人才济济，成为在国内铜行业中有一定地位的铜冶炼与铜加工的大型企业。除下属平炉、电解、油制气、连铸连轧、稀贵金属、动力、机修、原料、运输、研究所等车间部门和铜材、特种铜线、电工材料、铜箔等分厂，还有芜湖市有色金属压延厂、芜湖市金达异型铜材厂、广州中源电器公司、福建闽皖特种铜线厂等四家联营厂，以芜湖冶炼厂为主的铜业集团正在形成。进一步扩大铜深加工能力，提高附加值。在稳定主业的同时进行产品结构调整，发展有色产品深加工。

1989 年、1991 年、1992 年、1995 年，四次荣列全国 500 家最大经营规模工业企业排行榜。1989 年，主产品电解铜提前二天突破三万吨大关，企业首次进入全国 500 家最大经营规模企业行列，排名第 409 位，在有色行业排名第 29 位，经营规模居全国地方有色企业之首。1991 年再次进入全国 500 家最大经营规模企业行列排名 422 位。1992 年第三次进入全国 500 家最大经营规模企业行列，列第 432 位。1995 年排名第 246 位。安徽省工业企业 50 强第 13 位。

1995 年电解铜、光亮铜杆、漆包线、通讯电缆、铜板带材等五大产品产量实现历史性突破，产量分别为 35228 吨、22875 吨、1043 吨、106576 吨、2642 吨，取得建厂以来的最好水平。

1996年电解铜产量40719吨，黄金802千克，白银18296千克。工业总产值153508万元。职工人数2562人。下设熔炼、电解、稀铜、铜材、煤气、铜杆、通讯电缆、辐照电缆八个分厂。

1996年12月芜湖冶炼厂改制为芜湖恒鑫铜业集团有限公司，拥有核心层企业——芜湖恒鑫铜业集团有限公司、电工材料厂、压延厂、型材厂、通讯电缆厂、特种铜线厂、铜材厂、纪元特种电缆厂、恒鑫汽车运输有限公司、商贸公司、进出口公司、房地产开发公司等13个控股核心层企业和4个半紧密层企业。

2000年电铜46386吨，黄金621千克，白银19842千克。2002年恒鑫集团占地面积30多万平方米，电铜产量46059吨，黄金482千克，白银43076千克，工业总产值718230万元。销售收入16.2亿元。2005年恒鑫集团电铜产量32892吨，黄金241公斤，白银12191公斤，铜棒4302吨，硫酸铜613吨。

新产品开发　公司坚持把开发新产品、建立技术储备，作为企业适应市场需要。增强企业竞争力的重要举措，20世纪80年代初成立了冶金研究所负责新产品开发工作。1981年至1985年先后开发了镀金表壳、离子真空镀膜、青铜方端子、氯化亚铜、精硒等产品。1986年，青铜锁星方端子获有色总公司科技进步奖。

技术部门、各分厂通过开展市场调查，了解市场发展需要，确定新产品开发目标，随着中国经济发展，基建规模宏大，电线电缆行业对铜杆、铜线的需求很大。为此，引进意大利铜杆连铸连轧生产线，生产出来的光亮铜杆含氧量低，加工性好，不需酸洗处理，深受广大用户的欢迎，产品供不应求。随着生活水平的提高，食品、饮料、罐头行业发展很快，引进的制罐生产线需要大量的高频铜焊丝，特种铜线厂根据这一信息立即开发高频铜焊丝，由于产品适销对路，产量逐年翻番，成为轻工部定点生产厂。为了提高产品附加值，发展深度加工，电工材料厂开发塑料线、裸铜线、漆包线等产品。有色金属压延厂开发紫铜带H62、H68黄铜带，又研制了10×100毫米铜母排。铜材厂开发铜管产品。基建处开发呋喃树脂电解槽新技术。这种电解槽耐腐蚀，使用寿命长，维修费用低，深受电解行业好评，已在全国推广，并申请国家专利。环保科进行FM-1腐殖酸树脂处理含铜、镍污水工艺，取得良好效果，获得省、市科技进步奖。1992年上马了年产1000吨的漆包线项目，1993年投资兴建金达异型铜材厂生产异型铜材。1993年联营企业中源公司高频电缆项目投产。1994年建成年产20万对公里通讯电缆项目。1998年，纪元特种电缆厂交联电缆、控制电缆、塑力缆、铝绞线四类产品通过“申证”审查。

企业改革　芜湖恒鑫铜业集团有限公司改制前为芜湖冶炼厂。1985年芜湖冶炼厂开始实行厂长负责制，确立了厂长在企业生产经营中的中心地位，企业开始由生产型向生产经营型发展。1986年为加强企业基础管理，设置“企业管理科”整顿和加强企业基础管理工作。1987 年，芜湖冶炼厂不断完善经济责任制，对 1985 年以来实行的单位产量含个人收入经济承包责任制办法进行了进一步的修改和完善，以质量、能耗、环保等具体指标的实现为重点，纳入承包指标进行考核。同时划小承包核算单位，厂长与各独立核算单位签订了承包合同。经济责任制的考核内容主要有产量、质量、成本与管理等，根据车间（分厂）不同情况，确定不同的产量、质量、成本的确保指标和相应的扣分标准，拉开一线与二线职工的奖金差距，稳定了一线工人。1988 年深化内部改革，引入竞争机制，以有色线材厂和漆包线厂为试点，确定招标标的和风险抵押金，在全厂张榜公布，公开招标承包。抵押承包试点表明，经营者责任心强，经营效果显著，是进一步深化企业内部改革的一条路子，1996 年 6 月逐步建立“实行单位产品工资含量和模拟市场运行工作”考核机制，在熔炼、电解、铜杆三分厂实行单位产品工资含量试点。

1992 年，根据国务院《全民所有制工业企业转换经营机制条例》的精神，在全厂范围内实施三项制度改革，制定了人事制度等六项具体改革方案。按照责权利相统一并与承包经营相结合的原则，对中层管理干部一律实行聘任制，签订承包经营合同，使经济效益和经营者直接挂钩。将原有生产车间全部改设为分厂，赋予适当的经营自主权，从而将各下属厂进一步推向市场。厂部除控制电解铜、光亮铜杆、金、银等产销外，各分厂可以放开自我发展。同时设立进出口公司、经贸公司、生活服务公司等七个经济实体，千方百计搞活生产经营。

1994 年，国家取消调拨计划，芜湖冶炼厂全面走向市场。面对铜料市场僧多粥少的局面，主动出击，到全国各地组织原料，确保生产的正常进行。同时以极为谨慎的态度进入期货市场进行期货操作，依托上海金属期货市场购进电解铜，弥补铜杆生产的原料不足。

1995 年以劳动、人事、分配制度为核心的三项制度改革取得了阶段性成果。在劳动制度改革方面，实行全员劳动合同制，采用双向选择鼓励职工竞争上岗，并通过定员定编工作，经职工教育中心培训，妥善安置 100 余名下岗富余人员。在人事制度改革方面，实行干部逐级聘用制，初步形成干部能上能下的局面，在分配制度改革方面，实行重点向生产一线、艰苦岗位及技术含量高的岗位倾斜的工资激励机制，进一步拉开分配档次。12 月该厂实行全员劳动合同制。

1996 年 2 月，芜湖冶炼厂委托国家经贸委经研中心为其制定建立现代企业制度总体实施方案，并按照《中华人民共和国公司法》和国家有关政策的要求，迅速而规范进行企业重造。同时，工厂被定为安徽省建立现代企业制度 50 户试点企业。

1996 年 12 月 26 日，芜湖冶炼厂通过改制，正式成立芜湖恒鑫铜业集团有限公司。改制后，在芜冶的基础上，以资产为纽带，成立芜湖恒鑫铜业集团有限公司，并通过资产重组，成立集团公司控股的若干子公司。

1998 年 9 月 28 日，安徽鑫科新材料股份有限公司由芜湖恒鑫铜业集团有限公司作为主发起人，联合合肥工业大学、安徽省冶金科学研究所、芜湖市建设投资有限公司、芜湖市鸠江工业投资有限公司等五家股东单位共同发起成立，是经安徽省人民政府批准成立的集科工贸和产学研为一体的股份制高新技术企业。注册资本为 6500 万元。鑫科材料主要从事稀土铜基合金材料、金属基碳纤维复合材料制品、粉末材料及制品、辐照特种电缆等其他新材料的开发、生产与销售。2000 年 10 月 26 日，安徽鑫科新材料股份有限公司 3000 万股 A 股股票在上海证券交易所发行，成为芜湖市市属企业首家上市公司。

第七节　池州有色金属（集团）有限公司

池州有色金属（集团）有限公司创立于 1958 年，企业前身为池州铅锌冶炼厂。

企业生产　建厂初期生产线为落后的土法铅锌冶炼，1958 年 6 月 12 日投产。1959 年该厂与青阳铅锌矿、贵池铅锌矿联合组成了采、选、炼一体化企业，1961 年国民经济调整期间，该厂停产下马。1965 年，经安徽省冶金工业厅批准，池州冶炼厂正式恢复生产，直到 1978 年年底，生产能力仅为：铅 1300 吨、锌 400 吨、硫酸 3000 吨。由于长期亏损，1980 年被安徽省冶金工业厅列为“关停并转”亏损小企业。为了生存发展，1982 年该厂利用原有的硫酸生产设备转产磷肥，1984 年实施扩容改造，将年产 3000 吨提高到 3 万吨，1985 年又开发生产了复合肥，企业迈入铅锌冶炼的主体产业。

1986 年，粗铅提前 30 天，硫酸提前 25 天完成全年生产任务，全年共生产粗铅 1781 吨，硫酸 13176 吨，磷肥 5651 吨，复合肥 2700 吨，同比增长 22.8%、39%、56% 和 76.9%，粗铅一级品率、磷肥和复合肥的合格率均达 100%，93% 硫酸创省优。全年实现工业总产值达 581 万元，销售收入 691 万元，同比增长 39.6% 和 66%，上缴利税 22.3 万元，同比增加 62%。

1987 年，冶炼厂对铅系统进行了综合治理，新建铅鼓风炉烟气湿法除尘系统，投资 120 万元，对铅烧结系统进行技术改造，新建 100 米的烟囱，解决了二氧化硫低空排放对环境的危害问题。1987 年，铅锌冶炼厂首次扭亏为盈，摘了 16 年亏损的帽子，当年实现利税百万元。

1988 年，该厂通过了以粗铅、硫酸、磷肥为主的扩建改造，粗铅年产能力由 1984 年的 1200 吨扩大到 3000 吨，硫酸年产能力达到 4 万吨，投资 50 万元新建了 2800 吨 / 年的铅电解车间，结束了该厂历年出售粗铅或委托加工的状况。当年工业总产值首次突破千万元大关，完成产值 1004.97 万元，销售收入达 1664.9 万元，实现利税 200.7 万元。

1989 年，该厂新开发了氟硅酸钠和电铅项目，电铅项目于当年 11 月份投入试生产，当年生产 1# 精铅 440 吨。该厂的附属厂——池州蓄电池厂（主要生产铅极板、电瓶酸及电瓶）这年也被验收为合格集体企业。

1990 年 4 月，安徽省冶金厅主持召开了“池州铅锌冶炼厂锌冶炼改造可行性研究审查会”，会上确定了锌冶炼改造项目总投资 740 万元，中断了多年的锌冶炼终于又走上了发展的日程。1990 年 5 月份，经由中国有色金属总公司深圳分公司牵头，该厂 500 吨电解铅产品首次走出国门，出口到比利时，首次为国家争创了外汇。1990 年 12 月池州铅锌冶炼厂升格为中型企业。

1991 年，池州地区铅锌冶炼厂生产粗铅 3332 吨、电解铅 3210 吨，完成工业总产值 3400 万元，实现利税 270 万元。翌年，池州地区铅锌冶炼厂共生产粗铅 5889 吨，电解铅 5063 吨，完成工业总产值 4003 万元，实现利税 310.4 万元。

1996 年，电铅首次突破万吨大关，全年共生产电铅 10092 吨，粗铜达到 8150 吨，白银 13.24 吨，黄金 25.5 千克。

1997 年，池州有色公司生产继续保持稳定增长，粗铜、电铜及粗铅产量均超过万吨，全年实现工业产值 2.2 亿元，销售收入 3.5 亿元，利税总额 4073 万元，其中利润为 2316 万元。当年，公司销售利润率、成本费用利润率排在全省冶金行业中前两名，人均实现利税排在第一位。

受东南亚金融危机和全球经济动荡的影响，电解铜价格急剧泻跌，1998 年虽然电解铜、粗铅、电解铅及电解锌同比增长均超过 2%，但销售收入和利税均比 1997 年有所减少，尽管如此，池州有色公司仍取得了当年利润总额全省冶金行业排名第三的成绩。1999 年，除铜产量受到影响外，电解锌、粗铅、电解铅都实现了连续增长，是年，公司出口创汇大幅度提高，全年共出口电解铅 2343 吨，电解锌 2191 吨，电解铜 2200 多吨，出口创汇 757 万美元。公司的电解铜、电解铅、电解锌在期货交割中均受到用户青睐。

1996 年，经国家对外贸易经济合作部批准，池州有色公司取得进出口自营权，当年出口电铅 2940 吨，创汇 300 余万美元，同时组织进口铜精砂金属量 3200 吨，缓解国内铜矿供应紧张的矛盾，保证生产稳定。1997 年，池州有色公司被安徽省科委认定为高新技术企业；1998 年，被安徽省工商局命名为“省级重合同守信用企业”，“青峰”牌电解铜在深圳有色交易所注册，“青峰”牌电解铜、电解铅、电解锌均在上海金属交易所注册。2000 年，安徽省经贸委将池州有色公司确定为“安徽省 210 户国有及国有控股大中型骨干工业企业”，同年，安徽省经贸委又将池州有色公司纳入“安徽省 40 户国有大中型重要骨干企业”名单。

2004 年国家工商总局再次认定池州有色金属（集团）有限公司为“全国守合同重信用企业”，2004 年，安徽省科技厅认定为“2003 年度高新技术企业认定企业”，

2005年池州市政府确定了上海埃力生（集团）公司池州有色公司为“池州市重点骨干企业”，给予积极扶持，并将池州有色公司30万吨铅冶炼项目纳入池州市“十一五”规划发展纲要中，当年，该公司生产电铅37087吨，白银71344千克，全年营业收入达4亿5000多万元。

技改项目　1991年1月，湿法处理铅阳极泥，提取金银及有价金属项目投入试生产；硫酸扩建改造工程投入生产，产品畅销市场；投资168万元，年产1万吨能力的电铅扩建改造项目达到规模生产；年设计能力7000吨粗铅扩改项目中的铅砂库及烧结厂房投入使用；1992年4月1.2平方米鼓风炉项目投入使用，实现了与万吨电解铅相配套的生产能力；年设计能力2500吨的锌冶炼扩改工程项目于1992年12月中旬按期投入试生产，并于当年产出合格1#电解锌；利用和改造原0.5平方米鼓风炉富集处理铅冰铜回收粗铜；完善白银0.5吨转炉技改冶炼工艺。根据市场需求，池州铅锌冶炼厂选择起点高、附加值高的项目，采取边设计、边施工的方法，与安徽省信托投资公司合资兴建了万吨铜冶炼项目，该项目分为粗铜和电解两期。1994年8月，粗铜冶炼建成投产，当年就产出粗铜800吨。

1996年，公司年产2万吨电解铜项目建成，并于年底产出第一批合格电解铜，主品位达99.96%，质量优于国标一级品。年产180吨的锌粉炉于1996年投产，当年就生产锌粉100多吨。1997年，池州有色公司投资650万元，对粗铜项目和铜砂库进行技术改造和扩建，使粗铜年产能力提高到1.5万吨。投资55万元，对阳极泥处理能力进行改造。针对锌市场行情看好，池州有色公司又投资440万元，将年产2500吨电解锌的生产能力扩张到年产6000吨。生产规模的扩大，又促使公司当年增建一座3.5千伏变电所。1998年投资55万元对粗铜冶炼的阳极炉进行改造，将生产能力由50吨提升至70吨。1999年，公司成功试生产出精铋，精铋的生产又为池州有色公司增加了一个新的经济增长点。

企业改革　1986年，冶炼厂通过对硫酸、炼铅、磷肥三产品车间实行“三包三保”，在机修车间实行“成本包干”，在车队实行“成本包干、利润分成”，销售实行“一定三包”等责任制，多措并举极大激发了干部员工的生产积极性。

1989年，池州地区铅锌冶炼厂在实行“工效”挂钩，落实企业外部承包的同时，以完善内部承包为突破口，实行一系列的企业内部配套改革，当年实现销售收入2620万元，实现利税280万元。

随着国家开始在国有企业实施抓大放小的重要措施、安徽省实施省级扶优扶强重点支持56户大中型企业等政策的进一步深入实施，1995年5月，池州冶炼厂被纳入“安徽省人民政府确定的50户现代企业制度试点工作”范围。

1996年，按照现代企业制度的试点要求，池州铅锌冶炼厂改组为安徽省池州有色金属（集团）有限公司，下设“池州金凤铜业股份有限公司”“池州金龙铜业股份有限公司”“池州冶化公司”“池州有色建安公司”和“池州蓄电池厂”五个具有独立法人资格的子公司以及一个委托法人单位——“汽车运输公司”，同时设立四个生产分厂及机关科室。同年，安徽省人民政府同意并委托池州行署授权安徽省池州有色金属（集团）有限公司为国有资产投资主体。

2001 年 12 月，池州有色公司控股并发起组建了安徽科威金属材料股份有限公司。2002 年，安徽省经贸委将池州有色公司确定为“安徽省 50 户重要骨干工业企业”。2003 年 8 月 16 日，池州有色金属（集团）有限公司与上海埃力生（集团）公司进行合作对接，双方就上海埃力生（集团）有限公司承债式收购池州有色金属（集团）有限公司全部净资产做了认真商谈。2004 年 2 月 18 日，新重组成立的池州有色金属（集团）有限公司举行挂牌仪式。

第八节 安徽省金光钢厂（蚌埠市经纬轮辋钢有限责任公司）

安徽省金光钢厂始建于 1966 年，原为地处皖西大别山区腹地金寨县的“小三线”特钢厂。1984 年经省政府批准搬迁至蚌埠市口地处蚌埠市东郊，占地 24 万平方米，地理位置优越，交通运输便利，铁路专用线与京沪、淮南线相连，公路交通四通八达。

企业搬迁 安徽省金光钢厂原直属安徽省冶金厅，为适应市场，解脱在山区的生产经营困境，在省政府的批准下，决定将企业进行搬迁。

搬迁新厂建设工程分两期进行。一期工程（1985 年至 1987 年）包括炼钢车间（5 吨 ×2 电弧炉），年产能力 5 万吨模铸钢锭；新建 φ550×2 开坯车间，开坯内供，年产能力 10 万吨；小型轧钢（φ400×2、φ250×5 生产线），年产能力 3 万吨线材，以及相应的公共配套工程。一期工程建设投产并取得效益后，进行二期搬迁工程建设。包括锻造车间(3 吨 ×1 双臂空气锤，1 吨 ×2)，年产锻坯及锻件能力 4500 吨、冷拔车间（30 吨 ×1、8 吨 ×1 两套冷拔机组），年产能力 1.2 万吨冷拔材，以及其他公共配套工程和辅助设施。金光钢厂一期搬迁工程所需资金概算 5500 万元，资金来源是以自筹、集资、贷款三个渠道。一期工程完成后逐步形成年生产能力 4–5 万吨的钢锭、钢材 3–6 万吨小型材，φ550×2 开坯车间不仅可开坯自供外，还可对外加工 5 万吨（开坯车间于 1 989 年 4 月开始开坯生产）。二期工程基本于 2000 年前完成。

新厂建设本着节省投资和装备和工艺技术进步的要求，搬迁中尽量利用原有的设备，对以往工艺不合理的部分予以淘汰，进行重新设计和配套技术改造，以提高装配水平和工艺的合理性，达到提高效率和改善劳动强度，实现节能降耗和减少环境污染。

企业生产 1987 年 3 月，由当时的蚌埠市政府牵头，组建由鞍山钢铁公司、东风汽车公司和金光钢厂三家跨地区、跨行业的横向松散性联合体，引进鞍钢国家金牌产品汽车轮辋钢生产技术，金光钢厂开发并形成批量生产，东风汽车公司包销使用。1987 年 6 月开始对已竣工的 ф550×2 开坯车间重新改造，形成 ф550×4 中型轧钢车间，生产专用汽车车轮轮辋用热轧型钢，以替代东风汽车公司的进口产品。1990 年 10 月，中型车间 ф550×4 中型材生产线改造完成：并成功开发出国家金牌产品 7.00T-20 轮辋钢，产品投放市场后供不应求，金光钢厂成为东风汽车公司替代进口产品的供应商。此后，金光钢厂随着品种和规模的日益扩大，年产 12LW 轮辋材达到 5~6 万吨，逐步形成以汽车轮辋钢为主的专业生产厂。1994 年冶金部将金光钢厂确定为全国轮辋钢四个定点生产厂家之一（另三家是鞍钢、上钢三厂、重钢）。1995 年，“金光”牌轮辋钢被评为安徽省名牌产品。由于产品技术含量决定了产品的高附加值，其价位和利润均较高。

l996 年至 2000 年，金光钢厂的 12LW 型汽车轮辋钢基本上形成规模，品种由原来的 7. 00T-20、5.50F 逐步扩大到十几个品种，年产销量均在 5 万 ~ 8 万吨左右，“金光”牌辋钢畅销全国市场 .

“九五”期间，受亚洲金融风暴影响以及国内市场和企业自身的原因，金光钢厂部分车间不能正常生产，处于半停产状态，仅轮辋钢生产较正常，由于相关政策及市场因素，企业走了一些弯路，与市物资集团重组失败后，企业经营相当困难，通过积极筹措资金，挖掘自身潜力，紧抓轮辋钢生产，降成本、抓质量、促销售，当年轮辋钢产量升高到 7 万多吨，产品国内占有率近 35%，同时 7.OOT-20 规格轮辋钢还走向国际市场，产品远销到韩国、日本及东南亚地区。

2003 年，由于国家淘汰落后产能、节能减排、降低环境污染等政策的出台，为寻求生存与发展，企业开始进行一系列技术改造。对中型车间加热炉进行改造，将原炉排式加热炉废除，新建两座煤气发生炉和煤气加热炉，既节约了燃煤消耗，又降低了废气排放，同时轮辋钢生产效率也有较大提高。2005 年公司对原有两座煤气发生炉进行改造，同时新增一台煤气发生炉，进一步提高了生产效率，生产量快速提高，平均年产量在 8-10 万吨，年产量最高达到 11 万多吨。拆除原两座 5 吨电弧炉，新上两座 30 吨电弧炉，其中 2# 炉为偏心底电弧炉，同时新上一座 30 吨 LF 钢包精炼炉和一条 5.5M 弧形连铸机生产线，主跨增加两台 50 吨行车，实现年产能 15 万吨，产品为 120~150 口钢坯。后因国家产业政策调整，节能减排要求以及选项等问题炼钢车间逐步停产。将原 ф400/250 生产线改为 ф520×3+ф365×6+ф280×10 三段连轧生产线，实现线材产能 20 万吨。以上三项技改总投资 2900 万元。

企业改革　2002 年经政府牵头招商引资，由福建经纬集团正式整体收购安徽省金光钢厂，正式更名为安徽省蚌埠市经纬轮辋钢有限责任公司，国有企业属性变更为民营。

2002年年底，金光钢厂破产转制后的善后工作，由市政府成立了金光钢厂留守处，负责处理剩余资产和人员安置的善后工作。企业退休职工由政府接管，对女满40岁、男满50岁职工及高温、艰苦岗位职工依照国家破产企业职工的安置政策实行安置，其余职工一次性买断工龄后下岗，由政府进行再就业培训进行分流安置。

第三篇　石油化学工业

“七五”计划时期是我国改革开放由初步逐渐走向深入的探索时期。到“七五”末的1990年，安徽省石油化学工业系统完成工业产值20.29亿元，占全省工业产值的4.32%，居全省工业第五位，比1980年增长139.93%，超过了翻一番的目标；比1985年增长51.76%，“七五”期间年均增长8.7%。全系统拥有县以上企业252个，其中国营企业165个，集体企业86个，合资企业1个。大型企业4个，中型企业27个。全系统拥有职工12.7万人，全系统形成固定资产原值21.97亿元，净值13.92亿元。全系统全民企业全员劳动生产率16760元/人•年，列全国各省化工行业第二十三位，万元产值综合能耗16.80吨标煤，居全国第三位。精细化工率13.5%。有些产品具有一定规模，如硫铁矿、硫酸、化肥、精甲醇、浓硝酸、轮胎等产量分别占全国总产量的17.59%、5.70%、4.49%、6.02%、15.87%和3.85%。形成了淮南化工总厂、合肥化工厂、安徽橡胶轮胎厂、铜官山化总厂、铜陵磷铵厂和新桥硫铁矿等一批大、中型骨干企业。能够生产2000多种化工产品，具有了一定的实力，为安徽省国民经济的发展做出较大贡献。

“八五”时期，是安徽省化学工业自改革开放以来发展较快的时期，安徽省石油化学工业在全省国民经济中地位越来越重要，化工产品在原材料工业中的比重越来越大，已发展成为多品种、多层次、服务面广、产业关联度大、配套性强的基础产业。

到“九五”计划末期，安徽省石油和化学工业，是安徽省国民经济的重要行业，经过新中国成立以来五十余年的发展，特别是“七五”“八五”时期较高速的发展，已经形成了包括石油化工、农用化工、基本化学原料、有机化工、化学矿山、精细化工等门类的工业体系，可以生产3000多种化工产品，其中近30种化工产品产能产量位居全国前列。

“十五”期间，安徽省石油和化学工业产值增长年均速度为13%，行业增加值年均增长速度为15%。到2005年年底，安徽省石油和化学工业已经形成了炼油、石化、化工三大基础门类，涉及石油炼制、化学矿山、农用化工、有机无机基本原料、合成材料、精细化工等十几个行业较为完整的工业体系。可以生产3500多个石油和化工产品，部分产品在国际、国内居于领先的地位，同时逐步形成了蚌埠、安庆、淮南、铜陵、合肥等一批各具特色的石油和化工生产基地。

第一章　发展综述

安徽省石油和化学工业主要由石油加工（主要是油品生产）、化肥及新领域精细化工三大部分构成，三大行业占总销售中的比例接近 70%。有机原料、塑料及合成材料等行业所占比例较小，发展不足，体现了安徽省石油和化学工业中基本原料不足对产业发展的瓶颈制约。传统的精细化工（农药、涂料、染料）行业所占比例较小，新领域精细化工成为安徽省精细化工行业的重点和主流，反映出精细化工从不具产业优势的传统产业逐渐转到生物化工、精细有机中间体等优势产业的战略性调整。

"九五"以前，安徽是个农业大省，对化肥的需求较大，在计划经济年代，安徽省化工投资一直偏重于农用化工，造成全省化工行业内部结构，严重失调，农用化工（包括化肥和化学农药）占全省化工的 50% 以上，造成有机化工原料短缺，精细化工产值率低，"八五"末全省化工行业精细化工产值率为 19.5%，远远低于全国 28% 的水平。"九五"以来，全省加快了精细化工的发展，2000 年，全省精细化工率已达到全国"八五"末的水平，即 28%。同时，化肥结构也初步得到调整，调整的重点是增加高浓度肥料的比例，压缩碳铵、普钙的产量。全省尿素产量由 1995 年的 82.68 万吨，上升到 2000 年的 130 万吨。

第一节　基建与技改

"七五"期间　石油化学工业厅属系统完成固定资产投资 12.32 亿元，其中基本建设投资完成 7.29 亿元，技术改造完成 5.03 亿元。

五年内完成基本建设项目 11 项。其中包括铜陵磷厂 12 万吨 / 年磷酸二铵项目及配套合成氨和磷酸工程、涡阳化肥厂 4 万吨 / 年尿素，淮南东风化工厂 4 万吨 / 年纯碱、合肥化肥厂 2 万吨 / 年纯碱、合肥化工厂 1 万吨 PVC 糊树脂、蚌埠化肥厂 3000 吨 / 年柠檬酸、采石化肥厂 4.5 万吨 / 年硫磷铵工程，铜陵新桥硫铁矿 60 万吨 / 年采选工程、凤阳化肥厂 1 万吨 / 年磷铵工程、铜官山化工总厂 4000 吨 / 年钛白粉、向山硫铁矿 80 万吨 / 年硫铁矿采选工程。

五年内完成技改项目 32 项。其中包括塑料门窗生产线、红泥塑胶生产线、淮南化工总厂扩建二号焦炉 28 万吨 / 年焦炭工程、蚌埠电化厂 1 万吨烧碱扩建、淮南化工总厂 5 万吨 / 年焦油精制项目、江淮磷矿 4 万吨 / 年硫酸生产项目、马鞍山硫酸厂硫酸生产从4万吨/年扩至8万吨/年，合肥橡胶厂胶鞋车间扩建、芜湖橡胶厂胶鞋车间扩建、蚌埠东风化工厂2000吨/年醋酐生产项目、马鞍山硫酸厂1000吨/年涂料钛白粉项目、安庆农药厂2000吨/年丙二醇生产项目、庐江矾矿综合治理生产5000吨/年铵明矾项目、10000吨/年速凝剂及5000吨/年硫酸铝生产项目、铜官山化工总厂15万吨至30万吨/年硫酸扩建项目、安庆农药厂1.5万吨/年烧碱扩建、庐江磷肥厂4万吨/年硫酸生产、合肥农药厂敌百虫改造、安庆农药厂甲胺磷改造、东至自强化工厂1.5万吨/年浓硝酸复产、铜陵县化肥厂合成氨扩建工程、合肥化工厂3000吨/年草甘膦节能改造、江淮化肥厂1000吨/年山梨醇生产、蚌埠化机厂熔炼机上辅机引进项目、合肥化肥厂2.5万吨/年合成氨改造、合肥化工厂5000吨/年漂粉精生产、蚌埠柠檬酸厂5000吨/年乳酸项目、合肥化肥厂10000吨/年三聚磷酸钠项目等。

“七五”期间，安徽省化工基建投入比技改投入为1 ∶ 0.69，远高于全国同期平均水平1 ∶ 1.5。虽然，安徽省化工基础薄弱，急需通过外延扩大来增强基础，但是大多数中、小企业得不到改造和升级，技术水平和生产效率得不到提高。据统计，安徽省化工装备达到国外20世纪80年代水平仅占5%，大多数装备仅为五六十年代的水平。许多中小企业工艺落后，装备陈旧，产品品种老、质量差、消耗大，成本高，经济效益难以提高，全行业亏损面大，亏损额巨大。基建投入大于技改投入，大多数企业难以改造。全行业发展缺乏内在的潜力。科技和新产品开发是发展化学工业事半功倍的捷径。安徽省化工行业对技术教育、新产品开发的投入比例极小。据统计，自1953年至1990年共投入约2000万元，只占化工总投资的0.67%。而江苏、浙江等发达地区早已实行新产品开发费用占销售收入1%以上。投入不足，科技和新产品开发的措施不够有力，使得以科技为先导，以教育为基础等发展方针论为空话。科技开发力度小，措施不够落实。技术后方的薄弱和落后，也就决定了化工行业科技进步必然步履艰难。

“八五”期间　安徽石油化学工业累计完成固定资产投资17亿元。基本建设完成了以下项目：铜陵磷铵厂20万吨/年硫酸、马鞍山硫酸厂扩建增产8万吨/年硫酸、宣州硫酸厂3万吨/年磷铵、庐江化肥厂3万吨/年磷铵、江淮磷矿4万吨/年硫酸3万吨/年磷铵、向山硫铁矿4万吨/年硫酸、濉溪化肥厂新建4万吨/年硫酸和3万吨/年磷铵生产项目。涡阳化肥厂在“七五”期间建成一套4万吨/年尿素装置的基础上又建成一套4万吨/年的尿素装置，并顺利完成尿素“8改12”，形成了12万吨/年的尿素生产能力。凤台化肥厂、淠河化肥厂、定远化肥厂、阜阳化工总厂、来安化肥厂、安庆市化肥厂各建成一套4万吨/年的尿素生产装置。阜阳化工总厂和凤台化肥厂完成尿素的“4改6”，各自形成6万吨/年的生产能力。铜陵联盟硫铁矿2万吨/年硫铁矿扩至5万吨/年，铜陵县钟鸣硫铁矿新建8万吨/年生产线，铜陵狮子山硫铁矿采矿由1万吨/年扩至5万吨/年，宣州市硫铁矿新建7万吨/年硫铁矿生产线，青阳县硫铁矿生产能力由3万吨/年扩至15万吨/年，庐江县硫铁矿生产能力由7万吨/年扩至12万吨/年。江淮磷矿拥有10万

吨 / 年磷矿生产能力，宿松磷矿拥有 10 万吨 / 年磷矿生产能力，贵池铜山铜矿新建 6.5 万吨 / 年的生产线。

技术改造完成百万元以上的项目有：合肥化工厂 3000 吨 / 年的甲酸钠法保险粉、合肥化工厂 1500 千瓦发电机组、马鞍山橡胶厂 100 万条 / 年彩色轮胎、安庆化工总厂 15000 吨 / 年烧碱、池州农药厂 600 吨 / 年乐果、蚌埠无水柠檬酸厂 3000 吨 / 年无水柠檬酸生产项目，蚌埠东风化工厂双乙酰甲胺的生产能力由 600 吨 / 年扩至 2000 吨 / 年、蚌埠八一化工厂二硝基氯苯的生产能力由 6000 吨 / 年扩至 8000 吨 / 年，蚌埠农药厂久效磷乳油的生产由 150 吨 / 年扩至 1150 吨 / 年、蚌埠电化厂的一氯化苯生产由 4000 吨 / 年扩至 6000 吨 / 年，合肥化肥厂 1000 吨 / 年的三聚氰胺、芜湖凤凰造漆厂 1300 吨 / 年的丙烯酸树脂汽车漆、合肥橡胶厂 2000 万双 / 年的胶鞋、铜官山化工总厂的 3000 千瓦发电机组、马鞍山炭黑厂的 3000 千瓦发电机组、蚌埠八一化工厂的对（邻）硝基氯苯生产由 1 万吨 / 年扩至 2 万吨 / 年、利辛县化工总厂的活性染料生产由 150 吨 / 年扩至 650 吨 / 年、芜湖染料厂的分散染料由 300 吨 / 年扩产至 750 吨 / 年、安徽轮胎厂 10 万套 / 年的载重汽车轮胎、淮南化工总厂的 6000 千瓦发电机组、马鞍山硫酸厂的 1500 千瓦发电机组、淮南化工总厂的浓硝酸由 4 万吨 / 年扩产至 8 万吨 / 年、芜湖化工厂的烧碱由 8000 吨 / 年扩产至 15000 吨 / 年、淮南化工总厂精甲醇由 5 万吨 / 年扩产至 6 万吨 / 年、甲醛生产由 15000 吨 / 年扩至 25000 吨 / 年、淮南化工总厂新建 8000 吨 / 年二甲基甲酰胺、风台磷矿的硝基氯苯 5000 吨 / 年、蚌埠八一化工厂的烧碱由 10000 吨 / 年扩至 20000 吨 / 年、蚌埠八一化工厂硝基氯苯的生产由 2 万吨 / 年扩至 4 万吨 / 年、淮北橡胶厂 5 万平方米 / 年引进耐磨橡胶筛板、合肥橡胶厂 350 万双 / 年地生产化学胶鞋。安庆向阳化工厂 3.5 万吨 / 年的煅烧石油焦项目、合肥化工厂 50 吨 / 年的哒螨酮农药项目等。

“九五”时期 安徽省石油和化学工业的固定资产投资较之“八五”有大幅增长。“九五”期间，全省化工大行业完成固定资产投资 60.91 亿元（基建完成 31.50 亿元，技改完成 29.41 亿元），其中化工系统内完成投资 45 亿元，是“八五”时期的 264.71%。“九五”时期投资规模提升，力度加大，建成了一批大项目，为安徽省石油和化学工业的发展增添了后劲。

“九五”期间，安徽省石油和化学工业基本建设和技术改造成就显著，建成一批大中型化工项目，一批骨干企业得到了改造和加强。随着这些项目的建成投产，整个行业的实力和经济效益有了较大提高。据不完全统计，“九五”期间建成投产的项目有 60 多个，主要有：安徽淮化集团有限公司投资 15 亿元的 18 万吨 / 年合成氨 30 万吨 / 年尿素生产工程、铜陵化工集团投资 6.6 亿元的 90 万吨 / 年硫铁矿采选工程、合肥四方化工集团投资 5.2 亿元的 8 万吨 / 年合成氨，13 万吨 / 年尿素生产工程、安徽开元集团投资 1.8 亿元的新增 20 万套 / 年全钢载重子午胎项目、芜湖山江化工有限公司 2 万吨 / 年的离子膜及污水治理工程、蚌埠柠檬酸厂 3.5 万吨 / 年的柠檬酸工程、蚌埠柠檬酸厂 1 万吨 / 年柠檬酸钠、芜湖凤凰造漆厂 1 万吨 / 年的高氯化防腐涂料项目、休宁精细化工厂 1.1 万吨 / 年的精细膨润土加工、铜化集团 1 万吨 / 年的碳酸钡生产、淮北焦化厂 22 万吨 / 年的焦炉改造、安庆造漆厂 1500 吨 / 年汽车面漆、凤台化肥厂 3000 吨 / 年乙基胺，阜南化工总厂 1500 吨 / 年正（异）辛胺、绩溪有机化工厂 150 吨 / 年特种氨基硅烷偶联剂及 1500 吨 / 年棉麻软片生产线、凤台天河化工总厂 2000 吨 / 年对氨基苯甲（乙）醚、阜阳化工总厂扩建 13 万吨 / 年尿素、临泉化肥尿素“4 改 10”、涡阳化工集团新增 4 万吨 / 年尿素、定远化肥厂尿素“4 改 6”、来安化肥厂尿素“4 改 6”、淠河化肥厂尿素“4 改 6”、太和化肥厂 400 吨 / 年碱性脂肪酶、马鞍山金星化工集团 1.5 万吨 / 年新工艺湿法造粒硬质炭黑、宿州化肥厂 4 万吨 / 年尿素、池州农药厂 1000 吨 / 年甲丙硫磷、蚌埠江淮化工厂 5000 吨 / 年苯酐、蚌埠八一化工集团 8000 吨 / 年对氨基酚 5000 吨 / 年扑热息痛、淮北焦化厂焦炉改造二期工程、铜化集团 10 万吨 / 年硫基 NPK 复合肥技改工程，凤台化肥厂 10 万吨 / 年高浓度稀土复合肥、泗县化肥厂 10 万吨 / 年高浓度复合肥、安徽淮化集团有限公司浓硝酸“八改十二”技改引进项目、安徽淮化集团二甲基甲酰胺 8000 吨 / 年扩至 20000 吨 / 年扩建工程、灵璧县通惠化工有限 10 万吨 / 年高浓度复合肥、青阳硫铁矿 5 万吨 / 年超细方解石粉项目、铜化集团 1200t/a 电解铜箔、铜化集团磷石膏综合治理项目，宁国司尔特公司 16 万吨 / 年硫基氮磷钾复合肥、合肥江淮化肥总厂 600t/a N– 甲基吡咯烷酮、淮北环保材料厂 1 万吨 / 年高品质活性炭、宣州硫铁矿采选由 7 万吨 / 年扩至 20 万吨 / 年、阜南化工总厂 5000 吨 / 年双氧水，来安橡胶厂丁基橡胶塞项目、蚌埠八一化工集团 2000 吨 / 年邻氨基苯酚、蚌埠八一化工集团 2 万吨 / 年离子膜烧碱扩建、蚌埠柠檬酸厂 600 吨 / 年 α—淀粉酶，庐江余湾集团公司 1 万吨 / 年亚硫酸钠、6000 吨 / 年硫代硫酸钠 1000 吨 / 年焦亚硫酸钠、芜湖利民染料 50 吨 / 年噻吩系列染料、濉溪县化工公司将现有 3 万吨 / 年磷铵装置改产 9 万吨 / 年高浓度 NPK 复合肥，并用副产的磷石膏制 4 万吨 / 年硫酸、6 万吨 / 年水泥、合肥江淮化肥总厂 3 万吨 / 年磷铵扩至 6 万吨 / 年、利辛磷肥厂 20 万吨 / 年普钙、萧县化肥厂合成氨改造、泗县化肥厂合成氨改造等。这些项目的实施大大地促进了安徽省石油和化学工业的结构调整和总体实力的增强。

但是，据 1998 年统计，化工系统的生产设备能达到国际先进水平的仅占设备台数的 5.6%，达到国内先进水平的占 31.6%，而其余均处于国内一般水平或较差水平。相当一部分企业，特别是老化工企业的生产技术和原料路线仍停留在 20 世纪六七十年代水平。

“十五”期间　安徽省石油和化学工业共完成固定资产投资约 120 亿元，建成一批大型化工项目，形成了一批优势化工产品。

建成的化工项目主要有：丰原集团 32 万吨 / 年燃料酒精、中国石油化工股份有限公司安庆分公司 30 万吨 / 年合成氨 52 万吨 / 年尿素大化肥“油改煤”、铜化集团磷铵 12 万吨 / 年扩至 28 万吨 / 年、铜化集团磷铵 28 万吨 / 年至 40 万吨 / 年扩建、铜化集团 20 万吨 / 年硫酸、安徽丰原生化股份有限公司 9 万吨 / 年味精、安徽丰原生化股份有限公司 8 万吨 / 年赖氨酸、安徽丰原生化股份有限公司 8 万吨 / 年淀粉糖、安徽丰原生化股份有限公司 3 万吨 / 年 L- 乳酸、安徽丰原生化股份有限公司柠檬酸由 16 万吨 / 年扩至 22 万吨 / 年、安徽氯碱化工集团 5 万吨 / 年离子膜烧碱、安徽八一化工集团 8 万吨 / 年对（邻）硝基氯化苯、4 万吨 / 年一氯化苯和 4 万吨 / 年离子膜烧碱扩建项目；安徽淮化集团公司 6 万吨 / 年浓硝酸扩建改造（该厂浓硝酸生产能力达到 20 万吨 / 年，占国内总产量的 1/5）、安庆曙光化工集团 6 万吨 / 年液体氰化钠异地扩建改造、安徽临泉化工股份公司投资 2 亿资金的高新技术示范项目（合成氨生产能力增加至 18 万吨 / 年尿素能力达到 23 万吨 / 年）、阜阳昊源化工有限责任公司合成氨生产能力扩至 14 万吨 / 年尿素能力扩至 20 万吨 / 年、安徽华泰化学工业公司 2 万吨 / 年浓硝酸扩建、淮化集团 2 万吨 / 年 DMF 和 2 万吨 / 年混甲胺扩建改造、安徽昊源化工有限责任公司吗啉生产装置扩至 6000 吨 / 年、来安化肥厂增建 2 条香料生产线能力由 200 吨 / 年扩大至 1000 吨 / 年、蚌埠天润化工公司扩建 2 万吨 / 年聚丙烯酰胺、安徽氯碱化工集团新建 2500 吨 / 年草甘膦装置、安徽氯碱化工集团保险粉产能 2 万吨 / 年扩建为 4 万吨 / 年、铜化集团苯酐 5000 吨扩建至 1 万吨，等等。

第二节　企业生产

“七五”期间　安徽化工企业平均生产合成氨 24 万吨 / 年，漂粉精 5000 吨 / 年，烧碱 1.32 万吨 / 年，硫酸 23 万吨 / 年，电石 3000 吨 / 年，油漆 5600 吨 / 年，胶鞋 1000 万双 / 年，炭黑 5000 吨 / 年，农药 2550 吨 / 年，染料 2000 吨 / 年，轮胎 55 万套 / 年，焦炭 28 万吨 / 年，焦油精制 5 万吨 / 年，硝酸钠和亚硝酸钠 2 万吨 / 年，乳胶手套 2000 万只 / 年，4010NA 和 RT 培司各 500 吨 / 年，环氧丙烷 2500 吨 / 年，丙二醇 2000 吨 / 年，铵明矾 5000 吨 / 年，速凝剂 5000 吨 / 年，硫酸铝 4000 吨 / 年，三聚磷酸钠 1 万吨 / 年，磷肥（普钙）7.9 万吨 / 年，尿素 4 万吨 / 年。

自 1953 年至 1990 年，安徽省化工投资占全国化工总投资的 3%，占全省工业总投资的 7.92%，但自“六五”以来呈下降趋势。“五五”期间安徽省化工投资占全国化工总投资的 3.48%，占全省工业总投资的 14.26%，“六五”下降至全国化工投资的 2.75%，全省工业投资的 6.06%，“七五”进一步降至全国化工投资的 2.37%，全省工业投资的 5.06%。投入的减少，造成化工发展速度连续多年低于全省工业平均发展速度。

安徽省是一个以农业为主的省份。长期以来，十分有限的化工投资近四分之三投入化肥、矿山行业，造成行业内部产品结构比例失调。如安徽省计划分配的化工产品为 98 种，省内能生产的仅 35 种。基本化工原料中，烧碱、纯碱分别仅能满足省内需要的 2/3 和 1/3。精细化工产值率低于 15%，大大低于全国 28% 的平均水平。这种以初级产品为主的产品结构，不仅影响化工行业自身发展，也严重削弱了化工行业为国民经济各行业支持服务的能力。产品结构不能适应国民经济发展的需要。

"七五"期间安徽省石油化学工业基本情况表

表 3–1–2–1

内容 年份	全省石油化学工业		全省石油化学工业系统	
	企业数（个）	80 不变价工业总产值（万元）	企业数（个）	80 不变价工业总产值（万元）
1986	1451	328220	241	140688
1987	1572	391646	237	148448
1988	—	510905	252	183126
1989	—	656006	254	195596
1990	—	680444	252	202939

"八五"期间 安徽省原石油化工厅管理的化工系统化学工业发展速度明显快于"七五"和"六五"。"八五"期间，年均增长速度为 11.84%。高出"七五"的 8.98% 和"六五"的 9.54% 各 2.86 和 2.3 个百分点。"八五"期间整个系统的经济效益明显好于"七五"和"六五"时期。

据《安徽统计年鉴》，1995 年乡及乡以上"大化工"企业 1891 个（其中独立核算企业 1724 个）。乡及乡以上工业总产值（90 不变价）186.8 亿元，占全省工业总产值的 12.92%，其中独立核算企业工业增加值 46.26 亿元，占全省工业增加值的 10.28%。产品销售收入 213.19 亿元，占全省工业销售收入的 12.83%，实现利税总额 17.60 亿元，占全省工业利税总额的 11.46%，其中利润 55015 万元，占全省工业利润的 11.95%。整个行业拥有固定资产原价为 145.94 亿元，占全省工业的 12.57%，年末资产总计 226.2 亿元，占全省工业固定资产的 10.86%，"大化工"全行业资本金合计 56.78 亿元，占全省 10.40%。1995 年，全省乡镇企业（乡及乡以下）中，"大化工"企业 1717 个（乡属 827 个，村办 890 个），工业总产值 36.53 亿元，销售收入 31.73 亿元，实现利税 3 亿元，从业人员 4.95 万人。1995 年，全省"大化工"企业总数 2781 个，工业总产值 200 多亿元，实现利税 20 多亿元，从业总人数 29.52 万人。

1995 年，省石油化学工业厅主管的系统内企业 244 个，工业总产值 66.46 亿元，比 1994 年增长 19.02%，超额完成"八五"计划即到 1995 年实现产值 63 亿元的目标，平均年增长 11.84%，高于"七五"8.98% 的平均增长速度，超额完成产值翻二番的目标。1995 年，全省石油化学工业系统内实现利税 4.65 亿元，比 1994 年的 2.17 亿元增长 114%。

"八五"期间，安徽省石油化工厅所属系统主要化工产品生产能力新增。合成氨生产能力新增为 35 万吨 / 年（小合氨厂生产厂减少 10 个），浓硝酸生产能力新增为 6 万吨 / 年，尿素生产能力新增 36 万吨 / 年，新增聚丙烯腈生产能力 5 万吨 / 年，氰化钠生产能力 1 万吨 / 年，硫酸生产能力新增 42 万吨 / 年，新增烧碱生产能力 5.5 万吨 / 年、新增甲醇生产能力 5 万吨 / 年，新增纯碱生产能力 2 万吨 / 年、三聚磷酸钠生产能力 1.5 万吨 / 年，三聚氰胺生产能力 5000 吨 / 年，硫铁矿采选能力新增 39 万吨 / 年，磷矿采选能力新增 20 万吨 / 年，对（邻）硝基氯苯新增 3.6 万吨 / 年的生产能力，新增炼油能力 50 万吨 / 年。

1995 年，安徽省化工系统的化学工业实力在全国居中等水平，产值名列全国第 14 位。在全国具一定影响的化工产品有：磷酸二铵产量居全国第 1 位，硫铁矿居全国第 2 位，浓硝酸居全国第 2 位，硫酸居全国第 4 位，合成氨产量居全国第 8 位，化肥产量居全国第 8 位。

单个企业生产能力居全国前列的有：蚌埠八一化工厂对（邻）硝基氯化苯（生产能力 2 万吨 / 年）居全国第 1 位（并列）；安庆曙光化工厂丙烯腈副产氢氰酸生产氰化钠（生产能力 1 万吨 / 年），居全国第 1 位；合肥化肥厂三聚磷酸钠（生产能力 2.5 万吨 / 年）居全国第 2 位；合肥化肥厂三聚氰胺（生产能力 5000 吨 / 年）居全国第 3 位；淮南化工总厂合成氨联产甲醇（生产能力 5 万吨 / 年）居全国第 3 位；铜陵磷铵厂 20 万吨 / 年的硫酸生产能力居全国第 1 位。

“八五”期间新增产品品种 500 种以上，新产品的开发提高了企业的市场适应能力。主要化工产品的生产能力增加力度大。合成氨生产能力新增 35 万吨 / 年，尿素生产能力新增 36 万吨 / 年，硫酸生产能力新增 42 万吨 / 年，磷铵生产能力新增 11 万吨 / 年，硫铁矿生产能力新增 39 万吨 / 年，磷矿生产能力新增 20 万吨 / 年，联产甲醇生产能力新增 5 万吨 / 年，载重子午胎生产能力新增 10 万套 / 年，对（邻）硝基氯苯生产能力新增 3.4 万吨 / 年，浓硝酸生产能力新增 6 万吨 / 年，等等。主要产品生产能力扩大提高企业的经济效益和自我积累自我发展的能力，支持了全省国民经济的发展。三是产品加工深度不断加大，附加值不断提高。

“八五”期间，全省化工系统累计实现利税 14.35 亿元，累计亏损 6.25 亿元，盈亏相抵后利润仅 1.1 亿元。系统内资产负债率高达 80% 以上，有近 1/5 的国有预算内企业处于资不抵债的状态，许多企业缺乏发展后劲。

“八五”期间安徽省石油化学工业基本情况表

表 3-1-2-2

内容 年份	全省石油化学工业		全省石油化学工业系统		
	企业数（个）	90 不变价工业总产值（万元）	企业数（个）	90 不变价工业总产值（万元）	当年价工业产值（万元）
1991	—	755398	254	421946	400876
1992	—	921675	251	468463	449754
1993	—	1101377	256	528218	528096
1994	—	1124997	252	558428	647862
1995	1891	1868000	244	664571	836042

“九五”时期　2000 年，安徽省石油和化学工业大行业乡及乡以上完成产值 275.52 亿元，实现销售收入 264.73 亿元。石油和化学工业国有及规模以上非国有企业完成工业增加值 50 亿元，实现利税 28.50 亿元。其中：中石化安庆分公司实现销售收入 83.64 亿元，实现利税 7.88 亿元，其中利润 –16404 万元。系统内独立核算化工企业实现销售收入 136.48 亿元，实现利税总额 58458 万元，其中利润 10276 万元。安徽省石油和化学工业国有及规模以上非国有企业拥有总资产 182.08 亿元，固定资产原值 182.34 亿元，固定资产净值 103.46 亿元。全省石油和化学工业行业从业人数 17 万人。

“九五”期间安徽省石油化学工业基本情况表

表 3-1-2-3

内容 年份	全省石油化学工业		全省石油化学工业系统		
	企业数（个）	当年价工业产值（万元）	企业数（个）	90 年不变价工业产值（万元）	当年价格工业产值（万元）
1996	—	2401004	225	751919	962120
1997	—	2616576	—	997500	1302000
1998	—	3129675	—	1050000	111360
1999	—	1847745	—	1188900	1240700
2000	—	2288061	—	1307700	1364800

说明：根据国家统计局有关文件精神，从1999年开始统计国有及规模以上非国有企业工业产值。此前统计乡及乡以上工业企业产值。

“九五”期间，安徽省石油和化工行业有特大型企业 2 家，大型企业 14 家。2000 年，安庆石化在全国企业 500 强中位居第 56 位，在中国石油化工集团旗下的企业中排名第 10 位。丰原集团已成为我国农副产品深加工的龙头企业，其精细化工产品出口创汇额居全国化工企业之首。“三资”企业和乡镇企业的规模异军突起，安徽佳通轮胎有限公司、安徽天大集团、安徽华星化工有限公司、安徽黄山华佳化工有限公司等企业的规模和产品在全国都有较大影响。

安徽省化工行业一些产品通过技术改造规模不断扩大，逐渐形成规模优势。如柠檬酸，对（邻）硝基氯化苯，对硝基酚钠，对氨基酚、氰化钠、二甲基甲酰胺吗啉等产能产量居全国第一，位居全国前三位的产品数据不完全统计多达40种。

“九五”期间，由于受到亚洲金融危机的冲击，加之行业结构不合理，全省化工系统内企业的生产、效益受到较大的冲击，市场低迷，产品销售不畅，生产发展的速度放慢，1997年的增长率为2.35%，1998年的增长率为11.6%，1999年增长率为9.7%，都未达到“九五”规划的增长指标。企业经济效益下滑，亏损面增大，1997年为51%，1998年为56%，1999年全行业才扭亏为盈，盈亏相抵实现利润仅5366万元。2000年全行业效益情况继续好转。由于企业效益差，同时银行惜贷，所以大多数企业只能维持生产，无法筹措资金进行结构调整，扩大再生产。

安徽省小氮肥厂大多规模小，现有小氮肥企业40多户，企业合成氨的平均生产规模为4.03万吨，仅涡阳、临泉、阜阳三家厂的规模达到10万吨。与全国平均水平及先进省份相比差距较大，山东省的平均规模为7.5万吨。不光是规模小，而且品种单一，产品碳铵供大于求，企业开工不足。安徽省小氮肥以碳铵为主，占小氮肥的58.7%，而碳铵已不能适应市场需求，总量过剩，造成亏损严重。小氮肥的结构调整是一项非常紧迫的工作。

发展精细化工需要大量的基本有机化工原料，如“三烯”“三苯”，但安徽省这方面的产品严重缺乏，从而制约了全省化学工业的发展。安庆石化是燃料—化肥型的炼油企业，无乙烯和芳烃抽提装置，生产的少量丙烯也主要用于丙烯腈的生产，无法带动地方化工的发展。

“十五”期间　“十五”期间，安徽省石油和化学工业共增加新产品500多种。开发的重点新产品有赖氨酸、淀粉糖、味精、燃料酒精、L-乳酸、扑热息痛、葡醛内酯、间苯二胺、苯磺隆、噻吩磺隆、异恶草酮、精恶唑禾草灵等。由于“十五”期间民营企业发展迅速，新增50多家有机中间体企业和20多家涂料企业，仅精细有机中间体品种就增加近300种。

2005年，安徽省石油和化学工业累计完成现价工业总产值505亿元，（同比增长27.1%）。完成出口交货值41.6亿元（同比增长15.9%），创汇5.17亿美元。同年完成产品销售收入502.2亿元，产销率98.3%;完成工业增加值99亿元(同比增长18.4%)，利税合计30.3亿元（同比增长10.6%），利润总额11.8亿元。

“十五”末，安徽省石油和化学工业已有年销售额50亿元以上大型企业（集团）3个：中石化股份安庆分公司、安徽丰原集团有限公司和安徽佳通轮胎有限公司；年销售额20亿元以上企业1个：安徽铜陵化工集团公司；年销售额10亿元以上企业6个：安徽淮化集团有限公司、安徽皖维高新股份有限公司、合肥四方化工集团有限公司、安徽八一化工集团公司、安徽宁国司尔特化肥有限公司、安徽临化股份有限公司；年销售额5亿以上的企业4个：安徽永佳集团有限公司、安徽氯碱化工集团公司、安庆曙光集团公司、安徽昊源化工股份有限公司。“九五”末，安徽省年销售额十亿元以上企业只有安徽佳通轮胎有限公司和中石化安庆分公司2个，“十五”末增加到10个。企业规模的扩大，显著提高了安徽省石油和化学工业整体竞争力。

“十五”期间安徽省石油化学工业基本情况表

表3-1-2-4

内容 年份	全省石油化学工业		全省石油化学工业系统		
	企业数（个）	当年价工业产值（万元）	企业数（个）	90年不变价工业产值（万元）	当年价格工业产值（万元）
2001	—	2184026	—	1838100	2016400
2002	—	2413324	325	2223800	1979635
2003	—	2993632	—	2189492	2418502
2004	—	4222773	—	3940000	3860000
2005	—	5165067	—	5050000	4542175

说明：全省石油化学工业系统统计数据包括安庆石化

2005年安徽省石油和化学工业销售及其结构情况

表3-1-2-5

序号	主要行业	销售收入（亿元）	所占比例（%）
1	石油加工	147.38	29.35
2	化肥	103.41	20.59
3	无机盐	11.62	2.31
4	基本化学原料	51.71	10.29
5	农药	11.47	2.28
6	染料、涂料	14.22	2.83
7	合成材料	21.13	4.21
8	其他精细化工产品	45.01	8.96
9	专用化学品制造业	16.92	3.37
10	轮胎及橡胶制品	79.23	15.78
	总计	502.21	100.0

2005年石油和化学工业主要行业及产品情况

表 3-1-2-6

序号	行业及产品	全省产量（万吨）	全国总量（万吨）	占全国的比例（%）	全国排名
一	主要行业				
1	原油加工量	415.96	28622.3	1.45	18位
2	化肥（折纯）	204.11	4887.99	4.17	11位
3	化学农药（折100%）	3.67	103.94	3.53	8位
4	涂料	3.36	382.60	0.88	16位
5	染料	0.76	80.00	0.95	13位
6	合成纤维单体	8.59	741.26	1.16	15位
7	轮胎（万条）	1073.57	31819.91	3.37	6位
二	重点产品				
1	汽油	85.98	5405.33	1.59	20位
2	柴油	177.36	11061.91	1.6	18位
3	硫铁矿（含S 35%）	210.12	1146.09	18.33	2位
4	硫酸（100%）	202.54	4462.16	4.54	7位
5	浓硝酸	32.53	156.97	20.72	2位
6	烧碱（折100%）	18.85	1239.98	1.52	19位
7	离子膜烧碱	10.7	258.6	4.14	9位
8	合成氨	249.6	4596.25	5.43	7位
9	氮肥（折N100%）	148.22	3575.91	4.14	8位
10	尿素（折N100%）	89.65	1994.88	4.49	7位
11	磷肥（折P2O3，100%）	55.89	1075.33	5.19	6位
12	磷酸铵	82.5	917.12	9.00	5位
13	粉末涂料专用树脂	2.3	—	—	1位
14	印染助剂	1.86	68.0	—	8位
15	精甲醇	27.96	535.64	5.22	7位
16	甲醛	21.5	480	4.48	11位
17	柠檬酸	16.48	53	38.49	1位
18	对（邻）硝基氯化苯	9.18	38	—	1位
19	对氨基酚	1.11	—	—	1位
20	聚丙烯酰胺	0.99	—	—	3位
21	固体氰化钠	2.8	—	—	1位
22	液体氰化钠	7.2	—	—	1位
23	二甲基甲酰胺（DMF）	3.31	—	—	2位
24	PVC	7.9	649.2	1.22	20位
25	丙烯腈	8.31	—	—	5位
26	炭黑	6.28	137	4.34	12位
27	子午线轮胎（万条）	859.75	14261.69	6.03	5位

第三节　科技创新

1986年至2005年的20年间，安徽省石油化学工业行业的科学技术水平实现了快速的发展，行业科学技术研究能力和创新显著提高，新产品开发成绩突出，行业技术结构发生了质的飞跃。

据不完全统计，20年间，安徽省石油化工行业共获得国家科进步奖二等奖1项、国家技术发明奖四等奖2项，部级奖励20多项。获得安徽省自然科学、科技进步二等奖共3项，二等奖32项，三等奖96项，四等奖87项，五等奖13项。

“七五”期间　加强了化工科技开发，技术攻关和引进技术的消化吸收工作，科研成果转化为生产力的速度进一步加快，化工科技水平有所提高。据不完全统计“七五”期间完成科研课题156个，成果转化率70%。取得各级科技进步奖71项，其中国家级2项，部级3项，省级56项，市级10项。这些成果大多数得到了推广应用，取得了较好的经济效益和社会效益。为了增加市场适销对路的新产品，加强了新产品开发。“七五”期间，开发新产品444个，省级和国家级133个，其中达到国际先进水平的4个，国内先进水平的46个，填补国内空白2项，填补省内空白81项。新产品开发增强了安徽化工产品的市场竞争力，经济效益显著。

“八五”期间　化工行业从质量、品种、效益入手，大力推进化工行业技术进步，企业的管理水平大幅提高，整个行业技术进步显著加快。“八五”时期共取得世界领先的技术成果3项（蚌埠玉米直接发酵生产柠檬酸技术、安石化催化裂解技术、石油针状焦工业化技术），获得国家科技进步奖二等奖一项（铜化集团国内首套20万吨/年硫铁矿制硫酸装置）。获得安徽省科技进步、自然科学奖59项，其中一等奖1项，二等奖9项，三等奖19项，四等奖30项。五年间新产品开发成绩显著，产品品种不断增加，据不完全统计，“八五”期间新增产品品种500多种，新产品的开发提高了企业的市场适应能力。整个行业技术进步显著加快，从质量、品种、效益入手，大力推进化工行业技术进步，企业的管理水平大幅提高。

“九五”期间　安徽省批准化工科技开发项目200余项，工艺技术不断创新，化工行业一些产品通过技术创新和技术改造规模不断扩大，逐渐形成规模优势，形成了技术上的核心竞争力。如柠檬酸，对（邻）硝基氯化苯，对硝基酚钠，对氨基酚、氰化钠、二甲基甲酰胺吗啉等产能产量居全国第一，位居全国前三位的产品数统不完全统计，多达40种。一些产品形成了技术上的核心竞争力。“九五”期间，安徽省批准化工科技开发项目200余项，其中相当一部分已出成果。如新型高效广谱农药除草剂恶草酮生产技术，通过鉴定，1999年建起了100吨的工业化装置投产；江淮化肥总厂开发的N-甲基吡咯烷酮生产技术在国内处于领先水平；阜阳化工总厂的吗啉技术居国内先进水平，并申请了3项专利，拥有自主知识产权。淮南化工总厂引进国外先进设备开发的二甲基甲酰胺（DMF），技术水平和综合经济指标在全国处于领先水平，等等。这一些新技术的研发，推进了安徽省化工行业技术进步和化工企业技术竞争力和经济效益的提高。“九五”期间，获得安徽省科技进步、自然科学奖61项，其中一等奖1项，二等奖10项，三等奖26项，四等奖24项。

“十五”期间 化工行业注重培育企业技术上的核心竞争力，提升研发能力和科技创新能力。一批现代化工技术研发成功并投入现代化应用，形成企业核心竞争力。其中，玉米清夜连续发酵技术、膜分离技术、丙烯酰胺聚合技术、加氢法生产对氨基苯酚技术、纤维生物转化技术等多项技术达到国际先进水平。氰化钠、吗啉、碳酸二甲酯、乳酸、赖氨酸、甲基磺草酮、苄嘧磺隆、烟嘧磺隆、噻吩磺隆、精喹禾灵、除草灵、草甘膦、啶虫脒、毒死蜱、氟虫腈、杀螟丹、肟菌酯、醚菌酯、多菌灵、解草脂、解草唑、异恶草松、高效氟吡甲禾灵、敌草隆等一大批产品生产技术处于国内领先或先进水平。“十五”期间，安徽省石油和化学工业共增加新产品500多种。开发的重点新产品有赖氨酸、淀粉糖、味精、燃料酒精、L-乳酸、扑热息痛、葡醛内酯、间苯二胺、苯磺隆、噻吩磺隆、异恶草酮、精恶唑禾草灵等。由于五年间民营企业发展迅速，新增50多家有机中间体企业和20多家涂料企业，仅精细有机中间体品种就增加近300种。“十五”期间，获得安徽省科技进步、自然科学奖44项，其中一等奖1项，二等奖8项，三等奖35项。

20年间，化工行业高度重视提升企业科研开发能力和科技水平，大力建设企业研发平台。至2005年年底，全省化工企业建有院士工作站1个、1个国家级工程研究中心（安徽丰原集团控股有限公司）、1个国家级技术研究中心（中粮安徽生物化学股份有限公司）、3个博士后工作站（丰原集团公司、安徽天润化工股份有限公司、安徽华星化工股份有限公司）、30多个省级企业技术中心、多个省级重点实验室。

1986—2005年安徽省石油化学工业获省级成果奖情况

表 3-1-3-1　　单位：项

等次／数目／年份	一等奖	二等奖	三等奖	四等奖	备注
1986	0	2	4	12	五等奖 13 项
1987	0	2	2	10	
1988	0	0	3	6	
1989	0	1	4	3	
1990	0	0	3	2	
1991	1	1	4	4	
1992	0	1	1	9	
1993	0	2	5	4	
1994	0	3	5	8	
1995	0	2	4	5	
1996	1	1	4	5	
1997	0	2	3	7	
1998	0	0	2	2	
1999	0	4	4	10	
2000	0	3	13	0	
2001		1	9	0	
2002	0	3	9	0	
2003	1	2	8	0	
2004					该年未评奖
2005	0	2	9	0	

节能减排　“七五”期间，安徽高度重视建立和健全企业的环保机构，增强企业的环境保护意识。对新建、改建、扩建项目和技术改造项目，严格按照“三同时”办理。在全系统执行排污许可证制度，严格控制“三废”排放，同时搞好综合利用，不断提高经济效益，并完成了矾矿废渣综合利用，小氮肥厂“三气”回收、两水闭路循环，磷肥厂氟回收，硫酸厂二氧化硫回收等一批“三废”治理项目。积极开展“三创”

活动，“七五”期间，安徽省共创化工部命名的“清洁文明工厂”20个，“无泄漏工厂”79个。评出国家一级节能企业2个，二级节能企业12个，省级节能企业41个。万元产值综合能耗由1985年的22.2吨标煤下降到1990年的16.80吨标煤，预计“七五”期间全系统共节约标煤40万吨。

“八五”期间，安徽省化工系统技术进步成绩显著，小氮肥企业积极推广两煤（即蒸汽自给）以及两水闭路循环的节能技术改造，到“八五”末已完成两煤改造的企业37家，两水改造的企业25家。实现两煤改造和两水闭路循环改造后，全省化肥企业每节可节煤22.2万吨，节水1.7亿立方米，增产合成氨5万吨，减少污水排放3400万立方米；1995年，安徽省小氮肥吨氨平均能耗已降至1091万大卡，居全国同行业先进水平，列第4位。蚌埠柠檬酸总厂采用玉米破碎直接发酵制柠檬酸工艺技术，其产品质量和物耗能耗均居全球领先水平。

2000以后，环境保护越来越受到社会、政府和企业的重视，环保和“三废”治理力度在石油和化工行业有了很大提高，但总体上看，化工“三废”治理率还较低，环境治理与节能减排工作任务仍然比较艰巨。

第四节　对外开放

“七五”期间　安徽省化工行业积极开展对外经济技术交流与合作，促进了化工技术进步。“七五”期间，安徽省化工共实施技术引进项目21项，总投资3.93亿元，用汇4586.91万美元，其中利用外资3003万美元。投产18项，年创汇542万美元，年节汇3000万美元。1990年全省系统内化工企业创汇达3050万美元，“七五”累计化工产品出口创汇11205万美元。

“八五”期间　到“八五”末，化工对外开放和外向型经济又有新拓展。据不完全统计，全省化工系统已办“三资”企业35家，总投资约1亿美元，其中外方投资约占45%。化工系统出口产品由“七五”末的20种增加到“八五”末的60种（类），出口额由“七五”末的3050万美元上升到“八五”末的35868万元人民币。

“九五”期间　充分利用国内外两种技术，两种资金，两个市场，加速推进了安徽省石油和化学工业结构调整和优化，产品升级、装备更新、效益提高和快速发展。大力引进技术、装备和资金，促进了出口创汇产品的生产与出口。利用外资方面，淮化“18•30”工程（18万吨/年合成氨和30万吨/年尿素工程），合肥四方集团和安徽氯碱化工集团的两个污染治理项目共三个项目利用亚洲开发银行贷款7650万美元；安徽八一化工集团引进新加坡投资3000万美元；外商独资的佳通公司共投资2.64亿美元，“九五”期间形成700万套子午胎的生产能力；中橡马鞍山公司利用外资1200万美元，并再投1800万美元，建设3.5万吨/年的新工艺炭黑项目。虽然安徽省石化在利用外资方面取得了一定的成绩，合肥的佳通在安徽都算得上一个大的外资企业，蚌埠八一、马鞍山金星的合资也取得了实效，但与周边发达省份相比，安徽利用外资绝对数相当小。

“十五”期间　新产品的开发，培育了一大批新的经济增长点，使整个行业活力显著增强。培育了一批出口创汇的化工产品，出口创汇产品 200 多种。重点创汇产品有子午线轮胎、柠檬酸、对（邻）硝基氯苯、对硝基酚钠、对氨基酚、氰化钠、粉末涂料、染料（主要是活性染料）、保险粉、多菌灵、恶草酮、吗啉、吡咯烷酮等 20 多种。行业出口创汇额由 2000 年的 1.5 亿美元提高到 2005 年 5.17 亿美元。消化吸收一批引进技术如赖氨酸、L- 乳酸等，并进行再创新。

第二章　重点分行业

安徽是传统上的农业省，过去一直比较重视农业，对为农业配套的农用化工，如化肥、农药、化学矿山等都非常重视，投资结构均偏重于农用化工。从1953年到1995年，化工系统累计投资为47.89亿元，其中化肥投资占49.80%，化学矿开采占10.89%，农药占1.89%，三项合计占总投资的62.67%，若加上为磷肥配套的硫酸等，则农用化工投资占投资的比例高达70%以上。由于投资结构的偏颇，造成化工系统内部行业结构严重失调，以产值计，1998年农用化工占化工系统的43.22%，基本化工原料占12.83%，有机化工原料占17.4%，橡胶制品占17.2%，专用化学品占5.8%，其他化工占3.54%。精细化工产值率仅为24.38%。低于全国平均水平。“十五”期间，安徽省石油和化学工业产值增长年均速度为13%，行业增加值年均增长速度为15%。到2005年年底，安徽省石油和化学工业已经形成了炼油、石化、化工三大基础门类，涉及石油炼制、化学矿山、农用化工、有机无机基本原料、合成材料、精细化工等十几个行业较为完整的工业体系。

第一节　无机化工

企业生产　安徽省无机化工行业随着新技术新工艺的推广应用，1986年至2005年的20年间，行业的技术结构发生了革命性的变化，主要产品的生产能力高幅上升，无机化工产品数量显著增长，行业对经济社会发展做出历史性的贡献。

基本无机化工原料的“三酸两碱”即硫酸、硝酸、盐酸、烧碱、纯碱的生产工艺技术获得前所未有的提升。

硫酸生产能力由1986年的62万吨提高到2005年的300万吨，产量由1986年的57.5万吨提高到2005年的202.5万吨。铜陵化工集团20万吨/年的大型硫酸生产装置获得国家科技进步奖二等奖后，建设了数套大型硫酸装置，硫酸生产的能耗物耗大幅降低。

1986年硝酸的生产能力是4万吨/年，产量4.3万吨，生产企业1个；2005年的生产能力为40万吨/年，产量32.5万吨，生产企业2个。安徽淮化集团有限责任公司的浓硝酸生产装经过多次技术改造，生产能力由4万吨/年上升至28万吨/年，技术水平不断提高。

盐酸 1986 年的产量为 5.1 万吨（31%），生产企业 8 个，2005 盐酸生产企业 3 个，产量约 15 万吨。

1986 年全省制碱企业 11 家，烧碱企业 9 家，纯碱企业 2 家，烧碱生产能力为 7.18 万吨 / 年，产量 7.2 万吨，纯碱生产能力 3 万吨 / 年，产量 1 万吨。2005 年全省烧碱生产企业 3 家，纯碱生产企业 2 家。烧碱生产能力 26 万吨，产量 18.9 万吨，纯碱生产能力约 40 万吨，烧碱 60% 的生产能力由金属阳极法改为离子膜法工艺，技术水平接近国际先进水平。

1986 年合成氨生产企业 65 家，合成氨生产能力为 100.3 万吨 / 年，产量 108 万吨；尿素实物生产能力 63 万吨，产量 68.2 万吨，碳铵产量 268.7 万吨。2005 年，合成氨生产企业 29 家，合成氨生产能力 250 万吨 / 年，产量 247.6 万吨，尿素生产企业 10 家，生产能力 200 万吨 / 年（实物），尿素产量 89.7 万吨（折纯 100%）。

1986 年全省磷肥生产企业 47 家、生产能力 159 万吨 / 年，磷肥产量 84.8 万吨（折 P2O518%）。2005 年，磷肥生产企业 21 家，磷肥生产能力 150 万吨 / 年以上，磷肥产量 55.89 万吨（折 P2O5100%），磷铵产量 82.5 万吨（实物量）。2005 年，安徽省化肥行业共生产合成氨 249.6 万吨、尿素（实物）149.9 万吨、碳铵 239.0 万吨。全省共有以煤为原料的氮肥企业 31 家，国家特大型企业 1 家，国家大型企业 7 家，尿素生产企业 11 家。

2005 年安徽省合成氨、化肥（折纯 100%）、尿素产量分别居全国第八位、第八位和第 11 位，安徽省是全国重要的化肥生产省份。

科技进步　安徽省无机化工科技进步与新产品开发深入推进，建成了安庆曙光大型的氰化钠生产装置，生产规模亚洲第一，技术水平国内领先。省无机化工行业新产品开发取得巨大成绩，除传统的产品如：硫酸铝、明矾、元明粉、硫化碱、五硫化二磷、氟硅酸钠、水玻璃、小苏打、磷酸三钠、氰化钠、碳酸钾、硝酸钾、双氧水、液体二氧化硫、液体二氧化碳、氯化锌、三氯化铁、漂白粉、次氯酸钠、黄磷、硫黄、氯化钙、三氯化铝、氧气、液氯外，20 年间，又开发新产品 200 种以上。

20 年间，安徽省高等院校，科研院所和化工企业投入大力的人力、物力和财力致力于无机化工的技术创新，新产品新工艺的研发，共获得省级技术进步、自然科学奖 32 项，其中一等奖 1 项，2 等奖 5 项，三等奖 13 页，四等奖 13 项。

合肥工业大学的增韧氧化物系结构精密的陶瓷研究，获 1991 年安徽省科技进步、自然科学一等奖。合肥化工厂的三聚磷酸钠生产技术，化工部第三设计院 20 万吨 / 年的硫铁矿制酸装置中的热能综合利用系统，安庆曙光化工股份有限公司的丙烯腈副产法生产优质氰化钠先进技术研究，安徽六国化工股份有限公司等单位的外环流氨化反应器研制，中国石油化工股份有限公司安庆分公司等单位的膜法加氢尾气氢提取技术等 5 项成果获得二等奖。化工部第三设计院的尿素运输合袋与分装装置等 13 项成果获三等奖，省化工研究院复分解生产硝酸钾的新工艺研究等 13 项成果获得四等奖。铜化集团磷铵厂国产化 20 万吨 / 年的硫铁矿制硫酸首套装置一次开车成功，并荣获国家科技进步一等奖。

第二节　有机化工

企业生产　有机化工主要是指有机化工原料及有机间体的生产。有机化工产品数量繁多有 5 万种以上。有机化工在化学工业中有着极其重要的地位。

1986 年安徽省共有有原化工生产企业 38 家，共生产 42 个产品，年生产能 20 万吨以上。有机化工原料产品主要有精甲醇、苯酐、丁醇、丙酮、乙醇、冰醋酸、草酸、苯酚、醋酸丁酯、醋酸乙酯、硬脂酸、对（邻）硝基氯苯、对硝酚钠、对氨基苯酚、癸二酸、苯酸、顺酐、乌洛托品、周位酸、苯基周位酸、RT 培司等。

进入 20 世纪 90 年代，安徽有机化工发展速度加快，蚌埠八一化工厂数次采用新工艺新技术扩建原有千吨级对（邻）硝基氯苯生产装置，并提高加工深度，生产多种医药中间体。2005 年安徽省八一化工集团有限公司的对（邻）硝基氯苯生产能力突破 12 万吨 / 年，产量 9.18 万吨，该公司有机化工产品生产能力达到 20 万吨 / 年。

安徽淮化集团有限公司数次扩大精甲醇生产能力。2005 年精甲醇产能突破 10 万吨 / 年，又深加工生产甲醛、混甲胺，90 年代中期引进国外先进设备，利用国内先进的技术建成国内最大的二甲基甲酰胺生产装置，2005 年淮北二甲基甲酰胺产能突破 4 万吨 / 年。

安庆石化厂于 20 世纪 90 年代引进美国技术建成 35 万吨 / 年的丙烯腈生产装置，后经过两次扩能，2000 年前后达到 9 万吨 / 年，生产规模实施多次技术创新，该丙烯腈生产装置技术水平处于全国领先地位。“八五”期间安庆石化总厂紧紧依靠科技进步，加大技术改造力度，炼油加工能力扩大到了 400 万吨 / 年；又成功开发了催化裂化—芳烃抽提组合工艺；开发成功并建成了世界上仅有少数几个发达国家才能生产的石油针状焦工业化装置等等，使该厂摆脱了过去单一低效的燃料化肥型生产结构，成为油、化、纤型的新型石油化工企业。1995 年，安庆石化总厂完成工业总产值 17.48 亿元（90 年不变价），实现销售收入 41.52 亿元，实现利税 6.22 亿元。安庆石化总厂列安徽省工业百强销售收入第 2 位，实现利税列第 4 位。“十五”期间，安庆石化公司进行了一系列的技术改造。原油加工能力由 2000 年的 400 万吨 / 年提高到 550 万吨 / 年，丙烯腈的生产能力由 6 万吨 / 年提高到 8 万吨 / 年。投资 10 多亿元完成了合成氨 / 尿素的“油改煤”，使生产成本大大降低。2005 年中石化股份安庆分公司实现销售收入约

140亿元，（2000年销售收入83.6亿元），利税3.42亿元，完成原油加工量415.6万吨，生产汽油85.98万吨，柴油177.36万吨，丙烯腈8.31万吨。

20世纪90年代及2000年以后，随着长三角经济带的产业转移，一大批有机化工及中间体企业转移至安徽省，出现数百家有机化工及有机中间体企业，20年间，安徽省有机化工及有机中间体产品增加了约1000种以上。

科技进步　“八五”期间，安庆石化总厂建成由国家和省联合建设的5万吨/年丙烯腈及5万吨/年腈纶生产装置；与有关科研院所共同开发催化裂解技术并建成第一套生产能力为40万吨/年的工业化装置，此项技术申请了美国专利，并实现技术出口，以250万美元转让给泰国公司。

阜阳化工总厂的吗啉生产装置经过多次创新和扩能，取得了3项国家专利，产能突破1万吨/年。

合肥四方集团20世纪90年代初利用国内先进技术建成省内首套千吨级三聚氰胺生产装置，经过两次扩能，90年代末产能达到1万吨/年，连续多年创造很好的经济效益。

1986年至2005年的20年间，安徽省有机化工行业共获得安徽省科技进步、自然科学奖26项，其中一等奖1项，二等奖2项，三等奖10项，四等奖13项。

东华工程科技股份有限公司的3万吨/年正丁烯直接水合生产甲乙酮成套技术获得安徽省科技进步、自然科学一等奖。

安徽师范大学的有机电合成技术研究，中国石油化工股份有限公司安庆分公司等单位的DDC重汽油常规剂补油控温加氢脱硫技术及应用等2项成果获安徽省科技进步及自然科学二等奖。

第三节　高分子化工

企业生产　高分子化工是指高分子材料的合成以及对高分子材料进行改性加工的工业门类。

高分子合成材料主要是合成树脂、合成纤维和合成橡胶三大类产品。安徽省20世纪70年代开始合成树脂的生产，合肥化工厂和芜湖化工厂生产聚氯乙烯，有5个企业生产酚醛树脂，蚌埠江淮化工厂生产聚对苯二甲酸乙二醇酯，1978年安徽维尼纶厂开始生产聚乙烯醇。70年代末蚌埠有机硅化工厂生产107号室温硫化硅橡胶，101号甲基硅橡胶，110号甲基硅橡胶。

1986年全省合成材料生产企业12个，合成树脂生产能力3.84万吨/年，总产量2.64万吨。产品有PVC、CPVC、酚醛树脂、不饱和聚酯，有机玻璃，尼龙1010、环氧树脂、离子交换树脂、聚乙烯醇，合成硅橡胶。

安庆石化厂在80年代末期建成了3万吨/年的聚丙烯生产装置，90年代中期又建设了5万吨/年的丙烯腈/腈纶生产装置，后扩大规模至9万吨/年。

在高分子加工方面，合肥化工厂80年代末引进技术建成了1万吨/年的PVC糊树脂生产装置，2000年前后扩至4万吨/年的生产规模。

安庆燎原化工厂1990年利用安庆石化的聚丙烯原料生产聚丙烯丝束供卷烟厂做烟用过滤嘴。

科技进步 安徽神剑新材料股份有限公司依靠技术创新研发成功多种新型专用树脂：如混合型环氧固化聚酯树脂系列产品、户外型TGIC固化聚酯树脂系列产品、户外型Primid固化聚酯树脂系列产品，PU聚氨酯系列产品等。该公司拥有安徽省粉末聚酯工程研究中心，是国家级重点高新技术企业，完成了省重大科技攻关项目1项，安徽省高新技术产品1项。获得国家专利13项，技术5项。

安徽省高分子化工行业20年间共取得安徽省科技进步、自然科学奖15项，其中二等奖6项，四等奖9项。

安徽大学的聚丙烯腈基高强碳纤维、安徽省化工研究院的千吨级氯化聚乙烯工业化试验，泾县氟塑料制品厂的ZCSB18型氟塑料合金磁力驱动泵、安庆燎原化工厂的烟用聚丙烯丝束，安徽大学的功能型新系列水乳型聚氨酯、安徽氯碱化工集团有限公司的20000吨/年微悬浮种子法（MSP-3）聚氯乙烯糊树脂国产化成果等6项成果获省科技进步自然科学奖二等奖。

第四节 精细化工

精细化工是安徽省化学工业发展的重点，是化工产业结构调整的目标与方向。经过1986年至2005年20年的发展，已经形成了包括涂料、染料、农药等传统精细化工以及食品添加剂、饲料添加剂、油田化学品、水处理化学品、胶粘剂皮革化学品、生物化工、化工新材料等新领域精细化工在内的体系较为完整的精细化工产品系列。20年内精细化工获得长足发展，科研新成果众多，新产品不断呈现。

1986年，安徽省精细化工率为13.5%。2005年安徽省精细化工行业实现销售收入150亿元，占全省化工行业总销售收入的30%，精细化工率达到了30%。“十五”期间安徽省精细化工发展迅速，精细化工销售收入由2000年的60亿元增加到200年的300亿元，行业实力显著增强，企业规模大幅提高，产品覆盖面扩大。生物化工、精细化工中间体呈跨越式增长。重点生物化工企业丰原集团由2000年销售额不足10亿元增长到2005年的65亿元。精细化工中间体行业总规模由2000年的15亿元提高到

2005年的60亿元左右。

“十五”期间，精细化工开发新产品300多个，主要集中在生物化，中间体、涂料等领域。安徽省柠檬酸产能产量世界第一，氰化钠产能产量亚洲第一，L-乳酸、赖氨酸、保险粉，吡咯烷酮、γ-丁内酯、精喹禾灵、恶草酮、杀虫双、对氨基酚、粉末涂料、粉末涂料专用树脂产能产量全国第一。对（邻）硝基氯苯、对硝基酚钠、葡醛内酯、扑热息痛、聚丙烯酰胺、间苯二胺、吗啉、碳酸二甲酯等产品产能产量位居全国前列（前三位）。

科技进步　20年间，安徽省高等院校，科研院所及精细化工企业大力推进精细化工技术创新和科学研究。共取得安徽省科技进步、自然科学奖114项，其中一等奖1项，二等奖22项，三等奖53项，四等奖38项。

蚌埠柠檬酸厂利用玉米粉发酵生产柠檬酸的新工艺获得省科技进步、自然科学一等奖。安徽省化工研究所200吨/年的FH65装饰性环氧粉末涂料、甲基环戊烯醇酮合成及工艺研究，安庆石油化工厂的DDS（of-1）合成工艺技术试生产应用，合工大试剂厂的试剂钼酸铵新工艺，安徽大学应用化学所的PU-II水乳型聚氨酯皮革涂饰剂，中国科技大学的PF-88无水树脂结合剂，安徽工学院15吨/年的茶多酚工厂化生产工艺及成套设备，安徽农业大学的混合农药光化学应用研究，安徽八一化工集团有限公司500吨/年的对氨基苯酚催化加氢新工艺研究，黄山新力油墨化工厂的高档凹板复合塑料油墨研究，安徽省化工研究院50吨/年的恶草酮除草剂的中试开发，煤炭科学研究总院爆破技术研究所的乳化炸药连续生产系统，安徽大维新材料有限责任公司的C41高强高模聚乙烯醇纤维，安徽丰乐农化有限公司的噻吩磺隆原药合成、苯磺隆原药合成，省化工研究院的氰戊菊酯、乙草胺水乳剂产业化开发等22项科研成果获得省科技进步自然科学二等奖。

在精细化工获奖成果中：农药成果21项，涂料成果13项，染料成果3项，食品添加剂成果8项，化工新材料成果21项，纺织助剂5项，水处理剂2项，炸药9项，胶粘剂2项，皮革助剂3项，塑料助剂12项，催化剂1项，试剂1项，金属加工助剂1项，医药助剂3项，防火剂1项，油田化学品1项，蓄电池1项。

农药工业企业生产　安徽省农药工业生产始于20世纪50年代末期。1959年合肥农药厂开始生产六六六原药，同时生产2.4-D钠盐，植物生长调节剂α-萘乙酸，杀菌剂胶体硫和多硫化钡。

到1986年，安徽省有农药原药生产厂9个，原药生产能力共9100吨/年，1986年产量2919吨。主要产品有敌百虫、敌敌畏、乐果、哒嗪硫磷、甲胺磷、甲基（乙基）对硫磷，苏化203、杀虫双、磷化铝等10个品种。其中有机磷农药品种6个，产量1700吨，占全省原药产量的60%以上。农药原药生产厂规模小、设备落后，品种单一。农药品种存在着结构不合理的现象，绝大多数是杀虫剂，有7个品种，产量占全省原药产量的90%以上。除杀虫剂外，只有粮食熏蒸剂等两类，3个品种，产量200吨左右，仅占总的10%左右。除草剂、杀鼠剂、植物生产调节剂等产品处于空白状态。农药原药生产远远不能满足全省农业的发展需要。

1986年，全省农药加工企业11个厂点，能加工粉剂、乳剂、颗粒剂、水剂、片剂、可湿性粉剂等剂型以及各剂型的混合制剂生产能力15万吨，产量3.5万吨。

1990年，有农药原药生产企业12家，原药生产能力9090吨/年，产量6033吨。原药品种18个。原药品种分别是敌敌畏、氧化乐果、甲基对硫磷、乙基1605、甲胺磷、辛硫磷、久效磷、达净松、苏化二〇三、氰戊菊酯、高效氯氰菊酯、磷化铝、杀虫双、二甲四氯、杀虫单、粉锈宁、代森锰锌、硫酸铜等。1990年石油化工厅属化工系统内农药工业企业实现工业产值18210.7万元。

1995年，农药行业有原药生产企业15家，石油化工厅属石化系统内企业8家。15家企业是：合肥化工厂，合肥农药厂、省化工研究院、蚌埠农药厂、安庆化工总厂、池州农药厂、宁国农药厂、宿州农药厂、肥东精细化工厂、和县农药厂、南陵县农药厂、安庆兴隆化工厂、黄山生物化工厂、安庆申皖化工厂、铜陵钟美农药有限公司。前8家是化工系统内企业。

1995年上述农药原药企业生产能力为17365吨/年，共生产原药品种25个。除1990年的18个品种外，增加了水胺硫磷、棉安磷、灭多威、叶枯宁、甲哌翁、达嗪硫磷。其中有机磷杀虫剂14个、氨基甲酸酯类杀虫剂1个，菊酯类杀虫剂2个，熏蒸剂1个，其他类杀虫剂2个，杀菌剂3个，除草剂1个，植物生长调节剂1个。1995年系统内原药企业实现工业产值1.4273亿元。原药产量5653.9吨。

1995年，除原药生产企业外，还有农药加工企业40多家。共生产农药加工品种120多种。40多家加工企业实现产值约2亿元。

2000年全省农药行业有农药原药生产企业20家，这20个原药生产企业是：安徽省化工研究院试验工厂、合肥化工厂、合肥精细化工公司、安徽丰乐农化有限责任公司、蚌埠农药厂、安庆化工总厂、安庆兴隆化工厂、安庆申皖化工厂、安徽众邦生物工程有限公司、安徽华星化工股份有限公司、池州农药厂、安徽科立华化工有限公司、安徽万农达裕生物工程有限公司、安徽宁国农药化工厂、安徽黄山丰乐生物化工有限公司、安徽绩溪新安生物化工厂、宿州第一农药厂、皖西生物制药厂、绩溪县生物化工总厂、黄山市祁门凯丰化工有限公司。共生产农药原药品种27种：棉安磷、高效氯氰菊酯、精喹禾灵、杀虫双、敌敌畏、久效磷、甲胺磷、功夫菊酯、磷化铝、杀虫单、杀螟单、甲基对硫磷、辛硫磷、灭多威、乙基1605，苏化203，乐果、氧化乐果、哒净松、三唑磷、二甲四氯、甲哌翁、恶草酮（农思它）、苏云金杆菌、硫酸铜、病毒杀虫剂、多氧霉素（多抗灵）等。其中杀虫剂 22 种，杀菌剂 1 种即多氧要素（多抗灵），除草剂三种即二甲四氯，精喹禾灵、恶草酮（农思它），植物生长调节剂 1 种即甲哌翁。

2000 年还有农药加工企业 50 家，可以加工 100 多种农药制剂，实现产值 2.5 亿元。

2000 年生产原药 13766 吨（折百），实现产值约 4 亿元。其中销售产值超亿元的企业 2 家，即安徽华星化工股份有限公司、安徽丰乐安化有限责任公司。

2005 年，全省有农药生产企业 86 余家，其中原药生产企业 15 家，加工企业 71 家。生产原药 35 种。

农药工业项目建设　“七五”期间的建设项目主要有：合肥化工厂杀虫单原药、安庆农药厂辛硫磷原药项目，宿州农药厂氧化乐果原药项目、合肥农药厂氰戌菊酯原药项目，池州农药厂代森锰锌原药项目、宁国农药厂粉锈宁原药项目，合肥农药厂高效氯氰菊酯原药项目，池州农药厂达净松原药项目。

安徽省农药工业“八五”期间完成的技改项目主要有：有机磷农药“一条龙”工程（包括：池州农药厂 1000 吨 / 年的乐果和 300 吨 / 年的硫脲、合肥农药厂 1000 吨 / 年的敌百虫敌敌畏工艺改造、淮南化工总厂 3600 吨 / 年的混甲胺、蚌埠农药厂 1000 吨 / 年的久效磷、蚌埠东风化工厂 600 吨 / 年双乙烯酮 2000 吨 / 年双乙酰甲胺、宁国农药厂 1500 吨 / 年水胺硫磷）、合肥农药厂 50 吨 / 年哒螨酮、池州农药厂 1000 吨 / 年甲胺磷、和县农药厂 500 吨 / 年棉安磷，300 吨 / 年灭多威、800 吨 / 年杀虫单。

“九五”期间的建设项目主要有：安徽丰乐农化有限公司 50 吨 / 年的精喹禾灵原药项目、安徽众邦生物工程有限公司的苏云金杆菌项目，安徽万农达裕生物工程有限公司的苏云金杆菌项目，安庆申皖化工厂的甲哌翁项目，绩溪县生物化工总厂的多氧要素（多抗灵）项目，绩溪新安生物化工厂的病毒杀虫剂项目，安徽科立华化工有限公司 120 吨 / 年恶草酮（农思它）项目。

“十五”期间的建设项目主要有：安徽华星化工股份有限公司的和甲基磺草酮、苄嘧磺隆、烟嘧磺隆、精喹禾灵、除草灵、草甘膦、啶虫脒、毒死蜱、氟虫腈、杀螟丹、肟菌酯、醚菌酯、多菌灵、解草脂、解草唑等 15 个原药项目；安徽丰乐农化有限公司的烟嘧磺隆、噻吩磺隆、异恶草松、草甘膦、高效氟吡甲禾灵等 6 个原药项目；安徽广信农化有限公司的敌草隆、草甘膦、多菌灵等 3 个原药项目。

第五节　橡胶工业

企业生产　橡胶工业就是生产橡胶制品的工业包括轮胎制造、胶管和胶带制造、日用橡胶制品制造、橡胶杂件和再生胶及其他产品制造。

1986 年，全省橡胶制品企业 79 家，归当时安徽省石油化工厅管理的企业 40 家。

1986全橡胶行业产值4.67亿元，销售收入5亿元。1986年全行业工业产值4.67亿元，销售收入5亿元，经过20年的发展，2005年完成工业产值76.8亿元，销售收入85.5亿元，其中新产品产值19.2亿元，产品出口交货值20.6亿元，实现利税9.64亿元，每年均以一定的速度增长，而且从1998年后增幅更大。

2005年全省橡胶行业完成工业产值76.8亿元，销售收入85.5亿元（其中新产品产值为19.2亿元），实现利税9.64亿元。

2005年橡胶制品产量：轮胎外胎1074万套，自行车外胎450万条，输送带676万平方米，胶管1930万标米（其中高压钢丝编织、缠绕胶管120万标米），阻燃耐油橡塑胶板15万平方米，医用丁基胶塞20亿只。

主要产品产量：轮胎外胎1074万套，其中全钢丝载重子午胎156万套，轿车轻卡子午胎704万套，尼龙斜交胎214万套，自行车外胎450万条；输送带676万平方米，其中难燃输送带438万平方米，胶管1930万标米，其中高压钢丝编织、缠绕胶管120万标米，新工艺炭黑7.5万吨，其中软质炭里2.2万吨；阻燃耐油橡塑胶板15万平方米，医用丁基胶塞20亿只。

橡胶加工是安徽省石油和化学工业很具有发展潜力的重点分行业。有1家特大型轮胎制造企业——安徽佳通轮胎有限公司，10多家胶管、胶带企业和40多家橡胶密封件、杂件生产企业，该分行业2005年实现销售额约70.56亿元。

安徽佳通轮胎有限公司是全国最大的轮胎/子午胎企业，其轮胎生产能力约为1300万条/年，其中斜交胎生产能力210万条/年，载重子午胎生产能力150万条/年，轿车子午胎能力950万套/年。其生产能力由2000年800万套增加到2005年1300万套/年。

宁国中鼎橡胶密封件公司是全国最大的橡胶密封件生产企业，其橡胶密封件产品远销美国、欧洲、日本，年创汇近1亿美元。

20年间，特种橡胶制品一直保持快速发展势头，为汽车工业配套的橡胶密封件、汽车门窗胶条、减震橡胶件、制动橡胶件，各种异形胶管，导向管，为办公自动化配套的橡胶辊、聚氨酯胶辊，为煤矿井下开采运输配套的各种耐磨阻燃橡胶件等产品已经成为安徽省橡胶工业的重要组成部分，取得较好经济效益。

科技进步 1986年至2005年的20年间，安徽省橡胶工业经历了深刻的变革，企业组织结构经历剧烈的调整，技术创新取得令人瞩目的成绩。

1988年，安徽轮厂经国家计委批准引进意大利皮列利公司的专利技术，引进关键设备建设，10万套/年全钢载重子午胎项目于1992年建成，1999年又建设20万套全钢子午胎项目。2001年安徽开元轮胎有限责任公司的30万套/年全钢子午胎项目转让给安徽佳通轮胎有限公司。

安徽佳通轮胎有限公司引进关键设备改造生产线，遵循国家产业政策，以开发，生产全钢丝载重子午胎和半钢轻卡、轿车子午胎为重点，2005年生产全钢丝载重子午胎156万条，半钢丝子午胎704万条，轮胎子午化率达80%。

安徽淮北橡胶制品厂1986年引进瑞典卓拉堡公司耐磨橡胶筛网的生产技术和设备，开发橡胶耐磨筛网代替原来选煤使用的钢质筛网，提高使用寿命，减小噪音，降低生产成本。引进法国聚氨酯浇注型筛网生产技术，进一步提高使用寿命，降低原材料消耗。

宁国中鼎密封件有限公司瞄准国家需要进口的汽车橡胶件组织技术开发攻关，每年都有5～10个项目通过新产品鉴定，投放市场，替代进口产品。

淮南、淮北、铜陵四家输送带生产企业开发了高强力钢丝绳芯输送带和聚酯帘布帘线输送带，提高了使用寿命，解决大跨度长距离运输需要。开发难燃整芯PVC和橡塑复合型阻燃带，代替原来使用的帆布分层橡胶贴面输送带。

淮南华宫工程胶管有限公司、淮北万源橡塑制品厂、凤阳凤飞橡塑制品有限公司，开发钢丝编织，缠绕高压胶管，淘汰化纤棉帆布为骨架的夹布胶管编织胶管。

中橡马鞍山炭黑厂利用台湾软质炭黑生产技术和国产化的硬质炭黑生产技术，淘汰干法造粒工艺，采用湿法造粒新工艺，全封闭自动化控制，配套建设尾气余热发电项目实现节能环保，提高产品质量，降低原料油消耗，满足钢丝子午胎需要。

安徽华峰医用橡胶有限公司引进国外丁基胶塞生产技术和设备建成年产30亿只丁基胶塞生产线，代替原来的天然胶塞，提高产品气密性达到国外同类产品质量要求。

马鞍山宏力橡胶制品有限公司开发挤出缠绕胶辊包胶技术生产铁芯胶辊为铁钢公司投产薄型彩板项目服务，新产品开发和技术不断更新为安徽省橡胶加工行业快速发展增添活力，增强了市场竞争力。

20年间，全省橡胶行业共获得安徽省科技进步、自然科学奖28项，其中二等奖1项，三等奖15项，四等奖12项。淮北化轻工业研究所的重型橡胶组合筛板，获得省科技进步自然科学二等奖。

结构调整　1986年列入省石化厅生产计划管理的全省橡胶加工企业有70多家，其中国有全民企业20多家，集体所有制企业40多家，乡镇企业10多家，在市场经济推动下，为适应形势发展需要，企业的组织结构、产品结构和技术结构得到不断的调整、重组和改造。

组织结构调整　一批国有企业由于设备老化，人员多、劳动生产率低、效益差，企业银行贷款负债沉重，加上三角债的拖累使企业生产、经营受到严重影响。为了走出困境，突破不利因素“重围”，从1997年开始一批国有企业先后进入破产重组程序，其中第一批破产企业有芜湖光荣橡胶厂、芜湖跃进橡胶厂、合肥橡胶厂、合肥胶带厂、马鞍山橡胶厂、淮南橡胶一厂、淮南橡胶三厂、蚌埠橡胶三厂、合肥轮胎翻新厂、芜湖轮胎翻新厂等十多家企业。还有一批集体企业也按破产处理。通过改革改制重组，目前全行业以外商独资、合资、股份制和民营企业为主体，充分利用外资和民间资金盘活原有国有资产和集体资产，使橡胶行业走出困境，得到了迅速发展。1986年10月，宁国液压密封件厂与日本两家企业合资成立安徽宁天丸有限公司。1988年安徽开元轮胎有限公司国家批准十万套全钢载重子午胎项目，建设总投资2亿元，利用意大利皮列利技术，引进国外关键设备，1992年建成试产。1993年安徽开元轮胎有限公司与印度尼西亚佳通投资公司洽谈合资；1994年正式签订合资协议，成立安徽佳安轮胎有限公司。1994年宁国中鼎密封件有限公司与美国亚洲投资公司合资成立“中美合资宁国汽车零部件有限公司”，美国亚洲投资公司以现金投资入股占公司60%股份。1998年宁国中鼎密封件有限公司从合资企业抽出资金在宁国市新建“宁国密封件有限公司”成立民营企业。1998年马鞍山炭黑厂整体卖给台湾中橡公司，成立中橡马鞍山化工公司炭黑厂，为独资企业。

产业结构和产品结构调整 随着我国计划经济的退出，市场经济的主导作用，不断淘汰市场饱和、技术含量低、附加值不高的产品，15家生产解放鞋，雨鞋的企业先后关、停、并、转，开发市场前景好的旅游鞋、运动鞋和出口鞋。7家生产农用轮胎，手推车胎，自行车胎的企业因消耗高、质量差，销路不畅而停产、转产。还有一些企业因产品不适销对路而停产、转产。

为适应国民经济快速发展需要，安徽橡胶工业在国家产业政策指导下，不断调整产品结构，优化产业结构，紧紧围绕煤矿开采和汽车制造、交通运输、能源开发和基础设施建设等国家支持发展的支柱产业提供配套服务，随着产业聚集，便于配套服务，橡胶产品加工形成了地域性特色。

淮南市、淮北市的橡胶企业主要为煤矿开采、运输提供难燃输送带、高强力输送带和高压钢丝编缠胶管；淮北市的安徽中意胶带有限公司、安徽天地人有限公司、淮南市的安徽世振胶业有限公司先后投资1000万元购置青岛北海机械设备制造公司的8.5米×2.4米、10米×2.4米大型平板硫化机，生产高强力输送带；安徽中意胶带有限公司全塑难燃输送带产量居全国同行业首位，淮南华宫工程胶管有限公司、安徽世振胶业有限公司、淮北万源橡塑制品厂、凤阳凤飞橡塑有限公司生产的高压钢丝编缠胶管主要为两淮煤矿开采和液压机械配套服务。合肥、芜湖、宁国等地区的橡胶企业紧紧围绕汽车制造提供汽车轮胎和汽车橡胶制品，目前安徽省汽车制造业总能力达100多万辆，需要大量的橡胶制品配套，从而促进了安徽省汽车用橡胶产品的开发和生产。安徽佳通轮胎有限公司是省内唯一的轮胎生产厂。汽车橡胶制品规模较大的企业有宁国中鼎股份公司、安徽亚新科有限公司、安徽希尔密封件有限公司、库伯赛阳

（芜湖）密封件有限公司、芜湖聚达汽车零部件有限公司。预计省内汽车橡胶件年产值达 30 多亿元。经过申报及国家有关部门审核批准，合肥市、芜湖市为国家汽车零部件生产与出口基地，批准宁国中鼎密封件有限公司和广德中鼎汽车零部件有限公司两企业为国家汽车零部件出口基地企业，产品不仅满足国内市场需要，而且大量出口，到 2005 年宁国中鼎密封件有限公司累计出口创汇 2.5 亿美元，公司销售收入利税居国内同行业首位。安徽希尔密封件有限公司、库伯赛阳（芜湖）密封件有限公司均为外商投资为主体专业生产旋转轴唇型密封件、汽车门窗胶条，销售收入突破 1 亿元。安庆特种橡胶制品有限公司重点开发、生产氟硅橡胶制品和耐油胶布、大规格耐油橡胶圈，主要为国内石油开采、油田和石油化工企业配套服务；淮北橡胶制品厂先后从瑞典卓拉堡公司引进高耐磨橡胶筛网生产技术和设备，从法国引进聚氨酯浇注型筛网生产技术和设备，年销售收入达 3000 多万元；马鞍山宏力橡胶制品有限公司开发煤气管道、输水管道使用的大型密封圈，新建缠绕胶辊生产线为马钢公司薄型彩板生产配套。安徽华峰医用橡胶有限公司投资 4500 万元改造厂房，引进国外关键设备，建成年产 30 亿只丁基胶塞生产线。还有为基础建设和水利建设提供防震耐磨耐老化的橡胶件和止水带橡胶件，特种橡胶生产目前逐步形成规模，成为安徽省橡胶加工业的重要组成部分。

1986—2005年安徽橡胶工业主要经济指标完成情况表

表 3-2-5-1

年度	产值（亿元）	销售收入（亿元）	利税合计（亿元）	备注
1986	4.67	—	0.71	—
1987	4.92	—	0.82	—
1988	5.75	—	0.992	—
1989	6.12	—	1.15	—
1990	6.76	—	1.16	90不变价
1991	10.95	—	1.25	—
1992	11.38	10.2	1.24	—
1993	12.35	11.09	1.27	—
1994	14.56	10.57	1.21	—
1995	16.69	14.59	1.32	—
1996	18.20	16.70	1.50	—
1997	21.40	19.20	1.84	—
1998	27.60	24.50	2.20	—
1999	36.72	27.30	2.82	—
2000	41.40	27.85	3.10	—
2001	43.78	36.20	3.84	—
2002	48.30	43.0	5.20	—
2003	62.10	55.60	7.80	—
2004	66.40	78.50	7.62	上年库存转销
2005	76.80	85.50	9.64	—

第三章　行业管理

第一节　管理机构

省级管理机构　安徽省最早的工业行政管理机构为安徽省工业厅，成立于1952年8月。1958年7月，安徽省工业厅分为重工业厅和轻工业厅。重工业厅管理全省的化工、冶金、矿山和机械工业。1958年11月，中共安徽省委为适应工业发展的需要，决定撤销省重工业厅，分别成立机械工业厅和化学工业厅。1962年省化学工业厅与省冶金厅合并办公，成立省重工业厅。“文化大革命”期间，化学工业厅机关工作处于瘫痪，管理工作停止。1970年5月，省革命委员会决定，成立安徽革委会煤炭化工局，1971年12月，省煤炭化工局更名省燃料化学工业局。1975年8月，根据中共安徽省委决定，成立安徽省石油化学工业局。1980年5月，省油化学工业局更名为安徽省石油化学工业厅。

1996年10月，安徽省石油化学工业厅更名为安徽省石油化学工业局。

2000年5月安徽省石油化工局撤销。2000年11月成立安徽省石油化学工业协会。

直属企事业单位　安徽省石油化学工业厅下辖255个石油化工企事业单位，其中大型企业2个，中型企业17个，小型企业236个，职工计110846人，工资总额11296.2万元。省石油化学工业厅直属单位有：化肥公司、化工公司、省石油化工供销公司、化建公司、压力容器监测站和省石油勘探公司、省化工研究所、省化工设计院、省化工学校和省石油化工干部学校。

1986—2005 年安徽省石油化学工业管理部门负责人一览表

表 3-3-1-1

年　份	机关名称	负责人
1986.1—1987.6	安徽省石油化学工业厅	厅　长：杜新之 副厅长：尹钰云、高前清、葛崇连、王伯仁
1987.6—1991	安徽省石油化学工业厅	副厅长：高前清（主持工作）尹钰云、葛崇连、王伯仁、王文德
1991—1996．10	安徽省石油化学工业厅	厅　长：高前清 副厅长：尹钰云、葛崇连、王文德、任兆祥
1996.10—1998.1	安徽省石油化学工业局	局　长：高前清 副局长：葛崇连、任兆祥、李朝东
1998.1—2000.5	安徽省石油化学工业局	局　长：葛崇连 副局长：任兆祥、李朝东、郑道云 助理巡视员：潘敏华
2000.5—2000.11	石油化学工业管理办公室	主　任：任兆祥
2000.11—2004．4	安徽省石油化学工业协会	会　长：任兆祥
2004.4—2005.12	安徽省石油化学工业协会	副会长：李韵（主持工作）

第二节　企业改革

“七五”期间，围绕着搞活企业这个中心环节，不断深化改革，系统内大部分企业实行了各种形式的承包经营责任制，绝大部分企业贯彻了加强党委领导下的厂长（经理）负责制。企业间的横向联合进一步加强，推动了化工产业结构，企业结构，产品结构的调整和经济效益的提高，增强了企业自我发展的能力。“七五”期间，安徽省化工系统企业在“三创”活动的基础上开展了企业升级和学吉化活动，使企业管理水平普遍提高。“七五”期间，获国家二级企业称号 7 家，省级先进企业 45 家，国家化工部命名化工“六好企业”8 家，清洁文明工厂 20 个。156 个企业通过了全面质量管理验收，30 个企业获得省质量管理奖。获国家一级计量企业 1 个，二级计量企业 24 个，三级计量企业 105 个。

“八五”后期，深化企业改革是重头戏，工业企业的改革，根据部署，有计划分步骤地展开。“八五”期间成立的企业的集团有安徽八一化工集团（该企业由原蚌埠八一化工厂和蚌埠电化厂为核心联合蚌埠东风工厂等组成），铜陵化工集团（由铜陵磷铵厂和铜陵新桥矿为核心联合铜官山化工总厂、铜陵有机化工厂等企业组成），开元集团（以安徽轮胎厂为核心联合合肥本地一些小橡胶厂和配件企业组建而成），涡阳化工集团（以涡阳化肥厂为核心联合涡阳县内一些化工企业组建而成）等。化工系统企业股份制改制工作进展顺利，“八五”后期，先后建立了芜湖风凰涂料有限责任公司、临泉化肥有限责任公司、安庆有机化工责任公司、滁州华夏化工股份有限公司等。转机建制为主题的国有企业改革，使得企业集团和股份制公司对企业运行机制重新构造，将市场机制引入到企业内部，促进了三项制度的改革，对于企业运行效率和经济效益的提高都起到了明显的效果。

安徽省石油和化学工业国有经济比例偏高，国有经济总资产占行业总资产的70%以上，国有资产配置分散，影响了整体素质的提高。石油和化工行业进行股份制改造的企业数仅为企业总数的20%，机制转换速度慢，建立现代企业制度和规范的法人治理结构的任务还很重。大多数化工企业冗员多，负担重，缺乏活力，生产效率低，没有建立起对市场快速反应的运行机制，竞争能力差。企业研发和技术创新能力低下，不能满足企业自身改革与发展的需要。绝大多数的企业缺少自主开发的核心技术，大部分产品的生产技术和装备陈旧。科研投入少，基础差，缺乏创新能力和对引进技术的消化能力。所以，企业缺乏对发展的技术支撑。

第四篇　轻工业

轻工业是消费品工业的主体，是国民经济的重要产业，承担着提高人民生活质量、繁荣市场、扩大出口创汇、积累建设资金、吸纳劳动就业、促进经济增长的重要任务。安徽轻工自“七五”以来，一手抓改革，解放思想，更新观念，以改革的新突破不失时机地促进轻工经济的快速发展；一手抓改造，提高产品质量、优化结构，以科技的高起点瞄准大市场不断开拓新的经济增长点，传统行业恢复生机、新兴行业迅速崛起，经过 20 年的建设和发展，形成了门类基本齐全、具有相当规模和一定竞争能力的特色生产体系，并以其总量在全国同行业中居于前列、在全省经济中占有较大份额，涌现出一批如美菱、荣事达、古井、芳草、圣泉、宣纸等著名企业，而成为全国有影响的轻工生产大省和省内公认的优势产业，为全省经济发展和重塑安徽形象做出了积极的贡献。至 20 世纪 90 年代中期，安徽已由一个改革开放前轻工经济欠发达、知名度低的内陆省份，发展成为全国轻工业发展的热点省份之一。1994 年，在北京举办的经济成果展览会上，安徽省在中国轻工总会统计的 49 种主要产品中占 29 种产量位居前 10 位，被国家主管部门和中央新闻单位誉为全国重要的“轻工大省”。1997 年，安徽轻工的经济总量在全国轻工的位次由 1978 年的第 18 位上升到第 9 位，实现利税由第 12 位上升到第 6 位，其中利润由第 8 位上升到第 3 位，为全国轻工经济的发展做出了一定的贡献。在世界，安徽轻工产品出口市场遍及五大洲，并在境外办企业，轻工经济发展的外向度提高。2005 年，全省轻工共有规模以上企业 1465 个，累计完成现价工业总产值 922.26 亿元，居全国第 11 位。

第一章　发展综述

安徽轻工在发展实践中积累了丰富的经验，形成了特有的一些做法，例如，以“在省内争实力，在国内争名次，在世界争影响”凝聚了全系统干部工人的“三争”轻工行业精神。“轻工发展靠地方”，有效地争取了各级党委、政府和各部门对发展轻工业的支持和帮助，确保了轻工业持续发展。“抓班子、立柱子、理路子、创牌子”、“五大加大、五个下功夫”和“抓改革、增活力，抓调整、增实力，抓管理、增能力，抓市场、增财力，抓精神、增动力”以及“抓改、抓大、抓名、抓新”的工作思路，对认清形势，振奋精神，明确目标，改进作风，为深化轻工改革和加快发展提供了有力保证。“企业命系产品，产品魂系质量。一个好的产品可以振兴一个企业，一个好的企业可以带动一方经济”“生产和市场两个投入一超上，两个轮子一起转”“买得贱、卖得贵，中间环节不浪费”“产品是企业的命，市场是企业的根”“市场可以无我，我不可没市场”“思想认识到位，组织领导到位，服务保证到位”“谁砸厂里的牌子，就砸谁的饭碗”等，促进了名牌战略的实施。以“市场可靠，技术可行，资金可筹，班子过硬，厂长过硬”的“三可二硬”标准，开发了一批技术含量高，经济规模大，符合市场需求的好项目。“企业的活力，在于企业再投入的能力”“不怕没有钱，就怕没有好项目”“大改大发财、小改小发财、不改不发财”“迈小步，不停步，瞅准机会迈大步”等口号，调动了企业大搞技术改造的积极性。一大批中小企业通过不断技改，从小到大，跨进了大中型骨干企业行列。“企业家与名牌产品是孪生兄弟，没有过得硬的企业家就没有名牌产品”“多换思想少换人，不换思想就换人，一看二帮三促，使用、培养、支持、爱护”等思想，使一大批明星厂长脱颖而出。“以强带弱，优势互补，假死真活，共同发展”的策略搞活了一大批中小型企业、困难企业。坚持“党政两心并一心，黄土都成金”“团结出战斗力、实干出生产力、廉洁出凝聚力”，坚持“两手抓，两手都要硬”的方针，充分发挥轻工政研会的作用，依托典型企业，以召开现场会的形式及时推广示范“两个文明建设”的成功经验，促进了全系统社会主义精神文明建设和企业文化建设，确保了经济的快速发展，等等。

第一节　企业生产

“七五”期间　轻工业经济体制的改革冲破了传统计划经济的束缚，给人的观念、思维定式带来冲击；经营方式的改革冲破了原来产供销的体系，促进了工作方式、经营策略的调整；更重要的是由于经济体制和经营方式改革充分地调动了企业经营者和生产者的积极性，极大地解放了生产力。这一阶段，安徽轻工的生产建设取得了稳定发展。一批骨干企业迅速崛起。合肥电冰箱厂、合肥洗衣机总厂、安徽黄山电器总厂、阜阳、合肥、黄山啤酒厂等新兴企业都是这一时期经过改造后兴起的。到 1988 年，利税超百万元的企业共有 157 户，实现利税 6.23 亿元，占全系统利税总额的 76.01%，其中千万元以上的利税大户有 11 家，前三名的企业是：合肥电冰箱总厂实现利税 5022 万元，合肥洗衣机总厂实现利税 1890 万元，濉溪县口子酒厂实现利税 1293 万元；实现利税在 300 万元～1000 万元的企业有 36 家；实现利税在 100 万元～300 万元的企业有 110 家。主要产品产量迅速提高。1988 年主要产品的产量：机制纸及纸板 36.39 万吨，比 1985 年增加 11 万吨；合成洗涤剂 6.49 万吨，比 1985 年增加 2 万吨；牙膏 1.17 亿支，比 1985 年增加 0.2 亿支；白酒 28 万吨，比 1985 年增加 6 万吨；啤酒 17.9 万吨，比 1985 年增加 10.3 万吨；皮革 132 万张，比 1985 年增加 28 万张；塑料制品 7.97 万吨，比 1985 年增加 1.58 万吨；电冰箱 20.93 万台，比 1985 年增加 18.55 万台；洗衣机 30 万台，比 1985 年增加 16.8 万台，电风扇 99.4 万台，比 1985 年增加 43.1 万台。正是由于技术进步的加快、骨干企业的崛起、产品产量的提高，推动了全省轻工经济的快速发展：1986 年完成工业总产值 53.79 亿元，比 1985 年增长 15.68 亿元；1987 年完成工业总产值 61.83 亿元，比 1986 年增长 14.94%；1988 年完成工业总产值 71.84 亿元，比 1987 年增长 16.19%，3 年平均递增 15.6%。

1989 年以后，安徽轻工系统贯彻中共中央、国务院提出的“治理经济环境、整顿经济秩序、全面深化改革”十八字方针，生产发展速度一度减缓，但以市场为导向，依靠科技进步发展生产，产品和质量意识不断增强，行业、产品结构有所改善。前期受市场拉动的影响，人民生活必需品供不应求，有的畅销、紧俏产品变成断档、脱销产品，平销、积压产品变得畅销。轻工的洗衣粉、肥皂和火柴三大产品成为省政府协调的主要产品，一月一安排，一旬一调度，省长亲自开会研究，协调工商矛盾。但紧接着出现两大情况：一是宏观上银根紧缩，造成企业资金十分紧张，市场迅速降温，购买力明显下降，产品积压加大，迫使部分企业停产、减产；二是计划外原辅材料大幅度涨价，造成产品成本大幅度上升，远远超过企业的承受能力。1989 年下半年轻工系统生产开始下滑，月增幅由前三年平均 15% 左右，下降到 5% 左右。1990 年虽然生产比 1989 年有回升（增长 9.22%），但经济效益明显下滑，利税下降 13.5%，其中利润下降 73.53%，年末产成品资金占用 13.18 亿元，比上年增加 24.17%，亏损企业 556 个，猛增 203 户，亏损金额高达 1.7 亿元，上升 1.34 倍。这是全省轻工业 1980 年以后十多年来从未遇到过的困难局面。同时，轻工固定资产投资明显减少，全系统 3 年累计完成投资 8.77 亿元，比前 3 年下降 12.21%。

在困境中，一批企业为适应市场经济的要求，走出了一条依靠自己发展的新路子。合肥电冰箱总厂在市场调研的基础上，率先推出 BCD181L 大冷冻室双门电冰箱迅速占领市场，创造了工厂无积压产品、企业无“三角债”的奇迹。合肥洗衣机总厂面对激烈的市场竞争，及时调整销售策略，建立了系统的销售网络，在全国洗衣机行业产量下降 20% 的情况下，该厂产量上升 26.2%，销售收入增长 23%，实现利税增长 20.13%，创全国同行业人均经济效益最高的成绩。古井酒厂在市场一度出现“抢购风”之后，及时走适度降价的路子，使国优名酒由贡品、礼品变为普通消费品，产品再度供不应求，1990 年实现利税突破 5000 万元大关，创下新纪录。安徽省圣泉啤酒厂依靠质量求发展，使啤酒这个季节性产品的消费不再有淡季。

这一阶段，轻工业系统的供销工作呈现出“八仙过海，各显神通”的局面。多渠道抓原料。对计划内原材料争取按时拿足，同时广开渠道大胆组织计划外原材料。1986 年，计划原材料一般仅占生产需要量的 40% ~ 60%，相当一部分要靠市场进行组织。在当时产品价格没有完全放开的情况下，许多企业为保证生产，大胆购进议价原材料，并积极开展产品自销。塑料行业敢于购进议价原料，满足了生产需求，这一年产值、产量和实现利税分别比上年增长 50%、48% 和 13.2%。实行工商工贸联合。合肥市一轻局与武汉市商业系统联营，在武汉建立了稳定的产品销售基地。合肥搪瓷厂与合肥百货站联营，成立销售经理部，共同对外销售，利润分成。合肥市金笔厂与全国 102 个商业一、二级站联营，稳定了销售渠道。积极开展自销。企业自销门市部在前几年的基础上进一步增加，许多企业还由此形成了比较完善的自销体系。企业直接接触市场，对企业调整产品结构起到积极的作用，改变经营作风，确立全心全意为消费者服务的思想。安徽黄山电扇厂率先推出售后终身维修制，在市场上产生轰动效应。推行销售承包经济责任制。许多企业从实际出发，实行各种形式的销售承包经济责任制，有的把销售人员的工资、奖金、加班费、差旅费、招待费等捆在一起，实行定额销售承包；有的实行层层承包，即销售科向厂部承包，销售组或销售人员向销售科承包，做到人人肩上有任务，个个头上有指标，有效地推动了企业的销售工作。

根据中央关于加快发展沿海经济的精神，积极响应省委、省政府“远学粤闽，近学江浙”的两学号召，1988 年春，省轻工业厅组成“远学”考察组，带着协作项目，赴广东、福建等沿海省市考察学习发展外向型经济的经验；举办了地市局长“外向型经济培训班”，并赴闽、粤等地进行了理论联系实际的学习，由此提出狠抓“四个一批”、扩大出口创汇的工作思路，即一是巩固一批传统出口产品，如文房四宝、铁画、玉雕、漆器、竹柳编等工艺品，在提高质量、发展系列、增加花色品种和改进包装上下功夫，提高国际市场信誉，确保在竞争中不断提高水平；二是扩大一批在国际市场上有销路、企业有能力生产的出口产品，如日用建筑五金、“三笔”、罐头、搪瓷、名优白酒、玩具、皮革、自行车等，采取多渠道、多口岸，扩大国际市场；三是开发一批没有或很少进入国际市场的产品，如干电池、肥皂、牙膏、家用电器、啤酒、饮料、人造革及其制品等，采取走出去、拿进来，加强消化吸收的办法，努力开发出口；四是联合一批重点企业，即以重点出口企业为龙头，广泛开展同行业联合，发展工贸联合，并积极与沿海出口重点企业联合，利用沿海优惠政策，发展轻工出口产品的生产。1988年，出口交货值比上年增长31.75%，占全省外贸出口总值的14.95%，生产出口产品的企业由上年的145个上升到206个。1988年全省轻工系统完成出口交货值3.2亿元，创汇7000多万美元，涌现出创汇百万美元以上的企业20户，出口产品110大类上千个品种，在全国轻工业出口产品展览会上有28个企业31个产品获金龙腾飞奖。

1990年，全省轻工业系统克服市场疲软、资金短缺、能源和原材料紧张等严重困难，保证了生产的持续、稳定、协调发展，取得了较好成绩。超额完成了年度生产计划。共完成工业总产值56.2571亿元，比上年增长9.18%，超过全国轻工系统增长3.7%和全省工业增长3%的速度。“七五”期间，全省轻工系统完成工业总产值年均增长10.56%。适销对路产品产量增加。省轻工业厅考核的52种主要产品产量，比上年增长的有30种，占57.69%；其中增长在10%以上的有18种，产品质量稳定提高。考核的15项质量指标，稳定提高率为87.5%，比上年提高20个百分点。全省轻工系统共创省级以上优质产品166个，其中黄山电器总厂的黄山格罗宝吸尘器和芜湖工艺美术厂的铁画获国优称号，创部优37个。在全国首届轻工业博览会上，共获金牌26块、银牌66块和铜牌72块。在第二届全国家用电器展览会上，18种产品荣获金飞马奖、11种产品获银飞马奖。全年累计完成投资25331万元，完成计划的91%，其中基建完成14186万元，为计划的1.67倍，技术改造完成11145万元，占计划的58.3%。全年竣工投产项目23项，其中基建7项，技改16项。全年形成固定资产15257万元，投产项目新增产值10329万元，利税2937万元。

“八五”时期 这一时期是安徽省轻工大发展的时期。为适应国家宏观治理整顿的要求，变被动适应为主动调整，1991年省轻工业厅提出了《关于在质量品种效益年中广泛开展“三上一提高”活动的意见》（下简称《意见》），“三上一提高”即企业上规模，产品上档次，管理上水平，全面提高经济效益。《意见》提出，为实现“三上一提高”目标，必须把质量工作摆在轻工生产各项工作的首位，加快走上质量效益型的新路；以经济效益为中心，加快生产发展速度；强化销售工作，加快流通速度充分利用现有有利条件和资源优势，加快经济结构的调整；以科技进步为先导，加快新产品开发步伐；围绕质量和品种，加快企业的技术改造；以出口创汇为突破口，加快外向型经济发展；眼睛向内，挖掘潜力，加快提高企业素质。通过一年的活动，质量意识普遍增强。滁县行署二轻局在全区产值500万元以上的企业广泛开展了投入产出一次合格率竞赛活动；安庆市二轻局开展“三项企业奖”和“五项十佳”评比活动。及时调整产品结构，开发新产品。安庆市一轻局推出了“一高二快三优四结合”工作目标，即高起点、快试制、快投产、优质量、优价格、优效益和开发与市场导向相结合、与应用成果相结合、与出口创汇相结合、与技改引进相结合。合肥手表厂针对机械手表市场相对疲软、资金回笼差的情况，及时调整结构，压缩机械手表生产，扩大石英表产量，增加石英电子表机芯出口，产量和出口创汇较上年均有较大幅度增长。

1991年，安徽省遭受百年罕见的特大洪涝灾害，给全省轻工系统造成惨重的经济损失。据不完全统计，全系统受灾企业1200个，占企业总数的57%，直接经济损失5.22亿元，受灾职工12万人，其中特困职工2.8万人。灾情发生后，省轻工业厅积极组织适销对路产品生产，以丰补歉，以工补农，分地市安排了24种产品的增产计划。由于措施得力，使生产较快恢复。8月，轻工业部排出26个技改项目（总投资4亿元），为安徽轻工灾后生产的恢复和发展起到了积极的推动作用。

1992年后，省轻工业厅即组织力量对原定“八五”轻工发展规划进行调整，提出树立“三个观念”（即社会主义市场经济的观念、科学技术是第一生产力的观念、加快轻工业改组改造的观念）、抓好“四个一批”（即优化壮大一批、巩固提高一批、调整改组一批、开发新建一批）的发展思路。1994年又着手研制“九五”及后10年发展规划，提出“1114”工作思路，即一句口号（安徽轻工要在省内争实力、在国内争名次、在世界争影响，实现安徽轻工的第二次跳跃）、一个战略（实施名牌战略、创造名牌产品、造就明星企业家、营造明星企业和轻工“航母”）、一个工程（百亿工程，即实施投资额在1000万元以上的项目220个，总投资100亿）、四个一批（即优化壮大一批、巩固提高一批、开拓创新一批、放开搞活一批），同时提出要大力推进轻工“六强”即强科技、强名牌、强支柱、强效益、强外向度、强总量，促进轻工的“转型”与“升级”。

实施名牌战略，扶优创牌造舰。省轻工业厅提出在全行业实施名牌战略，对已成为国内名牌的产品，要进一步调整产品结构，上档次、上规模、扩大名牌效益；对在省内有较大知名度，在邻省有一定影响力，通过努力可以尽快形成名牌的产品，要扩大市场覆盖面，加大舆论广告宣传力度，以尽快形成名牌优势。1995年9月，省轻工业厅专门召开扶优创牌造舰论证会。这一时期，涌现出了美菱电冰箱、荣事达洗衣机、芳草牙膏、古井贡酒、濉溪牌口子酒、口子牌口子酒、明光特曲、沙河酒、红星宣纸、牡丹吊扇、芬格欣口服液、圣泉啤酒、古泉啤酒、扬子电冰箱、天鹅空调、狮头明胶、一枝梅香皂、双轮池酒、种子酒、龙津啤酒、雪地啤酒、天井啤酒、精达铜材等一批名牌产品，形成了一批以名牌产品为龙头的企业和企业集团：如美菱集团、荣事达集团、芳草集团、古井集团、中国宣纸集团、圣泉集团、高炉集团、种子集团、双津集团、安工集团等。

省轻工业厅积极帮助企业争取国家有关部委支持，多方争取资金，加大了投资力度。全系统4年累计完成投资38.2亿元，其中国家项目9.55亿元，分别比“七五”多投入20亿元、5亿元。在投资结构上，体现了技术改造为主，4年用于技改的投资31亿元，占总投资的81.2%；在投资方式上，体现了重点企业的改造，增强了重点产品市场竞争力。

“八五”期间是安徽省轻工发展速度最快的一个时期。五年翻一番、晋六位、跨一档。工业总产值五年累计完成654亿元，比“七五”翻一番，平均每年递增17.12%，高于“七五”平均增幅5.08个百分点，高于全国轻工同期平均增幅5.12个百分点。1990年工业总产值在全国各省市的位次居16位，到1995年跃居第10位，五年晋了六位，正因为如此，在全国30个省市中的位次由2/3的多数上升为1/3的关键少数，向前跨了一档。实现利税、利润在全国的位次更为突出，1995年均居全国第7位，均比1990年提前4位，利税年均递增24.24%。“八五”期间累计完成固定资产投资40亿元，比“七五”多投入24亿元；有65个企业跨入大中型企业行列，大中型企业个数由“七五”末的89个上升到“八五”末的154个，轻工行业大中型企业数占全省的1/4，销售收入超亿元的企业发展到24个，比“七五”末增加18个；实现利税超千万元的企业增加到32个，比“七五”末增加19个。合肥美菱股份有限公司、亳州古井酒厂、合肥荣事达电气股份有限公司、安徽高炉酒厂、合肥日化总厂、安徽种子酒厂、安徽明光酒厂等进入了“全国500家最大工业企业”“全国500家最佳经济效益企业”“全国500家综合评价最优工业企业”行列。安徽省轻工业已成为安徽高速发展的产业之一，在全省经济总量中占有较大份额，为壮大经济实力、促进全省产业结构调整和资源优化配置，为重塑安徽形象起了积极作用。

“九五”时期　是安徽省轻工业发展的重要时期。圣泉10万吨啤酒扩建工程、芳草2万吨液洗、国风塑业50万平方米塑胶门板、宁国双津5000吨铝塑复合膜、荣事达二期模具和100万台电冰箱生产线、合肥一塑1.5万吨双向拉伸薄膜和芜湖造纸网厂聚酯网改造等一批重大项目建成投产，成为轻工发展的新的增长点。2000年家电、酿酒、造纸、塑料制品、室内装饰、日化等6大主要行业的工业总产值占全省轻工产值的60%以上。其中，酿酒、家电两大行业销售产值均突破50亿元，利税超过18.6亿元，占全省轻工的90%以上，拥有诸如美菱、荣事达、古井、种子、双轮、圣泉等一大批名牌产品和企业，行业的支柱作用和竞争优势日益显现。同时，形成了以合肥为中心的家电业制造基地，引来海尔、飞歌、科龙、美的、美泰克、博世西门子等国内外大企业纷纷落户；沿淮河古故道的皖北地区则形成了以酿酒为中心的产业带，带动了玻璃、印刷、饲料等相关行业的发展，形成了鲜明的地域特色。

“九五”期间，累计完成工业总产值980亿元，是“八五”的1.5倍，年均增长

14%。同期累计实现利税90.6亿元，其中利润20.2亿元，分别是“八五”的1.5倍和1.3倍。2000年全省轻工完成工业总产值302亿元，同比增长15%，在全国的位次由“八五”末的第9位上升至第7位，在国内工业行业中继续保持龙头地位，实现利税20.5亿元，其中利润3.6亿元，利税、利润分别保持省内工业行业的第2位和第1位。

“九五”期间安徽轻工出口交货值每年以15%的速度增长，占轻工产值的比重7%，其中，机电产品的出口比重逐步提高，家用电器、金属制品、轻工机械等的产品出口交货值已占轻工出口交货值的30.4%，而且出口区域日趋多元化，由亚洲、非洲等传统出口地区扩展到欧美发达国家，如荣事达产品出口国家由原来的30个扩展到美、欧、非、澳、亚五大洲130个国家和地区，营销网络遍布世界各地。全省出口创汇超千万元的企业有8家。荣事达集团等在墨西哥等地投资设厂，拓展出口市场。

“十五”时期 安徽轻工业以家电、酿酒为代表的产业集群加快形成。以合肥、芜湖、滁州为中心，家电制造基地初具规模。合肥聚集了美菱、荣事达、合肥海尔、四川长虹、华凌、广东美的、吉普生控股等优势企业，成为国内最大的家电生产基地之一；芜湖聚集了广东美的、日立、科龙等外来强势企业；滁州聚集了博西华、康佳、扬子等企业为主所形成的家电生产基地。2005年，全省拥有家电及配套企业45家，完成现价工业总产值、销售收入、利税、利润分别是2000年的2.53倍、2.98倍、1.78倍、2.16倍，年平均增长速度为20.40%、24.41%、12.27%、16.65%。2005年，家用电冰箱完成530.42万台，位居全国第3位，占全国总量的17.82%；家用洗衣机完成441.75万台，位居全国第3位，占全国总量的14.96%；房间空调器完成515万台，位居全国第4位，占全国总量的7.61%。电冰箱、洗衣机、空调器三大主流产品产量分别比2000年增长了3.12倍、3.35倍和4.44倍；在皖西和皖北地区形成了以酿酒为中心的产业带。古井、口子、高炉、金种子集团在做强做大酿酒主业的同时，带动了玻璃、印刷、饲料等相关产业的发展。2005年白酒产量22.43万吨，完成工业总产值50.60亿元，实现销售收入54.66亿元，利税9.82亿元。

截至2005年年底，安徽省轻工规模以上工业企业有1465家，其中，大中型企业135个，小型企业1330个。按经济类型分，国有及国有控股企业127个，集体企业98个，外商和港澳台投资企业154个。全省轻工规模以上企业累计完成工业总产值（现价）922.26亿元。

“十五”期间，全省轻工业工业总产值、工业增加值、销售收入、利税总额、利润总额、出口交货值年均递增分别为15.86%、16.57%、16.87%、9.02%、16.82%、12.35%。全省轻工业总产值、销售收入、利润分别居全国第11位、第12位、第16位。有近20种产品产量在全国位居前10名。其中，合成洗涤剂产量居全国第4位，白酒产量居全国第6位，机制纸及纸板、塑料制品产量居全国第9位。

2005年，家用电力器具及照明器具制造业、农副食品加工业、塑料制品业、饮料制造业、食品制造业、造纸及纸制品业等6大行业实现产值、销售收入、利税、利润均占当年全省轻工总量的85%左右。大中型企业数占规模以上轻工企业由2000年的4.5%提高到2005年的9.21%。

全省轻工有10家企业出口创汇超千万美元。机电产品出口比重逐步提高，家用电器、金属制品、轻工机械等产品年出口交货值占轻工年出口交货值的比重，由2000年的25%上升到2005年的37%，而且出口区域日趋多元化，由亚洲、非洲等传统出口地区扩展到欧、美等发达国家。

经过“十五”期间的发展，安徽省轻工业虽然达到一定的发展规模，但在发展过程中也存在一些问题。行业的整体盈利水平不高，加工增值率低。2005年，全省轻工规模以上企业实现利税60.93亿元，每百元销售收入实现利税7元，比全省工业企业14.8元低7.8元。亏损企业374家，亏损面25.52%，亏损企业亏损总额累计5.21亿元。大中型企业亏损面仍高达25%。轻工中小企业装备水平较落后，研发能力薄弱，一部分轻工传统行业发展后劲不足。环境保护、污染治理任务仍十分艰巨。据测算，轻工造纸、酿造、皮革、日用化学品污水排放量占全省工业废水排放量的74.4%。实现全部工业废水达标排放和实现流域总量控制目标，需进行大规模、深层次的综合治理。

第二节　企业改革

“七五”期间　安徽省轻工改革初步深入，企业普遍实行了厂长任期目标责任制，内、外部承包办法逐步完善；在组织原料供应和产品销售方面，进一步走向市场。

继1984年中共十二届三中全会做出《中共中央关于经济体制改革的决定》之后，中共安徽省委、安徽省人民政府做出了《关于增强企业活力的若干规定》。通过贯彻上述文件精神，轻工业的改革逐步展开。在1984、1985年两年企业改革基础上，1988年轻工企业厂长负责制基本推开，并有26%的企业在厂长负责制的基础上实行了厂长任期目标责任制。这种责任制又分对内、对外两种：内部承包形式主要有百分考核浮动、工资全额包干、利润分成、计件工资、消耗定额承包、费用分成等20几种，对外承包形式主要有上次利润基数包干、上次利税递增包干、资产经营承包、减税还贷承包、任期目标承包等10多种。这一阶段，企业内部机制改革也有突破，划小核算单位、成立专业化分厂、分级分机管理，增强了职工主人翁责任感。其中比较普遍的是改革了内部分配制度，推行了浮动工资制度，把一部分工资和奖金、加班费等捆在一起，按职工的劳动成果浮动报酬。为全面搞活轻工小型企业，1986年2月6日，省轻工业厅在调查研究的基础上，向省政府提出《关于轻工业国营小型企业实行集体经营的报告》。

在企业管理体制改革初步深入的同时，这一阶段的另一个重要特点是企业经营方式的改变。由于实行社会主义商品经济，打破了原料计划供应、产品统购包销的格局，企业由纯粹组织生产开始走向市场。

“八五”期间 指导企业深化改革，以改革促发展。1992年，邓小平南方谈话发表和中共十四大召开以后，建立社会主义市场经济体制被确定为中国经济体制改革的目标模式，企业改革进入一个新的阶段。为指导和帮助轻工企业深化改革、促进发展，省轻工业厅一方面宣传贯彻中央有关文件精神，一方面积极提出建议，争取省人民政府出台有关政策。1992年，省人民政府根据省轻工业厅的建议，以皖政（1992）74号文件颁发了《关于加快城镇集体工业发展的通知》；同年，省体制改革委员会和轻工业厅等6部门联合制定下发了《安徽省城镇集体企业股份合作制试行办法》。到1995年，列入全省50家现代企业制度试点单位的轻工12家企业已基本完成改制，其中有6家已挂牌运作。据对71个地市县局所属的1138个轻工企业统计，到1995年年底，几乎所有企业都进行了不同形式的改革，其中组建有限责任公司的79个，有50个优势企业兼并了62个困难企业，有70个企业实行了租赁经营，有196个企业实行了竞争上岗和优化劳动组合，有100个企业实行民主选举厂长，有425个企业实行了干部聘任制，有69个企业分别采取了剥离分立、拍卖、破产和解体；有26个企业分别采取了挂靠、收购等不同形式的改革。原来实行股份合作制的企业在具体操作上也进一步完善，并逐步规模化。1993年美菱股份公司改制完成并成功在A股上市，成为全省轻工系统第一个规范性公司，第一支上市股票，加上1994年以后两次扩股，共筹资2.57亿元，为美菱的进一步发展奠定了雄厚的物质基础。

“九五”期间 1998年，在东南亚金融风波和洪涝灾害的双重压力下，全系统以改革总揽全局，以市场为导向、以国家产业政策为依据、按照“一句口号（在省内争实力、国内争名次、国际争影响）、一个战略（名牌战略）、一个工程（100亿元的投资工程）、四个一批（行业发展实行优化壮大一批、巩固提高一批、开拓创新一批、放开搞活一批）”的总体发展思路，在结构调整中寻求更大发展，生产继续保持了稳定增长的良好势头。

“十五”期间 全省轻工拥有美菱电器、国风塑业、古井贡酒、金牛实业、山鹰纸业、精达股份、国通管业、三洋电器等8户上市公司。所有制结构得到了较快调整，呈现多种经济成分的共同发展态势，特别是民营经济和外资经济发展较快，为轻工业的发展注入了新的活力。在2005年轻工业产值中，国有及国有控股经济、集体经济、外商和港澳台投资经济比重分别达到28%、3%、23%。

第三节 科技进步

“七五”期间 技术进步明显加快。前3年共开发新产品、新品种1840项，其中完成国家级、省级下达的新产品新品种开发计划项目308项；3年完成技改、基建投资9.99亿元，是在此之前历史上投资量最大的3年。新产品开发、技术进步和技术攻关取得较好成绩。1990年，全年共开发新产品、新品种706项、新花色936种、新包装1518种。“四新”产品产值达12.8亿元，占工业总产值的23%；在国家、部、省列项的攻关、科研、新技术推广应用项目共233项，其中安徽造纸厂的“红麻化机浆生产新闻纸”为国家“八五”124个攻关项目之一；全省轻工系统共获科技进步奖17项，其中轻工业部3项、省科委14项；获优秀新产品奖28项，其中轻工业部8项，省经委20项；获星火计划奖9项。

“八五”期间　依靠科技进步，发展了一批高科技、高附加值产品。合肥轻工模具厂研制出高科技含量的调整对绞机和单位式100对成缆机，一次试车成功，填补了国内空白；合肥香料厂开发出高附加值产品乙基麦芽酚，打入国际市场，在美国众多进口香料中，成为唯一免检产品。

1992年后，企业的开发能力明显增强，许多企业广泛开展与大专院校科研所联合，开发新产品，攻克关键技术，取得可喜成果。4年共开发新产品新品种2852个，其中完成省级以上开发项目55个，达到国内领先水平以上66个。1994年美菱、荣事达集团均被批准为国家级技术开发中心，1995年古井集团、安庆皮革总厂、芜湖缝纫机厂被批准为省级技术开发中心。

“九五”期间　据统计，“九五”期间，全省轻工固定资产投资连年增长，五年累计完成投资69亿元，是“八五”期间的2.2倍，年均递增15%。正是由于投资力度的加大，全省轻工的技术装备水平明显提高，达国际先进水平的占15%以上，国内先进水平的占40%左右。同时，企业技术创新能力得到增强，全省轻工企业建有省级以上技术开发中心21个，其中国家级技术开发中心2个。轻工产品中，荣获“中国驰名商标”的有4个。2000年年初荣事达还与美泰克合资创建荣事达跨国中央研究院，开启了安徽省中外科技合作的新模式。

“十五”期间　通过更新改造，全省轻工的技术装备水平得到明显提高，有15%和40%以上轻工企业的生产技术装备达到了国际20世纪九十年代和国内先进水平。企业技术创新能力得到进一步增强，拥有省级以上技术开发中心22个，其中美菱、荣事达、国风塑业建立了国家级技术开发中心。科技队伍逐步壮大，企业中科技人员比重达到5%左右，重点企业达到10%～20%。每年增加的“四新”产品有2500多种，呈现多样化和系列化的特点。全系统90%的大中型企业通过了国际标准质量体系认证，重要骨干企业已跻身于世界级合格供应商行列。美菱、荣事达、芳草、全力、安利、鸿润等品牌荣获“中国名牌产品”称号。

第四节　名牌产品

改革开放以来，安徽轻工十分重视产品质量工作，实施名牌战略，提高技术创新和产品质量水平，创造出一批能够经受激烈商战考验，深受广大消费者喜爱的名优产品。

名牌战略　安徽省轻工行业实施名牌战略，经历了计划经济时期的创优和市场经济时期的创名牌两大阶段。截至1991年，全省轻工共创“省优”880项、“部优”246项、“国优”22项。特别是美菱冰箱、芳草牙膏、牡丹吊扇等国优产品，为美菱、合肥日化、黄山电扇的发展产生了很大的影响，促进了企业健康、快速发展。随着计划经济向市场经济的转变，全行业品牌的意识越来越强。安徽省轻工行业首先在全国提出了“实施名牌战略”的口号并付诸实施。截至1998年，全省轻工行业共创安徽省名牌41个，占安徽省名牌产品22.8%，是名牌产品最多的行业之一。据不完全统计，1997年28个名牌产品，销售收入、利税、利润分别占全省轻工行业销售收入52%、利税84%、利润170%，名牌产品已在轻工行业具有举足轻重的作用，创优、创名牌都为安徽轻工经济的快速发展奠定了基础。

主要产品名录　截至2005年，安徽省轻工行业拥有有效期内的中国名牌7个，占全省77.8%；安徽名牌127个，占全省31.9%。

中国名牌产品（安徽轻工部分）名录

表4–1–4–1

产品名称	生产企业
美菱牌电冰箱	合肥美菱股份有限公司
荣事达牌洗衣机	合肥荣事达集团有限责任公司
大平牌菜籽油	安徽大平工贸(集团)有限公司
鸿润牌羽绒被	安徽鸿润(集团)股份有限公司
安利牌人造革/合成革	安徽安利合成革有限公司
芳草牌牙膏	安徽芳草日化股份有限公司
全力牌合成洗衣粉	安徽全力集团有限公司

安徽名牌产品（轻工部分）名录

表4–1–4–2

2003年度（17个）	
产品名称	生产企业
高炉牌高炉家酒	安徽双轮酒业集团有限公司
醉三秋牌白酒	安徽金种子集团有限公司
天柱山牌啤酒	安庆天柱啤酒有限责任公司

续表 4–1–4–2

海尔牌分体壁挂式房间空调器	合肥海尔空调器有限公司
荣事达牌电冰箱	合肥荣事达电冰箱有限公司
琥珀牌木地板	合肥市金球木业有限责任公司
样样红牌猪饲料	淮北正虹饲料有限责任公司
白湖牌大米	安徽省白湖农工商集团有限责任公司
令剑牌塑料薄壁微喷带	安徽天安集团实业有限公司
邦妮牌洗衣粉	芜湖邦妮洗涤用品有限责任公司
科苑牌塑料型材、塑钢门窗	安徽省科苑（集团）股份有限公司
舜牌玻璃保温瓶胆	安徽发强玻璃有限责任公司
富光牌饮水口杯	安徽省富光塑胶有限公司
双喜牌桂花酒	安徽古井双喜葡萄酒有限责任公司
口口香牌熟制瓜子	安徽喜洋洋食品有限公司
益益牌灭菌奶	安徽益益乳业有限公司
雪润牌速冻食品	安徽省雪润肉食品有限公司
2004 年度（24 个）	
东鼎牌小麦粉（特一粉、特二粉、面条 / 饺子 / 馒头专用粉）	安徽省东方面粉厂
雁湖牌小麦粉（特一粉）	安徽省国营龙亢农场面粉厂
稼仙牌大米	安徽省稼仙米业集团有限公司
千秋泉牌黄山毛峰	黄山光明茶厂
美菱牌洗衣机	合肥美菱集团控股有限公司
阿罗哈牌膨化食品	安徽丰原食品有限公司
野岭牌山泉饮用水	安徽野岭饮料食品有限公司
真心牌香瓜子	安徽真心食品有限公司
益益牌酸牛奶	安徽益益乳业有限公司
洽洽牌早餐派	合肥华泰食品有限责任公司
皇锦皮革牌鞋面皮革	安徽金牛实业股份有限公司金龙制革分公司
金菜地牌茶干	马鞍山市黄池食品（集团）公司
益和牌浓香芝麻油	安徽省含山县油脂有限公司
舜牌玻璃杯	安徽发强玻璃有限责任公司
美菱牌家用燃气灶	合肥美菱小家电有限公司
万乐牌大米	安徽省万乐米业公司
日源牌太阳能热水器	合肥日源太阳能热水器有限责任公司

续表 4-1-4-2

詹氏牌山核桃	安徽省宁国市詹氏天然食品有限公司
黄山松牌小麦粉（特一粉、特二粉）	萧县银海粉业食品有限公司
天方牌富硒有机绿茶	安徽天方茶叶（集团）有限公司
古南丰牌黄酒	安徽省郎溪县古南丰酒业有限公司
廷龙牌炒制西瓜子	安徽省寿县廷龙瓜子有限公司
天裕牌大米	安徽天裕米业股份有限公司
新扬牌洗衣机	滁州新扬电器有限公司
2005 年度（31 个）	
鸿汇牌蜂蜜	安徽鸿汇食品（集团）有限公司
国通牌聚乙烯，聚氯乙烯管材	安徽国通高新管业股份有限公司
百瑞得牌高强级反光膜	合肥百瑞得反光材料有限公司
美菱牌太阳能热水器	合肥美菱太阳能科技有限责任公司
美菱牌瓦楞纸箱	合肥美菱包装制品有限公司
安利牌聚氨酯合成革	安徽安利合成革有限公司
正大源牌猪用浓缩料	安徽省正大源饲料有限公司
天宏牌面粉	安徽淮北天宏集团实业有限公司
相山牌含乳饮料	安徽曦强相山乳业有限公司
东昕牌猪肉分割肉	安徽省东升食品有限公司
店小二牌白酒	安徽井中集团店小二酿酒有限公司
金不换牌白酒	亳州市酒厂
皖王牌小麦粉	安徽皖王面粉集团公司
丰原牌菜籽油	安徽丰原油脂有限公司
旺润牌清真肠	阜阳雨润肉类加工有限公司
八公山牌腐皮	淮南市八公山豆制品厂
御膳牌纯芝麻油	安徽省凤阳县御膳油脂有限公司
海神牌黄酒	安徽省海神黄酒有限公司
太阳牌啤酒	安徽金太阳啤酒有限责任公司
大平牌菜籽油	安徽大平工贸（集团）有限公司
金菜地牌辣酱	马鞍山市黄池食品（集团）公司
洪滨牌丝画	马鞍山市洪滨丝画手工艺术品有限公司
亚普牌竹复合地板	安徽亚普竹业有限公司
锦旗牌固定式荧光灯支架	安徽省旌德飞翔电器有限责任公司

续表 4–1–4–2

银河牌亚克力 (APS) 卫生洁具	宣城市银河洁具有限责任公司
胡氏宴牌白酒	安徽绩溪胡氏宴酒业有限公司
皖星牌大米	铜陵市北斗山粮库
润思牌祁门红茶	安徽国润茶业有限公司
九华牌矿泉水	青阳县九华山银杏矿泉水有限公司
漕溪牌黄山毛峰	黄山市徽州漕溪茶场
猴坑牌太平猴魁	黄山区新明猴村茶场
2005 年通过复审的（55 个）	
九华山牌盘状蚊香	安徽安庆南风日化有限责任公司
全力牌洗衣粉	安徽全力化工股份有限公司
鸿润牌羽绒制品	安徽省鸿润 (集团) 股份有限公司
迅启牌起动用蓄电池	安徽迅启蓄电池有限公司
AQ 牌玻璃输液瓶	安庆市玻璃有限责任公司
胡玉美牌蚕豆酱	安庆市胡玉美酿造食品有限责任公司
一枝梅牌香皂	安庆一枝梅日化有限公司
BBCA 牌一水、无水柠檬酸	安徽丰原生物化学股份有限公司
皖牌白酒	安徽省皖酒制造集团有限公司
天井牌啤酒	安徽皖啤酿造有限公司
鸿雁牌钙塑瓦楞包装箱	五河县塑料制品厂
老八大牌白酒	安徽古井贡酒股份有限公司
古井贡牌、古井牌白酒	安徽古井贡酒股份有限公司
五洲牌牛肉干	蒙城县五洲食业有限责任公司
双轮池牌白酒	安徽双轮酒业股份有限公司
申濡牌羽绒被、羽绒服	安徽鸿羽羽绒制品有限公司
露仙牌泡菜	安徽露仙调味食品有限责任公司
皖中牌日用瓷器	安徽省含山瓷业有限责任公司
明光牌白酒	安徽省明光酒厂
天大得贯流风叶	安徽天大（集团）股份有限公司
天宇牌塑料编织袋	安徽天大（集团）塑料复合制品有限公司
扬子牌房间空调器	中国扬子集团滁州扬子空调器有限公司
东兴牌精制碘盐	中盐东兴盐化股份有限公司
金种子、种子牌系列白酒	安徽金种子集团有限公司

续表 4-1-4-2

沙河牌白酒	安徽省沙河酒厂
喜妹牌系列洗衣粉	安徽省阳洁日化集团有限责任公司
文王牌文王贡酒	安徽文王酿酒股份有限公司
古原牌单面光炸药卷纸	太和县兴太纸业有限责任公司
芳草牌系列牙膏	安徽芳草日化股份有限公司
双墩牌面条	安徽丰大股份有限公司
国风牌聚乙烯吹塑薄膜（PE 膜）	安徽国风塑业股份有限公司
洽洽牌炒货	合肥华泰食品有限责任公司
金钟牌 B 级箱板纸	安徽金钟纸业股份有限公司
美菱牌电冰箱	合肥美菱股份有限公司
荣事达牌电冰箱	合肥荣事达集团有限责任公司
天鹅牌空调器	合肥天鹅制冷科技有限公司
皖宝牌弹簧软床垫	合肥皖宝床垫有限责任公司
濉溪牌白酒	安徽口子集团酒业股份有限公司
口子牌白酒	安徽口子集团酒业股份有限公司
益益牌奶粉	安徽益益乳业有限公司
黄山牌白酒	安徽黄山酒业有限责任公司
迎驾牌迎驾贡酒	安徽迎驾贡酒有限公司
龙津牌啤酒	华润龙津（舒城）啤酒有限责任公司
山鹰牌箱板纸	马鞍山市山鹰纸业股份有限公司
山鹰牌瓦楞原纸	马鞍山市山鹰纸业股份有限公司
三色牌节能荧光灯具	安徽省三色照明股份有限公司
精达牌特种漆包圆铜线	铜陵精达特种电磁线股份有限公司
海螺牌塑料型材	芜湖海螺型材科技股份有限公司
海螺牌塑料门窗	湖海螺型材科技股份有限公司
百蕊牌造纸用非金属网	芜湖华辰造纸网股份有限公司
丽光牌太阳能热水器	芜湖市丽光科技股份有限公司
海螺牌覆膜塑编袋系列产品	安徽宁昌塑料包装有限公司
古泉牌啤酒	安徽古泉啤酒有限责任公司
柔雪牌羽绒服、羽绒被	安徽省宣城市羽绒厂
红星牌宣纸	中国宣纸集团公司

第二章　重点分行业

第一节　家电工业

安徽省家电工业是伴随着中国改革开放政策和人民生活逐步提高而崛起的一个新兴行业。经过多年的迅速发展，从无到有，由弱到强，由粗放到集约，从国内市场跨入国际市场，取得了令人瞩目的成就，成为安徽省国民经济的一个支柱行业，使安徽省成为家电生产大省。

企业生产　1986年，滁县机床厂改为扬子电扇总厂，生产各种电扇，1985年为26.7万台，1986年达30多万台。当时流行“扬子江畔扬子扇”，产品销售尚好。1987年，该厂的“扬子”牌900毫米扇被评为安徽省优质产品。1987年，该厂引进德国、意大利冰箱生产技术及设备，从事冰箱生产，当年产值达4.5亿元，占当时滁县地区国民生产总值的十分之一，在全国同行业中也名列前茅。1988年，工厂工业总产值达1.6亿元，成为安徽省机械行业第一个上亿元的企业。

1986年，全省机械系统15种产品通过采用国际标准验收，滁州电扇厂FS–40、400毫米地扇名列其中。1987年，太湖县电扇总厂生产电扇，质量较好，受到用户欢迎，年产电扇10多万台。以后逐年发展，保持较高声誉。1988年，中国扬子电气公司成立，宣中光任总经理。该公司联合扩张了33家企业，当年产值达4.5亿元。1991年，扬子冰箱订货达70万台，居全国电工电器行业第6位，而且规格型号多，工厂还开发出200升双门双温豪华冰箱。

在此期间，安徽拖拉机厂积极调整产品结构，成立合肥和平灯具厂从事灯具生产，该厂研制的BKW–350型高档光效金属卤素灯，平均使用寿命达10000小时，比普通灯具高出1倍，投放市场即受到欢迎。

1993年，扬子电扇总厂继续发展。全年生产各种电扇30多万台，并开发出一些小家电产品，适应了用户需要。1994年1－10月，工厂产值达9700多万元，回笼资金8200万元。1994年，扬子电扇被中国消费者协会评为“94中国消费者满意产品”。

扬子冰箱厂通过技术改造和引进德国、意大利技术，实现了快速发展，产品供不应求，仅1994年1－4月就产销冰箱27万台，实现销售收入4亿元。究其原因，一是增加了品种，新开发出178、188、210、230型冰箱，1994年又增加了182型冰箱和

49 型冰柜。二是改进销售办法，实行分片销售，工厂把全国用户划分为东北、西北、华东、中南、西南几大片销售，并跟踪服务，满足了用户需求。三是工厂通过加强管理，获得了美国“VL”证书，取得了过硬资格。1994 年年初，国家机械部举办的首届中国机械工业百强企业（1993 年度）评价揭晓，安徽省有 4 家，中国扬子电气集团公司名列其中。1994 年年初，安徽省机械系统 50 强企业（1993 年度）评选揭晓，中国扬子电气公司冰箱总厂以销售收入 11.289 亿元、利税 7651.3 万元均排列第一。1995 年，以生产电气产品为主的扬子集团被认定为国家级技术中心。8 月，安徽省政府命名扬子冰箱总厂为现场管理示范企业。1996 年，以扬子冰箱厂为基础的博西扬制冷有限公司成立。该公司系由德国西门子公司收购原扬子冰箱厂而成立。从 1997 年起，扬子集团空调器厂投产，年产空调 10 多万台，成为扬子集团新的经济增长点。2004 年以后，该厂迁至扬子开发区兴建新厂，生产的有柜式、挂壁式空调。

1999 年，因扬子集团投资项目太多，发生资不抵债，集团决策者不得不将扬子冰箱的 70% 股权出让给德国西门子公司，后来德方又将剩余的 30% 股权买走，成立博西华电气公司（独资）。从此冰箱生产停止使用“扬子”商标。2000 年至 2005 年，一直以博西华公司名义生产冰箱，年产量几十万台。2000 年以扬子电扇总厂的电扇也逐年下降，到 2005 年只能小批量生产。2000 年以后，扬子空调器有限公司搬迁扬子工业园新址，并逐年发展。到 2005 年，年产各类空调 30 万台左右。

截至 1997 年，安徽省有 17 家家电生产企业，拥有固定资产 69 亿元，主要产品电冰箱生产能力 200 万台（美菱 120 万台、扬子 80 万台）；洗衣机生产能力 240 万台（荣事达 200 万台、美菱 40 万台）；空调器生产能力 70 万台（扬子 40 万台、天鹅 30 万台）。1997 年实现工业总产值 54 亿元，占全国 4.9%，主要产品产量：电冰箱 109 万台，占全国产量的 11%，其中：美菱冰箱市场占有率 9%，居全国第 3 位；洗衣机 179 万台，占全国同类产品产量的 14.2%，其中：荣事达洗衣机 175 万台，市场占有率 18%，居全国第 1 位；空调 14.6 万台，占全国产量的 1.8%。1997 年家电出口交货值 2.28 亿元，其中：电冰箱出口 20 万台，占全国出口量的 14.9%；洗衣机出口 9.6 万台，占全国出口量的 13.6%。美菱、荣事达、扬子、天鹅在全国家电行业均有较高的知名度。铜陵精达漆包线生产能力达 5000 吨；内螺纹铜管、毛细铜管 2400 吨成为全国家电行业重点配套基地。

“十五”期间是安徽省家电行业发展的关键时期，在经历了 2001 年、2002 年持续两年的低迷徘徊之后，2003 年安徽家电业逐步摆脱了困境、步入良性发展阶段，2004 年、2005 年家电业生产和销售呈现出快速增长态势。2005 年安徽省拥有家电及配套企业 45 家，固定资产净值近 50 亿元，从业人员 2.5 万余人。2005 年完成现价工业总产值 228.72 亿元，同比增长 18.29%；实现销售收入 185.18 亿元，同比增长 24.28%；实现利税 9.24 亿元，同比增长 35.46%，其中利润 5.62 亿元，同比增长 62%。现价工业总产值、销售收入、利税、利润分别是 2000 年的 2.53 倍、2.98 倍、1.78 倍、2.16 倍，年平均增长速度为 20.40%、24.41%、12.27%、16.65%。

电冰箱、洗衣机、空调器三大主流产品发展势头较好。2005 年，安徽省拥有生产电冰箱的企业 5 家，生产规模 500 万台（合肥美菱 150 万台、合肥荣事达 100 万台、滁州西门子 100 万台、合肥华凌 120 万台、滁州康佳 30 万台）；生产洗衣机的企业有 4 家，生产规模 430 万台（合肥荣事达 200 万台、合肥美菱 50 万台、合肥海尔 150 万台、滁州扬子 30 万台）；生产空调器的企业有 5 家，生产规模 870 万台（芜湖美的 350 万台、合肥海尔 300 万台、滁州扬子 120 万台、芜湖日立 70 万台、合肥天大 30 万台）。由于安徽省家电企业持续引进国际家电工业中的新技术、新工艺、新设备，开发和生产了一系列新的产品，使家电行业的技术和装备水平已基本和国际水平接轨。家电企业积极推进企业改革，通过股权转让、品牌经营、扩大外销、外资嫁接、租赁经营等多种形式扩大市场份额。家电企业的资本及品牌经过“十五”期间改组改造，已进入集团化建设和品牌维护的提升阶段。家电企业都以制造产业为核心，集家电、科研、商贸、配套件生产等多元化经营为一体，充分利用在家电行业已形成的技术优势、品牌优势和人才优势，坚持多元化和集群化发展战略，以工业园区建设为抓手，进一步增强企业核心竞争力和国际竞争能力的提升，安徽省家电制造业呈现出比较强劲的发展势头。2005 年家用电冰箱完成 530.42 万台，位居全国第 3 位，占全国总量的 17.82%；家用洗衣机完成 441.75 万台，位居全国第 3 位，占全国总量的 14.96%；房间空调器完成 515 万台，位居全国第 4 位，占全国总量的 7.61%。电冰箱、洗衣机、空调器三大主流产品产量分别比 2000 年增长了 3.12 倍、3.35 倍和 4.44 倍，从而进一步巩固了安徽家电制造业在全国的重要地位。

企业结构　国内外大企业汇聚，企业结构呈现多元化格局。“十五”期间，安徽省加快对外开放步伐，为外来投资创造了良好的发展环境，家电行业引来了四川长虹、青岛海尔、广东美的、香港华凌、日本三洋、日立、德国西门子（博西华）等国内外大企业投资并落户，提升了安徽家电工业在全国家电行业的地位。外资大规模进入，使企业结构呈现多元化的格局，市场活力及适应能力大大增强。劳动者素质不断提高，劳动力成本相对低廉，加上各家电企业建立了较为健全的生产制造体系，生产效率和生产成本已达国际水平，使安徽省成为国际性家电制造和采购的最佳场所之一。从而初步形成了以美菱、荣事达、扬子等为主体的省内企业，以四川长虹、青岛海尔、广东美的为主的外省到皖投资企业及以博西华、三洋、日立、华凌等为主的“三资”企业等三大类企业发展格局。

制造基地　以合肥、芜湖、滁州为中心，家电制造基地初具规模。至 2005 年，围绕合肥、芜湖、滁州这样一个夹江 200 公里的区域，引来各方家电制造企业的移聚。其中，省会合肥聚集了美菱、荣事达、合肥海尔、四川长虹、华凌、广东美的等优势企业，是国内主要的家电生产基地之一；芜湖主要有广东美的、日立等外来强势企业；滁州则是以博西华、康佳、扬子等企业为主的家电生产基地。

存在问题 存在的主要问题是缺乏核心竞争能力。企业持续发展能力不足。如安徽家电行业的龙头企业合肥美菱集团、合肥荣事达集团近年来则始终徘徊在 20 ~ 30 亿元总产值之间，与国内的青岛海尔、广东美的等强势企业相比则暴露出后劲不足的问题。资本经营能力不够。由于企业经营和发展能力不强，省内企业在外省的一些投资项目大都没有取得实效，在资本经营能力方面略显乏力。相比之下，一些省外企业（如海尔、广东美的等）在安徽省投资建厂基本上都获得成功。市场把握能力不强。表现为安徽省电冰箱、洗衣机、空调器三大主流产品产量偏重，而小家电产品产量偏轻。

重点企业 合肥美菱集团公司 合肥美菱集团公司是以合肥美菱股份有限公司为核心组建而成的集家电、塑料、纸制品、商贸、海运、金融、科研等多元化经营为一体的国家大型企业集团。

合肥美菱股份有限公司是在合肥美菱电冰箱总厂基础上改制而成的。1986 年，合肥电冰箱厂生产电冰箱 42735 台，完成产值 2833 万元，实现利税 603.94 万元，全员劳动生产率 3.44 万元 / 人年，分别比上年增长 81.3%、82.9%、80.6%、66.2%，第一次跻身于合肥市利税大户行列，实现了发展史上第一次跳跃。同年，美菱 BC-145 型冰箱获安徽省优质产品称号。1987 年 2 月，合肥电冰箱厂更名为合肥电冰箱总厂，同年，美菱成功推出第一代“美菱—阿里斯顿”广告片。1987 年 10 月，从意大利梅罗尼引进的 10 万台电冰箱生产线正式建成投产，赶上国内引进电冰箱生产线的“末班车”。技改后，达到年产电冰箱 30 万台的能力，产品质量档次大为提高。同年，美菱 BC-145 型电冰箱获轻工业部优质产品称号，美菱牌电冰箱首次被轻工业部推荐为“最受消费者欢迎的轻工产品”。

1988 年，美菱电冰箱在全国的市场占有率为 1.7%，企业晋升为国家二级企业。1989 年 7 月，美菱 BCD-181 型超大冷冻室电冰箱研制成功。10 月，该产品批量投放市场，被《人民日报》称之为“中国电冰箱行业的一次革命”“美菱 181 效应”，国家授予“国家产品质量金奖”。在扩大美菱 181 电冰箱生产量的同时，又不失时机开发适合中国南方市场的美菱 161 电冰箱。1989 年，美菱电冰箱销售跃居全国第 4 位，一举成为全国 5 大名牌电冰箱之一。总厂在全国 500 家最佳经济效益企业中，名列电子电器行业第 17 位，并首次进入全国 500 家最大工业企业之列，名列第 422 位，实现了第二次跳跃。

进入 20 世纪九十年代以后，为把美菱建成一个以生产冰箱为主、空调器和洗衣机为两翼、家用辅助器具为补充的国有大型企业。1990 年 5 月，联合合肥拉链厂、合肥电冰箱配件厂、合肥纸箱厂、合肥锅炉厂及合肥电容器厂5个中小企业，组建美菱集团。该年美菱电冰箱在全国的市场占有率上升到5.4%。1991年，第100万台美菱冰箱下线。

1992年1月，合肥电冰箱总厂更名为合肥美菱电冰箱总厂。同年7月，由合肥美菱电冰箱总厂、合肥电冰箱配件厂、合肥纸箱厂、合肥拉链厂共同发起，对合肥美菱电冰箱总厂进行股份制改造，以定向募集方式（法人股、职工内部股）发行股票1950万股，合肥美菱股份有限公司正式创立，张巨声任公司董事长兼总经理。1993年9月，合肥美菱股份有限公司获准向社会公开发行A股3000万股，成为安徽省第一家规范化的股票上市公司。

1992年5月，美菱开始在合肥市东郊征用土地40万平方米，创办美菱工业小区。通过招商引资和规划兴建等途径，到1995年底，美菱工业小区已初具规模，先后建有美菱电冰柜厂、美菱注塑中心、合肥包装制品有限公司和中外合资美吉厨具有限公司、华聚塑胶有限公司等9个生产厂。1995年，合肥美菱股份有限公司在全国500家最大工业企业的位次由上年的第369位上升到356位，国家统计局、中国技术进步评价中心授予美菱“1995年全国职业道德建设先进单位”称号。

1993年7月，美菱引进德国康维他公司技术设备，在合肥高新技术产业开发区投资建成年产20万台空调器生产线正式投产，生产美菱牌系列窗式空调器、分体空调器。1990年，在消化吸收引进电冰箱生产线技术设备基础上，投资4811万元进行电冰箱二期工程项目建设，该项目于1992年12月顺利投产，1993年美菱冰箱产销量首次突破50万台大关，居全国同行业第2位。

1994年1月，美菱与省木材厂合并经营，利用木材厂的原址兴建美菱电冰箱二厂和美菱洗衣机有限公司。一年时间，投资5亿多元，开始组建两条具有国际先进水平的生产线。一条是与日本三洋合资的三门风冷电冰箱生产线，主要产品有BCD-212（L）、BCD-248W、BCD-256豪华多功能电冰箱；另一条是与意大利梅罗尼公司合作的滚筒式洗衣机生产线，主要产品是XQG50-848、XQG50-848H、XQG50-532全自动智能型洗衣机。

1995年通过ISO 9001认证。1996年，B股在深圳成功上市，并居于上市企业前十强。1997年，通过ISO 14001认证，同年被认定为中国驰名商标。1998年推出了除菌保鲜冰箱。2000年，节能冰箱投放全国市场。2001年被授予“中国名牌产品”。2002年，企业ERP系统正式投入使用。2003年公司体制成功改革。美菱冰箱已达（A++）标准。2004年出口冰箱52万台，名列中国冰箱行业三甲，被授予“全国用户满意服务企业”。2005年，年产65万台冰箱新生产线建立投产。

合肥荣事达集团公司　合肥荣事达集团公司由集团公司（含实业公司）、中日合资合肥三洋洗衣机有限公司、中美合资公司（荣事达洗衣机有限公司、电冰箱公司、电机公司、模具公司、橡塑公司、日用电器公司）三大部分构成，位居全国轻工 200 强前列。主导产品荣事达牌系列洗衣机是中国家电产品十大知名品牌之一。有较强的技术开发能力，被列为国家级“企业技术中心”和全国高新技术百强企业之一。荣事达集团产品线涉及白色家电、黑色家电、系列小家电、新型能源、汽车配件、包装、电动自行车、太阳能热水器、新型建材等多个产业。荣事达集团拥有“中国名牌”和“中国驰名商标”——“荣事达 –Royalstar”。2006 年经中国品牌研究院权威评估“荣事达”品牌价值超过 26 亿元，位居中国最具价值驰名商标排行榜第 54 位，名列中国白色家电行业的前茅。 在近 20 年的发展中，荣事达集团先后和国内、外多家知名大企业合资、合作，共同设立了 9 家合资企业，其中，合肥三洋为中国首个家电合资上市企业；6 家中资企业及多家战略合作企业。其主导产品洗衣机、电冰箱产销量一直稳居行业前三和前十位的位置。

荣事达集团公司是由一个城镇集体企业——新新机具厂（生产电机、冲床）发展起来的。1980 年，原新新机具厂开始试制洗衣机，1981 年更名为合肥洗衣机厂。1986 年至 1995 年的 10 年间，企业通过引资改造、兼并重组、开发新品、加强管理、创立名牌、开拓市场，资本扩张 300 多倍，利税增长 300 多倍，成功地走出一条质量、科技、管理、资本效益型的发展之路。

1986 年从日本三洋电机株式会社引进具有 80 年代中期国际先进技术水平的大波轮、新水流双桶洗衣机技术。在省轻工业厅、合肥市政府及合肥市中行的大力支持下，贷款 2700 万元，引进了模具、主要设备和生产技术。同年，合肥洗衣机厂兼并了合肥塑料三厂、塑料九厂，改名为洗衣机总厂，1986 年 7 月，陈荣珍任合肥洗衣机总厂厂长。为解决该厂百花牌洗衣机牌誉不响、销售不旺的问题，陈荣珍率技术、质量、销售等部门负责人赴上海洗衣机总厂商谈联营事宜。双方于 7 月签订了关于合肥洗衣机总厂（利用对方品牌）生产水仙牌洗衣机的协议。1986 年，合肥洗衣机总厂产值 3294 万元，利税 116 万元。1987 年，产值 5812 万元，利税 525.3 万元。1988 年，洗衣机产量 30 万台，产值突破 1 亿元（达 1.2 亿元），利税 1895.3 万元。合肥洗衣机总厂从此开始走出困境，发展壮大，并在全国洗衣机行业有了一定的地位和影响。

1989 年下半年，全国洗衣机市场疲软，上海洗衣机总厂要求其联营方实行独立销售。合肥洗衣机总厂决定调整营销策略，变“坐商”为“行商”，成立了销售公司，抽调了一批得力的中层干部组成销售队伍；同时细化全国市场，以京广线、京沪线和陇海线为 3 条基准线，以本省、东北、西北、华北、华东、中南为六大片，由 8 名经理坐镇，并召开了一次全国性的产品订货会。凭着良好的产品质量和过细的市场工作，合肥洗衣机总厂在同行业中率先走出了困境。1989 年，产值 13746.6 万元、利税 1539.6 万元。

1990 年，合肥洗衣机总厂产值 1.77 亿元，利税 1862 万元，约占全国同行业利税的四分之一。为适应企业发展的需要，将原技术科扩充为研究所，成立用户服务中心并放在重要位置等等，初步体现了以市场为中心的生产经营思路。1991年，合肥洗衣机总厂正式提出“零缺陷生产”的质量方针，要求唯一等品出厂、商业开箱合格率在99%以上。这是在全国家电行业中较早提出的质量口号，并逐步演变成“零缺陷生产、唯一等品出厂、精益求精、求实创新”的新质量方针。

1992年10月，合肥洗衣机总厂与香港丰事达投资有限公司及安徽省技术进出口公司分别以70%、25%和5%的出资比例共同创办了荣事达电气有限公司，注册资金2400万美元。1993年1月1日，正式推出“荣事达”牌洗衣机。一年创牌成功。1993年，共生产洗衣机56.4万台，产值3.15亿元，利税5923万元，均比上年有大幅度的增加。与此同时，公司与上海洗衣机总厂的联营协议于1992年年底到期，至此结束了双方长达6年的联营。

为进一步引资合作、再求发展，以荣事达电气有限公司为基础组建的荣事达集团公司于1994年1月7日注册成立。随后，荣事达集团公司采用出让部分股权形式，与香港詹培忠总公司组建了合资公司——荣事达（集团）有限责任公司。荣事达（集团）有限责任公司于1994年6月6日正式成立，总股本21250万元，对方占49%。不久，荣事达集团公司将融入的1亿多元港资用于同日本三洋电机株式会社合资成立了国内最大的模糊控制全自动洗衣机基地合肥三洋洗衣机有限公司。该公司总投资2300万美元，中方荣事达集团公司、日本三洋公司各占45%股份，另3家贸易商社共占10%股份。

荣事达集团公司从1991年起，先后投巨资建成了洗衣机、模具、电子、小家电4个研究所和1个检测中心、1个计量中心，开发了18个新产品。1992年，投资3500万元成立了模具中心，引进高精度机床和CAD/CAM工作站，并派员赴日、美培训。1993年起，为XPB50-18S大容量双桶洗衣机，XPB50-188S、XPB50-189S、XQB38-92、XQB40-97型微电脑全自动洗衣机，XQB50-68、XQB60-98、XQB45-95、XQB45-96、XQB45-95F、XQB45-96F、XQB50-158、XQB55-118、XQB46-128、XQB46-138、XQB46-148等多种模糊控制全自动洗衣机以及电热水器等小家电产品，自制了百余副高精度模具。1993年、1994年，荣事达公司均被列入全国高新技术百强企业（分别名列等27位和第30位），是安徽也是同行业中唯一入选企业。1994年1月，合肥荣事达集团公司被国家经贸委、国家税务总局、海关总署等单位联合命名为国家级“企业技术中心”，担起了国内洗衣机行业产品研制和开发的任务。

1994年，荣事达集团公司共完成产值6.25亿元，利税1.06亿元，产量83万台，位居全国同行业第3位。同年，在合肥高新技术产业开发区购地200亩（1996年增至300亩），建成合肥三洋、模具、橡塑等几个公司，为新一轮发展奠定了基础。

1995年，荣事达集团公司在国内建立了30个分公司、400多家特约维修点，实现销售、宣传、维修三位一体；推出了包括“零缺陷生产”“零缺陷供应”“零缺陷服务”“零缺陷决策”“零缺陷资本运作”等各个系统的“零缺陷管理”模式，确保了荣事达的产品质量和工作质量的不断提高。1995 年末，荣事达集团公司有职工 4023 人，固定资产原值 51427 万元。1995 年，荣事达集团公司共生产洗衣机 127.7 万台，产值 10.67 亿元，销售收入 10.22 亿元，利税 1.39 亿元，产销量、销售收入、市场占有率均居全国洗衣机行业第一。

1986—1995 年，荣事达集团利润年均递增 72.14%。1986 年以来，荣事达集团及其产品先后获得轻工业部质量管理奖、全国五一劳动奖状、全国维修服务先进企业、全国轻工系统先进企业、省级先进企业、国家二级企业、先进服务企业、中国消费者协会推荐商品、安徽省最优企业等荣誉称号。

1996 年 2 月，荣事达集团公司通过 ISO9001 国际质量体系认证。同年 9 月，荣事达集团与美国四大家电公司之一的美泰克公司合资，引进美资 8200 万美元，总注册资金 13.4 亿元人民币，共建立荣事达洗衣机公司、电冰箱公司、模具公司、橡塑公司、电机公司、日用电器公司等 6 个合资企业，标志着荣事达集团向多角化经营、多品种战略迈开了一步。同年，合肥三洋洗衣机有限公司由双方共扩股 1100 万美元用于开发生产微波炉系列产品。1996 年年末，荣事达集团总资产达 22.89 亿元，资产负债率 37%；当年共生产洗衣机 150.8 万台，销售收入 15.73 亿元，利税 1.7 亿元，洗衣机产销量、销售收入、市场占有率仍居全国同行业第一。

在 2005 年国家统计局公布的 1000 家最大的中国工业企业名单中，荣事达列电器行业榜第 34 位。

铜陵精达铜材（集团）有限公司　铜陵精达铜材（集团）有限公司，其前身是铜陵市家电铜材厂，原轻工业部在安徽定点生产特种漆包线的专业厂。

1987 年，成立了铜陵市家用电器铜材厂筹备处。1990 年 2 月，铜陵市政府正式批准成立铜陵市家电铜材厂，王世根任第一任厂长。同年 4 月，铜陵家电铜材厂转入试生产阶段。该厂从抓生产、质量和销售等基础工作入手，取得明显成效，产品当年获全国第二届家电展览会银飞马奖，通过了轻工业部部级产品技术鉴定。1991 年，该厂“主攻销售，确保达产，力争产销平衡”，提出了“抓质量，促销售；抓管理，上等级；抓服务，赢用户”的经营策略，强化经济承包责任制和销售承包，当年通过了企业基础管理等十多项验收，产品获安徽省和轻工业部优质产品称号，进一步扩大了市场。与此同时，对引进设备和技术的消化吸收也比较成功，很快成为国内引进意大利西格玛公司漆包线生产线运行最好的厂家。1991 年 5 月，由该厂、上海电缆研究所和意大利西格玛公司三方在铜陵共同举办了“铜陵——西格玛漆包线技术研讨会”，共同探讨漆包线的生产技术。

进入 1992 年后，该厂以一期工程为依托进行扩建。针对当时全国家用空调器等产品出现好销势头，决定在原有的基础上上 QACH 超微细线和空调用漆包线，从意大利、德国、奥地利等国引进年产 870 吨的空调器等家用电漆包线生产线，并于 1993 年底将产品投放市场，使企业的漆包线生产向多规格延伸，线径范围从 Φ0.2 ~ Φ0.8 毫米之间向两头拓展到 Φ0.02 毫米和 Φ2.0 毫米，从而大大增强了产品在市场上的适应能力。1994 年，针对冰箱、空调以及吸尘器等所需漆包线持续增长的市场行情，决定在已有的基础上再通过技改增加产量，满足用户需求，投资 1000 万元人民币从意大利引进了一台年产 1200 吨的漆包线生产线，于 1995 年成功地投入生产。为进一步扩大企业规模，以适应拓展市场的需求，1995 年又从意大利再次引进了一台 1200 吨的漆包线生产线（于 1996 年 5 月建成投产）。通过三次技改，使生产能力从一期工程的 1850 吨迅速扩大到 5000 吨，成为国内同类企业中举足轻重的生产厂家。

到 1995 年，该企业漆包线在国内的市场占有率达 30%，覆盖率达 80%。是年，为进一步增加产品品种，拓宽产品，提高企业在市场竞争中的适应能力和应变能力，该企业决定引进和吸纳外资，新建两个合资企业：一是兴建了铜陵华陵有限公司。该公司是以家电铜材厂的三期工程（毛细铜管和内螺纹铜管项目），与香港华洋实业有限公司合资兴建的，其两种产品市场前景较好，属高科技产品，在国内刚刚起步，总投资 4700 万元，由中方控股；其中，毛细铜管年生产能力 300 吨，内螺纹铜管年生产能力 2000 吨，并被列入国家"双加"计划。该项目达产后预计每年实现产值 1.2 亿元，利税 1600 万元。二是兴建铜陵西瓦绝缘材料有限公司。该公司是与意大利西瓦公司合资兴建的，总投资 360 万美元，其中：外方投资占 60%，中方 40%，双方均以美元进账持股，严格按照合资企业的规定和管理模式进行管理。该公司可年产漆包线绝缘漆 4000 吨，达产后预计每年可实现产值 1.02 亿元，利税 2800 万元。

该企业在"八五"期间几经扩展，生产能力迅速扩大，企业效益显著增长。在此期间，企业连续 4 年获"安徽省最佳经济效益企业"称号，1993 年跨入"中国 500 家最大电气制造企业"行列，1995 年获"全国轻工优秀企业"及"安徽省质量最佳企业"荣誉。1995 年年末，该企业有职工 230 人，固定资产原值 8236 万元，漆包线生产能力 5000 吨。1995 年生产各种规格的家电漆包线 3365 吨，工业产值 1.52 亿元，利税总额 679 万元，利润 156 万元，产量、产值分别比 1991 年增长 220% 和 274%。

1996 年 5 月，铜陵华陵有限公司和铜陵西瓦绝缘材料有限公司建成投产，其中，铜陵西瓦公司的投产，不仅结束了国内特种漆包线生产用漆完全依靠进口的历史，而且这种绝缘漆投放市场后，前景看好。同月，为适应市场经济发展需要，建立现代企业制度，以原家电铜材厂为核心层，以铜陵华陵铜材有限公司和铜陵西瓦绝缘材料有限公司为紧密层的精达铜材集团正式组成，王世根任精达（集团）有限公司董事长、总经理。为了在漆包线市场巩固和扩大已有的优势，该企业决定同世界上最大的漆包线生产厂家美国费尔普斯，道奇公司合资，于 1996 年年底签订了合资意向书。1996 年主导产品“精达”牌漆包线荣获“1996 年安徽名牌产品”，并顺利通过了 ISO 9002 质量体系认证。

2000 年 7 月 12 日，以铜陵精达铜材（集团）有限责任公司为主发起人，联合安徽省科技产业投资有限公司、合肥市高科技风险投资有限公司、北京中关村青年科技创业投资有限公司、铜陵市皖中物资有限责任公司，共同发起设立铜陵精达特种电磁线股份有限公司，股票代码 600577。2005 年，特种电磁线产品产量 52232 吨、销量 51036.68 吨，销售收入 184015 万元，分别比上年增长 22.46%、21.72%、47.90%；全年实现主营业务收入 206040 万元、主营业务利润 18784 万元、净利润 4377 万元，分别比上年增长 50.08%、31.53%、17.16%。

公司于 1996 年通过 ISO 9002 标准质量保证体系认证，2002 年通过 ISO 9001 和 QS/9000 标准质量管理体系认证，2004 年通过了 ISO 14001 环境管理体系认证和 OHSAS18001 职业健康安全管理体系认证。主导产品于 1997 年通过美国 UL 安全认证。

第二节　白酒制造业

白酒业是历史悠久、技艺独特的中华民族传统产业，也是安徽的重要产业之一。多年来，安徽省白酒产量一直位居全国前 3 至 5 位。

企业生产　改革开放以后，安徽省白酒业得到了迅猛发展，特别是 1993 年以后，安徽白酒业异军突起，与川酒、鲁酒形成三足鼎立之势，在全省轻工业中占有举足轻重的地位。1997 年，产量达到最高峰 59.25 万吨。产量在全国的位次多年居于鲁酒、川酒之后，名列第 3 位。尤其重要的是，在原有古井、口子等历史名牌的基础上，又涌现出高炉、皖酒、迎驾、沙河、金种子、明光、文王等一大批新的名牌产品。从实现利税情况看，白酒业曾多年位居轻工业之首，许多县（市）财政收入的 60% ~ 80% 来自白酒。可以说，白酒业为地方经济和全省经济的发展做出了突出的、历史性的贡献。截至 2005 年，拥有白酒生产许可证的企业 400 多家，其中规模以上企业 51 家，白酒年生产能力 65 万吨。2005 年，共完成白酒产量 22.43 万吨，完成工业总产值 50.60 亿元，实现销售收入 54.66 亿元，实现利税 9.82 亿元，其中利润 1.90 亿元。

进入 21 世纪以来，与我国商品市场供求格局的变化和消费结构的升级相适应，安徽省白酒业不断朝着生产集约化、结构合理化、产品多样化、口味大众化的方向发展。企业的组织形式进一步集团化、骨干化。通过优胜劣汰，优化组合，形成支撑酒业生存发展、管理规范、抵御行业风险的企业集团，如组建了古井集团、口子集团、高炉集团等。企业产权关系进一步混合化、股份化。通过企业之间的吸收合并、参股控股、债务重组、资产划转、资产置换等多种途径，白酒业的资产结构得到了调整，带动白酒业产权关系的混合化、股份化，从而打破了传统的白酒业产权单一的格局。白酒企业的经营领域进一步多元化、群体化。为避免行业风险，扩大经营规模，不少白酒企业涉及金融业、制药业、酒店业、房地产业、旅游业、体育业、建材业、包装业等与白酒相关或非相关的经营领域。“酒业为主，多元经营”的意识成为酒业集团的主流，并形成一定规模的产业群体，这是延长产业链条，实现产业化，增加效益的有效途径。白酒企业的产品进一步品牌化、国际化、大众化。从国家推行“低度、优质、多品种”的发展方针以来，白酒产品的品牌化、低度化及口味大众化逐步确立。全省绝大部分是中低档酒，其中，杂粮类占 60%，薯类占 20%。此外，塑造名品、名企、名家三位一体的大品牌形象，成为白酒企业追求的目标。酒类企业之间发展进一步极差化、集约化。在激烈的市场竞争中，白酒企业之间存在着此消彼长的现象。名优酒类企业集团的资产、规模、盈利、管理更为优化集中，酒行业内部经济效益的“极差”不协调现象表现为实力之战、品牌之战、技术之战。

存在问题　进入 2000 年以来，安徽省白酒业在发展中也出现了一些困难和问题。特别是产量严重下滑。2002 年全省规模以上白酒企业的产量为 27.96 万吨，2003 年产量为 24.78 万吨， 2004 年产量降至 20.71 万吨，2005 年产量略有回升为 22.43 万吨。产量在全国的位次由第 3 降为第 6 位，名列山东、四川、江苏、河南、辽宁之后。2005 年，全省规模以上白酒企业亏损面达 29.41%。安徽省白酒业出现的问题与国家产业政策及有关税收政策有一定的关系。受宏观产业政策的影响，近年来，全国规模以上企业的白酒产量也是一路走低。白酒消费税政策的出台和实施，直接影响到规模较大企业的盈利能力。

自 2001 年 5 月份白酒调税以来，全国十多家白酒上市公司基本上都是呈下降趋势。据测算，平均每吨白酒售价为 19668 元，平均每斤白酒出厂价不足 10 元，创税收 1.6 元，实现利润 0.94 元，每吨白酒的税收贡献率约为 16.33%，吨酒利润率约为 9.57%。可以说，白酒业已不是高税利行业。此外，原材料涨价、公路运输限超限载，都给白酒企业的成本带来了客观上的提升。古井贡酒股份有限公司所用的原料最低涨了 20%，有的涨了 30% ~ 40%。从白酒的消费情况来看，消费人群的消费在不断转移到其他产品中，白酒的消费群体进一步萎缩。

白酒企业的改制、重组进展不快，国有独资或国有控股这种单一投资主体的产权结构没有多大改变。即便有的企业进行了改制，但在原有体制下，职工的社会保障化程度较低，企业办社会现象没有彻底解决，以至面临着职工安置等诸多难题。生产集中度仍然偏低，品牌、市场、产量都很分散。全省共有白酒企业包括家庭作坊户 7000

多家，拥有生产许可证的企业 400 多家，但规模以上企业只有 51 家。全省共有白酒品种近千个，但质量优异、品牌声誉较高的产品较少。行业管理、自律工作滞后，无序、恶性竞争现象严重，影响了行业的整体形象和发展。有些企业习惯以广告大战、促销大战和返利大战来夺取市场份额，他们只要市场，不顾及利润。如果有一产品市场走俏，即有跟风者进行仿制，造成假冒伪劣产品充斥市场。

缺乏技术创新。安徽省白酒业的技术含量不高，科技投入和科研创新能力不足，一些企业依靠资金投入和资源消耗维持增长的基本格局没有根本性的转变。白酒产品风格特点雷同的倾向进一步发展，产品个性不突出，同质化现象越来越严重，多香型白酒发展极度失衡。从目前的情况来看，浓香型白酒的品种发展较快，清香、酱香和其他香型品种白酒发展缓慢。在浓香型白酒中，多粮发酵型的多，单粮发酵的少。

重点企业

安徽亳州古井酒厂（安徽古井贡酒股份有限公司）。1986 年 3 月，亳县改称亳州市，原亳县古井酒厂随之改称为亳州古井酒厂。1986 年年末，有职工 1158 人，固定资产原值 2596.93 万元，净值 2337.78 万元。1986 年，共生产白酒 8586.6 吨，工业总产值（1990 年不变价，下同）5135.3 万元，销售收入 3317.73 万元，利税 1035.87 万元；企业获安徽省出口产品先进单位称号，古井贡酒、古井玉液、曹操酒等产品被评为安徽省优秀食品。

1987 年年初，该厂研制开发出华佗屠苏酒。同年 10 月 1 日，古井贡酒被北京人民大会堂选为国宴用酒。是年，该厂晋升为省级先进企业，获“安徽省最佳经济效益夺魁单位”。同年，企业内部开始实行承包经营责任制；由国家投资 4500 万元开始扩建 4000 吨大曲酒车间。1987 年末，有职工 1588 人，固定资产原值 3386 万元、净值 2954 万元；全年产白酒 11195.69 吨，工业总产值 7175.2 万元，销售收入 5926.88 万元，利税 2223.22 万元。

1988 年 10 月，古井贡酒在第十三届巴黎国际食品博览会上获金夏尔奖。同年，研制并推出了古井佳酿、古井陈酿、古井老窖 3 个新产品；“古井低度系列产品开发”项目获国家星火奖和全国星火计划项目成果展览交易会金奖、省星火科技奖，古井贡酒在中国首届食品博览会、全国旅游商品研评会上和全国轻工业优秀产品展览评比中分获金奖，在全国保健食品评比中获金杯奖，被省消费者协会誉为“江淮之花”。同年，该厂获省级节能先进单位、省先进企业和轻工业部质量管理奖、全国轻工业先进集体，被列为国家大型企业。1988 年，4000 吨大曲酒车间竣工投产；全年生产白酒 12654.6 吨，工业总产值 8728.49 万元，销售收入 9953 万元，利税 4025.26 万元。

1989 年全国白酒市场疲软，该厂实施“降度降价”“保值销售”“负债经营”等多种销售策略，成为该年度全国白酒行业唯一生产和效益没有滑坡的企业。同年，古井贡酒在全国第五届评酒会上第四次荣获金奖，企业晋升为国家二级企业，首次进入按利税排序的中国500家最大工业企业行列，位居第498位。1989年，该厂研制推出古井二曲、古井粮液、五禽戏3个新产品，“古井低度酒用水研究”项目获省科技进步三等奖和科技成果奖。1989年产白酒16258.48吨，工业总产值11005.9万元，销售收入13132.91万元，利税4101.22万元。

1990年，该厂“从酒糟中分离稻壳的再生与应用”项目通过省级技术鉴定，填补了国内一项空白；古井贡酒在首届全国轻工产品博览会上获金奖；古井特曲被轻工业部授予A级产品和优质产品称号；企业获省“创最佳经济效益夺魁企业”。1990年该厂在中国最大工业企业500强中晋升到378位。1990年产白酒21015.45吨，工业总产值16417.42万元，销售收入15841.56万元，利税5146.28万元。

1991年10月，该厂推出高级滋补酒“古井春”；11月，阜阳行署批准组建以亳州古井酒厂为核心的“古井实业集团”，该厂以260万元兼并古井路一厂，组建酿酒第四分厂。同年，古井贡酒在北京国际食品博览会上获金奖；所产古井牌猪、牛用混合饮料被省经济委员会定为“安徽省1991新产品”，并获得科技成果奖；“古井低度系列产品开发”项目和“酒糟的综合开发利用”项目在首届中国青年科技成果博览会上均被团中央、国家科委、国家计委和国家科协授予金奖；“双层泥发酵”研究成果、“酒糟的综合开发利用”获省星火科技一等奖。是年，该厂在中国最大工业企业500强中排序晋升到254位，名列中国白酒行业第3位，全国饮料行业第4位；在中国500家最佳经济效益工业企业饮料制造业中排行第6位；在饮料制造业50家最大经营规模工业企业中排行第10位；在饮料制造业50家最佳经济效益工业企业中排行第6位。1991年，产白酒29803.14吨，工业总产值22223.34万元，实现销售收入26906.63万元，实现利税9315.47万元。

1992年，安徽古井实业集团经省政府批准正式成立并进入实质运转，集团拥有核心层企业1个、紧密层企业9个、协作层企业31个，直接投资的企业有亳州古井大酒店、古井矿泉饮料厂、古井（亳州）房地产开发公司、古井药都大厦、古井（惠阳）实业公司、古井（黑河）实业公司、新鑫股份有限公司、希迪高技术有限公司。同年，新建年产能力2000吨大曲酒车间竣工投产；古井贡酒获美国首届葡萄酒白酒博览会和1992香港国际食品博览会金奖，在1992全国国货精品消费者社会调查中获“最满意奖”，在1992首届京城酒文化节中被推举为公认名酒，古井春酒1992香港国际食品博览会和首届全国老年用品博览会上分获金奖、银奖，其包装获1991年“世界之星”包装奖，“古井贡”牌古井贡酒、“古井”牌古井特曲在首届安徽省著名商标评比中均获“省著名商标”称号。1992年，该企业在中国最大工业企业“500强”中晋升到148位，仍居中国白酒行业第3位；综合经济效益居全国饮料行业第2位；企业获全国“五一劳动奖状”

和全国轻工先进集体称号；全年产白酒 31883.42 吨，工业总产值 26855.77 万元，销售收入 34491.7 万元，利税 19349.4 万元。

1993 年，安徽古井实业集团被省政府列入计划单列企业，古井商社投入运营，古井建材厂、古井塑胶有限公司、古井贡莱有限公司相继建成投产。同年，开发出古井 988 酒，古井贡酒系列全部荣获中国驰名白酒精品和“93 中国消费者协会推荐产品”称号，“多层泥发酵提高浓香型名优大曲酒比率”工艺通过省级鉴定并获省星火科技二等奖，“酒糟的综合开发利用”项目获国家星火科技三等奖。同年，企业晋升为国家大型一档企业，通过国家质量谁检查验收，获安徽省绿化委员会“花园式工厂”称号。同年，该企业在中国最大工业企业 500 强中列第 166 位，继续居中国白酒行业第 3 位，全国饮料制造业利税 10 强企业列第 4 位，企业活力评价列全国第 16 位，综合经济效益在全国饮料行业列第 2 位，在安徽省列第 6 位。1993 年产白酒 35636.44 吨，完成工业总产值 41184.91 万元，实现销售收入 47386.25 万元，利税 26408.38 万元。

1994 年，产品通过中国方圆标志认证委员会方圆标志合格认证，古井贡酒系列通过第五届国家评酒委员会检评并保持了中国名酒水平；企业获省“文明单位”称号，被列入“安徽省质量 30 佳企业”。1994，该企业在中国最大工业企业 500 强中位居第 155 位，名列全国白酒行业第 3 位；在由国家经贸委、国家统计局排出的“企业评价最优 500 家”中以 93.82 分列第 150 位，在全国轻工行业列第 17 位，在安徽省列第 5 位；在按净资产排序的“中国的脊梁”国有企业 500 强中位居第 332 位；在“安徽工业百强”中按利税名列第 5 位。1994 年，产白酒 32333.83 吨，完成工业总产值 41558.55 万元，实现销售收入 59616.5 万元，实现利税 32893.6 万元。

1995 年 8 月，完成了古井实业集团公司化改造，将其改制为安徽古井集团有限责任公司。在首批安徽名牌产品新闻发布会上，55 度、38 度、30 度古井贡酒被命名为首批安徽名牌产品，并向国内外公开推荐。同年，该企业被省政府命名为“安徽省综合管理示范企业”和“安徽省计算机应用及辅助管理示范企业”，获全国质量效益型先进单位；获国际统计学会、国家统计局、中国技术评价中心“中国名星企业”称号。1995 年年末，有职工 4914 人，固定资产净值 23395.87 万元，全年生产白酒 39997.67 吨，完成工业总产值 43933.88 万元，实现销售收入 75761.88 万元，实现利税 42997.59 万元。

1996 年，古井酒厂改制为“安徽古井贡酒股份有限公司”；先后发行了 6000 万股 B 股和 2000 万股 A 股，募集资金 3.91 亿元；企业内部深化了各项制度改革，实施“降低消耗年”，内抓消化，外抓提价；创立了古井塑料制品有限责任公司；兼并“安徽双喜葡萄酒酿造总厂”并创立了“安徽古井双喜葡萄酒有限责任公司；获进出口经营自主权，成立了进出口贸易公司；研制开发出高档古井贡酒“十年陈酿”“五年陈酿”“茶”牌茶酒和“古井神力”牌神力酒；创建了四分厂污水处理站。1996 年，古井贡酒获中国名牌推介会“1995—1996 轻工名牌产品”称号。1996 年末，安徽古井集团有限责任公司共有企业 25 个，职工 6713 人，固定资产原值 48091 万元；其中，古井贡酒股份有限公司完成工业总产值 50817.34 万元，实现利税 51564 万元，利润 25300 万元。

古井贡酒股份有限公司被中国轻工总会评定为“1997 全国轻工业十佳企业”，在全国酒类企业中独享此殊荣。在中国行业企业信息发布中心发布的 1996—1997 年度中国工业行业状元榜“中国工业行业领先企业”中，古井贡酒股份有限公司位居榜首。

1998 年 12 月，国家工商局认定并授予“古井贡”为“中国驰名商标”。在 1997 中国最有价值的品牌排行榜上，古井贡品牌名列第 14 位，较 1996 年前移了 4 位，品牌价值增至 21.56 亿元。在白酒行业 1998 全国市场产品竞争力调查中，古井贡酒再次荣获消费者心目中理想品牌第三名,实际购买品牌第二名,1999 年购物首选品牌第二名。

1999 年 1 月，“古井贡”品牌价值增至 31.33 亿元，再创历史新高。此外，“古井贡”牌、“古井”牌白酒再次被省政府推荐为 1999 年安徽重点名牌产品。在 2001 年中国最有价值品牌研究中，“古井贡”品牌价值增长为 37.05 亿元，同时企业荣获“1981—2001 年中国食品工业 20 大突出贡献企业”、“1981 — 2001 年中国食品工业 20 大科技进步成果奖”。 2001 年，公司被中国食品工业协会授予全国食品工业科技进步优秀企业奖；古井贡酒 (55 度、50 度、45 度、38 度、30 度) 经国家食品监督检测中心检测和中国名酒 (白酒) 质量验证委员会的感官评价，顺利通过了质量验证；“古井贡”牌、“古井”牌系列酒获省消协推荐优质白酒荣誉称号。

2000 年 1 月，公司顺利通过了中国兴轻质量认证中心的 ISO 9002 ： 1994 质量体系现场认证，并获得“2002 年安徽省质量管理奖”称号。安徽特供五年陈酿古井贡酒、磨龙瓶古井贡酒、铁四星古井酒、淡雅型古井酒等被安徽省消协授予“消费者喜爱的优质白酒”。2003 年 4 月，国家质检总局发布公告，宣布对古井贡酒实施原产地域产品保护。2004 年 10 月，古井贡酒股份有限公司继获得质量、环境、职业健康安全“三标一体化”国家认证之后，其产品又获得国家纯粮固态发酵标志认证。2005 年，上海古井假日酒店经营指标居上海市同行业榜首，被洲际集团评为亚太区假日酒店品牌“典范奖”。 2005 年，成为国家地理标志产品。

安徽口子酒业股份有限公司。公司是在原淮北市口子酒厂、濉溪县口子酒厂基础上成立的。1994 年成立了安徽口子集团公司，2002 年改制成立了安徽口子酒业股份有限公司。公司下辖 6 个子公司，员工 4000 余人，拥有一个现代化的省级技术中心，发酵池 8000 余条，年产优质酒达 3 万吨。

口子窖酒为公司主导产品，为兼香型白酒，1999 年被评定为中国十八大名优酒标准样品，获安徽省人民政府颁发的“安徽省十大重点名牌产品”称号；2000 年获省科技进步二等奖；2002 年获中国白酒典型风格金杯奖并被国家批准实施原产地域产品保护；2005 年被国家商务部等联合评定为全国首届三绿工程畅销白酒品牌。

2003 年，公司通过了 ISO 9001 和 ISO 14001 质量环境兼容管理体系认证，口子窖酒通过了国家级产品质量认证，2005 年通过了 HACCP 管理体系认证。2005 年 6 月，“口子”商标被国家工商行政管理总局评定为中国驰名商标。

淮北市口子酒厂。1986 年，淮北市口子酒厂作为淮北市改革试点企业后，实行厂长负责制、干部招聘制、工人合同制和内部经济承包制，成立以厂长为主任的全面质量管理委员会，下设“全面质量管理指导组”和办公室，各车间普遍设立 TQC 领导小组。同年，投资 100 万元，建立酿酒发酵研究所。1987 年，开始了白酒除浊项目研究，并取得成功。1988 年，将研究成果除浊剂用于口子酒由 54 度降到 38 度的研究，使 38 度口子酒在零下 10 摄氏度仍清澈透明，使产品继 1979 年第三届全国评酒会上被评为国家优质酒后，在第五届评酒会上，再次被评为国家优质酒，获银质奖。1988 年 11 月，包装车间洗瓶水循环利用工程，通过了淮北市水资源管理委员会的验收。1989 年，淘汰电机改造研究取得成功，每生产 1 吨酒可节电 76 度。1990 年，该厂扩建科研楼，增加科技投入。全厂成立 QC 小组 28 个，完成课题 24 个，成果率 85.7%。

1991 年 2 月，中共淮北市委、市政府为发挥规模优势，增强市场竞争力，将独立经营的市口子酒一厂、市口子酒二厂、市口子酒总厂合并成立新的淮北市口子酒厂，实现人、财、物、产、供、销的统一管理。新的淮北市口子酒厂组建后，固定资产达 4199.12 万元，职工 1376 人，企业开始加快转换机制，加快了 5000 吨优质酒扩建步伐。当年产量 7525.54 吨，产值 5379.59 万元，利税 4024.41 万元；濉溪牌系列口子酒获第二届北京国际博览会金奖，濉溪特液获国家优质食品称号；企业获安徽省创最佳经济效益竞赛夺魁单位称号。

1992 年，淮北市口子酒厂与北京海淀区九强系统工程研究所联合开发“淮北市口子酒厂计算机验酒勾兑，调味专家系统”。该系统适用于浓香型白酒生产厂的酒库管理和各种高、中、低档白酒的优化勾兑与调味，通过了省经委组织的专家鉴定。1992 年 4 月投入使用，当年提高优质品率 11.2%，创经济效益 73.8 万元。同年，产品获巴黎国际名优酒展评会特别金奖和曼谷国际名酒博览会金奖。

1993 年，企业形成了 1 万多吨的生产规模，拥有 4 条机械化酿酒生产线，4 条机械化制曲生产线，3 条瓶酒灌装生产线，实现销售收入 1.77 亿元，利税 7049.56 万元。

1994 年，淮北市口子酒厂与濉溪县口子酒厂发生商标纠纷，加之税制改革使企业税负增加 12.5%，假冒伪劣口子酒泛滥，企业生产经营进入低谷。企业降低成本，大力开拓销售市场，年底实现销售收入 1.30 亿元，利税 4023 万元。同年，企业晋升为国家大型一档企业。

商标之争使淮北市口子酒厂与濉溪县口子酒厂耗费大量人力、财力，经济效益受到严重影响。为解决两“口子”的商标之争，加速口子酒的发展，中共淮北市委、市政府经多方征求意见，1994年12月决定成立安徽口子酒集团公司，将淮北市口子酒厂和濉溪县口子酒厂纳入集团，作为集团公司的骨干企业。

成立集团公司以后，两家商标之争得到解决。公司加大广告宣传的投入；提高产品包装档次。1995年，企业加入中国驰名商标保护组织，被评为全省仅有3家的“全国轻工系统重教企业”。1995年末，有职工1838人，固定资产原值12702.4万元，年产白酒能力2.5万吨。当年产酒1.12万吨，产值8157万元，销售收入2.47亿元，利税7536万元。

1996年4月，企业以“学邯钢、抓管理、增效益”活动为契机，在积极拓展市场的同时，狠抓内部管理，减少了开支、增加了利润，并注重提高产品质量，购进了具有国际先进水平的美国生产的惠普900型气相色谱质量检测仪2台。先后推出38度、48度精品龙凤瓶口子酒，受到消费者的喜爱。1996年，全厂产酒1.12万吨，产值8392.34万元，利税6323.15万元。

濉溪县口子酒厂。1986年3月12日，濉溪县口子酒厂完成的“生化法人工催熟优级大曲酒”科研项目，通过了国家科委的鉴定，并在国内外首家应用此法催熟优级大曲酒，为优级大曲酒的人工老熟开辟了一条新途径。7月，逐级成立全面质量管理、检验机构，加强了对原料进厂的质量检验和生产工艺流转过程中的质量控制以及成品酒出厂的质量把关。是年，口子牌口子酒、口子老窖酒、38度口子牌口子酒被评为安徽省优质产品。

1987年，“生化法人工催熟优级大曲酒”科研项目进入批量应用，企业增加经济效益近1000万元；全面质量管理教育在厂内深入开展，职工受教育面达95%。同年，在大曲酒十分畅销的情况下，进行市场调查分析，提出了“稳定低档酒产量，提高优级酒产量，适量增加库存，提高经济效益”的生产经营方针；把酿酒二车间9个大曲酒生产班改成6个口子酒生产班；建成双跨优级酒生产车间两幢、800吨储酒库1幢及其他配套工程；企业获省创最佳经济效益先进单位。是年年末，固定资产原值由1985年底510.39万元增加到846.75万元。

1988年，厂科技人员通过分析研究，决定选择口子酒酿造二车间赵献华班为试验班进行“濉溪传统工艺人池结构调整”试验（又称“生产工序逆运转”试验）。年底，试验取得较好效果。是年3月，将全厂33个大曲酒生产班改为20个优级口子酒生产班。由于把大曲酒生产全部改为口子酒生产，这一年，企业产量大幅度下降，但效益大幅度提高：与1986年相比，实现利税增长3.76倍。同年，企业获省二级计量单位，通过省、市TQC验收。1989年，在全国许多酿酒企业亏损的情况下，该厂实现税利534.03万元，“口子”牌54度口子酒在全国第五届评酒会上进入国家优质酒行列，“口子”牌系列酒获首届国际食品博览会金奖、企业荣获省质量管理奖。

1990 年，自筹资金 70 万元进行口子酒车间发酵池改造；“口子”牌 38 度口子酒被评为轻工业部优质产品，53 度口子酒、口子特酿酒评为“消费者喜爱产品”；当年实现利税 1277.04 万元，被国家统计局、国务院《管理世界》中国企业评价中心联合评为按利税排序的全国 500 家最大工业企业和行业 50 家企业之一，厂晋升为中型企业。

1991 年，“口子”牌口子系列酒获第二届国际食品博览会金奖；企业被评为省级先进企业。是年，企业实现利税 4420 万元，获省创最佳经济效益夺魁单位；再次被国家统计局、国务院《管理世界》中国企业评价中心列入按实现利税排序 500 家最大工业企业，在全国白酒行业中排名第 11 位。

1992 年，厂自筹资金 320 万元，建造 1800 吨储酒库和改造 3 条自动灌装包装线；提出“围着市场转，随着市场变，以销定产”的生产经营方针，开发了高档精品玛瑙杯礼品口子酒、46 度中档口子酒和低档口子酿酒等，加强了对销售人员的培训，产品畅销全国 23 个省、市、自治区。是年，实现利税 7673.12 万元，在国家统计局、国务院《管理世界》中国企业评价中心按利税排序的 500 家最大工业企业中排名第 365 位，居全国白酒行业第 11 位；被省统计局等部门列入安徽工业 50 强、省饮料制造行业的利税 10 强；“口子”牌口子酒被省消费者协会、省技术监督局评为消费者最喜爱的“十佳”商品之一。

1993 年，企业贷款 2420 万元、自筹 2400 万元进行完善 5000 吨口子酒技改工程。全年实现利税 8465.9 万元，再次被评为安徽省创最佳经济效益夺魁单位，连续第四次被国家统计局、国务院《管理世界》中国企业评价中心按利税排序的 500 家最大工业企业；在全国降低损耗先进单位评比中，成为全国唯一“降损先进单位”称号的白酒生产企业。同年，企业晋升为国家大型企业；“口子”牌口子酒获中国名酒博览会金奖。

1994 年，先后购置了先进的气相色谱仪和容重器等设备，加强原料进厂和成品酒质量检测。同年，企业信誉被评为 AAA 等级；“口子”牌口子酒获 1994 年中国国际名酒博览会中国酒王提名奖，54 度“口子”牌口子酒在全国名酒质量鉴评中蝉联国优名级称号，53 度口子酒荣获中国名酒精品奖和安徽省名检产品。

1994 年，“安徽口子酒集团”组建，市、县两家口子酒厂在口子酒集团公司领导下各自开展工作。1995 年，濉溪县口子酒厂加入中国驰名商标保护组织，5000 吨口子酒完善工程竣工，6 条自动灌装线投入生产，企业被国家统计局、中国技术进步评价中心评为“中国明星企业”，“口子”牌 46 度、38 度口子酒分别被省技术监督局、质量大家评执委会评为“质量免检产品”和“质量信得过产品”，“口子”牌系列酒被国内贸易部评为名牌产品。1995 年末，职工 1145 名，固定资产原值 6470.78 万元。1995 年生产成品酒 8404 吨，产值（1990 年不变价）2576.29 万元，销售收入 1.47 亿元，实现利税 6719.4 万元，其中利润 3072.9 万元。

安徽迎驾酒业集团。前身系县办国有企业霍山县佛子岭酒厂，始建于 1955 年，但一直到 80 年代中期，由于计划经济束缚，产品单一，发展缓慢，年产值还不足 100 万元。改革开放后到 1995 年，企业连续 10 年，年年有发展。1994 年，被省委、省政府命名为“安徽省文明单位”。

1997 年 6 月，酒厂整体改制，建立现代企业制度，改革思路确定为组建规范的股份有限公司。经过严格的资产重组和产权界定，向社会和职工募集股金。几天时间，就募集股金 800 多万元，其中，来自四川、浙江等地的股金就达 500 万元，职工自愿入股近 300 万元，依法建立了董事会、监事会、股东大会和决策管理层，挂牌成立了“安徽迎驾酒业股份有限公司”。改制促进了企业内部改革的深化。1996—1998 年 3 年里，分别实现销售收入 7041 万元、1.27 亿元和 2.25 亿元，分别比上年递增 62.9%、80.4% 和 77.2%。经济效益大幅度提高，成为六安地区第一利税大户。1998 年，被省政府授予“安徽省先进集体”，被省总工会授予“全心全意依靠职工办企业先进单位”。

进入 1999 年，为适应生产经营发展的需要，公司作出进一步扩股决定，公司股本从 1800 万元扩充到 3600 万元。股本结构也发生了很大变化，由过去的国有股“一统天下”变成了国家、法人、个人股“三足鼎立”的局面。是年，荣获省政府“安徽省百家最佳经济效益企业”光荣称号。到 2005 年，产值超 10 亿元。

安徽明光酒厂。创始于 1949 年 7 月，由“精益”“李和祥”“阮兴隆”“阮兴祥”4 家私人糟坊合并组成。初期，仅有 10 头毛驴、12 盘石磨、4 口酿酒大锅、25 间草房，日产大曲酒 800 多斤。其后，以老厂为基地，经过改建、扩建，规模逐年扩大。1985 年开始扩建万吨曲酒工程，1991 年全部建成投产。白酒年生产能力达 3 万吨以上，成为安徽省最大的优质酒厂之一。

为保证明光酒的优质品位，公司在东北地区设立高粱农产品绿色基地。加强明绿液白酒酿酒用原料“明光绿豆”种植基地建设，实行公司 + 农户模式，在明光市管店、石坝、涧溪等地建立“明光绿豆”生产基地。

2006 年 6 月 23 日，浙江温州宇宙集团全资收购了明光酒厂，改制为安徽明光酒业集团。明光酒业重组后，进行大规模技改，进行了生产车间、设备、厂容的改造，新上四条现代化包装生产线，器材库、成品库与包装车间连为一体，缩短了物流距离，提高了工效。

安徽高炉酒厂。建于 1949 年，最初称“高炉槽坊”。1952 年更名为“安徽省高炉酒厂”。从 50 年代至 70 年代，生产发展较慢。1983 年，通过狠抓产品质量，改革生产工艺，大幅度扩大优质酒生产，产值、利税增速逐步加快。1984 年，扩建 2 幢年产名优大曲酒 2800 吨机械化车间，新建一幢酒库、包装楼，建科研楼一幢，改造了老式锅炉，改

建了两座简易红粮库，新建年产 5000 吨名优酒手工酿酒车间，企业初具规模。1990 年，克服市场疲软、销售不畅、资金周转困难的局面，初步拓宽了销售渠道，加速资金周转，当年完成工业总产值 1210 万元，利税 700 万元。1992 年，改革劳动、用工、分配三项制度，提高职工福利，极大地调动了干部职工生产经营积极性；同时，狠抓产品销售和货款回笼，积极搞好产品开发和企业技术进步，大力调整产品结构，扩大名优酒生产，强化管理，提高了效益。1993 年企业实现利税 2853 万元，比上年增长 185%。

1994 年，确定“省内为主、省外为辅、全面推进、重点突破”的营销方针，当年利税 6060 万元，比上年增长 112%。1995 年，以高炉酒厂为核心企业组建的安徽双轮集团投入运营，企业实力和市场竞争力大为增强。是年，高炉酒厂贯彻“考察一个、认准一个、开发一个、占领一个”的省外开发 16 字方针，加大宣传力度，实施创名牌工程，成功地开辟了 20 多块稳固的销售根据地。

按照生产服务设施和市场两个投资一起上的方针，该厂自 1992 年至 1995 年的 4 年间，共投资 1.25 亿元用于广告宣传，投资 1.4 元用于扩建、技改，其中扩建了 3 幢双轮池酒生产车间，使曲酒生产能力增加一倍多；扩建了年产 1.2 万吨食用酒精车间；扩建了年包装量 3 万多吨、国内一流水平的现代化自动包装车间；扩建了 2 幢曲房楼和 1 幢破碎楼；新建了总贮量 4500 吨的贮酒大罐，解决了企业多年存在的“贮酒难”问题。

1995 年年末，有职工 2200 人，固定资产原值 1.13 亿元，年产白酒能力 1.2 万吨。1995 年产白酒 2 万吨，完成产值 2.07 亿万元，销售收入 5.36 亿元，利税 1.24 亿元，利润 4745 万元。

安徽种子酒总厂。前身为国营阜阳县酒厂，始建于 1949 年。到 1985 年年末，有职工 567 人，固定资产原值 458 万元，为小型白酒厂。1985 年，产白酒 4480 吨，工业产值（按 1980 年不变价计算）1228 万元，利税总额 330 万元，1986 年至 1995 年的 10 年间，特别是 1992 年以后，企业得到了快速发展。

1986 年至 1991 年间，阜阳县酒厂在抓生产发展的同时，注重抓科研和治理污染工作并取得了成效。1986 年，该厂利用酒精糟液生产菌丝蛋白饮料研究项目通过了省科学技术委员会中试鉴定；同年，“颍州”牌醉三秋酒等 4 种产品均被评为安徽省优质产品。1987 年，通过技术改造，酒精生产能力由 1 万吨增加到 2 万吨；同年，利用废酒糟生产沼气，供食堂、办公室、家属楼使用，节约标煤 1120 吨；“颍州”牌食用酒精获安徽省优质产品称号。1988 年，获安徽省人民政府颁发的省级先进企业证书；在中国首届食品博览会上，“颍州”牌醉三秋酒获金牌，菌丝蛋白包饲料、38 度颍州特液酒获银牌。1989 年产值 2012 万元，利税总额 2208.8 万元（其中利润 760 万元），升为中型企业。1990 年，完成产值 4016 万元，利税分别比上年增长 95% 和 29%，同年，取得轻工业部颁发的“全国工业产品生产许可证”；“三秋”牌醉三秋酒被轻工业部评为优质产品。1992年，阜阳县酒厂兼并颍泉酒厂，并改称阜阳酿酒总厂。是年，被国家环境保护局授予“环境保护先进企业”。

1993年1995年，阜阳酿酒总厂通过扩建改造、加强管理和产品销售等一系列措施，生产、效益连年成倍增长，企业和产品知名度迅速扩大；1994年，产值1.84亿元，利税4028万元，分别比上年增长91.49%和100.60%；其主要产品种子酒被中国食品工业协会推荐为名牌食品；其系统动态管理获1994年全国轻工业管理现代化成果奖。1995年1月，厂名改称安徽种子酒总厂。是年，安徽种子酒总厂将包装车间扩建为4个车间，灌装能力由原来的8000件提高到6万件，完成销售额3.75亿元，利税8298万元，两项指标均比上年增长1倍；企业获安徽省创最佳效益单位称号。

1995年年末，安徽种子酒总厂有职工2818人（含各类专业技术人员418人），年产能力为饮料酒5万吨、酒精2万吨，产品有种子、三秋、颍州、颍泉等4个系列、78个品种，销往国内29个省、市、区。

安徽省沙河酒厂。原称界首白酒厂，始建于1949年8月，1951年定名为界首酒厂，1990年，改称安徽省界首市酒厂。1994年5月，厂名改称安徽省沙河酒厂。

1986年至1990年，先后有沙河特曲、低度沙河特曲、贵妃醉、芬芳酒4个产品获省优酒称号。5年间，每年创利税以100万元的幅度递增，实现利税总额相当于1949年至1985年的37年利税总和的2倍。在此期间，沙河酒厂由小型企业进入中型企业行列，由名不见经传的小厂发展为有较高知名度的省级先进企业。

1991年至1995年，是沙河酒厂的第二次创业和稳步发展时期，也是沙河酒厂技改步伐最大、速度最快、成效最显著的时期。这一时期，沙河酒厂一方面坚持“以质量求生存，以品种求发展，以服务求销路，以管理求效益”的经营方针和“以全面技术进步为基础，以沙河特曲创优为主导，开发用户满意的新品种”的质量工作方针不动摇，继续抓管理、夯基础、抓质量、创名牌；另一方面，抓住机遇，实施了万吨优质大曲酒技改工程。1991年7月至1993年年底，投资3300万元进行技改扩建，新增优质沙河特曲生产能力4000吨。这次扩建以后，企业规模成倍扩大；5年间，每年实现利税递增1000万元，1995年年末，有职工1150人，固定资产原值5565万元，年产白酒能力1.6万吨。1995年产值7060万元，销售收入18161万元，利税5261万元。

1996年，沙河酒厂成功研制出高质量、高品位、外包装精美、豪华的沙河王酒，销往10多个省、市、区，颇受消费者喜爱。是年，全厂完成销售收入3.4亿元，实现利税10156万元。

安徽省圣泉啤酒厂。坐落在安徽省怀远县城，1981年开始筹建，是年8月，怀远县人民政府从县农机二厂、糖厂等单位抽调朱耀武等34人筹建怀远县啤酒厂。1982年

9月，在原糖厂旧车间的基础上，投资97万元，因陋就简建成了设备不完全配套的年产5000吨啤酒的啤酒厂。1982年10月18日试产一次成功。

1983年，怀远啤酒厂贷款30万元用于5000吨项目的填平补齐。1984年年底至1985年，又完成了一个5000吨技改项目，使生产规模达到1万吨。1986年，项目开始发挥效益；接着又1个5000吨的扩建项目完成，当年投资、当年设计施工、当年投产见效，全年产量10380吨，1987年产量15200吨，圣泉啤酒进入省优质产品行列。1989年3月，经县工商管理局批准，怀远啤酒厂更名为安徽省圣泉啤酒厂。从1990年元月开始，圣泉开始加大技改步伐，连续实施了1.5万吨、3万吨扩建项目，至1993年年底生产规模达到8万吨/年。

1989年，圣泉啤酒被轻工业部首批推荐为A级产品。1990年，圣泉啤酒获轻工业部优质产品称号。是年，投资扩建1.5万吨项目。1991年，啤酒产量22522吨，圣泉啤酒厂晋升为国家二级企业。1992年12月，经省人民政府批准，以圣泉啤酒厂为核心企业组建圣泉集团，先后扶持发展了六安、含山、淮北、芜湖、固镇、庐江、滁州等7家濒临倒闭的啤酒企业，使其迅速扭亏为盈。

1993年，圣泉啤酒厂年产3万吨的啤酒项目扩建成功，全年产量50354.48吨，比上年净增21182吨。同年，圣泉啤酒厂经国家经贸委等6部委审定为国家大型一档企业。1994年，圣泉啤酒厂针对当时国内啤酒工业科技含量低的状况，提出了“从劳动力密集型转向科技密集型”的发展思路，成立了安徽啤酒行业第一家科研机构——圣泉科技中心，同轻工部食品发酵研究所、无锡轻工大学、中国科技大学、合肥工业大学等科研单位和高等院校开展技术合作，广泛进行科技和人才的交流。1994年至1995年间，先后组建了“无锡轻工大学圣泉集团科学技术研究所”“无锡轻工大学圣泉集团实践基地”“中国科学技术大学圣泉集团电子技术研究所”；与有关单位联合研制啤酒酿造计算机管理系统，加大了现代化管理进程；在轻工部食品发酵研究所、无锡轻工大学有关专家的指导下，积极开发低醇啤酒、冰啤、清酒、高档碳酸饮料等高附加值新产品，仅1995年就填补了安徽省啤酒行业4项空白。同时，不惜重金从德国、美国、意大利、瑞士等国高起点引进了麦芽湿法粉碎机、扎啤生产线、二次抽真空灌装机以及斯卡巴（SCABA）啤酒综合检测分析仪等国际先进的生产、检测设备，使整个工艺装备达到国内同行业先进水平。

1995年，在中国轻工总会举办的全国啤酒检评中，圣泉啤酒参评的3个品种分别获得全国同类产品中的第二名、第四名和第十名，圣泉啤酒获“95全国啤酒行业优质产品奖”。同年8月，安徽圣泉集团、安徽省圣泉啤酒厂分别易名为圣泉集团、圣泉啤酒厂。1995年10月，第二个1.5万吨啤酒技改项目竣工投产；12月1日，60万吨扩建项目的首期10万吨工程在涡河北岸的“圣泉城”破土动工。同年，10万吨麦芽厂的一期工程年产1.5万吨项目竣工投产，养殖公司建成，又一个3万吨啤酒发酵项目竣工投产。

1995年年末，圣泉啤酒厂有职工652人，固定资产原值7517万元，净值7018万元。1995年产啤酒8.03万吨，产值9612万元，利税4066万元，其中利润1056万元。1996年5月，圣泉啤酒厂在全省25家啤酒企业中率先通过了ISO 9002产品质量认证和质量保证体系认证，圣泉啤酒成为安徽省唯一取得了进入国际贸易体系通行证的啤酒。1995年年底，总投资2.63亿元的10万吨/年技改项目仅用不足一年的时间就建成投产，创造了国内啤酒发展史上的奇迹，使生产能力猛增到25万吨，其建设速度被称为“圣泉速度”，成为省内规模最大的啤酒厂。同年，圣泉啤酒厂与青岛、珠江、燕京啤酒厂一道成为国家扶持的十大民族啤酒企业首批入选的四家企业。

1991—1998年，圣泉集团有限公司累计实现税利3.12亿元，其中1998年实现税利达6900多万元。

安徽省古泉啤酒厂。原称安徽省敬亭山啤酒厂，1985年更名为古泉啤酒厂。1986年，经国家计委批准立项，由国家建行投资3700多万元的3万吨啤酒项目破土动工。新工程于1987年从德国引进全套发酵过滤机、酵母离心机，从保加利亚引进两条8000瓶/小时啤酒自动灌装线，于1988年4月竣工投产，成为该厂啤酒生产二分厂，其产品保持了古泉啤酒的风味。同年，该厂与宣城地区技工学校联合开办了两个啤酒酿造专业培训班，厂方派专业技术骨干担任专业课教师；该培训班学生毕业后，不少人逐渐成为厂生产、管理骨干。同时，该厂深化企业改革，内抓质量，外抓市场，企业内部管理得到加强，产品质量明显提高，影响迅速扩大。1987年，“敬亭山”牌食用酒精获省优质产品称号。1988年，12度古泉啤酒再次获省优质产品称号和首届中国食品博览会银奖。1989年，12度古泉啤酒获全国行业质量评比优质产品银质奖，参加全国分级质量检测达A级产品；12度古泉啤酒和12度强化啤酒参加全国优质保健产品评比，分别获“金鹤杯”和“新星杯”奖。1990年，12度古泉啤酒获轻工业部优质产品称号。

20世纪90年代前期，进一步进行技改扩建，其中，2年投资600万元，将啤酒年生产能力由4.5万吨提到6万吨；1993年投资200万元将酒精年生产能力由5000吨提高到8000吨。其间，该厂在企业中开始推行三项制度改革，实行干部聘任制和全员劳动合同制，逐步实行效益工资制，分配与岗位、贡献挂钩，较好地调动了职工生产积极性。1991、1992年，古泉啤酒产销量和经济效益均居全省同行业第1名，跻身全国工业500强和全省百家最佳经济效益企业行列。1993年年底，该厂研制出10度超级干啤，填补省内一项空白，此产品以优质麦芽、大米和酒花及优质天然矿泉水，采用先进而独特工艺酿造而成，具有高发酵度、低残糖、口味干爽、热值低的特点。1994年，10度古泉超级干啤和11度古泉啤酒分获全国食品行业名牌产品和优秀产品称号。

1995 年 10 月，以古泉啤酒厂为核心企业，联合 15 家紧密层、半紧密层、松散型企业，组建了以啤酒、酒精、白酒、饮料为主导产品的跨地区、跨行业的国有大型企业集团——古泉集团。敬亭山啤酒厂由此更名为古泉啤酒厂。

1995 年，古泉啤酒厂获“安徽省质量最佳企业”称号，古泉啤酒被中国轻工总会评为全国优秀产品。1995 年年底，古泉啤酒厂有职工 1200 余人，其中专业技术人员 318 人，高级工程师、高级经济师和高级会计师共 8 人；固定资产原值 11919 万元，净值 8078 万元，年产啤酒能力 6 万吨，年产白酒能力 0.2 万吨。1995 年，完成总产值 15261 万元，比 1994 年就增长 46.5%，为 1985 年产值的 23 倍；啤酒生产销售 52505 吨，是 1985 年产量的 6 倍多；实现利税 2725 万元，实现销售收入 12499.6 万元。

第三节　造纸工业

企业生产　1986 年以来，安徽省造纸工业坚持面向国内、国际两个市场，依靠科技进步，强化企业管理，提高产品质量，坚持在治污中发展，在发展中治污，努力增强优势企业竞争力，提高参与市场竞争能力。截至 1996 年，安徽造纸行业共有制浆造纸业 240 个，总产量 97.9 万吨，居全国第 14 位，其中纸板 51.7 万吨，机制纸 46.2 万吨，纸与纸板比重约为 47:53。其中，轻工系统内有造纸企业 56 个，占全省 23%，1996 年产量 36.89 万吨，占全省产量的 38%。在所有品种中，文化印刷用纸占 19.7%、工业配套用纸占 7.6%、生活用纸占 4%、包装及其他纸占 4%、工业配套纸板占 1%、包装纸板占 60%、其他纸板占 3.4%。全省轻工系统造纸企业拥有固定资产净值 8.33 亿元，职工 5 万人，1996 年实现销售收入 11.71 亿元，实现利税 3374 万元，是轻工业的骨干行业之一。大中型骨干造纸厂百分之九十以上集中在轻工系统内，其中，生产能力在 10 万吨以上的 2 个，分别为安徽东方纸业有限公司、马鞍山山鹰纸业集团，3 万至 5 万吨的 6 个，分别为安徽皖纸纸业有限公司、六安造纸厂、合肥雄鹰纸业有限公司、合肥金钟纸业有限公司、安庆造纸厂、界首碧泉集团，1 万至 3 万吨的 21 个。造纸工业在安徽省国民经济发展中发挥着重要作用。

结构调整　随着社会主义市场经济体制的建立和完善，以及国家加大对环境污染治理力度的不断加大，一些造纸企业纷纷转制，一些企业关闭停产，企业结构、产品结构发生了重要的变化，全行业保持了快速发展的良好势头。2005 年，全省造纸及纸制品行业累计完成工业总产值 46.11 亿元，比上年增长 19.95%，在全省 18 个行业中位居第 6；完成机制纸及纸板产量 111.08 万吨，位居全国第 9 位。

重点企业　芜湖东方纸版厂。1986 年，东方纸版厂抽调人员组建项目实施班子，成立年产 5 万吨牛皮箱板纸生产线扩建筹备处，经充分准备后，于 12 月与奥地利

VOITH 公司签约成交，引进该公司废纸处理系统和叠长网板纸机技术及装备。1986 年产量 63896 吨，产值 4102.86 万元，利税总额突破千万大关，达到 1075.86 万元，其中利润 652.5 万元。

1987 年，为增强企业活力，全厂深入开展“双增双节”活动，实行“经营承包奖励试行方案”，对内加强经济责任，对外开拓经营，当年产纸板 6.3 万多吨，利润总额 603 万元，企业获轻工业部颁发的优秀质量管理企业奖牌，东方牌 2 号瓦楞原纸被评为安徽省优质产品。1988 年后，对“经营承包奖励试行方案”进行充实和修改，制定承包考核细则，同时，调整充实扩改工程力量，原筹备处调整为扩改工程部，抓紧了项目实施的前期准备。在国家宏观调控、严格控制固定资产投资规模的形势下，5 万吨牛皮箱板纸扩建工程于 1989 年 10 月获国务院批准开工建设。“七五”末期，列入国家科技重点攻关项目。由国家环保所、轻工部造纸所、上海轻工业设计院和东方纸版厂共同研究的“草灰废料治理及厌氧法热能回收系统”项目，中试通过轻工业部鉴定，东方纸版厂被批准为安徽省先进企业。

1991 年年末，重约 1300 吨、长 100 多米的主机安装就位，实现联动空载试车，试产出第一张牛皮箱板纸。1992 年，企业进一步深化改革，转换经营机制，干部实行聘任；但由于市场变化等多方面影响，企业效益滑坡，出现了亏损，当年实现销售收入 5922 万元，税金 385.18 万元。在此情况下，1992 年 11 月，市委决定刘小晶出任厂长兼党委书记。1993 年 3 月，新线正式投入试生产。至此，新增 1 条具国内 20 世纪 80 年代先进水平的年产 5 万吨、幅宽 3200 毫米叠网板生产装备和 3000k 容量的汽轮发电装备以及日供水 8 万立方米水厂 1 座，生产规模发展到年产 11 万吨。企业的面貌发生了新的变化，技术进步走上了一个新的台阶。同年，对新生产线采取合资企业管理模式试点，试行岗位技能工资制。同年 8 月，A 等牛皮箱纸板通过商检局审定，获出口商品包装许可证。1994 年产量日趋提高，最高班产达 52 吨，最高日产达 148 吨；消耗日渐下降，吨纸耗浆由原 1.4 隆至 1.2；质量大幅度提高，经国家及省纸张质量监测中心测试，各项技术及物理指标达到或超过国家标准；在试产中，瞄准市场需求，充分发挥新生产线尤其适合抄造低定量牛皮箱板纸的优势，研制开发了 175 克 / 平方米低定量牛皮箱板纸；此产品经省科委组织专家鉴定，品质可与进口产品相媲美，完全能替代进口，填补了国内同类产品低定量系列的空白，当年批量出口中国香港、美国等地，首创该厂产品出口和国内低定量板纸出口先例，被评为省级新产品、省科技成果，在“首届中国纸张、纸制品暨印刷器材博览会”上获金奖，在北京召开的中国轻工业新产品展示会上获优秀新产品奖，中国轻工总会科技进步三等奖，列入 1995 年度国家级重点新产品试产计划。1994 年，老生产线实现利税为 189.34 万元，利润 10.37 万元，结束了连续 5 年的亏损，企业逐渐步入良性循环轨道。

1995 年，产权制度改革和建立现代企业制度的各项准备工作全面展开；同时，根据市场信息，超前研制开发，又成功试产了国内首创的 127 克 / 平方米超低定量牛皮箱板纸，为国家填补一项空白，被列入 1996 年度国家级新产品试产计划。1995 年年末，有职工 3031 人，固定资产原值 22337 万元，总规模在全国造纸企业中排名第十位，在全国 300 多家板纸生产企业中排名第一位。1995 年，产量 78509 吨，产值 21175.45 万元，销售收入 9061.69 万元，利税 766.54 万元，其中利润 163 万元；跨入国家大型一档企业行列。

安徽造纸厂。位于淮南市田家庵区，省内最早建成的机制纸厂之一，曾为国内生产卷烟纸的四大重点企业之一。

1986 年至 1995 年的 10 年间，通过企业内部改革和加快技改扩建，企业规模扩大，管理水平提高。1987 年，在全厂开展了以提高企业信誉为目的、以提高工作质量和产品质量为内容的“信得过”活动，是年，该厂被评为“全国思想政治工作优秀企业”，“第二届全国设备管理优秀单位”，并获省级先进企业称号；主要产品出口书写纸、一号凸版纸、一号拷贝纸获轻工业部优质产品称号。1988 年，为了扩大卷烟纸的生产量，发动职工集资，依靠该厂的技术力量，自行设计、安装了一台 1575 型网多缸造纸机（九号机）。同年，对化工车间电解、碳酸钙两个工段进行了扩建改造，使自制碱能力由原来的年产 1000 吨增加到 6000 吨，碳酸钙自给自足。这年，该厂被轻工业部评为“质量管理奖企业”。1989 年，“天都峰”牌特号书写纸获国家质量审定委员会银质奖章，“黄山”牌一号卷烟纸和“黄山”牌滤嘴纸被评为部优产品。

1990 年，在资金不足情况下，自行设计、制造了 5 台 2600 型摆臂式分切机和 11 台分盘式分切机，约束了沿袭几十年刀劈盘纸的历史，降低了劳动强度，提高了卷烟纸和成型纸的分切加工质量，同年，该厂被批准为“国家二级企业”。1991 年，为减轻对淮河的污染，同时为解决浆纸不平衡问题，实现以“麻”代“木”的目的，完成了万吨麻浆扩建工程，并对老碱回收蒸发工段进行了修复，对保护环境起到了积极的作用。1991 年，投资 1150 万元，完成了热电站的增容改造，增设一台 35 吨锅炉和一台 6000 千瓦发电机组。至此，全厂供汽能力达 140 吨 / 小时，发电总装机 1.2 万千瓦，当年实现利税 1200 万元。这一年，从瑞士 BMB 公司引进一台具有 80 年代世界先进水平的涂布机安装完毕并投入试生产；以第三造纸车间和新建铜版纸车间的资产为股份，与香港深业地产发展有限公司合资创办了安徽南鹏造纸有限公司（于 1992 年 4 月正式投入生产）。1992 年年末，该厂撤销合并了 12 个单位，加强了销售部门的力量，使过去的 39 个科室减少到 27 个。

1993 年，在资金十分紧张的情况下，筹措 48 万美元，进口 3 台修饰辊，分别安装在二、三、九号机上，使卷烟纸产品的内在质量和外观较以前有了明显的提高。同年，为了充分利用废浆渣，减少对淮河水的污染，投资 297 万元，兴建了年产 3000 吨瓦楞原纸的瓦楞纸车间。1991 年至 1994 年，该厂连年被评为“全国职工思想政治工作优秀企业”。1995 年年末，有造纸机 10 台，进口涂布机 1 台，固定资产原值 2.43 亿元；年生产机制纸能力 4 万吨，加工纸能力 1.5 万吨。主要产品有卷烟纸，文化用纸和包装纸 3 大系列 30 多个品种。1995 年，完成产值 22935 万元，利税 1530 万元，利润 2.3 万元。

1997 年 9 月，经淮南市委、市政府批复，企业改制为股份制企业，更名为安徽皖纸纸业有限责任公司。2000 年 9 月，由股份制公司变更为国有独资企业。至 2003 年，企业共生产各种纸张 769163 吨，完成工业总产值 285303 万元，上缴利税 45239.4 万元。产品结构不断调整，由建厂时生产单一品种卷烟纸，到 2000 年先后生产和试制生产卷烟纸、滤嘴纸、铝箔衬纸、书写纸、拷贝纸、瓦楞纸等 40 余个品种。主要有：卷烟纸、滤嘴纸、书写纸、凸写纸、铜版原纸、铜版纸、静电复印纸、电脑打印原纸、铝箔衬纸、双面胶版印刷纸、簿册纸、不干胶原纸、瓦楞纸等。主要产品卷烟纸和各种文化用纸曾销售于全国 28 个省、市、自治区；书写纸、拷贝纸、彩色书皮纸曾远销马来西亚、埃及、伊朗、印度、巴基斯坦、美国等国家、中国香港地区。在历年纸张质量评比中，“黄山”“天都峰”等产品分别有 5 个获省优、8 个获部优和国家优质产品称号。

进入 20 世纪 90 年代后，市场竞争日趋激烈，由于企业包袱沉重，机制转变较慢，难以适应市场经济发展，以及资金严重匮乏等诸多因素，导致企业生产经营逐年萎缩，产品市场占有率持续下降，企业陷入停产、半停产状态。至 2002 年 6 月，累计亏损 12940 万元，负债总额 43558 万元，资产负债率高达 115.17 %，严重资不抵债，无力偿还到期债务。2001 年 12 月 27 日，全国企业兼并破产和职工再就业领导小组批准立项，同意安徽皖纸纸业公司实施政策性破产。2002 年 8 月 8 日，市中级人民法院裁定，宣告皖纸公司破产，并于 2005 年 12 月 31 日宣告终结破产程序。同月成立了皖纸公司留守处及其党委。

马鞍山市山鹰造纸有限公司。前身是马鞍山市造纸厂，建厂若干年来发展一直处于低速徘徊的状况。改革开放以来，确立了“小步快跑、滚动发展”的企业发展战略，坚持技术改造与技术进步不停步，从 1984 年到 1998 年，共投入技改资金 1.044 亿元。1998 年年利税达 2730 万元，利润 1653 万元。企业规模从小型企业发展到全国 100 家最大造纸企业之一；生产能力从只有 3 台小机组，年生产能力不足 4000 吨，发展到拥有 8 条不同规格的纸板生产线，并引进加拿大 BC 公司美废处理生产线 1 条，生产线装备优良，达到国内先进水平，具有年产 14 万吨的生产能力；产品结构以低档包装纸发展到以高中档为主的，包括各种等级牛皮箱纸板、高中强瓦楞原纸、涂布白纸板、纸箱、纸管等品种较为完整、规格较为齐全的包装纸及纸板产品系列，主导产品获安徽省名牌产品称号；经济技术指标从连续 3 年亏损发展到连续 11 年获得省最佳经济效益夺魁单位，综合经营实绩在全国同行业名列前茅。截至1998年，拥有净资产1.58亿元，为1978年的近30倍；1998年完成机制纸板产量7.95万吨，实现销售收入1.52亿元（不含税），实现利税2730万元、利润1653万元，全员劳动生产率高达163346元/人、年，分别为1978年22.4倍、80倍、61.6倍、66.1倍和20.1倍。其中产量和实现利润两项指标居全国同行业第7位，劳动生产率指标居全国同行业第4位。公司已成为安徽省造纸工业发展的龙头骨干企业。

随着规模的扩大和经济实力的增强，在开展建立现代企业制度试点的同时，将着眼点从产品经营拓展到资本经营、尝试通过资产重组达到企业资本扩张。1994年，公司按照建立现代企业制度的要求，进行了规范化的股份制改制。公司在明晰产权关系的基础上，按照公司章程组建了企业法人治理结构，初步形成了互相分工、互相制约的决策，执行、监督机制，为公司建立现代企业制度奠定了基础。1997年5月，经马鞍山市政府和省经贸委批准，以安徽山鹰纸业集团有限公司为核心企业，由具有产权关系的紧密层企业山鹰造纸有限公司、山鹰纸箱有限公司、山鹰纸管有限公司等6家企业和一批具有协作关系的松散企业组建安徽山鹰纸业集团。

安徽高森造纸集团（安庆市高河造纸厂）。位于安庆市北郊高河镇。安徽省制浆造纸骨干企业之一。始建于1958年。1986年，在派员赴日考察的基础上，引进日本东亚机工株式会社妇女卫生巾设备，年生产能力为300吨，年新增产值600万元。1988年，该厂在全省造纸行业的国家预算内工业企业中首家公开招标承包，何家富一举中标，出任该厂首轮承包经营厂长。1988年底，开始推行副厂长以下干部聘任制、招聘制，主要岗位竞争上岗；对生产车间和主要科室实行小指标承包，层层分解，实施风险金制度，将个人实绩与利益、风险纳入统一考核，与厂部整体利益紧密联系在一起，使质量、管理、安全、消耗、文明生产、效益达到全省同行业先进水平。1988年完成产值1169万元，利税153万元。

1989年，投入资金200万元，完成了原料场建设、球外预浸、粗浆净化等技术改造项目，当年产值1503万元，利税206万元，卫生纸、卫生巾两种产品获省优质产品称号。1991年，投入资金300万元，完成了3号机技术改造项目。1992年通过银行贷款，投入资金709万元，进行了4号机技术改造工程和5号机精浆楼建设工程；投入资金200万元，完成了1200分切分盘机配套工程，开发出了铝箔衬纸、滤嘴棒纸，并获部优称号。同年，企业由小型企业晋升为中型企业。

该厂针对水源不足、污染问题不易解决，自身发展受到制约的实际情况，于1992年兼并安庆的东风纸厂，开辟了第二生产基地，进行了战略转移的初步尝试。1993年初，投入资金300万元，完成了卫生纸分厂3号卫生纸机扩建工程。1992年，据国家统计局评定，该厂居全国同行业500强的第233位。

1993年12月，该厂与日本三木特种株式会社合资建成安徽三木特纸有限公司，总投资为8000万元。1994年10月4日，三木特纸有限公司正式投产，年产4000吨电气绝缘纸。同年，该厂先后获得“省技术开发先进单位”“省高新技术企业”称号。

1995年，该厂以承担债务形式兼并宿松县造纸厂，成立了复兴分厂，为实现由减少污染转为根治污染，在高河发展高新产品、在复兴发展制浆基地的经营战略转移，打下了基础。

1995年，以高河造纸厂为核心组建了安徽高森造纸集团。至1995年年末，有3个分厂、2个公司，共有职工1200人，固定资产原值约1亿元，产品有卫生、卷烟、特种纸3大系列30多个品种，其中，高强滤嘴棒纸、电气绝缘纸为国家级新品种，滤嘴棒纸、铝箔衬纸为部优质产品，电气绝缘纸畅销东南亚。高河造纸厂1995年末有职工690人，固定资产原值3124万元、净值2328万元；当年实际生产纸浆3244吨，各种机制纸5997吨，卫生巾215吨，完成工业产值5915万元，实现利税518万元。

中国宣纸集团公司（安徽省泾县宣纸厂）。中国宣纸集团公司位于中国宣纸之乡——皖南山区泾县东部20公里处的乌溪关猫山，始建于1951年。1966年，厂名正式定为“安徽省泾县宣纸厂”。

经过34年的发展，至1986年年末，有职工821人，固定资产原值532.72万元。1986年，宣纸产量达366吨，实现利税和利润分别为183.18万元和123.51万元，被评为安徽省创经济效益夺魁单位和省级先进企业。同年，为进一步扩大企业规模，提高宣纸生产能力，为国家多创汇，接收了上海在皖南的小三线企业——312发电厂，决定将其改造为年产宣纸300吨的安徽省泾县宣纸厂312分厂。312分厂位于泾县乌溪荆竹坑，改建工程于1987年3月正式破土动工，1990年3月竣工，共投资535万元，改造利用厂房5754平方米，新建厂房2934平方米，建成制浆、捞纸、晒纸、检验一条龙生产工艺流水线1条，新增设备94台（套），其中外购87台（套），自制7台（套）。在改建中，采用了一系列新工艺和新设备，减轻了工人劳动强度，提高了产品质量和工作效率，节约了能源，降低了成本，经省轻工业厅验收和试生产证明：外购设备选型合理，自制设备设计科学、技术性能良好，达到了宣纸生产设备的技术标准和要求。1990年4月，312厂实现了自行供浆生产，其宣纸生产全面走上正常轨道。由于在改建中采取边改建边投产的措施（改建期间纸浆由泾县宣纸厂本部供应），312分厂在改建期间即收回全部投资。312分厂改建投产，使泾县宣纸厂产量、效益迅速提高。1989年，全厂宣纸产量达502.38吨，实现利税1308.01万元，首次突破千万元大关，利润964.79元，是年，“红星”牌宣纸第三次蝉联国家质量审定委员会颁发的国优金质奖，并获轻工业部出口产品金质奖和全国轻工博览会金奖。1990年，经国务院发展研究中心评审，企业列入全国造纸和纸制品行业最佳经济效益50强行列，并被轻工部评为“七五”期间全国轻工安全生产先进单位。

1992 年 5 月 11 日，经安徽省人民政府批准，以泾县宣纸厂为基础，成立“中国宣纸集团公司”（从属名称“安徽省泾县宣纸厂”）；同时，成立“中国宣纸集团”，明确中国宣纸集团公司为中国宣纸集团的核心企业，具有对中国宣纸集团实行行业管理职能，泾县宣纸二厂、小岭宣纸厂、汪六吉宣纸厂、金星宣纸厂、李园宣纸厂均为中国宣纸集团的成员企业。同年 8 月 28 日，中国宣纸集团公司正式挂牌。1993 年，经对外经济贸易部批准，赋予中国宣纸集团公司自营进出口权，公司当年自营创汇 18.42 万美元。

1993 年 10 月，泾县举办“1993 国际宣纸艺术节”活动。10 月 18 日，公司创建的全国首家“中国宣纸博物馆”“中国宣纸陈列馆”正式挂牌。1993 年，公司试制皇冠牌书面纸成功。1994 年，皇冠牌书画纸被安徽省技术监督局评为“质量信得过产品”；红星牌宣纸荣获第九届亚太地区博览会金奖，并被安徽省技术监督局认定为“免检产品”；公司被安徽省人民政府授予“文明单位”称号。同年，公司自营出口创汇 190.6 万美元。从 1990 年至 1995 年，公司又相继开发了超级宣纸、神品宣纸、贡品宣纸、精品宣纸等新品种、新规格宣纸数十种。1995 年年末，有职工 1590 人，固定资产原值 5515.75 万元，宣纸年生产能力 600 吨。1995 年，实现工业总产值 5613 万元，实现利税 1630.16 万元，利润首次突破千万元大关（为 1061 万元），自营出口创汇 251 万美元。从 1986 年起，连续 10 年在安徽省创最佳经济效益活动中获奖。

1996 年，公司对所辖的宣纸生产企业和板坑原料车间、制帘车间、车队等实体，进行资产重组和改制，1996 年 9 月 6 日，经中国证监会和安徽省人民政府批准，由公司独家发起，募集设立了安徽红星宣纸股份有限公司，并于 9 月 19 日在合肥成功发行红星宣纸 A 股股票 1700 万股，其中职工内部股 170 万股，为公司募集了 9996 万元资金。安徽红星宣纸股份有限公司总股本 5000 万股。国有法人股 3300 万股，占总股本的 66%；社会公众股 1700 万股，占总股本的 34%。1996 年末，有职工 1762 人，固定资产原值 6998 万元，实现工业总产值 5877 万元，实现利税 1817 万元，其中利润 1223 万元，实现自营出口创汇 310.5 万美元。

芜湖造纸网厂。原名芜湖铜网厂，1971 年筹建，1976 年投产。1977 年开始生产塑料网。自建厂到 1985 年，国家投资 1073 万元，形成铜网和塑料网年产能力 15 万平方米。1985 年实际生产造纸网 11 万平方米，实现产值 452 万元，利税 121.2 万元。

1987 年，该厂改变生产单一磷青铜网产品的局面，根据国内外造纸工业的发展，投资 1478 万元，从德国、瑞典引进一台织网机、一台定型机，扩建厂房 2340 平方米，形成了年产 2.4 万平方米的达到国际先进水平的聚酯网生产线。

1991 年，该厂又投资 2300 万元，从国外引进 TM100、TMT200 两台织机、一套制冷系统、空调机、空压机等附属设备，扩建厂房1579平方米，进行了技改二期工程，至此，该厂聚酯网年产能力达7.5万平方米，整个技改工程创造了安装时间最短（比国内同行缩短一半时间），达产时间最短（织网单机设计能力为年产2万平方米），而投产第二年就达2.4万平方米），产品质量最好（成形网试产当年就达国家U级标准），试产费用最近（试产当年成网率达60%，处全国先进水平）的四个“最”。

到1992年止，90目单织造纸铜网，26/28造纸铜网，CXW27254聚酯网获部优，斜纹网、65/195三线造纸铜网、90目单织铜网获省优，企业获轻工部质量管理奖，并开发出聚酯网系列产品。

1993年，企业为适应市场经济的发展，实施了货款回笼承包责任制和销售分片负责制。当年实际生产造纸用网18.48万平方米，销售17.53万平方米，产销率达94.86%，销售收入3448万元，实现利税574万元，利润290万元，为历史最好水平。

1995年4月，企业下设的机械加工厂充分发挥技术和装备的优势，目制聚酯网设备配套器材近千套，开发了高密集聚乙烯真空箱面板，二相流纸浆泵，同年，企业下属百蕊造纸助剂厂仅用三个半月时间就建成投产了分散松香胶产品，年产达5000吨。1989年至1995年，连续7年获省创最佳经济效益夺魁单位称号，CXW27254聚酯成形网荣获95中国高新技术新产品博览会金奖和安徽省质量免检产品。

1995年年末，有职工782人，大型设备60台套，固定资产原值5731万元、净值3656万元。1995年合计生产造纸用17.46万平方米，其中生产铜网9.03万平方米，聚酯网8万平方米，塑料网0.44万平方米，完成工业总产值2647万元，销售收入2739万元，实现利税319万元。

第四节　日用化学制品业

企业生产　日用化工行业，包括肥（香）皂、合成洗涤剂及原料和助剂、香精、香料、化妆品、牙膏、火柴、三胶、油墨、原电池等产品。截至1996年年底，安徽省日化行业共有企业175家，完成工业总产值18.23亿元，占全国日化行业的5.87%，同年实现利税2847万元，全行业亏损5132万元。全行业拥有固定资产原值8.23亿元，净值5.73亿元，职工人数达2.25万人，其中：工程技术人员900人，占4%。安徽省日化行业的内部结构：肥皂及合成洗涤剂57家企业，肥皂产量为4.11万吨，合成洗涤剂18.25万吨，完成工业总产值9.77亿元，占53.59%；香精、香料企业19家，完成产值2.26亿元，占12.39%；牙膏1家，年产量为1.29亿支，产值为1.3亿元，占7.13%；火柴11家，产值为1.36亿元，占7.46%；原电池6家，产值为1.01亿元，占5.54%，其他如化妆品、三胶、油墨等产值分别不超过0.3亿元，所占比重很小。2005年，全省日化行业完成合成洗涤剂产量 41.31 万吨，位居全国第 4 位。

结构调整 安徽省的日化行业，起步较早，品种较全，名牌较响，影响较大，创造出一批在省内外比较响的名牌，如芳草洗衣粉、快达电池、狮头明胶等。特别是芳草牙膏，是我国唯一荣获银牌的药物牙膏。但是，进入 20 世纪九十年代后期，日化行业相对于其他行业来说，发展缓慢。有的产品、企业在激烈的市场竞争中越来越站不稳脚跟了。肥皂产品的两大企业，蚌埠日化厂和淮南肥皂厂，包袱沉重。电池产品的合肥电池厂破产重组，蚌埠明胶厂产品越做越小，火柴企业只有蚌埠火柴厂一枝独秀外，其他企业经营困难。行业产品不新。几乎家喻户晓的“不一样，就是不一样”的舒尔曼化妆品，后来销声匿迹。肥皂翻新不快，电池没有新的技术含量，火柴几乎被一次性的液化打火机所替代。行业的名牌产品不响。“芳草”牌牙膏，兴旺十几年，广告曾轰动全国，但声音越来越小，“一枝梅”香皂产品很好，但宣传不够，影响不大，“西丽美”洗衣粉质量堪佳，但规模偏小，广告效应不力等。1996 年全省日化行业盈亏相抵，亏损 2236 万元。主要是结构调整缓慢。

“九五”后期开始，安徽省日化行业围绕“两个根本”进行转变，加快结构调整步伐。重点调整产品结构，实施“两个转型”，即由单纯民用型向多领域、多功能型转变，由单纯加工型向加工原料协调型转变。加大力度改造传统日化行业。培植一批优势骨干企业。重点是品种系列化、企业集团化、产品名牌化，使之成为安徽轻工的支柱产业之一。重点发展洗涤用品与原料、牙膏、香精香料、化妆品、电池等 5 大类产品，重点实施 17 个项目，总投资 13 亿元。其中：一类项目 11 项，在 2000 年以前实现；二类项目 6 个，在 2000 年以后实施。发展的重点产品是：洗涤用品项目 8 项，总投资 4.8 亿元，主要是万吨重垢液洗剂、万吨出口型香皂、2 万吨超浓缩洗衣粉、2 万吨复合二硅酸钠、万吨脂肪酸甲脂碳酸盐、2000 吨聚碳酸盐等；牙膏 1 项，总投资 0.3 亿元，重点是改造 1.4 亿支芳草牙膏生产线等；香精香料项目 3 项，总投资 2 亿元，重点是 500 吨吐纳磷香、200 吨麦芽酚、300 吨薄荷脑、3000 吨十一烯酸等；电池项目 4 项，总投资 5.5 亿元，重点是 1 亿只碱锰电池，1500 万只氢镍电池，2000 万只锂离子电池等；其他 1 项，投资 0.2 亿元，主要是 2400 吨高油墨生产线技改等。

重点企业 芜湖合成洗涤剂总厂。原名芜湖肥皂厂，创建于 1932 年春。1986 年改名为芜湖洗涤剂厂。1986 年 2 月，该厂开发出“铁锚”牌复合皂和 53 型洗衣皂。同年 9 月，开发的“西丽美”牌珠光香波和护发素获安徽省第四届日化新产品百花奖，“净灵”彩漂洗衣粉获省优产品二等奖。1987 年 3 月，企业在“神鱼”“净灵”两个系列洗衣粉的基础上，研制开发了“西丽美”系列中档洗衣粉，品种有加酶、加香、精制加酶、复合酶特效、超浓缩、旅游粉等品种。

1987 年 7 月，该厂投资 395 万元，对肥皂车间进行了易地改造，1988 年年底建成，新车间建筑面积3300平方米，比原车间扩大1000平方米，在设备上，甘油工段由蒸汽喷射代替了原有的真空泵，并采取二次水源，美化了环境。改造后，年产能力肥皂达13500吨，甘油300吨，项目获1989年中国科协、国家计委“讲理想、比贡献”水晶杯大奖。

1987年12月，该厂生产的“神鱼”复配洗衣粉，“西丽美”高级加香洗衣粉获安徽省优质产品，“铁锚”牌工业甘油被评为轻工业部部优产品。1990年11月，该厂投资996万元，实施省重点工程之一的年产5万吨洗衣粉技改项目。1992年8月竣工投产。建筑面积5996平方米，比原车间扩大了3496平方米，原料采用风送，配料由微机自动控制。至此，该厂洗衣粉年产能力增加到8万吨，在全省日化行业中处于领先地位。

1991年，企业生产经营稳步发展，产销基本平衡，产品销往江、浙、沪等8省市，随后，拓展到西南、海南等计20个省、市、自治区。当年，全厂生产洗衣粉25431吨，肥皂6093吨，甘油117吨，实现产值9604.2万元，销售收入7615.4万元、利税662万元。翌年，“西丽美”和“神鱼”系列洗衣粉被确定为南京经济协作区域质量免检产品。

1992年年初，国内洗衣粉市场竞争日趋激烈，该厂成立外贸科，开始洗衣粉出口贸易，由上海和全省轻工进出口公司转口到摩洛哥、塞内加尔、吉布提、科威特、阿联酋、马来西亚和中国香港等地。此后，出口量逐步上升。

1993年7月，企业更名为芜湖合成洗涤剂总厂。同年12月，该厂又研制开发了中高档“邦妮”系列洗衣粉，具有“高质、高强、高效”三大品质，并获北京亚太地区国际贸易博览会“受消费者欢迎的最佳产品奖”、安徽省科技成果展示会金奖、中国高新技术新产品博览会银奖。至此，该厂生产的洗衣粉已初步形成由低档到中高档的“神鱼”“净灵”“西丽美”“邦妮”四大系列产品。是年，全厂工业总产值首次突破亿元。

1994年4月，为了使产品再上一个档次，企业投资3000万元，实施万吨三氧化硫技改项目；该项目列入了“八五”计划部级专项工程，全套引进意大利工艺、设备和技术，其装备在国内处领先地位。1995年5月竣工投产，完成建筑面积2200平方米，在此期间，该厂还兴建了新的液体洗涤剂和洗衣膏车间。

到1995年年末，企业拥有职工844人，大型设备507台套，资产原值3341万元、净值2099万元。1995年，实际生产洗衣粉4.34万吨，肥皂4182吨，完成工业总产值1.5亿元，销售收入1.45亿元，出口交货值1655.3万元，实现利税802万元。同年，该厂“西丽美”系列洗衣粉获中国公认名牌产品称号。至此，该厂已发展成为拥有9个分厂、4个公司（含与美港外商合资的2个公司）、1个科研所的综合型日化企业。1986年至1995年间，企业曾获多项荣誉称号，其中，1993—1995年连续3年获省百爱最佳经济效益先进单位；1995年，获安徽省工业百强企业之一，获省质量最佳企业称号，省“重合同、守信用”先进单位。

1998 年，企业总资产达到 1.65 亿元，拥有 9 个分厂、4 个公司和 1 个科研所，成为芜湖市重点骨干企业和安徽省工业百强之一；完成工业总产值 2.46 亿元，实现销售收入 2.04 亿元，利税 805 万元。

安徽芳草日化股份有限公司。始建于 20 世纪 30 年代的上海，自 1956 年由上海内迁至合肥后，1978 年以来，企业经历了党委领导下的厂长负责制—厂长（经理）负责制—经营承包责任制—转换经营机制建立现代企业制度 4 个阶段，企业从一个名不见经传的老厂，先后跻身中国 500 家最大工业企业、轻工系统 200 强及省工业 50 强之列，连续 14 年获得安徽省最佳经济效益夺魁单位，连续多年居全省日化行业利税 10 强第一位，综合经济效益居全国同行前茅。1978 年，芳草药物牙膏研制成功，由于持有的止血脱敏药理效果，一投放市场，立刻掀起轰动效应，芳草牙膏也因此开辟了我国牙膏由单一洁齿型向洁齿护理复合型跨越的先河，引起了中国牙膏市场的一次“革命”。

1986 年，企业就开始工资改革，把职工报酬与贡献结合起来。从 80 年代到 90 年代，“芳草”分别兼并处于困难乃至破产企业红旗玻璃厂、合肥电子管厂、合肥香料厂等。1996 年底，以合肥日化总厂为主体发起人，由上海轻工国际集团公司、合肥荣事达公司等 7 家单位联合发起设立了安徽芳草日化股份有限公司。公司股本由国有股、社会法人股和内部职工股构成，改变了过去单一的股本结构。吸纳社会法人股本 610 万元，内部职工股 870 万元，资本共计 1480 万元。公司分别成立股东（代表）大会、董事会、监事会、经理层，初步形成了权力机构、决策机构、监督机构、执行机构相互制衡、相互促进、权责明确的企业法人治理结构，并在内部进行了一系列改革。

自 1997 年始，在全厂开展质量体系认证工作，编写程序文件、质量手册，制定和修订 113 个管理制度、184 个岗位职责以及 123 个技术标准和工艺规程，经国家认证委批准注册，于 1998 年元月获得 ISO 9001 质量体系认证证书，1998 年 9 月经中国兴轻质量体系认证中心审核首次通过年审。在 1994 年至 1997 年连续 4 年全国产品市场竞争力排行榜上，芳草牙膏在“消费者心目中理想品牌”“实际购买品牌”“购物首选品牌”三项排位中均进入前三名，进入了“最具竞争力民族品牌”阵容。芳草牙膏在 1991 年药物牙膏国优评比中以全行业质量总分第一的佳绩，夺取了我国药物牙膏史上的最高荣誉——国优银奖。

为保持产品技术优势，公司分别从荷兰、瑞士等国引进了具有 20 世纪 90 年代国际先进水平的牙膏灌装、复合软管、淮体洗涤剂等关键设备，主要生产设备进行过多次重大技术改造，装备水平在国内同行居领先水平，产品生产能力稳居全国同行业“五强”之列。芳草系列牙膏拓展成双氟、儿童彩条双氟、男子汉、奥特威、新清凉芳草、浓香型芳草、鲜橘型芳草以及全效玉洁芳草等品种；白雪系列洗涤用品拥有洗洁精、洗衣液、衣领净、瓷面清洗剂、羽绒羊毛清洗剂。

截至1998年，共有总资产22934万元，净资产11900万元，资产负债率48.1%，在册员工1163人。公司具有年产牙膏2亿支、磺酸7000吨、液洗2万吨的生产能力，产品主要商标有“芳草”和“白雪”两个品牌。1998年与1978年相比（按同口径比较）：工业总产值增长14倍，销售收入增长16倍，利税总额增长20倍，职工人均收入增长24倍。

安徽省玉兔日用化学品有限责任公司。前身为安徽淮南肥皂厂，是生产经营洗涤产品的专业性厂家。企业占地面积约5.6万平方米，厂房面积14852.74平方米，位于八公山区蔡新路。

企业始建于1949年12月，1950年10月试生产，年底生产肥皂14吨。当时职工只有9人，在生产肥皂的同时，还生产矿工牌墨水，厂名为“淮南化学工业社”。1957年5月，企业由田家庵搬迁至八公山现厂址，同年7月完成搬迁并恢复生产。随后陆续兴建了香皂车间、精甘油车间、泡花碱车间和机修车间。1962年划为安徽省轻工业厅直属厂，定名为“安徽省淮南市肥皂厂”，厂名一直沿用至1997年企业改制止。

20世纪80年代，企业为扩大生产，先后对甘油车间、锅炉、肥皂生产线等进行更新改造，提高产品档次和生产规模，形成以肥皂、甘油为主导的产品格局，90年代，为加快技术进步，调整产品结构，又投资兴建了油脂水解车间，同法国S•A•B公司合资成立了“安徽安妮琳日用化学品有限责任公司”。

改革开放以后，推行厂长负责制，建立经济责任制，1990年4月，经安徽省统计局批准为国家中二型企业。1993年，被国家统计局列为全国500家最大化学工业企业，名列第189位。1996年被安徽省经贸委、统计局等部门核准为国家中一型企业。

1997年9月，企业按照现代企业制度的要求进行了股份合作制改造，更名为“安徽省玉兔日用化学品有限责任公司”。截至1999年10月，公司拥有总资产1.03亿元，固定资产原值5130万元，厂房面积25091平方米，职工总数919人，各类专业技术人员134人。产品产量、质量和利税在省内同行业中一直处于领先地位。

2000年后，企业受市场、资金等因素制约，生产经营不能正常运转，产品产量和经济效益逐年下降，处于停产、半停产状态。2005年初，成立安徽省玉兔日用化学品有限责任公司留守处和党的组织。

安徽金王电池有限公司。前身为亳县电池厂，成立于1970年，1986年易名为亳州市电池厂。1996年，亳州市齿轮厂并入亳州市电池厂。1997年亳州市电池厂改制为安徽金王电池有限公司，成为国家控股的股份合作企业。

1993年，企业投资20万元，上马两条五号C型电池生产线。1994年投资48万元，上马两条五号P型电池生产线。两次技改，投入不多，但产品结构得到了调整，企业开始较快发展。1995 年，大量进口碱锰电池挤占中国市场，使国内电池行业受到冲击，面临危机。企业利用3个月的时间，投资350万元，迅速生产出碱锰电池填补了省内空白。通过专家鉴定，产品的技术水平达到国内先进水平。1996 年、1998 年"金王"牌碱锰电池连续两次被中国电池工业协会列为推荐品牌，并被评为安徽名牌产品。1999 年，该"金王"牌商标被安徽省工商行政管理局认定为"安徽省著名商标"。技改使产品品种增加，质量提高，由此带来了企业的高效益。

1995、1996、1997 年每年出口以 15% 的速度递增。至 1998 年，公司产品已形成三大系列，27 个花色品种，销往国内 10 个省，50 多个县市，外销 6 个国家和地区；共有固定资产 3000 万元，建筑面积 2 万平方米；1998 年完成产量 1.2 亿只，产值 3500 万元，销售收入 2800 万元，实现利税 380 万元，职工人数 781 人。

第五节　塑料制品业

企业生产　安徽省塑料工业是 1960 年后发展起来的新兴工业，1980 年以前以轻工系统为主，其产量、产值、利税均占 95% 以上。1980 年全省塑料企业共 79 家，产量 2.7 万吨，职工 1.18 万人。改革开放后，安徽省塑料工业跨行业发展，特别是乡镇企业异军突起，轻工系统部分的比重在逐步缩小。截至 1996 年年底，全行业有生产企业 822 家，产量 53.4 万吨，产值 62.45 亿元，利税 2.25 亿元，职工 7.16 万人，其中轻工系统 137 家，产量 11.2 万吨，产值 20.24 亿元，利税 1956 万元，固定资产原值 6.18 亿元，净值 4.81 亿元。省塑料制品总量在全国位居第 8 位，其中塑料编织袋居全国第 2 位，塑料合成革居全国第 3 位，出口创汇也有很大突破，从 1980 年的不足 250 万美元到 1996 年达到 1897 万美元。主要骨干企业大部分集中在轻工系统，乡镇和民营企业数量较多，但规模偏小。

安徽国风注塑总厂 1997 年产销突破 5.65 亿元，以塑胶建材、BOPP 薄膜和 PE 农地棚膜为主导产品，以汽车塑料配套件、小家电系列配套件、电子雕刻等多种经营的产品结构，是国内最大的塑料加工工业基地之一。合肥安利集团以生产各类人造革、合成革以及聚氨酯树脂为主，主要经济指标一直居全国人造革行业的前 4 名。宁国双津集团以生产编织袋、真空镀铝膜、PVC 装饰材为主，是全国塑料包装制品行业三强企业之一，已成为全国塑编复合水泥袋生产基地，1997 年实现总产值 2 亿元，利税 1372 万元。界首天安集团以生产 PVC 硬质膜、PE 农地膜、节水滴灌带、管材为主，1997 年产值 8360 万元，利税 900 万元，是中国 100 家最大塑料制品企业之一。芜湖海螺塑料型材有限公司以生产塑料异型材为主，1997 年生产塑料型材 6000 吨，产值 1.8 亿元，利税 1400 万元，是国内塑料异型材大型生产企业之一。除此之外，还有宿县百通公司、天长市天大集团、滁州市塑钢门窗公司、芜湖华亚塑胶有限公司等，都在全国同行业竞争中占有一席之地。

“九五”后期开始，安徽塑料制品企业着力发展市场潜力巨大的塑料建材和包装用塑料，重点培育高附加值的工业及工程塑料制品，巩固提高规模效益的农用塑料和多品种的日用塑料。2005年，全省塑料制品行业累计完成工业总产值126.58亿元，塑料产品产量73.5万吨，在全国居第9位。

科技进步 引进国外先进技术和装备，提高行业的技术装备水平和产品的质量、档次。引进的设备主要有：五层共挤吹塑复合薄膜机组、UPVC门窗异型材机组、UPVC管材管件机组、PU合成革机组、BOPP薄膜机组、印花复合制袋机组、纸塑复合水泥袋机组、ABS板材机组、真空镀铝机组、电子雕刻制版机组等，其中一些设备达到国际20世纪80年代末、90年代初水平，在国内也处于领先水平。

技术改造和技术引进，调整塑料产品结构。从过去品种较单一、花色较单调发展到数百个品种、几千个花色，如新开发出多功能农膜、乙纶网片、纸塑复合水泥袋、真空镀铝膜、双向拉伸聚丙烯薄膜、五层共挤吹阻隔薄膜、聚氯乙烯硬质薄膜、中空容器、塑料异型材与门窗、聚氯乙烯上下水管、高档聚氯乙烯人造革、聚氨酯合成革、以及为塑料印刷业配套的电子雕刻版辊等。这些产品既填补了省内空白，同时也有力地支持了相关工业的发展。

重点企业 安徽国风塑业股份有限公司。安徽国风集团组建于1984年，主要立足于高新技术及基础设施两大产业，经营的主导产品有塑胶建材、塑钢门窗、塑胶管材、塑料薄膜及其他塑料制品。国风塑业是集团独家发起的股份上市公司。

1989年，国风还是成立不到5年的一个小型企业，仅有3700平方米的厂房十分简陋，设备老化，人才缺乏，实力较为弱小。经过周密的市场调查，大胆兼并了濒临倒闭的合肥电热器材厂，当年便扭亏增盈，实现产值200多万元，利润30多万元，通过此次兼并，不仅救活了一个陷入绝境的困难企业，使之成为国风集团的骨干企业，同时也使国风的生产规模整整扩大了2倍。

1991年7月，兼并了资不抵债的合肥五金三厂，利用现有的厂房和设备，投资470万元开发三种新产品。第二年，该厂便实现产值8000万元，利税1200万元。低成本扩张，不仅为新产品进入市场节约了成本，节省了时间，也为国风的产品结构调整和产品升级奠定了基础。

1996年组建了国风塑料厂，并且成功地合并了合肥塑料厂。合肥塑料厂生产的BOPP保鲜膜和PE塑料农膜属支农产品，设备先进，产品前景看好，但由于投入不足，规模效应一直无法实现。将其合并后加强内涵改造和推进技术进步，联合生产，深入挖潜，使生产能力达到3.5万吨，成为我国农用膜的主要生产基地。

在实施兼并战略的同时，筑巢引“凤”，引进外资，先后吸纳外资 5000 多万元，组建了“华聚塑胶有限公司”“美吉厨具有限公司”“中兴电源线有限公司”“国风制管有限公司”等 4 家合资企业，存量资产通过合资得到进一步的合理重组和优化配置，加快了走向国际市场的步伐。紧紧抓住资本运营这一条主线，国风在短短的十多年内，从一个小厂成长为大型国有控股公司，成功地发行了“国风塑业”A 股 6000 万股。

从制造塑料盆开始，到为国内主要家电生产系列塑料配套件开始全面涉入塑料加工工业的领域，直至确立以塑胶建材、塑钢门窗、塑料薄膜为国风的主导产品，完成了国风产品结构的战略性转移，形成了以塑胶建材、塑料薄膜、塑胶管材为支柱产品的格局。产品先后获得 ISO 9001 和 ISO 9002 国际标准认证，并先后获“中国轻工业优秀新产品奖”“国际新产品博览会金奖”“国产精品”“安徽省名牌产品”等 20 多项荣誉称号，企业的生产规模、技术装备、产品质量、经济效益均居全国同行业领先水平。1998 年 9 月 24 日下午，中共中央总书记、国家主席江泽民亲临国风集团视察。

宁国双津集团。双津集团前身宁国市塑料厂创建于 1985 年，于 1995 年组建为集团公司，成员包括核心企业安徽省宁国双津（集团）有限公司，以及 6 个紧密型企业（包括两个合资企业）。至 1999 年 12 月，拥有总资产 2.4 亿元，员工 1100 名。产品经营领域主要是塑料建材和包装行业，主要产品有：多层共挤流延薄膜和真空镀铝薄膜，水泥复合包装袋，塑编系列产品，PVC 装饰材料。具有年产各类塑料，包装制品 3 万吨的生产能力，是全国塑料包装行业知名企业，各项经济指标均位居同行业前列，先后被评为“安徽省最佳经济效益企业”“全国轻工业优秀企业”“全国包装改进先进单位”“安徽省轻工业系统创最佳经济效益夺魁单位”“安徽省轻工业系统组织劳动竞赛先进单位”“安徽省管理先进企业”。

1989 年，开发出第一代主导产品水泥复合包装袋，在产品投放初期，制定了“以质取胜，以量求效”的产品战略方针，建立了完善的质量保证体系。1992 年起，先后从四川、甘肃、吉林等地收购了同期引进的 3 条日本生产线，使产品的设计生产能力迅速地从 2500 万条扩大到 1.2 亿条。1993 年兼并了宁国县刮水器厂，1994 年与港商、台商成立了两个合资公司，1995 年组建了安徽双津集团，先后开发出了 PVC 装饰材料，彩条布、土工布、逢布等塑料纺织系列产品，形成了“双津”产品系列化。1997 年底，实施了总投资 9940 万元的国家二期“双加”工程年产 4000 吨食品包装薄膜项目，产品受到用户好评，自 1998 年 9 月份以来，销售量稳步上升，进而成为国内食品包装薄膜行业的知名企业。公司投资 2958 万元实施建设该项目的二期扩建工程，于 2000 年 6 月份建成投产。建成达产后，总产量达到 7000 吨，产量规模跃居全国同行业第二位，增强了产品的市场竞争力和市场占有率，较好地发挥了规模效益。

1989 年 3 月，在资不抵债，濒临倒闭的情况下，经宁国县委、县政府同意，保留宁国塑料厂的国有企业性质，实行集体所有制的管理模式。随后，从“三项制度”的改革入手，深化企业内部改革。1998年以来，进行了较为彻底的产权界定和股份制改造，在管理模式上一改以往“宝塔式”管理为“扁平式”管理。

以1989年为界线，双津集团划分为两个截然不同的阶段：1989年以前，年产值不到100万元，产品单一，质量不稳，负债累累，效益低下，是宁国县委县政府的沉重包袱；1989年以后，企业形势逆转，一年上一个台阶，效益逐年上升，不仅迅速扭亏为盈，而且已发展为工业总产值达3亿元的大型塑料业集团，形成了以食品包装薄膜，水泥复合包装袋为主导产品的系列化安徽省名牌产品，产品规模及种类均位于安徽省塑料行业前3名。1989年至1999中，宁国双津集团累计实现含税销售收入11亿元，累计上缴税金5800万元，实现利润6000万元。

第六节　室内装饰行业

企业生产　改革开放以后，特别进入20世纪90年代，安徽省室内装饰行业取得了较快的发展，并逐步形成体系。

管理体制　省政府在1993年明确界定了建筑装饰与室内装饰行业归口管理问题，在1998年又成立了安徽省发展室内装饰行业领导小组以加强对该行业的领导。在各级党委、政府及有关部门的大力支持和配合下，初步建立、健全了全省室内装饰的行业管理体制。截至1998年3月，全省17个地市都解决了室内装饰行业归口管理问题，成立了行业管理办公室。同时，合肥市、铜陵市、蚌埠市、阜阳市、安庆市、宣城地区、巢湖地区、宿县地区等地方政府还相应成立了领导小组，以加强对这一行业的领导。各地还相继出台了地方规范性文件，强化市场管理，依法保护设计、施工和业主三方的合法权益，维护了装饰市场正常秩序。《安徽省室内装饰工程预算定额》《安徽省室内装饰合同文本》先后发布。各地市装饰行业管理办公室也对市场的正常化做了大量的工作。如合肥市坚持市场检查开道、质量监督把关，每周检查市场3～5次，加强工程的监督检查和验收，逐步规范了市场管理，杜绝了工程质量的发生。铜陵市室内装饰质量监督站通过了省级计量认证，经其把关验收的20多家有影响的室内装饰工程未出现一起质量问题和异议。巢湖地区加强现场监督，消除了工程隐患，维护了消费者的利益，并与地区税务部门联合下文，对室内装饰工程税收委托装饰办代征制，并印制了专用发票。宣城、巢湖等地都成立了执法队与有关部门联合执法，以维护市场秩序。1998年省轻工总会制定了《安徽省室内装饰“九五”后三年和2010年发展规划》。省及各地市室内装饰管理机构建立，促进了安徽省室内装饰行业进入良性发展阶段。2000年省及各地撤销轻工主管部门后，室内装饰职能归口建设部门。

设计、施工队伍 伴随着室内装饰业的快速发展，室内装饰设计、施工队伍也在不断壮大，全省室内装饰设计、施工企业近2000家，其中甲级施工企业1家，乙级施工企业近300家，从业人员有10多万人。通过举办10多期培训班，为企业培养了大量的工程预算员、质检员和执法人员，还从外地引进和从全国大专院校吸纳室内装饰专业人才，改善室内装饰设计、施工队伍结构。

企业生产 随着人民生活水平的日益提高，全省室内装饰工程量由1993年不足2亿元，增长到1997年的25亿元（不包括家庭装饰）。全省装饰材料生产企业近百家，品种也有数百种，并生产出一批高质量的装饰。三星集团和芜湖海螺集团以其迅猛的发展势头已成为全省装饰材料业中的佼佼者。三星集团拥有年产12万平方米木地板的生产能力。成为省内木地板生产的第一大户。芜湖海螺集团一期工程全套引进德国、奥地利20世纪90年代最新设备，形成年产塑料型材1万吨，塑钢门窗10万樘的生产能力。此外，还涌现了像三星木地板、国风塑料门窗、百通UPVC管、皖西PE增强管材、双津PVC装饰材、芜湖光华集团灯具等具有一定市场影响的名优产品，使室内装饰行业的自我配套能力有所增强。

室内装饰除了涉及轻工、建材、化工、纺织等相关行业和产品外，还延伸到设计及艺术、工程施工、劳动服务等诸多方面，是一个产业链较长的行业，带动其他行业发展的能力也较强。安徽省室内装饰行业的迅猛发展，带动轻工传统行业如家具、锁具、灯具、炊具、洁具、木制品、小五金制品的发展，带动轻工新兴行业如小家电、新型厨房设备、新型卫生设备、PVC型材、娱乐健身产品等的发展，并为广大的中小型企业调整产品结构，开辟了广阔的领域。因此，省轻工总会把室内装饰行业作为安徽省轻工继酿酒、家电之后又一新的经济增长面。1997年全省室内装饰行业从业人员已达10万人。

重点企业 合肥东方室内装饰集团是以室内装饰为龙头，跨地区、跨行业、跨所有制的综合性经济实体，由一个名不见经传的合肥藤棕社发展起来的。合肥藤棕社1986年更名为东方家具厂，1987年与油漆工艺厂合并，成立东方漆器家具总厂。

1987年至1998年，合肥东方室内装饰集团先后兼并了18家亏损企业。1991年，率先在全省第一家成立了东方室内装饰联合公司，1998年元月成立东方室内装饰集团，1999年上半年经国家轻工局批准成为国家甲级室内装饰企业。

1991年至1998年，集团培养了专业设计人员28人，先后设计了具有三星级宾馆水平的工程3个，造价3600万元。集团组建了装饰施工队伍16个，装饰配套厂家18个，拥有施工技术人员184人，创优质工程12个，先后承接了北京人民大会堂、江淮大戏院、安徽饭店、天都大厦、稻香楼宾馆、省政府办公楼、梅山饭店、合肥大厦、四牌楼人行天桥、马鞍山招待所、黄山市武警招待所、合肥芙蓉宾馆等大小室内装饰工程

160 多个，产值 1.9 亿元。

截至 1998 年，技改投入 1600 万元，企业固家资产发展到 5600 万元（1998 年核心层企业）。1998 年完成工业总产值 6200 万元，销售额达 6300 万元，实现利税 380 万元。产品发展到拥有 9 大系列产品（木器系列产品、软体系列家具、出口工艺漆器、铝合金制品、不锈钢制品、玻璃深加工系列制品、蓄电池、衡器、电脑激光印章雕刻产品），320 多个花色品种，以及商业经营、房地产开发等。

第七节　其他行业

基本情况　轻工业包括的行业众多，在 2000 年以前，轻工主管部门归口管理的行业分为 20 个大类 44 个行业，20 个大类分别为造纸工业、日用机械、日用硅酸盐、日用化学制品、制盐工业、食品工业、皮革毛皮及其制品工业、家具工业、文教体育用品、工艺美术品工业、塑料制品工业、金属制品工业、家用电器工业、电光源工业、照明器具工业、衡器工业、日用杂品工业、轻工装备工业、玩具工业、其他工业。除前述重点行业以外，其他行业在“七五”至“十五”时期，均得到不同程度的发展，包括工艺美术品工业、食品工业、日用机械、日用硅酸盐等。

重点企业

芜湖市工艺美术厂。是“中华一绝”芜湖铁画的生产厂家，著名的工艺美术制品生产企业。

1985 年，该厂被国家定为黄金首饰定点生产企业，当年黄金饰品正式投产，产品有天元戒、方印戒、花线戒，各式耳环等，产量 500 公斤，获芜湖市 1983—1985 年技术开发成果一等奖。1986 年，该厂成立了工艺美术服务部和广告公司，组建了塑料花车间（于次年改产涤纶花）。与此同时，铁画产品又作了进一步改革，向多层次、多领域发展，突破了传统的匾框式挂件的单一形式，开发设计出精致小巧的瓷板铁画和瓷盘铁画，其中瓷盘铁画获“中国工艺美术百花奖创新设计二等奖”；还设计出立体铁画。这一时期尤为重要的是创制出揉传统手法与现代艺术相结合的壁画，使铁画成为现代建筑装饰的一部分，开创了铁画艺术与建筑艺术相结合之先河，从而大大增强了铁画的生命力。

1985—1987 年，该厂连续 3 年被评为省、市“最佳经济效益单位”，1987 年获得轻工业部工艺美术总公司和安徽省“质量管理奖”。到 1988 年年底，该厂已发展成为初具规模的现代化工艺美术企业。1988 年，年产值 1010 万元，利税 265.32 万元，其中利润 130 万元，全员劳动生产率 31962 元，产值和经济效益在全省同行企业中名列前茅，受到省人民政府的嘉奖。同年，铁画产品“奔马”获“江淮之花金杯奖”。

1990 年，该厂为发挥铁画生产和黄金加工的优势，投资 45 万元，着手开发集观赏、保值、珍藏价值于一身的高档旅游工艺品金画。1991 年 3 月，金画试制成功。金画产品以 K 金、银、铜为主要作画材料，制作工艺中集中了传统铁画加工技巧和现代首饰制作技艺之精华，经锻、铆、磨、焊、镂、钻、凿、镶、刻、整形、抛光、电镀等多种工艺制作而成。1991 年被省旅游局评为“中国黄山旅游节名特优新产品”，1992 年获国家旅游局、轻工业部颁发的“中国旅游购物节旅游商品天马奖”，1993 年，被选为国礼，由国务院总理李鹏赠送国际奥委会考察团官员。

在金画产品开发成功的同时，该厂生产的铁画和黄金首饰在品种、质量上又上了一个新台阶。1990 年，黄金首饰被评为省优质产品，芜湖牌铁画获中国工艺美术品百花奖银杯奖和全国轻工业博览会金奖，瓷盘铁画熊猫“盼盼”被选为亚运会礼品。1990 年，企业连续第三年被评为“省最佳经济效益单位”，并被定为国旗定点生产企业。

1992 年，该厂先后对企业的干部用人制度，劳动用工制度，分配制度和内部承包制度进行改革；首次在深圳开辟了一个“窗口”——深圳山湖珠宝饰有限公司，进行跨地区经营。同年，该厂为实现黄金首饰现代化生产，首次从意大利引进首饰生产设备。1992 年，该厂产值突破 4000 万元，利税达 220 万元。

1993 年 4 月 20 日，以芜湖工艺美术厂为核心的芜湖市工艺美术集团公司成立，集团公司成立后，采取风险抵押承包制、股份合作制、公办私营、租赁等方式把 11 个分厂、分公司、车间作为二级法人推向市场，实现了所有权与经营权的分离。同年，组建了 18K 金首饰生产车间，以扩大黄金饰品的生产规模。1993 年，该集团公司总产值 1.035 亿元，销售收入 9750 万元，利税 700 多万元，其中利润 236.4 万元。

1994 年至 1995 年，芜湖工艺美术集团公司把工作重点放在新技术的引进和新产品的开发上。1994 年，投资 380 多万元从意大利引进一套首饰生产设备，并先后与香港福达商行、香港佳时创意有限公司合资合作，生产经营 K 金镶宝、K 白金、铂金镶钻首饰。与此同时，公司投资兴建 10 层珠宝大楼，并组建了铁画研究所和新产品开发部。该企业 1994 年被国家定为全国旅游产品定点生产企业，1995 年被选为中国工艺美术协会常务理事单位。

1995 年末，企业有职工 491 人，固定资产原值 1102 万元。1995 年完成产值 7382 万元，上缴税金 195 万元。

屯溪胡开文墨厂。该厂是以生产传统工艺品——徽墨为主的小型国有企业，多年来致力于保持传统名牌产品及特色，发展多种经营。

1988 年，充分利用厂存的明清以来的古墨模、墨谱、配方、开发地球墨、甘棠墨、秦权、鱼戏莲等仿古墨。20 世纪 90 年代后，先后研制成功了超大型巨墨、绛玉乌金墨、旅游纪念墨、超细油烟墨及各种规格的文房四宝组装礼品盒等系列品种，产品也由单一实用的徽墨向附加值较高的品种辐射。1997 年香港回归纪念墨、黄山市建市十周年及黄山旅游节纪念墨的销售就达历史最高水平、创效益20多万元。与此同时高附加值产品超细油烟书画墨也在日本打开市场，创造了高效益。

公司的主导产品超顶漆烟徽墨继1979年、1983年蝉联国家优质产品银质奖后，1989年荣获国优金质奖。1988年企业被评为省级先进企业。1992、1997年“胡开文”商标连续被评为安徽省著名商标，并连续七年被省工商局评为“重合同、守信用”企业。企业先后被轻工业部评为出口创汇先进企业和省创最佳经济效益夺魁单位，1998年被评为“全国模范职工之家”称号。

坚持企业多元化经营方向。改革伊始，就创办了徽墨制盒分厂。1994年，将制盒分厂实行公有民营，通过转换机制，增强了活力，生产得到发展，市场面扩大，产品质量也逐步提高。经过一轮三年租赁经营后，1997年又签订三年的续租合同。胡开文老店作为前店后坊的一个经营窗口，随着黄山旅游事业的蓬勃发展，通过转换经营机制，成为宣传徽墨、接待参观、旅游购物的场所，也是黄山市对外开放的重要窗口。1997年，又创立了歙州宝砚厂，注册了歙玉商标，使徽墨、歙砚两厂珠联璧合，黄山市的两大名优产品相得益彰。

1998年，企业营销收入达342万元；上缴利税34.1万元；职工收入5300元；技改投入累计150多万元；净资产达364万元，其中固定资产净值163万元。

安徽省利辛县利达食品肉类有限责任公司。前身是利辛县食品厂酱醋车间。1987年，利辛县食品厂产品没有销路，职工工资不能正常发放，是年年底，李文彬承包食品厂酱醋车间并转产牛羊肉食品，改小冰棒库为30吨小冷库，厂名定为“牛羊肉加工厂”，隶属县食品厂领导。当时职工23人，聘用农民工8人，厂房20间。1988年牛羊肉加工厂完成产值260万元，实现利税16万元。1988年5月贷款200万元建150吨冷库1座，净冻能力30吨。同年9月，牛羊肉加工厂独立，从食品厂划拨16万元固定资产，担负食品厂18万元债务，企业定名为“利辛县牛羊肉加工厂”，李文彬任厂长兼党支部书记。1989年，利辛县牛羊肉加工厂边建设边生产（此时主要收购牛羊肉进行分割加工），产品销往天津、上海、合肥、大庆等地，所产涮羊肉被上海市列为优质产品。全年完成产值447万元，实现利税30.5万元。

1991年，由牛羊肉经营扩大到生猪的宰杀加工，同年投资87万元建成第一条生猪宰杀、分割流水线，另配2台大型平板速冻器，使日加工生猪的能力提高到300头，产值利税均比1990年翻了一番。同年8月，兼并县食品厂，企业改名为利辛县食品肉类加工总厂。1992年，投资90万元，建成牛吊宰分割流水线1条。1993年，投资300万元建300吨冷库1座，使日宰杀牛的能力提高到300头。企业坚持人事、用工和分配三项制度改革，加强企业内涵改造和技术投入。1993年10月，被国家商品检验局认定为肉类出口厂家，同意生产、加工、储存肉类出口产品。

1994年9月，兼并利辛县汽车修配厂，并投资280万元，按生产出口产品的标准，改建生猪加工流水线，使日宰杀生猪能力提高到1000头。同年11月，改为企业内部职工入股的股份制企业，企业命名为“利辛县利达食品肉类有限责任公司”，公司下设生猪加工厂、牛羊肉加工厂、食品炼油厂、经营公司、食品公司。改制给企业注入新的活力。1995年，投资270万元建设精肉制品厂，投资70万元用于治理污染，企业具备年生产各式真空软包装火腿系列产品和肉类制品2000吨能力；和中科院联合研制的骨参骨酱获1995年黄山食品博览会金奖。1995年年末，企业有职工488人，固定资产原值1680万元。1995年，完成工业产值1.13亿元；对俄罗斯出口猪牛肉5000吨，出口交货值7000万元；实现利税523万元，其中利润223万元。

安庆市胡玉美酿造厂。为安徽省著名食品特产胡玉美蚕豆辣酱原生产厂。1986年，国家有关粮食原料价格放开自主经营，该厂大宗原料蚕豆计划价和议价之间的差价额占年总产值的15%以上。企业加强管理，增产节约，消化原材料提价因素，当年工业总产值350.15万元，销售收入320.46万元，利税51.3万元。

1987—1990年，该厂与市政府签订为期4年的承包合同，在合同内部实行产量、质量、利润、消耗等多方位经济承包责任制，改变“吃大锅饭”的不合理状况。1988年，在产品开发上，坚持以传统产品为依托，研制开发新产品为主题，相继推出芝麻、火腿辣酱和姜香、蒜香酱油等新品种，以满足不同地区和层次的消费需求。1989年，企业投资120万元对蚕豆酱车间进行技术改造，更新瓶装生产线，举建500平方米的原料仓库，建装一台4吨快装锅炉等水电气配套设施，年生产能力提高到7000吨。1990年，产品优质品率达75%，合格率在95%以上，蚕豆辣酱获首届全国轻工博览会金奖。酱油、桂花生姜获银奖，芝麻辣酱等4个新产品获轻工部科技进步优秀奖，产品销售扩展到全国24个省、市、自治区，批量出口，部分产品被外交部列为“使馆特供调味品”，供应我国100多个驻外使馆（机构）。是年，工业总产值580万元，销售收入557万元，利税61.07万元，其中净利润34.27万元，超额完成与市政府签订的第一轮承包任务。1991年6月，该厂被省人民政府授予“优秀食品企业”称号。1992年加大科技投入，投资建设6个总容量为300吨的露天储油罐；积极参加“中国质量万里行”活动。这一年，产品合格率达100%，火锅调料等3个新产品被评为省级新产品，其他部优产品复审合格，胡玉美酱油和酱菜在1992香港国际食品博览会上双获特别奖，“胡玉美振风古塔”商标获安徽省著名商标称号。1993年，工业总产值1127万元、销售收入995.53万元、利税67.77万元。

1994年上半年，原材料价格上涨，职工增加工资和实施新税制，该厂产品价格涨幅8%不抵原辅材料涨幅30%速度，税赋加重，再加上老企业离退休职工逐步增多，退休费用支出过猛等因素，冲减了当期效益，亏损额达30余万元。面临困境内部开展劳动竞赛、双增双节活动，全年销售收入突破千万元大关，盈利 0.636 万元，实现了年内扭亏增盈目标。

1995 年，胡玉美酿造厂实施名牌战略，将保护品牌意识渗透于生产经营全过程，增大产品的科技含量，设计新潮包装，提高产品附加值，灵活运筹生产经营。是年，新产品辣油椒酱、海鲜辣酱投放市场，创产值 200 多万元，蚕虫辣酱被评为省免检产品，企业第三次被省轻工厅授予“创最佳经济效益先进单位”，省工商局连年授“重合同守信用企业”。职工年人均收入由 1991 年的 1496 元上升到 6500 余元，劳动生产率由 1991 年的 3.34 万元 / 人年提高到 5.42 万元 / 人年。年末，有职工 350 人，固定资产原值 1290 万元、净值 1107.4 万元；全年工业总产值 1900 万元，销售收入 1285.87 万元，利税 71.87 万元，3 项指标分别比上年增长 13%，54% 和 40%。

萧县罐头厂。萧县罐头厂是 1982 年以萧县葡萄酒厂罐头车间为基础建立起来的，当时的生产品种为黄桃、芦笋、牛肉、羊肉、猪肉等罐头，年生产能力 2600 吨，1986 年扩建到 6000 吨，1995 年又扩建到 1 万吨。产品销售，牛羊肉类罐头主要是销往阿拉伯国家，猪肉罐头主要销往苏联，芦笋罐头主要销往西欧，黄白桃罐头主要销往日、韩、东南亚，内销比例很小，为轻工业部 10 个重点罐头食品出口重点企业之一。营销方式以省外贸为主，口岸为上海、天津两个口岸，使用的商标肉类基本为“长城”牌，果蔬类基本为“梅林”牌。1984—1995 年间，企业共投入技术改造资金 3460 万元，除扩大生产能力外，建设当时华东地区设备最先进（引进意大利设备）、产量最大、功能最全的制罐生产线。

1996 年后，由于国内市场肉类价格上升速度快，货源紧张，国际市场上肉类罐头产品价格升幅小，生产肉类罐头亏损，企业改产果蔬罐头，除原有果蔬罐头外，并研制青豆、去皮葡萄（主要销往韩国）、山芋（主要销往日本）、洋梨（销往俄罗斯）、杏酱（销往法、英），仍是轻工业部重点出口企业。但是国际市场变化太大，国内原料升幅高，企业生产连年亏损。1999 年到 2000 年，由原企业出口单位安徽省粮油食品进出口公司收购，企业通过他们的外贸渠道销售产品，又投入 550 万元进行技术改造。但是计划基本落空。2001 年至 2005 年间，企业基本处于半停产状态，亏损叠加。2008 年，由美国熙可食品公司出资对该企业进行重组，投入 760 万元完全按照美国熙可总部要求进行技术改造，企业改名为熙可安粮安徽食品有限公司，2007 年 6 月开始生产。主要产品是黄桃软罐头和果冻，除次品外，产品全部出口美国。

宿县肉联厂（福润肉类食品公司）。宿县肉联厂在计划经济时期的生产仅仅为了满足居民“肉票”需要，所以一直没有什么发展，企业没有积累。1986 年，该企业投入 1300 万元进行扩产技改，生产能力达到 4 万吨，但由于企业历史包袱重，资金匮乏，没有较多的流动资金，所以常出现“断炊”，而且市场也一直未打开，企业产业链短，再加工能力低，连续多年亏损。2006 年南京雨润集团对企业重组后，投入 6000 余万元进行技术改造，原料肉产品生产能力达到 12 万吨，产业链延伸，品种增加，重组以来，生产经营情况很好。

安徽益益乳业有限公司。安徽益益乳业有限公司（原安徽省国营淮南乳品厂）始建于 1970 年，是安徽省规模最大的奶牛饲养、乳品加工企业和绿色食品生产基地。公司总部设在淮南经济技术开发区，主要奶牛基地位于淮南农场。

2002 年 8 月由原淮南乳品公司改制后设立有限责任公司，注册资本 3000 万元，占地面积 6000 余亩。公司有 5 个规模化奶牛场、165 个专业化家庭奶牛场及周边 3600 多个养牛专业户，存栏奶牛达 9500 多头，占全省奶牛总存栏数的 41%，年产鲜奶 4.2 万吨以上，占全省总产量的 60% 以上。公司资产总量达 1.17 亿元，其中固定资产规模为 7700 万元，年实现销售收入 1.1 亿元，利税 560 万元。乳品加工拥有奶粉、酸牛奶、消毒奶、保鲜奶、含乳饮料等现代化乳品加工生产线 11 条，日加工能力 140 吨，年加工系列乳制品 2 万吨；公司营销网点 986 个，产品市场主要以省内为主，并正向周边江苏、河南、江西等省份拓展，产品省内市场占有率达 35% 以上。公司先后投资 1760 多万元进口瞬时超高温灭菌系统与纸质全自动无菌包装系统、牛奶成分分析仪、微生物快速分析仪，开发了利乐包、屋型包等高档次的新产品。

“益益”全脂甜奶粉 1991 年获国家绿色食品认证；“益益”酸牛奶、消毒牛奶 1999 年获国家绿色食品认证；1995 年获安徽省“质量免检、安徽名牌”、“消费者信得过”产品；1996 年获乳品行业中国名牌产品称号；1997 年获国家“A 级产品”称号；“益益”牌注册商标 1995 年获“安徽省著名商标”称号；淮南乳品厂 1998 年获得安徽省管理先进单位；1999 年获得“绿色食品生产先进单位”称号和安徽省质量管理奖；同年被淮南市政府命名为“科技先导型”企业。1997 年、1998 年、1999 年连续三年被省政府列为安徽省唯一一家以乳业为发展主体的农业产业化扶优扶强龙头企业。2000 年通过中国食品工业协会审批，被确定为“中国学生奶推广活动定点企业”，同年，安徽省人民政府授予“益益”牌酸牛奶为“安徽省名牌农产品”称号，被安徽省技术监督局授予安徽质量最佳企业。“益益”牌鲜牛奶 2001 年荣获“安徽省消费者协会特别推荐产品”称号。2002 年按照 GB/T19001 ：2000–ISO9001 ：2000 标准建立、完善了固态奶、液态奶设计、生产、销售和服务质量管理体系，并于同年 11 月通过广东质量体系认证中心认证。2002 年通过国家九部委认证被确定为“国家学生饮用奶定点生产企业”，同时被国家八部委评为“全国三绿工程绿色生产线示范单位”，“益益”牌芦荟酸奶酪饮料获得“绿色食品”认证。

2003 年被列入安徽省“861”行动计划重点扶持建设八大产业基地之一，同年被列为安徽 100 户“专、精、特、新”企业。2004 年被国家八部委联合授予国家级重点产业化龙头企业。2005年被省财政厅确定为安徽省国家财政农业综合开发产业化项目重点扶持企业。

定远盐矿。位于定远县东兴，是1988年新建的制盐企业。1990年，建成了年产10万吨规模的现代化盐矿，同年4月11日试车成功，并正式投产，从此结束了安徽省无盐的历史。主要产品有精制加碘食盐、海群生药物盐和营养系列，产品质量全部达到国家GB5461–92优一级品标准，是国家食盐定点生产厂家，为安徽省质量最佳企业之一；产品曾获1994年北京第二届国际中小型企业新产品、新技术展览暨洽谈会金奖，获“安徽省质量免检产品”称号。产品畅销全国及东南亚、俄罗斯等国。1993年被国家轻工业使命名为全国100家最大采盐企业，排列第8位；在安徽省轻工业百强中居第14位；在安徽省非金属矿采选业10强中居第1位。

1991年产量达8.2万吨，产值达2809万元，创利税450万元，上缴财政585万元；1992年产量10.5万吨，产值3543万元，创利税1150万元，上缴财政775万元；1993年产量13.1万吨，产值3750万元，创利税1636万元，上缴财政559万元；1994年产量14.4万吨，产值5076万元，创利税1805万元，上缴财政900万元；1995年产量20万吨，产值10068万元，创利税2030万元，上缴财政1064万元。

1992年至1995年间，定远盐矿进行了一系列改革，制订了经济承包方案，落实了岗位目标责任制。1995年，定远盐矿在安徽省首批进行了改制工作，经省政府批准成立了“安徽省东兴盐化股份有限公司”和“安徽省滁州东兴盐化集团”；先后对制盐、锅炉、发配电、给排水、采卤等车间的部分设备、工艺流程进行了技术改造；在真空制盐首效加热之至 中运用钛材；改造制盐I、II效蒸发系统；运用微机自动化控制；改造制盐板式预热器和推料式离心机等，为发展生产注入了活力。

芜湖市光华玻璃厂。1986年，芜湖市光华玻璃厂相继建成8400平方米铁壳车间；2226型煤气发生炉两座，1000立方米煤气库1座；年产100万套塑料件车间；并与合肥工业大学合作，对玻璃熔炉的主要参数实现了电脑控制。当年，实现工业总产值4140万元（1980年不变价），税利905.7万元，为该厂历史最好水平。1987年，接办裕华玻璃厂，改造后转产保温瓶胆。同年，获广东南海嫦娥气压瓶厂120万元补偿贸易贷款，改造铁壳抛镀厂房、设备，新增一条静电喷漆生产线。7月，获二级计量合格证书。1989年，企业获国家质量管理奖。当年起，市场疲软，企业效益下滑。

1990年12月，该厂铁壳车间四楼罩光、喷花工段发生重大火灾，造成直接经济损失28万元。从1990年到1992年，企业亏损额逐年增大，分别达278万元，446万元，597万元，3年累计亏损1320万元，企业陷入了困境。

1992年企业深化改革，扭亏增盈。当年，企业开发1升多功能咖啡壶、0.4升旅游壶、磁化气压瓶等新产品，2升全注塑保温瓶投入批量生产。1993年，企业推行分厂制，成立瓶胆、保温瓶、灯泡 3 个分厂，分别独立核算，实行利润与工资总额挂钩的经济承包责任制，较好地调动了职工积极性，当年实现工业总产值 5111 万元，销售收入 7248 万元，利税 512 万元，亏损降到 24.6 万元。

1994 年 3 月，原器皿车间 2 号熔炉恢复生产，以生产玻璃杯为主。同年，与台商合资的内涂灯泡生产线开工投产。并建立了一条金属卤化物灯组装线，投入了小批量生产。

1995 年，企业拥有职工 3217 人，固定资产原值 5424 万元，净值 4147 万元。1995 年实际生产保温瓶及胆 903.2 万只，灯泡 1143.5 万只，玻璃瓶 684.9 万只，完成工业总产值 6560 万元，销售收入 7559 万元，实现利税 642 万元，其中利润 11.4 万元。

安徽发强玻璃有限责任公司。前身为安徽华阳玻璃企业集团，组建于 1997 年 7 月，其核心企业为淮南市第二玻璃厂、第三玻璃厂。公司位于淮南市石涧湖中路，拥有职工 2000 人左右，其中专业技术人员 380 人。占地面积 17 万平方米，厂房建筑面积 12 万平方米。

1997 年，二玻厂、三玻改制，使二玻厂（乡镇企业）、三玻厂（村办企业）均改制为民营企业。两厂分别由个人买断后，为了形成规模优势，以两厂为核心组建了安徽华阳玻璃集团，企业仍为独立核算。2001 年 10 月，进行第二次改制，华阳集团改为安徽发强玻璃有限责任公司，实行一体化经营，二玻厂、三玻厂成为一家企业。

发强玻璃有限责任公司成立后，新产品光学玻璃制品生产获得国家医疗器械生产许可证，其工艺具有专利性。截至 2005 年，公司拥有固定资产 14569 万元，12 座窑炉近 400 平方米熔化面积，装备 22 条具有国内先进水平的自动化生产线，拥有生产设备 1080 台（套），采用先进工艺技术，生产高档白料酒瓶、普通白料酒瓶、输液瓶、饮料瓶、玻璃原料等产品 120 多个品种，年产玻璃制品 16 万吨以上，总产量在华东地区最大，位居全国第 2 位。

2005 年，公司实现销售收入 16646 万元，工业增加值 5480 万元。是年，公司获得全省质量管理先进企业荣誉称号。

芜湖缝纫机厂。芜湖缝纫机厂是安徽省唯一由国家定点生产缝纫机的中型骨干企业，前身是芜湖市第二木器生产合作社。1959 年开始试产家用缝纫机。60 年代中期，缝纫机生产下马恢复木器生产。1969 年 11 月重新生产缝纫机。至 1983 年，先后生产过赭塔牌、长江牌缝纫机。1984 年与上海缝纫机公司联营，定牌生产“春蕾”“美狮”牌缝纫机。

从 1986 年起，企业转为与上海协昌缝纫机厂协作，定牌生产“蝴蝶”牌缝纫机。联合当年产量就达到二次扩初设计能力 12 万架。此后，经不断技术改造，产量逐年递增，质量保持 A 级水平。1986 年到 1992 年 7 年间，累计生产“蝴蝶”牌 JA1-1 型缝纫机120万架，年均递增35%，创利税2000余万元。

80年代中期以后，市场对家用缝纫机需求逐年萎缩，企业于1986年成立科研所。当年开发出电磁线产品。1987年又开发了自动供水设备。同年，进行聚丙烯烟用丝束的科研工作，后因市场发生重大变化未继续下去，其前期研究成果成功地转用于聚丙烯新型滤材的生产。新产品开发为企业改变单一品种的被动局面奠定了基础。

随着工业缝纫机市场的兴起，企业同上海江湾机械厂合作，开发CC41–1型中速平缝纫机，以造型美、不渗漏、低噪音的显著特点进入市场，逐渐成为全国中平机市场主导品种。从1993年起，企业以GC41–1型为主导机型，派生开发出中厚料机、珠边机、电脑绣花机等。1995年，企业对工缝系列产品加以改进，变二档为三档支撑，增加自动润滑装置，提高了产品档次，使之在国内同类产品中居于领先水平，国内市场占有率达20%。

1992年，芜湖缝纫机厂被确定为国家扩大出口产品生产企业。1993年被确定为国家出口产品生产基地并获进出口业务权。1994年，企业将外贸科发展为进出口公司，进一步扩展自营及进出口业务。从1990年争取到首次订单至1995年6年间，企业累计出口家用缝纫机81万架，工业缝纫机5268架，出口交货值1.3亿元，自营创汇246万美元。1995年当年，企业完成出口交货值5060万元，占当年缝纫机销售收入总额的90%，出口已成为企业生产发展的支柱。1995年末，企业拥有职工1182人，设备579台套（其中专用253台套，通用326台套），厂区面积2.70万平方米，建筑面积2.20万平方米，固定资产原值1365.58万元、净值596.44万元。1995年，产家用缝纫机24.22万架、工业缝纫机1.66万架，家用缝纫机、中平机产销量分别列全国同行业第五位和第三位，出口额为同行业第七位，实现工业总产值6905万元（其中缝纫机类产品产值942万元），实现利税198.23万元。

企业在开发工业缝纫机和扩大出口业务的同时，继续抓紧非缝纫机类产品的开发。1995年，企业对新型滤材进行深加工，在原生产无纺布的基础上，研制出滤芯滤棒，开发了净水器新产品。又利用电磁线的拉抻技术，开发了清洁球产品。并着力于助力车的研制和批量生产。

合肥搪瓷厂。1986年，该厂研制的6号低温低成本瓷釉配方获安徽省科委科学技术三等奖。以煤为燃料的口杯三层烧成炉连续生产新工艺及低温低成本瓷釉配方获轻工业部技术进步三等奖；全年完成总产值1526万元（1980年不变价），销售收入1722万元，实现税利首次突破500万元大关。

1987年，该厂投资1775万元，引进美国“诺信”公司静电粉末喷涂设备；引进荷兰“福禄”公司烧成电炉设备，并与国内设备配套，形成大型平板搪瓷生产线。从而形成日用搪瓷和静电喷涂平板搪瓷两个生产中心。10月，被轻工业部授予“质量管理优秀企业”

称号。11 月，被安徽省人民政府批准为安徽省先进企业。

1988 年，该厂产值 1906 万元（1980 年不变价），利润 817.64 万元，分别比上年增长 24.1% 和 63.3%，产值和利税均创历史最好水平；同年，获安徽省质量管理奖。1989 年，该厂利税 1017 万元，其中利润 604 万元，居全国搪瓷行业第一位。同年 10 月，被批准为国家二级企业。

1990 年，市场发生变化，搪瓷行业发展进入低潮期，为促进产品销售，先后研制开发了艺术挂盘、多用餐杯、16 厘米洗手碗等 5 个品种 17 个规格的新产品投放市场，并加强外贸销售，全年完成出口交货值 589 万元，完成总产值 2228 万元（1980 年不变价），实现利税 893 万元，其中，利润 502 万元，利润仍居全国同行业第一位，被安徽省劳动竞赛委员会授予“创最佳经济效益竞赛夺魁单位”称号。

1991 年 11 月，引进的大型平板搪瓷生产线正式投产，当年新增产值 20 万元。1992 年 7 月，该厂以平板搪瓷生产为基础，与中国建筑总公司泰国分公司合资建立了“合肥华建金属制品有限公司”，当年新增产值 160 万元，其 7 件套搪瓷厨房设备获全国科研产品展销会金奖、首届中国青年科技成果博览会金奖，并被北京消费者协会向消费者推荐使用的“可信商品”。同年，该厂“三星”商标在安徽省首届“省著名商标”评选中获“安徽省著名商标”证书。

1993 年至 1994 年，该厂深化企业三项制度改革，深挖内部潜力，走规模增效、减员增效、技改增效之路，积极发展外贸出口生产，两年分别完成出口交货值 1200 万元和 1500 万元，均占工业总产值三分之一，被确定为自营进出口企业。1994 年，该厂研制静电搪瓷粉末获得成功，填补了国内的一项空白，并被列入国家科委科技发展“火炬计划”。同年，“三星”牌商标文化展览活动中获“安徽省公认名牌”称号。

1995 年，该厂研制开发搪瓷洗菜池、不锈钢洗菜池、电子消费柜、系列搪瓷炖锅、炒锅、电火锅、搪瓷壁画、系列燃气灶具、搪瓷路牌、垃圾筒等新产品投放市场，使产品品种规格形成日用搪瓷、厨房设备、艺术搪瓷、卫生洁具、建筑搪瓷 5 大类、54 个品种、182 个规格。其中，搪瓷厨房设备获国家科委、建设部“小康住宅建设推荐产品”；静电搪瓷粉末获中国吉利产品博览会金奖。1995 年年末，该厂有职工 1415 人，拥有各种主要生产设备 274 台（套），固定资产原值 3252.36 万元，净值 2347.4 万元，成为国家中型一档企业。1995 年，完成产值 5102 万元，销售收入 5010 万元，实现利税 279 万元。

安徽省芜湖市工具厂。建于 1956 年，是全国工具行业骨干企业，外经贸部批准的自营进出口企业。

1985 年前，企业累计亏损 98 万元。1985 年至 1986 年，企业开拓农机配套、改制钢材及多条渠道出口，制订发展锻压产品的计划，利用贷款购进 1600 吨双盘摩擦压力机、560公斤、750公斤空气锤等重型锻压设备，成功开发新产品柴油机连杆锻件。同时，加大双头扳手、锉刀等外贸出口产品的出口量。1986年完成工业总产值340万元，销售收入318.6万元，税收16.6万元，盈利1.3万元，一举摘掉亏损的帽子。随后效应逐年增长，1990年产值达到715万元，销售收入690万元，税收46.7万元，利润22.6万元。

1991年至1995年间，连续实施3期的技术改造，初步完善了基础设施，其中，新建了大容量配电房、热处理车间、金加工车间、热处理自动线，引进了模具加工设备、现代检测设备等，更新了一批锻压设备。与此同时，开发了换向棘轮梅花板手和系列柴油机连杆锻件等一批新产品；各类扳钳工具远销20多个国家和地区，棘轮梅花扳手供不应求。1990年至1995年间，每年出口创汇200万美元左右。系列柴油机连杆锻件为国内多家主机厂配套，并被江苏常柴集团获金奖的常柴牌柴油机采用，成为其定点配套厂家。1995年年末，该厂有职工696人，各种设备292台（套），固定资产原值1834万元，主要产品品种有：双手呆板手、L型扳手、农机扳手、换向棘轮梅花扳手等系列手具及系列柴油机连杆锻件，S170系列、180系列、195系列、85系列、1105、1110系列等。1995年工业总产值3446万元，销售收入3371.9万元，实现税利201万元，出口创汇210万美元。连续被授予全省轻工系统“出口创汇先进企业”“最佳经济效益企业”和市“重合同、守信用”企业、银行信誉“AA”级企业等，1995年被外经贸部批准为自营进出口企业。

第三章　机构

安徽省轻工行业众多。1986 年至 2000 年，行业管理基本沿袭 20 世纪 80 年代初期的体制，省内轻工企业在行政隶属关系上仍分属于轻工、纺织、烟草等部门（单位），既按行业归口管理，又实行“部门管理”体制。2000 年 4 月，在省政府机构改革中，省轻工总会撤销，行政管理职能划入省经贸委。

第一节　省级机构

省轻工业厅（总会）　省轻工业厅是省人民政府管理轻工行业最多的部门，习称轻工业管理部门，1985 年归口管理的行业 41 个，1992 年室内装饰行业由轻工部门归口管理。轻工主管部门归口管理的行业也调整为 20 个大类 44 个行业。2000 年 4 月以后，安徽省室内装饰行业管理职能划归省建设厅。中国轻工业联合会在行业统计中，将轻工行业划分为 18 个行业，仍包括室内装饰业。

1994 年 4 月，省人民政府决定将省轻工业厅改为省轻工总会，首任会长刘道浓。1995 年 12 月，省政府对省轻工总会的职责范围、人员编制、内设机构等作了具体规定。省轻工总会内设职能部门分别为：办公室、综合计划处、经济指导处、财务管理处（审计处）、科技质量处、经济贸易处、行业管理办公室、室内装饰行业管理办公室、人事教育处、老干部处、机关党委、纪检组（监察室）。

2000 年 4 月省轻工总会撤销后，同年筹建省轻工行业管理办公室，郑为文兼任主任，李永江、葛玉淦分别为副主任，后因故没有独立组建，行办转为省经贸委内设机构，不久撤销。2000 年 8 月，成立省轻工协会，其职责为“协调行业间企业间经济技术活动”，为全额拨款事业单位，不定行政级别，会长暂按副厅级配备。2001 年 1 月份，省轻工协会组建完毕，郑为文兼任会长，沈孝安、仲建平任副会长，内设 4 个处：综合处、监测预测处、经济技术咨询处、行业合作联络处。原设在省轻工总会的省轻工工会，由省经贸委接管，交省轻工协会代管，业务上仍接受省总工会指导，后划归省总工会直管。2001 年 9 月，宣华荣担任协会副会长、分党组副书记，主持协会工作。2003 年 8 月，仲建平离任。

1986—2000 年安徽省轻工业厅（总会）历年行政负责人名录

表 4-3-1-1

年　份	机关名称	行政负责人
1986—1988	安徽省轻工业厅	厅　长：季家宏 副厅长：李继明 刘均逸 翟大文 胡水金（1986 年 1 月任职）
1989	安徽省轻工业厅	厅　长：季家宏 副厅长：李继明（6 月离职）刘均逸（6 月离职）翟大文 胡水金
1990—1991	安徽省轻工业厅	厅　长：崔宗鋆（1990 年 4 月任职） 副厅长：翟大文 胡水金 孙霞光（1991 年 10 月任职）
1992	安徽省轻工业厅	厅　长：崔宗鋆（4 月离任）刘道浓（4 月任职） 副厅长：翟大文（10 月离职） 胡水金 孙霞光 王秀芳（女，4 月任职）
1993—1994.4	安徽省轻工业厅	厅　长：刘道浓 副厅长：胡水金 孙霞光 王秀芳
1994.4—2000.4	安徽省轻工总会	会　长：刘道浓 副会长：胡水金（1995 年 5 月离职）孙霞光（2000 年 1 月离职）王秀芳 郑为文（1995 年 6 月任职）杜长棣（1995 年 6 月任职）

安徽省轻工集体企业联社　安徽省轻工集体企业联社（以下简称省联社），其前身为安徽省手工业合作社联合社，成立于 1956 年。它是在安徽省手工业基本实现合作化的基础上，由各地、市、县联社及其所属集体所有制企事业单位和省联社直属企、事业单位组成的社会主义劳动群众集体所有制经济联合组织，在省委、省政府和中华全国手工业合作总社的领导下，依据联社章程开展活动，其基本职能是“指导、维护、协调、服务”。

省及各地、市、县联社从成立起，即一直与同级政府主管机构实行“两块牌子，一套人马”的合署办公体制。“文化大革命”期间一度停止活动。1983 年 9 月恢复各级联社。1992 年 5 月，省联社举行第四届社员代表大会，讨论修改了联社章程，选举产生新的领导机构。原副省长龙念被聘为联社名誉主任，省轻工业厅厅长刘道浓被推选为联社主任。1992 年 6 月，省编委批复同意将省手工业合作社联合社更名为安徽轻工集体企业联社，并同意成立办事机构，给省轻工业厅轻工城镇集体经济指导局增加 8 名事业编制，所增人员编制的经费由省财政供给。省政府撤销省轻工业厅及其城镇集体经济指导局后，组建省轻工总会，省联社与省轻工总会仍合署办公。在 2000 年省政府机构改革中，省轻工总会撤销，其行业管理职能并入省经贸委。同年，省轻工协会成立，但对联社职能没有做出明确界定，加之联社领导成员职务变动较大，联社活动基本处于停顿状态。

2006 年 5 月，在不涉及资产、编制、经费的前提下，省轻工集体企业联社与省轻工协会实行合署办公。但由于机构、人员、联社资产变动很大，各地联社大多处于停顿状态，加之省联社 2001 年后未再通过事业单位法人登记，省联社换届工作一直无法进行。

第二节　省级轻工主管部门所属单位

直属企事业单位　2000 年机构改革前，省轻工总会下属一批直属企事业单位。其中，原为适应繁重的行业管理任务而成立的 9 大事业公司——日用轻化、硅酸盐、食品、酿酒、造纸印刷、五金电器、轻工机械、家具、工艺美术，后来合并为 5 个公司，均于 20 世纪 90 年代后期全部转企。从 2000 年开始，至 2005 年年底，原省轻工总会所属单位大多被划转或转企、改制。其中省轻工业学校、省第一轻工业学校、省工艺美术学校整体划转省（市）教育部门；省皮革塑料公司、省金樽食品酿酒公司、省轻工实业总公司、省造纸印刷物资供销公司、省轻工房地产开发公司、省轻工装饰广告公司、省五金公司供销处、省二轻供销公司整体划转省国资委下属的省金安实业总公司；省轻工设计院转企、改制为民营企业；省轻工科研所改制为民营企业；省一轻供销公司、省造纸印刷联合公司实施“关门走人”。目前，仍由省轻工协会代管的单位尚有省轻工干校、宿州国家甜菜育种站。

专业协会　省轻工总会下属原有若干社团性质的专业协会，机构改革后由省轻工协会代管。其中，省工艺美术行业协会在原省陶瓷协会基础上，于 2000 年 8 月 2 日成立，2006 年换届；省日用化学工业协会于 2008 年完成换届；省五金家电协会、省造纸协会均因长期不开展活动，被省民政厅注销。2002 年，新成立了省家具协会，2005 年，省酒业协会成立，均由省轻工协会代管。

第五篇　纺织工业

1985 年，安徽已建成包括棉纺织、印染、针织复制、毛纺织、麻纺织、丝绸、服装、化纤、纺机纺器等行业门类齐全的纺织工业体系。1985 年，全省纺织系统内拥有企业 298 家，职工 197487 人；全省纺织工业总产值 240215 万元，处全国第 15 位，占全省工业总产值的 10.75%；实现利税 30530.4 万元，处全国第 15 位；出口总值 29067 万元，处全国第 14 位，占全省出口产品总值的 21.44%。从新中国成立到 1985 年，纺织工业已经发展成为安徽省经济发展的支柱产业。在资源转化、吸纳劳动力就业和出口创汇等方面，为全省经济的发展和社会的稳定做出了重要贡献。安徽省作为农业大省，有着得天独厚的资源条件，棉花、桑蚕茧、黄红麻和苎麻是全国主产区之一，羽绒、兔毛等特种动物纤维资源也具有一定优势。一批纺织企业在企业管理、品种开发、产品质量、出口创汇和综合效益方面已经具有相当的知名度。到“六五”末，安徽省纺织工业还存在一些薄弱环节，如行业和区域结构不尽合理，初加工产品和大路产品偏多，特色产品和最终产品偏少，企业集中度不高等等。但从总体上看，安徽省纺织工业拥有资源、区位、劳动力素质等比较优势，具备一定的市场适应能力，安庆纺织厂等优势企业的产品在国际上具有一定影响。安徽省纺织已在国内的同行业中处于中上游水平。安徽纺织工业自 1991 年出现全行业亏损，经过近 7 年的结构调整和 3 年的扭亏脱困，2000 年后进入恢复发展新阶段。2001 年至 2005 年即“十五”期间，安徽纺织行业加快了技术改造步伐，生产、经营、规模迅速恢复，出现了发展的良好势头。区域结构、产品结构调整成效显著，纺织品、服装出口突破 10 亿美元大关，民营经济呈现出蓬勃发展态势。到“十五”末，全省规模以上 540 户纺织企业总产值达 212 亿元，比期初增长 40%以上。资产总额由 176 亿元提高到 222.2 亿元，增长 26.2%；销售收入由 137 亿元提高到 200 亿元，增长 46%。棉纺生产能力由 187 万锭增加到 286 万锭，5 年新增近 100 万锭。纱产量由 27.5 万吨增加到 38.3 万吨，增长了 39.3%；服装产品产量由 4600 万件增加到 11288 万件，翻了一番以上。除此以外，麻纺（苎、亚麻）、丝绸、家纺等行业的生产能力和规模也得到了一定的发展。在沿海发达地区纺织工业迅猛发展的大环境中，安徽纺织工业与全国纺织增长的平均水平相比有所下降，但主要经济运行指标在全国的位次仍保持在第 11、12 位。

第一章　发展综述

第一节　基建与技改

“七五”期间　1988年，省纺织厅根据国务院文件要求，成立了清理领导小组，对系统内楼堂馆所，单独新开的小棉纺、小毛纺、小化纤项目，没有动工、资金不落实的项目，生产水平低的企业扩建项目进行清理整顿，停工下马。第一批清理21个项目，占在建项目总数的33.3%。同时，省纺织厅和地、市纺织公司（局）对所属各类公司进行清理整顿，开展税收、财务和物价大检查。1988年，安徽纺织行业首次承担了7项国家重大新产品试制任务，并改写了安徽省没有部级科技进步奖的记录，实现零的突破。江南机械厂的染色小样机荣获纺织部科技三等奖，阜阳纺织厂高比例兔毛衫荣获四等奖，五河纺机配件厂研制成功铝锭翼，填补国内空白，这些产品均达到国内先进水平。

1990年，在产品开发上，多数企业都建立了产品开发机构，据统计，42个企业有专兼职设计人员321人，推动了新产品开发。阜阳纺织厂、马鞍山市被一厂、安庆针织总厂、太和县织布厂等企业产品设计各具特色。全年开发新产品164只，其中填补省内空白31只，达到国内先进水平的有新型金属针、针织天鹅绒等14只，完成仿制国外来样提花印花仿真丝绸、缎档绣花毛浴巾等10只。

“八五”期间　1991年安徽纺织工业固定资产年度投资计划增长较大。全年行业固定资产投资达35090万元，比1990年增长44.86%。其中基本建设占11.66%，增长1.05倍；技术改造占88.34%，增长49.42%。在资金投向上，化纤行业占30.24%，针织、印染、服装等深加工行业的比重都比1990年有较大增加，用于大中型企业的资金达76.67%。1991年签订24个设备合同，合同金额2084万美元，比1991年增长45%。在成交额中化纤占71.4%，棉纺12.3%，棉织7%，服装4.1%。主要引进化纤生产线、自动络筒、无梭织机和电脑绣花机等，对安徽化纤行业发展差别化纤维，增加生产无结纱、无梭织布和提高产品附加值，推动企业技术进步起到积极作用。利用外资有新突破。除继续落实政府项目外，重点抓“三资”项目。1991年全省纺织行业洽谈了33个“三资”项目，截至年底，已经领照开业的有11个，已批立项和编报可行性研究的14个，已签意向书正在编报项目建议书的8个。总投资在100万美元以上的项目有19

个，占 57.58%，外方投资比例由 1990 年的 25% 上升到平均 43.5%；合资企业产品外销比重均在 70% 以上，拓宽了纺织品出口渠道；外资投向由初加工转向深加工行业，其中针织行业占 24.24%，服装行业占 30.3%，化纤行业占 30%；合资企业选用的设备先进适用，产品技术含量高。

1992 年，全省纺织行业累计完成固定资产投入 4.42 亿元，比 1991 年增长 29.92%，其中技改投入 3.79 亿元，比 1991 年增长 11.5%。“三资”企业发展也很快，据统计全省已有 63 家，总注册资本 1.06 亿元，其中外资 3861 万元，占注册资金的 36.4%。投产的项目，有铜陵化纤厂年产 2000 吨涤纶长丝生产线、安徽省维尼纶厂 72 台喷水织机、芜湖印染厂 1800 宽幅印染生产线、铜陵衬衫厂生产线扩建等 12 个项目。

1994 年，完成技改项目 43 项，建成丝绸面料服装生产基地、纯棉高档面料生产基地和高档呢绒面料服装生产基地。技术改造的重点是解决好棉纺织印染后整理，新型纺机制造与运用等薄弱环节，提高针织、复制、色织行业的技术装备水平，加大技术进步含量，把有限的财力、物力投入到高技术含量、高附加值、高新技术项目上来。遵循这一原则，合肥、蚌埠等地积极对产业结构重新规划布局，将一些初加工能力逐步向原料产区转移。蚌埠二麻将 960 锭环锭粗毛纺设备转移到乡镇企业，利用合资引进 3000 锭精毛纺设备。安庆、无为等原料优势地区，积极从沿海城市接收转移的一批较好的棉纺设备，进行改造提高、形成规模效益。

“九五”时期　1996 年，系统内纺织企业完成基建和技改 4.1 亿元，建成出口生产基地 3 个，创省级以上名牌和信得过产品 8 个，组建企业集团（公司）7 个，能耗比 1995 年降低 1%。全省系统内纺织企业统计的 22 种主要产品中有 12 种产品产量比 1995 年有较大幅度增长，其中化纤用浆粕增长 241.5%，纱增长 8.5%，帘子布增长 52.4%，呢绒增长 28.5%，毛毯增长 49.6%，纺织机械增长 14.1%。实施技术改造项目 31 个，完成投资 3.07 亿元。其中续建项目 17 个，完成 2.2 亿元，新开项目 14 个，完成 0.87 亿元。全年竣工验收项目 7 个，新增固定资产 2.91 亿元。利用外资项目 29 个，投资总额 5346 万美元，注册资本 4220 万美元，其中外资额 2083 万美元。系统内技改资金 75% 是银行信贷资金，表明纺织企业自我积累、自我发展能力较弱，融资渠道狭窄单一。技术改造投资用于增加花色品种，提高产品质量或附加值的占 47.2%，属于深加工、生产最终产品的占 73.3%，投资结构趋于优化。全年落实淮北第一棉纺厂的雪尼尔花式线等 5 个省级重点技术开发项目，开发了宁国纺机厂 BZJ–1 型宝塔纸管机等 8 个省级新产品，淮北第二纺织厂的“飞亚”牌涤棉府绸，马鞍山海狮巾被集团的“海狮”牌毛巾被，安庆毛毯厂的“黄山”牌拉舍尔毛毯被省政府推荐为安徽名牌产品。淮北第二纺织厂、安徽华宇（集团）股份公司、安徽英路工业集团、安徽官镇羽绒总厂获省质量最佳企业称号，安庆纺织厂、淮北第二纺织厂获省质量管理奖。另外，全省纺织行业还获得省科技进步奖8项。其中二等奖1项，三等奖2项，四等奖5项。

抓好“1235工程”，即皖东南1条服饰走廊，淮北、铜陵2个出口基地，蚌埠、安庆、淮北3个面料基地，衬衫、皮装、羽绒制品、职业装和鞋类5大支柱产品。1998年，全省纺织工业企业固定资产投资完成3.6亿元，投资结构进一步优化，属增加品种、提高质量、增加附加值的项目占84.6%。

“十五”时期 2001年，一批重点技改项目陆续上马或建设投产。安徽省纺织工业全年完成投资6.2亿元，比2000年增长21.3%；当年下达投资计划项目25个，总投资12.02亿元。其中，9个国债项目进展顺利，建成投产后，每年可新增销售收入17.4亿元，利润1.98亿元。

全省纺织产业领域进一步拓展，装饰、产业用纺织品的比重大幅提高，全行业技术装备水平逐年提高。20世纪90年代以后制造的国内购进细纱机的比重由2000年的34%提高到2002年的49.2%；自动络筒的比重由36%提高到39.4%；无梭织机的比重由5.9%提高到10.4%。经济效益稳步增长。2003年全省规模以上的纺织企业工业增加值比2002年增长22.6%，增幅高于全国平均增幅；实现利润增长1.2%，居全国同行业第13位。纺织四大产品基地进一步巩固，四大产业集群初步形成。随着市场化进程加快，全省以安庆、淮北和沿江两点一线的中高档棉纺织品基地，淮北、蚌埠多功能织物印染后整理基地，铜陵麻纺织品基地和巢湖产业用化纤基地得到进一步巩固和提高。以皖西南丝绸产业集群；皖东南（以芜湖为中心）服装产业集群，淮南工业和装饰用纺织品产业集群；阜阳、淮南、蚌埠中高档毛纺织品和特种动物纤维制品产业集群已逐步形成。

“十五”期间，全省纺织行业技改投入57亿元，约比“九五”增长2.6倍。实施了近70个重点项目的技术改造，其中国债项目16项，总投资17.79亿元，使企业的技术装备水平进一步提高。棉纺通过30条生产线的技术更新，大部分企业的纺锭达到国内先进水平。无结纱的比重由28%提高到53%，精梳纱的比重由23%提高到26%，无梭织机的比重由6.8%提高到12%。重点项目中，安庆华茂投资2.3亿元的两个国债项目以及投资6.7亿元的15万锭新型棉纺项目已经投产，技术装备国内先进，其中紧密纺达到国际先进水平。计划投资亿元20.6亿元，棉纺30万锭和700台无梭织机的高档纺织精品生产技改项目，也已经拉开序幕。华茂作为全国纺织行业的旗帜，精品效益的地位得到了巩固。投资5亿元的皖维集团公司的综合技改工程为企业的发展壮大奠定了基础。铜陵华源麻业公司5年技改投入5亿元，实施高档麻纺、织染整和高档亚麻面料及麻资源综合利用两个国债项目，已成为全国麻纺行业的领头羊。蚌埠华皖碳纤维公司投资2.3亿元、碳纤维一期工程——年产200吨聚丙烯腈基碳纤维及500吨原丝项目，全套生产设备和技术从国外引进，即将投产。淮南市的产业用纺织品和精梳毛纺项目发展迅速。这些项目的投产使用，将成为安徽省纺织行业新的经济增长点。

第二节　企业生产

"七五"期间　1986年，重点开展企业升级工作，省纺织厅先后召开14次会议，研讨升级规划，制定21个行业的具体目标和实施细则。据芜湖、淮南、马鞍山市和阜阳、六安地区统计，有36个企业成立领导小组（企管科），占企业总数的45.5%，23个企业制定了升级规划，占企业总数的29.1%。芜湖市纺织系统建立18个实验室和7个计量室，配备30名专职计量员。全系统年度创部优9只，省优38只。安庆纺织厂、蚌埠一麻荣获质量管理奖。

从1987年年初开始，省纺织厅在全系统开展"双增双节"活动。大力增产市场适销对路的产品。对于有原料又有市场的产品，积极调整产品结构，开发花色品种，增加生产。省丝绸公司积极扶持蚕茧生产，到同年10月，真丝绸及其交织品，占总产量的比重，由1986年10月的22.09%，提高到30.49%。同时，节约原材料、能耗和其他经费。各企业从大处着眼，从点滴入手，开展节约活动，降低消耗，节约经费。1—9月份，合肥市纺织系统吨纱耗棉量平均1062公斤，比计划降18公斤，按前10个月棉纱产量19550吨计算，共节棉352吨，价值58万元。开展"双增双节"活动，主要产品产量大幅增长，加工深度也有提高。到10月，纱增长9.57%，布增长9.08%，印染布增长21.93%，毛线增长38.74%，丝增长18.39%，丝织品增长26.87%，服装增长16.36%。经济效益可观。据合肥、芜湖、安庆、淮北、马鞍山市和阜阳、巢湖地区统计，全年增产节约金额8729万元。有的企业通过开展"双增双节"活动，摘掉了亏损的帽子。1987年，安徽纺织工业总的运行态势可以概括为：一个增加、两个加快、两个下降、三个提高和三个问题。"一个增加"是主要产品产量的增加。至1987年11月，26种主要产品的产量，完成年进度计划的有19个品种。12个品种提前完成全年计划。27种可比产品，与1986年同期比较，增加的有21个产品。"两个加快"是发展速度加快和出口速度加快。至11月底，完成工业总产值31.68亿元，比1986年同期增长15.94%；至10月底，完成出口交货额5.4亿元，比1986年同期增长43.07%。两个下降是用工水平下降和能源消耗下降。至10月，全省棉纺织企业纺部每吨纱用30.79个工，比1986年同期下降6.21%；织部每万米布用工101.91个，比1986年同期下降8.92%；加工部每吨纱折合用工21.82个工，比1986年同期下降6.07%；棉纺织行业每万元产值能耗2.26吨标煤，比1986年同期下降7%；印染行业每百米综合能耗3.15公斤标煤，比1986年同期下降8%。"三个提高"一是单产水平提高。至10月份，纱平均单产每千锭时40.99公斤，比1986年同期提高5%；布平均单产每台时4.99米，比1986年同期提高 6.4%。二是产品质量提高。至 10 月，由省纺织厅考核的 20 项主要产品指标，与 1986 年同期比较，稳定提高的有 19 项，下降的有 1 项，稳定提高率为 95%，达到历史最好水平。三是经济效益提高。至 11 月份，实现利税 3.69 亿元，比 1986 年同期增长 10.14%，亏损金额减少 104 万元。“三个问题”一是原材料紧缺，从全省看，除苎麻等少数品种比较充足外，其他原料都很紧缺。特别是棉纱、坯布、化纤、羊毛等缺口较大，对一些企业生产有很大影响。二是少数产品销路不畅，主要是粗纺毛呢和服装等产品销路不好，在一些企业出现积压。三是集体企业亏损多。至 10 月，全省纺织系统亏损企业 57 个，其中服装企业 20 个，色织企业 21 个，针织企业 10 个。在亏损的 57 个企业中，集体企业 45 个，占亏损企业总数的 79%。

1988 年，全省纺织系统克服原材料、能源紧缺和价格上涨等不利因素，实现产值、利税和出口全面增长。全年完成工业产值 38.79 亿元，比 1987 年增长 9.73%，其中丝绸行业增长 4.51%，服装行业增长 9.18%。初加工产品，纱完成 1.7 万吨，比 1987 年增长 4.18%；布完成 7 亿米，比 1987 年增长 5.19%；深加工产品，印染布完成 3.1 亿米，比 1987 年增长 14.27%；服装完成 1990 万件，比 1987 年增长 6.32%。全年完成销售收入 43.3 亿元，比 1987 年增长 25.9%。纺织品系统完成销售额 7 亿元，比 1987 年增长 47.12%，实现利润 2000 万元，比 1987 年增长 2.6 倍。全年实现利税 5.55 亿元，比 1987 年增长 35.12%，其中利润 3.48 亿元，比 1987 年增长 39.85%。原安庆地区、巢湖地区、省维尼纶厂、宣城地区、宿县地区、淮北市、淮南市增长幅度都在 60% 以上。安徽是全国纺织系统 12 个重点创汇省份之一，在减少初级产品出口的情况下，全年完成出口交货额 8.2 亿元，比 1987 年增长 13.9%，其中丝绸行业增长 33.38%，服装行业增长 23.82%。芜湖市交货额达 1.61 亿元，安庆市和合肥市都是 1.02 亿元，铜陵市、淮北市均超过 8000 万元。

1989 年，全省纺织工业加强宏观调控，缓解供求矛盾，阻止生产滑坡。全年完成工业总产值 40.77 亿元，比 1988 年增长 4.33%，全省 16 个地、市除合肥、蚌埠、芜湖市外，其他地、市均保持适度增长。26 种主要计划产品，完成年进度计划的 10 个，28 个可比产品，增长的有 17 个。主要产品完成纱 17.76 万吨、布 7.1 亿米、印染布 3.1 亿米、呢绒 388 万米、服装 2182 万件。实现利税 5.78 亿元，比 1988 年增长 4.26%，完成出口交货额 11 亿元，比 1988 年增长 34.53%。经济效益指标在全国位次前移，实现利税由 11 位上升到 10 位，劳动生产率由 20 位上升到 15 位，人均利税由 24 位上升到 17 位，资金利税率由 18 位上升到 10 位。全国国营纺织企业 1 至 9 月实现利税比 1988 年同期下降 2.67%，安徽增长 12.12%。产品加工深度和精度提高。粗加工原料性产品纱和布与 1988 年持平，印花布、棉毛衫裤、毛呢、丝织品、床单等深加工产品有所增长，反映在出口产品结构尤为明显，纱减少 4.52%，棉布下降 5.84%，针织品折合用纱量增长

14.75%，毛巾被增长33%，服装增长64%，服装出口交货值的比重由1988年的35%提高到47.66%。发挥资源优势，减少棉花用量，提高非棉纤维使用量和扩大各行业混纺产品比例。布中的纯棉布下降4.33%，混纺布增加13.83%，其中麻棉和涤纶混纺布分别增长1.83倍和19.53%，苎麻布增加1.9倍。全年用苎麻近25万担，用气流纺和环锭纺生产麻棉产品一项就节约用棉650吨。在出口产品中，纯棉纱减少10.83%，涤棉纱增长3.1%；纯棉坯布下降28.45%，涤棉布增加31.57%，羽绒制品增长95.86%。产品档次和生产水平进一步提高。棉纱平均细度提高1.5支，纱的单产提高0.35公斤，最高的达43.86公斤；布的单产提高0.09米，最高的达5.29米。开发出107个新产品，其中通过鉴定的64个。毛、麻及其他行业围绕开发苎麻和兔毛产品成果突出，在全国麻类产品评比中，全省有44个产品获奖，总数居全国首位。在全国兔毛"四新"产品评比展销会上，有11个产品获奖，位居全国前列。

1989年是纺织工业发生转折性变化的一年。在原材料、能源、资金等短缺的情况下，又出现新的矛盾和问题。从下半年开始，纺织品市场趋向疲软，纺织工业处于供销两头受阻的困难境地。企业困难加剧，商业库存下降，工业库存大幅增加，严重影响企业再生产。与1988年相比，全省纺织系统工业库存增长近1倍。少数企业出现停工或半停工情况，企业亏损明显增加。以蚌埠市为例，蚌埠市纺织系统1至11月份完成工业产值4.4亿元，比1988年同期下降3.79%，1至10月，实现利税4720.4万元，比1988年同期下降15.3%。从调查的10个企业来看，只有蚌埠纺织印染总厂、蚌埠第二棉纺厂、蚌埠毛条厂等生产经济效益较好。1至11月，蚌埠纺织印染总厂完成工业产值14434万元，比1988年同期增长0.84%，实现利税2300万元，比1988年同期增长23.4%；蚌埠第二棉纺厂完成工业产值1200万元，利税160万元；蚌埠毛条厂完成工业1235万元，利税419.18万元。其他多为亏损和微利企业。据调查，蚌埠染织厂从6月起印染生产线每月停产7至8天；蚌埠第一毛纺厂从8月开始，毛呢生产线时开时停，每月停产10天左右；蚌埠第四毛纺厂从9月23日停产，12月4日部分恢复生产；蚌埠毛条厂11月15日全面停产；其他企业限产或每月停产几天。据统计，1989年全省纺织系统亏损企业达76家，比1988年多36家，亏损金额达2840万元，比1988年增加2073万元。

1990年是安徽纺织"七五"时期最困难的一年，在面临原材料供应不足与产品积压、原材料涨价与产品价格不到位、资金紧张与市场疲软、投入增加与效益下降等诸多不利因素并存情况下，全省纺织系统多渠道筹集原料，组织安排生产。在原料紧缺情况下，各级部门千方百计组织原料供应，积极调拨计划内棉花，采购计划外棉花，增加化纤供量。据不完全统计，全年从省内外购进计划外棉花3万吨，落实计划外化纤4860吨，用棉短绒串换粘胶7吨。棉纺企业从内部挖掘潜力，通过改变生产品种，减少对棉花需求 1.5 万吨。围绕市场需求，调整产品结构。全省纺织企业以市场为导向，采取缩短生产周期，加快品种调整节奏；多吃化纤，增加化纤比例；提高纱支和产品加工精度等方法，生产适销对路产品，满足市场需求。在产品质量上，广泛开展质量竞赛活动，推行一等品质量工作制，促进了产品质量提高。安徽第一纺机厂高强度曝光机获国家金质奖，芜湖纺织厂 19.7 特棉纱获国家银质奖，11 个企业的 44 只产品被评为部优产品。在纺织部“七五”名优新产品评比中，安徽省获 6 个一等奖，17 个二等奖，获奖数在全国位居第六名。通过采取各种有效措施，1990 年安徽纺织工业实现纵向比滑中有进，横向比稳中有升。纵向比较，全年完成工业总产值 39.32 亿元，比 1989 年下降 4.73%，但全省仍有 10 个地、市产值增长，增长的有池州地区、巢湖地区、省维尼纶厂、宿县地区、阜阳地区、淮北市和马鞍山市；实现利税 2.42 亿元，比 1989 年下降 56.5%；完成出口交货值 11.14 亿元，创汇 1.6 亿美元，比 1989 年增长 0.87%，增长的有淮南市、池州地区、宣城地区、宿县地区和阜阳地区。横向比较，1990 年第三季度工业总产值处全国第 12 位，利税总额处全国第 9 位，产值利税率由第 13 位上升到第 10 位，出口交货值由第 12 位降到第 13 位。与 1989 年相比，1990 年经济效益滑落严重，亏损大幅增加。全行业 9 至 12 月份连续亏损，全年亏损的有蚌埠、铜陵和淮南市。全系统企业亏损面达 46%，亏损金额 1.48 亿元，比 1989 年增加 1.1 亿元，亏损 100 万元以上的国营企业 29 个。蚌埠市有 24 个企业，芜湖市有 22 个企业亏损。企业产成品全年占用资金 9.69 亿元，比 1989 年增长 27.56%，企业资金周转困难。

“八五”时期 1991 年，安徽省纺织工业经济效益大幅度下降。安徽纺织工业企业全年完成工业产值 63.57 亿元，比 1990 年增长 3.13%。25 个主要计划产品，完成年计划的有聚乙烯醇、纱、帘子布、麻袋、木纱管、木梭、停经片等 7 个产品。29 个产品的产量与 1990 年相比有所增长，其中有聚乙烯醇、合成纤维、纱、帘子布、合纤长丝针梭织品、毛巾、麻袋、苎麻布、毛毯、丝、丝织品、木纱管、木梭、停经片、服装等 15 种。至 11 月全省纺织工业实现利税 4072.6 万元，比 1990 年同期下降 84.07%。自 1990 年 9 月新棉调价开始至 1991 年 12 月，连续 16 个月出现全行业亏损。亏损企业达 240 个，占汇总企业数的 58.96%，亏损企业亏损额为 22543.8 万元，比 1990 年同期净增 11251.9 万元。1991 年 8 月，纺织部印发贯彻《国务院关于严格控制企业继续生产积压产品》的通知后，安徽省纺织工业厅即将限产压库指标逐项分解到各地、市，要求各地、市纺织主管部门和企业积极采取措施，推销和处理积压产品，坚持以销定产，坚决停止生产积压产品，并提出把控制总量、压缩库存，提高经济效益作为首要任务。1991 年全省共完成纱产量 101.7 万件，比国家计划 89 万件超 12.7 万件。全省 10—12 月平均月产量要比前 9 个月平均月产量少生产 1023 吨，限产效果明显。安徽省国营纺织企业 1991 年年初的产成品资金为 7.66 亿元，到 6 月底为 9.09 亿元，纺织部下达安徽压缩任务为1.4亿元。由于6、7月安徽遭遇特大洪涝灾害，道路水毁严重，产品发不出去，使产成品资金急剧上升，最高时达9.97亿元，10月后开始见成效，10月比9月产成品资金压缩6488万元，11月比10月又压缩5573万元，12月比11月又压缩1.5亿元。到年底产成品资金约8亿元，先后共压缩产成品资金1.9亿元。

安庆纺织厂从1979年开始推行全面质量管理，实行以质量为中心的经营管理战略，获纺织部“质量管理奖”、连续5年获得全省“创最佳经济效益夺魁单位”、连续6年获得“全国纺织系统双文明先进单位”和“国家二级企业”等一系列称号。在纺织行业市场严重疲软，很多企业面临销售困难，产品大量积压的情况下，安庆纺织厂产品却供不应求，一些厂家携款带车前来坐等提货。该厂1990年销售收入达2.4亿元，实现利税3338.7万元，其中利润2250.96万元。安徽省纺织工业厅下发文件，号召全省纺织企业学习安庆纺织厂先进经验，走质量效益型发展道路。

1992年，安徽省纺织工业生产速度稳步加快。全年完成工业总产值71.97亿元，比1991年增长13.21%。29种可比产品，比1991年增长的有聚乙烯醇、纱、布、印染布、帘子布、针棉织品折用纱、苎麻布、毛线、毛毯、丝、丝织品、纺织机械、服装等18种产品。1992年开发新产品205项，新增产值4.8亿元，新增利税3225万元。涌现出一批产品开发先进企业，如太和县织布厂、蚌埠色织布厂、阜阳纺织厂、马鞍山巾被厂、界首毛纺厂和合肥毛巾厂等，合肥毛巾厂1992年新产品产值率达90%以上，开发的割绒全刮底印花系列产品实现产值1496万元，利税143万元。

1993年，安徽纺织工业总体表现为生产平稳发展，销售全面回升，出口快速增长，效益略有好转，但扭亏形势仍然严峻。全省纺织工业实现产值78.5亿元，比1992年增长10%；完成出口交货值18.8亿元，比1992年增长20.72%；实现销售税金2.7亿元，比1992年增长58.66%；盈利企业实现利润1亿元，亏损企业亏损额3.5亿元，盈亏相抵后利税合计2000万元。麻纺、毛针织等行业有明显转机。在艰难困境中挣扎多年的麻纺行业开始出现客户上门等产品，产品供不应求，库存大幅下降，价格上升的好势头，经济效益明显好转。阜阳、舒城、凤阳、固镇等麻纺厂1993年9月份开始扭亏为盈，阜阳麻纺厂实现利润150万元，1992年同期是亏损104万元，铜陵苎麻一厂、铜陵苎麻二厂、蚌埠第二麻纺厂等大幅度减亏，铜陵苎麻一厂比1992年同期减亏700多万元。毛针织行业产品旺销，效益很好，无一企业亏损。除棉纺、印染行业外，其他行业也有不同程度好转。纺织品市场稳中有升，回升中呈现多种变化。据统计，1993年1—10月，呢绒销售增长11.4%，毛线增长24.3%，成衣服装增长13.1%，针棉制厂也有不同程度增长。同时，1993年全省纺织行业经济运行中也存在问题。棉花和各种原材料调价，企业增支因素增长过猛，成本急剧上升，亏损面加大，亏损额增加。1993年尽管生产和销售形势很好，但经济效益不理想，到1993年11月底实现利税928万元，其中利润是2.4亿元，比1992年同期增亏1.14倍，剔除新会计制度影响利润约1亿元，和1992年基本持平。从统计的356户企业看，亏损面达62.92%，亏损额达3.33亿元。造成这种减利增亏的原因主要是企业成本上升所至，由于成本上升减利增亏约2.5亿元。1992年棉花和化纤特别是短纤价格上涨剧烈，分别上升20%和40%，两项增支6100多万元，染化料、苎麻等原辅料大幅度涨价尚未包括在内；能源、运输提价减利7300多万元；工资性增支减利5300多万元；银行利息提高，资金成本加大增支减利6000多万元。上述四项增支合计占全部亏损的96.5%。成本的迅猛增长，使盈利企业利润下降，微利企业转为亏损，亏损企业亏损加剧，亏损面进一步扩大。安庆纺织厂1993年1至9月份实现利润872万元，比1992年同期下降48.62%，尽管通过充分挖潜，开源节流，提高产品价格等消化转移了一部分，但由于各种增支因素的集中影响，仍比1992年同期减利825万元。芜湖纺织厂因销售成本减利902.万元，又因价格不到位减少利润34.49万元，两项因素加起来占全部亏损额的55.7%。蚌埠市纺织行业1993年1至8月份亏损4773万元，仅成本上升增支减利就达4017万元占亏损额的84.16%。

1994年，全省纺织工业实现总产值87.8亿元，比1993年增长10.05%，居全省工业产值第3位，全国第11位；实现利税2.32亿元，比1993年增长2.91亿元；完成出口交货值25.9亿元，比1993年增长33.8%，净增6.54亿元；实现销售收入84.26亿元，比1993年增长17.46%，同时高于全国纺织和全省工业销售收入6个百分点；全行业减亏6846万元，企业亏损面下降3.73个百分点。全省拥有棉纺锭181.9万锭(其中乡镇企业7.9万锭)，布机3.8万台，印染能力4.97亿米，分别居全国第8、第10和第13位。省纺织系统归口统计的纺织工业企业453个，其中大型企业18个，中型企业75个，小企业360个；国有企业169个，集体企业276个；系统内职工30.4万人，全省纺织职工35万人。

1995年，全省完成纺织工业总产值94.66亿元，比1994年增长7.82%，完成出口交货值29.5亿元，比1994年同期增长15%，实现产品销售收入99亿元，比1994年同期增长25%；应缴税金4.2亿元，比1994年同期下降5%；盈利企业盈利额1.1亿元，全行业实现利税基本持平；资产总额120亿元，比1994年同期增长15%，资产负债率94%。1995年纺织原材料比1994年价格上涨达40%，而纺织产品销售价格却降低。据全省17家棉纺织大中型企业测算，由于棉花提价、价外加价和变相涨价减少利润4.65亿元。1995年比1994年实际增加成本9.39亿元，急速增长的原棉价格加重了企业困难。同样因为棉价高企，加上国家又降低出口退税率等因素影响，纺织品出口受阻。丝绸行业尤为突出，一方面生产能力低水平延伸，产品质量档次缺乏竞争力；另一方面国际市场处于低谷和反倾销不断增加，使丝绸出口和生产全面滑坡。

“九五”时期 1996年年底，全省有乡及以上独立核算的纺织企业1149个，职工36.9万人。其中纺织工业系统内企业410个，职工28.2万人。系统内有国有企业159个，集体企业221个，股份制企业4个，外商投资企业14个，其他经济形式企业12个；包括大型企业34个，中型企业99个，小型企业287个。1996年年底全省纺织工业拥有棉纺锭185万锭，布机3.9万台，印染能力4.9亿米，毛纺锭7.8万锭，分别居全国第8、第10、第13和第15位。当年系统内纺织工业完成产值99.03亿元，居全国纺织行业第9位，全省各行业第3位。

20世纪80年代后期，中国纺织工业遇到了前所未有的困难。安徽省纺织行业从1991年开始全系统亏损，1995年亏损5.5亿元，1996年剔除破产、兼并企业外亏损4.34亿元，1997年上半年又亏损2.09亿元，且全省16个地市纺织利润全部是负数，11个小行业也是全面亏损，国有纺织企业52户破产和被兼并（其中破产46户），下岗职工6.3万人。面临如此严峻的形势，省纺织总会在1997年8月召开的全省纺织行业工作会议上率先提出“外树形象，内强自身，经过三年奋斗，争取安徽国有纺织企业整体扭亏为盈”的奋斗目标。

1997年，全省纺织行业全面超额完成各项目标任务，三年扭亏首战告捷。全系统完成工业总产值104.8亿元，超目标4.8%，比1996年增长6.32%，高出全国纺织近3个百分点，总量居全国第9位；实现利税1.22亿元，比1996年的6833万元净增加1.9亿元，国有企业实现利税由1996年的全国第16位上升到第9位，进了7个位次；利润—2.47亿元，比1996年的—4.34亿元净减亏1.87亿元，减亏幅度达43.09%，减亏居全省工交行业首位；技改投入完成4.6亿元，超目标2.22%；出口基地完成3个，超目标1个；创安徽名牌11个，超目标6个；组建集团公司7个，超目标1个；节能降耗控制在定额范围内。阜阳、淮北、滁州3个市和全省化纤行业实现当年度整体扭亏为盈。

1998年全省系统内纺织工业实现利税2.39亿元，比省政府目标1.3亿元超1.09亿元，是目标的184%，比1997年增长96.89%。实现利润–1.03亿元，比省政府下达的—1.4亿元目标多减亏近4000万元，比1997年净减亏1.45亿元，减幅58.48%。其中国有纺织企业实现利润—8474万元，比国家纺织局下达的—9900万元控亏目标，多减亏1426万元。亏损面47%，比1997年下降10个百分点。压缩落后棉纺锭17.69万锭，已核销16.61万锭，1998年的目标是14至16万锭，超额完成任务。

1999年，全省纺织工业企业累计压缩落后棉纺锭29.08万锭，完成国家下达任务28万锭的104%；累计分流安置职工6.59万人，完成国家要求分流安置3.23万人的204%；1999年11月全省纺织整体扭亏为盈，全年实现净利润1.04亿元，比1998年净增1.42亿元，其中国有纺织企业实现净利润9940万元，占全国国有纺织企业实现利润8亿元的12.43%，比1998年增加利润1.39亿元，提前一年实现三年整体扭亏为盈的目标，扭转了安徽纺织连续 9 年亏损的局面。在棉纺生产能力减少 15.6% 的情况下，全省纺织工业实现产值 113.57 亿元，比 1998 年增长 2.92%，净增 3.22 亿元；完成出口交货值 34.71 亿元，比 1998 年增长 7.4%，居全国纺织第 8 位；综合产销率 97.5%，比 1998 年提高 3.08 个百分点；固定资产投资完成 5.66 亿元，比 1998 年增长 42%。2000 年 1 月，国家纺织工业局召开表彰全国纺织突破口工作先进工作者和先进集体会议，授予安徽省纺织总会“完成纺织突破口任务突出贡献奖”；授予安徽华茂纺织股份有限公司“全国纺织突破口工作先进集体”。

“十五”时期 2001 年，全省规模以上纺织工业实现总产值 132.87 亿元，比 2000 年增长 1.2%，居全国纺织第 12 位；工业增加值 42 亿元，居全国第 10 位；实现销售收入 131.56 亿元，下降 0.8%。全省规模以上纺织工业实现利润 1.79 亿元，减少 1.41 亿元，居全国纺织第 11 位。系统内纺织工业实现利润 2.71 亿元，下降 14.5%；实现利税 6.7 亿元，下降 8.6%。系统内纺织工业效益比 2000 年有所下降，利润水平在全国仍保持较好位置，在中西部 20 个省份中，国有纺织企业整体盈利的只有 4 个省，安徽是其中之一。国有大中型企业是安徽纺织工业的中流砥柱，安徽华茂、安徽维尼纶厂、芜湖裕中、淮北飞亚、阜阳纺织集团和铜陵华源、合肥华源等纺织企业实现利润都在 1500 万元以上，特别是安徽华茂和皖维股份公司 2 个上市公司实现利润均超过 1 亿元。

2002 年，全省有规模以上纺织企业 506 家，职工 21.68 万人，总资产 245.61 亿元；纺织工业总产值 151.27 亿元，居全国纺织第 11 位，占全省工业的 10%；工业增加值 45.32 亿元，居全国第 11 位；销售收入 145.67 亿元，居全国第 10 位；全省拥有棉纺锭 216 万枚，约占全国 4.0%，居第 7 位；棉织机 2.9 万台，占 4.3%，居第 9 位；印染能力 3.7 亿米，占 1.7%，居 12 位；缫丝能力 24 万绪，占 6.3%，居第 6 位。2002 年安徽省纺织行业主要产品产量为：纱 32.4 万吨，占全国 4.1%，居全国第 7 位；布 6.4 亿米，占 2.8%，居全国第 9 位；印染布 1.7 亿米，占 0.8%，居全国第 10 位；丝 2698 吨，占 3.24%，居全国第 6 位；服装 6805 万件，占 0.8%，居全国第 14 位。数据表明，安徽纺织工业生产规模、能力和经济运行总体水平进入全国纺织工业前 10 位，进入全国纺织大省序列。

2003 年全省纺织工业快速增长。全年纺织工业总产值比 2002 年增长 16.1%；主要纺织产品大幅上升，纱增长 1%，化学纤维增长 17.7%，印染布增长 13%，蚕丝增长 19.75%，服装增长 32.4%；年销售收入增长 24.4%，资金运转效率、总资产利润率等各项经济指标持续向好，产销率始终保持在 97% 左右水平。

2003 年年底，全省规模以上纺织企业共有 426 个，职工 18.22 万人，总资产 205.71 亿元；纺织工业总产值 155.29 亿元，居全国同行业第 11 位，占全省工业总产值的 14%；工业增加值 49.51 亿元，居全国第 10 位；销售收入 154.99 亿元，居全国第 12 位；出口交货值 40.95 亿元，居全国第 12 位；出口创汇 7.81 亿美元，占全省的 30%，居全省各行业首位；利润3.16亿元，居全国第13位。生产各类纱32.25万吨，居全国第8位；布6.14亿米，居全国第10位；印染布（面料）1.91亿米，居全国第10位；蚕丝2932吨，居全国第6位；服装9098万件，居全国第13位。全省纺织主导行业的生产规模为：棉纺锭216万锭，居全国第7位；棉织机2.9万台，居全国第9位；印染能力3.7亿米，居全国第12位；缫丝能力24万绪，居全国第6位。

2005年，全省有规模以上纺织企业共540户，职工17.8万人，总资产222.2亿元；全省纺织工业总产值211.94亿元，居全国纺织第12位；工业增加值55.1亿元，居全国第12位；销售收入199.50亿元，居全国第11位；全省纺织行业主要产品产量：纱38.31万吨，占全国2.7%，居全国第8位；布5.63亿米，占1.49%，居全国第11位；印染布1.83亿米，占0.51%，居全国第12位；丝3807吨，占2.87%，居全国第7位；服装11288万件，占0.71%，居全国第15位。棉纺锭286万枚，居全国第8位；棉织机2.5万台，居第11位；印染能力3.65亿米，居11位；缫丝能力24万绪，居第5位。毛纺能力9.02万锭，居第8位。

第三节 产品营销

“七五”时期 1986年，安徽轻工业企业根据市场需要组织生产，增加出口品种，拓展出口口岸和出口国家、地区，全年完成出口交货值46147万元，比1985年增长58.76%。是年，国务院提出大纺织概念，把原属于轻工系统的服装企业和国防工办的纺机纺器企业划归纺织管理。中共安徽省委、省政府根据国务院要求，随即将轻工的服装企业和国防工办的4个纺机纺器企业划归纺织系统，并按照发展商品经济的要求，实行纺织品工商合一和丝绸工商贸合一，积极构建大纺织格局，推进安徽纺织工业战略转移。

1990年，全省纺织企业面临市场和资金困扰，加强经营销售工作，及时调整销售机构，选拔高素质人员充实销售队伍。芜湖印染厂通过考试择优选拔了10人担任销售员，组成42人销售队伍，另有10人作为第二梯队。在抓好国内市场的同时，积极开拓国际市场，扩大产品出口。深加工产品出口交货量增长幅度大，与1989年比较，出口棉纱下降17.08%，坯布下降37.78%，色布增长52.68%，花布增长90.94%，涤棉布增长28.85%，丝织品增长19.17%，服装增长9.86%。纺机纺器行业有8个产品出口，出口额200多万元。实行销售承包制，调动销售人员积极性。蚌埠第一毛纺厂在实行销售承包责任制后，很快将25吨针织绒积压产品全部销完，库存的37万米毛呢销售了35万米。

“八五”时期 1991年，安徽纺织工业企业全年完成出口交货值11.62亿元，比

1990 年增长 4.22%。16 个地、市中，有 9 个地、市比 1990 年增长。6 个出口计划产品，提前 1 个月完成年计划的有棉纱、坯布、漂白布和服装。从出口口岸看，两纱两布基本在省内口岸，其他产品在省内口岸出口占交货值比例为：花色布占 60%，复制产品占 75%，针织产品占 85%。16 个可比产品与 1990 年相比，增长的有布、绒布类衫裤、毛巾、浴巾和服装，增长最高达 10.6%。从整个出口交货看，下半年好于上半年，尤其是 11、12 月增长较快。1 到 6 月份的交货值为 4.57 亿元，月均 7500 万元，11 月增加到 1.146 亿元，12 月又比 11 月增加 1800 万元。

1992 年，全省纺织工业企业产销率显著提高。全年不变价销售产值比 1991 年增长 14.1%，现价产销率达到 95%，比 1991 年增长 3.5%。产销率较高的有淮北、马鞍山、铜陵市、省维尼纶厂等地市和企业。出口交货值大幅增长。全年完成出口交货值 15.07 亿元，比 1991 年增长 29.67%。从各大类纺织品交货情况看，除纱、毛巾被、浴巾、丝下降外，其他品种均有增长。出口交货值的比重，由 1991 年的 19.64% 提高到 20.94%，出口深加工产品占 77%。全年完成销售收入 58.27 亿元，比 1991 年增长 9.06%，实现利税 7443 万元，比 1991 年增加 1.14 亿元，其中国营企业实现利税 9138 万元，比 1991 年增加 1 亿元；亏损企业亏损额 2.08 亿元，比 1991 年减亏 1.32 亿元，其中国营企业亏损额 1.36 亿元，比 1991 年下降 52.86%，超额完成纺织部下达的国营企业利税及减亏指标。

1993 年 1—11 月，全省纺织工业销售收入实现 63.42 亿元，比 1992 年同期增长 21.94%，工业总产值增长 11.93%，销售收入的增幅高于生产 10.01 个百分点。现价产销率达 98.90%，比 1992 年同期增长 9.01 个百分点，其中纱和布的产销率高达 120% 以上。存货占用 19.23 亿元，比 1992 年同期下降 26.27%，其中产成品资金占用 8.01 亿元，比 1992 年同期下降 26.27%，库存产品约 1 个月的生产量，库存结构基本合理。出口交货增幅较大，高附加值出口产品比重进一步提高。1—9 月全国纺织品出口交货值平均增长为 10.67%，安徽同期高于全国平均增长水平 16.11 个百分点，增幅居全国第六位，出口交货绝对值由全国第十二位上升到第九位。其中服装出口交货比 1992 年同期增长 32.22，增幅高于上海 10.11 个百分点；在出口产品中，深加工产品占 77.6%，比 1992 年同期上升 7 个百分点，产品附加值明显提高，朝着高档化，以质取胜迈进；产品结构更趋合理，由粗加工向深加工发展，由单一性向多元化发展，拉舍尔毛毯、宽畅大提花织物、苎麻纱及其织物、无接头纱等均大量进入国际市场，部分品种成为国际市场的抢手货，如铜陵的苎麻产品；企业闯出了多渠道出口的新路子，同年 1—9 月通过外省口岸出口的纺织品占 35%，个别地市达 65% 以上，有的企业高达 90%，改变了多年来安徽纺织品出口 70% 以上由本省外贸出口的局面。工业自销显著增多，占工业销售收入的 95%，地方商业收购大幅下降，不足 5%，实行产销挂钩，中间环节减少，批发企业经营萎缩。

“九五”时期　1996年，全省纺织工业企业完成出口交货值26.74亿元，居全国纺织行业第10位，全省各行业第1位。安庆纺织厂、淮北第二纺织厂、淮北印染厂、铜陵英路集团等企业效益居全国同行业前列。棉纺织业产值占纺织工业的比重由过去的70%调至50%左右，服装和化纤则分别上升至10%和6%。在出口产品中，初加工产品占70%的状况得到改善；服装、针织和床单等深加工产品比重升至42.6%，精梳纱比重升至14.6%，宽幅布的比重升至25.5%，其中宽幅印染布比重为40%。

1997年，出口交货值完成30.89亿元，比1996年增长19.8%，超目标2.97%，居全国第10位，全省第1位。

“十五”期间　2001年，纺织工业完成出口交货值34.7亿元，下降1.2%，居全国第11位。从15种大类产品出口情况看，增长的有7种，下降的有8种。由于国际市场需求不旺，出口受阻，国内纺织品供求矛盾突出，导致纺织工业产销减少，库存增加。全年纺织工业实现产品销售率96.23%，比2000年下降近3个百分点；主营利润减少明显，特别是比重占到40%的棉纺行业下降幅度达55%。

2002年，出口交货35.19亿元，居全国第11位；出口创汇6.79亿美元，占全省近30%，居全省各行业首位；利润3.01亿元，居全国第12位。

2003年纺织品服装出口稳步提高。全年出口交货值比2002年增长14.1%，主要大类产品出口均有增长，尤其是印染布、服装、毛巾、羽绒被、工艺被等深加工附加值高的产品增幅大于纱和布的增幅，出口产品的档次比2002年有一定提高，并逐步增加苎麻、亚麻制品、工艺制品部分特色产品出口。全省纺织品服装出口创汇增长15.4%。产业结构优化，产品质量明显提高。

2005年出口交货51.39亿元，居全国第12位；出口创汇11.72亿美元；利润2.39亿元，居全国第16位。2005年年底全省纺织品出口突破10亿美元大关，达到11.72亿美元，比“十五”期初的5.6亿美元翻了一番，年递增20%以上。2005年，服装出口交货值占服装行业总销售额的73%，外销成为省服装业销售主渠道。“十五”期间，省内纺织品服装自营出口的比重逐年提高，涌现出一批出口大户。如桐城鸿润集团年出口创汇5000万美元，省丝绸进出口公司年出口创汇4000万美元，岳西天馨工艺制品公司年出口创汇3100万美元，铜陵华源麻业集团年出口创汇2400万美元；出口产品档次进一步提高。2004年以来，纱、坯布等初加工产品直接出口呈下降的趋势，色布、床上用品、服装等深加工产品进一步扩大。麻制品出口成为安徽纺织品出口的一枝奇葩。铜陵华源麻业集团、芜湖中天印染公司的苎麻、亚麻制品出口，近3年来的增长幅度在30%以上，成为安徽省的麻制品出口基地。民营企业的出口后来居上，出口产品颇具特色，岳西县的工艺被、桐城的羽绒制品、黄山市的纺织玩具用品等特色产品出口呈现勃勃生机。

第四节　企业改革

“七五”期间　1986 年，安徽省纺织系统以经济效益为中心，围绕执行改革、开放和搞活方针，推行岗位计件工资，加强基础管理，提高产品质量和扩大出口创汇等开展工作。在改革工作方面，全省纺织企业解放思想，从管理体制、领导体制、经营体制、生产组合、分配制度、用人制度等方面了进行改革。如在管理体制上，铜陵、滁州市成立纺织局，巢湖地区成立轻纺局，以加强对行业的管理。在领导体制上，多数企业实行厂长负责制，蚌埠第一麻纺厂还成立了工厂管理委员会，合肥毛巾厂实行资产经营责任制试点。生产组合上，在 100 多个协作项目中，有松散型的联合，也有紧密型的企业群体。在用人制度上，逐步打破任命制的单一格局，如蚌埠市纺织企业采取竞聘等多种形式选拔人才。在推行岗位计件工资方面，据全省 18 个地市纺织公司 256 个企业统计，实行岗位计件和超额计件工资的企业有 200 个，占总数的 78.2%，其中 40 个大中型骨干企业全部推行岗位计件工资。推行岗位计件工资制，对加强企业管理，合理调配劳动力，稳定生产一线工人，调动职工积极性，提高企业产品产量、质量和经济效益起到了积极作用。

1987 年，全省纺织企业进一步深化改革，推行承包经营责任制和完善企业内部分配制度。据统计，至 1987 年 10 月，合肥、蚌埠、芜湖、淮南、铜陵、马鞍山市和安庆、滁县、徽州地区有 47 个国营企业实行各种形式的经营责任制，占国营企业总数的 50%。其中，上缴利润包干 13 个，上缴利润递增包干 12 个，利润包干 8 个，微利、亏损包干 5 个，资产经营 1 个，其他承包形式 8 个。承包的企业，多数取得较好效益。淮南市纺织系统 8 个企业租赁承包，有 6 个企业盈利。芜湖第一织布厂连续 3 年亏损，3 月承包后，至 10 月份实现利润 28.4 万元。淮北纺织一厂 5 月承租毛巾被单厂，至 10 月盈利 8.1 万元。

1988 年，省纺织厅在原来推行岗位计件工资制的基础上，又在全行业推行经营者收入与人均利税挂钩和突破青工五岗过渡期，实现新老工人同工同酬重大改革，彻底打破“大锅饭”和平均主义，调动了生产者和经营者的积极性。突破青工五岗过渡期，首先是安庆被单厂在两个车间试行青年工人突破五年岗龄过渡期的规定，打破新老工人界限，实行熟练工人同工同酬的做法，经济效果非常明显。之后，省纺织厅会同省劳动局发文，及时把安庆被单厂这一经验向全省纺织系统推广。在劳动人事制度上，采取经营者招标选聘，管理者择优任用，劳动者优选劣汰的方式，实行双向选择、优化组合，打破“铁交椅”“铁饭碗”，把竞争机制引进企业。安庆纺织厂实行优化劳动组合后，与1987年相比，用工人数从7900人减到6400人，非生产人员只占12%，产值增长10.5%，利税增长31.1%。在对企业政策上，实行择优支持，坚持在项目审批、资金贷款、设备分配、原料供应、计划安排上，谁有优势、谁的经济效益好，就先支持谁，收到明显效果。在改革企业经营机制上，实行多种形式的承包制、租赁者、资产经营责任制、股份制等生产经营方式，增强了企业活力。据11个地市的237个企业统计，实行承包的有221个，占92.5%；实行租赁的有8个，占3.4%。部分企业还通过发行股票集资的方式解决企业资金不足，据14个地市的72个企业统计，共发行股票1747万元，厂内集资2116万元，其他集资2091万元。

“八五”时期 1992年，全省纺织行业进行改革的企业有138家，其中大中型企业59家，列入安徽省经委改革试点企业13家，参与改革的职工20.09万人，占全行业职工总数的66.6%。合肥市16家国营企业1992年上半年精简合并机构21个，有36名中层干部落聘，有158名工人、40名一般干部被聘为中层干部，436名工人被优化下岗待训。

1994年，安庆纺织厂、淮北印染厂、淮北服装集团、宿州纺织厂、舒城麻纺厂等5个纺织企业被列为省级首批30个现代企业制度试点单位；近30个纺织企业被列为地市一级改组、改制单位。淮北市率先组建淮一纺织集团，铜陵市实施以“公有民营”为模式的产权制度改革。还组建成立了蚌埠灯芯绒集团、滁州华宇集团、安徽红方集团、铜陵苎麻印染联合公司等一批跨地区、跨行业、跨所有制，以资产联结为纽带的企业集团公司。省纺织厅把加快结构调整，提高整体水平，作为加快安徽纺织工业发展的中心思想和主要任务，提出“调整、发展、改造、提高”的原则方针。确定结构调整的方向是：重点抓好区域结构调整，鼓励中心城市实施总量压缩，集中力量发展高科技、高附加值产品和深加工、精加工后道优质产品，对原料产区的初加工实施改造、提高和兼并、改组政策。行业结构调整的重点是发展化纤和服装，同时加快纺机纺器发展，棉纺企业压缩总量，优化存量，控制增量，注重规模效益和行业素质，使棉纺生产能力大体与省内可供棉花资源相适应。产品结构调整的重点是增加精梳纱、无结纱比重，以服装为龙头，加速棉纺织及其后道产品加工的技术改造，创安徽名牌产品。

“九五”时期 根据安徽纺织的特点和优势，把棉纺、丝绸、服装3个行业，淮北市、安庆市、总会直属企业3个片，10个盈利大户和10个亏损大户作为重点，通过改革、重组、加强管理和政策扶持等，壮大优势企业。推出皖维上市公司，推荐和指导安庆纺织厂进行上市公司改造，以淮北第二纺织厂为核心组建淮北飞亚集团。

1998年2月，国务院下发《国务院关于纺织工业深化改革调整结构解困扭亏工作有关问题的通知》，文件明确纺织工业深化改革、调整结构、解困扭亏工作的主要目标、指导思想、政策和措施。组建壮大安庆华茂、淮北飞亚、芜湖裕中、宿州顶达鞋业和马鞍山海狮5个企业集团。1998年帮助指导推出了安庆纺织厂上市和阜阳麻纺厂加入金种子集团上市，连同1997年皖维股份上市，全省纺织行业已有2.5个上市公司。全省国有纺织企业下岗职工5.35万人，占职工总数26%，进中心的下岗职工已分流安置2.76万人，安置率为52.29%，比全省国有企业下岗职工再就业率高1.6个百分点，超额完成国家纺织局下达的分流安置1.4万人的任务。实现纺织工业产值110.34亿元，比1997年增长5.29%，比全国纺织增幅高11.37个百分点（全国纺织增幅是-6.08%），这是在省内沿江地市纺织行业受到严重水灾和棉纺压锭生产能力减少近10%情况下增长的，实现了减量增值。安徽纺织工业总量由1997年在全国纺织行业第9位上升到第8位。完成纺织突破口三大任务和扭亏增盈实绩居全国纺织第2位和第4位。完成出口交货值32.32亿元，比目标增加2.32亿元，比1997年增长4.61%。省政府重点考核的47户国有纺织企业亏损额与1997年相比减少2311万元，减幅25.57%。

“十五”时期 2001年以前几年在国家政策支持和外部市场环境趋好的情况下，纺织企业生产经营状况好转。2001年由于市场形势的急剧变化，纺织企业市场反应速度慢，缺乏适应能力，特别是国有纺织企业机制不活，人员多，社会负担重等矛盾凸显，加之靠以产品为龙头的结构调整还没有完全到位，尤其安徽省纺织企业国有占主体，受到的冲击更大，国有纺织企业实现利润比2000年下降12.5%。

“十五”期间对全省发展经济结构进行战略性调整，加快沿江棉纺企业改组改造，加快皖西南茧丝绸业的改革发展，加快皖东南服装业的联合提高，加快皖北动物纤维深加工，初步形成了四大产品基地和五大产业集群。即铜陵麻纺织品基地；巢湖和蚌埠产业用化纤生产基地；桐城羽绒类家用纺织品基地；淮北、蚌埠和芜湖多功能织物后整理基地。以安庆、淮北和沿江两点一线的棉纺织产业集群；以芜湖为中心的皖东南服装产业集群；皖西南丝绸产业集群；淮南工业用装饰品产业集群；阜阳、淮南、蚌埠中高档毛纺织品和特种动物纤维制品产业集群。经过区域结构、产品结构和技术结构的调整，主要城市的部分棉纺向沿江主产棉区转移，从而使安徽纺织工业布局更趋科学和合理。国有企业改革改组有所突破，民营经济发展逐步加快。“十五”期间，省纺织协会对国有纺织企业的改革实行分类指导、加快推进的办法。对国有大中型骨干企业，通过实行规范改制，加快建立规范的、股权多元化的现代企业制度，实行国有控股式相对控股；对大多数中小型国有纺织企业，则采取改组、联合、兼并、租赁、承包经营、出售、拍卖等多种形式，放开搞活，加快发展民营经济。经过改革改制，国有及国有控股企业的比重由61%下降到34%，非国有经济从39%上升到66%。

第二章　重点分行业

第一节　棉纺织工业

企业生产　1986年，全省有棉纺织企业135个，占全省纺织企业总数42.45%；职工9.91万人，占职工总数的56.2%。棉纺织业完成工业产值15.12亿元，占全省纺织工业的54.4%；生产棉纱11.7万吨、棉布4.67亿米。实现利税1.47亿元，占全省纺织工业的45.9%。拥有棉纺锭87.27万锭，气流纺锭3000头，捻线锭18.51万锭，棉精梳机150台，棉布织机3.07万台，宽幅布机8991台。在棉行业中，全能企业的经济效益较好，据统计，12个3万锭以上的纺织厂实现利税1.36亿元，占全省纺织工业利税的42.5%。企业之间盈利水平也不平衡，全省12个全能纺织厂中，人均创利税最高的安庆纺织厂达3146元，最低的淮北第二纺织厂只有1578元，相差1倍。部分企业设备陈旧，少数小厂仍在使用二三十年代的设备。“六五”以前，安徽棉纺织企业，特别是全能厂，主要分布在经济相对发达地区，“六五”以来合理调整了企业布局，主要在原料产区建厂。1986年，棉纺行业中有21个企业生产出口产品，比1985年增加5个，其中有5个企业出口额超过1000万元，比1985年增加3个。安庆纺织厂出口额达到4665万元，是全省纺织系统出口产品最多的企业；芜湖纺织厂出口达3778万元；安纺一厂出口的纯棉横贡缎，是棉纺织业的高档产品，在国际市场上十分畅销。

1987年年底，全省纺织系统共有棉纺织企业151个，拥有棉纺锭92.94万锭，气流纺400头，织布机3.21万台，其中有梭织机3.19万台。全年棉纺织业完成工业产值17.54亿元，其中全民所有制企业完成15.51亿元。全年生产纱16.75万吨，比1986年增长8.8%；其中棉纱12.7万吨，增长8.5%；混纺纱3.6万吨，增长30.8%。生产布6.82亿米，比1986年增长5.8%；其中棉布4.7亿米，增长0.4%，棉混纺交织布2.04亿米，增长31.6%，涤纶混纺布1.66亿米，增长21.8%。有11种产品被评为“省优”产品，其中棉纱7种，棉布（包括色织布）4种。无纺布生产技术开始应用，并开发出一批新产品。如合肥卫生材料厂的即用即弃无纺布医用手术衣、手术帽，产品全部出口，创汇100多万美元，被列为创汇百万美元以上的全国5家无纺布企业之一。据121个棉纺织企业统计，全年平均职工12.05万人，其中生产工人9.65万人；产品销售收入17.75亿元；缴纳税金7640万元，实现利润1.63亿元，人均创利税1989.22元；年末固定资产原值 7.78 亿元，净值 5.43 亿元；定额流动资金 4.93 亿元，产成品资金占用 7118 万元。1987 年，省棉纺织工业存在的主要问题是棉纱供应紧张，中长纤维布滞销积压，设备中属于国产淘汰机型占三分之二。全年有 17 个企业亏损，亏损额 424 万元。

1989 年，棉纺织业在调整产品结构，提高产品质量方面取得成效。调整产品结构主要是缩小纯棉产品比重，增大各种混纺产品比重。全年纯棉纱比重占 70.8%，比 1988 年下降 4 个百分点；混纺纱占 27.2%，上升 4.6 个百分点；纯化纤纱占 1.9%，减少 0.6 个百分点。全年生产棉布 4.52 亿米，比 1988 年减产 4.3%；使用环锭纺和气流纺生产棉麻纱，节约用棉 650 吨。开发出纯涤纶 60 支纱、涤棉 50 支纱等新产品。与 1988 年相比，棉纱平均细度提高 1.5 支；纺纱台时单产提高 0.35 千克，最高的厂达 43.86 千克 / 小时；织布台时单产提高 0.09 米，最高的厂达 5.29 米。人均创利税棉纺织业增加 743 元。全年棉纺织业实现产值 19.91 亿元，利税 3.5 亿元，生产纱 17.76 万吨，布 7.1 亿米。

1990 年，全省棉纺织企业拥有棉纺锭 151.62 万锭，气流纺 1.14 万头，棉精梳机 222 台，棉布织机 3.71 万台。实现利税 1.96 亿元，下降 38%。生产纱 17.52 万吨，其中棉纱 11.88 万吨，棉混纺纱 5.13 万吨，纯化纤纱 0.51 万吨。生产布 6.73 亿米，其中棉布 3.83 亿米，棉混纺交织布 2.83 亿米，纯化纤布 0.08 亿米。面对市场疲软，棉纺织企业加快品种调整速度，增加化纤比重，并以产品结构调整带动企业技术进步，保持了生产的基本稳定。棉纺织工业存在的困难是棉花缺口大，影响企业正常生产。纱一等一级以上品率比 1989 年下降 0.3%，布入库一等品率下降 0.7%。经济效益下降，据统计，111 个棉纺织企业中，有 45 个企业亏损，亏损额 3984 万元，其中 24 个全民所有制企业亏损额达 3189 万元。

1991 年，棉纺织业年末有棉纺锭 167.2 万锭（包括乡镇企业 7.33 万锭），气流纺 1.51 万头，棉精梳机 306 台（其中自动布机 3.08 万台，普通布机 0.71 万台）。实现利税 8184 万元，比 1990 年下降 58.3%；单织业为 –1655 万元，增亏 1.8 倍。全省生产纱 18.56 万吨，其中棉纱 13.09 万吨，棉混纺纱 4.90 万吨，纯化纤纱 0.57 万吨；布 6.66 亿米，其中棉布 4.09 亿米，棉混交织布 2.50 亿米，纯化纤布 0.07 亿米。全年出口纱 18.56 万吨，布 1.15 亿米。棉纺织全年平均纱号为 19.19 号，每吨纱通扯净用棉量（包括化纤）1050.81 千克，棉纺每千锭时平均产纱（混合数）19.27 千克，每百米布用纱（包括化纤）13.68 千克，棉布织机每台时产量（混合数）3.37 米。棉纺企业之间利税水平很不平衡，16 个大中型棉纺企业平均每吨纤维创利税 798 元，其中，安庆纺织厂盈利 1859 元，而蚌埠纺织厂则亏损 1314 元。

1992 年，全省棉纺织 18 个重点企业生产棉纱（包括化纤、混纺纱）12.6 万吨，棉布（含化纤、混纺布）3.4 亿米。实现工业产值 22.92 亿元；利税 1.09 亿元，其中利润 3165 万元。

全员劳动生产率3.05万元/人。资金利税率为7.5%，资金周转天数115天，可比产品成本上升0.05%。棉纱一等一级以上品率99.1%，棉布入库一等品率95.8%，漏验率2.3%；吨纱统扯净用棉量1055.96千克，万元产值综合能耗1.1吨标煤。棉纺织行业存在的主要问题是，淘汰设备所占比例过大，技改任务十分繁重；产品档次亟须提高，高难度、高附加值产品所占比重较小；产品质量与国际水平仍有较大差距。

1993年，全省系统内有棉纺织企业178个，职工15.34万人。全年生产棉纱（包括混纺纱、化纤纱）36.42万吨，棉布（包括混纺布、化纤布）6.94亿米，实现工业产值48.08亿元。其中国有棉纺企业19个（亏损企业6个），实现工业产值26.03亿元，产品销售收入26.66亿元，利税1357万元，利润－6148万元；资产总额30.79亿元，负债总额24.39亿元，资产负债率79.2%。

1994年，全省纺织系统有棉纺织企业165个，职工15.61万人；拥有棉纺锭181万锭，其中乡镇企业7.9万锭，气流纺2.1万头，棉布织机3.8万台，棉精梳机479台。由于市场好转，纱、布价格上涨，企业效益普遍好于1993年。全年生产棉纱13.88万吨，混纺纱6.64万吨，化纤纱0.86万吨；生产布8.33亿米，其中棉布5.06亿米，混纺布3.06亿米，化纤布0.21亿米；全年实现工业产值49.14亿元。国有棉纺织大中型企业19个（亏损企业3个），实现产值25.75亿元，销售收入30.26亿元，利税2.82亿元，利润3898万元；资产总额36.73亿元，资产负债率80.7%，资本金利润率5.6%，销售利税率9.3%。

1996年，全省纺织系统内有独立核算棉纺织企业135个，职工15.61万人。全年实现工业产值56.41亿元，销售收入69.12亿元，利税总额－2245万元；亏损企业76个，亏损金额3.9亿元；上缴国家税金2.6亿元；资产总额78.59亿元，负债合计66.85亿元。全年生产棉纱13.04万吨，混纺纱7.48万吨，化纤纱7702吨；生产棉布4.35亿米，混纺布3.35亿米，化纤布4067万米；生产帆布2946万米，色织布3861万米；布折用纱线量11.04万吨。1996年棉纺织行业亏损较严重的一年，首次出现棉纺织全行业亏损。是年有安纺一厂、安纺二厂、合肥棉纺厂、蚌埠纺织厂、淮南纺织厂等5户棉纺织企业按照国家优化资本结构试点城市的政策实行了破产重组。

1997年，全省有县以上独立核算棉纺织企业116个，职工13.45万人。实现工业产值49.71亿元，销售收入58.07亿元，利税总额1.13亿元，亏损企业70个，亏损金额2.05亿元，上缴国家税金2.8亿元。资产总额74.49亿元，负债合计61.76亿元。全年生产棉纱13.67万吨，混纺纱8.29万吨，化纤纱1.4万吨；生产棉布4.8亿米，混纺布3.77亿米，化纤布8076万米；生产帆布3952万米，色织布4290万米；织布折用纱线量5.83万吨。1997年，安徽棉纺织行业第一家由省政府批准成立的“阜阳纺织（集团）有限公司”正式挂牌运营。安庆纺织厂成为棉纺织行业唯一拥有“两纱两布”资质的自营进出口企业，阜阳纺织集团、宿州纺织厂成为拥有“一般纺织品”资质的自营进出口权企业。

1999 年，安徽纺织行业提前全面超额完成突破口任务，结束连续 9 年亏损局面，累计压缩落后棉纺锭 29.09 万锭。分地市压锭基本情况是：合肥市 8.51 万锭、蚌埠市 3.82 万锭、芜湖市 1.06 万锭、淮南市 2.50 万锭、淮北市 0.98 万锭、马鞍山市 1.30 万锭、铜陵市 0.5 万锭、宣城市 1.67 万锭、宿州市 2.45 万锭、六安市 2.02 万锭、滁州市 2.8 万锭、巢湖市 1.47 万锭。

2000 年，全省纺织行业拥有细纱机 1609208 锭，棉精梳机 676 台，气流纺锭 23324 锭，络筒机 800 台，棉布织机 27899 台，其中自动布机 19985 台、喷气织机 836 台。生产纱 275052 吨，其中，棉纱 185619 吨。布 74047 万米，其中棉布 35778 万米。

1998 年至 2005 年间，随着经济体制改革的不断深入，市场化进程不断加快，安徽棉纺织工业既面临着加入世贸组织带来的机遇，也遭遇过亚洲金融风暴的影响，还经受住了能源紧缺、棉花市场放开、原材料涨价等诸多困难的考验，通过对棉纺行业 30 条生产线的技术更新，新增生产能力 100 多万锭，使大部分企业的纺锭达到国内先进水平。建成了以安庆、淮北和沿江两点一线的中高档棉纺织基地，形成以安徽华茂、淮北飞亚两个上市公司为龙头，以芜湖裕中、马鞍山天成、淮北一棉、淮南信昊、蚌埠麦科特以及隶属于华源集团的阜阳、六安、宿州、合肥、东至纺织厂等一批重点企业为骨干的棉纺织产业集群。2005 年，全省有棉纺织企业 168 个，其中亏损企业 68 个，亏损面 40%；生产纱 38.31 万吨，布 5.63 亿米；产品销售收入 1018054 万元，产品销售成本 931029 万元，产品销售费用 16118 万元，产品销售税金和附加 4766 万元；管理费用 41204 万元，财务费用 19086 万元；利润总额 7312 万元，亏损企业亏损总额 13661 万元；应缴增值税 36126 万元；资产合计 1169018 万元；负债合计 764096 万元；工业总产值（现行价）1055563 万元；工业销售产值（现行价）1037493 万元；出口交货值 132782 万元；全部从业人员平均人数 90227 人；产销率 98.29%；毛利率 8.55%；销售利润率 0.72%。

重点企业

安徽华茂集团有限公司。安徽华茂集团有限公司拥有 3 个工业园、6 家合资企业和纺织、烧毛丝光染色、服装、 进出口、房地产、综合服务、典当拍卖等多家公司。其中安徽华茂纺织股份有限公司是华茂集团控股的上市公司。2005 年，资产总额近 40 亿元。拥有纱锭 52 万枚，年产“乘风”牌 6–330 支高档纱线 5.5 万吨，精梳纱比重占 70% 以上；无梭织机 1054 台，年产 120 ~ 360 厘米幅宽“银波”牌高档坯布 8000 余万米。“乘风”牌精梳纱线和“银波”牌高支高密纯棉坯布是“中国名牌产品”。公司通过了 ISO 9001 ： 2000 质量体系认证和 ISO 14001 环境管理体系认证。1999 年后，在全国棉纺织行业4项经济效益指标（销售收入、利税、出口创汇、人均利税）排序中，连年进入前50强“排头兵企业”。2003年后连续3年跻身全国棉纺织业前10佳（20强）。连续3年成为中国企业信息化建设500强。2004年，在国家统计局“首届全国工业重点行业效益十佳企业”排名中，公司列棉、化纤纺织加工行业十佳企业。2005年作为棉纺业唯一一家企业成为中国纺织工业“十大品牌文化”企业和“全国文明单位”。

安徽飞亚纺织发展股份有限公司。安徽飞亚纺织发展股份有限公司是以安徽飞亚纺织集团有限公司（原淮北第二纺织厂为核心企业）作为主发起人，联合淮北市国有资产运营有限公司、安徽省国有资产运营有限公司、上海东华大学科技园发展有限公司、淮北印染集团公司及上海市纺织科学研究院等其他五家发起人共同发起设立。飞亚股份于2005年4月在深交所上市。主要发起人飞亚集团公司的主要资产为其主体核心企业——淮北第二纺织厂的资产，该厂主要从事棉纺织品的生产与销售，是“五五”期间安徽省投资建设的国家重点工程项目，自1984年投产后，经济效益稳步增长，并自1986年以来，每年均盈利，连续多年利税总额等经济效益指标处于国内同行业前列，曾被中国纺织工业部授予“全国纺织系统双文明建设优秀企业”“节约能源国家一级企业”，被国务院经贸办和国家技术监督局分别授予“现场管理成效显著企业”及“一级计量企业”，被中国质量管理协会授予“全国质量效益型先进企业”“全国质量管理小组活动优秀企业”，被安徽省人民政府授予“管理示范企业”等一系列荣誉称号。飞亚股份的主要资产为原淮北纺织二厂经剥离后的主营业务资产以及其他发起人投入的现金资本，主营为纯棉纱线、涤棉混纺纱线、纯棉坯布、涤棉混纺交织坯布等的生产和销售。

安徽东至华源纺织有限责任公司。安徽东至华源纺织有限责任公司是安徽省重点棉纺织企业。公司位于东至县东流镇，拥有8.1万锭环锭纺、960头气流纺等纺织生产线，主要产品“双江”牌精梳、普梳纱线荣获“安徽省名牌产品”称号。公司环锭纺设备为国内定点厂家生产，配有日本村田自动络筒机和国际先进水平的检测仪器，通过ISO 9001质量管理体系认证。

安徽裕华纺织有限公司。安徽裕华纺织有限公司位于宣城市，是由原宣城纺织厂改制后组建的股份制民营企业，于2003年10月7日正式成立。公司占地面积22万平方米，职工1000余人，拥有6万纱锭、400余台布机及其配套生产设备，能年产纱1.2万余吨，布1600余万米。属纺织中型企业。年销售为4亿余元，年均纳税为1200余万元，是宣州区重点纳税大户。公司能同时在机生产纯棉、维棉、涤棉、麻棉、涤粘、中长及纯化纤纱、线、布等“宛秀”牌系列产品30余种，跻身安徽省民企百强之列。

安徽华业纺织有限公司。安徽华业纺织有限公司位于潜山县潜山综合经济开发区，设计规模为10万锭，总投资3.2亿元。投产5万锭，在岗职工552人。公司选用国内新型纺纱成套设备，产品质量指标达到乌斯特公报较高水平。产品主要销往江苏、浙江、福建、山东等地区。该公司按照“公司十基地十农户”的经营模式，与潜山县棉麻公司合作，委托棉麻公司向农户发放订单，收购农户的棉花，带动棉农8000多户，直接为农户带来经济收益5600多万元。

第二节　印染工业

企业生产　安徽印染行业相较于周边省市起步较晚，但经过20世纪70年代，尤其是80年代的外延扩张，初步形成了棉、毛、丝、麻、化纤门类齐全的印染后加工能力。

1987年，全省纺织系统有印染企业11个，其中国有企业9个。年生产能力为3.93亿米。工业产值3.82亿元，其中国有企业3.73亿元。生产印染布2.75亿米，比1986年增长17.1%。其中染色布1.01亿米，增长7.2%；印花布1.14亿米，增长3.18%。印染布入库一等品率为80.3%。全年开发30个省级新产品，其中10个是依靠后整理技术开发的，如印花毛呢、扎染羊毛衫、“彩浪”牌30×36纯棉印花细布和“跳鲤”牌30×36纯棉细布，这4种产品均被评为“部优”产品。另有5个产品被评为“省优”产品。8个国有印染企业生产出口印染布4373.6万米，占全年产量的17.6%，比1986年增长1.15倍。其中安徽印染厂和淮北印染厂均超过1000万米。安徽第一棉纺厂、安徽印染厂联合生产的电光印花横贡缎全部出口，畅销欧美、日本、东南亚、俄罗斯和中国港澳等地。据印染行业10个企业统计，全年平均职工7372人，其中生产工人5519人；全年产品销售收入3.7亿元；缴纳税金893万元，实现利税1677万元，人均创利税3486.16元；企业留利570万元，人均留利773.19元；年末固定资产原值1.38亿元，净值1.07亿元；定额流动资金8131万元，产成品资金占用3035万元。原材料和能源消耗显著下降，8个国有企业每百米布综合能耗31.27千克标煤，比1986年下降1.9%，节约2629吨标煤。百米耗碱1.94千克，下降8.5%；其中淮北印染厂、安徽印染厂和蚌埠染织厂低于1.4千克，达到全国同行业先进水平。是年，印染业存在的问题是坯布供应不足，部分企业机台不能满负荷运行；产品质量虽有所提高，但纯棉产品仍在档外，涤棉产品刚刚进档，产品的档次不高；大部分设备为国产70年代末产品，设备老化，亟待更新改造。

1989年印染业实现产值3.75亿元；实现利税3980万元；生产印染布3.09亿米，减产0.9%。开发出仿牛仔布、皱纱布等新产品。淮北印染厂获国家二级企业称号。

1990年年末，全省印染生产能力为4.39亿米。生产印染布2.62亿米，其中漂白布0.52亿米，染色布1.08亿米，印花布1.01亿米。实现利税901万元，比1989年下降77.4%。10个印染企业中有2个亏损，亏损385万元。

1991年年末，印染业系统内企业生产能力为4.35亿米；实现利税-3572万元；生产印染布2.18亿米，其中纺织系统1.97亿米；10个印染企业有4个亏损，亏损4357万元。安徽印染厂亏损2078万元，成为全省纺织工业亏损大户。

1992年，全省印染行业产量、质量等都有提高，出口增加，亏损减少。全省10个骨干印染厂共完成产值8.86亿元，比1991年增长29.6%；完成产量2.07亿米，增长21.5%；出口1.06亿米；亏损2881万元；全员劳动生产率为7.52万元，上升28.1%。产品质量有所提高，混合印染布入库一等品率为87.2%，其中纯棉布为86.9%，涤棉布为88.3%；出口合格率为80.6%。可比百米标准品综合能耗为37.4千克标煤，比1991年上升14.8%；百米耗碱2.3千克，略有下降。

1993年纺织系统内有10个印染企业，其中大中型企业4个，职工8358人；年生产能力4.97亿米，全年实际生产印染布2.45亿米；实现产值7.01亿元，销售收入6.04亿元，利税–5022万元，利润–5766万元；资产总额6.76亿元，负债总额6.79亿元，资产负债率100.5%。由于企业开工不足，生产能力不能充分发挥，加上各种原辅材料涨价，印染企业亏损面高达60%，亏损加剧。淮北印染厂、铜陵印染厂、蚌埠染织厂、芜湖灯芯绒厂由于加强管理，加快开发新产品，以小批量、多品种适应市场需要，并开拓出口渠道，全年净盈利873万元。全年完成的技改项目有：铜陵印染厂年产1200万米亚麻印染生产线，蚌埠染织厂年产1000万米灯芯绒印染生产线，蚌埠染织厂园网印花线及照像雕刻花筒，安徽印染厂新漂染车间改造项目。抗菌布、富丽绒、桃皮绒、美云绸、牛津布、无纺装饰布、扎光纺腊仿印花布被评为优质新产品。

1994年，纺织系统内10家印染企业生产印染布2.3亿米，实现产值5.59亿元。4个国有大中型印染企业实现产值4.16亿元、销售收入4.47亿元、利税–2368亿元；资产总额5.44亿元，资产负债率106%。大中型企业中仅淮北印染厂盈利，实现利税534万元、利润152万元。印染行业，特别是大中型企业极为困难，主要是企业市场应变能力弱，原辅材料涨价严重，流动资金严重短缺，企业开工不足，规模效益不能发挥。

1996年，全省有国有印染企业6个，其中大型企业3个，中型企业1个，企业职工3.16万人。完成工业产值4.33亿元，占全国印染行业工业产值的3%，位居全国第14位。生产印染布1.9亿米，利税总额–126万元，占全国亏损额的0.3%。具有对宽幅，高支高密及化纤长丝仿真产品，绒类织物、粗厚织物及其深加工后整理能力。存在的主要问题有：产品结构不适应市场要求，各种功能性整理跟不上市场的发展，省内印染工艺及设备仍以加工中低档产品为主，技术含量低，附加值低，产品基本上是出口到第三世界去的中低档产品。产品质量低，缩水率大，尺寸稳定性差、色差、纬斜、格斜严重，手感粗糙，悬垂性差，不适应中高档服装面料的要求。交货期长，不适应“小批量、多品种、快交货”的要求，造成企业声誉不断下降，订单减少，产品积压，资金周转困难，许多困难企业举步维艰。技术改造力量不够，部分企业引进设备利用率低，给企业的发展造成负面影响。安徽周边省市如江苏、浙江、山东省等乡镇企业、三资企业的迅猛发展，给省内印染行业造成了严重冲击。另外，技术力量的流失也给印染行业发展带来不利影响。

“十五”时期，安徽印染工业保持稳定发展，建成淮北印染集团公司、安徽华皖碳纤维有限公司、芜湖中天印染股份有限公司等一批印染骨干企业。淮北印染集团公司和安徽华皖碳纤维有限公司双双进入2005年全国印染行业主营收入50强企业。2001—2005年，全省印染布产量依次是：12314万米、16800万米、19100万米、18000万米和18300万米。2005年全省印染布产量居全国第12位。

重点企业

安徽中天印染股份有限公司。安徽中天印染股份有限公司成立于1997年8月，由原国营安徽芜湖印染厂改制而成。已成为现代化外向型棉麻类纺织品印染加生产企业，是中国印染行业协会理事单位、国家级高新技术企业、中国人民解放军总后勤部战略联盟企业。公司下设染色分厂、印花分厂、动力分厂、服装分厂和上海分公司，享有自营进出口权，是安徽省纺织印染龙头企业。

公司资产总额3.76亿元，员工915人，拥有5条染色和2条印花生产线，年生产能力5000万米。拥有国家级企业技术中心和国内先进的实验室和检验、检测设施。与东华大学、中国科学技术大学、美国佐治亚大学、美国NANO-TEX公司、瑞士科莱恩公司等多所知名大学、科研院所及公司建立有长期产、学、研合作关系，开发了多项国家级和省级的新产品、新工艺，拥有6项技术专利。企业创新能力、产品质量、管理水平等均处同行业的前列。

企业自主品牌“天染坊”牌麻、棉服装和家纺面料产品，远销美国、日本、欧洲及东南亚等地。通过美国Wal-Mart公司、Target公司、日本UNIQLO公司、英国M&S公司及H&M公司等工厂验证。公司2002年8月通过ISO 9001 ：2000质量管理体系认证；2003年6月通过ISO 14001 ：2004环境管理体系认证，各项生产排放及环境保护均符合国家及地方法律法规的要求；2003年7月通过欧洲Oeko — Tex100认证，拿到产品进入欧洲市场的通行证；2003年通过H&M公司生产许可认证；2004年度企业技术中心被安徽省认定为“省级技术中心”；2004年8月通过C&A公司生产许可认证；2004年9月通过优衣库公司生产许可认证；2005年被安徽省评定为“安徽省民营百强企业”；2005年12月被安徽省科技厅认定为“安徽省高新技术企业”。

淮北维科印染有限公司。淮北维科印染有限公司前身是淮北印染有限责任公司，经过国有企业的改革改制，由原淮北印染有限责任公司与浙江宁波维科集团经资产重组注册成立的新公司。宁波维科集团是国家500强企业，全国特大型纺织企业；淮北印染有限责任公司始建于1979年，经不断的技术创新和技术改造，发展成为全国印染行业50强企业，安徽省出口创汇重点企业；双方联合重组淮北维科印染有限公司，为企业的发展注入新的活力。

公司是专业生产经营各类印染布和高档休闲服装面料的大型印染企业，国家纺织产品开发中心棉休闲服装面料开发基地，中国流行面料入围企业，安徽省出口创汇重点企业，年产各类印染布、高档服装面料1亿米。通过了ISO 9001质量管理体系、GB/T28001职业健康安全管理体系和ISO 14001环境管理体系认证。公司漂、染、印整生产线功能齐全，具备对棉、化纤及其混纺交织高档面料的生产及多功能整理的综合生产能力。拥有首批省级企业技术中心，下设试化验中心，信息中心，中试基地。建有ISO国际标准和美国AATCC标准测试的全套一流的实验设备、仪器。“星云”牌印花布为中国花布产业十大畅销产品。“星云”牌印染布多次评为安徽省名牌产品，“星云”牌商标为安徽省著名商标。公司拥有中高级技术人员、技师200多人，多次承担国家、省级印染高新技术及印染高新技术产品的开发和技术攻关，并取得系列科技成果和奖励。产品性能优良，质量达到相应的国标及欧美技术标准，获安徽省质量管理奖。

第三节　毛纺织工业

企业生产　1987年，全省纺织系统拥有毛纺织企业19个，其中全民企业8个，集体企业11个；全年平均职工1.3万人，其中生产工人1.01万人；年末有毛纺锭4.22万锭。全年工业产值1.87亿元，产品销售收入1.95亿元；缴纳税金2166万元，实现利润1204万元，人均创利税2601.51元；企业留利637万元，人均留利491.74元；年末固定资产原值1.06亿元，净值8535万元；定额流动资金1.29亿元，产成品资金占用3653万元。有1家企业亏损48万元。由于受市场影响，呢绒产量下降，毛线产量增加。全年生产呢绒429万米，比1986年下降7.9%。其中粗纺呢绒329万米，下降8.4%；精纺呢绒89万米，下降1.1%；长毛绒6万米，下降3.3%；驼绒5万米，下降3.8%。生产毛线3866吨，增长31.8%；毛毯33.51万条，增长10.9%；人造毛皮34万米，增长1倍。全年开发试制了香味花呢、毛维花呢、毛粘复色花呢、全毛夹花华达呢、条染全毛针织绒等6种新产品，并通过省级鉴定。是年有1个产品被评为“部优”产品，5个产品被评为“省优”产品。是年毛纺织业存在的主要问题是：羊毛和毛型化纤原料缺口大，省内羊毛供应量小，主要依靠进口，而产品却未进入国际市场。原料价格上涨，毛纺品滞销，尤其是粗纺呢绒严重积压。产品质量低，粗纺呢绒、精纺呢绒、毛毯一等品入库率都在档外，全省纺织行业3个档外产品全部是毛纺产品。

1989年，全省有毛纺织企业23家，其中有14家亏损，比1988年增加10家；全年亏损918.1万元，比1988年增加亏损735.7万元。是年全省毛纺织工业新产品开发成效大。兔毛产品从单一兔毛衫发展到兔粗纺呢绒、兔毛毛毯、兔毛针织绒线、兔棉针织内衣及小商品等六大类系列产品。在上海毛纺产品展评交易会上，蚌埠第二毛纺厂生产的腈毛麻花呢获“上呢杯”一等奖。在全国毛纺年会上，阜阳羊毛衫厂高比例女开衫获第二届“唯尔佳”杯一等奖。全国兔毛系列四新产品评比展销会上，获一、二、三等“四新”奖各1个，8种产品获兔毛衫新款式奖。马鞍山毛纺厂生产的工艺印刷毛呢，芜湖毛纺厂生产的毛麻明星呢通过省级新产品鉴定。全年创部优产品2个，创省优产品5个，结束了安徽毛纺业没有部优产品的历史。

1990年，全省纺织系统毛纺织企业工业产值1.2亿元，比1989年下降30.9%；其中全民企业7055万元，下降26%。企业缴纳税金971万元，亏损2949.5万元；其中全民企业缴纳税金661.7万元，亏损2157.9万元。全年生产毛线3815吨；毛织品290万米，其中精纺毛织品64万米，粗纺毛织品204万米；毛毯9.26万条。4种考核质量产品中，粗纺毛织品一等品率由80.2%提高到86.5%，毛毯、精纺毛织品和毛线的一等品率均有所下降。毛纺产品结构进一步调整，纯毛产品比重下降，混纺产品比重上升。如纯毛毛线占毛线的比重由1989年的25%降到22.6%，毛混纺线由12.4%降到9.6%，纯化纤线由62.7%提高到67.8%。毛织品中纯毛制品占3.1%，混纺交织品占95.2%，纯化纤织品占1.7%。毛毯中纯毛毛毯占51.5%，人造毛毯占10.8%。财务归口统计的23个企业中有17个亏损，亏损额达2976万元；其中6个全民企业亏损2182万元，11个集体企业亏损793万元。

1991年，全省毛纺行业年末有毛纺锭6.77万锭（包括乡镇企业720锭），其中精梳精纺锭6300锭、粗疏精纺锭1.96万锭、毛线精梳锭4.18万锭。全年完成工业产值2.27亿元，实现利税–2785万元。全年生产毛条1403吨；毛线3780吨，其中纺织系统3748吨；毛织品276万米，其中纺织系统259万米，毛织品中精纺92万米，粗纺173万米；毛毯18.43万条。每百米精纺毛织品净用毛条（包括羊毛和化纤）44.48千克，每百米粗纺毛织品耗用洗净毛（包括羊毛和化纤）65.90千克。从下半年起，精粗毛纺织品一等品率进档，摆脱长期处在档外的局面；毛线一等品率比1990年提高5.2%，毛毯一等品率提高7.3%，粗纺毛织品一等品率5.6%，精纺毛织品一等品率下降3.4%。在全国“七五”纺织科技成果展评中，精幼兔毛呢绒、无针针织面料分获一、二等奖。归口统计的21家企业，有16家亏损，亏损额4249万元。

1992年，全省毛纺行业开展扭亏、减亏、增盈活动。全年实现工业产值2.96亿元，实现利税–1028.6万元，比1991年减亏63.1%。生产毛呢215.5万米，毛线4762吨，毛毯39.92万条，人造毛皮35.15万米，工业用呢10.2万米。全年获新产品奖12个。国家重点项目兔毛深加工技术攻关取得阶段性成果，开发了兔毛深加工产品，如精梳兔毛维也纳、麦司林、皱纹呢和兔丝产品等。

1993年,全省纺织系统有毛纺织企业19个,职工1.25万人。实现工业产值3.22亿元,销售收入2.53亿元,利税–1419万元;企业资产总额5.84亿元,负债总额6.02亿元,资产负债率103%。全年生产毛呢198.1万米,毛线3882吨,毛毯47.88万条,人造毛皮95.42万米。完成出口交货量1095吨,其中兔毛纱437吨,拉舍尔毛毯22.33万条。全年完成和新开技改项目6个,引进整经机、片梭织机、倍捻机、电脑提花机、电脑设计系统、缝合机等先进设备136台(套)。全毛纺行业获省级新产品奖17项。阜阳纺织厂"高比例防蛀兔毛纱"获省纺织系统重大科学技术成果奖,另有2种产品获省级科技进步奖。

1994年,纺织系统内毛纺织企业数没有变化,仍然是19个,其中国有大中型企业11个,职工1.22万人;拥有毛纺锭7.76万锭,梳毛机115台,毛织机579台,毛针织机858台;实现工业产值3.36亿元,销售收入2.47亿元,利税–1970万元;资产总额6.1亿元;资产负债率108.17%。主要产品产量,毛呢313万米、毛线4002吨、毛毯54万条、人造毛皮120万米。是年,蚌埠第二麻纺厂调整产品结构,引进毛纺生产线,成立了合资企业宝安公司;阜阳纺织厂开发的防蛀兔羊毛衫获省科技进步三等奖。

1995年,全省拥有毛纺锭7.46万锭,占全国399万锭的1.87%,居全国第15位。同期周边省市如江苏省有毛纺锭120万锭,山东省有50万锭、浙江省有27万锭、上海市有20万锭、河南、湖北省各有10万锭。

1996年,全省有毛纺织企业21个,其中国有企业8个,集体企业13个。企业职工15518人,占全省纺织职工人数的6.07%。全年生产呢绒304.33万米,其中精纺呢绒156.23万米,毛线2413.54吨,毛毯41.81万条。出口毛线142.36吨,粗纺呢绒21.33万米,毛毯14.44万条,毛针织品折用毛纱量204.3吨。呢绒、绒线和毛毯产量分别居全国第19位、第15位和第10位。全省毛纺织行业实现工业产值3.38亿元,占全省纺织工业总产值99.3亿元的3.4%。全年毛纺织企业亏损4397万元,占全省纺织亏损的9.18%。按14个企业统计,亏损13个,亏损面92.8%,资产负债率毛纺108.9%,毛针织97.61%。毛纺织出现大面积亏损的主要原因是企业开工不足、产量少、产销率低和库存积压严重,同时还与同期毛织物进口增加、全国总量过剩有关。

1997年至2005年,安徽毛纺织行业由于遇到国家宏观调控、出口退税下调、原料价位偏高、煤电油运瓶颈制约、国际市场需求不旺、国内市场竞争激烈等多种困难,加之企业设备陈旧落后、产品单一、市场竞争力不强等导致发展不快。2005年,全省有毛纺织企业10个,比1996年减少11个;生产毛线2000吨,呢绒43.04万米。实现工业产值29762万元,比1996年减少4100万元,比2004年减少312万元。产品销售收入27437万元,比2004年减少1125万元。利润总额–562万元,比2004年减少422万元。出口交货值3615万元,比2004年减少279万元。亏损企业5个,亏损企业亏损总额 696 万元，比 2004 年增加亏损 496 万元。

重点企业

安徽阜阳华源毛纺织有限公司。安徽阜阳华源毛纺织有限公司是由安徽阜阳华源纺织有限公司投资兴建的省高新技术企业。公司开发出几乎囊括所有特种动物纤维的百余种纯纺、混纺产品，形成以此为主导产品的高新技术产品库，公司连年销售收入超过亿元，利税率 15% 以上。企业连续承担多项国家、省级火炬计划项目，其中“粗梳细支羊绒纱”项目获了国家火炬计划优秀项目三等奖。“高比例兔羊毛纱及其系列产品”获第 37 届布鲁塞尔尤里卡国际发明奖，一度风靡国内外；“细支山羊绒纱”“32NM/2 羊绒、绢丝混纺针织纱”等产品被列为国家级新产品，多次获得省星火科技二等奖和省科技进步二等奖；“羊绒、棉混纺针织纱”产品，打破了棉、毛行业界限，成品服用性能集羊绒和棉纤维之优，而成本大幅度下降。

公司与中国纺大、上海纺科院、北京毛研所、上海毛麻科技研究所、西北纺院等高校、科研所合作，加速了科技成果的推广应用进程。1998 年后又相继开发了一系列新产品，如“鸭绒、羊毛混纺纱”“防缩兔绒、绢丝混纺纱”；围绕新型色环保纤维 Tencel 研制开发了“羊绒、Tencel 混纺粗梳针织纱及其制品”，并通过了由国内知名专家组成的省级科技成果鉴定，其中大多数产品属国内首创，填补了国内空白，成为企业一个又一个新的经济增长点。

粗梳毛纺：引进十套日本京和（KYOWA）粗纺生产线年产兔毛、羊绒等各类特种动物纤维纯、混纺纱 700 吨。

精毛纺、半精纺：公司总投资 500 万美元，引进英国、意大利、日本具有国际先进水平的制条、纺纱生产线，生产规模精纺 5112 锭，半精纺 10080 锭。

染 色：拥有一个散纤维染色的专业染厂。染厂设备先进，大中小 26 台散毛染色机、1 条绞纱染色生产线可满足不同批量的加工，日染色量可达 2 吨多，染机全部实现了染色操作自动化控制及染色工艺二级集中监控，确保了染色工艺的严格执行，在国内居先进水平。有一支经验丰富的工程技术人员队伍，具有十多年的专业染色经验，主要染色品种齐全，可染散棉、尼龙、羊绒、兔毛毛条、散毛、绢丝、粘胶、Tencel 等多种纤维。

蚌埠一毛纺织有限责任公司。蚌埠一毛纺织有限责任公司位于安徽省蚌埠市，是中国毛纺协会理事单位、安徽毛纺协会常务理事单位，也是安徽省目前唯一的粗纺呢绒专业生产厂家。厂区占地 37800 平方米。主要产品年生产能力为：粗纺呢绒 100 万米，精粗纺绒线 800 吨，各式粗纺毛纱 200 吨，各式服装 50 万件。年产值近亿元，是集染、纺、织、整理、服装生产为一体全能型毛纺织企业。

该公司产品有立绒、顺毛、花式、平厚、仿拷花等各式大衣呢，法兰绒、花呢、麦尔登、海军呢、女式呢及中高档的兔羊绒、兔羊毛产品，2.5 ~ 16s 粗纺毛纱、彩点纱等。绝大部分产品出口欧、美、日、韩国以及香港和中东地区。公司有各类技术人员 100 多人，产品曾获得“江淮之花”金杯奖，北京“金秋”杯三等奖，全国“唯尔佳”杯一、二、三等奖，全国毛纺新产品设计一等奖等。

第四节　麻纺织工业

企业生产　安徽麻纺织工业相对发达，在全国占有较大比重。1987 年全省有麻纺织企业 15 个，其中全民企业 11 个，集体企业 4 个。生产能力黄红麻纺锭 22142 锭，麻袋织机 1028 台，苎麻长纺 13648 锭，短纺 19672 锭。1987 年全省麻纺织工业产值 2.12 亿元，其中全民企业 1.98 亿元。与 1986 年相比，全行业产品产量有很大增长。全年生产麻袋 7625 万条，比 1986 年增长 17.5%；纯麻麻袋折通用袋 7087 万条，增长 21.3%；苎麻纱线 731 吨，增长 13.3%；苎麻布 768 万米，增长 53.9%。麻袋正品率达到 100%，有 3 种产品被评为“省优”产品。蚌埠第一麻纺厂和蚌埠第二麻纺厂被评定为省级先进企业，各项经济指标在全国麻纺行业名列前茅。铜陵苎麻二厂、芜湖色织布厂开发出苎麻粗厚色织产品。铜陵化纤厂试制出 36N 纯麻针织产品。涤棉麻三合一产品批量生产并出口美国。黄洋麻变性产品在芜湖麻纺厂初试成功，变性后的洋麻支数从原来的 180 支提高到 320 支，且手感柔软，提高了可纺性，并通过尘笼纺出 7 支以上的混纺色芯纱。

1989 年，全省麻纺织行业完成产值 2.12 亿元，比 1988 年下降 9%；实现利税 963.4 万元，比 1988 年下降 68.9%，经济效益明显下降。主要产品产量为麻袋 5051 万条，比 1988 年减产 27.7%；麻包布 514 万米，比 1988 年增产 1.51 倍；苎麻布 1414 万米，比 1988 年增产 1.89 倍。全年出口麻袋 101 万条，比 1988 年减少 93.1%；纯麻布 57 万米，比 1988 年减少 42.7%；纯麻纱线 241 吨，比 1988 年减少 21.8%。麻袋正品率进入部颁一档水平。是年，麻纺织行业总体表现不景气，主要原因是产品价格偏低和国际市场麻袋需求锐减。后经省政府和有关部门同意，麻袋价格上调至每条 3.40 元，至年底，黄麻纺 7 家企业有 6 家扭亏。是年，在全国苎麻产品评比中，全省麻纺行业有 44 个产品获创新奖，获奖数居全国第一。

1990 年，全省纺织系统麻纺企业完成工业产值 1.84 亿元，比 1989 年下降 12.9%；其中全民企业 1.7 亿元，下降 15.8%。企业缴纳税金 525 万元，亏损 4601 万元。全省全年生产麻袋 5393 万条，苎麻布 468 万米，麻包布 739 万米，黄红麻纱线 4053 吨，苎麻纱线 9040 吨。麻纺织企业经济效益严重滑坡，财务归口统计的 14 个企业全部亏损。一批黄红麻生产企业，麻袋生产能力扩张过快，造成产大于求。苎麻产品受国际影响，严重滞销积压。据铜陵苎麻一厂、铜陵苎麻二厂和芜湖苎麻厂统计，全年产成品积压占用资金 5000 多万元。

1991 年，全省麻纺织行业拥有黄红麻纺 3.28 万锭，苎麻纺 3.54 万锭。全年工业产值 3.38 亿元，实现利税 –4989 万元。生产麻袋 6264 万条，苎麻布 555 万米，麻包布（商品量）379 万米，黄红麻纱线（商品量）4123 吨，苎麻纱 592 吨。归口统计的 15 家麻纺织企业全部亏损，亏损总额 5852 万元。

1992 年，麻纺织行业积极调整行业和产品结构，进行三项制度改革，转换企业经营机制。全年实现工业产值 3.77 亿元，利税 –3325 万元，比 1991 年减亏 33.4%。生产麻袋 5458 万条，麻布 882.2 万米。为使产品上档次，适销对路，主管部门和企业积极推进产、研联系，合作开发新产品。黄、红麻变性处理及织物研制项目和苎麻系列产品开发项目通过鉴定。

1993 年，全省纺织系统有麻纺织企业 16 个，其中大中型企业 7 个；职工 2.29 万人。实现工业产值 4.05 亿元，销售收入 4.22 亿元，利税 –3843 万元；企业资产总额 7.43 亿元，负债总额 8.34 亿元，资产负债率 112.2%。全年生产麻袋 5812 万条，出口 923 万条。是年通过省级新产品鉴定 6 项，其中铜陵海陵苎麻厂开发生产的气流纺亚麻棉纺纱和布，舒城麻纺厂利用回丝开发生产的无纺布麻毡等效益较好。全年完成技改项目 1 个，引进瑞士片梭织机 6 台。

1994 年，全省纺织系统内有麻纺织企业 19 个，其中国有大中型企业 8 个，职工 2.28 万人；拥有麻纺锭 5.08 万锭，麻织机 2156 台；实现工业产值 5.86 亿元，销售收入 6.25 亿元，利税 –676 万元；资产总额 8.11 亿元，资产负债率 117.03%。全年生产麻袋 6635 万条，苎麻纱线 1378 吨，亚麻布 320 万米；出口麻袋 814 万条，纯麻线 322 吨，纯麻布 18.6 万米。是年，蚌埠第一麻纺厂开发研制的海洋生物制品、芜湖苎麻纺织厂的 18NM/2 麻棉系列色纺纱线和铜陵苎麻纺织一厂的亚麻棉 54.05T/CX 混纺纱获省科技进步四等奖。铜陵苎麻纺织一厂经国家有关部门批准享有进出口自营权。

全省麻纺织行业自 1990 年出现第一次亏损，至 1996 年连续 7 年累计亏损达 2.6 亿元，1995 年纺织系统内麻纺织企业资产负债率平均达 101%，有的高达 197%，负债过重无法运行。1996 年，蚌埠、芜湖、铜陵市利用优化资本结构政策，分别对铜陵一麻、铜陵苎麻纺织印染有限公司、蚌埠一麻、芜湖苎麻厂和芜湖麻纺厂 5 个企业实行了破产。铜陵苎麻纺织印染联合公司破产后拍卖给铜陵经纬麻业有限公司；铜陵一麻实行分离破产后拍卖给铜陵升达纺织有限公司；芜湖苎麻厂破产后与曙光针织厂合并为光大毛麻纺织总厂，下划区政府管辖；蚌埠一麻按负债率 80% 其余资产破掉后进行分离重组；阜阳麻纺厂加入金种子集团和租赁阜南麻纺厂，进行优势扩张。

2000 年年初，蚌埠第二麻纺织厂为调整产品结构，提高产品附加值，增强参与国际市场竞争能力压缩、淘汰落后毛纺锭 2400 锭，引进同规模国际先进设备，生产特种动物纤维高档针织纱，为国内服装面料配套，达到替代进口和扩大出口的目标，年产特种纤维高档针织纱 330 吨。其中牛绒纱 108 吨，兔绒纱 81 吨，羊绒纱 67 吨，丝绒纱 74 吨。同时根据市场需求，开发特种动物纤维与环保型纤维混纺绒线，并适当提高羊绒纱产量比例。设备选型引进走锭纺纱机 4 台、梳毛机 4 台，并线机、倍捻机、和毛系统各 1 台（套）。项目总投资为 2988 万元（含外汇 250 万美元）。

安徽黄红麻、苎麻资源非常丰富，是全国主产区之一。“十五”期间，安徽麻纺织行业抓住机遇，充分发挥资源优势，积极发展麻纺织工业。2005 年，全省有 21 个麻纺织企业，全部从业人员平均人数 9050 人，生产苎麻布及亚麻布 470.85 万米，麻袋（混合数）413 万条。实现工业产值 111760 万元，产品销售收入 106411 万元，利润总额 1484 万元，出口交货值 38733 万元。亏损企业 7 个，亏损面 33%，亏损企业亏损总额 256 万元。铜陵华源麻业有限公司从全省麻纺织行业脱颖而出，进入 2005 年全国麻纺行业主营业务收入第五名，全国麻纺行业竞争力 10 强第六名，全国出口交货值 100 强第 79 名。

重点企业

铜陵华源麻业有限公司。铜陵华源麻业有限公司创建于 1958 年，拥有苎麻厂、亚麻厂、棉纺厂、色织布厂等 4 个生产厂和华源印染公司、华源金昌印染公司、汽车内饰有限责任公司、安士达制衣公司 4 个子公司。有员工 2564 人，总资产为 6.6 亿元，拥有剑杆织机 288 台、一条染纤生产线、三条染色布生产线和针刺、水溶、热轧五条麻类无纺布生产线。苎麻 6600 锭、亚麻湿纺 2 万锭、短麻纺 4 万锭、气流纺 3800 头。年生产各类纱 2 万吨、各类坯布 900 万米、各类色织布 100 万米、各类染色布 2400 万米、汽车内饰件 3 万件，板材 2000 吨。销售收入、出口创汇和利润指标连年攀升，综合经济实力位于全国麻纺行业前列，是全国唯一的集纺、织、染于一体，同时具备亚麻、苎麻加工能力的麻纺企业。该公司在绿色环保麻类面料生产、麻类资源综合利用以及节能减排方面开展研究，共申请 50 项专利，其中 10 项发明专利技术水平在国内保持领先水平。已通过 ISO 9001 质量管理体系和 ISO 14001 环境管理体系认证，是国内麻纺行业第一家通过环境管理体系认证的企业；该公司能够根据客户的不同要求，生产不同规格的亚麻、苎麻、大麻类纯纺纱线，各类麻纤维与棉、绢、粘胶、天丝、涤纶等混纺纱线及各类纯麻、混纺和交织坯布、色织布、服装面料等，还制定了以质量保证为核心内容的售后服务体系，拥有进出口自营权。

该公司先后开发出弹力布系列、竹节纱系列、麻棉色纺等系列新产品，有 10 多种面料入围中国流行面料。其中，涤棉菠萝麻三合一等面料被评为 2000 / 2001 年春夏流行面料；天丝亚麻针织布、亚麻棉针织布等面料被评为 2002 / 2003 年秋冬中国流行面料入围产品，纯亚麻针织布、天丝亚麻大豆混纺织物面料被评为2003春夏中国流行面料；苎麻锦纶绢混纺布、天丝亚麻大豆针织提花布、棉菠萝麻涤混纺布入围2004春夏中国流行面料；苎麻格子布、苎麻竹纤维天丝棉混纺布、苎麻棉针织弹力布、大麻莫代尔棉缎纹布被评为2005春夏中国流行面料；棉苎麻棉竹节缎纹布、天丝菠萝麻混纺布被世界纺织大会推介为优秀面料。先后被中国纺织工业协会授予“纺织科技型企业”“销售收入100名企业”“中国麻纺行业竞争力前十强”“中国麻纺行业销售收入前十名”“中国纺织服装行业出口百强”企业。是铜陵市进出口先进单位和安徽省省级农业产业化龙头企业。

安徽省华龙麻业有限公司。安徽省华龙麻业有限公司位于安徽省宣城市旌德县，公司为麻类初加工企业，拥有总资产8000余万元，员工400余人，其中高级管理人员和专业技术人员80余人。公司主导产品为苎麻、亚麻、大麻和竹原等系列产品，并可根据客户要求加工各类纯麻纱及混纺纱线。公司被评为全国农产品加工业示范企业和农产品加工企业技术创新机构，是安徽省农业产业化省级重点龙头企业，荣获安徽省明星企业、全省民营企业100强、出口创汇50强、安徽省“重信用、守合同”企业、安徽省诚信企业等称号。

企业已通过了ISO 9001质量管理体系、ISO 14001环境管理体系和麻纺产品标志认证。公司与上海东华大学、安徽农业大学、中国麻类研究所建立了广泛的技术合作关系，不断研究开发出新产品和新技术。公司开发的黄红麻细特纱，被科技部列入国家新产品计划，获安徽省科技进步三等奖。“天都”牌苎麻系列产品被评为“安徽省名牌产品”和“安徽省名牌农产品”，产品畅销苏浙沪等二十多个省市。

公司依托本地苎麻资源优势，奉行富农为本，实行“公司+农民合作社+基地+农户”的产业化经营模式，使苎麻产业已成为旌德农业的特色产业和主导产业之一，为农民增收、企业增效、县域经济增长开辟了一条有效途径。

第五节　丝绸工业

企业生产　1987年，全省有丝绸企业38个，其中全民企业20个，集体企业18个。生产能力桑蚕缫丝机43960绪，其中自动缫丝机1600绪，乡镇企业缫丝机10440绪；绢丝精纺锭2900锭，细丝精纺锭960锭；丝织机3160台，其中自动丝织机944台，喷水丝织机72台，提花丝织机1108台，丝绒织机20台；卷染机58台及高温高压溢流染色机等其他印染设备。完成工业产值1.57亿元，其中全民企业1.22亿元。全年生产丝1236.53吨，比1986年增长23.4%，其中白厂丝1080.11吨，增长18.8%；桑绢丝18.51吨；细丝137.91吨，增长48.1%；丝织品2696.16万米，增长27.5%，其中桑蚕丝及其交织品 784.35 万米，增长 67.3%；人造丝及其交织品 1104.34 万米，增长 14.4%；合纤丝及其交织品 807.47 万米，增长 47%。练、印染丝织品 1731.49 万米，增长 10.5%。桑蚕丝正品率全年平均 99.8%，比 1986 年提高 0.2%；丝织品入库一等品率全年平均 87.7%，提高 2.3%；丝织品出口合格率 66.2%，提高 9.9%，其中纯真丝绸出口合格率 58.6%，提高 17.5%。白厂丝质量下降，全年平均等级为 2A+69，比 1986 年降低 0.13 级分。是年，丝绸行业根据市场需要，积极调整产品结构，重点发展真丝绸产品。全年下拨蚕改费 110 万元，给蚕种场配置空调机 40 台，补贴优良蚕品种费 14 万元。下拨蚕桑生产化肥 2000 吨。全年完成的桑蚕丝及其交织品产量占全省丝绸产品总产量的 29.1%，比 1986 年提高 6.9%。其中生产纯桑蚕丝织品 471.6 万米，比 1986 年增长 87.8%，占总产量的 17.5%。全年丝绸产品出口交货额 4500 万元，比 1986 年增长 32.9%，处全国第 9 位。出口产品加工深度提高，丝出口 336.23 吨，比 1986 年下降 10.8%；丝织品出口 414.1 万米，增长 84.2%。但出口货源不足，品种单一。

1989 年，全省有丝绸企业 39 个，完成工业产值 1.71 亿元，比 1988 年增长 4.9%；实现利税 3295.8 万元，比 1988 年增长 15.3%；生产丝 1446 吨，比 1988 年增长 9.5%；丝织品 2687 万米，比 1988 年增产 7.2%。出口创汇 2300 万美元，比 1988 年增长 34.7%。1989 年，全省丝绸行业积极改善企业内部管理，增强企业应变能力，多渠道筹集原料，确保企业正常生产。尤其在春茧收购前夕，大力压缩产成品库存，以增加收购资金。积极采取措施，提高产品质量。省丝绸公司组织缫丝、织绸质量检查组分赴重点企业检查质量，开展缫丝和织绸质量评比，举办桑蚕丝织物出口检验标准学习班等，促进了企业产品质量的提高。天长缫丝厂 8 批厂丝经检验均达到高标准，金寨丝织厂出口合格率达 90% 以上。积极开发丝绸新产品，重点开发涤纶仿真丝绸产品和苎麻产品。安徽丝绸厂的涤纶仿真丝绸在全国涤纶仿真丝绸展销会上获最佳效果奖。铜陵丝绸厂的麻四季缎、安徽丝绸厂的影帘绸在全国苎麻产品展销会上获创新奖。阜阳丝绸总厂试制的七彩织锦被面、古香缎、金银织锦被面和太和丝织厂试制的真丝七彩背面通过省级新产品鉴定。宿县丝绸厂与上海五和丝织厂联营生产的真丝针织产品填补了省内空白。在推动丝绸企业技术进步方面，全年技改项目 6 个，投资 1057 万元。主要有绩溪缫丝厂的自动缫丝改造、安徽丝绸厂的印染改造、宣州丝绸厂的织机改造和天长丝绸厂的扩建项目等。芜湖、蚌埠丝绸厂引进的剑杆织机安装调试生产。黄山丝厂、绩溪丝厂、芜湖丝绸厂的技改项目竣工验收。是年，丝绸行业存在的主要问题是厂丝品位和丝织品出口合格率下降。

1990 年，全省丝绸行业生产稳步发展。全年完成工业产值 1.9 亿元，比 1989 年增长 9.2%；其中全民企业 1.43 亿元，增长 5.9%。实现利税 3036 万元，比 1989 年下降 7.9%；其中全民企业 3255 万元，下降 0.1%。生产丝 1771 吨，其中桑蚕丝 1608 吨，绢纺丝

163 吨；丝织品 3303 万米，其中桑蚕丝及其交织品 1346 万米，绢纺丝及其交织品 10 万米，人造丝及其交织品 1072 万米，合纤丝及其交织品 875 万米。产品质量有所提高。白厂丝平均局验等级为 2A12 级，比 1989 年提高 0.78 级，4A 级以上高品位丝产量增加 48%；缫折为 354 千克，比 1989 年下降 10 千克。产品出口创汇 2531.6 万美元，比 1989 年增长 1.2%。其中丝类创汇 1243.2 万美元，下降 10.3%；绸缎创汇 1008.2 万美元，增长 33.5%。

1991 年，全省拥有桑蚕缫丝机 9.66 万绪（其中乡镇企业 3.4 万绪），自动缫丝机 3200 绪，丝织机 5354 台（其中乡镇企业 770 台），自动丝织机 1942 台。全年工业产值 4.9 亿元，实现利税 1448 万元，比 1990 年下降 53.8%。全省全年生产丝 1852 吨（其中纺织系统 1238 吨），其中桑蚕丝 1698 吨，绢纺丝 154 吨；丝织品 3940 万米（其中纺织系统 3239 万米），其中桑蚕丝及其交织品 1370 万米，绢纺丝及其交织品 3 万米，人造丝及其交织品 1205 万米，合纤丝及其交织品 1362 万米。出口丝 400 吨，丝织品 308 万米。全省丝绸行业全年收购蚕茧 2040 万公斤，比 1990 年净增 400 万公斤。产品质量明显提高。全年白厂丝商检等级 2A47 级，比 1990 年提高 35 级分；丝织品成品入库一等品率 88%，比 1990 年提高 4%；丝织品出口合格率 60%，比 1990 年提高 3%；4A 级以上高品位丝 60 吨。产品出口创汇 3062 万美元，比 1990 年增长 21%；其中丝类 1556 万美元，绸缎类 900 万美元，成品类 606 万美元。服装及制品创汇所占比重由 1990 年的 7% 提高到 20%。企业经济效益有所下降，财务归口统计的 42 家企业有 15 家亏损，全行业盈亏相抵净亏损 35 万元。行业存在的问题是发展不平衡，小丝厂、小绸厂多，质量不稳定，原料缺口大。绸缎出口曾发生过退货索赔事件。

1993 年，全省纺织系统有丝绸企业 136 个，拥有缫丝机 16.5 万绪（其中自动缫丝机 1.81 万绪），丝织机 8000 台（其中无梭织机 210 台）。全年实现工业产值 10.27 亿元，比 1992 年增长 46.6%；生产白厂丝 2278 吨，比 1992 年增长 36.1%；生产丝织品 3947 万米，比 1992 年增长 12.9%；上缴税金 3121 万元，实现利润 1225 万元。出口创汇 2901 万美元，其中丝类商品 1007 万美元，占 35%；绸缎类商品 1053 万美元，占 36%；服装制品 841 万美元，占 29%。丝绸产品出口到中国港澳、日本、美国、加拿大和欧洲、中东等 30 多个国家和地区，在国际市场享有较好声誉。

1994 年，全省有丝绸工业企业 175 个，其中国有企业 31 个，集体和乡镇企业 144 个；缫丝企业 85 个，丝织企业 87 个（缫丝、丝织全能企业 20 个），绢纺企业 3 个。全年收购蚕茧 3855 万公斤，拥有缫丝机 28.8 万绪，丝织机 8000 台，练印染能力 3500 万米。省纺织系统归口统计企业 43 个，累计生产丝 2655.76 吨，丝织品 3681.14 万米，实现工业产值 11.84 亿元，利润 –4162.88 万元。丝绸工业经济效益滑坡的主要原因是：快速发展的加工生产能力与蚕茧原料供应严重失衡；受利益驱动多头收购，竞相抬价，使蚕茧质次价高，缫丝与丝织企业无法承受；丝绸企业基础薄弱，产品档次低，市场适应能力与竞争能力较弱。在丝绸出口创汇方面，丝类比例下降，服装及三类商品增幅较大。全年出口创汇 3923 万美元，进口用汇 202 万美元，进出口总额 4125 万美元，比 1993 年增长 42.1%。出口商品中，丝类 1084.42 万美元，占 27.6%，绸缎 1323.85 万美元，占 33.7%，丝绸服装及其他 1515 万美元，占 38.6%。出口市场在巩固欧美港澳日等传统市场的同时，还开发了中东、南非等市场，丝绸产品畅销 40 多个国家和地区。

1996 年，全省纺织系统内有独立核算丝绸企业 31 个，其中亏损企业 26 个，职工 2.8 万人。全年生产桑蚕丝 2150 吨，绢纺丝 66 吨，丝织品 3995 万米（其中印染丝织品 206 万米）。实现工业产值 7.48 亿元，产品销售收入 4.37 亿元，上缴增值税 1825 万元，利税总额 –1.21 亿元，资产总额 11 亿元，负债合计 12.27 亿元。

1997 年，全省有县以上独立核算丝绸企业 27 个，职工 2.39 万人。全年生产桑蚕丝 4258 吨，绢纺丝 251 吨，丝织品 6724 万米（其中印染丝织品 739 万米）。实现工业产值 7.48 亿元，产品销售收入 4.45 亿元，利税总额 –1101 万元，亏损企业 19 个，亏损金额 3433 万元；资产总额 9.3 亿元，负债合计 8.88 亿元。

1998 年，全省有县以上独立核算丝绸企业 27 个，职工 2.23 万人。全年生产桑蚕丝 2454 吨，绢纺丝 6 吨，丝织品 4077 万米（其中印染丝织品 348 万米）。实现工业产值 8.44 亿元，工业增加值 1.09 亿元，产品销售收入 6.05 亿元，实现利税总额 1708 万元，上缴国家税金 2838 万元，亏损企业 12 个，亏损金额 1452 万元，资产总额 10.65 亿元，负债合计 8.39 亿元。

安徽是桑蚕茧全国主产区之一，桑园面积、蚕茧产量一直居全国 4 ~ 5 位。“十五”期间，安徽丝绸行业积极开拓市场，加快科技进步，提升产业结构，增强竞争力，全行业保持稳步发展态势。2001—2005 年，每年产品产量依次是：丝 2332 吨、2699 吨、3216 吨 3247 吨、3807 吨；丝织品 2972.8 万米、2209 万米、2910 万米、3900 万米、2866.53 万米。专业设备每年没有变化都是：桑蚕丝缫丝机 112640 绪 /5632 台，丝织机 2190 台。2005 年，全省丝绸行业有 63 个企业，其中亏损企业 12 个，亏损面 19%。完成工业总产值 136814 万元，实现销售收入 128624 万元，出口交货值 10190 万元，产品销售税金和附加 391 万元，应缴增值税 3070 万元，利润总额 2232 万元，亏损企业亏损总额 739 万元。全部从业人员平均人数 11242 人。

重点企业

安徽京九丝绸股份公司。安徽京九丝绸股份公司位于阜阳市经济技术开发区，是一家集栽桑、养蚕、蚕茧收烘、缫丝、织绸、家饰家纺、真丝服装为一体的综合性茧丝绸企业。总占地面积 280 多亩，在岗员工 1500 多人，其中各类专业技术人才 150 多人。拥有世界领先水平的飞宇 2000 优选型自动缫丝机 20 组（8000 绪），GD618 型有梭丝织机80台，意大利产剑杆织机96台。主导产品为“华诗雅蒂”牌系列真丝服装、家纺、床上用品及高档白厂丝、绸缎等。资产总额2.5亿元。

公司成立于1997年6月，由原安徽省阜阳丝绸总厂改制而成。原安徽省阜阳丝绸总厂于1958年筹建，1996年进行破产改制，由原厂职工个人出资入股，成立安徽京九丝绸有限责任公司，后变更为安徽京九丝绸股份公司。是中国丝绸行业竞争力十强、中国纺织服装企业竞争力500强企业；阜阳市人民政府“6611”工程建设项目实施单位；“安徽省重点扶持100户‘专、精、特、新’企业”；安徽省政府“861”项目实施单位；安徽省农业产业化龙头企业；安徽省高新技术企业；国家东桑西移实施单位；拥有省级企业技术中心；申请专利技术9项。

该公司从栽桑养蚕源头做起，形成一个完整的产业链。旗下高端丝绸品牌“华诗雅蒂”获中国丝绸协会授予的“中国高档丝绸标志”称号，被评为安徽省著名商标。产品在安徽、河南、湖北等地具有较高的知名度。

安徽源牌实业（集团）有限责任公司。安徽源牌实业（集团）有限责任公司坐落在霍山县经济开发区，创建于1992年。主营白厂丝及其家纺制品加工，兼营旅游宾馆服务业，紧密型企业有安徽源海丝业有限责任公司、安徽源隆纺织服饰有限公司、安徽源新纺织品有限公司、安徽南岳山庄红色生态旅游有限公司、安徽源牌国际大酒店有限责任公司。有员工1000余人，注册资金2121.53万元，集团总资产3.5亿元，实现销售收入31550万元，上缴税收1463万元，出口创汇393.4万美元。

源牌集团是国家级农业产业化重点龙头企业、国家级扶贫龙头企业，先后获得“安徽省高新技术企业”“安徽省质量管理奖”“安徽首届企业品牌百强”“全国纺织行业信得过班组”等称号，是安徽省“重合同守信用企业”和“百强民营企业”，已连续多年为霍山县十强工业企业之一。

1999年企业通过ISO 9001质量管理体系认证。主产品“源”牌白厂丝先后荣获“安徽省著名商标”“安徽名牌产品”称号，“SILKISS丝侬”牌蚕丝制品先后荣获“国家免检产品”“中国丝绸新产品金奖”“安徽名牌产品”“安徽出口名牌”“安徽省高新技术产品”“首届安徽十大重点推广品牌”“六安市知名商标”等称号。

公司按照“公司+基地+中介组织+农户”的产业化经营发展模式，致力于蚕桑基地建设，拥有一支50余人的专业技术队伍，常年从事人员培训，新技术、新品种的引用推广和蚕桑生产跟踪服务工作，建设了15个蚕茧收烘站，年收烘干茧能力3000吨。现有各类蚕桑基地8万亩，以霍山县为中心，向周边县、区辐射，逐步形成了从基地建设、制丝、纯蚕丝家纺到服装饰品、婴童制品为一体的规模化生产格局。企业是《生丝》《生丝试验方法》《蚕丝被》等国标起草单位之一，全国丝绸标准化技术委员会成员单位和国家级蚕桑标准化生产示范区。

省茧丝绸产品质量监督检验中心已落户源牌纺织工业城内，该中心承担着科技研发、检验检测、服务信息等多项重要任务，是集茧丝绸三类检测为一体的省级检测中心，并已通过了省质监局的整体验收和专业资质验收，其蚕桑干检公正检验室也顺利通过国家纤检局验收，积极申报国家级中心。

第六节　针织复制工业

企业生产　1987年，全省纺织系统共有针织复制企业57个，其中全民企业20个，集体企业37个；毛针织品企业11个，其中全民企业1个。针织复制行业主要有针织、被单、毛巾和袜子四大类。除安徽针织厂、芜湖红光针织厂、安庆针织厂等企业较大外，其他多为小型企业。主要设备有针织机3342台，经编机92台。全年工业产值2.62亿元，其中全民企业1.99亿元。主要产品产量：棉毛类衫裤1163万件，比1986年下降19.6%；绒布类衫裤631万件，增长21.1%；毛巾7905万条，增长53.9%；毛巾被105万条，下降28.6%；床单763万条，增长9.9%；袜子3924万双，增长19.5%。有11种产品被评为“省优”产品，占全省纺织行业优质产品总数的24%。针织复制企业抓住国际市场销路较好的有利时机，大力生产出口产品。如淮北第一针织厂全年出口91万件计1199万元，占产值的85.4%，实现利税207万元。蚌埠针织厂多年亏损，1986年只盈利5.88万元，1987年狠抓产品质量，开拓出口渠道，出口达1060万元，实现利润120万元。据针织复制行业46个企业统计，全年平均职工2.08万人，其中生产工人1.61万人；全年销售收入2.53亿元；缴纳税金1257万元，实现利润1808万元，人均创利税1472.7元；企业留利542万元，人均留利260.42元；年末固定资产原值1.06亿元，净值8535万元；定额流动资金1.29亿元，产成品资金占用3653万元。全年有6个企业亏损，亏损额99万元。

1989年，66家针织复制企业完成产值3.42亿元，比1988年增长11.4%；实现利税4953万元，比1988年下降19%。针棉织品折用纱线量2.69万吨，比1988年减少1.7%；针织品折用化纤长丝量1524吨，比1988年减少14.3%；绒布类衫裤295万件，比1988年减产24.9%；棉毛类衫裤1692万件，比1988年增产29.4%；单面布类衫裤3384万件，比1988年增产9.4%；合纤长丝织梭织品1197吨，比1988年减产8.8%；袜子3806万双，比1988年减产3.4%；毛巾6628万条，比1988年减产25.6%；床单796万条，比1988年增产5%。单面类衫裤、弹力袜、锦纶丝袜进一档，绒布类衫裤、棉毛类衫裤、毛巾进二档，毛巾被进三档，床单在档外。全省全年开发新产品25种。是年，由于原材料价格上涨，产品售价下跌，以及缺乏流动资金而导致停工减产等因素影响，针织复制行业亏损加大。据34个重点针织复制企业统计，1989年实现利税比 1988 年减少 943 万元，亏损企业达到 8 个，比 1988 年增加 6 个，亏损额由 1988 年的 43 万增加到 173 万元。

1990 年，全省纺织系统针织复制工业实现产值 3.3 亿元，比 1989 年下降 3.4%；其中全民企业产值 2.4 亿元，下降 2.9%。实现利税 1243 万元，比 1989 年下降 78.8%；其中全民企业利税 1449 万元，下降 68.4%。全年生产棉毛类衫裤 1500 万件，绒布类衫裤 251 万件，单面类衫裤 3939 万件，毛巾 7334 万条，毛巾被 92 万条，袜子 3402 万双。在质量考核的 8 个产品中，床单一等品率比 1989 年提高 3.8%，毛巾被一等品率提高 3.7%，单面布类衫裤一等品率提高 0.9%，绒布类衫裤一等品率提高 0.6%。全年创部优产品 11 个，其中针织行业 10 个、复制行业 1 个。在新产品开发方面坚持以滑行、款式为重点，并与原料开发、产品深加工相结合，成效显著。马鞍山巾被一厂全年试制 8 大类 51 个花型产品。该厂 1990 年获部优产品 1 个，省优产品 1 个，国家级新产品 1 个。针织业大部分企业都有产品出口，有的企业出口产品比重达 90% 以上。贵池毛巾被单厂开发螺旋缎档毛浴巾，收益比普通毛巾提高 30% 以上。该厂全年出口交货值 383 万元，占销售总额的 90.1%，实现利税 46 万元。部分企业出口产品档次不高，仍以文化衫、棉毛衫、绒布衫为主。针织业中的集体企业和复制业效益下降较大。20 个针织集体企业中有 11 个亏损，亏损额达 213.6 万元。复制业 17 个全民企业中，有 12 个企业亏损，亏损额 1076.1 万元；22 个集体企业中，有 9 个企业亏损，亏损额 458.3 万元。

1991 年针织复制行业实现产值 6.64 亿元，其中针织业 4.34 亿元，复制业 2.17 亿元（包括棉线带制造业 0.13 亿元）。实现利税 –5599 万元，其中针织业 –3660 万元，复制业 –1939 万元。全年生产棉毛类衫裤 1222 万件，绒布类衫裤 231 万件，单面布类衫裤 3378 万件，毛巾 8197 万条，毛巾被 66 万条，袜子 2969 万双，床褥单 644 万条。纺织系统企业全年针棉织品折用纱线量 2.24 万吨，出口 1.04 万吨；毛针织品折用毛纱量 225 吨，出口 76 吨。在考核质量的 8 个产品中，有 5 个产品比 1990 年提高，绒布类衫裤一等品率比 1990 年提高 2.65%，弹力袜一等品率提高 0.1%，锦纶丝袜一等品率提高 0.65%，毛巾一等品率提高 0.8%，毛巾被一等品率提高 0.4%。是年，针织复制行业存在的主要问题是：产品质量档次不高，稳定提高率低。针织行业仍以“三衫”——文化衫、棉毛衫、绒布衫为主，虽然有一些新品种、新花色，但未形成批量生产。出口的 32 支文化衫档次低，每打售价仅 8 ~ 9 美元。财务归口统计的针织企业 51 家，有 31 家亏损，亏损额 4247 万元；复制企业 41 家，有 22 家亏损，亏损额 2608 万元。

1993 年，全省纺织系统拥有针织企业 44 个，复制企业 35 个。在针织业中，有国有企业 20 个，其中大中型企业 11 个；职工 2.12 万人；拥有针织台车 938 台，棉毛车 808 台，大圆机 185 台，经编机 70 台，电动袜机 2015 台，毛针织园机 67 台，毛针织横机 863 台；企业资产总额 6.25 亿元，负债总额 6.03 亿元，资产负债率 96.5%。全年实现工业产值 4.07 亿元，利税 -2524 万元。生产针织绒布类衫裤 204 万件，棉毛衫裤 557 万件，汗布类衫裤 2728 万件，袜子 2000 万双。各类针织服装出口交货 2949 万件，出口毛针织品折用毛纱线量 466 吨。在复制业中，有国有企业 15 个，其中大中型企业 5 个；职工 1.94 万人；拥有各种毛巾织机 3253 台，床单织机 1765 台；企业资产总额 4 亿元，负债总额 3.81 亿元，资产负债率 95.3%。全年实现工业产值 3.04 亿元，利税总额 -557 万元。生产各类毛巾、毛巾被 8910 万条，床单 1076 万条。各类毛巾出口交货 2684 万条、床单 477 万条。是年，针织业实施技术改造项目 11 个，投资额 2644 万元，新增固定资产 2742 万元。复制业实施技术改造项目 6 个，投资额 1327 万元，新增固定资产 1526 万元。

1994 年，全省纺织系统内有针织企业 50 个，其中国有大中型企业 11 个，职工 2.12 万人；拥有针织台车 990 台，棉毛车 831 台，经编机 34 台，电动袜机 1813 台，大圆机 248 台，毛针织圆机 29 台，毛针织机横机 829 台；资产总额 6.43 亿元，资产负债率 102.7%。全年实现工业产值 4.22 亿元，销售收入 3.86 亿元，利税 -563 万元。生产针织绒布类衫裤 1466 万件，毛线纱衫裤 120 万件，袜子 2921 万双；出口针棉织品折用纱线量 1.48 万吨，毛针织品折用纱量 403 吨。纺织系统内有复制企业 34 个，其中国有大中型企业 6 个，职工 1.86 万人；实现工业产值 2.92 亿元，销售收入 3.17 亿元，利税 -307 万元；资产总额 4.45 亿元，资产负债率 98.41%。全年生产各类毛巾 1.42 亿条，毛巾被 140 万条，床单 856 万条；出口各类毛巾 4166 万条，床单 402.57 万条，毛巾被 65.78 万条。

1995 年年底，全省共有乡及以上独立核算针织企业（不含毛针织）139 户，资产总额 93192 万元，完成工业总产值 71633 万元。其中纺织系统内针织企业 57 户，资产总额 64911 万元，占全部独立核算企业的 69.74%，工业总产值 40273 万元，占 56.22%。纺织系统内企业规模与生产占主导地位。

进入 20 世纪 90 年代以后，安徽针织行业逐年衰退，至 1996 年已连续 6 年出现全行业亏损，累计亏损 1.36 亿元，资产负债率高达 113%，比全省纺织行业平均数 89% 高出 24 个百分点，居纺织各行业之首，是纺织系统最困难的行业之一。1996 年年底，纺织系统内针织企业实现工业总产值 29426 万元，占纺织业产值的比重由“七五”末的 8.65% 下降到 3.6%。1995 年在全国的位次虽然仍保持在第 11 位，但所占份额从 1990 年的 3.39% 下降到 2.33%。1996 年针织服装产量 12376 万件，比 1990 年增长 118%；出口交货量 1506 万件，比 1990 年减少 44.45%；出口量占总产量的比重由 1990 年的 50% 下降到 12%。系统内企业有针织台车 960 台，棉毛机 697 台，经编机 12 台，大圆纬编机 201 台，其中引进设备 150 多台；电动袜机 1738 台；80 年代以后引进各种染整设备50多台套，成衣及辅助整烫设备150多台套。整体设备工艺落后，技术改造效果不好，引进设备有的不配套，有的没有很好消化吸收，工艺技术开发不够，投入产出率低，资产存量没有充分发挥作用。大部分企业设备陈旧的状况没有大的变化。安徽针织织造设备技术落后，纬编织机中，国内先进、国内一般水平的分别占11%和4%，国内落后水平的占85%。染色设备较好，匹染机中，国际水平的占20%，国内先进、国内一般、国内落后水平的分别占27%、24%和29%。针织行业有12户大中型骨干企业，破产重组的有6户（原安针、蚌埠、六安、安庆、红光、天一针织厂），被兼并的有2户（原沪皖一针、淮北三针），分立经营的2户（原淮南、江南针织厂）。这些企业虽从沉重的债务中解脱出来，除蚌埠针织厂外已不同程度恢复生产，但仍有不少企业处于半停产状态，重新走上亏损的路子，并未真正走出困境。

2000年以后，安徽针织行业发展平稳。2000—2005年针棉织品折用纱线量依次是：10452吨、10517吨、8600吨、7679吨、7600吨、7600吨。2000年后设备基本没有变化。2005年，全省针织行业有38个企业，其中16个亏损，亏损面42%。全年完成工业产值77179万元，产品销售收入66472万元，产品销售税金和附加237万元，利润总额195万元，应缴增值税2207万元、出口交货值37145万元，亏损企业亏损总额565万元，全部从业人员平均人数7827人。针棉织品折用纱线量7600吨，占全国的0.8%。

重点企业

马鞍山海狮织造有限公司。马鞍山海狮织造有限公司的前身是国有企业马鞍山市沪皖巾被一厂。2003年，企业改制成由香港新马国际集团有限公司控股、企业部分员工参股、多元化持股的马鞍山海狮织造有限公司。公司注册资本1000万元，主营毛巾类、针织服装系列产品的制造销售。注册商标“海狮”毛巾、“飞鹤”针织服装先后荣获安徽省名牌产品和著名商标称号；是中国家用纺织品行业协会常务执行理事单位、国家行业标准制订修订单位之一、中国家用纺织品行业知名企业；1999年7月在安徽省家纺行业率先通过了ISO 9001质量管理体系认证，2002年和2005年又两次通过复评；2005年被安徽省科技厅命名为高新技术企业。2005年年初搬迁至安徽当涂经济开发区新址，占地240余亩，有员工600余人，装备有进口平网印花机、剑杆毛巾织机、溢流染色机、筒子染色机、电脑绣花机以及配套设备。

该公司产品提花印花毛巾被，以独特的印花工艺和风格，在市场上独树一帜。曾经在日本市场上每5条提印花毛巾被中就有1条是该公司产品。该公司还与民间工艺家张志合作，成功将民间工艺——芦阳挑花展现在毛巾织物上。2004年开发出莫代尔棉、竹纤维、雪尼尔纱、竹节纱等多种纤维毛巾产品。2005年，公司研发出大豆纤维、中空纤维等新型纤维毛巾，销往香港市场。

芜湖永年针织集团有限公司。芜湖永年针织集团有限公司创办于1975年。拥有针织织造、染整、印花、绣花、成衣、成衣染色、水洗、砂洗、纱线染色、纱线烧毛、纱线丝光等完整的产业链。具备年产针织服装400万件，各种针织面料1万吨的生产能力。

公司设有企业技术中心，并获得省级认定。技术中心下设染整技术开发室、面料品种开发室、印绣花设计室、CAD服装设计室等，从事科技活动人员90余人。并以技术中心为平台与上海纺织科学研究院、安徽工程大学、安徽信息工程学院等建立了产、学、研合作关系，推进了企业新技术新产品的开发和科技成果的转化。先后开发新技术、新产品40余项，其中获取专利25项，省级新技术、新产品3项，省科技成果1项，省高新技术产品2项，省、市科技进步奖2项。“YONG NIAN”服装商标及运动休闲装均被评定为安徽省著名商标和安徽省名牌产品，（天鹅绒）纬弹灯芯绒产品质量获国家免检。在永年集团实施的技改创新项目中，有8项分别获得国家、省、市各级财政奖励资金。企业技术装备、产品品种、生产规模均处于全省行业前茅；在全国针织行业各项经济指标综合排序中名列百强企业。

第七节　化学纤维工业

企业生产　安徽化纤工业起步较晚。1987年全省有化纤企业4个，其中全民企业3个，全部生产合成化学纤维。生产能力为合成纤维2.11万吨，其中维纶短丝7260吨，涤纶1.27万吨（其中长丝3280吨，短丝9400吨），丙纶长丝1200吨。全年实现工业产值2.13亿元，其中全民企业2.12亿元。1987年，化纤行业根据市场需要，积极调整产品结构，除保持维纶生产外，增加了涤纶长丝的生产，减少涤纶短丝生产。全年生产维纶短丝3213吨，比1986年增长22.5%；涤纶长丝4598吨，比1986年增长1.48倍；涤纶短丝6498吨，比1986年下降17%；丙纶纤维从无到有，1987年生产99吨。化纤行业相比其他行业经济效益较好。据铜陵化纤厂和安徽维尼纶厂两个企业统计，全年平均职工5294人，其中生产工人3868人；全年产品销售收入1.69亿元，缴纳税金887万元，实现利润1227万元，人均创利税3993.2元；企业留利226万元，人均留利426.89元；年末固定资产原值1.89亿元，净值1.66亿元；定额流动资金3330万元，产成品资金占用546万元。安徽化纤行业与先进省市相比还存在很大差距，化纤产品品种少，只有维纶、涤纶和丙纶，腈纶、锦纶和粘胶纤维都没有；产品产量低。

1990年，全省化纤工业有5个企业，其中全民企业3个，全部生产合成化学纤维。年末生产能力：聚乙烯醇1万吨，化学纤维2.41万吨（其中锦纶长丝800吨，涤纶1.38万吨，维纶7260吨，丙纶长丝2300吨），涤纶加工丝5775吨。全年工业产值2.4亿元，比1989年增长3.3%；实现利税2644万元，比1989年下降15.4%。全年生产聚乙烯醇1.05

万吨；涤纶长丝 4742 吨；化学纤维 1.23 万吨，其中短纤维 0.64 万吨，长丝 0.54 万吨，丙纶长丝 529 吨。安徽维尼纶厂实现利税 1570 万元，其中利润 558 万元；铜陵化纤厂实现利税 1054 万元，其中利润 543 万元。安徽维尼纶厂万元产值综合能耗 18.53 吨标准煤，比 1989 年下降 9.4%，节约标煤 1.58 万吨。是年，化纤产品除涤纶长丝较高外，维纶没安排生产，其他产品产量都很低，难以满足省内纺织工业生产的需要。

1991 年，全省化纤行业有 4 个企业，其中全民企业 3 个，全部生产合成化学纤维。全年完成工业产值 3.29 亿元；实现利税 3328 万元，比 1990 年增长 25.9%；其中利润 1629 万元（全民企业 1607 万元，集体企业 22 万元）。全年生产化纤用浆粕（棉绒浆）0.35 万吨，聚乙烯醇 1.23 万吨，锦纶 0.02 万吨，涤纶 1.48 万吨，丙纶 0.09 万吨。主要产品涤纶纤维正品率比 1990 年提高 1.7%。全年每吨涤纶短纤维耗用原料 1029.97 千克，每吨涤纶长丝耗用原料 1095.90 千克。安徽维尼纶厂实现利税 2106 万元，其中利润 800 万元。铜陵化纤厂实现利税 1292 万元，其中利润 843 万元。

1992 年，省纺织系统化纤骨干企业安徽维尼纶厂和铜陵化纤厂共生产电石（标准量）3.37 万吨，聚乙烯醇 1.41 万吨，涤纶长丝 5740 吨，涤纶短纤 7220 吨，锦纶 677 吨；完成工业产值 3.31 亿元，实现利税 3497 万元。其他化纤企业有蚌埠纺织厂生产 175 吨丙纶烟用丝束，蚌埠第一麻纺厂生产丙纶烟用丝束 258.2 吨、丙纶 BCF457.5 吨，安庆燎原化纤厂生产丙纶烟用丝束 749 吨。是年在建化纤企业有合肥纺织化纤总厂（年产 2000 吨锦纶长丝），合肥兴富化纤厂（年产 1200 吨丙纶长丝）。

1993 年，全省化纤业生产能力为 2.64 万吨，全年完成工业产值 3.97 亿元，利税 4206 万元。安徽维尼纶厂和铜陵化纤厂共生产电石（标准量）3.3 万吨，聚乙烯醇 1 万吨，涤纶长丝 0.8 吨，涤纶短丝 0.85 万吨；实现产值 3.59 亿元，销售收入 4 亿元；利税 4250 万元，其中利润 2223 万元；资产总额 5.24 亿元，负债总额 3.25 亿元，资产负债率 62%。

1994 年，全省纺织系统有化纤企业 6 个，职工 7507 人；化纤生产能力 2.97 万吨，全年生产化纤用浆粕 3452 吨，聚乙烯醇 1.52 万吨，化学纤维 1.97 万吨；实现工业产值 5.08 亿元，销售收入 5.11 亿元，利税 3527 万元，利润 1005 万元。企业资产总额 7.2 亿元，资产负债率 67.3%。安徽维尼纶厂和铜陵化纤厂实现工业产值 1.64 亿元，利税 3355 万元。这一时期，安徽纺织工业结构调整的重点是发展化纤业，是年安徽维尼纶厂提出“第二次创业”口号，引进改造三大项目，总投资近 2 亿元。

1996 年，全省纺织系统内化纤企业产量比 1995 年大幅增长，全年生产化纤业浆粕 12379 吨，增长 241.5%；聚乙烯醇 20299 吨；化学纤维 60038 吨。

2000—2005 年，安徽化纤工业发展平稳，2004 年前表现为稳步增长，2004 年后增速放缓。维纶产量逐年增长，占全国份额从百分之十几增长到百分二十以上。安徽皖维集团有限公司是安徽化纤行业唯一一家上市公司，是全国化纤50强，全国出口交货值100强企业，其产品聚乙烯醇（PVA）国内市场占有率20%、高强高模PVA纤维出口占国内出口总量的70%，两产品的年生产能力均居全国同行业第一，高强高模PVA纤维产品的产能居世界第二。2005年全省有化纤企业16个，亏损企业2个，亏损面13%，产品销售收入166895万元，产品销售税金和附加764万元，完成工业总产值185575万元，出口交货值29909万元，利润总额5320万元，亏损企业亏损总额79万元，全部从业人员平均人数5997人。

重点企业

安徽皖维集团有限责任公司。安徽皖维集团有限责任公司系安徽省国资委管辖的大型一档企业。前身是安徽省维尼纶厂，始建于1969年，为国家“四五”期间投资建设的重点项目。2002年改制为安徽皖维集团有限责任公司。集团公司下辖安徽皖维高新材料股份有限公司等5家子公司。其中安徽皖维高新材料股份有限公司于1997年5月在上海证券交易所上市。

集团公司有职工3000多人，拥有各类专业技术人员近千人，具有高、中级技术职称200余人。公司总资产近60亿元。集团公司是安徽省重要的化工、化纤、新材料联合制造企业。主导产品聚乙烯醇(PVA)、高强高模聚乙烯醇纤维产能多年保持全国第一、世界前列。针对煤化工、资源密集型产业现状，公司走出了一条“资源综合利用、能源梯次开发”的循环经济发展道路，成为全国同行和全省循环经济的典范。

集团公司具有年产25万吨PVA、4万吨高强高模PVA纤维、300万吨水泥熟料、6万吨差别化聚酯切片、2万吨可再分散性胶粉、5万吨聚醋酸乙烯乳胶（白乳胶）、20万立方加气混凝土砌块、4.5千瓦时余热发电的产能。公司通过ISO 9001质量管理体系和ISO14001环境管理体系认证。

公司先后被评为“中国工业企业技术开发实力百强”“全国化纤50强”“安徽省工业50强”，先后获得全国“五一劳动奖状”、获评全国纺织系统思想政治工作先进单位、全国“安康杯”竞赛优胜企业、全国厂务公开工作先进单位、中国纺织企业文化建设知名企业、全国纺织和谐企业建设先进单位、安徽省A级纳税信用先进单位等。

安庆石化腈纶有限公司。安庆石化腈纶有限公司隶属于原中石化总公司安庆石化总厂。安庆石化腈纶有限公司有职工1360人，主体生产装置为丙烯腈和腈纶联合装置。1986年4月，国家计委正式批准安庆石化总厂“扩建5万吨丙烯腈/腈纶联合装置”。1992年11月工程开工，1995年9月，丙烯腈/腈纶工程全部建成竣工，使安庆石化总厂实现了由建厂初期的燃料化肥型企业，向油、化、电、纤一体化联合生产的重大转变。

第八节　纺机与纺器工业

企业生产　安徽纺织机械与器材制造工业是20世纪60年代以后逐步发展起来的。1986年8月，原属于国防工办的4个“三线”企业划归纺织部门管理。其中通用机械厂更名为安徽第一针织机械厂，主要生产针织机械、袜机、经编机；皖江机械厂更名为安徽省针织机械厂，主要生产棉毛针、袜机针、横机针；江南机械厂更名为合肥市纺织仪器厂，主要生产纺织仪器和丝绸设备；这3个企业搬迁到合肥市。淮海机械厂更名为安徽第二针织机械厂，与蚌埠建筑机械厂合并，主要生产大圆机等，搬迁到蚌埠市。这4个企业的迁入和转产，为安徽纺机纺器工业增添了生力军。至1987年，全省共有纺机、纺器企业17个（纺机企业12个，纺器企业5个），其中全民企业8个，集体企业9个。1987年年末拥有制造纺织机械5750吨；纺织器材7655万件，其中木质器材185万件，金属器材7000万件，塑胶器材470万件。全年工业产值4633万元，其中纺织机械3455万元，纺织器材1178万元。企业全部盈利，没有亏损。与1986年比较，主要产品产量除木制纺专用器材下降外，其他都有显著增长。全年生产纺织机械2301台/5926吨，增长13.1%（其中棉织布机988台，增长23.5%）；纺织专用金属器材961万只，增长1.97倍；木制纺专用器材185万只，下降22.3%（梭子47万只，增长17.5%；纱管138万只，下降30.3%）；塑料纺专用器材（全部是纱管）375万只，增长4.8%。有2种产品被评为“部优”产品，有3种产品被评为“省优”产品。

1991年，全省纺织系统纺机纺器企业完成工业产值1.09亿元，其中纺织专用设备制造业8685万元，纺织专用器材业2248万元；实现利税–51万元，其中纺机行业–227万元，纺器行业利税176万元。全年生产木制纺专用器材150万只，塑料纺专用器材307万只，纺织专用金属器材357吨，纺织机械5232吨/3021台（其中棉精纺锭2520锭/6台，棉织布机398台，毛纺锭200锭）。纺机纺器产品质量比1990年有所提高，袜机、原棉分析机、停经片、木梭、织针、电机和钢筘等产品出口由少量逐步发展到批量出口。纺机纺器行业存在着工艺装备水平低，技术力量薄弱，经济效益差问题。全行业70%的设备是国内20世纪60年代生产的，设计手段比较落后。工程技术人员占职工总数的比重低于全国平均水平。财务归口统计的12个企业有6个亏损，亏损额585万元。

1993年，全省纺织系统内有20个纺织专用设备制造企业和6个纺织专用器材生产企业，全年实现工业产值1.06亿元。生产纺织机械3031台/3552吨（其中棉织布机1050台），木制纺织器材102.3万件（其中梭子41.1万只，纱管36.4万只），塑料纺织器材286.9万只（其中梭子2.1万只，纱管284.8万只），金属纺织器材234.1吨（其中钢筘4.7万片/61.2吨，停经片3884万片/102.4吨，针织辅件3705万件/51.8万吨，钢丝综2.4亿支/18.1万吨)；出口木梭6.28万只。纺织系统内汇总的12个纺机纺器企业，有7个亏损，亏损额916.4万元；实现利润-881.4万元，缴纳税金313.9万元。是年，全省纺机纺器行业获4项省部级科技进步奖和2项优秀新产品奖。

1994年，全省纺织系统有纺机纺器企业17个，职工1.26万人，其中工程技术人员836人，固定资产净值1.88亿元，拥有各种金属切削机床2314台，其中数控机床21台。全年完成工业产值2.24亿元，实现销售额9479.7万元，实现利税141.7万元；亏损企业10个，亏损额1339.8万元。全年生产纺织机械2701台/5597吨，包括针织机械(袜机、园机)1909台，染整设备158台，棉纺设备522台，纺织仪器90台，纺织配件1584吨，纺织电机1.54万千瓦。生产纺织器材主要产品有木梭41万只，塑料梭6.8万只，木纱管27万只，塑料纱管311万只，钢筘2.74万片，钢丝综684万支，停经片2825万片，针织用针6306万枚，纺织塑料胶木件27万件。

1996年，全省有纺机纺器企业16户，其中国有大中型企业6户；职工总数12234人，其中工程技术人员708人，占职工总数的5.8%。固定资产原值4.85亿元，净值3.4亿元，拥有各种金属切削机床1945台。1996年完成总产值25928万元，生产纺织机械产品有棉纺织类、针织类、毛纺类、染整类及纺织仪器等成台设备60多种，以及棉、毛、麻、针织等专用配件3000多个品种，纺织器材有金属、塑料、橡胶、木制、皮革等12类，产品在省内外具有一定信誉。1996年纺机主要产品产量4758台/4736吨，其中棉纺织机械352台/507吨，毛纺织机械59台/472吨，针织机械3929台/1011吨，染整机械181台/2177吨，纺织仪器237台/81.8吨。全省纺机纺器行业有12个企业亏损，亏损面75%，亏损额3373.6万元，纺机企业资产负债率91.4%，纺器企业资产负债率74.7%。1996年前后，企业通过兼并、破产、重组，先后组建了安徽中联环保设备有限责任公司、合肥恒通机械有限责任公司、江南机械股份有限公司、安庆纺机有限责任公司、安庆纺器有限责任公司、黄山云海纺器有限责任公司。安徽中联环保设备有限责任公司实现扭亏为盈，合肥恒通机械有限责任公司、安庆纺器有限责任公司都不同程度地减亏。

1998年，全省16个纺机纺器企业生产纺机产品2039台/1967吨，其中棉纺织设备38台/112吨，毛纺织设备143台/46吨，针织机械设备1781台/470吨，染整设备51台/674吨，纺织仪器143台/46吨；实现工业产值2.15亿元，销售收入1.76亿元，利税总额-431万元，利润-1846万元；16个企业合计固定资产3.94亿元，拥有金属切削机床1871台，其中数控机床16台，锻压设备249台，电子计算机54台；在职职工8060人。

1998年以后，安徽纺机纺器工业通过破产、转产和兼并重组，至2005年全省还有8个企业，其中7个亏损，亏损面88%。2005年，全省纺机纺器工业实现产品销售收入 13153 万元，比 2004 年增长 15%；产品销售税金和附加 86 万元，比 2004 年增长 20%；应缴增值税 763 万元，比 2004 年增长 23%；完成工业总产值 14659 万元，比 2004 年增长 4%；出口交货值 27 万元，比 2004 年增长 150%；利润总额 664 万元，比 2004 年减少 75 万元；亏损企业亏损额 380 万元，比 2004 年减亏 21 万元；全部从业人员平均人数 1549 人，比 2004 年减少 221 人。

重点企业

安徽八一纺织器材厂。安徽八一纺织器材厂始建于 1981 年 3 月，资产总额 5690 万元，资产负债率 40.5%，具有年产纺纱牵伸用丁腈胶管 450 万米，胶圈 8000 万只，SL 上罗拉轴承 300 万套，并条、芯轴、套筒等组合件 200 万套的生产能力。1999 年 12 月通过 ISO 9002 质量体系标准认证。2002 年 12 月通过 ISO 9001 ：2000 质量管理体系标准认证。1997 年被省科委评定为“高新技术企业”。生产的“潜阳”牌系列胶管、胶圈、罗拉轴承等产品，畅销全国 30 个省市 1000 余家大中型纺织厂，并出口东南亚市场。该系列产品先后荣获国家科委“中国新产品新技术交易博览会”金奖，被评为国家纺织工业局“九五期间重点推荐产品”、安徽省名牌产品、省高新技术产品、“省优”产品等。具有国际先进水平的新一代纯棉纺牵伸用免处理胶管，已广泛应用在精梳牵伸与分离、并条、粗纱、细纱领域；国内领先的棉型化纤纺与纯化纤纺免处理胶管、内花纹胶圈、内外花纹胶圈等产品已批量使用。最新研制的低硬高弹新型胶辊、纯化纤纺用胶圈是替代进口，提高成纱质量的理想产品。

滁州华威科技有限公司。滁州华威科技有限公司前身为安徽第二纺织机械厂，创建于 20 个世纪 50 年代初期，地处安徽滁州市。公司是纺机设备生产的专业厂家，其生产的“华威”牌悬锭、托锭两大系列产品覆盖全国大多数省、市、自治区并远销东南亚、非洲国家。是省政府 2003 年确定的“安徽省重点培育 100 户专、精、特、新”企业之一，两次获得省财政贴息支持，并拥有国家二级计量证书。公司与上海交通大学联合研制的“计算机高速悬锭粗纱机”项目，被列入 2002 年度国家技术创新项目计划及省“861”计划项目，拥有完全自主知识产权的一项发明专利和四项实用新型专利技术，已形成 500 台 / 年的生产能力。为增强公司的可持续发展后劲，公司及控股公司在市城东工业园区征地 375 亩，总投资约 1.2 亿元，新建了高标准现代化厂区及配套设施，购置了数十台数控镗、铣、车、磨、钣金等精尖加工设备，安装了喷涂、热处理生产流水线。公司有员工 500 余人，其中高、中级技术人员达 20% 以上。公司长期与中国纺织科学研究院、上海交通大学等科研单位、大专院校合作，致力于纺机设备新产品的研发及现有产品的升级换代。

第九节　服装工业

企业生产　安徽纺织服装工业1979年开始兴起，当时省内一些纺织企业为提高经济效益，利用自身的厂房、设备和技术力量进行服装生产加工。1984年5月，安徽省纺织服装工业公司成立，由省纺织厅领导，负责全省纺织服装系统的行业管理。此时，公司所属服装厂（车间）有20多个。1986年，国务院决定将原属轻工系统的服装鞋帽企业从1987年1月1日起划归纺织部门管理。1987年1月22日，省政府办公厅发出通知，全省服装行业划归纺织部门实行行业管理，服装行业的计划转列到纺织部门，省轻工厅所属服装鞋帽工业公司成建制地移交给省纺织厅。

1987年年底，原属轻工系统的237个服装鞋帽企业有144个划归纺织系统。其中服装企业118个，制鞋企业22个，制帽企业4个，全年实现工业产值2.5亿元。尚未划归纺织系统的企业93个，全年实现工业产值9669万元。据统计，上述237个企业1987年生产成衣2339.8万件，比1986年增长2.8%；布鞋1202.86万双，增长3.6%；缝制帽277.54万顶，下降15.9%。服装出口交货值9219万元，比1986年增长22.2%；占当年服装工业产值3.47亿元的26.6%。铜陵市纺织系统12个服装企业，有9个企业生产出口产品，其中8个生产苎麻制品出口，出口值占12个企业总产值的90%以上。是年，由于省服装鞋帽行业基础薄弱，工艺落后，设备陈旧，厂房简陋，生产水平和经济效益与先进省市相比有很大差距。按人口平均成衣生产能力计算，安徽只有全国平均水平的四分之一。全省服装行业开车率一般只有60%，好的企业80%，差的企业只有30%至40%。产品技术水平低，名牌拳头产品不多，在市场上缺乏竞争力。全年服装出口量500万件左右，仅占全国服装出口的1%，占全省成衣产量的三分之一。

1989年，服装行业171家企业完成产值3.46亿元，比1988年增长9.5%；实现利税1723万元，比1988年下降2.3%。生产服装1848万件，比1988年增长20.8%；布鞋1613万双，增长15.5%；缝制帽179万顶，下降63.7%。服装鞋帽行业全年出口交货值1.61亿元，比1988年增长35.2%；出口交货值占总产值的比重由1988年的37.5%上升到46.6%。出口成衣服装1125万件，比1988年增长50.8%；其中羽绒服装5.7万件，增长95.9%。多数企业实行计件工资制，部分企业实行租赁、承包、厂内二级核算制。

1990年，全省纺织系统服装鞋帽工业完成工业产值3.68亿元，比1989年增长6.6%；其中全民企业完成产值6033万元，比1989年下降3.7%。实现利税864万元，比1989年下降49.8%；其中全民企业利税219.7万元，下降61.7%。完成出口交货值1.85亿元，增长19.4%。服装鞋帽行业8个全民企业有4个亏损，亏损额194万元；91个集体企业有43个亏损，亏损额799.5万元。全年生产服装5023万件（其中机织面料服装

1874万件；羽绒服15万件；针织面料服装21万件；人造皮毛3万件；门市来料加工101万件；皮革、裘皮服装15万件）；布鞋1029万双；缝制帽113万顶。是年，服装鞋帽行业在产品创优方面取得好成绩。有5种衬衫和1种棉鞋获部优产品称号。在中纺部举办的“七五”名牌新产品展评会上，省服装研究所的女套装获一等奖，蚌埠山河刺绣厂的素绸缎男时装、芜湖天河羽绒厂的社交羽绒服和羽绒夹克套装获二等奖。在全国棉布鞋评比中，临泉鞋厂的“古泉”牌棉布鞋获胶粘类第一名。

1991年，全省纺织系统服装鞋帽行业全年完成工业产值4.65亿元，其中服装业4.18亿元，制鞋业4263万元，制帽业408万元。纺织系统外还有服装鞋帽企业40个，年产值8936万元。纺织系统内服装鞋帽企业实现利税–565万元。全年生产服装6774万件（其中，纺织系统2063万件）；布鞋938万双；缝制帽155万顶。技术监督局部门对27个企业的8大类436件产品进行抽查，合格率99.8%。全年出口服装1374万件，比1990年增长5.5%；国外来料加工服装5万件；完成出口交货值2.45亿元，占全行业的52.7%，占全省纺织工业出口总值的21.1%。财务归口统计的99个企业有53个亏损，亏损额1945万元。

1993年，全省服装鞋帽工业完成产值7.7亿元，比1992年增长32.7%；生产服装2426万件，比1992年增长28.4%；布鞋455万双，比1992年下降11%；缝制帽257万顶，比1992年增长155.8%。完成出口交货值4.44亿元，比1992年增长57.3%；其中出口服装1822万件，增长47.5%。服装鞋帽工业通过结构调整和技术改造，一批企业进入良性循环，开始发挥龙头或支柱作用。

1994年，全省纺织系统内有服装鞋帽企业121个，其中国有企业10个，集体企业105个，外商投资企业6个；中型企业3个，小型企业118个；服装业96个，制鞋业16个，制帽业5个，其他4个；职工总数34706人。全年完成工业产值9.87亿元，比1993年增长28.3%；完成出口交货值5.58亿元，比1993年增长25.7%。生产服装2608万件，比1993年增长7.5%，其中出口交货1850.3万件，增长1.6%。生产鞋类96.2万双、布帽146.5万顶。纺织系统内40个重点企业中，开始企业20个，亏损额2523.2万元，盈亏相抵净亏1672.3万元。铜陵衬衫总厂为服装第一盈利大户，全年盈利364万元。是年较大的技改及投资项目有芜湖宏达制衣厂的高档服装、服饰生产线项目（总投资1800万元），淮北红方集团新增100万件中、高档服装项目（总投资3000万元，已竣工投产）。在开展创名牌活动中，芜湖天河羽绒制品公司的天河牌羽绒服装、羽绒被，滁州羽绒总厂晨羽牌羽绒服，六安畜产公司的冬悦牌羽绒被，合肥皖鹤实业总公司的皖鹤牌羽绒服，荣获全国羽绒名牌产品和信得过产品称号。

1996年，全省纺织系统内有独立核算服装制造企业73个，其中亏损企业50个，职工1.88万人。全年生产梭织服装5285万件，其中西服套装254万件，衬衫1622万件；生产针织服装12524万件，其中棉毛类针织衫裤5485万件，生产羽绒服装68万件，实现工业产值6.87亿元，销售收入3.89亿元，上缴增值税1251万元，利税总额–203万元。资产总额5.68亿元，负债合计5.77亿元。

1997年，全省有县以上独立核算服装制造企业35个，职工1.09万人。全年生产梭织服装9736万件，其中西服套装981万件，衬衫1480万件；生产针织服装18865万件，其中棉毛类针织衫裤10931万件；生产羽绒服装88万件。实现工业产值4.85亿元，销售收入2.43亿元，利税总额75万元，亏损企业18个，亏损金额1056万元。资产总额3.47亿元，负债合计2.93亿元。

1998年，全省有县以上独立核算服装制造企业36个，职工1.26万人。全年生产梭织服装3725万件，其中西服套装18万件，衬衫498万件；针织服装3335万件，其中棉毛类针织衫裤524万件；羽绒服装138万件。实现工业产值8.09亿元，实现工业增加值1.54亿元，销售收入7.83亿元，利税总额3342万元，其中利润749万元，上缴国家税金2593万元，亏损企业14个，亏损金额1049万元。资产总额10.38亿元，负债合计8.3亿元。

1999年4月，省纺织总会表彰1998年全省服装鞋帽行业产品销售收入和利税总额分别前十名企业。产品销售收入前十名依次是：桐城鸿润集团、安徽华贝皮革服饰有限公司、安徽官镇羽绒总厂、滁州市富爵集团有限公司、安庆英德利发展总公司、滁州市羽绒总厂、马鞍山天平纺织服装有限公司、宣州市羽绒厂、蚌埠市富达服装实业公司、天龙鞋业股份有限公司。利税总额前十名依次是：桐城鸿润集团公司、滁州市富爵集团有限公司、安徽华贝皮革服饰有限公司、安徽官镇羽绒总厂、安庆英德利发展总公司、滁州市羽绒总厂、宣州市羽绒总厂、蚌埠富达服装实业公司、马鞍山市天平纺织服装有限公司、天龙鞋业股份有限公司。

2000—2005年，安徽服装工业经济运行基本平稳。2000年至2003年，每年保持适度增长，2004年出现下滑，2005年又恢复增长。2005年，全省有服装企业154家，其中亏损企业64家，亏损面42%。全年产品销售收入278638万元，比2004年增长28%；产品销售税金和附加1530万元，比2004年增长52%；完成工业总产值318209万元，比2004年增长32%；出口交货值202870万元，比2004年增长24%；应交增值税6567万元，比2004年增长32%；实现利润4294万元，比2004年增长7%；亏损企业亏损总额2982万元，比2004年增加22%；全部从业人员平均人数38314人，比2004年增加10%。

重点企业

安徽鸿润（集团）股份有限公司。安徽鸿润（集团）股份有限公司创办于1991年，公司由2万元资产、4个员工的乡间小厂发展成为总资产9.8亿元、2800多名员工的现代化企业集团，成为国家农业产业化优秀龙头企业、国家科技创新型星火龙头企业、安徽省 80 户重点骨干工业企业、省 861 行动计划重点企业、省农业产业化集团之一。公司是全国最大的羽绒被生产和出口基地，主导产品羽绒被的生产出口量占全国总量的 24%，连续 13 年位居全国第一位。

集团有 5 个厂区，下属 3 个水禽养殖基地及羽绒加工厂、羽绒制品厂、家纺制品分公司等 6 家分（子）公司，设有北京、上海、广州、合肥、南京、四川和美国纽约等 10 多个驻外办事处。公司设有省级优秀企业技术中心，产品有羽绒被、绗缝被、化纤被、羊毛被、靠垫、睡袋、床上件套、酒店用品等 200 多个系列产品，年产水洗羽绒 8000 吨，羽绒被 320 万条，绗缝被 350 万条，80% 以上产品出口到欧洲、日本、美国、澳大利亚、中国香港等 70 多个国家和地区。

安徽舒雅集团。安徽舒雅集团始建于 1984 年，集团员工达 2600 余人，各类机械设备 1860 余台。集团下设五个具有独立法人资格的股份有限责任公司，即：芜湖金丝鸟服饰有限责任公司、芜湖舒雅服饰有限责任公司、芜湖市舒雅制衣有限责任公司、芜湖市天义制衣有限公司、芜湖诺日朗时装有限责任公司。是集产、供、销、贸为一体的现代化企业。

芜湖金丝鸟服饰有限责任公司是舒雅集团的核心企业，成立于 2003 年 8 月，是一家民营服装生产加工企业，注册资金 1000 万元，公司占地 38632 平方米，厂房 11057 平方米，2004 年 2 月取得进出口企业资格证书，并通过 ISO 9000 认证。公司拥有各类专业技术骨干 200 余人，员工 600 余人，先进生产设备 670 台，年生产能力 250 万套（件）。已先后代理国内外知名品牌加工的服装有：阿迪达斯、皮尔卡丹、伦敦雾、利郎、波司登、康威、安踏、美特斯邦威、哥伦比亚、特步等。主要出口到杜拜、俄罗斯、加拿大、美国、澳大利亚、巴拿马、德国、英国等 12 个国家。该公司是芜湖市服装行业的龙头企业，技术上集服装设计、制版、打样、裁剪、绣花为一体；生产上从缝制、到检验至包装，均有一整套规范专业流程。公司已通过 ISO 9001 质量体系认证。2004 年被评为“芜湖市工业企业 50 强”；2004—2005 年，被评为“芜湖市民营企业百强排序第 12 位”。

安徽武鹰制衣有限公司。安徽武鹰制衣有限公司（原安徽省宿州八五零三工厂）是一个以各类职业制式服装为主，同时生产“武鹰”牌西服、工作服、休闲服等产品的综合性服装生产企业。是公安部、司法部、最高人民检察院、国家安全部、税务、工商等专业制服及配饰指定生产厂，安徽省内生产规模最大的服装企业之一。

企业现已形成了职业服装、民用产品和外贸出口三位一体的产品结构。2002 年 10 月通过 ISO 9001 ：2000 国际质量体系认证。企业连续多年被评为安徽省“双十强”服装企业。2002 年“武鹰”牌职业装被评为安徽省名牌产品，2003 年被评为安徽省质量放心产品。

第三章　机构

省纺织厅是省人民政府管理全省纺织行业的职能部门。1994年省委、省政府撤销省纺织厅，组建省纺织总会，为省政府直属事业单位。省政府授权省纺织总会对全省纺织行业进行行业管理，重点是搞好行业规划，实施行业政策，进行宏观指导和为企业提供服务。2000年又撤销省纺织总会改为省纺织工业协会。从省纺织工业厅改为省纺织总会，后来又改为省纺织工业协会，职能逐步转变，管理职能逐渐弱化。

1978年12月成立安徽省纺织工业科学研究所。1982年后市级科研机构相继成立，先后成立的有蚌埠市纺织科学研究所、蚌埠市毛麻研究所和芜湖市纺织研究所。1979年原轻工厅设计院划归省纺织厅，更名为安徽省纺织工业设计院。1985年至1988年间，又先后成立了省服装研究所、省丝绸科学研究所、省纺织产品质量检验所和省服装产品质量检验所，省纺织产品质量检验所后改为省纺织产品质量检验测试中心。1958年成立安徽省纺织工业学校和安徽省轻工业学校 。1959年在省纺织工业学校基础上组建成立安徽省纺织工业专科学校，1960年升格为安徽纺织工学院。1961年安徽纺织工学院8月“下马”停止招生，学院职工、财产并入安徽省轻工业学校。1980年恢复建立安徽省纺织工业学校。1999年安徽纺织工业学校通过改制，建立安徽纺织职业技术学院。2003年1月，经省政府批准，安徽省轻工业学校、安徽材料工程学校和安徽工业经济学校并入安徽纺织职业技术学院，并更名为安徽职业技术学院。

第一节　管理机构

机构沿革　1978年4月，经安徽省革命委员会批准，成立安徽省革命委员会纺织工业局。1980年1月，改称安徽省纺织工业局。1981年4月，改称安徽省纺织工业厅。1986年，省纺织厅内设置办公室、政治处、机关党委、纪检组、纺织工会、调研室、计划财务处、基建处、生产处、科技处、教育处、棉纺织印染处、针织复制处和毛麻处等职能机构。1993年为转变机关职能，适应社会主义市场经济要求，省纺织厅对内部机构进行了调整，调整后的机构设置办公室、人事教育处、老干部处、科技开发处、企业管理处、规划处、计划财务处、审计处和监察室。1995年6月，撤销安徽省纺织工业厅，组建安徽省纺织总会，内设机构为办公室、计划财务处、规划处、行业管理处、人事教育处和机关党委。2000年3月，经省委省政府批准撤销省纺织总会，同年

10 月改为安徽省纺织工业协会。

主要领导更迭

1986 年—1995 年安徽省纺织工业厅领导人任职情况：

厅　长：

严　霖 (1986 年 1 月—1990 年 12 月)

张有信（女，1991 年 7 月—1995 年 6 月）

副厅长：

刘剑青（1986 年 1 月—1988 年 3 月）

韩翠英（女，1986 年 1 月—1995 年 6 月）

张有信（女，1986 年 1 月—1991 年 7 月）

周玉成（1986 年 1 月—1989 年 10 月）

钱　凌（1988 年 6 月—1992 年 7 月）

吴云生（1991 年 1 月—1995 年 6 月）

总工程师：

马萱镐（1986 年 1 月—1987 年 12 月）

陈玉彦（1993 年 11 月—1995 年 6 月）

1995 年—2000 年安徽省纺织总会领导人任职情况：

会　长：

张有信（女，1995 年 6 月—1997 年 4 月）

吴子波（1997 年 4 月—2000 年 10 月）

副会长：

韩翠英（1995 年 6 月—1997 年 4 月）

吴云生（1995 年 6 月—1995 年 11 月）

刘德华（1995 年 2 月—2000 年 11 月）

总工程师：

陈玉彦（1995 年 6 月—1998 年 11 月）

2000 年—2005 年安徽省纺织协会领导人任职情况：

会　长：

刘德华（2000 年 10 月—2004 年 4 月）

副会长：

徐绪恩（2000 年 11 月—2005 年 12 月）

严立鸣（2000 年 11 月—2005 年 12 月，2004 年 4 月起主持省纺织工业协会工作）

第二节 专业机构

安徽省纺织工业科学研究所 1978年12月成立，原为全民所有制事业单位，2002年6月改制为企业。单位位于合肥市铜陵路23号。法定代表人由窦本良兼。2005年底有在职工20人，离退休职工26人。在职职工中高级职称3人，中级职称7人，初级职称4人。

省纺织科研所以纺织、印染工艺技术研究与开发应用为方向，开展纺织科学研究工作。主要从事差别化和高技术纤维，纺织精深加工与纺织废料在处理，先进印染后整理加工，高档面料与装饰布、产业用布，纺织测试仪器、智能化及电子技术在纺织企业应用等新工艺、新技术、新设备的研究开发。开展纺织科技情报信息工作与技术咨询工作，加强高新技术在纺织企业中的推广应用和转化，推动安徽省纺织工业技术进步及纺织名牌战略的实施。共完成28项省级科研项目，其中有12项获省部级科技成果奖和科技进步奖。

安徽省纺织工业设计院 安徽省纺织工业设计院成立于1959年，原为全民所有制事业单位，2000年改为企业。2005年有职工65人，各类专业技术人员占95%，其中高、中级工程技术人员占57%。有国家级注册化工、机械、电气、给排水、暖通、动力、建筑、结构工程师、注册会计师、注册造价师33人。地址位于合肥市长江中路221号省政府综合楼。法定代表人为窦本良。该院是建设部批准的具有甲级设计资质的工业设计院，具有轻工、纺织行业纺织工程、服装工程甲级、建筑工程甲级，工程咨询甲级，化纤、印染及轻纺全行业乙级设计资质，商务部批准的国外工程项目总承包资质。能够承担国内外工程项目，提供从立项到考察、设计、施工、监理、设备采购、主机和材料输出、安装调试、人员培训、技术人员劳务出口等一条龙服务。

该院承担过大、中型纺织、服装、印染、化纤、轻工、民用建筑近千项工程设计，足迹遍及国内外。在纺织领域，承建的项目省内包括在合肥、芜湖、马鞍山、安庆、蚌埠、淮南、淮北、巢湖、滁州、宿州、阜阳、六安、宣城、池州等地新建、改建和扩建纺织厂，其中，安徽华茂40万锭棉纺织项目成为亚洲和全国的示范工程；省外有浙江金华棉纺织厂；国外有非洲布隆迪布琼布拉棉纺织印染联合总厂、贝宁洛克萨纺织厂、贝宁纺织公司、尼日尔尼亚美纺织印染厂、圭亚那纺织印染厂等。在轻工领域，该院是最早进入工业和民用食品包装生产线的设计院，设计的各类薄膜生产线遍及全国。例如中国乐凯集团、浙江南洋科技股份有限公司、河北沧州明珠塑料股份有限公司、安徽国风塑业股份有限公司等都是该院的客户，其中安徽国风塑业股份有限公司年产3.5万吨的BOPP薄膜项目是亚洲最大的项目。在民用建筑领域，设计的项目有河南新乡大景城40万平方米小区和五星级景城国际大酒店、黄山五星级友谊宾馆、合肥长江批发大市场、合肥易初莲花超市、南昌国芳城市花园和六安金领欢乐大世界等。在设计的项目中，有30多项分别获得省、部级奖励，如贝宁共和国络科萨纺织厂项目设计荣获国家优秀设计二等奖，安徽华茂经纬纺织有限公司紧密纺项目设计获部级优秀设计一等奖及国家金质奖。

安徽省纺织产品质量监督检验测试中心 安徽省纺织产品质量监督检验测试中心是于1985年成立的全额拨款事业单位，正县级建制。中心编制为25人，设有纺织计量站、综合业务科、测试室、计量室四个部门。省纺织测试中心与省纺织计量站为一个机构两块牌子。隶属于安徽省纺织工业协会。

单位主要是对全省纺织企事业单位提供纺织计量检定/校准、量值传递、计量器具维修等服务；对全省纺织企业产品质量进行监督检验、对社会提供纺织品质量委托检测服务以及技术咨询服务工作。省纺织产品质量检测中心是全省纺织行业产品质量保证体系中必不可少的重要一环。

安徽职业技术学院 安徽职业技术学院是一所独立设置、直属于安徽省教育厅的专科层次全日制普通高等学校。其前身是1958年创办的安徽纺织工业学校和安徽省轻工业学校，曾升格为安徽省纺织工业专科学校和安徽纺织工学院。1999年举办高职教育，是教育部批准的安徽省首批高职院校之一。

学院已跻身于全国百所国家示范性高职学院行列。学院占地1600余亩（含新校区规划面积1298亩）。有高职在校生1万余人，高级职称教师数居省内同类院校前列。开办49个高职专业，其中材料工程技术、模具设计与制造、机电技术应用、应用化工技术、现代纺织技术、计算机网络技术等6个专业是中央财政和地方财政重点支持建设的专业；机电技术应用是国家精品建设专业，服装设计、现代纺织技术、计算机网络技术、模具设计制造技术等4个专业是省级高职高专教学改革试点专业，数控技术是国家技能紧缺型人才培养专业。

学院拥有电气、信息、纺织与服装、机械、化工与材料、经贸与管理等功能齐全、设备先进的校内实训中心和70多个校外实训基地，拥有计算机中心、网络中心、电教中心等现代化教育技术平台。学院实训基地是国家高职高专学生实训（师资培训）基地建设项目。

学院已陆续与韩国韩瑞大学、澳大利亚昆士兰州开放学院、维多利亚大学、英国普茨茅斯大学、新西兰旅游观光学院等高校建立了合作伙伴关系。学院先后聘请了美籍、加纳籍、韩国籍教师到校执教外语课程，同时积极推荐校内外语等专业教师赴国外进行培训和交流。学院已派遣多批留学生赴韩国、美国深造。学院在全国高职高专人才培养工作水平评估中获优秀等级。还先后获得安徽省职业教育先进单位、全省高校就业先进单位、全省党建和思想政治教育工作先进集体等荣誉称号。

第六篇　建材工业

建材工业是国民经济的基础产业。在 1986 年后 20 年的改革进程中，安徽建材工业加速发展，已逐步形成为安徽省支柱产业。

“八五”期间，全省建材行业在增强企业活力，优化产业和产品结构，提高科技进步管理水平等方面取得了显著成效，已形成一个门类较为齐全，多种所有制并存，具有相当规模的生产行业。

经过“九五”“十五”期间的努力，安徽省建成了新型干法水泥、化学建材、玻璃及玻璃深加工、非金属矿开采和深加工、建材机械等五大基地。海螺、星马、皖维、巢东、国风、华光等 6 户企业集团成功上市，募集社会资金 31.6 亿元。2004 年海螺集团的塑料型材销量名列世界第一位，在世界仅有的 7 条万吨水泥生产线中，海螺集团就拥有 4 条；华光集团的钢化、中空、防弹、汽车风挡玻璃等先后投产问世，信息显示基片玻璃可替代进口，填补了国内空白，集团与蚌埠玻璃工业设计院一起成为安徽省光伏产业、玻璃新材料产业的龙头企业。与此同时，安徽省非金属矿深加工产业得到快速发展，一批超细重质碳酸钙、纳米轻质碳酸钙、活性氧化钙、煤系高岭土深加工、凹凸棒石粘土深加工项目纷纷建成投产，生产能力和技术水平在全国已处领先地位。

截至“十五”末期，安徽省建材行业的海螺集团、国风集团、皖维集团、星马汽车、合肥水泥研究设计院和蚌埠玻璃工业设计研究院等 8 家单位已成长为创新型、外向型企业；其中海螺集团已由一个宁国水泥厂发展成为控股经营 2 家上市公司、3 只股票，跨省控股、参股、合资经营 50 多家子公司，总市值逾千亿元的大型集团公司，被誉为“中国特色新型工业化道路的集大成者，中国企业资产重组的经典之作”，成为安徽乃至中国建材工业的“参天大树”。

第一章　水泥工业

安徽省石灰岩资源丰富，具有发展水泥工业的良好条件，50 年来，安徽省生产水泥的企业经过“跃进、调整、恢复”及“抓大放小”和“淘汰落后”等阶段，截至 2003 年年底尚有 221 家，其中大中型水泥企业 30 家，2004 年，生产水泥 3240 万吨。生产的水泥品种主要有硅酸盐水泥、普通硅酸盐水泥、矿渣硅酸盐水泥、复合硅酸盐水泥、特种水泥等。

第一节　水泥生产

水泥种类　硅酸盐水泥：是以石灰岩为主原料，配以适当的粘土、铁粉（或其他硅铝铁质原料）磨成生料烧至熔融，所得以硅酸钙为主要成分的硅酸盐水泥熟料，再加适量石膏磨细制成的水硬性胶凝材料。根据国家标准（GB175-1999）规定，硅酸盐水泥分 42.5、52.5、62.5 三种标号，安徽省大中型水泥厂生产的硅酸水泥一般均为 52.5 号。

普通硅酸盐水泥：是用硅酸盐水泥熟料、混合材料、适量石膏磨细制成的水硬胶凝材料，按国家标准（GB1175-1999）规定，水泥中混合材料掺加质量百分比不得超过 15%。

矿渣硅酸盐水泥（简称矿渣水泥）：是用硅酸盐水泥熟料和粒化高炉矿渣，适量石膏磨细制成的水硬胶凝材料，按国家标准（GB1344-1999）规定，水泥中矿渣掺加量按质量百分比为 20% ~ 70%，也可用少量火山灰质混合料、粉煤灰、石灰石、窑灰来代替部分矿渣。

复合硅酸盐水泥：由硅酸盐水泥熟料，两种或两种以上规定的混合材料，适量石膏细制成的水硬性胶凝材料，水泥中混合材料总掺加量百分比计应大于 15%，但不超过 50%。

特种水泥：安徽省生产的特种水泥主要是白水泥、耐热水泥、明矾膨胀水泥和硅铝酸盐水泥等。

白色硅酸盐水泥（简称白水泥）是用含铁低的粘土质原料和优质石灰石作原料，经煅烧成熟料后，加适量石膏磨细而制成，磨制时允许掺加少量白石。白水泥主要用于建筑物的装饰工程和生产水磨石。这种水泥对原料要求高，石灰石中含铁量小于 0.1%，粘土质原料中含铁量应小于 0.7%，煅烧需要回转窑，为使熟料中氧化铁还原，要用浸水或喷水冷却熟料，燃料要采用重油、煤气、天然气或低灰分的煤。在生料和水泥粉磨的过程中要避免铁屑的带入。根据国家标准规定，白水泥的白度分四级：一级为 84 度，二级为 80 度，三级为 75 度，四级为 70 度；水泥标号分为 32.5、42.5 两种。

耐热水泥是用硅盐水泥熟料掺加经 1300℃煅烧的矾土和适量石膏磨细而制成。这种水泥能在 1300℃高温环境中使用，其耐骤热性能也较好，主要用于电厂的锅炉工程上。这种水泥在生产时所用热料是生产一般用水泥的熟料，所以一般水泥厂都能生产，只要在粉磨时改掺煅烧矾土即可。

明矾石膨胀水泥是采用优质硅酸盐水泥熟料，掺加明矾石、粉煤灰和硬石膏磨制而成，这种水泥有适量膨胀性能，制成的混凝土密实性好，主要用于建筑物的防水结构和作收缩缝的填充料。由于膨胀剂使用和储存方便，施工单位都用膨胀剂替代明矾石膨胀水泥。

硫铝酸盐快硬水泥是以石灰石、矾土、石膏为原料，经煅烧制成含有适量无水硫铝酸钙的熟料，再掺适量石膏，共同磨细，制得硫铝酸钙快硬水泥。这类水泥硬化快，早期强度高，用于紧急抢修工程（如接缝堵漏、铆喷支护、抢修飞机跑道）、冬季施工工程、地下工程和配制低碱度水泥，生产耐火性好的玻璃纤维增强水泥制品。

新型干法水泥　按“九五”规划水泥发展的“一线三点”战略，“一线”即长江沿线。以海螺集团为主体，沿着长江到省外已建成和即将建成的水泥生产线 37 条，其中日产 2000 吨 / 日的 1 条，2500 吨 / 日的 5 条，4000 吨 / 日的 1 条，5000 吨 / 日的 26 条，8000 吨 / 日的 1 条，10000 吨 / 日的 4 条。到 2004 年年底为止全集团熟料总产能达 4700 万吨，完成水泥和熟料 6646 万吨，2004 年水泥和熟料销量达 5600 万吨，居全国水泥行业第 1 位，世界第 6 位。“三点”的第一点为巢湖地区。巢东集团已建成回转窑和干法水泥生产线 4 条，加上湿法窑和机立窑，2003 年生产熟料及水泥共计 334.38 万吨，2004 年可实现 531 万吨。皖维集团已建成和即将建成湿改干水泥生产线 1000 吨 / 日的 2 条、6000 吨 / 日的 1 条。2003 年完成熟料和水泥 80 余万吨，2004 年突破 100 万吨。铁道水泥厂已建成和即将建成 1500 吨 / 日、2500 吨 / 日干法水泥生产线各 1 条。2003 年生产经营熟料水泥 75 万吨，2004 年完成 71.1 万吨。第二点为淮河沿线。以淮南矿业集团水泥公司为主体，已建成 2500 吨 / 日的干法水泥生产线 2 条。第二条生产线竣工投产后，拟在淘汰小湿法窑的位置上再上一条 5000 吨 / 日的干法水泥生产线，形成 10000 吨 / 日的能力。第三点为淮北地区。以淮北矿业集团水泥公司和众城水泥公司为主体，分别建成 2500 吨 / 日和 1000 吨 / 日干法水泥生产线各 1 条。2004 年，全省基本形成以海螺集团为主的四大水泥基地，具有年产 7415 万吨的生产能力。

散装水泥　散装水泥是指不用包装，直接通过专用设备出厂、运输、储存和使用的水泥。1985 年，国务院提出了“限制袋装、鼓励散装”的发展散装水泥总方针。为支持散装水泥事业的发展，国家设立了“散装水泥专项资金”。

1991年，安徽省完成散装水泥供应量90万吨，比上年增加37万吨；散装水泥占全省水泥总产量的9%。各级主管部门加强对推广散装水泥工作的组织领导，确定了“完善政策、加强管理、强化体制、开拓市场”的指导思想，进一步健全机构。实行扶持政策，如交通部门对散装汽车减半收缴养路费。全省共投入900多万元专项资金，用以改进散装水泥发、运、储、用等方面的设施。其中新增散装水泥专用汽车30余部、合计装载吨位234吨，散装水泥流动罐200个、合计吨位2500吨；新建、改建散装水泥发放库14个，新增放散能力10万吨。宁国水泥厂还购置了散装水泥专用火车皮。

使用散装水泥可提高预拌混凝土的质量，预拌混凝土由于其生产的高度专业和集中化，可节省水泥及砂石等材料、提高工程质量、改进施工组织、节省施工用地、减轻劳动强度、降低生产成本、减少环境污染。采取措施做好发展预拌混凝土工作，延伸散装水泥的产业链。开拓省外尤其是长江三角地区散装水泥市场。如海螺公司建立了长期稳定的供货渠道，提高散装水泥运输装备水平，提高产品质量，强化品牌意识。努力开拓农村散装水泥市。加强散装水泥设施设备建设。提高设施设备的综合配套能力、提高技术含量、加大资金投入。以产业政策为指导发挥专项资金引用作用。安徽省星马集团的散装水泥罐车、混凝土搅拌车的产量和质量在国内始终处于领先水平。2004年，全省完成散装水泥1006.87万吨，排序全国第8位，占国家下达给安徽省计划的111.87%；同比净增234.8万吨，在全国居第9位，增长了30.41%；水泥散装率、散装水泥净增量创历史最好水平。全省散装水泥使用量为549.17万吨，预拌混凝土使用量为458.75万立方米。提前一年完成全省散装水泥发展“十五”规划的供应目标，实现了散装量超千万吨、散装率超30%的历史性跨越，跻身全国发展散装水泥大省行列。

2002年9月，省经贸委组织制定并颁发了《安徽省散装水泥发展“十五”规划》。全省执行“十五”规划三年时间，共完成散装水泥发展任务1701.49万吨，为国家节约木材5615万立方米、电1.23亿千瓦/小时、煤13.27万吨、烧碱3.74万吨、棉纱0.68万吨，减少水泥损失85.70万吨，相当于日产2500吨水泥生产线一年的产量，综合经济效益达7.66亿元；环境效益也十分突出，共减少粉尘排放7.15万吨，为促进生态安徽建设、改善安徽大气环境质量发挥了重要作用。

水泥生产企业

淮南舜岳水泥有限责任公司。位于淮南市八公山，占地面积173.68公顷，在职员工1207人，注册资金1.33亿元，资产总额5.6亿元。公司前身为淮南矿务局水泥支架厂，1955年4月筹建于淮南市九龙岗，只有两间旧瓦房和一座小土窑；1956开始搬迁至淮南市蔡新路，1981年更名为淮南矿务局水泥厂；1992年11月企业开始由计划经济向市场经济转型。1995年10月实行企业用工劳动合同制。1996年，第三座设计年产10

万吨水泥的湿法旋窑建成投产，全厂年设计生产能力达35万吨。1999年10月改制为“淮南矿业集团水泥有限责任公司”，属淮南矿业集团下辖全资子公司。2005年5月正式改名为淮南舜岳水泥有限责任公司，产权由国有独资改为非国有独资股权多元化的混合经济体，由淮南矿业集团相对控股。

2001年3月，日产2500吨熟料干法生产线立项。2002年，生产水泥35.29万吨，首次突破年35万吨设计生产能力。2002年3月，新型干法水泥熟料生产线项目被安徽省经贸委列入省建材工业“十五”发展规划。2003年2月，成立干法生产线项目建设指挥部；8月开工兴建；2004年6月生产线建成，一次点火成功投入试产，当月，水泥车间机立窑停止使用。2004年8月，第二条日产2500吨新型干法水泥熟料生产线动工建设，2005年4月建成投产。同时利用干法生产线窑尾废气发电的、装机容量为9兆瓦、年发电6840千瓦时的余热发电厂也建成投产。2005年1月，三座水泥湿法旋窑停止生产，将旋窑分厂1号生料磨技改为水泥磨；2005年销售收入29100万元，实现利税2109.31万元，员工人均收入2.45万元。2008年，企业拥有2条日产2500吨的新型干法水泥熟料生产线、6条水泥粉磨生产线（含阜阳市颍东区年产60万吨的现代化水泥粉磨站），由原年产水泥23万多吨，产值仅为3200多万元、几乎陷入绝境的企业，发展为年产水泥160万吨、熟料200万吨、产品销售收入6.23亿元、利税总额9761万元、实现利润3228万元、职工人均年收入4.58万元的皖西北地区最大的新型建材企业。

1991年10月425号矿渣硅酸盐水泥获“安徽省优质产品”称号；1994年2月被安徽省委、省政府授予“文明单位”称号。1996年12月，获“安徽省质量最佳企业”称号。1998年11月获安徽省水泥协会颁发的“优质水泥推荐产品企业”称号；1999年2月“八公山”牌水泥商标，被授予安徽省著名商标。2001年1月获国家建材局、建设部联合颁发的“国家推荐建材产品”证书；同年12月“八公山”牌系列水泥，被确认为省质协推荐产品。2002年8月，在全国第八次水泥化学分析大对比中，获“全优单位”称号。

淮北矿业相山水泥有限责任公司。坐落淮北市，占地面积1380194.54平方米，总建筑面积达8.3万平方米。1986年职工1339人，2005年全民在册职工999人。2005年年底，水泥公司有固定资产净值2.69亿元，设计年生产能力80万吨，实际年生产能力89万吨，年销售额2亿元。

1982年6月，由水泥支架厂改名为淮北矿务局水泥厂；1998年3月，改名为淮北矿业集团水泥厂；2000年10月10日，改名为淮北矿业集团水泥有限责任公司。企业生产：1986年前，采用半干法立窑和湿法回转窑（1号窑和2号窑）工艺生产水泥。1986年，一台 $\phi 2.5\times10$ 米立窑和2台湿法回转窑设计年生产能力达27.5万吨。1997年8月，

在 φ2.5×10 米立窑旧址上改建一座设计年生产能力 10 万吨的 φ3×10 米机械化塔式立窑点火投产；同年 10 月，年产水泥 10 万吨的 φ3.05/φ2.5φ3.05×78 米的 3 号哑铃型湿法回转窑点火投产。2002 年 6 月，机械化塔式立窑实施定向爆破拆除；是年 12 月 19 日，在塔式立窑旧址上扩建的一条日产 2500 吨熟料的新型干法水泥生产线开工建设，至 2004 年 6 月 28 日点火投产，同年 7 月达到设计产量。

1988 年获评为煤炭部“水泥生产先进单位”；1989 年获全省建材行业劳动竞赛先进企业；1991 年 4 月获省建材局安全生产工作先进单位、10 月“相山”牌 42.5 号矿渣硅酸盐水泥为安徽省优质产品、11 月获全国水泥产品质量行业检查先进单位；1992 年获全省发展散装水泥先进企业; 1998 年获省建材行业质量管理先进单位; 1999 年“相山”牌水泥获“全国水泥行业统检合格”企业奖杯；2001 年 1 月获“国家推荐建材产品”；2003 年 11 月获安徽省名牌产品、12 月“相山”获“安徽省著名商标”；2004 年 2 月“相山”获安徽省绿色建材产品。

安徽寿春水泥股份有限公司（寿县水泥厂）。建于 1958 年，系副县级国营中型企业。1995 年，以寿县水泥厂为核心成立安徽寿春水泥集团。1997 年 4 月，经省政府批准，由寿县水泥厂、寿县矿山资源开发等公司共同发起，成立安徽寿春水泥股份有限责任公司，为国家大型二档企业。2003 年，寿春水泥有限公司整体租赁给湘西自治州成美建材有限公司经营。2005 年，职工 1447 人，其中高级职称 3 人，中级职称 21 人。工业总产值 7921 万元，上缴利税 623 万元，固定资产原值 11429 万元，净值 5920 万元。

1986 年以前年产量 8.8 万吨。1988 年 2 月，由地区散装水泥办公室投资 40.8 万元，建设一座容量为 800 吨的散装水泥库（库底卸料），当年建成投入运营。1986 年至 1991 年，投资 1350 万元，对两座机立窑生产线进行了综合节能技术改造，建成 φ2.84×10 米的机立窑两座；φ2.2×6.5 米原料磨两台，φ1.83×6.12 米水泥磨两台，年生产能力提高到 20 万吨。1992 年新建一条 φ2.5 / 2.8×44 米五级旋风预热干法旋窑生产线，同时建立了容量为 800 吨散装水泥库。1993 至 1994 年，总投资 5070 万元，扩建六安地区第一条 φ2.5 / 2.8×48 米五级旋风预热干法旋窑生产线，生产高标号水泥，年生产能力达 30 万吨。1995 年至 1999 年，投资 2560 万元，新建三号机立窑和 φ3×11 米水泥磨，总生产能力达 68 万吨。1999 年“寿春”牌 425 号、525 号硅酸盐矿渣水泥获“安徽省名牌产品”称号，“寿春”牌为“安徽省著名商标”。“8 小时工作目标分解法”在全省同行业中推广。

皖西中天集团（霍邱水泥厂）。始建于 1970 年，年产水泥 2 万吨。1986 年，投资 380 万元，扩建 φ2.2×8.5 米机立窑一座，年产水泥 5 万吨。1995 年霍邱水泥厂改建股份制公司。1994 年至 1996 年，在技改扩建的同时，新建了 4 座散装水泥库及配套设施，总库容量 4000 吨。1994 年，扩建一条 φ2.5 / 2.8×44 米五级旋风真空干法窑生产线。1997年，扩建两座 $\phi 3\times 11$ 米机立窑生产线，总投资约3700万元。2001年，自筹资金2920万元建成了 $\phi 3\times 11$ 米机立窑两座，总生产能力提高到60万吨，“中天”牌水泥获“安徽名牌产品”称号。与中国科技大学化学研究室共同开发的“强可塑性水泥”通过省科技厅论证，2002年4月获省科技厅科技成果奖。2005年4月，浙江省投资商投资近6000万元，整体收购皖西中天集团，正式变更为民营企业。

安徽巢东水泥集团有限责任公司。1999年5月，由原安徽省巢湖水泥厂、省东关水泥厂联合其他四家单位按照企业自愿、政府支持的方式组建成立的。组建后的巢东集团公司有资产总值9.87亿元，职工5365人，水泥生产能力200万吨，水泥电杆4万根，商品混凝土30万方等。2000年11月16日“巢东股份”在上海证券交易所成功上市（股票代码为600318），向社会发行8000万股，募集资金4.08亿元。以高标号水泥、化学建材、非金属矿深加工产品的生产和销售为主营业务，产品为32.5级、42.5级普通硅酸盐水泥、矿渣硅酸盐水泥及PVC门板、纳米碳酸钙、重质碳酸钙、凹凸棒粘土等。

原隶属于安徽省建材局的安徽省巢湖水泥厂和隶属于安徽省水利厅的省东关水泥厂，皆建于20世纪50年代，属于国有老企业。巢湖水泥厂是安徽省最早一家采用罗马尼亚湿法窑生产高标号水泥的大型企业，是全国同类型回转窑中第一个实现微机自动化控制的企业。水泥为名牌免检产品，用于毛主席纪念堂、南京长江大桥、佛子岭水库、沪蓉高速公路等重点建设工程。1997年7月6日中国政府与亚行正式签订了4000万美元的贷款协定，企业利用该项贷款投资兴建了旨在防治巢湖水污染的国家环保项目——东亚水泥有限责任公司。该项目1998年破土动工，从国外引进主机等设备，采用国际先进的双系列悬浮预热器和热耗很低的D-D型分解炉等工艺技术，形成一条日产2000吨的水泥熟料生产线。1988年获全国建材行业十面红旗单位，多次被国家和省里授予先进企业等称号。截至1999年共生产水泥1940万吨，上缴利税4.48亿元。东关水泥厂是安徽省最早采用700吨/日窑外分解生产水泥的大型企业，多年被评为“安徽省最佳经济效益企业”和“全国水利系统十强企业”，水泥年生产能力为100万吨，产品为名牌。巢东水泥集团公司的成立，顺应了安徽省建材工业的战略性调整，形成了南有海螺、北有巢湖的合理布局。集团公司2002年开始对老厂加大了技改投入，共安排技改项目27项，总投入8353.24万元，其中巢湖水泥厂湿磨干烧项目于2002年9月开工，2003年9月竣工投产，当年年底已累计生产熟料11万吨，平均日产1350吨。在产品结构调整中，开始发展化学建材和非金属矿深加工工业，计划投入9028万元开发年产1万吨纳米级碳酸钙、8995万元开发年产22.5万樘PVC发泡门板、4000万元开发生产总规模为年产15万吨、首期工程年产5万吨凹凸棒粘土等项目。至2004年，集团已拥有资产13亿元左右，比1999年增加一倍；水泥熟料从200万吨的生产能力扩大到500万吨，巢东水泥成为继海螺集团之后，安徽省第二大的水泥基地。2004年，经中共安徽省委、省政府研究批准，海螺集团公司党委决定，委派余彪和朱德金分别担任巢东集团公司和股份公司的董事长。

巢湖铁道水泥厂。位于巢湖市含山县太湖山，厂区面积93.5万平方米，生产设备1005台套，总资产2.8亿元，有巢湖铁鹏工贸实业有限责任公司、和县铁鹏水泥有限责任公司两个控股子公司。年生产经营水泥、熟料能力为75万吨，此后又牵头组建了安徽铁鹏海豹水泥有限公司等，母子公司共用“铁鹏”商标。企业隶属于中国铁路物资总公司，是国务院国资委下属的二级企业。巢湖铁道水泥厂的前身是铁四局水泥厂，1977年8月筹建，1978年6月，国家计委发文批复同意该项目正式立项，1979年，着手地质勘探和生产线设计。1980年，中国国民经济实行“调整、改革、整顿、提高”方针，一些在建项目被缓建，铁道水泥厂也在其中，直到1982年7月，工厂才恢复建设。1984年年初破土动工，至1985年10月，部分基建工程完工。1985年12月至1992年，经国家建材局和铁道部审批同意，工厂投入到“湿改干”工程中。主要生产过程采用从美国进口的MAX-I计算机中央控制系统，利用德国技术制造的MPS3150辊式磨以及瑞士技术制造的X荧光分析仪加计算机配料自动跟踪控制系统。当时由于回转窑生产技术在国内尚不太成熟，1992年年底进行试生产，一个现代化的工厂初见端倪。1992年至1995年为试生产阶段，至1996年生产初具规模，年产达17.2万吨，“铁鹏”品牌逐步被用户认可。1997年企业出现设备故障频发、产品销售不畅、员工情绪低落、资金运转困难，厂长丁同宪、党委书记白春义提出“求生存、图发展”“以人为本”等治厂方略，当年取得产销30万吨的历史最好成绩。1998年，实现减亏1000万元、产销32.6万吨的突破。1999—2001年，投入1400多万元，实施以烧成系统改造为主的“节能环保技术改造工程”。2002年，再投资200多万元，对电气、自动化系统进行改造。2001年启动散装水泥设施建设项目，年发散能力提升到50万吨。1999年购买和县霸王水泥有限公司的资产。通过ISO 9002质量体系认证和产品质量认证，铁鹏产品获安徽省名牌和免检产品称号，“铁鹏”为“安徽省著名商标”。2000年提出“巩固、创新、发展”新思路，实施“加强、加长、加肥、加盟”的“铁鹏”战略。2001年完成57.2万吨水泥和商品熟料销售任务。2002年相继改制成立了“和县铁鹏水泥有限责任公司”和“巢湖铁鹏工贸实业有限责任公司”。与股东合作，成立由工厂控股的“安徽铁鹏海豹水泥有限公司”，筹资建设一条2500吨/日的熟料生产线，2005年10月投产，成为年产水泥及商品熟料超200万吨的中型水泥企业。1999年至2003年，职工1600多人精简到930人，管理部门46个精简到7个，管理人员300多人精简到60人，员工收入拉大了差距，有3000多元，也有几百元的。2003年，全员劳动生产率18.31万元/人•年、实现利润2015万元、实现净资产收益率14.92%，年产销量从1999年前五年的年均20万吨，跃至2003年的67万吨，2003年实现销售收入1.47亿元，比 2002 年增长 24%。

安徽省兴巢水泥有限公司。位于含山县林头镇东关，前身为巢湖化建矿，始建于 1953 年，是巢湖地区直属国有中型企业。2001 年经巢湖市政府招商引资改制成立现公司。公司占地面积 80 万平方米，员工 230 人，拥有总资产 6800 万元，年设计水泥生产能力 50 万吨，通过 ISO 9001 质量管理体系认证。主要产品为 42.5 普通硅酸盐水泥，32.5 矿渣硅酸盐水泥和复合硅酸盐水泥。“巢东”牌水泥为巢湖市知名商标、安徽省质量免检产品。2004 年安徽民营企业百名排序 200 强企业，获中国建筑材料企业管理协会推荐的“中国优秀建材企业”和“中国优秀建材产品”称号。

安徽海螺水泥股份有限公司宁国水泥厂。位于宁国市港口镇，成立于 1978 年，是我国水泥行业最早采用新型干法生产工艺的大型水泥企业之一。企业拥有日产 5000 吨、日产 4000 吨两条新型干法水泥熟料生产线，两套纯低温水泥窑炉余热发电机组，年产水泥熟料 440 万吨、水泥 300 万吨，年平均余热发电量 1.3 亿千瓦时，员工 1230 人。宁国水泥厂日产 4000 吨熟料生产线配套 6480 千瓦余热发电系统属中日合作能源综合利用示范项目，是中国首套水泥窑纯低温余热发电机组，始建于 1996 年 10 月，1998 年 3 月竣工投产发电；日产 5000 吨熟料生产线配套 9100 千瓦余热发电项目 2005 年 10 月开工建设，是海螺自主设计、自主成套、自主建设的余热发电系统，2006 年 7 月竣工投运，建设历时仅 9 个月。两套余热发电系统每年可节约原煤 5 万吨以上，可减少二氧化碳排放达 12 万吨。通过 ISO 9001：2000 版质量体系认证、ISO 14001：2004 版环境管理体系认证、OHSAS18001：2001 版职业健康安全管理体系认证。宁国水泥厂投入巨资，开发消化“窑炉废气余热发电”“工业废渣与生活垃圾入窑煅烧”等新技术，按国家标准配置环保设备，使粉尘排放与回收、废水废气利用等一直处于行业领先水平。1990 年首次通过水泥产品质量认证，1995、2000 年复查时顺利通过。主导产品：“海螺”牌 52.5R 级Ⅱ型硅酸盐水泥、42.5R 级普通硅酸盐水泥和 32.5R 级复合硅酸盐水泥、核电专用水泥品种（涵盖 525 中热硅酸盐水泥、中抗硫酸盐水泥）及商品熟料，52.5R 级Ⅱ型硅酸盐水泥应用于上海浦东国际机场、上海磁悬浮列车预制梁工程、杭州湾跨海大桥。42.5R 级普通硅酸盐水泥曾用于东方明珠、杨浦大桥、南浦大桥建设。核电专用水泥应用于连云港核电站及中国北京原子能快速反应堆主体工程建设；特种水泥应用于连云港核电站主体灌浆工程的灌浆水泥；无磁水泥应用于国家地震监测网等世人瞩目的标志性和高新技术工程建设。

安徽海螺水泥股份有限公司白马山水泥厂。位于芜湖市南郊，始建于 1975 年，1983 年正式投产。加盟海螺前，工厂拥有三条湿法生产线，1989 年将 2 号湿法线改为半干法线，年生产水泥 100 万吨。1996 年 9 月，安徽海螺集团投资承债式置换了白马山水泥厂的有效资产，成为安徽省资产存量调整最成功的范例。加盟海螺集团后，于

1998年和2005年分别建成投产了一条日产2500吨和一条日产5000吨新型干法熟料生产线，配套建设了年产160万吨水泥粉磨系统。占地面积约115.6万平方米，职工930余人，其中管理技术骨干60人。1998年通过质量体系认证，2001年12月通过环境体系和职业健康安全体系认证。连续多年被评为“安徽省工业企业50强”。“海螺”牌水泥，广泛用于芜湖长江大桥、南京大胜关长江大桥、温福铁路、甬台温高速、沿江高速、福宁高速、芜宣高速、霞浦军用机场、福建大唐火电站及浙江珊溪水利枢纽等重点工程。

安徽铜陵海螺水泥有限公司。位于铜陵市南郊，是由安徽海螺集团控股、目前世界上单厂规模最大的熟料生产基地之一，具备年产熟料1000万吨、水泥580万吨的生产能力。有4条干法熟料生产线：日产4000吨、5000吨各1条、10000吨线两条，其中两条万吨线的工艺技术和装备代表了当今世界水泥行业最先进水平。铜陵海螺三线是国内第一、世界第四条万吨线。有两座石灰石矿山，已探明石灰石储量7.6亿吨，周边远景储量4亿吨；靠长江建有4座专用码头，配置现代化装、卸船设备，建有铁路专用线与宁铜铁路接轨。员工1400人，劳动生产率超过1万吨/人·年。2005年，生产熟料1021万吨，在水泥行业率先实现1000万吨突破，成为国内首个千万吨级熟料基地。

安徽枞阳海螺水泥股份有限公司。是安徽海螺水泥股份有限公司沿长江建设的大型熟料生产基地之一，成立于2000年6月，占地面积1900亩，员工近1000人。有储量约6亿吨的优质石灰石矿山，两座5000吨级出口泊位及一座3000吨级进口泊位专用码头。枞阳海螺公司堪称中国新型干法水泥熟料生产线博物馆：有两条2500吨/日、一条5000吨/日和一条10000吨/日共四条熟料生产线和三条水泥粉磨生产线，是目前世界上单个工厂产能规模最大的水泥企业之一，年产熟料750万吨，年产水泥50万吨。公司一期工程同步建设两条日产2500吨的熟料生产线，于2000年9月16日破土动工，2001年9月建成投产运营，这是海螺集团又一新创举，创造了建材史上用一年时间同时建成两条日产2500吨熟料生产线的建设记录；二期工程建设一条日产5000吨熟料生产线，于2001年11月开工，2002年9月建成投产，建设周期仅为十个月时间；配套建设年产50万吨的粉磨站于2003年5月底投产运营；三期工程建设一条日产1万吨熟料生产线，项目于2002年11月18日开工，2004年6月28日点火投产。该项目是海螺建设的四条万吨生产线之一，是世界工艺装备水平最先进的日产万吨熟料生产线之一。2007年，对4条生产线技改建设18300千瓦和15000千瓦余热发电机组并网发电。四期扩建工程投产后使枞阳海螺总年产能规模超过1000万吨，成为世界范围内最大规模的单体工厂之一。

安徽怀宁海螺水泥公司。位于安庆市怀宁县石镜乡，是安徽海螺投资兴建的大型水泥、熟料生产基地之一，是海螺水泥实施沿江“T”型发展战略的重要组成部分。公司拥有两条日产5000吨熟料生产线，年产熟料300万吨，同时配套建设有年产330万吨水泥生产能力的粉磨站。下设矿山分厂等十个二级部门，员工630人，年产水泥、熟料630万吨。2004年3月投产后，销售收入已超过8亿元。

金寨县山美水泥有限责任公司（金寨水泥厂）。始建于1969年，年产水泥2万吨。1988年，投资600万元，扩建ф2.2×8.5米机立窑一座，年产量4.4万吨。2001年3月，巢东水泥有限股份公司租赁山美水泥有限责任公司投资3000万元，新建20万吨水泥粉磨站。2005年，六安市全面推进国有中小型企业改制退位，实行政策性破产，或租赁、或拍卖，从产权制度上进行彻底改革，同年8月，公司实行公开拍卖，由浙江投资商人杨伟民投资800万元整体收购。拍卖后实行民营机制，原有职工得到妥善安排。

安徽昌龙水泥有限责任公司。始建于1975年，1986年淘汰蛋窑，新建1.7×7米机立窑设备，年产水泥2万吨。1994年6月，投资2500万元，新建ф3×11米机立窑一座，生产能力达到10万吨/年。散装水泥库两座，库容量1000吨。1998年，投资1000万元，在年产2万吨水泥生产线原址上新建一座年产10万吨水泥粉磨站，总生产能力达到20万吨/年。2003年，在县政府指导下，4名自然人出资，将县办企业改制为民营股份制企业——安徽昌龙水泥有限责任公司。位于舒城县经济开发区内，占地面积12万平方米，固定资产5000万元，员工400余人，其中专业技术人员150人，生产“万佛湖”牌普通硅酸盐水泥和粉磨熟料，日均生产800吨以上，年销售额6000万元，年利税600万元。1999年被联合国中国国家清洁生产中心和省环保局指定为全省立窑水泥“清洁生产示范单位”，2000年通过ISO 9001国际质量体系和产品质量双认证。2002年以来多年获全省水泥品质指标大对比“全合格单位”称号。

龙元建设安徽水泥有限公司。是国家特级资质建筑企业上市公司——龙元建设集团股份有限公司（股票代码600491）下属的子公司，是以生产高标号水泥为主的民营股份制企业。位于芜湖市繁昌县荻港镇，占地面积50万平方米，自备石灰石矿山2座，资源丰富，有4个5000吨级码头泊位，水运方便。员工660人，管理人员38人，专业技术人员205人。2004年年初投资约3亿元新建一条2500吨/日新型干法旋窑熟料生产线，2005年年底正式投产，配套的纯低温余热发电项目于2009年7月投入使用。2009年11月一条4500吨/日新型熟料生产线建成投产，年产熟料可达300万吨，年产值8亿元，利税1亿元。主导产品“龙元”牌52.5级、42.5级普硅水泥连续多年检测合格，产品畅销皖、苏、浙、沪等省市，应用于高架公路、地下隧道和高层建筑，混凝土搅拌站、国家重点建设工程中。2008年水泥和熟料118万吨，产值2.15亿元，利税4534万元。获评为芜湖市“重点工业五十强”、安徽省民营“百强企业”、安徽省名牌产品。

阿尔博波特兰（安庆）白水泥有限公司。是阿尔博波特兰有限公司在收购原国有企业安庆白水泥厂破产资产基础上，于 2004 年 9 月依法设立的外商独资企业。位于安庆市宜秀区杨桥镇，占地 300 亩，年产白色硅酸盐水泥 8 万吨，员工 170 人。年产 40 万吨熟料 / 白水泥生产线工程，于 2008 年 5 月破土动工，总投资约 6 亿元人民币，于 2009 年年底建成投产，成为中国装备最好、技术最新、单个产能最大的白水泥制造龙头企业之一。

肥东县宏宇白水泥有限公司。由原肥东县白水泥厂 2003 年改制而成（该厂始建于 1986 年），位于肥东县，占地面积 3.7 万平方米，总投资 1000 万余元。肥东县白水泥厂建成之初填补了安徽省建材工业史上白水泥生产的空白。“白鲟”牌白水泥产品畅销本地，远销上海、广东、黑龙江、江浙、河北等二十个省区。“白鲟”牌 42.5 级、32.5 级白色硅酸盐水泥 80 度以上，为国家标准中的特级、一级白水泥。2004 年为“安徽省消费者协会推荐产品”，2006 年为“安徽省著名商标”。

安徽省润基水泥有限责任公司。坐落在安徽省含山县仙踪镇，占地面积约 418 亩，是专门从事水泥生产、销售的外资企业。2003 年 12 月登记，注册资本 6000 万元。投资 5 亿元人民币兴建的 2×2500 吨水泥熟料一期工程于 2005 年投产，二期工程 2008 年 8 月投产；日产 5000 吨水泥熟料工程已通过批准立项。形成年产商品熟料 80 万吨、水泥 100 万吨规模。投资 8000 万元人民币的 2×2500 吨水泥熟料生产线纯低温余热发电项目已建成并投入运行。2005 年通过国家生产许可证验收及 ISO 9001 质量体系认证、计量检测体系确认。

安徽皖维高新材料股份有限公司。是由原安徽省维尼纶厂 (2003 年改制后为安徽皖维集团有限责任公司）作为独家发起人，以生产经营性资产募资设立的上市公司，是安徽省最大的化工、化纤、建材联合企业，被中共安徽省委、省政府列为省级扶优扶强重点支持的 50 户大型企业之一。主要建材产品的生产能力为：白乳胶 2 万吨 / 年，可再分散性乳胶粉 2 万吨 / 年，水泥（熟料）300 万吨 / 年。以本公司化工生产过程中产生的电石渣、粉煤灰、石灰石尾矿、石灰粉等工业废渣为组分原料，采用新型干法窑外分解技术和 DSC 自动化控制装置，配料生产的 42.5、32.5 强度等级的通用硅酸盐水泥，属环保综合治理项目。通过 ISO 9001 质量管理体系和 ISO 14001 环境管理体系认证。

安徽宣城海螺水泥有限公司。2004 年 4 月成立，位于宣城市水东镇南，建设项目属安徽省“861”行动计划的 20 个重大项目之一，也是安徽海螺水泥股份有限公司实施“T”型发展战略布点之一。规划建设 4 条日产 5000 吨的新型干法熟料生产线和年产 320 万吨的水泥粉磨系统，厂区占地 1050 亩。一期建设两条日产 5000 吨熟料水泥生产线和年产 160 万吨水泥粉磨系统，配套建设年吞吐量 300 万吨的铁路专用线和 18000 千瓦纯低温发电系统。项目于 2006 年 2 月 7 日开始，一期首条 5000 吨 / 日的熟料生产线于2007年7月29日点火投产，第二条5000吨/日的熟料生产线于9月9日点火投产。两台水泥磨也分别于8月、10月投入运行；铁路专用线工程2008年1月23日通过竣工验收；余热发电项目2008年3月1日并网发电。员工650人，下设12个二级部门。主要生产高标号低碱水泥熟料，以工业废渣做原料，实施余热发电项目。

池州海螺水泥股份有限公司。2000年11月成立，位于池州市牛头山镇。池州海螺是集团“T”型发展战略的重要组成部分，也是安徽海螺集团“十一五”规划的五个千万吨级熟料基地之一。池州海螺已建成4×4500吨/日和1×8000吨/日的五条水泥熟料生产线，产能规模突破1000万吨。公司大力发展纯低温余热发电项目，配套建设了三套混汽凝汽式纯低温余热发电机组，总装机容量达46600千瓦，年自供电量3.2亿千瓦时。其中，一期两条生产线配套建设第一条17000千瓦发电机组，于2006年11月并网发电，二期8000吨生产线配套建设第二套11600千瓦发电机组，于2007年11月并网发电，三期先期建成投产的两条生产线配套建设的第三套18000千瓦发电机组，于2009年7月并网发电，三套机组吨熟料发电量达40千瓦/小时，月均创利1200余万元。池州海螺三期项目后两条4500吨/日熟料生产线建成后，熟料总产能达到1320万吨，成为世界上单个企业产能规模最大的熟料生产基地。五条生产线全部通过国家环保总局和省环保局组织的环保验收。

安徽珍珠水泥集团股份有限公司（原安徽省凤阳水泥总厂）。是安徽省最大的民营水泥建材企业之一，位于凤阳县刘府镇，始建于1993年3月，占地面积20公顷，固定资产6.8亿元，员工530人。有一条2500吨/日熟料新型干法水泥生产线，两条年产20万吨的旋窑余热发电生产线，年产水泥150万吨。2008年，又投资6.7亿元在安徽省凤阳县成立“珍珠集团凤阳中都水泥有限公司”，建设两条带纯低温余热发电项目的4500吨/日熟料新型干法水泥生产线。“皖珍珠”牌水泥获评为安徽省名牌产品，2000年10月通过ISO 9000质量管理体系认证和产品认证。

定远县奇岳水泥有限责任公司（原定远县水泥厂）。始建于1970年，是定远县建厂最早、规模最大的水泥企业。2004年2月转制为民营企业，2004年9月收购原靠山水泥有限公司，组建泉坞山水泥集团。有两条年产10万吨的水泥生产线，年产“奇岳”牌32.5级、42.5级普通硅酸盐水泥20万吨。1995年以来，多年被省、市工商局授予“重合同，守信用”单位，1998年被滁州市建材局、技术监督局评为质量优秀企业，“奇岳”水泥在1999年被省水泥质检站作为质量优良产品。

马鞍山海螺水泥有限责任公司。2004年成立，位于马鞍山市慈湖经济开发区，占地177亩，员工235人。同步建设的四套Φ4.2米×14.5米水泥粉磨系统，于2005年10月建成投产，年水泥产能320万吨，是安徽省内规模最大的以专业生产、销售新型干法旋窑水泥为主的大型纯水泥粉磨企业，也是海螺集团在省内设立的第三家纯水泥粉磨企业。产品有“海螺”牌 P.II52.5、P.O42.5、P.C32.5 级硅酸盐水泥，主要销往马鞍山、南京等地区，出口文莱、菲律宾等国家。建有 5000 吨级自备专用码头，泊位 2 个，配备 3 台 16 吨门座式吊机和 1 台每小时装载 600 吨的水泥装船机，年吞吐量可达 360 万吨，承担进出口运输装卸任务。

马鞍山石溪野水泥有限责任公司。位于马鞍山市西郊，占地 20 万平方米，是安徽省地方水泥骨干企业，也是中国水泥协会、省水泥协会会员单位、国家二级企业和国家二级计量合格单位。1991 年首批通过国家水泥生产许可证验收和产品质量认证，1994 年“马鞍”牌 42.5 级矿渣水泥获省免检产品，1995 年被中国水泥协会评为首批水泥质量“百佳企业”，1999 年建设部、国家建材局联合推荐为优质水泥产品，2000 年获“入沪水泥产品准用证”，2002 年被中国建材协会评为“中国百佳产品质量信得过企业”，2003 年“马鞍”被评为“中国建筑市场十佳名牌”并通过 ISO 9001 ：2000 质量体系认证。

蒙城县万佛塔水泥有限公司。位于蒙城县西郊，是 1998 年元月成立的股份制企业，员工 380 名，占地面积 230 亩，有 2.2 米 ×7.5 米、3.2 米 ×13 米、4.2 米 ×13 米磨机 5 台，年产“万佛”牌 32.5 号、42.5 号等级普硅水泥 200 万吨；两条商品混凝土搅拌生产线，年生产商品混凝土 80 万方；下属塑料编织分厂，年生产各种塑料编织袋 5000 万条。通过 ISO 9001 ：2001 版质量体系认证和 ISO 10012 测量管理体系认证。

铜陵上峰水泥股份有限公司。2003 年 10 月成立，位于铜陵市天门镇。由浙江上峰水泥集团有限公司、上峰集团有限公司、铜陵有色金属集团控股有限公司、浙江富润股份有限公司、浙江黑猫神蚊香集团有限公司五家单位共同发起设立，被国家发改委等列入国家重点支持的水泥工业结构调整大型企业（集团）60 强，位列第 23 位。总投资 12 亿元的两期工程被列入安徽省和铜陵市“861”行动计划项目和铜陵市招商引资重点建设项目。三条日产 4500 吨水泥熟料生产线分别于 2005 年 7 月、2006 年 10 月、2009 年 8 月点火投产。一期工程配套的两套 9000 千瓦低温余热发电项目于 2008 年 12 月并网投运，项目每年可发电 1.2 亿千瓦时。配套工程 5000 吨级长江水运码头及全长 7.8 公里的主厂区至长江码头国内首条远程曲线双层送料长皮带输送机于 2006 年 5 月份投入运行，码头年吞吐能力达 700 万吨。2009 年“上峰”水泥为中国驰名商标。在安徽铜陵、安庆怀宁均拥有自主开采权的优质石灰石矿山，平均 CaO 含量在 50% 以上，有效开采储量超过 4 亿吨。通过 ISO 9001 质量体系认证、ISO 14000 环境管理体系认证和职业健康安全管理体系认证。

安庆吉港白鳍豚水泥有限公司。位于安庆市集贤北路，始创建于 1972 年，2003 年改制成民营企业。固定资产 1.72 亿元，水泥年粉磨能力 130 万吨，熟料年生产能力 80 万吨，是皖西南最大的民营水泥企业。主要产品有 42.5 级普通硅酸盐水泥、32.5 级矿渣、复合硅酸盐水泥。“白鳍豚”牌水泥为安徽省名牌产品，安徽省著名商标。

芜湖海螺水泥有限公司。2004年9月成立，位于繁昌县繁阳镇，是安徽海螺水泥股份有限公司规划建设的沿江四大千万吨级水泥熟料基地之一。总矿量可以满足50年以上的开采。规划建设四条日产5000吨、两条日产1.2万吨水泥熟料生产线，四台Φ4.2×14.5水泥磨机，配套建设9.8公里的皮带长廊以及年吞吐量达1840万吨的专用码头，拥有7个泊位，可停靠万吨级轮船。该项目被列入安徽省“861”重点项目。员工695人，经理部下设10个二级部门。生产高标号低碱水泥熟料，以工业废渣做原料，实施余热发电项目。

芜湖市峨城粉磨有限责任公司。位于芜湖市三山区峨桥镇，始建于1986年，占地面积5700平方米，固定资产7500多万元，职工210余人，其中技术人员120余人，主要产品是P.C32.5级复合硅酸盐和P.O42.5级普通硅酸盐“烟柳”牌水泥，具有100%的散装能力。2000年后，拥有年生产能力100万吨的粉磨生产线，产品远销省外，获“全省百家最佳经济效益企业”、2005年“上海市建材工程协会产品质量信得过企业”等称号。

蚌埠海螺水泥有限责任公司。是安徽海螺水泥在蚌埠投资兴建的一座现代化的水泥粉磨企业，是蚌埠市重点招商引资项目。2001年5月，在淮上路18号开工建设一期一套Φ3.8×13米的水泥粉磨系统及相应的包装、发运系统，2002年2月建成投产，年水泥生产能力60万吨。2006年8月，在蚌埠市东郊开工建设了四套Φ3.8×13米的水泥粉磨系统。二期项目建成投产后年产水泥240万吨。熟料主要来源于集团内部的宁国水泥厂、白马山水泥厂。粉磨系统采用O-SepaN2000高效选粉闭路球磨工艺，控制系统采用德国西门子软件系统。

长丰海螺水泥有限公司。是安徽海螺水泥股份有限公司在省内投资兴建的第一家水泥粉磨站，1998年9月成立，地处长丰县双墩镇。有180万吨水泥生产能力，先后分三期建设。有两台Φ3×9米和两台Φ3.8×13米闭路水泥磨，配有合肥水泥研究设计院开发的高效选粉机、高浓度气箱脉冲袋收尘、电子皮带秤微机配料，系统采用PLC集中控制。员工165人，劳动生产率超过10000吨/人•年。生产“海螺牌”52.5级、42.5级和复合32.5级的水泥，原材料使用宁国水泥厂和白马山水泥厂生产优质熟料，执行优于国家标准的海螺内控指标。

安徽省凤阳县凤凰水泥厂。坐落在凤阳县武店镇，始建投产于1995年，占地面积20万平方米，员工690人，技术人员占28.6%，固定资产近2亿元，设备引用进口西门子电脑控制、微机操作系统，年产“凤展”（原“凤凰”）牌32.5级、42.5级水泥110万吨。曾是滁州市唯一一家拥有进沪准用证的企业，2003年通过GB/T19001-2000、ISO 9001：2000质量管理体系认证，1997年为安徽省质量免检产品，安徽省第五届、第六届“明星企业”。

淮北市松山水泥有限责任公司。位于淮北市烈山区后马场，由原安徽省松山水泥厂改制而成，其前身为宿县地区水泥厂，是始建于1958年的中型水泥生产企业，具有50多年的水泥生产历史，固定资产2000万元。主要产品32.5级、42.5级普通硅酸盐水泥，年产量60万吨，职工300人。生料配料采用微机自动化控制，熟料烧成工艺采用计算机自动控制预加水成球系统和全机械化水泥生产线。自行研制出煤矸石代替粘土配料方案曾获首届中国科技大会科技成果奖。

芜湖市红花山水泥有限责任公司。位于芜湖市孙村镇，占地面积10万平方米，资产总额8500万元，员工280人，其中专业技术人员90人，设计年产优质高标号水泥120万吨，具有100%发散能力。产品“红花山”牌42.5级普通硅酸盐水泥（P.O）和32.5级矿渣硅酸盐水泥（P.S.A）应用于道路、桥梁、港口、高层建筑以及各项市政工程。1997年12月通过ISO 9002：1994质量体系认证，“红花山”商标为安徽省著名商标，获安徽省“质量管理奖”。

芜湖恒宇水泥集团有限责任公司。位于繁昌县荻港镇。集团下辖芜湖市华杨水泥有限公司、芜湖市杨山水泥有限责任公司等5个成员单位，是芜湖市第一家新型干法水泥民营企业。集团合资新建年吞吐量2000万吨级码头。2003年，投资1.4亿元新建年产100万吨新型干法水泥生产线一期工程，产品“恒宇”牌42.5级、32.5级普通硅酸盐水泥采用目前国际先进的窑外分解生产工艺。产品畅销皖、苏、浙、沪等省市，适用于高架公路、地下隧道和高层建筑，在混凝土搅拌站，国家重点建设工程中应用。“恒宇”牌为“芜湖市著名商标”、“安徽省著名商标”。通过ISO 9001：2000质量体系认证。

安徽金刀水泥有限公司。位于繁昌县荻港镇，1978年创建。有一条年产75万吨新型干法回转窑水泥生产线及一条年产40万吨旋窑粉磨生产线，水陆运输队和年吞吐量达千万吨港口码头。员工600余人，其中专业技术人员220余名，固定资产2亿元。“金刀”牌32.5、42.5级普通硅酸盐水泥合格率多年达100%。产品畅销苏皖、浙沪、闽粤等省市，用于浙江舟山跨海大桥、安徽沿江高速公路、芜湖长江大桥南线引桥等大型重点建设工程。通过ISO 9001：2000质量体系认证和产品质量认证，是省免检产品和名牌产品，获“中国知名品牌”“国家权威机构认证质量信得过好产品”等荣誉，被省政府命名为“明星企业”，获“省纳税大户”“省民营企业20强”等称号。

安徽三狮和德水泥有限公司。2003年8月成立，位于广德县流洞镇青岭村，占地面积500亩，注册资金8000万元。公司由浙江三狮集团枫洋公司、三狮集团金钉子公司、三狮集团五通公司和三狮集团四方股东组成。投资7亿元，规划建设两条日产5000吨新型干法水泥熟料生产线。首期建设一条日产5000吨水泥熟料生产线并配套建设了纯低温余热发电项目，年产水泥熟料 155 万吨。

第二节　水泥制品生产

安徽省的水泥制品工业起步较晚。但是，随着城乡基本建设、农田水利工程、电力通讯修建和铁路的需要，水泥制品工业的发展速度加快，全省各地市县相继建成了一大批水泥制品企业，产量不断增长，质量提高，新产品、新技术、新工艺不断涌现，2003 年，全省共生产水泥排水管 65297 吨，水泥电杆 82394 吨，水泥压力管 6566 吨。据 2000 年生产统计，包括氯氧镁水泥瓦和石棉瓦 95.94 万平方米，已成为建材工业的主要组成部分。

水泥制品　混凝土制品有混凝土管（或称输水管），混凝土管分为上水管（或称给水管、输水管）和下水管（或称排水管、涵管）两大类。排水管有钢筋混凝土管和无钢筋混凝土管；给水管包括预应力钢筋混凝土管和自应力钢筋混凝土管两种。混凝土和钢筋混凝土排水管这种排水管又称水泥涵管，安徽 20 世纪 50 年代初便开始生产。它是无内压和低内压水管，有两种类型：一类配有钢筋骨架，称为钢筋混凝土排水管；另一类是无钢筋的，称为混凝土管。一些较大的企业主要采用离心、悬辊或成立式挤压成型工艺制成的，在较小的制品企业和乡镇企业中多数还使用木模和手工捣制工艺生产。这几种工艺共存，适合安徽各厂发展水平不一的情况。目前安徽多数水泥制品企业和预制构件厂均能生产该产品，其规格有直径 450 毫米、500 毫米、600 毫米、700 毫米、800 毫米、900 毫米、1 000 毫米、1 200 毫米、1 350 毫米、1 500 毫米、1 700 毫米，长度分别为 1.2 米、2 米、2.4 米的钢筋混凝土排水管和直径 230 毫米、250 毫米、300 毫米、450 毫米、530 毫米、600 毫米，长度均为 1 米的混凝土管。它具有坚固耐用、抗渗能力强的良好性能。主要适用于市政工程和工矿企业排除雨水、污水的上水管道、交通水利工程的涵闸管理以及农田灌溉工程中的引水管道等。预应力混凝土输水管是水泥压力管的一种，是较为理想的压力供水管材。按其生产工艺，又分为一阶段预应力混凝土管（简称一阶段管）和三阶段预应力混凝土管（简称三阶段管）。三阶段制管工艺是指生产过程分三个阶段：第一分阶段制造配有纵向预应力钢筋的混凝土管芯；第二阶段在硬化了混凝土管芯上缠绕环向预应力钢丝；第三阶段在预应力环向钢丝外水泥砂浆保护层。一阶段制管工艺是指芯制作、环向预应力钢丝张拉和保护层敷裹在一道工艺内同时完成。这种输水管不仅能有效地代替钢管和铸铁管，节约钢材，并有防锈、防腐、施工方便、维修简单、使用可靠、强度高、抗渗、抗渗、搞裂、抗折性能好，使用寿命长、能保护水质不变等优点，可广泛用于城乡供水，工业用水，农田灌溉，引水、防洪等工程。安徽省水泥制品厂能生产一阶段，蚌埠水泥制品厂能生产三阶段的预应力混凝土输水管，其规格主要有：直径 600 毫米、800 毫米、1000 毫米、1200 毫米，长度 5 米四种大小口径的管型，工作压力可达 4 ～ 10 千克 / 平方厘米。自应力混凝土输水管也是水泥压力管的一种。它是用自应力水泥配制的混凝土并配制一定数量的钢筋，以离心等方法成型，经过水养护，由自应力混凝土膨胀力张拉钢筋而获得预应力的混凝土管。其主要特点一是对管子骨架用滚焊机能一次滚焊承口；二是生产工艺设备简单，投资少，上马快；三是可张拉任何方向的钢筋而造成多项预应力，对一宽度裂缝可自动愈合。它可以代替钢管和铸铁管用于输水、输油、输气等，具有价格低廉，铺设简便，使用寿命长，防锈、防腐、抗渗、抗裂、抗折以及水质好等优点，已为农业排灌、发电、城市和工矿企业广泛应用。目前蚌埠、合肥、芜湖、淮南、淮北、安庆等市均能生产这种水泥压力管，其中以蚌埠市水泥制品厂的产量最大，其规格主要有：直径 100 毫米、200 毫米、300 毫米、400 毫米、500 毫米、600 毫米、800 毫米，长度 4 米各种不同口径的管型。工作压力可达到 4 ～ 8 千克 / 平方厘米。

钢筋混凝土电杆（称水泥电杆）：钢筋混凝土电杆按其截面形状分为圆锥杆、等径杆和方形杆等，而圆锥杆又分普通混凝土电杆和预应力混凝土电杆两类。普通杆钢筋混凝土方形电杆是 20 世纪 60 年代初期由安徽省水泥制品厂采用翻模震动成型工艺生产的产品。其特点是可以代替木质电杆，坚固耐用，使用寿命长，可广泛于城市与乡村作通讯电杆和照明支柱。当时生产的规格有：梢径 800 毫米 ×100 毫米，长 5.5 米和梢径 100 毫米 ×120 毫米，长 7 米两种。但由于这种电杆比较笨重，材料消耗量较大，故逐步已被圆形电杆所代替。目前除乡镇企业外，已基本不生产或很少生产。普通杆钢筋混凝土等径电杆是 20 世纪 60 年代初期由蚌埠市水泥制品厂、安徽省水泥制品厂和东关水泥厂制杆车间等单位采用钢模离心成型工艺生产的产品，其特点是两头直径相等，可以对接代替木质电杆和钢塔，坚固耐用，使用寿命长。主要电力部门做跨越山谷、河流、铁路、公路架设高压输变电线路之用。目前生产的规格主要有：直径 200 毫米、长 6 米、8 米、10.5 米；直径 300 毫米，长 3 米、4.5 米、6 米、9 米；直径 400 毫米，长 3 米、4.5 米、6 米、9 米共三种系列产品。普通钢筋混凝土和预应力钢筋混凝土圆锥形电杆，是混凝土圆锥形电杆，又称环形电杆或水泥电杆，共分两种，一种是普通混凝土环形电杆，另一种是预应力混凝土环形杆。目前以砂集料，以水泥为基本胶结料，加适量的水，经搅拌成混凝土进管模并配制有钢筋，在离心机上以一定的旋转速度转动，使混凝土在离心力的作用下物料分布于管模内壁上形成密实结构而成型的电杆称之为普通混凝土杆，后者的生产工艺与前者基本相同，只是在上离心机前加上一道整模机械张拉式序，使之产生预应力再上离心机成可制成空心杆，很受用户欢迎。而预应力电杆与普通电杆相比较，又具有拉裂强度高、刚度大、省钢材、成本低，生产技术选进，经济效益显著等特点，已成为安徽水泥电杆的主要产品。该产品可代替木质电杆和钢质电杆，安装方便，使用寿命长，适用于电力、通信、信号及接触网等架空线路的专用电杆和城市工矿企业的照明支柱。合肥、蚌埠、淮南、芜湖、安庆、马鞍山、滁县、桐城等20多个市、县的水泥制品企业和预制构件厂能生产该产品，分属建材、水利、电力、邮电等部门领导，现能生产的规格主要有普通混凝土圆锥形电杆直径190毫米，长10米、12米、15米、18米、24米等（18毫米、24毫米为高压分节组装杆）。预应力混凝土圆锥形电杆直径150毫米，长7米、8米、9米、10米；直径190毫米，长10米、12米、15米两种系列。1988年各种电杆共生产13.21万根。

预应力钢筋混凝土轨枕：简称水泥轨枕，是70年代初期由蚌埠市水泥制品厂和安徽省水泥制品厂研制生产的产品，有“弦69型”2种型号。其生产工艺流程是：钢丝编组、压波、组装、入模、预应力张拉、预留预埋件孔、浇注、初震、加压震动成型、蒸气养护、切断模外钢丝、脱模。轨枕强度标准系按适合于1435毫米标准轨距铁路使用要求生产的。该轨枕具有节约木材（10万根轨枕节约木材1.67万立方米），使用寿命长（可使用30～50年，为木材寿命的2～5倍），能提高轨道质量（用其铺设的线路平顺性、稳定性能好），维修工作量小，可节能大量维修费用（每千米年均维修费可节省4000元）等优点。这种轨枕多用于地方铁路和专用铁路线。安徽省70年代自行修建的濉阜铁路和部分工矿企业铺设的铁路专用线，全部用的是这2个生产的预应力钢筋混凝土轨枕。

钢筋混凝土桥梁：该产品是在修建浦铁路复线中于1959年开始由蚌埠市水泥制品厂根据铁路部门技术要求，采用木模震动成型、自然养护工艺而生产的。桥梁净跨度20米以下，自重最大的达70余吨，主要供应铁道部门修建津浦复线铁路大桥。1984年，该厂又采用钢模为蚌埠淮河公路大桥生产了跨度30米的预应力钢筋混凝的钢丝束预应力混凝土铁路桥梁，使用效果良好。

钢筋混凝土预制构件（简称混凝土构件）：混凝土构件品种繁多，用途广泛，大体上可分两类：一类为城市工业与民用建筑构件，如各种钢筋混凝土屋架、梁、板、桩、柱等产品；另一类是乡村集镇农房建材构件，主要有小型多孔板和预应力混凝土桁条等产品。其中产量最大，用途最广，基本定型的产品主要有以下几种：预应力混凝土大模板属建安预制产品，它是采用直径10～25毫米冷拉预应力钢筋，300～400号混凝土，用预应力先张法钢模和拉模生产，用蒸汽或自然养护而制成的产品，该板跨度大，承载能力强。主要技术参数允许负荷载400～1500千克/平方米。其规格为板长4～6.5米，板宽0.5～0.8米，板厚有16厘米、18厘米、22厘米、24厘米四种。适用于工业和民用建筑作楼板及屋面板，合肥、蚌埠、淮南、安庆、芜湖、铜陵、马鞍山等市一些规模较大的水泥制品厂均能生产。预应力混凝土多孔板是用直径5毫米的低碳冷拔钢丝，300号混凝土，采用预应力先张法钢模和拉模生产，蒸汽养护或自然养护制成的产品。主要技术参数允许荷载 240 ~ 450 千克 / 平方厘米。其规格厚一律为 12 厘米，板长 2 ~ 4 米，板宽有 0.45 毫米、0.6 毫米、0.9 毫米、1.2 毫米四种。主要适用于城乡用建筑的楼板和屋面板，安徽所有的水泥制品厂和预制构件厂均能生产。预应力混凝土民用桁条又称水泥桁条，是用直径 4 毫米低碳拔钢丝，300 号混凝土，采用预应力先张法，震动成型，自然养护而制成的多品种系列产品，其规格：断面有 50 毫米 ×100 毫米和 60 毫米 ×130 平方毫米两种，长度有 3.4 毫米、3.6 毫米、3.8 毫米、4 毫米四种。自重根据规格不同，每根由 42 ~ 72 千克。主要技术参数承载能力为 130 千克 / 平方厘米，瓦屋面桁条铺设间距为≤ 750 毫米。该产品主要用于城乡民房做屋面桁条以节约木材，安徽所有的混凝土制品企业均能生产。水泥船，安徽省除渔船未生产以外，其他船只如农船、水厂船、趸船、拖轮、挖泥船、浮船坞等均能生产。钢丝网上水泥船，这种船分农用船和驳船两大类。钢丝网水泥农用船，除为内河和河网地带农用和城乡物资交流提供运输工具外，还用于排灌、发电、掏泥积肥、氨水运输、碾米磨粉和副业加工等等。载重量一般在 15 吨以下，其规格有 1 吨、3 吨、5 吨、10 吨、15 吨，其设计标准制造质量要求按照交通部颁发的《内河钢丝网水泥船设计与建筑规范》进行设计和制造。水上水厂船，该船将陆地上自来水厂的整套制水工艺设备建筑安装在一条船上，无须占用田地，可流动供水，水质优。水厂船是一座漂浮在水上的工厂，员工生产、工作、生活都在一条船上，融水厂整套制水工艺、生产、生活等设施于一体，务求功能齐全、布局合理、装饰典雅、适用大方。1975 年至 1985 年，芜湖市水泥船厂建造日产自来水 500 立方米、1000 立方米、1.5 万立方米、2 万立方米、3.5 万立方米的水厂船 13 艘，平均每年建造 1 艘，经多次产品检验鉴定，其合格率 100%，1985 年荣获国家科委颁发的科学发明二等奖。水泥工作船，又称工程船，主要品种有趸船、水泵船、起重船、挖泥船、打桩船、排灌船、航标船等。芜湖市水泥船厂建造的水上工作船，又分为两类：一类是不移动的趸船；另一类是可移动的浮箱式浮船坞。趸船是无动力装置的矩形平底船，它固定于码头，以供船舶停靠、旅客上下、货物装卸之用；浮船坞是停泊、修理或制造船舶作为施工场所的工作船。到 1988 年止，芜湖市水泥厂共建造水上工作船（工程船）4 艘，其中包括挖泥船、驳船、拖轮、客货船、30 吨位密封仓氨水运输船等，产品在安徽销售外，还销往上海、湖北、四川、江苏等省市。

纤维增强水泥制品：水泥硬化后，抗拉强度很低，因此在水泥中加入纤维增强其抗拉强度。这种在水泥中加入纤维的制品，就是纤维增强水泥制品。可加入纤维（如石棉、玻璃纤维、硅灰石等）、有机纤维（如聚丙烯、纤维素纤维等）和金属纤维（如钢丝）三类。主要产品有：水泥瓦有小波瓦、中波瓦及其脊瓦之分，用于一般工业建筑，大型临时设施、车间、礼堂、仓库等屋面覆盖和墙壁装敷的轻质材料，具有防火、防潮、隔热、保温、绝缘、耐热耐寒等性能；石棉水泥瓦主要以五级或五级以上的温石棉和32.5级以上普通硅酸盐水沁泥为基本原料，经配料、制坯、加压蒸养等工艺制成。石棉水泥瓦中的石棉和水泥用量比例一般为石棉占12.5%，水泥占85.0%，另外加少量外加剂——纸筋。石棉纤维利用率一般为62%，如利用率高则石棉用量少；反之，则石棉用量多。原材料水泥必须是32.5级以上普通硅酸盐水泥，以求得较高的早期强度；钢丝网石棉水泥中波瓦亦称石棉水泥加筋瓦，该产品以温石棉和普通硅酸盐水泥为基本原料，经配料、制坯夹一层钢丝网、加压、蒸养等工艺而制成。主要用于房屋建筑的屋面覆盖、内外墙及轻型复合屋盖的承重板等。其特点是不燃、隔热、耐寒、强度高、经久耐用等；石棉水泥脊瓦，该产品仍以温石棉和32.5级普通硅酸盐水泥为基本原料，经配料、制坯、模压成型、蒸养等工艺制成适用于石棉水泥瓦覆盖屋面的房屋脊所用的轻质“人”字型材料，作为石棉波瓦及石棉水泥加筋的配套产品，供用户安装石棉水泥瓦时，和瓦钩瓦钉等配套使用。需用量均根据设计图纸确定，其特点是不燃隔热、耐寒，性能和其他石棉瓦相同。产品质量仍以符合新的国家标准GB9772的技校要求为标准。玻纤氯氧镁水泥波瓦及其脊瓦亦称氯氧镁水泥玻纤瓦。1988年国家建材局下定名之前，各地使用名称不统一，以往一般称为菱苦土玻纤瓦，但由于菱苦土制品长期以来质量不稳定，使用效果不好，声誉不佳，虽然有些产品性能得到改进，质量提高，但人们往往不愿用这个名称，有的称石棉水泥瓦，有的称水泥波纤瓦，有的称菱镁波纤瓦或镁水泥波纤瓦。氯氧镁水泥玻纤瓦具有强度高、韧性好、防火、阻燃、成型方便、便于运输安装等特点。其正品应用范围和使用寿命与石棉瓦基本相同，但比石棉水泥瓦有其优势，即成型时不用石棉、无污染、优质水用量少，又有充分利用我国丰富的自然资源，工艺简单，价格便宜，是一般厂房、车间、仓库、礼堂等长期、半永久性或临时建筑的屋面材料。

水泥制品生产企业　安徽省水泥制品有限公司（原安徽省水泥制品厂）。　坐落在合肥市龙岗经济开发区，是安徽省最大的综合性水泥制品生产企业，属国家二级计量单位，具有混凝土预制构件专业二级、钢结构工程和管道工程三级资质。有土地资源130亩，固定资产4200万元，年产值5500万元，产品有输水管(YYGΦ400 ~ 1000毫米，PCCPΦ1200 ~ 3000毫米)，排水管Φ300 ~ 3000毫米(FKJ耐腐蚀、F顶进型)，建安构件和钢筋钢丝加工四大系列，2000年通过ISO9002国际质量管理体系认证，2002年通过GB/T19001-2000国际质量管理体系换版认证。YYG输水管系列产品两次荣获中国水泥制品协会金杯奖，被国家城镇供水协会推荐为“用户信得过产品”，YYGIIA1000获国家建材局颁发的金牌奖。FKJ耐腐蚀管填补了省内空白；F型顶管获安徽省科技进步三等奖；1.5×12.0米预应力大型屋面板系国内首创。被中国建协评为混凝土行业优秀企业。

安庆市英德利水泥制品有限责任公司。始建于1969年，有固定资产630万元，占地面积 65200 平方米。水泥制品台面 1.3 万平方米，有 2 架龙门吊起重设备，2 台滚焊机，大小模具 135 件，有专业实验室和检测设备，具备混凝土预制构件专业三级资质。产品有：Φ300 ~ 2000 毫米钢筋混凝土排水管、顶进管、无筋排水管、彩砖、草坪砖、路缘石、槽型板等异型构件等。1999 年省高速公路指挥部定为皖西南定点生产厂家。顶进管填补了安庆地区顶进法排水管的空白。为安徽省混凝土协会副会长单位、国家混凝土协会理事单位。

安徽新联商品混凝土有限公司。1998 年成立，原系外商独资企业（印度尼西亚），资金 147 万美元，原址在无为县二坝镇，主要为芜湖长江大桥建设提供商品混凝土。2001 年迁至芜湖市天门山东路，由外商独资改制为中外合资企业，中方控股。员工 100 多人，其中技术人员 15 名，有混凝土运输车 23 辆、泵送车 4 台、拖泵 2 台、双套搅拌机组和试验设备 1 套，日产混凝土能力达到 2200 立方米。具备预拌商品混凝土专业三级资质，通过国际质量管理体系认证。参加过芜湖长江大桥、芜宣高速公路等国家、省、市重点工程建设。

第三节　企业改革与技术进步

改革开放以来，安徽省水泥行业与国内水泥行业一样，遇到两个历史性的大转变：一个是经济体制的转变，由计划经济转为社会主义市场经济；二是生产技术的转变，水泥由立窑、湿法、半干法等落后技术转为预分解窑新型干法先进技术。在这两大转变中，有些企业被淘汰或被兼并，有些企业则发展壮大。由于国家政策法规的引导与推动、市场机制的激励，安徽省水泥行业进行了引进、消化吸收和自主开发创新的工作，实行产品经营和资本经营两手抓的策略。

企业改革　安徽省水泥行业加快以产权制度为核心的多种形式的企业改革步伐，大型企业改组和资本经营通过投资参股、兼并收购，优化资本结构，实力进一步壮大。海螺集团、巢东集团等国有控股大中型企业相继完成了公司制改制，安庆市水泥厂、寿春集团、皖东水泥厂也进行股份制改造，实现了资产重组，盘活了资产存量，转换了经营机制，初步建立现代企业制度。海螺集团被确定为国家重点扶持的 120 个大企业集团之一，这是安徽省唯一进入国家级的企业，同时被列入省级 15 个大型企业集团。海螺在经济体制转变中，实行产品经营和资本经营两手抓。1995 年利用境外财务资本扩建日产 2000 吨熟料新型干法生产线，跨出了资本经营的第一步；1997 年 10 月，在香港联交所成功发行中国水泥行业在境外的第一只 H 股，筹集资金 8.23 亿港元；通过资本运作，2002 年 1 月在上海证交所又成功发行 A 股，建立了两个融资渠道，为企业高速发展提供大量资金。海螺集团按其市场战略布局，在省外沿海沿江及内地收购了宁波、南京、张家港、奉贤等水泥厂，改造成粉磨站或水泥中转库，在省内改造或新建了白马山、铜陵、荻港、枞阳等多条水泥生产线，迅速低成本扩张，实现企业规模效益，为开拓市场创造了有利条件。2004 年 5 月，中国第一条日产 1 万吨熟料生产线在海螺铜陵水泥公司点火投产，3 个月后便达产达标。此后，海螺集团又有 3 条日产 1 万吨熟料生产线相继成功投产。由于烧成系统的重大改进，海螺水泥日产 1 万吨熟料生产技术水平与当时世界仅有的 3 条日产 1 万吨熟料生产线相比要高出一筹，处于国际领先水平。海螺集团超速发展，确立其在国内水泥行业龙头地位，在国际大型企业之林中迅速崛起。原隶属安徽省建材局的省巢湖水泥厂、隶属省水利厅的省东关水泥厂也实现强强联合，根据安徽省建材工业“九五”规划和2010年远景目标，巢湖水泥厂、东关水泥厂强强联合，组建大集团。巢东水泥集团有限责任公司及巢东水泥股份有限公司组建完毕，经省政府批准，公司制改造及股票上市。巢东水泥 2000 年年底在上海证交所上市，筹集资金 4 亿多元。巢东集团多元化发展的“鲲鹏”战略定位，使自身实力大为增强。巢湖水泥厂还参股蚌埠天河水泥厂，东关水泥厂也控股合肥第二水泥厂。淮南凤台水泥厂兼并淮南水泥总厂后，组建安徽天石水泥集团有限公司。水泥企业实施的“大集团、大公司”发展战略基本实现。

技术进步　随着国家经济高速发展和市场需求大幅增长，安徽省的水泥工业由小到大、由弱变强，成为我国优质水泥生产基地。至 2005 年年末，全省规模以上水泥企业 177 个，从业人数 44149 人，当年生产水泥 3218 万吨，增长 1.3%；新型干法水泥熟料 3987 万吨，增长 37.4%；完成散装水泥 1071 万吨，增长 6.4%，全省平均水泥散装率为 33.3%，完成工业总产值 120.51 亿元；工业增加值 35.42 亿元；销售收入 120.88 亿元；利税总额 13.48 亿元；利润 6.65 亿元。2005 年安徽建成的新型干法水泥熟料生产线已达 50 条，年生产能力达 5300 万吨，新型干法水泥占水泥总产量 80% 以上，位居全国前列。

新型干法是世界最先进的水泥生产方法。1983 年国家建材局制订发展新型干法的技术政策。从此，水泥科技、设计、装备、地质、建设和生产等单位都转向新型干法。20 世纪 70 年代到 90 年代中期，我国水泥新型干法的发展处于技术开发阶段。1979 年安徽省“海螺水泥”的前身安徽省宁国水泥厂向日本购买日产 4000 吨熟料的新型干法成套设备 1 套。通过对外国成套设备和外国专利技术的引进、消化吸收，进行不断开发和自主创新，最终实现了新型干法技术装备的国产化。1995 年至 1996 年，“海螺”与天津、南京水泥设计研究院合作，突破了日产 2000 吨熟料新型干法生产线低投资建设的难关；2001 年至 2002 年，海螺又与天津、南京水泥设计研究院和装备制造企业合作，对日产 5000 吨熟料的新型干法生产线低投资建设进行攻关，先后建成海螺铜陵、海螺池州两条日产 5000 吨熟料的低投资示范线。2002 年以后，在安徽省和全国范围内掀起了新型干法水泥生产线建设的热潮，这些新线规模大，技术先进：普遍采用了生料辊压磨、带五级预热器和新型分解炉的回转窑、第三代冷却机、水泥挤压磨和高效选粉机等先进设备，新型干法生产技术水平和装备制造水平已日臻成熟。日产 5000 吨生产线已基本实现国产化，热耗、电耗、系统运转率等主要技术经济指标已达到国际先进水平。2005 年，安徽皖维集团水泥公司 6000 吨 / 日、怀宁海螺水泥公司 5000 吨 / 日、铜陵上峰水泥股份公司一期 5000 吨 / 日、海螺白马山水泥厂 4000 吨 / 日、广德桐星水泥公司 2500 吨 / 日、安徽润基水泥有限责任公司 2500 吨 / 日、铁鹏海豹水泥公司 2500 吨 / 日、淮南舜岳水泥公司二期 2500 吨 / 日、安徽大江股份有限公司 2500 吨 / 日、安徽华扬水泥公司 2500 吨 / 日、芜湖瑞信水泥公司 2500 吨 / 日、龙元建设安徽水泥有限公司 2500 吨 / 日等 12 条新型干法水泥熟料生产线建成投产，新增产能 1360 万吨。此外，繁昌杨山水泥公司 1300 吨 / 日和永年水泥公司 1300 吨 / 日新型干法水泥熟料生产线、马钢桃冲水泥厂 1200 吨 / 日的窑外预分解生产线技改项目、马鞍山海螺水泥公司年产 320 万吨水泥粉磨生产线项目也建成投产。日产 2500 吨以上大型化新型干法水泥窑已成为发展主流。海螺集团 2005 年水泥产量 4368 万吨，熟料产量 5317 万吨，已进入世界水泥企业五强。1997 年省政府提出“小水泥综合技术示范推广工程”，全省改造 160 条小水泥生产线。1998 年全省水泥产量 2100 万吨，总量连续多年居全国前 10 位（其中大水泥 670 万吨），水泥产品由单一的普通型水泥发展到快硬、膨胀、道路、油井、大坝、抗硫酸盐等 10 多种特种水泥。2001 年至 2003 年，全省取缔、关闭直径 2.2 米及以下的机立窑水泥生产企业 294 个，淘汰落后生产能力 1012 万吨。2002 年按照国家工业产品生产许可证办公室部署，省建材工业协会与省质量技术监督局等共同开展了全省水泥企业生产许可证换（发）证工作，全省共有 220 个水泥企业接受了现场审查，99% 的水泥企业通过现场审查。水泥企业利用钢铁厂的高炉矿渣、电厂的粉煤灰等工业废渣作为水泥混合材替代水泥原料，节能减排，节省资源。进入 21 世纪后，随着新型干法水泥技术的推广，水泥熟料烧成煤耗大幅下降。一些大型水泥企业的熟料标准煤耗已达到或超过 104 千克标准煤 / 吨的国际先进水平。1998 年海螺集团与天津水泥设计研究院合作，利用日本川崎重工公司赠送的全套低温余热发电装备，在海螺宁国水泥厂建成中国第一个水泥窑低温余热发电装置，即利用水泥预分解窑窑尾预热器和窑头冷却机排出的低温气体进行发电，平均吨熟料发电量为 36.24 千瓦时。这套装置的成功建成推动了中国低温余热发电技术的发展和应用。由于国家节能减排政策的导向、煤价和电价的高涨，2005 年以后，该项技术的推广应用非常迅猛。海螺川崎设备公司在引进此项技术的基础上，又开发出具有多种独特优势的新一代低温余热发电技术，并在国内外建成投产了 141 套水泥窑低温余热发电机组。中国水泥工业低温余热发电的装机容量、节煤量和二氧化碳减排量，与世界各国的水泥工业相比，都是首屈一指的。

第二章　玻璃与陶瓷建材工业

20世纪，安徽省平板玻璃工业在技术、装备、产量、质量、品种、规模等各领域得到较快发展，为实现安徽建材工业跨世纪发展战略，奠定了坚实的基础。

建筑卫生陶瓷是陶瓷家族的一大类，包括各种陶瓷墙砖、地砖、琉璃制品、饰面瓦、陶管和各种卫生间用的陶瓷器具及配件。建筑卫生陶瓷是指主要用于建筑物饰面、建筑构件和卫生设施的陶瓷制品。

第一节　平板玻璃工业

主要产品

平板玻璃。以硅砂（石英砂、石）、白云石、长石、纯碱和芒硝等原料，通过粉碎、配料和混合后，经窑炉熔化成玻璃液，再经成型、退火、切割等工序而制成的。安徽省生产平板玻璃成型方法有：有槽垂直引上法、平拉法和浮法。浮法玻璃是用浮法生产的平板玻璃。浮法是玻璃液从熔窑经流道和流槽进入锡槽，玻璃液漂浮在还原气体保护的金属锡熔液上，形成平整和火抛光的玻璃带，玻璃带边前进边冷却硬化，拉出锡槽后再经退火窑，然后在辊道上切割成原板。浮法玻璃表面光洁平整，接近磨光玻璃，除厚的浮法玻璃，通常规格为1500×2000毫米、1300×2 300毫米、1200×2 300毫米，最大尺寸可达2200×2400毫米。

钢化玻璃。用平板玻璃特选品、一级品、浮法玻璃或磨光玻璃为原料，经过选片、切裁、磨边、钻孔、清洗和干燥后，垂直吊挂于轨道上，再进入电炉加热至软化温度后，出电炉经风栅，用强风使其表面急剧冷却而成钢化玻璃。在急冷时玻璃产生一定内应力，即玻璃表面受强烈压缩，大大提高了玻璃的抗冲击强度，弯曲强度和温度急变时抵抗性。而且这种玻璃因受极大外力而破碎时，整片玻璃全部碎成细小均匀的小片，而且无尖锐棱角，不易伤人，所以钢化玻璃具有经久耐用安全可靠的特点，除具备一般平板玻璃用途外。特别用于高层建筑采光，仪器、仪表盘和飞机、火车、轮船、汽车等交通工具的挡风玻璃。安徽省生产的钢化玻璃为5毫米和6毫米两种厚度，具体尺寸规格按用户需要定制。

镀膜玻璃。1985年，蚌埠平板玻璃厂在建设浮法玻璃生产线的同时，从原联邦德国引进的全自动磁控阴极溅射工艺膜生产线，为全国首家引进国外具有世界先进水平的真空镀膜玻璃生产线。该套设备型号为 A1100Z3H/4 镀膜玻璃生产线，可生产高透明度、无色、低辐射隔热玻璃，为 2—4 层金属氧化物镀层复合而成各种透明和彩色的太阳能控制膜，用于单片或中空玻璃、高质量玻璃镜、汽车工业中所用的各种玻璃。对玻璃表面进行高透明高低辐射镀膜，可以大大地提高玻璃对入射光和光能量的控制。主要用于寒冷和气候多变的地区。该生产线制作的低辐射热玻璃，装设于高级建筑窗户上，能阻挡太阳光的热量进入室内。可降低空调旨 5% 左右，这种玻璃还能还有使建筑物外观更加美观，反射出各种令人心旷神怡、赏心悦目的艺术效果。蚌埠平板玻璃厂镀膜玻璃产品有透光率 6% ~ 35% 之间的单片玻璃，遮阳系数为 0.21 ~ 0.46 的各种反射的遮阳玻璃。规格为 1.1 米 ×1.2 米以下，颜色有银色、灰色、青铜色、宝石蓝色、金黄色等系列产品，这些产品具有优良的光学、热学、化学、机械、电学性能及其鲜艳美丽的外观。1988 年生产 0.79 万平方米，深受用户欢迎。

微晶玻璃。安庆市荣光微晶玻璃科技有限公司是由安庆市玻璃有限公司投资所建的安徽省唯一专业生产微晶石、装饰板材的高新技术企业。微晶石（又称微晶玻璃），是用优质石英砂经过一种特殊高温烧结工艺而成的均质材料，根除了导致天然石断裂纹。经烧结晶化而成的材料表面光洁度远高于石材，即使长期暴露于风雨及污染空气中，不会产生变质、褪色强度降低等现象。是一种可适当调节材料厚度，制造出质量轻、强度大的各种色彩面板和曲面板。

ITO 导电膜玻璃。安徽华光集团根据市场的需求，先后开发出 ITO 导电膜、中空、夹层、防弹、汽车挡风玻璃等。其中主导产品之一 ITO 导电膜玻璃是我国重点发展产业建筑业和电子业的必需品，尤其是信息产业、汽车等工业的发展市场广阔。该集团现有 ITO 导电膜生产技术设备均为引进先进水平，将进一步扩大能力、提高产品档次，以此为基础向上游的超薄玻璃发展和下游的电子信息产品延伸，使集团从传统产业向高科技的新型产业转化。

重点企业

安徽华光玻璃集团有限责任公司。前身是 1958 年始建的蚌埠平板玻璃厂，1993 年成立了蚌埠浮法玻璃总公司。1997 年 12 月 18 日，对原蚌埠浮法玻璃总公司进行改组改制，成立了国有独资的安徽华光玻璃集团有限公司，组建为安徽华光玻璃集团。2000 年，华光集团进行二次改制，与浙江大学、国家建材局蚌埠玻璃工业设计研究院、蚌埠建设投资公司等联合发起设立了安徽方兴科技股份有限公司。2002 年 11 月 8 日，方兴科技在上海成功上市。集团先后收购北京卫戍区山东莱阳长城安全玻璃厂、接收蚌埠玻璃钢厂、股权收购北京东方康乐园有限公司。与新加坡、澳大利亚、中国香港、中国台湾、美国等国家和地区的外商合作，组建了华益导电膜、时代塑业、民兴纺织等合资企业，创办美国休斯敦华艺玻璃公司，实现了境外办厂新的重大突破。

20世纪90年代中期，在浮法保窑举措成功的基础上，公司制定“强头、壮身、活尾”发展战略。“强头”即建设稳固原料基地；“壮身”即做大做强优质浮法玻璃，实现规模化经营；“活尾”即拓展信息显示材料、玻璃深加工和化学建材产业。特别是500吨/日的信息显示基片、ITO导电膜三线、四线等一批国家级高新技术项目的建成投产，开创了企业发展史上新纪元，产品结构从单一的普通平板玻璃发展到以ITO导电膜玻璃为主体的高科技信息显示材料产业链，以CVD在线镀膜和钢化、中空、夹层、铝镜、汽车挡风、防弹防暴、艺术玻璃等高附加值的深加工产业链，以PVC型材、PE管、塑钢门窗为主体的高市场容量的化学建材产业链，以优质硅砂、环保建材及附属产品为主体的硅质原料产业链，成为中国ITO导电膜玻璃和玻璃新材料的领军企业之一。通过ISO 9001质量管理体系，ISO 14000环境管理体系和ISO 18000职业卫生体系认证，获安徽省质量管理奖、安徽省质量最佳企业称号。“华光”为安徽省著名商标。在北京、上海、宜昌、苏州、合肥等地设立销售公司，华光系列产品远销18个国家和地区。集团有9个全资子公司、1个上市公司、6个控股的合资子公司、1个海外子公司的跨行业。总资产从1996年1.8亿发展到2004年16亿。集团占地1200亩，成为全国最大的ITO导电膜玻璃基地、华东地区最大的优质硅质原料基地、重要的玻璃深加工基地和安徽省较大规模的化学建材、化学管材基地。在ITO导电膜玻璃基础上，上游发展IFT-LCD超薄显示基片、下游发展再生硅片、触摸屏、手机模块和电脑面板、彩色滤光片等高新技术产品。一期、二期全部建成投产后，华光成为中国最具竞争实力的信息显示材料产业基地，并建设国家级的玻璃新材料产业的基地。2004年在已有6000HDPE管材生产线基础上，扩建年产50000吨HDPE管材生产线和配套项目——50万件管件项目。利用石英砂基地的尾砂，开发环保建材综合开发项目。

集团公司成立了博士后科研工作站，设立了信息显示材料研究、复合镀膜研究、超薄玻璃研究、海外发展研究等课题和精细材料研究试验室，从而在特种玻璃和功能玻璃方面形成了企业的“专有技术”和“专利产品”。至2004年，方兴科技获“国家级火炬计划重点高新技术企业”称号。

安徽恒春玻璃股份有限公司。成立于1998年，位于合肥市蜀山区南岗镇，是省内规模最大、设备最全、产品最多的玻璃深加工企业之一。有标准化厂房1.2万平方米，员工200余人，具有国际先进水平的玻璃深加工设备和标志着节能环保尖端工艺的LOW-E中空玻璃生产线。与中英合资玻璃生产企业上海耀华皮尔金顿股份有限公司合作，通过国家玻璃检验中心的检测认证、CCC国家强制性认证和ISO 90001国际质量体系认证，获得“AAA”级信用。是上海耀华皮尔金顿股份有限公司在安徽代理（安徽办事处），是上海市玻璃玻璃纤维玻璃钢协会会员单位。

安徽华鹏钢化玻璃有限公司。位于合肥龙岗同泰工业园，是以新技术、新工艺、先进设备进入玻璃市场的深加工企业。2004 年以来，先后投产 2440×3600 毫米弯钢生产线，推出热熔、车刻、肌理、彩绘、精雕、镶嵌、凹蒙、聚晶等各种装饰工艺玻璃；生产平钢化、弯钢化、夹胶、中空、防火、防弹等玻璃，产品销往全国各地。

安徽盛世光学玻璃有限公司。2003 年成立，位于蚌埠市宝塔路 18 号，是国内从事超宽幅光学玻璃板材及其深加工产品的研发、加工和销售业务的专业公司。主导产品：超宽幅光学玻璃板材、光学玻璃楼梯立柱、无色、彩色发泡光学玻璃装饰立柱，适用于高档宾馆、酒店、别墅、娱乐场所及复式住宅装饰。2004 年以来，承担完成国家级火炬计划、国家新产品计划、国家高新技术出口产品研发计划项目。自主研发的超宽幅光学和彩色光学玻璃板材连熔生产技术填补了国内空白。与中国科学院上海光机所合作开发的超宽幅功能光学玻璃连熔生产技术首次实现激光彩色内雕专用玻璃的产业化生产，并通过 ISO 9001 质量管理体系、ISO 14001 环境管理体系、OHSMS18000 职业健康安全管理体系认证。产品远销美国、加拿大、阿联酋、东南亚各国以及香港和台湾地区。

合肥源田玻璃有限公司。始创于 1998 年，位于庐阳区产业园，员工 200 余人，占地面积 1 万余平方米，具备建筑玻璃各大品种的生产能力（中空玻璃、钢化玻璃、夹层玻璃、防弹、防火玻璃等），是安徽省内最具规模、专业能力最强的玻璃深加工企业之一。有 2 条韩国进口的全自动高速中空生产线、国内最先进的强制对流钢化玻璃生产线、全自动夹层玻璃生产线（3000*6000），月产量分别为（中空）1.5 万平方米 / 月、2 万平方米 / 月、（钢化）6 万平方米 / 月、（夹胶）1.8 万平方米 / 月。车间内实现全封闭无尘化生产。

合肥嘉伟装饰工程有限责任公司。1997 年成立，是一家民营股份制企业。2004 年在合肥经济技术开发区桃花工业园购买 30 亩土地，投资 1500 万元建成了集办公、生产于一体的现代化花园式新厂区，投资数百万元配备了中空玻璃生产线、数控切割机、数控清角机、数控四头组、四位无线焊接机等先进生产设备，生产规模跃居合肥市同行业之首。员工 100 余人，其中专业技术、管理人员 40 余人。主要从事塑钢门窗、铝合金门窗、玻璃幕墙的生产制作、安装以及室内装修业务，有金属门窗二级、室内装修三级、玻璃幕墙二级等资质，年生产能力达 15 万平方米，年工业总产值达 8000 万元。

第二节 建筑卫生陶瓷工业

主要产品

白色釉面砖。1988 年统计，全省生产白色釉面转的有淮南瓷厂、无为县建筑材料陶瓷厂、枞阳陶瓷厂等 14 个企业。釉面砖主要用于内墙面、柱面等处装饰。一般厨房、卫生间、化验室、宾馆、大厦等用得较多。通常属于多孔性的精陶制品，习惯上称作瓷砖。淮南瓷厂生产的152毫米 ×152毫米 ×5毫米“康乐”牌白色釉面砖，产品符合国家标准，瓷面洁白、平正、粘贴方便，有较好的抗冻性、抗折性和急弯性，受到国内外用户欢迎。1981年一次由香港出口釉面砖2.61万平方米。1985年被省命名为优质产品，1985年至1988年，在省级行业质量检查评比中连续4次夺魁。1988年该厂釉面砖产量达124.3万平方米。无为县建筑材料陶瓷厂生产的“大江”牌白色釉面砖，釉面光洁无色差，无后期龟裂现象，粘贴方便、牢固，其各项理化指标均符合或超过国家规定的GB100–83标准。1986年获省优级产品称号。1985年、1986年、1988年3年在省级行业质量检查评比中名列第三。该产品销往上海、江苏、江南等11个省、市。并于1988年出口销往美国、法国、韩国、中东等国家和地区，畅销不衰。1988年该厂釉面砖产量为45.1万平方米，创利润38.5万元，实现税金67.7万元。

彩色釉面砖。淮南瓷厂、淮北市卫生陶瓷三、无为县建筑材料陶瓷厂等均有生产，分有光彩色釉面转和无光彩色釉面砖两种。该产品是在不断更新开发出来属于釉面砖范围的一个品种，已广泛用于楼、堂、馆、所、商店等处饰面装潢，也适用于化验室、厨房、卫生间级一般家庭、住宅的内墙和花圃装饰，有的用于门厅正壁或两侧作壁画，或其他颜色绚丽的图案画，产品美观、整洁、大方，有较高水平的艺术观赏价值。

墙地砖。1988年统计，全省生产各种墙地砖的企业有宁国县建筑材料总厂、屯溪建材厂芜湖市新型建筑材料厂等14个厂。墙地砖是用于各种建筑墙面、地面装饰的陶瓷砖。除釉面砖外，一般统称墙地砖。墙地砖产品主要包括：外墙贴面砖（即釉墙砖）、铺地砖、陶瓷锦砖（即马赛克）、玻璃锦砖（即玻璃马赛克）等。其中玻璃马赛克虽为玻璃制品，但属于锦砖范畴，用途一样故亦列为墙地砖产品。

外墙贴面砖。简称外墙砖或釉墙砖，系以各种有色的可塑性难熔粘土或易熔粘土为主要原料制成，为了调节工艺性能，常适当掺加石英砂，熟料等瘠笥原料。该砖又分表面无釉外墙贴面砖和表面有釉面墙贴面砖（釉面砖），均用于外墙巾面。该产品因施工方便、价格不高，色彩落落大方和水泥浆胶结结易于牢固等优点，用作高层建筑的外墙贴面越来越多，今后逐渐有替代锦砖贴墙面的趋势。其一般规格为200毫米 ×100毫米 ×12毫米、150毫米 ×75毫米 ×12毫米、108毫米 ×108毫米 ×8毫米、75毫米 ×75毫米 ×8毫米等。其性能：质地坚固、吸水率不大于8%、色调柔和、耐水抗冻、经久耐用。

铺地砖。简称地砖，该砖是以可塑的耐火粘土或难熔粘土为主要原料，用半干压法成型，在各种型式的窑炉中，以1160℃ ~ 1250℃的温度烧成。地砖花色有红、白、浅黄、深黄色等色。其形状有正方形、长方形、六边形等各种形状。其质量要求为：吸水率不大于4%、硬度小于莫氏标7，在 –17℃下、饱和了水的砖须经受得住20次冻融而不发生显著缺陷。该产品特点是砖面平整，抗腐耐磨，施工方便，还可排成图案，装饰效果好，一般用于台阶铺贴。1988 年宁国县建筑材料总厂生产工艺的紫砂墙地砖达 5.84 万平方米。宁国县紫砂工艺生产的红地砖是一新型饰面建筑材料，很受用户欢迎，产品畅销省内外。该产品色泽自然，质感强烈，朴实典雅，具有浓厚的民族风格，适用于宾馆、礼堂、园林、学校和家庭住宅处。1988 年，生产红地砖 0.73 万平方米，实现利税 5.0 万元。

陶瓷锦砖。通称马赛克。该产品系以优质瓷土烧制而成，质地坚实，经久耐用，色泽多样。耐酸耐碱、耐火耐磨，不渗水，易清洗，抗压力强，吸水率小，在 ±20℃下无开裂现象。用于工业、民用建筑物的洁净车间、门厅走廊、厕所、盥洗室、浴室、化验室等处的地面或外墙面，故又为墙地砖范畴。陶瓷锦砖在省内外一些大中城市还用作高层建筑物质的外墙饰面材料。有的拼出各种图案，清新悦目，装饰效果好。该产品技术要求：吸水率不大 0.2%，脱纸时间不大于 40 分钟。其规格一般为 25 毫米 ×25 毫米 ×4 毫米，有“大方”“中方”之分等。由于这种砖花式繁多，颜色丰富可拼成各种织锦式的图案，国家建筑材料工业局根据这一情况，于 1975 年统一建筑陶瓷产品名称时，定名为陶瓷锦砖。

玻璃锦砖。又称玻璃马赛克、玻璃纸皮石，旌德县建材厂生产，该厂是全省生产产量最多的一个企业。该产品是用石英砂或碎玻璃为主要原料熔融而成，故有的将玻璃锦划为玻璃制品范围。产品特点是质地坚硬，色彩绚丽，颜色典雅、柔和，不论日晒雨淋均不褪色。抗酸、抗碱、抗腐蚀，美观大方，不易污染。污染后以水冲洗颜色如新。适用于建筑物的外墙饰面，内墙也可用。玻璃锦砖较之陶瓷马赛克有造价较便宜，颜色更鲜明，表面光滑，不易积灰，具有装饰效果好的优点。1988 年该厂生产玻璃马赛克 352 吨（每吨约合 150 平方米），实现利税 3 万元。

玻璃瓦。是一种以陶为胎，施以玻璃釉再入窑烧制而成的屋面建筑材料。它以质地坚实、色彩绚丽、造型古朴、富有传统的民族特色而著称。用玻璃瓦及其系列产品作屋面等材料，不但是一种高级装饰，富有传统的民族特色外，而且还有对屋面的夏季抗热冬季保温及防雷电的功能。该产品将随着国民经济的不断发展，在国内外市场有进一步推广、使用价值。宁国县建筑材料厂生产的玻璃瓦及其玻璃系列建筑陶瓷产品，投放市场的主要品种有：水瓦、盖瓦、云头、博古、当勾、正吻、滴水、压条、兽头、翘脊角尖、瓦脊宝顶、仙人骑狮 30 多个。产品釉有铬绿、金黄、橘黄、橘红、翡翠、天蓝、孔雀蓝等十几种颜色。另外，还生产为玻璃瓦配套的玻璃制品，如古色古香的宝顶芦，飞禽走兽的屋脊等。该厂还生产附贴立体龙的缸，玲珑剔透的九层烟缸塔，仿敦煌壁画的佛像头，花窗，竹节，栏杆等几十种。产品畅销江苏、江西、浙江等省，其中外黄内绿的二龙戏珠龙缸，销往美国、日本、新加坡等国家和中国香港地区，很受欢迎。1988年宁国县建陶厂生产玻璃瓦及玻璃系列产品27.2万件，创利税10.33万元。

重点企业

淮南瓷厂。1975年开始生产，商标“淮南”牌。该产品由唐山引进。设计上采用虹式水封坐便器，功能好，用水量、急变性等理化指标达国家标准。1986年，产品被省经委评为优质产品。1988年福州式坐便器及配套水箱产量共达15万件，产值达人民币360万元。淮南瓷厂生产的洗面盆，1987年获省优质产品称号。1988年洗面盆产量3.6万件，产值人民币46.8万元。该厂生产的“淮南”牌蹲便器1988年被评为省优质产品。

淮北市惠尔普建筑陶瓷有限公司。2005年成立，位于淮北市烈山区陶瓷工业园，由中国台湾钧汇鑫实业有限公司、佛山惠尔普陶瓷有限公司和烈山村合作兴建，是一家专业从事新型高科技环保建材产品的设计、开发、生产、销售、服务一体化业务的中外合资企业，年创产值3.5亿元。八条生产线主要生产250毫米 ×330毫米、800毫米 ×800毫米等规格及上百种花色品种的地砖、内墙砖、仿古砖。2000年通过质量管理体系认证，2004通过环境管理体系认证。2006年被省科技厅定为安徽省民营科技企业。2007年12月被淮北市科技局定为高新技术企业和高新技术产品。“惠尔普”品牌自2005年推出，产品畅销全国各地。

第三章　新型建筑材料

“九五”和“十五”期间，安徽省的化学建材突出在PVC型材和管材的发展。芜湖海螺型材科技股份有限公司，建有10万平方米生产厂房，到2004年已从德国、奥地利引进了256条PVC型材生产线，形成50万吨生产能力。2003年完成各种规格型材30万吨。2004年产量达40多万吨。其中彩色型材有很大的突破，2004年达6000～7000吨。公司的生产规模和销量已居全国和世界第一位。国风集团现拥有固定资产35亿元，销售收入30多亿元，实现利税近2亿元。其中所属安徽国通高新管业股份有限公司到“十五”期末，管材年产量达到40万吨，成为全国乃至亚洲最大的塑料管材生产基地。安徽国风木塑科技有限公司，投资4亿元，建设年产30万吨木塑环保新材料自动化生产线，成为中国最大的木塑产业基地之一。安徽国风塑料建材有限公司拥有包括国产和引进PVC型材和板材生产线总计65余条，形成了7万吨生产能力。巢东集团新型建材有限公司从德国引进年产22.5万樘PVC发泡门生产线。于2001年2月份开工建设，2003年7月投入试生产，当年完成PVC半成品板材5000块，成品套装门1000樘，各种半成品辅材7万米。2004年上半年已生产成品套装门1248樘，半成品型材165773m，板材5810块。由于产品投放市场不久，各种渠道尚不畅通，因此尚未达到预定的目标。

第一节　化学材料

化学建材是指以合成有机高分子材料为主要成分的新型建筑材料。主要包括建筑塑料、建筑涂料、防水密封材料、保温隔热材料、建筑用胶粘剂、混凝土外加剂等。化学建材具有许多特点如：外形美观、比重小、比强度高、耐磨、易于成型、耐腐蚀、不霉烂等特点，并具有防水、密封、保温、隔热、抗震、隔声等建筑上所需要的功能，发展化学建材是节能、代木的好途径。

建筑塑料　安徽省生产的主要建筑塑料产品如下：塑料管，在建筑塑料中用量大。产品品种也较多，如按材质分有硬质聚氯乙烯管（UPVC）、聚氯乙烯（UPE）、交联聚乙烯管（XPE）、聚丙烯管（PP）、三型聚丙烯管（PP-R）、铝塑复合管（PAP）、钢塑复合管（SP）、玻璃钢砂管（RPM）等；如按用途分有排水管、给水管、热水管、煤气管、穿线管、落水管等；如按管结构形式分有实壁管、发泡管、双壁波纹管、单壁波纹管、径向加筋管、螺旋缠绕管等。不同品种的塑料管的主要领域不同。至2005年，用量最大的是实壁UVCV管，其次是PE管。近几年来XPE、PAP、PP–R及SP管发展也很快。塑料窗，具有防水、密封、保温、隔热等优良性能，可大量节约木材，使塑料窗的发展受到国家重视。安徽省海螺、国风、华光等集团生产的UPVC型材都是从国外引进技术和设备，不论规模还是质量，在全国同行业中，具有较强的竞争力。PVC发泡门，安徽巢东新型材料有限责任公司全套引进德国、奥地利研制开发的当代最先进的PVC发泡整体面板挤压生产线，年生产力可达22.5万套装门。模具及表面热转印处理技术，利用德国熊牌等公司的科学配方，研发生产新一代科技环保巢东格瑞套整门。该产品有免油漆、无色差、零甲醛、防潮、防腐、防蛀、阻燃等性能，属绿色环保产品。

建筑涂料

水溶性内墙涂料。是以聚乙烯醇为基料加入适量助剂、填料、颜料等经砂磨而成。此种涂料分为两类：一类用于一般墙面，不具有耐洗刷性能，生产厂较多，几乎所有建筑涂料厂都生产此类产品；一类具有耐洗刷性能，具有涂膜光滑、平整、不起灰、不脱落的特点，产品标准执行皖JC–36–85，该产品用在干湿交替的环境中易起泡脱落或起灰，但因价廉物美、色调淡雅、装饰效果好，消费者仍乐于使用。

水溶性聚乙烯醇缩甲醛胶粘剂　此种胶粘剂的商品名称为107胶，是以聚乙烯醇和甲醛在酸性介质中缩合而成的一种透明水溶性胶体。能用水任意稀释作贴墙布、壁纸的黏结剂，配制聚合砂浆用于粘贴马赛克、瓷砖，可配制水溶性涂料用于内外墙面装饰。产品标准执行皖Q/JC08–84。

地面涂料及改性地面涂料。地面涂料是以聚乙烯醇缩甲醛为基料，加以填料、颜料等经砂磨而成；改性地面涂料是聚乙烯醇缩甲醛和乳液为基料，加入填料、颜料等经砂磨而成。此种涂料可用于民用建筑的新旧水泥地面装饰，尤其适宜于质量不良起毛的旧水泥地面装饰。其主要做法：约1份涂料，2份水泥放入容器搅匀，用橡皮刮板均匀涂刷于地面，待地面干燥后涂第二层第三层，每层厚约0.5毫米。最后一次涂层干燥后用零号砂磨平施工痕迹，再涂刷1至2层氯偏乳液（商品名称罩光剂），打蜡保持地面光洁。

有机和无机外墙涂料。有机外墙涂料是以聚酯乙烯乳液或苯—丙、乙—丙、氯偏等合成树脂乳液为基料，再加填充料、着色颜料、分散剂、增塑剂、抗冻剂、成膜助剂等制成。无机外墙涂料是以硅酸钾、硅酸钠为主要胶结剂，再加助剂、填料、着色颜料及固化剂，为了方便施工可制成单组分或双组分。

多彩内墙涂料。多彩内墙涂料经一次喷涂，即能获得具有立体感的多彩色涂膜饰面。该产品的配方和生产工艺尚未公开。产品名称也不统一，有称复层花纹涂料、复导喷塑涂料、复层涂料等等。其主要特征是饰面效果新颖、图案多变，可根据设计要求产生不同风格的涂层饰面；对人体无害、耐污染、可擦洗；不霉变、不变色、使用期限较长。

防水材料

石油沥青纸粉面油毡。至 2005 年，阜阳、宿县、滁县、六安等地区和合肥、淮南、蚌埠、安庆、马鞍山等市共有 50 个油毡企业生产这种产品，其中 21 个重点企业。油毡是以普通原纸为胎基，采用低软化点石油沥青为浸渍材料，掺有一定比例填充料的高软化点油沥青为涂盖材料，并以滑石粉撒布或涂布材料，经过制毡工艺过程而制成的一种纸胎防水卷材。这种产品主要用于工业与民用建筑工程等屋面的防水层；用于地下室、冷库、隧道、人防工程等特殊建筑物的防水、防潮；用于临时性棚屋的搭盖，瓦屋面的底层及墙基、地坪的隔潮层；也是工业产品装箱用的防水、防潮材料。

煤沥青纸胎粉面油毡。这一产品的生产工艺流程与石油沥青纸胎油毡基本相同，仅在使用的原料方面有区别。石油沥青油毡是以石油沥青做浸渍与涂盖材料，而煤沥青油毡则是以煤沥青做浸渍与涂盖材料的。其品种比较单一，只有 350 号一种，每卷总面积为 20 ± 0.3 平方米，幅宽 915 毫米，每卷质量不小于 23 千克。它的用途也没有石油沥青毡广泛，仅适用于地下防水、建筑防潮和工业产品包装等方面。对于多层防水层的各层或面层，一般不选用这种产品，但因其价格较低廉，故仍有生命力。

氯化聚乙烯－橡胶共混防水卷材（简称橡胶防水卷材）。它是以聚氯乙烯、热塑性弹性体、合成橡胶及适量填充料为主体，经过共混改性、塑化、压延等多道工序生产而成。具有弹性好、强度高、耐老化、使用温度适应性强以及冷施工操作方便等特点。共用途与油毡相同，主要用于屋面和地下防水工程，但其防水效果好于油毡。该产品执行 Q/JX-89 安徽省企业标准，其产品规格是：长度 20 ± 0.3 平方米，宽度是 900 ~ 1000 毫米，厚度 1 ± 0.2。如用户对产品规格有特殊需要，可与厂方协商另行组织生产。

聚氯乙烯防水油膏。它是以聚氯乙烯树脂、煤焦油为基料，按一定比例加入填充剂等原料，经反应釜炼制而成的弹性膏状物质，具有良好的防水性、弹塑性、耐候性和抗老化性等功能。它的特点是热熔施工，黏结力强，使用温度在零下 20℃ ~ 零下 70℃之间，炎夏不流淌，寒冬不脆裂，耐酸、耐碱、耐老化，在腐蚀性气体的环境下均可使用。用于屋面坡度步于 13° 的工业和民用建筑，浇注屋面，预控板屋面及装配式大板房结构和屋面满铺防水；用于各种混凝土屋面、墙板、地下室、天沟、渡槽、桥梁、水管接缝等建筑物（件）的嵌缝防水，用于基础、油库、池罐及管道的防渗、防潮、防腐等。

乳化沥青　产品是以定量的石油沥青为基料，配以其他材料置于含有一定浓度乳化剂的溶液中，经过机械强力搅拌，使石油沥青均匀分散于水中，形成一种相对稳定的糊状沥青乳液，具有较好的耐热性、柔软性和不透水性，无毒、无臭、防锈、防腐、不燃烧、干燥快等功能。其最大特点是使用该产品时，不需加热，不用溶剂，可在潮湿的基础上进行冷施工，既减轻了劳动强度，改善了劳动条件，又减少了环境污染和工伤事故的隐患，是取代传统“2 毡 3 油”的新型防水材料。其主要用途是屋面防水和地下防渗、防漏工程，尤其地有严格要求的防火单位如仓库、纺织厂、化工厂更为适宜。对老沥青屋面、石棉瓦屋面的渗漏维修操作简便，根据防水要求可做一布四涂或二布五涂，因铺刷的玻纤风格布为无机胎机，不易腐蚀霉烂，较纸胎油毡所做的“2 毡 3 油”防水层使用寿命长。

氯丁橡胶沥青防水涂料。是以橡胶、沥青及化学助剂配制而成的新型防水材料。具有橡胶和沥青的双重优点，即保持沥青的防水性，又以氯丁橡胶的弹性、耐候性改变沥青的脆软性。具有耐热、抗渗、耐腐蚀，耐老化、黏性好、抗拉强度高等特点。这一产品目前在国外先进国家已广泛使用，在国内尚属开发阶段，其优良的综合性能超过传统的防水卷材——油毡。该产品变热作业为冷施工，安全可靠，操作方便，用它做成的防水层既轻又韧，光泽度好，配以玻纤网格布增强，承震性能优良，使用寿命长，有着广泛的应用价值。主要用于工业厂房及民用建筑屋面防水；铝合金、白铁皮、石棉瓦、玻璃钢瓦屋面防水。也适用于地下水池、沼气池、地下室、管道、桥梁、墙体、军工等防水工程。

HK–Q–2 型防水冷胶料。该产品是以 A 液（橡胶乳液）和 B 液（沥青乳液）为主要成分，按一定比例混合成一种胶质材料，施工时加衬玻璃纤维布做骨架，涂以冷胶料固化后便可，可广泛用于屋面、墙体、地面、冷库、地下室、蓄水煤矿、隧道、民宅及高层楼面等项目工程的防水、防潮、防渗、防漏和隔气嵌缝，也是旧屋面及其他防水工程维修、翻修的理想材料，也可做高速公路、体育场、机场遗产的优质粘接材料。该产品的主要特点是高温 80℃不流淌，低温摄氏零下 20℃不脆裂，黏结性能强、弹塑性能好，耐酸碱性强，干燥速度快，自然老化慢，无毒无臭不燃烧。使用该胶料变热作业为冷施工，减少了环境污染，减轻了工人劳动强度，提高了施工效率，而且操作简便，易于掌握。使用该冷胶经济效益较“2 毡 3 油”的价格约低 10%，使用寿命长，施工一次可保持 8 ~ 10 年不需翻修。

JC–2 型防水冷胶料。该产品是以橡胶、沥青为基料，经过化学改性，再加助剂而研究开发的一种新型防水冷胶料，它的性能、特点、用途及施方法与 KH–Q–2 型防水胶料基本相同。

建筑用胶粘剂。中国建筑用粘剂发展较晚，但随着新型材料的发展及迅速扩大的装饰修业的需要，2000 年以来，建筑胶剂的发展很快，品种也较多，有聚酯酸乙烯及共聚物，丙烯酸及聚合物，环氧，聚氨酯，氯丁胶等胶粘剂。现中国建筑胶粘剂的产量约 40 万吨 / 年。虽然这几年建筑胶粘剂发展很快，但与国外相比，企业规模小，又往往是作为新型建材厂的附属产品，技术水平低，生产装备简单，产品质量以中低档为主。

木塑新材料 木塑产品的主要原料是废旧的塑料和树杈（木粉）、农作物禾秆粉等（植物纤维）。材料成本低、木塑产品可以重复回收再利用，是属环保型产品。该产品主要用于包装材料，如托盘、包装箱、仓库垫合板、公园休闲椅、凉亭公共设施、活动房屋、建筑模板、装饰异型材、耐腐工棚、铺板、地板、车船内装饰材料。该产品安徽国风木塑科技有限公司有生产。

拆装轻质隔墙 帕特康派墙体系统有限公司生产的 PC–350 拆装轻质隔墙，是引进加拿大先进生产及组装技术，采用自重锁定技术，使面板与 PV 龙骨牢固连接。墙板、门框、踢脚板、收边材料的有机组合，隔音率达 48 分贝，耐火极限为 2 小时，每一块墙板均可拆卸再复原，给维修墙内设施提供便利，是属绿色环保产品。

塑料管材生产企业

芜湖海螺塑料型材有限公司。1994 年 12 月成立，2000 年 5 月上市，是国内首家以塑料型材为主业的上市公司，A 股股票代码（000619）。全套引进德国、奥地利最先进生产设备，全部采用自动化作业，1995 年 12 月产出第一根塑料型材，1997 年就主导了沪、皖、江、浙市场。2003 年 1 月获国家产品免检证书。投入巨资购置国际先进的实验仪器，建有世界一流的实验室，参与国内行业标准制定，研发适合中国市场的型材配方，获得多项专利，自主研发出栅栏、卷帘窗、俄式、法式系列等新产品，有 1000 多套品种各异的模具，产品囊括俄式、法式等十二大系列塑料门窗异型材、彩色涂膜异型材、双色及全色木纹共挤型材、栅栏型材、管材等。1997 年通过欧共体产品质量认证，2000 年获 ISO 9001 质量体系认证、2003 年获 ISO 14001 环境体系及绿色建材产品认证，2003 年元月获国家质量总局颁发的产品免检证书，通过美国 AAMA 认证。是全国型材塑钢门窗定点企业，安徽省名牌企业和名牌产品，AAA 级信用企业，国家级火炬计划重点高新技术企业。总资产超过 26 亿元，除芜湖本部外，在宁波、唐山、英德设立生产基地，覆盖长三角、珠三角、环渤海区域，有 328 条现代化挤出生产线，产销规模达 60 万吨，是我国塑料型材行业龙头企业，产销量连续四年位居世界前列。在国内设有 100 多个市场部，销售网络遍及全国各地，占有国内 30% 市场份额，在哈萨克斯坦、俄罗斯等国设立销售机构，产品远销英国、德国等西欧及东欧、中亚、北美、东南亚等国际市场。

安徽百通集团。是中外合资企业集团，组建于 1987 年，是由安徽宿州百通实业有限公司、安徽百川塑业有限公司、安徽尤尼克制管有限公司、安徽互通制管有限公司及上海帕特康派墙体系统有限公司所组成的紧密型企业集团，从事 PP-R 管、HDPE 给水管、PE 燃气管、PVC-U 给排水管、电线电缆导管、铝塑复合管的研制和生产。集团各企业是与澳大利亚、新加坡、德国、加拿大等国家著名生产厂商共同投资兴办的经济实体，固定资产投资 8700 万元。主要生产设备和模具从德国、意大利、奥地利、新加坡、美国及香港地区引进。年生产 PVC，PE，PPR 管材管件 1.5 万吨，铝塑复合管 1300 万米及 200 万平方米墙体的生产能力，被建设部列为国家化学建材骨干企业。

安徽国通高新管业股份有限公司。位于合肥经济技术开发区， 是专业生产新型塑料管材的企业，年产 10 万吨生产能力，是国内口径最大（1426 毫米双壁波纹管）、规模最大（年加工能力 10 万吨）、品种最多（6 大系列 400 多个规格）的生产企业之一，2004 年 2 月在上海证券交易所上市。获“全国质量管理先进企业”“中国名牌企业”“国家火炬计划重点高新技术企业”“安徽省优秀高新技术企业”等称号，被评为“中国免检产品”“国家重点新产品”“中国市场名牌塑料建材行业十佳品牌”、建设部“住宅建设推荐产品”、“安徽省名牌产品”等，通过 ISO 9001 质量管理体系认证。是建设部和有关部委优先、重点推广使用的新型化学建材产品，应用于上海浦东国际机场等数千个国家级、省级重点工程和基础设施建设。

安徽全柴动力股份有限公司欧波管业厂。位于全椒县经济开发区，从 1999 年起，公司投巨资先后从国内外引进了多条铝塑复合管生产线、PVC 双壁波纹管生产线、PE 波纹管生产线、HDPE 硅芯管生产线及 PE 给水管和燃气管生产线，生产多种型号的铝塑复合管、双壁波纹管、硅芯管、给水管及燃气管等几大类产品，年生产能力为 10 万吨。市场覆盖除西藏以外的全国大部分区域，部分产品出口国外，年销售额近 1.5 亿元。2005 年，“欧波”管材被认定为安徽省名牌产品。

蚌埠时代塑业有限公司。1998 年成立，是由安徽华光玻璃集团与澳大利亚罗森伯格商务有限公司共同出资组建的大型化学建材企业，隶属中国建筑材料集团公司。坐落在蚌埠市高新技术产业开发区，2001 年投巨资从奥地利辛辛那提公司全套引进具有国际一流水平的塑料挤出生产线，年产 $\phi 16\sim800$ 毫米各种规格的 HDPE 给水管、燃气管管材 1 万吨以及热熔、焊制管件。通过 ISO 9001 质量管理体系认证，产品通过国家塑料制品质量监督检验中心检测，取得安徽经济贸易委员会颁发的“新产品新技术鉴定验收证书”，2004 年 HDPE 管材被省科技厅认定为“安徽省高新技术产品”，2007 年取得“国家免检资格”，获省科技厅颁发“安徽省高新技术产品证书”，被中国市场协会评为“质量、服务、信誉 AAA 级企业”。

合肥安诺新型建材有限公司。是安徽省最早进行塑料管业生产的专业制造商之一，位于合肥经济技术开发区，投资 4000 万元人民币，有国际标准厂房 4 幢，厂区面积 4.3 万平方米，员工 200 多人，其中助理工程师以上 20 人。1998 年引进德国全套先进生产技术，专业生产新一代环保聚丙烯PP-R管材管件及熔接工具、大口径排水、排污HDPE中空壁缠绕管、通信用HDPE硅芯管、U-PVC排水、电工护套管，C-PVC高压电缆电线管、PE给水管等管道。PP-R管材管件年生产能力5000吨，产品规格从dn20毫米—dn110毫米。可生产最大口径dn1600毫米的HDPE中空壁缠绕管道，该项目填补了安徽省空白。“安诺”牌PP-R管材管件采用100%食品级进口原料，执行国家卫生标准（GB/T17219）。产品多年被评为安徽省“市场质量放心产品”“江苏市场名优产品”“安徽省著名商标”，产品出口欧洲市场。

合肥荣事达管业有限公司。位于合肥市龙塘工业区，是专业生产U-PVC排水管、阻燃电工套管及PP-R给水等各类塑料管材、管件企业。厂区面积2.5万平方米，有PP-R给水管材生产线3条、管件模具200多副、注塑机12台、U-PVC排水管材生产线4条、U-PVC阻燃电工套管生产线2条，年生产能力5000吨。采用原装进口PP-R原材料，按国际标准及国家标准生产，2007年通过国家质量技术监督局产品检测。产品经中国人民保险公司承保，是中国质量协会、中国建材工业协会推荐的住宅冷热水管、纯净水管、中央空调冷凝管、地暖工程、换热站及外网工程用管。

华亚芜湖塑胶有限公司。是由台湾台塑集团与芜湖塑胶公司合资兴建的企业，坐落于芜湖市经济技术开发区，占地108亩。华亚集团一期工程投资1.26亿美元，年产PVC管材9万吨、PVC管件1.2万吨。华亚（芜湖）塑胶有限公司是华亚集团主要成员之一，一期工程年产PVC管材3万吨，为大陆最大的管材生产厂家之一。采用台塑集团全电脑化管理模式组织生产。产品采用ISO国际标准，符合GB国家标准，部分指标超越国标，产品1996年投放市场。

安徽神剑科技股份有限公司双玖塑业公司。是安徽神剑科技股份有限公司的一个全资分公司，是专业生产塑料管材和管件的新型化学建材企业。从德国莱芬豪舍公司和德莱斯堡公司引进挤出生产线各一条，有挤出机20余台，注塑机30余台，年产8000吨管材、管件。产品有UPVC排水管材、管件，UPVC给水管材、管件和电工套管及配件等系列产品。“双玖”牌产品自90年代初进入市场，国内畅销并出口东南亚市场。1996年通过ISO 9001质量体系认证，1996年、2000年和2004年连续获安徽省质量管理奖，1999年为安徽省免检产品，2003年为安徽省高新技术企业。

安徽超人塑业有限公司。1999年成立，坐落在合肥市站塘工业区。是专业从事塑料门窗、铝合金门窗产品研发、设计和生产施工企业。有国内最先进的门窗生产成套设备、标准现代化的生产车间、最先进电脑优化设计管理系统，员工120人，其高中级职称的管理和科技人员17人。年产PVC塑料门窗6万平方米、铝合金门窗5万平方米。曾经为中国科学技术大学辐化中心实验楼等工程提供产品。

安徽瑞狮工贸有限责任公司。位于芜湖市经济技术开发区福达工业园内，是专业从事塑钢门窗、铝合金门窗加工生产和安装的企业，前身是创建于1994年的芜湖市华盛塑钢门窗厂。注册200万元，员工100余人，其中工程技术及管理人员30余人。有2100平方米厂房和全套先进的门窗生产、检测设备，年生产和安装门窗约8万平方米，为芜湖海螺型材、辽宁忠旺集团、合肥华耀中空玻璃公司指定的定点加工企业。2001年通过ISO 9000质量体系认证，是中国建筑金属结构协会会员单位。“瑞狮”牌获芜湖建博会颁发“优秀产品奖”。

合肥华峰工贸有限公司。1999年组建，位于合肥市三十埠桥西北侧，占地面积1.1万平方米，厂房面积5800平方米。主营建筑门窗和幕墙。下属合肥金峰门窗厂有2条塑钢、2条彩铝生产线，年产门窗达10万平方米以上；在北京的分公司北京国风建业门窗制造有限公司有4条塑钢、2条彩铝、1条中空玻璃生产线，年产门窗18万平方米。2004年被合肥市评为“消费者信得过产品”“AA级信用企业”。为合肥市金属门窗协会常务理事单位。2000年通过ISO 9001 ：2000质量管理体系认证。

合肥金海螺门窗有限公司。1999年成立，为合肥市金属门窗协会副会长单位，由建筑装饰工程及金属门窗工程专业承包贰级资质企业安徽恒兴装饰工程有限公司投资创建。有2条塑钢门窗生产线，2条彩铝门窗生产线，年产达20万平方米，140名员工。2000年通过ISO ：9001国际质量管理体系认证，有金属门窗工程专业承包《资质证书》及国家质监总局颁发《全国工业产品生产许可证》，塑钢、铝合金系列产品通过省产品质量检验所的指标检测。

马鞍山海德门窗有限责任公司。1997年成立，是集研发、设计、生产、销售、安装为一体的实业公司，是较早采用芜湖海螺型材和全套先进塑钢门窗生产设备进行加工的专业企业。成功开发的塑钢圆弧窗生产技术，生产的海螺新型塑钢栅栏，具有寿命长、色彩多样、无须油漆维护等优点。获塑钢类首批全国工业产品生产许可证资质。1999年，被芜湖海螺型材公司确定为定点生产企业。是海螺型材马鞍山总经销、窗友胶条皖南地区总经销、为南京市建筑门窗行业协会团体会员。

涂料生产企业

安徽爱迪尔新材料科技有限公司。2000年7月成立，位于合肥市高新技术产业开发区，是拥有自主知识产权，集涂料、外墙外保温产品研发、生产、销售和技术服务为一体的省级高新技术企业。主导产品：“迪奥”牌墙面乳胶漆、护墙乳胶漆、高级护墙乳胶漆等系列涂料和外墙外保温系列产品。年产1万吨涂料、5万吨外墙外保温系列产品的生产规模。生产享有自主知识产权的“迪奥”产品在全国市场广泛应用。通过质量、环境管理体系认证和中国环境标志产品认证，获“安徽省名牌产品”和“安徽省市场质量放心产品”荣誉。2006年，“迪奥”真石漆（迪奥功能性涂料）出口埃塞俄比亚等国家和地区。

安徽嘉年华涂料有限公司。始建于1995年，坐落无为县福渡镇，占地面积1.8万平方米，总资产1474万元，其中固定资产865万元，有高级技术人员6人。是功能型内外墙乳胶漆、天然真石漆、氟碳金属漆、艺术浮雕漆、家具漆研发和生产企业。引进意大利最新涂料生产工艺，年产量可达万吨以上。“嘉年华”系列产品属新一代绿色环保产品，受国家技术监督部门监督检查。技术指标优于国家标准，通过ISO 9001：2000国际质量管理体系、ISO 14001环境管理体系认证、国家强制性产品CCC认证，“嘉年华”为安徽省著名商标。

安徽苏邦特种涂料有限公司。2005年成立，坐落于安庆市枞阳县连城工业园（原厂坐落于江苏常州），占地3.5万平方米，职工300名。主要生产汽车涂料、内外墙涂料、地坪涂料、防腐、防水、防火涂料以及船舶涂料，干粉系列。从国外引进先进的技术和生产流水线，每小时生产50吨的“北极熊”胶粉聚苯颗粒外墙外保温产品。通过ISO 9001国际质量体系认证、ISO 14001环境体系认证。产品由中国平安财产保险股份有限公司承保。获“石油化工工程建设推荐产品”“中国质量信誉保障定点单位”“全国建材行业市场公认品牌”称号。

安庆菱湖漆业有限公司。前身为安庆市造漆厂，创建于1956年，系原化工部涂料、颜料定点生产厂家，是安徽省第一家涂料生产企业。主导产品“菱湖”牌涂料、“白莲”牌氧化锌、各种合成树脂。产品18大类共1000多个花色，应用于汽车、机床、电器、变压器、船舶、桥梁、电子、冶金、化工、军工、建筑、城市公用设施和家庭装修等。“白莲”牌氧化锌多次获国家、省级优质产品称号。产品广泛应用于橡胶、陶瓷、电子、医药等行业及毛主席纪念堂建设。公司持有药用氧化锌“药品生产许可证”，通过ISO9001国际认证；“菱湖”牌聚酯、醇酸系列产品通过国家强制性产品3C认证；“菱湖”内外墙乳胶漆通过中国环境标志产品认证；“菱湖”牌涂料、“白莲”牌氧化锌是安徽省名牌产品；“菱湖”牌商标是安徽省著名商标。

砀山县威振涂料有限公司。创建于1990年，注册资金2000万元，是生产涂布助剂、乳胶漆、复合纳米材料、胶粘剂、内外墙涂料系列产品的企业。主营涂布助剂、乳胶漆、复合纳米材料、胶粘剂、内外墙涂料系列产品，有五大类30多个品种。通过ISO 9001质量管理体系、ISO 14001环境体系认证。获“中国优秀企业”“中国化工行业卓越品牌”“全国市场用户首选环保品牌诚信企业”“中国建筑施工首选环保优质建材”等荣誉。

好思家涂料有限公司。位于蚌埠市，是一家民营高科技涂料专业生产企业。设有生产基地，销售、家装、涂装工程等公司，研究所及全国涂料专卖连锁等分支机构。销售公司总部在上海，生产基地的总资产约1.5亿元，占地1.5万平方米。产品有水性环保内墙乳胶漆系列、水性耐候型外墙乳胶漆系列、健康聚酯色漆系列、内外墙腻子系列、彩瓦专用漆等功能型涂料以及从法国引进的senideco艺术涂料系列产品。通过国际质量、环境体系认证、中国环境标志认证及“3C”产品认证，获中国质量检验联盟“CTA”、省名牌产品、省著名商标、省计量免检“C”标志等证书。

合肥市科天化工有限公司。2000 年成立，位于合肥经济开发区桃花工业园，厂区占地面积 67 亩，注册资金 1500 万元，是专业从事水性聚氨酯研究、生产、销售于一体的高科技化工企业。与中国科技大学和安徽大学产学研合作，建立了“科大—科天水性高分子新材料联合研究中心”和“安大—科天水性高分子联合实验室”。研发的科天水性漆是国内“聚氨酯水性漆”创领者。产品应用于木器、金属、塑胶、人造革、纺织、手套、印花涂料等领域。营销网络覆盖全国，北京、浙江等地设有办事处。

合肥双凤制漆有限责任公司。是专业从事合成树脂、涂料研究开发和生产的、集科、工、贸于一体的中型民营精细化工企业，占地总面积 10 万平方米，固定资产 580 万元，职工 180 人，其中科技人员 20 人，具有工程师以上职称的 12 人。引进德国技术、添置国内最好的制漆设备、具备齐全的原料及成品分析装置。与合肥工业大学科技处联合，研发出高科技纳米改性抗菌各色内外墙环保乳胶漆，超过国家标准。主导产品：船底漆、木器漆、汽车漆、锤纹漆、马路划线漆、灯泡专用漆。2001 年通过 ISO 9001 ： 2000 质量管理体系认证及“CCC 认证”。

金韩涂料制造有限公司（原中韩合资企业）。成立于 1995 年，坐落在马鞍山市慈湖工业园，占地面积 1.5 万平方米，员工数百人，年产量近万吨，有全套韩国进口生产设备及技术检测仪器。科研技术人员均来自韩国大和涂料工业株式会社，主要原材料从国外进口。生产热熔型道路标线漆（黄、白）、常温熔剂型道路标线漆（黄、白）、工业漆、民用漆、工程内外墙漆及丙烯酸树脂等化工原料，产品远销国内外，在国内主要城市有分支机构。

青阳县双龙涂料有限责任公司。前身为青阳县双龙黏合剂厂，1998 年创建。以技术入股吸纳高级技术人员于 2002 年 7 月成立公司，集各种中、高档内外墙环保涂料、合成材料和其他化工材料的科研、开发、生产、销售于一体的涂料企业。与江、浙、沪等科研机构合作，生产的新型环保丙烯酸乳液内墙乳胶漆、外墙乳胶漆和弹性外墙乳胶漆是公司拥有自主知识产权的专利产品获“安徽省绿色建材产品”“安徽省新技术新产品推广项目及科技创新奖”等奖项。

安徽天雁辐化有限公司。建于 1986 年，是中国同位素与辐射行业协会理事会员单位，企业建有钴 60–γ 射线装置三座，总设计装源活度为 80 万居里，内设辐射技术开发研究所。员工 200 多人，其中中高级技术职称人员 30 多人，专业从事辐射化工、辐射加工消毒、灭菌、材料改性、食品保鲜等研究开发工作，主导产品为“冰雁”牌光触媒环保功能乳胶漆，内、外墙漆，多用途泥子漆，黏合剂，涂料等。2003 年通过 ISO 9001 ： 2000 国际质量管理体系认证。

安徽巢湖一枝建材有限公司。组建于 1997 年，位于庐江县，是专业生产粉质建筑材料的地方民营企业。公司下设混凝土外加剂厂、合成白灰厂、复合混料厂和塑料编织袋加工厂。与上海同济大学材料学院、合肥工业大学合作，研究开发国际、国内市场需要的新型建材产品。主要产品有混凝土外加剂系列，合成白灰系列，装饰水泥系列，塑编织袋加工系列。通过质量管理体系 ISO 9001 ：2000 国际标准认证。自行研制开发的无纤维高强度合成白灰产品，获安徽省科技进步三等奖。

第二节 墙体材料

传统墙体建筑材料 “八五”之前，全省绝大多数砖瓦企业都生产烧结普通砖（又称粘土烧结砖、粘土砖、红砖），这种产品的产量占全省墙体材料总产量的 95% 以上。它的主要原料是粘土，其生产工艺流程是：将采掘的粘土经陈腐后掺入少量内燃料（如煤矸石粉、沪渣灰、粉煤灰等），经对辊机和搅拌机对泥料进行熟化处理后，再通过制砖机组挤出成型，然后把砖坯进行干燥（分人工干燥与自然干燥两种），最后送入轮窑或隧道窑焙烧，出窑后即成烧结普通砖。这个产品特点是：能在统一模数下体现灵活性，砌筑施工方便，建筑造价低廉。它的综合性能好，坚固耐久，隔音、隔热、保温、防火，有良好的透气性，能调节室内温度，居住舒适。因此它能经久不衰地应用于各种工业与民用建筑，深受欢迎。其规格外形为矩形体，长 240 毫米，宽 115 毫米，厚 53 毫米。部位名称：240 毫米 ×115 毫米的面称为条面，115 毫米 ×53 毫米的面称为顶面。产品标号按力学强度分为 75、100、150、200 四个标号。产品等级根据标号、耐久性能和外观指标又分为特等砖、一等砖和二等砖三个等级（目前安徽生产的砖尚未分等），执行 GB5101-85 国家标准。

粘土空心砖。20 世纪 60 年代初、中期，合肥蜀山湖机窑厂及芜湖、蚌埠等市的砖瓦厂，便试制成功 19 型（规格为长 192 毫米，宽 192 毫米，厚 90 毫米，25 孔，孔洞率 22.5%）和 29 型（规格为长 292 毫米，宽 192 毫米，厚 90 毫米，41 孔，孔洞率 26%）的承重空心砖，并已小批量生产。1972 年，合肥二轮窑厂又试制成功挂钩式空心砖和腰箍砖等异型产品，主要用于建造拱形屋面住房，以节约钢材、木材，当年共生产异型砖 133.4 万块并建有拱形屋面房屋多栋，后因上述产品制坯及焙烧工艺复杂、成本高、产量低，推广较困难，加上受“文化大革命”的影响，于 1973 年停产。1985 年，为了改变安徽砖瓦产品单一的面貌，实现墙体材料的“四个转化”，肥西县砖瓦厂从西班牙引进 1 条新型轮窑烧砖技术示范生产线，采用国外的先进技术与工艺产高质量的粘土空心砖。该生产线全部实行机械化流水作业，其协喷吹煤粉，霍夫曼窑温焙烧，使用叉车装出窑。其产品特点是：压力大、质量高、无欠火、无翘曲变形现象，一级品率达到95%以上，各项技术指标均超过国内同类产品标准。同时该产品还具有功能好，技术水平高，适用范围广，坚固耐久、防火防水、隔音隔热，吸湿性优良，居住舒适等特点。主要应用于高层建筑框架结构的填充墙，也适用于民用建筑，它与实心砖相比较，不仅社会效益好，能够节能节土（节能、节土多少与孔洞率的大小成正比），而且能提高建筑工效35%，节约建筑费用26%，能为用户带来良好的技术经济效益。

碳化砖。黄山市各砖瓦厂生产的主要墙体材料。其工艺流程是：先用石煤烧石灰，然后把烧剩的石煤渣掺入少量石灰（占10% ~ 15%），加适量的水进行配料后经第一道轮碾粗碾，对块状石煤渣进行破碎，并使之与消石灰搅拌均匀，然后将粗碾后的坯料堆放一段时间进行焖料，使之陈化。再通过第二道轮碾精碾，使坯料熟化，以提高其塑性和胶凝性。接着把精碾后的坯料输入圆盘制砖机压制成型，最后把砖坯运入碳化室码垛，再利用烧石灰排出的二氧化碳气和余热对砖坯进行碳化后便成碳化砖。其产品特点是除了与烧结普通砖有同样的性能外，还具有强度高、价廉、外形美观，不与农业争土地，不与工业争燃料，不需要焙烧，节约能源等特点。同时它与烧结普通砖相比较，还有不变形，不收缩，不翘曲，外形尺寸变化小等优点。这种砖的规格长240毫米，宽115毫米，厚53毫米，标号根据力学强度分为100、150、200，3个标号，产品分为一等、二等两个等级，其执行Q/JC–87安徽省企业标准。凡标号在150号以上的可用于工业与民用建筑物的基础及墙体承重部位，100号的可用于防潮层以上部位，长期受热于200℃，受急冷急热或有酸性介质侵蚀的建筑部位避免使用，该产品因石煤渣中含有极少量放射性特制而于1987年停产。

蒸养页岩砖。休宁县建材厂为解决石煤渣不足困难，于1982年在全国率先试制成功一种节能新产品。它是以页岩为主要原料，掺入部分石煤渣和少量石灰，经坯料处理、压制成型、采用蒸汽养护制成的一种砖。它与烧结普通砖相比较，具有抗压力大，抗折性强，外形美观，坚固耐用，节约能源等特点，适用于工业与民用建筑。其工艺生产流程与碳化砖基本相同，所不同的是在坯料粒度与坯料配比上有所改进，养护温度由60℃提高到90℃，由余热碳化改为蒸汽养护，提高了砖质量，缩短了干燥周期。经省地方建筑材料质量监督站检测，该砖的产品合格率超过90%，外观一等品率超过85%，抗压、抗折强度均超过150号，曾获休宁县科委“设计研制新产品三等奖”，徽州行署经委“新产品三等奖”。1987年休宁县建材厂生产的“齐云山牌”蒸养页岩砖被评为安徽省优质产品。产品规格、标号、分等与碳化砖相同，执行Q/徽D30–85安徽企业标准。

煤矸石砖。淮南、淮北矿务局砖瓦厂、宿县矸石砖厂生产。它是以煤矿挖掘巷道排放的一种发热量很低的煤矸石为主要原料，经两级破碎，使其最大料度不超过3毫米（其中2毫米以下的应占75%左右），并视其塑性指数情况，可掺入少量粘土或不

掺粘土，经坯料处理后，搅拌均匀入制砖机挤出成型，通过干燥（人工干燥或自然干燥均可）送入轮窑或隧道窑焙烧而成的一种砖。这种砖的特点是强度大、质量高，能够大量利用工业废渣，节约能源与土地，社会效益很好，是国家提倡在煤矿附近因地制宜生产的一种墙体材料。其生产工艺流程和产品的规格、标号、等级、性能及应用范围与烧结普通砖相同，执行 GB5101-85 国家标准。但生产这种砖的成本较高，发展缓慢，当前只有淮南、淮北矿务局砖瓦厂和宿县煤矸石砖石等少数企业生产，年总产量不超过 5000 万块。其他各县砖瓦厂，多数是利用发热量较高（一般为 4186.8 千焦 / 千克，相当于 1000 千卡 / 千克以上）的煤矸石经破碎后做内燃料，生产烧结普通砖（亦称内燃砖），以改善粘土塑性，缩短干燥周期，提高砖的产量与质量，达到优质、高产、节能的目的。

粉煤灰烧结砖。是以电厂排放的粉煤灰，经干燥脱水后，掺兑 30% ~ 50% 于粘土内，经坯料处理，搅拌均匀后入制砖机挤出成型，然后经过干燥再送入轮窑或隧道窑烧后制的一种砖。这种砖的特点是外形美观，容重轻，导热系数低，能够充分利用工业废渣，大量节约能源和土地，是国家提倡在电厂附近因地制宜生产的一种墙体材料。其中生产工艺流程和产品的规格、标号、等级、性能及应用范围均与烧结普通相同，执行 GB5101 国家标准。近年来，由于煤矸石涨价，城市土源紧张，合肥、淮南、芜湖、铜陵等市，凡靠近火力发电厂的砖瓦企业，多数改产这种砖，均获得较好经济效益。至 2004 年，全省粉煤灰烧结砖的年产量已超过 3 亿万块，是一种很有发展前途的产品。

粘土平瓦。这是一种传统的屋面覆盖材料，是以粘土为主要原料（或掺兑少量内燃料）成型后烧制而成的一种产品。其生产工艺流程基本有两种：一是原料土经过辊机和搅拌机制成坯泥后，用磨擦轮压力机压制成型，称之为模压瓦；另一种是原料土经过辊机和搅拌机制成坯泥后，用真空挤出机挤出成型，称之为挤出瓦。同时根据其焙烧工艺的不同，一般用轮窑焙烧的为红色，称之为红平瓦。用土窑焙烧的多为青色，称之为青平瓦。20 世纪 60 年代前，安徽产的都是青平瓦。后来为了节约能源，70 年代后已有部分窑厂开始用轮窑代烧红平瓦。80 年代后各地、市已重点推广生产红平瓦。这两种瓦的特点是经久耐用，覆盖方便，具有防火、防雨、隔热、遮阳等功能。其产品规格为 400 毫米 ×240 毫米—360 毫米 ×220 毫米，每片具有 4 个瓦爪，前爪的外形与大小须保证在挂瓦后与瓦槽搭接合适，后爪的有效度不小于 5 毫米，瓦槽深度不小于 10 毫米，边筋高度不低于 3 毫米，头尾搭接处长度为 50-70 毫米，内外槽搭接处长度为 25 ~ 40 毫米，单片最小抗折荷重不得低于 60 千克。产品分一等品和二等品种两种，其技术质量要求执行 JC 193-73 部颁标准。当前，安徽绝大部分砖瓦厂都生产的是模压青平瓦，产量低、耗能高，而生产挤出红平瓦的只有东至、霍邱、金寨、肥西等县的少数厂家。挤出瓦与模具瓦相比较，其优点很多，它能简化工艺流程，提高劳动生产率，减轻工人劳动强度，节约油料和降低生产成本等。但挤出瓦是70年代末期的新产品，瓦型质量较模压瓦差，这个问题一旦解决，是很有推广价值的一种新产品、新工艺。东至县砖瓦厂生产的“陶公祠牌”挤出红平瓦质量最好，曾被评为安徽省优质产品。石煤渣水泥平瓦。黟县建材厂1986年学习外省经验，研制开发的一种节能新产品。是以石煤渣为原料，砌筑水泥为胶结料，经常压蒸养而成的一种屋面覆盖材料。其生产工艺流程是：利用烧石灰后多余的块状石煤渣，经笼式破碎机初破，再入间歇式轮碾机细破，使其颗粒级配符合工艺要求（1.2 ~ 5毫米颗粒不得大于45%，1.2毫米以下颗粒不得少于55%）再掺入砌筑水泥和水（石煤与水泥配比为3 ：1），经强制式搅拌机搅拌后用履带式压瓦机压制成型，最后经养护室常压蒸养而成。这种瓦的规格、尺寸、性能、用途等与粘土平瓦基本相同，所不同的是制坯不用粘土，烧瓦有用原煤，能够充分利用工业放心渣，大量节约能源，是一种化害为利、变废为宝的新产品。仿古建筑青灰砖瓦。庐江县古典林建筑材料厂（原名庐江县轮窑厂）于1986年春相继研制成功仿汉、仿唐、仿宋、仿明清等具有各朝代风格的系列配套产品。其生产工艺流程是：利用当地特有的紫砂陶土为原料、掺配部分粘土，采用干土混合机械粉碎，湿式搅拌后用石膏模印坯成型，半成品经放风干燥后入小窑焙烧而成。产品质量经省建材科研所多次测试，抗折、抗冻、吸水率均达到或超过部颁标准。生产的品种有各种规格的筒瓦、板瓦、脊瓦、勾头、滴水、档沟、翘角、龙吻、鸱尾、鳌鱼、走兽以及望砖、莲花砖等，其中仿宋产品曾受到包拯墓筹委会嘉奖，并获县科技成果二等奖。该产品具有规格齐全、纹样丰富、时代感强和质量优良等特点，深受用户欢迎，并远销日本和我国香港地区。

石灰。石灰分气硬性石灰和水硬性石灰两种。建筑工程习惯所说的石灰，系指气硬性石灰而言。它是用含碳酸钙（$CaCO^3$）较多的石灰石经800 ~ 1000℃高温煅烧而成的气硬性胶凝材料，其品种有：1.生石灰（习惯上称块石灰。一般为白色或黄色的块状。单位体积质量约在800–1000千克/立方米之间。执行的是GB1594–79国家标准）。2.熟石灰（习惯上称粉石灰。它是用生石灰淋以适量的水，经过熟化作用后所得的粉末材料为熟石灰，也称水化石灰或消石灰。生石灰在空气中吸湿气化而产生的粉末，也是熟石灰。执行的是GB1594~79国家标准）。3.石灰浆（习惯上称石灰膏。它是用生石灰加以足量的水，经过熟化作用后，所得的原浆状成品称为石灰浆。熟石灰加水也同样可以成为石灰浆。它主要用以配制砂浆及做粉刷材料。石灰浆的品质指标，国家暂无标准）。

黄砂。建筑上用的普通砂，系指自然山砂、河砂而言。它是由坚硬的天然岩石经自然风化逐汽车形成的，粒径在5毫米以下的疏散颗粒称为天然砂。其主要用途是作为细集料与胶凝材料（包括水泥、石灰、石灰膏等）配制成砂或混凝土使用。目前执

行的是原国家建筑工程总局 JGJ52-79 普通混凝土用砂质量标准。安徽生产的黄砂，除肥东县、巢县和怀远等生产的属细砂，其余生产的主要是中砂或中粗砂。

石料。凡自天然岩石中开采而得的毛料，或经加工破碎、筛分而得的，粒径大于 5 毫米的岩石颗粒，用于建筑施工或作混凝土集料的统称建筑石料。安徽生产的碎石规格是按照原建筑厅根据混凝土的级配要求而统一规定生产的。执行的是国家建筑工程总局 JGJ53-79 普通混凝土用碎石质量标准。

新型墙体材料 改革开放以来，科学技术的进步在中国建材业、建筑业界引发了一场革命，在建筑节能体系、新型墙体材料、供热供暖系统等方面取得了许多有实用价值的技术成果，研制开发了一大批功能齐全、品种多样、适合中国国情的新型墙材和建筑节能产品并初步形成生产规模。有些产品（如新型墙材）技术含量高，生产的取材上多采用废弃物，工艺上多采用先进的生产工艺，在利用上对生态环境无不良影响，属于绿色环保产品。1993 年安徽省墙体材料革新在上年起步的基础上又取得较大进展。全省 16 个地市都成立了墙改领导机构，并编制了墙改规划，确定了目标，制定了政策以保证墙改顺利进行。部分县市墙改已向农村延伸。到年底，全省共改造了 16 条粘土空心砖生产线，同时组织生产一些中高档新型材料，如泰柏板、加气砼、石膏板、TK 板、GRC 板，已形成 14 亿块新型墙体材料的生产能力。全年共征收墙改专项费约 500 万元，部分已用于砖瓦企业的空心砖改造和新型墙体材料的开发。此外，国外引进的一批先进工艺、装备和高新技术，经过消化、吸收、创新，对改变我国传统技术和产品，也起了巨大的促进作用。总之，发展新型建材坚持节能、节土、节水，充分利用各种废弃物，保护生态环境，贯彻可持续发展战略的原则。

混凝土砌块。混凝土小型空心砌块（又称水泥砖）——此种砌块的生产面广、点多，主要集中在皖南山区各和滁州、定远、凤阳、嘉山等市县的城镇和农村，生产混凝土小砌块的主要原料是水泥、砂、碎石或卵，经加水搅拌、振动加压或冲击成型及养护而成的。产品外形尺寸：高、厚均为 190 毫米，长度主规格为 390 毫米，辅助规格为 290 毫米、190 毫米、90 毫米，最小壁肋厚度 30 毫米，非抗震设防地区允许采用 27 毫米。产品标号、类型和等级：根据抗压强度分为 100、75、50、35 四个标号，非承重砌块 30 号。根据抗渗程度，分为防水砌块和普通砌块两种类型。根据外观质量，砌块分合格品和等外品两个等级。生产规模较大的企业使用机械拌和混凝土，移动式成型机成型，一次可成型 4 ~ 8 块，生产效率比较高。个体户使用动力或无动力的单项顶升式成型机，甚至将成型机搬到用户门口生产。混凝土小砌块的主要特点：投资少、上马快、技术容易掌握，有利于保护林木和耕地，就地取材，就地生产，售价低于粘土砖。生产小砌块的热耗（包括生产水泥的热耗）约为粘土实心砖的 50%。对建筑设计有一定的灵活性，施工方便无需专门施工机具，表现密度比粘土砖轻约三分之一，受到用户尤以

农村用户的认可。但目前的产品质量水平属于中、低档，有的尺寸偏差大，密实性差，达不到防渗和做清水外墙砌块的技术要求，故现阶段多用在 2、3 层以下楼房。如用于 5 层以上的建筑，在生产技术上还要采用取措施，提高产品档次。轻混凝土小型空心砌块——该砌块由肥西县水泥厂附属制品厂生产。原材料与普通混凝土小砌块不同，它是以非煅烧粉煤灰陶粒代替石子。但产品规格尺寸与混凝土小砌块相同。产品主要物理力学性能：标号为 50、75 号，抗冻合格、收缩率小于 0.081%，碳化系数大于 0.84，保温性能接近 24 厘米粘土实心砖墙（单面抹灰 2 厘米），表现密度为 854.8 千克 / 立方米（粘土实心砖约 1700 千克 / 立方米），砌块力学性能符合 JGJ14–82 规定。轻混凝土小砌块具有轻质、高强和保温等特点，已用于旧楼房改造和框架结构填充墙。安徽省科委招待所是 20 世纪 50 年代建造的 3 层建筑，改造要求拆去第 3 层加到第 4 层，该工程全部采用轻混凝土小砌块。合肥华桥宾馆、省建筑科研所宿舍楼、池州汽车站等工程的加层均使用此种小砌块，用户满意。安徽省建工大厦，主楼 15 层，加塔楼为 17 层框架结构，建筑面积 11700 平方米，墙体全部使用轻混凝土小砌块。合肥百花饭店 7 层框架、合肥禽蛋公司 7 层框架、安徽省保险公司 15 层框架，省财政学校万余平方米教学楼、六安盐业公司和汽车站等工程使用该小砌块均取得显著的经济效益。该产品所用集料的主要技术性能：颗粒粒径 5 ~ 20 毫米；筒压强度大地 5 兆帕；小时吸水率小于 12%；碳化系数大于 0.8；松散于表观密度为 650 ~ 800 千克 / 立方米；抗冻性、安定性和有害物质含量均合格。此种轻集料可配制 CL10–CL40 砂轻混凝土，表观密度为 1800 千克 / 立方米以下，比普通混凝土轻 25% ~ 33%。煤矸石混凝土中型空心砌块——煤矸石中砌块主要由淮南市建材一厂生产，它是以沸腾炉渣无熟料水泥为胶结料，自然煤矸石为集料，经加水搅拌、成型、蒸气养护而成。煤矸中砌块的规格：高 880 毫米、厚 200 毫米，长度有 1 170 毫米、900 毫米、770 毫米、570 毫米、485 毫米和 258 毫米共 6 种，为了降低建筑物层高，又将砌块高度由 880 毫米变为 780 毫米，宽、厚尺寸不变。该砌块经大量力学性能试验；抗压强度值超过普通混凝土中砌块，抗压强度变异数优于实心粘土砖，砌体强度安全，但水平灰缝抗剪强度比规定值略低，外观质量较差。煤矸石中砌块的主要特点是生产过程中所需热能全由煤矸石提供，不用商品煤，电耗只有普通砌块的三分之一（包括水泥生产用电），有利于保护耕地和处理煤矿三废，有利于建筑和建材业改革。煤矸石混凝土中型空心砌块经技术攻关后再次改型。中型空心砌块产品标准规定砌块高度 780 ~ 880 毫米，即 31 层楼，在生产应用过程中出现一些问题。1983 年，国家下达了 38 项重点科技攻关项目，其中包括了安徽省淮南市建材一厂（原市轮窑厂）和河南建筑材料科研所共同承担的《中型空心砌块发型的研究》的课题，并以淮南市建材一厂的成型机为试点，改型后的规格为：块高由原来 780 减为 380 毫米，块厚仍为 200 毫米，长度 780 毫米、580 毫米、480 毫米和 275 毫米四种。经改型后砌块抗压强度由原来的 50 号至 60 号提高到 100 号左右；砌体抗压强度和砌体抗剪强度均满足《中型砌志块建筑设计与施工规程 JGJ–80》的要求；砌块体尺寸偏差，长度方向在 –1 毫米到 5 毫米之间，厚度方向在 0 ~ 5 毫米之间，均在允许之内，但高度偏差较大，最大达 10 毫米。通过改型解决了原来由于块高 780 毫米给生产、设计和施工所造成的上下密度不均匀、变形过大、垂直灰缝灌浆不易饱满、安装就位难度大和设计房屋层高不灵活等问题。

硅酸盐制品。粉煤灰硅酸盐砌块，安徽省水泥制品厂、合肥建筑材料一厂和芜湖市新型建材厂曾生产此种产品，芜湖市至 1988 年底仍在生产。主要原料是粉煤灰、炉渣、石灰和少量石膏。产品的主要特点按产品质量计算，利废率达 80% 以上。砌块规格适中，最小块约质量 100 千克，最大块约重 140 千克，建筑工地可使用吊装机具进行安装。正因砌块有相当重量，人工搬不动，装卸、安装都要专门的吊具，给推广应用带来困难。该砌块主规格长 880 毫米、1180 毫米；高均为 380 毫米、190 毫米、200 毫米、240 毫米，安徽采用 200 毫米、240 毫米，并配有辅助规格以解决墙体垂直灰缝的错缝要求。主要技术要求：100 号粉煤灰砌块抗压强度大小于 10.2 兆帕，人工碳化后强度小于 6.1 兆帕；150 号砌块抗压强度小于 15.3 兆帕，人工碳化后强度小于 9.2 兆帕，干缩值不大于 1‰，抗冻强度损失率不超过 25%，不允许表面疏松、不允许贯穿面棱的裂缝。粉煤灰砌块适用于民用及一般工业建筑的墙全和基础，执行标准 JC238–78。近 5 年累计产量达 99 500 立方米，用于建楼的不多，多数产品用于平房、围墙、销往上海市。蒸压加气混凝土砌块，由合肥市建材一厂、芜湖市新型建材厂、马鞍山钢铁公司修建部等厂家生产。主要原料是以钙质材料和硅质材料为基本原料，另加少量铝粉做发气剂和其他添加剂。安徽省主要用生石灰、水泥、粉煤灰为原料生产。产品特点具有容重轻（约粘土实心砖的三分之一）、保温、隔热、隔音、防火等性能。此外，加工方便，可钉、可刨、可锯、可镂、施工快等优点。可与钢筋混凝土复合制成墙板、楼板、屋面板，以减轻建筑物自重，降低基础处理及结构费用，改善建筑使用功能。产品适用于住宅、医院、商店、宾馆、冷藏室等框架建筑物的填充墙。加气混凝土砌块一般规格长 600 毫米，高 200 毫米、300 毫米，厚 100 毫米、150 毫米、200 毫米、250 毫米。技术要求按每 1 立方米干容重分为 500 千克级和 700 千克级两种，500 千克级立方体抗压强度不小于 27 千克 / 平方厘米，700 千克级立方体抗压强度不小于 47 千克 / 平方厘米，干燥收缩值不大于 5‰。冻融 15 次后质量损失率小于 5%，强度损失率小于 20%。在缺乏安全可靠的防护措施时，不得用于建筑物基础和侵蚀介质的环境，执行 JC351–82 技术标准。

框架轻板建筑构件。开发该建筑体系的企业在合肥市有市建材一厂、市水泥厂和原国家建材局苏州水泥制品研究院，在蚌埠市有市新型建材厂和市水泥制品厂，在芜湖市有市新型建材厂、市水泥制品厂、市水泥船厂和宣城地区建筑公司等。1978 年，建筑、建材工业出现了砌块、大板、大模板和框架轻板等新型建材体系，其中大板、大模板建筑的承重和围护结构的主体材料为钢筋混凝土。装配式框架轻板建筑可以把墙体从承重中解放出来，只起围护和分隔作用。因此，可采用轻质、保温性能好的建筑材料。这种由预控心柱、肋形楼板和内外墙板组合而成的建筑，称为框架轻板建筑。当时此种建筑体系在国内有板柱、梁板柱、框架剪力墙、框架井筒等 4 种结构体系。合肥、蚌埠和芜湖均采用板柱结构体系，即梁板合一的肋形大楼板（面积约 15 平方米），其 4 角支承于钢筋混凝土空心柱上，板、柱联结节点采用浆锚、焊接，形成框架体系，并布置若干道剪力墙。建筑物基本柱网尺寸为：合肥 3.32 米 ×4.5 米，层高 2.8 米；芜湖 3.3 米 ×4.5 米，层高 3 米。钢筋混凝土空心柱采用 300 号混凝土，截面 350 毫米 ×350 毫米，外方内圆，内孔直径 180 ~ 200 毫米，柱下端 4 角留有直径 70 毫米、深 500 毫米螺旋形浆锚孔。蚌埠采用平模振动抽芯，具有投资少、上马快，成本低等许多优点；芜湖市水泥制品厂采用离心法，利用已有生产电力电杆和自应力管的离心机生产空心柱；合肥市水泥厂采用立式高频震动抽芯法生产空心柱，震动频率每分钟为 8000 ~ 9000 次，该设备是苏州水泥制品研究院和合肥市水泥厂共同研制的，后改在合肥建材一厂用平模抽芯生产。3 个市均板梁合一，整间一块的肋形大楼板，长宽尺寸比柱网中心尺寸小 60 毫米左右，周边肋高 250 毫米，中肋高 140 至 150 毫米，板面厚 25 至 30 毫米。周边设有剪力槽，安装就位后板与板之间留有约土。合肥、芜湖楼板为双向预应力，合肥在肋间填以加气混凝土砌块，芜湖、蚌埠则另做天花板。蚌埠市的楼板先在市水泥制品厂用长线地模单向预应力生产，由于生产周期长，改为钢模双向预应力真空脱水蒸气养护工艺，最后定为非预应力，由市新型建材厂生产。复合外墙板，墙板外层 25 毫米厚肋形钢筋混凝土壳体，预制时填 125 毫米厚加气混凝土块，有门窗的外墙板在预制时将门窗框同时预制，以减少现场作业，墙板出厂前内层抹纸筋石灰，也有在现场抹灰的。均用露天台座生产，自然养护，达到强度要求，脱模起吊，垂直堆放。合肥地区的分户墙采用厚 150 毫米加气混凝土砌块，户内隔墙用 60 毫米厚的石膏多孔条板；蚌埠分户墙采用 80 毫米厚双层石膏条板，户内分室墙为单层石膏板，以后改用加气混凝土；芜湖内隔墙全用加气混凝土。因石膏条板隔音效果差，后停止使用。合肥分别对钢筋混凝土空心柱的浆锚联结，蚌埠市地肋形楼板质量做过钢筋拨出实验和荷载实验，证明构件有足够的安全储备。框架轻板建筑主要特点是改墙体承重为预制框架承重，为墙体改革、利工业废渣、发展新型墙体材料提供了有利条件。建筑自重轻，仅为一般砖混结构的 40% 左右，能节省大量建筑材料，减少材料和构件运输量。因自重轻，地震水平荷载小，节点各部位都做了整体联结构处理，结构造整体性好，有利于抗震，有利于在软弱地基建房。由于墙不承重，内部房间布置灵活，同一平面解决多种功能要求及底层商店。墙体减薄，结构占面积小，使用面积比砖混结构提高了7%～10%。主要技术经济指标：石膏多孔条板用于内墙、隔音效果差，由于墙体薄，空心柱在房间4角突出，不便住户使用。1983年框架建筑第1平方米造价约130元，比砖混结构高6元；框架轻板建筑每1平方米耗钢量约21千克，约比砖混结构多6千克；耗水泥框架板建筑120千克，比砖混结构省30千克。

蒸压灰砂砖。岳西县灰砂砖厂、太湖县硅酸盐砖厂和怀宁县砖瓦厂等8家企业生产该产品。灰砂砖是以石灰、砂或硅质尾矿为主要原料，此砖的外形为矩形六面全，长240毫米、宽115毫米、厚53毫米，尺寸及各部位名称与粘土实心砖一致。主要技术要求按尺寸偏差和外观分优等品、一等品和合格品；按抗压强度和抗折强度分为25兆帕、20兆帕、15兆帕、10兆帕共四个强度等级，并规定优等品的强度级别不得小于15级；抗冻性应符合要求。技术标准执行GB11945-89。该产品为浅灰或灰白色，宜于做清水外墙，可增加建筑美感，减少外装饰费用，该产品不得用于长期受热200℃以上，受急冷、急热和有酸性介质侵蚀的建筑部位；15级以上的砖可用于基础及其他建筑部位；10级砖可用于防潮层以上的建筑部位。

石膏板。以建筑石膏为原料，加入纤维和适当的添加剂投制成板芯，与特制的专用护面纸用黏合剂黏结而成的新型建筑材料，具有质轻、防水、隔音、保温，便于安装使用等优点。

新型墙材生产企业

宿州祁东金垣新型建材有限公司。是安徽省规模最大的全煤矸石砖厂，2004年2月破土动工，8月正式投产。总投资额2340万元。年生产能力6000万块标砖，砖型为两大类九种规格。主导产品：烧结煤矸石多孔砖、烧结空心砖。该产品原材料全部为煤矸石，采用煤矸石丙烯烧结的生产工艺，生产过程采取硬塑挤出，无须外加煤和粘土，与实心粘土砖相比，强度高、隔热隔音性能好、自重低，明显降低建筑物基础费用；全煤矸石砖具有“制砖不用土，烧砖不用煤”的特点，可以节约用地、环保、节省能源。通过环境认证及ISO 9001 ： 2000版质量体系等认证。

合肥佳安建材有限公司。位于长丰县双墩镇罗集，始建于1984年，属集体企业，1998年改制为私营企业并更名为合肥佳安建材有限公司。占地面积380亩、职工280多人，是从事生产烧结砖的新型建材企业。2002年，由粘土实心砖开始向粘土空心砖转产。产品质量通过国家质量检测部门检测，获“安徽省新型墙体材料资质”认定证书。

安徽绿韵节能建材有限公司。是一家专业从事墙体保温材料生产的科技型企业，位于合肥市包河区南淝河路。集研发、生产、销售于一体。主导产品：无机（玻化微珠）保温砂浆系统、胶粉聚苯颗粒保温体系、EPS膨胀聚苯板外保温体系、XPS挤塑聚苯板外保温体系等。自2001年以来相继成立了保温隔热技术研发中心和保温事业研发部，

聘请国内外知名专家，与国内科研院所技术交流合作，探索出系列6套较为成熟适合我国国情的外墙外保温体系，配方设计考虑其匹配性、保温系统产品的彼此相容性。通过ISO 9001国际质量体系认证、ISO 14001国际环境管理体系认证、国家环保部门绿色环保标识认证等。

安徽奥来新能源有限公司。2003年成立，位于合肥龙岗综合经济开发区，占地72亩，厂房1.2万平方米，注册资金1000万元，是一家民营科技型企业。年产彩色侧石200万米、环保型透水地砖20万平方米、加气混凝土砌块10万立方米。主导产品：人造大理石、花岗岩侧石、人造彩色平石、彩色侧石、环保型透水地砖、植草砖、空心混凝土砌块等产品。创建的“奥来科技生产园”是我国唯一一家拥有自主知识产权的彩色混凝土侧石生产基地，投资达5000多万元。2003年10月取得国家知识产权局授权的第一份实用新型“道路、花池、花坛彩色亮丽型混凝土侧石”专利，向国家知识产权局申报的“蓄能发光、排水、彩色多功能环保侧石”“人造大理石、花岗岩侧石”“人造彩色平石”等彩色侧石类专利达550项（同类专利申请量在全国位居第一）。

安庆市怀宁古典建材厂。是国内规模较大的生产古典园林建材的民营企业，坐落在怀宁县金拱镇，年生产各式仿古青灰砖瓦五千余万件；制作的仿唐宋、明清及汉代建筑风格的各类龙吻、飞禽、走兽和瓦当等产品形象逼真。产品利用当地特有的紫砂、陶土和优质粘土，经科学配料，特殊加工处理制作及精心焙烧而成，经省建筑材料科学研究所测试和鉴定，其抗压、抗折、抗冻性能与外观质量达国内先进水平。1996年—2005年产品检测达部颁标准，出口日本和美国。

安徽皋新建材有限公司。2004年4月成立，位于六安市佛子岭东路北，是一家集新型材料科研、生产、销售为一体的民营企业。注册资金500万元人民币，固定资产几千万元，占地面积2.4万平方米。产品有年产30万立方米自保温节能砌块、100万米中空薄壁管和20万平方米GRC轻质墙板三大系列产品。用于外墙、分户墙，它能替代砖墙外加保温体系，是融保温节能于一体的新型墙体自保温产品，通过ISO 9001质量管理认证。自保温节能砌块具有自主知识产权、获国家专利、省级资质认定的新型节能建材产品，在六安市取得节能建材备案。是中国GRC协会会员单位，中国建筑材料企业管理协会会员单位，中国建筑材料企业管理协会授予中国建材首选品牌重点推广单位。

第三节　保温隔热材料

保温材料又称绝热材或保温绝热材料，一般均系轻质、疏松、多孔、纤维材料，具有耐热性，并对热流有显著的抵抗作用。凡表观密度低于500千克/立方米，导热系数小于 0.16 瓦 /（米 • 摄氏度）的材料均称保温材料。在保温材料中添加黏结剂，经过加工制成品。称为保温制品。

保温材料及制品

岩棉（矿物棉）及岩棉制品。岩棉是以精选的玄开岩、辉绿岩或工业矿渣为主要原料，经冲天炉高温熔化后，采用国际先进的四辊离心制棉工艺，将玄开岩或工业矿渣的高温熔体拉成 4–7 微米非连续性的人造无机纤维称为岩棉或矿物棉。岩棉制品是在岩棉纤维中再加入一定量的黏结剂、防虫油、憎水剂、经过沉降、固化、磨光、切割、部缝等工序，根据不同用途制成棉毡、半硬板、管壳、干法吸音板、异形管等多种产品，统称为岩棉制品。岩棉及其制品是一种新型保温材料，它与传统的保温材料相比，具有表观密度轻、密度小、导热系数低、不燃、不腐、不蛀、施工方便、使用期长、价格低廉，节能效果显著等特点。可广泛用于建筑、冶金、石油、电力、化工、纺织、船舶、国防、交通运输等行业。主要用作工业与民用建筑的屋面、墙体、冷库、房屋装饰、吸音吊顶及工业部门的各种管道、热力装置、罐塔、车船的保温、隔热、绝冷、吸音材料。安徽现能生产的产品主要有各种规格的岩棉保温板、岩棉缝毡、岩棉保温管和岩棉保温管和岩棉干法吸音板等。

膨胀蛭石及膨胀蛭石制品。蛭石是水铝去母类矿物中的一种矿石，它在热膨胀时，很像水蛭（蚂蟥），故名蛭石。膨胀蛭石（松散蛭石、蛭石粉）系由蛭石经过晾干破碎、筛选、煅烧（85 ～ 1000℃）后，体积迅速膨胀（总的体积膨胀率约为 5 ～ 7 倍），形成许多由薄片组成的层状颗粒，在颗粒内部，由于具有无数细小的薄层空隙，其中充满空气，因而表观密度轻、导热系数小、耐火防腐、是一种很好的无机保温、隔热、吸音材料。膨胀蛭石制品是以膨有长蛭石为主要集料，掺配一定比例的胶结材料，加入适量的水，搅拌均匀，压制成型后，经晾干养护（有的蛭石制品需焙烧）而成。其品种较多，以使用的胶结材料而命名。如以水泥作胶结材料的制品称为沥青蛭石管壳等，统称膨胀蛭石制品。膨胀蛭石及其制品，具有表观密度轻、导热系数小、耐火防腐、施工方便、价格低廉、节能效果明显等特点，可广泛用于建筑等工业部门，如膨胀蛭石可松散铺设于建筑物的夹壁、楼板、屋面、地墙等处作为围护结构的保温、隔热、吸音之用。还能配制成水泥蛭石混凝土，现浇于平屋面上，夹缝之间以减轻屋面荷重，可节约水泥，降低造价，减少工序，缩短工期，另外以膨胀蛭石为主体材料，以水泥、石灰、石膏为胶结料，可配制成膨胀蛭石灰浆，用于厨房、浴室、地下室及湿度较大的车间、居室等内墙面和天棚粉刷时，能防止阴冷潮湿，凝结水等不良现象的生产。膨胀蛭石制品可广泛用于石油、化工、冶金、电力等行业作热工设备和各种工业管道的保温、隔热、吸音材料。

膨胀珍珠及膨胀珍珠岩制品。珍珠岩是一种酸性火山玻璃质岩石，因它具有珍珠

裂隙结构而得名。以珍珠矿石经过破碎、筛分、预热、在高温（1260℃左右）中悬浮瞬间焙烧，体积骤然膨胀而成的一种白色或灰色的中性无机砂状材料，称膨胀珍珠岩。膨胀珍珠岩（珍珠岩粉、珍珠岩散料）及其制品，具有表观密度轻、导热系数小、低温隔热性能好、在常压或真空度下保冷性、吸音性及化学稳定性好、吸湿性小、无味、无毒、不燃烧、抗虫蛀、耐腐蚀、施工方便等特点，是一种新型轻质保温材料。其主要用途是：珍珠岩粉可松填或松铺于建筑物夹壁、楼板、吊顶、屋面、地墙等处作围护结构的保温隔热材料；珍珠岩灰浆可粉刷于墙面、屋面、管面等处作保温隔热吸音之用；减少热损失；珠珠岩经憎水特殊处理后，是生产水胶作炸药不可缺少的调节剂和敏化剂，是用于国防技术爆破与井下开采的理想材料。

微孔硅酸钙绝热制品。简称硅酸钙制品，是采用硅藻土、石灰、石棉或纸浆、水玻璃等原料经过搅拌、凝胶化、成型、蒸养、烘干等工序制成的一种原料易得、工艺简单、价格低廉的新型保温绝热材料。它具有表观密度轻、强度高、导热系数低、无味、无毒、耐腐蚀、易加工、施工方便、综合效益好并能重复使用等特点。可广泛用于电力、石油、化工、机械、冶金、轻纺和船舶等行业低于600℃的热力设备和各种管道的保温工程上。

硅酸铝纤维及其制品。硅酸铝纤维，亦称陶瓷纤维，它是选用特级焦宝石为主要原料，经电弧炉在2200℃以上高温熔化后，再经分离形成一种直径2 ~ 5微米，长10 ~ 250毫米的人造无机纤维，称之为硅酸铝纤维棉。再在硅酸铝纤维棉中加入特制的黏结剂、憎水剂等加工而成各种规格的硅酸铝板、砖、毡、管壳等产品，统称为硅酸铝纤维制品。硅酸铝纤维及其制品，是20世纪80年代研制成功的一种新型保温、耐火、隔热、吸音、节能材料。它与其他保温材料相比，除具有表观密度轻、导热系数低，保温、隔热、吸音等共同特点以外，其最大优点是耐火、耐高温、还具有高绝热性能、高抗热震性和化学稳定性，能在摄氏1150℃左右高温范围内长期使用，主要用于电力、冶金、石油、化工、机械等行业热能消耗大的工业窑炉和高温管道等方面，节能效果显著。

漂珠砖。由热电厂漂珠配以结合剂、掺合料经成型烧成等工序制成，漂珠砖在机械强度耐高温性能，导热系数、使用性能等方面优于现有的中档隔热材料，而且可以与硅酸铝纤维媲美。因此，这种隔热材料广泛用在冶金机械、化工、石油、建材、轻工、电力等部门的工业窑炉和高温设备上，一般可节能15% ~ 40%，是一种较好的新型轻质隔热材料，这种材料也广泛应用于使用温度在1200℃以下的各种高温工业窑炉，达到提高热效率，降低能耗的目的，漂珠砖还可用在玻璃池炉、陶瓷倒焰窑或隧道窑，可达到节能的目的，漂珠砖用于箱式电阻炉，炉温为1200℃，炉体表面温度由原来的112℃降至63℃，综合节电率达54%。

轻质浇注料。是由轻质耐火集料、粉料、结合剂等混合而成，具有表观密度轻，热量低，导热系数小，强度高，整体性好，气密性好等特点，适用于中、低温热工设备衬体和活动炉盖，同时也可作高温窑炉的隔热材料，有利于节能和减轻炉衬重量。

其他保温材料　水泥窑用磷酸盐结合高铝质窑衬砖，磷酸盐结合高铝质窑衬砖采用复合磷酸盐液为结合剂、精选优质矾土为基料、机压成型，经500℃左右热处理而制成，该产品具有高温稳定性能好、强度高，耐磨耐蚀等优点，且价格中，适用于水泥回砖窑的冷却机、冷却带、过渡带及水泥立窑的各个部位，其理化性能符合JC350-93指标。磷酸及磷酸盐结合浇注料是采用优质矾土为集料和粉料，磷酸或磷酸盐溶液为结合剂，外加适当添加剂，按比例配料并经振动成型和养护烘烤，该材料具有耐压强度高，热稳定性能好等优点，同时有较好的化学稳定性和抗渣性，常用于各种工业窑炉的高温部位，主要产品包括加热炉烧嘴砖、炉体预制块、水泥窑用磷酸盐预制块等。高强度低水泥浇注料选用优势矾土原料，采用低水泥微粉凝聚结合方式，并加入合适的添加剂而制成，该浇注料具有良好的中、高温性和致密耐蚀性能，广泛用于各类热工窑炉的整体浇注内衬。钢包内衬用浇注料用铝镁浇注料和矾土—尖晶石浇注料采用优质矾土、镁砂、尖晶石等原料，外加剂结合剂混合而成，该类产品具有良好的抗渣性能和热震稳定性，该产品可用于钢包内衬浇注料、电炉用整体出钢槽。

保温材料生产企业

阜阳市石膏板厂。位于阜阳市莲花路11号，是生产石膏系列建筑制品的厂家，主要生产“顺颍”牌石膏系列建筑材料。年产30万平方米增强石膏空心条板、20万平方米石膏吊顶装饰板、仿毛石、砌块及装饰线条等，厂价直销红泥浪板、纸面石膏板、轻钢龙骨、玻璃钢系列艺术制品。自行研制的新型墙体材料1991年通过省级鉴定，达到国内先进水平，1992年荣获“省级新产品证书”和阜阳市“科技进步一等奖”。

安徽莲兴保温材料有限公司。坐落于合肥市瑶海工业园大店产业园区。始建于1985年，职工120余人，中级以上职称技术人员15人，是一个集研发、生产、销售、施工为一体的专业保温防水公司。主导产品：膨胀珍珠岩、珍珠岩憎水制品、高级内外墙体保温砂、聚苯泡沫保温材料、XPS挤塑式聚苯乙烯保温板及各种保温管壳等保温材料。其中憎水珍珠岩保温板、珍珠岩等出口到韩国、莫桑比克、科特迪瓦等国家和地区，产品远销国内外。

淮南市华顺建材厂。是淮南市政府2005年招商引资企业，位于淮南市谢家集区唐山镇，占地面积6.6万平方米，是安徽省首家以紫砂页岩为原料，集研制、开发、生产超轻、高强度建筑陶粒，保温隔热轻陶粒及水处理用环保陶粒为一体的专业厂家。员工260人，年产陶粒及陶粒砂20万立方米。产品远销上海、深圳等大中城市及国外。

安徽快乐防水装饰工程有限公司。1997年成立，坐落在滁州市琅琊山脚下，系大陆和香港合资经营企业，是国家建筑防水施工二级资质企业，中国建筑业协会、中国涂料协会和中国防水协会会员单位。主导产品：“喜旺”牌SBS、APP等系列改性沥青卷材、系列涂膜漆、乳胶漆、水泥漆及各类装饰材料的配套辅材，是华东地区防水装饰行业最大的厂家之一。在国内二十多个城市设直销和代理。SBS 改性沥青卷材以及系列超级涂膜漆、乳胶漆产量 60% 远销东南亚、西非、南非、北美等十几个国家。

安庆市海翔防水清洗有限责任公司。1997 年成立，是以安庆市科技局科技开发中心为依托的科技联合体，安徽省建筑防水专业协会会员单位。2001 年在全省率先研制开发成功新产品——“高分子彩色防水涂料”，年产 1000 吨，2002 年 5 月获安徽省建设厅颁发“安徽省建设新技术、新产品推广证书”向全省推广。

安徽华亚实业股份有限公司。位于合肥市龙岗工业区，是华东地区最大的防水材料生产与施工的大型民营企业。产品有“华亚”牌 SBS、三元乙丙、PVC 系列卷材，聚氨酯系列，水泥基复合系列，道路填缝胶，堵漏系列等 4 大类 40 多个品种的优质防水材料，出口 100 多个国家和地区。20 年来，华亚产品及施工质量投诉为零。

安徽宁火新材料有限公司。原名安徽省宁国市耐火建筑材料有限公司，成立于 1993 年，是集科研与生产为一体的民营科技企业，下设耐火材料研究所、特种耐火材料厂、新型耐火材料厂。主导产品：复合碳化硅板窑具系列，高档碳化硅棚板、复合型 SiC 推板，大型水泥预分解窑窑口、喷煤管浇注料系列，钢铁冶金用系列浇注料。被省、市授予 “民营科技企业” “科技创新十强企业”；授予安徽名牌产品“宁火”为安徽著名商标。2001 年通过 ISO 9001 ：2000 质量管理体系认证。开发的耐火材料新产品填补了省内空白，获得国家专利，为国家重点新产品。

第四节　装饰装修材料

主要产品　装饰装修材料是指在主体建筑完成后，对建筑物的室内、空间和室外环境进行功能和美化处理而形成不同装饰效果所需用的材料，它是建筑材料不可或缺的一个重要组成部分。主要包括家居建材和地板木门。

主要生产企业

安徽省琥珀木业有限责任公司。创建于 1995 年，生产经营“琥珀”牌各类地板及其他木制品。2004 年投资近亿元，在合肥建成了大型现代化生产基地，占地近百亩，拥有标准厂房和仓储房 5 栋，总面积 2 万平方米，有德国、意大利、台湾的地板成型、油漆生产线，年产实木地板 100 万平方米、强化地板 100 万平方米、实木复合地板 60 万平方米，产品几十种几百个规格，生产能力雄居全国地板行业前列。注册“琥珀”牌商标，从选材到烘干、成型、油漆直至成品出厂，各环节坚持“质量第一”。原材料 100% 选用从东南亚、南非、南美等地进口的性能好、适宜制作木地板的优质木材。连年被省、市评为 “质量、计量、物价信得过企业” “AAA 级信用企业” “安徽省质量管理奖” “安徽省著名商标”，连续五年被市技术监督局和消费者协会指定为“推

荐产品”“3.15 消费者信得过产品”，2003 年获“安徽省名牌产品”，2005 年获“中国木地板市场影响力十大品牌”。

安徽大国实业有限公司。集实木地板、强化地板、实木多层地板的生产、经营、服务于一体，项目总投资 2.7 亿元，被安徽省人民政府列入 861 行动计划。生产基地坐落在巢湖市居巢区柘皋工业集中区。生产的“大国”牌地板发展为本土领军品牌。

安徽肯帝亚皖华人造板有限公司（原滁州皖华人造板有限责任公司）。1986 年成立，占地面积 12 万平方米，资产总值 1.3 亿元，职工 370 人。从德国、瑞士、奥地利、比利时等国家引进 5 条现代化人造板生产线，年产刨花板 3.5 万立方米，三聚氰胺饰面板 220 万平方米，中、高密度纤维板 8 万立方米，三聚氰胺浸渍纸 450 万平方米，胶粘剂 2 万吨，板式家具 2 万套。为海尔、小天鹅、美菱、惠尔浦等知名家电企业提供配套材料，板式家具远销日本、韩国、中东等国际市场。通过 ISO 9001 质量体系认证、ISO 14001 环境体系认证和环境标志产品认证，“皖华”牌刨花板、饰面板获“安徽省名牌产品”称号。

安徽博亚竹木制品有限公司。创建于 2004 年年初，位于宣城市溪口镇，是从事绿色环保系列竹产品的研发、生产和销售的中外合资企业。占地面积 5.48 万平方米，投资 7000 万人民币，年生产设计能力 180 万平方米。从德国、意大利、荷兰等国引进世界一流的生产设备，致力于打造“博亚”品牌。竹地板、竹木复合地板、着色板等竹产品主要远销欧美等国家。

合肥保洁厨饰企业。1996 年创办，位于合肥市新站区星火工业园，是集研发、设计、生产、销售中高档整体厨房为一体的大型橱柜企业。固定资产 8000 余万元，占地 1.8 万平方米，大型生产设备 30 多台，员工 200 多人。在合肥市有四家直销形象店，一个国际化建材超市直销点；在省内外的分销商达百余家。通过 ISO 9001 ：2008 质量管理体系认证，2004 年、2005 年连续两年被评为建材市场优秀诚信经营单位。

合肥丽虹橱柜。创建于 1996 年，位于合肥市王卫工业园，是省内最早一批集研发、生产、销售为一体的专业化橱柜企业。引进德国生产设备、意大利生产线，大规模批量生产。2003 年推出“健康厨房”理念，板材全部 E1 级标准在合同中承诺，和台湾 DTC、德国海蒂诗、奥地利百隆、爱格、韩国 LG、宁波柯乐芙等国内外知名企业合作。

合肥美菱橱柜电器有限责任公司。是美菱集团下属的子公司，成立于 2004 年，位于合肥市肥东新城经济开发区，是省内少数具有自建厂房的橱柜企业之一。投资引进橱柜加工成套设备 40 多台（套），关键设备均由意大利制造，共生产 9 个系列上千种款式的整体橱柜。连续五年经省技术监督局抽检各项指标达到或超过国家标准。产品覆盖全国 20 个省市，以安徽为中心辐射全国，有各类加盟店（商）近 200 个。美菱橱柜生产集橱柜与家电为一体，采用标准化流程系统，产品全部达到欧洲 E-1 环保标准。

合肥通联木业有限公司。创建于2002年，位于双凤开发区，投资5500万元，建有2万平方米的现代化厂房，员工300多人，其中高级技师16人。有3条先进的细木工板生产线、3条集成材生产线和3条三聚氰胺面板生产线和整套国内先进设备。采用三次砂光、三次成型的先进生产工艺，确保产品平整光滑、表里如一。以优质的杉木为原料，主要生产细木工板和集成材，年生产各类板材200余万张。通过ISO 9001 ：2000国际质量管理体系认证、“中国环境标志产品认证”。

合肥裕森木业有限公司。1993年2月成立，有合肥庐阳产业园、双凤工业园和全椒示范园三块生产加工基地，占地面积70亩，厂房面积3万多平方米。主要从事环保装饰板材、E0级细木工板、木地板、建筑模板、实木门、橱柜、木线条的加工和销售。“裕森”系列产品遍布全国各地，出口至亚、非、欧等国家和地区，成为安徽建筑装饰协会指定供应商。2004年通过ISO 9001质量体系认证。裕森木业多次被评为“安徽省木业著名企业”“安徽民营200强企业”“环保公益贡献单位”。“裕森”品牌多次获“全国建材行业30家质量合格供货放心品牌”“安徽市场名优产品”称号，是“合肥著名商标”。

合肥志邦厨饰有限公司。1998年成立，位于合肥市庐阳产业园，有现代化生产基地5万平方米，全套引进德国豪迈(HOMAG)的专业生产设备，以标准单元产品的设计形成规模化生产，年产橱柜可达6万套。通过ISO 9001、ISO 14000、GB/T28001质量/环境/职业健康和安全国际管理体系认证，获“国家权威检测合格产品”“安徽省著名商标”等荣誉。

安徽亚普竹业有限公司。2001年6月成立，是一家拥有丰富原料生产基地、成品制造中心、产品研发基地和国内外销售公司为一体的中外合作企业。产品为实竹、竹木复合两大类。主导产品为竹地板、竹木复合地板、仿古地板、地热地板、刨切板、竹家具板、竹集成板、竹木复合纤维板等。与大专院校合作，开发具有自主知识产权的产品。“亚普”牌三层竹木复合地板被科技部入选国家星火计划；“亚普”牌竹木及高密度纤维板复合地热地板产品，通过省科技厅鉴定，为安徽省高新技术产品，获国家发明专利。引进德国、意大利开发的世界最先进的原装地板生产线，开发生产出国际一流品质的竹地板产品。通过国际质量、环境体系认证和FSC产销监管链认证，获“安徽省质量管理奖”“中国木地板行业影响力竹木地板十大品牌”“安徽省高新技术产品”“安徽省名牌产品”“安徽省著名商标”。

宿州东大木业有限公司。始建于1995年，位于埇桥经济开发区，投资人民币2.1亿元，占地14万平方米，职工900余人，其中技术人员60人。有国内外顶级胶合板地板生产设备数十台套。主要产品有胶合板，细木工板，覆膜板，高档贴面板，环保型实木复合地板。有胶合板生产线9条，细木工板2条，高档贴面板1条，环保型实木复合地板生产线 2 条。年产各类高档胶合板 10 万立方米、细木工板 5 万立方米，环保型实木复合地板 200 万平方米。产品按照欧美标准生产，经国家技术监督局检测中心检测，达到国家规定标准。通过 ISO 9001 ：2000 国际质量管理体系认证，中国环境绿色产品标志认证，ISO 14001 ：2004 环境管理体系认证，欧盟出口通行证 CE 认证，以及 FSC 产销监管链认证等等，出口美国、欧洲、日本、中东等 30 多个国家和地区。

安徽创誉钢结构有限公司。2004 年 9 月成立，坐落合肥市贾大郢工业园，其前身是成立于 2000 年的大地网架工程公司，注册资金 1000 万元，投资资金 2500 万元。职工 150 人，其中高级工程师 8 名。2004 年投资 1400 万元达到年生产、加工 20 万平方米厂房的规模。主导产品：钢结构 、彩钢板、PVC 塑钢、泡沫、采光板等。2005 年 6 月通过 ISO 9001 ：2000 质量管理体系认证；为“安徽市场知名企业”；被省消费者协会评为“诚信单位”；中国建材市场协会为“质量服务信誉 AAA 级企业”；是中国钢结构协会团体会员。

安徽富煌钢构股份有限公司。坐落于巢湖市黄麓镇富煌工业园，是一家集大跨度轻钢结构、多高层钢结构、重钢结构、网架网壳结构、索膜结构及高档实木复合门、系列多材性门窗设计、制造、安装为一体的大型现代化工业企业。具有国内最先进的轻钢、重钢生产线数十条，年产重型、轻型钢构件生产能力达数十万吨。与同济大学、浙江大学、合肥工业大学及德国专家合作，组成了“安徽富煌钢构专家委员会”“上海同济富煌多高层建筑钢结构技术研究中心”。通过多项国际体系认证，具有钢结构专项工程设计国家甲级资质、综合设计国家乙级资质、钢结构工程专业承包国家一级资质、总承包国家一级资质、钢结构制造业特级资质等，“富煌”商标为“安徽省著名商标”，其系列产品被评为“安徽省名牌产品”和“国家权威检测达标产品”。连续多年跻身中国钢构业前“十强”行列。获中国钢结构行业工程质量最高荣誉——“中国建筑钢结构金奖”。

安徽力士建机建材有限责任公司。前身为安徽省力士建筑机械厂，始建于 1972 年，2004 年 10 月改制组建的股份制企业。2002 年投资 600 万元引进全套建筑钢结构生产线，年生产与安装 10 万平方米。职工 130 人，其中专业技术人员 60 人。产品有 4 大类：H 型钢、C 型钢、彩钢瓦、包边件、脊瓦生产与加工；QTZ340、QT3508、QTZ25 塔式起重机，SMZl00 门架等系列产品；96DF 系列自卸车厢以及工业与民用水泥构件、彩色水泥瓦等，年工业产值 2000 万元，利税 100 万元。2001 年通过 ISO 9001 ：2000 质量体系人证。

安徽强盛钢构股份有限公司。2000 年成立，位于芜湖经济技术开发区桥北工业园，是一家专业从事钢结构产品的设计、制造、安装、工程专业维护保养、非标钢结构制造加工、钢构材料供应销售为一体的综合性民营股份制企业。占地面积 3.5 万平方米、厂房及配套建筑 2 万平方米，现代化的钢结构流水生产线，年产达 2 万吨以上。拥有二级钢结构专业承包资质证书、质量体系认证证书，是中国质量诚信企业协会副会长单位、全国质量诚信AAAAA级品牌企业、中国建筑金属结构协会会员、安徽省市场质量放心产品单位。

合肥瑶海轻型建材有限责任公司。坐落于合肥市新站区民营工业园内，是集设计、生产和安装为一体的新型建材专业化公司，1998年成立。产品有焊接H型、Z型轻钢结构、EPS彩钢夹芯板和防火涂料等，以钢结构系列产品为主业，拥有钢结构设计、制造能力和国家二级专业安装资质、防火三级专业资质，为全国金属结构协会钢结构制作定点单位。2005年通过ISO 9001 ：2000质量管理体系认证，

安徽中亚钢结构工程有限公司。是中国建材行业重点科研院所和甲级设计单位—合肥水泥研究设计院的下属子公司，是集建筑钢结构、网架研发设计、制作、安装于一体的专业钢结构公司，是安徽省第一家获得国家建设部颁发的钢结构工程专业承包一级资质的企业。工程遍布全国各地以及沙特阿拉伯、苏丹、俄罗斯、越南、巴基斯坦、埃塞俄比亚和印度尼西亚等国家。承接工程大多为大跨度钢网架工程，其中结构跨度大于50米的达到400多项，在水泥厂、电厂、煤矿等散料储库方面有一定优势。

蚌埠市中艺钢结构工程有限公司。位于蚌埠市高新开发区，成立于2003年，注册资金3000万元，占地面积448亩，6600平方米综合楼，5.6万平方米生产车间，有轻钢结构生产线、彩钢压型复合夹芯板生产线、自动喷涂生产线。职工816人，其中工程技术人员86人，固定资产3022万元，年产值过亿元。具备钢结构制作特级资质、钢结构专业承包一级资质，获得国家商务部对外承包工程经营资格证，通过ISO 9001质量体系认证、ISO 14001环境管理体系认证和OHSAS18001职业健康体系认证。2004年为“中国钢结构协会”团体会员。

合肥三联彩板轻钢结构有限公司。创建1998年，其前身为三联彩板轻钢结构厂，2003年8月改制为股份制企业，是合肥地区最早集设计、生产、安装为一体的、具备大型轻钢结构安装二级资质的综合企业。在庐阳产业园购土地53亩，资金860万元，员工140人（含安装队），技术人员40人，新盖标准化厂房1.4万平方米。有钢结构生产线3条，年产量为7000吨；C型钢生产线2条，年产量1000吨；EPS彩钢夹芯板生产线2条，年产量70万平方米；压型彩板机组3条，年产量90万平方米，年创产值约1.2亿元。是安徽省新型轻质彩钢板首家定点生产示范企业。为“安徽省市场质量放心产品”“质量信誉双保障示范单位”，在中国建筑材料装饰协会“十佳品牌”评比中获前十名。

淮北科汇钢结构有限公司。2000年3月成立，坐落在淮北市烈山区刘庄工业园，占地面积约2万平方米，固定资产600万元，有国际先进水平成套H型钢加工设备、大型无梁拱形钢板屋面加工设备、钢构件除锈和油漆设备、C型钢加工设备和彩钢板

多条生产线、高精度的测试分析仪器等，有钢结构设计软件、预算软件，电脑绘图等。经营轻钢结构柱、梁、墙、板、屋顶、护栏及进行金属拱型屋面设计、制作、安装，金属网架结构配件加工、安装。专业设计管理36人，加工制作55人，施工安装98人，其中高级工程师20人，项目经理6人。有安徽省建设厅颁发的钢结构工程专业承包贰级资质证书和《安全生产许可证》，是中国钢结构协会团体会员单位，2004年通过ISO 9000质量体系认证，被授予"淮北市重合同守信用单位"和"A级纳税人企业单位"。

第四章　非金属矿及其制品

非金属矿及加工制品是经济社会发展不可或缺的基础原材料和产品，同时又是高新技术产业发展的重要支撑材料。改造提升传统产业、发展战略性新兴产业、加强生态环境保护，对非金属矿及加工制品的品种、性能、质量和产量均提出了更高要求。非金属矿工业主要包括非金属矿采选和非金属矿加工制品业等。

第一节　非金属矿产品

石膏　安徽省石膏产地主要在定远县。定远石膏属二水石膏，分为泥质石膏和纤维石膏两类，泥质石膏又有砖灰色泥膏和棕红色泥膏 2 种。纤维石膏含二水硫酸钙（$CaSO_4 \cdot 2H_2O$）在 96% 以上，纯度较高，矿石为白色，因缝隙间有极少量泥质而略带棕色，产于定远石膏矿中矿带，储量较少，占 3%—8%；砖灰色泥质石膏含二水硫酸钙为 60.7%—85%，平均为 72.77%，产于上矿带，为定远石膏矿的主品种；棕红色泥质石膏含二水硫酸钙为 55.2%—84.1%，平均为 71%，产于中矿带。根据中国部颁标准，按二水硫酸钙含量将石膏品种级分为五个级别，定远的纤维石膏属一级石膏，泥质石膏属三至五级，主要是四级石膏。1982 年以前，定远石膏矿开采的是中矿带，产品主要是棕红色泥膏，1984 年至 1988 年开采的是上矿带，基本上是砖灰色泥膏和少量纤维石膏。定远的纤维石膏可用于生产石膏粉、豆腐、医疗卫生制品、粉笔、白水泥和模型等，泥质石膏都是供水泥厂作水泥缓凝剂。定远石膏主要用户为各水泥厂。

石棉　石棉有温石棉和闪石类石棉两大类，中国开采的绝大多数是温石棉。安徽省先后开采过石棉的有桐城、舒城、岳西和宁国等县，所采的石棉均属角闪石类石棉。这类石棉大多数纤维硬脆，难以生产石棉制品，所以舒城、桐城和岳西开采不久就停采。只有宁国石棉纤维柔，使用价值高。该石棉为透闪石石棉，属特殊品种，为国内所独有，其性能与蓝石棉（也属角闪石类石棉）相似，具有耐酸耐碱和防化学毒物及放射性的性能。蓝石棉在国内产量极少，原来只鄂、豫、陕 3 省交界 3 个小矿生产，各矿产量数吨，20 世纪五六十年代曾作为保密产品，价格十分昂贵，当时每吨一级石棉 14.5 万元，二级石棉 6480 元，二级石棉 6120 元，三级石棉 5400 元，宁国石棉 1975 年列国家计划分配产品后，全部供生产蓝石棉制品的青岛第二石棉制品厂使用。宁国石棉为灰白色（偶带浅蓝色）横纤维型，性柔，具丝绢光泽。长于 4 毫米的中长纤维占 67%，最长纤维可达65毫米。比重为2.6，细度0.314，抗拉强度91.4千克/平方毫米，结晶水温度800℃，酸浸失量平均10.33%，碱浸失量平均7.85%，导热系数0.097—0.117千卡/(米•时)，防毒吸附过滤透过系数为0.000012%—0. 0001%。宁国石棉经选矿后，按平均长度分为手选特级，手选一、二、三级，机选一至六级等10个品级。该石棉除可用于蓝石棉制品外，也可作一般石棉制品，青岛第二石棉制品厂利用该石棉脱水温度远高于温石棉的性能，生产平板玻璃引上机石棉辊上的石棉垫片，使用寿命为原用温石棉生产的石棉垫片的3倍，获国家质量银质奖，已为国内平板玻璃厂普遍使用。宁国石棉在1983年以前，为使资源合理使用，年产量控制在200吨以内，1984年没有开采，1970年到1988年宁国石棉矿开采3573吨，乡镇企业从1982年到1988年开采1155吨，累计已开采5439吨，而已探明储量不足成万吨，加上回采损失，所剩资源已不多。

石英石（石英岩、石英砂岩、脉石英） 石英石是较普通的非金属矿，安徽省石英石产地较多，分布在滁县地区、大别山区和皖南山区各县，主要产地在凤阳县。石英石是白色块体，莫氏硬度为7，主要成分为二氧化硅，所以又名硅石。各矿成分有所不同，以阳县老青山石英石平均含二氧化硅98%、三氧化二铝0.625%、三氧化二铁0.08%；凤阳县石门山石英石平均含二氧化硅98%、二氧化二铝0.78%、五氧化二磷0.008%、三氧化二铁0.27%。但石门山开采企业多，各开采成分也不一，有的品位较高，如国营石门山林场的石英石含二氧化硅高达99.3%、三氧化二铁0.035%以下。安徽省大别山区和皖南山区的石英石为脉石英，一般品位较高，如太湖县白石山平均成分为二氧化硅99.4%、三氧化铝0.29%、三氧化二铁0.023%；泾县石英石抽样化验成分为二氧化硅99.57%、三氧化二铁0.02%。这些矿点品位虽高，但交通不便，年产均不足万吨。安徽省除开采销售石英石外。一般还进行破碎加工成矿块石、碎石、石英砂和石英粉，块石的块度一般小于200毫米，石英砂粉细度一般从4目到200目，泾县石粉厂细度还可达325目。石英石分布广，开采容易，价格低廉，20世纪70年代和80年代初期每吨矿石价格为4元至5.5元，而蚌埠平板玻璃厂用汽车从老青山运到厂，运距约60千米，运费就达10余元，高于矿石原价，所以交通运输条件好的石英石矿需求量就大，凤阳县各矿尤其是石门山距铁路车站近，产销量高，可销往上海、南京、山东、北京、天津和山西等省市，因此安徽省石英石主要为凤阳县所采。1988年安徽省产量在40万吨以上，为华东石英石主要产地，也是安徽省除水泥原料外产量最大的建材非金属矿。

陶瓷粘土 陶瓷粘土是指天然矿物质在分得很细的情况下，加上水就有可塑性，可以造型，干燥后可以保持其塑造形状，再加热到适当温度后，颗粒丧失化合水而烧成陶瓷整体制品。安徽省开采的陶瓷原料粘土有高岭土、地开石、瓷石（土）、粘土等，主要产地有庐江、宣州、祁门、宿县、凤阳、旌德、无为、繁昌、宁国、淮南、泾县、宿松、含山、舒城和萧县等地。陶瓷粘土的主要用途为生产建筑卫生陶瓷、日用陶瓷和电瓷，另外还用于耐火材料、填料和分子筛等方面。安徽省庐江县石山高岭土主要用于电瓷、建筑陶瓷、坩埚、搪瓷、橡胶填料、分子筛和耐火材料等方面。该矿还有一部分产品属优质高岭土，有较高使用价值，可用于电子工业，主要供宜兴电子器件厂和安庆无经电厂使用。该矿1988年产量为特级品250吨，一级品400吨，二级品800吨，三级品1000吨。庐江县杨山地开石和高岭土主要用于陶瓷、造纸、橡胶、塑料、化妆品、增白剂、油漆、石油支撑剂、白水泥、耐火材料和分子筛等方面。1988年该生产地开石块矿0.7万吨，软质高岭土0.2万吨，无为县革古山粘土主要用于电瓷、草席染土和耐酸陶瓷生产，电瓷用粘土主要供应繁昌和南京电瓷厂，染土粉供合肥草制品厂，耐酸陶瓷粘土供本地生产用。该矿1988年产量2000吨，其中蔺草染土粉为800吨。祁门县庄岭瓷石主要供江西省景德镇和该县生产瓷器用，为陶瓷生产优质原料，该矿区的太和坑瓷石在清代主要供景德镇烧制御瓷。祁门瓷石近年年产量为6000余吨。凤阳县蚂蚁山瓷石钾、钠含量高、安徽省有的玻璃厂用以代替纯碱生产日用玻璃。淮南市的“紫木节”粘土，也是较著名的陶瓷原料，淮南瓷厂用以生产建筑和卫生陶瓷。安徽省生产的陶瓷粘土，由于缺乏深加工和选矿设备，所以产品以原矿和初级加工品为主，缺乏高品位产品和深加工品。

钻井泥浆和吸附类粘土，安徽省开采的钻井泥浆和吸附类粘土主要有膨润土和凹凸棒土。安徽省膨润土储量丰富，主要产地有屯溪新潭、繁昌赤沙、铜陵钟鸣、六安市大岗头和来安半塔等地。膨润土，是一种粘土矿物，其主在矿物成分为蒙脱石，这是一种含水层状铝酸盐矿物，具有吸水膨胀性、分散悬浮性、黏性、触变性、润滑性、可塑性、吸附性和阳离子交换性等特性，可做黏结剂、触变剂、增塑剂、润滑剂、催化剂、悬浮剂、吸附剂和填充料等，广泛用于冶金球团、机械铸造、钻探泥浆、石油化工、轻工、建筑、农业、医药、陶瓷和饲料等领域。膨润土分钠基膨润土和钙基膨润土两大类，安徽省屯溪新潭产钠基膨润土，省内其他各地为钙基膨润土。安徽省膨润土开采时间不长，都采用露天开采，除生产原矿外还用雷蒙磨磨成矿粉出售，主要用于饲料添加剂、铸造、冶金烧结球团、钻探泥浆、纺织、涂料填充、化肥和农药载体等。铜陵县粘土精细材料厂还与浙江地质科研所合作生产SM凝胶，用于牙膏和化妆品。安徽省生产的膨润土已行销10多个省市，还有少量出口。1988年安徽省主要膨润土厂产量为：六安市膨润土厂6000吨，铜陵县膨润土厂5000吨，黄山市屯溪膨润土厂1500吨，繁昌县膨润土厂4000吨。安徽省膨润土储量丰富，目前尚处于刚开发阶段，这是安徽省一种很有前途的非金属矿。除此以外，萧县龙城镇有一种俗称“干泥”的钻井泥浆材料，在20世纪50年代已开产，年产量约2000吨。

沸石　安徽省开采沸石的矿点有南陵县麻桥、繁昌县孙村和赤砂、宣州市水东等地。沸石为含水结昌质架状构造的碱和碱土金属铝酸盐矿物，从矿物结构的不同又分为近40种不同品种，如斜发沸石、丝光沸石、菱沸石等。宣州市水东主要产斜发沸石，南陵县和繁昌县产丝光沸石。沸石主要吸附、催化和离子交换三大特性，主要用于水泥混合材，石油、化工和环保方面的分子筛、催化剂、干燥剂、吸附分离剂、除臭剂、水净化剂和水质软化剂，塑料、涂料、纸张等的填充剂，农药和化肥载体，壤改良和饲料添加剂等。宣州市开采的沸石品位为75.3%，化学成分为：二氧化硅72.3%—76.5%、三氧化二铝12%、三氧化二铁1.03%、氧化钙1.25%、氧化镁0.84%，氨吸收值为158；繁昌县和南陵县开产的沸石品位为50%—62%，化学成分为：二氧化硅64%—70%、三氧化二铝12%—15%、三氧化二铁1%—4%、氧化钙2%—4%、氧化镁1%—2.5%，氨吸收值为107—136。南陵县和繁昌县的沸石开采开始于20世纪70年代末和80年代初，主要是因水泥生产缺乏混合材而发展起来的。用立窑生产的小水泥厂所产熟料中含游离氧化钙高，造成生产的水泥安定性不合格，沸石具有较高的吸收游离氧化钙性能，是一种较好的水泥混合材，因此距矿较近的沿江一带小水泥厂纷纷采用，促进了沸石开采。安徽省初期开采的沸石都是用作水泥混合材，均是人工露天开采，块矿出厂。1985年宣州市水东混石矿由宣州市珍珠岩矿砂厂开采，主要是磨成粉料作饲料添加剂和土壤保肥剂等用，经安徽省农科院畜牧研究所试验，用5%沸石粉加入饲料，鸡产蛋率可增14.7%，猪增重率增5.16%，为安徽省沸石利用开发了新途径，近年繁昌和南陵也正在开发饲料和化肥方面的用途。1988上南陵和繁昌3个矿年产块料约10万吨，宣州市水东年产沸石粉3000吨。

珍珠岩　安徽省珍珠岩产于宣州市水东镇。珍珠岩是一种玻璃状火成岩，经破碎、预热，瞬时高温1260℃左右焙烧会发生膨胀，体积增至20倍左右。珍珠岩加热膨胀后，具有轻质、绝热、保温和吸音等功能，因此是制作保温材料的良好原料。安徽省水东的珍珠岩呈烟灰、灰黄绿和浅紫色调、半透明、油脂光泽。其化学成分为：二氧化硅71.1%、三氧化二铝1.26%、氧化镁0.18%、氧化铁1.0%、化合水6.08%、附着水1.16%。其热膨胀性能为16.72—21.58倍。膨胀后散表观密度为51.3—64.9千克 / 立方米。该矿采用人工露天开采，并破碎成0.3—1.0毫米粒径的原矿砂出售，产品主要供安徽省、上海市、泊江省和江苏省的保温材料厂制作膨胀珍珠岩保温制品，1988年安徽珍珠原矿砂的产量为4000吨。

硅灰石　安徽省硅灰石产于广德县庙西、怀宁县黄墩乡皖乡皖埠村雷山和宿松县的北浴乡等地。硅灰石是一种偏硅酸钙矿物，通常呈纤维状结构，其化学式为$CaSiO_3$，理论成分为含氧化钙48.25%，二氧化硅51.75%。硅灰石呈白色，白度较高，广德县庙西的硅灰石白度为88%—93.7%。硅灰石主要用作陶瓷工业的原料，用硅灰石配料的陶瓷，可以低温快速烧成，节约燃料消耗。硅灰石还可用于涂料、橡胶和塑料的填料，电焊条的涂层，还可利用其纤维结构的特点，代替部分石棉或其他纤维用于纤维水泥制品。安徽 1988 年共生产硅灰石约 4000 吨，主要供省外陶瓷厂用，也有部分出口到日本、美国等地。

方解石　方解石呈白色块状、白度较高。主要产地分布在青阳、泾县一带储量丰富。至 2005 年，安徽国风集团在青阳县境内将分期开发轻质碳酸钙、重质碳酸钙超细粉，首期产量为年产 30 万吨，最终规模为 100 万吨，成为全国非金属产品最大的深加工基地。该产品广泛应用于造纸、医药、塑料、油漆、食品等行业。

第二节　非金属矿开采及其制品

非金属矿开采及深加工　巢东集团和国风集团，在产品结构的调整中，瞄准了安徽省非金属矿资源丰富和潜在市场，开始了投资开发、生产。巢东集团投资 9028 万元纳米碳酸钙项目在含山县境内于 2001 年 9 月份开工建设，2002 年 12 月投入试生产。投资 4000 万元，总规模为年产 15 万吨，一期工程 5 万吨凹凸棒粘土项目，在明光市境内于 2004 年 4 月开工建设。国风集团年产 100 万吨重质碳酸钙项目将分期建设，2001 年一期 30 万吨在青阳县境内开工建设，已正式投入生产。非金属矿深加工产品由于生产和投入市场的历史还较短，需加快产品市场的研发上，扩大应用范围。

非金属矿制品

石棉制品。石棉密封制品原来称为石棉橡胶制品，1985 年后统一改此名。安徽省在 20 世纪 60 年代初开始由安庆市石棉制品厂生产，从 60 年代后期起逐渐成为安徽省石棉制品中的主要产品，1988 年密封制品产量为 980 吨，已占全部石棉制品产量的 77%，这类产品包括石棉橡胶板和石棉盘。石棉橡胶板是用石棉、橡胶和化工原料制成的一种密封衬垫材料，用作输送气态、液态等介质的工业管道和动力机械接头的密封圈，如蒸汽机、内燃机、锅炉、炼油设备、化工设备和水力设备的部件上各种金属接触面和管道法兰接头上的密封垫。安徽省生产的石棉橡胶分为普通石棉橡胶板和耐油石棉橡胶两类，又根据其使用温度和压力分为各种牌号，普通石棉橡胶板 XB450、XB350、XB200 等 3 个牌号；耐油石棉橡胶有 150#、250#、400# 和 510#4 个牌号。石棉盘根是用石棉线、石棉布（或用夹金属丝的石棉线和石棉布）以橡胶为黏结剂，编织卷制成的密封材料。安徽省生产的石棉盘根有普通石棉盘根、石棉橡胶铜丝盘根、石棉橡胶（扁）盘根、油浸石棉铜丝盘根和油浸石棉盘根（编制、扭制）等，按其使用温度和压力分为 XS250、XS350 和 XS450 等 3 个牌号。20 世纪 60 年代初期，安徽省只能生产低压石棉橡胶制品，1966 年后能生产高、中低压制品，1987 年又开发了耐油石棉橡胶制品。1985 年“黄山” 牌 XB350 石棉橡胶板被评为安徽省优质产品；1988

年“黄山”牌 XB450 石棉橡胶板也被评为省优产品。

石棉摩擦制品原称石棉制动制品，安徽省在 1970 年开始开发，由安庆市石棉制品厂生产。从 1985 年起，产量在石棉制品中占第二位，1988 年产量为 192 吨，占全部石棉制品产量的 15%。这种产品是以石棉为增强材料，酚醛树脂黏合剂为基材，并加摩擦性能调节剂，经混合热压而成。这种制品广泛用于汽车、火车、拖拉机、飞机、舰艇、石油钻机、工程机械和动力设备的动力传递和制动减速。安徽省主要生产的有刹车片和离合器片两大类，生产的刹车片品种有解放 CA–10（也适用于吉斯 150、155 和吉尔 164）、江淮 HF150（也适用黄河 JN150、斯可达 706RT），江淮 HF140（也适用于跃进 NJ130、NJ230、格斯 51）、东风 EQ140、北京 BJ212 和北京 BJ130 等汽车的前后轮手刹和农挂 JC–1、农挂 JC–5 和和嘉陵 HC–120 等车辆的刹车片。生产的离合器片适合解放 CA–10、江淮 HF150、北京 BJ130 和东风 EQ140 等汽车，以及东方红 75、丰收 50、江淮 40、丰收 35、江淮 12、东方红 54 和红旗 80 等拖拉机。这些产品中“黄山”牌解放 CA–10 汽车石棉刹车片于 1985 年评为“省优”产品，“黄山”牌汽车离合器片于 1986 年评为“省优”产品。

石棉隔热制品原名为石棉纺织制品，在 20 世纪 60 年代为安徽省石棉制品的主要产品，70 年代尚有发展，到 80 年代，产量逐渐下降，1988 年产量为 101 吨，已成为次要产品。产品除安庆市石棉制品厂外，尚有几个小厂生产。这种制品是用石棉加适量棉花纺织而成的纱和线再加工而成，有的产品夹有金属丝，石棉隔热制品是各种热工设备及热传导系统用以保温隔热或用作衬填材料。安徽省生产的品种规格主要有：石棉扭绳和编绳，规格从 3—50 毫米不等。

铸石。安徽省铸石产品由原嘉山县铸石厂独家生产。该产品是以玄武岩为主要原料，配以适量白云石，并用少量铬铁矿石作结晶剂，经冲于炉用焦炭矿石熔化浇铸，再经过结晶和退火工序而成。铸石是一种新型工业材料，其耐磨性能比钢铁高十几倍，耐酸碱度除氢氟酸外，几乎接近百分之百。因此，铸石作为衬里材料应用于各种工业设备的易腐蚀和受严重磨损的部位，如化学工业的贮酸池、反应塔和电解槽等；煤炭工业的矿井输送溜槽，冶金工业的输送矿石、焦通道；电厂水泥除渣沟、水膜除尘器、磨煤机进出口、烟道除尘分离器等。安徽省生产的品种有铸石板、铸石夹套管和铸石粉，1988 年总产量为 1568 吨。铸石板为主要产品，规格较多，有普通平板、异形板、弧形板和溜槽镶板等。铸石夹套管是将熔化的铸石岩浆直接浇铸于事前制作好的双层钢板夹层中，经退火处理而成，其规格按用户要求而制作，铸石层厚度一般为 25 毫米，主要用于电厂风送煤粉管和水膜除尘器等设备中。铸石粉又称耐酸粉，是将结晶良好的铸石碎块磨细而制成，这种粉料对酸碱均有很强的耐腐蚀性，有高度化学稳定性，而且机械强度高，抗渗性好，常用于配制胶泥，作为衬砌铸石板的黏结材料，也可做成各种化工容器和作为金属内壁的防腐涂料，堵塞、修补各种容器的漏洞。安徽省生产的铸石粉主要分 120 目、140 目和 175 目 3 种规格。

凹凸棒粘土材料。安徽省生产的凹凸棒粘土材料主要有抗盐泥浆材料、吸附级粘土材料和饲料添加剂等。1985 年明光凹凸棒粘土材料厂与石油部昆山石油供应公司合作研制出海洋钻井泥浆材料——抗盐粘土，填补了国内空白，产品质量达到 API 和 OCMA 国际标准，1986 年该产品通过鉴定，并获得 1986 年石油部科技进步二等奖和安徽省优秀新产品奖。该产品主要用于石油钻井，尤其适用于海洋石钻井。安徽省生产抗盐泥浆材料后，产品已销售到克拉玛依、库尔勒、青海、玉门、中原、江汉、大港、华北和南海油田，1987 年还出口到阿联酋。吸附性粘土用途较为广泛，国内目前使用范围还不广，尚处于开发推广阶段。明光厂生产的这种产品，主要用于建筑涂料和橡胶填料、农药和化肥载体、除臭剂和去污剂等。产品已销售到上海、天津、济南和沈阳等大城市。饲料添加剂是明光厂与安徽省畜物研究合作研制的，1987 年通过省级鉴定，明光厂与涧溪乡均生产这种产品。该产品含量元素 13 种，用以代替部分精饲料，可增加物免疫能力，提高动物生长速度主禽类产蛋率，安徽省各主要饲料厂均已采用，用以配制饲料。

安徽省的石材起步较迟，20 世纪 70 年代仅有灵璧大理石厂，多数是在 80 年代建立的，规模较小。生产能力较大的企业有灵璧大理石厂、安庆市大理石厂、怀宁县理石公司、涡阳县大理石厂和广德县大理石厂。90 年代开始，合肥等地新建一批规模不等的石材加工企业，在切割、磨光、加工设备上有了很大改进，基本能满足现代建筑业的需要。

大理石。安徽省大理石产品主要为荒料和板材，此外还有少量碑石、标牌、奠基石、建筑石雕和小工艺品等。荒料系指从矿山开采下来经初步整形成有规则形状的大块完整石料，按标准规定，其最小规格的长、宽和高分别为 90 厘米、48 厘米和 25 厘米，如运输和板材加工设备允许，荒料规格以大为好。荒料本是加工板材和其他制品的半成品，由于有的板材加工厂本身无矿山，有些厂虽有矿山但为满足用户对多品种的要求，都需购进荒料，这样使荒料商品化，成为石材工业的一种产品。安徽省大理石工业的开发，是从上海市大理厂到安徽采购荒料开始的。安徽省大理石荒料的产量大体与全省板才年生产产量需用的荒料相当，因为安徽省采购荒料既有销售出省，也有购自外省。一般 1 立方米大理石荒料可加工板材 20—25 平方米，1988 年产量近 1 万立方米。安徽省多数大石荒料以自用为主，少数花色好的品种也作为商品开采，主要商品荒料产地在广德、怀宁、贵池和泾县等地，其中尤以广德的产量最大，年产约 3000 立方米，主要品种加秋香和菊香（又称红奶油和黄奶油），远销 10 多个省市，并曾组织出口。大理石板材是将荒料锯成毛板，现将毛板表面磨光，随后切成一定规定的成品；或锯成毛板后先切成一定规格，再将表面磨光和磨边倒角成成品。其标准规格为 300 毫米 ×150 毫米、300 毫米 ×300 毫米、400 毫米 ×200 毫米、400 毫米 ×400 毫米、600 毫米 ×300 毫米、600 毫米 ×600 毫米、900 毫米 ×600 毫米、10700 毫米 ×750 毫米、1200 毫米 ×600 毫米、1200 毫米 ×900 毫米，厚度为 20 毫米，出口规格可按英制尺寸生产，并可按用户需要生产异形规格。大理石板材表面磨光后具有较高的光泽度，主要用于建筑物的内外墙面、柱子、楼梯和地面等处的贴面装饰。板材除用于建筑外，大多数厂还利用板材再加工成桌面，如合肥市安徽剧院门厅墙的大幅大理石山水拼画即是。安徽省 1988 年生产大理石板材 18.44 万平方米。安徽省生产的大理石板材花色品种较多，大多数品种是用省内开采的荒料生产的，少数是用外省购置的荒料生产。用安徽料生产的主要品种有："秋香"又名红奶油，为微晶块状石灰岩，主要矿物成分为方解石和少量褐铁矿，呈橘黄色。该产品种与秋香共生，是姐妹品种，其特点和产地均与秋香同。"红皖螺"安徽省产品种，为层状藻礁灰岩，主要矿物成分为方解石，其次含量少白云石、石英和褐铁矿，颜色为紫红或红色，加工后板材可见由迭叠藻组成的生物形花纹，呈同心圆状的清晰图案，故名为红皖螺。该品种主要产于灵璧县耳毛山，在五河县斜吴和宿县黑峰岭等地也有分布。"泾川白玉"为白色结晶大理岩，主要矿物成分为方解石，有少量白云石。制成板材后洁白如雪均匀一致。产地泾县包合乡石头山和丁山等地。"稻香玉"为豹皮状石灰岩，主要矿物成分分为方解石，其次有白云石、石英和褐铁矿等。底色为灰黑色，内含黄色泥钙状团块，板面形成黄色云彩状花斑，主要产于涡阳县石弓山。"云彩玉"豹皮石灰岩，与稻香玉共生，只是色彩不同，底色也为黑色，但板面形成肉红分可紫红色云彩形纹，其他均同稻香玉。"蓝雪花"为结晶大理岩，主要矿物成分为方解石，并含少量白云石，颜色为白色微现浅蓝，板面闪烁光亮，状如雪花。产于安庆市阳山。"云雾"细状条带大理石，主要矿物成分为方解石，次为白云石及微量碳质和铁质。底色为白色，板面因碳质和形成不明显的过渡状条带和褶皱，有云雾与山水之感。产于怀宁县石境乡象山。"宜红"为泥质石灰岩，主要矿物成分为方解石，其次为泥铁质。呈土红色，产于安庆市阳山。"贵池白玉"为结晶大理岩，主要矿物质分为方解石，含少量白云石。颜色洁白，产于贵池市刘街。"枣红"为钙质泥岩，主要矿物成分为泥铁质，其次为方解石、白云石。呈现枣红色，产于贵池市。

花岗石。安徽省花岗石产品主要也是荒料和板材，此外还有少量碑石、建筑石雕、仪器台板、耐酸槽等。花岗石荒料是人工用钢凿打孔，再靠人力用铁楔将荒料从矿体上沿孔劈下，并经初步整形成有规格形状而成。按标准最小规格的长、宽、高各为 84 厘米、44 厘米和 32 厘米。体积小于 0.4 立方米的为小型荒料；体积 0.4—1 立方米中型；1 立方米以上为大型。花岗石板生产法与大理石板相同，其标准规格为：300 毫米

×300 毫米、400 毫米 ×400 毫米、600 毫米 ×300 毫米、900 毫米 ×600 毫米和 1070 毫米 ×750 毫米；英制规格为：305 毫米 ×305 毫米、610 毫米 ×305 毫米、610 毫米 ×610 毫米、915 毫米 ×610 毫米、和 1070 毫米 ×762 毫米；板材厚度为 20 毫米。花岗石板材的耐磨性、抗刻划能力和地大气的稳定性都远高于大理石，所以特别适用于楼地面和外墙贴面。

安徽省花岗石板材各品种的荒料主要来自省内，也有少数品种的荒料从山东、四川等省购入。用安徽的荒料产的板材主要品种有："金星墨玉"为角闪辉长岩，中细料结晶，主要矿物成分为辉石、角闪石、长石及少量硫铁矿。底板为墨黑微带绿，因所含硫铁矿呈金色小点散布表面，故名金星。产于大别山区，主要有岳西县的小河口、沙村和金寨县的青山。"隐花"为辉闪岩、主要矿物成分为角闪石、辉石和少量长石。底色为黑色，有隐现花纹。产于岳西县小河口、沙村、金赛县的青山和霍山县料泥坳等地。"繁昌墨玉"为堇青石角岩，主要成分为变质矿物、碳质和铁质。为纯黑色、磨光后光泽要极好，但荒料块度较小，只能产小规格板材。产地在繁昌县芦南乡。

水磨石。水磨石是用水泥、颜料和各种彩色石米为主原料，经过搅拌、成型、养扩和磨光等主要工序，制成一定规格的人造石材，实际上水磨石是一种混凝土制品。制造水磨石的水泥一般需用白水泥，以便配制各种颜色，但如果配制深色也可用一般建筑用水泥。彩色石米是大理石加工厂和矿山的碎料和小块，经破碎而成；白色石米多数由白云石矿生产，宿县、肥东、繁昌和凤阳等地均开采白云石加工。水磨石板材的规格有：200 毫米 ×200 毫米、250 毫米 ×250 毫米、300 毫米 ×300 毫米、400 毫米 ×400 毫米、500 毫米 ×500 毫米和 400 毫米 ×200 毫米等，厚度为 20 ～ 30 毫米。

非金属矿生产企业

铜陵市绿阳建材有限责任公司。1998 年成立，系铜陵化学工业集团有限公司全资子公司。集磷石膏综合处理技术开发、咨询、转让及产品生产、销售于一体，现为省级环保产业基地骨干企业。原有年产 10 万吨水泥缓凝剂是国家高新技术项目、安徽省资源综合利用项目，被列入国家环保总局"跨世纪绿色工程"、安徽省环保局"蓝天碧水工程"。国内单产规模最大的磷石膏处理项目"年产 30 万吨水泥缓凝剂"生产线于 2003 年 10 月建成投产、10 万吨磷石膏制建筑石膏粉项目，产品被海螺集团等知名水泥企业广泛使用。

安徽国风非金属高科技材料有限公司。是安徽国风塑业股份有限公司投资的全资子公司，位于青阳县蓉城镇五星工业园，下辖两个生产分厂。主导产品为非金属碳酸钙，是国内规模最大重钙干法生产的专业公司。引进国外先进技术和德国阿尔派公司重钙生产线、英国马尔文激光粒度检测系统，生产技术具有国际先进水平。公司承担 1 项国家火炬计划项目，2 项省科技攻关计划项目。年产 30 万吨非金属超细粉生产能力。

超细粉项目是安徽省“十一五”期间超5亿元以上的重点工程，国家经贸委和国家发改委批准建设的项目。项目总投资7.299亿元。通过ISO 9001 ：2000质量管理体系认证。“十五”期间被评为中国非矿行业突出贡献企业，中国非矿20强企业之一。

安徽省明美矿物化工有限公司。是1998年成立的中美合资企业，中国凹凸棒行业龙头单位。总部位于明光市工业园区，有矿山采矿权及两大生产基地，占地总面积150余亩，总投资4000多万元。主营凹凸棒系列产品、各类分子筛及其他相关矿物化工产品。按照ISO 9001 ：2000质量管理体系和ISO 14001环境管理体系生产经营，年产高中档凹凸棒系列产品8万吨，包括：高粘剂、吸附剂、脱色剂、悬浮剂等四大系列五十多种产品，应用于化工、建材、油漆、涂料、油墨、油脂脱色、石油精炼、污水处理等行业；年产各类分子筛产品4000吨，主要规格有：3A、4A、5A、13X，应用空调制冷、汽车、中空玻璃等行业，产品远销世界各地。

滁州格锐矿业有限责任公司。创建于2000年，是国内湿法绢云母材料的领航企业和安徽省高新技术企业。湿法绢云母、GR复合钛白颜料、超细改性粉体等系列产品，用于涂料、橡塑、化工、耐材、焊材、陶瓷、造纸、化妆品等领域，产品出口欧美、东南亚等国家，在全国拥有100多个销售网点。与南京大学、南京工业大学、中国地质大学、合肥工业大学、安徽大学、国家非金属矿深加工工程研究中心等科研院所合作，筹建了安徽省非金属矿行业唯一一家省级工程研究中心，完成了多项国家及省部级科研项目，独家开发的“湿法超细绢云母材料”项目被列入安徽省火炬项目计划，与中国地质大学联合开发的“GR复合钛白颜料”项目被列入国家重点新产品计划，与南京工业大学联合开发的“绢云母质无机紫外屏蔽剂”项目被列入安徽省高技术产业化示范项目。

凤阳杜氏矿业有限公司。1999年成立，坐落于凤阳县大庙镇郳岗工业开发区，是一家集开采、加工、烘干、运输、销售石英砂系列产品为一体的民营企业。被原国家建材局中国玻璃发展中心认定为质检信得过企业，是中华工商业联合会和中国非金属矿业协会会员企业，属于较有规模的大型石英砂企业，通过ISO 9001 ：2000质量管理体系认证。有合法开采权的自备矿山，固定资产6000多万元，流动资产2000多万元，有3条湿法硅砂生产线，22台水碾生产设备，2条烘干线，24小时不间断生产，月产量3万多吨（主要生产低铁石英砂）。产品畅销全国，远销东南亚和欧洲等国家和地区。

明光市华慧微晶铸石有限公司。隶属于滁州市华慧防腐材料有限公司，2003年11月成立，坐落于明光市工业园区，占地面积3万平方米。总资产2000万元，有最先进的微晶铸石生产线，全微机控制150米长连续结晶退火辊道窑，采用压延和浇注两种生产方式，年产压延微晶铸石板3000吨（12—16毫米厚）、浇注微晶铸石板6000吨（16—30毫米厚）、年产板材总量15万平方米；生产铸石夹套管、微晶铸石颗粒、铸石粉

2000余吨、生产耐酸胶泥1500吨，年总产值达5000多万元。通过ISO 9001 ：2000质量管理体系认证，授予“安徽省民营科技企业”称号。

安徽省皖北煤电集团恒泰非金属材料分公司。2001年成立，位于巢湖市含山县陶厂镇，投资总额2亿人民币，是国内最大的硬石膏矿和绿色新型建材、化工材料生产基地之一。年产60万吨原矿石的能力，建成10万吨普粉、粉刷石膏生产线和2万吨超细粉体生产线。有58亿吨硬石膏资源。成立了国内唯一一家硬石膏应用研究所，与同济大学、合肥工业大学合作成立非金属材料研发中心和化工材料实验室。研发的无水型粉刷石膏、自流平石膏砂浆、PVC管材专用填料、PE母料和硬石膏土壤改良剂等处于国内领先地位。有硬石膏原矿、新型建筑材料、化工材料和土壤改良剂等四大类数十个产品，产品畅销国内，远销日本、韩国。

定远石膏矿。是安徽省唯一的二水石膏生产基地，定远石膏矿因其储量大、品质优而闻名省内外。1994年年底，整个矿区累计勘探200平方千米，探明储量为2.31亿吨，$CaSO_4 \cdot 2H_2O$含量平均达70%。定远石膏矿于1970年11月开始筹建，由苏州非金属设计院进行设计，设计能力为10万吨/年，1972年施工，历时7年，于1979年12月建成投产。1982年8月，因故生产中断。1983年10月恢复生产。2002年，38岁的李明任定远县石膏矿矿长，经3年努力，生产能力由5万吨/年，增加到13万吨/年，产销110万元/年增加到1500万元/年，利润由8.5万元/年增加到300万元/年，投资300万元，上一条年产3万吨石膏粉生产线。自矿建成以来，累计生产石膏300万吨，实现销售收入1亿元，上缴利税1000万元，解决了852名职工就业。获中国非金属企业500强称号。

第三节　无机非金属新材料

无机非金属材料，是除金属材料、高分子材料以外的所有材料的总称。它是由硅酸盐、铝酸盐、硼酸盐、磷酸盐、锗酸盐等原料和（或）氧化物、氮化物、碳化物、硼化物、硫化物、硅化物、卤化物等原料经一定的工艺制备而成的材料。无机非金属材料种类繁多，用途各异，一般将其分为传统（普通的）和新型（先进的）无机非金属材料两大类。

玻纤与特种玻纤　玻璃纤维纱是将绕丝筒上的原丝经退绕、并股、加捻和络纱等工序而成，一般采用退并捻线机完成。玻纤纱规格品种除分高碱、中碱和无碱纱外，还按原丝的支数和退并后的股数，有捻和无捻分为许多品种的规格。

安徽省生产的玻纤纱主要规格品种为中碱2×45支有捻玻纤纱、中碱21支无捻粗纱和无碱40支多股纱等。玻纤主要用作生产玻纤布原料，也有少数无碱纱可直接用作电绝缘材料，如纱包线等，有的无捻粗纱可直接用于生产缠绕法玻璃钢制品。1988 年安徽省生产玻纤纱 700 吨，实际年产能力已超过 2000 吨。玻璃纤维布是以玻璃纤维为原料，经卷纬、整经、穿筘和织布而成。安徽省玻纤织布机一般用纺织工业上的 1511 型织布机改装而成。玻纤布主要用于电气绝缘制品、玻璃钢制品、管道包扎、乳胶布、过滤用布为无捻平纹布，厚度为 0.1 毫米、0.2 毫米、0.3 毫米和 0.4 毫米等。除了布以外，也有织成玻纤带和玻纤管的，旌德县玻璃纤维厂曾生产过供电绝缘用的无碱玻纤带，马鞍山玻璃纤维厂曾生产玻纤电线套管（漆管）。

耐碱玻璃纤维。1985 年蚌埠市玻璃钢制品厂建成 1 条年产 150 吨的耐碱玻璃纤维生产线，采用池窑拉丝法，将原料在池窑中熔化玻璃液，通过漏板流出后用拉丝机制成原丝。该厂主要是出售原丝，从科研和生产单位研究生产 GRC 制品（玻璃纤维增强水泥制品）。1988 年安徽省共生产 26.5 吨，实际年生产能力为 150 吨。

玻璃纤维涂塑窗纱　是由玻璃纤维交织成网格布，经涂聚氯乙烧塑料而成。玻璃纤维涂塑窗纱具不锈蚀、尺寸稳定、颜色鲜艳和安装方便等优点，逐步代替铁丝窗和塑料丝窗纱成为受用户欢迎的产品。桐城县窗纱厂在 20 世纪 80 年代前期首先生产，马鞍山市玻纤厂在 80 年代后期也进行生产。桐城县窗纱厂生产的“丹凤”牌玻纤涂塑窗纱于 1988 年被评为安徽省优质产品，其生产能力每年达 400 万米。

玻璃钢 / 复合材料

玻璃钢制品。玻璃钢制品原名为“玻璃纤维增强塑料”，是玻璃纤维和树脂复合而成，玻璃钢制品产品繁多，安徽省玻璃钢企业绝大多数生产的是玻璃钢波形瓦和落水槽等简单产品，采用手糊法生产，用玻璃纤维布浸渍不饱和聚酯树脂后一层层糊在模型上而成。也有些单位用手糊法生产较复杂产品，如活动房屋、冷却塔、船只、槽罐、浴缸等。其中芜湖玻璃钢厂生产的“海豚”牌 HLA 系列冷却塔，1983 年被评为安徽省优质产品。1983 年蚌埠市玻璃钢制品厂用玻璃钢为市科学营建造了一座外形模仿紫金山天文观察堡的科普天文馆。1987 年岳西县玻璃钢制品厂受国务院办公厅委托，试制成功机关悬挂用的国徽，成为指定生产国徽的全国 3 个定点厂之一。除了上述通用产品外，安徽省化工、机电、交通等部门也根据行业需要，自产用一些玻璃钢制品，如属机械系统的蚌埠绝缘材料生产环氧酚醛玻璃钢层压制品。也有一些防腐工程公司在工程中使用玻璃钢材料。1988 年安徽省生产通用玻璃钢制品 353 吨。

玻璃棉（毡）。安徽省生产的玻璃棉是用碎玻璃为原料，用陶土坩埚拉丝，在拉丝时被切成丝再铺成棉或毡。20 世纪 70 年代初期有安庆砂轮厂、芜湖市新芜区玻璃纤维厂和歙县玻璃纤维厂，一度不生产玻璃棉，80 年代中后期，无为县新沟玻璃纤维、桐城县金神玻璃纤维厂和蚌埠市纤矿灯材料厂又生产了玻璃棉（毡）制品。安徽省生产的主要品种有玻璃棉保温板、保温管壳、空气过滤棉、蓄电池隔离板、矿灯隔板、净化过滤器等。

主要生产企业

桐城玻璃纤维有限公司。坐落在桐城市，隶属于安徽丹凤集团，员工1200人，总资产逾6亿元，占地面积千余亩。产品有中、无碱玻璃纤维纱、电子级玻璃纤维布(7628、2116、1080电子布等)、云母带基布、层压板基布、无捻粗纱、无碱玻纤短切原丝等，产品销往全国各地，出口20多个国家和地区。2001年通过ISO 9001国际质量体系认证，获“省高新技术企业”“省环境保护先进单位”称号，“丹凤”为“安徽省著名商标”“安徽省名牌产品”，获“省优”“部优”“全国同行业质量评比第一名”。

桐城市光明玻纤公司。1990年成立，坐落桐城市金神工业园，占地面积30多亩，职工300余人，其中高级专业技术职称19位。产品有：玻纤印花窗纱、玻纤网格带（嵌缝带）、塑料制品、纸管加工等，从生产到服务实施ISO 9001国际质量标准管理并获认证。产品畅销国内并远销到东南亚，多次获得“市纳税大户”和“AA级信用企业”称号。

宣城新浪洁具有限责任公司。2002年9月在宣城市开发区建立生产基地，有固定资产800万，员工156人，其中生产技术人员33人，下设四个分厂。产品有玻璃钢高档电脑蒸汽房、冲浪按摩浴缸、古典贵族浴缸、普通浴缸以及新近开发并投资生产的全省唯一的“水转印”分厂。“精卫”牌产品在21个省市自治区有办事处、代理商，产品出口英国、意大利、以色列、德国、新加坡、摩洛哥等10多个国家。通过ISO 9001国际质量体系认证。

安徽宣城市银河洁具有限责任公司。1995年成立，占地面积24万平方米，是一家专业从事玻璃钢卫浴洁具设计、研发、生产以及销售的大型企业。产品覆盖淋浴房、浴缸、浴室柜、坐便器以及龙头挂件等，为“中国名牌”产品，出口北美、欧洲、中东等20多个国家和地区，国内20多个省拥有近100家专卖店。

第四节　人工晶体新材料

人工晶体生产　人工晶体材料是当代高科技新材料领域最为重要的部分之一。世界信息产业、光电子工业的发展、核仪器和核医学的进步、红外控探测和遥感技术以至导弹和核空间技术的推进都与人工晶体产业密切相关。天然晶体毕竟资源有限，品种不全，且杂质伴生，质皿差异甚大，故不能满足需要。因此，世界各国都把人工晶体放在具有战略意义的新材料之列。

主要生产企业

鸿福晶体科技（安徽）有限公司。2004年年底成立，落在金寨县江店镇红石工业开发区内，占地184亩，港资企业投资总额2500万美元。为亚洲最大的导模法蓝宝石生产基地，有拉晶机 180 台，蓝宝石单晶片产量超过 3 吨 / 月，产品分为：导模法（EFG）蓝宝石单晶片料、泡生法（GOI）蓝宝石单晶棒料；晶体抛光后透光度在 85% 以上，纯度在 99.996% 以上，大部分出口欧美市场。蓝宝石凭借优异的物化性能、光学性能，应用领域十分广泛。适用于光学探测窗口、激光窗口、手表蒙、手机屏幕、光学精密仪器、特种零件等。

安徽亚珠金刚石股份有限公司。是 2000 年 6 月在亳州市金刚石总厂的基础上改制的一家股份制企业，始创于 1985 年，占地总面积 48 万平方米。集科研、生产、销售为一体的大型民营企业集团公司。以金刚石生产为主导产品，有人造金刚石压机 368 台（套），质量检测设备 86 台（套），机械加工设备 52 台（套），产品有系列人造金刚石单晶、金刚石制品、金刚石生产用的原铺材料等八大系列 112 个品种，年生产人造金刚石单晶 1.60 亿克拉，产品销往广东、福建、江苏、河南以及东南亚国家，国内市场占有率 5.02%，是全国最大的人造金刚石生产基地之一。2001 年通过 ISO 9001 国际质量体系的认证。获“安徽省明星企业”“安徽省高新技术企业”“全国优秀民营企业”等称号，“亚珠”牌人造金刚石单晶为“安徽省名牌产品”“安徽省著名商标”。

第五章　建材机械与装备制造

随着建材工业中的水泥、玻璃、新型墙体材料的快速发展，安徽省建材机械行业也迎来了加快自身发展步伐的新机遇。在积极推进产业结构调整，提高创新能力，突破研发设计、品牌培育、技术服务、专业化分工等关键环节取得了可喜成绩。

第一节　砖、瓦机械设备

设备生产

制砖和制瓦机。1958 年，合肥建华建材机械修配厂诞生。1984 年改为建华窑厂四分厂，主要生产 350 制砖和制瓦机，产品畅销省内 39 个地、市、县和远销山东、湖南等省。1987 年四分厂更名为合肥建材机械设备制造厂。1988 年根据国家和省里的安排，该厂接受了消化吸收西班牙真空制砖机生产线任务。1989 年 9 月第一台样机投放安徽省天长某砖瓦厂，一次调试成功，开创了我国新一代真空砖机生产的新纪元。1990 年又更名为合肥空心砖机械制造厂，成为全国砖瓦机械定点生产厂家。1992 年，原国家建材局、国家墙改办、国家砖瓦工业协会在天长县砖瓦厂召开全国空心砖生产线现场会，其产品受到与会专家的一致好评。1992 年 10 月，合肥空心砖机械制造厂从建材一厂分离出来，空心砖机械及配套设备先后出口柬埔寨、越南、蒙古、印尼、哈萨克斯坦等国家。由国内市场走向了国际市场。2003 年全厂实现工业总产值 1437 万元。

散装水泥车、混凝土搅拌车、重型汽车底盘。安徽星马汽车股份有限公司的前身是马鞍山建机厂（1970 年建厂）。马鞍山市建材机械厂试制的安徽省第一台 AHYQS-7 型气卸散装水泥罐式汽车，1985 年通过省级技术鉴定，各项主要技术性能指标均达到或超过了国家标准。该企业从生产钢筋切断开始，随着市场的急剧变化，先后生产出减速机、散装水泥车、混凝土搅拌车、重型汽车底盘等。至 2004 年，已成为年产 5000 辆专用汽车和万辆重型汽车底盘的大型建材机械厂。2003 年实现工业产值 20 亿元，产销量连续多年位居全国第一，为全国的建筑业和散装水泥事业的发展做出了很大的贡献。

环保收尘器及自动化计量设备、水泥生产装备。原国家建材局直属的甲级院合肥水泥研究院系中国环保产业协会理事单位，有一批技术水平高、经验丰富的科研设计队伍，主要从事水泥设计、大气污染治理、脱硫及垃圾处理（包括废渣综合利用及包装废弃物处理）方面的研究、开发、推广工作。环保产品除水泥行业广泛应用外，还进入冶金、电力、化工、机械等行业，并远销东南亚等国家。合肥水泥研究设计院、蚌埠玻璃设计研究院以建材行业的需求和科技进步为引导，完善创新体制，构建了以企业为主体、产学研用相结合的创新产业链，不断培育具有自主知识产权的主导产品和核心技术，提高产品的科技含量。两院壮大成长为具有总体设计、成套能力和系统服务功能的大型装备集团，他们发展的高端建材机械装备、余热发电技术装备在水泥、玻璃、墙材等行业得到了广泛的应用。2004年，合肥水泥研究院的产品销售收入达到6亿元。该院的节能粉磨技术与装备、环保技术与装备、热工技术与装备、自动控制与计量设计备、输送设备、耐磨耐热材料等在市场中已形成竞争优势，技术经济指标达国外同类设备先进水平。合肥院能够为6000吨/日以下各种规格水泥厂生产出成套设备，一些产品的性价比超过了发达国家，受到国外厂商欢迎，2004年出口创汇超过2000万美元。蚌埠玻璃研究设计院从2002年起抓住了水泥市场发展机遇，积极进军水泥领域，两年签订20多条水泥生产线合同，合同额达2亿元。

主要生产企业

安徽兴林机械集团公司。是集科、工、贸为一体的民营科技型企业，总部位于六安经济技术开发区，注册资金1000万元，占地130多亩，总资产8000多万元，有中、高级专业技术人员56人，主要为墙体材料生产行业提供建设项目咨询、工艺设计、机械设备及炉窑建筑服务，是全国砖瓦机械、陶瓷机械和砌块机械制造的定点生产企业。集团下辖安徽兴林机械有限公司、合肥建华空心砖机械有限公司、安徽富林农业装备有限公司及六安市兴林工程机械租赁有限公司。主导产品为有自主知识产权和获得5项国家专利的紧凑型和组合型两大系列真空挤出机、砌块成型机械及配套设备。通过ISO 9001：2000国际质量体系认证，产品覆盖全国（除西藏、台湾外），远销南亚、中亚和非洲等国家和地区，获“优等产品”“中国砖瓦名优产品”“中国著名品牌”等证书。

安徽火炬机械制造有限公司(彩瓦机械设备厂)。位于合肥市，是一家生产制造全自动混凝土彩瓦机械、混凝土彩瓦的工业企业，生产的全自动混凝土彩瓦设备HJ-10型全自动数控模压彩瓦机，具有自主知识产权，通过安徽省机械质量监督总站检测与“9001质量体系认证”。产品远销马来西亚、越南、柬埔寨等东南亚国家。

安徽省万达墙板机械有限公司。位于合肥市，是以科研、生产、应用为一体的专业公司。1999年参与建设部99SJ-107《住宅内墙隔建筑构造》轻质条板安装图集的编制。从事墙板机械、墙板应用的研究与开发。“万达”牌墙板机械成套装备有原料处理系列、混合搅拌系列、挤压成型系列、装运系列和检测安装系列。挤压成型机为人工喂料与机械喂料两用型，年产30、20、15万平方米及年产5～8万平方米的简易生产线。

合肥乐华建材机械有限公司。系国家建材机械标委会、国家砖瓦协会定点生产厂家。

与大专院校、科研院所进行强强联合，有生产空心砖、劈开砖、木纹砖、装饰砖、西式琉璃瓦等建材装饰产品的全套机械设备和技术。在全国二十多个省市自治区有2000多家用户，产品远销越南、柬埔寨、印度尼西亚、孟加拉、塔吉克斯坦等国家。

滁州市伟创机械制造有限公司。1994年10月成立，位于琅琊山下腰铺工业园内，是从事新型墙体材料设备、凹凸棒土加工成套设备、水泥、化工机械成套设备专业设计制造的综合型股份制企业。是我国较早开发凹凸棒土、复混成套设备的厂家之一，可提供标准和非标准减速机设计制造、模具研发和外协加工业务。是中国建材工业协会第五届理事会理事单位。

第二节　水泥机械设备

设备生产　水泥机械设备包罗万象，汇集水泥包装机、水泥砖瓦机、水泥制品、制管机、水泥彩瓦机、破碎机、烘干机、球磨机、输送机等。

主要生产企业

安徽强坤集团。原为巢湖市强坤建材机械有限公司，位于巢湖市中埠镇，始建于八十年代初期，集团下设巢湖市链条厂、巢湖市永兴输送设备有限公司、巢湖市强坤建材机械有限公司、巢湖市水泥工程安装有限公司等子公司。“强坤”产品由中保财产有限公司承担产品质量责任保险。主导产品有系列斗式提升机、带式输送机等物料水平、倾斜、垂直输送设备，用于水泥、电力、矿山、仓库储备等行业。2001年通过ISO 9001 ：2000质量体系认证。

合肥金山科技实业公司。是以合肥水泥研究设计院的自动化研究所为基础，于1992年设立的技术型企业，位于合肥经济技术开发区。从事物料计量与定量给料、计算机控制与管理系统、生产过程监测、电气控制与驱动的科研开发、生产制造、技术服务和设备成套等业务。与施耐德、ABB、罗克韦尔、西门子、申克、托利多、牛津等国际著名企业交流合作，产品和技术服务应用在冶金、化工、电力、煤炭等领域，产品销往全国各地和东南亚、中东和非洲等国家。通过ISO 9001 ：2000质量管理体系认证和国家强制性产品CCC认证。

合肥中亚建材装备有限责任公司。是由合肥水泥研究设计院、合肥中亚科技有限公司、自然人三方出资组成的股份制企业，2005年9月成立，注册资金1000万元，属科、工、贸一体化的高科技企业。位于合肥市经济技术开发区内（公司前身为1993年成立的、位于合肥市葛大店的合肥中亚水泥机械厂）。产品为HRM型系列立式辊磨机及其配套的附属设备，是国内唯一生产且只生产立式辊磨机的专业制造企业。系列立式辊磨机技术、经济指标达到国际先进水平，1994年获国家级新产品称号，1996年获建材行业科技进步二等奖。该设备用于石灰石、原煤、矿渣、石膏、叶蜡石、方解石、石英等物料的粉磨。产品远销巴基斯坦、印度、越南、印度尼西亚、埃及、阿尔及利亚等国家。

合肥水泥研究设计院肥西节能设备厂。是合肥水泥研究设计院独资兴办的集科、工、贸一体的科技实体，是生产企业又是科研成果转化基地。依托合肥水泥研究设计院强大优势，从事辊压机粉磨技术及装备的研制、开发和销售。产品有HFCG系列辊压机、SF系列打散机、气流分级机等。员工100余人均为合肥水泥研究设计院辊压机课题组成员，其中教授级高级工程师4人，中级以上职称技术人员30人。通过ISO 9001、ISO 14000、ISO 10012质量管理体系的认证。HFCG系列辊压机，是国家"七五"至"九五"重点科技攻关课题支持的国家级新产品，获得国家科技进步二等奖。具有自主知识产权，设计更合理、性能更优越，可靠性更高的第三代HFCG系列辊压机；SF系列打散分级机，是具有独立知识产权的国家专利产品。

合肥水泥研究设计院粉体工程公司（粉磨所）。是国内专业从事水泥粉磨工艺与装备技术研发、生产与经营的科技产业实体，具有50年的历史。主导产品为ADW系列涡轮式微粉分级机、DS系列组合式高效选粉机、开流矿渣微粉管磨机、开流高细高产磨技术、HRM型立式磨、HES高效选粉机和CMS煤磨选粉机等。有高级工程师和教授级高级工程师51人，工程师12人。下属12个科研项目组，2个产业实体，1个省级建材粉体工程技术研究中心和1个粉体检测中心。完成国家"六五""七五""八五""九五"重大科技攻关项目4项，获国家科技进步二、三等奖4项，省部级科技进步奖20多项，省部级工程设计奖和咨询奖16项，获国家发明和实用新型专利19项，起草编制国家（行业）标准2项，12种产品获国家级新产品、中国建材行业名牌产品和中国名牌产品等称号。30多人次获国务院特殊津贴、全国五一劳动奖章等称号。每年为国内外2000~5000吨/日新型干法水泥生产线、油改煤工程及大型粉磨站提供设计服务和配套粉磨技术装备200多台套。连续3年在技术开发、装备制造、工程设计的经营合同额超6亿元人民币，人均产值近800万元。

安徽省凤形耐磨材料股份有限公司。原为宁国市耐磨材料总厂，位于宁国市，是亚洲最大、世界第二的耐磨材料专业生产厂家，是一家集研发、生产和销售耐磨材料产品为一体的、拥有自营进出口权的企业，也是国家火炬计划重点高新技术企业。生产的"凤形"磨球荣获2006年中国名牌产品称号。有40多年发展历史和6个亿的规模，是亚洲最大的耐磨材料专业生产基地。主导产品有高低铬合金铸球、铸段，多元合金铸球、铸段及磨辊、磨瓦、锤头、衬板等合金钢铸件，用于冶金、建材、化工等行业。采用自行研制世界一流水平的铸球自动化生产线，一次性浇注成型。通过ISO 9001质量管理体系和ISO 14001环境管理体系认证，获得42项国家专利。超高铬铸造磨球和中碳中铬合金钢衬板为高新技术产品。"凤形"商标在世界10多个国家注册，为中国驰名商标。产品畅销全国 34 个省市自治区 3000 多家企业，远销美国、澳大利亚、加拿大等国家。

安徽津龙实业有限公司。2000 年成立，位于宁国市，拥有安徽省宁国津龙耐磨材料有限公司和安徽省宁国津河耐磨材料有限公司两家子公司，集开发、研制、生产和销售于一体，年产 4 万吨耐磨材料的生产能力。主导产品有“津龙”牌高铬合金铸球、高铬合金微球等。通过 ISO 9001 ：2000 质量管理体系认证、ISO 4001 ：2004 环境管理体系认证，取得自营进出口权。“津龙”2004 年、2005 年“津龙”为“安徽省著名商标”。

马鞍山市薛津冶炼耐磨钢球厂。始建于 20 世纪 80 年代中期，位于当涂县丹阳镇，前身是一家铸造合金钢球的集体企业，90 年代中期被马鞍山市体改委列为首批试点单位，改为股份合作制企业。年产铬系列合金耐磨铸球、铸钢件、高合金耐磨衬板达 1 万多吨。产品应用于建材等行业的粉体制备与超细深加工并远销日本、中东、北美洲等国家和地区。90 年代后期，产品质量和标准达到世界先进水平，成为多家国际知名企业的 OEM 指定生产基地。

第三节　散装水泥车、混凝土搅拌车

散装水泥车和混凝土搅拌车的主要生产企业有安徽星马汽车股份有限公司、安徽华菱重型汽车有限公司。

安徽星马汽车股份有限公司前身为马鞍山市建筑材料机械厂，始建于 1970 年 10 月。1994 年，企业组建新领导班子，在安徽省建材工业局支持下，争取了年产 500 台散装水泥专用汽车技术改造项目的国家立项，获得 2000 万元技改贷款。1997 年实施现代企业制度改革，成立有五家企业股东参加的“安徽星马汽车股份有限公司”。2001 年位于马鞍山市经济技术开发区的星马工业园区建成，新区占地面积 600 亩，建筑面积 8 万平方米。同年 7 月，年产 2000 台专用汽车生产线建成投产。于 2003 年 4 月在上海证券交易所成功上市。有员工 1200 多人，其中工程技术人员 400 余人。有先进的工艺技术装备 1000 余台 (套)，自主设计开发了几百套夹具、模具，在国内处于领先水平。2000 年，完成了“年产 2000 辆专用汽车技术改造项目”和“年产 5000 辆专用汽车技术改造项目”。2003 年 6 月产销量突破 4500 辆，实现含税销售收入近 20 亿元，创利税 2 亿元，至此，拥有固定资产 3.22 亿元。主导产品有散装水泥汽车、混凝土搅拌车、混凝土泵车、压缩式垃圾运输车、重型自卸车等，共计 8 大系列 100 多个品种规格，其中散装水泥车占全国市场 50% 以上份额，连续六年为全国产销第一；混凝土搅拌车替代进口产品，产销量居全国第一位。荣获“国家重点高新技术产品”“中国名牌产品”、

"国家科技进步奖"等100多个奖项的称号。星马公司是安徽省50强企业，被评为"最具竞争力的上市公司""高新技术企业""质量管理先进企业"等，1997年通过ISO 9001国际质量体系认证，2003年通过ISO 9001质量体系2000版标准认证。公司拥有省级企业技术中心和国家博士后科研工作站，成立了由国内外专家组成的专家委员会和技术委员会，聘请中国工程院唯一的汽车专业院士郭孔辉先生担当专家委员会顾问和股份公司独立董事，技术委员会由刘汉如董事长亲自管理。星马汽车股份有限公司已是年产量5000辆专用汽车和万辆重型汽车底盘的大型建材机械制造厂。固定资产由1992年的300万元增长到2002年4.5亿元；销售收入由1992年1600万元增长到2002年的13.8亿元；利税由1992年的102万元增长到2002年的1.54亿元。2003年工业产值达到18.4亿元，产量和销量居全国第一位。

安徽华菱重型汽车有限公司是由星马集团、美国联合太平洋投资有限公司、安徽省投资集团有限公司和安徽星马企业投资有限公司共同出资，于2003年5月18日挂牌成立，注册资金2.4亿元。在建"年产10000辆重型汽车底盘项目"，计划总投资8亿元，其中固定资产6亿元。建成具有国内领先水平的冲压、焊装、涂装、总装汽车生产四大工艺的重型卡车底盘生产线。2004年5月底基本建成，并取得生产重型卡车准入证。湖南星马重型汽车有限公司是在原湖南重型汽车制造有限公司的基础上，由星马集团投资重组设立，于2003年6月挂牌成立。在建项目是"年产5000辆重型汽车技改项目"和"年产3000辆专用汽车技改项目"，主要建设总装、焊装、涂装生产线，固定资产投资3亿元，规划"十五"末实现销售收入20亿元的目标。

第六章　对外开放与市场建设

改革开放以来，全省建材行业解放思想，打破禁锢、守旧的经营思想，坚持扩大开放，内引外联，逐步走进国内、国际的两个市场，充分利用资源、技术、产品、品牌等各种优势，开展招商引资、技术输出（输入）、产品出口（进口）等对外经贸活动，激活企业，加快发展。

第一节　对外开放

招商引资　1985年，省建材局引进成交项目10多个。如肥西砖瓦厂空心砖示范生产线、蚌埠平板玻璃厂镀膜玻璃生产线、马鞍山P、V、C壁纸生产线、灵璧大理石生产线、芜湖花岗石加工生产线、凤台建筑陶瓷厂墙地砖生产线、来安县大理石厂加工生产线、蚌埠水泥制品厂混凝土自动化搅拌装置、怀宁县大理石开采加工生产线等，成交额1000多万美元。

1993年建材行业与来自印度尼西亚、新加坡、韩国、美国、澳大利亚、日本、德国等10多个国家和中国香港、台湾地区的客商进行广泛洽谈，同时省建材局又组织了2个技术考察团和派出30余名厂长（经理）出国考察、培训，开展招商引资，树立起企业走向世界、走向两个市场的意识。1994年谈成的合资项目7个，到位的资金3000多万美元，有力地促进了建材产品上水平、上规模。安徽国通高新管业股份公司产品销路网络以安徽和上海为中心，覆盖到全国20多个省、市、自治区，并取得了以上省、市的产品准用证和推广证，在全国重点省份设立15个办事处。芜湖海螺型材科技股份有限公司除西藏、台湾外，在全国和本省设立了60余个营销管理网络。海螺集团、巢东集团、巢湖铁道水泥厂等皆在江苏、上海、浙江、广西等地建了水泥粉磨站、中转库和码头。两个市场的开拓和基础设施建设，为安徽建材工业的持续发展创造了条件。

1997年以前，安徽海螺集团公司在上市融资额度制的条件下，使用外资1亿多美元。成为中国第一家也是唯一一家水泥企业在境外发行股票，在亚洲金融危机爆发前成功地在香港挂牌上市H股，募集了8亿多港币。在2004年中国最具竞争力的上市公司20强中，海螺水泥排名第一。安徽国风集团于1992年利用中外合资经营方式，成立了中外合资合肥中兴电源线有限公司。其后又成立中外合资合肥华聚塑胶有限公司，中外合资美吉厨房用具有限公司，中外合资威盛电气有限公司。1998年，集团正式推出多元化战略，成立中外合资国运电子科技有限公司，专业生产 LCD 液晶平板显示器。与台湾公司合资建立安徽国登工程材料有限公司，主要经营重钢结构等新型建筑材料，具备年产 4000 多吨钢结构的加工能力。鸿福晶体科技（安徽）有限公司是香港鸿福发展有限公司于 2004 年投资建设的外商独资企业，实际投资总额达 2500 万美元。经过多年的发展，成为亚洲最大的导模法蓝宝石生产基地，蓝宝石单晶片产量超过 3 吨 / 月，大部分出口欧美市场。安徽华光集团与新加坡、澳大利亚、美国等国家和中国香港、台湾地区外商合资合作，生产高科技玻璃产品，组建了华益导电膜、时代塑业、民兴纺织等合资企业。创办了美国休斯敦华艺玻璃公司，实现境外办厂突破。由安徽百通公司与加拿大厂家合资成立的上海帕特康派墙体系统有限公司，引进加拿大先进生产及组装技术，采购美国绿色环保原料，生产 8PC-350 可拆装轻质隔墙系统，已获得众多国内著名客户的信赖。

产品出口 1991 年，全省建材产品出口创汇 1742.4 万美元，其中水泥出口 36 万吨，出口水泥企业由 1990 年 3 家扩大到 7 家。平板玻璃出口 19 万重量箱，比 1990 年增长 90%，PVC 管材和人造金刚石也首次进入国际市场。尤其是安徽海螺集团，在国际化征程上，已成为世界上最大的单一品牌出口商。海螺水泥远销美国等 40 多个国家和地区，海螺品牌在国际市场上得到广泛认同。合肥水泥院和蚌埠玻璃设计研究院的技术和装备出口也标志着安徽省建材行业的日益强盛。

到 2004 年，全行业有水泥、玻璃、导电膜玻璃、PVC 型材、PVC 管材、花岗岩、大理石、专用汽车、混凝土搅拌车、制砖机及非金属矿产等 10 余种产品出口。如水泥出口韩国、越南、孟加拉、中东、南美洲、非洲、加勒比海等 10 多个国家。仅海螺水泥 2004 年出口 150 万吨。2005 年为 400 万吨。合肥空心砖机械制造厂，砖、瓦机及配套设备先后出口柬埔寨、蒙古、印度尼西亚、哈萨克斯坦等 7 个国家。在国际市场价格不如国内的情况下仍然保持了出口贸易这条渠道的畅通。

海螺集团在国内水泥市场竞争激烈的情况下，主动把握商机，积极开拓国际市场，其产品相继出口韩国、越南、孟加拉以及中东、南美、非洲、加勒比海等 10 多个国家和地区。2004 年以来，海螺集团属下的上海海螺建材国际贸易公司又与美国三菱公司达成水泥出口合同，向美国市场成功推广了美国 ASTM 标准水泥，成为国内首家把产品打入美国市场的水泥企业。2004 年年底，满载 2.5 万吨海螺水泥的鲁宾 • 珍珠号海轮驶向太平洋彼岸的美国。此次出口的美标水泥，代表当今世界水泥行业的先进水平。海螺集团在杨湾港建有国内最大的水泥粉磨企业和 3 万吨级散装水泥出口泊位自备码头，拥有两台世界上最大的粉磨机。2004 年海螺集团水泥熟料出口量超过 150 万吨，2005 年突破 400 万吨。

国风集团生产的碳酸钙产品已远销韩国、日本及东南亚等国家和地区。“十五”期间，中东及非洲地区11国大使和参赞代表团到国风参观访问后，国风先后在阿联酋、智利等国家建立了公司和销售窗口，开辟了国际市场的通道。

新一代真空砖瓦机出口。合肥空心砖机械制造厂，开创了我国生产新一代真空砖瓦机的新纪元。空心砖机械及成套设备先后出口柬埔寨、越南、蒙古、印度尼西亚、哈萨克斯坦等国家。

自主品牌华菱重卡搅拌车出口摩洛哥。安徽华菱汽车集团有限公司投资8亿元人民币，于2004年5月建成具有国际先进、国内一流的年产1万辆重卡生产线，2004年6月推出自主品牌的高档华菱重卡亮相北京国际汽车展。对自主品牌华菱重卡配套完善，开发出日系、华系两大系列多种型号华菱重卡底盘满足不同客户群的需要；先后在马鞍山总部、广州、上海、天津、杭州等市举办华菱重卡商务大会，在国内畅销的同时，开辟了国际市场。2005年3月，安徽华菱汽车集团有限公司制造的自主品牌、价值40万美元的10辆重型卡车在上海港装船驶往摩洛哥。南非、阿尔及利亚、埃及等国家客商与华菱汽车集团公司进行洽谈。

合肥水泥研究设计院成套出口先进水泥生产线。水泥院已成功地向许多国家提供了不同规模水泥生产线的设计及配套新产品。2000年合肥水泥院帮助巴基斯坦LUCKY水泥公司实现油改煤技改工程，与该公司签订3000吨/日水泥生产线承包合同。2001年承担了越南年产50万吨粉磨站工程项目管理。2004年向巴基斯坦出口了5套2000～6000吨/日大型熟料水泥生产线及配套的热工、粉磨、环保、电气自动化、通用设备等10多种设备，涵盖了水泥生产工艺的各个主要工序。与缅甸、孟加拉、越南等国签订了多条水泥生产线的工程设计及总承包合同。2004年出口创汇已超过2000万美元。

蚌埠玻璃工业设计研究院（中国凯盛国际工程公司）1981年成立了“对外经济技术合作公司”。自1990年第一条出口的300吨/日浮法玻璃生产线在印度尼西亚投产以来，不仅在对外贸易、外派劳务方面取得了较好成绩，而且在国外工程总承包方面也取得了丰硕的成果。2001年1月，签署了越南VIGLACERA公司300吨/日浮法玻璃生产线项目总承包合同，这是中越建交以后贸易往来中最大的一个现汇工业项目。2001–2004年，通过自营出口先后签署了250～900吨/日的浮法及其他玻璃项目，国外总承包项目合同或工程设计及技术服务合同总额达8000多万美元。与越南、孟加拉、哥伦比亚、印度尼西亚、缅甸等十多个国家签署合同几十个，合同额达1亿美元，这标志着中国玻璃工业开始在世界舞台上大展宏图。至2005年，已与100多个国家和地区的300多个厂商及各类组织建立并保持了良好的交流与合作关系。据国家建设部排序，在全国1万多家勘察设计单位中，中国凯盛2003年的国外营业收入排名列全国第6位，营业额连续两年进入全国设计院所百强。2004年9月，签下了印度尼西亚

TENSINDO公司900吨/日浮法玻璃生产线工程总承包合同，这表明中国浮法玻璃技术正在跻身世界先进行列，标志着中国在世界上日熔化量规模最大之一的玻璃生产线上占有重要的一席之地。该出口项目设计规模为900吨/日浮法玻璃，生产线原板宽度为5200毫米，玻璃质量为制镜玻璃级。该项目规模是当时中国浮法玻璃生产线中最大、技术水平最高的生产线，这也是中国凯盛第5次成套出口中国浮法玻璃技术和装备。蚌埠玻璃工业设计研究院2004年上半年共签订国外工程承包合同和技术服务合同5项，合同总金额共623.82万美元。

第二节 建材市场

传统的建材市场，只是由一个个的建材店铺组成，十分零散。在20世纪六七十年代，小小的五金店就基本涵盖了人们对建材的全部需求。随着时代的发展，越来越多的商品房拔地而起，人们对家居装修的认识也从仅关注实用性，提高到使用与美观并重。五金店也变身为建材批发市场，进而演变成大型建材卖场。较长时期内，不少建材市场追求大而全，从瓷砖地板到卫浴洁具，再到吊顶、五金，一应俱全，虽然“一站式”服务为消费者带来方便，但难以形成自己的特色。“十五”以后，建材经销商、建材市场经营者逐步学会以差异化优势赢得市场，例如成立专门的石材市场、卫浴洁具市场等。这样可以将品牌做到最大程度集中，并为消费者提供更专业的服务。

安徽红旗建材批发市场 1998年8月成立，是合肥市政府为民办实事十大工程之一，也是安徽省目前最大的融建材产品展示、交易、信息、储运、加工、配送和相关配套设施为一体的专业化、综合性建材市场。红旗建材批发市场通过组建分类，形成十二大分类交易区，全国各地入住商1000余家，主要经营名品灯饰、陶瓷卫浴、板材木线、五金水暖 、给排水管管材管件、石材、木地板、电工电料、橱柜、防盗门、油漆涂料、窗帘布艺等建筑装饰类材料。2002年4月红旗建材市场四期工程“红旗国际名品装饰会展中心名品装饰城”开业，是安徽省单体规模大、档次高、灯具瓷砖洁具品种全的装饰材料展示交易中心，融购物、展示、销售、咨询、休闲、服务、设计和施工为一体，标志着红旗建材市场成为全国大型综合建材批零市场。2003年7月被中国建材市场协会评为“全国诚信建材市场”，至2004年已连续四年被评为省民营百强企业。

安徽合肥东方商城建材市场 始建于1995年，位于合肥市东一环路内，于1997年1月正式投入运营，是省内最大的室内装饰材料批发市场，是合肥市为“建设大市场、发展大流通、形成大商业”而立项新建的大型项目。商城占地9.3万平方米，总建筑面积8.4万平方米，项目投资达1.2亿元。商城内拥有门面1000多间，摊位3000多个。

形成以板材市场、灯具市场为龙头，集装饰材料精品市场、家具市场、五金专卖大厅、油漆专卖大厅、卫生洁具市场、橱柜市场于一体的综合性装饰材料专业市场。其规模、商品种类、成交额位于全省同类专业市场之首。个体经营户600多户，私营企业75家，整个商城注册资金达1241.5万元，实现年销售总额近10亿元。

安徽国强钢材交易中心　地处合肥市南二环路168号，是专业钢材交易市场。市场总体规划300亩，总投资4亿元，分三期建设。项目被列入合肥市包河区2003年和2004年重点建设项目，2005年再次获得合肥市1346重点项目工程。项目一期50亩，总建筑面积近4万平方米的商铺及占地8.2万平方米的室外货场等配套项目均已全面建成投入使用，于2004年4月开业，业主入驻率达90%。二期规划用地约130亩，首批四幢近1万平方米商铺及占地1.2万平方米的第二货场已交付使用。

第七章　科研设计与教育培训

第一节　科研与设计

科研机构

合肥水泥研究设计院。是中国建材行业重点科研院和甲级设计单位。从 1950 年新中国成立不久的重工业部东北技术研究室和重工业部北京研究所算起，经历了建材部、建工部、国家建委等机构的变迁。1954 年成立重工业部建材工业实验所，1970 年中国建材研究院的热工室、粉磨室和自动化室整建制搬迁，分别在四川江油和辽宁小屯成立了四川江油水泥工艺研究所、辽宁水泥自动化研究所。1978 年两所与唐山水泥机械研究所在合肥组建了合肥水泥研究院，1984 年更名合肥水泥研究设计院。1999 年合肥院作为第一批转制院所，由国家事业单位改制为科技型企业并入中国建筑材料集团公司，建院初期，从制定新中国的水泥标准入手，完善试验手段，建设为科研服务的基础设施，引进各类专门人才，逐步建立了中国水泥工业研发体系和科研队伍。虽然“文化大革命”使科研工作受阻，但仍有十几项成果在 1978 年召开的全国科学大会上，获得全国科学大会奖。1978 年重新组建水泥研究院后，科研开发工作进入了一个崭新的阶段。从 20 世纪 70 年代设计出中国第一台烧煤窑外分解（邳县）生产线起，80 年代就引进、消化、吸收国外先进技术，完成了 300 吨 / 日五级预热器配套设备的研制，并成功应用于邗江水泥厂，邗江型 300 吨 / 日生产线被国家建材局推荐为水泥厂改造或新建的首选窑型。1989 年，合肥院研制出第一台立磨，成功应用于安徽万佛塔水泥有限公司（原安徽省蒙城县水泥厂），至 2005 年这台立磨仍在运转。而国内磨盘直径最大、单位产量最高的立磨也由合肥院研发，已应用于 5000 吨 / 日新型干法水泥熟料生产线，打破了外国人在立磨方面的垄断地位。合肥院具有甲级设计资质，名列中国水泥设计前三甲；装备力量强，名列全国建材装备行业前三甲，能为 6000 吨 / 日水泥熟料及以下不同规模的生产线提供全套主要装备。至 2004 年，合肥水泥研究设计院承担包括国家科技攻关项目和部门重点项目等在内的研究课题 300 项，投入资金亿元以上，其中承担国家科技攻关项目 16 项、省部级项目 50 余项，经鉴定的各类科技成果 180 余项，有近百项成果达到国际或国内先进水平，许多科技成果列入国家重大科技成果推广计划，在科研开发中创造了许多国内第一，并在水泥窑外分解技术、粉磨技术、环保技术、自动化和计量技术、输送技术、立窑节能改造技术等领域所取得系列创新成果。合肥院从 1983 年开始工程设计工作，已进入中国勘察设计单位 50 强。合肥院自 80 年代初成功设计中国第一条 700 吨 / 日水泥窑外分解生产线后，现已成功设计了 6000 吨 / 日及以下各种规模和生产方式的水泥生产线 500 多条。此外，在拓展日产 2000 吨以上生产线设计、装备领域的同时，帮助水泥企业实施技术改造，将日产 600 吨五级预热器窑改造为日产 1200 吨窑外分解，使六家企业相继成功技改并投产。2001 年以来，合肥院承担和完成了巴基斯坦 2500 吨 / 日、3000 吨 / 日水泥熟料生产线技术改造总承包、越南年产 50 万吨粉磨站工程项目管理和缅甸、孟加拉、越南等多条水泥生产线的工程设计及总承包，特别是 2003 年 10 月与巴基斯坦签订了 3000 吨 / 日水泥生产线的总承包合同，后又相继签订 4 条 3000 ~ 6000 吨 / 日水泥生产线工程承包合同。合肥水泥院经过十多年的探索和努力，在节能粉磨技术与装备、环保技术与装备、热工技术与装备、自动控制与计量设计备、输送设备、耐磨耐热材料等市场中已形成竞争优势。至2005年，合肥院能够生产出为6000吨/日以下各种规格水泥厂配套的立式磨、辊衬机、高效选粉机、预热器分解炉、篦冷机、燃烧器、高效烘干机、窑尾袋收尘器、窑尾电收尘器、煤磨袋收尘器、高浓度袋收尘器、窑尾提升机、DCS 生产过程自动化控制系统、QCS 生料质量与负荷自动控制系统、窑胴体温度市场计算机监测系统、粉体定量喂料控制系统、调速定量给料机等成套设备，并能提供大型钢结构工程的设计、生产和施工。随着产品质量的提高，产品性能价格比超过了发达国家。2004 年出口创汇已超过 2000 万美元。合肥院在合肥经济技术开发区建立了高新技术产业园，它标志着合肥院科技成果产业化告别了“作坊”式生产模式。科技成果产业化的发展提高了合肥院在国内外市场的知名度，扩大了市场份额，使合肥院的技术研发和设备制造走在了国内外同行前列。2004 年，合肥院产品销售收入达到 6 亿元。通过多年探索，合肥院逐步形成科、工、贸三位一体，科研、设计和产业协调发展经营模式。2003 年合肥院进入了全国工程勘察咨询企业 100 强（排名 43 位），2003 年进入建材百强企业（排名 59 位）。有职工 680 人、工程技术人员近 500 人（其中高级技术人员 200 多人、中级技术人员 200 多人）。“十五”以后，通过走科研、设计、产业、工程总承包四位一体化协调发展的道路，合肥水泥研究设计院从一个科研事业单位跨越成为年产值近 40 亿元的高科技型企业，成为极具竞争力的大型化、专业化和国际化的工程公司及装备制造商。

合肥水泥研究设计院完成的项目简表

表 6-7-1-1

序号	工程名称	工程概况	备 注
1	抚顺矿务局胜利水泥厂 700 吨 / 日窑外分解生产线	2003 年投产、达标	
2	皖维公司 1200 吨 / 日水泥熟料生产线技改工程	2003 年投产、达标	技术改造
3	南京三龙水泥有限公司 1500 吨 / 日熟料生产线	2003 年投产、达标	
4	重庆巨立水泥厂 1500 吨 / 日熟料新型干法生产线	2003 年投产、达标	
5	浙江湖州兴宝龙水泥厂技改工程	2003 年投产、达标	
6	浙江江山水泥股份公司 2500 吨 / 日生产线	2003 年投产、达标	
7	福建永定兴鑫水泥有限公司 2500 吨 / 日生产线	2003 年投产、达标	
8	江西环宇水泥有限公司 2500 吨 / 日生产线	2003 年投产、达标	
9	浙江建德红狮水泥有限公司 5000 吨 / 日生产线	2003 年投产、达标	
10	福建永安谋成水泥发展有限公司 2500 吨 / 日生产线	2003 年投产、达标	
11	福建永安金银湖水泥有限公司 2500 吨 / 日生产线	2003 年投产、达标	
12	兰溪三源水泥有限公司 2500 吨 / 日生产线	2004 年投产、达标	
13	马钢桃冲矿水泥 1200 吨 / 日熟料生产线技改工程	2004 年投产、达标	
14	江西齐峰水泥有限公司 1200 吨 / 日熟料生产线	2004 年投产、达标	
15	江西虎山鹰岩水泥公司 2500 吨 / 日生产线建设工程	2004 年投产、达标	
16	江西虎山鸡山水泥公司 2500 吨 / 日生产线建设工程	2004 年投产、达标	
17	无锡天山水泥有限公司年产 100 万吨水泥粉磨站建设工程	2004 年投产、达标	
18	湖北钟厦水泥股份有限公司 1700 吨 / 日熟料水泥生产线	2004 年投产、达标	
19	苏州天贸建材公司年产 70 万吨水泥粉磨站工程	2004 年投产、达标	水泥制成系统设计
20	江西南昌兰丰水泥有限公司 2500 吨 / 日熟料水泥生产线	2004 年投产、达标	
21	江苏远东水泥公司技改工程（600 吨 / 日熟料改 1200t/d 熟料）	2004 年投产、达标	技术改造
22	广东蕉岭龙腾旋窑水泥公司 1000 吨 / 日熟料水泥生产线	2004 年投产、达标	
23	皖维高新材料股份有限公司年产 100 万吨石灰石矿山技改工程	2004 年投产、达标	
24	郴州东江金磊水泥公司 2500 吨 / 日熟料水泥生产线工程（2# 线）	2004 年投产、达标	
25	马钢桃冲矿水泥厂 1200 吨 / 日熟料水泥生产线技改工程	2004 年投产、达标	600t/d 熟料改 1200t/d 熟料

续表 6–7–1–1

序号	工程名称	工程概况	备 注
27	江苏巨龙集团徐州 5000 吨 / 日熟料水泥生产线	2005 年投产、达标	水泥制成系统设计
28	浙江江山虎球水泥有限公司 1000 吨 / 日熟料水泥生产线	2003 年投产、达标	
29	江西印山台水泥有限公司 5000 吨 / 日熟料水泥生产线	施工	
30	皖维高新材料股份有限公司 6000 吨 / 日熟料水泥生产线	2005 年投产、达标	电石渣替代石灰石生产水泥项目
31	江西虎山岩鹰水泥公司 2500 吨 / 日熟料水泥生产线	2005 年投产、达标	
32	淄博宝生环保建材有限公司 1200 吨 / 日熟料水泥生产线	2005 年投产、达标	电石渣替代石灰石生产水泥项目
33	江西高安红狮水泥有限公司 5000 吨 / 日熟料水泥生产线	2005 年投产、达标	水泥制成系统设计
34	浙江红狮集团 2500 吨 / 日熟料水泥生产线（1 号）	2005 年投产、达标	水泥制成系统设计
35	浙江红狮集团 2500 吨 / 日熟料水泥生产线（2 号）	2005 年投产、达标	水泥制成系统设计
36	浙江红狮集团 5000 吨 / 日熟料水泥生产线（3 号）	2005 年投产、达标	水泥制成系统设计
37	浙江海运集团宾州 5000 吨 / 日熟料水泥生产线	2005 年投产、达标	水泥制成系统设计
38	中国联合水泥公司菏泽鲁宏年产 100 万吨水泥粉磨站建设工程	2005 年投产、达标	
39	中国联合水泥公司连云港年产 200 万吨水泥粉磨站建设工程	2005 年投产、达标	
41	龙元建设安徽水泥有限公司 2500 吨 / 日熟料生产线	2005 年投产、达标	

国外项目表

表 6–7–1–2

序号	工程名称	工程概况	备 注
1	越南和平水泥厂 10 万吨 / 年水泥生产线	1994 年投产、达标	
2	孟加拉国 M.I 水泥厂年产 20 万吨水泥粉磨站设备总承包工程	2002 年投产、达标	
3	缅甸经济控股公司 700 吨 / 日熟料水泥生产线	2003 年投产、达标	
4	巴基斯坦 Lucky 有限公司油改煤总包工程	2004 年投产、达标	技术改造
5	巴基斯坦 Attock 有限公司油改煤总包工程	2004 年投产、达标	技术改造
6	巴基斯坦 Lucky 水泥公司 2 ~ 3000 吨 / 日熟料水泥生产线	2005 年投产、达标	EPC 工程
7	越南建溪水泥厂立窑改旋窑 10 万吨 / 年水泥生产线	2005 年投产、达标	
8	越南 77 水泥厂立窑改旋窑 10 万吨 / 年水泥生产线	2005 年投产、达标	
9	越南太原省煤炭公司水泥厂 800 吨 / 日熟料水泥生产线	2005 年投产、达标	

安徽省建筑材料科学技术研究所（简称安徽建材科研所）。1978年成立，位于合肥市安庆路233号建材大楼，原属安徽省科委、安徽省建材局双重领导，是一所集科工贸一体化管理的省级科研设计单位。具有建材工程咨询、工程设计国家乙级资质和省质量技术监督局授权的三个省级建材产品质量监督检验机构。职工总数120人，其中工程技术人员80人，中高级技术职称50余人。研究所下设水泥技术研究开发中心、新型建材技术研究开发中心、设计研究开发部、工程技术研究部、省水泥质量监督检验站、省地方材料质量监督检验站、省水泥制品质量监督检验站、物业管理开发中心，另有省科建检测有限责任公司、省广联涂料有限责任公司、省波特兰建材有限责任公司3个经济实体等。1986年科研体制改革，开展技术服务、技术改造和转让项目工作。具有建材、建筑工程咨询乙级资质。承担完成省科技攻关项目及省级科技课题40项，获省级科技进步二等奖1项、三等奖7项、四等奖10项，完成省内外技术服务项目209项，建材工程设计及企业技术改造项目117项，获“异型隔仓板”“异型钢球”“城镇生活垃圾立式焚烧炉”等三项国家专利。研制的《发泡粉煤灰节能砌块》《加气混凝土砌块配套应用材料》《利用秸秆研制新型环保墙板》《市政污泥烧制轻质陶粒》等项目，在安徽省新型墙体材料发展中得到转化和应用，形成产业，创造近亿元产值。

安徽星马公司。公司拥有省级企业技术中心和国家博士后科研工作站，与清华大学、吉林大学和合肥工业大学等高等院校保持产学研合作，与日本、德国和美国等多家国际知名企业技术合作，打造具有自主知识产权、国际水平的新一代国产重型汽车和专用汽车产品。公司获“安徽省产学研联合示范企业”，技术中心授予“安徽省省级优秀企业技术中心”。其中AH5402THB型长臂架混凝土泵车为国家重大技术装备国产化创新研制项目，已通过鉴定投放市场。

安徽华光集团。集团加入清华大学与企业合作委员会，与全国35所科研院所建立产学研合作关系，成立由国内外知名学者组成的专家委员会、技术委员会和高级顾问团。成立方兴工程研究中心和现代化的中试基地，关键技术装备、测试手段达到国际先进水平。成立博士后科研工作站，设立信息显示材料研究、复合镀膜研究、超薄玻璃研究、海外发展研究等课题和精细材料研究试验室，在特种玻璃和功能玻璃方面形成了企业的“专有技术”和“专利产品”。至2004年，拥有省级以上跨世纪学术带头人20余人、国家火炬计划项目和省级高新技术产品50余项，方兴科技获“国家级火炬计划重点高新技术企业”称号。

安徽海螺集团。集团技术中心是国家级企业技术中心，具备自主规划、自主设计、自主成套与研发、生产调试等综合能力。

设计机构

蚌埠玻璃工业设计研究院（中国凯盛国际工程公司）。1971年，“玻璃设计所”

成立。1974年8月，蚌埠玻璃设计所和自贡玻璃设计所（原设计二队）合并，组建“国家建材局玻璃工业设计院”。1978年，改名为“国家建材总局第一玻璃工业设计研究院”。1981年12月，联合国开发计划署援建的“中国玻璃发展中心”在该院成立；1982年3月，“玻璃工业设计院”改名为“国家建材局蚌埠玻璃工业设计院”。1985年，国家建材局下文将院名称改为“国家建筑材料工业局蚌埠玻璃工业设计研究院”。1992年，被国家建材局列为全国推行技术经济责任制两个试点单位之一。1993年8月，国家外贸部正式批复，同意蚌埠院开展对外经济技术合作业务即授予院对外经营权。1999年上半年，院获得工程总承包甲级资质证书和建筑智能化系统工程设计甲级资质证书，成为建设部1998年“关于建立智能化系统集成专项资质及开展试点工作”的首批试点单位之一。自2001年1月1日起，该院进入“中国新型建筑材料（集团）公司”。中国凯盛国际工程公司在上海成立，该公司为中国新型建筑材料（集团）公司的全资子公司；蚌埠玻璃工业设计研究院成为其核心企业。院长彭寿率团参加在德国杜塞尔夫举办的“国际玻璃工业技术展览会”，这是我国玻璃工业技术首次到国际玻璃工业技术展览会上参展。2003年，蚌埠院成为中新集团国有高新技术企业开展股权激励试点单位。同年3月通过ISO 9001质量体系认证，取得了通向国际市场的通行证。中国凯盛国际工程公司（下简称中国凯盛）与蚌埠玻璃工业设计研究院（下简称蚌埠院）的合并动作取得了丰硕成果。中国凯盛（蚌埠院）的营业收入进入全国工程勘察设计企业百强行列。美国权威杂志《工程新闻记录》（ENR）公布以2002年在国外的营业额为依据的“2003年世界最大200家国际工程设计公司”排名，中国凯盛国际工程公司进入200强之列，位居146位。

设计院成立之初，在株洲玻璃厂建成了连续压延生产线，生产出各种压花及夹丝玻璃；在秦皇岛耀华玻璃厂试验成功无槽引上工艺，在广东石岐玻璃厂试验成功浅池平拉工艺，这为我国采用以上工艺方法提供了成功的经验，先后在全国设计建成了一批不同规模，不同工艺的平板玻璃生产线，其中包括洛阳玻璃厂八机有槽窑、兰州玻璃厂、洛阳玻璃厂压延玻璃生产线、蚌埠平板玻璃厂等，使中国的玻璃工业进入了一个崭新时代。到1985年年底，全国已建成投产的平板玻璃生产企业达192家。玻璃设计院还承担军工玻璃新材料工程项目设计，设计建成了嘉陵157厂、秦皇岛技术玻璃厂（158厂）、常州253厂，并配合哈尔滨玻璃钢研究所开发出多种国防用玻璃钢制品。20世纪60年代根据当时建筑材料工业部的指示，玻璃设计院承担了援助阿尔巴亚建设玻璃厂的任务。为此，设计院提出将上海耀华玻璃厂玻璃熔窑从燃用发生炉煤气改为燃用重油的方案，以取得实际经验为援阿项目提供技术保证。方案获得成功，这为我国平板玻璃工业普遍改烧重油，大幅度提高技术经济指标创造了条件。从20世纪90年代开始，开始把重点放在浮法玻璃生产线设计上。设计了大连、江西光华、湖南郴州、蚌埠等一大批浮法玻璃生产线。还设计了许多玻璃瓶厂、玻璃砖厂、水玻璃厂、微晶玻璃厂、耐火材料厂及加工玻璃厂等。2003 年年底，先后有 20 座六机、九机等垂直引上窑改造为浮法玻璃生产线，占到当时所有采用中国浮法技术建设浮法线玻璃厂的约 1/4。1996 年，根据洛阳玻璃厂要求，蚌埠院在该厂的第一条浮法玻璃生产线的旧址上对该线进行了第七次改造。采用自己拥有的国内外最新浮法技术，对关键部位有选择地引进部分国外先进设备和材料；采用最新设计的国内最宽的斜毯式投料机，改造了原有的垂直搅拌机，增加了锡槽的宽度。1997 年，投产后其熔化量达到 600 吨 / 日，设计窑龄 8 ~ 10 年，可以生产出厚 2 ~ 29 毫米、宽 4500 毫米的玻璃，而且总成品率达到 78%，其产品质量达到国内合资企业的实物玻璃质量水平，实现了第二代“中国浮法玻璃工艺”水平的设计目标。2004 年年底，中国已相继建成浮法玻璃生产线 100 多条，最大生产规模 700 吨 / 日，其中一半以上是由蚌埠玻璃工业设计研究院设计或参与设计的。浮法玻璃生产线的投资比 20 世纪 90 年代减速少 30% ~ 40%。至 2004 年，单窑最大熔化能力由最初的 140 吨 / 日增大至 700 吨 / 日，而且 900 吨 / 日或更大规模发展。玻璃带最大宽度由 1.5 米增大到 4.5 米，可稳定生产 1 ~ 25 毫米厚的玻璃，平均能耗 7500 公升 / 千克玻璃液，总成品率达 80% 以上，设计最高窑岭达 8 年，总体已接近国际水平。玻璃工业设计研究在民用建筑设计和其他设计领域也有拓展，签订了蚌埠城市淮河文化广场、蚌埠国际大酒店（四星级）、南京中驰汽车物流中心等数十项民用建筑工程设计合同。通过公开竞标夺得了珠海中空玻璃纤维有限公司的 1200 吨 / 日的玻璃纤维项目设计合同。从 2002 年起抓住水泥市场发展的大好机遇，两年来签订 20 多条水泥生产线合同，合同额达 2 亿元。设计工作涉足加工玻璃厂已能够生产镀膜玻璃、LOOW-E 玻璃、LCD 玻璃、装饰玻璃、中空玻璃、钢化玻璃、夹层玻璃、各种机械加工玻璃等。

1965 年玻璃工业设计研究开始进行浮法工艺方面的探索与研究。1970 年 6 月开始了连续半工业性试验，拉出了 6 毫米厚、600 毫米宽的浮法玻璃。1971 年，设计人员经过 3 个月夜以继日的奋战，具有自主知识产权的第一条浮法玻璃生产线在洛阳开发成功，中国的平板玻璃工业迎来了快速发展阶段。为抢占技术制高点，成立了新材料、机电、玻璃、水泥等研发中心，完成科研开发立项 20 多个。自主开发的玻璃熔窑烟气脱硫技术，成功地应用于广东浮法玻璃公司、深圳南玻等近 10 家公司的熔窑烟气脱硫除尘，自主开发的新型拉边器已投放市场。硅砂尾矿的无氟选矿技术获得了成功，解决了国内石英尾矿处理的重大难题并创造了巨大的经济效益和社会效益。中国浮法玻璃第二代技术有了重大的突破。获全国及建材行业优秀品质工程设计奖、优秀咨询成果奖数十项，申报专利数十项，国家专利局已受理专利 15 项。多年来，创造了中国玻璃史上的多个第一：第一个将传统的垂直引上玻璃生产线改为先进的浮法生产线；第一个将中国浮法技术和成套装备成功打入国际市场；第一个使用中国浮法技术设计投产具有国际水平的600吨/日的浮法玻璃生产线；第一个设计800吨/日的浮法玻璃生产线；第一个成功将自主开发的达到国际水平的玻璃厂烟气脱硫技术推广应用。同时有2项工程获国家级金奖，20个项目获国家级优秀工程设计奖，40多个项目获国家和省部级优秀科技成果奖，完成了100多项国家重点科研开发项目。2003年完成科研开发项目14个，有10项科研成果获国家专利，是历年总和的2倍。中国凯盛已占据国内玻璃设计领域60%的市场份额，在同行业中稳居榜首。2002年3月，越南答桥玻璃厂100吨/日格法—压延“一窑两工艺”玻璃生产线工程设计及技术服务项目进行国际招标，数十家世界著名公司前来投标。中国凯盛先后与哥伦比亚、孟加拉国、缅甸、越南等国连续签了五项国外工程总承包和技术服务合同，合同额折合人民币1.9亿元。与十多个国家签署合同几十个，合同额达1亿美元。合同的履约，标志着中国玻璃工业开始在世界舞台上大展宏图。通过自主创新，新一代中国浮法玻璃技术装备已达到国际先进水平，与英国皮尔金顿、美国PPG浮法玻璃技术并称世界三大浮法玻璃工艺技术。自主开发的浮法玻璃工程技术及关键设备等成果，已成功占领80%以上的国内高端玻璃设计和总承包市场，取得90%以上的用中国技术设计建设的国外玻璃生产线市场份额。多年来，除设计投产了百余个平板玻璃工程外，还承担了大量新型建材、民用建筑、硅砂选矿、水泥、耐火材料、建筑、卫生陶瓷、玻璃瓶、玻璃纤维、玻璃微珠、玻璃管、环境保护和污染治理等工程。获得建筑材料（全行业）、轻纺（日用硅酸盐）、建筑工程、环境污染治理专项工程的设计和工程总承包、工程咨询、工程监理等甲级资质，附设了中国建筑玻璃与工业技术玻璃协会玻璃专业委员会、平板玻璃热工测试中心、玻璃陶瓷标准定额站、平板玻璃集装器具质量监督检测中心、中国建筑玻璃与工业技术玻璃协会技术咨询部、中国非金属矿工业协会硅质原料专业委员会、中国建材工程协会计算机应用委员会等7个全国性专业机构。

安徽省建材工业设计院。成立于1984年，已发展成为具有一定规模的集建材工程设计、建筑工程设计、工程勘察、工程咨询以及建材研究开发、工程总承包、项目管理和技术服务于一体的省级综合性工程设计机构。拥有多项国家工程设计资质，资质等级为建筑行业（建筑工程）乙级、建材行业（水泥工程、新型建筑材料工程、非金属矿及原料制备工程专业）乙级；工程勘察乙级资质；工程咨询乙级资质。省建材设计院原隶属安徽省建材工业局，2000年机构改革后，又隶属安徽省国有资产运营有限公司管理，属全民所有制。设办公室、财务科、业务管理科、总工办等管理部门；有建材设计所、勘察分院、矿山设计所、建筑设计一所、建筑设计二所、宣城建筑设计分院、钢结构设计所等业务部门。主要从事水泥、新型建筑材料、非金属矿山及原料制备等的新技术、新工艺、新产品、新设备的研究开发工作；承担建材企业的新建、改建、扩建的技术服务、技术咨询及工艺设计工作；工程勘察工作；民用及工业建筑设计工作；相应的工程总承包业务以及项目管理和相关的技术与管理服务。先后承担了多项省级重点科技攻关等科研开发项目。累计完成设计、科研、技术开发、技术服务和工程咨询等几百余项，获多项省、市科技奖项。承担了包括海外、省内外等多项重点工程的设计工作。建材项目设计有：芜湖华扬水泥有限公司日产1200吨的生产线，2005年2月投产；芜湖瑞信水泥有限公司日产1200吨生产线，2005年7月投产；安徽凤阳凤凰水泥公司的日产1300吨生产线，2005年6月投产。另有铜陵县水泥制造有限公司、南陵近山矿业公司、安徽快鹿水泥有限公司、合肥东华建材有限公司、江苏省句容台泥水泥有限公司、江苏省盱眙欧亚水泥有限公司、贵州省遵义市汇川西部水泥有限公司、淮南平圩电力有限公司脱硫石膏项目、淮北矿业相山水泥有限责任公司预应力混凝土管桩、泾县高旭新材料有限公司重钙新项目、内蒙古鄂尔多斯集团日产5000吨的超细粉煤灰生产线、内蒙古伊敏中鼎科技节能有限责任公司日产5000吨的超细粉煤灰生产线。建筑设计项目有：安徽中医学院第一附医院、安徽神力体育健身器材有限公司、亳州学府广场、利辛县欣城国际住宅小区、六安友恒印刷包装有限公司、安徽中汽旅游汽车集团有限公司、安徽九城监狱管理分局、安徽东维太阳能科技有限公司、临泉县体育局、淮南市红旗服饰有限公司。钢结构设计项目有：亳州丰源汽车东风本田4S店、六安宏泰置业有限公司、六安广厦钢结构有限公司、六安振兴建材有限公司、安徽欧力电器有限公司、安徽徽浦照明电器有限公司、舒城县红叶五金塑料制品有限公司、西伟德混凝土预制件（合肥）有限公司、宝利嘉（安徽）现代纺织园、合肥丰乐种业股份有限公司。工程勘察项目有：玛雅特科技（安徽）有限公司、安徽同德制衣有限公司、合肥市滨湖新区起步区、安徽禾春生物有限公司、安徽海州重工科技有限公司、张家口市老鸭庄综合改造B地块、安徽大昌矿业集团、安徽天然气合肥龙塘基地、砀山县砀山中学、安徽天祥医药有限公司。咨询项目有：安徽金禾实业股份有限公司、霍邱县金钛水泥有限公司、合肥东华建材有限责任公司、安徽鸿路钢结构股份有限公司、合肥兆亿加气混凝土砌块公司、怀宁县黄墩镇雷山矿业有限公司、怀宁县月山镇东山采石矿、灵璧县兴达采石有限公司、无为县金峰有限责任公司、怀宁县江镇铁生石子加工厂、内蒙古鄂尔多斯集团和内蒙古伊敏中鼎科技节能有限责任公司日产5000吨超细粉煤灰生产线的可行性研究报告。

安徽海螺建材设计研究院。成立于1997年，是安徽海螺集团有限责任公司的全资子公司，同时也是海螺集团技术中心（国家级企业技术中心）的骨干成员单位，企业性质为国有独资，拥有建材乙级、水泥甲级设计资质。“十五”末，海螺设计院拥有员工190余人，90%以上为专业技术和管理人员，其中高级职称21人，中级职称68人，初级职称91人，具有执业注册资格的专业技术人员16人。海螺设计院通过提供从项目策划、方案论证、工程设计到调试生产的全流程服务，拥有以设计网络运行系统、企业勘察设计管理信息系统、各专业设计软件和大型一体化出图设备等为标志的较完备的技术装备，建立了市场经营、项目管理、工艺、土建、电气自动化、公用、余热发电、研发及综合办等专业科室和技术资料中心，并通过了 ISO 9000 质量认证体系。自 2005 年以来，海螺设计院的年均设计营业额已突破 3000 万元，累计设计总产值过亿元。海螺设计院通过长期对国内外先进水泥生产技术和装备的消化、转化和科技攻关，已在水泥生产线的设备成套大型化、DCS 集散控制系统、窑炉煅烧技术、粉磨加工、水泥窑纯低温余热发电的研发与设计方面，以及 ϕ60 米中心无支撑大型熟料库、超大型汽轮机岛等水泥厂专用大型构筑物的设计方面，形成了具有海螺特色的专有实用技术。海螺设计院一直积极推动与国内外同行的交流合作，通过与天津院、南京院、成都院、南汽所、西安建筑科技大学和同济大学等行业顶尖的设计院所和高等院校以及伯力鸠斯、史密斯、洪堡、BMH、中信、沈矿、唐水机等国内外水泥设备知名厂家的全方位合作，不仅成功引进了国内外先进的工艺技术与装备，而且汲取了国内顶尖水泥院的优秀设计精髓，应用到自主设计的各个工程项目中，取得了良好的社会、环保和经济效益。

第二节　教育与培训

人才培养　20 世纪 80 年代中期至 90 年代末期，直接为安徽建材工业培养人才的有三个渠道：一个是安徽省建材工业学校（全日制中专），一个是建材技工学校（被省劳动局纳入统招统分计划的省巢湖水泥厂技工学校、省宁国水泥厂技工学校），另一个是安徽建材职工教育培训中心。此外，安徽省建材局通过安徽省教委、安徽省计委和国家建材局，每年还接收省内外建材大中专院校毕业生几十名。各地市建材主管部门也非常重视建材的教育与培训工作，建有自己的职业中专和技工学校，有条件的单位与外省的建材院校联合开办成人大专班，以解决人才急需的矛盾。如安徽省建材科研所开办的武汉工业大学安徽省电教函授分校硅酸盐工程专业四个班，于 1985 年 10 月开学；省建材学校 1985 年举办了水泥标准学习班、轮窑烧砖快速点火学习班、热工监测培训班和技术改造学习班。当时，每年分配到安徽省的建材院校几十名毕业生根本满足不了建材企业的需求，1985 年据全省县以上建材企业统计，各类技术人员和专业人员仅占职工总数的 1.46%，比省内其他工业部门同口径的平均水平低 2% 左右，技术和管理人才严重缺乏。为此，国家建材局做了很大努力，挖掘各院校的办学潜力，通过成人高考的渠道，面向安徽省建材行业的在职职工招收了数批本科和大专生，这批人员很快就成为各企业的生产技术和管理骨干。

教育机构

安徽建材工业学校。创建于1978年，坐落于合肥市，学校占地5万余平方米，建筑面积3.1万平方米。至1985年学校累计投资288万元，教学大楼等三座主体工程已交付使用。建有普化、分化、岩相、胶凝材料、混凝土等实验室，以及电化教室和微机室。1982年开始招生，学校设三个专业九个班，在校学生397人。首届46名毕业生已于年底分配到生产第一线。有教学楼、综合楼、实验室、图书馆、礼堂、学生公寓楼、教师宿舍楼、浴室、车库等。学校教学设备齐全，配备586以上微机300余套，全部接通互联网。有多媒体报告厅等现代化教学设备，校园计算机网络实现了教学和办公自动化。有实验室8个，实验设备先进，在校外建有稳定的实习基地。有教职工120余人，其中，高级职称12人，中级职称35人，专业课及基础课教师33人，是安徽省省级重点全日制中等专业学校，至2003年已培养近7000名合格人才。学校成为财经类会计证考点、计算机等级考点，可承担全省建材类各工种（如：化验工、分析工、质量控制工、看火工、磨机工等）及会计、计算机的培训、考核、发证等工作。

1993年全校仅开设五个专业。1996年根据安徽省将建材行业列为支柱产业的精神和安徽省建材“九五”计、2010年远景目标要求，增设了建材行业急需的专业，如材料工程、计算机应用、建筑装饰工程、环境污染治理等8个专业，开设了高等职业技术大专班以及成人本科等，使该校成为具有相当规模、独具特色的建材中专学校。根据教学大纲要求，有计划地安排学生到企业实习，让学生自己动手实验，模拟实习。为让学生熟练地掌握电脑操作技术，校计算机房双休日对学生开放。与建材系统（如海螺集团、皖维集团、铁道部水泥厂、巢湖水泥厂、淮南特种水泥厂、省建材水泥制品厂、东风机械厂、佳能轮胎公司、丰原集团、合肥环境监测站等）大中型企业事业单位建立协作关系，建立稳固的实习基地，定期进厂实习，提高实践能力。学校重视学生综合训练，加强实践锻炼，提高学生整体素质。2000年起，随着机构改革深入，原隶属工业主管局的安徽建材工业学校、安徽纺织工业学校、安徽轻工学校等四所中专学校整体划归安徽省教育厅，成立了安徽职业技术学院。作为其中的组成部分，原安徽建材工业学校教职工继续承担着为建材行业培养人才的重任。

技工学校。安徽省巢湖水泥厂技工学校与省宁国水泥厂技工学校这两所技工学校直属企业管理，但每年的招生计划必须通过安徽省建材局报到安徽省劳动局，由安徽省劳动局会同安徽省计委面向全省下达招生计划，作为艰苦行业，建材技工学校基本上是面向本厂和本地区进行招生，面向本厂子女的为内招指标，面向社会的为社招指标，劳动局规定的比例为6 ∶ 4，专业有水泥工艺、建材机电等，大多为初中毕业生，也有少数的高中生。技工学校的存在既为企业培养了合格的技术工人，也为职工解决了子女就业的难题。从1986年至1995年，技工学校为安徽省建材行业培养了近千名学生。

安徽省建材职工教育培训中心。1994年成立，1997年省编委皖编〔1997〕39号文正式批准为事业单位，原隶属于安徽省建材工业局，2000年机构改革后隶属于安徽省建材工业协会。中心有管理人员6人，专职教师4人，固定兼职教师9人（其中包括高级工程师、高级讲师、质量工程师和工人技师等）。中心在安徽工业经济学校、合肥工业大学都设有特种作业培训基地，教学、培训、考核设施较齐备。1994年至2004年，培训化验室检验员、磨机工、熟料煅烧工、工程机械修理工7690人获得上岗证；5780人获得职业资格证书，210人被评为工人技师。

第八章　行业监管

从1986年至2005年，安徽建材工业由小变大，由弱变强，走出国门，迈向世界，已成为安徽省的重要支柱产业之一，取得了令人瞩目的成绩。“七五”至“十五”期间，安徽省建材行业管理的各级机构几经变动，各级建材主管部门从职能转变的要求和行业管理的需要出发，逐步改变了传统的工作思路和管理方式：管理的目的由局部搞活向行业整体发展转变；管理的范围由系统内管理向大行业管理转变；管理的方法由直接管理向间接管理转变；管理的内容由单纯的为企业跑项目争资金向制定和发布产业政策与导向、为企业提供投资指导与服务转变；管理的主体由仅仅依靠“主管局”的行政职能向灵活运用“主管局”的行政职能和行业协会的协调服务职能转变。经过这五个方面的转变，全省建材行业管理的内容更加充实，行业管理效果更加明显。至“十五”末，全省建材行业的经济运行质量和科技进步得到了迅速的提高。

“九五”期间，全省建材工作紧紧围绕中共中央关于国有企业改革和发展若干重大问题的决定，坚定不移地贯彻“控制总量，调整结构”的方针，组织实施好取缔、关闭、淘汰落后的水泥厂（生产线）工作，推进技术进步和产业升级，制止低水平重复建设，基本完成“九五”计划发展目标；坚决按照国有大中型企业三年改革与脱困的既定要求，指导企业改革，加强内部管理，开拓两个市场实现扭亏目标；在确保清理整顿小水泥厂和三年改革、脱困两大任务的基础上，推进国有经济布局的战略性调整和国有企业的战略性重组工作。

在经济转型时期，省建材主管局要求全行业必须坚持“自主、从严、科学、高效”原则，强化管理、苦练内功，实现高效率和高效益。指导改革一是稳步推进企业内部立项制度改革，建立现代企业劳动、人事、工资、财务管理制度，促进内部管理体制和运行机制与国际接轨；二是以市场为中心，加强决策和营销管理，实行科学预测，超前决策，制定经营战略；三是企业领导不断增强现代化管理意识，运用系统论、信息论等理论和方法，设计和建立企业管理体系及运行机制，健全科学、民主的决策体系，向科学管理要效益，根据形势和任务的需要适时对管理人员和岗位进行专项业务知识培训，更新技术知识，强化管理意识。仅1995年省建筑材料工业局为全行业培训各类技术工种的员工就达1100人以上。

2000年是“九五”计划的结束之年。全省建材工业发生了重大转折，产品结构越来越好，优势产品、新产品保持了较高的发展速度；其中优质干法水泥、化学建材的发展尤为突出，这两大产品的快速崛起，巩固了安徽建材工业在全国同行业中的优势地位，也成为安徽省建材战线经济新的闪光点。2000年，全省建材工业总产值预计完成220亿元，其中县以上建材企业完成产值50亿元，年递增15%，主要产品水泥完成2136万吨，比1995年净增53万吨，其中干法和回转窑水泥达1000万吨，占水泥总量的40%以上，高于全国25%的指标。平板玻璃产量151.5万重量箱，玻璃深加工形成生产能力100万平方米；建筑卫生陶瓷预计完成40万件；新型墙体材料预计完成80亿块标准砖，应用比例可达20%；各类化学建材达到近20万吨，其中PVC型材12万吨，新型建材的产值预计可望实现50亿元。县以上预算内建材企业盈亏相抵盈利2亿元，税金3亿元。

清理整顿小水泥厂取得阶段性成果，2001至2003年全省取缔、关闭直径2.2米及以下的机立窑水泥生产企业计294个，淘汰落后生产能力1012万吨。

全省国有建材企业下岗职工11556人，占职工总数的21%；分流职工3563人，占下岗职工总数的31%。全省建材企业组织再就业服务中心，筹措资金，保证下岗职工的基本生活并尽力安排好转岗培训和再就业。

第一节　管理机构

省级管理机构

安徽省建材工业局。1985年2月，安徽省人民政府将安徽省建材工业总公司重新改为安徽省建筑材料工业局，又纳入了政府机关编制序列，编制由原98人恢复至72人，仍归省经委口。1994年4月，省建材局成建制转为经济实体，按照政企职责分开的原则，不再兼有政府行政管理职能，原承担的行政职能分别转移到省经济贸易委员会。成立安徽建筑材料（集团）有限总公司（正厅级）并授权经营管理原省建材工业局直属企事业单位和局本部的国有资产，具体手续按有关规定办理。后由于种种原因没有实施，仍恢复安徽省建筑材料工业局，行使行业管理职能。

1989年，安徽省建材工业局机构设置10个职能处室：办公室、计划财务处、生产处、基本建设处、科技教育处、对外经济贸易处、劳动工资处、组织干部处、机关党委、监察室；9个二级机构：安徽省建材科技研究所、安徽省建材工业设计院、安徽省建材工业学校、安徽省物资供销公司、安徽省农房开发公司、安徽省非金属矿开发公司、安徽省散装水泥办公室、安徽省墙体材料革新办公室、安徽省建材生活服务公司；4个直属企业：安徽省巢湖水泥厂、安徽省宁国水泥厂、安徽省胜利水泥厂、安徽省铜陵水泥厂筹建处；1个挂靠单位：中国建材地勘中心安徽省地质总队。

2000年，安徽省建材工业局机构设置9个职能处室：办公室、计划财务处、生产处、技术处、劳资法规处、人事教育处、局工会、机关党委、监察室；13个二级机构：安徽省建材科研所、安徽省建材工业设计院、安徽省建材工业学校、安徽省建材物资供销公司、安徽省非金属矿开发公司（含并入的安徽省农房开发公司）、安徽省散装水泥办公室、安徽省墙体材料革新办公室、安徽省石材公司、安徽（深圳）建材有限公司、安徽省建材经济技术开发公司、安徽省建材生活服务公司、安徽省建材机械装备公司、安徽省建材职工教育培训中心；1个挂靠单位：中国建材地勘中心安徽省地质总队。

1985—2000年安徽省建材工业局副厅级以上负责人更迭表

表6-8-1-1

年份	机构名称	姓　名	职　务
1985.12—1988.5	安徽省建筑材料工业局	戴芳华 黄樟苗 孔繁春 赵书中 戴永铭 马惠森 张迁乔	局长 副局长 副局长 副局长 总工程师 副总工程师 纪检组长
1988.6—1988.12	安徽省建筑材料工业局	朱光炳 黄樟苗 孔繁春 段宗恺 戴永铭 马惠森	副局长 副局长 副局长 副局长 总工程师 副总工程师
1989—1990.11	安徽省建筑材料工业局	朱光炳 黄樟苗 孔繁春 段宗恺 戴永铭	副局长主持工作 副局长 副局长 副局长 总工程师
1990.11—1991	安徽省建筑材料工业局	邵挺根 朱光炳 黄樟苗 段宗恺 郭道源	局长、党组书记 副局长 副局长 副局长 总工程师
1991—1994	安徽省建筑材料工业局	邵挺根 黄樟苗 段宗恺 高健 郭道源	局长、党组书记 副局长 副局长 副局长 总工程师
1995—1996	安徽省建筑材料工业局	邵挺根 黄樟苗 高健 吴金山 张德山 邵树桑	局长、党组书记 副局长 副局长 副局长 总工程师 副厅级调研员
1997—2000	安徽省建筑材料工业局	邵挺根 黄樟苗 高健 吴金山 张德山 马学明	局长、党组书记 副局长 副局长 副局长 总工程师 纪检组长

2000年，省建材局撤销（2000年4月1日所有公章停止使用），其职能并入省经贸委，成立安徽省建材工业协会，机构级别未定，会长暂按副厅级干部配备，列入全额供给事业单位管理序列，参照公务员管理，列为省经贸委直管的行业协会；协会设立分党组，由省经贸委党组领导。随后，省经贸委内设的行业办公室撤销。行业协会无章程，无会员，其实质为依照公务员管理、财政全额拨款、承担一定行业管理等职能的事业单位。

安徽省建材工业协会。定编15人，其中处级领导职数7人、处级非领导职数4人、科级以下4人；兼职会长（副厅级）不占协会编制，协会内设三个处：综合处、经济运行监测管理处、经济技术合作处。自2001年至2005年，协会在推进水泥行业结构调整，清理整顿"小水泥"，开展水泥新标准宣贯、实施工作，开展水泥生产许可证换发证审查工作；推进新型建材、非金属矿产品深加工工业的发展、培育新的经济增长点等方面做了大量工作。2001—2003年，全省取缔、关闭直径2.2米及以下的机立窑水泥生产企业计294个，淘汰落后生产能力1012万吨。2002按照国家工业产品生产许可证办公室的部署，协会与省质量技术监督局等共同开展了全省水泥企业生产许可证换（发）证工作，全省共有220个水泥企业接受了现场审查，99%的水泥企业通过了现场审查；同年受中国水泥房建材料产品认证中心的委托，协会组织专家对海螺集团宁国水泥厂、铜陵海螺水泥有限公司、巢东水泥股份有限公司、巢湖铁道水泥厂、马鞍山十七冶水泥厂、舒城县水泥厂、蒙城县万佛塔水泥有限公司、淮南矿业集团水泥有限公司、寿春水泥有限公司、铜陵桂家湖水泥厂、安徽天石水泥有限公司、淮北众城水泥有限公司的水泥产品质量认证进行了年度监督现场审查。同时还协助、参与中国建材质量体系认证中心对巢东水泥股份有限公司、铜陵海螺水泥有限公司、铜陵桂家湖水泥厂、安庆白鳍豚水泥有限公司、安徽天石水泥有限公司等企业的质量管理体系年度现场监督审核。上述企业均通过现场审查，并继续保持国家产品质量或质量管理体系认证资格。2003年组织专家对皖维高新股份公司引进5000吨/日新型干法水泥熟料生产线关键设备项目、国通高新管业股份有限公司15万吨新型塑料管材项目的可行性研究报告进行了项目审查；参与省环保部门组织的广德菲达、桐星水泥有限公司2500吨/日、铜陵上峰水泥有限公司5000吨/日新型干法水泥熟料生产线、巢东水泥股份有限公司凹凸棒粘土材料深加工生产线、国风青阳碳酸钙公司10万吨超细碳酸钙生产线项目环保评审，并提出建材行业方面的意见和建议。参与蚌埠华光时代塑业公司高密度管材产品、来安防水材料有限公司防水剂产品、蚌埠盛世光学有限公司光学玻璃产品、海螺集团水泥大容量浅筒仓设施项目等鉴定工作。

做好原省建材局所属二级机构和直属企业的划转、改制工作：安徽省建材工业学校划归安徽省教委；安徽省发展散装水泥办公室、安徽省墙体材料革新建筑节能推广办公室、省建材局机关服务中心划归安徽省经委作为直属单位；安徽省建材设计院、安徽省建材科研所划归安徽省国有资产运营公司；安徽省建材物资供销公司划归省国资委所属的安徽金安实业公司；安徽省石材公司、安徽（深圳）建材有限公司、安徽省建材经济技术开发公司改制；安徽省非金属矿开发公司（含原先合并的省农房开发公司）、安徽省建材机械装备公司改制未重组。

全省建材工业贯彻国家产业政策，继续淘汰落后产能工作，加快结构调整步伐。在发展非金属矿深加工、玻璃及深加工、新型建材产业同时，重点推进水泥工业的结构调整。为此，省建材工业协会提出了安徽省水泥工业发展指导意见：支持加快发展新型干法水泥。重点支持在有资源的地方，以熟料基地加粉磨站模式建设日产4000吨以上规模新型干法水泥生产线；鼓励地方和企业以淘汰立窑等落后生产能力的方式发展新型干法水泥。发展循环经济。充分利用粉煤灰、电石渣、高炉矿渣等工业废渣和建筑垃圾做原料取代天然资源。改进窑炉结构，采用节能型保温材料，向高效化、生态化方向发展。在新型干法水泥生产线普遍推广纯低温余热发电技术。大力推广散装水泥和商品混凝土的应用，推广矿渣和粉煤灰超细粉磨，根据市场需求发展配制干浆和高性能混凝土。至2005年年末，全省已有50条新型干法水泥生产线，生产能力5300万吨，新型干法水泥产量的比重已达80%以上。

专项管理机构

安徽省发展散装水泥办公室。安徽省推广散装水泥工作始于1965年11月，由省建设厅建材局负责。1972年由安徽省基建局负责。1977年，安徽省建委散装水泥办公室成立，处级单位，行政编制5人，隶属于省建委、省建材局；1979年更名为“安徽省散装水泥推广供应公司”，处级单位，企业编制12人；1984年归口省经委，名称改为安徽省经委散装水泥办公室，仍与推广公司一个机构两块牌子，后并入安徽省建材局物资供销公司。1989年5月，经省编制委员会批复，安徽省经委散装水泥办公室改为事业编制，定编12人，处级单位，内设3个科室，与省建材物资供销公司分开，为隶属省建材局的独立二级机构。1996年5月，更名为安徽省发展散装水泥办公室，隶属省经委、省建材局；2000年省建材局撤销后，成为省经委的直属单位。1985年以后，各地市也相继成立了散装水泥办公室，大多为独立机构，也有少数为地市建委、经委的内设科室。至2000年年底，全省16个地市、58个县（市）成立了散装水泥管理机构，有220人从事此项工作，经培训取得散装水泥执法资格的人员有140人。

安徽省墙体材料革新办公室　1991年11月20日，经省政府研究，成立“安徽省墙体材料革新和建筑节能领导小组”，领导小组办公室设在省建材局，此后，安徽省70余个县、市中除少数没有设立墙改机构外，其余均已建立墙改机构，有专职或兼职墙改工作人员260余人。

安徽省大规模有组织地开展墙改工作是从1991年开始的。安徽省政府为承担和推进全省墙改重任，决定成立安徽墙体材料革新和建筑节能领导小组，具体负责组织、协调、督促、检查全省墙革新、建筑节能工作以及相关技术、新工艺、新产品、新设备的推广应用工作，并征收、管理、使用新型墙材发展基金。随后，全省各市（县）相继成立墙改领导小组和办公室，形成自上而下的组织机构网络，通过贯彻落实国家和省政府的墙改政策文件，采用系统工程方法，以建筑应用为龙头，以设计采纳为关键，以技术改造为手段，在各级政府领导下，联合方方面面的力量，协同作战，从此，安徽省墙改工作跨上发展的快车道。省墙改领导小组成立后，省计委等10个委（厅、局）联合下发《关于推进安徽省墙体材料革新、建筑节能工作以及征收新型墙体材料发展基金的规定》，正式启动了全省墙材革新与建筑节能工作，省墙改办及时召开了全省各市（县）墙改办主任会议，提出目标，制定措施。组织编写宣讲材料，制作专题片，利用媒体，广泛宣传动员，形成强大舆论。1997年5月1日《安徽省墙体材料革新与建筑节能管理规定》正式颁发，标志着安徽省墙体改步入法制化轨道。全省新型墙材占墙材总量的比例由1996年的10.8%上升到2003年的27.5%，应用面积比例由1996年的15%上升到2003年的32%。粘土实心砖生产的无序局面得到进一步控制，“禁实”工作出现了新的起色，墙改专项用费的征收、管理、使用进一步改善。2003年6月13日《安徽省新型墙体材料推广应用管理办法》（省政府159号令）的颁布标志着墙改工作步入新阶段。省政府有关部门对新型墙材专项基金征收和使用管理以及在城镇逐步禁止使用粘土实心砖作了具体规定。据统计，从2003年6月到2004年9月，全省共淘汰约400家粘土实心砖土企业，减少生产能力20亿块。加快了粘土实心砖生产企业的技改步伐，转产新型墙材。2003年，举办了全省轻质墙板生产技术经验交流会，苏浙沪客商参与。“十五”期间，是安徽省新型墙体材料发展最快的5年。全省共计新建、技改新型墙体材料生产线320余条，新增生产能力60亿标块，2005年全省新型墙体材料生产量达91.5亿标块，较1992年增长76.5亿标块，新型墙体材料占墙体材料总量的比例达35%，较1992年的3%提高了32个百分点。较“九五”期间有大幅度提高。累计投资达5.6亿元，其中新型墙体材料专项基金投入3000余万元。“禁实”的深入，新型墙体材料的推广应用在全省城镇中全面铺开。应用比例从1992年的5%提高到2005年的50%。“十五”期间安徽省进行了轻质墙板抗裂专用砂浆的研制，编制了《承重混凝土多孔砖墙体构造图集》《混凝土多孔砖砌体工程施工及验收规程》《无比钢建筑技术规程》《安徽省异型柱框架轻质墙结构（抗震）设计规程》《五防轻质隔墙板构造图集》《蜂窝内墙板构造图集》等多项技术规范，由省建设厅、省技术监督局发布。12年来，在全省累计生产新型墙材607亿块，节能376万吨标煤，节地近10万亩，利用工业废渣约1500万吨。新型墙材企业已达400余家，产品品种形成砖、块、板三系列30余个品种，具备生产能力100多亿块标砖。

地方管理机构 1988 年全省 16 个地市有 9 个建材工业公司、6 个城乡建设局、1 个建材工业局，1 个城建化工局进行管理。1989 年起，随着建材工业的快速发展，各地市加强了管理机构的力量，至 2000 年 3 月，安徽省地（市）建材主管部门有：合肥市建材工业局、蚌埠市建材工业局、淮南市建材工业局、淮北市建材局、安庆市建材工业局、芜湖市建材工业公司、铜陵市建材工业局、马鞍山市冶金建材局、黄山市城乡建设局（建材办）、宣城地区建材工业局、池州地区城乡建设局、滁州市建材局、六安市建材局、巢湖市化工冶金建材局、宿州市城乡建设局、阜阳市城乡建设局。2000 年后，全省除六安市保留建材局、宿州市成立建材管理中心外，其余的市都撤销原来的建材局或建材公司，行业管理职能大都归并到市经贸委，也有的归口市建设部门。

六安市的建材管理机构沿革。1984 年以前，六安地区建材工业管理部门是行署基本建设局（内设建材工业管理科）。1984 年 4 月成立“六安地区建材工业公司”，属企业性质，经费自理，原基建局建材科撤销，职能及人员全部划归建材工业公司。1986 年 3 月成立“六安地区散装水泥办公室”，隶属于行署城乡建设环境保护局，为科级事业单位。此时散装水泥办公室与建材工业公司为一套人马，两块牌子，合署办公。1989 年 5 月，在地区散装水泥办公室加挂“六安地区建材行业管理办公室”牌子，并负责全区建材行业管理工作；与此同时，按照政企分开的原则，地区建材工业公司与散装水泥办公室、建材行业管理办公室分离，转为经济实体。1992 年 10 月成立“六安地区墙体材料革新和建筑节能办公室”，为正科级事业单位，作为六安地区墙体材料革新和建筑节能领导组的办事机构，隶属于行署城乡建设环境保护局。至此形成了建材行业管理办公室、散装水泥办公室、墙体材料革新和建筑节能办公室三块牌子、一套人马，合署办公。1993 年 9 月 “六安地区建材行业管理办公室”更名为“六安地区建材工业局”，为副县级事业单位，隶属于行署城乡建设环境保护局。2000 年撤地建市，六安地区建材工业局变更为六安市建材工业局（内设机构有：散装水泥办公室、墙体材料革新和建筑节能办公室、生产技术科、办公室，均为副科级）。

巢湖市建材管理机构的沿革。“七五”之前，巢湖地区建材工业管理职能在巢湖地区经济委员会。1986 年年底，巢湖地区、行署决定巢湖地区计划委员会与经济委员会合署办公，将建材行业管理职能由巢湖地区建材公司划入巢湖地区计划经济委员会，成立建材工业管理科，统一管理巢湖地区建材工业。1991 年 3 月，为加强行业管理，巢湖地委、行署决定将巢湖地区经济委员会内的建材、化学冶金两职能科室划出，正式成立巢湖地区建材化工冶金工业局，统一管理全区建材、化学和冶金工业；1996 年为适应机构改革的需要，改为直属巢湖行署管理的事业单位，其职能不变，更名为巢湖地区建材化工冶金工业管理局；2000 年，巢湖撤地设市，更名为巢湖市建材化工冶金工业管理局；2002 年巢湖市实行机构改革，撤销巢湖市建材化工冶金工业管理局，成立巢湖市建材化工冶金工业协会，副县级建制，隶属于巢湖市经贸委，编制5人，单位职能主要是在是经贸委领导下开展行业管理及配合市经贸委搞好国企改革。

铜陵市的建材机构沿革与行业管理的变革。1986年至1989年7月底，由铜陵市建材生产管理公司主管全市建材行业；1989年8月1日，撤销市建材生产管理公司，成立铜陵市建筑材料工业局；两者均为正县级单位，行政隶属铜陵市政府领导。2001年12月，撤销市建材工业局，原管理职能划归铜陵市经贸委。市建材生产管理公司内设职能科室为：政工科、办公室、生产技术科、材料供应科、劳动工资科、计划财务科、审计科、保卫科、武装部等，编制38人。所辖直属企事业单位为：铜陵市水泥厂（原东风水泥厂）、铜陵市乌木山采石厂（1989年2月16日撤销并入市水泥厂）、铜陵市建设制砖厂（1988年10月4日迁厂转产改称市新型建筑材料厂）、铜陵市建华砖瓦厂、铜陵市建材配套公司、铜陵市建材设计研究所、铜陵市粘土砖瓦行业质量检测站（1986年4月16日成立）、武工大（原武汉建材学院）电教函授学院铜陵直属分部（1985年成立）、铜陵市建材技术学校。上述均为国营正科级单位。市建筑材料工业局内设职能科室为：办公室、人事教育科、综合计划科、科技质量科，编制28人。1996年11月，人事教育科并入办公室。全局编制为18人。直属企事业单位有：铜陵市水泥厂（1996年5月28日整建制划转安徽省监狱管理局）、铜陵市建华砖瓦厂（1988年改名为市建材一厂，1992年整建制划归市营造集团）、铜陵市新型建筑材料厂（1994年被市工程机械实业总公司兼并，1997年6月24日从破产企业中分离并被建材局重新接收。）、铜陵市建材供销公司（1990年1月撤销，并入建材配套公司）、铜陵市建材配套公司（1996年1月撤销）、铜陵市旺发砂石公司（1992年12月成立，1996年1月撤销）、铜陵市建材配套总公司（1996年1月11日，由撤销后的建材配套公司和旺发砂石公司合并成立，1997年9月20日改为股份合作制，挂牌改称市建材配套公司）、铜陵市建材实业公司（1992年7月成立，1997年3月注销）、铜陵市建材实业总公司（1995年成立）、铜陵市建材设计研究所、铜陵市建材质量检测站（1990年7月在粘土砖瓦行业质量检测站基础上改成立）、武工大电教函授学院铜陵直属分部（1999年撤销并入建材质检站）、铜陵市建材技工学校（1993年整建制划归市劳动局并入劳动局技工学校）、铜陵市散装水泥办公室（1986年12月成立）、铜陵市墙体材料革新建筑节能领导小组办公室（1992年6月成立）、铜陵市铜阳建材设备配套配件经营部（1996年12月成立，1998年吊销执照）。1985年市建材生产管理公司曾和原市建筑材料工业局（1983年11月撤销）两块牌子、一套班子合署办公。此后，市建材生产管理公司仍兼具即管理直属企事业单位，又管理全市建材行业的双重职能。对直属企事业单位的管理包含人、财、物、产、供、销等各个方面。

第二节　行业管理

企业改革　“八五”“九五”期间是建材行业企业改革成绩显著的时期。1996 年按照“抓大放小”“扶优扶强”的原则，马鞍山、芜湖、宿县、六安等地市已组建了四个不同规模的企业集团。宁国水泥厂、蚌埠浮法玻璃总公司等企业通过组建企业集团，形成规模经济，相继被省政府批准成立安徽海螺集团公司和蚌埠华光玻璃集团有限公司。到 1996 年底，海螺集团公司已发展成为涉及石膏板、塑钢型材及门窗、旅馆餐饮、运输、余热发电等多个行业，年生产水泥能力近 500 万吨，拥有固定资产 30 多亿元跨地区、跨行业、跨所有制的全省最大的建材企业集团。据统计，在全省建材行业的 173 个国有中小企业中，组建股份公司或有限责任公司的 45 个，已宣布破产和正在办理破产的 11 个，组建集团的 3 个，先售后改的 14 个，承包租赁的 32 个，剥离分立的 2 个。1997 年，建材行业以产权制度为核心的多种形式的企业改革步伐继续加快，“优化资本结构”取得进展。1997 年安徽海螺集团被确定为国家重点扶持的 120 个大企业大集团之一，这是全省唯一进入国家级的企业，该集团同时被列为省级 15 个大型企业集团之一，当年海螺 H 股成功上市，筹集资金 8.23 亿港元。蚌埠浮法玻璃总公司也是本省首批建立现代企业制度试点企业，已改制为安徽华光玻璃集团有限公司，并于年底正式挂牌运行。省巢湖水泥厂、省东关水泥厂加快改革步伐，相继被批准成立巢湖水泥集团和安徽东关水泥集团。安庆市建材局选择市水泥厂为扶优扶强企业，组建了白鳍豚水泥股份有限公司。建材行业以理顺产权关系为主，跨地区、跨行业、跨所有制组建集团，采取多种形式，求活求变，形成了一个门类较为齐全、多种所有制并存，具有相当规模的工业行业。1998 年，省内重点企业的资本运营取得突破。如海螺集团按其市场战略布局，在沿海沿江以及内地收购了宁波、南京、张家港、奉贤等水泥厂，改造成粉磨站或水泥中转库，迅速进行低成本扩张，发挥了企业的规模效益，也为开拓市场创造了有利条件。华光集团收购山东莱阳长城安全防弹玻璃厂并对此进行改组，组建华光玻璃集团莱阳长城安全玻璃有限公司。巢湖水泥厂参股蚌埠天河水泥厂，东关水泥厂控股合肥第二水泥厂。现代企业制度建设有进展。在海螺集团公司和华光玻璃集团公司建立现代企业制度试点的基础上，确定巢湖水泥厂、东关水泥厂和安庆市水泥厂建立现代企业制度。按照产权清晰，权责明确，政企分开，管理科学的要求，以建立自主经营、自我发展、自我约束、自负盈亏的法人实体和市场竞争主体为目标，进行制度创新和机制转换。至年底，安庆市水泥厂已基本完成改制，方案报省经贸委确认。巢湖、东关两厂完成清产核资、资产评估，已进入改制方案编制和制定企业章程阶段。安庆新型建材厂、马鞍山星马有限公司、合肥防水材料厂等一批中小企业的改制成功经验进行了交流，起到了较好的引导和促进作用，科企联合迈出坚实步伐。

1999年，全省建材行业实施“大集团、大公司”战略初见成效。继海螺集团和华光集团之后，巢东水泥集团有限责任公司及巢东水泥股份有限公司组建完毕，并经省政府批准，公司制改造及股票上市申报工作进展顺利。以巢东水泥集团有限责任公司组建为标志，全省建材工业南、北、中三大集团互为呼应、共同发展格局形成。按新的企业划型标准，全省国有大中型建材工业企业8个。海螺集团、华光集团、巢东集团已建立以资本为纽带的母子公司制。安庆市水泥厂、寿春集团、皖东水泥厂已进行股份制改造，马鞍山三维建材集团已对部分下属企业进行了改制，全省大中型骨干企业初步建立现代企业制度目标基本完成。

结构调整　《安徽省建材工业发展“九五”计划及2010年远景目标》经省政府批准并下发执行后，全省建材工业加快产品结构调整步伐，着力壮大支柱产业，基本形成大水泥、玻璃深加工和新型建材三大重点产业。同时由于水泥市场供大于求，竞争激烈，也迫使建材企业主动调整产品和技术结构。如铜陵市桂家湖水泥厂主动停掉2台小旋窑，改用铜陵海螺水泥有限公司高标号熟料，生产优质高标号水泥。对既有一定科技含量，又有较好经济效益的新型建材如铝塑复合管、硅钙板、玻璃深加工、超轻陶粒等，企业也积极申报技改项目。在安徽(合肥)住宅与新型建材展示交易会上，展出新型建材10大类80多个品种，显示了较高水平，成为行业新的经济增长点。1998年安徽省建材局根据国家经贸委、国家建材局关于“控制总量、调整结构”的总体要求，会同有关部门对全省水泥工业结构调整作了深入细致的调研，并形成了正式报告，提出了积极的实施意见。全年申报国家重点结构调整专项计划6项，总投资24464万元；批准项目建议书的省级项目6个；审查批复项目建议书的有马鞍山星马专用汽车有限公司年产2000辆专用汽车项目、芜湖海螺型材有限公司三期工程项目、淮北众城水泥有限公司日产1000吨水泥熟料生产线等8个项目。1999全省建材行业当年在建技术改造项目20个，其中国家级项目5个。项目总投资21亿元，其中亿元以上项目6个。全年完成7.7亿元，超过年计划16.7%。重点工程白马山4号窑创造了全国同类项目工期短、投资省、投产即达标的全国纪录；芜湖塑料型材四期工程当年投资、当年竣工投产、当年发挥效益，创造了全国建材史上新纪录。

2001年起，全省建材行业贯彻“控制总量、调整结构”“节能减排、科学发展”的方针，积极走推进技术进步和产业升级、淘汰落后产能的新型工业化发展道路，加强“禁实限粘”的墙体材料改革力度和“预拌禁现”的散装水泥推广力度，使安徽省建材工业由小变大，靠新出强，实现了跨越式发展。

在激烈的市场竞争中，建材行业朝着结构优化的方向发展。回转窑水泥即高标号水泥增长较快，小水泥在市场竞争中逐渐退出；传统建材产品的优势逐渐失去，新型建材蓬勃发展，玻璃深加工产品及建材专用汽车发展加快，如海螺集团的PVC异型材、百通集团的铝塑复合管、星马有限公司的散装水泥罐车和砼搅拌车以及华光玻璃集团的玻璃深加工产品等。据统计，1998 年全省建材系统新型建材产值 9.92 亿元，占总产值的 20.7%；大中型企业的作用举足轻重，产值占全社会建材产值的 60%。

“十五”期间，在社会主义市场经济的推动下，在各级政府的大力引导下，在建材行业广大职工的积极支持下，企业改制、结构调整、科技进步、对外开放和实施大公司、大集团战略的步伐加快，力度增大，使安徽省建材工业由小变大、由弱变强、靠新出强，初步建成了干法水泥、化学建材、建材机械、玻璃及玻璃深加工、非金属矿开采和深加工等五大基地。海螺、星马、皖维、巢东、国风、华光等 6 户企业集团成功上市，募集社会资金总额 31.63 亿元，促进建材工业实现了飞跃式的发展，成为有抗风险能力的支柱产业。

一批技术含量高、上规模、上水平的项目得以建设。蚌埠浮法玻璃总公司与外商合资 ITO 导电膜玻璃生产线，宁国水泥厂引资在芜湖开发区建设一条年产 5000 吨高档塑钢门窗生产线及年产 2000 万平方米纸面石膏板生产线；芜湖市与台商合资的塑料管生产线；合肥经济开发区同香港兆峰公司合资兴建陶瓷工业城等等。这些项目的建成使安徽省建材工业产品结构得到较大改善。国家重点项目铜陵水泥厂改制后，工程进展顺利，至 1995 年年底，土建可完成 90%，设备安装完成 50%。值得一提是中国建材地质勘查中心安徽地质总队为建材行业的结构调整在沿江等地做了大量的前期工作，为“八五”和今后的大水泥基地和非金属矿开采及深加工的建设奠定了基础。

技术改造　1997 年建材工业省级以上在建项目 16 个，其中新开工项目 8 个，项目总投资约 12 亿元。当年建成投产的项目有安庆市水泥厂 600 吨 / 日水泥熟料生产线等 9 个项目，海螺集团 2000 吨 / 日水泥熟料生产线等 6 个大项目通过了验收。初步建立了“九五”建材工业项目库，录入项目 63 个。上报环保专项贷款项目 6 个，申报中西部专项新开工项目 5 个，上报“碧水蓝天”工程项目 10 个。当年经省经贸委、计委批准 8 个项目建议书，审查批准可行性研究报告 6 个。安徽华光玻璃集团玻璃深加工项目、海螺集团芜湖型材公司年产 5000 吨塑料型材项目被列入“国家中西部优秀工程项目”。科技开发及技术创新硕果累累。全年完成新产品、新技术开发 20 项，比上年增长 25%。新产品开发中有 1 项达到国际先进水平，16 项达到国内领先或国内先进水平，3 项为省内先进水平。经测算，新产品产值 1.55 亿元，利税 3114 万元。海螺集团技术中心已被正式认定为省级技术中心。建材工业高新技术企业和产品实现零的突破，嘉山凹凸棒厂被评为高新技术企业，宁昌塑料编织袋有限公司的塑料编织袋被评为高新技术产品。东关水泥厂、马鞍山星马专用汽车有限公司、凤台县水泥厂获省质量管理奖，寿县水泥厂、东关水泥厂、宿州百通集团、马鞍山星马专用汽车有限公司的产品获“安徽名牌产品”称号，“海螺”牌水泥、“巢湖”牌水泥被省工商局认定为安徽省著名商标。

对全省260个水泥企业进行了水泥质量监督抽查，合格率达82.7%。实施“碧水蓝天”工程和“小水泥综合技术示范推广工程”。“碧水蓝天”工程完成了10个企业的环境治理项目建议书，海螺集团白马山水泥厂等8个企业进行了粉尘治理措施，其中白马山水泥厂等4个企业进展较快。“小水泥综合技术示范推广工程”已实施的有18个企业。1998年在建的技术改造项目17个，总投资10，8亿元；完成技改投入6.24亿元，比上年增长40.%。技改项目投产8个，新增水泥生产能力125万吨，新增新型建材产值1亿多元。当年建材行业完成省级以上新技术和新产品开发26项，新增产值3.29亿元、利税8650万元。1999年，全年建材行业开发新产品、新技术26项（其中国内领先水平10项），创产值4.5亿元，对行业贡献率超过10%。华光集团、星马专用汽车有限公司企业技术中心获省级技术中心认定，省建材设计研究院新材料中心、省巢湖水泥厂地方水泥技术中心完成申报工作。海螺型材公司等2企业被认定为高新技术企业，ITO导电膜玻璃、PVC异型材料等3种产品被认定为高新技术产品。

经省经贸委、海关、国税、地税等部门联合审查，海螺集团和华光集团的企业技术中心被认定为省级技术中心，海螺集团开发的日产2000吨水泥熟料计算机控制软件及回转窑胴体自动测温仪的水平处于国内领先地位。华光集团也在软硬件两个方面强化技术中心研究、开发、试验和检测功能，还同中国建材院、蚌埠玻璃设计院、浙江大学等单位建立产学研关系，实现生产一代、储备一代、研制一代的发展战略。省建材局还在省建材设计研究院的基础上，申报了安徽省新型建材及制品技术中心、安徽省水泥技术开发中心，走科技兴企之路。星马汽车专用有限公司、淮南特种水泥厂等企业主动和大专院校、科研院所联合开发新产品、新技术。

水泥方面：全省县以上8.8万吨生产线普遍进行了一次技术改造，采用了生料预均化，预加水成球，矿化剂配料，掺加晶种等先进工艺，企业机械化、自动化水平普遍提高。平板玻璃方面：蚌埠平板玻璃厂经过不断技改，目前可生产茶色、黄色多种玻璃，并新开发了彩绘玻璃、浮雕玻璃、激光玻璃等玻璃深加工产品。新型建材方面：建筑陶瓷采用大吨位液压机械成型，辊道窑一次烧成先进工艺。建材机械方面：通过消化吸收，建成并投产年产30套空心砖机械生产线和年组装500辆5～20吨散装水泥车生产线等。“八五”期间，全省建材工业完成技改项目81个，总投资16亿元，为“七五”的2.78倍。获国家专利2项，省级科技进步奖22项，星火奖12项。

第七篇　黄金工业

安徽地处中部，临江近海，襟江带淮。地质构造复杂，成矿条件优异。自古以来，安徽就是金属矿产资源大省，黄金主要与铜、银、硫、铅锌等矿种共生或伴生，独立金矿偏少，因而黄金多作为有色金属副产。丰富的矿产资源，优越的水运通道，促进了安徽冶金产业的发展与繁荣。安徽先民远在夏商，就已从事金属采掘及冶炼加工。史载繁昌铁冶兴旺，歙州产金，池州产铜。战国时寿县曾为楚国国都，楚国通行的黄金铸币“郢爰”在安徽大量出土，这些黄金货币，可能不少是楚国迁都寿县以后铸造的。安徽产金最早见于宋元时期，民间自宋元以来，在歙县、五河等地就有淘采沙金的作业方式生产少量沙金，但史料典籍所载甚少，原因不详。

新中国成立以后的近十年，安徽黄金生产尚处于空白，随着安徽冶金工业迅速发展，芜湖冶炼厂1959年生产出第一块金银合金，1970年生产出第一块合质金。1984年1月26日省政府批准成立安徽省黄金公司，负责全省金、银生产管理工作。安徽黄金工业步入有序发展正常轨道，黄金工业作为安徽一个后发的工业门类，发展势头迅猛，年年持续增长，产品产量全国位次逐年提升。全省黄金产品总量由1982年的628.29千克快速增长至2005年的9568.34千克，其中矿产黄金由1983年的7.48千克上升至2005年的4249.34千克，年递增率分别为16.33%和45.22%。至“十五”末已初步形成地勘、采选、冶炼及加工相对完整的工业体系，产品产量跃升全国前列，名列第九位。

第一章　黄金地质矿产

安徽省地跨华北地块、大别造山带及扬子地块三个大地构造单元，岩浆活动频繁，地质构造复杂、岩浆活动频繁，造就了安徽得天独厚的成矿地质条件，生成了丰富的矿产资源。非金属矿产种类和资源储量比较丰富。黄金矿产资源缺乏优势，共伴生金资源占据一定比重。

由于安徽黄金工业起步晚，地质勘查长期处于边缘地位，工作滞后，许多金矿都是在铜、铁、硫矿床勘查中被发现的，因此黄金资源大部分为共伴生金形式赋存于铜的硫化物或含高硫的硫铁矿中，金品位低，不能形成独立矿床，不具备单独开采价值。独立金矿床多富含硫、砷等杂质，为难选冶矿石。

第一节　金矿资源

区域分布　安徽省金矿床分布点多面广，2005 年全省共有 10 个市、17 个县发现有金矿资源。金矿床规模小，根据《2005 年安徽省矿产资源储量表》，储量规模为中型金矿 2 处，小型金矿 22 处，小矿及零星资源 14 处；伴生金矿 20 处，其中中型金矿 4 处，小型金矿 12 处，零星资源 4 处。沙金小型矿区 3 处，均为小型。金矿矿产地分布比较集中，主要资源集中在沿江成矿带，保有资源储量占全省 83%，以铜陵为主，其次分布于安庆、池州、滁州等地，蚌埠—凤阳、皖南休宁、大别山区的霍山等地均有金矿分布。矿产类型主要有岩金、伴生金和沙金三种类型，独立金矿资源量少，共伴生矿产多，伴生金金属量约占全省金总量的 64.66%，岩金金属量约占全省金总量的 34.33%，沙金金属量约占全省金总量的 1.01%。资源禀赋差，贫矿多、富矿少，矿石品位低，隐伏矿床多，可供露天开采的少。矿石组分比较复杂，高硫、高砷，增加了开发投资与采选冶的难度，回收利用水平较低。

资源储量　1986 年，全省登记有黄金资源储量地点 20 处，保有资源量金属量为 108.820 吨，岩金及伴生金金属量 106.196 吨，矿石量 19274.3 万吨。其中独立金矿（或以金为主矿种）6 处，为铜陵新桥金银矿、铜陵市戴家冲金矿、铜陵市马山金（硫）矿、霍山县东溪金矿、凤阳县毛山金矿、五河县大巩山金矿，保有金资源量金属量 22.126 吨，矿石量 1047.6 万吨。伴生金矿 12 处，为铜陵市铜官山铜矿、铜陵市狮子山铜矿、铜陵市冬瓜山铜矿、铜陵市凤凰山铜矿、铜陵市金口岭铜矿、铜陵市天鹅抱蛋山金硫铁矿、怀宁县西马鞍山铜矿、怀宁县月山铜牛井铜矿、怀宁县月山龙门山铜矿、濉溪县前常铁矿、滁县琅琊山铜矿，保有金资源量金属量 84.070 吨，矿石量 18226.7 万吨。沙金矿 2 处，2.624 吨，矿石量 583.2 万立方米，为五河县大巩山金矿、全椒县马厂沙金矿。

截至 1990 年年底，全省发现或探明黄金资源 35 处，分布在 9 市（地区）16 个县（区），铜陵市 14 处，蚌埠市 2 处，淮北市 1 处，安庆市 4 处，滁州市 4 处，六安市 3 处，宣城市 1 处，池州市 4 处，马鞍山市 2 处。

全省累计探明金矿储量 172.471 吨，保有金金属量 142.373 吨，其中独立金矿（或以金为主矿种）18 处，保有金金属量 40.722 吨，矿石量 2009.4 万吨，较 1985 年增加 14 处，为五河县大巩山金矿、霍山县南关岭金矿、霍山县隆兴金矿、贵池市马头金矿、贵池市灌口乡锈水壕金矿、青阳县寺门口硫铁矿、当涂县黄土山金矿、铜陵市鸡冠山金矿、铜陵市鸡冠石银金矿、铜陵市戴家冲金矿、铜陵县桃园硫铁矿、铜陵县黄狮涝山金矿、铜陵新桥矿牛山矿段、枞阳县天头山金铜矿。独立金矿探矿新增加净金金属量 20.362 吨，矿石量 984.1 万吨。沙金矿 2 处，金金属量 1.635 吨，矿石量 403.1 万立方米。伴生金 15 处，保有资源量金金属量 99.027 吨，矿石量 22303.9 万吨，较 1985 年增加 5 处，为铜陵市大团山铜矿、铜陵市冬瓜山铜矿、铜陵市鸡冠石银金矿、贵池市铜山铜矿、宣城市麻姑山铜钼矿。

“七五”累计开采金金属量 8.063 吨，矿石量 806.3 万吨和 2.3 万立方米，损失金金属量 1.327 吨，矿石量 87.8 万吨，勘探后新增资源量 69.019 吨，矿石量 14566.8 万吨和 403.1 万立方米。储量重新计算金属量减少 4.594 吨，矿石量减少 591.8 万吨。

“八五”期间，随着国家划拨的地勘经费逐年减少，地勘单位不景气，加上找矿难度加大，地勘部门的找金业务存在一定萎缩，许多找金成果为“七五”时期找金工作所获。

截至 1995 年年底，全省探明金矿区 45 处，累计探明金矿储量 196.64 吨，保有金储量 151.45 吨。其中独立金（或以金为主矿种）26 处，保有金金属量 68 吨，矿石量 2109.9 万吨，比 1990 年增加 8 处，新增加铜陵市包村金矿等 9 处矿区，霍山县南关岭金矿区资源枯竭灭失，铜陵县桃园硫铁矿采完闭坑，铜陵市天鹅抱蛋山硫铁矿因资源品位变化由伴生金矿调为独立金矿。伴生金 16 处，保有金金属量 80.314 吨，矿石量 22167.3 万吨，新伴生金矿区增加 1 处，即铜陵市花树坡铜矿，两处矿山由铜陵有色开发而更改名称。沙金 3 处，金金属量 3.135 吨，861.6 万立方米，较 1990 年增加 1 处，绩溪—宁国胡乐沙金矿床（金金属量 504 千克，矿石量 276.2 万立方米）。

按地区分布：铜陵市 22 处、蚌埠市 2 处、安庆市 5 处、池州市 4 处、滁州市 4 处、淮北市 1 处、宣城市 2 处、黄山市 1 处、六安市 2 处，马鞍山市 2 处。已开发利用矿区 38 处（含闭坑 3 个）。

“八五”累计开采资源量金金属量 15.485 吨，矿石量 1372.2 万吨，损失金金属量 1.216 吨，矿石量 3336.5 万吨，勘探后增资源量 38.321 吨，矿石量 1926.2 万吨和 1400.7 万立方米。储量重新算金金属量减少 5.403 吨，矿石量增加 467.9 万吨，减少 2.2 万立方米。

“九五”期间，安徽省地质勘查工作仍处于低迷时期，地勘部门经费严重不足，探矿工作停滞不前，黄金资源量增加有限。

截至 2000 年年底，全省发现或探明黄金资源 48 处，分布在 10 市 17 个县（区），其中铜陵市 23 处，蚌埠市 3 处，淮北市 2 处，安庆市 5 处，滁州市 4 处，六安市 2 处，宣城市 2 处，池州市 4 处，马鞍山市 2 处，黄山市 1 处。

全省累计探明金矿储量 188.749 吨，由于重新计算资源量减少了 21.999 吨，较 1995 年减少 7.894 吨。保有金金属量 113.566 吨，比 1995 年减少 37.883 吨。其中独立金矿（或以金为主矿种）29 处，保有金金属量 43.657 吨，矿石量 1532 万吨，较 1985 年增加 3 处，为五河县西坂金矿、濉溪县刘楼铁矿、铜陵市龙虎山金矿。独立金矿因储量重新计算金金属量减少 14.625 吨，矿石量减少 288.8 万吨。沙金 3 处，金金属量 3.115 吨，矿石量减少 852.7 万立方米，绩溪—宁国胡乐沙金矿因开采及损失，金金属量减少 23 千克，矿石量减少 8.2 万立方米。伴生金 16 处，保有资源量为金金属量 66.794 吨，矿石量 18921.24 万吨，平均品位 0.35 克 / 吨。

“九五”累计开采金金属量 17.656 吨，开采矿石量 1714.7 万吨、8.2 万立方米，损失金金属量 1.682 吨，损失矿石量 117.8 万吨、1.2 万立方米，勘探后资源量加增 2.859 吨，矿石量 136.2 万吨。储量重新计算后金金属量 7.374 吨，矿石量减少 3572.8 万吨。

“十五”期间，随着矿权制度改革和走向市场化，地勘队伍勘探资金得到保障，社会资金投向矿产勘查，黄金地质勘查工作亦迈向正轨，探矿新增黄金地质资源增多。

截至 2005 年年底，全省发现或探明黄金资源 61 处，全省保有黄金金金属量 116.135 吨，矿石量 25406.7 万吨，其中独立金（或以金为主）43 处，金金属量 58.284 吨，矿石量 2101.6 万吨。沙金仍三处，金金属量 3.115 吨，矿石量 854.4 万立方米。伴生金 20 处，金金属量 54735.5 吨，矿石量 23305.1 万吨。累计探明金金属量 313.122 吨，矿石量 37323.9 万吨，独立金（或以金为主）金金属量 107.503 吨，矿石量 3252.7 万吨。沙金金金属量 3.151 吨，矿石量 865.6 万立方米。伴生金金金属量 202.468 吨，矿石量 34071.2 万吨。

“十五”累计开采金金属量 45.746 吨，矿石量 4812.1 万吨，损失金金属量 3.214 吨，矿石量 191.2 万吨，勘探后资源量增加金金属量增加 102.917 吨，矿石量增加 13056.4

万吨。储量重新计算后金金属量增加 42.553 吨，矿石量增加 1150.6 万吨。

第二节　矿山资源

类型　安徽省金矿床主要类型较多，主要有：

铁帽型金矿。在安徽省比较发育，是原生硫化物矿石经氧化作用富集而成，主要位于铜陵、池州沿江一带，矿体主要赋存于黄龙、五通组之间，矿石为含金褐铁矿，主要分布在氧化富集带上，金品位一般 3 克 / 吨以上，代表矿床有黄狮涝金矿、新桥金银矿上部、戴家冲金矿、马头金矿等。

矽卡岩型金矿。是安徽省主要金矿类型，主要分布沿江及淮北地区，与铜、铅、锌和砷的硫化物关系密切，独立及共伴生金矿均有出现。代表矿床铜陵包村、铜陵朝山、淮北秦楼等金矿。矿体产于岩体与灰岩构造接触带上，赋存于岩体或围岩中，围岩蚀变明显，形态产状受层间构造或接触带控制，与中酸性岩浆侵入活动密切相关，由岩浆热液充填交代成矿。

热液型金矿。与燕山期岩浆热液活动有关，与闪长岩体相关，金矿发育比较普遍，凤阳毛山、铜陵鸡冠石金银矿、铜陵天马山金矿等。

斑岩型金矿。多为伴生金矿床，以铜金矿形式出现，庐江沙溪铜金矿、铜陵冬瓜山铜金矿、姚家岭铅锌金铜多金属矿等，成矿与石英闪长斑岩关系密切，位于岩体内或岩体与碎屑沉积岩接触带，由岩浆热液充填交代成矿。

石英脉型金矿。安徽省典型金矿类型之一，主要分布于皖东北五河—明光和皖南休宁地区，代表性矿山有五河大巩山金矿、休宁天井山金矿，金矿主要赋存于石英脉中，矿石成分有黄铁矿、石英和自然金，矿体受断裂构造控制，延续性差，厚度、品位变化大，金矿品位普遍较高，一般十几，最高甚至上百克 / 吨，金矿规模较小。

次火山热液型金矿。安徽省发现矿床较少，代表性有霍山东溪金矿、隆兴金矿，与次火山活动有关，矿石低硫，矿体产于构造破碎带控制的石英脉内，呈脉状、网脉状，围岩为火山岩，即安山岩、安山质凝灰岩等。

沙金。安徽省沙金不甚发育，目前仅发现三处沙金矿，且规模较小。分为残坡积和冲坡积两种类型，矿体赋存于残积层或冲积层（冲积沟底）。

主要矿床　铜陵市马山金（硫）矿　属热液型金矿，矿石类型为含金黄铁矿。华东冶金地质勘探公司 812 地质队 1984 年提交《铜陵市马山金（硫）矿床评价地质报告》，金金属量 5800 千克，矿石量 87.4 万吨。由于矿石中伴生砷、硫品位较高，为难处理金矿石，选矿回收率较低。同时部分金资源伴生在硫铁矿中，为伴生资源。华东冶金地质勘探公司 1985 年 1 月批准其详查储量。

铜陵新桥金银矿。属铁帽型金矿，矿石类型为含金褐铁矿。华东冶金地质勘探公司803地质队1985年9月提交《铜陵县新桥铁帽金银矿地质评价报告》，探明资源量金金属量5539千克，矿石量137.2万吨。华东冶金地质勘探公司1986年批准其详查储量。

铜陵市戴家冲金矿。属铁帽型金矿，矿石类型为含金褐铁矿。华东冶金地质勘探公司812地质队1985年10月提交《铜陵戴家冲金矿床地质评价报告》，探明资源储量，金金属量1487千克，矿石量15.7万吨，且周边具有扩大规模前景。华东冶金地质勘探公司1986年4月批准其详查储量。

铜陵县桃园硫铁矿。属铁帽型金矿，矿石类型为含金褐铁矿，为硫的共生矿产。化工部地勘公司安徽地质勘探大队1987年12月提交《铜陵县桃园硫铁矿初勘地质报告》，探明资源量，金金属量1271千克，矿石量21.2万吨。化工部地质勘探公司1988年10月批准其详查储量。

铜陵新桥矿牛山矿段。属铁帽型金矿，金矿石类型为含金褐铁矿。华东冶金地质勘探公司803地质队1989年12月提交《铜陵县新桥铜硫铁金矿床牛山、箬箕涝矿段详查地质报告》，提交资源量为金金属量1658千克，矿石量23.3万吨。华东冶金地质勘探公司1990年1月予以批准。

铜陵市鸡冠山金矿。属铁帽型金矿床，矿石类型含金褐铁矿。铜陵市鸡冠山铁矿1988年11月提交《铜陵市鸡冠山铁帽型金矿详查地质报告》，提交资源量为金金属量1370千克，矿石量14.3万吨。国家黄金管理局于1990年2月批准。

铜陵市鸡冠石银金矿。属热液型金矿，矿石类型含金硫铁矿、含金褐铁矿，与银矿共生。安徽省地质矿产局321地质队1990年7月《铜陵市鸡冠石银金矿床详查地质报告》，提交资源量为金金属量511千克，矿石量10.7万吨。安徽省地质矿产局1990年9月予以批准。

铜陵县新桥铜硫铁矿。属中低温热液型金矿床，原生矿石，矿石类型黄铜矿和黄铁矿型金矿石。1990年9月冶金部华东地质勘探局803队提交《铜陵县新桥铜硫铁金矿床西部金矿段详查地质报告》，冶金部华东地质勘探局1991年6月批准。报告中计算的金金属量41.698吨，伴生金因开采限制作为伴生资源未列入储量表中。提交金金属量3.155吨，矿石量50.0万吨。

铜陵县黄狮涝山金矿。属铁帽型金矿床，矿石类型含金褐铁矿。冶金部华东地质勘探局812地质队1990年10月提交《铜陵市黄狮涝山金矿勘探中间地质报告》，提交的储量为金金属量13.425吨，矿石量232.1万吨。安徽省矿产资源储量委员会1990年12月予以批准。

铜陵县董店乡陈子冲金矿。属铁帽型金矿床，含金褐铁矿石。冶金部华东地质勘探局812队提交《铜陵县董店乡陈子冲金矿普查地质报告》，冶金部华东地质勘探局

1992年4月批准，批准储量为金金属量613千克，矿石量5.2万吨，保有金金属量367千克，矿石量3.6万吨。

铜陵市新华山铜矿。属矽卡岩型金矿床，与铜共生金矿，含金硫化铜矿石。1994年11月安徽省地质矿产局321地质队提交《铜陵新华山铜硫矿床详查地质报告》，安徽省矿产资源储量委员会1994年决议书批准。提交共生金金属量4.820吨，矿石量209.5万吨，因水文地质条件复杂，资源一直未得到有效开发。

铜陵市包村金矿。属矽卡岩型（接触交代型）金矿，矿石类型含金硫化物，伴生有硫铁矿。1994年12月安徽省地质矿产局321地质队提交《铜陵包村金矿床勘探地质报告》，1995年1月安徽省矿产资源储量委员会决议书批准。该矿为安徽省与冶金部黄金管理局签订的“八五”储量承包项目，获得国家储量承包资金315.9万元。提交金金属量3.224吨，矿石量46万吨，保有金金属量2.938吨，矿石量41.8万吨。

铜陵县朝山金矿。属矽卡岩型金矿床，含金硫化物矿石。安徽省地质矿产局321地质队1995年8月提交《铜陵朝山金矿床勘查地质报告》，省黄金管理局1997年6月批准。提交的金金属量5.935吨，矿石量51.7万吨，1995年保有金金属量3.122吨，矿石量28.5万吨。

铜陵市龙虎山金矿。属热液型金矿床。安徽省地质矿产局321地质队1998年提交《铜陵龙虎山金矿床普查地质报告》，1999年6月安徽省矿产资源委员会批准的资源量为金金属量212千克，矿石量3.4万吨。

贵池市马头金矿。属铁帽型金矿床，矿石类型含金褐铁矿。华东冶金地质勘探公司812队1987年9月提交《贵池县马头金矿床评价地质报告》，保有资源量为金金属量830千克，矿石量14万吨。华东冶金地质勘探公司批准其详查储量。

贵池市灌口乡锈水壕金矿　属铁帽型金矿床，矿石类型为含金褐铁矿。安徽省地质矿产局311队1990年7月提交《贵池市灌口乡锈水壕金矿普查地质报告》，提交金金属量517千克，矿石量9.6万吨。安徽省地质矿产局于1990年8月批准。

青阳县寺门口硫铁矿。矿床类型表生淋集型，矿石类型含金褐铁矿，与硫共生矿床。安徽省地质矿产局321队1986年12月提交《安徽省青阳县寺门口硫铁矿床勘探地质报告》，探明金金属量679千克，矿石量7.6万吨。安徽省矿产资源储量委员会1988年6月批为“详勘”。

青阳县童埠金矿。属铁帽型金矿床，矿石类型含金褐铁矿。安徽省地质矿产局321地质队1986年12月提交《青阳县硫铁矿床勘探地质报告》，安徽省矿产资源储量委员会1988年6月批准为详勘，保有矿石量7.8万吨，金金属量585千克，累计探明矿石量15.8万吨金，金属量1122千克。

枞阳县天头山金铜矿。属热液型岩金矿床，矿石类型石英脉型。华东冶金地质勘探公司 815 队 1989 年 5 月提交《枞阳县天头山金铜矿详查地质报告》。华东冶金地质勘探公司 1989 年 8 月批准，提交的资源量为金金属量 522 千克，矿石量 5.7 万吨。

怀宁县白岭金矿。属中低温热液型充填交代金矿床，含金石英脉矿石。安徽省地质矿产局 326 队 1989 年 10 月提交《怀宁县白岭金矿详查地质报告》，安徽省地质矿产局 1990 年 8 月批准，保有资源量为金金属量 408 千克，矿石量 3.6 万吨。（1991 年上安徽省矿产资源储量表）。

五河县大巩山金矿。属石英脉型金矿。华东冶金地质勘探公司 811 队 1985 年 11 月提交《五河县大巩山金矿地质评价报告》，保有资源量金金属量 353 千克，7.1 万吨。华东冶金地质勘探公司 1985 年 12 月批准初查（即普查）储量。

五河县大巩山沙金矿。属残坡积型和冲积型沙金矿。安徽省地质矿产局 664 地质队（后改为安徽省地质勘查局第二水文地质队）1987 年 7 月提交详细普查地质报告，保有资源量金金属量 989 千克，180.1 万立方米，累计探明资源量金金属量 1012 千克，184.5 万立方米。安徽省地质矿产局 1987 年 7 月批准其详查。

五河县西坂金矿。石英脉型金矿，矿石类型含金石英脉。核工业部华东地勘局二七一大队 1998 年 11 月提交《五河县朱顶乡西贩金矿床普查地质报告》，安徽省矿产资源委员会批准，提交金金属量 819 千克，矿石量 2.3 万吨，1999 年保有金金属量 1.225 吨，矿石量 3.7 万吨。

濉溪县刘楼铜铁矿。属接触交代热液型金矿床，与铜、铁共生矿产。安徽省地质矿产局 325 地质队 1997 年 11 月提交《濉溪县刘楼铜铁矿详查地质报告》，提交金金属量 834 千克，矿石量 8.5 万吨。

全椒县马厂沙金矿。属冲积型沙金矿床。安徽省地质局 664 地质队 1980 年 3 月提交全地质普查评价报告，保有资源量金金属量 1635 千克，矿石量 403.1 万立方米。（1986 年上安徽省矿产资源储量表）。

凤阳县毛山金矿。属石英脉型金矿，矿石类型为含金石英脉，部分资源伴生在硫铁矿中，为伴生资源。华东冶金地质勘探公司 811 地质队 1979 年 12 月提交《凤阳县毛山金矿地质评价报告》。1985 年 4 月提交《凤阳县毛山金矿储量改算说明书》，华东冶金地质勘探公司 1989 年 8 月批准，金金属量 2031 千克，矿石量 62.2 万吨。

定远县石牛山金矿。属蚀变岩型金矿，含金硫化物矿石为主。华东冶金地质勘查局 811 地质队 1995 年 6 月提交《定远县石牛山金矿床普查地质报告》，华东冶金地质勘查局 1995 年 6 月批准，批准金金属量 309 千克，矿石量 6.1 万吨。

霍山县东溪金矿。属火山热液型金矿。安徽省地质局 313 地质队 1981 年 10 月提交详细普查地质报告，1982 年 4 月安徽省地质局审查意见书批准。1996 年末保有资源量为金金属量 916 千克，矿石量 6.3 万吨，累计探明资源量为金金属量 1156 千克，矿石量 7.9 万吨。1986 年以前提交资源储量，为“七五”时期安徽省黄金生产骨干矿山。

霍山县隆兴金矿。属火山热液型金矿床，矿石类型以含金石英脉为主。安徽省地质矿产局 313 队 1986 年 6 月提交《霍山县隆兴金矿详细普查地质报告》，提交金金属量 27 千克，矿石量 0.4 万吨，该资源一直未开采利用。安徽省地质矿产局于 1988 年 11 月批准。

霍山县南关岭金矿。属火山热液型金矿床，矿石类型以含金石英脉为主。安徽省地质矿产局 313 地质队 1987 年 11 月提交《霍山县南关岭金矿详细普查地质报告》，由霍山东溪金矿开采，提交金金属量 1081 千克，矿石量 19.7 万吨。安徽省地质矿产局于 1988 年 11 月批准详查储量。

当涂县黄土山金矿。属破碎蚀变带蚀变岩型金矿。安徽省地质矿产局 322 地质队提交《当涂县黄土山金矿床详细普查地质报告》，提交金金属量 378 千克，矿石量 3.9 万吨。安徽省地质矿产局 1990 年 10 月批准。

第三节　金矿勘查

勘查队伍　安徽省从事地质矿产勘查工作的主要部门有七个，即：安徽省地质矿产勘查局、华东冶金地质勘查局、安徽省煤田地质局、安徽省化工地质勘查总院、中国建筑材料工业地质勘查中心安徽总队、安徽石油勘探开发公司及安徽省核工业勘查技术总院，同时部分大型国有企业拥有地质勘探队伍。开展黄金地质勘查工作的主要有安徽省地质矿产勘查局、华东冶金地质勘查局及核工业部门所属地质队。

进行黄金地质勘探的队伍主要有：在铜陵地区工作的华东冶金地质勘查局 812 地质队、安徽省地质矿产勘查局 321 地质队和铜陵有色金属公司地质队；在皖东北五河、凤阳、全椒、明光等地开展工作的华东冶金地质勘查局 811 地质队、安徽省地质矿产勘查局 312 地质队及其他地勘队伍；在马鞍山、芜湖、宣城等皖南地区开展地质工作的华东冶金地质勘查局 803 地质队、安徽省地质矿产勘查局 322 地质队、核工业部华东地勘局 271 大队等；在池州、安庆地区开展工作的安徽省地质矿产勘查局 311、324、326 地质队等；在黄山工作的安徽省地质矿产勘查局 332 地质队、华东冶金地质勘查局屯溪地调所等。黄金行业没有自身独立地勘队伍，随着勘探市场的开放搞活，社会地质勘探队伍逐渐增多，并壮大起来，从事黄金地质工作的队伍也相对增加一些。

地勘政策　根据国家黄金行业产业政策的变化，1985 年以前，黄金地勘完全处于计划经济运行状态，指令计划、国家投资勘探、国家计划投资开发。“七五”期间，黄金地质勘探由全国金矿地质工作领导小组及其办公室（后办公室撤销，其工作由地矿部和国家黄金管理局承担）管理和指导，金矿地质实行储量承包、成果有偿转让。国家预算内地质事业费用用于金矿部分由地矿部负责管理，黄金地质勘查基金列国家黄金管理局名下，已签订储量承包合同中属地矿部系统承包部分切块给地矿部，其余全部由国家黄金管理局管理。根据国家黄金管理局《金矿储量承包项目管理暂行办法》，由国家黄金管理局和各省（区、市）人民政府或其他有关部门签订金矿储量承包协议，各省（区、市）人民政府具体办事机构为省（区、市）黄金主管部门。1994 年 11 月以后，按照冶金工业部《黄金地质勘探资金管理暂行办法》，黄金地质勘探资金开始实行有偿使用，由拨款改为贷款，冶金部黄金管理局委托代理银行发放后收回，还贷资金来源纳入基建、技改项目概（预）算。“十五”期间黄金地质勘查工作走向市场，基本没有其他特殊优惠政策。

探矿　金矿资源在安徽省属非优势矿种，在全省经济社会发展中起的作用有限，因此多年来，金矿地质工作在安徽省矿产资源勘查中，长期处于边缘地位。重视程度不够，勘查投入少，缺少长远规划和部署方案，工作缺乏连续性和有效的衔接；地勘队伍力量分散，没有形成专业化和相对稳定的找金地质队伍；对于先进方法技术的应用和先进经验的推广力度不够，针对金矿的专题研究工作也比较薄弱，对金矿成矿规律的认识还欠深入。勘查程度极不平衡，沿江成矿带勘查程度相对较高，但大别山区、皖南山区工作程度不高，许多地区的矿产调查工作仍停留在原 1:20 万区调工作水平。这些问题所造成的影响，主要集中表现在找矿成果上——尚未发现大型矿田、矿集区，未能形成矿山基地，一些具有成矿的地区远景找金没有突破。

安徽省金矿勘查分为四个阶段。

早期阶段：主要在蚌埠—五河一带及皖南山区开展了一些小规模的开拓性工作，找到了一些脉状金矿。同时铜硫找矿工作中，发现了铜陵天鹅抱蛋山含金硫铁矿床、马山金硫矿床，这两个矿床合称天马山金矿，探明金资源储量金属量 27 吨，是安徽省内储量唯一超过 20 吨的独立金矿。此外，在共生和伴生金矿评价方面也取得了一些进展。

发展阶段：20 世纪 70 年代中后期到 80 年代中期开展系统的金矿地质工作，这一阶段有较多的新发现，如铜陵戴家冲铁帽型金矿、霍山东溪陆相火山岩金矿、南陵吕山似卡林型金矿等，蚌埠—五河一带和皖南山区找金也有新进展。同时，对全省金资源总量进行预测，在蚌埠—五河一带进行了中比例尺金资源量预测，并在省内的出露地区开展了区域化探扫面工作，发现了大量金异常点。此外，地勘人员还开展了沿江矽卡岩型金矿研究工作。这些成果特别是新类型、新地区金矿的发现，丰富了安徽省的找矿思路，拓宽了找矿领域。

停滞阶段：从 20 世纪 80 年代末到 90 年代，国内地质工作处于萧条状态，安徽省的金矿地质工作也陷于停滞。这一时期的找矿效果不太突出，荣渡及抛刀岭金矿的发现，在区域找矿方向和方法上，对今后的找矿工作有一定借鉴意义。皖东地区应用信息技术开展金矿远景研究工作，也取得了进展。进入20世纪90年代，根据省政府与国家黄金管理局的“八五”金矿储量承包要求，省、地（市）、县黄金管理部门积极组织实施，努力克服黄金地质工作领域新老政策交替的不利影响，主动与在皖地质工作队伍携手合作，开展工作，提交可供工业利用黄金地质储量16.6吨。安徽省地质矿产局321地质队于1994年12月提交铜陵县包村金矿金金属量3.224吨。皖东地区定远县、明光市等地的郯庐大断裂旁侧发现构造蚀变岩型金矿。华东冶金地质勘查局811队在定远县小庙进行风险勘查，提交普查储量2.3吨。地质矿产部将皖东北苏北列入黄金找矿“跨世纪”工程。完成地质勘探投入1930万元，提交地质储量28.8吨。

新的发展阶段：2000年以后，随着地质找矿工作的复苏，金矿地质工作也渐趋活跃，特别是国务院颁布了加强地质工作的决定后，迎来了地质工作的新时期。“十五”期间，完成地质勘查投入6158万元，比“九五”增长78%，其中争取国家发改委等有关部门地勘资金350万元，其余均为企业自筹。新增黄金矿产探矿权面积350平方公里，新增黄金矿产资源储量23吨。协议引入255万元国外资金来安徽勘探开发黄金矿产资源。

探矿前景　安徽省地处华北地台、扬子板块和大别山造山带三个Ⅰ级构造单元结合部位，成矿条件有利，矿产资源丰富，金矿分布广泛。沿江地区、江南过渡带、皖南地区、大别山区、蚌埠—五河地区、滁州—庐江地区和淮北地区均有金矿床分布。以北东向女山湖—太湖断裂、江南断裂和北北东向郯庐大断裂及近东西向六安断裂、周王断裂为界，划分皖北、大别山、长江中下游和江南古陆东段等四个成矿区带。

皖江地区位于长江中下游铜金多金属成矿带上，黄金资源较为丰富，成矿条件优越，曾为安徽国重要铁帽型金矿产地，但随着多年开采，浅部资源开采殆尽，今后找金工作重点是加大深部及周边找矿。该区处于扬子板块北缘，东西向展布的铜陵—戴汇构造岩浆带是以铜、金、硫（铁）等内生多金属矿产为主的矿集区，古生代至早中三叠世的巨厚层海相、滨海相碎屑岩—碳酸盐岩层，成为有利成矿的围岩，燕山期广泛分布的酸—中偏基性的岩浆岩侵入体成为区内矿床的成矿热液来源，因此该区具有很好的找矿前景。

皖北地区包括淮北和五河—凤阳地区，是安徽省最早的矿产黄金产地。五河—凤阳地区位于郯庐断裂带南部，与处同一构造带的产金大省山东紧邻，岩浆活动、深变质岩地区的变质作用和韧性剪切构造活动有利于区域成矿，一直被认为是安徽省最具找金前景的地区，地表岩金矿一般为石英脉型金矿，规模较小，但深部寻找蚀变岩型金矿需加强工作。淮北中晚元古代变质作用、古生代沉积、深大断裂构造及燕山期岩浆活动有利成矿，金矿以矽卡岩型、蚀变岩型共伴生金矿为主。近年来由于地勘投入的增加和找矿工作程度加深，皖北地区找金不断有新的发现和突破。

皖南地区位于江南古隆起东段，皖赣断裂带上，区内岩浆侵入活动强烈，多期多阶段褶皱、断裂构造发育，为中国重要有色及贵金属成矿带，邻近江西的德兴是国内重要的铜金产地。加强该区找矿（特别是休宁地区寻找金山式金矿）是安徽省黄金行业资源攻坚确立的重点潜力地区。

大别山区属秦岭—祁连山活动带的桐柏—大别山造山带，北接淮阳古陆，南邻下扬子地块，东止于郯庐大断裂带，中生代以来火山—次火山岩喷发和燕山期岩浆侵入活动强烈，为国内重要有色金属成矿带。区内弧后盆地火山沉积作用、区域变质作用、岩浆侵入和火山作用，是有利于金成矿的地质作用，近年该区找金多金属矿不断有新发现，应加强与火山—次火山活动有关的金矿床研究与勘查。

多年来，安徽省委、省政府对黄金工业发展大力支持，各级政府对黄金行业热情相助，社会各界对黄金工业发展高度关注，行业管理部门积极努力，开拓工作，以解决安徽省黄金工业发展资源瓶颈为目标，以资源攻坚为抓手，掀起新一轮黄金地质普查热潮，为安徽省找金工作打下坚实基础。良好的区域成矿优势，有利的政策支持，各级政府和有关部门共同努力，安徽省黄金地质找矿工作取得突破指日可待。

1986—1990 年安徽省黄金资源情况表

表 7-1-1-1　　　　单位：千克、万吨

年度	金矿类型	保有		累计探明		开采量		损失量		勘查增减		重算增减	
		金属量	矿石量	金属量	矿石量	金属量	矿石量	金属量	矿石量	金属量	矿石量	金属量	矿石量
1986 年	独立金	22126	1047.6	15079	946.1	74	0.5	0	0	353	7.1	0	0
	沙金	2624	583.2	2647	587.6	11	2.3	0	0	1635	403.1	0	0
	伴生金	84070	18226.7	103815	20613	1023	144.5	214	18	22130	9260.5	-180	-55.5
	合计	108820		121541		1108		214		24118		-180	-55.5
1987 年	独立金	25920	1114.3	26288	1117.3	128	1.4	0	0	3468	61.3	454	6.8
	沙金	2624	583.2	2647	587.6	0	0	0	0	0	0	0	0
	伴生金	82952	18071	103941	20642.9	714	104.3	38	4.7	0	0	-148	-8.1
	合计	111496		132876		842	105.7	38	4.7	3468	61.3	306	-1.3
1988 年	独立金	24448	1182.8	25687	1195.3	477	8.2	394	1.3	2208	156	-2809	-78
	沙金	2624	583.2	2647	587.6								
	伴生金	90721	19983	113061	22755.6	1173	179.4	178	26.9	8824	2073.6	296	39.1
	合计	117793		141395		1650	187.6	572	28.2	11032	2229.6	-2513	-38.9
1989 年	独立金	26838	1397.3	29508	1218.2	807	12.6	119	1.9	3451	50.2	-136	-28.6
	沙金	2624	583.2	2647	587.6	0	0	0	0	0	0	0	0
	伴生金	89697	19869.2	113352	22805.7	1205	153.7	126	16.5	426	53.3	-119	3.1
	合计	119159		145507		2012	166.3	245	18.4	3877	103.5	-255	-25.5
1990 年	独立金	40722	2009.4	45596	2076.4	1171	20.2	155	2.6	14836	256.5	-977	-150.8
	沙金	2624	583.2	2647	587.6	0	0	0	0	0	0	0	0
	伴生金	99027	22303.9	124228	26857.6	1280	181.5	103	15.9	11688	2648.3	-975	-319.8
	合计	142373		172471		2451	201.7	258	18.5	26524	2904.8	-1952	-470.6
总计	独立金					2657	42.9	668	5.8	24316	531.1	-3468	-250.6
	沙金					11	2.3	0	0	1635	403.1	0	0
	伴生金					5395	763.4	659	82	43068	14035.7	-1126	-341.2
	合计					8063	806.3	1327	87.8	69019	14566.8	-4594	-591.8

1991-1995 年安徽省黄金资源情况表

表 7-1-1-2

单位：千克、万吨

年度	金矿类型	保有		累计探明		开采量		损失量		勘查增减		重算增减	
		金属量	矿石量	金属量	矿石量	金属量	矿石量	金属量	矿石量	金属量	矿石量	金属量	矿石量
1991 年	独立金	40825	1294.5	47255	1372.2	1092	18.3	113	2	3477	30.2	–2334	–35.1
	沙金	3128	859.4	3151	863.8	0	0	0	0	504	276.2	0	0
	伴生金	91050	21885.9	117741	25182	1650	206.6	148	20.2	1358	–423.5	–1124	491.6
	合计	135003		168147		2742	224.9	261	22.2	5339	–117.1	–3458	456.5
1992 年	独立金	52030	1474	58875	1571	1619	24.2	120	2.8	15856	248.2	472	5.8
	沙金	3128	859.4	3151	863.8	0	0	0	0	504	276.2	0	0
	伴生金	92253	23819	120634	26361.6	1568	240.3	123	20	3007	1178.4	–113	1.5
	合计	147411		182660		3187	264.5	243	22.8	19367	1702.8	359	7.3
1993 年	独立金	49816	1436.2	57556	1552.8	936	16.7	78	1.8	677	9.7	–1667	–25.1
	沙金	3128	859.4	3151	863.8	0	0	0	0	504	276.2	0	0
	伴生金	94769	23176.6	124835	27001.9	1555	242.3	126	18.2	3727	649.9	470	–9.4
	合计	147713		185542		2491	259	204	20	4908	935.8	–1197	–34.5
1994 年	独立金	66277	2132	77665	2347.3	2099	53.8	127	3.1	4972	212.1	235.4	8
	沙金	3202	859.4	3151	863.8	0	0	0	0	0	0	74	0
	伴生金	80604	22358	110004	26373.2	1321	244.4	116	20	–64	–10.1	244	–30
	合计	150083		190820		3420	298.2	243	23.1	4908	202	553.4	–22
1995 年	独立金	68000	2109.9	82398	2389.6	2388	56.1	151	3227.7	3737	25.3	–2633	–32.9
	沙金	3135	861.6	3151	863.9	1	0	0	0	0	0	–66	–2.2
	伴生金	80314	22167.3	111094	26475.6	1256	269.5	114	20.7	62	6	1038	93.5
	合计	151449		196643		3645	325.6	265	3248.4	3799	31.3	–1661	58.4
总计	独立金					8134	169.1	589	3237.4	28719	525.5	–5926.6	–79.3
	沙金					1	0	0	0	1512	828.6	8	–2.2
	伴生金					7350	1203.1	627	99.1	8090	1400.7	515	547.2
	合计					15485	1372.2	1216	3336.5	38321	1926.2	–5403.6	467.9

1996–2000年安徽省黄金资源情况表

表 7-1-1-3　　单位：千克、万吨

年度	金矿类型	保有		累计探明		开采量		损失量		勘查增减		重算增减	
		金属量	矿石量	金属量	矿石量	金属量	矿石量	金属量	矿石量	金属量	矿石量	金属量	矿石量
1996年	独立金	67393	2081.4	84722	2426.9	2210	53.6	232	4.1	–53	5.8	1708.9	22
	沙金	3132	861.1	3151	863.9	3	0.5	0	0	0	0	0	0
	伴生金	77571	21818.2	95158.5	26344.1	1295	262	109	19.2	0	0	–1541	–125.4
	合计	148096		183031.5		3508	316.1	341	23.3	–53	5.8	167.9	–103.4
1997年	独立金	61366	1946.9	81771	2332.2	2523	80.7	154	3.4	1409	11	–4759	–114.5
	沙金	3132	861.1	3151	863.9	3	0.5	0	0	0	0	0	0
	伴生金	74425	21315.6	108195	26174.1	988	237.3	88	15.7	–1153	–153.8	–715	–29.4
	合计	138923		193117		3514	318.5	242	19.1	256	–142.8	–5474	–143.9
1998年	沙金	3129	860.6	3151	863.9	3	0.5	0	0	0	0	0	0
	伴生金	74653	21083.8	111936	26670.1	946	274.3	78	18.9	114	13.8	–4862	–650
	合计	137564		198699		3551	335.7	240	22.2	820	28.2	–3580	–611.1
1999年	独立金	58947	1831.5	86103	2392.6	2204	57.7	513	13.2	659	229.4	1.7	1.5
	沙金	3129	860.6	3151	863.9	0	0	0	0	0	0	0	0
	伴生金	68141	19824	106932	25772.9	1092	299.2	70	17.1	841	–0.2	–191	–2198.7
	合计	130217		196186		3296	356.9	583	30.3	1500	229.2	–189.3	–2197.2
2000年	独立金	43657	1532	73374	2143.6	2585	64.1	148	3.2	302	4.7	–12859	–236.7
	沙金	3115	852.7	3151	863.9	12	6.7	2	1.2	0	0	0	0
	伴生金	66794	18921.2	112224	25953.4	1190	324.9	126	19.7	34	11.1	–65	–569.3
	合计	113566		188749		3787	395.7	276	24.1	336	15.8	–12924	–806
总计	独立金					12124	317	1209	27.2	3023	265.3	–14625.4	–288.8
	沙金					21	8.2	2	1.2	0	0	0	0
	伴生金					5511	1397.7	471	90.6	–164	–129.1	–7374	–3572.8
	合计					17656	1714.7	1682	117.8	2859	136.2	–21999.4	–3861.6

2001-2005 年安徽省黄金资源情况表

表 7-1-1-4　　　　单位：千克、万吨

年度	金矿类型	保有		累计探明		开采量		损失量		勘查增减		重算增减	
		金属量	矿石量	金属量	矿石量	金属量	矿石量	金属量	矿石量	金属量	矿石量	金属量	矿石量
2001 年	独立金	50128	1843.2	82423	2501.8	1630	26.6	160	2.9	239	5.6	6378	298.6
	沙金	3181	896.9	3217	908.1	0	0	0	0	0	0	0	0
	伴生金	67203.3	19518.7	106359.3	26260.9	1270	335.3	136	21	–130	–148.8	2384	478.2
	合计	120512.3		191999.3		2900	361.9	296	23.9	109	–143.2	8762	776.8
2002 年	独立金	49141	1828.8	82796	2508.8	1549	23	227	2.7	–740	121.1	13372	595.6
	沙金	3181	896.9	3217	908.1	0	0	0	0	0	0	0	0
	伴生金	71524	19415.9	115896	26455.3	958	271.1	122	17.8	1784	193.4	–382	–7.3
	合计	123846		201909		2507	294.1	349	20.5	1044	314.5	12990	588.3
2003 年	独立金	49376	1681.2	85508	2427.1	831	18.9	1813	70.3	615	23	1524	–105.1
	沙金	3115	854.4	3151	865.6	0	0	0	0	0	0	–66	–42.5
	伴生金	72859	18950.2	116799	26105.2	1005	294.1	100	18.1	9	2.6	10020	4043.5
	合计	125350		205458		1836	313	1913	88.4	624	25.6	11478	3895.9
2004 年	独立金	47461.3	1761	87950	2680.8	7963	206.9	181	8.9	2375.4	156.9	5138	136.1
	沙金	3115	854.4	3151	865.6	0	0	0	0	0	0	0	0
	伴生金	135073	23305.1	207867	34338.2	26521	3452.8	100	17.6	78870	11818.8	9965	–3993.3
	合计	185649.3		298968		34484	3659.7	281	26.5	81245.4	11975.7	15103	–3857.2
2005 年	独立金	58284	2101.6	107503	3252.7	1724	78.4	198	12.2	12904	391.1	–1090	34.3
	沙金	3115	854.4	3151	865.6	0	0	0	0	0	0	0	0
	伴生金	54735.5	23305.1	202468	34071.2	2295	105	177	19.7	6990.5	492.7	–4690	–330
	合计	116134.5	25406.7	313122	37323.9	4019	183.4	375	31.9	19894.5	883.8	–5780	–295.7
总计	岩金					13697	353.8	2579	97	15393.4	697.7	25322	959.5
	沙金					0	0	0	0	0	0	–66	–42.5
	伴生金					32049	4458.3	635	94.2	87523.5	12358.7	17297	191.1
	总计					45746	4812.1	3214	191.2	102916.9	13056.4	42553	1150.6

第二章　黄金生产

安徽省黄金生产起步较晚，副产金的生产始于1970年，矿产黄金的生产始于1982年。为加快黄金生产步伐，省政府于1984年批准成立了安徽省黄金公司，并赋予管理全省金、银生产的职能。在各级政府的大力支持和国家发展黄金优惠政策的鼓励下，安徽黄金生产得到持续快速发展。“九五”期间，全省有十个市、26个县（区）生产黄金，最多年份拥有黄金生产企业75个。到“十五”末，形成了以铜陵、芜湖、池州、蚌埠、滁州、六安等地为主的重要黄金生产基地，2005年，全省黄金产量达9568.34千克，其中矿产黄金4249.34千克，比“六五”末的147.31千克增长27.8倍，20年年均增速达18.3%。

第一节　行业发展

安徽省矿产黄金起步于1982年，“六五”期间仅建成25吨/日规模的霍山县东溪金矿，以及五河、铜陵、怀宁、当涂等地几个群采小点，1983年至1985年三年累计生产黄金253.7千克。

建设规划　“七五”期间，为扭转安徽省黄金生产起步晚、建设慢、以回收伴生金为主的状况，1984年，安徽省在编制安徽省黄金矿山建设“七五”规划中，结合当时安徽黄金地质资源情况和外部建设条件，制订了建设中小型金矿和群众采金两条腿走路的方针，规划建设铜陵市新桥、戴家冲金矿、五河县小溪金矿和沙金矿、凤阳县毛山金矿、霍山县东溪金矿扩建等项目，新增岩金生产总规模575吨/日，沙金25立方米/小时，投入建设资金1670万元，计划五年生产黄金2900千克。

“八五”期间，安徽省黄金工业规划建设9个生产性项目，其中基建项目6个，技改及配套项目3个，计划总投资8670万元，新增黄金生产能力1124.5千克/年，计划五年产金5513千克，年平均递增22.7%。

“九五”期间，安徽省规划建设13个黄金项目，其中续建3个，新建7个，技改3个，计划总投资25845万元，新增黄金生产能力1518千克/年，五年累计产金8412千克，年平均递增13.1%。

“十五”期间，安徽省规划建设12个黄金项目，其中基建项目9个，技改项目3个，计划固定资产投资2.63亿元，建设采选规模3100吨/日，新增黄金生产能力2269千

克 / 年。

企业生产 “七五”期间累计生产黄金 8.16 吨，其中矿产黄金 2.1 吨，年递增率分别为 7.4% 和 41.15%。有色副产黄金继续名列全国第二，矿产黄金由全国 22 位上升至 12 位。铜陵市黄金产量 1988 年突破万两①、位列全国万两地（市）20 位，1990 年突破 2 万两，晋升全国万两地（市）17 位。1990 年铜陵县首创万两，被国家黄金管理局授予荣誉证书和万两县奖杯。铜陵有色公司“七五”累计生产黄金 2467 千克，在第二次全国黄金工作会议上评为全国五十个先进集体之一，受到国务院黄金工作领导小组表彰。地质矿产部、冶金工业部、核工业部所属在皖地质队伍，集中力量，支持安徽地质找金工作，超额完成各部委下达的矿产金储量任务，合计完成矿产黄金金属量 45.594 吨，提交各类地质报告 21 份，为安徽黄金找矿工作做出了重要贡献。5 年全行业累计完成固定资产投入 4685 万元，建成铜陵市戴家冲金矿、凤阳县毛山金矿、铜陵市新桥金银矿、铜陵县桃园金矿和铜陵市鸡冠山金矿等，新增采选生产规模 370 吨 / 日。截至 1990 年，全行业累计形成机械化采选生产规模 420 吨 / 日，形成生产能力 730.1 千克 / 年。全省共有黄金生产矿山 46 家，黄金冶炼企业 2 家。1988 年，霍山县金矿与吉林冶金研究所合作开展树脂提金工艺研究，使金的综合回收率提高到 95% 以上，并建成全国第一座全泥氰化树脂提金选矿厂，该项成果被评为国家黄金管理局科技进步二等奖。

“八五”期间，安徽省实际累计完成固定资产投资 9882 万元，是“七五”的 2.12 倍。建成了安徽省第一座采选规模 300 吨 / 日的中型黄金矿山铜陵县黄狮涝金矿，以及铜陵县朝山金矿、贵池市灌口金矿、青阳县童埠金矿、铜陵县桃园金矿采选配套、霍山县东溪金矿扩建等黄金建设项目。1995 年 10 月，铜陵县黄狮涝金矿采选 300 吨 / 日项目投产，成为全省第一黄金大矿，当年产金 11552 两，名列全国万两产金矿山第 59 位，改写了安徽仅有小型黄金矿山的历史。1995 年，全省黄金产量达 3861 千克，其中矿产黄金产量达 1593.28 千克，在全国排名第 12 位，铜陵市和铜陵县在全国重点产金地（市）、县的排名分别为第 22 位和第 28 位。“八五”期间累计产金 14214 千克、其中矿产金 5476.7 千克，年递增率分别为 17.9% 和 14.1%。截至“八五”末，全省黄金矿山达 63 个，其中机械化黄金矿山 10 座，采选生产规模 835 吨 / 日，设计产金能力 1367 千克 / 年，全省有十个地（市）、21 个县（市）生产黄金，安徽黄金工业初步成为一个比较完整的工业体系。“八五”矿产黄金产量与“七五”相比实现翻番。1994 年，全省黄金产量提前两年实现省政府“三年大发展、五年上台阶”的发展目标，跨入矿产黄金吨金省行列。1995 年黄金首次突破年产 5 万两大关，超额完成“八五”规划目标，全国位次跃居第 12 位。铜陵市、铜陵县分别名列全国万两产金地（市）、县的 22 位和 28 位。全省 10 家骨干黄金企业实现利税 5678 万元。铜陵朝山金矿 1994 年投产后，连续 2 年利税超千万，分别名列全国利税千万企业排序 23 位和 34 位。

“九五”时期是安徽黄金工业发展经历困难的时期。全行业认真面对错综复杂的国内外经济环境，克服黄金价格动荡、持续走低的不利影响，迎难而上，积极探索现代企业制度，黄金产量逐年增长，经济效益稳步提高，全省黄金工业面貌发生了历史性可喜变化。由于受地质勘查、矿山开采和选冶技术等因素影响，铜陵市马山金矿、五河县荣渡金矿、定远县金矿、霍山县五家行、曹家河金矿，繁昌县阳山金矿等规划项目都没有实施，安徽省实际完成固定资产投资 7211 万元，相继建成了马鞍山濮塘金矿、铜陵县龙虎山金矿，完成了铜陵朝山金矿、包村金矿、戴家冲金矿、黄狮涝金矿等一批改扩建工程，新增采矿能力 550 吨 / 日，选矿能力 640 吨 / 日， 新增黄金生产能力 763 千克 / 年。“九五”期间，全省累计生产黄金 24.14 吨，比“八五”净增 9.9 吨，其中矿产黄金 12.26 吨，比“八五”净增 6.76 吨，继续实现五年翻一番目标，年均递增 13.2%。2000 年，完成销售收入 9.6 亿元，实现利润 9600 多万元，分别比“八五”增长 81% 和 96.1%。产品产量和产值效益比位居全国前列，企业亏损户控制在 5% 以内。五年间，累计颁发“黄金矿产开采批准书”116 份，全行业已有黄金矿山企业 75 家，冶炼企业 3 家，地（市）、县区管理部门 16 家。全省黄金产量为 5364 千克，在全国排名第 12 位。

“十五”期间，通过加大资金投入和对外招商引资，累计完成投资 2.3 亿元，相继建成了铜陵天马山矿业、铜陵华金矿业、芜湖福鑫矿业、安徽紫金矿业等一批大中型黄金矿山。“十五”末，全省 11 座重点黄金矿山形成采选规模 3770 吨 / 日，产金 2612 千克 / 年的设计生产能力。“十五”期间全省累计生产黄金 37518 千克，年均增长 11.1%，其中矿产黄金产量达 16569 千克，比“九五”净增 4309 千克。2005 年，全省黄金产量达 9568 千克，实现利润 1.3 亿元，分别比“九五”末的 2000 年增长 69.8% 和 160%。在全国的位次由“九五”末的第 12 位上升到第 9 位，跻身全国产金大省行列。福建紫金矿业、福建福鑫矿业等在安徽省引发安徽开发低品位以及尾矿综合利用热潮，运用大规模堆浸技术生产矿产黄金。铜陵有色天马山硫金矿、铜陵华金矿业、铜陵朝山金矿、铜陵紫金矿业开发利用难选冶金矿技术日趋成熟。铜陵有色天马山、铜陵华金矿业、芜湖福鑫矿业及安徽紫金矿业等黄金矿山建成投产，使中大型黄金矿山成为安徽省黄金工业发展的主体力量。资产重组、企业改制进展迅速，全行业非国有经济比重从“九五”的 25% 提高到 60%。全行业固定资产投资 1.8 亿元以上，其中利用福建、山东等省外资金超过 1.4 亿元。

安徽省开办黄金矿山审批情况一览表（1990-2005）

表 7-2-1-1

年度	企业名称	地址	法人代表	审批编号	审批日期	批准机关
1990	1. 青阳县童埠金矿	青阳县童埠乡峙门口	罗华庭	皖开申字〔90〕第 001 号	1990. 12. 7	安徽省黄金公司
1991	2. 贵池市唐田金矿	贵池市唐田乡沙山村	杨长苗	皖开申字〔91〕第 001 号	1991. 3	安徽省黄金公司
	3. 贵池市云山金矿	贵池市墩上乡低岭村	章品贵	皖开申字〔91〕第 002 号	1991. 3	安徽省黄金公司
	4. 安徽省五河县金矿	五河县小溪乡大巩山	蒯　诚	皖开申字〔91〕第 003 号	1991. 4. 15	安徽省黄金公司
	5. 泾县云岭金矿	泾县云岭乡管岭	高小龙	皖开申字〔91〕第 004 号	1991. 6. 5	安徽省黄金公司
1992	6. 舒城县查湾金矿	舒城县查湾乡独山村	刘方才	皖开申字〔92〕第 001 号	1992. 12. 12	安徽省黄金公司
	7. 铜陵县黄狮涝金矿	铜陵县新建乡金华村		开申字〔92〕第 A019 号	1992. 5. 4	国家黄金管理局
	8. 铜陵市鸡冠山金矿	铜陵市狮子山区先锋社区		开申字〔92〕第 A020 号	1992. 5. 4	国家黄金管理局
	9. 铜陵县虎山金矿	铜陵县新桥镇新建村		开申字〔92〕第 A040 号	1992. 6. 30	国家黄金管理局
1993	10. 宁国县沙金矿	宁国县胡乐镇	张玉海	皖开申字〔93〕第 001 号	1993. 1. 15	安徽省黄金公司
	11. 泾县景星林场南大山金矿	泾县景星林场	许道平	皖开申字〔93〕第 002 号	1993. 10. 5	安徽省黄金公司
	12. 宿松县界岭金矿	宿松县二郎镇界岭村	黄银权	皖开申字〔93〕第 003 号	1993. 10. 5	安徽省黄金公司
	13. 南陵县三里镇金矿	南陵县三里镇吕山林场	沈海林	皖开申字〔93〕第 004 号	1993. 11. 10	安徽省黄金公司
	14. 芜湖县白马乡垒木山金矿	芜湖县白马乡白马村	曹典旺	皖开申字〔93〕第 005 号	1993. 12. 25	安徽省黄金公司
1994	15. 宁国县胡乐沙金矿	宁国县胡乐镇	郭成美	皖开申字〔94〕第 001 号	1994. 2. 21	安徽省黄金公司
	16. 黄山市休宁县汪村小连口金矿	休宁县汪村镇小连口村	柯伯发	皖金字（1994）第 01 号	1994. 6. 30	安徽省黄金公司
	17. 安徽省繁昌县城关镇范冲金矿	繁昌县城关镇范冲村	徐能庆	皖金字（1994）第 02 号	1994. 7. 20	安徽省黄金公司
	18. 霍山县单龙寺金矿	霍山县单龙寺乡扫帚河	吴传书	皖金字（1994）第 03 号	1994. 8. 16	安徽省黄金公司
	19. 贵池市童溪金矿	贵池市墩上乡童溪村	刘自文	皖金字（1994）第 04 号	1994. 8. 24	安徽省黄金公司
	20. 石台县小河镇里亭金矿	石台县小河镇栗阳村	马云祥	皖金字（1994）第 05 号	1994. 8. 24	安徽省黄金公司
	21. 青阳县洪山金矿	青阳县新河乡洪山村	钟华胜	皖金字（1994）第 06 号	1994. 8. 24	安徽省黄金公司
	22. 铜陵县上徐金矿	铜陵县新建乡黎明村	吴爱平	皖金字（1994）第 07 号	1994. 8. 26	安徽省黄金公司
	23. 铜陵县新桥明月周店铁矿	铜陵县新桥乡明月村	刘　涛	皖金字（1994）第 08 号	1994. 8. 26	安徽省黄金公司
	24. 铜陵县新叶铁矿	铜陵县新桥乡大明村	罗海涛	皖金字（1994）第 09 号	1994. 8. 26	安徽省黄金公司
	25. 铜陵县朝山工业公司白芒山金矿	铜陵县西湖镇朝山村	曹学发	皖金字（1994）第 10 号	1994. 8. 26	安徽省黄金公司
	26. 铜陵县龙山金矿	铜陵县朱村乡龙山村	苏志龙	皖金字（1994）第 11 号	1994. 8. 26	安徽省黄金公司
	27. 铜陵县狮子山村龙虎山金矿	铜陵县西湖镇狮子山村	黄兆德	皖金字（1994）第 12 号	1994. 8. 26	安徽省黄金公司
	28. 铜陵县郎坑村铁金矿	铜陵县朱村乡郎坑村	金光明	皖金字（1994）第 13 号	1994. 8. 26	安徽省黄金公司

续表 7-2-1-1

年度	企业名称	地址	法人代表	审批编号	审批日期	批准机关
1994	29. 铜陵县董店金矿	铜陵县董店乡舒山村	彭松玉	皖金字（1994）第 14 号	1994. 8. 26	安徽省黄金公司
	30. 铜陵县顺安镇金山铁金矿	铜陵县顺安镇红星村	钱来顺	皖金字（1994）第 15 号	1994. 8. 26	安徽省黄金公司
	31. 铜陵县新桥乡新丰铁金矿	铜陵县新桥乡新丰村	董思龙	皖金字（1994）第 16 号	1994. 8. 26	安徽省黄金公司
	32. 铜陵县金榔乡金矿	铜陵县金榔乡龙潭村	杨守明	皖金字（1994）第 17 号	1994. 8. 26	安徽省黄金公司
	33. 铜陵县虎山金矿	铜陵县新桥乡新丰村		皖金字（1994）第 18 号	1994. 8. 26	安徽省黄金公司
	34. 五河县朱顶金矿	五河县朱顶乡	王家渠	皖金字（1994）第 19 号	1994. 10. 14	安徽省黄金公司
	35. 五河县朱峰金矿	五河县朱顶乡	刘守信	皖金字（1994）第 20 号	1994. 10. 14	安徽省黄金公司
	36. 铜陵县朱村乡南洪金矿	铜陵县朱村乡南洪村	苏知本	皖金字（1994）第 21 号	1994. 11. 9	安徽省黄金公司
	37. 铜陵县新桥乡凤凰金矿	铜陵县新桥乡凤凰村	陈元烈	皖金字（1994）第 22 号	1994. 11. 9	安徽省黄金公司
	38. 铜陵县顺安镇马山金矿	铜陵县顺安镇城山村		皖金字（1994）第 23 号	1994. 11. 9	安徽省黄金公司
	39. 贵池市马头金矿	贵池市梅村乡栗坑村	叶和平	皖金字（1994）第 24 号	1994. 12. 8	安徽省黄金公司
	40. 怀宁县金矿	怀宁县大龙山镇新新村		皖金字（1994）第 25 号	1994. 12. 16	安徽省黄金公司
1995	41. 安徽省贵池梅山联营金矿	贵池市灌口乡梅山村	江宝辉	皖金字（1995）第 01 号	1995. 1. 14	安徽省黄金公司
	42. 安徽省泾县黄金实验综合厂	泾县城关镇北门	王甫庆	皖金字（1995）第 02 号	1995. 1. 14	安徽省黄金公司
	43. 安徽省休宁县天井山金矿	休宁县山斗乡山斗村	周国忠	皖金字（1995）第 03 号	1995. 2. 22	安徽省黄金公司
	44. 安徽省定远县小庙山金矿	定远县拂晓乡耿河村	汤国建	皖金字（1995）第 04 号	1995. 3. 28	安徽省黄金公司
	45. 安徽省五河县五招金矿	五河县大巩山林场	吴文学	皖金字（1995）第 05 号	1995. 4. 7	安徽省黄金公司
	46. 安徽省五河县大巩山金矿	五河县大巩山林场	刘兆通	皖金字（1995）第 06 号	1995. 4. 7	安徽省黄金公司
	47. 铜陵县南武金矿	铜陵县朱村镇南洪村	刘文友	皖金字（1995）第 07 号	1995. 6. 12	安徽省黄金公司
	48. 铜陵县朱村镇水竹岭金矿	铜陵县朱村镇考涧村	秦富财	皖金字（1995）第 08 号	1995. 6. 12	安徽省黄金公司
	49. 宣城市敬亭山金矿	宣城市敬亭山渣溪村	冯荣祥	皖金字（1995）第 09 号	1995. 6. 22	安徽省黄金公司
	50. 安徽省东至县许村金矿	东至县官港镇许村村	王立祥	皖金字（1995）第 10 号	1995. 8. 10	安徽省黄金公司
	51. 安徽省东至县万年灯金矿	东至县尧渡镇良田村	郑安年	皖金字（1995）第 11 号	1995. 8. 10	安徽省黄金公司
	52. 铜陵市大华黄金选冶厂	铜陵市狮子山曹山路		皖金字（1995）第 12 号	1995. 8. 25	安徽省黄金公司
	53. 铜陵市大山选金厂	铜陵市郊区铜山村		皖金字（1995）第 13 号	1995. 8. 25	安徽省黄金公司
	54. 铜陵市佳瑞选金厂	铜陵市狮子山电化厂内		皖金字（1995）第 14 号	1995. 8. 25	安徽省黄金公司
	55. 铜陵市铜山兴武选金厂	铜陵市郊区铜山村		皖金字（1995）第 15 号	1995. 8. 25	安徽省黄金公司
	56. 铜陵县包村金矿	铜陵县西湖镇狮子山村	陈　平	国金字（1995）第 A031 号	1995. 11. 29	冶金工业部

续表 7-2-1-1

年度	企业名称	地址	法人代表	审批编号	审批日期	批准机关
1995	57. 安徽省繁昌县获港镇阳山金矿	繁昌县荻港镇阳山	张宗诚	皖金字（1995）第16号	1995.12.14	安徽省黄金公司
	58. 青阳县童埠金矿	青阳县童埠乡峙门口	罗华庭	皖金字（1995）第17号	1995.12.19	安徽省黄金公司
	59. 铜陵市戴家冲金矿	铜陵市郊区白鹤村	孙昌铭	皖金字（1995）第18号	1995.12.28	安徽省黄金公司
1996	60. 贵池市唐田金矿	贵池市唐田乡沙山村	杨长苗	皖金续字（1996）第19号	1996.1.11	安徽省黄金公司
	61. 贵池市云山金矿	贵池市墩上镇低岭村	章品贵	皖金续字（1996）第20号	1996.1.11	安徽省黄金公司
	62. 铜陵县西联金矿	铜陵县西湖镇狮子山村	巩家胜	皖金字（1996）第01号	1996.2.2	安徽省黄金公司
	63. 安徽省霍山县金矿	霍山县东西溪乡苗儿坦	吴存运	皖金续字（1996）第02号	1996.2.5	安徽省黄金公司
	64. 舒城县查湾金矿	舒城县查湾乡独山村	刘方才	皖金续字（1996）第03号	1996.2.14	安徽省黄金公司
	65. 铜陵市五松金矿	铜陵市铜官山区五松村	胡兴能	皖金字（1996）第04号	1996.2.28	安徽省黄金公司
	66. 贵池市高坦乡珍溪金矿	贵池市高坦乡珍溪村	陈金星	皖金字（1996）第05号	1996.3.11	安徽省黄金公司
	67. 安徽省五河县金矿	五河县小溪乡大巩山	蒯　诚	皖金更字（1996）第06号	1996.3.26	安徽省黄金公司
	68. 安徽省凤阳县毛山金矿	凤阳县临淮南岗	周明星	皖金续字（1996）第07号	1996.4.18	安徽省黄金公司
	69. 泾县云岭金矿	泾县云岭乡管岭	高小龙	皖金续字（1996）第08号	1996.4.19	安徽省黄金公司
	70. 铜陵市宝山金矿	铜陵市郊区铜山村	白顺贵	皖金字（1996）第09号	1996.6.13	安徽省黄金公司
	71. 青阳县西华乡金峰村建星金矿	青阳县西华乡金峰村	吴建新	皖金字（1996）第10号	1996.6.13	安徽省黄金公司
	72. 青阳县五溪金矿	青阳县五溪镇五溪村	束家良	皖金字（1996）第11号	1996.6.13	安徽省黄金公司
	73. 青阳县杨田金矿	青阳县杨田乡猴山村	黄银流	皖金字（1996）第12号	1996.6.13	安徽省黄金公司
	74. 安徽省宁国县胡乐金矿	宁国市胡乐镇		皖金字（1996）第13号	1996.7.3	安徽省黄金公司
	75. 铜陵市白鹤铁金矿	铜陵市郊区白鹤村	叶圣保	皖金字（1996）第14号	1996.7.19	安徽省黄金公司
	76. 安徽省池州向阳金矿	青阳县新河乡向阳村	夏马珍	皖金字（1996）第15号	1996.9.16	安徽省黄金公司
	77. 铜陵县朱村镇亮石山金矿	铜陵县朱村镇金塔村	张卫建	皖金字（1996）第16号	1996.9.20	安徽省黄金公司
	78. 安徽省五河县淮河金矿	五河县大巩山	仲从树	皖金字（1996）第17号	1996.12.16	安徽省黄金公司
	79. 安徽省五河县金矿	五河县小溪乡大巩山	郑文祥	皖金字（1996）第18号	1996.12.16	安徽省黄金公司
	80. 五河县大巩山林场金矿	五河县小溪乡大巩山	黄斌	皖金字（1996）第21号	1996.12.31	安徽省黄金公司
1997	81. 东至县方坑坞金矿	东至县官港镇许村	彭瑞武	皖金字（1997）第01号	1997.7.28	安徽省黄金公司
	82. 铜陵县顺安镇大团山金矿	铜陵县顺安镇长龙村	黄小贵	皖金字（1997）第02号	1997.8.19	安徽省黄金公司
	83. 铜陵县黄狮涝金矿	铜陵县新建乡金华村	肖万明	皖金字（1997）第03号	1997.9.10	安徽省黄金公司
	84. 青阳县洪山金矿	青阳县新河乡洪山村	钟华胜	皖金字（1997）第04号	1997.9.18	安徽省黄金公司

续表 7-2-1-1

年度	企业名称	地址	法人代表	审批编号	审批日期	批准机关
1997	85. 全椒县三合金矿	全椒县三合乡新光水库	杜长州	皖金字（1997）第05号	1997.11.14	安徽省黄金公司
	86. 铜陵县城山冲金矿	铜陵县顺安镇顺安林场	楚之潮	皖金字（1997）第06号	1997.12.3	安徽省黄金公司
	87. 铜陵市徐村金矿	铜陵市郊区古圣村	佘守玉	皖金字（1997）第07号	1997.12.10	安徽省黄金管理局
	88. 青阳县西华杨家洼金矿	青阳县西华乡	刘东周	皖金字（1997）第08号	1997.12.31	安徽省黄金管理局
1998	89. 安徽省泾县黄金综合实验厂	泾县城关镇北门	王甫庆	皖金字（1998）第01号	1998.5.7	安徽省黄金管理局
	90. 泾县天宝云岭金矿	泾县云岭乡管岭		皖金字（1998）第02号	1998.5.7	安徽省黄金管理局
	91. 宿松县界岭金矿	宿松县二郎镇界岭村	王宁雄	皖金字（1998）第03号	1998.5.20	安徽省黄金管理局
	92. 东至县黄柏金矿	东至县官港镇黄柏村	舒喜松	皖金字（1998）第04号	1998.5.20	安徽省黄金管理局
	93. 贵池市马头金矿	贵池市梅村乡栗坑村	叶和平	皖金字续（1998）第05号	1998.6.15	安徽省黄金管理局
	94. 安徽省贵池市灌口金矿	贵池市灌口乡梅山村	江宝辉	皖金续字（1998）第06号	1998.6.15	安徽省黄金管理局
	95. 安徽省贵池市童溪金矿	贵池市墩上乡童溪村	刘自文	皖金续字（1998）第07号	1998.6.15	安徽省黄金管理局
	96. 贵池市高坦乡珍溪金矿	贵池市高坦乡珍溪村		皖金更字（1998）第08号	1998.6.15	安徽省黄金管理局
	97. 安徽省贵池市唐田金矿	贵池市唐田乡沙山村		皖金更字（1998）第09号	1998.6.15	安徽省黄金管理局
	98. 贵池市云山金矿	贵池市墩上乡低岭村		皖金更字（1998）第10号	1998.6.15	安徽省黄金管理局
	99. 霍山县黄金矿业有限责任公司	霍山县东西溪乡保安塘村		皖金更字（1998）第11号	1998.6.23	安徽省黄金管理局
	100. 安徽省霍山县单龙寺金矿	霍山县单龙寺乡扫帚河	吴传书	皖金续字（1998）第12号	1998.6.23	安徽省黄金管理局
	101. 安徽省定远金矿	定远县拂晓乡耿河村	梅杏仁	皖金续字（1998）第13号	1998.6.24	安徽省黄金管理局
	102. 安徽省宁国市胡乐金矿	宁国县胡乐镇		皖金更字（1998）第14号	1998.6.29	安徽省黄金管理局
	103. 安徽省五河县金矿	五河县大巩山		皖金更字（1998）第15号	1998.7.1	安徽省黄金管理局
	104. 五河县大巩山林场金矿	五河县大巩山		皖金更字（1998）第16号	1998.7.1	安徽省黄金管理局
	105. 安徽省南陵县三里镇金矿	南陵县三里镇吕山村	杨国平	皖金续字（1998）第17号	1998.7.3	安徽省黄金管理局
	106. 全椒县三合金矿	全椒县三合乡新光水库		皖金更字（1998）第18号	1998.7.3	安徽省黄金管理局
	107. 铜陵市戴家冲金矿	铜陵市郊区白鹤村	孙昌铭	皖金更字（1998）第19号	1998.7.3	安徽省黄金管理局
	108. 铜陵市宝山金矿	铜陵市郊区铜山村		皖金更字（1998）第20号	1998.7.3	安徽省黄金管理局
	109. 铜陵市白鹤铁金矿	铜陵市郊区白鹤村		皖金更字（1998）第21号	1998.7.3	安徽省黄金管理局
	110. 安徽省铜陵市五松金矿	铜陵市铜官山区五松村		皖金更字（1998）第22号	1998.7.3	安徽省黄金管理局
	111. 凤阳县毛山金矿	凤阳县临淮南岗	周明星	皖金更字（1998）第23号	1998.7.9	安徽省黄金管理局
	112. 安徽省东至县许村金矿	东至县官港镇许村村		皖金续字（1998）第24号	1998.7.10	安徽省黄金管理局

续表 7-2-1-1

年度	企业名称	地址	法人代表	审批编号	审批日期	批准机关
1998	113. 安徽省东至县中畈金矿	东至县香隅镇中畈村	王炳海	皖金字（1998）第25号	1998.7.10	安徽省黄金管理局
	114. 安徽省东至县万年灯金矿	东至县良田乡良田村		皖金续字（1998）第26号	1998.7.10	安徽省黄金管理局
	115. 安徽省青阳县向阳金矿	青阳县新河乡向阳村		皖金更字（1998）第27号	1998.7.10	安徽省黄金管理局
	116. 安徽省青阳县童埠金矿	青阳县童埠镇峙门口		皖金更字（1998）第28号	1998.7.10	安徽省黄金管理局
	117. 青阳县杨田五昌庙金矿	青阳县杨田乡猴山村		皖金更字（1998）第29号	1998.7.10	安徽省黄金管理局
	118. 安徽省青阳县洪山金矿	青阳县新河乡洪山村		皖金更字（1998）第30号	1998.7.10	安徽省黄金管理局
	119. 铜陵县董店金矿	铜陵县董店镇舒山村	陆大新	皖金续字（1998）第31号	1998.7.31	安徽省黄金管理局
	120. 铜陵县金榔乡金矿	铜陵县金榔乡龙潭村	杨守明	皖金续字（1998）第32号	1998.7.31	安徽省黄金管理局
	121. 铜陵县郎坑铁金矿	铜陵县朱村镇郎坑村	蒋志平	皖金续字（1998）第33号	1998.7.31	安徽省黄金管理局
	122. 铜陵县顺安镇马山金矿	铜陵县顺安镇城山村	钱来顺	皖金续字（1998）第34号	1998.7.31	安徽省黄金管理局
	123. 铜陵县顺安镇金山铁金矿	铜陵县顺安镇红星村	钱来顺	皖金续字（1998）第35号	1998.7.31	安徽省黄金管理局
	124. 铜陵县新桥凤凰铁矿	铜陵县新桥镇凤凰村	陈之烈	皖金续字（1998）第36号	1998.7.31	安徽省黄金管理局
	125. 安徽省铜陵县虎山金矿	铜陵县新桥镇新丰村	丁延寿	皖金续字（1998）第37号	1998.7.31	安徽省黄金管理局
	126. 铜陵县朱村镇水竹岭金矿	铜陵县朱村镇考涧村	孙运龙	皖金续字（1998）第38号	1998.7.31	安徽省黄金管理局
	127. 铜陵县南武铁金矿	铜陵县朱村镇南洪村	刘文友	皖金更字（1998）第39号	1998.7.31	安徽省黄金管理局
	128. 铜陵县顺安镇大团山金矿	铜陵县顺安镇长龙村	黄小贵	皖金更字（1998）第40号	1998.7.31	安徽省黄金管理局
	129. 安徽省五河县淮河金矿	五河县大巩山	仲从树	皖金更字（1998）第41号	1998.9.3	安徽省黄金管理局
	130. 铜陵县西山金铜矿	铜陵县西湖镇狮子山村	邹宗文	皖金字（1998）第42号	1998.9.7	安徽省黄金管理局
	131. 凤阳县清塘东菱金矿	凤阳县清塘办事处斗塘村	崔志林	皖金字（1998）第43号	1998.10.26	安徽省黄金管理局
	132. 五河县鑫源黄金开发有限公司	五河县朱顶乡西坂	邓衍新	皖金字（1998）第44号	1998.10.26	安徽省黄金管理局
	133. 安徽省东至县方坑坞金矿	东至县官港镇许村	彭瑞武	皖金更字（1998）第45号	1998.11.3	安徽省黄金管理局
	134. 安徽省休宁县汪村小连口金矿	休宁县汪村镇小连口村	潘宝云	皖金字（1998）第46号	1998.11.12	安徽省黄金管理局
	135. 铜陵县上徐金矿	铜陵县新建乡黎明村	陈庭发	皖金字（1998）第47号	1998.12.22	安徽省黄金管理局
1999	136. 铜陵县西联金矿	铜陵县西湖镇狮子山村	巩家胜	皖金字（1998）第01号	1999.1.12	安徽省黄金管理局
	137. 马鞍山市濮塘金矿	马鞍山市濮塘镇	邵　飞	皖金字（1999）第02号	1999.3.30	安徽省黄金管理局
	138. 马鞍山市向山金矿	马鞍山市向山镇	吴启谨	皖金字（1999）第03号	1999.3.30	安徽省黄金管理局
	139. 繁昌县黄浒镇竹圆头金矿	繁昌县黄浒镇汪洋村	章家培	皖金字（1999）第04号	1999.9.13	安徽省黄金管理局
	140. 安徽省泾县乌溪金矿	泾县乌溪乡	周智斌	皖金字（1999)第05号	1999.12.30	安徽省黄金管理局

续表 7-2-1-1

年度	企业名称	地址	法人代表	审批编号	审批日期	批准机关
1999	141. 铜陵县龙虎山金矿	铜陵市狮子山	章本新	皖金字(1999)第06号	1999.12.30	安徽省黄金管理局
2000	142. 安徽省南陵县三里镇金矿	南陵县三里镇吕山村	张仁奎	皖金字（2000）第01号	2000.6.13	安徽省黄金管理局
	143. 繁昌县黄浒镇竹圆头金矿	繁昌县黄浒镇汪洋村	章家龙	皖金字（2000）第02号	2000.6.22	安徽省黄金管理局
	144. 安徽省贵池市马头金矿	贵池市梅村乡栗坑村	叶和平	皖金字（2000）第03号	2000.7.5	安徽省黄金管理局
	145. 安徽省贵池市灌口金矿	贵池市灌口乡梅山村	江宝辉	皖金字（2000）第04号	2000.7.5	安徽省黄金管理局
	146. 安徽省贵池市唐田金矿	贵池市唐田乡沙山村	杨长苗	皖金字（2000）第05号	2000.7.5	安徽省黄金管理局
	147. 贵池市高坦乡珍溪金矿	贵池市高坦乡珍溪村	叶蔚林	皖金字（2000）第06号	2000.7.5	安徽省黄金管理局
	148. 贵池市童溪金矿	贵池市墩上乡童溪村	刘自文	皖金字（2000）第07号	2000.7.5	安徽省黄金管理局
	149. 贵池市云山金矿	贵池市墩上乡低岭村	刘　青	皖金字（2000）第08号	2000.7.5	安徽省黄金管理局
	150. 铜陵市戴家冲金矿	铜陵市郊区白鹤村	孙昌铭	皖金字（2000）第09号	2000.9.8	安徽省黄金管理局
	151. 铜陵市白鹤铁金矿	铜陵市郊区白鹤村	杜荣庆	皖金字（2000）第10号	2000.9.8	安徽省黄金管理局
	152. 安徽省铜陵市五松金矿	铜陵市铜官山区五松村	汪吉国	皖金字（2000）第11号	2000.9.8	安徽省黄金管理局
	153. 泾县黄金综合实验厂	泾县晏公镇巧峰村	王甫庆	皖金字（2000）第12号	2000.9.8	安徽省黄金管理局
	154. 泾县天宝云岭金矿	泾县云岭乡管岭	张立武	皖金字（2000）第13号	2000.9.8	安徽省黄金管理局
	155. 泾县鑫洲黄金有限责任公司	泾县乌溪镇	周智斌	皖金字（2000）第14号	2000.9.8	安徽省黄金管理局
	156. 泾县南大山金矿	泾县黄村乡景星林场	王甫庆	皖金字（2000）第15号	2000.9.8	安徽省黄金管理局
	157. 霍山县黄金矿业有限责任公司	霍山县东西溪乡苗儿坦	谢恩才	皖金字（2000）第16号	2000.9.26	安徽省黄金管理局
	158. 铜陵县朝山金矿	铜陵县西湖镇朝山村	杨来根	皖金字（2000）第17号	2000.10.25	安徽省黄金管理局
	159. 安徽省铜陵县虎山金矿	铜陵县新桥镇新丰村	王德怀	皖金字（2000）第18号	2000.10.25	安徽省黄金管理局
	160. 铜陵县龙虎山金矿	铜陵市狮子山区	章本新	皖金字（2000）第19号	2000.10.25	安徽省黄金管理局
	161. 铜陵县顺安大团山金矿	铜陵县顺安镇长龙村	田玉海	皖金字（2000）第20号	2000.10.25	安徽省黄金管理局
	162. 铜陵县上徐金矿	铜陵县新建乡黎明村	余泉火	皖金字（2000）第21号	2000.10.25	安徽省黄金管理局
	163. 铜陵县朱村镇南武铁金矿	铜陵县朱村镇南洪村	方兴龙	皖金字（2000）第22号	2000.10.25	安徽省黄金管理局
	164. 铜陵县新桥镇凤凰金矿	铜陵县新桥镇凤凰村	周有根	皖金字（2000）第23号	2000.10.25	安徽省黄金管理局
	165. 铜陵县顺安镇金山铁金矿	铜陵县顺安镇红星村	钱来顺	皖金字（2000）第24号	2000.10.25	安徽省黄金管理局
	166. 铜陵县金榔乡金矿	铜陵县金榔乡龙潭村	杨守明	皖金字（2000）第25号	2000.10.25	安徽省黄金管理局
	167. 铜陵县西湖金矿	铜陵县西湖镇狮子山村	钱其胜	皖金字（2000）第26号	2000.10.25	安徽省黄金管理局
	168. 铜陵县朱村镇郎坑铁金矿	铜陵县朱村镇郎坑村	徐秦木	皖金字（2000）第27号	2000.10.25	安徽省黄金管理局

续表 7-2-1-1

年度	企业名称	地址	法人代表	审批编号	审批日期	批准机关
2000	169. 铜陵县朱村镇水竹岭金矿	铜陵县朱村镇考涧村	孙运龙	皖金字（2000）第 28 号	2000. 10. 25	安徽省黄金管理局
	170. 铜陵县董店金矿	铜陵县董店乡舒山村	陆大新	皖金字（2000）第 29 号	2000. 10. 25	安徽省黄金管理局
	171. 铜陵县新桥新丰铁金矿	铜陵县新桥镇新丰村	王叶玉	皖金字（2000）第 30 号	2000. 10. 25	安徽省黄金管理局
	172. 铜陵县新民河沙金矿	铜陵县朱村镇新民村	柯方兴	皖金字（2000）第 31 号	2000. 10. 25	安徽省黄金管理局
	173. 泾县黄金堆浸试验厂			皖金更字（2000）第 32 号	2000. 11. 13	安徽省黄金管理局
	174. 铜陵县包村金矿	铜陵县西湖镇	李振国	国金字（2000）第 A034 号	2000. 12. 14	国家经贸委黄金局
	175. 铜陵县黄狮涝金矿	铜陵县新建乡金华村	程吉林	国金字（2000）第 A035 号	2000. 12. 14	国家经贸委黄金局
2001	176. 怀宁县新新金矿	怀宁县大龙山镇新新村	周同和	皖金字（2001）第 01 号	2001. 2. 13	安徽省黄金管理局
	177. 安徽省宿松县界岭金矿	宿松县二郎镇界岭村	王宁雄	皖金字（2001）第 02 号	2001. 2. 28	安徽省黄金管理局
	178. 安徽朝山新材料股份有限公司	铜陵县西湖镇朝山村	杨来根	皖金字（2001）第 03 号	2001. 4. 16	安徽省黄金管理局
	179. 铜陵市古圣铁金矿	铜陵市郊区古圣村	陈先荣	皖金字（2001）第 04 号	2001. 4. 29	安徽省黄金管理局
	180. 马鞍山市濮塘金矿	马鞍山市濮塘镇沙塘村	邵　飞	皖金字（2001）第 05 号	2001. 5. 25	安徽省黄金管理局
	181. 凤阳县毛山金矿	凤阳县李二庄乡南岗	周明星	皖金字（2001）第 06 号	2001. 8. 15	安徽省黄金管理局
	182. 五河县鑫源黄金开发有限责任公司	五河县朱顶乡	费长虹	皖金字（2001）第 07 号	2001. 11. 5	安徽省黄金管理局
	183. 五河县桥南黄金开发有限责任公司	五河县朱顶乡	张东浦	皖金字（2001）第 08 号	2001. 11. 5	安徽省黄金管理局
	184. 怀宁县新新金矿	怀宁县大龙山镇新新村	周同和	皖金字（2001）第 09 号	2001. 11. 13	安徽省黄金管理局
2002	185. 青阳县洪山金矿	青阳县新河镇洪山村	钟华胜	皖金字（2002）第 01 号	2002. 3. 14	安徽省黄金管理局
	186. 安徽省池州市向阳金矿	青阳县新河镇向阳村	叶兰芳	皖金字（2002）第 02 号	2002. 3. 18	安徽省黄金管理局
	187. 青阳县新河镇童埠金矿	青阳县新河镇童埠街 1 号		皖金字（2002）第 03 号	2002. 12. 26	安徽省黄金管理局
	188. 泾县天宝云岭金矿	泾县云岭镇杨村村	张展新	皖金字（2002）第 04 号	2002. 12. 26	安徽省黄金管理局
2003	189. 池州市贵池区马头金矿	贵池区梅村镇栗坑村	叶和平	皖金字（2003）第 01 号	2003. 1. 16	安徽省黄金管理局
	190. 泾县黄金堆浸试验厂		王甫庆	皖金字（2003）第 02 号	2003. 1. 23	安徽省黄金管理局
	191. 安徽省泾县黄金综合实验厂		王甫庆	皖金字（2003）第 03 号	2003. 1. 23	安徽省黄金管理局
	192. 池州市贵池区梅山金矿	贵池区梅村镇梅山村	包少伍	皖金字（2003）第 04 号	2003. 1. 29	安徽省黄金管理局
	193. 铜陵市郊区古圣铁金矿	铜陵市郊区		皖金字（2003）第 05 号	2003. 3. 10	安徽省黄金管理局
	194. 繁昌县黄浒镇竹圆头金矿	繁昌县黄浒镇		皖金字（2003）第 06 号	2003. 3. 24	安徽省黄金管理局
	195. 安徽紫金矿业有限公司	贵池区梅街镇铺庄村	傅飞龙	皖金字（2003）第 A003 号	2003. 2. 26	国家经贸委黄金局
	196. 池州市贵池区墩上镇童溪金矿	贵池区墩上镇童溪村	夏金海	皖金字（2003）第 07 号	2003. 4. 24	安徽省黄金管理局

续表 7-2-1-1

年度	企业名称	地址	法人代表	审批编号	审批日期	批准机关
2003	197. 池州市贵池区云山金矿	贵池区墩上镇低岭村	刘　青	皖金字（2003）第 08 号	2003. 4. 24	安徽省黄金管理局
	198. 池州市贵池区高坦乡珍溪金矿	贵池区高坦乡珍溪村	叶蔚林	皖金字（2003）第 09 号	2003. 4. 24	安徽省黄金管理局
	199. 铜陵县顺安镇金山铁金矿	铜陵县顺安镇红星村	余守富	皖金字（2003）第 10 号	2003. 5. 14	安徽省黄金管理局
	200. 铜陵县朱村镇郎坑铁金矿	铜陵县朱村镇郎坑村	丁贤伦	皖金字（2003）第 11 号	2003. 5. 14	安徽省黄金管理局
	201. 铜陵县朱村黄金洞硫铁矿	铜陵县朱村镇考涧村	王必才	皖金字（2003）第 12 号	2003. 5. 14	安徽省黄金管理局
	202. 铜陵县董店金矿	铜陵县董店镇舒山村	陆大新	皖金字（2003）第 13 号	2003. 5. 14	安徽省黄金管理局
	203. 铜陵县金榔乡金矿	铜陵县金榔乡龙潭村	鲍立志	皖金字（2003）第 14 号	2003. 5. 14	安徽省黄金管理局
	204. 铜陵县南洪小团山金矿	铜陵县朱村镇南洪村	方兴龙	皖金字（2003）第 15 号	2003. 5. 14	安徽省黄金管理局
	205. 铜陵县新桥凤凰铁金矿	铜陵县新桥镇凤凰村	周有根	皖金字（2003）第 16 号	2003. 5. 14	安徽省黄金管理局
	206. 安徽省铜陵市五松金矿	铜陵市铜官山区五松村	汪吉国	皖金字（2003）第 17 号	2003. 5. 28	安徽省黄金管理局
	207. 芜湖市福鑫矿业开发有限公司	南陵县三里镇吕山村	蓝朝强	皖金字（2003）第 18 号	2003. 7. 15	安徽省黄金管理局
	208. 池州市皖新矿业开发有限公司	青阳县新河镇向阳村	程宜祥	皖金字（2003）第 19 号	2003. 8. 26	安徽省黄金管理局
	209. 铜陵市鸡冠山金矿	铜陵市狮子山区	焦瑞伦	皖金字（2003）第 20 号	2003. 9. 29	安徽省黄金管理局
	210. 安徽省铜陵县牛山矿业有限责任公司	铜陵县新桥镇新丰村	王德怀	皖金字（2003）第 21 号	2003. 9. 29	安徽省黄金管理局
	211. 青阳县洪山金矿	青阳县新河镇洪山村	陈永峰	皖金字（2003）第 22 号	2003. 9. 29	安徽省黄金管理局
	212. 安徽省池州市福鑫矿业有限公司	贵池区唐田乡沙山村	钟福金	皖金字（2003）第 23 号	2003. 9. 29	安徽省黄金管理局
	213. 马鞍山市濮塘金矿	马鞍山市濮塘镇沙塘村	邵　飞	皖金字（2003）第 24 号	2003. 9. 29	安徽省黄金管理局
	214. 休宁县五城镇白石坑金矿	休宁县五城镇小贺村	杨金节	皖金字（2003）第 25 号	2003. 9. 29	安徽省黄金管理局
	215. 东至县黄柏金矿	东至县官港镇黄柏村	姚贵才	皖金字（2003）第 26 号	2003. 12. 26	安徽省黄金管理局
	216. 青阳县福鑫矿业开发有限公司	青阳县新河镇童埠	钟福金	皖金字（2003）第 27 号	2003. 12. 26	安徽省黄金管理局
	217. 泾县鑫洲黄金有限责任公司	泾县榔桥镇乌溪村	周智斌	皖金字（2003）第 28 号	2003. 12. 26	安徽省黄金管理局
2005	218. 安徽省泾县天宝矿业有限责任公司	泾县云岭镇光明村	黄邱冀	国金字（2005）第 002 号	2005. 2. 22	国家发展改革委
	219. 安徽朝山新材料股份有限公司	铜陵市狮子山区朝山村	杨来根	国金字（2005）第 003 号	2005. 2. 22	国家发展改革委
	220. 铜陵市戴家冲金矿	铜陵市郊区白鹤村	虞谊椿	国金字（2005）第 041 号	2005. 6. 3	国家发展改革委
	221. 泾县鑫洲黄金有限责任公司	泾县榔桥镇乌溪村	周智斌	国金字（2005）第 042 号	2005. 6. 3	国家发展改革委
	221. 休宁黄山黄金有限责任公司	休宁县山斗乡山斗村	罗金来	国金字（2005）第 066 号	2005. 9. 16	国家发展改革委
	222. 池州市贵池区青山矿业有限责任公司	贵池区墩上镇低岭村	刘　青	国金字（2005）第 067 号	2005. 9. 16	国家发展改革委

续表 7-2-1-1

年度	企业名称	地址	法人代表	审批编号	审批日期	批准机关
2005	223.池州市贵池区墩上镇童溪金矿	贵池区墩上镇童溪村	邢应平	国金字（2005）第068号	2005.9.16	国家发展改革委
	224.霍山县黄金矿业有限责任公司	霍山县东西溪乡苗儿坦	谢恩才	国金字（2005）第069号	2005.9.16	国家发展改革委
	225.五河县鑫源黄金开发有限责任公司	五河县朱顶乡	钟世峰	国金字（2005）第070号	2005.9.16	国家发展改革委
	226.五河县桥南黄金开发有限责任公司	五河县朱顶乡	张东浦	国金字（2005）第071号	2005.9.16	国家发展改革委
	227.铜陵华金矿业有限责任公司	铜陵市劳动新村	李金亚	国金字（2005）第072号	2005.9.16	国家发展改革委
	228.铜陵市铜都天马山硫金矿业有限公司	铜陵市解放东村	邵　武	国金字（2005）第073号	2005.9.16	国家发展改革委

第二节　重点企业

铜陵有色金属集团控股有限公司　铜陵有色金属集团控股有限公司是新中国最早建设的有色金属工业基地之一，公司行政隶属关系历经多次变更，2000 年 7 月划归安徽省地方管理。

公司生产的黄金主要是从铜冶炼过程中副产的阳极泥中提取。“七五”期间，公司累计生产黄金 2440.44 千克；“八五”期间，累计产金 5434.22 千克；“九五”期间，累计产金 8472.5 千克；“十五”期间，累计产金 18982 千克，其中 2005 年，产金 5078 千克。

铜陵金蟾矿业有限公司　金蟾矿业位于安徽省铜陵市郊区大通镇新建乡金华村，公司前身为铜陵县黄狮涝金矿。矿山筹建于 1989 年，为国家“八五”重点建设项目，1992 年开始基建，1994 年 5 月建成并通过国家黄金局组织的竣工验收，矿山规模为日采选 300 吨，年产黄金 438 千克，为安徽省第一座中型黄金矿山。

矿山采用地下开采，平硐—竖井开拓，采矿方法为下向分层进路胶结充填法，选矿方法为全泥氰化—炭浆吸附工艺。

企业现有在岗职工 327 人，高中以上文化程度达 90%，各类专业技术人员占总人数的 25%。主要产品有黄金、白银、硫铁矿等。

安徽朝山新材料股份有限公司朝山金矿　安徽朝山新材料股份有限公司朝山金矿位于铜陵市西湖镇朝山村，为村办集体企业。该矿始建于 1991 年，并自筹资金对白芒山硫矿开展探采工作，效果良好。1992 年 12 月开工建设 50 吨 / 日黄金选冶厂，1993 年 11 月生产出第一块黄金 11 千克。

1994 年，朝山金矿生产黄金 120 千克，实现村企工业总产值 2631 万元，利税 1250 万元，不仅偿还了 560 多万元的贷款本息，还上缴国家税费 130 万元。

1994 年，朝山村与安徽省地质矿产局 321 地质队签订勘查找矿协议，开展矿区成矿规律研究和地质找矿勘探工作。到 1995 年年底，累计投资 150 万元，取得了《朝山金矿床普查地质报告》《朝山金矿详查设计》《朝山金矿床勘查地质报告》等找矿成果，求得了金 C+D 级金储量 3165 千克，其中 C 级储量 1854 千克，比原地质储量增加了一倍。

1995 年，朝山金矿将原采选 50 吨 / 日规模扩建至 100 吨 / 日，年黄金生产能力由原来的 150 千克提高到 372 千克。1995 年，朝山村被安徽省黄金公司授予 “安徽黄金第一村”荣誉称号；1996 年，在全国第三次黄金工作会议上，朝山金矿被授予“八五”期间为黄金工业发展做出突出贡献的先进集体。

1997 年，朝山金矿技改扩建工程完成，成为安徽省第二个万两黄金矿山企业，经济效益跻身全国黄金企业前 40 名，1999 年进入全国百家重点黄金矿山行列。

1994年以来，朝山金矿连续实现利润超千万，黄金生产的快速发展，也极大地推动了朝山村经济社会的全面发展，朝山村已成为名副其实的安徽黄金第一村。

铜陵市狮子山区包村金矿 铜陵市狮子山区包村金矿源于具有四十多年开采历史的红旗铁矿，属镇办集体企业。1987年，企业委托省地矿局321地质队开展金矿勘查，发现地表铁矿为铁帽金矿，矿山遂以开采金矿为主，红旗铁矿也更名为铜陵县包村金矿。至1994年提交勘探报告时，矿山已累计采、剥13.1万立方米，其中矿量15万吨左右。

1991年，包村金矿委托321地质队对包村金矿进行勘探，并于1994年4月11日提交了地质勘探报告。1995年3月，安徽安徽省矿产资源储量委员会批准了包村金矿地质勘探报告，提交地质储量45.99万吨，金金属量3224千克。1995年，包村金矿委托华北冶建设计研究所进行矿山初步设计，生产规模为年采出金矿石3万吨，开采方式为露天、井下联合开采。

根据国家产业政策，铜陵县政府于1995年3月24日批准包村金矿与铜陵县黄金选冶厂合并，名称改为铜陵县包村金矿，属县办国有企业。

铜陵县黄金选冶厂坐落在铜陵县顺安、钟仓乡境内，与包村金矿相距16公里。选冶厂设计规模为100吨/日，采用全泥氰化—锌粉置换提金工艺，作为处理铜陵县桃园金矿氧化型铁帽金、银矿石的配套项目。选冶厂自1989年建成投产以来，常因供应矿石原料不足而停产，与包村金矿合并后，选厂又新建了100吨/日的原生型金矿浮选车间，氧化型铁帽金矿石仍由原生产工艺处理。

2002年，因铜陵地方行政区域调整，铜陵县西湖镇划归铜陵市狮子山区，包村金矿与铜陵县黄金选冶厂分离。

2002年11月，包村金矿露天开采至–28米标高，累计采、剥总量48万立方米，其中采出金矿石30.5万吨，含金金属量近两吨。2002年12月矿山转入井下开采。由于采场顶柱不稳，导致采场北端顶板冒顶，至2004年11月，共采出金矿石3.5万吨。

2002年，包村金矿委托省321地质队进行地质普查，在包村金矿北部–140米至–260米深部探得一个金矿体和一个铁矿体，金矿储量为7.4万吨，品位为7.63克/吨，金属量为570千克，铁矿石为5.35万吨，品位为37%，后经过实施开拓工程，矿体变大，金矿石增加12万吨。

2005年，包村金矿改制，由安徽金九矿业集团有限责任公司投入资金与包村金矿联合开采。

霍山县黄金矿业有限责任公司 霍山县黄金矿业有限责任公司（原霍山县金矿），始建于1982年8月，1983年11月正式建成投产，为安徽省第一家采、选、冶联合生产黄金的机械化矿山，有“安徽省黄金第一矿”之誉。经过20多年的不断发展，公司已成为拥有资产1700多万元，职工323人，各类专业技术人员30人，占地面积

322683平方米，7个车间（科室）和1个分公司，年产成品金90多千克的正规化黄金矿山。

1982年至1986年是该公司起步阶段。1982年兴建。从设计到投产，仅用了1年零3个月时间，于1983年11月正式投产。建矿初期，生产能力为日处理矿量25吨，矿山采用露天人工开采，平洞溜井开拓，选厂为单一的浮选工艺，主要产品金精矿和部分原生富矿销往铜陵冶炼厂。3年间共生产含量金252千克，实现产值423万元，利税170万元。

1986年至1991年为该公司依靠科技发展阶段。为了提高经济效益，该公司于1986年引进了全泥氰化炭浆法提金工艺对选冶厂进行了技术改造，实现了就地产金，取得了良好的经济效益，采用此工艺进行生产的1987年，共生产黄金79千克，实现产值349万元，利税100.5万元。成为霍山县第一家利税超百万元的企业。1988年6月，该公司与吉林冶金研究所合作，进行全泥氰化树脂法提金工艺试验，通过努力取得了成功，并于1990年获得了国家黄金局科技进步二等奖。在进行技术改造的同时，1989年至1991年该公司对选冶厂也先后进行了两次生产扩建，使选矿处理能力由25吨/日提高到70吨/日。通过二改二扩技术改造，该公司各项生产指标和生产能力已日趋稳定。在此期间共生产黄金348.6千克，实现产值1930.1万元，利税672万元。

1991年至2005年是该公司持续发展时期，在此期间各项经济技术指标和生产能力已趋稳定，此阶段共生产黄金1403千克，实现产值10981.9万元，利税2000万元。

铜陵市鸡冠山金矿　鸡冠山金矿位于铜陵市狮子山区朱村乡鸡冠山铁矿矿区内。矿山探明铁帽型金矿资源量18万吨，金金属量1.4吨。矿山采、选、冶设计方案由马鞍山矿山设计研究院编制，规模为日处理金矿石50吨，年产黄金125千克，总投资836.1万元，1989年9月30日正式开工建设，1990年12月30日竣工投产。

鸡冠山金矿采用机械化露天开采，全泥氰化炭浆法提金生产工艺。截至2005年年底，鸡冠山金矿共生产成品黄金1275千克，经济效益十分可观。

铜陵有色股份天马山黄金矿业有限公司　铜陵有色股份天马山黄金矿业有限公司是在原铜官山铜矿关闭破产的基础上，由铜陵有色股份有限公司控股并按照现代企业制度组建的新型企业。

公司于2004年1月成立，坐落在铜陵市长江东路，主要从事硫金矿的采、选及转炉渣的加工，日处理能力达1300吨，主要产品为金精砂、硫精砂、铁精砂和铜精砂。

公司所属硫金矿采用地下开采，竖井开拓，采矿方法为房柱法，选矿为浮选工艺，硫金矿设计采选规模为700吨/日，黄金生产能力510千克/年。

2005年，矿山生产黄金416.55千克，实现利润1386万元。

铜陵华金矿业有限责任公司　铜陵华金矿业有限责任公司位于铜陵市铜官山区五

松村，其前身为铜陵市青山硫铁矿。青山硫铁矿组建于 1992 年 7 月，为全民国有企业，2003 年 11 月改制为民营企业。

铜陵华金矿业有限责任公司注册资金 1000 万元人民币，该企业是一座含金、铁、硫并伴生铅锌的多金属矿山。矿山采用地下开采，竖井斜井联合开拓，采矿方法为房柱法，选矿方法为浮选工艺，硫金矿设计采选规模为 500 吨 / 日，黄金生产能力 600 千克 / 年。

2005 年，矿山生产黄金 348.3 千克，实现利润 1375 万元。

铜陵县牛山矿业有限责任公司　铜陵县牛山矿业有限责任公司系国有控股企业。其所属虎山硫铁矿始建于 20 世纪 70 年代，经多年开采，硫铁矿资源逐渐枯竭，20 世纪 80 年代中后期，在矿区三号矿体发现铜硫金矿床，金金属量约一吨，金品位 3 克 / 吨以上，矿山生产转为开采金矿，矿石主要供应给铜陵县黄金选冶厂。90 年代，主矿床金矿资源基本采完，仅在边坡及周边留下少量残留、零星的低品位金矿。

2002 年年初，公司委托安徽省地质矿产勘查局 321 地质队对铜陵县域低品位金矿资源进行调查研究，据初步估算，区域内 3 克 / 吨以下的金矿资源达 700 多万吨，含金 1 克 / 吨左右的硫酸烧渣达 1.8 亿多吨。据此，公司于 2003 年成立了牛山黄金堆浸有限责任公司，组织对低品位金矿资源的综合开发利用，并在原工业性试验堆浸厂的基础上，将年处理规模从 2 万吨扩大到 20 万吨，每年可生产黄金 120 千克，实现利税 150 万元，并将处理后的尾矿用于矿山废弃采坑的回填复垦。

铜陵市新桥金银矿　新桥金银矿成立于 1986 年，位于安徽省铜陵县新桥乡境内，隶属于铜陵市新桥硫铁矿，主要处理新桥硫铁矿露天采场上部剥离产出的铁帽形金银矿。

新桥金银矿保有铁帽形金银矿地质资源金金属储量 1.87 吨，银 120.9 吨。该矿于 1988 年初建成投产，设计采选规模为 100 吨 / 日，采矿作业由新桥硫铁矿承担，采用露天开采，机械铲装，汽车运输；选矿采用全泥氰化—锌粉置换提金工艺，产品为成品金和银。

1996 年，新桥金银矿因资源枯竭停产，矿山累计生产成品金 1018.25 千克。

铜陵市戴家冲金矿　戴家冲金矿位于铜陵市郊区白鹤村，隶属于铜陵市郊区政府，是一个副县级地方全民企业。

戴家冲金矿资源由华东冶金地质勘探公司 812 地质队 1985 年探明，提交金金属量 1582 千克。1995 年，经补充勘探，黄金资源量增至 20 多万吨，金金属量 2082 千克，品位 7.95 克 / 吨。

戴家冲金矿于 1985 年 10 月份开始筹建，1987 年 9 月份正式开工建设，1988 年 10 月竣工投产，是安徽第一家铁帽型金矿机械化采选矿山企业。矿山设计采选规模为 50

吨/日，年产成品金91千克，总投资657万元。矿山采矿为露天开采，汽车运输，选矿为全泥氰化炭浆吸附提金工艺。

“九五”期间，戴家冲金矿先后进行了一系列技术改造，到2000年，矿山采选生产规模达120吨/日。

凤阳县毛山金矿　毛山金矿位于安徽省凤阳县，隶属于凤阳县经委，是全民所有制企业。全矿由采矿工区和选冶厂两部分组成，采场位于大溪河乡，选冶厂位于临淮关镇。产品为成品金和硫精矿，并副产白银。

毛山金矿建于1985年，1988年70吨/日规模矿山建成。1989年选冶厂开始建设，1991年70吨/日选冶厂建成投产，年黄金生产能力2900两。该矿采用地下开采，斜井开拓，采矿方法为房柱法；选矿采用浮选—金精矿氰化—锌粉置换工艺。

1997年矿山转由民营承包经营，2002年因资源枯竭闭坑。毛山金矿累计生产黄金606.7千克。

铜陵县虎山金矿　铜陵县虎山金矿位于铜陵县顺安镇新丰村，隶属于铜陵县经贸委，在职职工200人。

虎山金矿地质资源由华东冶金地质勘探公司803地质队探明，金矿石储量33.3万吨，金金属量1759千克，品位0.5～7克/吨。

虎山金矿始建于1986年，起初以开采硫铁矿为主，自1993年起以开采黄金为主。虎山金矿采用露天开采，公路开拓，机械采装，日采矿量为100吨；选矿采用堆浸法，以牛山堆浸厂为主。虎山金矿产品以金为主，同时综合回收矿石中的银、硫、铁等矿产资源。自1993年至2000年年底，该矿累计生产黄金600多千克，实现黄金产值4000多万元，利税300多万元。

2001年虎山金矿改制，由铜陵县牛山矿业接管。

芜湖市福鑫矿业开发有限公司　芜湖市福鑫矿业开发有限公司前身为南陵县三里镇政府与安徽省地质矿产局322地质队合资创办的南陵县三里金矿。三里金矿始建于1992年，1993年投产，采选生产规模为1.0万吨/年，1993年至2002年8月，矿山累计生产黄金86千克。

芜湖福鑫矿业成立于2002年12月，注册资金1000万元，属南陵县2002年招商引资重点企业。

2003年，公司投资1200万元，采用较先进的机械化露天开采设备和叠加堆浸选矿工艺对矿山进行扩建，生产规模由1.0万吨/年扩至10万吨/年，2004年5月通过竣工验收。项目投产后，公司又自筹资金对采矿权外围进行地质勘查并取得突破，探明金矿资源量达中型规模。

铜陵冠华矿业有限责任公司　铜陵冠华矿业有限责任公司成立于2003年7月，位于铜陵县天门镇，注册资金 598 万元，属民营企业。

公司所属的董店长冲金、铁矿是一座含金、铁共伴生多金属矿山。矿山采用露天开采，公路开拓，组合台阶采矿法，选矿方法为堆浸工艺，设计采矿规模为 3 万吨 / 年，年堆浸生产能力 10 万吨 / 年（综合利用低品位金矿资源 7 万吨 / 年），2005 年生产黄金 76 千克。

安徽紫金矿业有限公司 安徽紫金矿业有限责任公司成立于 2001 年 12 月 30 日，注册资金 800 万元，其中福建紫金矿业有限公司持股 75%，上杭县福鑫矿业工程有限公司持股 25%，主要从事池州抛刀岭金矿的开采与勘查。

2001 年，国土资源部第一综合物探大队提供的抛刀岭金矿资源储量 D+E 级金金属量 59.16 吨，经重新勘探详查，资源储量为 6.38 吨（表内 2.77 吨、表外 3.56 吨），由于矿体分散不连续，具有开采价值的金属量 1540 千克，品位 2.29 克 / 吨。2013 年，在矿区北东部又发现新的矿体，增加金金属量 1546 千克，品位 2.64 克 / 吨。

2001 年 9 月，公司开始建设氧化矿堆浸设施，2002 年 1 月建成投产。2003 年 8 月开工建设 600 吨 / 日原生矿浮选厂，2004 年 7 月竣工投产。2002 年至 2005 年，矿山累计生产黄金 563 千克，其中含量金 159 千克。

2005 年，由于氧化矿资源枯竭、原生矿资源品位低及矿区周边关系难协调等因素，企业生产极不正常，经营出现严重亏损。2005 年 11 月，安徽紫金矿业抛刀岭金矿采矿权极其资产整体转让给当地民营矿业公司。

表 7-2-2-1

2000 年安徽省部分重点黄金矿山主要技术经济指标

主要指标	计量单位	铜陵县黄狮涝金矿	铜陵戴家冲金矿	铜陵狮子山区包村金矿	铜陵县朝山金矿	凤阳县毛山金矿	霍山县金矿	贵池市马头金矿	贵池市灌口金矿
出矿量	万吨	13.5	3.6	3.8	2.7	2.8	2.1	1.5	1.2
出矿品位	克 / 吨	6.2	4.41	7	10.2	2.77	3.7	3.4	3.55
采矿损失率	%	9.31	6.5	3.5	8	9.29	8.46	8	3.5
矿石贫化率	%	5.61	9.19	3.5	13	11.07	13.4	5	6
选矿量	万吨	13.8	3.3	3.2	3	3	2.1	1.4	1.2
入选品位	克 / 吨	6.25	3.97	4.29	8.69	2.62	3.7	3.2	3.55
选矿回收率	%	84.53	84.97	82	83.03	84.08	92.52	56.3	78
黄金产量	千克	725.01	166.55	296.6	321.3	66.06	64.24	25.2	33.23
黄金综合成本	元 / 克	56.414	61.813	68.114	41.891	82.636	95.156	117.778	42.121
吨矿综合成本	元 / 吨	296	240	365	268	182	290	151	139
利润总额	万元	509	573	4	680	–9	–187	–52	21

2005年安徽省部分重点黄金矿山主要技术经济指标

表 7-2-2-2

主要指标	计量单位	铜陵金蟾矿业有限公司	安徽朝山新材料有限公司	铜陵市天马山黄金矿业公司	铜陵市华金矿业有限公司	铜陵县牛山矿业有限公司	铜陵西湖矿业有限公司	芜湖福鑫矿业有限公司	霍山县黄金矿业有限公司
出矿量	万吨	12.8	4	31	22.08	16	0.62	30	3.6
出矿品位	克/吨	3.8	5.42	2.82	3.24	1.25	6	0.8	2.32
采矿损失率	%	12.7	5	14.8	10	2	10	3	7.6
矿石贫化率	%	14.2	8	3.1	10	5	5	20	16.2
选矿量	万吨	14.1	4.1	26.2	13	16		30	3.6
入选品位	克/吨	3.62	5.52	2.82	3.5	1.25		0.8	3.2
选矿回收率	%	77.2	84.4	56.2	70	65		69	93.4
黄金产量	千克	402	166.86	416.55	570	122.26	45.9	165.86	68.5
黄金综合成本	元/克	120.91	82.78	66.38	40.35	102.44	17.78	111.3	140.06
吨矿综合成本	元/吨	341.15	336.88	105.53	113.33	50.1	105.81	61.53	253.66
利润总额	万元	97	563.5	1386	1429.48	131.76	1.7	106	-136

表 7-2-2-3

2005 年安徽省规模黄金矿山生产能力情况表

矿山名称	采矿（吨 / 日）	选矿（吨 / 日）	生产能力（千克 / 年）	采矿工艺	选矿工艺	建成时间（年月）
安徽省	4620	4670	2512			
铜陵天马山金矿	700	700	509	竖井开拓，全面法采矿	浮选	2004.07
铜陵华金矿业	300	300	320	竖井 + 斜井开拓，全面法采矿	浮选	2003.04
铜陵朝山金矿	120	120	160	竖井开拓，溜矿法采矿	重选 + 浮选 + 氰化	1994.03
铜陵戴家冲金矿	50	50	50	露天开采，汽车运输	全泥氰化炭浆吸附	1988.09
铜陵金蟾矿业	300	300	420	竖井开拓，下向胶结充填	全泥氰化炭浆吸附	1994.04
铜陵牛山矿业	600	600	125	露天开采，汽车运输	堆浸	2004.09
池州鑫城矿业	600	600	400	露天开采，汽车运输	浮选	2002.06
青阳尹家榨金矿	200	200	60	露天开采，汽车运输	堆浸	2004.05
青阳福鑫矿业	300	300	38	露天开采，汽车运输	堆浸	2003.09
池州市福鑫矿业	200	200	30	露天开采，汽车运输	堆浸	2003.09
贵池梅山金矿	30	30	30	露天开采，汽车运输	全泥氰化树脂吸附	1993.09
芜湖市福鑫矿业	1000	1000	200	露天开采，汽车运输	堆浸	2003.07
霍山县黄金矿业	120	120	70	平硐开拓，全面法采矿	全泥氰化树脂吸附	1983.01
五河县鑫源矿业	50		50	竖井开拓，溜矿法采矿		2001.05
五河县桥南矿业	50		50	竖井开拓，溜矿法采矿		2001.05
五河县大巩山		150			浮选	2001.05

表 7-2-2-4

安徽省 1981—2005 年黄金产量表

年份	合计	矿产金			有色副产
		合计	成品金	含量金	
1981	600.84				600.84
1982	628.29				628.29
1983	1058.76	7.84	7.84		1050.92
1984	1002.87	98.56	2.72	95.84	904.31
1985	1181.30	147.31	57.20	90.11	1033.99
六五	4472.06	253.71	67.76	185.95	4218.35
1986	1316.80	116.94	49.43	67.51	1199.86
1987	1765.40	210.69	192.90	17.79	1554.71
1988	1657.30	354.03	294.30	59.73	1303.27
1989	1729.84	580.12	534.81	45.31	1149.72
1990	1691.47	825.47	807.69	17.78	866.00
七五	8160.81	2087.25	1879.13	208.12	6073.56
1991	2065.50	794.75	778.28	16.47	1270.75
1992	2406.06	874.06	851.75	22.31	1532.00
1993	3223.22	1021.63	768.31	253.31	2201.59
1994	2657.44	1193.00	952.00	241.00	1464.44
1995	3861.91	1593.28	1287.91	305.38	2268.63

续表 7-2-2-4

年份	合计	矿产金			有色副产
		合计	成品金	含量金	
八五	14214.13	5476.72	4638.25	838.47	8737.41
1996	3947.69	1703.69	1376.63	327.06	2244.00
1997	4463.94	2135.94	1801.56	334.38	2328.00
1998	4779.34	2620.34	2171.44	448.91	2159.00
1999	5319.94	2850.56	2191.31	659.25	2469.38
2000	5633.60	2950.13	2187.97	762.16	2683.47
九五	24144.51	12260.66	9728.91	2531.75	11883.85
2001	6074.94	3148.98	1959.10	1189.88	2925.96
2002	5725.13	2888.09	1791.38	1096.71	2837.04
2003	7710.55	2977.50	1808.51	1168.99	4733.05
2004	8439.11	3305.11	1879.50	1425.61	5134.00
2005	9568.34	4249.34	1653.00	2596.34	5319.00
十五	37518.07	16569.02	9091.49	7477.53	20949.05
全省累计	88509.57	36647.36	25405.54	11241.82	51862.21

第三章 科技进步与技术改造

安徽省黄金工业发展起步较晚，在采用新技术、新设备、新工艺上具有一定的后发优势。同时，安徽省黄金工业根据该省特定的区域成矿条件、矿床开采条件和矿石可选条件，充分利用自身优势，积极开展产学研合作、技术引进和技术改造，形成了一批具有特色的科技成果，有力推动了安徽省黄金资源的开发利用和黄金生产的快速发展。

第一节 科技进步

全省黄金行业高度重视科技进步工作，在生产中不断学习引进先进技术，积极进行科学研究，大胆开展科技创新，科技进步取得丰硕成果。

科技成果 1983 年建成的霍山县金矿，是安徽省第一家采选联合生产黄金的机械化矿山，选矿工艺为机械化浮选，受矿石特性影响，浮选回收率不高，且只能生产黄金半成品。1986 年，霍山金矿引进了当时国内较为先进的全泥氰化炭浆法提金工艺，即将金矿石磨碎制成矿浆后，先进行氰化浸出，再用活性炭直接从矿浆中吸附已溶黄金，再进行解析、电解生产黄金的工艺方法，实现了就地生产成品金的突破，提高了经济效益。1988 年，该矿与吉林冶金研究所合作，进行全泥氰化树脂法提金工艺试验研究，使用树脂代替活性炭吸附已溶黄金，使金的回收率提高到 95% 以上，成为中国第一个成功采用全泥氰化树脂提金工艺生产黄金的矿山。1990 年，该研究成果获得原国家黄金管理局科技进步二等奖。

1987 年，铜陵市建设处理规模为 15 吨至 30 吨 / 日的铜陵市黄金选冶厂，承担着铜陵市黄金工业“铁帽金矿全泥氰化炭浆法提金半工业试验”科研项目任务。1988 年 10 月选厂建成投产，为安徽省铁帽型金矿全泥氰化炭浆法提金工艺的推广应用积累了经验。1993 年 7 月，该科研项目荣获省科技进步四等奖和铜陵市科技进步二等奖。

1987 年至 1988 年，由邯郸矿建设计院设计的铜陵市戴家冲金矿首次实现自磨机在黄金矿山的应用，解决了铁帽型金矿含泥大、易粘堵的技术难题。1989 年，该设计荣获国家黄金管理局初步设计二等奖。

1989 年，由铜陵市新桥金银矿和长春黄金研究所共同完成的“采用 WTFZ 工艺流程处理新桥铁帽形金银矿石提金工艺”获得国家黄金管理局科技进步二等奖。

1992年，马鞍山矿山研究院开展了铁帽型金矿全泥氰化树脂吸附提金工艺试验，有效解决了贵池市灌口金矿矿石含泥高、含银高池浸选矿工艺无法处理的难题。1995年，该成果被评为安徽省科技进步三等奖。

1992年，铜陵县黄金公司率先开展低品位金矿的堆浸试验研究，桃园金矿堆浸试验项目成果获铜陵县科技进步三等奖。

由长沙矿山研究院与铜陵县黄狮涝金矿联合开展的铜陵县黄狮涝金矿下向分层进路胶结充填采矿方法实验研究及高水速凝充填材料试验，使铜陵县黄狮涝金矿破碎、含泥、矿岩极不稳固铁帽形地下金矿资源得以有效开发利用。1995年，黄狮涝金矿“下向分层进路胶结充填采矿方法实验研究”获得国家部级科技进步三等奖。由长沙有色金属设计研究院完成的该矿初步设计获冶金部黄金管理局项目设计二等奖。

1996年，铜陵县黄狮涝金矿“液体氰化钠代替固体氰化钠的试验研究获铜陵县科技进步奖。

科技推广与应用　“九五”期间，皖东—苏北金矿地质科研项目被国家计委列为找金跨世纪工程。通过综合分析皖东地区地质资料、成矿条件和类似地质条件地区对比，对皖东地区成矿远景进行科学预测，提出有利成矿的重点区域，指导黄金地质勘查工作。

铜陵市针对当地含金资源高硫、高砷、复杂难选的特点，积极组织科技攻关，相继开展含砷难选金矿石选矿试验研究和硫酸烧渣伴生金银综合回收的实验研究，有效提高了金的回收率和有害元素砷的综合回收利用。

“十五”期间，全省低品位、难选冶黄金资源开发利用技术取得突破。2001年、2002年，福建紫金矿业和福建福鑫矿业相继进驻安徽省，掀起了安徽省开发低品位金矿以及尾矿利用的热潮。随后，大规模堆浸技术在安徽紫金矿业、芜湖福鑫矿业、铜陵牛山矿业等黄金矿山广泛应用，省内“小池浸”生产全部取缔。

铜都股份天马山黄金矿业、铜陵华金矿业、安徽紫金矿业等企业难选冶金矿开发利用技术日趋成熟。

第二节　技术改造

为提高矿山综合生产能力、选冶技术含量、资源综合利用水平和安全保障能力，全省黄金企业积极开展技术改造，有力促进了黄金生产发展。

霍山县金矿　霍山县金矿是安徽省第一家采选机械化黄金矿山，始建规模为25吨/日。为了提高经济效益，1986年矿山引进了全泥氰化炭浆法提金工艺对选冶厂进行了技术改造，实现了就地产金，取得良好效果。1987年11月地勘313地质队提交《霍山县南关岭金矿详细普查地质报告》，提交金金属量1081千克，矿石量19.7万吨。在此基础上，矿山于1989年至1991年利用全泥氰化树脂提金工艺先后两次对选冶厂进行技改扩建，使选矿生产规模由25吨/日提高到70吨/日。

铜陵市鸡冠山金矿 铜陵市鸡冠山金矿由于露天采场边坡曾数次发生滑坡事故，被列为重大安全隐患。1990年8月，马鞍山矿山研究院与鸡冠山金矿合作开展露天采场边坡研究治理，针对存在的问题，矿山采用地表排水、削坡减载、降低边坡高度、滚石防护、控制爆破等技术工程措施，消除了重大安全隐患，矿山得以安全开采，该技术措施为类似露天矿山边坡治理提供了成功经验和良好示范。

铜陵朝山金矿 1995年至1997年，为开采矿山深部资源，扩大生产规模，铜陵朝山金矿实施采选技改扩建工程。矿山由斜井开拓改为竖井开拓，开采深度井深由+2米延伸至–188米；选厂规模由50吨/日增加到100吨/日。2002年，矿山再次对选厂进行技术改造，由浮选+氰化工艺改为浮选+重选+氰化工艺，降低了生产成本，提高了选矿回收率，选矿处理能力由100吨/日增加至120吨/日，年黄金生产能力超过万两。

铜陵戴家冲金矿 1996年至2000年，铜陵戴家冲金矿针对生产中的问题先后进行三次技术改造，取得了良好效果。1996年，通过对尾砂综合利用设施进行技术改造，使铁和金的富集得到进一步提高，取得了良好的经济效益；1999年，投资40多万元对污水处理和尾矿库进行改造，通过了达标验收，从根本上解决了生产后顾之忧；2000年，对选矿、供风和尾矿输送系统进行了系统改造，使选矿处理能力从50吨/日提高到80吨/日。

铜陵金蟾矿业 2005年，铜陵金蟾矿业与江西理工大学、南昌有色冶金设计研究院、马鞍山矿山研究院和扬州庆松化工设备有限公司等单位建立了产学研合作关系，对低品位金矿资源和尾矿有益组分综合利用联合开展技术攻关，确定了工艺技术路线，于2005年10月开工建设1000吨/日尾矿浮选厂。与此同时，金蟾矿业对氰化选厂进行技术改造，选矿工艺由开路改为闭路，使伴生资源得到全部回收利用，工业用水实现闭路循环，摸索出一条适合公司实际的资源综合利用新路子。金蟾矿业在自建硫酸厂遇到选址、技术等难题后，打破常规思维定式，本着"互惠互利、共同发展"的原则，与硫酸化工企业进行横向联合，建立了稳固的协作关系。硫酸化工企业利用现有生产技术和设备对公司硫精砂脱硫制酸，酸渣运回进行浸出提金，并产出合格的铁精矿，产生了良好效果。

第四章 行业管理

第一节 管理机构

省级管理机构 1984年1月26日，省政府批准成立安徽省黄金公司，负责全省金、银生产的领导和管理，对内是省冶金工业总公司的一个处，暂定编制12人。

1997年4月28日，省政府办公厅批准成立安徽省黄金管理局，升格为财政全额拨款副厅级事业单位，相继归口省冶金工业厅、省经济贸易委员会、省国有资产监督管理委员会管理，编制30人。

1984–2005年省级黄金管理机构沿革

表7–4–1–1

序 号	时 间	机构名称
1	1984.01.26—1997.04.28	安徽省黄金公司
2	1997.04.28—	安徽省黄金管理局
3	1997.07.09—	安徽省黄金管理局分党组

市级管理机构

铜陵市黄金管理局。1984年8月28日，铜陵市委市政府成立铜陵市黄金资源开发利用领导小组，同时成立了铜陵市黄金开发公司，负责全市黄金行业管理。1987年4月16日，铜陵市黄金开发公司更名为铜陵市黄金公司。1997年成立铜陵市黄金管理局，负责行使全市黄金行业的资源、计划、基建、生产、产品、技改、科技、安全环保及经济效益等方面的行业管理职能。2000年，因机构改革，铜陵市黄金管理局撤销，黄金行业管理职能划归铜陵市经贸委，部分管理职能委托给铜陵市冶金煤炭工业协会。

池州地区黄金公司。池州市黄金行业自20世纪80年代初开始起步，1988年6月前，由原安庆地区工业局管辖，池州地区新设后，全市黄金行业管理划入地区计划经济委员会。计经委设矿管科，负责包括黄金行业在内的矿山管理工作。1994年，成立地区计经委内设的地区矿山管理局，并成立地区黄金公司，承担黄金行业管理工作。2000年5月，机构改革，地区计经委撤销，分设池州市发改委、市经济贸易委员会，地矿局和黄金公司转入市国土资源管理局；黄金行业管理职能由市经贸委承续，职能科室为经济运行科。2004 年 5 月，市经贸委撤销，黄金管理职能转入市发改委，职能科室不变。

其他地市级管理机构 1985 年 5 月 13 日，六安地区黄金公司成立。

1995 年 1 月 19 日，黄山市黄金公司成立。

县区级管理机构

铜陵市郊区黄金管理办公室。1989 年 5 月 8 日，铜陵市郊区黄金公司成立，1997 年更名为铜陵市郊区黄金管理办公室，归口铜陵市郊区计经委。

铜陵县黄金工业管理局。“七五”初期铜陵县黄金工业开始起步。1986 年 4 月，铜陵县黄金公司成立，负责黄金行业规划、监督、协调、指导、服务等管理职能。1997 年，在原铜陵县黄金公司基础上组建了铜陵县黄金工业管理局。

贵池市黄金管理局。1986 年，贵池县黄金公司成立，隶属于贵池县矿管局。1988 年新建池州地区，贵池县更名为贵池市（县级市），黄金公司名称随之变更为贵池市黄金公司。1998 年，在黄金公司基础上设立贵池市黄金局。2003 年，贵池市黄金局划归池州市国土局。2005 年 5 月，在黄金局基础上组建市国土局执法监察支队，与贵池区黄金局合署办公。

青阳县黄金管理局。1993 年 5 月，青阳县黄金公司成立，隶属于县矿山资源局。1997 年，黄金公司更名为青阳县黄金管理局。2003 年 6 月在黄金管理局基础上成立青阳县国土资源执法监察大队，与青阳县黄金管理局合署办公。

五河县黄金公司。为了加强黄金矿产资源的开发利用和管理，1984 年 10 月成立了五河县黄金公司，全民自收自支事业单位，隶属于县经委，下属两个金矿一个派出所。1986 年 11 月，原五河县小溪金矿划归黄金公司管理，更名为五河县金矿（集体），独立核算。1988 年，组建成立五河县沙金矿（国营），独立核算。1991 年，组建成立五河县金矿派出所，业务归属县公安局，人财物归黄金公司。2002 年，五河县机构改革，黄金公司并入县矿管局进入县国土局。2008 年，单位改制，黄金公司及所属的两个金矿和一个派出所解散，全体人员买断工龄，进入社保。自此，五河县黄金开发管理工作由县矿产资源管理局代管。

其他县区级管理机构

1984 年 6 月 12 日，南陵县黄金公司成立。

1985 年 4 月 28 日，霍山县黄金公司成立。

1985 年 8 月 12 日，凤阳县黄金公司成立。

1991 年 4 月 19 日，定远县黄金公司成立。

1991年8月12日，泾县黄金公司成立，1997年更名为泾县黄金管理处。

1993年3月29日，舒城县黄金公司成立。

第二节 管理工作

安徽省黄金公司成立以来，逐步建立健全省、地（市）、县三级黄金管理机构，加强黄金行业生产、建设的领导与管理，认真贯彻执行国务院、省政府一系列黄金发展的政策与法规，坚持国营与集体并重、中小并重、土洋并重、地质先行的发展方针，初步走出了一条适合安徽省黄金工业实际的发展路径，铜陵市、六安地区、铜陵县、铜陵市郊区、贵池县、五河县、霍山县7个地（市）、县相继设立黄金公司，负责辖区内黄金工业管理。

安徽黄金工业全面深化改革，加强行业管理，坚持地质先行，建立规模企业，依靠技术进步，持续协调发展，全省矿管、公安、银行、工商、海关和税务部门按照“鼓励国有，改制集体，禁止个体”的要求，禁止个体采金，严禁非法开采和乱采滥挖，保证黄金如数上缴国库，继续严厉打击走私倒卖黄金犯罪活动。

上海黄金交易所2002年10月正式挂牌成立，标志着黄金工业由长期统购统销的计划经济模式向市场经济模式转变，黄金价格与国际全面接轨，有力地促进了安徽黄金工业的发展，黄金生产呈现跃升发展态势。

第八篇　盐　业

盐业是与人民生活息息相关的重要行业，长期以来一直由政府专控专营。1980年7月7日省政府决定将省盐业蔬菜公司划开，成立安徽省盐业公司，下属分、市公司，按经济区划设置；1981年年初，又改按行政区划设置。1991年，恢复成立省盐务管理局，与省盐业总公司一套机构，两块牌子，职能分设，合署办公，行使省盐行业的行政管理工作，负责全省食盐及各类盐经营管理和市场供应。

食盐专营事关重大，核心就是要控制流通渠道，特别是对批发环节要严加控制和管理。根据《食盐专营办法》规定，我国食盐专营的主要措施是对食盐的生产和销售实行指令性计划管理，实行定点生产许可证制度、批发许可证制度、准运证制度三证制度，以及食盐价格管理等方面的手段。2001年至2005年，安徽省碘盐合格率、碘盐覆盖率、合格碘盐食用率稳定在98%以上，防治碘缺乏病各项指标已经达到全国先进行列。食盐专营十年，大大改善了安徽人民的碘缺乏病的发病率，更重要的是保护了儿童智力发育，人口素质得到显著提高。

2004年，安徽省开始以市场为导向，根据消费的不同需求，探索开发一些高品质、高质量及形式多样的多品种营养盐，以提高产品附加值，也为盐业发展争取利润空间。生产、开发、销售的“迎客松”牌强化营养盐包括：钙盐、锌盐、硒盐、多元素盐、铁盐、核黄素盐、低钠盐等。品种多样的小包装食盐不仅改善了产品形象，赢得了商家和消费者的好评，而且为行业带来了较好的经济效益。

第一章　食盐储运

盐的储运工作包括盐商品的购进、分配、储存等业务活动，以及有效地使用企业的人力、财力、物力，正确的执行党和国家的方针政策、法律、法规，合理的组织盐的商品流通，对盐业运销企业进行管理，实现盐业企业的经营目标。

第一节　政策法规

盐业运销的发展与人们对食盐的需求、工业的振兴、政府对盐的管理以及生产技术的进步等有着紧密的联系。

分配调拨　1984 年 5 月，中国盐业总公司和盐务总局提出盐的分配调拨实行指令性计划。在制定盐的计划分配调拨时采取产、销直接见面衔接供需数量，运销企业和用盐单位有权选择供货单位。总公司要充分考虑运销企业和用盐单位的要求。根据资源和运输条件,综合平衡合理安排。产销企业在完成国家下达的分配调拨计划的前提下，有权按合理流向，组织超销，超购。产销企业在执行分配调拨计划中，如产、运情况发生重大变化，有权向主管部门提出调整计划。产区发往销区的盐，如品种不符合计划安排，盐质达不到部颁标准，运销企业有权拒付货款以至提出调整计划，另选供货单位。

1988 年 8 月 31 日轻工部、国家计委发布《关于食盐计划管理暂行办法》中规定：食盐是国家指令性计划，轻工业部统一分配调拨，并委托中国盐业总公司行使分配调拨权，各省级盐业主管部门具体负责贯彻实施。分配调拨的原则是贯彻统一计划、瞻前顾后、积极平衡、差额调拨、合理运输。各省级主管部门按中盐公司开具的食盐分配调拨单均衡或提前调运。追加分配调拨食盐，要报中盐公司批准。销区凭分配调拨单，向产区提报要盐，同时提供运输计划，产区按分配调拨单所列食盐品种数量组织供货。各省级主管部门根据所辖各地市县公司上报的计划要求，经平衡后具体将计划安排下达，并列入省、市计委的商品流转计划之中。多年来食盐分配调拨计划的编制和下达程序包括：编报、接受、调整、执行等方面，即省级盐业主管部门先将本地区年度食盐需要量归口统一汇总，于年度开始前九十天，向轻工业部提出申请表；产区盐业部门，同时提出产、销平衡表。中盐总公司进行综合平衡，提出年度食盐分配调拨计划草案经轻工业部报国家计委核准，下达给各省、自治区、直辖市、计划单列市计委；同时，由轻工业部将食盐总指标、品种等具体计划，下达给各省级盐业主管部门。产销双方根据国家下达的分配计划和合同规定，编制月度干线运输计划。

1988 年 3 月 11 日，轻工业部颁布了《盐的分配调拨办法》规定：食盐、供应出口盐、国家储备盐仍实行指令性计划管理，工业盐、农、牧、渔业用盐实行指导性计划管理。随着国民经济的发展，为加大工业盐管理力度，促进盐碱两个行业良性循环，共同发展，1995 年 10 月，国务院批准国家计委、国家经贸委关于改革工业盐供销和价格管理办法的具体意见，决定将现行工业盐计划分配的数量指定到盐场（厂），采取“一对一”采购的办法，由中国轻工总会和化工总会每年联合组织订货会，盐碱生产企业双方直接见面，双向选择，签订合同，直接结算；同时取消工业盐准运证和准运章制度，盐碱双方根据签订的合同向运输部门申请运输计划，并对大型制盐企业订货数量和价格进行保护。两碱企业定 1000 万吨的工业用盐，由中国轻工总会和化工部分别提出 1000 万吨工业盐的供应和使用计划，并制定具体办法确保落实；规定以外的两碱工业盐可以向小盐厂直接订货，价格由双方协商。不能够直达供货的小碱厂等零散户的工业用盐和其他工业用盐，由盐业公司组织供应。决定中还强调各级政府及行业主管部门要指导盐业生产企业按以销定产、合理库存来达到盐的产销平衡。此决定保护了大制盐企业，也引导了小制盐企业健康发展。

储运安全　为了防止放活工业盐的供销和价格管理办法后冲击食盐市场，食盐安全管理成为国家管理的主要目的。1990 年 3 月，国务院发布《盐业管理条例》，确定了食用盐、国家储备盐，由国家实行统一分配调拨，明确食盐的批发业务由各级盐业公司统一经营。1994 年 8 月 23 日，国务院颁布了《食盐加碘消除碘缺乏危害管理条例》；1996 年 5 月 27 日，国家出台了《食盐专营办法》，明确地将食盐生产和运销归入专营。一系列法律法规的出台，使盐的产、运、销管理有了法律依据，促进了工业盐的运销，也防止劣质盐和工业盐冲击食盐市场，保护了盐的销区市场的稳定及食盐质量安全。安徽省政府相应也配套出台了《安徽省盐业管理实施办法》等相关政策法规。安徽省盐业总公司随后相继发布了《关于严肃盐的计划管理的通知》《关于加强盐的运输管理的通知》《安徽省盐业公司严格计划奖惩暂行办法》《关于加强盐业管理规范食盐生产流通秩序的办法》《关于加强食盐调运工作的几点要求的通知》《安徽省小工业用盐管理试行办法》等制度。

第二节　食盐调运

盐是大吨位运输物资，被列为国家重点运输物资之一。盐的运输调拨工作是按照指令性的分配销售计划进行的。

安徽省盐购进的方向、盐种、产地、总量一直是由国家确定的。每年，安徽省盐业总公司在中盐总公司关于对盐的分配调拨的大政方针指导下，结合安徽省各销区的供应人口，工、农、牧等生产行业的用盐状况，预测当年和次年的购进、销售、库存数字，注意保持各类盐种的合理库存结构，并考虑到主次产区，发运的路途远近，海、湖、井矿盐的搭配，所报计划盐场、运销站的发运条件、筑装能力，产区所在地的车站、码头，铁路局的盐车皮流量、流向，各产区的盐质、盐价、费用、售后服务及本销区的仓容等各方面因素，将中盐公司分配的计划分解给各市县公司。

安徽省各级盐业部门与各相关部门密切协作，按下达的总量及分品种数量，严肃执行食盐调拨计划，认真组织调运，确保食盐的市场供应。

食盐购进　中国盐的产销状况从20世纪80年代的产不敷销，到进入90年代以后的产大于销，经历了曲折历程。

安徽省是盐的纯销区，盐的年销量常年在70万吨左右，食盐40万吨，工业盐30万吨左右。在不同时期，安徽省采取不同措施，认真落实国家下达的产区、盐种和数量计划，合理地组织购进、调拨和库存。

20世纪80年代，尤其是1985年以后，中国受到历史罕见的严重自然灾害影响，连续5年产不敷销，加上盐的消费结构发生明显变化，盐化工产品及制盐工业的发展很快，盐的需求量大幅度增加。产销缺口大，致使中国盐业形势更加严峻，被当时的媒体称为“白色冲击”。盐业生产和销售工作十分困难，给安徽省完成上级下达的分配调拨任务带来了很大难度，为了确保调运的计划完成，省盐业总公司密切联系产区和铁路部门，狠抓省外调运。1986年，省公司为加强对省外调运和省内市场安排，专门设立了运销科，并实行经理负责制，逐级负责，在省总公司统一指挥下对主要产区实行明确分工，常年包干，负责催调。省总公司及宿县、滁县、马鞍山等地由经理带队，多次到山东、江苏等省产区了解生产情况，落实运输计划，六安分公司抓住内河一年只能通航5个月的时机，一方面派人到产区催调，同时衔接好中转水运，到9月底，提前3个月完成了年度购进计划。安庆分公司将山东盐的海河联运改为陆转水运，先由昌乐陆运到裕溪口，再水运至安庆等沿江地区，解决了山东轮运盐调运难的问题，充实了库存。尽管上半年皖南山区和部分平原地区发生了小范围的抢购，10月份整个安徽北部发生大规模的抢购，但都保证了正常供应。

1987年，安徽省继续贯彻“以运保储，以储保销”的方针，保持合理库存，保证食盐和工农用盐的供应。2月省总公司转发轻工业部《轻工业部盐的分配调拨暂行办法》，要求系统内运输方便的地县要保持两个月库存，运输困难的交通不便的要保持3个月以上的库存，直调县要有两个月的库存，以满足食用盐及工、农、牧、渔业用盐的需要，保证市场供应。1988年，安徽的盐业形势仍很紧张。盐源紧张，公路运输汽油紧张，铁路运输车皮紧张，多种原因使得安徽省盐的调进计划完成很差，1—3月份安徽省提报计划为26万吨，产区和铁路运输部门核准13万吨，实际仅调进9万吨。由于连续3个月调进计划完不成，全省盐业系统库存大幅度下降，是几年的最低库存。适时全国食盐发生了抢购，波及安徽，安徽一些地方也出现超常购买和小范围的抢购，食盐市场紧张。为此，安徽省盐业总公司决定集中力量抓好调运，并采取相应的措施。同时先后多次向安徽省政府报告，对此省政府给予高度重视和支持，出面协调各方面关系支持安徽紧急调运，同时将食盐列为十二种生活必需品之一，实行必保制度。省盐业总公司下发通知，要求各公司在保证供应的前提下，对商贩购买数量进行限制，对群众实行食盐限量供应，同时动用国家储备盐济销。为保证调运计划完成，省盐业总公司派员常驻山东、江苏、福建等产区催调，西北湖盐东调难度大，主要问题是铁路干线运输紧，省公司千方百计避开调运计划受限装的符离集、新河口两限制口，通过汉阳和漯河、商丘中转，将盐发往安庆、芜湖等沿江地区及阜阳等地。1989年，特别是进入90年代后，全国盐的形势发生了很大变化，产不敷销的局面开始扭转，购进出现了好转。

1990年安徽省定远盐矿开始投产，一举改变了安徽省食盐和工业盐均依赖从外省调进的状况。1991年盐的产销形势虽然出现了结构性矛盾：食盐充裕，工业盐调运困难，特别是夏季发生了特大洪涝灾害，使得安徽盐的调运又出现了困难。但省总公司紧抓调运，一方面请求省救灾指挥部、计委、经委中盐总公司、产区给予大力支持支援，另一方面，多次派人前往河北、山东等产区摧调求援，赶赴西北三省坐镇催调，经过努力，全年购进和销售均超额完成，战胜了洪涝灾害，保证了市场供应。

1992年以后随着盐的产能快速增长，盐产大于销，安徽省盐业总公司采取多种措施加强计划管理，确保安徽盐运销正常秩序。

2003年以后，结合安徽省盐业工作实际，一方面从理顺盐业体制入手，逐步形成全省统一、精干高效的食盐专营体系，另一方面进一步完善制度，创新管理，确保国家下达食盐计划全面完成。2003年，安徽省开始推进食盐流通现代化改革，年底，中盐总公司与安徽省盐业总公司共同出资组建了全国首家国家级的食盐配送中心，目前中盐安徽盐业配送有限公司年生产、配送成品小包装食盐12万吨，全面推广食盐配送，并开始规划实施全省食盐流通化方案，该方案的组织实施，将全面贯彻落实国家发改委有关推进食盐流通现代化的文件精神。

规范调运　1992年以后随着盐的产能快速增长，地方兴建小盐场成风，擅自上小盐场（厂），有的地方甚至公开号召上平锅盐，有些产区也开始盲目扩大生产，致使盐的生产能力大大超过市场需求，加上各盐场（厂）不惜减税让利，竞相压价，造成产销失衡，宏观失控，食盐市场混乱，给整个行业带来了相当大的困难。如私盐泛滥，互相冲销，破坏了运销正常秩序；土盐、劣质盐侵入食盐市场，危害人民身体健康；非碘盐在碘缺乏病区泛滥，致使地甲病回升。

在随后的盐产大于销的十几年时间里，安徽省盐业总公司采取多种措施加强计划管理，制定奖惩措施，不违反规定私自从产区调盐，不接受上门推销的私盐、劣质盐和平锅盐，食盐继续实行指令性计划，工业盐按《盐业管理条例》进行计划调拨，保护安徽盐业市场的有序和稳定。同时安徽省盐业总公司加强与产区联系，达成共识，管住源头，共同维护盐业计划。安徽省盐业总公司通过电话、电报、发函、派员前往等多种方式，不断和产区加强联系，请产区按照提报的计划组织发运，凡未经安徽省盐业公司同意，任何单位接洽联系的都不能予以安排发运，否则按私盐予以查处。产销携手，除了在计划上，在价格、结算等方面密切配合有效地保证了国家计划的落实。明确规定计划提报程序和时间，明确界定计划操作的权限，加强跟踪监督检查，对计划执行情况每月一次总结检查，一个季度一次定量分析，半年一次通报，对计划执行情况坚决做到奖罚分明。

1986年到2005年省公司盐的购、销、调拨计划情况如下表：

1986—2005年安徽省盐业系统商品盐购销存统计表

表8-1-2-1

年份	省外调入（吨）			销售（吨）			期末库存
	合计	食盐	工业盐	合计	食盐	工业盐	
1986	490571	440658	49913	453966	413558	38369	128012
1987	486895	4272217	59678	503551	456025	45750	111710
1988	502846	442273	60573	462539	413534	48480	127944
1989	520616	465415	55201	502234	438137	63634	119119
1990	438038	405837	32201	450323	393672	56463	194126
1991	—	—	—	447330	406231	41073	190482
1992	—	—	—	—	—	—	—
1993	—	—	—	—	—	—	—
1994	—	—	—	—	—	—	—
1995	413175	410377	2798	454069	451941	2128	150957
1996	358322	348078	10244	414232	387614	26618	184028
1997	343722	325486	18236	404119	371900	31774	170159
1998	356119	327999	28120	409275	369751	39221	159808

续表 8-1-2-1

年份	省外调入（吨）			销售（吨）			期末库存
	合计	食盐	工业盐	合计	食盐	工业盐	
1999	388093	344585	43508	441632	395010	46429	161183
2000	427230	385441	41789	476247	431000	45005	138084
2001	411133	368857	41918	426626	376004	49333	141987
2002	413036	363106	49184	428482	373872	52818	141555
2003	455953	411317	44337	492576	442339	48413	102327
2004	396524	348246	45752	366362	316307	47129	10448
2005	383150	337730	43255	385054	340564	41246	110420

附记：食盐抢购风波

1986年至2005年，安徽食盐市场一共发生过三次食盐抢购风波。

第一次是1986年，由于受河南省食盐调价等因素影响发生了食盐抢购风，因而影响了安徽省的阜阳、宿县、淮南、蚌埠等地，造成市场供应紧张，化工生产濒于停产或半停产状态，形势非常严峻。面对严峻的形势，省盐业公司（局）早在年初就开始抓调运，在2月和3月、5月分别召开了直调工厂和分、市公司座谈会，并多次派员到产区联系调运，分、市公司领导到产区催调并及时购置、运送盖车篷布去产区，促进了调运计划的实现，同时就地动销部分储备盐，终于使市场供应逐步趋于平稳。

第二次抢购风，始于1988年4月，由于海盐连续5年歉收，铁路运输跟不上形势需要，湖、矿虽然连年丰产，积压在库，形成“有盐运不出，要盐运不来”的状况，调运计划时有落空，盐业公司库存薄弱，个别基层零售点食盐供应一度脱节，加之不法商贩套购倒卖，哄抬盐价，一些不明真相的群众随波逐流，首先在北部一些县、市和南部山区出现了食盐抢购风潮，瞬间波及沿江、江淮之间。食盐零售一度出现每市斤0.5元至1.00元的黑市价。全省当年多销盐4万吨左右，库存只够维持月余，个别县市只能维持几天。“盐荒”惊动了各级政府。省商业厅于1988年6月9日向各级市政府发出“抓好调运、控制销售”的明传电报，6月21日向各地市商业局发出“可以限量供应，必要时凭票供应”的明传电报，全省实行新中国成立以来第三次食盐凭票定量供应，每人每月供应0.5公斤。对皖南山区，根据群众腌制习惯，每人增加100克。8月20日，省工商局、商业厅、卫生厅转发轻工业部、商业部、卫生部、国家工商行政管理局《关于重申加强食盐市场管理若干规定的通知》，根据上级文件精神，省盐业公司（局）及时转发，并在合肥召开各地市公司经理紧急会议，具体布置工作。经努力，从省外调入大批量的食盐，充实了库存，为确保市场供应有了雄厚的物质基础。凭票供应至 1992 年 2 月底结束，从 1992 年 3 月起，全省食盐敞开供应。

第三次是 2003 年 4 月，受非典和淮河流域特大洪涝灾害影响，安徽省先后出现了两次食盐抢购风。时值安徽省盐业管理体制调整试点期间，面对突发事件，各级盐业公司切实抓好食盐专营工作，确保市场合格碘盐供应，一方面，省盐业公司（局）及时明电各地要加强领导，搞好宣传，保证市场供应；另一方面加大力度组织调运。抢购期间，省盐业公司（局）紧急调运食盐近 3 万吨，小包装 5000 多万只，各地突击加班小包装食盐 4 万吨。由于工作出色，省盐业公司（局）被中盐协会、中盐总公司评为“抗非典”保供应先进单位。

第三节　国家储备盐

储备盐是国家为了防备战争、灾荒和市场出现特殊情况下保障市场供应而建立的国家重要商品储备。

储备盐动销、核销　安徽省国家储备盐基本是 20 世纪六七十年代初调进，当时从战备考虑，存放点多且较偏僻。储存方式落后，有露天盐坨、开挖山洞存储、简易仓库等。在储备体制上，由于盐业管理体制经历多次变革，经办部门和相关人员多次变化，再加上拆、搬迁等原因，影响了储备盐的管理。为了加强国家储备盐的管理工作，1988 年 8 月 17 日，省盐业公司（局）下发了《关于切实加强国家储备盐管理的通知》。通知规定：储备盐是中国盐业总公司委托省公司代管的国家储备盐。它的动销要经过正式报批手续；国家储备盐资金系国家财政拨款，由中国盐业总公司统一管理，省级由省盐业公司（局）管理。该资金属专项资金，专项专用，任何单位和个人都不准抽调和挪用。

自 1985 年以后，经国家轻工业局批准，安徽省对储备盐陆续进行了动销、核销。1991 年夏，因安徽省遭遇百年不遇的特大洪涝灾害，而安徽储备盐大多为露天储存，毡盖保管条件差，在这次水灾中损失严重，经轻工业部批复，准许核减 1.23 万吨。1991 年，轻工业部、国家计委、财政部、商业部修订、颁布了《国家储备食盐管理办法》，并同时下达了《对调整现存国家储备盐工作的安排》，提出将全国储备盐储存数量由 1988 年末账面结存的 253.8 万吨调整到 150 万吨；储存点由 1753 个调整到 550 个。省盐业公司（局）根据国家要求立即给省财政厅写报告，拟定储备盐动销的方案。1993 年，安徽省现存的储备盐全部纳入国家分配调拨计划。部分公司包括阜阳、宿县、濉溪、蚌埠、宣城、宁国等地的国家储备盐动销完毕，并及时完成资金上缴工作。

储备盐清理工作　2006 年，为了彻底解决好国家储备盐历史遗留问题和下一步科学建立新的国家食盐储备制度，国家下达《国家食盐储备清理工作方案》，按照要求，2007年2月10日，安徽省成立由省发改委牵头，省财政厅、省国资委、省质监局、省盐务局为成员单位的省国家食盐储备清理工作领导小组，办公室设在安徽省盐业总公司。在清理期间，省盐业公司组织有关人员对安徽27个国家储备盐储点的国家储备盐情况进行了认真清理。质检部门对尚有实物库存的铜陵丰收山库、黄山龙王井库。滁州公司库等3个储点进行了检验，并出具检验报告。4—5月，国家储备盐清理工作小组委派的中审会计事务所进驻安徽省，对安徽省储备盐清理情况进行现场审核、清查。审计组对安徽省储备盐核销数量、金额、储备盐资金应交款及相关资料进行了认真审核，实地盘点了储备盐库存情况，确认了安徽省储备盐的清理结果。6月15日，省国家食盐储备清理工作领导小组向国家储备盐清算小组上报了《安徽省国家储备盐清理领导小组关于国家食盐储备清理工作情况的报告》。清理工作结果如下：

国家核定数。截至2005年12月31日，国家核定安徽省储备盐账面金额7453587.21元，其中应交款1406715.89元，库存数量为6.46万吨，金额6045871.32元。

安徽省清理数。安徽省盐务局已于1995年9月上报中盐总公司申请核销29937.57吨，金额1976871.32元。2001年以前各储点动销未上报金额382149.51万元，数量5596吨。安徽省国家储备盐存点共有27家。经盘点，盘亏27795.80吨，尚有3处有实物库存1266.22吨（黄山区龙王井库385.3吨、滁州市公司280.92吨、铜陵丰收山库600吨），经质检部门检验，质量不符合标准，无使用价值。上述合计安徽省国家储备盐盘亏58999.59吨（含1995年已上报核销数、库存实物报损数），金额5664721.81元；应交款1788865.40元，总计7453587.21元。至此，安徽省储备盐清理工作基本结束。

第二章　食盐专营

食盐之所以实行专营，是因为食盐具有特殊性。国家规定盐的批发业务只能由盐业公司统一经营。安徽省盐业总公司作为食盐批发企业，除了盐品经营任务外还承担了一定的社会责任和义务：一是严格按照国家分配调拨计划组织购销；二是要确保市场供应，不得发生责任性脱销，并保持国家要求的额定库存，三是必须保证所供应的食盐符合国家标准，对碘含量要严格控制；四是在严格执行国家定价的前提下，不论盈利还是亏损，都必须保证边远山区、少数民族地区食盐的供应。

第一节　专营体制

食盐专营体制是逐步形成的。1990 年 3 月，国务院发布《盐业管理条例》，确定了食用盐、国家储备盐，由国家实行统一分配调拨。食盐的批发业务由各级盐业公司统一经营。严格地说，这时的计划性还不等同于专营。专营体制的确立，源于碘缺乏病。1994 年 10 月，国务院颁布了《食盐加碘消除碘缺乏危害管理条例》，明确了采取长期供应加碘食盐为主的综合防治措施，消除碘缺乏危害。为了迅速有效地实施这一方案，国务院 1994 年决定实行食盐专营政策。1996 年 5 月，《食盐专营办法》正式出台，明确地将食盐生产和运销归入专营。各省、市、县盐业公司与中国盐业总公司自上而下形成一个完整的食盐专营体系，是中国食盐专营的经营主体。

食盐指令性计划管理　《食盐专营办法》明确规定国家对食盐生产和分配实行指令性计划管理。食盐指令性计划管理的核心内容是国家对食盐指令性计划进行编制、下达，各地进行计划分解下达，由具体的定点生产企业和各级盐业公司组织实施。食盐指令性计划管理反映专营工作进度和成果。从某种意义上讲，没有计划就没有专营。多年来，安徽省盐业总公司为了确保国家下达的食盐计划全面完成，结合安徽的实际情况和特点，着力加强计划管理，修改完善计划管理制度，制定了《全省盐业运销工作要点》《月度要盐计划提报管理办法》《食盐“五统一”管理有关规定》《盐业运销工作考核评比办法》《盐业统计制度》等办法制度。同时，省盐业公司（局）还创新计划管理方法，进一步强化食盐专营的力度，促进了省盐业总公司的经营和全省食盐计划的完成。

食盐定点生产许可证制度　国家对食盐实行定点生产许可证制度，非食盐定点企业不得生产食盐，目的是从总量和质量上把好专营第一关。2006年以前，国家规定食盐定点企业换证工作其进行两年一换，2006年国家发展和改革委员会颁发了《食盐专营许可证管理办法》规定为三年一换，期满后继续经营者，需重新申领。在质量上，要求各定点生产企业必须达到《食盐定点生产企业质量管理技术规范》国家标准要求。食用盐质量达到GB5461国家标准；调味盐、强化营养盐等多品种食盐达到行业质量标准；其他食盐品种质量应符合国家有关规定。并提请国家盐行业产品专业检测机构对产品进行抽样、检测，出具当年的检验报告。

安徽省的食盐定点生产企业是定远东兴盐矿。定远盐矿作为安徽省唯一的制盐企业，1989年动工兴建，一期工程设计生产能力为10万吨，1990年建成投产，当年产盐8000余吨，从而结束了安徽不产盐的历史。这对保证安徽市场食盐供应，支持盐化工业发展起到了重要作用。

食盐批发许可证制度 经营食盐批发业务，应依法申请领取“食盐批发许可证”，经营食盐转（代）批发业务，应领取“食盐转（代）批发许可证”。安徽省的盐批发销售机构原则上按行政区划设置，盐的批发业务，由各级盐业公司统一经营。根据规定，安徽省在食盐批发许可证管理上严格按照规范程序进行监管。为了建立健全新型食盐专营网络，切实加强对全省食盐批发环节经营网点的建设和管理，2004年，省盐业公司（局）在换证之际，对全省80个食盐批发许可证进行严格审查并重新换发批发许可证。2005年，根据专营办法等国家盐业法规、政策规定，结合安徽省盐业实际，制定了《食盐转（代）批发点管理暂行办法》，明确转（代）批点的设置要求和申办程序，规范食盐转（代）批发许可证的发放办法。

食盐准运证制度 这是国家为了保证碘盐及时供应，防止私盐、非碘盐冲销食盐市场的重要措施。为了落实食盐运输准运制度，安徽省经贸委1996年下发了《食盐运输准运证管理办法》，自1997年3月份开始，在蚌埠铁路分局的支持下，实现同铁路分局微机联网，借助现代化手段，加强食盐运输管理。同时安徽省盐务局在中盐东兴盐化股份有限公司设立驻矿办事处，驻点核发，实行24小时服务，即申即办，办理人员对照计划，核对流向、盐种、包装、承运人及运输工具证明等，符合条件立即登记核发，不符合则当场说明理由。一方面加强食盐运输监管，一方面为制盐企业提供更加快捷、周到的服务。日常管理方面，所有食盐准运证均为一车（船、车皮）一证，有效期较短（汽车一般为一天，船、火车按行程一般一两天），且为一次有效，准运证由承运人递交收货方，收货单位登记存档，按月核对，定期通报；每月准运证核发前，办事处要将各地准运证启用号码提前通知各地；食盐验收入库、办理货款结算，各地盐业公司都以随货同行的“准运证”为依据。省盐务局组织对食盐准运证核发、登记存档情况进行抽查。

2003 年，各级盐业公司与政府有关职能部门密切配合，在整顿食盐市场秩序、依法严厉打击私盐的同时，按照国家发改委盐业办的要求各省及时完成了使用新的食盐准运证工作，对各类用盐户和用盐情况普遍进行了全面清理、建档。同时以碘盐送销制和连锁销售制为重点，大力推进专营网络建设。在 2003 年受“非典”疫情影响两次发生食盐抢购风波的情况下，显示了专营企业的市场调控能力和抗风险能力。同年 11 月，国家发改委发布实施了《关于促进食盐流通现代化的若干意见》，筹建一批国家级食盐调拨配送中心。2004 安徽省组建了中盐安徽盐业配送有限公司，担负省级食盐加工配送中心任务，同时围绕优化食盐加工配送体系，进一步发挥集中包装—物流配送—分销与终端控制各环节功能，并将现代化信息成为安徽盐业高效开展食盐经营管理活动的管理工具。

第二节　专营管理

“五统一”管理　1995 年年底，全国第一次食盐专营工作会议提出了“五统一”的管理模式，“五统一”管理包括“统一管理、统一计划、统一组织供应、统一结算、统一缴纳碘盐基金”。自 1997 年 4 月 1 日起，安徽省盐业总公司对中盐东兴盐化股份有限公司省内销售实施“五统一”管理，在总结成功经验的基础上，及时将产区扩大到山东、河北、湖北、重庆、江苏等产区，并签订了供需合同。同时，还根据合同的约定条款，着重加强对计划执行过程的动态管理，对计划执行情况不好的单位及时查清原因，帮助解决问题。“五统一”的实施结束了长期以来存在的计划执行难，价格混乱，货款回笼差的困难局面，确立了省盐业总公司在食盐专营中的核心地位，是落实国家计划、执行国家价格政策、货款及时结算回笼的基础。

食盐价格管理　在食盐价格管理上，认真执行食盐价格政策，是规范食盐购销行为，促进盐业产销共同发展的基本要求。安徽省食盐的批零价格是依据省物价局相关规定执行的。过去由于盐业长期产大于销，食盐价格政策在安徽省少数地区难以落实到位，2003 年安徽盐业管理体制理顺后，配合国家发展计划委员会制定的《食盐价格管理办法》出台，省盐业公司（局）在安徽省盐业系统内开展了一次食盐价格执行情况大检查活动，维护了食盐价格严肃性。2003 年“非典”期间，发生食盐抢购风，省盐业公司（局）紧急下发《关于进一步加强食盐价格管理的通知》，要求各地严格按照物价部门定价批发、销售，不得擅自改变包装规格等形式变相涨价或降价，不得采用收取保证金等任何可能对价格产生影响的行为及其他价格违规行为，保证了特殊时期食盐价格的稳定。2004 年，省物价局就食盐价格有关问题发出通知，对保持食盐价格稳定、确保普通复合膜包装碘盐的供应以及落实食盐价格政策等提出进一步要求，对违反食盐价格政策的行为，要依法严肃查处。根据通知精神，安徽盐业公司采取措施，强化专营管理，认真执行国家规定的食盐价格，明码标价，接受消费者监督：一是各市县公司与食盐经营户签订委托零售协议书，规定食盐的零售价格和禁止搭售其他商品等有关条款，切实保证消费者的合法权益。二是在公司对外营业厅的醒目位置和每户经营户的食盐专柜上张贴有食盐零售价格的标价单和举报投诉电话。三是严格执行国家定价，不论单位盈亏都必须保证边远山区的食盐供应，保证边远乡镇的食盐供应。

销售网络管理 加强销售网点建设，对原有的食盐转（代）批和零售网点进行整合，合理设置销售网点，下达任务，划片销售，配送到重点用户，同时改善服务，变原来的官商为行商，坐销为走销、访销。在销售中，立足自己销区，在各乡镇选择和布局食盐经营网点，注意市场调查、预测，加强联络，使私盐没有市场。全力推进精制盐和纸塑包装销售，既解决了海盐紧俏，又提高了经济效益。1995 年开始推广小包装盐，1995 年小包装盐的市场占有率就达 50% 以上。与邻省交界地区的市县盐业采取措施，严防冲销。如阜阳市在与河南省交界的地方，设置复合膜直供的“隔离带”，减少河南省低价的复合膜包装盐对安徽省市场的挤占。完善供应，改进服务，着重抓好农村市场的供应管理。在巩固城镇供应的基础上，将碘盐供应网络延伸到农村和山区，确保农村和山区居民吃到便宜、合格的碘盐。规范工业盐、食品加工用盐管理，签订合同，一户一档，凭证定量或限量供应，适时监督检查；调动内部销售人员及转（代）批经营户的积极性，规范销售行为，稳定盐业市场。经过各级部门的共同努力，安徽盐的购销计划执行情况较好。

2004 年，为了真正实现从批发到零售统一的市场新格局，最终达到规范、控制零售终端市场的目的，根据国家发改委《关于促进食盐流通现代化若干意见》的精神，省盐业公司（局）下发了《关于加强食盐专营网络建设工作的通知》，要求各地按照“合理布局、方便群众、保障供应、便于管理、结合人员分流”的原则，加强食盐专营网络建设和管理，同时规划并实施全省食盐流通现代化方案。

第三章　食盐加碘

碘是人体生长、发育必需的微量元素。碘缺乏病是人体由于摄入碘量不足而产生的一系列疾病和障碍的总称。中国是世界上碘缺乏危害最严重的国家之一，原病区人口达 4.25 亿，约占世界病区人口的 40%，亚洲病区人口的 60%。中国现有智力残疾人 1017 万，其中 80% 以上是因缺碘造成。在多种补碘措施中，最好的办法就是食用加碘盐，即在食盐中按一定比例用科学方法加入用微量的碘化物（如碘酸钾、碘化钾等）制成。这是一种即安全、有效、生活化、长期，又经济、易推广的方法，也是防治碘缺乏病的最根本措施。中国从 1995 年起实施全民普食加碘食盐，每人每天吃合格碘盐 5 ～ 10 克，即可从中补充 100 ～ 200 微克碘，可以满足人体对碘的需要。2005 年安徽省 105 个县（市、区）16399 名 8 ～ 10 岁儿童碘缺乏病病情监测显示，儿童甲肿率 3.06%；儿童尿碘中位数 269.4ug/L，总体碘营养是适宜的。

第一节　政策制定

安徽省是碘缺乏危害较为严重的省份之一，早在 20 世纪五六十年代时期，革命老区、重病区金寨县就曾流传这样一首民谣："一代大，二代傻，三代四代断根芽。" 80 年代初对全省 81 个县市 3509 个乡镇 3508 万人口进行流行病学调查，地甲病平均患病率为 11.27%，地方性克汀病平均患病率为 1.52%，主要分布在安庆、六安、池州、宣城、黄山、芜湖、铜陵等地、市的三十四个县（市）。

1978 年，中共中央防治地方病领导小组办公室召开会议研究了《食盐加碘防治地方性甲状腺病暂行办法》，同年 12 月 21 日国务院批准了这个办法，自 1980 年 1 月 1 日起施行。要求各级政府加强领导抓紧措施落实，定期督促检查，有关部门各负其责，紧密配合，努力做好碘盐加工与供应工作。

1990 年，联合国提出了全球在 2000 年实现消除碘缺乏病目标。1991 年 3 月，李鹏总理代表中国政府在世界儿童问题首脑会议通过的《儿童生存、保护和发展世界宣言》和《执行九十年代儿童生存、保护和发展世界宣言行动计划》上签了字，承诺到 2000 年中国实现消除碘缺乏病的阶段目标。

1993 年，国务院决定成立"中国消除碘缺乏病协调领导小组"，国务委员彭珮云担任组长。第一次会议上建议食盐专营专卖。

1996年国务院颁布了《食盐专营办法》，至此中国全民普及食盐加碘综合防治措施全面实施，消除碘缺乏病工作进入了全面推进的新阶段。

2000年6月，为了检查《中国2000年消除碘缺乏病规划纲要》的执行情况，卫生部、国家轻工局、教育部、国家工商行政管理局和国家质量技术监督局五部局派出的国家评估组分赴31个省（自治区、直辖市）对消除碘缺乏病工作进展情况进行了全面考核评估，这次评估确认已实现消除碘缺乏病阶段目标的省（自治区、直辖市）共17个，其中包括安徽省。据此，安徽省已基本实现消除碘缺乏病的阶段目标。

2001年，国务院制定《中国儿童发展纲要（2001—2010年）》要求，明确要求合格碘盐食用率达到90%以上。

2004年9月，国务院办公厅转发了卫生部、国家发展改革委、财政部制订的《全国重点地方病防治规划（2004—2010）》，明确提出：2010年，全国95%以上的县（市）要实现消除碘缺乏病目标；尚未实现消除碘缺乏病的7个省（自治区、直辖市）到2010年要达到消除碘缺乏病的目标；已达到基本消除碘缺乏病目标的7个省（自治区），到2005年要力争达到消除碘缺乏病目标；已达到消除碘缺乏病目标的17个（自治区、直辖市），要进一步巩固防治成果，防止出现反弹。2005年3月，国家工商总局、卫生部等部门在全国范围内联合开展了食盐市场秩序专项整治工作，严厉打击无照贩卖私盐，严格市场准入，严禁非碘盐、劣质碘盐和非食用盐流入市场，损害人民利益。

为了控制安徽省碘缺乏病，1985年，安徽省要求在病区实施以食盐加碘为主的综合性防治措施，三年内实现基本控制碘缺乏病目标。同年，《安徽省食盐加碘防治地方性甲状腺肿实施细则》（此细则后由《安徽省食盐加碘消除碘缺乏危害管理实施办法》所取代，已经废止）出台。为了开展食盐加碘，1982年到1992年，安徽省财政拨款共投入1800万元的经费用于碘缺乏病防治工作，开展以食盐加碘为主，碘油丸（针）为辅的综合防治措施。十年间，全省36个碘盐加工厂，共向病区投放碘盐95万吨。1992年，安徽省对87年达到基本控制的35各县（市），进行为期5年连续病情观察，共观察人群1076077人，观察结果为患病率逐年下降，7～14岁学生甲状腺肿肿大率病情稳定。

1993年，国务院召开“实现消除碘缺乏病目标动员会”以后，安徽省政府办公厅要求加强病区碘盐加工、销售和管理工作，出台了《安徽省食盐加碘消除碘缺乏危害管理实施办法》和《安徽省2000年消除碘缺乏病规划纲要实施方案》。

1995年省政府召开全省消除碘缺乏病目标动员会，决定自1996年开始全民普食碘盐。此后，全省各级盐业公司（局）在当地政府的领导、支持下，积极行动起来。

1995年，省盐业公司（局）成立碘盐管理办公室，并要求各地盐业部门指定专门科室和人员负责碘盐工作，成立加碘盐领导小组。根据省政府决定，统一购置加碘机械。9月，在六安举办了首期食盐加碘技术培训班。同年，按国家要求，碘盐的加工、供应实行许可证制度，安徽省盐业总公司统一印制了“碘盐加工许可证”“碘盐批发许可证”。通过许可证的发放与管理，将促进碘盐市场的规范化。

1996 年召开全省盐业工作会议，部署做好全民普食碘盐工作，要求 3 月起不得供应非碘盐，并在小包装碘盐上加贴由中盐总公司注册的、全国统一的防伪“碘盐标志”。

1997 年 4 月，省盐业公司（局）在黄山举办了首期加碘盐质量教育及碘盐定量检测化验员培训班，讲授碘盐质量管理的规范要求。

1998 年，省盐业公司（局）制定并印发了《安徽省碘盐质量管理办法》，此办法要求各盐业企业界定部门职责，量化奖罚措施，推行质量责任制，规定了碘盐的运输、仓储、分装、批发、零售等环节的管理制度和操作规程，并将各环节的管理制度印发各地贯彻。到 1999 年，安徽省已形成了一个碘盐质量管理部门、质量监督部门和质量监督检验站三级监测网，负责全省碘盐质量管理和监测工作。

1998 年 12 月，省盐业公司（局）在蚌埠市盐业公司召开碘盐包装机械现场会，邀请厂家作现场讲解和演讲，会后很多公司购置了包装机械。其后，各盐业公司（局）根据自身情况，因地制宜地新建或改造仓库和分装车间，使之达到卫生要求；为了满足不同层次消费需求，减少碘的流失，推广复合膜包装碘盐；同时，进一步规范已由中盐总公司转让中盐协会的全国统一的防伪碘盐标志管理工作。

1999 年，省盐业公司（局）结合安徽省实际，制定《安徽省加碘盐管理工作考核评比办法》和百分制的《评分细则》，全面对各公司进行了考核，提出相应改进建议。经过考核，全省碘盐平均合格率由 1995 年的 30.7%上升到 98.5%，碘盐覆盖率由 1995 年的不足 40%上升到 98%以上。

2000 年 3 月，根据国家统一部署，省地方病防治领导小组成立了 5 个省实现消除碘缺乏病阶段目标评估组，以《安徽省实现消除碘缺乏病阶段目标省级评估办法》为依据，对全省 18 个市、县消除碘缺乏病情况进行了评估，评估结果为：（一）组织领导、碘盐管理、健康教育三项评分：所有市、县的三项评分最高为 97.5，最低为 89.3，平均达 92.7。（二）8 ~ 10 岁儿童甲状腺肿大率：最高为 5.06%，最低为 0.42%，均低于 10%。（三）居民户合格碘盐食用率：最高为 100%，最低为 90.6%，均高于 90%。（四）8 ~ 10 岁儿童尿碘水平：各地 8 ~ 10 岁儿童尿碘中位数最高为 501.7 微克 / 升，最低为 334.2 微克 / 升，均在 100 微克 / 升以上；小于 20 微克 / 升的比例未超过 10%。以上结果表明，安徽省各市、地均达到了国家规定的实现消除碘缺乏病阶段目标各项指标的要求，顺利通过国家和省消除碘缺乏病阶段性目标的评估。

2001 年，安徽省的加碘盐项目建设已基本完工。

2003 年，从 4 月 1 日起，全力推行食盐包装物“五统一”管理，实现了全省包装规格、版面统一。对省外购进的粉洗碘盐要求产区进行烘干处理，省内精制碘盐质量等级由二级调整到一级。采用避光、可自然降解，燃烧无污染的纸塑材料包装食盐，以防止碘挥发及增加防伪系数。通过纸塑小包装食盐的推广，还带动了省盐业公司（局）对仓储包装、办公场所的规划改造工作，要求各盐业公司（局）统一纸箱大包装和仓储堆码，成品盐必须使用垫板，以提高食盐库存的卫生条件，进一步保证了碘盐质量。

在2003年，省盐业公司（局）相继制定《安徽省碘盐质量监督管理办法》、《安徽省碘盐管理工作考评方案》《安徽省盐业企业仓储、分装管理办法》和《安徽省盐行业建设项目管理办法》等一系列的管理制度，着力从建立质量管理体系、开展质量教育和健全质量监督系统等方面开展工作，另一方面，加强基础设施建设，改善企业形象，要求各盐业公司（局）按照省盐业公司（局）制定的办法改善盐业公司的仓储设施和经营网点。

2004年3月18日，由中盐总公司和省盐业公司（局）共同出资组建的中盐安徽盐业配送有限公司正式成立，该公司被中盐总公司定为全国第一家国家级食盐配送中心，第一期设计年产小包装食盐10万吨，未来目标30万吨，分装、配送到全省及全国部分地区。公司的成立，加快推进安徽省食盐流通向现代化建设，有效地减少流通环节，降低流通成本，从而确保合格碘盐的普及供应，实现可持续消除碘缺乏病的目标。到2005年年底中盐安徽盐业配送有限公司年生产、配送成品小包装食盐12万吨。

2001年至2005年，安徽省碘盐合格率、碘盐覆盖率、合格碘盐食用率稳定在98%以上，防治碘缺乏病各项指标已经达到全国先进行列。食盐专营十年，大大改善了安徽人民碘缺乏病的发病率，更重要的是保护了儿童智力发育，人口素质得到显著提高。

第二节　加碘盐工作

项目制定与建设　为实现中国2000年消除碘缺乏病的目标，国务院及其所属各有关部门予以高度重视，在确定食盐加碘为消除碘缺乏病的主导措施后，即着手制定和实施加碘盐工程。1994年9月5日国家计划委员会以《国家计委关于加碘盐项目建议书的批复》同意实施加碘盐项目，并规定项目总投资97997万元。中国盐业总公司编制了《中国加碘盐项目整体规划》。

1995年中国轻工总会受国家计委委托，组织专家对安徽省加碘盐项目的可研报告进行了审查，确定了工程由9个子项目组成，批准了工程建设规模和内容。省计委于1997年5月批准全省加碘盐项目的建设规模，确定由定远盐矿承担10万吨/年加碘能力；新增小包装能力18万吨/年。工程总投资为2904.44万元。自1997年始，安徽省加碘盐项目全面进入施工建设阶段，历经5年，基本完成了项目建设内容。土建工程实际完成投资 20817522.6 元，其中新建碘盐仓库、包装车间 12324.8 平方米，改造仓库、厂房 6006.1 平方米，购置土地 48195 平方米。设备购置共完成投资 6232434.51 万元，其中定远盐矿购置 2 台 /（套）自动加碘机、意大利萨西布公司生产的 0.5 ~ 1kg 全自动小包装机 3 台 /（套），销区共购置国产全自动Ⅲ型 0.5kg 小包装机 6 台 /（套），购置国产半自动Ⅲ型 0.5kg 小包装机 23 台 /（套）。安装工程完成。全省加碘盐项目共完成投资 27640526.87 元。

2001 年，安徽省加碘盐项目工程顺利通过国家审计署和中盐总公司的项目资金审计、工程检查。经过运行表明，安徽省已形成 10 万吨的加碘能力，14.4 万吨的小包装能力。本项目的竣工投产从根本上提高了安徽省的加碘技术水平，加碘盐的包装、仓储条件和水平，有效地保证了碘盐质量，发挥了巨大的社会效益，有力推进了食盐加碘消除碘缺乏病工作的可持续发展。

碘含量标准 中国食盐加碘，在 1989 年以前添加的是碘化钾，后因碘化钾不如碘酸钾稳定，易于保存，卫生部地方病防治司、中国医药公司、中国盐业总公司于 1989 年 10 月 6 日发出“关于碘酸钾代替碘化钾加工碘盐”的部署，此后安徽省食盐均加入碘酸钾作为碘剂进行补碘。

1995 年第四季度以前，安徽省所需碘酸钾由卫生防疫部门无偿供给，之后开始实行全民普食碘盐，全省各级盐业公司及定远盐矿碘酸钾的需求由安徽省盐业总公司组织供应，一直到 1997 年，国家做出食盐由产区统一加碘，销区补碘的规定，安徽省盐业总公司停止碘酸钾的采购供给，由定远盐矿自行从国家规定的定点碘酸钾厂购进。

国家对食盐中的加碘比例也有明确规定：1986 年至 1992 年为五万分之一。1993 年 1 月卫生部决定，将中国碘盐浓度由三万分之一调为二万分之一。1994 年，国家技术监督局重新规定碘盐中碘的含量：以 I 计，出厂产品不低于 40mg/kg, 销售不低于 30mg/kg，用户不低于 20mg/kg。这次规定的碘含量由于没有上线控制，后经尿检监测结果显示碘偏高。2000 年 10 月 1 日颁布实施的 GB5461-2000《食用盐国家标准》中规定了碘的严格含量：每千克食盐中含碘为 35 毫克 ±15 毫克。新标准改变了过去没明确上限的情况，规定每千克食盐碘的含量必须在 20 ~ 50 毫克之间，否则被视为不合格产品，强制逐出食盐市场。

碘盐包装 中国盐的包装，以往大包装以麻袋为主，但麻袋包装盐存在易污染、劳动负荷大以及麻袋管理手续复杂烦琐，往返运输、回笼困难等缺点。为适应盐业发展的需要，轻工业部于 1992 年印发了《改进盐包装的意见》的通知，取消以麻袋包装食盐，开发高档盐品市场。

这次《改进盐包装的意见》也促使了安徽省加大小包装食盐的推广力度，开始试销 500 克、1000 克单膜小包装食盐。除了销售精制小包装食盐外，增加了粉碎洗涤盐及原盐小包装。1994 年，安徽省盐业总公司向国家工商管理局申请注册“迎客松”食盐商标，印制在小包装版面上，在全省范围内推广使用，并在塑料小包装袋的背面统一印制盐政法规宣传条款。1996 年《食盐专营办法》出台，规定食用盐全部加碘，食盐全部实行包装化并以精制盐、粉洗盐包装供应为主。自此，安徽省彻底改变了食盐以散装盐、大包装盐为主的销售模式，全省全面推行食盐小包装袋的更替，逐步推广了复合膜包装食盐的供应，碘盐质量得到了有效保证。

为了保证盐的小包装袋符合国家卫生要求，1996 年，安徽省物价局下发《关于调整食盐价格的通知》及《关于 1000 克碘盐小包装袋价格的批复》，分别规定 500 克碘盐零售小包装袋要有明确的盐种、重量、生产日期、加工单位等标志。小包装厚度双面 8 ~ 10 丝。1000 克碘盐小包装袋为双面厚度 8 ~ 10 丝。1997 年，安徽规定碘盐包装袋由省盐业主管机构统一监制，1997 年安徽省盐业总公司成立皖盐包装厂（2003 年更名为银华工贸公司）作为安徽省定点加工制作碘盐小包装袋的专业厂，给安徽省盐业系统提供碘盐小包装袋。

为了加大精制盐的购进及销售，2003 年省盐业总公司制定了《安徽省食盐包装物管理规定》，对全省食盐小包装物实行 “五统一” 管理，实现了全省食盐小包装规格、版面统一，全省统一销售 “迎客松” 牌食盐。同年，为适应食盐包装发展趋势及环保的要求，提高盐行业的社会效益和经济效益，又推广食盐纸箱、纸盒包装，并以制度形式规定“小包装的外包装应采用与小包装标签内容相同的纸箱或编织袋，不得用原大包装盐袋直接盛装” 。截至 2005 年年底。纸塑小包装食盐已占市场零售的 95% 以上。2005 年 10 月 1 日，《预包装食品标签通则》和《预包装特殊膳食用食品标签通则》开始实施，省盐业公司（局）按照国标规定对食盐标签进行了规范，并按规定更换食盐外包装，增强包装防伪系数，进一步保证食盐质量安全。

碘盐防伪标志　为加强食盐市场管理，禁止不符合食盐卫生标准的碘盐，不合格盐和计划外盐进入食盐市场，1995 年 12 月 22 日，中国轻工总会、国家工商行政管理局、国家技术监督局下发了《关于食用碘盐包装采用防伪“碘盐标志” 的通知》，要求从 1996 年第一季度起，全国碘盐包装必须采用防伪 “碘盐标志” 。凡未贴此标志的碘盐一律不准在市场销售。防伪 “碘盐标志” 经国家工商行政管理局商标局注册，由国家盐业管理办公室、中国盐业总公司统一管理，定点制作。2005 年 6 月，中盐协会下发《“碘盐标志”生产、使用、管理规则》，进一步加强对“碘盐标志” 的生产、使用管理和监督。

1996 年以后，经中国盐业总公司（1998 年改由中国盐业协会）授权许可，安徽省盐业总公司一直担负着碘盐防伪标志的使用和管理工作。1999 年安徽省商务厅、安徽省工商行政管理局、安徽省技术监督局联合下发《关于食用碘盐包装采用新版防伪“碘盐标志” 的通知》，确定了安徽省碘盐所用的防伪 “碘盐标志” 的图形组成。通知中规定安徽省内各碘盐生产企业和碘盐批发企业的碘盐均要采用防伪“碘盐标志”，同时进一步明确由安徽省盐业总公司负责其使用和管理工作。安徽省每年的碘盐标志需求量近五六亿万枚，均由安徽省盐业总公司统一使用，统一管理、统一发放、统一结算。安徽新国鉴激光信息产品有限公司受安徽省盐业总公司委托负责生产加工，并接受其监督。

碘盐检测 检测系统是保证碘盐质量的必要手段。在省盐业总公司的督导下，逐步开展对碘盐质量的定性、定量检测，完善质量检测制度化，人员岗位定位化，检测档案规范化，工艺流程机械化，化验程序科学化。严格对每批出、入库的碘盐进行动态检测，做到不合格的不分装、不销售，确保合格碘盐供应，形成了一个覆盖全省的碘盐三级监测网。

宣传教育 从 1994 年起，每年的 5 月开展全国性的“全国防治碘缺乏病日”宣传活动。安徽省积极响应，认真组织。每年 5 月 15 日的“防治碘缺乏病日”活动都做到重点突出、形式多样、内容丰富、效果良好。

2003 年，安徽发布食用碘盐保护儿童智力发育宣传标志，同时开展消除碘缺乏危害健康教育，印制宣传画 3.9 万张，由各地在乡村、零售户核居民户等处张贴，收到了很好的成效。

第四章　盐税和盐价

中国的盐税、盐价历来都由国家统一制定和管理，任何单位和个人不得擅自改变减免税盐用途和盐价。

第一节　盐　价

中国现行的盐业管理体制为食盐实行专营，小工业用盐由盐业公司（即食盐批发企业）统一经营，两碱工业用盐合同监管，整个盐价的管理体现了盐业分类管理和中央与地方价格主管部门之间的合理分工特点。

价格改革　中共十一届三中全会以后，盐价也开始进入了全面调整和改革时期，但步履维艰。1989 年为了缓解盐业困难，经国务院批准，国家提高了盐业的出场价和食盐零售价，建立了盐业发展基金。1990 年到 1993 年，由于国内通货膨胀的大环境的原因，盐的原辅材料费用大幅上涨，价格成本倒挂，盐的批发零售环节全面亏损，出现卖盐买盐难的问题。

1994 年年末，为适应新税制改革和社会主义市场经济要求，经国务院同意，国家计委决定对盐价管理体制进行改革,《关于改革盐价管理体制》发布。改革盐价管理体制。食盐出场（厂）价、产区批发价及省府所在地批发价由国家计委统一管理，食盐零售价作价原则由国家计委统一管理，食盐零售价作价原则由国家计委制定，具体价格由省级物价部门确定；工业盐价格实行国家指导性价格，国家计委确定浮动范围，供需双方协商作价。调整盐价结构，将盐的出场（厂）价、分配价、批发价、零售价四种形式改为出场（厂）、批发、零售价三种形式，取消分配价。取消“盐业生产发展基金”和“中央平衡差”，在食盐产区批发价中设立每吨 25 元的碘盐基金。1996 年 1 月 4 日，国家计委发出《关于调整食盐价格的通知》对上述政策予以贯彻落实。1985 年以后，安徽省根据国家盐价的调整作了相应的部署。

食盐价格变动　1986 年 7 月，为解决基层供销社和其他零售单位经营食盐利小或亏损的问题，决定适当扩大食盐的批零差价，安徽省发出《关于调整食盐批零差价的通知》。根据总的减税原则，国家确定安徽省从产区购进食盐的减税额为每吨 12 元，因此随着产区减税降低食盐分配价，省内各供货地食盐的调拨价，批发价，部分原盐、洗粉盐、再制盐一律同时相应每吨降低 12 元。

1986 年 11 月 19 日，安徽下发《关于安排食盐城乡差价的通知》，对全省食盐的城乡差价和部分县城市场食盐零售价格作了安排，食盐城乡差价调整幅度全省不作统一规定，由各地、市、县按县城关（市区）零售价加合理费用和适当综合差率，安排基层零售价格，一般比原零售价调高 1 ～ 4 分，对少数贫困山区运杂费用较高者，规定最高限价，最高零售价为每 500 克 0.20 元，个别达到 0.21 元，限价后发生的政策性经营亏损，由当地财政补贴。盐业公司对基层供销社的作价办法仍实行到点结算，其批零差率为 12%，转批部分 4%（少数山区 5%）的优待不变，对金寨、霍山、岳西、太湖、宿松、旌德、泾县、郎溪、黄山市（太平）等运杂费较高的 10 个山区县、市和石台、祁门、绩溪、休宁、怀远、肥东等供货地没有地差的 6 个县的城关，在原食盐零售价基础上每 500 克调高 1 分。这样调整后，全省食盐零售价（原盐）最高为 0.21 元，最低为 0.14 元，突破了二十年来国家规定的最高现价，恢复了不少县、市的城乡差价，部分亏损县开始由亏转盈，微利县的利润亦有所上升，从而调动了经营食盐积极性。品种差价仍按原来规定：粉洗盐（粉碎盐）每 500 克比原盐加 1 分，精制盐加 2 分。

1988 年，省外盐的调运难度进一步增大，各种费用大幅度上升。从山东、江苏盐区调安徽的盐，须绕阜淮线，每吨增加绕道费 7 元，其他费用也不断上升。由于盐的进货成本增大，为保证安徽市场食盐供应，省政府决定相应提高盐的销售价格，要求各地以微利为原则，根据具体情况自行安排调价幅度，一般每 500 克调高 6 分。调价时间也未作统一规定，最早的 1988 年 7 月开始执行，较迟的 1989 年 1 月才开始调整。

1989 年，由于盐产地的分配价再次提高，盐业运销企业在经营活动中的费用不断增加， 11 月 25 日，国家对市场食盐供应价格全国性调整。安徽省精粉盐零售价格在原盐基础上每 500 克加价 5 分，合肥市场的精粉盐（散装）零售价格每 500 克调为 0.29 元，其他县以上市场食盐零售价格如下表：

1989 年省管市场食盐销售价格表

表 8-4-1-1　　　　单位：批发　元 / 吨　零售　元 /500 克

市场	原盐		精粉盐	
	批发价格	零售价格（散装）	批发价格	零售价格（散装）
一价区（5 个）	381.80	0.23	464.80	0.28
二价区（16 个）	398.40	0.24	481.40	0.29
三价区（39 个）	415.00	0.25	498.00	0.30
四价区（13 个）	431.60	0.26	514.60	0.31
五价区（6 个）	448.20	0.27	531.20	0.32

城乡差价按照运杂费用递远递增的原则，一般安排 1 ~ 3 分。少数边远山区可扩大为 4 ~ 5 分，为不过多增加山区群众负担，确定全省零售最高限价：散装原盐每 500 克 0.32 元，袋装精粉盐每 500 克 0.40 元。零售单位因此而发生的亏损，由县盐业公司补贴，盐业公司亏损无力补贴的由当地财政解决。

食盐的批零差率由倒扣 12%调到 17%，转批优待率仍按 4%（山区 5%）执行。

此次调价，使一些交通不便的山区和边远地区的盐业公司及基层供销社扭转了亏损，调动了经营食盐的积极性，解决了部分地区群众买盐难的问题。

1993 年，安徽对市场零售价格进行了调整。将全省县城以上市场食盐零售价格每 500 克提价 6 分（具体见下表）；加碘盐仍按加碘不加价的原则执行；各地直接粉碎加工的原盐，每 500 克加价 1 分。牧业用盐与食盐执行同价；县以下农村市场食盐零售价格，由县物价局会同供销社、商业局确保，城乡差价及其他有关规定仍按原通知规定执行；为照顾少数边远山区的居民不因提高食盐价格，过多增加支出，确定边远山区最高零售价格：散装原盐每 500 克 0.38 元。执行最高价格发生亏损由县盐业公司补贴；精制盐的小包装原则上只计包装成本，具体价格由各行署、市物价局核定，报省备案。同时还规定，食盐的批零差率统一由现行按零售价倒扣 17%调整为 19%。

1993 年省管市场食盐销售价格表

表 8-4-1-2

市场	原盐（散装）		精制盐（散装）	
	批发价格	零售价格	批发价格	零售价格
一价区（5 个）	496.80	0.29	550.80	0.34
二价区（16 个）	496.00	0.30	567.00	0.35
三价区（39 个）	502.20	0.31	583.20	0.36
四价区（13 个）	518.40	0.32	599.40	0.37
五价区（6 个）	534.60	0.33	615.60	0.38

1996 年 1 月 15 日，安徽省物价局下发《关于调整食盐价格的通知》，对安徽省食盐价格进行调整，规定全面普及食盐市场包装化、精细化，原盐不再作为食盐在市场销售（仅供生产企业用盐需要），不再核定原盐的市场零售价格。由于食盐全面加碘，执行加碘价格的规定，核定产区碘盐批发价（含增值税）炉桥站每吨 477.22 元，蚌埠站每吨 491.15 元。

2000 年，省物价局下发《关于核定 500 克食盐包装价格的批复》，规定 500 克复合膜包装碘盐零售价为 0.87 元/袋（不分价区），每 250 克包装按以上标准统一零售价 0.45 元（精制盐），执行中位数四舍五入以角取整。

2003 年，安徽加快推广可降解食品包装材料，出品了 500 克纸塑小包装食盐，核定试销价格为 1.3 元，试销期为一年。

2004 年 10 月 9 日，省盐业公司（局）转发了省物价局《关于加强食盐价格管理的通知》，规定 500 克复合膜包装仍按 0.87 元 / 袋（执行中尾数可四舍五入以角取整）；500 克纸塑包装碘盐价格为 1.30 元 / 袋；供应特需人群的 500 克纸塑包装非碘盐零售价格为 1.30 元 / 袋；2.5 公斤复合膜包装碘盐批发价格为 1450 元 / 吨，零售价格按批发价格顺加 20%；转批点的批发价格由省盐业总公司确定并报省物价局备案。要求盐业公司确保普通复合膜碘盐供应，同时要求各地要认真落实食盐价格政策，在食盐小包装上明码标价。

2005 年 3 月 11 日，为促进农业生产，扶持农业产业链延伸，省物价局发出《关于腌制用盐价格及供应问题的通知》，大包装腌制用盐供应价格按照省物价局《关于调整食盐价格的通知》执行。

盐业系统腌制用盐供应价格

表 8-4-1-3　　　　单位：元 / 吨

市场	粉洗	日晒	井矿
一价区	783.33	833.33	816.67
二价区	800	850	833.33
三价区	816.67	866.67	850
四价区	833.33	883.33	860.67
五价区	850	900	883.33

2005 年 6 月 20 日，省总公司下发《关于对省内定远盐实行统一配送的通知》，决定自 2005 年 7 月 1 日起，省内定远盐全部由中盐安徽盐业配送公司实行统一配送，各地原自提车辆一律取消。配送价格维持原各地自提价格不变，结算方式由配送公司盐价（大包装 404.60 元 / 吨，小包装 975.60 元 / 吨）+ 运费（含 9.97% 的增加税差）一票制向省总公司开票，省总公司按原定顺加金额向各市公司开票结算。

工业用盐价格变动

1984 年，财政部下达了《关于调整部分地区盐税税价额和盐的出场价分配价的通知》，安徽省物价局又下达了《关于调整工农牧渔业用盐供应价格的通知》。根据通知中关于工业盐征税的新规定，工、农、牧、渔业盐分配价和市场供应价也相应调整，5 月 23 日，安徽省盐业公司对安徽省上述盐种的批发价格进行了调整，调整后的各市工业盐价格比现行价提高 1 担 / 元，农牧盐提高 0.25 担 / 元，渔业盐提高 0.25 担 / 元。

1986 年 12 月 11 日，轻工业部、财政部、国家物价局联合发出《关于调整盐的出场（厂）价减征盐税的通知》规定：食盐及工、农、渔业用盐分别提高出场价，其中食盐相应减征盐税，农、渔业用盐与食盐同税，产区相应提高分配价，均由用户负担。省财政、商业厅与物价局对省内工业用盐（酸碱工业、制革工业用盐及肥皂工业用盐）每吨供应价提高12元。农业、渔业用盐按市场食盐批发价供应，从1986年10月1日起执行。

1987年，对跨供县、市的减税工业盐价格进行了调整。农业、渔业用盐调拨、销售价格与食盐同税同价，减税工业盐价格从1987年调整。

1988年2月15日，根据国家物价局、轻工业部《关于调整工业盐出厂价格的通知》精神，由于产地分配价格上升，安徽省将工业盐的供应价格进行提高。

1989年，省物价局、商业厅、省供销社下发《关于提高盐价的通知》，按保本微利原则安排工业用盐的供应价格。合肥市场由盐业公司供应的酸、碱、制革用盐每吨250元，肥皂、饲料用盐每吨311.6元，冶金、燃料的国内其他工业用盐，一律按市场食盐批发价格供应，其他市场工业用盐的供应价格见表8–4–1–4。

1989年工业用盐供应价格

表8–4–1–4　　单位：元/吨

类别	市场				
	一价区（5个）	二价区(16个)	三价区（39个）	四价区（13个）	五价区（6个）
酸、碱、制革用盐	239.60	250.00	260.40	270.80	281.20
肥皂、饲料用盐	301.20	311.60	322.40	332.40	342.80
其他工业用盐	381.80	398.40	415.00	431.60	448.20

1993年，为了缓解盐业企业生产经营困难，国务院批准，适当提高工业盐价格，省物价局下发《关于调整工业盐价格的通知》，此次安徽省工业用盐供应价格调整如下表，同时规定县以上其他市场工业盐供应价格仍按原五个价区安排，调整时间自1993年9月15日起执行。

1993年工业用盐供应价格表

表8–4–1–5　　单位：元/吨

类别	市场				
	一价区（5个）	二价区（16个）	三价区(39个)	四价区（13个）	五价区(6个)
烧碱用盐	378	388	398	409	419
纯碱、酸、制革用盐	411	421	431	442	452
肥皂、饲料用盐	482	492	502	513	523
其他工业用盐	501	517	533	549	566

1994 年 11 月 16 日，国家计委发出的《国家计委关于改革盐价管理的通知》中，规定工业盐的价格，实行国家指导性价格。1995 年 2 月 28 日，省物价局颁发了《关于工业用盐价格的通知》，合肥市场由商业供应的工业用原盐批发价（含税、含包装费）每吨为 465 元；县以上其他市场工业盐批发价仍按原五价区安排，具体水平：一价区每吨为 455 元，二价区每吨为 465 元，三价区每吨为 475 元，四价区每吨为 486 元，五价区每吨为 496 元。定远盐矿井矿工业盐产地批发价：炉桥站中准价每吨为 374 元，最高价每吨为 400.6 元，最低每吨为 347.40 元；蚌埠站中准价每吨为 390 元，最高价每吨为 416.6 元，最低价每吨为 363.40 元。粉碎工业用盐批发价格在原盐批发价格基础上每吨加 20 元。精细工业用盐在原盐批发价基础上每吨加 81 元。取消原供应对象分别作价的办法，凡通过商业供应的酸碱、制革、肥皂、饲料、冶金、染料、炸药、味精、肠衣、制冰冷藏、陶瓷玻璃、医药等非居民直接食用盐的，一律执行以上价格。自 1995 年 3 月 25 日起执行。

1995 年 11 月 8 日，国家计委、国家经贸委联合下发了“关于改革工业盐供销和价格管理的通知”。将现行工业盐的计划分配改为在国家总量计划指导下的合同订货。对大制盐企业进行订货数量和价格的保护。国家确定目标总量以外的两碱工业用盐可向小盐场直接订货。价格由双方协商，不能直达供货的小碱厂等零散户的工业用盐和其他工业用盐，由盐业公司组织供应。

1996 年 1 月 20 日开始，所有的工业用盐一律改为小工业用盐，商业供应小工业盐价格如下：

原盐：一价区：600 元 / 吨、二价区：610 元 / 吨、三价区：620 元 / 吨、四价区：640 元 / 吨、五价区：650 元 / 吨；井矿盐：一价区：682 元 / 吨、二价区：698 元 / 吨、三价区：715 元 / 吨、四价区：732 元 / 吨、五价区：748 元 / 吨。

1996 年 4 月 10 日，省物价局又对此次调整食盐价格的通知作了补充通知，对粉碎工业用盐批发价规定在原盐批发价的基础上每吨加 20 元。

1998 年，1000 万吨工业盐的出场（厂）保护价格继续执行国家计委规定的 1996 年工业盐出场（厂）保护价格；盐碱企业双方在全国工业盐订货会上必须在国家规定的保护价格范围内协商具体成交价格。

2000 年，安徽省小工业用盐（两碱以外的其他工业用盐）销售价格，以省物价局《关于调整食盐价格的通知》规定的小工业用盐五价区的销售价格，即原盐 650 元 / 吨、井矿盐 748 元 / 吨为中准价，按照“保本微利”的原则，在上下 15% 的浮动幅度内，由市盐业公司提出具体销售价格意见，报同级市物价局审批。

2004 年，省物价局在《关于加强食盐价格管理的通知》中要求明确全省小工业用盐价格，仍按照《关于调整食盐价格的通知》规定的小工业用盐五价区的销售价格执行。

第二节　盐　税

税改　1994年税改前，盐税实行“从量核实，就场征收，税不重征”，一税之后的运销环节不征税。但盐税税额十分复杂，按照盐种、生产地区、使用地区、用途等分别设计，并经多次多环节的调整后，实际征收额变得相当复杂，这给盐的计价和盐税征收管理工作带来了很大的困难。

自1986年到1994年新的盐税出台，国家进行了几次食盐减征税。1986年6月23日，轻工业部、财政部、商业部、国家物价局《关于调整食盐批零差价食盐减征盐税的通知》，安徽食盐每吨减征盐税12元，动用国家储备盐以及工、农、渔业用盐作为食盐销售的，在补交税款时，按这次国家对安徽省核定的每吨定时减税额12元减税交纳，从1986年7月1日起执行。

1986年11月1日，轻工业部、财政部、国家物价局《关于调整盐的出场（厂）价减征食盐税的通知》，每吨食盐减征20元盐税。安徽食盐税额两次减征每吨共减32元。

1989年，国家对食盐零售价及盐的出场（厂）价进行调整后，为了正确处理国家和企业的分配关系，解决几年来减税造成的计价、计税的复杂问题，国家税务局先后下发了《关于提高盐价以后对食盐减税问题的通知》及《食盐税减税额度调整表》。自1989年11月25日起，取消1986年为扩大批零差价给食盐零售企业每吨减税12元照顾的规定。同年，国家税务局对指令性计划内定点供应的工业盐仍按现行的减税额执行，其他实行指导性计划的两碱工业用盐，一律按肥皂、饲料工业盐征税，征税额由现行的每吨15.4元提高到77元，每吨增加61.6元，安徽省两碱工业用盐全部被列入指导性计划。

1990年12月28日，国家税务局、国家物价局、轻工业部下发了《关于调整食盐税征收额及部分地区食盐分配价的通知》。食盐税征收额调整后，食盐征税应直接按照调整后的征收额征收，不再执行“先征税，后退税”的办法。1991年4月安徽省补充规定：对进口食盐和来料加工食盐，应按《盐税条例（草案）》所附的“盐税税额表”中最高税额征税；对全税工业用盐、牧业用盐以及动用战备盐，应按调整后的食盐税征收额征税。

1994年，《工商税制改革实施方案》《中华人民共和国资源税暂行条例》《中华人民共和国资源税暂行条例实施细则》实施后，1984年9月18日国务院颁布的《中华人民共和国盐税条例（草案）》和1984年9月28日财政部颁发的《中华人民共和国盐税条例（草案）实施细则》同时废止。古老的盐税税种逐步被流转税（由增值税、消费税和营业税组成）及资源税（包括盐）等新的税种所取代。

按资源税征税后，固体盐税率幅度10 ~ 60元/吨，液体盐税额度2 ~10元/吨；

增值税税率为 17%，销区盐业批发环节也同样要缴增值税。

1994 年将原有的盐税一分为二的税制改革（即分解为对原盐征收增值税和资源税）一直沿用。

为支持盐业的发展，自 2007 年 2 月 1 日起调整盐业资源税适用税额标准。为缓解制盐企业的经营困难，自 2007 年 9 月 1 日起，盐（指主体化学成分为氯化钠的工业盐和食用盐，包括海盐、井矿盐和湖盐）适用增值税税率由现行的 17% 统一调整为 13%。

碘盐基金 为加强食盐市场管理，平抑市场价格，加快碘盐的生产和普及，提高碘盐质量，1996 年，安徽确定设立省级食盐价格调节基金（从碘盐销区批发价内每吨提取 27.60 元），价格调节基金由省物价局负责管理，征收工作由省盐务局负责，省物价局协助进行。

碘盐基金设立初，在征收时，收缴不甚理想。为了做好国家碘盐基金和安徽省调节基金的收缴及管理工作，1996 年，省盐务管理局专门成立碘盐基金管理办公室，专职负责国家碘盐基金、安徽省调节基金及中盐总公司管理费的征收、管理工作，严格按照《关于加强国家碘盐价格基金收缴工作有关问题的通知》征收及上缴安徽省食盐两金一费工作。1996–2004 年，省盐业公司（局）严格按照国家下达的年度征收任务，按时、足额上缴国家碘盐基金 5050 万元。2004 年，财政部颁发《财政部关于发布全国政府性基金项目目录的通知》，停止征收国家碘盐基金。

在使用上，根据《安徽省碘盐基金征收使用管理办法》的规定，建立健全基金征收和使用规范，严格基金使用的审批和监督，确保专款专用。审批碘盐基金均用于各市县盐业公司（局）仓储、包装车间建设和维修、包装机械购置，并投入适当资金用于平衡盐价、维护灾区市场供应、保障食盐市场稳定及食用碘盐宣传等方面，特别对皖南山区、六安大别山区的碘缺乏病防治发挥了重要作用。其中：下拨国家碘盐基金 1650 万元；8 家项目单位的加碘盐项目投入共计 1261 万元，省内碘盐基金投入 5662 万，总计 8573 万元。

第五章 行业管理

盐业是与人民生活息息相关的重要行业，长期以来一直由政府专控专营。盐政是国家对盐业的施政和管理，具体是对盐业市场，食盐加碘等方面实施管理。主要作用是维护盐业正常运销，维护消费者利益，稽查私盐，贯彻盐业法规，宣传国家盐业政策。

第一节 机构与队伍建设

机构改革 1980 年 7 月 7 日，安徽省政府决定将省盐业蔬菜公司划开，成立安徽省盐业公司，下属分、市公司，按经济区划设置；1981 年年初，又改按行政区划设置。1991 年，恢复成立省盐务管理局，与省盐业总公司一套机构，两块牌子，职能分设，合署办公，隶属省商务厅，行使省盐行业的行政管理工作，负责全省食盐及各类盐经营管理和市场供应。到 2000 年全省 79 个市、县均成立了盐务管理局，全省形成了一套上下对应、渠道通畅的省、市、县三级盐业行政主管机构。

盐务管理局恢复成立后，其内设的盐业行政执法机构（盐政办、科、股、稽查队等）负责本辖区内的盐业行政执法工作。盐业行政执法机构受理盐业违法行为的举报，负责制止和纠正盐业违法行为，依法对违反盐业法规、规章的单位或个人进行行政处罚。构成犯罪的，移交司法机关处理。根据《中华人民共和国行政复议条例》的要求和实际工作需要，省、市盐务管理局成立了盐政行政复议机构，受理辖区内查处的盐业违法案件行政复议申请。对案件查处情况，实行分级汇总上报。各县盐务管理局按月向所在市盐务局上报盐政执法工作统计表，各市盐务管理局汇总后按季向省局上报。同时各级盐务管理局都建立了盐政管理档案，由专人负责保管。

2001 年至 2002 年 6 月间，安徽盐业总公司隶属省商业协会代管。2002 年 7 月 3 日，将省盐业总公司划入安徽省徽商集团有限公司，期间安徽省盐业公司变更为安徽省盐业总公司。2002 年 12 月，省政府确定“盐业管理体制先试点，适当时候全面推行”的调整总体思路，决定理顺全省盐业管理体制，并于 2003 年年底前全面推行，这为结束安徽盐业松散的局面创造了条件。2003 年 4 月 30 日，省编办下发《关于全省盐业管理体制调整试点工作的通知》，试点工作正式启动。安徽省盐业总公司（安徽省盐务管理局，以下简称省盐业公司（局））采取一级抓一级的措施，在 2003 年 6 月 30 日前顺利完成了对合肥、蚌埠、芜湖、六安 4 市及所辖 14 个县盐务局（公司）的人、财、物整体上划转与接收工作。试点工作的成功为全面理顺安徽省盐业管理体制打好了基础，积累了经验，并得到省政府及省编办的充分肯定。在4个试点市取得预期成功的基础上，2004年2月20日，《安徽省人民政府机构改革方案实施意见》明确将盐业管理职能划归省发改委，4月20日，将省盐业公司（局）成建制从徽商划归省发改委，5月17日，省编办对淮北等13个市人民政府和省直有关部门发出了《关于在全省开展盐业管理体制调整工作的通知》，要求13个市政府将盐业管理体制调整实施方案上报省编办，经省编办、省财政厅于6月28日审批结束，至此13个市盐业公司（局）按期完成了上划任务，也标志着全省盐业系统进入一个新时期、新阶段。2005年3月2日，省盐业公司（局）由省发改委划转省国资委监管。

安徽省盐业总公司是安徽省盐业经营与管理主体，担负着全省食用碘盐的供应，对各类盐进行组织调运、市场供应、盐政执法及盐的资源开发和制盐企业资格审查等工作。截至2005年，全省市、县盐业公司（局）共79个，其中，市级盐业公司（局）17个，县级盐业公司（局）62个。共有在职职工和离退休人员10726人，其中在职职工9111人，离退休人员1615人。2005年全省盐业系统拥有资产总额7.5亿元。

队伍建设　为了加强执法队伍建设，多年来，省盐业公司认真抓好“内强素质、外树形象、依法行政、规范执法”为核心内容的行业文明执法建设。1991年12月，省盐业公司（局）举办了全省首期盐政执法人员培训班，其后在省政府法制局等有关单位的支持下，多次对全省盐政人员进行培训、考核、发证，实行持证上岗。2003年，举办了六期盐业行政执法培训班。截止到2006年，全省共举办盐业行政执法培训48次，举办“盐政杯”知识竞赛2次。在册盐业行政执法人员约800人。

加强盐政执法队伍建设，统一着装，在稽查中文明执法，依法办案，对强化食盐专营收到了很好的效果。1995年，省盐业公司（局）经省法制局批准后，制作并发放了盐政执法工作服装，要求盐政执法人员在执行公务时，盐政标志，必须佩戴在盐政通用格式工作服上，并和“安徽行政执法检查证”配套使用。2006年，根据执法的实际需要，统一盐政执法着装并逐一编号。盐政执法人员调离（包括离退休）盐政执法工作岗位应将服装、标志和执法证件一起及时交回所在单位，并报省盐业公司（局）登记备案。

第二节 盐政执法

法治建设 20世纪90年代初期，全国各盐产区纷纷加大对盐的开发生产，有国家投资的，也有集体集资的。小规模合伙经营开采生产盐更是如火如荼，贩运私盐者比比皆是。各种平锅盐滩晒盐充斥食盐市场，盐资源管理混乱。食盐专营地位受到威胁。食盐中毒事件在全国屡屡发生。1990年安徽利辛县一家9人中毒，其中4人死亡。

为了加强资源的保护和开发，加强盐业管理，促进盐业生产发展，保证盐的正常运销，适应社会主义建设和人民生活的需要，1990年3月《盐业管理条例》颁布实施。这是新中国成立以来由国家正式颁布的第一部盐业法规，标志着中国盐业管理开始走上了法制化的轨道。安徽省人民政府根据《盐业管理条例》，结合安徽实际情况，制定了《安徽省盐业管理实施办法》，于1991年12月颁布实施。实施办法中明确提出省盐务管理局是省人民政府盐业行政主管部门，地、市、县盐务管理局是当地盐业行政主管部门，负责本行政区域的盐政工作。至此，安徽省及各地、市、县的盐政管理行业执法主体正式确定，盐政管理工作逐步走上了法制化。

1991年6月6日，《盐业行政执法办法》颁发。为了进一步强化盐业市场管理，切实保障人民群众的身体健康，合肥市人民政府、淮南市人民政府分别于1994年7月22日和1994年9月10日先后发布实施了《合肥市盐业市场管理办法》《淮南市人民政府关于加强盐业市场管理的通告》两个地方性盐业法规，为当地盐政执法提供了具体依据。

1993年11月1日，安徽省法制局与省盐业公司（局）联合颁发了《关于在全省盐业系统建立行政执法证件管理制度的通知》，规定全省统一使用安徽省人民政府法制局负责审核和发放的盐业行政执法证件，安徽省盐务管理局负责证件的日常管理。

1994年8月23日，《食盐加碘消除碘缺乏危害管理条例》颁布。1996年5月27日，《食盐专营办法》颁布。1997年《安徽省食盐加碘消除碘缺乏危害实施办法》颁布。1998年，省政府发出了明传电报《关于整顿全省食盐市场流通秩序的通知》。2001年12月15日，安徽省高级人民法院、安徽省人民检察院、安徽省公安厅下达了《关于办理非法经营食盐犯罪案件有关问题的通知》，沟通了新刑法与盐业行政法规之间的联系，明确惩处非法经营食盐犯罪案件的量化标准，可操作性强，成为打击盐业违法犯罪活动的一把利剑。2002年9月4日，国家最高人民检察院公布《关于办理非法经营食盐刑事案件具体应用法律若干问题的解释》，规定以暴力、威胁方法阻碍行政执法人员依法行使盐业管理职务，以妨害公务罪追究刑事责任，提高了盐业行政执法的社会地位和权威。2005年，省政府第14次常务会议通过政府规章和行政许可事项的修改，对于有效合理地开发利用盐资源和加强制盐企业管理有重要意义。2006年，从完备执法文书入手，规范和完善行政执法程序，全面修订、补充和完善执法文书，印制了 2 大类 19 种执法文书（袋），完备法律要件内容，增加程序控制文书，并制定了《安徽省盐业行政执法文书制作规范》，明确文书适用流程及对应的执法程序，统一案卷立卷归档规范，有效保证具体行政行为合规有序。

至此，从国家到地方，形成了比较完善的盐业法规体系，使盐业市场管理有章可循，有法可依，逐步纳入法制化管理的轨道，为依法治盐、加大盐政执法深度和力度奠定了基础。

行政执法 针对盐政执法中出现的比较突出的问题，省局适时发文予以纠正，建立逐级负责的执法监督机制，每年不定期进行 1 ~ 2 次执法监督检查。检查重点包括：适用法律、法规是否正确；盐政执法人员是否依据法律、法规、规章严格执法，有无违反法律、法规和规章的行为；盐政执法人员在行政执法过程中，是否履行了法定程序；其他应监督的事项。监督检查中发现问题按以下规定处理：具体行政行为违反或不当的，予以纠正或撤销；行政执法违反法定程序的予以纠正或撤销；对于不履行法定职责，违反法律、法规的，应责令限期改正，情节严重的，依照有关规定予以严肃处理。1997 年 10 月，省商务厅转发了《安徽省行政执法人员资格认证和行政执法证件发放管理办法》，决定在全省建立行政执法人员资格和持证执法制度。1999 年，省盐业公司（局）严格执行盐政执法责任制，制定了《盐业行政执法人员行为规范》，在责任逐级落实的基础上，开展执法岗位责任检查和专项执法工作检查，规范执法行为。

建立政务公开制度和盐政执法过错责任追究制度。各地盐务局利用墙报、橱窗等形式，将盐政执法的执法依据、法定职责、执法程序、举报投诉方式以及盐政执法人员名单及执法证件号码予以公布，自觉接收社会监督。对盐政执法过错案件，坚持有错必纠原则，依照有关规定程序，予以纠正。

执行《安徽省实施罚款决定与罚款收缴分离规定》和《安徽省重大行政处罚备案规定》。按照国务院和省政府统一部署，各地实行盐政罚没款收入“统一票据，部门开单，银行收款，收支两条线”制度，并接受当地财政、审计等有关部门的监督检查。根据《安徽省重大行政处罚备案规定》要求各地对重大行政处罚决定逐级报送备案，接受备案机关的审查，对本系统重大行政处罚案件，每年在全省盐政工作会议上予以通报。

1994 年年初，省盐务局和省高级人民法院就强化盐政法规的施行和使盐政管理尽快纳入法制轨道进行了磋商，并建立了联系协调制度。省高级人民法院在执行庭内设专项合议庭，依法受理省盐务局申请执行的行政处罚案件和全省盐政执行案件的协调。省高院在省盐务局聘请若干名司法联络员，共同处理盐业违法案件。

1999 年，针对各地毗邻接壤地区盐政管理相对薄弱，已成为私盐、无碘盐的“制假”“贩假”集散地，省盐业公司（局）下发《关于开展区域联合执法工作的通知》，将全省划分为四个执法协作区域，制定有关制度，实行盐政执法力量统一调度，盐政资源共享，联查联防，开展区域联合执法工作。区域联合执法制度化、经常化有力打击了毗邻地区的盐业违法行为。

2004 年，为提高盐政执法部门的快速反应和现场处置能力，方便群众举报涉盐违法行为，经省政府同意，省盐业公司（局）做出了全省盐政执法部门全省盐政执法统一加入公安 110 社会联动的决策，并与省公安厅共同发文，将盐业执法融入公安 110 联动体系。

执法工作宣传　1990 年配合《盐业管理条例》的颁布，安徽省盐业总公司组织编印 1500 册《盐政管理文件选编》，同时还创办了《盐业简报》，发往各地、市、县盐业公司以及工商、税务、卫生、供销、商业等部门，通报交流盐政执法工作。

自 1991 年安徽省各级盐务管理局相继恢复以来，每年“3•15”消费者权益日和“5•15”碘缺乏病宣传活动日，盐政执法人员都走上街头，开展盐政咨询宣传活动。除了通过报纸、电视、电台等新闻媒介途径外，还采取一些生动活泼、群众喜闻乐见、行之有效的方式开展宣传盐业法规政策。同时将宣传重点转移到老、少、边、穷地区、严重缺碘地区、交通不便地区、私盐泛滥地区，不断加大宣传力度、广度、深度，进一步提高这些地区群众食用合格碘盐，抵制私盐的自觉性，倡导群众科学、健康消费，也充分发挥群众举报监督的作用。

第三节　市场管理

质量管理　为强化碘盐的质量管理，严把食盐市场准入关，建立健全食盐质量保证体系，多年来，安徽省盐业总公司从建立质量管理组织体系、开展质量教育和建设检测系统三个方面入手。从 1994 年起，各级盐业公司相继成立了碘盐管理专门机构并配备专门人员负责碘盐质量管理，全省食盐的质量监督、管理工作在省盐业总公司的统一领导下，形成了一个较完备的质量管理组织体系。

自 1995 年起，每年都举办全省盐业系统质量人员培训班，宣贯最新的国家标准，讲授质量的意义及质量控制等知识，同时不定期地开展化验员培训工作，长期持续的质量教育大大提高了质量管理和控制人员的质量意识、敬业精神和业务素质。

2003 年安徽省盐业总公司根据《中华人民共和国产品质量法》以及国家和安徽省关于食盐加碘相关法律法规，制定了《安徽省食盐质量监督管理办法》，以制度的形式对安徽省食盐质量管理作了基本规范。

仓储、分装环节也是影响碘盐质量的重要因素。安徽省盐业系统的基础设施相对薄弱，20 世纪八九十年代，绝大多数盐业公司经营办公地点偏僻，条件简陋，经营环境较差，大多数的仓库都建于六七十年代，交通不便，库房阴暗，地面潮湿，墙壁破损，屋顶漏雨，给供应合格碘盐造成隐患。为了改变这种陈旧落后的面貌，省盐业总公司通过会议、文件、实地检查等多种形式不断的督查指导，全省各地的食盐仓储、分装条件发生了巨大的变化，面貌焕然一新。在仓储管理上，2003年安徽省盐业总公司制定了《安徽省盐业企业仓储、分装管理办法》，各盐业公司对照标准和办法，本着实用节约的原则，对仓储和厂房设施进行部分或全部改造、修缮，到2005年，各地的仓库外部环境均能保持进出道通畅，区域内卫生整洁，并有适当绿化，在显著位置都设有宣传栏；库房设施上库房安全实用，外壁整洁卫生，库房内通风、干燥无污染。大小包装在堆放上均分盐种、产区并按规定离地离墙堆放，按先进先出分垛堆放，每垛上设有动态标识，堆码采用“五五堆码”方法，横二竖三平放，依次紧靠，上下相对，整齐美观。在分装管理上，1998年省盐业总公司在蚌埠召开了全省包装机械现场会，倡导使用包装机械和复合膜，积极推广包装机械和复合膜的使用，会后大多数市县公司都使用了机械进行食盐包装，安庆市、淮南市、合肥市等单位相继购买了全自动包装机，建立了全封闭包装车间，到2002年全省已有小包装机械60多台（套），基本改变了手工包装的落后面貌。同时，许多公司都建立了专门的分装厂房，建成独立的盥洗间和更衣室，使用了隔离木板，分装车间保持清洁干燥。合肥、六安等公司还通过机械化包装，叉车作业，标准化托盘，计算机应用等措施加快了现代化建设的进程。在制定了碘盐的仓储、分装环节的制度外，还制定了《安徽省盐业市场供应管理办法》，要求各地要加强食盐销售网络特别是偏远地区和山区的网络建设，建立销售人员深入零售点的调查访问制度，及时了解和补充库存，确保合格碘盐供应。为进一步做好供应工作，积极探索碘盐配送制，从部分公司实行配送制的实践来看，配送制既降低了成本，又提高了形象，同时也有利于管理。

开展食盐配送销售直达零售终端，逐步形成了覆盖全境的全新营销模式，创造出营销结合的方式方法，确保了合格碘盐的市场供应，逐步打造出全天候、全方位的食盐安全监管网，增强了市场调控和管理能力。同时，管销结合的运营模式，极大提升了配送网络的功能和价值，改变了以往“三级批发，一级零售”的陈旧模式，抓管理、促销售，双管齐下，提升了盐业企业形象，巩固了食盐专营阵地。新型管销结合运作模式的构建和运行要求全员参与管理，管理和销售紧密结合，互相深入和渗透，重点在于信息共享和相互配合机制，

市场稽查　各级盐政部门整合和优化执法资源，加强和深化与政府相关职能部门的执法协作，加大盐政稽查力度，规范盐业市场流通秩序，广泛深入城乡开展日常检查，有重点的对一些区域和对象进行摸排，对重要线索追根溯源、建立有效的盐政管理工作机制，同时不断总结经验，及时根据市场和劣质盐、私盐贩销新动态、新变化，

改进和创新管理的思路和方法，净化食盐市场。

1990年，省工商局、商业厅、卫生厅、税务局联合下文《关于整顿盐业生产和食盐流通秩序的紧急通知》，对省内一些单位和个人擅自前往盐产区购盐贩卖或私下接受产区上门推销，将减税工业盐转作食盐销售；一些不法分子内外勾结，将平锅熬制的劣质矿盐、有毒有害的工业废盐等充当食盐销售，造成人身中毒伤亡等事件，要求迅速制止盐业生产、流通中的混乱现象，切实整顿好市场秩序。

1992年，为了深入贯彻《盐业管理条例》，省政府办公厅发了《关于加强盐业市场整顿的通知》，要求各级政府加强对盐业市场整顿工作的领导，有计划、有组织、分步骤地对盐业市场和流通中的混乱现象，把盐业市场管住管好。3月，全省开展集中整顿盐业市场工作，上半年全省大多数地、市成立了“整顿盐业市场办公室”，采取各种形式整顿盐业市场。

1996年10月9日，省政府下发了《关于进一步整顿食盐市场秩序的通知》，要求对违法经营食盐情节严重和贩运私盐“大户”“钉子户”等进行依法查处，在这次为期两个月的集中整顿中，全省共立案查处盐业违法案件1300多起，没收私盐、劣质盐和非碘盐3600多吨，其中100吨以上的大要案12起，罚没款30多万元，极大地促进了盐业市场的净化。

1997年，省商务厅对全省食盐（碘盐）生产、批发、零售企业许可证管理做出新的规定，明确未经重新登记的批发企业和未取得新的“碘盐零售许可证”的单位和个体工商户，从1997年8月1日起，不得从事食盐（碘盐）的批发、零售业务。同年10月，省盐业公司（局）组织全省盐业系统进行了一次为时4个月的盐政管理和食盐专营情况大检查，取得了良好的社会效应。

2001年2月，全省开展打击非法加工经营食盐专项行动，省盐业公司（局）迅速在全系统内进行了工作部署，各级盐业部门在当地政府的领导下，制定自查自纠方案，并会同质量技术监督、工商、公安和新闻媒体等对食盐市场特别是农村、城乡接合部的食盐市场进行全面检查。3月底，在各地自查的基础上，省经贸委、盐务局会同省公安、技监、卫生、工商、交通、新闻部门组成南片、北片两个督查小组，对宿州、阜阳、合肥、芜湖、宣城、安庆、马鞍山、定远等地的食盐市场及盐政管理进行了重点检查，进一步整顿和规范食盐市场秩序。

2003年，安徽省部分地区发生亚硝酸盐中毒事件（合肥发生食用亚硝酸盐中毒；萧县师范食堂误用亚硝酸盐，导致66名学生中毒），省盐业公司（局）及时下文，通知各级盐业部门及时组织人员对公共餐饮场所的食盐食用情况进行全面检查，帮助他们规范食盐管理，严格将食盐与亚硝酸盐分开存放。

2005年3月全国开展盐业市场整治。安徽省成立省整顿和规范盐业市场秩序协调小组，将部门行为上升为政府行为，极大地推动此项工作在全省开展。6 月 7 日，《安徽省整顿和规范盐业市场秩序工作方案》出台。据统计，专项整治期间，全省共出动执法人员 115107 人次，车辆 41968 台次，检查食盐生产批零企业、个体户、承包户 65320 户，发放宣传品 59962 件，在媒体上做各种宣传 319 次。立案查处案件 1817 件，没收各类私盐 1029 吨，案件总值 72 万元，罚没款 56 万元，移送司法机关处理案件 8 起。同时，重点对定远盐矿周边地区、省际毗邻私盐贩销比较猖獗的区域，非法印制食盐包装袋企业较为集中的区域进行了综合治理，取得了显著成效。

经过多年的市场整顿和打击，虽在一定程度上有所遏制贩销劣质盐、非碘盐的违法行为，但就全省盐业发案数和查获盐产品数量来看，形势依然严峻。单纯依靠行政处罚打击盐业违法行为，已不能满足惩戒盐业违法行为的要求。省盐业公司（局）借鉴其他省市经验，利用刑法武器惩治严重盐业违法行为。2001 年 4 月萧县法院对私盐贩子王某做出刑事处罚，首开安徽省运用刑法打击涉盐犯罪的先河。2003 年六安市裕安区人民法院判处孙某犯非法经营食盐罪，判有期徒刑 8 年，并处罚金 5 万元。2005 年全省各级法院判决非法经营食盐罪 6 起，判刑 9 人。全省盐业行政部门每年查处的各类盐业违法案件都在 2000 件以上，查获各类违法盐产品达数千吨。

1992 年，全省查处盐业违法案件 300 多起，各类私盐 6 万多吨。1994 年全省各级盐政执法人员出动近 2 万人次，查处各类盐业违法案件 2000 多起，查获私盐 2.5 万多吨，捣毁地下私盐窝点 300 多个。1995 年，全省共出动执法人员 16 万余人次，共刑事判决涉盐犯罪案件 6 起，判刑 9 人，其中判 5 年以上徒刑的有 4 人，还有 10 多人被依法刑事拘留。1996 年，全省立案检查盐业违法案件 5300 多起，查处私盐、劣质盐和无碘盐 1.4 万多吨。1997 年全省查处各类盐业违法案件 6000 起，查收私盐、劣质盐、非碘盐 1.5 万吨。1998、1999 年全省共立案查处各类盐业违法案件 11000 余起，查处各类盐产品 2.3 万余吨。其中 1999 年，全省立案查处盐业违法案件 8700 余起，批捕、审查起诉盐业违法分子 4 人，劳动教养 1 人，刑事拘留、行政拘留 40 余人。2001 年，全省查处盐业违法案件 2813 件，没收盐产品 2000 多吨，罚没款 52 万多元，判刑 2 人，劳动教养 2 人，行政、刑事拘留 36 人。2003 年，全省立案查处盐业违法案件 2186 起，查获私盐 1253.8 吨，罚没款 67970 元。2004 年，全省共立案查处盐业违法案件 5237 件，查获各类违法盐产品 1625 吨，查获了两起 500 吨以上贩销案件。2005 年，全省共出动盐政执法人员 19 万余人次，出动车辆 2 万余台次，行程 165 万千米，检查各类经营户近 41 万户（次），全年共立案查处盐业违法案件 4490 件，查获各类违法盐产品 1946 吨，罚没款 95.6 万元，判刑 10 人，刑拘 16 人。

第九篇　军　工

兵器工业是安徽国防科技工业的重要组成部分，不仅起步早发展历史长，而且规模比较大，在全国占有重要的地位。安徽军工电子起步于20世纪60年代中期。经过40年的发展，特别是20世纪90年代后期，安徽军工电子围绕国家一批高新技术武器研制，加快提升电子信息系统综合集成能力，加大元器件和信息基础产品的工程化力度，大力推进国产化进程，全面步入新的发展时期。

安徽地处长江中下游，省内有长江、淮河、新安江三大水系和太平湖、巢湖等旅游胜地，通航里程6000多公里。安徽船舶工业是以军工和航运、水利业的发展为基础逐步发展起来的。特别是改革开放以来，船舶工业贯彻“军民结合”方针，面向国内外两个市场，取得了较快发展，船舶工业结构发生显著变化，主要大中型船舶企业产品结构日趋合理，军工企业由单一生产军船为主，转向军民船共同发展，民船及配套企业根据市场需求，产品结构进一步优化，生产能力不断扩大，产品制造水平和技术含量日益提高。

安徽民爆行业认真贯彻国家民爆产业政策，全面调整产品结构，以乳化炸药、水胶炸药、铵油炸药、电雷管、导爆管雷管和塑料导爆管为代表的新产品，已逐步取代传统落后产品。通过实施科技兴业战略，产品质量可靠性及安全环保性有了较大提高，生产工艺逐渐摆脱了传统的间断式手工作业方式，向连续化、自动化、程序控制化转变。通过改革，逐步消除体制性、机制性障碍，实行股份制改造、资产重组和引入民营资本。2004年雷鸣科化公司获准上市交易，成为全国民爆行业第一家上市公司，并控股铜陵双狮化工有限公司。

第一章　兵器工业

安徽兵器工业按隶属关系分为中央直属兵工和地方兵工，到 1985 年年底，共有 21 家。其中：中央直属兵工单位 1 家，地方兵工生产企业 17 家，服务保障性事业单位 3 家。

第一节　地方兵工调整搬迁

20 世纪六十年代，党中央从国防战略需要和国家长远的建设布局考虑，决定开展三线建设。由于当时建设的指导思想是准备对付可能发生的外敌入侵，保障应急作战的需要，在一定程度上存在着建设规模过大、战线太长、选点过于分散、交通不便、信息不灵、生活设施不配套等问题，军工单位的发展受到制约。1986 年，中共安徽省委、安徽省人民政府根据中央"军民结合"的十六字方针和关于三线"调整、改造、发挥作用"的指示，决定对小三线企事业单位进行调整搬迁。

1986 年起，霍山县境内小三线单位皖西机械厂、东风机械厂、红星机械厂、淮海机械厂、江南机械厂、红旗木材厂、皖西化工厂和皖西医院，舒城县境内通用机械厂、皖江机械厂、先锋机械厂、皖中医院、长江计量所，六安县境内浦信化工厂划归合肥市管理；霍山县境内江北机械厂、淮河机械厂，舒城县境内皖东机械厂划归蚌埠市管理；六安县境内利群机械厂、舒城县境内皖中机械厂和枞阳县境内向阳机械厂划归马鞍山市管理；舒城县境内江淮机械厂划归滁州市管理；淮南市境内皖淮机械厂划归淮南市管理。

到 1993 年年初，除皖东机械厂全部和皖西机械厂、江北机械厂火工区等没有搬迁进城外，其他 16 个企业、1 个计量所、2 个医院已全部完成搬迁。累计完成投资 6.2 亿元，占概算的 82.9%；搬迁出职工 1.9 万人，占应迁职工的 90%。搬迁单位坚持搬迁与技术改造和产品结构调整相结合，在改善生产、生活条件的同时，也增强了保军能力。产品结构得到调整，生产能力和生产水平、军品质量保证体系和安全体系的水平均得到提高，为今后的发展奠定了基础。除皖西机械厂、东风机械厂、江北机械厂、红星机械厂和皖淮机械厂继续承担部分军品任务，安徽长江计量所承担国防系统计量任务外，其他单位均划转地方管理，为民用服务。

1996 年，经省政府批准，将保留军品生产线的皖西机械厂、东风机械厂、江北机械厂和红星机械厂划归省国防科工办管理。

2005 年，中央直属兵工单位 1 个，地方军工单位共有 7 个，其中：企业 6 个，计量所 1 个。主要有：中国兵器工业集团第二一四研究所、安徽军工集团控股有限公司、安徽省皖西机械厂、安徽省东风机械总厂、安徽省江北机械厂、安徽省红星机械厂、安徽省皖淮机械厂和安徽省长江计量所。

第二节　重点单位

中国兵器工业集团第二一四研究所　中国兵器工业集团第二一四研究所（原兵器二〇七所）是中国兵器工业唯一的微电子技术专业研究所，对外称华东光电集成器件研究所。始建于 1979 年，所本部位于安徽蚌埠，在苏州国家高新技术产业开发区设有研发中心。蚌埠和苏州两区占地面积共约 21 万平方米，科研工作区总建筑面积约 4.5 万平方米，在职职工总数 600 余人，总资产 7.4 亿元（其中：固定资产原值 4.2 亿元，固定资产净值 2.7 亿元）。

蚌埠园区科研生产占地面积约 8.7 万平方米，建筑面积约 2.6 万平方米，固定资产原值约 2.7 亿元，在岗员工 400 余人。苏州研发中心位于苏州高新区的苏州科技城内，占地面积约 4.7 万平方米，建筑面积约 1.5 万平方米，固定资产原值约 1.5 亿元，在岗员工 200 余人。214 所主要从事专用半导体集成电路及特种器件、厚膜混合集成电路及电子模块、微波毫米波集成器件及芯片组件，MEMS 器件及微小型信息系统集成组件的研制和生产。主要产品有引信专用集成电路、导引头专用集成电路，光电装备专用集成电路、北斗接收前端、耐高过载 MEMS 惯性传感器等，经过 30 多年的发展，214 所已成为研究、试制军用高可靠性集成器件、电路和组件的骨干专业研究所，产品广泛应用于电子引信、精确制导、光电火控、微光夜视、防空反导、航空航天等武器系统，逐步形成了“高密度、高频率、高融合、抗恶劣环境”的技术特征。

安徽军工集团控股有限公司　安徽军工集团控股有限公司是安徽省人民政府批准设立并授权经营的大型国有军工企业集团，2000 年 11 月 17 日正式挂牌成立，拥有 10 家子公司。其中：安徽神剑科技股份有限公司、安徽东风机电股份有限公司、安徽省江北机械厂、安徽省红星机械厂是主营军工产品的大型工业企业，均为国家高新技术企业。

安徽神剑科技股份有限公司　安徽神剑科技股份有限公司前身为安徽省皖西机械厂，1964 年创建于大别山腹地，1992 年年底搬迁至合肥市。2003 年，经安徽省人民政府批准，进行了股份制改造；同年 12 月，被认定为安徽省高新技术企业。

公司总部位于合肥市经开区桃园路 99 号，总占地面积 53.3 万平方米，拥有各类生产检测设备 900 台（套），资产总值近 6 亿元。2005 年有员工 1100 余人，其中工程技术人员 300 多人，高级专业技术人员 30 人，享受政府津贴人员 4 人。下设双玖机电公司、双玖汽车零部件分公司、双玖塑业分公司、机加分厂、总装分厂、技术中心和计量检验部等 7 个二级单位，同时控股安徽神剑光电制造有限公司。

公司主导民品包括以制动器和悬置件为主的汽车零部件，以叉车轮毂为主的工程机械配件，以减震器为主的轨道交通配件，以复合抗菌管、节能降噪管和电力、电信护套管为主的新型塑料建材。塑料管材管件荣获安徽省“质量免检产品”和“质量信得过产品”称号，在畅销省内、外市场的同时，成功出口到东南亚和非洲市场。汽车零部件、工程机械配件产品，实现了与江淮、合力等国内重点汽车、叉车厂家的配套；轨道交通配件不仅广泛应用于北京、上海、广州城市地铁建设，而且批量出口到韩国、加拿大、瑞士、西班牙等国家。“双玖”商标被评为安徽省著名商标。企业技术中心被评为省级优秀企业技术中心。

1996 年，公司在全国同行业第一家通过了 ISO 9001 质量体系认证；2002 年，通过了 ISO 2000 质量体系换证；2007 年，通过了 TS16949 质量体系认证。1996 年、2000 年、2004 年连续三次荣获安徽省“质量管理奖”。

公司先后荣获安徽省第六届青年优秀科技创新奖、安徽省“最佳经济效益单位”、安徽省“十五”发展创新工程“先进集体”等称号。

安徽东风机电科技股份有限公司　安徽东风机电科技股份有限公司原厂名安徽省东风机械总厂。始建于 1965 年，原址位于安徽省霍山县境内，1992 年整体搬迁至合肥市姚公庙，2006 年由安徽长城军工有限责任公司为主发起人，联合安徽军工集团共同发起设立安徽东风机电科技股份有限公司，顺利完成了原安徽省东风机械总厂的分立破产和破产企业资产重组工作。

公司注册资本为 1 亿万元，现有资产总额 8.9 亿元，其中固定资产 3.5 亿元。公司 2005 年有在岗职工 1097 人，其中博士生 2 人、硕士生 16 人，享受国家和省级政府津贴的专家 4 人，高级职称人员 13 人，中级职称人员 78 人，初级职称人员 144 人。

公司下设 4 个子公司：安徽东升机电有限公司主要生产车（机）用系统空调压缩机、汽车工程机械零部件及其他机电产品；安徽东风工程机械有限公司主要生产工程机械油缸系统、冲压覆盖件和太阳能发电产品等；安徽东风塑业有限公司主要生产军工弹药塑料包装、家电塑料制品和汽车塑料配件等；合肥天美精密铸造有限公司主要生产汽车配件、工程机械精密铸造铝件和其他机电产品精密铸造件。

安徽方圆机电股份有限公司　安徽方圆机电股份有限公司是原安徽省江北机械厂改制后新成立的股份制企业。原址位于大别山革命老区——霍山县境内。随着国家经济政策的调整，于 1996 年整体搬迁到蚌埠市高新技术产业开发区。是安徽军工集团骨干企业、高新技术企业。

公司占地面积25万平方米，拥有面积1.7万平方米的联合机加工房和20多条军民品先进生产线，集军、民品（液压缸、塑料、绝缘制品，工装模具设计与制造，仓储、运输）科研、生产、经营于一体。

公司曾荣获“安徽省先进企业”、并多次荣获“省最佳经济效益企业”“安徽省国防科技工业系统先进企业”“全国模范劳动关系和谐企业”等光荣称号。公司先后研制的产品，达到国内、国际先进水平，多种产品分别荣获国家、部级科技进步奖、华东地区优质产品奖，为国防建设做出了重要贡献。

安徽红星机电科技股份有限公司　原厂名为安徽省红星机械厂。公司位于合肥市新站区三元产业园，是国家大型（二档）企业。

公司总占地面积43.2万平方米，注册资金8000万元，现有职工1500余人，建有省级技术中心，拥有各类专业技术人员198人。主要从事军用和民用火工品的生产和研发，已形成军品、民用火工品、预应力锚具和民用爆破器材等四大系列产品。

安徽金星预应力工程技术有限公司是其全资子公司，注册资金5010万元，主要从事预应力锚具系列产品的生产和研发，综合实力已位居全国锚具行业前列。

公司拥有一个合资公司——安徽雷鸣红星化工有限责任公司，注册资金7000万元（公司占49%的股份），主要从事民用爆破器材系列产品的研发和生产，为安徽省最大的民爆器材定点生产基地。

公司先后荣获全国模范劳动关系和谐企业、省质量奖、省劳动保障示范企业和热处理规范企业称号，是省高新技术企业、省（市）创新型企业、首批国家级工程实践中心、省节能减排促进会会员单位、优秀企业技术中心。

皖淮机械厂　1964年筹备，1965年建成投产。位于安徽省淮南市。工厂占地面积112万平方米，总资产6000万元。至2005年年底，有职工341人。

安徽省长江计量所　安徽省长江计量所始建于20世纪七十年代初，原址在安徽省舒城县境内。1991年调整搬迁到合肥市包河区。安徽省长江计量所是国防科技工业3411二级计量站，承担国防系统量值监督考核等职能，1995年被国防科工委命名为国防计量站2301校准实验室，2005年首批通过国防科工委计量技术机构行政许可。该所建有长度、温度、力学、电学、化学、时间频率和无线电等最高计量标准。配备大量处于世界领先水平的仪器设备，拥有一大批高水平的计量专业技术人员。多年来，为安徽区域核工业、兵器、航空、船舶、电子、部队企业、民船、民爆以及地方民口配套等科研生产单位开展计量检定、校准、检测和咨询服务等工作，满足了各单位的量值传递和计量测试工作的需求，为保证安徽区域军品科研、生产的顺利进行和质量可靠性做出了一定贡献。

2002年，该所按照GB/T15481–2000《检测实验室和校准实验室能力的通用要求》

和 GJB15481-2001《检测实验室和校准实验室能力的通用要求》标准建立了质量管理体系，2004 年通过中国合格评定国家认可委员会认可，2005 年通过国防科技工业实验室认可。开展检定、校准项目 300 多项，通过 CNAS 和 DLLAC 认可校准、检测项目 141 项。

第三节　主要产品

主要军品　迫击炮弹系列，火箭弹系列、专用集成电路等。

汽车电子类产品　数显量具集成电路、汽车音响集成电路、汽车电子点火模块、电压调节器模块、转速表和里程表专用集成电路。中国兵器工业第二一四研究所生产。

给用水 PP-R 管材管件　适应于住宅冷热给水管道系统，净水、纯水管道，热水循环系统，饮料生产输送系统，压缩空气管、埋地用燃气管，各种工业及农业管道系统。安徽神剑科技股份有限公司生产。

建筑排水用 UPVC 管材管件　具有优越的电绝缘性，在 2000 伏、50 赫兹电流电压作用下，15 分钟内不击穿，电绝缘电阻≥ 100 兆欧姆。安徽神剑科技股份有限公司生产。

PVC-C 电力电缆保护管、普通保护管系列　高压电力电缆保护管以耐热、绝缘性能优异的 CPVC 树脂为主要材料，使材料的性能较 UPVC 产品有明显的提高。安徽神剑科技股份有限公司生产。

涡旋式汽车空调压缩机系列产品　用于汽车的空调压缩机，有 14 种之多。安徽东风机电科技股份有限公司生产。

工程机械油缸系列　有船用油缸、装载机油缸、铲车油缸、自卸车油缸等。安徽东风机电科技股份有限公司、安徽方圆机电股份有限公司生产。

绝缘材料　B 级 3240 环氧酚醛玻璃布板、F 级环氧层压玻璃布板、H 级环氧改性玻璃布板、3020/3021 酚醛层压纸板、3025 酚醛层压布板，广泛应用于工程机械、汽摩配件、电机、互感器、电容器、断路器、稳压器、防爆电器、变压器、电焊机、仪器、航天航空仪表、成套设备、高低压电器、家用电器等。安徽方圆机电股份有限公司生产。

ATM 锚具系列　主要有弗式锚具和镦头锚具，安徽红星机电科技股份有限公司生产。

民爆器材　主要有塑料导火管等。安徽红星机电科技股份有限公司生产。

第二章　航空工业

截至2005年年底，安徽省境内有航空工业企业3家，均属中央企业。主要有安徽江淮航空供氧制冷设备有限公司、合肥皖安机械厂、合肥昌河汽车公司。

第一节　主要企业

安徽江淮航空供氧制冷设备有限公司　原名合肥江淮仪表厂，隶属于中国航空工业集团，是中国专业从事航空供氧装备研发生产的唯一厂家。作为航空供氧装备研发制造基地，在其40余年的发展历程中，成功地为各型号战机研制、配套了多种类航空供氧装备，为中国航空事业的发展做出了重要贡献。

1974年公司开始研制房间空调器，成为国内较早生产空调器的企业之一。主要从事军用制冷设备、特种制冷设备、中央空调、舰船空调、航空机载制冷设备、水冷却设备、热泵热水设备、家用空调和铜铝连接管制冷配件等产品研发、生产、销售、安装和服务。

进入21世纪后，公司加大创新力度，以新技术引导拓展产品市场。相继形成了各类敏感元件、氧气地面检测设备、民用供氧设备、非标设备、印刷机械定影膜、汽车空调压缩机变量控制阀等系列产品的规模化生产。

公司于1997年2月获得GJB/Z9001军工质量产品体系认证证书。1986年以来先后获国家科学技术进步特等、一等、二等奖，全国科学大会奖，国防科学技术一等、二等、三等奖，航空科学技术进步一等、二等、三等奖等多种奖励。

合肥皖安机械厂　2004年更名为合肥皖安航空装备有限公司，是中国航空工业集团公司生产飞机外挂副油箱的专业化企业，分解式副油箱的国内唯一研制厂家。工厂占地17万平方米，固定资产6760万元。在岗职工927人，工程技术人员94名，其中高级职务22名，中级职称34名。工厂主要承担多种军用飞机副油箱科研生产任务。

合肥昌河汽车有限责任公司　原名安徽省淮海机械厂，位于合肥高新技术产业开发区玉兰大道3号，是安徽省重点骨干企业、合肥市重点扶持的外来投资骨干工业企业。公司注册资本3亿元，资产总额约10亿元，占地面积43万平方米。在岗员工1900多人，具备年产6万辆整车的生产能力。

1997年11月28日，昌河飞机工业公司整体兼并原安徽省淮海机械厂，成立合肥昌河汽车有限责任公司。该公司由合肥市管理改由航空工业集团公司管理。1999年11

月 26 日，实施股份制改制，成立江西昌河汽车股份有限公司合肥分公司。2007 年 5 月 11 日，合肥分公司变更为合肥昌河汽车有限责任公司，为昌河汽车的全资子公司。是昌河汽车自主品牌产品的生产基地。2009 年 11 月并入中国长安汽车集团股份有限公司，成为中国长安汽车集团的子公司。

公司拥有完整的冲压、焊接、涂装、装配生产线和整车检测线，获得整车出厂质量保证检测线认可证书，主要产品均取得新车入户上牌免检资格。公司通过了 ISO 9001 ：2000 质量管理体系认证、CCC 生产一致性认证、ISO 14001 环境管理体系认证和 OHSAS18001 职业健康安全管理体系认证。

第二节　主要产品

主要军品　系列氧气装置 、飞机副油箱、飞机起落架和千斤顶、航空仪表、军用方舱空调

主要民品　各类空调产品，主要包括天鹅牌系列窗式、分体式和柜式空调器。安徽江淮航空供氧制冷设备有限公司生产。

民用供氧设备和制氧设备，主要包括分子筛制氧机、医用制氧机和医用供氧机。安徽江淮航空供氧制冷设备有限公司生产。

汽车保修设备，主要包括各种类型的液压双柱举升机、门式举升机。合肥皖安航空装备有限公司生产。

立体停车库，合肥皖安航空装备有限公司生产。

昌河牌微型汽车，合肥昌河汽车有限责任公司生产。

福瑞达乘用车，合肥昌河汽车有限责任公司生产。

第三章　军工电子行业

安徽军工电子起步于20世纪60年代中期。经过40年的发展，特别是上世纪90年代后期，安徽军工电子围绕国家一批高新技术武器研制，加快提升电子信息系统综合集成能力，加大元器件和信息基础产品的工程化力度，大力推进国产化进程，全面步入新的发展时期。

第一节　重点单位

全省现有重点军工电子企事业单位9家。

中国电子科技集团公司第八研究所（简称八所）　成立于1970年，是国内从事光纤光缆传输技术的专业化研究所，也是中国最早从事光纤光缆传输技术研究、开发、推广及应用的单位。

建所以来共完成科研试制项目近200项，获国家级、省部级科技成果奖的有80多项，为国内外用户提供光缆近百万芯公里，提供光缆专用设备近1000台（套），为中国光通信事业的奠基与发展做出了重要贡献。

八所主要专业方向为军工配套的特种光缆、组件和光纤传感器，以及光缆专用设备的科研和生产、光纤通信系统工程的设计。拥有军用陆上光缆、海底光缆、制导光缆三条贯标线，国内第一台光纤拉丝机、第一台光缆成缆机、第一套实用化光纤传输系统、第一条实用化浅海光缆、第一条军用陆上光缆贯标生产线、第一条军用海底光缆贯标生产线、第一条制导光缆贯标生产线及国家第一期光纤通信试点示范工程等，均为该所成果，并已得到广泛应用。

中国电子科技集团公司第十六研究所（简称十六所）　创建于1966年。主要从事低温与制冷、低温电子与超导电子、微波与毫米波技术的应用研究与产品开发。

十六所对外称合肥低温电子研究所，主要产品覆盖低温与制冷、超导电子、微波器件、气体纯化、真空技术、机械制造、计算机应用等多个领域，广泛应用于红外夜视侦察、红外跟踪与搜索、光电对抗、星地通讯等国防领域，同时在探月工程、超导送变电工程、氦气回收与利用、深冷环保能源等领域发挥了重大作用。

1973年创刊的《低温与超导》杂志，被列为中国科技核心期刊，为国内多种中文数据库收录期刊和美国CA收录期刊；十六所是全国低温与超导情报网的网长单位、中国电子学会超导电子分会的挂靠单位。

中国电子科技集团公司第三十八研究所（简称三十八所） 1965年建于贵州，1988年底整体迁建合肥市。该所是军品民品并举、研发生产一体的高科技、集团型、国家一类研究所。拥有国家级集成电路设计中心、俄罗斯新技术研发中心、中电科技集团公司浮空平台研发中心、安徽省汽车电子工程研究中心、两个博士后科研工作站等先进的发展信息产业的完整平台。建所40年来，共取得1500多项科研成果，其中国家级、省部级科技进步奖97项，多项成果填补国内空白、居于国际领先地位。拥有安徽四创股份有限公司、合肥华耀电子工业有限公司、合肥华耀田村股份公司三家产业化公司，其中四创电子（股票代码：600990）作为中国雷达第一股，于2004年在国内A股上市。

中国电子科技集团公司第四十研究所（简称四〇所） 是中国电子和国防科技工业致力于机电元件研发与生产的专业研究所，对外称蚌埠接插件继电器研究所。主要承担接插件、继电器的研制和专业基础理论、生产技术的研究任务；同时承担本专业情报、标准化及质量检测等研究任务。

四〇所1968年2月筹建于陕西省凤县；1984年10月迁建于安徽省蚌埠市，并与原一四三九所和一四四二所重新组建而成。坐落于蚌埠市国家级高新技术产业开发区内，占地11万多平方米，建筑面积6万余平方米。在产品设计、工艺、检测、质量管理、情报信息分析、标准化研究、加工制造、设备维护等方面集中了一大批优秀的中青年技术人才。

四〇所建有“信息产业接插件继电器质量监督检验中心”和“中国电子科技集团公司第四十研究所质量监督检验中心”。中心先后通过国家认证认可监督管理委员会计量认证（CMA）、中国合格评定国家认可委员会实验室认证（CNAS）和国防科技工业实验室认可委员会认证（DILAC），并且还是工业和信息化部电子五所签约试验室。可以按照GJB、GB、SJ、MIL、IEC、ISO等标准对各种连接器、继电器、开关、金属封装管壳等机电元件进行鉴定检验和产品质量一致性检验。特别是射频连接器试验的手段齐全，可以完成GJB681A-2002、GJB1215A等标准的全部检验项目。

中国电子科技集团公司第四十一研究所（简称四十一所） 是中国国防科技工业系统唯一的专业电子测量仪器研究所，对外称华东电子测量仪器研究所，主要从事微波/毫米波、光电通信、数字通信、基础通用类测量仪器以及自动测试系统、微波毫米波部件等产品的研制、开发和批量生产，并为军、民用电子元器件、整机和系统的研制、生产提供检测手段。所本部位于安徽省蚌埠市高新技术产业开发区，占地面积83900平方米；分部位于山东青岛经济技术开发区，占地面积11万平方米；并在北京、上海、深圳、成都、西安等地设有办事机构。

四十一所设有应用研究、共性研究、微波部件、微波仪器、光电仪器、通信仪器和自动测试系统等七个研发部，以及信息中心、生产部、质量部、市场与营销部等职能部门。经国家授权批准，四十一所承担了“电子测试技术重点实验室”“国防科技工业光电子计量一级站”“综合电子测试与保障装备研发中心”“国防科技工业自动化测试技术研究应用中心”“国家电子仪器质量监督检验中心”“国家计量器具新产品定型鉴定技术机构”等专业机构，在中国电子测量仪器行业占据龙头地位。

四十一所拥有一支从事电子测量仪器、自动测试系统、微波毫米波部件以及各类电子应用产品研究、开发、设计的专业技术队伍，具备先进的设计、测试、计量、工艺手段、生产设备和完备的质量保证体系。四十一所测试仪器产品已达到世界先进水平，广泛应用于卫星、通信、导航、雷达、科研、教育等领域。四十一所充分发挥自身高技术优势，大力发展电子测试技术和电子测量仪器、孵化养殖设备、通信设备、火灾报警系统、烟机电控系统、新能源电子等产品，不仅在国内具有较高的市场占有率，部分产品还打入了国际市场，创造出良好的社会效益和经济效益。

中国电子科技集团公司第四十三研究所　（简称四十三所）是国内最早开展微电子技术研究的国家一类军工研究所，也是中国专业设置最为齐全的混合集成电路专业所，对外称华东微电子技术研究所。1968 年 2 月成立于陕西省秦岭山区的凤县，1982 年 4 月经原国务院国防工办批准，由陕西整体搬迁至安徽省合肥市，占地面积 11.54 万平方米；建筑总面积 71073.26 平方米。主要从事厚膜、薄膜混合集成技术（HIC）、微组装技术（MCM）、金属外壳以及相关材料、电路专业设备的研发和制造。

四十三所拥有目前国内领先的多芯片组件、厚膜和薄膜混合集成电路以及金属封装外壳研制生产线四条，并设有 EDA 设计、质量检测、技术情报和标准化等四个中心。

安徽博微长安电子有限公司　原为安徽长安电子（集团）有限公司，1965 年建厂于安徽岳西县，1983 年由岳西搬迁至六安市。

公司拥有专业齐全、业务精干的管理、技术研发团队和一支高技能的人才队伍；拥有以数控龙门铣床、立式加工中心为主体的机加生产线，电子组装、调试线，天线组装、检测线及各类先进的试验检测设备；在大型电子装备、系统集成和服务、通用装载平台、车辆、方舱、电站研制生产等方面具有较强的技术优势。

公司长期致力于大型电子装备的研制与生产，产品先后被列入多项国防重点工程，多次受到国务院、中央军委、总装备部、国防科工委、安徽省人民政府的嘉奖，为国防建设做出了重要贡献。

安徽四创电子股份有限公司　安徽四创电子股份有限公司成立于 2000 年 8 月，位于合肥国家级高新技术产业开发区，是以中国电子科技集团公司第三十八所为主要发起人，联合中国物资开发投资总公司、中国电子进出口总公司等共同发起设立，以气象电子、通信导航、广播电视、公共安全等领域产品的开发、生产和销售为一体的软件企业和高科技上市公司。公司注册资本5880万元，截至2005年年底，总资产已达4.2亿元。股票代码：600990。

公司拥有较为完整的科研开发队伍，现有员工690多人，其中技术人员占50%，有全国“百千万工程”人才、享受政府特殊津贴的专家8人，具有高、中级职称人数近200人。公司产品涉及气象电子、微波通讯、广播电视、公共安全、系统集成等多个领域，其中气象电子系列产品分布在全国各省、市、自治区达几百部之多，公司作为国家广播电视高频头系列产品定点生产基地，产品远销中东、欧洲和北美地区。

铜陵蓝盾光电子有限公司 1988年，原军工电子企业安昌机械厂、庆源无线电器材厂、建西工具厂按国家规划，整建制搬迁至安徽省铜陵市，由部属划归省直属企业管理，1994年划归铜陵市管理。1996年12月三厂经资产重组，改制成立铜陵三佳电子集团有限责任公司。企业按事业部制运作。2001年12月，三佳电子集团雷达事业部改制成铜陵蓝盾光电子有限公司。军品生产工艺装备、技术人员及对应的安昌机械厂和庆源无线电器材厂的国家计划军品配套生产任务均由蓝盾光电子有限公司承担。

主要致力于智能交通产品及其管理系统、环境和气象监测仪器、军工雷达等三大行业。承担军用雷达高频元件、军用雷达电源变压器的专业配套和系统内厂所科研生产协作任务。先后获得国家重点高新技术企业、国家规划布局内重点软件企业、安徽省软件四强企业、国家科学技术进步二等奖、安徽省科学技术一等奖等荣誉，取得国家计算机信息系统集成一级、国家环保总局认定的环境污染治理设施运营等资质。

公司拥有一个省级工程技术研究中心（与中科院合肥物质科学研究院安徽光学精密机械研究所共建了国家环境光学监测仪器工程技术研究中心）和一个省级重点实验室（安徽省交通安全与智能交通技术实验室），在深圳清华港和合肥高新技术开发区建立了研发团队。公司承担了“863计划”等多项国家项目，公司是测速雷达产品国家标准及国家检定规程主要起草制定单位之一，公司“大气环境综合立体监测技术研发、系统应用及设备产业化”项目荣获国家科技进步二等奖，“光谱法水体COD/DOC在线监测系统及其应用”“智能交通信息采集关键技术和设备及其产业化”“大气环境综合立体监测技术应用及设备产业化”项目均获安徽省科学技术奖一等奖；5项产品获得“安徽省名牌产品”称号；4项产品通过安徽省高新技术产品认定；2项产品被认定为国家重点新产品。

安徽华东光电技术研究所 该所始建于1987年。现已建起高亮度特种单色CRT科研生产线、特种彩色CRT科研生产线、特种小型彩色显示管生产线、特种平板显示研制生产线、特种电子玻璃研制生产线、行波管研制线、透镜加工试验室检测试验中心等。是国家特种显示工程技术研究中心、国家高新技术企业，国家唯一定点的高亮度特种单色和彩色显示器件专业研究所，建有国家博士后科研工作站、院士工作站、科技部国际联合研究中心、安徽现代成像与显示技术重点实验室、教育部重点实验室。

共承担国家重点科研攻关任务、国家火炬计划任务、国家重大工业试验任务及国家重大装备国产化任务等共80多项。为数十项国家重点工程配套各种特种显示器件产品，填补了多项国内空白。共取得各项科研成果80多项，并荣获国防科工委“军用电子基础产品科研生产先进单位”、信息产业部“对外合作工作先进集体”“质量先进单位”等称号，并被授予“安徽省文明单位标兵”。

第二节　主要产品

安徽省军工电子行业生产的主要产品有制冷设备、电子测量测试仪器、大规模厚薄膜集成电路、公路测速雷达、微特电机、气象雷达、微波组件、光纤光缆及专用设备、模具、空气质量监测系统、驼峰雷达等。

第四章　船舶工业

到20世纪末，安徽船舶工业的发展基本形成两大造船基地。一是以芜湖为中心的长江水系造修船基地，是安徽万吨级船舶出口基地，主要建造万吨级远洋货船、集装箱船、成品油船、工程船、顶推轮、起重船、豪华旅游客船等。二是以蚌埠为中心的淮河水系造修船基地，主要造修3000吨以下近海、内河船舶，有挖泥工程船、顶推轮、拖轮、起重船、机动驳船、非机动驳船、客船等。安徽船舶工业基本构成以中央直属大中型企业为主，地方中小型修造企业共同发展的船舶工业体系。全省有各种规模的修造船和配套企业90多家，职工近2万人，其中年销售收入在500万元以上的企业25家，职工约1.6万人。全省拥有万吨级以上船台2座，万吨级浮船坞1座，1000～3000吨船台16座，小型修造船企业修造500吨级以下船舶，修造能力25万载重吨，年产钢质机动船舶约20万载重吨。

船舶配套企业经过多年发展，也形成了一定的规模，企业主要分布在沿江、皖中和皖东地区，主要产品有中速船用柴油机及其发电机组、船用电热电器、厨房设备，船用热交换器、阀门、螺旋桨、船用灯具、锚链、焊材等。

第一节　重点企业

芜湖造船厂　原为隶属中国船舶工业集团公司的重点造船企业之一，是国家“一五”期间156个重点工程项目之一，系国家大型一档企业。芜湖造船厂具有50多年的造船历史和丰富的造船经验，“十五”末，已经具备年造船十万多吨的生产能力。该厂是国家重点军工企业，是海军海洋综合调查船、快艇及其军辅船的重要生产基地。工厂占地60万平方米，有职工2600余人，其中专业技术人员700余名。工厂实行事业部制，设有造船事业部，钢机事业部，三产事业部及经营处，物供处，质检处等职能处室；造船事业部、钢机事业部下辖船体、居装、涂装、机械、舾装、甲装、机装、电气等门类齐全的造船生产车间、分厂；三产事业部下辖希亚德大酒店。工厂已形成民用、军用船舶和船用螺旋桨生产线。拥有数控放样间、电子计算机室、理化试验室、焊接试验室、计量检定站、无损探伤室、工程塑料用涂装研究室等先进的支柱检测手段、工艺装备。

工厂拥有建造三万吨级船舶的斜船台一座，面积达2万平方米的五座造船平台，承重1500吨的下水滑道一座，200米长的固定舾装码头和230米长的组合式浮动码头。100吨、80吨、40吨高架吊以及10～15吨门式吊车共14台。工厂拥有各类加工、制造、试验、检测、运输等一千余台造船专用设备，具备了良好的船舶及其他产品的生产条件。

主要船舶产品出口东南亚、北美、北非等近10个国家和地区。出口德国四艘20000吨大舱口箱形散货船，出口希腊24400吨货船和27000吨大湖型散货船。

根据国家军工改革脱困政策，该厂列入国家军工企业改革脱困计划，实施破产，并于2005年4月24日通过《国营芜湖造船厂破产清算报告》，由奇瑞汽车公司托管。2007年8月，芜湖市国资委和经委委托安徽长江产权交易所，公开挂牌转让芜湖造船厂100%的产权。奇瑞汽车股份有限公司通过产权交易，收购了芜湖造船厂的全部资产，并以芜湖造船厂为主体全资设立芜湖新联造船有限公司。

安庆船用柴油机厂　始建于1960年，2009年2月改制更名为安庆中船柴油机有限公司。隶属于中国船舶工业集团公司。是船用柴油机专业定点生产厂家，国家二级企业。企业占地面积16.8万平方米，有职工800余人，各类专业技术人员200多人（其中高级职称32人，中级职称54人），固定资产原值12589万元。拥有铸锻、热处理、机械加工、冷作焊接、工具动力、装配试车等车间及汽车冲压件分厂，配有热工仪表化试验、长度计量、柴油机测试、分离机测试、计算机中心等质量控制与生产管理系统。1995年工厂被评为"高新技术企业"，1997年被批准建立安徽省"企业技术中心"，1998年工厂获自营进出口权，2000年通过ISO 9001质量体系认证。2006年获安徽省质量奖。

工厂主要产品有DK-28、DK-26、DK-20、DL-20、PS-26H、DS-18A系列"安庆－大发"柴油机和DPX445分离机、DPF560大型分离机、DPF500浓缩机、DRR400胶乳机等分离机系列产品及汽车底盘及相关件。柴油机产品生产能力为150台套/年，已整机销售达1000余台。柴油机产品除满足国内各大船厂、远洋公司海运局及有关单位的需求，广泛用于船用主机、船舶电站、陆用电站外，还随众多出口船远销国外，并有单机销往日本、英国、意大利，产销率达100%，市场占有率达30%。分离机产品生产能力为200台套/年，已销售2000余台，产品畅销全国20多个省、市、自治区及东南亚国家，产销率达98%，市场占有率达30%。

公司在安庆市经济开发区投资新建安庆大发柴油机生产基地，于2005年8月18日开工建设，新基地占地面积17.7万平方米。

公司采取技术引进和自行研制相结合，研制一代、开发一代、生产一代，使产品不断更新换代，生产的柴油机、分离机技术水平均在国内处于先进水平，具有较强的市场竞争力，生产的柴油机能满足CCS、LR、ABS、 NK、BV、DNV、GL等世界各船级社的规范要求。

安庆船用电器有限责任公司　前身为安庆船用电器厂，创建于1958年，隶属于中国船舶工业集团公司。主要担负军品的船用厨房设备等产品的生产，坐落在安徽省安庆市经济开发区。占地面积8.7万平方米，建筑面积32万平方米，主要生产设备140余台(套)。拥有员工170余人，其中：中高级工程技术人员40人。2006年10月进行了改制重组，成立新公司，隶属中国船舶工业集团公司控股单位。

主要产品有各种系列船用厨房炊事设备；不锈钢厨房家具；船用电热电器，并具备为船舶生活设施整体配套的能力。公司是国内长期从事船舶厨房设备生产和配套专业龙头企业。已通过GB/T19001质量体系认证和GJB9001A军工产品质量体系认证。多年来公司为各大船舶制造集团和海军、中远、中海、中石化、中石油等船东客户提供国内配套。

芜湖长江轮船公司　由原芜湖长江轮船公司与江东船厂合并重组成立。公司隶属于长江航运集团船舶重工总公司，是中国长航集团和安徽省重点骨干造船企业之一，是中国长航集团在芜湖的综合性地区公司。1984年前，原芜湖长江轮船公司名称为长江航运管理局芜湖分局，1984年1月1日，长江航运实行管理体制改革，公司更名为芜湖长江轮船公司。江东船厂成立于1945年，其建厂有60多年历史。2009年6月8日，原芜湖长江轮船公司与江东船厂实行合并重组，组建成立芜湖长江轮船公司，实现“一套班子、两块牌子”运作。公司的主营业务为造船，具备承接5.7万吨以上散货船、1000TEU等出口船型的建造能力，并有为造船配套的相关产业及修船、钢结构制造等业务。

公司拥有水域岸线约1500米，2万吨级和7万吨级纵向滑道船台各一座；拥有16～200吨各类立架吊车和龙门吊，400吨数控冷弯机、1000吨压力机、等离子切割机、钢材预处理以及各种焊接、切割设备和船舶辅助建造计算机等各类设备1000余台套。年造船能力30万载重吨，工业总产值超20亿元（RMB）。公司修船生产拥有5300吨、800吨举力浮船坞各一艘，其中，5300吨举力浮船坞是皖江区域最大的浮船坞，具备万吨以上船舶的坞修能力。产品已获美国船级社(ABS)、德国劳氏船级社(GL)、英国劳氏船级社(LR)、法国船级社(BV)、中国船级社(CCS)等船级社认可。1999年8月通过了ISO 9002质量体系认证(2003年ISO9001转版换证)，一体化管理体系于2008年12月一次性通过OHSAS18001国际认证证书。企业已向德国、希腊、塞浦路斯、智利、哥伦比亚、新加坡、印度尼西亚、荷兰、澳大利亚、日本、韩国、泰国等国家和中国香港、台湾地区出口各类船舶240多艘，其国内首制的1100TEU快速集装箱船被安徽省认定为高新技术产品，并已成为欧洲船东青睐及世界航运市场支线集装箱运输主导船型之一。安徽造船史上最大吨位出口船舶5.7万吨散货船已成功建造。企业技术中心获得“省认定企业技术中心”的命名。

芜湖大江造船有限公司　是于1996年改制成立的股份制有限责任公司，具有60

多年的修造船历史，是安徽省骨干造船企业，已累计为国内船东建造各类船舶千余艘，同时产品也出口到韩国、新加坡、印尼等国家和中国台湾、香港地区，年造船能力2万载重吨。职工570余人，其中工程技术人员58名，具有高级职称6人，中级职称21人，技师8人，持证焊工65人。具有5000吨以下各类船舶的开发设计和建造能力。

第二节　主要产品

主要产品　安徽船舶工业企业生产的主要产品有驳船、小型机动船等常规船舶，多用途散货船、快速集装箱船、成品油船、大功率拖轮、工程船、旅游客船等特种船舶以及中速船用柴油机、发电机组、船用电器等。

生产规模　特别是“九五”期间，安徽船舶工业克服亚洲金融危机的严重影响和冲击，保持了持续发展的良好态势。全省船舶工业实现工业总产值约37亿元，年均增长10%，造船产量达到84万载重吨。

进入21世纪，安徽船舶工业出现了适度快速增长的态势，主要船舶修造企业加大固定资产和技术改造投资力度，加快基础设施建设，使安徽万吨级散货船、多用途船、中型成品油轮、快速集装箱船、大功率推轮及旅游客船等高科技船舶的建造设施和能力不断完善和提高。

到2005年，经过规范和治理，全省船舶修造及配套企业90家，其中中央在皖企业6家，省地方企业81家。经过多年发展，基本形成了以芜湖造船厂、江东船厂、安庆船用柴油机厂等中央企业为龙头，地方中小船厂共同发展的产业局面，既能生产驳船、小型机动船等常规船舶，又能建造万吨级船舶、多用途散货船、快速集装箱船、成品油船、大功率推轮、工程船、旅游客船等特种船舶以及中速船用柴油机、发电机组、船用电器、船用灯具、锚链、甲板机械等。船舶工业产业结构发生明显变化，主要大中型船舶企业产品结构基本趋于合理。军工企业由单一生产军品为主转向军民船舶共同发展，民船及配套企业不断加快船舶及配套产品开发，各类普通钢质船舶船型进一步优化，工程船、油船、客船等特种船舶有较快发展，船舶配套产品也形成了一定规模。

2001年至2005年，安徽船舶工业实现工业总产值63.9亿元，年均增长15%；实现销售收入61.6亿元，年均增长17.8，比“九五”期间增长78%；造船总量达到163.3万载重吨，年均增长47%，比“九五”期间增长94.4%。出口创汇2.67亿美元，年均增长9%。

产品出口　在积极巩固国内市场的同时，安徽船舶工业不断开拓国际市场，先后向东南亚和欧洲及南美市场等出口各类船舶达100多艘。船用柴油机及其发电机组、船用电器、船用灯具、船用锚链等配套产品，也随出口船舶或单机远销日本、英国、意大利等国家。

第五章　民用爆炸物品行业

2000 年前，安徽民爆生产企业分属省物资局、石化厅和省国防科工办管理。在 2000 年政府机构改革中，省政府将民用爆炸物品行业管理职能交省国防科工办。

到 2005 年年底，全省民爆器材行业共有 73 家企业，分布在全省 15 个市的 51 个县（区）。其中生产企业 11 家，资产总计 94722 万元，从业人员 4200 人（含专业技术人员 525 人）；流通企业 62 家，资产总计 19341 万元，从业人数 1227 人。从事民爆器材专业的科研院所 4 家，其中：科研单位 2 家，检测中心 1 个，设立民爆器材专业的大学 1 所。全省民用爆破器材产品核定的凭照生产能力为：工业炸药 11560 吨，工业雷管 14000 万发，工业导火索类火工品 10000 万米。

第一节　重点企业

安徽雷鸣科化股份有限公司　公司前身为九一〇厂，建立于 1969 年 12 月，1999 年 3 月改制为股份公司。是以淮北矿业集团公司为主发起人，联合南京理工大学、安徽理工大学、煤炭科学研究总院爆破技术研究所、北京中煤雷耀经贸联合公司等 5 家单位共同发起设立。注册资本 5000 万元。公司 4000 万股 A 股股票于 2004 年 4 月 13 日在上海证券交易所发行，2004 年 4 月 28 日在上海证券交易所挂牌交易，是淮北市第一家上市公司，也是全国民爆器材行业的第一家上市公司。2005 年，公司有职工 731 人，其中管理及科研技术人员 152 人，生产人员 501 人，大中专毕业生 276 人，具有高级职称的人员 82 人。

公司主营业务是工业炸药和雷管的生产销售，承揽矿山和城市爆破工程。公司的生产能力为：水胶炸药及震源药柱 2 万吨，粉状铵梯炸药及膨化硝铵炸药 5000 吨，工业电雷管 4000 万发，工业火雷管 1000 万发，导爆管雷管 1000 万发，塑料导爆管 4000 万米；产品主要用于煤矿采掘、矿山开采、筑路建设、城镇改造等工程爆破。公司拥有一家子公司和一家参股公司。其中：铜陵雷鸣双狮化工有限责任公司于 2003 年 12 月 24 日成立，由雷鸣公司和铜陵有色金属（集团）公司共同发起组建，注册资本 2100 万元。主营业务为膨化硝胺炸药、乳化炸药制造、销售，民用爆破器材销售等。参股公司为淮北金岩高岭土开发有限责任公司，于 2000 年 7 月 1 日成立，注册资本 1749 万元，雷鸣公司占 19.95% 股份。

雷鸣公司曾获得82项省部级以上荣誉称号，是全国精神文明建设先进单位；拥有专利技术2项，专有技术7项，是国家火炬计划重点高新技术企业和安徽省高新技术企业；公司民爆产品的生产规模、技术水平、工艺装备、基础管理均居国内同行业先进水平，拥有国内领先水平的水胶炸药自动化生产线；公司生产的水胶炸药获国家银质奖，并获安徽省首批向海内外推荐的优质名牌产品、省质量免检产品等称号，产品销往国内21个省、自治区，并出口东南亚、欧洲、非洲及中国港澳地区。

安徽江南化工股份有限公司　公司前身是1985年成立的宁国江南化工厂，1997年改制为安徽省宁国江南化工有限责任公司，2005年12月整体变更设立为安徽江南化工股份有限公司。是国家定点的民用爆破器材产品生产企业，是一家集产品研发、生产、销售和爆破工程技术服务一体化的大型民爆集团。主要产品有：乳化炸药、粉状乳化炸药 、煤矿许用型乳化炸药、现场混装炸药。2008年5月在深圳证券交易所上市（股票代码002226）。

淮南舜泰化工有限责任公司　建成于1970年，是集工业炸药、雷管系列产品的研发、生产、销售和民爆技术服务为一体的国家民爆器材生产定点骨干企业。公司总资产1.14亿元，员工567人，各类专业技术人员96人。

公司有工业炸药、工业雷管两大主导产品。国家核定凭照能力为工业炸药2.4万吨（其中水胶炸药1.2万吨，乳化炸药8000吨，硝铵改性炸药4000吨），工业电雷管2800万发，导爆管雷管200万发。经国家安评机构评审，公司实际具备年产工业水胶炸药1.6万吨、乳化炸药1.2万吨、硝铵改性炸药1.2万吨，工业电雷管5000万发、导爆管雷管1000万发的实际生产能力，是煤炭工业二级企业、行业级质量标准化公司。并先后荣获安徽省先进企业、省质量管理奖、省科学技术研究成果奖、省园林式单位、市文明单位标兵等称号。2003年公司通过ISO 9001 ： 2000质量体系认证。

安徽恒源技研化工有限公司　安徽恒源技研化工有限公司位于安徽省五河县。前身是五河县东方化工厂。2003年12月，引进了安徽恒信投资发展有限公司和马鞍山矿山研究院两家单位对原五河县东方化工厂进行收购，并重组安徽恒源技研化工有限公司。主要生产乳化炸药。该公司与南京理工大学、马鞍山矿山研究院合作，加强技术攻关，投资2600万元，于2005年8月新建了一条单班年生产能力4000吨的新型粉状乳化炸药生产线，使生产线实现了连续化、自动化、柔性化。2009年6月被浙江盾安控股集团收购。

安庆市向科化工有限公司　安庆市向科化工有限公司成立于20世纪60年代中期，位于安徽省怀宁县，主要生产铵梯炸药、乳化炸药、煅烧石油焦。职工731人。2007年被浙江盾安控股集团收购。

企业改制　全行业加大改革力度，逐步消除体制性、机制性障碍，实行股份制改造、资产重组和引入民营资本。浙江盾安控股集团公司出资 7500 万元相继收购安庆向阳化工厂、当涂化工厂、皖西化工厂；淮南舜泰于 2005 年完成股份制改造。流通企业主动适应市场经济要求，不断优化企业体制和经营机制，有 30 多家流通企业改制为民营或股份制企业。

第二节　主要产品

产品生产　安徽省民爆行业企业的主要产品有工业炸药、工业雷管和工业索类火工品。

截至 2000 年，全省有民爆生产企业 13 家，销售企业 66 家，分布在 60 多个市县（区）；有民爆科研单位 2 家，检测中心 1 家，设立民爆器材专业的大学 1 所。全省民爆企业建有 8 条乳化炸药生产线，具有 8.7 万吨 / 年生产能力，分布在 6 个生产企业（生产点）；建有 2 条水胶炸药生产线，具有 2.8 万吨生产能力，分布在 2 个生产企业；建有 3 条导爆管雷管生产线，具有 3000 万发生产能力。1996 年至 2000 年的 5 年间，全省民爆行业共生产工业炸药 20.6 万吨，工业雷管 33000 万发，工业索类火工品 7000 万米。其中：2000 年生产工业炸药 4.09 万吨，工业雷管 6760 万发，索类火工品 1625 万米，工业总产值 2.90 亿元，工业增加值 9697 万元，利润总额 2011 万元。

“十五”期间，安徽民爆器材行业发展速度较快，经济总量与效益稳步快速增长。5 年间共生产工业炸药 30 万吨，工业雷管 36000 万发，索类火工品 13000 万米，分别比“九五”增长 45.9%、9% 和 85.7%。其中 2005 年生产工业炸药 84536 万吨，工业雷管 8917 万发，索类火工品 3696 万米，分别比 2000 年增长 107.2%、31.9% 和 127%；实现工业总产值 49274 万元，工业增加值 17353 万元，利润总额 3762 万元，分别比 2000 年增长 69.9%、79%、87.1%。

产品结构调整　“十五”期间，安徽民爆行业认真贯彻国家民爆产业政策，全面调整产品结构，以乳化炸药、水胶炸药、铵油炸药、电雷管、导爆管雷管和塑料导爆管为代表的新产品，已逐步取代传统落后产品。2005 年，乳化炸药生产量占炸药总量比重为 51%，比 2000 年提高了 37 个百分点；限制发展的铵梯炸药仅占炸药总量的 24%，比 2000 年下降了 26 个百分点。塑料导爆管及导爆管雷管年均增长分别为 78.9% 和 68.7%。全行业通过实施科技兴业战略，产品质量可靠性及安全环保性有了较大提高，生产工艺逐渐摆脱了传统的间断式手工作业方式，向连续化、自动化、程序控制化转变。5 年间，共新建了 8 条乳化（含粉乳）炸药连续自动化生产线和 3 条塑料导爆管生产线；改造了 3 条雷管生产线以及 1 条铵油炸药生产线；雷管生产全部实行编号打码。

第六章　民口配套行业

安徽省民口配套行业始于20世纪90年代末，最初只有合肥三宇电子等少数几个单位，企业规模小，技术水平较薄弱，承担的配套任务很少。进入21世纪后，民口配套行业实现了较快成长，配套单位大量增加，研发能力和水平大幅提高，配套的领域不断扩大和深入，具有“专、精、特、新”的鲜明特色，部分配套项目和配套产品应用到神五、神六和高新工程等国防科技行业的关键领域。到2005年年底，安徽已有18个非公有制企业参与军品配套任务的研制。

第一节　部分重点企业

合肥通用制冷设备有限公司　创建于2003年4月，是合肥通用机械研究院和浙江盾安集团联合控股的公司，是安徽省高新技术企业。公司致力于军用和工业用两大领域的特种空调制冷设备的研发、生产。公司占地面积6000平方米，注册资本700万元，职工人数76人，专业技术人员15名，公司产品现已形成8大系列近300多个品种型号，拥有军用空调6000台(套)年生产能力。 公司通过了国军标GJB900lA-200l和国际质量体系GBITI90012000双认证。主编了GJBl913A-2005《军用方舱空调设备通用规范》。

合肥星波通信技术有限公司　成立于2002年5月，是安徽省科学技术厅认定的“高新技术企业”。公司拥有资产4500万元，科研生产及办公用房建筑面积达4000平方米。员工96人，其中专业技术人员58人。公司专业致力于滤波器产品及微波有源部件及组件产品的研发与生产。公司科研生产方向主要包括：微封装、微波T / R组件、毫米波技术等。产品广泛应用于航空、航天、船舶及通信等领域机载、弹载、航载及火控雷达等微波系统中，可年产滤波器2万套、有源部件2000套。

合肥航太电物理技术有限公司　原为安徽省科委的合肥航太电物理技术研究所，成立于1995年7月，是集科研、生产、贸易为一体的股份制公司，有员工30余人，其中，工程技术人员20余人(含研究员、博士、高工级人员10人)。专业从事电物理技术等应用于飞机(包括直升机、导弹、火箭、飞船等)雷电与静电防护领域的研究工作。公司还聘请了国内院士和国际著名的飞机雷电防护专家为学术委员会高级顾问。公司的主要产品有飞机雷电抑制器、飞机雷电分流条、电子测控设备等。

第二节　主要产品

安徽省民口配套行业企业主要产品有雷达循环冷却装置、车载高压空气净化装置、航空航天用特种电缆、精密金属膜电阻器、机电设备、飞机雷电抑制器、NC-20空气压缩机、逆变式电源等。

第七章 行业管理

第一节 机 构

管理机构 1964年9月，省委决定成立省国防工业领导小组，由5人组成，组长李任之。1968年元月，省革委会研究并报经南京军区批准，成立省国防工业领导小组，并下设办公室，同时确定新的国防工业办公室为一级权力机构，主任刘奎，副主任张玉辉，常务副主任马骅。

1969年7月，改为安徽省革命委员会、省军区国防工业办公室。主任刘奎(1970年7月后由马骅继任)，常务副主任马骅。1971年根据中共中央文件要求，国防工业办公室的编制进入军队序列。1983年10月，更名为安徽省国防科学技术工业办公室。主任徐景仁，副主任罗林发、周士放、黄岳忠。1985年12月，同省经委合署办公，一个机构两块牌子，由黄岳忠担任省国防科工办副主任、省军工局局长，邱正庭、吴大忠、邵海宽为副局长。1989年10月，省经委、省国防科工办下设安徽省军工局，副厅级建制，负责全省军工科研生产管理工作。1992年9月，省政府第六次常务会议决定，省国防科工办与省经委分开办公，正厅级建制，为省政府直属机构。同年10月成立中共安徽省国防科工办党组。省经委主任、党组书记徐卿兼任省国防工办主任、党组书记。1993年10月，刘大成任省国防科工办主任、党组书记，邱正庭、吴大忠为副主任。

1995年，省国防科工办机关内设7个职能处室和机关党委、纪检（监察）室。行政编制60人。刘大成任党组书记、主任，邱正庭、吴大忠、胡斌为副主任。2000年9月，民爆器材行业管理和船舶工业行业管理职能交省国防科工办。机关内设处室分别为：秘书行政处（保卫处）、规划与科技质量处、体改法规处、经济运行处（民用船舶工业办公室）、财务处、民爆器材管理办公室、人事处、机关党委、纪检（监察）室、离退休工作处，机关编制额47名。另有省国防工会，编制5人。2000年9月，主任刘大成，副主任胡斌、吴金山。2006年1月，主任吴金山，副主任方向、丁晓牧。

直属事业单位 省国防科工办有直属事业单位5个：安徽国防科技职业学院、省国防科技工业办公室干休所、省长江计量所、省国防科技信息中心、省国防科工办机关服务中心。

安徽国防科技职业学院隶属于安徽省国防科学技术工业办公室的省属高等职业院

校，学院前身是安徽省大江机械工业学校，始建于1974年，1997年更名为安徽省国防科技工业学校。2003年6月经安徽省人民政府批准、教育部备案，独立升格为公办全日制普通高等职业院校。学院是中央职业教育数控技术实训基地、国防科技工业职业教育实训基地、安徽省国防科技工业高技能人才培养培训基地，建有国家职业技能鉴定所。学院位于安徽省六安市梅山南路，占地面积22万多平方米，建筑面积13.3万平方米。

学院设有四系两部，即机械工程系、机电工程系、管理工程系、信息工程系和基础教学部、思政教学部；两个中心为实验实训中心和计算机中心。开设有机械设计与制造、机械制造与自动化、数控技术、模具设计与制造、机电一体化技术、电气自动化技术、汽车制造与装配技术、汽车检测与维修技术、计算机应用技术、计算机网络技术、软件技术、图形图像制作、国际经济与贸易、市场营销、电子商务、物流管理等27个专业，其中数控技术（导弹炮弹加工技术方向）、机电一体化技术（引信技术方向）等4个专业为军工特有专业。

学院还下设有安徽省工业工程设计院（安徽省医药工程设计院）。

安徽省医药设计院（安徽省工业工程设计院）成立于1965年，经建设部批准，具有化工石化医药行业工程设计甲级资质，工程咨询甲级资质，建筑工程设计、机械工程设计、环境影响评价、工程监理乙级资质。全院有职工133人，其中教授级高工2人，国家一级注册建筑师等国家注册工程师共25人，为中国医药工程设计协会常务理事单位、安徽省工程勘察设计协会常务理事单位。

自建院以来，先后承接并完成了江苏扬子江药业集团、北京同仁堂（集团）有限责任公司、桂林三金药业集团、浙江海正药业、中国药科大学、河北神威药业、广州汉方现代中药开发公司、珠海富邦药业有限公司、海南康芝药业有限公司、云南德宏州宏天集团实业有限公司、江西汇仁集团、湖南株洲千金药业有限公司、湖北劲牌公司、山东鲁南制药厂、河南宛西制药有限公司、九芝堂股份有限公司（湖南）、浙江亚东制药有限公司、江苏康缘药业、江苏吴中医药集团、广西河丰药业有限公司、格萨尔王藏药制药有限公司、青海久美藏药药业公司、北京双鹤药业（安徽、京西、淮安等分公司）、安徽丰原药业、安徽八一化工股份有限公司等全国数百家制药及食品企业的工程设计项目；同时承接并完成了东风机械厂、安徽皖淮机械厂、安徽皖安机械厂、安徽红星机械厂、淮海机械厂、安徽省建筑机械厂、安庆船用柴油机厂、安徽盐业公司等军工和其他行业的工程设计项目。

省国防科工办干休所主要承担安置在该所的原地方军工离休干部的服务工作。

省国防科技信息中心为自收自支的事业单位，承担国防科技情报服务工作，编制4人，2007年完成改制后撤销。

省国防科工办机关服务中心为自收自支的事业单位，编制 13 人，主要承担机关行政服务工作。

第二节　军工管理

省国防科工办对系统内企事业单位以行业管理为主。

军品能力调整　根据国家部署，20 世纪九十年代末期，国家对军品科研生产单位实施能力总体原则，保留核心能力，对不再保留能力的单位，实施摘帽、销号、破产。工办组织军工单位赴京汇报，省政府专门向国防科工委和总装备部致函，请国家在能力调整中给安徽军工予以支持。在以兵器工业为试点的军品科研生产第三次能力结构大调整中，经国务院、中央军委的批准，安徽地方军工保留的企业和军品生产线居全国首位。中央在皖的研究所和企业能力也得到保留和提升。

企业债转股　1999 年，省国防科工办抓住国家实施“债转股”的政策机遇，对安徽省皖西机械厂、安徽省东风机械总厂、安徽省江北机械厂和安徽省红星机械厂 4 家地方军工企业进行重组，成立安徽军工集团控股公司，捆绑实施“债转股”，使军工控股公司的四户地方军工企业 3.5 亿的长期负债中的 2.75 亿元实施了债转股和贷款本息核销，资产负债率由 80% 左右下降到 25% 左右。

船舶业专项治理　2005 年，根据交通部、国防科工委等国家四部委“关于全国低质量船舶专项治理活动方案”和国防科工委“关于全国低质量船舶专项治理活动方案的实施意见”，以及安徽省交通厅、国防科工办等四部门制定的“安徽省低质量船舶专项治理活动实施意见”的规定，依据国家《船舶生产企业生产条件基本要求（试行）》标准，会同船检、渔检、安全生产监管部门组织专家对专项治理船厂进行核查验收。全省 139 家专项治理船厂，有 68 家专项治理船厂通过核查验收，有 71 家专项治理船厂被关闭（整合），占专项治理船厂的 51%。通过专项治理活动，推动了全省重点地区造船业的重组和布局调整。

省工办从管理职能对口关系上进一步强化船舶工业行业监管职能。2005 年 8 月，省船舶办在合肥召开全省各市船舶工业行业主管部门座谈会，进行职能、部门和人员的对接，要求各市船舶行业主管部门在行业规划、行业政策、行业标准、行业监督、行业服务五个方面履行政府职能，把低质量船舶专项整治和日常管理工作结合起来，采取分级管理、分类指导、分步实施的办法，会同船检、渔检、安全生产监管部门上下互补，左右联动，开展低质量船舶专项治理船厂的治理和船舶行业监管工作。建立和明确船舶工业行业监管体系，落实行业监管职责，全省 17 个市政府全部明确船舶工业行业主管部门，船厂所在的县（区）政府明确管理部门，全省基本建立了省市两级船舶行业监管体系，并通过市级行业主管部门将行业监管职能对口传递落实到县级政府，初步实现了行业监管工作的关口前移、重心下移。

民爆行业专项整治 按照国务院、国防科工委的部署，从2000年开始，省国防科工办组织了几次专项整治活动，尤其是对民爆企业的重大危险源、重点部位和专用设备进行了重点检查。根据《中华人民共和国安全生产法》的规定，安徽省国防科工办先后出台了《安全生产监督管理主要职责》《民爆物品安全生产监督管理责任制》《安徽省民爆行业安全生产事故应急救援预案》等制度，进一步明确了岗位职责，有效加强了监督检查工作。以落实安全保障措施，加强省、市、县三级监管部门日常安全监管工作，防止“四超”行为反弹为重点，开展了禁“四超”安全大检查。帮助民爆企业制定重特大事故应急救援预案，协调社会有关机构定期组织防火、防爆等为主要内容的应急救援演练，为民爆行业快速、健康发展起到了良好作用。

军工保密资格审查认证 2001年，中央决定对参与武器装备科研生产的单位实行保密资格审查认证制度。2002年，国家保密局、国防科工委、总装备部印发了《武器装备科研生产单位保密资格审查认证管理办法》，对保密认证工作进行具体规范。经省委领导批示同意并报国家保密资格审查认证委员会批准，省国家保密局、省信息产业厅、省国防科工办组成了省军工保密资格审查认证委员会，办公室设在省国防科工办。

第十篇　信息产业

信息产业是社会经济生活中专门从事信息技术开发、设备和产品的研制生产以及提供信息服务的产业部门的总称，主要包括信息工业（计算机设备制造业、通信与网络设备以及其他电子信息产品制造业）、信息服务业、信息开发业（软件业、数据库开发产业、电子出版业等）。中华人民共和国信息产业部于1998年成立，主要管理全国电子信息产品制造业、通信业和软件业，推进国民经济与社会信息化服务，并承担全国无线电管理职能。2000年5月，安徽省为了顺应国家行业管理体制，整合原省电子工业局、省信息化领导小组办公室和省无线电管理委员会办公室的职能，组建省信息产业厅，负责管理全省电子信息产品制造业、国民经济信息化建设和无线电管理工作。

2005年，安徽省信息产业增加值156亿元，比上年增长19.1%，贡献率为5.3%。而2000年信息产业增加值是51亿元，2001年也只有65亿元，增加了2倍多。2005年的156亿元中，电子信息行业增加值50亿元，是2000年的近6倍；电信行业增加值100亿元以上，“十五”期间电信业务增长很快，近几年都是20%以上的增长，尤其是2005年增长26%，业务量达264亿元。安徽省信息产业发展速度很快，但是总体上和全省国民经济发展比起来仍显较弱，尤其是增量部分，所占比重较低，这也是影响安徽省信息产业发展指数的重要因素，使得该项指数低于安徽省信息化总水平指数及其他五项分指标指数。

第一章　电子信息产品制造业

第一节　概　述

“七五”期间，安徽省电子行业紧紧围绕重点产品研发，继续开展技术引进和横向联合，形成了一定的基础和规模。到1990年，全省已能大批量生产11大类电子产品，一批产品的技术性能分别达到国际和国内先进水平，获得省、部级以上科技进步奖或科技成果奖。1990年，安徽省电子工业产值达10.55亿元，较1985年增长2.38倍，在全国电子行业中的位次由“六五”的第20位上升至第14位。

“八五”和“九五”期间，安徽省电子行业在稳定消费类电子产品的同时，积极发展能源、交通、通信等产业服务的电子产品，形成了五大电子信息产品基地，分别是：以铜陵为基地的电子“三膜”开发和生产基地，以原电子部在皖研究所为主体的军用雷达和军用电子产品开发和生产基地，以马鞍山为基地的磁性材料生产基地，以原电子部八所为龙头的光纤生产基地，以长安公司“长安”牌计算机和实达电脑公司安徽分公司为代表的计算机开发生产基地。省政府加大改革力度，对原有的电子信息产品制造企业进行了改组改造。1997年，海尔集团对合肥无线电二厂（黄山电视机厂）实施兼并，进行了零成本收购，百分之百控股。1999年，滁州电视机厂经国家经贸委批准，实施政策性破产，并被康佳集团兼并。

“九五”末期的2000年，安徽省电子行业主要电子信息产品产销两旺。微型计算机生产14.1万台，销售14.0万台，产销率99.1%；电子测量仪器生产1.6万台，销售1.7万台，产销率101.2%；彩色电视机生产131.3万台，销售129.8万台，产销率98.9%；半导体分立器件生产46140万只，销售36947万只，产销率80.1%；电子元件生产42480万只，销售40052万只，产销率94.3%。当年，全省电子行业共完成工业产值（不变价）84.7亿元，增长46.7%，在全国同行业中排第17位，比上年提高1位；完成工业销售产值（现价）39.9亿元，增长36.4%；完成产品销售收入39.8亿元，增长41.6%；实现利税总额1.8亿元，增长24.7%；实现利润5429万元，增长64.6%。

“十五”期间，全省电子信息产业工业总产值、销售收入、工业增加值、利税总额的年均增长率分别为47.9%、45.1%、61.6%、58.5%。与“九五”期末相比，工业总产值增长6倍，销售收入增长5.4倍，工业增加值增长10倍，利税总额增长9倍，全面完成了“十五”计划目标。安徽省电子信息产业的规模在全国的位次从“十五”初的17位提升到“十五”末的12位。全省形成合肥、芜湖、铜陵、滁州、巢湖等一批产业聚居地，涌现出一批电子信息产业骨干企业。安徽四创电子股份有限公司、安徽铜峰电子股份有限公司、安徽三佳科技股份有限公司等5家企业成功上市。铜陵电子材料产业园被国家信息产业部首批认定为国家电子信息产业园。在新型元器件、电子材料、汉语语音合成技术、特种显示器、雷达、光纤光缆、集成电路封装专用设备等领域形成了一批拥有自主知识产权的主导产品，在国内市场为安徽赢得了荣誉。在神舟五号、六号载人航天飞行中，安徽有4家研究所和企业研制的10多个产品（部件）参与工程配套。“十五”期间，全省电子信息产业共有157项成果获得安徽省科技进步奖，其中一等奖12项、二等奖32项、三等奖113项；“交通事故预防研究及应用项目”获得国家科技进步一等奖、“KD系列汉语文语转换系统”、“基于本体的交通系统驾驶员个性化培训技术开发及标准化”获得国家科技进步二等奖、“面向网络及嵌入式环境的语音合成技术”被评为2005年信息产业重大技术发明；13项产品获得安徽省名牌产品称号。“十五”期末，安徽省建有省部级以上研发机构40个，其中，国家级3个、部级6个、省级31个。

1998—2005年安徽省电子信息产业主要经济指数表

表10-1-1-1

年份	工业总产值（万元）	工业增加值（万元）	产品销售收入（万元）	利润总额（万元）
1998年	231407	39199	219264	–9079
1999年	310263	66785	281416	3298
2000年	428472	59231	427061	8799
2001年	599057	97455	536082	28029
2002年	955711	155059	755514	36315
2003年	1220932	254167	1079675	56023
2004年	2105319	473291	1934099	109915
2005年	2882441	789927	2591850	162608

1998—2005年安徽省电子信息主要产品产销表

表10-1-1-2

年份	产品名称	单位	产量	销量
1998年	电话单机	部	28878	21577
	微型计算机	部	49003	49030
	电视机	台	723970	692279
	电子测量仪器	台	14097	11938
	电子元件	万只	385262	428952
	电子器件	万只	9349	9211
1999年	电话单机	部	13676	19147
	微型计算机	部	80711	80699
	电视机	台	876401	863952
	电子测量仪器	台	12572	13209
	电子元件	万只	36765	35226
	电子器件	万只	28500	21449
2000年	微型计算机	部	140967	139729
	彩色电视机	万台	131	130
	电子测量仪器	台	16352	16587
	电子元件	万只	42480	40052
	电子器件	万只	46140	36947
2001年	微型计算机	部	109580	110210
	彩色电视机	万台	209	208
	电子测量仪器	台	7236	7307
	电子元件	万只	52938	50132
	半导体器件	万只	38120	38920
2002年	微型计算机	部	190306	190095
	彩色电视机	万台	238	239
	电子测量仪器	台	9917	10113
	电子元件	万只	56409	58663
	半导体器件	万只	31232	30341
2003年	微型计算机	部	157755	157742
	彩色电视机	万台	244	246
	电子测量仪器	台	7063	6765
	电子元件	万只	48379	50391
	半导体器件	万只	52508	46932
2004年	微型计算机	部	106877	119984
	彩色电视机	万台	314	314
	电子测量仪器	台	8137	7832
	电子元件	万只	61923	62382

续表 10-1-1-2

年份	产品名称	单位	产量	销量
2004 年	半导体器件	万只	62898	57365
2005 年	彩色电视机	万台	332	328
	电子测量仪器	台	6114	6228
	电子元件	万只	96391	93447
	半导体器件	万只	20488	20442

第二节　电子材料与元器件

重点企业

安徽铜峰电子集团有限公司。位于安徽省铜陵市石城大道中段 978 号，主要产品有：电容器聚丙烯膜、电力电子电容器、晶体频率器件。是国家大型工业制造企业，国家火炬计划——铜陵电子材料产业化基地内重点骨干企业，中国电子元器件百强企业，全国质量管理先进企业，全国重合同守信用先进企业，其控股的安徽铜峰电子股份有限公司于 2000 年 6 月在上交所挂牌上市，成为全国同类产品企业的首家上市公司。

安徽铜峰电子集团有限公司前身是一个仅有 5 万元资产的服装厂，1975 年 12 月 16 日经铜陵市政府批准，成立铜陵市元件二厂，转产电容器元件，1990 年易名为铜陵市薄膜电容总厂。1994 年又按《中华人民共和国公司法》要求，改制组建了安徽铜峰电子集团有限公司。有职工 2600 人，其中工程技术人员 560 人。公司重点发展电子材料、新型电子元器件和电力节能装备，现已形成两大产品发展链：电容器用薄膜——金属化薄膜——薄膜电容器产品发展链，石英晶体材料及延伸产品发展链。公司主导产品生产能力分别为：电容器聚丙烯膜 1.2 万吨（世界第一），金属化膜 4000 吨（全国第一），聚酯膜 2600 吨，交流电容器 10 亿微法，各类直流电容器 9 亿只，特种薄膜电容器 1 万台，光学水晶 60 吨，石英晶体振子 3 亿片，石英晶体谐振器、振荡器 1 亿只。公司在全国同行业中首批通过了 ISO9002 国际质量体系认证，主导产品相继通过了国家 CQC、美国 UL、欧洲 VDE、CB 等多项认证。

公司于 1995 年开始实施国家“双加工程”、省级火炬计划项目，总投资 1.7 亿元，引进年产 2500 吨电容器用双向拉伸聚丙烯膜生产线，1998 年 4 月竣工投产，电容器膜年生产能力跻身世界前三强。2000 年总投资 15570 万元，新建一条年产 3700 吨超薄型电容器用聚丙烯膜生产线，于 2002 年 12 月 17 日投料试车一次成功，公司的电容器用聚丙烯膜年生产能力跃居世界第一。2000 年实施了城市轨道交通机车电力电容器项目，成功地开发出十余种机车电容器及相关的特种电容器，批量生产投放市场。2003 年实施省高技术产业化——耐高温薄膜项目，公司电容器用聚丙烯膜生产能力达到 1.2

万吨的能力。2004 年实施信息产业技术进步和产业升级专项——SMD 石英晶体频率器件项目，提升了公司石英晶体产品链的规模化能力。

公司 1999 年被科技部认定为国家重点高新技术企业。1997 年以来，边缘加厚铝金属化薄膜、安全防爆型金属化薄膜、mfo 型电力电子电容器等产品荣获国家科委颁发的国家重点新产品证书。1999 年 10 月，铜峰牌电容器获省著名商标称号。1999 年，2500 吨电容器用双向拉伸聚丙烯薄膜工艺技术攻关项目获省科技进步二等奖。2000 年 1 月，电容器、聚丙烯薄膜 2 项产品再次荣获"安徽省名牌产品"称号。2005 年，电容器用铝锌渐变方阻金属化聚丙烯薄膜获省科技进步奖二等奖

公司 2001 年荣获国家总工会颁发的"全国五一劳动奖"称号。2002 年获国家质量管理先进企业和省委、省政府颁发的第五届"省文明单位"荣誉称号，2005 年获得省级质量管理奖。

中德电子有限公司。位于天长市，占地面积 200 亩左右，拥有标准厂房 3 万余平方米，主营软磁铁氧体磁芯。

公司始创于 1989 年，公司前身为天长市向阳无线电厂，2000 年改制为公司，公司员工 100 余人，工程技术人员 2 人，固定资产 1400 万元，工业总产值 3200 万元，利税 280 万元；2005 年公司有员工 200 余人，工程技术人员 8 人，固定资产 4200 万元，工业总产值 1.26 亿元，利税 1784 万元。

安徽省蚌埠华益导电膜玻璃有限公司。是由科技型上市公司安徽方兴科技股份有限公司控股 75% 的国有控股企业。公司成立于 1993 年，坐落在蚌埠国家级高新技术产业开发区内，有总资产 3.7 亿元，占地面积 126 亩，资信等级 AA+ 级，资产负债率为 56%。公司员工 970 人，其各类专业技术人员 105 人。公司拥有省级企业技术中心，先后被评为安徽省高新技术企业，国家重点高新技术企业，安徽省首批产学研联合示范企业，安徽省 "百企示范" 企业，安徽省第二批创新型企业，被授予国家级火炬计划项目优秀实施单位。公司先后通过 ISO 9001 ：2000 质量体系认证及 ISO/TS16949 质量管理体系认证，是蚌埠玻璃新材料国家级高新技术产业化基地的骨干企业，是中国液晶行业协会常务理事单位。

黄山电器有限责任公司公司。位于祁门县新兴路 449 号，占地面积 3.4 万平方米，建筑面积 2.1 平方米。私营企业，是专业化生产电力电子芯片、器件及模块的高新技术企业。

公司建于 1990 年 2 月。前身黄山电器厂。1997 年改制后，企业通过技术改造，积极调整结构，获得较大发展。1998 年，可控系列芯片、功率模块投产，1999 年荣获安徽省高新技术企业，2002 年产品通过 ISO 9001 ：2000 质量管理体系认证，2005 年整流二极管、晶闸管 GPP 方片生产线建成并投产。获安徽省"光彩之星" "明星企业"，

AAA级信用企业，纳税大户等奖项。到2005年，有职工125人，其中工程技术人员12人；固定资产原值2000万元，年产整流、可控系列芯片产品5000万只，工业总产值4500万元，利税860万元。

公司建有省级企业技术中心，从事专业研发人员有42人，全部具有本科以上学历，其中博士5人，硕士4人，高级工程师4人，科研实力雄厚。拥有发明专利2项，实用型专利3项。工艺制造技术多次获得安徽省科学技术奖项。其中，“方片芯片激光造型扩散形成隔离墙新工艺”获安徽省科学技术奖三等奖，黄山市科学技术奖一等奖；“5A-100A/50V-1100V快恢复二极管(FRD)方形芯片制造技术”获安徽省科学技术奖二等奖，黄山市科学技术奖一等奖。公司承担国家发改委新型电力电子器件产业化项目——“快恢复二极管(FRD)方形芯片产业化项目”和科技部创新基金项目等10多项国家、省科研课题和项目研发并投产。

蚌埠市双环电子集团有限公司。位于蚌埠市兴中路818号，占地面积7.5万平方米，建筑面积3万平方米。民营企业，是电阻器、电感器、厚膜电路及汽车零部件等电子元器件的专业生产企业。公司建于1966年。前身为蚌埠无线电六厂，1997年改制后更名为蚌埠市双环电子有限公司，2004年更名为蚌埠市双环电子集团有限公司。

公司为国家高新技术企业、安徽省创新型企业、安徽省“专、精、特、新”中小企业，2009年度进入中国电子元件百强企业。连续五年成为蚌埠市千万元纳税大户，连续获得蚌埠市精神文明单位称号。自1985年以来分别与不同国家和地区合资设立了贝迪斯公司、伟斯公司、昌盛公司、伟创公司、德瑞特公司、双环电感公司、德国SRT电阻技术有限公司(公司控股)等七家子公司，另外还有两个直属分厂即集团二分厂和功率事业部。

公司生产的高可靠、高稳定精密金属膜电阻器多年来一直为中国“长征”系列火箭、“神舟一号”—“神舟七号”载人飞船、“嫦娥”探月工程配套，多次获得国家有关部门嘉奖。“双环”牌线绕电阻器荣获安徽名牌称号；“双环”牌商标荣获安徽著名商标称号。多项产品在国家及省、市获奖，其中，“MELF型柱状贴装高精密金属膜电阻器”被评为市科技进步一等奖、省科技进步三等奖；“电子束焊精密分流器”获得国家发明专利；“CRX-B2型桑塔纳轿车空调鼓风机调速电阻器”被评定为国家级新产品；国内首创研制成功的MZ60型热敏电阻器填补了国内空白。

公司还成功地组织实施了国家发改委电子元器件高技术产业化项目、科技部中小企业创新基金项目和安徽省经信委、省发改委等部门的科研、技改等重点计划项目。

淮北东磁电子有限公司。位于安徽省淮北市经济开发区相阳路，占地面积41.84亩，使用面积2.79万平方米，公司的经营范围包括生产、销售电子箔材、电子元器件、其他电子材料、电子化工产品、电极箔设备、电极箔软件，主要产品为铝电解电容器用腐蚀化成铝箔。有职工209人，其中工程技术人员96人，固定资产原值7446万元，年产铝电解电容器用腐蚀化成铝箔600万平方米，实现销售收入16400万元，利税2312万元。

公司成立于1993年。前身为凡尔康电子箔材有限公司，2001年浙江横店集团东磁有限公司注资成立淮北东磁电子有限公司。企业通过技术革新，积极调整结构，先后成功开发新产品7项，其中国家重点新产品4项，承担国家火炬计划项目1项，开发具有国内领先水平的省级科技成果7项，其中5项成果填补国内空白。公司先后荣获安徽省科技进步奖二等奖2项，三等奖3项，淮北市科技奖一等奖2项，获得国家发明专利3项。

马鞍山市鑫洋永磁有限责任公司。位于马鞍山市雨山经济开发区，占地面积4万平方米，建筑面积23700平方米。是马鞍山市“专、精、特、新”企业。也是马鞍山市磁性材料产业重点企业之一。公司专业从事研制、开发、生产高档铁氧体永磁预烧料及中高档永磁电机磁瓦等产品。

该公司建于1995年2月。前身为九华磁粉加工厂，是为马鞍山市磁性材料厂加工。1995年，有职工30人，其中工程技术人员2人；固定资产原值80万元，工业总产值200万元，利税15万元。

1998年通过改制为有限责任公司。到2005年，有职工110人，其中工程技术人员10人；固定资产原值396万元，年产铁氧体永磁预烧料3.2万吨，工业总产值5478万元，利税420万元。

中钢集团安徽天源科技股份有限公司。位于马鞍山市经济技术开发区红旗南路51号，使用面积36901.21平方米。

2002年3月由马鞍山矿山研究院作为主发起人，联合安徽恒信投资发展有限责任公司、安徽中周实业（集团）有限公司、安徽省国有资产运营有限责任公司、中国冶金矿业总公司、北京金泰宇财务咨询开发有限公司和马鞍山森隆房地产开发有限责任公司共同发起设立安徽天源科技股份有限公司。2005年12月19日，经国务院国资委批准，将马鞍山矿山研究院所持中钢天源股份其中的51%划转中国中钢集团公司，中钢集团成为公司控股股东。

公司主营业务为磁性材料、磁器件、磁分离及相关配套设备研发、生产与销售。主导产品包括四氧化三锰、磁分离及相关配套设备、锶铁氧体预烧料、永磁铁氧体器件等。公司下设六个经营实体：中钢天源南京磁性材料厂、中钢天源（马鞍山）通力磁材有限公司、中钢天源设备制造部、中钢天源钕铁硼磁性材料厂、中钢天源铜陵锰业分公司和中钢天源（马鞍山）贸易有限公司。

公司系科研院所转制企业，中、高级职称员工占员工总数比例27%，其中有6名享受国务院特殊津贴。公司曾先后多次承担国家级火炬计划项目和省部市级重大科技攻关产业化项目。

到2005年，有职工472人，其中工程技术人员93人；固定资产原值7424万元，工业总产值20900万元，利税2295万元。

芜湖市富达技术有限公司。位于芜湖市九华中路324号，建筑面积2000平方米。私营企业，是生产电子触发器、电子镇流器、电容器等灯具配件的生产企业。

公司建于1996年5月。在1996年至2005年期间，企业通过调整，获得较大发展。1996年12月，QYN型全自动应急荧光灯逆变器被安徽省科学技术委员会评定为高新技术产品；1998年4月获芜湖市优秀民营科技企业和安徽省民营科技企业称号；1999年11月电子触发器获芜湖市科技进步二等奖。

到2005年，有职工34人，其中技术人员5人；固定资产原值63万元；年产电子触发器150万只，电容器50万只，工业总产值1000万元，利税14万元。

安徽富华电子集团有限公司。位于天长市天康大道555号，总占地面积20万平方米，建筑面积8万平方米。为民营科技型出口企业，拥有六家全资企业和两家合资企业，主要生产经营电视机电脑用电子元器部件、铜杆线型材、LED照明灯具、太阳能光伏产品、科技创业孵化园建设。产业涉及电子、铜加工、新能源、新光源、投资金融等领域。企业拥有"安徽省名牌产品"和安徽省著名商标"富宏"牌。

安徽富华集团始建于1995年10月。前身为天长市富华电子元件厂，2000年通过收购天长市电子元件总厂和建设富华工业园区而组建为富华集团。1995年，有职工18人，其中工程技术人员3人；固定资产原值12万元，年产黑白电视机回扫变压器2.6万只、偏转线圈2万套，工业总产值35万元，利税1.2万元。

2000年组建集团后，通过技术改造，积极调整结构，企业获得较大发展。2002年，企业获得外贸自营进出口权，并通过了CQC、UL、CE、VDE等标志认证和ISO 9001国际质量体系认证，在全省首家设立了民办非企业件质安徽省富华电子研究所的研发机构。为省民营百强企业和市十强企业，是本地电子产业龙头企业。

到2005年，有职工525人，其中工程技术人员112人；固定资产原值1.1亿元，年产彩色回扫变压器600万只、液晶电视用电源板95万片、加工铜线型材5600吨，工业总产值5.37亿元，出口创汇223万美元，利税3820万元。

安徽省天富电子（集团）有限公司。坐落于天长市，是一家民营科技企业。占地九万平方米，拥有员工970人，其中专业技术管理人员120人。集团下设：天富电子、天富科技、天富数码公司、富士线缆、汽车电子有限公司等分公司，并在天长市区建有新产品工厂和研发创业服务中心。专业生产电视机显示器用行输出变压器、液晶电视显示器用背光源变压器、遥控器、数码笔记本电脑、汽车刹车片、汽车干式点火线圈、精工铜线、铝线及电缆等产品。

公司前身为天长市天富电子有限公司，成立于 1999 年 8 月，注册资本 521 万元。2002 年 8 月，企业名称变更为安徽省天富电子（集团）有限公司，并增加公司注册资本到 1009 万元。

1998 年，有职工 26 人，其中工程技术人员 3 人，固定资产原值 1702 万元，年产行输出 100 万只、遥控器产品 80 万只，工业总产值 1832 万元，利税 209 万元。

2003 年，企业在天长市市区征地，新建厂房 1 万平方米，通过技术改造，积极调整结构，获得较大发展。2004 年，获科技进步奖，多功能遥控器获新产品奖，安徽省出口创汇一百强企业、安徽省民营科技二百强企业。

到 2005 年，有职工 486 人，其中工程技术人员 39 人；固定资产原值 10860 万元，年产行输出 600 万只、遥控器产品 1000 万只、汽车电子配件 200 万套，工业总产值 15821 万元，利税 1963 万元。

主要产品

软磁铁氧体磁芯。天长市中德电子有限公司公司产品，广泛应用于仪器仪表、电脑及外部设备、通讯、互联网、家用电器、办公自动化设备、电磁兼容、绿色照明、娱乐电子，运动与保健等健康电子、新能源、物联网、工业和医疗设备以及汽车电子等众多领域，主要技术指标为特性 ZP40；初始磁导率 2300±25%；相对损耗因数＜ 5；饱和磁通密度 25℃ 1000A/m；剩磁 130mT；矫顽力 13A/m；居里温度＞ 200℃。

ITO 导电玻璃。蚌埠华益导电膜玻璃有限公司产品。是近几年发展较快的材料之一，它是在高品质的超薄玻璃基片表面（厚度 0.4 ～ 1.1 毫米）先沉积一层 SiO2（二氧化硅）保护膜，再镀一层氧化铟锡导电膜而成。它具有较强的导电性，方块电阻低，可见光透过率高，用它制作的 LCD 器件具有微功耗、低工作电压、色调柔和、无闪烁。易于大规模生产，广泛应用于液晶显示器（LCD）、太阳能电池、微电子、光电子和多种光学领域。蚌埠华益导电膜玻璃有限公司目前可年产 TN 型、STN 型、TP 型、CF 型等多种 ITO 导电玻璃、AR 抗反射膜玻璃及电容式触摸屏玻璃 2200 万片，主要应用于各式手机、MP3、游戏机、商务通、工业仪器仪表等。

电容器聚丙烯膜、电力电子电容器、晶体频率器件。安徽铜峰电子集团有限公司产品。

快恢复二极管（FRD）。黄山电器有限责任公司产品。采用了激光造型扩散形成隔离墙、浅 P+ 阴极短路点、超薄阳极发射区等一系列先进技术，优化设计出 FRD（P+NN+）结构，通过综合运用低温扩铂配合 N+ 磷硅玻璃吸收、芯片玻璃钝化辅以高能电子辐照（ER）等少子寿命控制技术，有效地提高了阻断电压、降低通态压降、提高通态电流能力、缩短反向恢复时间和恢复电荷。该项技术国内尚未见有开发与应用，开发研制出的 FRD 方片芯片（5A ～ 200A：400A ～ 1200 伏），产品性能参数优良，具有开关性能好、高温特性优、反向恢复时间短、正向电流大、体积小、安装简便等优点，工艺流程布局合理、制造成本低廉。

电阻器、电感器。蚌埠市双环电子集团有限公司产品。包括精密电阻器、功率型电阻器、低功率非线绕电阻器、热敏电阻器、精密电阻网络、精密片式电阻器、精密分流器、车用系列电阻器、普通及片式电感器、高频变压器等多种系列。其中，公司生产的高精密金属膜电阻器具有阻值精度高，温度系数小，可靠性高等特点，主要用于航天航空、军工、精密仪器仪表、通信设备等领域。其主要技术指标：阻值 10 欧 ~ 10 兆欧；阻值精度可达 ±0.01%；温度系数可达 ±2ppm/ 每摄氏度。

铝电解电容器用腐蚀化成铝箔。淮北东磁电子有限公司产品。具有高比容、高强度、高可靠、一致性好、损耗低、无重金属残留等特点，主要用于生产高档铝电解电容器，主要技术指标腐蚀化成铝箔比容 ≥ 0.53μF/cm^2 (Vfe = 600V)，折弯次数 ≥ 60 次 / 厘米，抗拉 ≥ 16 牛 / 厘米，比容离散率＜ 8%。

高性能铁氧体永磁预烧料产品。马鞍山市鑫洋永磁有限责任公司产品。磁场强度大，能量转换范围广。主要用于生产扬声器、选矿磁体、永磁电机磁体等企业。主要技术指标：Br：0.38 ~ 0.42 吨；Hcb:200 千安 / 米 ~ 300 千安 / 米；(BH)max:28 千焦 / 米 ~ 35 千焦 / 米以上。

高性能磁电机磁瓦产品。马鞍山市鑫洋永磁有限责任公司产品。高性能、体积小，成本低、效益高。主要用于汽车磁电机、家用电器磁电机、摩托车磁电机等。主要技术指标：Br ≧ 0.4000T；Hcb ≧ 300KA/m；Hcj 320 KA/m；(BH)max ≧ 30KJ/m^3 以上。

中钢天源四氧化三锰。中钢集团安徽天源科技股份有限公司产品。原辅材料全部高纯精制，采用具有自主知识产权的复合催化法工艺生产。产品具有纯度高、杂质含量低、一致性好以及活性好等特点。本产品是生产高档锰锌铁氧体的重要原材料之一，除此以外本产品还可用于生产高档热敏电阻、涂料、油漆等。

中钢天源钕铁硼材料。中钢集团安徽天源科技股份有限公司产品。是第三代稀土永磁磁性材料研究的核心，理论磁能积为 512 千焦 / 立方米。Nd2Fe14B 材料具有传统永磁体不可比拟的高剩磁密度、高矫顽力、高磁能积等优异的磁性能，被广泛应用于计算机和微电脑音圈电机 (VCM)、软盘驱动器、汽车、电话、核磁共振成像、电动车辆、VCD 与 DVD 主轴驱动、复印机、传真机、电动工具、机床数控系统、选矿机、高性能微波管、陀螺、激光制导、Alpha 磁谱仪等尖端装置。中钢天源钕铁硼厂生产的钕铁硼材料磁能大于 30 MgO 小于 50MgO，矫顽力大于 12kOe 小于 30kOe。

中钢天源（马鞍山）通力磁材。中钢集团安徽天源科技股份有限公司产品。装机中心磁场高，产品合格率高。主要用于高中心表面磁场的电动工具行业。主要技术指标：

Br ≥ 3800Gs，Hcj ≥ 330KA/M，装机后中心磁场≥ 115mT。

FCD 系列电子触发器。芜湖市富达技术有限公司产品。是国家“九五”攻关项目之一，设计先进，采用 IEC347-2 ： 2006 和 EN61347-2 ： 2006 等欧美先进国家的技术标准设计制造。经专家鉴定，有效地解决了小功率金卤灯普遍存在的自熄现象。

FEB 系列电子镇流器。芜湖市富达技术有限公司产品。用于 35 ~ 150 瓦金卤灯，有效地解决了“声振荡”问题。

CBB80 灯具补偿电容器。芜湖市富达技术有限公司产品。 用于灯具功率因数补偿电路。

BSC26-N3607K 小型化回扫变压器。安徽富华电子集团有限公司产品。按照 GB9367-88 和 SJ3273 标准制造，功耗低，电流小，结构紧，成本低，适合用于现市场中各种终端显示设备的紧凑和节约化。

LCD 彩电新型背光源电源板。安徽省天富电子(集团)有限公司产品。针对目前市场上主流的 5 — 10 代液晶屏而设计，具有自主知识产权（自主知识产权专利号 200901023931.3）。采用分离式变压器，提高了功率，实现了节能、环保的效果。在亮度、对比度、功耗、寿命、体积和重量等综合性能上超过其他背光源器件，在国内彩电行业具有较强的市场竞争优势和广阔的市场前景。

第三节　信息家电

重点企业

合肥海尔工业园。位于合肥经济技术开发区。建立于 2000 年 3 月，作为海尔集团国内十二个工业园区之一，已发展成中西部地区最大的海尔家电生产基地，公司厂房占地面积 1029042 平方米，有职工 9438 人，其中工程技术人员 300 多人。拥有海尔信息产品有限公司、空调器有限公司、洗衣机有限公司、冰箱有限公司、物流有限公司，以及特种钢板、塑胶等 10 家配套企业。主导产品彩电、洗衣机、空调、冰箱年设计生产能力均达 200 万台（套）以上。

安徽康佳电子有限公司。成立于 1997 年 5 月 21 日，由深圳康佳集团股份有限公司、滁州市国有资产运营有限公司共同合资经营，有员工 2400 名，占地面积约 500 亩，累计总投资额近 5 亿元，现分为本部和北区两大生产区域，分别位于滁州市开发区中都大道 999 号、889 号，共拥有 12 条现代化彩电生产线，是一家大型彩电制造企业。

公司连续多年被授予“安徽省外商投资经济效益先进企业”“A 级纳税信用单位”“安徽省质量管理奖” “安徽省文明单位” 等荣誉称号，已发展成为康佳集团国内最大的内销彩电制造中心和安徽省 20 户省外投资重要骨干企业。

公司先后生产普通彩色电视、背投电视、高清数字电视、大屏幕彩色电视、LCD液晶电视、网络电视、3D电视等品种。以生产平板彩电为主(彩电尺寸从23寸至55寸),兼顾少量CRT彩电和注塑件及电源模块等配套部件。

安徽奇嘉电脑有限公司。位于安徽芜湖国家级经济技术开发区,主要生产经营电脑、电视类信息电子产品,是一家专业从事计算机终端设备研发与生产的民营高新技术企业。公司成立于2005年,主要公司自行设计生产的"电脑一体机"和"电视电脑一体机"采用先进的"数码产品+应用软件+互联网信息服务"整合技术,为安徽省在信息家电IT领域填补了这一项目的空白。通过了ISO 9000认证和产品质量"CCC"认证及国际电工"CB"认证。产品已步入了全国信息家电行业的先进之列。

主要产品

海尔无尾电视。合肥海尔信息产品有限公司产品。将海尔三网融合技术进入到实质性阶段、模卡U电视,是节能环保产品。

海尔电冰箱。合肥海尔电冰箱有限公司产品。

海尔物联网洗衣机 合肥洗衣机有限公司产品。具有自动识别电网负荷、电费信息、洗涤剂品类、衣物布质、自来水水质及污垢的脏污、网上购物、家庭水电费管理等功能,另外,其在洗净比、耗水、耗电等方面也均优于国际同类产品。

海尔无氟变频空调。合肥空调器有限公司产品。在全国无氟变频畅销型号榜中,名列最畅销型号第一名,且在无氟变频空调排名前三强中占据两强,是消费者最喜爱的空调产品。

康佳彩色电视机。安徽康佳电子有限公司产品。包括:网络电视、3D电视、LED电视,尺寸从23寸至55寸。

电脑一体机。安徽奇嘉电脑有限公司产品。一种没有机箱的电脑,采用科学合理的方法把计算机所有的元器件整合在一起,并且配置了自主研发的保护电源(已申报发明专利技术),从外观看是一台显示器,而实际上就是一台标准电脑。该电脑的面世彻底打破了传统台式机电脑三件套(主机+显示器+音箱)的设计思想,实现了三者的一体化。其优点是造型精巧、美观时尚、移动方便、节省空间。产品规格主要有17寸、19寸、22寸三种。

电脑电视一体机。安徽奇嘉电脑有限公司产品。在"电脑一体机"的基础上配备了电视(TV)功能,有着很高的科技含量和很大的市场需求空间,是一台真正的家庭多媒体,它可以独立完成电脑、电视、DVD的全部功能,使用者只要通过遥控器,就可以选择使用电脑浏览还是观看电视节目或者播放DVD碟片。产品有壁挂式和台式两种类型,规格有17寸、19寸、22寸、26寸、32寸、42寸六种。该产品的问市改变了传统电脑主机与显示器分离、电视与电脑分离的弊端,集合了电脑电视功能于一身,实现了时尚美观、功能齐全、使用方便、环保低碳的设计理念。

第四节　仪器与电缆

重点企业

安徽互感器有限公司。位于无为县无城镇城南高新工业园区，占地面积54110万平方米，建筑面积13825平方米。私营企业，是互感器生产企业。建于1968年9月。前身为无为县互感器厂，2003年通过改制为有限责任公司。1993年企业拥有有职工69人，其中工程技术人员3人；固定资产原值320万元，年产0.5千伏低压电流互感器2.5万只、10千伏电流电压互感器3000台，工业总产值280万元，利税30万元。2003年改制后，企业通过技术改造，积极调整产品结构，获得较大发展。

到2005年，有职工87人，其中工程技术人员9人；固定资产原值1280万元，年产0.5千伏低压电流互感器2万只、10千伏电流电压互感器1万台、35千伏电流电压互感器2500台、10～35千伏组合互感器1000台，工业总产值3000万元，利税350万元。

安徽鑫国仪表有限公司。位于安徽省天长市经济开发区纬一路9号，占地面积50余亩，建筑面积达2万平方米，是一家初具规模的科技发展型企业。

公司创建于1997年10月，当时有员工15人，其中工程技术人员2人，固定资产原值50万元，年产值为400万元，利税15万元。前身为天长市仪表厂特种铠缆分厂，是专门生产仪表材料和一次温度仪表、温度传感器等的新兴高新技术企业。是中国仪器仪表行业协会仪表材料分会常务理事单位、中国仪器仪表行业协会自动化仪表分会会员单位、中国有色金属协会镁业分会会员单位。公司生产的“铠装热电偶电缆”“铠装加热元件”“高温油井用多点阶梯式超长铠装热电偶”获安徽省科学技术研究成果证书；“铠装加热元件”获滁州市科技成果三等奖，天长市科技进步三等奖。

到2005年，有职工100人，其中工程技术人员20人；固定资产原值1000万元，年产值1500万元，利税50万元。

安徽赛普电气有限公司。位于无为高新大道姚沟工业园，占地面积38亩，建筑面积12600平方米。私营企业，是集研发、生产、销售一体的高低压电力设备保护、电气自动化设备企业。公司成立于2001年4月，公司自成立以来，快速稳定发展。公司所有产品完全拥有自主知识产权，并获得多项国家专利，绿色、节能环保并符合当前国家支持政策企业。企业通过了ISO 9000国际质量三合一体系认证和国家电网公司检验测试中心的型式试验。2005年公司主要产品有SXH消弧消谐及过电压保护装置、GPT大容量三相组合式过电压保护装置、SGK大容量快速隔离装置、SPZK电力开关柜环境智能终端装置、SPWB高低压无功补偿装置、SPVOS过电压抑制装置、放电计数器、智能开关装置等系列产品。

公司产业化项目 SXH 消弧消谐及过电压保护装置、SGK 大容量快速隔离装置、SPZK 电力开关柜环境智能终端装置已成为电力设备行业推荐的标杆产品。

安徽蓝德集团股份有限公司。位于安徽省天长市。前身是天长市蓝德仪表有限公司。1996 年，租赁皖东电缆厂经营并新上制造电线电缆生产线项目。1999 年兼并重组国有企业安徽线缆桥架厂。2000 年进一步实施股权集中，彻底实现企业所有制的民营化。2001 年注册设立安徽蓝德集团和其核心企业安徽蓝德机电集团有限公司。2004 年变更为安徽蓝德集团股份有限公司。

集团公司总占地面积 75 万平方米，除集团本部外，在西城工业园区征用地 310 余亩，建设工业自动化仪表生产基地和工程塑件生产基地，同时在明光、凤阳各有两块工业用地用于扩充电线电缆产能和工程塑料产品生产的预留发展储备用地。集团拥有总资产 10 亿元，注册资本 3 亿元，员工总数 1500 人，其中大学专科以上学历 208 人，占员工总数 16%。企业产能可以达到年综合生产 30 亿元以上的能力。主要产品分为四大类：自动化仪表、光电缆、电气和成套设备、工程塑料等。其中自动化仪表目前主要以温度仪表为主，在国内享有较高知名度；光纤光缆生产能力和数据电缆生产能力在安徽省位列第一位。

三正集团股份有限公司。总部坐落于淮南市安成经济开发区，在淮南市拥有三家下属公司，分别为淮南正泰电器股份有限公司、三正集团安徽电缆股份有限公司、三正集团安徽成套设备股份有限公司。公司始建于 2002 年，已成为煤矿一通三防领域安全仪器仪表产品为主的矿用产品生产企业，公司的产品实现年产值 5000 万元的目标，具有年产 2000 多台套安全仪表产品的综合能力。

公司与安徽理工大学等高校长期合作，研发煤矿一通三防领域安全仪器仪表产品，设计制造出国内型号最齐全的接线盒系列产品、国内唯一的矿用电取暖器、国内先进的红外甲烷传感器、瓦斯抽采管自动监测装置、红外热成像仪、旋进漩涡流量计等。产品技术水平处于国内领先地位。

天康集团。总部位于天长市，系国家大型企业、国家级重合同守信用企业、安徽省高新技术企业、安徽省 50 强重点骨干企业之一，连续多年跻身“中国电子元件百强企业”“中国仪表行业十强”“中国电线电缆 20 强”等行列，也是全国仪表行业协会副理事长单位。

企业前身为天长县仪表厂，1986 年年初，占地 6500 平方米，拥有员工 100 人，固定资产 21.6 万元，年生产 0.45 万只热点阻（偶），年产值 188 万元。1988 年 12 月新增了 XM 系列数字显示控制仪表、电线电缆等产品，所生产的 WZP 系列铂热电阻被评为安徽省优质产品。

1991 年与外商联手创办了安徽第一家以生产光缆和电缆产品为主的合资企业—安徽省天康光电有限公司。开始了与电子部 8 所研制骨架式光缆，一举成功。到 1992 年 12 月，该产品正式通过省级鉴定，投入大批量生产阶段。

1993 年，研制生产层绞式、中心束管式光缆，以及双金属温度计、智能式电表。当年荣获全省仪器仪表及其他计量器具制造行业税收十强企业。

1994 年，GLH-240DC.ZMB 型光缆接头盒获得省经委颁发的新产品证书。7 月领取进出口机电产品质量许可证（电力电缆、控制电缆）。

1996 年加大电缆技改投入，生产出 35 千伏以下的电力电缆、仪表电缆、控制电缆。企业也全面通过 ISO 9001 国际质量体系认证。

2001 年，“安徽天康（集团）股份有限公司”正式成立，注册资本为 10688 万元。同年被安徽省经贸委评为安徽省 50 户重要骨干工业企业。

2002 年，企业新上了仪表成套、电缆桥架项目，开发了智能仪表、物位仪表、液位仪表、核用仪表等仪表产品，研发成功了核级电缆产品及用户要求的特殊电缆产品以及开发二类光纤电缆、软电缆、ADSS 光缆。

2003 年，新上成套仪表、流量仪表，光电缆开发了矿物绝缘电缆，铠装电缆；在交联电缆中又增加了辐照交联、多流体介质的流量计。进入国家核电市场，领取光电缆产品核级鉴定证书；IE 级 K3 类千伏级以下电缆及光缆为安徽省高新技术产品。荣获中国机械工业 500 强电线电缆前 20 强企业光荣称号。

2004 年，实现年产值 8.66 亿元，销售收入 8.61 亿元，税收 6899 万元。

2005 年，在全国率先研制了核点行业超临界机电用热电偶、热电阻产品，并在全国率先通过产品鉴定，并且成功开发了职能数显表系列、安全栅隔离器系列产品。当年完成年产值 10.69 亿元，销售收入 10.5 亿元，利税 7249 万元。

企业产品涉及仪表、电缆、光缆、中西药、医疗器械、人造板等企业产品涉及仪表、电缆、光缆、中西药、医疗器械、人造板等行业，拥有测温、测压、多介质流量计、职能数显等仪表产品；连接电缆、船用电缆、矿山、油田电缆、核电站用 IE 级无卤低烟阻燃电缆、信号电缆、控制电缆等电缆产品；中心束管式全填充型室外单模光缆、层绞式、全介质自承式、叠带式通信电缆及软光缆。仪表产品已覆盖至热电偶（阻）系列、液位计系列、压力表系列、温度变送器系列、压力变送器系列、流量计系列以及职能数显仪表、双金属温度计、温度总线装置和用于核燃料运输的水下行程开关等产品。

安徽徽宁电器仪表集团有限公司。坐落于安徽省天长市，公司占地面积近 15 万平方米，其中厂房面积近 10 万平方米，私营企业，注册资金 1.5 亿元，员工 286 人。

公司成立于 1985 年，有职工 18 人，固定资产原值 500 万元，年工业总产值 980 万元，利税 46 万元。到 2005 年，有职工 176 人，其中工程技术人员 32 人，高级工程师 1 人，工程师 2 人，助工 4 人，技术人员 25 人；固定资产原值 750 万元，工业总产值 3200 万元，利税 126 万元。

企业通过技术改造，先后被市委、市政府列为重点骨干企业，成长型企业扶持对象，荣获省级“守合同、重信用”单位，A 级纳税信用等级单位，滁州市优秀工业企业，滁州市营业收入 50 强企业，滁州市纳税 50 强企业，滁州市文明单位等荣誉称号，同时申报了安徽省高新技术企业和安徽省名牌产品。主要产品有：电力电缆、阻燃控制电缆、低烟无卤电缆、本安电缆、计算机屏蔽信号电缆、补偿电缆、耐高温防火电缆、硅橡胶电缆、各种规格的热工仪表、数显仪表、仪表管阀件、电缆桥架等，部分产品获省优。企业拥有电线电缆生产许可证制造计量器具许可证，并先后通过了质量管理体系认证、环境管理体系认证、职业健康安全管理体系认证、电工产品安全认证（CCC）、计量检测体系认证、采用国际标准产品标志认证、欧盟 ROHS 认证，矿用电缆安全认证。耐火电缆经国家权威部门检验合格并领取了阻燃制品标识使用证书及耐火等级标识证书；6 个特种电缆已取得了国家专利局颁发的实用性新型专利产品证书。

合肥联信电源有限公司。位于合肥高新技术开发区玉兰大道 61 号机电产业园内，为民营高技术企业。是专业从事 EPS 应急电源、交直流电源屏、逆变电源等产品的研发、生产和销售的高新技术企业。

公司成立于 1997 年 9 月，为“中国电源学会”“中国消防协会”成员单位，已经通过 ISO 9001\ISO14001\OHSAS18001 质量、环境、安全三体系认证，同时也是安徽省“火炬计划项目”实施单位。

1997 年 9 月成立之初，公司拥有员工 10 人，80% 具有大专以上学历，其中工程技术人员 4 人。固定资产值 50 万元人民币；年生产 120 套电源设备；工业总产值 75 万元；利税 2 万元。1999 年 7 月，联信 Q/LS01–1999 应急电源企业标准，全省首家通过技术监督局评审备案，当年通过省科委鉴定，获高新技术企业认证。2000 年安徽省火炬计划项目实施单位。2003 年应急电源通过公安部消防电子产品型式认证。应急电源产品成功中标武汉大学国家“非典”防治实验室。2005 年应急电源产品获 " 合肥市科技进步奖 "，在合肥市高新区计划投资 3200 万元，建设 1200 平方米生产基地，两年建设验收后，已搬迁入住。

到 2005 年，联信电源拥有职工 60 人，82% 以上具有大学学历，其中工程技术人员 25 人，固定资产值 1600 万元人民币，年生产 800 套电源设备，工业总产值 3800 万元，利税 560 万元。年度平均增长率保持在 30%。

联信电源产品广泛应用于交通运输行业如公路、隧道、地铁、轻轨、高铁以及广电通信、水利电力、机场港务、金融、卫生医疗、商场超市、体育场馆、实验设备等各类不可断电的行业领域。企业产品先后应用于“国家非典实验室”“合肥奥体中心”“芜湖科技馆”“首都体育馆”“云南保山奥体中心”“上海游泳馆”“广州地铁”“北京地铁”“井冈山机场”等国家重点项目。

主要产品

电流电压互感器。安徽互感器有限公司产品。主要性能、指标：（1）电压等级：10千伏或35千伏、110千伏；（2）设备最高电压：12千伏或40.5千伏、126千伏；（3）额定频率：50Hz；（4）额定绝缘水平：10千伏级产品：12/42/75千伏，35千伏级产品：40.5/95/185千伏，110千伏级产品：126/200/480千伏；（5）额定二次电流：5A、1A；（6）准确级及额定输出：0.2S级/10/15/20/25/30/40 VA，0.2级/10 ~ 30VA，0.5级/10 ~ 50VA,5P，10P级15 ~ 50VA。

电压互感器。安徽互感器有限公司产品。主要性能、指标：⑴额定频率：50Hz；⑵系统额定电压：10千伏或35千伏；⑶最高工作电压：12千伏或40.5千伏；⑷额定一次电压：10千伏，10/千伏或35千伏，35/千伏，110千伏，110/千伏；⑸额定二次电压：0.1千伏或0.1/千伏；⑹剩余电压绕组额定电压：0.1/3千伏,0.1千伏；⑺准确级及额定输出（负荷功率因数：0.8）；⑻额定绝缘水平，10千伏级产品：12/42/75千伏，35千伏级产品：40.5/95/200千伏。

高温超长油井多点热电偶。安徽鑫国仪表有限公司产品。主要特点：测温端梯次排列的多个铠装热电偶并成一束，其外面用不锈钢带卷绕并焊接包覆并端部封闭。具有耐压、抗震、可扰、小型化、热响应时间快、安装方便、使用寿命长、机械强度好等特点。由于本产品内部采用的是独立单支铠装热电偶，所以其使用温度可到800℃以下，在加工或使用时不会造成并路接壳等现象，且在外保护管有漏水或漏气现象发生时，也不会影响其测温效果。产品主要用于油井开采、海洋勘探、石油勘探、天然气/地热深井纵向温度测温等领域。主要技术指标：测温范围，-40~400度（最高可到600度）；长度1600米，最长可达2200米；测温点分布结构，多点阶梯式分布；布点误差≤0.5m；测温精度I级；加工工艺，二次铠装、高温绝缘；绝缘电阻≥1000兆欧姆/米。

SPZK电力开关柜环境智能终端装置。安徽赛普电气有限公司产品。具备软件管理平台，开放式的“一次模拟图”智能化用户定制接口。产品具有动态模拟显示图、语音防误提示、柜内温湿度显示及控制、静触头/电缆搭接头在线测温、高压带电显示及闭锁、人体接近语音提示、远方/就地操作、照明操作、分合闸指示、储能指示、分合闸回路完好指示、预分预合的闪光指示、二次分合闸回路电压测量、人体感应探头和RS485通信接口。具有电力综合参数测量功能，可对多种电力参数进行测量，如：三相电流、三相电压、分相有功、合相有功、分相无功、合相总无功、分相功率因数、合相率因数，复费率计量有功无功电度，四象限无功电度等电力数据。具有综合状态设定和数据查看功能，如；通讯地址设定，开关柜号设定。事件状态记录察看，调取时间数据等。均可以单机察看，或与综合管理后台嵌入。基于 linux 平台，具备 TCP/IP 网络通信功能，与 CAN 总线通讯功能。

SGK 大容量高速开关装置。安徽赛普电气有限公司产品。主要功能是高速分断大故障短路电流。它是利用目前已经成熟的高速开关技术、微机测量技术、高压限流熔断器技术、罗氏线圈技术和氧化锌非线性电阻技术组成的一套自动控制装置。装置由高压真空断路器、快速隔离器、高压限流熔断器、罗氏线圈、氧化锌非线性电阻及高低压智能电子控制器组成，微机控制器由多个高性能单片机为主的硬件及精心设计的软件组成，控制器根据罗氏线圈提供的电流信号，完成对系统运行的实时监控，判断系统有无短路故障发生，并根据系统过电流的性质，发出相应指令。当系统发生短路时，测控单元根据罗氏线圈采集到信号进行分析判断，当达到预设启动值，测控单元将发出点火信号，使快速隔离器中的执行点火元件点火，利用微型火工部件将其断口在几百微秒内高速断开，在断口开断后，故障点电流转移到高压限流熔断器中由高压限流熔断器最终进行限流熄弧，在 2 ~ 3 毫秒燃弧时间之后，高压限流熔断器熄灭电弧，开断短路电流，切除故障。产生的过电压由过电压保护器吸收。快速隔离器开断后，测控单元发出动作指令及远传接点，向外部提供信号。

矿用本安型瓦斯抽采管自动放水器。三正集团股份有限公司产品。本产品适应新版《煤矿安全规程》的要求而开发的，适用于煤矿开采中的放水工作，由人工放水改为自动放水，通过联机操作，可以及时了解井下放水器工作情况。工作电压：18 ~ 20V DC；工作电流：40mA（21V Dc）；集水箱容积：35 升；放水时间：1.5 分；工作方式；适用于长期工作制输出信号：1 ~ 5mA ± 5mA. 传输信号距离 2 千米。最大外形尺寸长 520 毫米宽 480 毫米高 530 毫米；重量：50 千克。

矿用湿式风动除尘风机。三正集团股份有限公司产品。由压风动力系统（原有设施）、用水供给系统（原有设施）、空气传输系统（原有设施）构成。适用于煤矿作业中，放炮，喷浆，综掘机煤岩巷掘进，煤岩转载等过程中产生的大量煤岩和尘烟，起到除尘，净化空气作用。转速：1500 ~ 3000r/min；风量：250 ~ 350 立方米；总粉尘除尘率：99% 左右（高恶劣环境）；呼吸性粉尘除尘率：90% ~ 98% 左右（高恶劣环境，且与滤过风速呈正相关）；设计工作阻力：≤ 1200 帕；喷雾供水压力；≥ 0.3 兆帕；工作噪声：≤ 85 dB(A)；适用粉尘浓度范围：（0 ~ 24000）毫克 / 立方米（处理风量）。

矿用智能型旋进漩涡流量计。三正集团股份有限公司产品。集流量、温度、压力检测功能于一体，并能进行温度、压力、压缩因子自动补偿。由壳体（文丘利管）、漩涡发生体、导流体、频率感测件（压电晶体）、微处理器、温度及压力传感器等部

件组成。适用于煤矿井下甲烷、石油、蒸汽、天然气、水等多种介质的流量测量，并实现了压力、温度及压缩系数等动态参数的在线自动补给。精度有 1 级和 1.5 级两种。公称通径 DN(毫米)，规格有 20 毫米 ,32 毫米 ,40 毫米 ,100 毫米 ,200 毫米；分别对应的流量范围是：1 ~ 10（1.5 ~ 16），2 ~ 30（4 ~ 50），4.5 ~ 70，35 ~ 600（50 ~ 800），300 ~ 4000；工作压力等级为 1.6 兆帕；2.5 兆帕；4.0 兆帕；工作电源：内电源：平均功耗为 1.0Mw, 一节 3.6VDC 锂电池可连续使用五年；外电源：整机功耗≤ 0.8W,（8 ~ 24）VDC，纹波≤ 50mW，经由安全栅供电，当接入外电源时内电源自动断开，整机由外电源供电工作；输出信号；直接将流量传感器检测到的工作脉冲信号放大输出，传输距离≤ 500 米，由外电源 +24VDC 供电工作。

天仪牌电阻系列产品热电偶系列产品。天康集团产品。有专业针对电站、石油化工部门设计的电站热电偶（阻）、石油化工专用热电偶（阻），其产品热响应时间少、动态误差小，铠装温度元件可弯曲安装使用，测量范围大，精度高，机械强度高，耐压性好且抗震、抗爆，被原机械部评为一等品；天仪牌铂热电阻以其设计合理、性能可靠、使用方便、精确度高、环境适应性强的等优点曾多次荣获原机电部和省内优质产品等称号，广泛的运用于国家重点工程项目，被秦山、田湾核电站确定为进口替代产品。

中、低压电力电缆。安徽徽宁电器仪表集团有限公司产品。主要技术指标：1. 20℃直流电阻符合 GB/T 3956 中的要求；2. 0.6/1kV 低压电缆承受 3.5kV 工频电压 5min，绝缘不击穿；3. 中压电缆绝缘层三层共挤技术应用；4. 3.6/6kV 及以上的中压电缆在 1.73Uo 工频电压下，局部放电不大于 5Pc；5. 3.6/6kV ~ 18/30kV 中压电缆应承受 3.5Uo 工频电压 5min，绝缘不击穿；21/35kV 和 26/35kV 中压电缆应承受 3.5Uo 工频电压 5min 或 2.5Uo 工频电压 30min，绝缘不击穿。

控制电缆。安徽徽宁电器仪表集团有限公司产品。技术指标：1. 20℃直流电阻符合 GB/T 3956 中的要求；2. 承受 3.5kV 工频电压 5min，绝缘不击穿；3. 根据 GB/T 9330 中的外径要求控制电缆外径。

计算机电缆。安徽徽宁电器仪表集团有限公司产品。技术指标：1. 绝缘电阻，用直流电压 500V，稳定一分钟后，PE、XLPE、F 绝缘 20℃不小于 3000 兆欧 / 公里；G、PVC、WJ1 不小于 25 兆欧 / 公里；2. 最大工作电容符合本标准表 10 的规定；3. 只有分屏或总屏的屏蔽抑制系数不大于 0.05；分屏加总屏抑制系数不大于 0.01。

光电缆产品。天康集团产品。有电力电缆、阻燃控制电缆、低烟无卤电缆、仪表信号电缆、补偿电缆、耐高温防火电缆、架空绝缘电缆、钢芯铝绞线、硅烷交联电缆、辐照交联电缆、1E 级 K3 类核级电缆等电缆系列和层绞式光缆、束管式光缆、软光缆、带状光缆、ADSS 光缆、核级光缆等光缆系列产品。电力电缆不仅具有优异的电气性能、机械性能、耐热老化性能、耐环境应力和耐化学腐蚀性能，而且结构简单，重量轻，不受敷设落差等特点，其中 VV 系列、YJV 系列电力电缆按 GB/T12706–2008(等效采用 IEC60502) 进行生产，铜材电阻率标准要求小于 0.017241Ω.mm2/m，实际检测结果为 0.01689 ~ 0.01697Ω.mm2/m。交联电力电缆护套抗拉强度标准要求老化前为 12.5Mpa，实际检测结果为 21.5Mpa，护套断裂伸长率标准要求老化前为 200%，实际检测结果为 530%。

GY 系列通信室外光缆。天康集团产品。分为中心束管式和层绞式两大类。中心束管式光缆结构简单、制造工艺简捷，对光纤的保护优于其他结构的光缆，耐测压，因而提高网络传输的稳定性；层绞式光缆结构是由多根二次被覆光纤松套管或紧套管绕中心金属加强结构件绞合成圆整的缆芯。光缆全截面阻水，结构紧密、外径小、重量轻、具有良好的机械性能，低损耗、低色散、适用于数字或模拟传输通信系统的架空、管道和直埋敷设。由于尺寸小、重量轻使光缆具有优越的抗弯性能，方便施工作用，钢带铠装层增强光缆抗侧压，防弹及防潮性能，独特的工艺控制与优质材料的选配，使得光缆具有卓越的机械性能和环境性能。其技术数据：使用波长在 1310nm 标准要求衰减系数最大值为 0.40 分贝 / 千米，实际检测结果为 0.32~0.33 分贝 / 千米 ，波长在 1550nm 标准要求衰减系数最大值为 0.25 分贝 / 千米，实际检测结果为 0.19—0.21db/km。护套抗拉强度标准要求老化前为 12.0 兆帕，实际检测结果为 17.8 兆帕，护套断裂伸长率标准要求老化前为 350%，实际检测结果为 620%。

第五节　其　他

企业选介

铜陵中发三佳科技股份有限公司。位于安徽省铜陵市石城路电子工业区内，厂区占地面积 14 万平方米，私营企业，公司主导产品为化学建材挤出模具及设备、半导体塑料封装模具及设备、精密冲压制品、LED 和微电子技术的生产及电力成套和超高压设备的销售等。多年来，公司产品一直畅销国内市场，并销往欧洲、美洲、亚洲等几十个国家和地区。

公司曾是一家军工企业，有着辉煌的历史，为中国的国防工业做出过重要贡献。1965 年 9 月，第四机械工业部决定将南京七二〇厂部分产品的生产能力迁至安徽岳西县和六安县，先后建立了四九七一厂、四一五〇厂、四九六三厂、四五二四厂、七二六厂和六〇五厂。1985 年四一五〇厂、四九六三厂、四五二四厂。

1996 年三厂合并，铜陵市三佳电子（集团）有限责任公司成立。

2000 年，铜陵三佳模具股份有限公司成立。

2002 年在上海证券交易所上市，成为中华模具第一股。

2005 年，控股的上市公司三佳模具更名为铜陵三佳科技股份有限公司。

2005 年，有职工 1400 人，其中工程技术人员 150 人；固定资产原值 34935 万元，年产挤出模具 633 套，辅机 15 台，塑封模 29 台，MGP 模 21 台，冲压件 343 万套，注塑件 228 万件，塑封压机 78 套，系统 23 台，工业总产值 21375 万元，利税 575 万元。

公司已发展成为中国半导体行业专用精密模具、高端封装设备、电子材料领头羊企业，新型化学建材模具及设备达到国际先进水平，成为欧美市场主要供应商。

安徽国晶微电子有限公司。位于合肥经济技术开发区。是国内主要从事集成电路封装的骨干企业。2007 年被国家发改委、工信部等部委认定为国家第一批鼓励的集成电路生产企业，2008 年被安徽省科技厅认定为高新技术企业。也是安徽省“十一五”规划中重点支持的大规模集成电路封装企业和安徽省“十二五”新兴产业发展重点支持的企业。

公司注册资本 4230 万元，公司现有职工 400 余人，其中大专以上学历占 40%。公司目前已投资近 2.3 亿元，从美国、瑞士、日本、韩国等国家引进了当前国内最先进的集成电路封装全自动化生产设备，已形成年产 10 亿块集成电路产品封装生产能力。

公司主要产品为 DIP、HDIP、SOP、HSOP 以及 SSOP、TSSOP、QFN 等封装形式的集成电路系列产品，并批量为客户进行多芯片（MCM）封装。公司主要客户为国内外知名设计公司以及国内家电整机厂商。

淮南市新光源特种照明器材有限公司。位于淮南市经济技术开发区建兴路 65 号，占地面积 21600 平方米，建筑面积 1.3 万平方米，公司主要从事煤矿井下 LED 照明灯具研发、生产、销售于一体的民营企业。

公司成立于 2004 年 5 月，注册资金 100 万元，租用生产厂地 200 平方米。2006 年公司在淮南市经济技术开发区征地 32.5 亩，新建了生产厂房 1.3 万多平方米，注册资金增资到 1000 万元，有员工 68 人，其中各类技术人员 12 人，固定资产原值 870.35 万元，并形成了年 10 万盏套矿用 LED 照明灯具的生产能力。LED 锂电池矿灯被科技部等四部门批准为国家重点新产品。

埃泰克汽车电子（芜湖）有限公司。是由澳大利亚埃泰克汽车技术有限公司与鑫源投资管理有限公司于 2002 年共同投资组建的中外合资企业，注册资金 5000 万元，其中中方占股 75%，澳方占股 25%。公司 2007 年通过收购，兼并了曾是国内最大的专业汽车仪表生产企业——芜湖仪表厂，成立了子公司——华泰汽车仪表有限公司，又于 2009 年成立了子公司——芜湖华宏电子有限公司。

公司主要从事汽车电子产品的生产、制造，主要生产车身控制器（中央智能电子集成控制器 ISU）、组合仪表（ICU）、CAN 总线系列组合仪表及车身控制器、混合动

力产品 (ISG\BMS)、车载音响、车载电视、车载多媒体、GPS、遥控钥匙、空调控制器、汽车传感器、巡航控制器、辅助仪表及总成等汽车电子产品。被批准为国家重点高新技术企业、安徽省汽车电子工程技术研究中心，安徽省汽车电子重点实验室，省级汽车电子企业技术中心；承担国家火炬计划项目及国家产业化项目，公司同时拥有国家级汽车电子检测站以及目前汽车零部件行业内最强的 EMC/EMI 检测能力，公司 2009 年被评为国内汽车电子行业前三强企业。

芜湖伯特利汽车安全系统有限公司。位于安徽芜湖经济技术开发区。是一家专业从事汽车安全系统相关产品研究、开发与制造的现代化企业。创建于 2004 年 6 月，注册资本 1500 万元，具备年产盘式制动器 200 万件、鼓式制动器 60 万件、真空助力器 / 主缸 40 万件、电子油门踏板 20 万件、ABS10 万件、ESP10 万件、EPB10 万件的产能。2005 年，公司员工数约 500 人，具有大专以上学历的人员 290 多人，占公司职工总人数 58%；公司汇聚国内外制动行业资深的高级专家、工程师和专业技术人员 84 名，致力于高端电子控制产品自主研发，已具备电子油门踏板、电子驻车制动器（EPB）、汽车防抱死系统（ABS）和整车稳定控制系统（ESP）的独立开发与制造能力。

淮南市矿用电子技术研究所。是一家从事矿用电子电气设备研究、生产和销售，集科、工、贸为一体的股份合作企业，由淮南矿业学院（现安徽理工大学）电气工程系的教师于 1991 年创建。主要面向安徽省两淮煤炭基地开展矿用电子电器产品技术服务工作。经过近二十年的努力，已发展成为注册资金一千万元、总资产超过三千七百万元、专业从事矿用电子电气高新技术产品研发和生产的高新技术企业。

该所 2003 年入驻淮南经济技术开发区创业中心，设有研发中心、安徽理工大学研究生项目研发实验基地以及铆焊、精加工、机芯装配、电路板焊装车间和检验室、水压试验室、资料室、仓库等，多种关键大型加工设备和检测器具较好地满足了生产和研发的需要。主要产品有："矿用隔爆网络交换机""防爆开关、控制及保护产品""防爆配电装置""防爆通讯、信号装置""防爆起动器"和"矿用液压电缆拖运车"等几大类五十多个品种，全部按规定取得煤矿用"防爆合格证""矿用产品安全标志证书"和"全国工业产品生产许可证"，并实现了产业化。

产品选介

LED 锂电池矿灯。淮南市新光源特种照明器材有限公司产品。有有线和无线两大系列 4 种规格型号的产品。该灯以 LED 为光源，锂该灯以 LED 为光源，锂电池为能源，通过电子驱动控制电路来实现亮灯，该灯结构紧凑，体积小、重量轻，亮灯时间长，使用安全性能可靠，免维护，主要用于矿井下隧道、油田等恶劣环境中使用。

LED 巷道灯。淮南市新光源特种照明器材有限公司产品。有 12 瓦 /18 瓦 /50 瓦三种规格型号矿用隔爆型照明灯具，可连续使用不用更换（免维护），光源采用高流明

大功率 LED，外壳采用高压压铸铝成型，表面粉末静电喷涂，耐高温橡胶密封和钢化透光玻璃一体化设计，内置高品质开关电源，具有防爆、耐热变、抗冲击、抗震动、密封性能好等优点，适用于石油、化工、煤矿等爆炸性气体环境中使用。

WV-ST100 型系列 LED 路灯。安徽富华电子集团有限公司产品。采用特殊电路设计，除了节能省电之外，产品不含汞，寿命长，无紫外线、红外线辐射，散热效果提高 78%，适合任何室外照明或亮化工程，产品均符合 GB4208-93、CJJ45-91 标准。

第二章　信息化

“十五”期间，安徽省信息化建设有序推进。省电子政务基础网络连接了76个省直部门、17个市和58个县。省直厅局间主干网实现千兆连接，省市主干网实现155兆连接。省直有42个部门与国家部委实现互联。政府门户网站体系基本形成，建成了省、市、县三级16个政府门户网站群，实现了政务信息、政府公报、地方法规、网上办事等多项功能。2001年制定的《安徽省“十五”国民经济和信息化三年实施意见》的目标基本实现。2003年年初，安徽省委、省政府做出建设“数字安徽”的决策，相关部门制定出台《数字安徽建设五年规划纲要（2003—2007）》，此后，全省信息化建设工作步入较快发展时期。“十五”期末，省属企业、重点骨干企业的信息化建设与应用取得良好进展，以制造业信息化为主题的示范工程成效显著，以政府、单位、中介、IT厂商共同参与的中小企业信息化服务体系逐步完善。全省有83%的企业开展了计算机辅助设计、辅助制造、制造工艺等应用，有90%的企业开展了财务、采购、销售、物资管理等应用，企业管理水平、设计 水平、工作效率、生产应变能力和产品创造能力不断提高。农村信息化在完善省、市、县、乡四级信息服务网络的基础上，向行政村和基层农户推进。全省通过开展“农业信息进村入户到企”活动和“农产品供求信息联播一站通”“农技110信息咨询服务系统”“农民网吧”等创新服务，使信息化更加贴近“三农”。

从2004年起，安徽省设立了信息化发展专项基金，引导社会资金投向电子信息产业。“十五”期间，全省电子信息企业共有23个项目获得国家4900万元的电子发展基金支持。2005年，安徽省长途光缆达41968公里（皮长，下同），比2000年增加26968公里，增长近两倍。主要是广播电视系统和电信系统快速增长，也为安徽省“数字电视”和宽带网业务的发展提供了保障。另外，安徽省的卫星站点数和微波占有信道数几年来相对保持稳定。

2005年，安徽省通信事业全面发展，除互联网、带宽等快速增加外，电话用户和电信业务量也都增加得比较快。全省电话总用户数为2396万户，普及率为39.2%，其中，移动电话1046.9万户，普及率17%；而2000年电话总用户数是715万户，普及率11.7%；其中，移动电话209.07万户，普及率3.4%；到2001年移动电话也只有419万户，普及率6.8%。“十五”期间全省电话总用户数为2000年3倍多，发展速度很快。

第一节 建设规划

安徽省“十五”国民经济和社会信息化三年实施意见 2001年，省政府印发《安徽省“十五”国民经济和社会信息化三年实施意见》（简称《三年实施意见》）。《三年实施意见》主要由全省信息化建设的现状、全省信息化建设指导思想和三年目标、全省信息化三年主要任务、政策措施等内容组成。《三年实施意见》明确了2001—2003年全省信息化建设主要任务：1.加强信息网络基础设施建设；2.以企业信息化为突破口，实施信息化带动工业化；3.完善政府信息网络，实施“电子政务”；4.建立和完善重点领域（农业、教育、科技、金融、劳动和社会保障、国土资源和环境管理、公安等）信息化；5.建设重点区域（城市、社区）信息化；6.加快发展软件业；7.大力开发信息资源；8.加强信息安全保障。《三年实施意见》还确定了“到2003年底，初步建成与全省国民经济和社会发展相适应的网络基础设施和服务体系，信息化总体上达到全国中上游水平”的工作目标。

“数字安徽”建设五年规划纲要（2003—2007年） 安徽省十届人大一次会议通过的《政府工作报告》提出了“数字安徽”建设的战略任务，把它作为全省加强基础建设、构筑经济社会发展新平台的一项重大举措，确定为未来五年要继续和着力抓好的五大工程之一。为加强推进“数字安徽”建设，省政府组织省信息产业厅、省发改委等相关单位编制“数字安徽”建设实施方案。方案历经半年多的时间，在广泛调研、听取部门意见和反复讨论的基础上，拟定为《“数字安徽”建设五年规划纲要（2003—2007年）》，并经省政府专题会议通过。2003年11月19日，《安徽省人民政府关于印发“数字安徽”建设五年规划纲要（2003—2007年）的通知》正式下发至全省各市、县人民政府，省政府各部门、各直属机构。《“数字安徽”建设五年规划纲要（2003—2007年）》包括四个方面内容：1.“数字安徽”建设的必要性；2.“数字安徽”建设的指导思想、建设原则和目标；3.“数字安徽”建设的主要任务和重点项目（2003—2007年）；4.“数字安徽”建设的保障措施。提出了“统筹规划、分步实施，应用主导、面向市场，互联互通、资源共享，突出重点、务求实效”的建设原则，明确了未来五年的目标——“围绕应用、支撑、基础设施三大体系的建设，逐步形成“数字安徽”的基本框架，建成与国民经济和社会发展相适应的信息化基础设施和服务体系，信息化水平居于中西部省份的前列，部分领域达到国内先进水平。”为加强对“数字安徽”建设的管理，“数字安徽”建设工作领导小组办公室拟定《“数字安徽”建设管理办法》。

关于推进农业信息化建设的若干意见　为进一步加快全省农业信息化进程，根据“数字安徽”建设规划和“金农工程”实施方案的要求，省政府办公厅2004年12月14日印发了《关于推进农业信息化建设的若干意见》。该意见由四个方面内容组成：1.推进农业信息化建设的意义；2.推进农业信息化建设的指导思想、建设思路与目标；3.推进农业信息化建设的重点；4.推进农业信息化建设的保障措施。

意见指出了全省农业信息化的建设思路和目标：以国家农业电子政务网络为支撑，充分发挥全省农业网站的窗口和桥梁作用，突出抓好农村信息服务网络延伸系统建设，初步建立起以县级农业信息服务平台为枢纽，各乡镇信息服务站（农经服务中心）为支点，上联部、省、市，下联农业产业化龙头企业、农产品批发市场、中介组织、种养大户、村级服务点和广大农户，联通多种媒体的农村信息服务网络。在“数字安徽”五年期间，重点完善延伸到基层的农业信息服务组织网络和农业信息服务物理网络；构建农业科技和市场信息服务、农产品和农资市场监管、农业决策信息指挥调度、农村远程教育培训四个应用系统；开发整合国内外两类信息资源，初步建立起覆盖全省的农业监测、管理和服务信息系统。

“数字安徽”建设规划纲要（2008—2012年）　为扎实推进“数字安徽”全面建设阶段各项工作有序健康发展，加快全省信息化建设，按照省政府的指示，省政府信息化工作办公室2008年组织编制《“数字安徽”建设规划纲要（2008—2012年）》（下简称《规划纲要》）。2009年9月7日，《安徽省人民政府关于印发“数字安徽”建设规划纲要（2008—2012）的通知》正式下发至各市、县人民政府，省政府各部门和直属机构。

《规划纲要》由5个部分组成：1.数字安徽建设起步阶段基本情况；2.指导思想和发展目标；3.主要任务；4.重点工程；5.保障措施。《规划纲要》明确了“统筹规划、突出重点，营业领先、资源共享，政府引导、面向市场，协调发展、确保安全”的建设原则。提出了到2012年的发展目标，即：全省信息基础设施较为完备，城市和农村都能享受更为便利的信息化服务；政务信息化和社会事业信息化得到大力发展，跨部门、跨行业、跨区域信息共享程度显著增强；信息化与工业化融合取得重大突破，企业信息化水平显著提升，电子商务普遍发展，信息化对经济发展的贡献率大幅提高；信息化发展的体制机制和法律政策日臻完善；网络信息安全保障体系进一步加强；国民信息素养明显改善，全省的信息化水平大幅提高。

第二节　保障体系

基础设施　经过“八五”时期、“九五”时期的努力，安徽省信息化基础设施建设有了一定的基础。到 2000 年年底，全省公用电信干线光缆覆盖全省市县和部分乡镇；因特网覆盖 17 个省辖市；长途程控交换机总容量超过 17 万路端，长途电话通达全国各地和世界 200 多个国家和地区；局用交换机总容量超过 1000 万门；各类数据通信端口达到 37300 个，其中因特网接入端口 15390 个，宽带网端口数达 306 个，省际出口带宽超过 1G；电话普及率达到 11 部 / 百人，移动电话普及率达到 3.3 部 / 百人；基本数据业务用户超过 1.5 万，上网用户超过 27 万；有线广播电视干线光缆联通全省市县；广播电视人口覆盖率分别达到 94.8% 和 93.8%；计算机专用网络建设得到较快发展，政府网络系统初具规模；安徽省农村综合经济信息网覆盖全省 17 个市 62 个县；安徽省经贸信息网连接全省 56 家大中型企业；教育、金融、交通、卫生、公安等领域网络开通运行。

到 2003 年年底，全省信息基础设施建设又有了较快的进展。以光纤传输网络为主，微波和卫星通信为辅，能承载多种电信业务的信息传输网络已经形成；新一代宽带、多媒体骨干通信网（NGN）和移动互联网投入建设；全省电话用户达 1697 万户，全省电话普及率为 27.8 部 / 百人，互联网上网用户 155.5 万户；全省长途光缆纤芯长度达到 57.25 万芯公里，广播电视省级干线光缆线路达 4500 公里，并与国家广播电视干线网在省中心实现了互联。

"数字安徽"建设五年期间，安徽省通信基础设施建设累计投资达 270 亿元，建成大容量、高带宽、高质量、能承载多种通信业务的信息传输网络，光纤通信线路已通达全省所有行政村，互联网宽带网络通达所有乡镇，覆盖到 80% 的行政村。2006 年 10 月底，提前完成全省"十一五"电信网络行政村"村通工程"任务，2007 年又启动了全省自然村"村通工程"。五年期间，全省电话用户增长 2.7 倍，达到 2904.3 万户；电话普及率提高到 47.5 部 / 百人，翻了一番多；截至 2007 年年末，互联网宽带接入用户达 155.9 万户，网站总数近 3.8 万个，拥有网民 337 万人。广播电视网络综合覆盖程度进一步提高，形成了中央、省、市、县四级贯通，网络业务全程全网的广播电视信息平台，广播和电视人口综合覆盖率分别达到 96.1% 和 95.4%。2004 年 7 月 18 日有线数字电视正式开播，到 2007 年年底，已有 14 个市和 40 个县的有线数字电视开通。

2005 年，安徽省信息化发展环境指数为 291.74。2005 年，全省基础设施投资 764 亿元，信息产业基础设施投资 141 亿元，占全省基础设施投资的 18.56%，而 2000 年信息产业基础设施投资是 19 亿元，占全省基础设施投资的 7.7%，2001 年信息产业基础设施投资是 24 亿元，占全省基础设施投资的 9.2%。从以上可以看出"十五"期间信息产业基础设施投资增长的速度是非常快的，"十五"期末的投资额是 2000 年的 7.4 倍，是该时期初期的 5.9 倍。企业信息技术投资、信息产业研究与发展经费保持平稳增长。随着信息化投入的增加，信息化发展环境得到改善，投入效益明显提高。

数据库 2007年年底，全省地理信息基础数据库示范工程投入使用，初步实现了图库兼顾、三库一体的基础地理信息数据管理目标；各类经济户口数据库数据入库率达到99%以上；建成了组织机构代码库、产品条码库、工业产品许可证库等业务数据库，全省人口等8大信息资源库，2007年年底存储数据记录已达到4亿多条。

信息安全保障

安徽省电子认证中心。安徽省电子认证管理中心有限公司经工业和信息化部、国家密码管理局、安徽省人民政府批准，于2005年8月成立。公司于2006年4月、2006年10月分别获得了国家密码管理局颁发的“电子认证服务使用密码许可证”、工业和信息化部颁发的“电子认证服务许可证”，是安徽省唯一合法的负责为政府、企业和个人提供网上身份认证和信息安全服务的第三方权威认证机构。公司按照《中华人民共和国电子签名法》《电子认证服务管理办法》以及其他相关法律法规要求和管理规定，建立了安全可靠的运行系统和安全数据管理中心，充分保证服务的安全性和可靠性，具备较强的电子认证服务和可靠电子签名应用的能力。自2006年正式发行证书至2007年年底，累计发放各类证书10万多份。公司还在合肥、芜湖两市建立了数字证书注册（RA）中心，在省内设立了多个证书受理与服务网点。

安徽省信息安全工程研究中心。安徽省信息安全工程研究中心经安徽省发展计划委员会批准，于2003年11月正式立项，2004年1月18日在解放军电子工程学院召开成立大会。该中心在总参合肥创新工作站总体框架下，以合肥浩华信息技术有限公司作为项目法人，联合解放军电子工程学院进行建设。中心以总参合肥创新工作站的智力、场地及设备资源作为发展基础，利用解放军电子工程学院信息安全及相关学科优势，采用灵活的、符合市场发展方向的企业体制与运行机制，以研发和生产科技含量高、技术水平领先的产品为重点，走产品研发、资质认证、工程承建、人才培养和政策咨询相结合的道路。中心研究领域广泛，在计算机与存储安全、通信安全、计算机与网络安全、信息环境安全等方面研究达到国内外领先水平。中心有研究人员260多名，其中院士1名，博士以上学历者45名，硕士以上学历者230名。

安徽省信息安全测评中心。2004年6月，经省信息产业厅和省编办批准，安徽省电子产品监督检验所组建了“安徽省信息安全测评中心”。该中心承担信息产品、信息系统（网络）工程、软件评测和信息系统安全检测等技术服务工作。

在信息安全检测领域，该中心重点承担了信息系统（网络）工程检测。利用省电子产品监督检验所的技术优势，并购置了先进设备，对网络流量、系统运行质量和性能、网络通信量、信息系统（网络）工程整体状况进行全面测试和评估，保障信息系统（网络）工程的安全性。

中心成立以来，先后完成了省信息产业厅、省农村综合经济信息中心等单位内部信息系统的安全评测工作；承担了全省农村党员远程教育网络工程200多个网络的工程验收检测工作；对多家公司承建的信息系统（网络）质量进行了验收检测。

安徽省信息系统灾难备份中心。安徽省信息系统灾难备份中心由中国电信安徽公司投资建设、安徽省信息安全保障工作协调小组授权，于2008年6月19日正式挂牌运行，是全国首家省级信息系统灾难备份中心。

该中心包括中央机房、动力机房、业务楼、监控楼和后勤楼，机房的环境采用最高级别的行业标准，完全双路冗余设计，可为各级政府、企事业单位提供本地、异地备份和系统级、应用级容灾备份，确保信息系统中数据安全和业务的持续运行，避免信息系统严重故障或瘫痪，最大限度地减少或避免灾难带来的损失。该中心通过国家有关部门四星级数据中心的检查评定，成为全国17个四星级标准单位之一。中心成立以来，已为全省多家知名企事业单位提供了专业化的灾难备份服务。

信息化指标测评 为量化反映和评价信息化发展水平，为决策提供必要的数据支持，从2002年起，省信息办会同省统计局、省发展计划委等十来个厅局组织开展了信息化指标测评工作，完成了2001—2005年的信息化水平指标测评研究报告。报告指出，安徽省“十五”期间信息化发展水平指数从期初2001年的123.28到2005年的214.77，和2000年（取2000年指数为100）相比，提高了1倍多，平均每年增加22.95，平均增幅在16%以上，这表明安徽省信息化建设水平进入稳步快速发展时期。2005年，安徽省信息网络建设指数为208.19, 比2001年的122.52提高近70%，自2001年起，平均每年增长17.5%，增长较快。2005年，安徽省信息产业发展指数为129.41。2005年，安徽省信息化人才指数为206.05。

“十五”期间，安徽省信息化总体发展水平呈良好发展态势。在六个要素的水平指数中，信息技术应用指数远远高于总指数和其他五项指数，是由于互联网用户的快速增加引起的；而信息产业发展指数低于总指数和其他五项指数，是由于信息产业增加值的增量部分占国民经济增量部分的比重较低引起的，但信息产业发展速度还是很快的。

第三节 信息化建设

信息化起步 1993年以前，计算机在省直各部门开始得到应用，主要用于财务报表打印和文字处理。1993年，国家“三金工程”（“金卡、金关、金桥”工程）正式启动，安徽省内少数行业如银行系统也开始着手筹建局域网，全省信息化建设进入起步阶段。

1994年9月，省政府成立了省经济信息化联席会议，1996年5月改组为安徽省信息化工作领导小组（下设办公室，挂靠在安徽省经济信息中心，负责日常事务工作。），从组织上加强对全省信息化建设的领导，对全省信息化建设的重大战略进行了研究和部署，编制安徽省信息化“九五”计划、“十五”规划等。此后，一些地市和厅局相继成立了信息化领导小组或信息化工作机构，以主要行政领导为负责人，各主要部门参加的组织体系逐步形成，社会各部门、各行业的信息化工作开始积极推进。省政府综合信息网于1995年4月开通，安徽信息网于1997年6月开通，安徽邮电多媒体公众信息网于1998年5月开通。到1999年5月，安徽省委、省政府办公自动化系统均已开通运行，联网至各地市和多数厅局；省交通厅、省卫生厅、省审计局等部门组建了各自的局域网；省财政厅、省公安厅、省环保局、省教委还相继开发出高水平的应用系统，并在业务工作中发挥了作用；省计委开发了全省基本建设投资项目库和重点项目库，对投资项目和重点项目加强了全过程的跟踪管理；省经贸委开发的“安徽经贸信息网”实施了省经贸委与省直工交商贸部门和56户省重点企业信息联网。

1998年12月8日，安徽省经济信息中心上报了《关于安徽省“政府上网”的意见》，1999年4月21日，省委副书记、常务副省长、省信息化领导小组组长汪洋主持召开安徽省“政府上网”工作会议，会议听取了省信息办关于《安徽省“政府上网”工程实施方案》的说明，提出了“政府上网”工程实施的工作重点和进度。会议宣布安徽省“政府上网”工程从即日起正式启动。1999年9月6日，安徽省人民政府主网站正式开通，首期上网的有20个省政府部门和16个市（地）县政府；“安徽省人民政府主网站”网络平台采用先进高端交换路由器等网络设备，以省直厅局光纤主干网为物理通道，构筑了主干为千兆位，上下行为百兆位的快速交换以太网。同时通过卫星通信开通了与国际互联网的高速信道。网上有15个信息栏目，包括网络导航、机构设置、安徽概览、政策法规、新闻发布、宏观经济、招商引资、厅局之窗、市场导向、为民服务、企业名牌、政府采购、地市县站点、国家部委站点和友情链接等，这些栏目的设置和使用，对树立各级政府形象、促进政务公开、招商引资、为老百姓办实事起到了巨大的作用。政府上网工程的开通，是安徽省信息化建设的一个里程碑。

“九五”期间，安徽省计算机公用网络发展加快，形成教育与科研网、安徽信息网和CHINANET三大网络体系。中国教育与科研网主要是在皖高校与中科院合肥分院使用。安徽信息网的用户主要是省直各厅局及部分企事业单位。CHINANET的主要用户是广大自由上网者及部分企事业单位。局域网建设也呈现快速发展之势，不少厅局、地市、院校及大型企业、事业单位陆续建成自己的局域网，主要用于党政机关和事业单位办公自动化，校园事务管理、教学，企业日常经营和生产管理。计算机技术在全省工业企业得到了普遍应用，70%以上的大中型企业开展了从人事、档案、财务到仓库、生产计划、统计调度、经营销售的计算机辅助管理，部分大企业向全厂综合管理网络系统过渡。叉车集团、荣事达、合锻、美菱四家企业被评为全国CAD应用先进单位。叉车集团还实施了以MRP Ⅱ为核心的信息系统建设，使计算机技术的应用产生了巨大的经济和社会效益。计算机控制技术进一步加强，全省小化肥企业 80% 以上采用生产过程自动控制，冶金企业、酿酒企业也较普遍开展了过程控制，达到了节约能源、降低消耗、提高产品质量的目的。马钢、安庆石化等企业，财务和生产管理基本计算机化。电力生产和调度实现了全省联网。全省金融系统实现了网络化，存取业务实现了全省联网。各商业银行的信用卡实现了异地联网运行。大型商场、高级宾馆和饭店等场所 POS 系统全面实行 IC 卡应用服务。证券交易实现了计算机联网，网上交易成为现实。

安徽省政府对解决计算机 2000 年问题工作十分重视，成立了以省委常委、常务副省长张平为组长的“安徽省计算机 2000 年问题应急协调领导小组”。省政府多次召开电视电话会议，以紧急通知和情况通报的形式发文，部署、检查、督促全省解决计算机 2000 年问题的工作。省信息办在 1997 年 8 月和 1998 年 3 月先后两次在全省进行了计算机千年问题问卷摸底调查，举办了“计算机 2000 年问题专家座谈会”“安徽省计算机 2000 年问题研讨会”，广泛收集意见和建议，在此基础上起草了全省解决计算机 2000 年问题实施意见。省信息化领导小组于 1999 年 4 月 12 日至 4 月 23 日历时两周对 10 个地市、13 个厅局、83 个重点企业和单位解决计算机 2000 年问题进行了检查。全省 17 个地市、省直 60 多个厅局和直属机构都普遍成立了解决计算机 2000 年问题专门领导机构和技术小组，为做好这项工作奠定了基础。省信息办还在《安徽日报》发表了解决计算机千年问题的文章 20 多篇，编发《计算机 2000 年问题黄页》13 期 8000 多册。组织专家组成员在全省多地举办骨干培训班，共培训 870 多人次。部分地市还组织人员走向街头，举办了解决计算机 2000 年问题的宣传咨询活动。全省共落实专项资金 9600 多万元，制定了各种应急方案，并进行了应急方案的演练及实施。在省政府和省信息化领导小组的统一指挥下，安徽省各部门高度重视，措施得力，在 2000 年 1 月 1 日等若干敏感及关键日期到来之时，全省没有发生因“计算机 2000 年问题”而引发的事故。

信息化全面推进 为贯彻实施国民经济“十五”计划纲要，加强全省信息化建设的统筹协调和宏观指导，2001 年年初，安徽省政府出台了《安徽省“十五”国民经济和社会信息化三年实施意见》（以下简称《实施意见》），作为全面推进安徽区域、领域、企业和社会信息化进程的行动纲领。《实施意见》对 2001—2003 年全省信息化工作提出了具体目标、任务和措施，要求在此阶段初步建成与安徽省国民经济和社会发展相适应的网络基础设施和服务体系，信息化总体达到全国中上游水平。

以后的三年时间，安徽各地、各部门积极努力，通力协作，大胆实践，勇于探索，信息化各项工作取得了长足进展，《实施意见》确定的任务目标基本实现，为以后“数字安徽”的建设奠定了坚实基础。

经过三年的发展，全省电子政务的基础架构初步形成。省级电子政务平台实现了与全省17个市和大部分省直单位的互联运行。省级党政部门内部局域网建成52家，占省直部门的82.5%。全省市直党政部门内部局域网建成310家，占市直单位的46.8%。全省防汛抗旱网联通17个市和90多个县区的水利部门；投资2000万元的淮河上游通信骨干工程实现多媒体通信和监控；省气象部门率先在全国建立了基于宽带通信、覆盖全省各市县气象台站的通信网络；省社会应急中心集成各种社会应急服务资源，组成安全警报、应急救助、管理监控、行业服务四个平台，初步建成社会应急信息系统，使安徽成为全国第一家拥有省级社会应急联动服务中心的省份。省政府网站、省委办公网络系统、安徽农网、中国安徽经贸网、安徽出口商品网、安徽招商网、“金盾”和“金税”项目建设等，在原有的基础上进一步完善，处于但是国内先进水平。

企业信息化建设力度加大，生产过程信息化和管理信息化均取得了显著成效，涌现出一批信息化建设典型，如江汽、叉车、马钢、海螺、美菱等；开展了服务于中小企业信息化建设的“三百工程”，先后分五个批次、144户中小企业分别接受了财务、库存、产品数据管理软件应用培训；徽商、合肥百大等一批大型商贸企业集团的市场电子交易系统、网络营销系统等信息网络服务平台进一步完善；中国安徽企业网发展会员1万多个，上网企业完成交易总量2万多次。

全省农村信息网络建设初具规模，初步实现了互联互通和资源共享。省内最大的农业专业性服务网站——“安徽农网”服务领域不断拓宽，在全省所有的市、县都设立了信息服务中心，全省1800多个乡镇全部建成信息服务站，涉农企业和种养大户注册会员3万多家，网上交易额突破40亿元；农业信息服务工作取得进展，农村供求信息全国联播系统（即：一站上载、多点发布，简称“一站通”）在全省得到大面积推广，发展注册会员3000多个，发布供求信息19万多条，实现网上招商5亿多元，受到广大农民的欢迎；农村综合信息监测、动物疫情监测报告系统、“农技110”信息咨询服务系统、农村防非数字决策支持系统开发完成并投入使用，还初步完成了全省农业决策信息指挥调度、农产品和农资市场监管、农业科技与市场信息服务、农村远程教育培训等四大应用系统的规划构建工作。

全省各市、县围绕《实施意见》在区域信息化建设方面做了一些尝试和探索，基本建成了满足信息化发展需要的信息基础设施框架，初步形成了各行各业积极应用信息技术和开发信息资源的良好格局，营造了有利于信息化建设的发展环境。合肥市被列为全国城市信息化试点和全国制造业信息化工程重点城市，构建了“数字科教城的基本框架；芜湖市在市辖区进行了“数字社区”示范工程建设；安庆市率先在全省政府系统建成了市、县两级视频会议系统；萧县和固镇县通过资源整合，实现农网、政府网、党务网和“一站通”四网合一；淮南市田家庵区在电子政务、社区信息化建设和应用方面，与联想集团共同建设安徽“数字第一区”，取得成效；舒城县100多个单位建成局域网，并实现了县直大多数单位的联网运行；池州市贵池区初步实现县、乡无纸化办公；太和县利用网络开展药品电子商务，月平均交易额超过2000万元。

2003年年初，省委、省政府做出了建设“数字安徽”的重大战略部署，并将其确定为建设全面小康社会起步阶段的“861行动计划”中的一项重要内容。

“数字安徽”建设 2003年3月，安徽省政府下达了编制“数字安徽”建设实施方案的任务。省信息产业厅与省发展计划委立即研究并提出了工作方案。省信息产业厅、省发展计划委、省商务厅负责同志组成“数字安徽”建设五年规划编制办公室，邀请了省经济信息中心、省信息化推进中心、中电集团38所等单位同志参与组成起草小组，编制工作于4月下旬正式启动。

为强化对“数字安徽”建设工作的组织协调，2003年8月，成立了以省长王金山为组长，常务副省长任海深、副省长黄海嵩为副组长的“数字安徽”建设工作领导小组，省政府信息化工作办公室承担领导小组办公室的工作。

2003年11月19日，省政府印发了《“数字安徽”建设五年规划纲要(2003—2007)》（以下简称《纲要》）。《纲要》颁布后，全省各地、各部门根据《纲要》要求，分别制定各自信息化五年建设规划方案。

电子政务建设 按照《国家电子政务总体框架》和《“数字安徽”建设五年规划纲要(2003—2007)》精神，省政府办公厅对各级政府网站进行了功能拓展。从2003年开始，省政府门户网站坚持一年一改版，不断丰富网站栏目内容，完善网站服务功能，2006年开通省政府网站英文版。在国务院办公厅、国务院信息办组织的全国政府门户网站绩效评估中，安徽省政府网站连续六年获“国家优秀政府网站”称号，其英文版在中国政府门户网站国际化程度测评中，连续两年获“优秀外文版”奖。

按照统一规划、统一标准、统一平台的要求，建成了160公里主干为4兆的省直机关城域高速光纤网络，覆盖省四大班子、省直70多个单位。省、市之间155兆电子政务网络建成运行，市、县2兆专业信道开通，基本形成了省、市、县三级电子政务主干传输网络。涌现了一大批优秀的如合肥、芜湖和天长、颍上等市、县网络及公安、税务等部门网站。全省电子政务专用网络、全省公务电子邮局系统、多媒体视频会议系统相继开通运行。国家电子政务外网安徽节点建成并与国家电子政务外网骨干网联通，首批实现了省信访局、省监察厅、省扶贫办3个纵向业务系统与国家有关部委互联。省政务公开办公室开通了“安徽省政府信息公开网”，作为全省政府信息发布统一平台。“安徽省政府信息公开系统软件”在全省推广应用，实现了省市县乡政府及其部门使用统一软件、按统一格式、在统一平台上制作并发布政府信息，受到国家有关部门好评。为加强全省电子政务建设工作的统一领导，建立了由省政府秘书长牵头的省电子政务联席会议制度，成立了安徽省政府网建设办公室，统一规划协调政府网建设和政务系统信息化建设。成立了安徽省电子政务专家组，建立了电子政务专家咨询论证制度、电子政务知识更新与技能培训制度、省直厅局电子政务技术交流制度。省政府办公厅牵头制定了《安徽省“十一五”国民经济和社会信息化发展规划》和《安徽省“十一五”电子政务建设发展规划》。

电子商务建设 根据“数字安徽五年建设规划”，省商务厅搭建了“中国安徽进出口商品网上交易会”（简称“网交会”），依托该平台买卖双方实现了网上看样、网上洽谈、网上成交等功能，截至2008年，成功举办了四届，累计成交超过2.6亿美元，上网参会企业近万家，上网商品数1.5万种。为配合网上洽谈成交，省商务通组织开发了“在线信息管理推介系统”“外商客户关系管理系统”“电子导航帮助系统”“外商访问留痕系统”“外商询盘自动回复系统”“外商访问信息跟踪服务系统”等软件，还搭建了移动电子商务平台，为业务提供全方位的沟通方式。

为帮助农民解决买难、卖难问题，省商务厅按照商务部“部建平台，省建网络”的要求，在“网交会”农产品模块的基础上建立了商务部“新农村商网”的二级子站——“安徽新农村商网”，利用该平台，截至2008年年底开展了五届“安徽省农产品网上购销对接会”，累计网上成交额3亿元，近万名农户受益。

2003年，安徽省电子商务协会成立。该协会在政府、企事业单位和个人之间，开展了许多富有成效的工作。

农业信息化 “数字安徽”五年建设期间，省农委按照省政府信息化工作办公室部署，作为全省农业信息化牵头责任单位，组织省直有关涉农单位，认真做好农业信息化规划工作，与省新农村建设领导小组办公室联合下发了新农村信息化建设实施办法和贯彻落实意见，与省信息化领导小组办公室联合下发了安徽省新农村建设千村百镇信息化试点方案，并成立了省农业信息化技术委员会，负责全省农业信息化建设的技术支撑。省农委建成拥有省、市、县三级网站群的“安徽农业信息网”，该网上有关中国农业信息网和各省农业网站，覆盖委属30个专业网站和全省122个市、县（区）的子网站，在农业部全国省级网站评比中获第七名，2006年荣获全国农业百强网站称号。

全省农业系统依托种子、植保、土肥、畜牧兽医、水产、农机等农技推广服务体系和农村经营管理体系延伸了计算机网络，90%的乡镇农技站（或经管站、综合站）建立了农业信息服务站，30%的村建有信息服务点，90%以上的农业产业化龙头企业、农产品与农资批发市场建有网络终端，农业信息服务网络还向全省各种农村经济合作组织和种养大户延伸，全省有信息员1万多人，其中获得农业部证书的3000多人。

根据农业部统一部署，全省农业系统建立了多系统、多层次的信息采集网点，其中农业、畜牧、渔业、经管、农机等部门建立农业信息采集点9000多个，基本形成了采集、分析、发布一体化农业信息决策支持服务系统；结合农业管理业务实际，相继建立了“农业决策指挥调度系统”“农经管理与财务电算化系统”“农业统计物价分析系统”“菜篮子产品质量安全监测系统”“农资监管应用系统”等一批管理应用系统，有效提高了农业管理部门决策能力；各地在原有“农技110”建设基础上，进一步把网络自动咨询与电话在线咨询相结合，人机结合，专家坐诊咨询与现场指导相结合，现代网络媒体与常规媒体相结合等“四个”结合，提高信息服务水平；不少地方还在开展“农技110”综合信息服务基础上，创新服务方式，开展适合本地的农业基础信息服务模式。如宣城市把乡镇一级“农技110”信息咨询服务站改造成为农民全程代理服务点；阜阳市把“农技110”信息服务由乡镇一级向村延伸，开办“农民网吧”；芜湖市在中心地区集中开设“信息超市”；省农委还与省移动公司签订农业信息化合作协议，由省移动公司出资，向农民免费发放农村信息机，取得了良好效果。

在安徽农业信息化进程中，“安徽农网”值得一提。早在1998年初，在安徽省委召开的全省农村工作会议上，针对农产品难卖、农民增收缓慢等问题，提出：依托气象部门的网络、技术、人才等优势，建立为“三农”服务的农村综合经济信息网。1998年9月，安徽省政府正式批准建立“安徽农网”。这家有安徽省气象局主办的农业网站以省、市、县、乡四级服务组织为依托，以信息服务平台为工作基础，以专业服务队伍、专家顾问为技术支撑，以网络、广播、电视、电话、报纸为服务载体，以种养大户、农村经纪人、注册会员、涉农企业为纽带，为农民提供信息服务。网站开通后，受到广大农民和涉农各界的广泛好评，成为全国知名品牌。2001年被农业部授予“全国优秀农业政府网站”，同年被评为“安徽省优秀政府网站”。

公安信息化 安徽省公安信息化建设始于1984年，当时全省公安机关仅省公安厅有2台微型计算机，主要用于刑事、治安案件中报表统计和工资管理。到2000年，经过“三次飞跃”，全省公安信息化建设发生了可喜的变化。第一次飞跃是以1988年马鞍山市公安局“市级人口信息管理系统”、安庆市公安局“违法犯罪人员信息管理系统”试点经验为起点，全省公安信息化建设开始了一个新里程；第二次飞跃以1992年芜湖市公安局中江桥派出所“派出所人口信息管理系统”试点经验在全省范围内的推广为标志，全省公安信息化工作发生了重大转折，开始步入良性运转的轨道；第三次飞跃是以1998年5月在蚌埠召开的“全省公安计算机二级网建设工作会议”为转机，使全省公安信息化建设发生了质的转变。

1999年，完成了省公安厅至各市局的全省计算机二级网建设任务；2000年，全省公安机关顺利开通计算机三级网系统（各市至各县局、分局），同时各市、各县局完成了局域网建设；2001年，全省公安机关计算机四级接入网开始建设，当年完成了全省百分之二十五的科、所、对组网任务。

在1999年全国“网上追逃”专项斗争中，安徽省“追逃”信息通讯保障工作受到公安部的表彰，获得全国评比第二名的好成绩；在2000年全国公安系统“打拐”专项斗争中，省公安厅计算机网络系统又在全国评比中位于全国第五；在“2000年中国国际软件博览会”上安徽省公安综合信息系统获金质奖，该软件同时获评安徽省科技进步一等奖。

“十五”期间，安徽省公安厅深入推进以“金盾工程”（公安部提出的公安通信网络与计算机信息系统建设工程）为龙头的全省公安信息化建设，圆满完成了“金盾工程”一期各项任务，于2006年年底顺利通过公安部“金盾工程”验收。全省公安机关信息化基础设施建设达到全国先进水平。覆盖全省公安机关的信息通信网络全面建成，全省市、县（区）公安局和基层所、对全部接入公安信息网，联网设备4万多台，注册系统微机3.6万台，位居全国第三，比“金盾工程”建设之初增长了近4倍，广大民警已经具备了利用网络开展信息化应用的条件。全省公安应用系统建设加快，完成了“全省人口信息管理系统”“派出所基层信息管理系统”“机动车/驾驶人信息管理系统”“协同办案系统”“违法犯罪人员信息系统”“在逃人员信息系统”“被盗抢汽车信息系统”“重大刑事案件信息系统”“现场指纹远程传输系统”“旅店业信息系统”“枪支管理信息系统”“民用爆炸物品管理信息系统”“DNA数据库系统”“机动车驾驶员交通信息异地交换平台”“失踪人员和未知名尸体信息系统”的开发和投入应用。全省公安机关在“金盾工程”一期建设中，基本实现了“信息化设施比较完备，信息应用种类比较齐全，公安业务工作实现信息化工作流程”的目标要求，以“芜湖经验”为代表的安徽公安信息化建设成为中西部地区乃至全国公安机关学习的典范。2005年9月，公安部在芜湖召开了全国公安信息化应用芜湖现场会，对安徽省特别是芜湖市的公安信息化建设经验进行了推广。

教育信息化　安徽省教育厅于2001年10月成立了教育信息化工作领导小组，并根据《安徽省“十五”国民经济和社会信息化三年实施意见》制定了《安徽省教育信息化三年实施意见》《安徽省中小学普及信息技术教育“十五”计划实施意见》《安徽省现代远程教育工程实施意见》。

“十五”初期和“数字安徽”建设五年期间，省教育厅投入1200多万元加强教育和科研计算机网络建设，建成开通作为教育信息化基础和支撑的安徽教育科研主干网络，主干出口流量超过2.5G，排名全国前列；全省本科院校全部开通了千兆校园网，安徽大学在国内率先开通了万兆校园网；投资7.73亿元，实施了4期多媒体教室工程，建成多媒体教室3887个，配置计算机17.7万台；利用国家实施远程教育工程的机遇，分5期工程累计投入6.41亿元，安装卫星接收装置14300套，配备计算机9.16万台，建成远程教育多媒体教室2864个，极大地提高了全省农村基础教育信息化和教育水平。

成立了安徽省教育资源中心，并以此为主体，依托省教育科研网，上连教育部资源中心，下连各市和高校的资源中心，建成省教育资源系统，实现了电子音像教材、多媒体教学软件及教育信息的动态储存、管理和共享，使教师、学生、教育工作者和社会上的学习者能快捷方便地通过省资源中心查询、点播、下载所需的各类教育教学资源；建成了为安徽省高校发展配套的高等学校文献保障系统，及时、迅捷提供国内外最新科技情报与人文知识信息；学历文凭查验系统、高等教育学历证书电子注册及查询系统投入运行并深受社会各界的关注和用人单位的欢迎；建成了安徽省高校数目数据库和专题文献数据库，与引进的国内外光盘和网上数据库相结合，构成全省较为完整的数据库体系。

安徽金保工程　“金保工程”是在全国范围内建立一个统一、高效、简便、实用的劳动和社会保障信息系统，包括社会保险和劳动力市场两大主要系统，由部、省、市三层数据分布和网络管理结构组成，具备业务经办、公共服务、基金监管、决策支持四大功能。

从20世纪90年代开始，安徽省劳动保障部门就在信息系统建设方面进行了积极的探索。全省各地开发了养老保险、医疗保险、劳动就业业务系统管理软件，对提高劳动保障业务的工作效率和数据的准确性发挥了重要作用。随着劳动保障事业的不断发展，这种分散建设的模式已经难以满足要求。从2003年开始，安徽省劳动保障部门按照国家“金保工程”的建设原则和统一标准，开始建设安徽“金保工程”。2005年8月份，全省范围的劳动保障信息网络实现了省—市联网，成为当年10个与全部所辖市联网的省份之一，完成了国家劳动保障部下达的联网任务；同时，省本级网络还可连接到省财政、省地税等部门和10家省直医疗保险定点医院、12家养老保险行业统筹单位等。全省市域网建设覆盖率38%，马鞍山、合肥、池州、安庆等市网络延伸到街道、社区。在加强联网建设的同时，进一步扩大了联网应用，实现了全省养老保险80项数据和全省失业保险44项监测数据的网上实时上传国家劳动保障部。截至2007年6月，全省养老保险上传数据量达505万人，占统计报表同口径参保人数的99.63%，失业保险监测数据月上传量达28万人，初步实现了金保工程省市联网应用目标。

2006年上半年，省劳动保障部门在劳动和社会保障部社保核心平台的基础上完成了全省统一的劳动保障应用软件的本地化开发工作，并先后在蚌埠、铜陵、马鞍山、芜湖等市正式上线运行。这套本地化劳动保障应用软件的开发为全省养老保险市级统筹、五险合一、一单征收等制度改革的实施奠定了基础。同时还得到劳动和社会保障部的充分肯定，认为是很值得借鉴和推广的模式。

按照国家“金保工程”的要求，省劳动保障部门积极统一数据中心。2005年，省劳动和社会保障厅及合肥市数据中心机房建成并投入运行；2006年，蚌埠、铜陵、芜湖、淮北、亳州等市统一数据中心机房建成并投入运行。在此期间，合肥、蚌埠、铜陵等市还将分散的软件资源、技术资源集中起来，建成了集中式资源数据库，发挥了整体效力，初步实现“同人同城同库”的建设目标，推动了社会保险费“一单征收”等工作的开展。

到2006年年底，全省14个市都建立了劳动保障门户网站，部分网络初步实现了网上职介、社保信息查询、网上办事等功能。全省12333劳动保障电话咨询系统投入使用，并积极实施12333系统联网工程。

交通运输信息化　为提高交通运输系统的运行效率，省交通运输主管部门按照国家交通运输部的要求，建设全省交通基础数据库、交通业务数据库和交通专题分析数据库，搭建全省统一的交通GIS系统，整合公路运输GPS系统，整合公路运输GPS系统，建设省、市两级交通数据中心和分布式业务数据分中心，实现公路管理、规费征收、运输管理等信息的交换与分享；通过资源整合，实现了公路建设管理、路政管理、养护管理、规费征稽等功能的信息化管理，在此基础上，开发出安徽公路应急指挥调度系统；充分利用已有资源，建设公众出行信息服务系统，采用网站、呼叫中心、广播等方式和手段，为不同的出行人群提供交通基础信息、交通动态、客运站点、交通旅游、交通气象查询和出门策划等实用的交通出行综合服务信息，并实现了“长三角”相关省市的交通动态信息交换。

截至2008年年底，在省交通运输主管部门的统一规划和部署下，省运管局搭建了省、市、县、乡四级VPN虚拟专网，省运管局、17个市运管处、82个区县运管所和400多个交管站实现了联网运行；省公路局建设了省、市、县三级行业SDH专网；省高速公路总公司和省交通投资集团构筑了光纤通信平台、联合监控平台、联网收费结算平台、综合办公平台、综合信息管理平台、客户服务平台、对外信息服务平台，建立了高速公路省级信息中心。

行业监管监控网络建设加快。全省交通行业省、市、县三级专网、养路费全省联网征收系统、全省公路建设管理系统、全省桥梁管理系统、路政信息资源整合工程、省级路政监控中心等相继开发建设并投入使用。为提高安全运行预控能力，建成了GPS车载监控系统，全省高速班线、省级班线、旅游班线的客运车辆全面安装GPS车载终端设备，实现了信息发送、监控调度、车辆管理、图像传输、车辆报警等功能。

根据交通基础设施建设，整合公路场站、驾校等交通设施信息资源，建立了全省统一、规范的交通地理信息库，为交通建设和管理提供数据支撑；按照信息资源整合工程建设要求，建立了基础地理信息数据动态更新流程和统一的数据交换接口标准，实现了与省政府、交通运输部、省测绘局、厅直各单位以及其他部门地理信息资源的交换；与省公安厅联合，搭建了省交通公安信息共享平台，在公路养路费稽征、车辆管理、驾驶员培训、危险品车辆管理、交通通阻信息等方面建立数据交换与共享机制，及时向社会提供相关服务。

智能交通建设是应用现代信息技术提高交通管理水平，提升改造传统的交通运输系统，提高运输效率和运输管理能力，解决交通拥挤、安全和环保等问题的系统性建设工程。安徽省政府高度重视智能交通建设，将其作为“数字安徽”建设应用体系的重要领域和龙头项目。2005 年，省信息产业厅、省公安厅、省交通厅联合组建全省智能交通建设联席会议，统一组织协调全省智能交通建设，在全国首开跨部门业务协同的先河。随后，经省发改委批准，组建了以安徽科力信息产业有限公司为基础，省公安厅交通管理局、中国科技大学参与的安徽智能交通工程研究中心。

联席会议成立后至 2007 年，编制了《安徽省智能交通发展“十一五”规划》，开展了《安徽省智能交通建设框架研究报告》等一批战略性、理论性研究，提出了推进全省智能交通产业发展的若干建议，启动了全省公安、交通信息共享和社会化服务平台项目建设。省智能交通工程研究中心相继建立了道路交通工程与交通安全设计、交通信息采集与发布、交通信号控制及交通仿真、警用装备 4 个研究室，1 个成果转化试验生产部，建成涵盖合肥市高新区二环路以西、长江西路以南约 9 平方公里的全国首屈一指的智能交通科研实验场地；承担的“道路交通信息采集与应用”研究成果迈入国际先进水平行列；参与实施的“安庆智能交通示范工程”获安徽省科技进步一等奖，被国家公安部列为“中小城市交通指挥中心模式与集成应用技术”推广项目；研制的“交通警务车载信息平台”填补国内该领域空白。中心还承担了全省公安、交通信息共享及社会化服务平台项目建设，开通了向社会开放的“安徽省道路交通信息网”。

信息资源开发利用　2005 年，安徽省信息资源开发利用指数为 186.39，比 2001 年的 110.95 有较大提高，信息资源开发利用情况良好。

信息消费水平逐年提高。国民经济持续快速增长，人民生活质量和消费水平逐年提高。2005 年，全省居民人均信息消费支出 640.66 元，占消费总支出的 20.87%，而 2000 年人均信息消费支出仅有 368.93 元，占消费总支出的 17.58%，2001 年人均信息消费支出是 372.12 元，占消费总支出的 18.63%，“十五”期间人均信息消费支出增加 271.73 元，增长 74%。其中，2005 年城镇居民信息消费支出 1343 元，比 2000 年增加 526 元，增长 64.4%, 占消费总支出的 21.1%；农村居民信息消费支出 454 元，比 2000 年增加 250 元，增长 122.5%, 占消费总支出的 20.67%。

广播电视事业平稳发展。2005 年，全省共有广播电台 15 座，中波发射台和转播台 23 座，电视台 17 座。省广播电台播出时间为每周 1515 小时，广播人口覆盖率 95.6%；省电视台播出时间为每周 728 小时，电视人口覆盖率 95%。广播电视播出总时间每周比 2000 年增加 575 小时，增加较多。

通信资源利用发展较快。2005 年，全省带宽拥有量为 40Gbp/s, 比“十五”期初有很大增加，主要是电信行业从 2003 年一来每年保持增加 10Gbp/s 以上，才使得安徽省互联网用户及手机等通信行业的业务量大增，呈现快速发展的良好态势。

2005 年，安徽省信息技术应用指数为 343.78，远远高于总指数。自 2001 年来，平均每年提高 36.03%, 高于总指数平均增长近一倍，是 2000 年的 3 倍多，如果再加上计算机的拥有量，信息技术应用指数会更高（在制定安徽省指标方案时，因考虑到数据采集的难度，未将其列入）。这表明安徽省信息技术应用领域进入持续快速发展时期。

互联网发展迅猛。2005 年，安徽省互联网用户达 193.5 万户，比 2000 年增加 166 万户，增长 5 倍多。2001 — 2004 年，安徽省互联网用户每年都增加 40 万户以上，2005 年增加略少一些。尽管发展迅速，但普及率仅为 3%, 不到全国普及率的 1/2（全国普及率在 7% 以上），这可能与安徽省是一个农业大省，且经济实力相对较弱有关，随着经济实力的增强，互联网发展的潜力应该很大。

电视拥有量趋于平稳。2005 年，安徽省电视机拥有量为每百户 123 台（农村每百户 116.9 台，城市每百户 132.4 台），自 2000 年到 2003 年电视机拥有量逐年平稳增加，近两年趋于平稳，所不同的是随着居住环境的改善，对高清晰、大屏幕的液晶和等离子电视机需求逐渐增强；2005 年，有线电视用户为 300 万户，入户率为 16.22%, 虽然和 2000 年的 11.55% 相比有所提高，但仍显偏低，全省还有 1500 万户未接通，大部分为农村及城市郊区。

信息化人才建设　自 2001 年来，信息化人才指数平均每年提高 17% 以上，教育事业持续健康发展，专业技术人才队伍也逐渐壮大。2005 年，全省在校大学生 72 万人（大专以上，含成人教育等，下同），而 2000 年是 30 万人，2001 年是 40 万人；2005 年，拥有大专以上学历人数是 25 万人，比例为 4.09%,2000 年是 16 万人，比例为 2.3%,2001 年是 17 万人，比例为 2.76%。2000 年以后，安徽省科学教育事业的蓬勃发展，为信息化人才队伍的发展壮大提供了丰富的资源。但是，随着安徽省高校毕业生人数的逐年增加，专业技术人员的比例也应该相应增加，而实际情况却是增加较慢，这与安徽省专业技术人才外流有关，尤其是高学历专业技术人才大量外流，据统计，硕士以上毕业生到外省市工作的超过 50%。这个现象应引起重视。

2001—2005 年安徽省信息化水平指标测评数据表

表 10-2-3-1

要素	序号	指标名称	指标单位	指标数据					
				2000 年	2001 年	2002 年	2003 年	2004 年	2005 年
一、信息资源开发利用 20%	1	个人信息消费占消费总支出的比例	%	17.58 农村 :15.4 城市 :19.3	18.63 农村 :16.4 城市 :20.3	18.67 农村 :16.9 城市 :19.9	20.10 农村 :19.5 城市 :20.5	20.51 农村 :20.1 城市 :20.8	20.87 农村 :20.7 城市 :20.1
	2	省台广播电视播出时间	小时 / 周	934	940	1145	1168	1380	1515
	3	人均带宽拥有量	Kbps / 人	0.20	0.22	0.23	0.34	0.50	0.55
	4	人均电话通话次数	次 / 人	252	318	392	420	435	478
	信息资源开发利用指数			100	110.95	124.84	144.01	171.79	186.39
二、信息网络建设 20%	5	长途光缆长　度	皮长公里	15000	19267	24335	25111	39927	41968
	6	微波占有信道数	波道公里	7408	7408	7408	8525	8074	8074
	7	卫星站点数	个	110	126	146	152	132	132
	8	每千人电话用户数	户 / 千人	121	178	217	278	332	392
	信息网络建设指数			100	122.52	143.57	162.61	192.38	208.19
三、信息技术应用 16%	9	每百户有线电视用户数	户 / 百户	11.55	12.26	12.28	15.10	15.28	16.22
	10	互联网用户数	万户	27.41	65.29	102.70	148.34	190.40	193.5
	11	每百户拥有电视机数	台 / 百户	109.3 农村 :108 城市 :112	115.0 农村 :114 城市 :117	118.4 农村 :117 城市 :122	120.8 农村 :119 城市 :124	123.0 农村 :121 城市 :128	123.0 农村 :116 城市 :132
	信息技术应用指数			100	155.37	209.21	278.34	337.00	343.78
四、信息产业发展 14%	12	信息产业增加值占 GDP 的比重	%	1.88	1.96	2.16	2.28	2.73	2.92
	13	信息产业对 GDP 增长的直接贡献率	%	5.12	5.27	5.98	2.32	4.87	5.3
	信息产业发展指数			100	103.59	115.85	83.30	120.17	129.41
五、信息化人才 14%	14	每万人中拥有大专以上学历人数	人 / 万人	230	276.0	314.7	374.0	355.0	409
	15	每万人中在校大学生数	人 / 万人	50	65.0	80.64	81.52	94.74	117.14
	信息化人才指数			100	125.00	149.05	162.82	171.91	206.05

续表 10-2-3-1

要素	序号	指标名称	指标单位	指标数据					
				2000 年	2001 年	2002 年	2003 年	2004 年	2005 年
六、信息化发展环境 16%	16	企业信息技术类固定资产投资占同期固定资产投资的比重	%	1.5	2.0	2.2	2.5	2.8	3.1
	17	信息产业 R&D 经费支出占全部 R&D 经费支出总额的比重	%	9.6	11.05	12.0	13.5	15.1	18.1
	18	信息产业基础设施投资占全部基础设施投资的比重	%	7.7	9.2	4.5	18.11	17.36	18.56
	信息化发展环境指数			100	123	110	182	193	211.74
信息化水平指数				100	123.28	142.21	169.09	197.97	214.77

第四节　重要会议与活动

会议选介

第一届安徽省信息化发展论坛。2001 年 12 月，“第一届安徽省信息化发展论坛”在合肥市庐阳宾馆召开。本届论坛由安徽省人民政府办公厅、安徽省信息产业厅、安徽省信息化领导小组办公室主办，安徽省信息化推进中心承办。中国科学院院士、电子科技大学教授刘盛纲，信息产业部信息化推进司司长季金奎应邀出席论坛并作专题报告。

第二届安徽省信息化发展论坛。2002 年 12 月 10 日—11 日，“第二届安徽省信息化发展论坛”在合肥市八一宾馆召开。本届论坛由安徽省人民政府办公厅、安徽省信息产业厅、安徽省信息化领导小组办公室主办，安徽省信息化推进中心、《决策咨询》杂志社承办。本届论坛主题是：加快电子政务建设，推动安徽省信息化健康发展。论坛会期间进行了安徽省 2002 年信息化建设 10 件大事评选活动。会后，编辑了以电子政务为主题的专题论文集，《政策咨询》以增刊形式出版发行。

“数字安徽”建设主题会议。2004 年 4 月 5 日，安徽省省长王金山主持召开省政府专题会议，研究加快“数字安徽”建设的有关问题。副省长田维谦，省政府秘书长张俊，省政府副秘书长张秋保、余焰炉、王首萌、郑为文、操建华、张良庆及省直有关部门负责人参加了会议。会议确定：1. 关于“数字安徽”建设的管理体制问题。要根据国家管理机构调整、改革的模式和要求，按照上下一致、方便工作的原则，原则同意将原“省信息化领导小组办公室”改为“省政府信息化工作办公室”，同省信息产业厅合署办公，负责“数字安徽”建设和国民经济、社会信息化的管理工作。原则同意增设有关处室，请省编办按程序办理；2.关于建立省信息安全保障协调机制问题。原则同意成立省信息安全保障协调小组，请省信息产业厅按程序报批；3.关于设立信息产业发展基金问题。为推进“数字安徽”建设，促进信息产业发展，同意设立综合性的省“信息产业发展专项基金”，起步时不低于1000万元，今后逐年增加至3000万元。资金使用要按照“集中使用、统一管理”的原则，具体办法由省财政厅、省信息产业厅商定；4.拟定第二季度召开全省“数字安徽”建设工作会议，传达全国有关会议精神，举办高层专家论坛，进一步同意思想，提高认识，动员各方面力量，加大“数字安徽”建设纲要的落实力度，并对实施《全省“十五”国民经济和社会信息化三年实施意见》先进单位进行表彰。

全省“数字安徽”建设工作会议。2004年5月9日，全省“数字安徽”建设工作会议在合肥召开，省长王金山在会上发表了重要讲话，省信息化领导小组对《安徽省“十五”国民经济和社会信息化三年实施意见》颁布以来信息化工作先进单位进行了表彰。此次大会的召开对推进“数字安徽”建设向深度和广度发展具有特别重要意义。

全省电子政务建设工作会议。2004年6月9日，全省电子政务建设工作会议在合肥召开，常务副省长任海深出席会议并讲话。会议的主要任务是：贯彻落实王金山省长在全省“数字安徽”建设工作会议上的讲话精神，总结交流近年来全省电子政务建设的经验，部署下一阶段工作，进一步加快全省电子政务建设步伐。

省信息安全保障工作协调小组第一次会议。2004年9月24日，省政府召开信息安全保障工作协调小组第一次会议，省委常委、秘书长张学平，省政府副省长黄海嵩出席会议并讲话。会议议定了以下事项：1.原则同意《关于加强全省信息安全保障工作实施意见》（讨论稿），根据会议讨论的意见进一步修改后，以省信息化领导小组名义报省委办公厅、省政府办公厅转发；2.协调小组成员单位的职责分工，进一步征求各成员意见后，以协调小组名义印发；3.关于建立省数字证书认证（CA）中心、密钥管理（KM）中心、信息安全通报中心和安全测评中心问题，请有关部门按照国家有关政策和规定办理。其中CA中心建设要充分利用和整合有关资源，按照企业化、股份制模式运作。

全国公安信息化应用芜湖现场会。2005年9月20日，全国公安信息化应用芜湖现场会召开。与会代表对芜湖市公安局信息化应用成果给予了高度评价，并就信息化在公安系统的应用进行了交流和探讨。此次会议的召开，进一步推动了全国公安系统信息化应用工作的开展。

全国电子文件中心建设交流会。2007年4月27日，经中共中央办公厅批准，国家档案局、国务院信息化工作办公室在合肥召开“全国电子文件中心建设交流会”。会议明确了电子文件管理工作的发展方向，要求以建设电子文件中心为突破口，全面建立有中国特色的电子文件管理体系。与会代表现场考察了安徽省电子文件中心的建设情况。安徽省档案局在电子文件中心建设工作中“标准先行、分步实施”的方法受到表扬。

“数字安徽”五年建设总结表彰会议。2008 年 8 月 19 日，省政府在合肥市稻香楼宾馆召开了“数字安徽” 五年建设总结表彰。省信息产业厅厅长贺凌作关于“数字安徽”建设情况的工作报告。会上同时部署了“数字安徽”全面建设阶段的各项工作。

活动选介

全国首届电子商务大赛安徽赛区竞赛。2004 年 8 月 3 日，省劳动和社会保障厅、省信息产业厅、合肥工业大学联合在合肥举办“全国首届电子商务大赛”。此次大赛是国家级一类竞赛活动，旨在促进中国电子商务技能技术水平的提高，培养更多的电子商务人才，推动电子商务的快速发展。

安徽电信杯“数字安徽”知识大赛。2005 年 11 月 9 日，由省人民政府信息化工作办公室、省教育厅、省广播电影电视局、省科学技术协会共同主办的安徽电信杯“数字安徽”知识大赛在安徽电视台演播厅落下帷幕。此次大赛历时三个月，共计收到个人有效答卷 24194 份。

2005 年“数字安徽”博士科技论坛。2005 年 12 月 10 日，安徽省科协和安徽省信息产业厅共同主办的 2005 年“数字安徽”博士科技论坛在中国科技大学开幕。论坛邀请了刘盛纲院士、郭光灿院士和微软亚洲研究院李世鹏博士到会作专题报告，14 位博士和 5 位从事 IT 领域的专家作交流发言，参加人员达 240 多人。会议通过了博士们提交省委、省政府为推动“数字安徽”建设献计建言的建议书。会后，编辑出版了此次论坛论文集。

第三届中国安徽国际信息技术博览会暨信息化建设五年成果展。2006 年 4 月 21 日至 23 日，由省信息产业厅、省通信管理局、省科学技术厅、省广播电影电视局、合肥市人民政府共同主办的“2006 第三届中国安徽国际信息技术博览会暨信息化建设五年成果展”在合肥红三环体育馆举行。该次博览会充分展示了安徽省“十五”期间的信息化建设成果，同时为省内 IT 企业与国内外知名企业提供了一个交流合作的平台。为期三天的博览会，参观群众达三万人次，参展企业达成合作意向 320 万元，签订合同 80 万元。博览会期间，同时举办了“数字安徽与和谐社会”专题高层论坛，国务院信息化办公室、信息产业部有关领导出席论坛会并对《2006—2020 年国家信息化发展战略》的主要内容作了诠释，国内外部分知名高校和企业的专家学者围绕如何构建“数字安徽与和谐社会”发表了精彩的演讲。

舒城县“信息化知识与技能竞赛”。2003年12月28日，舒城县信息网络中心、舒城县科协、舒城县电信局联合举办了“舒城县(2003)第一届信息化知识与技能竞赛”。此类竞赛在全省属首次举办。竞赛试题分操作、必答、抢答、风险题等，内容涉及国家和省内关于信息化工作的宏观政策法规、信息化知识以及实际操作。

第三章　软件业

安徽软件业起步于20世纪80年代初期，部分高校和科研机构相继开发出一批诸如企业管理、办公自动化、交通调度、金融管理等应用软件。到2000年，全省从事软件开发、销售和服务的企业达到50家左右，从业人数约1300人，企业规模小，研发能力较弱。2000年，全省软件产业实现产品销售收入29550万元，其中软件产品收入12824万元，自产软件占软件产品收入的86%；计算机服务收入3181万元；系统集成收入2496万元。实现增加值4880万元，利税总额3371万元，税金总额1398万元。软件业务出口23万美元。

“十五”期间，安徽省软件业稳步发展，各项政策逐步得到落实。五年中累计认定软件企业200家，登记软件产品583项，享受税收政策优惠1.5亿元。全省软件企业主营业务收入年均增长率达到48%。中国科大讯飞信息科技有限公司、合肥美亚光电技术有限责任公司等一批销售收入超过亿元的软件骨干企业成长迅速。

在国家相关部委的大力支持下，安徽省软件企业认定和软件产品登记工作开展顺利，2000年至2010年，全省先后认定了软件企业427家，年审合格338家；登记软件产品1654个。

为加快软件人才培养，合肥工业大学建立了软件学院，中国科技大学和安徽电子职业技术学院分别建立了软件示范学院和软件职业示范学院，安徽大学、安徽理工大学和安徽工程大学设立了软件专业。

软件园区和基地建设得到加强，已建成合肥、芜湖两个省级软件园区，其中合肥软件园内集中了合肥市的大多数软件企业，并提供较为完善的园区服务体系。其他一些城市也在大力发展软件特色园区，通过招商引资，承接国外和上海、江苏、广东等地的软件企业转移入驻。

第一节　企业生产

安徽软件业起步于20世纪80年代初期。2000年6月，国务院颁布了《鼓励软件产业和集成电路产业发展若干政策》，从投融资、税收、技术、出口收入分配、人才、装备及采购、企业认定、知识产权、行业管理等多方面提供全方位的政策支持，对软件产业发展产生了深远影响，由此引发了中国软件产业快速发展的黄金十年。安徽省软件产业与全国同步，在产业政策和市场需求的激励下，十年来也取得了快速发展。全省软件企业实现的主营收入从2000年的3亿元增长到2010年的83.9亿元，年均增长达到39.5%;软件出口从2000年的23万美元增长到2010年的997万美元，年均增长45.8%。在产业规模保持较快增长的同时，经济效益也有明显提高，全省软件企业实现的利润从2000年的3371万元增长到2010年的11.9亿元，年均增长42.8%；全省软件行业完成税收从2000年的1398万元增长到2010年的3.2亿元，年均增长36.8%；从业人员从2000年的1300人增长到2010年的1.9万人，年均增长30.8%。

经过十年的培育和发展，安徽软件行业涌现出一批自主创新能力强、在国内有一定竞争力的排头兵企业。到2010年年底，全省有22家软件服务企业的主营收入超过亿元，这些企业主营收入之和达到54.1亿元，占全省软件行业主营收入的64.5%。科大讯飞、继远软件、科大恒星、工大高科、美亚光电、蓝盾光电子等6家企业被认定为2010年度国家规划布局内重点软件企业；科大恒星、讯飞智元、合肥永信、安徽四创、皖通科技5家企业获得国家信息系统集成一级资质；安徽四创电子股份有限公司、安徽科大讯飞想科技股份有限公司、安徽皖通科技股份有限公司成功上市。

从2004年开始，安徽省设立信息产业发展专项资金，每年都有专项切块资金直接用于支持软件产业发展，至2010年年底，累计投入财政资金3535万元。

软件出口也是安徽省软件产业近年来重点发展方向之一，省会合肥成为国家认定的服务外包基地城市，并建立了服务外包产业园区，为软件出口和服务外包企业提供服务。

2000—2010年安徽省软件业基本概况表

表10-3-1-1

年份	软件企业数（个）	年末从业人数(人)	产品销售收入（亿元）	实现增加值（亿元）	利润总额（亿元）	税金总额（亿元）	软件出口
2000	50	1300	2.955	0.488	0.3371	0.1398	23万美元
2001	57	2719	5.4345	1.3199	0.5859	0.1861	71万美元
2002	79	4301	7.5671	2.6021	0.377	0.4137	4065万元
2003	121	7130	13.3	3.4	1.6	0.5246	
2004	145	6758	17.6	5.2	2.7	0.8668	464万美元
2005	166	8323	21.9	6.3	2.8	1.0	717万美元
2006	184	10375	37.1	10.2	5.2	1.3	881万美元
2007	175	12186	46.3	12.5	6.7	2.0	702万美元
2008	186	14137	57.3	14.5	7.9	2.3	799万美元
2009	159	16509	70.5	18.1	9	3.4	942万美元
2010	161	19158	83.9	24.2	11.9	3.2	997万美元

2000—2010 年安徽省软件业分类收入概况表

表 10-3-1-2

年份	产品销售总收入（亿元）	软件产品收入（亿元）	计算机服务收入（亿元）	系统集成收入（亿元）
2000	2.955	1.2824	0.3181	0.2496
2001	5.4345	1.9315	0.8641	0.7045
2002	7.5671	2.4678	4907	1.9095
2003	13.3	4.9	1.2	3.0
2004	17.6	6.5	0.8	3.8
2005	21.9	8.8	1.0	4.4
2006	37.1	11.6	1.9	11.2
2007	46.3	14.5	3.2	14.4
2008	57.3	18.5	4.8	15.3
2009	70.5	21.9		19.1
2010	83.9	26.2		20.8

2002—2010 年安徽省软件业从业人员概况表

表 10-3-1-3

年份	企业类别	软件研发人员数（人）	占企业人员总数比例(%)
2002	集体企业	68	3.52
	股份合作企业	46	3.58
	其他有限责任公司	881	11.50
	股份有限公司	90	2.01
	私营企业	318	2.30
	其他内资企业	16	80
	港澳台合资企业	5	0.16
	中外合资经营企业	181	21.47
	外资企业	238	27.39
	国有企业	17	0.33
2003	集体企业	25	2.58
	股份合作企业	19	1.18
	其他联营企业	22	55
	其他有限责任公司	1033	11.10
	股份有限公司	241	7.00
	私营企业	384	4.34
	其他内资企业	45	10.90
	中外合资经营企业	76	7.14
	外资企业	331	21.42
	外商投资股份有限公司	205	82.66
	合计	2398	6.14

续表 10-3-1-3

2004	国有企业	32	0.69
	集体企业	11	0.42
	股份合作企业	46	4.49
	其他联营企业	25	53.19
	其他有限责任公司	1660	16.26
	股份有限公司	369	9.06
	私营企业	491	4.06
	中外合资经营企业	148	9.26
	外资企业	135	5.08
	外商投资股份有限公司	258	82.43
	合计	3175	6.75
2005	国有企业	137	2.74
	集体企业	18	0.44
	其他联营企业	32	55.17
	其他有限责任公司	2127	21.15
	股份有限公司	229	4.38
	私营企业	826	5.59
	中外合资经营企业	104	2.48
	外资企业	204	11.70
	外商投资股份有限公司	259	90.88
	合计	3936	7.27
2006	国有企业	366	6.98
	其他有限责任公司	2507	18.44
	股份有限公司	383	5.64
	私营企业	1057	5.96
	港澳台合资企业	7	0.17
	中外合资经营企业	84	2.21
	外资企业	323	13.19
	外商投资股份有限公司	381	93.84
	合计	5108	8.67
2008	国有企业	586	6.62
	集体企业	32	2.25
	其他有限责任公司	2316	9.87
	股份有限公司	1201	7.54
	私营企业	1371	5.19
	港澳台合资企业	13	0.19
	港澳台独资企业	260	10.91
	中外合资经营企业	516	6.56
	外商独资企业	187	3.49

续表 10-3-1-3

2009	国有企业	658	41.8
	其他有限责任公司	1554	36.1
	股份有限公司	1711	36.4
	私营企业	1409	35.8
	其它企业	243	62.5
	港、澳商独资经营企业	258	85.7
	中外合资经营企业	520	74.0
	外资企业	459	77.3
	合计	6812	41.3
2010	国有企业	589	43.1
	其他有限责任公司	2221	40.3
	股份有限公司	2153	34.6
	私营企业	1620	37.8
	港、澳商合资经营企业	462	87.8
	港、澳商独资经营企业	409	97.6
	中外合资经营企业	119	58.6
	外资企业	516	81.6
	合计	8089	42.2

企业选介

安徽科大讯飞信息科技股份有限公司。安徽科大讯飞信息科技股份有限公司于1999年在国家智能计算机研究开发中心、中国科技大学人机语音通信实验室的基础上组建，是一家专业从事智能语音技术研究、软件及芯片产品开发、语音信息服务及电子政务系统集成的国家级骨干软件企业。

公司的智能语音技术代表了世界最高水平。在中文语音技术方面的研究时间长、成果多，一直得到国家863项目、973项目、自然科学基金等项目的关注和支持。作为中国最大的智能语音技术提供商，在语音合成、语音识别、口语评测等多项技术方面拥有国际领先的成果，是中国语音产业中唯一的“国家863计划成果产业化基地”，也是信息产业部确定的中文语音标准工作组组长单位。2003年获“国家科技进步二等奖”、2005年获信息产业部“信息产业重大技术发明奖”。

基于拥有自主知识产权的世界领先智能语音技术，公司已推出从大型电信级应用到小型嵌入式应用，从电信、金融等行业到家庭用户，从PC、手机、MP3/MP4/PMP到玩具，能够满足不同应用环境的多种产品。公司占有国内中文语音技术70%以上的市场份额，开发伙伴已有1000多家。以科大讯飞为核心的中文语音产业链已初具规模。

安徽科力信息产业有限责任公司。安徽科力信息产业有限责任公司成立于2000年，是国家级高新技术企业，主要城市智能交通系统（ITS）技术研发、产品销售与服务，是通过国家“双软”认定、国家保密局涉密资质认证、安徽省公安厅安防一级资质认证、IS0 9001国际质量体系认证、信息产业部系统集成三级资质认证等资质认证的企业，曾连续4年获“安徽省软件十强”企业称号，3次获安徽省科技进步一等奖。

公司拥有“合肥市智能交通工程研究中心”“安徽省计算机软件工程技术研究中心”和“安徽省智能交通工程研究中心”，先后承担了科技部863引导项目、信息产业部电子产业发展基金项目、国家火炬计划项目等重点项目13项和安徽省“八五”“九五”“十五”科研攻关40多个项目。承担的“道路交通信息采集与应用”研究项目迈入国际先进水平行列；实施的“安庆智能交通示范工程”获安徽省科技进步一等奖，成为公安部“中小城市交通指挥中心模式与集成应用技术”成果推广项目；研制的“交通警务车载信息平台”获公安部创新应用项目，填补了国内该领域空白。

合肥永信信息产业股份有限公司。合肥永信信息产业股份有限公司（永信股份）创立于1992年年底，注册资金3188元，是一家以提供计算机信息系统整体解决方案为核心业务，集计算机软件产品开发、系统集成、建筑智能化工程、安全防范工程、信息安全、营销、服务和企业投资为一体的高新技术企业。经过18年的发展与积累，至2010年年底，公司总资产9000万元，公司员工200余人，管理和技术水平在安徽省IT企业中位居前列。1995年以来，公司相继被评为合肥市重合同守信用企业、安徽省重点软件企业、安徽省软件十强企业、国家火炬计划软件基地骨干企业，获计算机信息系统集成一级资质、涉及国家秘密的信息系统集成资质。

安徽安联科技股份有限公司。安徽安联科技股份有限公司成立于2004年6月，是一家以计算机软硬件产品销售、软件开发、系统集成、技术服务和咨询等信息技术产业为主体的高新技术企业。截至2010年年底，公司注册资金3500万元，员工200余人。公司下设系统集成分公司、软件公司、产品营销中心、综合部及安徽安联教育设备有限公司和安联管理传统有限公司2个子公司。

公司成立以来，先后完成了包括局域网、广域网、城域网等在内的大中型网络集成项目数百项，是安徽省内最大的系统集成商之一。2005年以来，累计中标实施的第三期“校校通工程”、“农村远程教育”和“全省政法网工程 ”等标的总额超过2亿元。公司先后开发出具有自主知识产权的软件作品20余套，并通过了软件产品评测和登记，取得专有著作权6项。主导产品基于GIS数据库开发的《安联森林火灾监测、分析与决策系统》被列为国家火炬计划；2009年与中国科技大学联合开发、淮河水利委员会参与推广的《基于CNGI的流域防防灾减灾智能信息决策支持系统应用示范》项目被国家发改委列为国家高新技术发展项目计划。

安徽继远电网技术有限责任公司。安徽继远电网技术有限责任公司成立于1996年，是一家从事高新技术产品研发、生产、销售和技术服务的专业型公司。2009年6月成为国家电网电力科学研究院全资子公司。

公司注册资本4688万元人民币，拥有2家控股公司，是“安徽省高新技术企业”、“安徽省首批创新型企业”“安徽省优秀软件企业”“全国软件百强企业”“中国安防优秀工程企业”。

公司拥有一批具有自主知识产权的产品，主要有JY-3000综合自动化系统、JY-2000P智能图像监控系统、配网自动化系统、110KV组合变电站、电网故障信息管理系统和集控站系统等。产品主要应用于电力工程自动化、公共安全防范及网络通信系统集成等领域。

安徽蓝盾光电子股份有限公司。安徽蓝盾光电子股份有限公司（原电子工业部4150厂）是一家科技型高新技术军工企业，前身是铜陵蓝盾光电子有限公司。2006年通过改制成为股份制企业，注册资金4625万元。有员工620余人，其中博士生导师2人，研究员4人，高级工程师18人，其他工程技术人员260余人。公司建有一个联合实验室和一个省级技术中心。配有先进的软件开发设备，汇集了一批软件开发及产品设计工程师和项目经理。

公司致力于智能交通、环境监测仪器及军工雷达三大行业。主要产品有：1.以系列测速雷达、系统证眼雷达、公共治安卡口监控系统为代表的智能交通电子产品及管理系统；2.以烟气排放连续监测系统、烟尘在线监测仪、空气质量连续监测系统、紫外吸收水质自动在线监测系统、道路气象仪等为代表的环境监测仪器及监测系统，为城市公安交通管理、环境检测监察提供成熟的解决方案和系统集成业务；3.军用雷达配套的高频元件、主件和特种电源及变压器为代表的军品。

安徽三联交通应用技术股份有限公司。安徽三联交通应用技术股份有限公司成立于2005年12月，注册资金3000万元，系国家高新技术企业、国家第四批创新型企业、安徽省优秀软件企业、守合同重信用单位。主要从事驾驶人训练、考试及智能交通领域技术开发和产品制造，核心技术曾获国家科技进步一等奖，在国内同行业中处于领先水平。

公司拥有9项计算机软件著作权、24项国家专利、1项国家重点新产品和2项优秀软件产品，8项产品通过公安部交通安全产品质量监督检测中心检测。公司已通过ISO 9001质量管理体系、ISO 14001环境管理体系、OHSAS18001职业健康安全管理体系认证。产品已在国内400多个城市中的公安、交通管理、军事、驾校、高校等部门应用，并出口到马来西亚等国家。

公司还建立了省、市级工程技术研究中心和"国家车辆驾驶安全工程技术研究中心"。

安徽汉高信息科技有限公司。安徽汉高信息科技有限公司于2006年1月成立，坐落在合肥市高新技术开发区，原名为安徽汉威信息科技有限公司，2008年5月12日增资扩股后更名，注册资本由500万元增至1600万元。

公司主要承担国内外交通信息化、安徽省高速公路、干线公路的机电系统、联网收费系统、智能交通信息系统和城市交通指挥控制系统的开发、设计、咨询和建设任务，为交通领域提供智能化信息化及光电一体化的智能交通全面解决方案。8项主导产品均获得计算机软件著作权证书和软件产品证书，公路联网收费系统、公路结算中心IC卡管理系统和公路收费结算系统被认定为安徽省高新技术产品。

公司已完成的项目有：安徽省客运联网收费系统、安徽省南网中心机电工程、安徽省合六叶高速公路机电工程、安徽省高速公路IC卡联网收费系统、安徽省海事收费信息管理系统、安徽省黄山至塔岭和小贺至桃林高速公路机电工程、安徽省交通厅高速公路电子收费工程电子收费中心等。

安徽和信科技发展有限责任公司。安徽和信科技发展有限责任公司（简称"和信科技"）设立于2001年，注册资本2700万元人民币，坐落于合肥国家高新技术开发区信息产业（软件）基地，拥有4400平方米科技大楼。公司是中国电信集团所属中国通信服务股份有限公司安徽省通信服务公司的子公司，2004年经安徽省科技厅认定为高新技术企业。公司获得国家保密局颁发的计算机信息系统集成乙级资质、住房和城乡建设部颁发的建筑智能化系统集成专项工程设计甲级资质、工业和信息化部颁发的通信信息系统集成乙级资质和中华人民共和国增值电信业务经营许可证，是综合布线系统工程设计与施工图集》（02X101–3）国家标准的制定者。

合肥工大高科信息技术有限责任公司。合肥工大高科信息技术有限责任公司（工大高科）创立于2001年，是安徽省唯一一家专业从事矿山安全监控、工业铁路智能运输安全调度的软件企业，已有研发生产基地逾3万平方米，形成集研发、生产、销售于一体的工大高科产业园。

工大高科的产品主要涉足矿井综合移动目标安全监控和工业铁路物流运输安全调度两大领域，拥有国家专利近40项，核心技术全部具有自主知识产权。其中矿井机车监控类产品占据了国内90%以上的市场份额；主导产品“KJ293矿井机车运输监控系统”获国家科技进步三等奖、“CRJ2002企业铁路智能运输调度综合信息平台”获国家科技进步二等奖；工业企业铁路调度系统市场份额位居全国首位，并进入国铁市场。

工大高科先后被认定为国家规划布局内重点软件企业、国家重点高新技术企业、国家创新型试点企业、首批安徽省和合肥市创新型企业。

安徽创世科技有限公司。安徽创世科技有限公司由中国科技大学和马来西亚KWE集团共同组建，2002年7月成立。

公司从事于网络视频通信、智能图像分析及嵌入式系统技术研究与产品开发，掌握了从音视频压缩算法到应用层软硬件开发的各个环节核心技术。公司推出的CreMedia系列分布式大型联网视频监控解决方案成为新一代视频监控系统的杰出代表。

创世科技先后通过高新技术企业认证、ISO 9000质量体系认证、公安部安全与警用电子产品质量检测中心和安全技术防范产品生产许可认证。

重点园区　1998年上半年，省信息办、省经济信息中心根据省政府领导的意见，对全省信息产业进行了深入的调查，提出建设软件基地、在合肥建立软件园的方案和设想。1999年2月，安徽省第一个软件基地——合肥软件园正式成立。

合肥软件园。合肥软件园坐落在合肥市西郊风景区，省合肥国家高新技术产业开发区的重要组成部分，2000年9月被科技部认定为“国家火炬计划软件产业基地”，2003年获“先进火炬计划软件产业基地”称号。园区由孵化基地、产业基地、中科大分园和合工大分园四个部分组成，其中孵化基地建筑面积7万平方米，产业基地规划1000亩，一期工程占地200亩，建筑面积12万平方米，2002年年初开工建设，2003年底建成。二期工程占地800亩，作为重点项目纳入合肥科学城总体规划。

合肥软件园已成为安徽省最大的软件产品研发和服务外包产业基地、安徽省重要的软件企业孵化基地、软件人才培养基地。

皖通科技公司是第一个进驻合肥软件园的企业，随后，英国微电子（合肥）有限公司、科大讯飞公司、合肥网迅公司等一大批研发企业也进驻园区。园内企业开发的不少软件产品具有国际或国内先进水准，如中科大讯飞科技信息有限公司开发的智能中文语音平台及系列产品有机地融入IBM公司的Via Voice汉语语音识别技术，将世界最高水平的汉语语音合成和识别两项技术融合在一起，使“只要会说话，就会用电脑”成为现实；亚威信息技术有限公司开发的Super Voice传真软件占据了国内生产的60%；英图信息技术有限公司设计的0.18微米显示芯片广泛地应用于信息家电产品，用户遍及全球。

芜湖软件园。2001年12月，经安徽省信息化领导小组批准，芜湖软件园正式成立，并被列为安徽省“十五”期间重点发展支持的省级软件园。

芜湖软件园占地8000平方米，建筑面积1.2万平方米，包括软件企业用房、多功能信息中心、学术报告厅、培训中心等。园区内设孵化单元70个，可容纳60家软件企业。到2005年，已引进各类软件企业32家，累计注册资金2190万元，其中外资30万美元。引进博士7名，硕士26名，本科学历108名。已认定软件企业7家，16个软件产品通过登记。2005年园内企业销售收入4772万元，利税467万元。

进入芜湖软件园的企业可以享受国家和地方多项优惠政策，研发的项目可优先获得芜湖市科技创业资金及科技专项经费的资助。软件园还建立了“人才培训”“法律咨询”“商务信息”“财务代理”等中介服务机构，为入园企业提供从申请进驻、工商注册、软件企业认定、软件产品登记、项目申报、技术职称评定等全过程、全方位的服务。

产业基地 2007年11月30日至12月2日，首届中国国际动漫创意产业交易会在合肥举行。交易会期间，国家新闻出版署批准合肥、芜湖两个国家级动漫产业发展基地正式成立。

合肥动漫基地。合肥动漫产业发展基地位于合肥市高新技术产业开发区内，规划占地面积约1500亩，由起步区、拓展区和产业基地三个部分组成，除了以孵化动漫企业、培养人才为主外，还建有大型软件工程中心和服务外包基地。2008年，基地实现产值6000万元，相关衍生产品产值近2亿元；2009年实现产值1.5亿元，实现利税2500万元，引进各类动漫企业50多家，完成动漫作品150部，网游作品6部，动漫作品年制作时间达7000分钟；到2010年年底，入驻基地的动漫和服务外包企业达到300多家，总产值20亿元。

合肥动漫基地以新兴动漫、网络游戏、虚拟现实、影视制作和服务外包等产业为发展方向。基地被列入安徽省“861行动计划”。

芜湖动漫基地。芜湖国家动漫产业发展基地位于芜湖高新技术产业开发区内，分为交易展示、科研开发、科技制造、创业服务四大功能板块。交易展示区139148平方米，包括应用制作中心、科技精英馆、科技体验中心、DOHO平台、产业联盟新兴服务中心、动漫及网络游戏展示中心、国际创意产业展示中心等；科技开发区203286平方米，包括高科技研发中心、专项和公共实验室、科技专利指导机构、国际认证机构、动漫及网络游戏研发中心、国际创意产业研发中心等；科技制造区186122平方米，包括高科技生产企业和孵化型企业楼；创业服务区96056平方米，包括培训教育中心、科技人才交流中心、创业指导和职业鉴定中心等。

科大讯飞语音产业基地。安徽科大讯飞信息科技股份有限公司语音产业基地成立于2008年6月6日，坐落在合肥市高新技术产业开发区内。2010年，国家科技部认定为“国家智能语音高新技术产业化基地”，基地总体规划用地200亩，一期工程主要包括“以中文为核心的多语种语音关键技术研究与工程中心建设”“电信级语音合成平台升级及产业化”“嵌入式语音软件升级及产业化”等募集资金项目。

基地建设重点围绕两个目标：一是加大从核心平台产品向典型应用产品的拓展力度，重点围绕语音技术在口语评测与教学、语音数码产品、军工产品等方面的应用，迅速提升科大讯飞产业规模；二是加大与IT各领域领导型企业的深度合作和合资，同时为有志于语音应用开发的企业和个人提供共享开发环境，加速形成围绕讯飞语音核心技术的应用开发群。通过上述两个目标的实现，最终形成中国乃至全球语音产业基地。

技术中心　合肥微软技术中心由合肥市人民政府、微软（中国）有限公司与中国科大讯飞公司合作共建，2005年8月25日正式成立，坐落在合肥国家高新技术开发区。

合肥微软技术中心是微软在国内成立的第6家技术中心。该中心借助微软公司成熟的软件技术开发经验、软件企业运行机制和丰富的技术成果，整合国内外资源，搭建面向产业链的技术交流和传递的平台，研发满足安徽省和合肥市信息化建设实际需求的高水平的软件产品和解决方案。

第二节　双软认定

“双软认定”是指软件企业的认定和软件产品的登记。根据国务院有关规定，经认定的软件企业及登记备案的软件产品可享受软件产业的各项优惠政策。从2000年10月至2010年年底，全省共认定且年审通过软件企业305家，登记软件产品1654项。

实施办法　2000年，国家信息产业部、教育部、科技部和国家税务总局联合制定《软件企业认定标准及管理办法》（试行），国家信息产业部颁发《软件产品管理办法》。安徽省信息产业厅、科技厅、省国税局、省地税局根据上述部委制定的标准和管理办法，于2001年联合制定了《安徽省软件企业认定和软件产品登记管理实施办法（试行）》，对全省软件企业的认定和年审、软件产品的登记和备案、管理机构和认定机构做出明确规定：安徽省信息产业厅负责管理全省行政区域内德软件企业认定和软件产品登记工作，会同省有关部门审核批准软件企业认定机构的认定结果，公布软件企业认定名单，颁发软件企业认定证书；审核、批准国产软件的登记、核发国产软件产品登记和软件产品登记证书；受理对认定结果的年审结果和复审申请；监督检查软件企业认定工作和软件产品登记工作。安徽省软件行业协会是安徽省信息产业厅审查推荐、信息产业部授权的省级软件企业认定机构，受理软件企业认定和软件产品登记的申请；组织企业认定的评审和年审，提出软件企业认定和年审的初审意见并报省信息产业厅审核；对申请登记的软件产品进行审查，并将审查合格的软件产品报省信息产业厅批准。

软件企业认定 根据《安徽省软件企业认定和软件产品登记管理实施办法》规定，申请认定的企业应向软件企业认定机构提交规定的材料，软件企业认定机构组织评审并提出初审意见，报省信息产业厅业厅（后为省经济和信息化委员会）审核；省信息产业厅（后为省经济和信息化委员会）会同省科技、税务管理部门批准后公布，颁发软件企业认定证书，报国家有关部门备案；已经认定的软件企业认定还要实行年审制度，每年的第一季度，认定机构按认定标准对软件企业进行年审，年审结果由省信息产业厅（后为省经济和信息化委员会）会同省科技、税务管理部门批准后公布，并报国家有关部门备案，年审合格的企业，在软件企业认定证书上加盖年审合格章，年审不合格的企业，不再享受国家和省规定的优惠政策。

表 10-3-2-1

2011 年度安徽省年审合格软件企业名单

序号	单位名称	法定代表人	认定号
1	梯升科技发展（合肥）有限公司	张辰华	皖 R-2000-0005
2	亚微信息技术（安徽）有限公司	陈友麟	皖 R-2000-0007
3	安徽科大讯飞信息科技股份有限公司	刘庆峰	皖 R-2000-0013
4	安徽皖通科技股份有限公司	王中胜	皖 R-2000-0014
5	合肥恒大自动化控制系统有限责任公司	朱庆龙	皖 R-2000-0015
6	合肥汉思信息技术有限责任公司	万建平	皖 R-2000-0016
7	科大恒星电子商务技术有限公司	陈意云	皖 R-2000-0017
8	合肥永信信息产业股份有限公司	陶 满	皖 R-2000-0019
9	安徽山立信息工程有限公司	吕 杨	皖 R-2000-0020
10	安徽科力信息产业有限责任公司	王家捷	皖 R-2000-0021
11	安徽天大天财有限责任公司	戴俭华	皖 R-2000-0024
12	安徽省安兴防伪数据有限公司	张安云	皖 R-2000-0025
13	安徽新软电子有限责任公司	舒 畅	皖 R-2000-0026

续表 10-3-2-1

序号	单 位 名 称	法定代表人	认定号
14	合肥万户网络技术有限公司	钱贵昱	皖 R-2000-0027
15	合肥金海科技开发有限公司	张 起	皖 R-2000-0028
16	合肥健桥科技发展有限公司	孟路英	皖 R-2000-0029
17	合肥智圣计算机技术有限责任公司	钱 英	皖 R-2000-0031
18	安徽用友软件有限公司	郭新平	皖 R-2000-0032
19	安徽四星信息科技有限责任公司	许玮玲	皖 R-2000-0033
20	合肥励图数码技术有限公司	朱祝华	皖 R-2001-0002
21	合肥融星计算机网络有限责任公司	刘 庆	皖 R-2001-0006
22	合肥智同信息技术有限公司	吴永春	皖 R-2001-0007
23	合肥市一新软件开发有限责任公司	虞志国	皖 R-2001-0008
24	合肥新威尔计算机有限公司	唐海清	皖 R-2001-0010
25	合肥工大高科信息技术有限责任公司	魏 臻	皖 R-2001-0012
26	安徽省巨软科技有限公司	马宜斌	皖 R-2001-0013
27	安徽金海迪尔信息技术有限责任公司	顾爱华	皖 R-2001-0014
28	合肥进毅智能技术有限公司	王康宁	皖 R-2001-0015
29	合肥安达数控技术有限责任公司	王正前	皖 R-2001-0018
30	合肥佳讯科技有限公司	张淑萍	皖 R-2001-0019
31	安徽爱普科技有限公司	陈 刚	皖 R-2001-0020
32	奥里奥克（安徽）信息技术有限公司	王世明	皖 R-2001-0021
33	合肥联讯信息技术有限责任公司	傅 玫	皖 R-2001-0023
34	安徽振兴科技股份有限公司	徐家清	皖 R-2001-0024
35	安徽四创电子股份有限公司	吴曼青	皖 R-2001-0025
36	合肥天智科技发展有限公司	赵 宁	皖 R-2001-0026
37	安徽中科大擎天数码科技有限公司	苏 俊	皖 R-2001-0030
38	安徽瑞信软件有限公司	刁吉水	皖 R-2001-0033
39	芜湖易通信息技术有限公司	赵奕畅	皖 R-2001-0034
40	合肥市中科大奥锐科技有限公司	王晓蒲	皖 R-2002-0001

续表 10-3-2-1

序号	单位名称	法定代表人	认定号
41	安徽久鼎软件科技开发有限公司	张家锐	皖 R-2002-0002
42	安徽三元工业自动化设备有限公司	王 芳	皖 R-2002-0003
43	安徽南瑞继远软件有限公司	张强	皖 R-2002-0004
44	合肥英特电力设备有限公司	李大钦	皖 R-2002-0005
45	合肥合能电气有限责任公司	徐 良	皖 R-2002-0007
46	安徽兴宇电子技术研究所	汪才兴	皖 R-2002-0008
47	合肥和谐软件有限公司	刘传华	皖 R-2002-0010
48	安徽中科智能高技术有限责任公司	伍先达	皖 R-2002-0011
49	安徽现代电视技术有限公司	姜万勐	皖 R-2002-0013
50	合肥安达电子有限责任公司	王正前	皖 R-2002-0019
51	安徽汇能信息技术有限公司	蒋建国	皖 R-2002-0020
52	合肥美亚光电技术股份有限公司	田 明	皖 R-2002-0022
53	马鞍山市朗科科技发展有限责任公司	李向东	皖 R-2002-0023
54	安徽中兴继远信息技术有限公司	徐 强	皖 R-2002-0024
55	安徽富煌和利时科技有限公司	杨劲松	皖 R-2002-0025
56	合肥中达软件有限公司	龚以德	皖 R-2002-0026
57	合肥永信科翔智能技术有限公司	仝克琪	皖 R-2002-0027
58	安徽中科大国祯信息科技有限责任公司	谢贻富	皖 R-2002-0030
59	合肥金星机电科技发展有限公司	吴华峰	皖 R-2002-0031
60	安徽和信科技发展有限责任公司	李尚文	皖 R-2002-0033
61	安徽瑞志信息技术有限公司	章少华	皖 R-2002-0034
62	合肥辰工科技有限公司	靳 展	皖 R-2002-0036
63	合肥金脑人科技发展有限责任公司	徐 佩	皖 R-2002-0038
64	合肥科大立安安全技术有限责任公司	苏 俊	皖 R-2003-0001
65	安徽商信信息技术有限公司	徐 可	皖 R-2003-0004
66	安徽胜利科技发展有限公司	王胜利	皖 R-2003-0006
67	安徽赛洋信息科技开发咨询有限公司	李 田	皖 R-2003-0009

续表 10-3-2-1

序号	单 位 名 称	法定代表人	认定号
68	合肥华开源恒信息技术有限公司	黄 汪	皖 R-2003-0010
69	安徽金科安信息技术有限责任公司	张新明	皖 R-2003-0014
70	安徽立飞控制工程有限责任公司	庞春宇	皖 R-2003-0015
71	合肥博创科技有限公司	周慧琳	皖 R-2003-0016
72	安徽广成科技有限责任公司	郑向宏	皖 R-2003-0017
73	合肥三立自动化工程有限公司	李 静	皖 R-2003-0022
74	安徽省菲特科技股份有限公司	吴 端	皖 R-2003-0023
75	安徽英科智控股份有限公司	凌忠社	皖 R-2003-0024
76	合肥天地软件科技有限公司	杨劲松	皖 R-2003-0029
77	合肥开元精密工程有限责任公司	倪进安	皖 R-2003-0030
78	合肥市华软科技有限公司	余 骏	皖 R-2004-0002
79	安徽鑫龙自动化有限公司	束龙胜	皖 R-2004-0003
80	合肥皖仪生物电子有限公司	藏 牧	皖 R-2004-0004
81	安徽创世科技有限公司	翁世华	皖 R-2004-0006
82	合肥极光科技股份有限公司	王慧莉	皖 R-2004-0010
83	合肥时讯信息科技有限公司	王睿斌	皖 R-2004-0011
84	安徽科星信息产业有限公司	许后华	皖 R-2004-0012
85	合肥博远数控软件有限公司	张丽军	皖 R-2004-0013
86	安徽深安信息技术有限责任公司	史东辉	皖 R-2004-0014
87	合肥中鼎信息科技股份有限公司	夏鼎湖	皖 R-2004-0016
88	合肥日源电气信息技术有限公司	曹仁贤	皖 R-2004-0017
89	安徽大鹏科技有限公司	杨明惠	皖 R-2004-0018
90	安徽安贝信业自动化有限公司	冯金虎	皖 R-2004-0021
91	安徽易联众信息技术有限公司	雷 彪	皖 R-2004-0022
92	合肥信息技术服务有限公司	袁 斌	皖 R-2004-0023
93	合肥科瑞电子有限责任公司	刘建国	皖 R-2004-0025
94	合肥大雷科技有限公司	刘 军	皖 R-2004-0026

续表 10-3-2-1

序号	单位名称	法定代表人	认定号
95	合肥朗霁软件技术有限公司	胡东映	皖 R-2004-0027
96	合肥至诚电子技术有限公司	徐煊旺	皖 R-2004-0028
97	合肥中锐系统集成有限公司	黄家杰	皖 R-2004-0029
98	合肥盛柏科技有限公司	陈长青	皖 R-2004-0030
99	安徽安联科技股份有限公司	崔兴柏	皖 R-2004-0031
100	安徽希望网络科技有限公司	王 艳	皖 R-2004-0033
101	安徽亿智科技发展有限公司	邵长霖	皖 R-2004-0034
102	安徽皖仪科技股份有限公司	藏 牧	皖 R-2004-0035
103	合肥凯捷技术有限公司	张 阳	皖 R-2004-0037
104	安徽赛普电力保护有限公司	夏咸福	皖 R-2005-0002
105	永达励图（合肥）数码技术有限公司	黎名昌	皖 R-2005-0003
106	安徽新迪软件有限公司	张学凤	皖 R-2005-0004
107	安徽巨森电器有限公司	杨守昌	皖 R-2005-0005
108	马钢控制技术有限责任公司	严 华	皖 R-2005-0011
109	合肥文康科技有限公司	徐秋红	皖 R-2005-0012
110	安徽华章信息技术有限公司	刘正国	皖 R-2005-0013
111	安徽微讯软件技术有限公司	刘庆峰	皖 R-2005-0016
112	安徽汇智信息技术有限公司	魏 敏	皖 R-2005-0019
113	安徽世腾信息技术有限责任公司	杨 军	皖 R-2005-0020
114	安徽易科技术有限公司	杜长棣	皖 R-2005-0022
115	安徽汇鑫电子有限公司	季旭东	皖 R-2005-0023
116	铜陵志扬软件科技有限责任公司	方志平	皖 R-2005-0024
117	安徽欧亚能源科技有限公司	程立松	皖 R-2005-0025
118	合肥未来计算机技术开发有限公司	张少华	皖 R-2006-0001
119	安徽睿仪通讯技术有限公司	金 澔	皖 R-2006-0002
120	安徽蓝盾光电子股份有限公司	钱 江	皖 R-2006-0003
121	蚌埠市昆冈科技发展有限责任公司	张晓军	皖 R-2006-0004

续表 10-3-2-1

序号	单位名称	法定代表人	认定号
122	合肥恒卓科技有限公司	余世多	皖 R-2006-0005
123	马鞍山市金禾软件有限责任公司	王山东	皖 R-2006-0006
124	马鞍山特尔特软件有限公司	何 芳	皖 R-2006-0007
125	安徽三联交通应用技术股份有限公司	王 珏	皖 R-2006-0008
126	合肥明信软件技术有限公司	陈仁明	皖 R-2006-0009
127	安徽一方网络科技有限公司	金峻峰	皖 R-2006-0010
128	合肥长江自动化工程有限公司	刘德政	皖 R-2006-0011
129	安徽汉高信息科技有限公司	丁 群	皖 R-2006-0013
130	合肥金海电子科技有限公司	黄 鹂	皖 R-2006-0014
131	安徽继远电网技术有限责任公司	何 鸣	皖 R-2006-0018
132	合肥敬业电子有限公司	刘立福	皖 R-2006-0019
133	合肥新华海信息技术有限公司	张 晓	皖 R-2006-0020
134	合肥华宇随身软件技术有限公司	孙连峰	皖 R-2006-0022
135	安徽龙讯信息科技有限公司	贺良震	皖 R-2006-0023
136	合肥讯飞数码科技有限公司	刘庆峰	皖 R-2006-0025
137	合肥鼎测通信技术有限公司	谈建英	皖 R-2006-0028
138	安徽迈普德康信息科技有限公司	张 剑	皖 R-2006-0029
139	合肥天智电子安全控制有限公司	赵 宁	皖 R-2006-0030
140	合肥英塔信息技术有限公司	梁英勇	皖 R-2006-0031
141	芜湖佳景科技有限公司	唐 钢	皖 R-2006-0032
142	安徽国通亿创信息技术有限公司	柳世祥	皖 R-2006-0033
143	合肥天馈信息技术有限公司	李向荣	皖 R-2006-0034
144	安徽宝龙环保科技有限公司	杜光宇	皖 R-2007-0001
145	安徽长远绿色能源有限公司	余晓东	皖 R-2007-0002
146	安徽科艾网络技术有限公司	张小波	皖 R-2007-0003
147	合肥华兴教育软件科技开发有限公司	甄 斌	皖 R-2007-0004
148	合肥天海电气技术有限公司	张克贵	皖 R-2007-0005

续表 10-3-2-1

序号	单位名称	法定代表人	认定号
149	安徽埃力智能科技有限公司	宋 箭	皖 R-2007-0006
150	安徽格图通讯系统工程有限公司	杨 斌	皖 R-2007-0007
151	合肥图创信息技术有限公司	宣善城	皖 R-2007-0010
152	安徽易商数码科技有限公司	赵 军	皖 R-2007-0011
153	安徽惠洲地下灾害研究设计院	潘乐荀	皖 R-2007-0012
154	合肥市中润信息技术有限公司	张文成	皖 R-2007-0013
155	马鞍山市天创科技发展有限公司	张 健	皖 R-2007-0014
156	安徽沃特水务科技有限公司	廖小瑞	皖 R-2007-0015
157	合肥智源系统工程有限公司	杨国强	皖 R-2007-0017
158	安徽安泰克国际技术转移有限公司	范 凯	皖 R-2007-0020
159	安徽康樱网络科技有限公司	王丽萍	皖 R-2007-0021
160	合肥福斯特科技有限公司	王 伟	皖 R-2007-0022
161	合肥进毅门控系统技术有限公司	王 波	皖 R-2007-0023
162	安徽启盛数码软件技术有限公司	娄彦山	皖 R-2007-0025
163	合肥华科自动化设备有限公司	丁伯苗	皖 R-2007-0027
164	安徽省通途信息技术有限公司	叶林海	皖 R-2007-0028
165	合肥行天软件科技有限公司	张高伟	皖 R-2007-0029
166	安徽省超越软件有限公司	吴文章	皖 R-2007-0030
167	马鞍山鹏程电子科技有限公司	程建国	皖 R-2007-0033
168	淮南市启迪电子有限公司	杨斐斐	皖 R-2007-0034
169	安徽省艾佳信息技术有限公司	章桂英	皖 R-2008-0002
170	联发科技（合肥）有限公司	王文信	皖 R-2008-0003
171	合肥永君数码科技有限公司	李 涌	皖 R-2008-0004
172	安徽兆安电子科技有限公司	孟兆安	皖 R-2008-0005
173	安徽容知日新信息技术有限公司	聂卫华	皖 R-2008-0006
174	安徽南瑞中天电力电子有限公司	曾维贵	皖 R-2008-0007
175	合肥金诺数码科技股份有限公司	田 地	皖 R-2008-0008

续表 10-3-2-1

序号	单 位 名 称	法定代表人	认定号
176	合肥晶奇电子科技有限公司	冷 浩	皖 R-2008-0010
177	安徽讯和电子科技有限责任公司	张国辉	皖 R-2008-0012
178	合肥工业大学科教开发部	张晓安	皖 R-2008-0013
179	合肥翰亿信息科技有限公司	杨 虎	皖 R-2008-0015
180	合肥天鹰高科技有限公司	袁小帅	皖 R-2008-0016
181	合肥易捷特光电科技有限公司	倪友稳	皖 R-2008-0017
182	安徽西电信息技术有限公司	许秋生	皖 R-2008-0018
183	安徽万唐电子科技有限公司	姚 辉	皖 R-2008-0020
184	合肥三仁智能系统工程有限公司	王锐锋	皖 R-2008-0021
185	安徽巨一自动化装备有限公司	王志远	皖 R-2008-0022
186	安徽紫光国信信息科技有限公司	方博琳	皖 R-2008-0023
187	安徽新力电气设备有限责任公司	马传刚	皖 R-2008-0024
188	安徽新世源电力科技有限公司	胡启世	皖 R-2008-0025
189	合肥银柏电子科技有限公司	季中军	皖 R-2008-0026
190	安徽中新软件有限公司	周先东	皖 R-2008-0027
191	安徽华博胜讯信息科技有限公司	王道维	皖 R-2008-0028
192	合肥优视嵌入式技术有限责任公司	黄 宁	皖 R-2008-0029
193	合肥科盟电子科技有限责任公司	孙建玲	皖 R-2008-0030
194	合肥大多数信息科技有限公司	王 诚	皖 R-2008-0031
195	安徽安联管理系统有限公司	崔兴柏	皖 R-2008-0032
196	安徽讯联信息技术有限公司	戴 罡	皖 R-2008-0033
197	安徽采易电子科技有限责任公司	林杰华	皖 R-2008-0034
198	安徽电科恒钛智能科技有限公司	夏振华	皖 R-2008-0036
199	安徽志捷电子科技有限公司	吴问国	皖 R-2008-0037
200	安徽久网软件科技有限公司	梁昌海	皖 R-2008-0038
201	安徽商网信息产业有限公司	梁昌海	皖 R-2008-0040
202	合肥能效电子信息技术有限责任公司	丁 旭	皖 R-2008-0041

续表 10-3-2-1

序号	单位名称	法定代表人	认定号
203	龙迅半导体科技（合肥）有限公司	陈 峰	皖 R-2008-0042
204	合肥百康电子科技有限公司	张 庆	皖 R-2008-0043
205	合肥润东通讯科技有限公司	毛皖敏	皖 R-2008-0044
206	合肥寰景信息技术有限公司	陈拥权	皖 R-2008-0045
207	安徽讯飞智元信息科技有限公司	刘庆峰	皖 R-2009-0001
208	合肥拓思信息科技有限公司	马舒东	皖 R-2009-0003
209	合肥所思科技有限公司	朱俊海	皖 R-2009-0004
210	合肥泰禾光电科技有限公司	许大红	皖 R-2009-0005
211	安徽兴博远实信息科技有限公司	张必超	皖 R-2009-0007
212	安徽超远信息技术有限公司	林华根	皖 R-2009-0008
213	滁州兴洲电气有限责任公司	杨文洲	皖 R-2009-0009
214	合肥华威自动化有限公司	宋少敏	皖 R-2009-0010
215	安徽山鼎信息科技有限公司	夏伦余	皖 R-2009-0011
216	安徽一天电气技术有限公司	芮 骏	皖 R-2009-0012
217	合肥阿尔法信息技术服务有限公司	WANG JINGBO	皖 R-2009-0013
218	安徽和安信息科技有限公司	宋晓飞	皖 R-2009-0014
219	合肥汉娱网络技术有限公司	王 凯	皖 R-2009-0015
220	合肥雷科电子科技有限公司	周 军	皖 R-2009-0016
221	安徽中天信息技术有限公司	魏 星	皖 R-2009-0017
222	合肥智联信息科技有限公司	葛业玉	皖 R-2009-0018
223	合肥谦通信息科技有限公司	肖庆文	皖 R-2009-0019
224	安徽联创电子工程有限公司	吴晓红	皖 R-2009-0020
225	合肥拓依软件开发有限公司	刘建安	皖 R-2009-0021
226	安徽金力电子有限公司	李青松	皖 R-2009-0022
227	安徽正创电气有限责任公司	侯正喜	皖 R-2009-0023
228	合肥硕航信息技术有限公司	刘 皞	皖 R-2009-0025
229	安徽创廉信息科技有限公司	伍志祥	皖 R-2009-0026

续表 10-3-2-1

序号	单 位 名 称	法定代表人	认定号
230	马鞍山恒瑞测量设备有限公司	李蔚森	皖 R-2009-0027
231	合肥深拓计算机系统集成有限公司	陈卫星	皖 R-2009-0028
232	安徽新网讯科技发展有限公司	程晓春	皖 R-2009-0029
233	芜湖讯飞电子科技有限公司	刘庆峰	皖 R-2009-0030
234	合肥置顶信息技术有限公司	贾　捷	皖 R-2009-0031
235	合肥博纳信息系统有限公司	王进丁	皖 R-2009-0032
236	安徽科大智能电网技术有限公司	黄明松	皖 R-2009-0034
237	安徽金健桥医疗科技有限公司	李　锋	皖 R-2009-0035
238	安徽晟峰信息技术有限公司	张松峰	皖 R-2009-0036
239	赛智（合肥）信息科技有限公司	陈星衡	皖 R-2009-0037
240	合肥兆尹信息科技有限责任公司	尹留志	皖 R-2009-0038
241	安徽宝葫芦信息科技集团股份有限公司	张建纲	皖 R-2009-0039
242	安徽天宇太阳能电力电源有限公司	倪友稳	皖 R-2009-0040
243	安徽久大电子技术有限公司	张吉发	皖 R-2009-0041
244	安徽结创软件科技有限公司	王　庆	皖 R-2009-0042
245	安徽中科中佳科学仪器有限公司	朱维明	皖 R-2009-0043
246	合肥同智机电控制技术股份有限公司	张　红	皖 R-2009-0045
247	滁州市西控电子有限公司	夏继军	皖 R-2010-0002
248	合肥安迅铁道应用技术有限公司	张永强	皖 R-2010-0003
249	合肥易通电力科技有限公司	徐　杰	皖 R-2010-0004
250	安徽省天择智能科技发展有限公司	陈　飞	皖 R-2010-0005
251	安徽万捷防伪科技有限公司	薛明德	皖 R-2010-0006
252	安徽同徽信息技术有限公司	石　军	皖 R-2010-0007
253	安徽和畅信息技术有限公司	何春林	皖 R-2010-0009
254	安徽捷隆信息科技有限公司	章　祺	皖 R-2010-0010
255	安徽省博积信息技术有限公司	曹有兰	皖 R-2010-0011
256	合肥新智信息科技有限公司	吴永春	皖 R-2010-0012

续表 10-3-2-1

序号	单 位 名 称	法定代表人	认定号
257	合肥通用电源设备有限公司	余少云	皖 R-2010-0013
258	安徽凯美耐信息技术有限公司	李海权	皖 R-2010-0014
259	蚌埠市华杰高新技术研究所	仰宗奎	皖 R-2010-0015
260	阜阳市众诚软件有限公司	李 鑫	皖 R-2010-0016
261	黄山拓源信息科技有限公司	杨 光	皖 R-2010-0017
262	安徽海圣电气有限公司	张发明	皖 R-2010-0018
263	芜湖准信科技有限公司	李 斌	皖 R-2010-0019
264	安徽冲锋信息技术有限公司	吴保锋	皖 R-2010-0020
265	合肥志奇信息科技有限公司	邹永恒	皖 R-2010-0021
266	安徽金海达汽车电子有限公司	陈建海	皖 R-2010-0022
267	合肥诚联电子科技有限公司	方 杰	皖 R-2010-0023
268	合肥拓普网络系统工程有限责任公司	廖 政	皖 R-2010-0024
269	安徽省远路信息科技有限公司	刘大路	皖 R-2010-0025
270	芜湖易运通科技有限公司	黄云华	皖 R-2010-0026
271	合肥健桥医疗电子有限责任公司	徐 斌	皖 R-2010-0027
272	安徽诺安信息科技有限公司	朱清平	皖 R-2010-0028
273	安徽中芯电子仪器有限公司	胡 辉	皖 R-2010-0029
274	铜陵玉成软件科技有限责任公司	王 攀	皖 R-2010-0030
275	合肥德盛电器有限责任公司	王明玉	皖 R-2010-0031
276	安徽美图信息科技有限公司	陈 颖	皖 R-2010-0032
277	安徽奥博信息技术有限公司	苏 辉	皖 R-2010-0033
278	合肥乐堂动漫信息技术有限公司	范效庆	皖 R-2010-0034
279	合肥暴风动漫信息技术有限公司	赵 静	皖 R-2010-0035
280	安徽海螺信息技术工程有限责任公司	纪勤应	皖 R-2010-0037
281	安徽宏实光机电高科有限公司	王世勇	皖 R-2010-0039
282	合肥非度信息技术有限公司	姚国龙	皖 R-2010-0042
283	东华软件工程有限公司	薛向东	皖 R-2010-0044

续表 10-3-2-1

序号	单 位 名 称	法定代表人	认定号
284	合肥伟诺泰视讯科技有限公司	杨　芦	皖 R-2010-0045
285	安徽瀚友企业生产力促进中心有限公司	朱旭东	皖 R-2010-0046
286	安徽网狐网络科技有限公司	孙东海	皖 R-2010-0047
287	合肥神马电气有限公司	岳光明	皖 R-2010-0048
288	安徽鸿宇电气技术有限公司	盛运苟	皖 R-2010-0049
289	安徽一拓通信科技有限公司	吴强生	皖 R-2010-0050
290	安徽金缆信息技术有限公司	丁　飞	皖 R-2010-0051
291	铜陵悦鑫科技有限责任公司	何海燕	皖 R-2010-0052
292	安徽众焱信息科技有限公司	王宝泉	皖 R-2010-0053
293	安徽民生信息股份有限公司	胡　浩	皖 R-2010-0054
294	安徽世纪创源软件科技有限公司	许文琛	皖 R-2010-0055
295	合肥奥瑞数控科技有限公司	蔡圣永	皖 R-2010-0056
296	安徽东方电子信息有限公司	高小文	皖 R-2010-0057
297	安徽同兴科技发展有限责任公司	罗　群	皖 R-2010-0058
298	合肥商智信息科技有限责任公司	张　冰	皖 R-2010-0059
299	铜陵市三诺电子有限公司	章满权	皖 R-2010-0060
300	安徽富林信息科技有限公司	赵　中	皖 R-2010-0061
301	安徽信安通讯技术有限公司	方　超	皖 R-2010-0062
302	安徽颐和新能源科技股份有限公司	方永中	皖 R-2010-0063
303	合肥如临其境创意科技有限公司	章　珂	皖 R-2010-0064
304	安徽东润信息工程有限公司	袁益明	皖 R-2010-0065
305	安徽力高新能源技术有限公司	刘新天	皖 R-2010-0066

软件产品登记 根据《安徽省软件企业认定和软件产品登记管理实施办法》规定，申请企业填写软件产品登记申请表，持相关申报材料到软件企业认定机构申请登记，受理后，集中进行评审。经审查合格的软件产品，报省信息产业厅（后为省经济和信息化委员会）审核；省信息产业厅（后为省经济和信息化委员会）会同省科技、税务管理部门批准后，核发国产软件产品登记号和软件产品登记证书，并报国家有关部门备案。

2000—2005 年安徽已登记软件产品名录

表 10-3-2-2

序号	产品名称	登记号	单位名称
1	恒星网络代理系统	皖 DGY-2000-0001	科大恒星电子商务技术有限公司
2	通用测控软件包	皖 DGY-2000-0002	合肥创源车辆控制技术有限公司
3	计算机网络通讯系统（Super Voice）	皖 DGY-2000-0003	亚微信息技术（安徽）有限公司
4	电子商务系统	皖 DGY-2000-0004	合肥国创网络科技有限公司
5	科力 MIS 计算机多媒体管理系统生成工具软件	皖 DGZ-2000-0005	安徽科力信息产业有限责任公司
6	PGC-3 电网调度自动化系统开发平台	皖 DGY-2000-0006	合肥创源智能网络有限责任公司
7	APS 系列电视节目自动播出系统软件	皖 DGY-2000-0007	安徽省现代电视技术研究所
8	基于微软 DNA 模式办公自动化系统	皖 DGY-2000-0008	安徽省海泰克电子商务有限公司
9	智能控制应用软件平台	皖 DGY-2000-0009	合肥恒大自动化控制系统有限责任公司
10	思创用电管理信息系统（V3.0）	皖 DGY-2000-0010	合肥思创软件工程有限责任公司
11	电信动力及环境集中监控系统	皖 DGY-2000-0011	科大恒星电子商务技术有限公司
12	本地电话网网管和集中监控系统	皖 DGY-2000-0012	科大恒星电子商务技术有限公司
13	皖通高速公路综合信息管理系统	皖 DGY-2000-0013	安徽皖通科技股份有限公司
14	银行多媒体自动查询系统	皖 DGY-2000-0014	安徽格图通讯系统工程有限公司
15	汉思医院信息系统	皖 DGY-2000-0015	合肥汉思信息技术有限责任公司
16	KD 语音合成系列产品	皖 DGZ-2000-0016	安徽科大讯飞信息科技股份有限公司
17	昆仑信用社贷款管理系统	皖 DGY-2000-0017	合肥昆仑软件工程有限责任公司
18	华宇数据库信息发布系统	皖 DGY-2000-0018	合肥新华宇软件技术有限责任公司
19	中鼎防伪数码生成软件	皖 DGY-2000-0019	合肥中鼎数字科技有限公司
20	多媒体（网络）查询系统	皖 DGY-2000-0020	合肥国创网络科技有限公司
21	企业垂直式电子商务系统	皖 DGY-2000-0021	梯升科技发展（合肥）有限公司
22	SAV 语音分析信息系统	皖 DGY-2000-0022	合肥升达计算机开发有限责任公司
23	用电信息管理系统	皖 DGY-2000-0023	合肥智源信息网络有限公司
24	公安交警计算机综合信息管理系统	皖 DGY-2000-0024	安徽科力信息产业有限责任公司

续表 10-3-2-2

序号	产品名称	登记号	单位名称
25	铁路列车段综合业务系统（V2.0）	皖 DGY-2000-0025	安徽科力信息产业有限责任公司
26	大肥鱼 2000V1.0 多媒体计算机教学软件	皖 DGY-2000-0026	安徽科力信息产业有限责任公司
27	SX 型色选机系统控制软件	皖 DGY-2000-0027	合肥安科光电机械有限公司
28	永信办公自动化系统	皖 DGY-2000-0028	合肥永信信息产业股份有限公司
29	山立医院信息系统	皖 DGY-2000-0029	安徽山立信息工程有限公司
30	烟草企业管理信息系统	皖 DGY-2000-0030	合肥市宇佳软件技术有限责任公司
31	推拿仪仿真软件	皖 DGY-2000-0031	合肥健桥科技发展有限公司
32	中小学校财务会计计算机管理系统	皖 DGY-2000-0032	安徽天大天财有限责任公司
33	新软医院管理信息系统	皖 DGY-2000-0033	安徽新软电子有限责任公司
34	金海证券多画面显示软件	皖 DGY-2000-0034	合肥金海科技开发有限公司
35	银行机构网上综合办公信息系统	皖 DGY-2000-0035	安徽四星电脑公司
36	安兴商品信息识别服务系统	皖 DGY-2000-0036	安徽省安兴防伪数据有限公司
37	eReport 电子报表管理系统	皖 DGY-2001-0001	合肥众成信息技术有限责任公司
38	xAgent 中间业务系统	皖 DGY-2001-0002	合肥众成信息技术有限责任公司
39	精灵 NT 系列图文特技创作系统	皖 DGY-2001-0003	合肥励图数码技术有限公司
40	精灵 AW 系列数字音频工作站	皖 DGY-2001-0004	合肥励图数码技术有限公司
41	电子警察系统软件	皖 DGY-2001-0005	安徽三联交通应用技术股份有限公司
42	122 交通事故报警指挥系统软件	皖 DGY-2001-0006	安徽三联交通应用技术股份有限公司
43	交通事故现场勘察测绘系统软件	皖 DGY-2001-0007	安徽三联交通应用技术股份有限公司
44	119 火灾自动报警指挥系统软件	皖 DGY-2001-0008	安徽三联交通应用技术股份有限公司
45	万能自动桩考系统软件	皖 DGY-2001-0009	安徽三联交通应用技术股份有限公司
46	机动车驾驶员无纸化考试系统软件	皖 DGY-2001-0010	安徽三联交通应用技术股份有限公司
47	驾驶员适应性检测系统软件	皖 DGY-2001-0011	安徽三联交通应用技术股份有限公司
48	智能交通指挥系统软件	皖 DGY-2001-0012	安徽三联交通应用技术股份有限公司
49	PBJ—2100 配电变压器运行参数管理系统	皖 DGY-2001-0013	安徽科大鲁能科技有限公司
50	农电综合信息管理系统	皖 DGY-2001-0014	安徽中科大鲁能集成科技有限公司
51	社会养老保险管理信息系统	皖 DGY-2001-0015	安徽省新长江商品交易有限公司
52	医院管理信息系统	皖 DGY-2001-0016	安徽省新长江商品交易有限公司
53	外贸信息管理系统	皖 DGY-2001-0017	安徽省新长江商品交易有限公司
54	银行卡综合信息分析管理系统	皖 DGY-2001-0018	合肥融星计算机网络有限责任公司
55	兴华企业管理信息系统	皖 DGY-2001-0019	安徽兴华软件有限公司

续表 10-3-2-2

序号	产 品 名 称	登 记 号	单 位 名 称
56	兴华办公自动化系统	皖 DGY-2001-0020	安徽兴华软件有限公司
57	安徽省防汛抗旱决策支持系统	皖 DGY-2001-0021	安徽兴华软件有限公司
58	电费电价管理系统	皖 DGY-2001-0022	合肥新威尔计算机有限公司
59	办公自动化管理系统	皖 DGY-2001-0023	合肥新威尔计算机有限公司
60	表计管理系统	皖 DGY-2001-0024	合肥新威尔计算机有限公司
61	业扩报装系统	皖 DGY-2001-0025	合肥新威尔计算机有限公司
62	电话语音查询与催缴系统	皖 DGY-2001-0026	合肥新威尔计算机有限公司
63	银行代收费系统	皖 DGY-2001-0027	合肥新威尔计算机有限公司
64	蓝光医院信息系统	皖 DGY-2001-0028	合肥蓝光科技发展有限公司
65	基于知识管理的办公信息系统	皖 DGY-2001-0029	合肥工大高科信息科技股份有限公司
66	KJ293(A) 煤矿轨道运输监控系统	皖 DGY-2001-0030	合肥工大高科信息科技股份有限公司
67	HJ04A 铁路信号计算机联锁软件	皖 DGY-2001-0031	合肥工大高科信息科技股份有限公司
68	多画面显示软件	皖 DGY-2001-0032	安徽金海迪尔信息技术有限责任公司
69	HXK-02 市话交接箱集中监控管理系统	皖 DGY-2001-0033	合肥进毅门控系统技术有限公司
70	朗天药品与医疗收费价格监管系统	皖 DGY-2001-0034	安徽朗天科技有限公司
71	销售员网络管理系统	皖 DGY-2001-0035	万可数码科技（合肥）有限公司
72	智圣代理计费软件	皖 DGY-2001-0036	合肥智圣计算机技术有限责任公司
73	核多功能测定仪工作软件	皖 DGY-2001-0037	安徽中科中佳科学仪器有限公司
74	单光子骨矿物质密度测定仪工作软件	皖 DGY-2001-0038	安徽中科中佳科学仪器有限公司
75	核素扫描机工作软件	皖 DGY-2001-0039	安徽中科中佳科学仪器有限公司
76	γ 放射免疫计数器工作软件	皖 DGY-2001-0040	安徽中科中佳科学仪器有限公司
77	离心机工作软件	皖 DGY-2001-0041	安徽中科中佳科学仪器有限公司
78	ANOpt 丙烯腈反应器在线操作优化软件	皖 DGY-2001-0042	科大创新股份有限公司
79	AcPredictive 预测控制软件包	皖 DGY-2001-0043	科大创新股份有限公司
80	ACMP 通用先进控制软件包	皖 DGY-2001-0044	科大创新股份有限公司
81	At Loop PID 自整定软件包	皖 DGY-2001-0045	科大创新股份有限公司
82	火灾自动报警系统控制软件	皖 DGY-2001-0046	科大创新股份有限公司天安消防分公司
83	CRT 消防监控系统	皖 DGY-2001-0047	科大创新股份有限公司天安消防分公司
84	双发铸造炉前智能检测系统	皖 DGY-2001-0048	合肥汉思信息技术有限责任公司
85	科安医药管理系统	皖 DGY-2001-0049	安徽科安新技术开发有限责任公司

续表 10-3-2-2

序号	产 品 名 称	登 记 号	单 位 名 称
86	科安外贸进出口业务管理系统	皖 DGY-2001-0050	安徽科安新技术开发有限责任公司
87	基于 TSO9000 外贸企业电子业务系统	皖 DGY-2001-0051	安徽省海泰克电子商务有限公司
88	两类企业确认考核管理系统	皖 DGY-2001-0052	安徽省海泰克电子商务有限公司
89	智能型车用电器耐久性能试验系统	皖 DGY-2001-0053	合肥安达数控技术有限责任公司
90	三座标车用钥匙数控系统	皖 DGY-2001-0054	合肥安达数控技术有限责任公司
91	智能型车用电器在线检测系统	皖 DGY-2001-0055	合肥安达数控技术有限责任公司
92	虎视数字监控系统	皖 DGY-2001-0056	合肥佳讯科技有限公司
93	JS-24 移动通信基站智能采集控制器	皖 DGY-2001-0057	合肥佳讯科技有限公司
94	移动通信基站频率规划软件系统	皖 DGY-2001-0058	合肥佳讯科技有限公司
95	移动通信基站动力环境集中监控系统	皖 DGY-2001-0059	合肥佳讯科技有限公司
96	JS-28 智能门禁及巡更、考勤系统	皖 DGY-2001-0060	合肥佳讯科技有限公司
97	“金穗 2000”农税征管系统	皖 DGY-2001-0061	安徽爱普科技公司
98	多功能显微图像分析系统	皖 DGY-2001-0062	奥里奥克（安徽）信息技术有限公司
99	通用劳人教信息管理系统	皖 DGY-2001-0063	奥里奥克（安徽）信息技术有限公司
100	配电地理信息系统	皖 DGY-2001-0064	安徽新力计算机软件有限公司
101	联讯移动综合信息服务系统	皖 DGY-2001-0065	合肥联讯信息技术有限责任公司
102	电能质量分析系统	皖 DGY-2001-0066	安徽振兴科技股份有限公司
103	城市安全防范信息系统	皖 DGY-2001-0067	安徽四创电子股份有限公司
104	多媒体教学软件	皖 DGY-2001-0068	安徽四创电子股份有限公司
105	3830 雷达终端软件	皖 DGY-2001-0069	安徽四创电子股份有限公司
106	天智酒店管理系统	皖 DGY-2001-0070	合肥天智科技发展有限公司
107	门禁管理系统	皖 DGY-2001-0071	合肥天智科技发展有限公司
108	万可 OA	皖 DGY-2001-0072	万可数码科技（合肥）有限公司
109	税务系统查询软件	皖 DGY-2001-0073	安徽新时代信息产业有限责任公司
110	房地产查询系统软件	皖 DGY-2001-0074	安徽新时代信息产业有限责任公司
111	安徽旅游多媒体查询软件	皖 DGY-2001-0075	安徽新时代信息产业有限责任公司
112	桑厦医学影像存档与通信系统	皖 DGY-2001-0076	合肥桑夏电子有限责任公司
113	启明星房产交易管理信息系统	皖 DGY-2001-0077	合肥一新软件开发有限责任公司
114	一新住房档案管理信息系统	皖 DGY-2001-0078	合肥一新软件开发有限责任公司
115	一新住房资金管理信息系统	皖 DGY-2001-0079	合肥一新软件开发有限责任公司

续表 10-3-2-2

序号	产品名称	登记号	单位名称
116	HN-2000 电气自动化监控系统	皖 DGY-2001-0080	合肥合能电气有限责任公司
117	电动机微机综合保护装置	皖 DGY-2001-0081	合肥合能电气有限责任公司
118	中小学信息技术课考试系统	皖 DGY-2001-0082	安徽省巨软科技有限公司
119	网迅实时远程教育系统	皖 DGY-2001-0083	合肥网迅软件有限公司
120	客户服务中心系统（call center）	皖 DGY-2001-0084	合肥融星计算机网络有限责任公司
121	银证通业务系统（银证通）	皖 DGY-2001-0085	合肥融星计算机网络有限责任公司
122	久鼎城镇职工基本医疗保险信息管理系统	皖 DGY-2001-0086	安徽久鼎软件科技开发有限公司
123	久鼎进销存 2000	皖 DGY-2001-0087	安徽久鼎软件科技开发有限公司
124	久鼎行政服务中心业务管理系统	皖 DGY-2001-0088	安徽久鼎软件科技开发有限公司
125	汉思医学影像存档及通讯系统	皖 DGY-2001-0089	合肥汉思信息技术有限责任公司
126	韬略报刊广告管理系统	皖 DGY-2001-0090	合肥迅通网络技术有限责任公司
127	机动车登记管理系统	皖 DGY-2001-0091	安徽科力信息产业有限责任公司
128	科力公安交警事故现场图绘制系统	皖 DGY-2001-0092	安徽科力信息产业有限责任公司
129	高速多传感检测系统控制软件	皖 DGY-2001-0093	合肥美亚光电技术股份有限公司
130	中科大国祯网络入侵监测系统	皖 DGY-2001-0094	安徽中科大国祯信息科技有限责任公司
131	窑胴体温度监控及在线分析系统	皖 DGY-2001-0095	合肥金星机电科技发展有限公司
132	粮食企业业务信息管理系统	皖 DGY-2001-0096	安徽阜阳雅盟计算机应用服务有限公司
133	全渠道结算	皖 DGY-2001-0097	瑞科信息系统（合肥）有限公司
134	朗天网络物理隔离产品	皖 DGY-2001-0098	安徽朗天科技有限公司
135	菲特医学影像存档及通信系统（PACS）	皖 DGY-2001-0099	安徽省菲特科技股份有限公司
136	AIT 酒店管理系统	皖 DGY-2001-0100	亚微信息科技（安徽）有限公司
137	JH2000 多媒体双向教学软件	皖 DGY-2001-0101	合肥吉宏电子有限公司
138	奥锐大学物理实验计算机仿真系统	皖 DGY-2002-0001	合肥市中科大奥锐技有限公司
139	ZF-4 型造气炉炉况监测与优化系统	皖 DGY-2002-0002	安徽三元工业自动化设备有限公司
140	继远乡镇供电所营销管理系统	皖 DGY-2002-0003	安徽南瑞继远软件有限公司
141	继远通用报表上传软件	皖 DGY-2002-0004	安徽南瑞继远软件有限公司
142	WZJ-1 型微机直流接地监测软件	皖 DGY-2002-0005	合肥英特电力设备有限公司
143	WDD-1 型微机低压电动机保护监控软件	皖 DGY-2002-0006	合肥英特电力设备有限公司
144	YT 数字式电压表嵌入软件	皖 DGY-2002-0007	合肥英特电力设备有限公司
145	CyberPro 流媒体系列芯片软件开发工具包	皖 DGZ-2002-0008	英图微电子（合肥）有限公司

续表 10-3-2-2

序号	产品名称	登记号	单位名称
146	ZX9805 双向控制主机嵌入软件	皖 DGY-2002-0009	芜湖正达电子科技有限公司
147	ZD9805 控制管理软件	皖 DGY-2002-0010	芜湖正达电子科技有限公司
148	和谐制造业管理软件	皖 DGY-2002-0011	合肥和谐软件有限公司
149	中科智能心血管功能检测仪系统软件	皖 DGY-2002-0012	安徽中科智能高技术有限责任公司
150	TH-9000 自动播出系统	皖 DGY-2002-0013	安徽天虹数码技术有限公司
151	TLC-1000 广播电视发射机远程遥控遥测系统	皖 DGY-2002-0014	安徽天虹数码技术有限公司
152	TD-2000 型硬盘编播系统	皖 DGY-2002-0015	安徽天虹数码技术有限公司
153	SL—1000 智能路灯远程控制系统	皖 DGY-2002-0016	安徽天虹数码技术有限公司
154	昆软 ERP 管理系统	皖 DGY-2002-0017	合肥昆软资讯科技有限责任公司
155	HC751/901/1201 刻字机监控驱动程序	皖 DGY-2002-0018	合肥中达软件有限公司
156	JK-70/90 电脑雕板机系统监控驱动软件	皖 DGY-2002-0019	合肥中达软件有限公司
157	SC630C 型刻字机监控驱动程序	皖 DGY-2002-0020	合肥中达软件有限公司
158	中达伺服数控系统软件	皖 DGY-2002-0021	合肥中达软件有限公司
159	SC801/951/1261 刻字机监控驱动程序	皖 DGY-2002-0022	合肥中达软件有限公司
160	LE500/2520/5060 三维电脑雕刻机系统监控驱动程序	皖 DGY-2002-0023	合肥中达软件有限公司
161	易通商业信息管理系统	皖 DGY-2002-0024	芜湖易通信息技术有限公司
162	易通酒店信息管理系统	皖 DGY-2002-0025	芜湖易通信息技术有限公司
163	E8 BRM 企业资源管理系统	皖 DGY-2002-0026	芜湖易运通科技有限公司
164	E8 PMS 物业管理信息系统	皖 DGY-2002-0027	芜湖易运通科技有限公司
165	科大创新灭磁过电压保护装置监控与事故分析软件	皖 DGY-2002-0028	科大创新股份有限公司
166	MN- 甲状腺功能测定仪工作软件	皖 DGY-2002-0029	安徽中科中佳科学仪器有限公司
167	科大创新火灾自动报警检测软件	皖 DGY-2002-0030	科大创新股份有限公司
168	科大创新旋转式倒立摆控制系统软件	皖 DGY-2002-0031	科大创新股份有限公司
169	TA8900 网络型火灾报警控制软件	皖 DGY-2002-0032	科大创新股份有限公司
170	瑞信公路客运管理信息系统	皖 DGY-2002-0033	安徽瑞信软件有限公司
171	瑞信汽修汽配管理信息系统	皖 DGY-2002-0034	安徽瑞信软件有限公司
172	KDJC-2100 配电网络综合自动化系统	皖 DGY-2002-0035	安徽科大智能智能电网技术有限公司
173	YDK-2100 供用电在线监测与控制系统	皖 DGY-2002-0036	安徽科大鲁能科技有限公司
174	DYG-2100 低压电力用户集中抄表系统	皖 DGY-2002-0037	安徽中科大鲁能集成科技有限公司
175	联讯无线互联网信息服务系统	皖 DGY-2002-0038	合肥联讯信息技术有限责任公司

续表 10-3-2-2

序号	产 品 名 称	登 记 号	单 位 名 称
176	联讯联通电信业务卡综合管理系统	皖 DGY-2002-0039	合肥联讯信息技术有限责任公司
177	联讯基于动态 STK 卡的手机炒股系统	皖 DGY-2002-0040	合肥联讯信息技术有限责任公司
178	联讯基于动态 STK 卡的手机银行系统	皖 DGY-2002-0041	合肥联讯信息技术有限责任公司
179	网捷数字化校园系统	皖 DGY-2002-0042	合肥网捷信息技术有限公司
180	网捷办公自动化系统	皖 DGY-2002-0043	合肥网捷信息技术有限公司
181	商信电子邮件系统	皖 DGY-2002-0044	安徽商信信息技术有限公司
182	商信办公自动化平台	皖 DGY-2002-0045	安徽商信信息技术有限公司
183	商信电子商务平台	皖 DGY-2002-0046	安徽商信信息技术有限公司
184	创新计算机基础及程序设计语言 CAI 教学软件	皖 DGY-2002-0047	安徽创新科技发展有限责任公司
185	ZX-11 直流电源系统测试、控制软件	皖 DGY-2002-0048	安徽创新科技发展有限责任公司
186	健桥中风康复治疗软件	皖 DGY-2002-0049	合肥健桥科技发展有限公司
187	健桥稿架按摩软件	皖 DGY-2002-0050	合肥健桥科技发展有限公司
188	先行 IP 软核 STI	皖 DGY-2002-0051	合肥工大先行微电子技术有限公司
189	先行 IP 软核 VMI	皖 DGY-2002-0052	合肥工大先行微电子技术有限公司
190	先行 IP 软核 IIC	皖 DGY-2002-0053	合肥工大先行微电子技术有限公司
191	永信政府采购信息管理系统	皖 DGY-2002-0054	合肥永信信息产业股份有限公司
192	永信行政服务中心管理系统	皖 DGY-2002-0055	合肥永信信息产业股份有限公司
193	安达储蓄事后监督软件	皖 DGY-2002-0056	合肥安达电子有限责任公司
194	安达信用社贷款业务处理软件	皖 DGY-2002-0057	合肥安达电子有限责任公司
195	智同电力调度信息系统	皖 DGY-2002-0058	合肥智同信息技术有限公司
196	智同地理信息处理控件	皖 DGY-2002-0059	合肥智同信息技术有限公司
197	朗天农村经济信息管理系统	皖 DGY-2002-0060	安徽朗天科技有限公司
198	朗天进销存信息管理系统	皖 DGY-2002-0061	安徽朗天科技有限公司
199	爱普基于客户端信息发布与管理系统	皖 DGY-2002-0062	安徽爱普科技公司
200	SVD2000 系列多媒体监控系统	皖 DGY-2002-0063	合肥极光科技股份有限公司
201	擎天新干线 2000 电信传输网络资源管理信息系统	皖 DGY-2002-0064	安徽中科大擎天数码科技有限公司
202	巨软中小学多媒体教学软件 2002	皖 DGY-2002-0065	安徽省巨软科技有限公司
203	诺雅多媒体课件制作发布系统	皖 DGY-2002-0066	合肥诺雅科技发展有限责任公司
204	诺雅人才信息管理系统	皖 DGY-2002-0067	合肥诺雅科技发展有限责任公司
205	诺雅网站信息管理系统	皖 DGY-2002-0068	合肥诺雅科技发展有限责任公司

续表 10-3-2-2

序号	产 品 名 称	登 记 号	单 位 名 称
206	永信科翔住宅小区家庭报警系统软件	皖 DGY-2002-0069	合肥永信科翔智能技术有限公司
207	永信科翔住宅小区物业管理信息软件	皖 DGY-2002-0070	合肥永信科翔智能技术有限公司
208	永信科翔住宅小区电子巡更系统管理软件	皖 DGY-2002-0071	合肥永信科翔智能技术有限公司
209	永信科翔住宅小区多表远传抄收管理软件	皖 DGY-2002-0072	合肥永信科翔智能技术有限公司
210	视窗盾 MPEC-4 远程数字监视系统	皖 DGY-2002-0073	视窗盾佳视（合肥）科技有限公司
211	JS-64 报警主机工作软件	皖 DGY-2002-0074	合肥佳讯数码科技有限公司
212	JS E1/V35/10BaseT 转换器工作软件	皖 DGY-2002-0075	合肥佳讯数码科技有限公司
213	JS 系列综合传输光终端机工作软件	皖 DGY-2002-0076	合肥佳讯数码科技有限公司
214	四创电子天气雷达综合处理软件系统	皖 DGY-2002-0077	安徽四创电子股份有限公司
215	四创电子数字卫星接收机软件	皖 DGY-2002-0078	安徽四创电子股份有限公司
216	赛天使公路工程检测办公自动化系统	皖 DGY-2002-0079	安徽赛天使数码科技有限公司
217	FH0201 数话同传软件	皖 DGY-2002-0080	安徽富煌和利时科技有限公司
218	中达 PH18/22/25 喷绘机监控驱动软件	皖 DGY-2002-0081	合肥中达软件有限公司
219	朗科办公自动化系统	皖 DGY-2002-0082	马鞍山市朗科科技发展有限责任公司
220	瑞志工业监控软件系统 iSDP	皖 DGY-2002-0083	安徽瑞志信息技术有限公司
221	胜利行政审批信息管理系统	皖 DGY-2002-0084	安徽胜利科技发展有限公司
222	四星综合信息动态网站	皖 DGY-2002-0085	安徽四星信息科技有限责任公司
223	MaxTime	皖 DGY-2002-0086	亚微信息技术（安徽）有限公司
224	慧源多功能统计分析包	皖 DGY-2002-0087	合肥慧源科技开发有限公司
225	慧源通用文档浏览器	皖 DGY-2002-0088	合肥慧源科技开发有限公司
226	瑞科客喜来®（GuestOptima）®宾馆/酒店管理系统软件	皖 DGY-2002-0089	瑞科信息系统（合肥）有限公司
227	JY 110KV 继电保护整定分析与计算软件	皖 DGY-2002-0090	安徽南瑞继远软件有限公司
228	JY 配电专家	皖 DGY-2002-0091	安徽电力继远软件有限责任公司
229	三宇智能化大功率开关电源控制系统	皖 DGY-2002-0092	合肥三宇生态能源发展有限公司
230	万户办公自动化信息系统	皖 DGY-2002-0093	合肥万户网络技术有限公司
231	万户网络大容量电子邮局系统	皖 DGY-2002-0094	合肥万户网络技术有限公司
232	精灵 ClipS 硬盘播出系统	皖 DGY-2002-0095	合肥励图数码技术有限公司
233	融星银行卡电信业务增值服务软件	皖 DGY-2002-0096	合肥融星计算机网络有限责任公司
234	融星银行卡实时代收代付系统软件	皖 DGY-2002-0097	合肥融星计算机网络有限责任公司
235	融星银行卡圈存系统软件	皖 DGY-2002-0098	合肥融星计算机网络有限责任公司

续表 10-3-2-2

序号	产品名称	登记号	单位名称
236	融星银行代理财政国库集中支付系统软件	皖 DGY-2002-0099	合肥融星计算机网络有限责任公司
237	力天房产局综合业务管理系统	皖 DGY-2002-0100	合肥中科大力天科技有限公司
238	中科智能电梯加速度测试仪系统软件	皖 DGY-2002-0101	安徽中科智能高技术有限责任公司
239	博信信息系统	皖 DGY-2002-0102	合肥网博软件有限公司
240	ePayment 网上缴费通系统	皖 DGY-2002-0103	安徽亚通科技有限公司
241	中兴继远基于数据仓库的决策与支持系统	皖 DGY-2002-0104	安徽中兴继远信息技术有限公司
242	中兴继远电力通信监控系统	皖 DGY-2002-0105	安徽中兴继远信息技术有限公司
243	科安财务软件标准版	皖 DGY-2002-0106	安徽科安新技术开发有限责任公司
244	金脑人 2000 中央监控软件	皖 DGY-2002-0107	合肥金脑人科技发展有限责任公司
245	金脑人 2000E 多参数监护软件	皖 DGY-2002-0108	合肥金脑人科技发展有限责任公司
246	安源教育多媒体制作平台	皖 DGY-2002-0109	合肥安源教育信息发展有限公司
247	安源教育信息发布系统	皖 DGY-2002-0110	合肥安源教育信息发展有限公司
248	中兴继远配网自动化系统	皖 DGY-2002-0111	安徽中兴继远信息技术有限公司
249	合肥广视个人所得税扣缴管理系统	皖 DGY-2002-0112	合肥广视信息网络有限责任公司
250	开元 KYOA 办公自动化软件	皖 DGY-2003-0001	合肥开元精密工程有限责任公司
251	安联地理信息查询系统	皖 DGY-2003-0002	安徽安联科技股份有限公司
252	安联交通银行综合信息管理系统	皖 DGY-2003-0003	安徽安联科技股份有限公司
253	安联土地定级评估及动态更新系统	皖 DGY-2003-0004	安徽安联科技股份有限公司
254	辰工油气层产能预测软件	皖 DGY-2003-0005	合肥辰工科技有限公司
255	博思行业办公自动化平台	皖 DGY-2003-0006	安徽科大讯飞信息科技股份有限公司
256	百朋 eCRM 客户关系管理系统	皖 DGY-2003-0007	安徽百朋信息技术有限公司
257	AUTO-2000DCS 系统软件	皖 DGY-2003-0008	安徽立飞控制工程有限责任公司
258	和信科技银行代收电话费应用系统	皖 DGY-2003-0009	安徽和信科技发展有限责任公司
259	和信科技电信业务计算机综合管理系统	皖 DGY-2003-0010	安徽和信科技发展有限责任公司
260	华恒嵌入式 LINUX 操作系统	皖 DGX-2003-0011	合肥华开源恒信息技术有限公司
261	两键钱码点字王	皖 DGY-2003-0012	铜陵钱码软件有限责任公司
262	英迪尔分布式网络管理系统	皖 DGY-2003-0013	安徽英迪尔系统网络有限公司
263	华西 omni2000 型全自动汽车检测微机控制系统	皖 DGY-2003-0014	合肥华西科技开发有限公司
264	科大鲁能 KD2100_YDFW 移动客户服务系统	皖 DGY-2003-0015	安徽科大鲁能智能电网技术有限公司
265	科大智能 KD2100_EMS 电能量管理与防窃电系统	皖 DGY-2003-0016	安徽科大智能电网技术有限公司

续表 10-3-2-2

序号	产 品 名 称	登 记 号	单 位 名 称
266	科大智能 KD2100_YTEMS 油田电能量管理与故障定位系统	皖 DGY-2003-0017	安徽科大智能电网技术有限公司
267	赛洋农村经济管理信息系统	皖 DGY-2003-0018	安徽赛洋信息科技开发咨询有限公司
268	KL-P100 防火墙	皖 DGY-2003-0019	安徽科力信息产业有限责任公司
269	汇能安全生产监督管理系统	皖 DGY-2003-0020	安徽汇能信息技术有限公司
270	启天传奇电子教室世纪版	皖 DGY-2003-0021	安徽安联科技股份有限公司
271	安泰烟草物资采购系统	皖 DGY-2003-0022	安徽安泰网络科有限责任公司
272	安泰行业办公自动化系统	皖 DGY-2003-0023	安徽安泰网络科技有限责责公司
273	安达科技展示虚拟现实软件	皖 DGY-2003-0024	合肥安达电子有限责任公司
274	华恒嵌入式 Linux 开发平台	皖 DGY-2003-0025	合肥华开源恒信息技术有限公司
275	所思 SoftforceDIG 软件	皖 DGY-2003-0026	合肥所思科技有限公司
276	文语智能有声书软件	皖 DGY-2003-0027	合肥文语科技发展有限公司
277	四创电子 3.5G 射频单元控制软件	皖 DGY-2003-0028	安徽四创电子股份有限公司
278	朗科设备备件管理系统	皖 DGY-2003-0029	马鞍山市朗科科技发展有限责任公司
279	惠凌 · 飞翔 QF-1100 汽车销售服务管理信息系统	皖 DGY-2003-0030	安徽惠凌信息技术有限公司
280	金科安短消息群发服务系统	皖 DGY-2003-0031	安徽金科安信息技术有限责任公司
281	赛洋税务银行一体化征收管理系统	皖 DGY-2003-0032	安徽赛洋信息科技开发咨询有限公司
282	讯飞网络信息净化器	皖 DGY-2003-0033	安徽科大讯飞信息科技股份有限公司
283	VISTA6.0 仿真与监控平台	皖 DGY-2003-0034	合肥博创科技有限公司
284	AH-V 自动蒸馏仪测控软件	皖 DGY-2003-0035	安徽爱立科仪器有限公司
285	中科大鲁能 KDJC2100-DWDD 电网调度自动化系统	皖 DGY-2003-0036	安徽中科大鲁能集成科技有限公司
286	FH0301-WLAX 列车安全综合信息系统软件	皖 DGY-2003-0037	安徽富煌和利时科技有限公司
287	SNB-2000 大中型泵站（群）综合自动化监控系统软件	皖 DGY-2003-0038	合肥三立自动化工程有限公司
288	山立“语音服务系统”软件	皖 DGY-2003-0039	安徽山立信息工程有限公司
289	科大立安蔚蓝 2000	皖 DGY-2003-0040	合肥科大立安安全技术股份有限公司
290	科大立安激光图像处理软件	皖 DGY-2003-0041	合肥科大立安安全技术股份有限公司
291	中科智能 ZC 智能测漏仪系统软件	皖 DGY-2003-0042	安徽中科智能高技术有限责任公司
292	中科智能 XC 限速器测试仪系统软件	皖 DGY-2003-0043	安徽中科智能高技术有限责任公司
293	爱普基建项目资金管理系统	皖 DGY-2003-0044	安徽爱普科技公司
294	爱普部门预算基础信息库管理系统	皖 DGY-2003-0045	安徽爱普科技有限公司
295	爱普政府采购资金核算管理系统	皖 DGY-2003-0046	安徽爱普科技公司

续表 10-3-2-2

序号	产品名称	登记号	单位名称
296	恒飞移动作业服务系统	皖 DGY-2003-0047	合肥恒飞软件有限公司
297	恒飞呼叫中心	皖 DGY-2003-0048	合肥恒飞软件有限公司
298	C3 项目成本控制系统	皖 DGY-2003-0049	合肥舍其软件科技有限公司
299	科大量星嵌入式 Linux 操作系统 Librux	皖 DGY-2003-0050	合肥中科大量星科技有限公司
300	JY-2000 电力微机监控系统软件	皖 DGY-2003-0051	安徽继远电网技术有限责任公司
301	JY-2000P 智能图像监控系统软件	皖 DGY-2003-0052	安徽继远电网技术有限责任公司
302	创世网络视频服务器软件	皖 DGY-2003-0053	安徽创世科技有限公司
303	JYS 县级供电企业管理信息系统	皖 DGY-2003-0054	安徽南瑞继远软件有限公司
304	亚光 OA 办公自动化系统	皖 DGY-2003-0055	合肥大潮软件产业有限公司
305	Futech 施工企业资源计划系统	皖 DGY-2003-0056	合肥未来计算机技术开发有限公司
306	金亿达网络商务管理软件	皖 DGY-2003-0057	安徽昂锐电子商务有限责任公司金亿达软件分公司
307	博微广成车辆信息智能管理系统服务中心软件	皖 DGY-2003-0058	安徽博微广成信息科技有限公司
308	天畅增值税一值纳税人纳税申报系统	皖 DGY-2003-0059	合肥天畅科技有限公司
309	齐天法规库（税法地方库）软件	皖 DGY-2003-0060	合肥齐天科技有限公司
310	英科公司电动叉车仪表控制软件	皖 DGY-2003-0061	安徽英科智控股份有限公司
311	英科公司控制器软件	皖 DGY-2003-0062	安徽英科智控股份有限公司
312	英科公司汽车变速箱试验台控制软件	皖 DGY-2003-0063	安徽英科智控股份有限公司
313	海泰克外商投资企业网上联合年检系统	皖 DGY-2003-0064	安徽省海泰克电子商务有限公司
314	海泰克外商投资企业进出口单证管理系统	皖 DGY-2003-0065	安徽省海泰克电子商务有限公司
315	海泰克利用外资统计通报系统	皖 DGY-2003-0066	安徽省海泰克电子商务有限公司
316	海泰克外商投资企业自动进口许可证网上申报系统	皖 DGY-2003-0067	安徽省海泰克电子商务有限公司
317	海泰克开发区经济运行管理系统	皖 DGY-2003-0068	安徽省海泰克电子商务有限公司
318	润泽 Vortex 摩托车检测控制系统	皖 DGY-2003-0069	安徽润泽科技有限公司
319	安国高速公路联网收费管理系统	皖 DGY-2003-0070	安徽安国信息科技有限公司
320	讯锋物流一体化管理系统 SmartLog	皖 DGY-2003-0071	合肥讯锋信息技术有限公司
321	新月 SQ3000 全自动尿液分析系统软件	皖 DGY-2003-0072	合肥新月电子技术有限责任公司
322	四星派出所警务公开触摸屏软件	皖 DGY-2003-0073	安徽四星信息科技有限责任公司
323	MJ 马钢防震减灾应急处理系统	皖 DGY-2003-0074	马钢集团设计研究院
324	贝通短信防伪防窜系统	皖 DGY-2003-0075	合肥华泰贝通资讯有限公司
325	贝通办公自动化系统	皖 DGY-2003-0076	合肥华泰贝通资讯有限公司

续表 10-3-2-2

序号	产 品 名 称	登 记 号	单 位 名 称
326	贝通计算机资源管理系统	皖 DGY-2003-0077	合肥华泰贝通资讯有限公司
327	贝通人事管理系统	皖 DGY-2003-0078	合肥华泰贝通资讯有限公司
328	博尔开放式智能办公系统	皖 DGY-2003-0079	合肥博尔科技有限公司
329	智创校园网信息管理系统	皖 DGY-2003-0080	安徽智创数码科技有限公司
330	博远 SGX3 电脑刻字机控制软件	皖 DGY-2003-0081	合肥博远数控软件有限公司
331	博远三维雕刻机控制软件	皖 DGY-2003-0082	合肥博远数控软件有限公司
332	恒卓信息网管理系统	皖 DGY-2003-0083	合肥恒卓科技有限公司
333	恒飞变电站智能电量采集系统	皖 DGY-2003-0084	合肥恒飞软件有限公司
334	恒飞供电企业管理信息系统	皖 DGY-2003-0085	合肥恒飞软件有限公司
335	天地网络故障侦测与短信报警系统	皖 DGY-2003-0086	合肥天地软件科技有限公司
336	三联公安“三台合一”综合接处警系统	皖 DGY-2003-0087	安徽三联交通应用技术股份有限公司
337	互联机动车和驾驶员户籍化管理系统	皖 DGY-2003-0088	安徽互联软件技术有限责任公司
338	进毅有源节点门锁智能化集中监控管理系统	皖 DGY-2003-0089	合肥进毅门控系统技术有限公司
339	天坤电能计量复费率软件 TK-DF	皖 DGY-2003-0090	安徽天坤科技有限公司
340	爱普县区会计核算中心支付软件	皖 DGY-2003-0091	安徽爱普科技有限公司
341	爱普国库集中支付系统（安徽版）	皖 DGY-2003-0092	安徽爱普科技有限公司
342	麦柯安徽省交通管理制卡发卡系统	皖 DGY-2004-0001	安徽麦柯科技发展有限公司
343	麦柯安徽省机动车驾驶员交通违章管理手扶机应用系统	皖 DGY-2004-0002	安徽麦柯科技发展有限公司
344	爱普合肥市财政局内部信息管理系统	皖 DGY-2004-0003	安徽爱普科技有限公司
345	爱普粮食直接补贴资金管理系统	皖 DGY-2004-0004	安徽爱普科技有限公司
346	中鼎数字卷烟分拣系统	皖 DGY-2004-0005	合肥中鼎信息科技股份有限公司
347	深安房地产管理信息系统	皖 DGY-2004-0006	安徽深安信息技术有限责任公司
348	亿智智能交通视频检测控制器软件	皖 DGX-2004-0007	安徽亿智科技发展有限公司
349	志扬人大及“一府两院”干部法律知识考试智能管理系统	皖 DGY-2004-0008	安徽省铜陵志扬软件科技有限责任公司
350	GS 数字视频服务系统	皖 DGY-2004-0009	合肥金星机电科技发展有限公司
351	JH201 全数字化汽车集中仪表核心控制软件	皖 DGY-2004-0010	合肥金海科技开发有限公司
352	瑞志企业综合信息处理系统 iEOS	皖 DGZ-2004-0011	安徽瑞志信息技术有限公司
353	拓达企业数字化平台及产品数据管理系统 V3.0	皖 DGY-2004-0012	合肥拓达信息系统工程有限公司
354	医神药品经营销售管理系统	皖 DGY-2004-0013	安徽兴宇电子技术研究所
355	医神数字医院系统	皖 DGY-2004-0014	安徽兴宇电子技术研究所

续表 10-3-2-2

序号	产品名称	登记号	单位名称
356	中兴继远基于 NOTES 的办公自动化系统	皖 DGY-2004-0015	安徽中兴继远信息技术有限公司
357	中兴继远客户服务中心查号系统	皖 DGY-2004-0016	安徽中兴继远信息技术有限公司
358	华软网络协同办公系统	皖 DGY-2004-0017	合肥市华软科技有限公司
359	讯飞车载数码听	皖 DGY-2004-0018	安徽科大讯飞信息科技股份有限公司
360	讯飞嵌入式语音系统	皖 DGZ-2004-0019	合肥讯飞数码科技有限公司
361	讯飞语音合成模块	皖 DGY-2004-0020	合肥讯飞数码科技有限公司
362	ZJ-9000 系列多参数监护仪工作软件	皖 DGY-2004-0021	科大创新股份有限公司中佳分公司
363	三联公安 110 接处警及报警联动系统	皖 DGY-2004-0022	安徽三联交通应用技术股份有限公司
364	三联城市交通信号控制系统	皖 DGY-2004-0023	安徽三联交通应用技术股份有限公司
365	三联公路车辆监测记录系统软件	皖 DGY-2004-0024	安徽三联交通应用技术股份有限公司
366	三联交通指挥集成操作平台软件	皖 DGY-2004-0025	安徽三联交通应用技术股份有限公司
367	三联汽车综合模拟驾驶系统软件	皖 DGY-2004-0026	安徽三联交通应用技术股份有限公司
368	励图 MVAR 播出监录系统	皖 DGY-2004-0027	合肥励图数码技术有限公司
369	SNB-2000 污水处理综合自动化系统软件	皖 DGY-2004-0028	合肥三立自动化工程有限公司
370	SNB-2000 自来水处理综合自动化系统软件	皖 DGY-2004-0029	合肥三立自动化工程有限公司
371	皖仪 13C 呼气试验检测系统	皖 DGY-2004-0030	合肥皖仪生物电子有限公司
372	智星 /e 博士数字多媒体校园网嵌入式控制软件	皖 DGY-2004-0031	芜湖正达电子科技有限公司
373	智星 /e 博士数字多媒体校园网网络教学软件	皖 DGY-2004-0032	芜湖正达电子科技有限公司
374	辰工石油勘探绘图平台软件	皖 DGY-2004-0033	合肥辰工科技有限公司
375	鑫龙 RTU 多功能电量仪表控制软件	皖 DGY-2004-0034	安徽鑫龙自动化有限公司
376	鑫龙直流屏自动化软件	皖 DGY-2004-0035	安徽鑫龙自动化有限公司
377	鑫龙软起动器控制软件	皖 DGY-2004-0036	安徽鑫龙自动化有限公司
378	鑫龙水处理监控软件	皖 DGY-2004-0037	安徽鑫龙自动化有限公司
379	汉思社会医疗保险管理信息系统	皖 DGY-2004-0038	合肥汉思信息技术有限责任公司
380	万户 EZSITE 网站管理系统	皖 DGY-2004-0039	合肥万户网络技术有限公司
381	普力 K-12 资源类软件	皖 DGY-2004-0040	合肥普力科技开发有限公司
382	博微广成网络视频监控系统软件	皖 DGY-2004-0041	安徽博微广成信息科技有限公司
383	中科安光 TQY-Ⅲ型纸张透气度测量仪单片机嵌入式控制软件	皖 DGY-2004-0042	中国科学院合肥物质科学研究院
384	科祯网络净化系统	皖 DGY-2004-0043	安徽中科大国祯信息科技有限责任公司
385	“科祯天隼”公共网络信息安全系统	皖 DGY-2004-0044	安徽中科大国祯信息科技有限责任公司

续表 10-3-2-2

序号	产 品 名 称	登 记 号	单 位 名 称
386	汇能电子政务软件	皖 DGY-2004-0045	安徽汇能信息技术有限公司
387	汇能教务管理软件系统	皖 DGY-2004-0046	安徽汇能信息技术有限公司
388	晟达 OA 办公化软件	皖 DGY-2004-0047	合肥晟达科技有限责任公司
389	天财学生收费管理系统	皖 DGY-2004-0048	安徽天大天财有限责任公司
390	科大智能 KDGIS 基于影像的电力地理信息系统	皖 DGY-2004-0049	安徽科大智能电网技术有限公司
391	安联速捷嵌入式应用网关	皖 DGY-2004-0050	安徽安联科技股份有限公司
392	比特光电 TQY- Ⅲ型纸张透气度测量仪通信处理软件	皖 DGY-2004-0051	合肥比特光电工程有限公司
393	日源电源控制系统	皖 DGY-2004-0052	合肥日源电气信息技术有限公司
394	日源太阳能控制器控制软件	皖 DGY-2004-0053	合肥日源电气信息技术有限公司
395	赛科多媒体语言教学系统	皖 DGY-2004-0054	合肥赛科电子技术有限公司
396	立安自动消防炮定位控制软件	皖 DGY-2004-0055	合肥科大立安安全技术股份有限公司
397	安徽现代硬盘播出系统软件	皖 DGY-2004-0056	安徽现代电视技术有限公司
398	安徽现代硬盘高清电视播放机软件	皖 DGY-2004-0057	安徽现代电视技术有限公司
399	安徽现代高清信号发生器软件	皖 DGY-2004-0058	安徽现代电视技术有限公司
400	安徽现代移动微波数字电视传输系统软件	皖 DGY-2004-0059	安徽现代电视技术有限公司
401	爱普城市路灯自动监控系统	皖 DGY-2004-0060	安徽爱普科技有限公司
402	爱普财税库行联网系统	皖 DGY-2004-0061	安徽爱普科技有限公司
403	爱普农业综合开发项目管理系统	皖 DGY-2004-0062	安徽爱普科技有限公司
404	爱普乡财政县级集中管理系统	皖 DGY-2004-0063	安徽爱普科技有限公司
405	天欣干部资料管理系统软件	皖 DGY-2004-0064	合肥天欣网络信息技术有限公司
406	赛智生产型企业综合业务管理系统	皖 DGY-2004-0065	赛智（合肥）信息科技有限公司
407	AIAI 智能楼宇系统 CAI 课件	皖 DGY-2004-0066	安徽建筑工业学院建筑设计研究院
408	AIAI 智能楼宇系统集成控制软件	皖 DGY-2004-0067	安徽建筑工业学院建筑设计研究院
409	联讯指纹 IC 卡身份识别系统	皖 DGY-2004-0068	合肥联讯信息技术有限责任公司
410	VISTA 变电集成工作平台	皖 DGY-2004-0069	合肥博创科技有限公司
411	凯捷协同工作平台	皖 DGY-2004-0070	合肥凯捷技术有限公司
412	HJ05A 企业车站调度集中系统	皖 DGY-2004-0071	合肥工大高科信息科技股份有限公司
413	HJ06A 企业铁路调度监督系统	皖 DGY-2004-0072	合肥工大高科信息科技股份有限公司
414	HJ07A 企业铁路物流管理系统	皖 DGY-2004-0073	合肥工大高科信息科技股份有限公司
415	HJ08A 铁路机车无线作业系统	皖 DGY-2004-0074	合肥工大高科信息科技股份有限公司

续表 10-3-2-2

序号	产品名称	登记号	单位名称
416	鑫龙微机综合保护测控软件	皖 DGY-2004-0075	安徽鑫龙自动化有限公司
417	AB3100 配电网综合测控管理系统	皖 DGY-2004-0076	安徽安贝信业自动化有限公司
418	朝阳油库综合管理系统	皖 DGY-2004-0077	合肥信息技术服务有限公司
419	ViewSion Forefoot-image 图像采集与处理系统	皖 DGY-2004-0078	安徽视恒信息技术有限责任公司
420	至诚党政计算机通信系统	皖 DGY-2004-0079	合肥至诚电子技术有限公司
421	中博士医学图像存储及传输系统	皖 DGY-2004-0080	合肥新鸿基科技有限公司
422	中博士医院信息管理系统	皖 DGY-2004-0081	合肥新鸿基科技有限公司
423	时讯多码率音频编解码软件	皖 DGY-2004-0082	合肥时讯信息科技有限公司
424	冠林“视网通”安保综合管理软件	皖 DGY-2004-0083	合肥冠林数码科技有限公司
425	DLJC 全自动机动车检测控制系统	皖 DGY-2004-0084	合肥大雷科技有限公司
426	赛普消弧消谐及过电压保护控制软件	皖 DGY-2004-0085	安徽赛普电力保护有限公司
427	滁州银监分局综合信息系统	皖 DGY-2004-0086	安徽四星信息科技有限责任公司
428	JKT-BP 系列变频空调电控系统嵌入式控制软件	皖 DGY-2004-0087	合肥科瑞电子有限责任公司
429	JKT-DP 系列空调电控系统嵌入式控制软件	皖 DGY-2004-0088	合肥科瑞电子有限责任公司
430	金科安政务通短信办公系统	皖 DGY-2004-0089	安徽金科安信息技术有限责任公司
431	易商 Easyboss 外贸业务管理系统	皖 DGY-2004-0090	安徽易商数码科技有限公司
432	中科安光 YDX-II 型卷烟端部落丝测试仪单片机嵌入式控制软件	皖 DGY-2004-0091	中国科学院合肥物质科学研究院
433	中科安光 YDL-II 型卷烟端部落丝测试仪单片机嵌入式控制软件	皖 DGY-2004-0092	中国科学院合肥物质科学研究院
434	中科安光 TQY-IIE 型纸张透气度测量仪单片机嵌入式控制软件	皖 DGY-2004-0093	中国科学院合肥物质科学研究院
435	世纪朗新人力资源管理系统	皖 DGY-2004-0094	合肥朗霁软件技术有限公司
436	LJ 综合统计与决策管理系统	皖 DGY-2004-0095	合肥朗霁软件技术有限公司
437	和信科技绩效管理应用系统	皖 DGY-2004-0096	安徽和信科技发展有限责任公司
438	和信科技办公自动化管理应用系统	皖 DGY-2004-0097	安徽和信科技发展有限责任公司
439	中锐新一代贷款管理软件	皖 DGY-2004-0098	合肥中锐系统集成有限公司
440	Simple 电网调度仿真培训系统	皖 DGY-2004-0099	合肥盛柏科技有限公司
441	泉海营造林工程管理信息系统	皖 DGY-2004-0100	安徽新海泉科技集团有限公司
442	GS 红外在线测温与分析系统	皖 DGY-2004-0101	合肥金星机电科技发展有限公司
443	软锦美容美发保健管理系统软件	皖 DGY-2004-0102	合肥软锦信息技术有限公司
444	Wisdom 医学影像工作站	皖 DGY-2004-0103	安徽汇智信息技术有限公司
445	“行天旭日”驾驶人培训跟踪管理系统	皖 DGY-2004-0104	安徽行天电子科技有限公司

续表 10-3-2-2

序号	产品名称	登记号	单位名称
446	安徽海虹电子药房系统	皖 DGY-2004-0105	安徽海虹医药电子商务有限公司
447	易联众“五险合一”管理系统	皖 DGY-2004-0106	安徽易联众信息技术有限公司
448	LDR 证眼雷达监控管理软件	皖 DGY-2004-0107	安徽蓝盾光电子股份有限公司
449	LGH 空气质量连续自动监测系统测控软件	皖 DGY-2004-0108	安徽蓝盾光电子股份有限公司
450	YDZX 烟气排放连续自动监测系统测控软件	皖 DGY-2004-0109	安徽蓝盾光电子股份有限公司
451	LDR 固定式车辆超速监测系统监控管理软件	皖 DGY-2004-0110	安徽蓝盾光电子股份有限公司
452	LDR 测速雷达多普勒信号测控管理软件	皖 DGY-2004-0111	安徽蓝盾光电子股份有限公司
453	朗天 GSM/CDMA 无线公话系统	皖 DGY-2004-0112	安徽朗天科技有限公司
454	JYS 优易应用平台	皖 DGZ-2004-0113	安徽电力继远软件有限责任公司
455	JYS 呼叫中心系统	皖 DGY-2004-0114	安徽电力继远软件有限责任公司
456	大鹏医院信息管理系统	皖 DGY-2004-0115	安徽大鹏科技有限公司
457	大鹏卫生监督与疾病控制信息管理系统	皖 DGY-2004-0116	安徽大鹏科技有限公司
458	智创新型农村合作医疗管理系统	皖 DGY-2004-0117	安徽智创数码科技有限公司
459	安徽金铖华元科技发展有限公司旅馆业治安管理信息系统	皖 DGY-2004-0118	安徽金铖华元科技发展有限公司
460	工大 IP 软核 PCI Slave	皖 DGY-2004-0119	合肥工大先行微电子技术有限公司
461	山立“电子报税系统”软件	皖 DGY-2004-0120	安徽山立信息工程有限公司
462	路缘移动智能执法系统	皖 DGY-2004-0121	合肥文康科技有限公司
463	赛智科研项目全程管理系统	皖 DGY-2004-0122	赛智（合肥）信息科技有限公司
464	赛智互联网信息采编发系统	皖 DGY-2004-0123	赛智（合肥）信息科技有限公司
465	擎天 FSAC 指纹考勤系统	皖 DGY-2004-0124	安徽中科大擎天数码科技有限公司
466	擎天 VMS 车队综合管理信息系统	皖 DGY-2004-0125	安徽中科大擎天数码科技有限公司
467	擎天 DM 数字化市场管理信息系统	皖 DGY-2004-0126	安徽中科大擎天数码科技有限公司
468	爱普住房货币补贴预算管理系统	皖 DGY-2004-0127	安徽爱普科技有限公司
469	爱普社保资金信息管理系统	皖 DGY-2004-0128	安徽爱普科技有限公司
470	皖仪全自动氦质谱检漏系统	皖 DGY-2004-0129	安徽皖仪科技股份有限公司
471	网龙技术移动终端游戏产品三国系列之华容道	皖 DGY-2004-0130	合肥网龙信息技术有限公司
472	JY3000 电网调度自动化系统	皖 DGY-2004-0131	安徽继远电网技术有限责任公司
473	永信中国农用地分等定级估价软件	皖 DGY-2004-0132	合肥永信信息产业股份有限公司
474	合肥地税 车船税 IC 卡管理系统	皖 DGY-2004-0133	安徽四星电脑公司
475	协同手机精品城综合营业管理系统	皖 DGY-2004-0134	合肥协同多媒体技术有限责任公司

续表 10-3-2-2

序号	产 品 名 称	登 记 号	单 位 名 称
476	科大创新 ACMP	皖 DGY-2004-0135	科大创新股份有限公司
477	合肥斯马特水处理行业自动控制系统	皖 DGY-2004-0136	合肥斯马特自动化有限公司
478	合肥畅联医疗 MVIEW 影像图文报告工作站	皖 DGY-2004-0137	合肥畅联医疗软件有限公司
479	科大讯飞旅游语音门户系统	皖 DGY-2005-0001	安徽科大讯飞信息科技股份有限公司
480	科力基于图像序列的交互式全景漫游系统	皖 DGZ-2005-0002	安徽科力信息产业有限责任公司
481	JWSX 微机消弧消谐选线软件	皖 DGY-2005-0003	安徽巨森电器有限公司
482	“FH0501-DB”智能公交信息播报器软件	皖 DGY-2005-0004	安徽富煌和利时科技有限公司
483	MCT 物资管理系统	皖 DGY-2005-0005	马钢控制技术有限责任公司
484	MCT 电子协同工作平台	皖 DGY-2005-0006	马钢控制技术有限责任公司
485	MCT 转炉基础自动化系统控制软件	皖 DGY-2005-0007	马钢控制技术有限责任公司
486	CreMedia 网络视频监控系统	皖 DGY-2005-0008	安徽创世科技有限公司
487	天徽中小学校学生收费管理系统	皖 DGY-2005-0009	安徽天大天财有限责任公司
488	天徽中小学校资产信息管理系统	皖 DGY-2005-0010	安徽天大天财有限责任公司
489	Ela.NET 网络自动播出系统	皖 DGY-2005-0011	合肥励图数码技术有限公司
490	科星供水业务管理系统	皖 DGY-2005-0012	安徽科星信息产业有限公司
491	AIT 数字水文	皖 DGY-2005-0013	亚微信息技术（安徽）有限公司
492	希望网站信息发布与管理系统	皖 DGY-2005-0014	安徽希望网络科技有限公司
493	安国养路费征收管理系统	皖 DGY-2005-0015	安徽安国信息科技有限公司
494	科力安徽省行政事业性收费管理系统	皖 DGY-2005-0016	安徽科力信息产业有限责任公司
495	新源供应商网上对帐查询系统	皖 DGY-2005-0017	安徽新源科技发展有限公司
496	DLCG 汽车底盘测功检测系统	皖 DGY-2005-0018	合肥大雷科技有限公司
497	DLFJ 机动车发动机综合检测系统	皖 DGY-2005-0019	合肥大雷科技有限公司
498	DLWG 维修检测管理网络系统	皖 DGY-2005-0020	合肥大雷科技有限公司
499	DLXX 汽车悬架装置检测系统	皖 DGY-2005-0021	合肥大雷科技有限公司
500	新海泉退耕还林工程信息管理系统	皖 DGY-2005-0022	安徽新海泉科技集团有限公司
501	华宇移动信息平台	皖 DGY-2005-0023	合肥华宇随身软件技术有限公司
502	ViewSion 高速视频数据存储系统	皖 DGY-2005-0024	安徽视恒信息技术有限责任公司
503	蓝帆意扬智能考勤管理系统	皖 DGY-2005-0025	安徽蓝帆意扬科技有限公司
504	JQ-MDI 显微智能影像分析系统	皖 DGY-2005-0026	合肥健桥医疗电子有限责任公司
505	ZB908 仪表软件	皖 DGY-2005-0027	合肥克力汽车电子科技有限公司
506	WZB201 仪表软件	皖 DGY-2005-0028	合肥克力汽车电子科技有限公司

续表 10-3-2-2

序号	产品名称	登记号	单位名称
507	和畅网络协同办公系统	皖 DGY-2005-0029	合肥和畅信息技术有限公司
508	菲特医学影像工作站软件	皖 DGY-2005-0030	安徽省菲特科技股份有限公司
509	菲特 DR 控制台软件	皖 DGY-2005-0031	安徽省菲特科技股份有限公司
510	安联森林火灾监测、分析及决策系统	皖 DGY-2005-0032	安徽安联科技股份有限公司
511	天徽成人高等教育教学管理信息系统	皖 DGY-2005-0033	安徽天大天财有限责任公司
512	金海迪尔水利控制系统	皖 DGY-2005-0034	安徽金海迪尔信息技术有限责任公司
513	金海迪尔微机售票信息管理系统	皖 DGY-2005-0035	安徽金海迪尔信息技术有限责任公司
514	天智指纹识别管理系统	皖 DGY-2005-0036	合肥天智科技发展有限公司
515	天智网络办公系统	皖 DGY-2005-0037	合肥天智科技发展有限公司
516	赛智电子文档影像管理系统	皖 DGY-2005-0038	赛智（合肥）信息科技有限公司
517	新海泉林木种苗质量监督管理系统	皖 DGY-2005-0039	安徽新海泉科技集团有限公司
518	亚微—多码合理化金融投资风险决策系统	皖 DGY-2005-0040	亚微信息技术（安徽）有限公司
519	安徽易科射频收发组件监控软件	皖 DGY-2005-0041	安徽易科技术有限公司
520	科力“鹰”系列移动电子警察	皖 DGY-2005-0042	安徽科力信息产业有限责任公司
521	科力城市道路交叉口交通模拟器软件	皖 DGY-2005-0043	安徽科力信息产业有限责任公司
522	新源中小学学籍管理系统	皖 DGY-2005-0044	安徽新源科技发展有限公司
523	立飞 SCON-2000 先进控制软件平台	皖 DGY-2005-0045	安徽立飞控制工程有限责任公司
524	合肥华兴中小学生综合素质测评系统	皖 DGY-2005-0046	合肥华兴教育软件科技开发有限公司
525	瑞达个人所得税征收管理系统	皖 DGY-2005-0047	安徽世腾信息技术有限责任公司
526	瑞达客户关系管理系统	皖 DGY-2005-0048	安徽世腾信息技术有限责任公司
527	新迪会计软件——账务、报表系统	皖 DGY-2005-0049	安徽新迪软件有限公司
528	振兴 PS-NET 电能质量监测系统	皖 DGY-2005-0050	安徽振兴科技股份有限公司
529	汉思面向小城镇医院管理信息系统	皖 DGY-2005-0051	合肥汉思信息技术有限责任公司
530	汉思新型农村合作医疗信息管理系统	皖 DGY-2005-0052	合肥汉思信息技术有限责任公司
531	路通数码人像采集系统	皖 DGY-2005-0053	安徽中融华信路通电子科技有限公司
532	广成公路车辆稽查系统软件	皖 DGY-2005-0054	安徽广成科技有限责任公司
533	吉宏 GPS 智能公交管理系统软件	皖 DGY-2005-0055	合肥吉宏电子有限公司
534	润东科技射频调制器控制软件	皖 DGY-2005-0056	合肥润东通讯科技有限公司
535	润东科技数字电视调谐器控制软件	皖 DGY-2005-0057	合肥润东通讯科技有限公司
536	恒正制丝植毛设备数控软件	皖 DGY-2005-0058	合肥龙升光电技术开发有限公司
537	鑫龙开关柜状态指示仪监控软件	皖 DGY-2005-0059	安徽鑫龙自动化有限公司

续表 10-3-2-2

序号	产 品 名 称	登 记 号	单 位 名 称
538	鑫龙数字式电量仪表测量软件	皖 DGY-2005-0060	安徽鑫龙自动化有限公司
539	利达 LED 点阵屏控制显示系统	皖 DGY-2005-0061	合肥利达信息科技有限公司
540	浩华无线局域网安全检测与评估系统	皖 DGY-2005-0062	合肥浩华信息技术有限公司
541	开元瓦斯远程监控短消息发布平台软件	皖 DGY-2005-0063	合肥开元精密工程有限责任公司
542	盛远视通嵌入式操作系统 VitOS	皖 DGX-2005-0064	合肥盛远视通科技有限公司
543	创展集团版 EOffice 网络办公系统	皖 DGY-2005-0065	合肥创展信息技术有限公司
544	大成嵌入式远程视音频监控管理系统	皖 DGY-2005-0066	安徽大成科技有限责任公司
545	三爱思电子皮带秤测控软件	皖 DGY-2005-0067	铜陵市三爱思电子有限公司
546	三爱思工业散料自动测控软件	皖 DGY-2005-0068	铜陵市三爱思电子有限公司
547	大雷 DLSD 机动车车速检测系统	皖 DGY-2005-0069	合肥大雷科技有限公司
548	大雷机动车轴重制动检测系统	皖 DGY-2005-0070	合肥大雷科技有限公司
549	大雷 DLJC 全自动机动车检测系统	皖 DGY-2005-0071	合肥大雷科技有限公司
550	大雷 DLCH 机动车侧滑检测系统	皖 DGY-2005-0072	合肥大雷科技有限公司
551	微讯多渠道通讯平台	皖 DGY-2005-0073	安徽微讯软件技术有限公司
552	华科 HK28 微机综合保护软件	皖 DGY-2005-0074	合肥华科自动化设备有限公司
553	华科 HK15 智能数字显示仪表软件	皖 DGY-2005-0075	合肥华科自动化设备有限公司
554	华科 HK18 智能多功能电能表软件	皖 DGY-2005-0076	合肥华科自动化设备有限公司
555	解放军第一 O 五医院物资控制系统	皖 DGY-2005-0077	中国人民解放军第一 O 五医院
556	中科安光 JMZ-Ⅲ 型烟支含末率测试仪单片机嵌入式控制软件 V1.0	皖 DGY-2005-0078	中国科学院合肥物质科学研究院
557	铜陵立成公司生产管理系统软件 V1.0	皖 DGY-2005-0079	铜陵立成工控技术有限公司
558	盛远视通家庭安全网关系统软件 2.0	皖 DGY-2005-0080	合肥盛远视通科技有限公司
559	工大先行 IP 软核 USB1.1 控制器 V1.0	皖 DGY-2005-0081	合肥工大先行微电子技术有限公司
560	华软水务综合地理信息系统 V1.0	皖 DGY-2005-0082	合肥市华软科技有限公司
561	金海财税库行社保横向网系统 V2.0.1	皖 DGY-2005-0083	合肥金海电子科技有限公司
562	开元统计报表管理软件 V1.0	皖 DGY-2005-0084	合肥开元精密工程有限责任公司
563	四创电子新一代多普勒天气雷达终端软件 V2.0	皖 DGY-2005-0085	安徽四创电子股份有限公司
564	天海 100 智能显控系统 V1.0	皖 DGY-2005-0086	合肥天海电气技术有限公司
565	进毅指纹门禁系统 V1.3	皖 DGY-2005-0087	合肥进毅智能技术有限公司
566	迈普德康网络矢量地图发布和应用系统 V1.0	皖 DGY-2005-0088	安徽迈普德康信息科技有限公司
567	亿璧商务助理软件 V1.0	皖 DGY-2005-0089	安徽四星信息科技有限责任公司

续表 10-3-2-2

序号	产 品 名 称	登 记 号	单 位 名 称
568	斡亿短信 CRM 管理系统 V1.0	皖 DGY-2005-0090	合肥斡亿信息科技有限公司
569	DX-2000 智能小区管理系统 V2.2	皖 DGY-2005-0091	安徽鼎信科技发展有限公司
570	智圣网络课件应用平台 V1.0	皖 DGY-2005-0092	合肥智圣计算机技术有限责任公司
571	智圣安全文档防扩散系统 V1.0	皖 DGY-2005-0093	合肥智圣计算机技术有限责任公司
572	三联便携式智能执法系统 V1.0	皖 DGY-2005-0094	安徽三联交通应用技术股份有限公司
573	梦迪 2000 调频 / 调幅音频综合测试系统 Ver2.68	皖 DGY-2005-0095	安徽汇鑫电子有限公司
574	中兴继远基于移动 IP 网络通信技术的电能质量管理系统 V1.0	皖 DGY-2005-0096	安徽中兴继远信息技术有限公司
575	欧亚科技多业务接入系统 V1.0	皖 DGZ-2005-0097	安徽欧亚能源科技有限公司
576	金科安考试培训系统 V1.0	皖 DGY-2005-0098	安徽金科安信息技术有限责任公司
577	天智无线餐饮管理系统 V1.0.4	皖 DGY-2005-0099	合肥天智科技发展有限公司
578	凯昌短信智能信息管理系统 SMS-2507V2.2	皖 DGY-2005-0100	安徽凯昌自动化系统有限公司
579	华恒嵌入式防火墙 HHGW V3.0	皖 DGY-2005-0101	合肥华开源恒信息技术有限公司
580	讯天城市电子名片 X1.0	皖 DGY-2005-0102	安徽讯天信息科技发展有限公司
581	金帮银行安全管理系统 V1.0	皖 DGY-2005-0103	安徽金帮电子有限公司
582	金帮信贷管理系统 V1.0	皖 DGY-2005-0104	安徽金帮电子有限公司
583	融星非税收入收缴业务系统 V1.0	皖 DGY-2005-0105	合肥融星计算机网络有限责任公司

第三节　教育机构与科研项目

教育机构

中国科技大学软件学院　中国科技大学软件学院是 2001 年教育部和国家发改委首批批准设立的 35 所国家示范性软件学院之一，主要培养全日制软件工程硕士，兼顾在职硕士和区域性大学后软件人才培养。学院依托中国科大计算机、数学、电子、通信、微电子等学科的教学科研力量办学，下设软件技术部和嵌入式技术部，设有软件系统设计、电信软件设计、信息安全工程、嵌入式系统设计以及系统芯片设计等 5 个软件工程硕士专业。学院 2006 年通过了教育部国家示范性软件学院的评估验收，已成为国家嵌入式系统和软件系统设计特色建设专业，国家 Linux 技术培训与推广中心，安徽省软件人才教育培训中心。

安徽电子信息职业技术学院软件职业技术学院　为满足国家软件产业发展对高素质软件职业技术人才的迫切需要，教育部决定试办一批示范性软件职业技术学院。2003 年 11 月 26 日，教育部下达《教育部关于批准有关高等学校试办示范性软件职业技术学院的通知》，正式批准全国35所高校试办国家级示范性软件职业技术学院。安徽电子职业技术学院在这35所高校之列。

安徽电子信息职业技术学院试办的示范性软件职业技术学院坐落在蚌埠市龙子湖畔大学城内，占地771母，规划建筑面积22万平方米，计划投资3亿元人民币，建设周期3～5年。学院实行股份制管理体制，在招生制度、收费制度、学制和教学管理等方面享受国家扶持政策。学院招收学生有全日制学习、第二专业学习、成人教育、非学历教育等4种学习方式。

技术项目 “中国道路机动车交通事故主要预防技术研究及应用”获2002年度国家科技进步一等奖

主要完成单位：安徽三联事故预防研究所

主要完成人：金会庆、陈嵘、张树林、梅坤荣、潘泰贤、宋扬、赵峰、李湖生、戴平、余皖生、方有明、鲍广阔、孟凡雨、田宝瑛、马恒之

项目简介：本项目属交通运输安全工程科学技术领域。项目深入研究了中国道路交通事故发生规律及其原因，提出“以人的因素预防为主、交通安全管理为辅”的预防思想，改变了中国交通事故的防治策略，项目研究了驾驶员事故防治技术，改变了中国传统的驾驶员体检、培训方式，开展的交通安全管理技术研究，革新了中国落后的管理手段。研究成果主要有：（一）理论研究：发现并证实中国交通事故原因中，人的因素占91.8%，驾驶员事故占总事故数的73.4%。发现中国驾驶员人群中存在6-8%事故倾向性驾驶员；提出事故倾向性“特性—环境—时期”三维模型理论。发现事故倾向性驾驶员9项指标与安全驾驶员存在显著差异，探索驾驶员个体发生事故行为的内在的生物学基础；建立事故倾向性驾驶员判别指标、方法和模型。研制国家标准“机动车驾驶员身体条件及其测评要求”。上述研究和发现揭示出中国道路交通事故居高不下的突出原因——事故倾向性驾驶员，解决了如何识别事故倾向性驾驶员的关键性理论难题。（二）工程技术开发：（1）驾驶员选拔技术：研制中国第一套驾驶适性检测系统，包括具有8项专利的检测设备、3个专用量表及计算机网络信息管理系统。（2）驾驶员技能培训与考评技术：开发出具有事故预防训练功能的汽车综合模拟驾驶系统和万能自动桩考系统等。（3）交通事故管理预防技术：开发出违章事故预防的闯红灯自动抓拍系统和违章记分系统；开发出交通事故处理的事故现场勘察测绘系统、122交通事故报警指挥系统等；开发出交通秩序控制的GPS车辆定位系统、交通监控系统等。（三）推广应用：（1）已在中国211个城市的公安、卫生、军队系统及大专院校广泛应用。（2）应用城市万车死亡率下降7.5%～42.5%，驾驶员责任事故比例下降10.4%～14.3%。（3）每年因降低事故减少直接经济损失约3.1亿元，并减少了医疗、误工、劳动能力丧失等方面的间接经济损失。（4）项目完成单位已成为中国最大的事

故预防产品的研究、开发、生产、和销售基地，具有2000余人的就业规模，年均销售收入1.1亿元，利润3200万元，纳税1400万元，国内潜在市场约160亿元，产品还出口日本等国，产业前景巨大。（5）已被公安部、科技部的行业规章、“畅通工程”及上海、合肥等省（市）地方法规所采纳，大大推动行业科技进步。（6）建立的“道路交通事故防治工程”特色学科已在高校获准设立并招生。本项目通过驾驶员选拔、培训、考核及交通环境因素治理技术的全面研究。实现了驾驶员事故的综合防治，解决了中国交通事故“以人为本”的源头预防技术难题。

“KD系列汉语文语转换系统” 获2002年度国家科技进步二等奖

主要完成单位：中国科学技术大学

主要完成人：王仁华、刘庆峰、尹波、胡郁、吴晓如、胡国平、陈涛、唐浩、黄海兵、郭武

项目简介：语音技术是现代信息社会及网络经济的关键驱动技术之一。本项目研究汉语文语转换（Text-to-Speech），即将汉语书面语言转换成口头语言，使计算机能够开口说话。文语转换的研究涉及声学、语言学、数字信号处理、计算机等多学科的交叉，是信息领域、智能计算机中的一项前沿课题。其潜在的巨大应用价值，又使得它一直是世界发达国家竞相研发的核心技术。 本项目在国家863计划、国家自然科学基金委、国家973计划等支持下，从语音合成，声韵控制，文本分析等关键技术上取得了一系列的重要创新和突破：提出“听感量化”概念，首创多样本的波形拼接技术；创新地提出文本处理中层次化信息结构的思想；提出并实现了基于LMA滤波器的高质量新型汉语合成器；基于决策树的韵律建模；提出分布式语音合成思想、设计架构与标准等等。在此基础上先后研制成功了KD-TALK、KD-863、KD-2000、KD-2000B等KD系列汉语文语转换系统。实现了将中文文本实时转换成汉语普通话语音输出，合成的语音自然流畅，整体技术达到了国际领先水平。 KD系列汉语文语转换系统为现代信息社会中获取和交换信息提供便捷、自然、经济的手段。可广泛应用于"说话"终端，语言学习，口语翻译，基于电话网的多媒体声讯服务，各类呼叫中心，有声电子邮件；以及让人们通过电话、手机、嵌入设备等终端畅游互联网。基于本项技术产业化而成立的中科大讯飞公司，先后推出了满足桌面应用、嵌入式应用和大规模电信级应用的全系列语音合成平台。目前在该平台上进行二次开发的国内外厂商已经达到200多家，产品已应用于中国电信语音互联网、中国移动语音门户、电力、金融呼叫中心、手机、车载GPS、军工等众多领域，取得了重大的经济效益和社会效益。在激烈的国际竞争中为具有自主知识产权的民族IT企业争得了一席之地。 KD系列汉语文语转换系统的研制成功，首次将汉语语音技术规模推入市场，它为造就中国语音市场的喷发，带动国内在中文语音技术领域研究水平的整体提高，推进中国信息化的发展，树立了一个

里程碑。

“基于本体的交通系统驾驶员个性化培训技术开发及标准化”项目获 2005 年度国家科技进步二等奖。

主要完成单位：安徽三联事故预防研究所　上海申磬产业有限公司

主要完成人：金会庆、宋扬、张树林、王卫、鲍广阔、郝诗海、罗久晨、杨圣友、费玉堂、曹建明

项目简介：本项目属交通运输安全工程科学技术领域。交通系统驾驶员是否具备交通环境突变的应激心理和熟练规范的驾驶技术是安全行驶两个极其重要的影响因素，如何针对这些因素实施因人施训问题是目前驾驶员培训领域一个非常重要的技术难题。本项目创新性地将本体论应用于驾驶培训领域的研究开发，实现了驾驶员个性化培训模式，并构筑了不同领域个性化培训的可重用平台，直接促进了驾驶员培训技术整体跨越。（一）研究内容：项目基于本体理论从构建训练知识教材系统的角度出发，研究复杂系统知识及知识系统的组织化策略和实现方法。重点研究教材知识系统集成中知识共享、知识建模、综合集成和教材编辑等问题，以实现因人施训的高度个性化培训。（1）建立了机动车驾驶员和机车乘务员驾驶培训指标体系。（2）建立了驾驶员个性化培训的模糊评判模型。（3）构筑了基于本体的驾驶员个性化培训的通用技术平台。（4）研制了驾驶员个性化培训专用设备。（5）开发了驾驶员个性化培训成套系统软件。（6）研制了交通行业标准“汽车驾驶培训模拟器”，编写了配套教材《汽车模拟驾驶指导教程》；研制了铁道行业标准《铁路机车乘务员职业健康检查规范》。（二）创新点：（1）首次将对复杂交通环境应具备的心理应变能力训练纳入驾驶员培训领域；（2）首次成功研发了基于本体的驾驶员培训专用设备与驾驶员个性化培训成套软件；（3）构筑了不同领域个性化培训重用性平台；（4）研制了交通、铁道行业标准。（三）推广应用：（1）项目已在中国 16 个省、市推广应用。（2）应用地区驾驶员安全素质明显提高（交通违章发生率降低 20% 以上；新训驾驶员同期考试合格率高 10% 以上）。（3）成果已被交通部颁布的《中华人民共和国机动车驾驶员培训教学大纲》和交通行业标准《机动车驾驶培训机构资格条件》所采纳，大大推动行业技术进步。（4）项目销售收入已达 3000 万元，国内潜在市场 100 亿元以上，产品已出口日本、乌兹别克斯坦，国外市场前景巨大。

“面向网络及嵌入式环境的语音合成技术”获 信息产业部举办的 2005 年（第五届）信息产业重大技术发明奖

项目单位：安徽中科大讯飞信息科技有限公司

项目简介：项目重点研究面向网络环境及嵌入式环境下的语音合成技术（Text-to-Speech），即针对复杂的网络环境及有限资源特征的终端设备，实现高品质的语音合

成效果。该项目在基于语料库的合成技术、鲁棒性文本分析、听感量化的音库裁减技术、中文语音合成标记语言等关键技术上取得了一系列的重要创新和突破，实现了在复杂的网络环境及嵌入式终端设备上，将文本实时合成自然流畅的语音。

“CRI2002 企业铁路智能运输调度综合信息平台” 获 2007 年度国家科技进步二等奖

项目单位：合肥工大高科信息技术有限责任公司

项目简介：“CRI2002 企业铁路智能运输调度综合信息平台”项目属计算机应用与铁路运输交叉学科领域。项目面向企业铁路运输调度的完整过程，在铁路作业计划编排与下达、机车到发与编解、生产过程安全监督、物流信息实时跟踪等铁路调度所有过程中全面应用现代信息技术，构建了一个功能强大，集控制、监测、管理于一体的信息化协同调度平台。项目内容涵盖铁路信号计算机联锁、调度集中、调度监督、无线机车作业、物流管理等各个方面，深刻改变了现有企业运输调度主要依靠人工的流程管理模式，是企业铁路从传统独立调度控制设备向新型信息化、网络化、智能化发展的起步工程，对解决企业铁路发展关键技术难题，推动企业铁路生产流程优化，提高企业竞争力，实现技术跨越起到了显著的促进作用。该项目列入 2006 年度国家重点新产品，项目在技术上多方面取得实质性创新，是国内首次研制并成功应用，也是该领域取得自主创新核心技术成果最多的系统。先后被列入国家 863、国家电子信息产业发展基金、国家安全生产科技发展计划等国家级科技计划项目，在相关技术领域已制订国家标准 1 项，正在制订国家标准 1 项，取得发明专利 2 项，实用新型专利 5 项，软件著作权登记 5 项，产品总体居国际先进、国内领先，项目已在冶金、矿山、石化、港口等大中型企业得到广泛应用，在提高企业生产效率、安全生产能力方面发挥巨大作用，产生总经济效益近 20 亿人民币。

KJ293 矿井机车运输监控系统 1996 年获国家科技进步三等奖

项目单位：合肥工大高科信息技术有限责任公司

项目简介：本项目属自动控制领域，是根据中国井下矿工使用维护水平现状而专门研制的、用于恶劣环境的集散式计算机工控系统。该系统对矿井机车运输实现监控和自动调度，系统由该设置在井下大巷的传感器、执行器和现场控制分站及设置在地面的主控机组成。控制半径 10 千米，能适用于各种规模及防爆等级的矿井。系统由轨道计轴器判定列车位置、运行方向、速度及轮轴数，收发讯机传递车号及司机请求信息，主控机以汉化模拟图显示运输实况及设备状态，完成进路申请、区间闭锁、信号机与转辙机的联锁和控制，实现任务级自动调度。系统具有较完善的故障诊断、违章报警、生产统计及扩充联网功能，并能以随意速度重演运输过程。系统充分考虑到煤矿井下粉尘重，潮湿大，腐蚀性强等环境因素及轨道建设标准低，车辆运行规律性差，维护费用有限，人为干扰多，操作维护水平远低于地面铁路等具体问题，以国际上八十年代中后期及九十年代初多种先进技术基础，结合计算机网络、数字通信、智能控制、传感、电力电子及电磁兼容，防爆等多种技术，经整体优化设计，适应能力很强，矿方可方便地根据生产变化情况自行对系统扩充、修改。系统投运后，可以避免井下列车常见的追尾、相撞等恶性事故，并能提高运输能力 30% ~ 40%。

安庆智能交通示范工程获 200 年度安徽省科技进步一等奖

项目单位：安徽科力信息产业有限公司

项目简介：“安庆智能交通示范工程”从 2002 年 6 月开始提出到 2002 年 10 月初步建设完成,项目主要对安庆市 2.3 公里城市干道进行改造,沿路埋设光纤,增添新设备,运用新技术，建设城市交通指挥中心。示范工程紧紧围绕 ITS 主题，对 ITS 的建设内容进行合理的分析、分类，并根据应用优先和为管理服务的原则进行设计和规划。示范工程项目包括三个平台：交通信息采集与通信平台、交通控制平台和交通指挥中心综合信息平台；十个系统：视频交通流量检测、城市道路监控、有线与无线组成的通信网络、交通控制系统平台、交通业务管理信息子系统、122 接处警子系统、电子警察子系统、GIS 子系统、基于地理信息的事故黑点排查子系统和交通违章管理子系统，这十个系统通过三个平台实现联动控制、信息服务与管理。

第四章　无线电管理

无线电频谱是一种宝贵的、稀缺的自然资源，是经济建设、社会发展和国防建设不可或缺的重要战略资源，属国家所有。“管资源、管台站、管秩序”是无线电管理的主要任务。为履行好政府无线电管理职能，无线电管理主要运用法律、行政、技术和经济四种手段进行管理。通过法律、技术、行政和经济等综合手段来进行频率管理，既是工作的需要，也有助于频率资源的有效、合理使用。依据《中华人民共和国无线电管理条例》《中华人民共和国行政许可法》和《国务院对确需保留的行政审批项目设定行政许可的决定》）等法律法规，安徽省无线电管理机构拥有无线电频率指配、无线电台（站）设置及呼号审批、制式无线电台（站）备案无线电发射设备进口核准、无线电发射设备实效发射试验审批、建立卫星通信网和设置卫星地球站审批等5项行政许可权，从而有效实施无线电管理。

第一节　频率与台（站）管理

频率管理　无线电频率划分与规划　无线电频率划分规定是无线电频率规划的重要内容，是无线电管理的基础性、纲领性文件，是进行频率划分、分配、指配、调整频率规划的主要依据。制订无线电频率划分规定一直是安徽省无线电管理部门的工作重点。

2004年，安徽省无线电管理部门进行了大量的日常频率分配和指配工作，完成了广电部门、电力部门等跨省微波干线的协调，气象部门多个大型雷达站的审批。为各行业各部门的业务开展提供了有力的支撑。

2005年，全国开展微波频率和台（站）清理整顿工作。清查整顿活动贯彻台（站）属地化管理的原则，安徽省无线电管理机构分别对辖区内的微波路由进行清查，并向无线电管理局报送清查整顿工作报告，

无线电管理收费　1984年以前，安徽省的无线电管理不收取任何费用。1989年，《无线电管理收费暂行规定》出台，正式把经济管理手段纳入中国无线电管理工作。1990年，《安徽省无线电管理收费实施办法》制定，并从1990年1月开始实行。至此，安徽省无线电管理收费按照全国统一收费标准征收无线电管理的有关费用。1992年国家对收费项目标准重新进行了修订。1998年国家计划委员会、财政部、国家无线电管

理委员会又以《关于印发〈无线电管理收费规定〉的通知》更新确认了新的收费标准。2002年颁发了《关于调整蜂窝公众通信网络频率占用费收费办法和标准的通知》，进一步规范了无线电管理收费行政行为。

无线电管理收费工作是一项政策性、社会性很强的工作。安徽省实行频占费征收以来，严格遵守国家等有关规定，实行收、支两条线管理。通过收费这一重要的经济手段和经济杠杆，提高了安徽省的频率利用率，节省了频谱资源，克服了滥占滥用、占而不用频率的现象。贯彻执行无线电频率收费政策，提高了频率的有效使用，也为自身发展提供了资金来源。

台站管理 中共十一届三中全会以前的三十年间，全省无线电台站设备主要集中于军队、邮电、广播、公安和交通部门。十一届三中全会以后，随着国民经济和科学技术的迅速发展，无线电业务开始广泛应用到国民经济的各领域、各行业、各部门，单位和个人可根据需要设置使用不同类型的无线电台。无线电技术的应用范围越来越广泛，各类专业无线电通信和无线电定位、遥测、遥控等业务也都有很大发展，促进了信息交流、保证了生产调度、维护了国家安全稳定、丰富了人民物质文化生活，产生了巨大的经济效益和社会效益。1985年年底，全省各类无线电发射设备是7118部，1988年年底增加到1.6万部左右，1989年年底增加到20987部，1990年年底增加到26170部，1992年年底增加到4.5万部，1993年年底增加到49085部，1994年年底增加到61103部，1995年年底增加到11.1万部，2001年年底增加到2425600部，2002年年底增加到5517215部，2003年年底增加到6397213部，2005年年底增加到9682756部，

无线电频率、台站和设备的普查登记工作 为准确掌握无线电台（站）设置使用情况和相关数据，建立频率、台（站）数据库，1985年7月，原国家无委下发通知，要求在全国范围内开展无线电频率、台（站）和设备普查登记工作。安徽对全省各种无线电台站的设置使用、设备状况和无线电频率的指配使用情况进行了一次全面彻底地清查，按统一的表格进行了详细登记，初步建立了无线电频率、台站数据库，到1986年年底，普查登记工作基本结束，为无线电管理信息化奠定了初步基础。2005年安徽省开展了以公检法司等部门为重点的各类无线电台站普查，把公检法司等部门无线电台站纳入规范管理之中，对多年来公检法司和武警系统所设台站疏漏和失之管理的问题得到了解决，第一次触及强力部门的管理，增加了台站管理工作的刚性，完善了全省台站数据。

无线电台站检查和核查工作 1999年4月，国家无线电办公室下发了《关于开展无线电台站核查工作的通知》，通知要求结合历年开展的台站普查、短波整顿、执法守法检查和寻呼台专项检查等活动，在全国开展一次无线电台站核查工作，以完善本

地台站数据库的内容。按照通知要求，安徽省基本掌握了主要无线电台站及使用设备情况，对核查中发现的非法或违章设台进行了查处。

无线寻呼台专项检查　无线电寻呼台（站）的发射功率强大，台站设置相对集中，容易造成对航空、铁路等重要通信业务的干扰。这使它成为无线电干扰查处工作的重要对象之一。1996年10月，国家无委第27次全体会议决定，要在全国范围内开展一次以清理整顿无线电寻呼业务为主要内容的专项大检查，解决无线电寻呼业务长期存在的违章设台和使用不合格发射设备等问题。安徽省无线电管理机构按照国家的统一部署，对无线电寻呼台（站）进行了重新登记，多次开展对无线电台（站）和无线电寻呼业务的专项整治。2002年6月，信息产业部下发《关于整顿无线电寻呼业务对航空通信干扰的通知》，要求全国各级无线电管理机构对无线电寻呼台（站）的布局进行重新调整，对无线电寻呼频率进行全面清理，对使用5年以上的寻呼设备进行全面检测，尽可能消除由于频率互调和设备老化产生的杂散辐射等因素形成的干扰。安徽省无线电管理机构集中力量开展了对无线电寻呼业务的清理整顿工作，并取得了较好成效。随着无线电寻呼业务日渐规范以及业务量的日渐萎缩，对航空导航、水上等重要通信的干扰呈逐步下降的趋势。

清理三高寻呼发射机台站　1997年后，安徽省无线寻呼市场火爆，少数经营户擅自加大发射机功率，增设发射点和抢占发射机制高点，严重扰乱了空中电波秩序，直接危害了其他无线通信业务的正常开展，对航空安全造成了严重威胁。1997年，国家无委下发了《关于在全国开展无线寻呼台专项检查工作的通知》，将专项检查的内容确定为：查处整顿擅自设置寻呼机、转发台等设台单位，清理“三高”地区上的寻呼发射台站，消除对航空业务和水上业务的干扰，测试寻呼发射设备的主要技术指标，查处寻呼发射机技术指标不符合国家标准的生产厂家，测量寻呼频率的“频率占用度”。省信息产业厅下发了《关于加强全省高楼高塔高山设置无线寻呼发射基站管理工作的通知》，在全省开展了对高山、高楼、高塔设置使用无线寻呼发射基站的清理整顿工作。关闭或拆除了部分停用的寻呼发射机，对不符合在“三高”地点架设寻呼发射机的单位下达了整改意见。规定不准在某些地区的高山、高楼上设置寻呼基站，不准在某些地区搭建无线电寻呼高塔。凡在禁止设置无线电寻呼基站的高楼、高塔、高山地区提供场地、设置、使用无线电寻呼发射设备，或擅自改变核定技术参数的，依照《中华人民共和国无线电管理条例》给予相应处罚。对违反规定提供场地、设置使用无线电寻呼设备，产生有害干扰并造成重大损失的，依法追究其法律责任。经过一系列整顿，进一步遏制了无线电寻呼发射基站产生的有害干扰，缓解了对民航、水上等重要通信业务的干扰。

清理整顿卫星通信网和地球站　为惩治和纠正违法、违规设置地球站和使用卫星行为，规范卫星通信网建设和地球站设置，维护国家通信和信息安全，2002 年 8 月信息产业部和公安部联合发布《关于清理整顿卫星通信网和地球站的通告》，在全国开展了清理整顿卫星通信网和地球站工作。安徽省由无线电管理机构与公安、通信管理部门联合成立领导小组、发布有关文件，结合全省实际制定实施计划，召开会议进行动员、部署，利用报刊、广播电视、互联网等媒体广泛进行了宣传。各市无线电管理处按照《贯彻关于清理整顿卫星通信网和地球站通告的通知》，抽调力量对辖区内设置的地球站逐一进行清查，审核技术资料，测试站址经纬度，人机见面，核验、换发电台执照，贴、挂确认标志，查处违法、违规设站行为。通过无线电管理部门的精心组织和扎实工作，在公安、通信管理等部门的有力支持，以及建网、设站单位的积极配合下，较好地完成了卫星通信网和地球站清理整顿工作。

保护民用航空无线电专用频率专项整顿活动 2003 年 5 月，国家四部委局联合发布了《关于开展保护民用航空无线电专用频率专项整顿活动的通告》和《关于落实开展保护民用航空无线电专用频率专项整顿活动通告有关问题的通知》。还专门成立了由各部门分管领导组成的专项整顿活动领导小组，统一领导专项整顿活动。专项整顿活动主要针对大功率无绳电话，广播、电视台（站），无线寻呼发射设备以及民航自身原因等对民用航空无线电专用频率造成电磁干扰、对民航飞行安全产生隐患的行为。安徽省成立由省信息产业厅牵头，由省通信管理局、省安全生产监督管理局、省广播电影电视局、中国民航安徽省管理局、民航合肥空中交通管理中心、省电信公司、省联通公司等共同组成的省专项整顿活动领导小组，统一协调指挥全省工作。全省 17 个市在当地政府的支持下先后成立了保护民用航空无线电专用频率专项整顿活动领导小组。确定安徽省整顿的重点为广播电视台站和民航自身使用设备的原因而对民航专用频率造成干扰的行为；根据信息产业部第四部委联合下发《关于开展保护民用航空无线电专用频率专项整顿活动的通告》，省信息产业厅、省通信管理局等六个部门联合下发《关于安徽省开展保护民用航空专用频率专项整顿活动实施意见》；并在《安徽日报》等重要媒体刊登了四部委的通告；协调查处有线电视电缆传输系统信号泄漏干扰民航机场塔台地对空通信频率问题，关闭了有线电视增补一频道的设备。

长江水上船舶电台整治活动 安徽省配合长江无委连续开展水上通信秩序整顿活动。2003 年，由芜湖无线电管理处牵头组织，会同长航芜湖办事处、芜湖长江港监局、长航芜湖公安分局，在芜湖水域进行一次长江通信秩序整顿联合行动。对过往船舶进行现场检查，对违章使用电台、擅自更改核定频率的行为进行批评教育和相应的处罚。6 月，组织开展为期一个月的长江水上无线电通信秩序专项整顿活动。在整个活动期间，全省共出动执法人员近 50 人次，车辆 20 余台次，核查各类舰艇 60 余艘。

2004 年，芜湖、安庆管理处根据省无委办的统一安排，多次会同配合长江无委、通信、海事等部门对芜湖、安庆段的船用电台进行集中整顿，对部分违法违章使用电台的行为进行了处罚和教育，长江安徽段水上通信秩序有所好转。

广播电视台站专项整顿活动　2002年，根据中央办公厅、国务院办公厅的有关通知精神和国家无线电办公室的部署要求，印发了《关于加强安徽省广播电视台站管理的通知》，对设置使用广播电台、电视台、转播台等做出了新要求。对广播电台、电视台、转播台进行全面清理、审查、审核，要求广播电视部门按国家规定报完整的技术资料；严肃查处非法设置、使用无线电广播电台、电视台、差转台和干扰合法广播电视台站的行为；要求各市广播电视部门积极协助无线电管理部门对辖区内的无线电广播电视台站发射情况进行监测。审查合格的台站办理设台手续。全省广播电视台站的资料已陆续录入省频率台站数据库。

手机信号屏蔽器的使用管理　2004年，针对手机信号屏蔽器安装使用范围过大及使用管理不当，对公众移动通信网造成有害干扰不断，严重侵害广大手机用户合法权益的情况，出台了《关于加强手机信号屏蔽器使用管理的通知》，对设置作用手机屏蔽器的单位、场所作了严格限定，对申请使用手机屏蔽器的程序作了明确规定，对设置使用手机屏蔽器单位加强使用管理提供了具体的要求。全省公众移动通信网受手机屏蔽器干扰的情况，得到有效遏制，保障了公众移动通信网正常运营良好的电磁环境。

第二节　设施建设

省、市无线电监测站成立后，逐步购置了急需的无线电监测设备，初步开展起监测工作。20世纪90年代初，市无线电监测站只有几台非常普通、简陋的检测设备，监测系统几乎是空白，无线电管理的技术保障工作十分薄弱。

“九五”期间，全省无线电管理技术设施建设投资总额为7455万元(含自筹资金1000万元)，其中设备购置费为4289万元。全省投资3260万元购置无线电监测、测向和检测设备。重点进行了省无线电监测站的建设。合肥地区无线电监测、测向系统的建设框架已基本构成，投资额为1040万元。省会合肥地区对各类有害干扰和非法电台将能够高效、快速地查处；省监测站还安装了超短波屏蔽室，配备了功能齐全、测量精度和自动化程度较高的频谱测量仪、综合测试仪、信号源和功率计等设备，并取得了省质量技术监督局颁发的计量认证资格。各市基础设施明显改善，建立了计算机频谱和台站管理系统。1998年开始，部分市频谱和台站资料就纳入了计算机管理。2000年，国家无委开发的频谱和台站管理软件在全国的推广应用，应用计算机进行频率和台站的管理又上了一个台阶。

“十五”时期，安徽省对市级监测网建设投资757万元。进口了德国R/S公司生产的 ESMB、EB200 接收机等设备，全省共建成 25 座固定监测测向站，19 部移动监测测向车，并实现监测联网，实现安徽省市级监测网建设零的突破。安徽省的无线电管理计算机广域网已与国家无线电办公室通过 DDN 专线联网，17 个派出机构通过帧中继与省中心实现互联，实现了国家、省、市互联互通的三级网络架构。各派出机构均建成标准屏蔽室，配置了频谱仪、综测仪、场强仪等，能适应各类无线电业务开展的需要。全省无线电管理基础技术设施建设，按照“十五”规划目标基本实现，用于建设总投资 24867 万元。2001 年，全年共投资 1800 余万元用于技术设施建设。2002 年，全年共投资 4300 余万元用于技术设施建设，新增办公机房面积 2200 平方米。

技术设施建设

无线电监测网建设。1988 年 12 月，《国家无线电监测网总体技术方案》颁布。1994 年 10 月，国家无委颁布试行《无线电监测网技术体制（试行）》，确立了国家无线电监测中心与国家无线电监测站、省级监测站及其派出机构无线电监测站之间的三级监测网络结构。

2000 年至 2001 年，合肥地区无线电监测网建成。该网由三个无人值守远程固定监测站、一部移动车和监控中心组成。网络总投资 960 万元。基本实现了合肥地区无线电日常监测工作自动化。改变了安徽省监测网建设相对滞后的状况，尤其是为实现“十五”全省无线电监测网建设目标奠定了基础。2002 年 5 月，芜湖、安庆、蚌埠、铜陵“一站一车”监测系统投入运行。合肥地区“三站一车”扩展为“四站两车”，其接收机、测向机采用全部进口设备，系统集成和应用软件开发由国内公司承建；芜湖、安庆、蚌埠三个市“一站一车”扩展为“两站一车”；黄山、阜阳组建“两站一车”监测系统，其他 11 个市均建成“一站一车”监测系统。合肥地区第四固定站站址选择、机房租赁、铁塔架设、ISDN 电路租用等工作已顺利完成。2003 年，各市固定和移动监测站建成并投入使用。芜湖、黄山等 5 个市各建成由两个固定监测站和一部移动监测车组成的监测系统，淮北、宿州、滁州等 11 个市均建成由一个固定监测站和一部移动监测车组成的监测系统。2004 年，全省无线电监测网基本建成。合肥地区已建成由四个固定监测站和两部移动监测车组成的监测测向网络。该系统全部采用德国 RS 公司的先进设备；芜湖、黄山等 5 个市各建成由两个固定监测站和一部移动监测车组成的监测测向网；淮北、宿州、滁州等 11 个市均建成由一个固定监测站和一部移动监测车组成监测测向网。

无线电管理信息网建设。2001 年，根据国家无线电办公室的要求，安徽省按照统一规划、分步实施的原则，建设了无线电管理信息系统。一是扩大了计算机网的建设规模。二是完善了频率台站管理系统。三是开通了内外网（党政信息网、互联网）网站。2002 年已顺利完成了全省 17 个市级管理机构广域网的互联互通。2003 年，全省无线电管理信息广域网建成（128K 帧中继）。包括网上运行台站管理系统，地理信息系统、无线电监测测向系统、内部办公系统。内部办公网的应用范围扩展到各市管理处，进一步完善了全省频率台站管理系统，增加了分库和汇总功能，实现了向国家频率台站管理系统的数据转换。2004 年，全省信息广域网建设已顺利完成，全省联网方式由原电话线的方式全部更改为 CDMA IX 方式。该系统上联国家、下接 17 个市并实现互连互通、信息共享。频谱管理、地理信息、监测数据、办公自动化等应用系统初具规模、运行正常。2005 年，安徽省的无线电管理计算机广域网已与国家无线电办公室通过 DDN 专线联网，17 个派出机构通过帧中继与省中心实现互联，实现了国家、省、市互联互通的三级网络架构。

从全省无线电管理信息系统建设与应用情况和实践经验可以看出，无线电管理信息系统和全省联网建设，对实现加强无线电集中统一管理，提高无线电频谱管理及台站管理的科学化、自动化水平，提高无线电管理的决策能力和执法能力起到了重要的技术支撑作用；通过网管系统具备了对全省无线电管理信息系统中的主要网络设备、主机系统、数据库、应用系统的实时监控能力，提高了对信息系统故障的及时排查和应急处理能力，有效地保证了业务系统的正常运行。

地理信息系统建设。2001 年至 2002 年，根据国家无线电监测中心制定的《大比例尺地图数字化采集技术规范》《大比例尺地图数字化采集技术规范补充说明》、已完成了全省 17 个市市区 1 ∶ 1 万数字化地图的数据采集，建立了相应的地理信息数据库，并广泛应用于频率台站系统和监测网系统。

检测实验室建设。“九五”期间，省监测站安装了屏蔽室，配备了功能齐全、测量精度和自动化程度较高的频谱测量仪、综合测试仪、信号源和功率计等设备，并取得了省质量技术监督局颁发的计量认证资格。2001 年，省监测站安装了 22 平方米的大屏蔽室。2004 年，无线电设备检测实验室建设得到加强。省监测站有配置了高档频谱分析仪、综合测试仪、微波功率计、模拟信号源、场强测量仪、CDMA、GSM、PHS 基站测试仪等仪器。各市监测站为开展无线电设备日常检测工作，配置了功率计、频率计等。根据安徽省无线电管理技术设施建设“十五”规划，全省 17 个市级监测站应建 12 ~ 15 平方米屏蔽室，计划投资 120 万元。2002 年，全省 10 个市级监测站屏蔽室建设计划落实，2003 年其余 6 个市级站屏蔽室建设计划落实。2000 年为 17 个市检测实验室各配备一台 E4407B 无线电频谱分析仪，2967 无线电综合测试仪和 4403 无线电场强仪。2004 年，各市检测实验室的配置基本配套，满足了各市无线电设备日常检测工作需要。

基础设施建设　“九五”时期，各级无线电监测机房和办公用房明显改善，全省业务技术和办公用房投资额为 3166 万元。省无线电监测站购买业务技术用房 2700 平方米，全省市级监测站共购置、自建业务技术用房和办公用房 12300 平方米。业务技术和办公用房达 300 平方米以上，其中淮南、铜陵、马鞍山等建筑面积均在 1000 平方米以上。全省 80%以上的市级监测站架设了监测、测向铁塔。17 个市管理处共配置公务、监测车 20 余辆。上述设施、设备的配置，基本解决了业务技术用房和办公用房紧张的矛盾，改善了工作环境。“十五”时期全省业务技术用房面积为 17091 平方米。

第三节 无线电行政执法

依法行政 2004 年，拟制《安徽省无线电管理监督管理办法》，报送省法制办审查。2005 年，拟制《安徽省公众移动通信基站管理办法》

根据《中华人民共和国行政许可法》的规定和省政府、信息产业部的统一部署，全面清理无线电管理行政许可项目、规定和实施主体。省政府分别于 2004 年 8 月 2 日和 10 月 9 日确定了安徽省无线电管理行政许可的实施主体和七个行政许可项目。成立无线电业务受理中心，发布受理中心各项规章制度，统一实行一站式窗口对外办公。按照依法、公开、透明、便民的原则公布经省政府批准的无线电管理行政许可事项、设定依据、审批程序和工作流程，将全部行政审批纳入省政务中心，实行“一站式”服务。2002 年全年在“窗口”共受理各类业务 1000 余件。

执法检查 1995 年，国家无委办下发了《在全国开展无线电管理执法、守法大检查工作的通知》，将大检查的重点放在查处违章设台、整顿乱用频率，出租、转让或变相出租、转让频率，纠正无线电管理中擅权、越权等行为。安徽积极参与了此次工作，促进检查工作的公开化，制度化。通过此次检查，遏制了非法设置使用电台、违章设台、乱用频率的现象，维护了空中电波秩序。

安徽省部分宾馆、饭店、大型商场、娱乐场所建筑工地、牧业管理及少数机关、企事业单位保卫部门擅自设置使用无线电对讲机的现象有所上升，严重干扰和破坏了正常的无线电通信秩序。为此马鞍山、淮北、淮南、合肥、巢湖等管理处，结合本地实际，集中精力、集中时间开展无线电对讲专项清理整顿，依法查处擅自设置使用无线电对讲机行为。

为杜绝大功率无绳电话对正常无线电业务的有害干扰，2002 年 10 月 17 日，信息产业部与国家工商行政管理总局、国家质量监督检验检疫总局联合发布了《关于禁止生产、进口、销售和使用大功率无绳电话机的通告》。安徽省无线电管理机构根据“通告”的要求，成立专门工作组，召开专项工作会议，对工作方案进行了专题研究和部署。会同公安、工商、质检等部门开展了大规模清缴活动。至此，大功率无绳电话对正常无线电业务的干扰进一步得到遏制。

2005 年 3 月，全国无线电管理系统开展优秀行政执法案例评选活动，安徽省获得二等奖。

第四节　无线电监测与检测

无线电监测　2002年信息产业部组织对全国航空通信频率重点进行了专项监测工作。安徽省组织开展了为期两个多月的加强航空通信频率监测活动，做到了防范有力，查处及时，保障了航空通信频率的正常使用，有效保证了飞行安全。2002年全年共受理并排除干扰56起。还重点加强了航空通信频率的监测工作。会同民航通信站确定了合肥、黄山、阜阳、安庆、蚌埠机场重点实施监测的频率（对空指挥频率），提出了针对性的工作方案，对可疑信号24实施小时连续监测并录音，以保障航空导航的安全。

2004年，坚持日常监测，各级监测站正常工作日坚持4至6小时的监测、监听并认真做好值班记录。省站加大了无线电监测、监听、测向力度，坚持日常监测与突出重点频率重点时段监测相结合，每天坚持开机6小时实施监测，对异常信号出现能够做到及时发现，立即排查。为了保证监测系统的正常运行，监测科坚持每月对合肥地区四个遥控站进行巡检，确保系统设备状态良好，充分发挥无线电监测设备应有作用。淮北等管理处积极创新监测工作机制。在工作日内用固定监测站对广播电视、民航导航、公众移动通信以及150M、230M、450M频段展开不停机监测；将市区划分为电磁环境重点监测区、次重点监测区和一般监测区。利用移动监测车和频谱仪在不同时间段内不定期地对区域内的电磁环境分布情况开展实地监测，对频率、场强、带宽、信号调制、功率通量密度参数等ITU建议的监测项目展开测试，并在此基础上，建立淮北市电磁场强分布数据库，为今后频率指配、台（站）管理、干扰查处积累了宝贵的资料。

2005年，制定了安徽省无线电监测工作规范和标准并贯彻实施，明确日常监测任务、监测要求，加强检查考核，使得安徽省无线电监测工作进一步规范化、程序化、制度化。组织开展全省1GHz频段内日常无线电监测。分87 ~ 137MHz、138 ~ 500MHz、500MHz ~ 1GHz四个频段安排无线电常规监测任务，省站对监测方法、时间、数据处理等做出统一的规定和要求。通过监测工作的开展，及时发现不明信号，排除有害干扰，初步掌握全省1G以下频段的电磁环境状况，完善台站数据库。

无线电检测　公众移动通信基站测试　2002年，组织开展全省范围内GSM基站年审工作。年审工作主要检查GSM基站设台手续和配置使用情况，测试基站主要技术指标，补（换）发无线电台执照。组织3个年审测试组在全省17个市分组展开工作。通过年审，共摸清全省GSM基站数3995个，年审基站数3153个，合格基站数3052个，合格率为96.8%，不合格基站数101个，占3.2%。

2004年，组织开展全省范围内CDMA基站年审工作。年审工作主要检查CDMA基站设台手续和配置使用情况，测试基上主要技术指标，补（换）发无线电台执照。组织3个年审测试组在全省17个市分组展开工作，通过年审，共摸清全省CDMA基站数1290个，技术测试合格基站数31273个，合格率为98.6%，不合格基站数18个，占基站总数1.4%。

PHS基站测试 完成省政府下达的PHS基站执照核发率90%以上的目标任务。通过年审测试，摸清了基站数量，为完善台站数据库提供了资料，为优化通信网络提供了技术支持。分组测试中，对各市测试技术人员进行技术指导，审查PHS基站测试检测报告416份。

磁环境测试 2002年，由省监测站牵头，组织安排了铜陵、蚌埠、芜湖、安庆等市级监测站分别对150MHz、450MHz、900MHz频段进行电磁环境（背景噪声）测试，重点对民航、广播电视87 ~ 138MHz频段进行监测。通过测试，基本掌握了电磁环境昼夜、忙闲变化的规律及信号电平的差值等技术数据。

2004年，完成了蚌埠、安庆气象局电磁环境测试、芜湖海事局海事雷达站址电磁环境测试、安徽农业发展银行拟建雷达站电磁环境测试和联通公司拟建大楼电磁环境测试工作。

无线电干扰查处 2001年，全年共受理并排除干扰56起。2002年，全省共受理查找较有影响无线电干扰42起。其中严重干扰10起，包括两起对航空通信业务的干扰；三起对公众移动通信网的干扰；两起电视频道受寻呼台的干扰；两起违规设台、擅用自用频率对正常通信业务的干扰；一起人为恶意干扰。

2004年，加大了无线电有害干扰查处力度，全年共查处无线电有害干扰11起，其中重大干扰3起。省监测站查处重大干扰2起。巢湖有线电视台有线传输频率118.75兆赫兹产生泄漏，对民航进港频率产生干扰；安徽广播电台89.5兆赫兹同电视伴音208.25兆赫兹互调生产118.75兆赫兹对合肥民航地对空导航产生干扰；淮南监测站及时排查了淮北集团机车调度通信台的严重干扰，消除了安全事故的隐患。

2003年，安徽省无线电管理机构狠抓无线电干扰的防范与查处。按照统一指挥、整体规划、协调有序的原则，加强无线电管理干扰防范与查处体系的组织建设。按照《无线电管理条例》的要求，进一步健全快捷通畅的协调通道，保障无线电干扰和监测信息及时准确地上传下达，有关各方协调一致，密切配合。为应对突发事件，保证一旦出现紧急情况，反映及时迅速，处置稳妥得力，制定了防范和查处的应急预案。不少市还组建了快速反应小分队。从理顺协调体制方面入手，建立健全了与民航部门管理协调的相关制度，建立联席会议制度和干扰情况报表制度，一手抓管理规章制度的制定和完善，一手抓规章制度落实。2004年，各级监测站，建立健全干扰受理程序，加大干扰查处力度。

做好重要频率、重大活动和节日的干扰防范。在元旦、春节、“七一”、抗“非典”

等特殊时期和重要会议期间，无线电管理机构加强监测值班，防范和排除有害的无线电干扰，保证无线电通信频率的使用安全。

安徽省淮河流域 2003 年遭遇百年罕见的汛情。省无委办公室为应对洪涝灾害的突发事件，工作人员 24 小时值班，加强频率监测。8 月正值防汛关键时期，阜阳民航局紧急反映阜阳出现干扰，严重影响飞行安全。阜阳无线电管理处紧急动员，全员参战，昼夜监测监听，分析排查，及时查明干扰源，消除飞行隐患，保证通信安全。

第五章　管理机构

2000 年 11 月，安徽省人民政府组建安徽省信息产业厅，挂安徽省无线电管理委员会办公室牌子，并明确原省电子工业局的行业管理职能、原省无线电管理委员会及其办公室和原省信息化领导小组办公室的行政职能划入信息产业厅。郑世陶任厅长，崔文祥、沈毅、吴晓明任副厅长，谈国平任纪检组长。

省信息产业厅内设办公室、综合规划处（政策法规处）、科学技术处、产业发展处、无线电管理处、信息化推进处、人事处等 7 个处室和机关党委、监察室。

2005 年 4 月，增设推广应用处和网络信息安全处。

第一节　省电子工业局机构

安徽省电子工业归口安徽省电子工业局管理。

1986 年，安徽省电子工业局内设办公室、生产计划处、科技处、质量处、技术改造处、规划处和政治处。师金泉任局长，史宗杰、汪炳兴、王家福任副局长。

1990 年，技术改造处更名为技改经贸处；政治处改为人事教育处。

1992 年，安徽省电子工业局内设办公室、生产计划处、科技质量处、技改经贸处、规划处、财务处、人事教育处等 7 个处室和机关党委。王道五任局长。

2000 年，安徽省信息产业厅组建之前，安徽省电子工业局内设办公室、人事教育处、信息处、科技质量处、规划技改处、财务处、经济运行处和机关党委、监察室。

第二节　信息化建设管理机构

省级管理机构　1994 年 9 月，省政府成立了省经济信息化联席会议。

1996 年 5 月，省政府决定成立安徽省信息化领导小组，从组织上加强对全省信息化建设工作的领导，汪洋任组长。领导小组下设办公室，负责日常事务工作。办公室挂靠在省计委下属单位安徽省经济信息中心。朱先发兼任省信息办主任。1998 年 3 月，安徽省经济信息中心主任张令保兼任省信息办主任。

2000 年 5 月，省政府成立安徽省信息产业厅，作为全省电子信息工业、信息化建设和无线电管理的政府主管部门，郑世陶任厅长。省信息化领导小组办公室同时从安徽省经济信息中心移至省信息产业厅，省信息产业厅厅长郑世陶兼任省信息化领导小组办公室主任。

2003 年 2 月，贺凌任省信息产业厅厅长、党组书记。

2003 年 8 月，为加强“数字安徽”建设工作的统一领导，省政府成立了“数字安徽”建设工作领导小组，同时也是安徽省信息化领导小组，省长王金山任组长，常务副省长任海深、副省长黄海嵩任副组长，省人大常委会副主任黄岳忠为顾问，省委、省政府相关部门主要负责人为成员。省信息化领导小组办公室承担“数字安徽”建设工作领导小组办公室工作。

随着国家加快信息化进程和“数字安徽”建设的全面启动，原有体制已不能适应工作需要。2005 年 3 月 3 日，省政府信息化工作办公室，在省信息产业厅增挂安徽省人民政府信息化工作办公室牌子，作为省信息化领导小组（“数字安徽”建设工作领导小组）的办事机构，承担全省信息化建设过程中的综合、协调、服务任务，并加强工作力量，在信息产业厅原有建制的基础上，增设推广应用处和网络信息安全处，同时增加了相应人员编制。省信息产业厅厅长贺凌任省政府信息化工作办公室主任。2005 年 4 月 18 日，安徽省人民政府信息化工作办公室正式挂牌运行。

市县信息化工作机构　1996 年，省政府成立信息化工作领导小组之后，全省各市也相继成立了各自的信息化领导小组，其中合肥市、阜阳市市长担任信息化领导小组组长，亳州、宿州、蚌埠、淮南、滁州、六安、巢湖、芜湖、铜陵、池州、淮北 11 个市分别由常务副市长（或副市长）担任信息化领导小组组长。

各市信息化领导小组都下设了具体的办事机构。2005 年之前，在 17 个省辖市中，合肥市、阜阳市和芜湖市设立了“市信息化工作办公室”；淮北、亳州、宿州、蚌埠、淮南、滁州、六安、马鞍山、巢湖、铜陵、池州、安庆等 12 个市设立了“市信息化领导小组办公室”；宣城和黄山市虽未设立“信息办”，但信息化工作有具体的联系办事机构。

各市信息办的隶属关系分四类情况：其中合肥市信息办和芜湖市信息办系正县级机构，属市政府管理；亳州、阜阳、六安、宣城四个市的信息办设在市政府办公室；巢湖、黄山两市的信息办设在市计委（发改委）；与当地信息中心合署办公的有淮北、宿州、蚌埠、淮南、滁州、马鞍山、铜陵、池州、安庆 9 个市。设在市办公室和市计委（发改委）的 6 个市信息办有的对外以信息科的名称。

由于条件的限制，县（区）信息化领导机构和工作机构设置情况有所差异。部分市所属县、区成立了信息化领导小组，政府主要负责人担任组长。绝大多数县（区）有信息化工作具体办事机构，分设在当地政府办公室、计经委、宣传部、科技局、档案局等。

合肥市在2004年年初还整合了市政府办公厅所属的行政机关办公自动化服务中心、市计委所属的经济信息中心，成立了市信息资源管理中心，作为市信息办管理的二级机构。这种机构设置和管理模式，当时在国内省辖市尚属首例。

直属单位和协会

安徽省电子产品监督检验所　成立于1975年10月，原名安徽省电子产品例行试验站，1985年改名安徽省电子产品监督检验所。经省编办批准，2001年增挂安徽省计算机信息系统集成资质认证中心牌子，2004年增挂安徽省信息安全测评中心牌子。

安徽省信息化推进中心。为更好地落实安徽省信息化推进工作，省信息产业厅决定在安徽省电子情报研究所的基础上组建安徽省信息化推进中心。安徽省电子情报研究所原有职能不变，增挂安徽省信息化推进中心牌子。

安徽省电子商务协会。安徽省电子商务协会于2003年9月5日在合肥成立。省政府咨询委委员郑世陶担任协会第一届理事会理事长。在“数字安徽”五年建设期间，协会充分发挥会员优势为政府和有关企业服务；参与了《安徽省电子商务“十一五”发展规划》的编制；积极向省信息产业厅推荐包括会员单位在内的电子商务建设示范项目；不定期地举办了多次各类研讨活动，每年举办一次理事大会，特邀一些政府和企业代表参加；编辑协会工作简报60余期，定期发送给广大会员参考。

宣传媒体

《安徽信息化》杂志。《安徽信息化》于2002年12月创刊，由安徽省信息产业厅、安徽省信息化领导小组办公室主办，是一份内部刊物，双月刊。《安徽信息化》编委会主任由省信息产业厅厅长（省信息办主任）担任，副主任由省信息产业厅副厅长和部分省直部门分管信息化工作的负责人担任。《安徽信息化》辟有政策法规、产业动态、行业巡礼、调查研究、企业风采、市县专栏、交流园地栏目。主要送阅对象有：国家信息产业部和省政府有关领导、省直各部门、市县信息化主管机构、省内外有关企事业单位以及部分单位负责人和专家学者。被安徽省委宣传部确定为“安徽省图书馆馆藏期刊”。

《数字安徽建设工作简报》。由省信息产业厅、省信息办主办，前身是《安徽信息化工作简报》，2001年编辑发行。该简报主要报道一些时效性强的专题活动，送阅对象与《安徽信息化》杂志基本相同。

“数字安徽”网站。“数字安徽”网站2003年7月1日开通，主办单位是安徽省信息产业厅、安徽省信息办。

第三节　软件业管理机构

管理机构　软件产业在中国归口信息行业管理。2000年5月安徽省信息产业厅组建之前，全省软件业管理归口安徽省电子工业局，具体处室是科技处；2000 年 5 月至 2009 年 5 月，全省软件业管理归口安徽省信息产业厅，具体处室是科技处；2009 年 5 月 18 日，安徽省经济和信息化委员会成立，整合了原省信息产业厅的职能，内设软件服务业处，其职责为：指导全省软件业、信息服务业发展；组织协调软件、系统集成和信息服务业重点项目的实施及有关技术规范和标准的拟订与实施；推动软件公共服务体系建设；推进软件服务外包相关工作。

中介服务机构

安徽省软件行业协会。安徽省软件行业协会是由省内若干软件行业（含集成电路行业）的专家发起、有关企事业单位和个人本着自愿原则组成的地方性社团组织，2001 年 4 月经安徽省信息产业厅同意、安徽省民政厅批准成立。2001 年 7 月获得国家信息产业部授权，成为全省行政区域内软件企业认定机构。

协会根据国家政策法规制订了《安徽省软件行业基本公约》，定期编辑发行《安徽省软件行业简报》。还编印了《安徽省软件企业和软件产品名录》《安徽省优秀软件企业、优秀软件人才、优秀软件产品名录》《软件产业政策文件汇编》等资料。

自 2001 年至 2010 年年底，协会共参与认定软件企业 338 家，受理登记软件产品 1654 件，代理软件著作权登记 1600 余件。建立了全省软件企业联系档案，组织召开了多次软件企业座谈会，加强企业与政府之间的交流。

协会还成立了专家咨询委员会及软件工程专业委员会、集成电路专业委员会 、智能交通专业委员会 、动漫游戏专业委员会、SMT 专业委员会；设立了芜湖办事处。

安徽省软件测评中心。安徽省软件测评中心由安徽省软件行业协会、安徽省计算机软件工程技术研究中心和中国科技大学信息科学实验中心联合承办，2002 年经安徽省信息产业厅批准成立，是安徽省唯一的专业软件测试机构。

第四节　无线电管理机构

省级无线电管理机构　1962 年以前，主要是邮电、广播、公安、军队等部门设置使用无线电台，无线电设备数量少，无线电管理基本是按单位、系统管理。1962 年 7 月，为了加强管理，中共中央批准成立中央、各中央局无线电管理委员会，组建了专门办事机构。这标志着中国无线电管理有了正式的统一的组织。1964 年 11 月，安徽省无线电管理小组成立，在华东局无线电管理委员会办公室领导下负责全省党政军民无线电的管理工作。各市根据需要，经市委批准，也可设无线电管理小组。各级无线电管理小组在当地党委和上级无线电管理机构领导下进行工作。“文化大革命”期间，无线电管理工作基本瘫痪。1971 年，国务院、中央军委决定恢复各级无线电管理委员会。同年，安徽省无线电管理委员会恢复成立。无线电管理办事机构设在军队，对外不公开办公。对全省无线电频率使用，固定台、站的布局和各类无线电通信设备情况，进行全面调查统计。对于设台较多的系统和单位，应成立无线电管理部门，设台不多的单位，也应加强管理，要指定专人负责。1978 年 12 月，省编委《关于省无线电管理委员会办公室设置问题批复》明确，省、地区无线电管理委员会办公室仍设在军队通讯部门，省辖市无线电管理委员会办公室设在军分区或人武部。中共十一届三中全会后，党政机关、企事业单位和个人都可以根据工作需要设置使用不同类型维护的无线电台。短短几年时间，无线电业务广泛应用于国民经济的各个行业、各个部门，电台数量也成倍增长。

1984 年 4 月，全国无线电管理委员会改称国家无线电管理委员会，在国务院、中央军委领导下，统一负责全国党政军民无线电的管理工作。1984 年 12 月，安徽省人民政府、安徽省军区决定对全省各级无线电管理委员会的组织机构作适当调整。省无线电管理委员会在省人民政府、省军区领导下，统一负责全省党政军民无线电的管理工作。各级无线电管理委员会办公室是承办无线电管理日常工作的常设机构。省无线电管理委员会办公室设在省政府办公厅，实行军地联合办公。各地市也应成立无线电管理委员会，其办公室设在行署、市政府办公室。为加强全省无线电的技术管理，决定成立省无线电监测计算站，在省无线电管理委员会办公室领导下工作。1985 年 4 月，经安徽省政府研究，副省长张大为任省无线电管理委员会主任，省军区副司令员李平章、省政府秘书长赵怀寿任省无线电管理委员会副主任，并主持委员会日常工作。省政府办公厅副主任孙欣甫兼任无委办主任。1985 年 7 月，批准省无委办为正处级建制，地方编制 5 名，同意省无线电监测计算站为省无委办下属事业单位，正处级建制，定人员 18 名。1986 年 4 月，陈国武任省无委办副主任。1986 年 11 月，国家无线电管理办事机构由军队转到政府。无线电管理机构调整后，我省无线电管理办事机构由实行军地联合办公改为在各级政府办公。安徽省无线电管理委员会办公室设在省政府办公厅，地、市无线电管理委员会办公室设在行署、市政府办公室，对外公开办公。1988 年 4 月，省无委会四次会议同意筹建地市无线电监测站，监测站的编制、建设经费由各地市无委办分别向本级编委、财政部门申报。

1994 年 7 月，省无线电监测计算站改名为省无线电监测站。1997 年 10 月，省无线电管理委员会办公室为副厅级建制，由省政府办公厅管理。内设机构设立综合、法规稽查、频率台站管理 3 个职能处（副处级建制）。行政编制 20 名。1998 年 6 月，余华柱任省无委办主任。1999 年 4 月，沈毅任省无委办主任。

2000 年 11 月，省级机构改革中组建安徽省信息产业厅，挂安徽省无线电管理委员会办公室牌子。原省无线电管理委员会办公室的行政职能划入省信息产业厅。内设机构改为无线电管理处。各市派出机构随省无委办整体划至安徽省信息产业厅，其机构名称、行政职能不变。2001 年 3 月，调整安徽省无线电管理委员会成员，副省长黄岳忠任省无线电管理委员会主任，省信息产业厅厅长郑世陶任副主任。省无委办设在省信息产业厅，郑世陶兼任无委办主任。2004 年 1 月，调整安徽省无线电管理委员会成员，副省长黄海嵩任省无线电管理委员会主任，省信息产业厅厅长贺凌任副主任。贺凌兼任无委办主任。

市级无线电管理机构 1985 年 10 月，淮北、淮南、安庆、铜陵、芜湖、马鞍山、黄山市和徽州、巢湖行署调整无线电管理委员会，成立了无线电管理委员会办公室。淮南、马鞍山、黄山市、徽州行署确定了编制。1986 年 3 月，批准各市无线电管理委员会办公室编制二至五名，对外为地、市无线电管理委员会的办事机构，对内为行署、市政府办公室内设科室。淮北、淮南、蚌埠、阜阳、六安、滁州、安庆、铜陵、马鞍山、池州、宿县无线电管理委员会办公室定副处级建制，下辖无线电监测站（正科事业建制）。合肥、黄山、芜湖、宣城、巢湖无线电管理委员会办公室定正科级建制，下辖无线电监测站（科事业建制）。各地市无线电管理委员会办公室行政编制共四十一名。下辖无线电监测站事业编制共 81 名。

1994 年，国务院对无线电管理办事机构设置进行调整，省以下各级政府不再设无线电管理委员会。国家、省、市三级管理体制，改为国家和省两级管理体制，市级为省级派出机构。

1998 年 9 月，省机构编制委员会《关于调整全省地市无线电管理办事机构设置的通知》下发，安徽省各行署、市人民政府不再设立无线电管理委员会，其办公室作为省无委办的派出机构，机构级别不变，淮北等 11 个无线电管理处仍为副处级建制，合肥等 5 个无线电管理处仍为正科级。1998 年 12 月，省机构编制委员会《关于地市无线电监测机构上划省垂直管理的通知》下发，各地市无线电监测站由省无线电管理委员会办公室统一负责管理，是省无办在各地派出机构的技术保障机构，具有独立事业法人资格，科级建制，受省无办和当地政府双重领导，其业务工作和人事、财务、物资等以省无委办管理为主。

附　录

安徽省人民政府办公厅关于印发安徽省“十五”国民经济和社会信息化三年实施意见的通知

皖政办〔2001〕33号

各市、县人民政府，省政府各部门、各直属机构：

《安徽省“十五”国民经济和社会信息化三年实施意见》（以下简称《实施意见》）已经省政府常务会议通过，现印发给你们，请认真贯彻执行。

信息技术是当今世界推动全球经济和社会发展的重要生产力，世界各国都以推进信息化建设、加快信息产业发展作为调整经济结构、促进经济发展、推动社会进步的重要途径。“十五” 期间我省要把推进国民经济和社会信息化放在突出位置，广泛应用信息技术改造和提升传统产业，特别是要以信息化带动工业化，加快我省工业化进程，提高工业化水平，实现跨越式发展。

《实施意见》是我省实施国民经济和社会发展 “十五”计划的重要组成部分，是对全省加快信息化建设进行宏观指导的重要文件。省信息化领导小组办公室要尽快将《实施意见》中提出的各项任务进行细化、分解落实。各级政府、各部门要从实际出发，抓紧制定本地区、本部门信息化三年实施意见，并报省信息化小组办公室备案。

安徽省人民政府办公厅

二〇〇一年五月一日

安徽省“十五”国民经济和社会信息化三年实施意见

为了认真贯彻落实《安徽省国民经济和社会发展第十个五年计划纲要》，有效地推进全省信息化工作，促进国民经济持续快速健康发展和社会全面进步，现就我省“十五”国民经济和社会信息化提出三年实施意见。

一、全省信息化建设的现状

经过“八五”、“九五”努力，我省信息化工作取得了一定的成就。一是信息网络基础设施建设稳步发展。到2000年底，全省公用电信干线光缆网覆盖全省市县和部分乡镇；因特网覆盖17个省辖市；长途程控交换机总容量超过17万路端，长途电话通达全国各地和世界200多个国家和地区；局用交换机总容量超过1000万门；各类数据通信端口达到37300个，其中因特网接入端口15390个，宽带网端口数达306个，省际出口带宽超过1G；电话普及率达到11部/百人，移动电话普及率达到3.3部/百人；基本数据业务用户超过1.5万，上网用户超过27万。有线广播电视干线光缆联通全省市县；广播电视人口覆盖率分别达到94.8%和93.8%。二是计算机专用网络应用取得可喜成果。政府上网工程取得突破性进展，安徽省政府网络系统初具规模。安徽省农村综合经济信息网覆盖全省17个市62个县，并逐步延伸到各乡镇；企业信息化建设意识提高，省经贸信息网已联接了全省56家大中型企业。教育、金融、交通、卫生、公安等领域网络建设较快发展。三是信息产品制造业初具规模。1988年到2000年间，工业总产值以年均23.1%的速度递增。目前已批量生产雷达、通信设备、视听产品、家用电器、电子元件、半导体器件、电子材料、测量仪器、应用整机及软件产品等十一大类数千个品种的电子信息产品。其中视听产品、雷达及部分电子元器件和电子原材料等一批具有安徽特色的优势产品已形成规模。四是软件业和信息服务业发展较快。

但是，我省信息化发展水平与沿海发达地区相比还有较大差距。主要问题是：全社会信息化意识不强，对信息化的重要性认识不足；信息基础设施利用率不高，网络用户发展缓慢；信息化人才缺乏，创新机制尚未形成，创新能力没有得到充分发挥；软件企业规模较小，缺乏知名品牌；网络安全性不强，抗侵害能力弱等。

二、全省信息化建设指导思想和三年目标

（一）指导思想

以“三个代表”重要思想为指导，以体制创新和科技创新为动力，把推进国民经济和社会信息化放在突出位置，用信息技术改造和提升传统产业，特别要以信息化带动工业化，加快工业化进程，提高工业化水平。坚持“统筹规划、适度超前，政府引导、引入竞争，突出重点、整体推进，勇于创新、重在应用”的原则，加快网络基础设施建设，促进互联互通，实现资源共享，推动国民经济和社会发展。

（二）三年目标

到2003年底，初步建成与我省国民经济和社会发展相适应的网络基础设施和服务体系，信息化总体上达到全国中上游水平。

——建成具有国内先进技术水平的宽带网络。宽带网络基础设施基本延伸到乡镇；大多数应用领域实现宽带接入；

——政府行政管理基本运用数字化、网络化技术，初步实现“电子政务”；

——信息化带动工业化取得明显成效，信息技术的推广和应用对传统产业改造、结构调整发挥积极作用。重点企业建立自己的信息化系统，基本实现计算机辅助设计（CAD）、计算机辅助工程（CAE）、计算机辅助制造（CAM）、计算机辅助工艺设计（CAPP）及企业资源计划（ERP）等，大部分中小企业能够利用信息网络技术；

——领域和区域信息化广泛发展，重点领域和重点区域信息平台提供的信息内容和信息服务基本满足政府、企业和社会的主体需求；网上教育、远程医疗、电子商务等社会公共信息服务初具规模，基本普及到乡镇；

——信息资源开发利用的深度和广度有明显提高，信息产业实现快速发展。

三、全省信息化三年主要任务

（一）加强信息网络基础设施建设

充分利用现有公用和专用主干光缆网，采用现代先进技术，逐步形成统一标准和规范的融合多种业务的宽带多媒体信息基础网络。建设和完善省级宽带主干传输网，提高网络传输带宽，网络覆盖到95%的乡镇。

1、宽带骨干传输网

建设省辖市间320G宽带传输密集波分复用（DWDM）系统，省内主干光纤传输网基本传输速率达到10G以上，建成覆盖市、县、主要乡镇的2.5G宽带传输网络。

2、宽带城域网

建设能综合各种业务的宽带城域网络平台，在此基础上为单位和社区等最终用户提供10M / 100M / 1000M的高速接入，同时提供虚拟专网（VPN）等增值业务，建设规模达到3万个宽带接入端口。

3、宽带接入网

加大力度重点建设光纤接入网，省辖市100%新建小区实现光纤接入，并逐步做到光纤到大楼、光纤到户、光纤到桌面；逐步开展对已有光纤社区和95%的乡镇的宽带接入网建设，向用户提供各种宽带的、有线和无线相结合的接入方式。

4、基础通信网扩容

全省本地电话网扩容400万门，移动电话网扩容400万门；电话用户达到1300万户，其中移动电话达到500万户；电话普及率超过20部 / 百人，移动电话达到8部 / 百人；上网用户力争达到150万户。

5、有线电视综合信息网

利用已建成的混合光网（HFC），结合IP技术，对有线电视综合信息网进行升级改造，在省、市开展广播电视业务和宽带多媒体交互式业务。

6、数字声音广播、数字电视广播（DAB、DVB—C）的数字广播电视交互系统

综合现有有线电视网络，进行全面改造和网络升级，推进有线电视数字化。建设

数字广播电视实验系统，开展数字广播电视服务和数据业务及城域网互联等。

（二）以企业信息化为突破口，实施信息化带动工业化

实施企业信息化，以大中型骨干企业为重点，以电子信息技术应用和电子商务为核心，加快建立和完善全省企业信息化推进体系和网络平台，充分发挥信息技术对经济的倍增作用，促进两个根本转变，改造和提升传统产业，推动结构调整。力争三年时间内，50户重点工业企业和10户商业企业建立自己的信息化系统；电子信息产品制造企业率先运用信息技术改造传统工艺和技术，运用信息化的手段加强管理和研发，形成特色优势。

1、利用信息技术改造和提升传统产业

以机械、轻工、冶金、化工、汽车、建材、电子等行业为重点，结合重点企业、关键生产过程的技术改造，积极推动传统工业企业利用信息技术改进工艺流程、工艺装备、生产条件，提升产品核心技术，提高企业的自动化、智能化、数字化、网络化水平，推动传统产业结构调整和技术升级。实施信息技术改造示范工程和重点项目。每年有重点地选择一批骨干企业，分行业、分类型建立信息技术应用示范点，在政策上给予扶持，总结一些成功企业的好做法，通过召开现场会、经验交流会等形式，及时进行宣传和推广，以带动信息技术的广泛应用，全面提高企业的经济效益和竞争能力。依托企业技术中心、科研院所、高等院校和行业信息技术应用的开发机构及信息技术中介机构，为企业利用信息技术改造和提升传统产业提供服务。

2、推进企业生产经营管理信息化

在工业企业中，大力推广计算机辅助设计（CAD）、计算机辅助工艺设计（CAPP）、计算机辅助工程（CAE）、计算机辅助制造（CAM）、产品数据管理（PDM）、物料需求计划（MRP）、企业资源计划（ERP）等信息技术的应用，实施4C＋E（即CAD、CAE、CAM、CAPP及ERP）。通过建立计算机集成系统（CIMS），实现设计开发计算机化和物资流、资金流、信息流和管理流的集成和资源优化，提高产品的设计开发能力及生产全过程管理水平。

（1）大力推广研究、开发与设计自动化系统。全省大中型企业应逐步建立研究、开发与设计自动化系统，应用CAD / CAP / CAE等技术，缩短产品设计周期，提高产品性能，增强产品市场竞争力。

（2）加快制造业生产过程自动化进程。在全省制造业中积极推行计算机辅助制造（CAM）、工业机器人、柔性制造系统（FMS）、离散控制系统（DCS）、现场总线控制系统（FCS）等加工制造自动化技术，以提高生产效率和产品质量。

（3）加速实现企业经营管理自动化。大中型企业应尽快建立自己的管理信息系统（MIS）和计算机辅助决策支持系统。同时，选择重点骨干企业通过采用资源计划（

MRP Ⅱ / ERP）系统，以财务管理为中心，以物资管理为重点，实现所有资源记帐，规范企业业务流程，以更好地配置企业资源，提高资源效率。

（4）加快企业信息化基础设施建设，建立企业信息化网络。大型企业要建立覆盖企业各个生产、经营环节和管理部门的传送各种类型数据和信息的高速多媒体网络。中小型企业应建立覆盖企业重点部门的小型企业网络。选择一批重点骨干企业，在原有局域网的基础上，进行改造提升，进一步提高企业的效益，并以此作为示范，带动全省企业的信息化网络建设。

3、积极稳妥地发展电子商务

面对世界各国无纸化贸易和电子数据报关的广泛应用，我省要发挥政府宏观规划和指导协调作用，积极稳妥地发展电子商务。

（1）切实推进企业上网工程。搞好企业网站建设，是建立电子商务系统的重要组成部分，是宣传企业，扩大对外交流的重要手段。各类企业要在统一规划指导下，适时建立企业网站并深化应用，为建立电子商务系统打好基础。

（2）加快电子商务框架工程建设。建立电子商务认证中心，完善市场信用数据库，提供初步的电子商务交易认证；实现和北京、上海等主要电子商务认证中心联网，进行初步的交叉认证服务。

（3）建设支付网关系统。本着“统一标准，联合建设”的方针，组织各商业银行建设电子商务支付网关系统，完善网上银行业务。

（4）建立电子商城，开展试点。联合有关企业和单位共同建设为网上交易各方提供支持和服务的安徽电子商城，选择有条件的企业开展电子商务试点。

4、建立和完善企业信息化推进体系和网络平台

为强化企业信息化的规划、引导和服务，应建立健全有力的企业信息化推进体系和相关网络平台。

（1）建立、健全企业信息化工作组织。企业要建立信息主管（CIO）制度，设立信息化实施部门。大中型企业要把建立信息主管制度列为建立现代企业制度的重要内容，组织制定信息化规划和实施方案，把信息化和基础建设、技术改造、技术进步有机地结合起来。

（2）建立和完善省、市、县三级经贸系统信息网和中国安徽企业网的金企网络工程。通过建立网络平台，实现与国家经贸网、省金桥网联网，整合、集聚企业资源，建立全省企业数据库和产品数据库，建立技术创新、市场培育、生产调度管理等信息系统，向国内外动态发布产品、人才、供求、投资、设备资源等信息，推动企业信息化及企业电子商务实践。

（3）建设企业服务信息系统。综合工商、税务、统计、质量技术监督、金融、外

贸等部门的信息资源，为中小企业提供综合服务，以解决目前中小企业存在的缺乏专业技术人员、应用开发能力弱的问题。

（三）完善政府信息网络，实施“电子政务”

在现有政府上网工程的基础上，进一步加快我省政务信息化建设。

1、完善政府上网工程，推进政务信息化

规范网上政务信息发布，开展网上服务，同时加快各级行政机关局域网建设，大力推进机关办公自动化。省人事厅（编办）、省财政厅、省教育厅要尽快分别建立起全省政府机关机构编制信息平台、全省政府机关人员工资信息平台、全省教师队伍信息平台，通过信息化手段，切实加强对人员编制、工资发放及教师队伍的管理和控制。

2、加快党政信息网建设

完善党政信息网，形成全省统一的宽带办公业务网和政务信息公用平台，促进政务信息资源共享。网络建设和管理等工作，有关部门要按照省委办公厅、省政府办公厅《关于加强党政信息网络建设和管理工作的通知）（厅〔2001〕1号）要求进行落实。

（四）建设和完善重点领域信息化

信息化涉及国民经济和社会生活的各个领域，从我省的实际出发，应重点加强以下领域的信息化建设。

1、农业信息化

完善网络，建立机制，大力发展农业信息服务业。

（1）完善全省农业信息网络。以先进传输渠道为依托，以省农委信息中心为网络中心，以市、县农业信息中心为传输中心，上联农业部，外联各省（市）及国外的有关信息网络，内联各级政府、涉农部门，下联企业、专业户。

（2）开发农业信息资源。建立农业资源、政策法规、科学技术和农产品产销信息数据库，建设农业和农村综合管理信息系统、信息服务系统、扶贫信息系统、防汛抗旱指挥信息系统等。

（3）健全农业信息服务组织。加强农业信息管理工作，完善地方农业信息服务法规，规范农业信息市场行为，探索建立全省农业行政、事业、企业信息服务发展的运行机制；大力发展农业信息服务组织，做到农业政策、技术和农产品产销信息服务及时、准确，初步实现农业服务信息化。

（4）切实抓好农业电子商务试点，实现农产品产、供、销网络化。

2、教育信息化

建立有利于网上资源建设、资源管理、资源共享和知识产权保护的运行机制。

（1）加强教育网基础设施建设。在全省高等院校、100所现代教育技术实验学校和示范中学建立校园计算机网，实现多媒体教学。2001年实现安徽教育网与大学校园网联网。到 2003 年要实现与省现代远程教育传输中心、省现代教育技术实验学校、骨干中等职业学校、中小学示范学校校园网以及各市教育部门局域网高速互联。建立安徽省教育信息资源中心，进一步丰富教育网络信息资源，使安徽教育网成为省级教育信息资源平台。

（2）大力发展远程教育。初步建成现代远程教育网络，建立一批网上学校和网上培训基地，开展面向幼儿教育、基础教育、成人教育和职业教育等不同类型和层次的教育，开设不同专业的网上课程。在中小学实施“校校通”工程，省辖市开办网上中学，每个县建立一所网络中心学校。

（3）大力培养信息技术人才。在重点高校开办网络技术学院，培养信息技术高级专业人才；在专科院校和中等职业学校将信息技术应用作为重要的基础课程，快速培养信息技术实用人才；在师范院校开设信息技术教育课程，全面提高中小学教师信息技术知识。

（4）开展信息化基础知识普及教育。城市和县城镇的中小学包括中等职业学校全部实施信息化基础知识普及教育，初中学生能够掌握网上操作的基本技术。

3、科技信息化

进一步加强和完善安徽科技信息网络中心建设，完成与全省 17 个市科技信息网分中心互联互通的网络平台的构建，最终形成覆盖全省各地的多功能、开放式的科技信息网络；通过与我省各大信息网络的互联以及与科研系统、大专院校、高新技术企业的网络互联，向广大科研人员及用户提供优质快捷的科技信息咨询服务。

开发科技信息资源。积极组织、不断扩大对社会公众开放的科技信息资源的网上服务；推出并进一步完善技术市场、重大技术供求信息、科技成果转让、项目对接、专利查询等网上发布和咨询。通过科技信息网，努力促进产、学、研的密切结合。

4、金融信息化

按照现代化支付体系要求，完善人民银行支付系统，推进各商业银行综合柜面业务系统建设，使其成为现代化支付体系的重要组成部分，减少在途资金，为客户提供准确及时的资金汇划渠道。采用宽带网技术增加应用业务覆盖面，逐步开展网上银行、电子商务、网上结算等新型金融业务和金融信息服务。

完成银行卡在全国范围内联网通用、一卡多用，实现异地跨行存取以及全国银行卡受理设备（ATM、POS）的联网通用。推广全国统一的“银联”标识，建立良好的用卡环境，加大电子货币结算量，减少现金流通量。大力推广贷记卡的发行与使用，方便群众，促进消费。建好信贷登记系统和个人信用信息系统，全面记录贷款企业的各项基本信息，实现全国联网查询，为银行贷款和宏观决策提供依据。

5、劳动和社会保障信息化

初步建成全省劳动和社会保障管理信息系统，包括养老保险、失业保险、医疗保险、劳动力市场网，社会保障资金征管、发放、查询与监督信息系统。基本普及社会保障卡，积极推进劳动保障业务的电子化办公和社会化运行，实现劳动保障系统各项业务的信息共享和交换。

6、国土资源与环境管理信息化

完善1：25万、1：5万和1：1万的基础地理信息系统和地质灾害信息系统、环境地质信息系统；建设1：1万土地利用现状、土地利用规划、全省地籍数据库。逐步建成全省基础图件库序列，使之成为真正系列图库，服务于国民经济的各个领域。

建设覆盖全省的环保信息网络，同国家环保总局建立的卫星网和国家环境信息检测网联网。利用地理信息系统（GIS）数据库建立各类污染源地理信息系统、环境管理地理信息系统和环境质量监测地理信息系统，在积极建设生态环境卫星遥感决策分析系统、排污申报及许可证管理信息系统、重点区域污染物排放总量控制决策支持系统、重点区域（流域）水源保护区的环境污染控制决策支持系统和生态环境应急响应系统的基础上，初步实现环境业务管理、污染源动态管理、排污申报及许可证、环境统计、环境监测等信息的收集、处理、加工、发布、预警和传输网络化。

在省辖市基本建成城市环保在线监测和指挥决策系统、绿化信息管理系统、市容环卫信息管理系统。建立环保网站，为社会提供咨询服务。

7、公安信息化

建立和完善全省社会公共安全信息网、公安通信网和公安信息系统，加强计算机及网络的安全，提高办公效率和执法水平。

（1）建设和完善全省公安通信网络。建设和完善公安专用计算机网络、公安专用电视电话网络和公安专用移动/无线通信网络系统及卫星通信系统。

（2）建设和完善全省公安应用信息系统及数据库。以全省犯罪信息中心（AHCIC）为基础，建设全省人口、刑侦、治安、出入境、交警、消防、指挥中心等业务信息数据库系统。

（3）建立和完善社会公共安全信息网络。建立110、119和122报警指挥系统，实现防抢、防盗、报警、出警和监控的数字化、网络化。

（4）加强计算机及网络安全保障工作。预防和打击计算机违法犯罪，建设和完善公共信息网的监控中心。

8、其它重要领域信息化

积极推进和完善与经济发展、人民生活息息相关的一些重要领域信息化工作，力争在三年内基本建成交通、财税、保险、旅游、医疗卫生、外经贸、工商行政管理、质量技术监督、政法、统计、水利、电力、人口与计划生育、新闻出版、图书档案、地方志等领域网络平台，使信息化在各领域的应用水平再上一个新的台阶。

（五）建设重点区域信息化

随着社会的发展，网络数量、规模和信息交换量迅速扩大，各领域的网络互联互通的需求十分迫切。因此，加强区域信息化特别是城市信息化的建设十分必要。通过信息化完善服务功能，提高城市管理、人民生活和城市环境的质量，并为领域信息化、企业信息化和社区服务信息化在当地的发展提供良好的环境。

1、城市信息化

在17个市建设城域网的同时，选择经济较发达、特色较明显的城市，作为城市信息化发展重点，积极推进试点和示范工作。利用现有公共基础网络设施，加强宽带城域网建设，提供光纤到户、光纤到桌面；联结各领域信息网，逐步实施三网融合，建成区域公共信息平台。通过公共信息平台向社会提供有关政治、经济、文化、生活、健康、娱乐、旅游等方面的信息和服务，逐步实现社会保障卡“一卡通”、银行IC卡“一卡通”，为社会提供优良的信息服务，实现城市功能的数字化、网络化。

城市信息化建设中，要充分利用自身优势和特色。合肥市要发挥全省政治、经济、文化中心城市的优势，在推进公共领域信息化、社区信息化和智能小区建设方面率先突破。黄山市要发挥风景旅游区的特点，建设“两山一湖”（即黄山、九华山和太平湖）旅游信息网，同国际、国内大型旅行社联网，开展面向国际市场的旅游电子商务，定时发布旅游信息，实现网上组团和酒店、票务、旅游线路预订。

2、社区信息化

积极开展社区服务信息化试点。社区信息化建设，要结合文明社区创建活动，在社区和主要公共场所建设信息服务亭，为市民提供便捷的信息服务，以提高社区服务的质量和水平。

（六）加快发展软件业

一是以合肥软件园为中心，建设软件产业群。以合肥地区的高等学校和科研院所为依托，集中人力、物力和财力建设合肥软件园，同时，支持芜湖等市软件园的发展，使其上水平、上规模、上效益，成为我省软件与系统集成业技术创新与产业化的窗口。重点开发成套应用软件和系统软件，包括办公自动化软件、联网通信和管理软件、企业管理软件、工业设计软件、数据库开发应用软件、系统集成应用软件等。二是实施软件品牌战略，支持拥有自主知识产权软件产品开发和规模生产，建成一批软件骨干企业。

（七）大力开发信息资源

信息资源的开发和利用是信息化体系建设的重要任务。各级政府必须制定相应的政策措施，信息主管部门要加强指导，确定重点任务和优先发展顺序，推进信息资源的开发利用，促进信息资源的共享。要优先开发政务、经济、教育、科技、图书馆等公共领域及商用信息资源。

到2003年，要重点建立和完善以下16个数据库。（1）政务信息数据库；（2）国民经济统计数据库；（3）金融信息数据库；（4）财税信息数据库；（5）企业与产品数据库；（6）农副产品信息数据库；（7）经济贸易信息数据库；（8）人才资源数据库；（9）再就业信息数据库；（10）医疗卫生数据库；（11）环境保护信息数据库；（12）生态环境数据库；（13）交通旅游信息数据库；（14）广播影视节目数据库；（15）进出口商品信息数据库；（16）外商投资信息数据库。

（八）加强信息安全保障

信息安全是国家安全的重要组成部分。我省在网络建设、政府上网和开发信息资源的过程中要提高信息安全意识，在全社会广泛开展信息安全、计算机安全和防止计算机犯罪的法制教育。重视信息资源监测和信息工程安全保护，信息化建设项目的设计中就要纳入信息安全的内容，保障关键信息和网络的安全。制定和实施我省信息化安全保密实施细则，防止失泄密、危害国家安全和社会稳定的现象发生。

建立信息安全责任体系、信息安全技术支撑体系以及信息安全快速反应体系和工作机制。

四、政策措施

要实现以上目标和任务，必须采取有力的政策措施。

1、健全组织，加强领导

省信息化领导小组及其办公室是全省信息化建设的组织领导和协调机构。各级、各部门要加强对信息化工作的组织领导，统筹规划，宏观调控，综合协调，监督考核。要确定机构负责本地、本部门信息化工作，做到事情有人管，工作有人办，主要负责同志亲自抓，为信息化建设和发展提供强有力的组织保障。

2、加强宣传，提高全民信息化意识

加大宣传力度，通过各种会议、网站、广播电视、报纸等媒体，采取多种形式，广泛宣传信息化的重要意义和作用，提高社会各界尤其是各级领导干部对信息化的认识，自觉从思想观念、管理方式等方面适应信息化的发展要求。总结信息化先进企业和单位的经验，宣传信息化应用所取得的成效，调动社会各界信息化建设的积极性和主动性。

3、加快信息化人才的培养和引进

把信息化人才引进放在突出位置，切实落实省委省政府关于引进人才的若干决定。高等学校要根据国家和安徽省国民经济和社会信息化的需要，调整学科结构，增设信息化工程专业和课程，扩大招生规模；中小学要开设信息技术课程，学习信息网络技术基本知识。要针对在职管理人员和技术人员特点，举办专业培训、中介培训和内部培训等短期培训班。鼓励国内外信息企业和高等院校来皖办学，培养各类信息化人才。

4、制定优惠政策，拓宽投融资渠道

各地、各部门都要认真贯彻国务院《关于鼓励软件产业和集成电路产业发展的若干政策》（国发〔2000〕18号）和我省的实施意见，落实好各项优惠政策，促进软件产业、集成电路产业和信息化快速发展。各部门、各单位的存量资产和新增投入都应进行结构调整，注重向信息化建设倾斜。省高新技术投资资金和企业的技改资金，每年要拿出一定比例用于信息化建设。党政部门的重大信息化工程，各级财政要保障实施。积极鼓励电信运营企业加快对基础信息网络的投资。引入竞争机制，放开宽带接入网的建设和经营。

5、设立信息化专项基金

省政府每年安排专项资金，主要用于信息技术的推广应用、专家论证、表彰奖励等。

6、加快信息化法制建设

根据国家有关法律法规，结合我省实际，研究制定信息化方面的地方性法规和规章。为了建立规范化市场，避免无序竞争和低水平的重复建设，解决信息资源难以联网共享等问题，要抓紧制定网络建设管理办法、信息服务市场管理办法、网站管理办法等规章。

7、建立信息化专家咨询论证制度

省信息化领导小组设立专家组，加强对信息化战略研究和科学决策。信息化发展规划和重点信息化建设工程方案、技术标准等都要经过专家组咨询论证。各地、各部门投资建设的信息化建设项目，都要通过专家论证后，主管部门才能批准立项。

8、建立信息化建设奖励机制

制定我省信息化建设奖惩办法，对组织管理成效突出和在信息化建设方面作出重大贡献的单位和个人，给予表彰和奖励。

安徽省工业企业技术进步条例

（1999年3月26日安徽省第九届人民代表大会常务委员会第九次会议通过）

第一章　总　则

第一条　为促进工业企业技术进步，增强其市场竞争能力，推动经济增长方式的根本性转变，根据《中华人民共和国科学技术进步法》、《中华人民共和国促进科技成果转化法》和有关法律、行政法规，结合本省实际，制定本条例。

第二条　本条例所称工业企业（以下简称企业）技术进步，是指企业为提高经济、社会和生态效益进行的技术创新，新产品和新技术的开发、推广，技术改造，技术引进及消化吸收，产品质量和生产技术优化，管理现代化和人才培养等活动。

第三条　企业是实施技术进步的主体，享受技术进步的自主决策权。企业应当执行国家科技进步法律、法规和产业政策、技术政策，加强建立与社会主义市场经济体制相适应的技术进步机制，不断增强技术创新能力，提高技术水平和经济效益。

第四条　地方各级人民政府应当采取有效措施，鼓励和引导科技与经济紧密结合，推进企业技术进步，保障企业技术进步与经济和社会协调发展。

第五条　县级以上地方人民政府经济贸易行政主管部门负责本行政区域内企业技术进步工作的管理、指导和协调。

县级以上地方人民政府科技、计划、财政、税务等有关部门按照各自的职责，负责有关的企业技术进步工作。

第六条　县级以上地方人民政府及其有关部门对在企业技术进步工作中作出显著成绩的单位和个人，应当给予表彰和奖励，具体办法由省人民政府制定。

第二章　企业职责

第七条　企业依法开展技术进步活动，实行法定代表人负责制，并确定相应机构或者人员具体负责本企业技术进步工作。

第八条　企业应当依据国家产业政策和技术政策，结合实际情况，制定技术进步的发展目标和具体措施。

第九条　企业应当逐步增加技术开发费用。高新技术企业用于技术开发的费用不低于当年销售收入的5％；大型企业和建立省级以上技术中心的企业不低于当年销售收入的 3 %；其他企业不低于当年销售收入的 1 %。

第十条　企业必须执行国家标准、行业标准或企业标准，并根据市场需求提高产品实物质量，逐步采用国际标准或国外先进标准，同时按照国际通行的质量管理和质量保证标准建立健全质量体系。

第十一条　企业技术进步的重点是以市场为导向，运用现代化管理方式，开发新产品和新技术，采用先进技术、工艺、设备和新材料对企业进行技术改造，合理开发利用资源和防治工业污染。

企业技术进步项目中的资源节约综合利用和污染防治工程应当与主体工程同时设计、同时施工、同时投产。

第十二条　企业应当按照国家规定提取折旧资金，用于设备的更新改造和技术进步；符合国家和省人民政府规定的，企业可以加速折旧固定资产，增提的资金主要用于技术改造。

第十三条　企业应依法采用各种融资方式筹集资金，合理、有效利用外资，加快企业技术进步。

第十四条　企业应收集、研究和利用国内外相关的科学技术信息，开展技术创新，加速产品结构调整，提高产品科技含量，降低成本，增强市场竞争能力。

第十五条　大中型企业应当建立健全技术中心，增强自主创新能力，提高研究开发、中间试验和工业性试验的水平。

小型企业应配备必要的技术设备和人员，增强技术开发和创新能力。

第十六条　企业不得生产国家明令淘汰的产品，限期停用污染严重和国家明令淘汰的设备，并禁止转移他用。

第十七条　企业应当加强对科技人员的培养、使用和引进工作，逐步提高科技人员的待遇，改善其工作和生活条件；建立健全职工技术培训、继续教育和考核定级制度，加大对职工教育经费的投入，提高职工素质，充分发挥企业科协组织在技术进步中的作用。

企业要开展群众性的技术革新、技术改进和合理化建议活动，为职工发挥技术专长创造条件。

第十八条　企业必须依法建立健全技术秘密保护制度，切实保护自有知识产权。

第三章　管理与服务

第十九条　县级以上地方人民政府应当根据国民经济和社会发展需要，组织有关部门编制本行政区域内企业技术进步的总体规划和行业中长期规划以及年度计划，指导企业开展技术进步工作。

第二十条　县级以上地方人民政府应按照国家产业政策和技术政策，结合本地实际，优化投资结构，定期发布鼓励、限制和禁止投资的项目目录。

县级以上地方人民政府经济贸易行政主管部门应当会同有关部门，对消耗高、污染重、技术落后的产品、工艺和设备，分别予以限制生产、使用和限期淘汰。

第二十一条 县级以上地方人民政府及有关部门应当建立健全技术市场和社会化服务体系，加强技术信息引导和新技术推广工作，促进科技成果向现实生产力转化。

第二十二条 县级以上地方人民政府及有关部门要鼓励和引导科技成果所有者或持有者以科技成果作价投资或以其它方式，与企业合作开发新产品、新工艺、新技术，促进科技成果转化。

第二十三条 县级以上地方人民政府经济贸易行政主管部门和其他有关部门要鼓励和引导企业同科研院所、高等院校联合开发科技成果，实行技术、工业、贸易一体化经营，并将联合开发的新产品、新技术优先纳入重点项目计划。

第二十四条 县级以上地方人民政府经济贸易行政主管部门和其他有关部门应支持企业进行技术改造，鼓励和引导企业引进国外先进技术、设备和管理经验，促进企业对引进技术的消化、吸收和自主创新，保护企业自有知识产权。

第二十五条 县级以上地方人民政府经济贸易行政主管部门和其他有关部门要鼓励、引导企业创立和发展国家、省名牌产品，加强对名牌产品的保护。

第二十六条 县级以上地方人民政府经济贸易行政主管部门应当会同有关部门加强对企业技术进步的统计、分析与考核工作。

第四章 保障措施

第二十七条 县级以上地方人民政府应当根据国民经济增长的幅度，逐步增加企业技术进步经费的投入。

第二十八条 县级以上地方人民政府安排的新产品试制费、中间试验费和重大科研项目补助费（以下简称科技三项费用）中用于企业技术进步的补助费用的增长幅度，不得低于科技三项费用的增长幅度。

第二十九条 县级以上地方人民政府按照国家和省有关规定设立企业技术进步专项资金和技术改造项目贴息专项资金，分别用于重点技术进步项目和重点技术改造项目，不得截留或者挪作他用。

第三十条 企业用于技术开发的费用在管理费中据实列支。企业的技术开发费当年增幅在10%以上的，根据国家有关规定，可以再按照实际发生额的50%抵扣应税所得额。

第三十一条 企业为开发新技术、研制新产品所购置的试制用关键设备、测试仪器，单台价格在10万元以下的，根据国家有关规定，可一次或者分次摊入管理费，其中达到固定资产标准的应单独管理，不再提取折旧。

第三十二条　企业进行技术转让，以及在技术转让过程中发生的与技术转让有关的技术咨询、技术培训、技术服务所得，年净收入在30万元以下的部分，经税务机关核定，免缴所得税。

企业为研究开发新产品、新技术，需要进口国内不能生产的仪器、设备以及配套件的，按照国家规定免征关税和进口增值税。

第三十三条　经国家、省确认的新产品，自确认之日起国家级新产品3年内、省级新产品2年内新增增值税的地方留成部分，经本级人民政府批准，由财政部门按照不低于25%的比例返还给企业，用于技术开发和技术改造。

第三十四条　企业技术改造项目竣工验收合格的，从项目投产之日起，国家项目3年内、省重点项目2年内新增效益的所得税，经本级人民政府批准，实行先征后返，全部用于企业归还技术改造贷款。

第三十五条　金融机构应当逐步增加用于企业技术进步的贷款，在符合贷款条件的基础上，优先安排重点技术进步所需资金。

第三十六条　国家对企业技术进步活动实行的优惠政策，另有规定的，从其规定。

第五章　法律责任

第三十七条　违反本条例规定，生产、使用禁止和限制的产品、工艺、设备的，由县级以上地方人民政府或者有关部门责令限期改正；拒不改正的，依照有关法律、法规给予处罚。

第三十八条　违反国家财政制度、财务制度，挪用、克扣、截留各级财政用于企业技术进步经费的，由财政部门或者上级主管部门责令限期归还，并按照有关法律、法规追究行政责任；构成犯罪的，依法追究刑事责任。

第三十九条　违反本条例规定，在企业技术进步活动中弄虚作假，骗取优惠待遇或者奖励的，由县级以上地方人民政府或者有关部门取消该优惠待遇或者奖励，没收违法所得，处以违法所得1至2倍的罚款，并依法追究有关责任人员的行政责任；构成犯罪的，依法追究刑事责任。

第四十条　国家工作人员在企业技术进步工作中玩忽职守，滥有职权、徇私舞弊的，依法给予行政处分；构成犯罪的，依法追究刑事责任。

第六章　附则

第四十一条　本条例应用中的具体问题，由省人民政府经济贸易行政主管部门负责解释。

第四十二条　本条例自1999年5月1日起施行。

安徽省人民政府办公厅关于印发 2003—2007 年安徽省企业技术改造技术创新规划纲要的通知

皖政办〔2003〕93号

各市、县人民政府，省政府各部门、各直属机构：

《2003—2007 年安徽省企业技术改造技术创新规划纲要》业经省长办公会讨论通过，现印发给你们，请认真贯彻执行。

安徽省人民政府办公厅

二〇〇三年十二月二十九日

2003—2007 年安徽省企业技术改造技术创新规划纲要

今后五年，是全省上下贯彻落实党的十六大精神，全面建设小康社会的关键时期，也是以工业化为核心，走新型工业化道路，实现加快发展、富民强省战略目标的关键时期。按照走新型工业化道路，增创加快发展新优势的要求，特制定我省 2003—2007 年企业技术改造、技术创新规划纲要。

一、五年来技术改造、技术创新工作基本情况

1998—2002 年，我省围绕“品种、质量、效益、扩大出口”的目标，突出增强企业技术创新能力和发展后劲，坚持技术进步、产业升级不动摇，狠抓企业技术改造和技术创新，有力地促进了全省工业经济的快速发展和产业结构的优化升级。

（一）投资总量成倍增长，增强了企业发展后劲。1998—2002 年，我省技术改造共完成投资 804 亿元，是“八五”期间的 2.7 倍，年均增长 14.9%。实施投资超亿元项目 150 项，投资 5 亿元以上项目 34 项。2002 年技改投资首次突破 200 亿元大关，达 231.6 亿元，增长 25%，占全国的比重由 1998 年的 2.5% 上升到 3.5%，位次由 17 位上升到 11 位。省重点技改项目平均投资规模由 1998 年的 2500 万元提高到 8000 万元。

据测算，技改投资对工业增加值增长的贡献率达到50%以上，有力地拉动了工业经济的增长。

（二）投资结构逐步优化，促进了工业经济的战略性调整。工业投资由1998年的72.2亿元增加到2002年的185.5亿元，其中，制造业投资占全部投资的比重由1998年的46.5%上升到2002年的56.1%。非国有经济技改投资比重上升，五年来完成技改投资157亿元，占全省的19.5%。通过大规模的技术改造和技术创新，工业企业结构发生了积极变化。大中型企业总资产由1998年的1880亿元增加到2002年的2656亿元，重要骨干企业对全省经济的支撑作用明显增强，2002年50户重要骨干企业实现销售收入950亿元，利润33.4亿元，分别占规模以上企业的44.6%和58.9%，涌现出海螺集团、丰原集团、叉车集团、华茂集团、江汽集团等一批全国行业排头兵企业，培育形成了一批大型企业集团。

（三）创新能力进一步增强，推动了产业结构优化升级。五年来建立省级企业技术中心156家，国家级技术中心6家，实施技术创新项目1761项，开发新产品11129项。新产品产值率由1998年的9.2%提高到2002年的15.4%，高新技术产业增加值占工业增加值的比重由1998年的9.6%提高到2002年的13.2%。通过实施技术创新项目，加速实现高新技术的产业化，形成了一批拥有自主知识产权或具有核心竞争力的产品和技术。与此同时，采用先进技术改造传统产业，推进产业优化升级，也取得明显成效。在建成投产的项目中，技术装备水平达到国内领先的占90%，其中达到国际先进水平的占23.3%，整体上带动了产业升级。冶金、石化、建材、机械、轻工、纺织、煤炭等传统行业通过技术进步，逐步发展壮大，产业层次、技术装备水平大幅度提升，成为我省工业经济发展的重要力量。

（四）技术性措施进一步强化，增强了重要骨干企业核心竞争力。通过实施大公司、大项目战略，强化技术性措施，重要骨干企业竞争力逐步增强。马钢、海螺、丰原、江汽、奇瑞、星马、国风、铜峰、华茂等一批优势企业通过技术改造、技术创新发展壮大，提高了企业的核心竞争力，开拓了国际国内市场，成为我省经济发展的中坚力量。

（五）加强资源节约和综合利用，改善了经济增长的质量。五年来，全省累计实施资源综合利用和清洁生产项目2700个，总投资132亿元；固体废物综合利用量由1998年的1780万吨上升到2002年的2607万吨；万元国内生产总值综合能耗由2.56吨标煤下降到2.24吨标煤，低于全国2.56吨的平均水平。清洁生产试点示范全面推进。省70户重要骨干企业和100户“专、精、特、新”中小企业全部实施清洁生产方案。形成资源节约和综合利用产业链，坚持减量化、再利用、再循环原则，发展循环经济，推进生态工业进程。

过去的五年，虽然技术改造、技术创新工作取得了明显的成效，总体形势较好，但也存在一些问题，主要表现在：一是后续项目少，特别是大项目少。一些企业技术改造、技术创新的内在动力不足，经营者更多地注重当前，缺乏长远发展战略管理。二是科技成果转化率不高，高校、科研机构的科研成果在省内产业化的较少；企业解决技术难题的渠道不畅。三是小企业贷款难，项目实施难。四是谁投资、谁决策、谁受益的投资机制尚未真正形成，传统的管理方式束缚了企业的发展。五是技术改造、技术创新利用外资规模较小，有些企业只注重引进资金，忽视引进先进的技术和管理手段。

二、2003—2007年技术改造、技术创新的指导思想和目标

本世纪前二十年企业技术改造、技术创新工作所面临的形势正在发生深刻的变化，技术进步、经济发展成为主流。面对日益加剧的国际化竞争和新技术革命，必须加快产业结构升级步伐，加快技术结构调整和科技成果产业化步伐，提升产业技术水平，增强国际竞争力。

2003—2007年我省企业技术改造、技术创新的指导思想是：以“三个代表”重要思想和党的十六大精神为指导，围绕加快发展、富民强省、全面建设小康社会的主题，以信息化带动工业化，走新型工业化道路；推进高新技术产业化和传统产业高新技术化，促进产业升级；推进重点企业突出主业，做大做强，增强核心竞争力；加大重点产品、重点企业、重点行业技术改造和技术创新力度，建设八大基地，促进国民经济持续快速健康发展。

在具体工作中，继续遵循“255”工作规则，坚持技术改造与淘汰落后相结合、与资源综合利用相结合、与资产重组相结合、与提高产业关联度相结合、与建立现代企业制度相结合。要瞄准国际先进水平，按照标志性目标推荐项目、围绕预期市场选择项目、根据载体实力确定项目、依照程序争取项目、坚守诚信组织实施项目。

2003—2007年全省企业技术改造、技术创新的主要目标：

——总量目标。完成技改投资3000亿元，占全省固定资产投资的37.5%左右，年均增长32.6%。其中，2003年完成投资330亿元，2004年完成430亿元，2005年完成560亿元，2006年完成730亿元，2007年达到950亿元。实施投资1亿元以上重点技改项目360项，总投资1420亿元。其中，投资5亿元以上的项目81项，总投资980亿元。70户重要骨干企业技术改造项目219项，总投资1149亿元。实施重点技术创新项目501项，总投资75亿元。

——技术目标。规模以上工业企业全部建立省级技术中心或研发机构。技术引进项目用汇50亿美元以上。累计开发新产品1.6万个，到2007年，新产品产值率由2002年的15.4%提高到22.5%，高新技术产业增加值占工业增加值的比重由13.2%提高到20%。

——企业目标。通过技术改造和改革、改组等措施，到2007年，力争销售收入

10—50亿元的企业达到30户，50—100亿元的企业达到10户，100—200亿元的企业达到5户，200亿元以上企业达到5户。全省加工制造业增加值1200亿元，占GDP的21%，5年内提高5个百分点。五大支柱产业实现增加值占全省工业的70%。

——资源节约和综合利用目标。到2007年，万元国内生产总值（90年不变价）能耗下降到2.05吨标煤，工业废水达标排放率97%，工业用水重复利用率达到65%，工业固体废物综合利用率达到85%。

三、2003—2007年企业技术改造、技术创新的主要任务

围绕上述目标，我省企业技术改造、技术创新工作的主要任务是：依托重点企业，突出重点产品的改造升级，推进重点行业上规模、上水平。培植装备、日用电器、优质材料、农副产品深加工、能源等五大支柱产业。建设八大基地，即：以钢及成品钢材、有色金属深加工等优质金属材料为重点，建成全国重要的钢铁及有色工业基地；以汽车、叉车、装载搬运机械、工业母机、仪器仪表、电工设备、矿山设备等产品为重点，建设全国重要的汽车及零部件和装备工业基地；以新型干法水泥、新型建材、非金属矿深加工产品等为重点，建设新型建材及非金属材料基地；以日用电器及其配套产品为重点，建设日用电器工业基地；以软件开发、电子基础材料、元器件等为重点，建设信息软件产业基地；以石油化工、煤化工、精细化工、生物制药、新医药产品为重点，建设化工医药产业基地；以高档纱线、面料、后整理加工产品、玉米发酵产品、小麦、大豆、油菜籽、畜禽深加工产品、特色农副产品深加工等为重点，建设农副产品深加工基地；以煤炭、电力行业上规模、上水平，加强安全设施、清洁能源的技术改造为重点，建设煤电工业基地。

（一）钢铁及有色工业基地。以马钢公司、铜陵有色公司等企业为依托，扩大关键钢材品种，提升产品档次，大力开展铜材产品的深加工，延伸产业链，发展高附加值冶金新材料。采用高效、环保生产技术及冶金自动化技术，提升技术水平；推广冶炼废气、废渣、废水综合治理和二次资源再生利用技术，提高综合利用和安全生产能力；采用信息技术提高现代化管理水平。全省钢产量达到1500万吨以上、电解铜60万吨以上，铜加工材40万吨以上。实施亿元以上技术改造项目33项，总投资315亿元，重点技术创新项目39项，总投资8.6亿元。马钢公司围绕形成1500万吨钢规模，加快总投资180亿元新增500万吨钢综合改造项目的前期工作。铜陵有色围绕铜矿开采和铜产品的精深加工，抓紧实施总投资9亿元的6万吨铜板带材加工项目，总投资18.5亿元的15万吨电解铜项目，总投资12亿元的管、带、杆、线等铜材加工项目等。

（二）汽车及零部件和装备工业基地。以江汽安凯集团、奇瑞公司、星马公司等为依托，加大重组改造力度。围绕轿车、客车、商用车、重型车、专用车等产品，采用先进制造技术、工业自动化技术，增强产品研发能力。发展经济、安全、环保、节能轿车、高等级客货车及专用车。研究开发车用电子产品、新能源汽车相关技术及产品、高效发动机、多轴重载汽车等。增强关键总成配套能力，迅速做大做强汽车及零部件产业。形成120万辆整车规模，汽车零部件产值100亿元以上。

振兴装备工业。大力发展具有一定基础的工程机械、搬运机械、锻压设备、电工设备、农用机械、环保机械、通用基础机械产品等市场急需的成套装备和高附加值产品，形成产品有特色并按照经济规模组织生产的专业化协作配套体系。叉车及工程机械达到5万台规模。积极开发新型、特种叉车、自动化仓储系统、高原、高寒及特种挖掘机系列产品等先进施工机械。在巩固农用运输车、小型手扶拖拉机等优势的基础上，大力发展农副产品深加工机械、联合收割机、种植机械及节水灌溉机械等。

实施亿元以上项目51项，总投资163亿元，重点技术创新项目123项，总投资20.7亿元。加快江汽集团重组、并购和改造步伐，投资40亿元，建设轻型商用车、SUV多功能车及中型客车研发基地。奇瑞公司围绕形成70万辆轿车规模，依托现在的生产线及配套资源，推进产品的换代升级，开发轿车新品种及新型发动机。加快星马公司重型汽车、全柴集团新型车用柴油机、环保机械以及环新、康达、铜陵三佳、黄山金马等企业汽车关键零部件的技术改造，提高配套能力。

（三）新型建材及非金属材料基地。以海螺集团、国风集团等企业为重点，发挥资源、技术、区位优势，发展新型干法水泥和塑料管材管件。发挥我省非金属矿产资源优势，采用清洁、高效的生态建材工艺和非金属矿物超细加工、特种陶瓷、无机非金属新材料深加工技术，加大非金属材料加工转化力度，在引进关键技术设备的同时，增强消化吸收和自主开发能力。新型干法水泥熟料规模达到1亿吨、塑料型材60万吨、管材管件40万吨，壮大陶瓷喷涂棒、方解石、凹凸棒土、高岭土、膨润土等非金属矿深加工产品规模。实施亿元以上项目52项，总投资140亿元，重点技术创新项目15项，总投资2.4亿元。海螺集团围绕形成8000万吨水泥、50万吨型材生产能力的目标，投资30亿元，实施日产万吨、5000吨新型干法水泥生产线和型材生产线项目。国风集团围绕管材、薄膜两大类塑料制品和非金属矿超细粉深加工产品，重点实施碳酸钙超细粉项目、管材项目等。同时，加快实施巢东、两淮、滁州华能等企业的新型干法水泥生产线改造和碳酸钙、高岭土超细粉、人造板、皖维公司工业废渣生产水泥等项目。

（四）日用电器工业基地。以美菱、荣事达、合肥海尔、博西华、芜湖美的等企业为重点，围绕名牌系列化、生产柔性化、企业集团化、配套专业化，采用变频、模糊控制、人工智能、精密模具设计与制造等先进技术，加快日用电器升级换代步伐。集中力量做好电机、新型漆包线、内螺纹铜管、毛细铜管、超微细线、塑料配件等日用电器配件的开发和生产，进一步提高日用电器及配套件工业生产的集中度，扩大产业规模，带动包装纸及纸板、塑料、印刷等产品的发展。电冰箱产量550万台、洗衣机400万台、空调器500万台、彩电450万台。实施亿元以上项目9项，总投资37亿元，重点技术创新项目9项，总投资1.3亿元。

（五）化工医药产业基地。以铜化集团、淮化集团、安庆石化等企业为重点，充分发挥淮南煤资源优势，开展新型煤气化技术的研究。老装置改造升级和新产品开发相结合，以碳一化工和燃料化工相结合为主线，发展煤化工产品。推广新型高效催化技术及催化新材料、生物发酵技术，大力发展精细化工产品和低毒高效的农用化工新品种、新剂型。应用基因工程、发酵工程、酶工程、细胞工程等生物技术，加快发展化学原料药，实施GMP改造，选择市场前景好的研究成果进行转化和产业化。推进中药产业化和规模化发展。提高尿素、磷铵、高浓度氮磷钾复合肥料比重。重点实施亿元以上项目87项，总投资340亿元，其中化工75项，总投资325亿元；医药12项，总投资15亿元。重点技术创新项目125项，总投资17亿元。加快安庆石化总投资6.6亿元的煤代油项目进度；实施淮化集团总投资9.4亿元的老合成氨系统改造，并积极发展碳酸二甲酯、双氧水、水合肼等精细化工产品，尽快开工建设六国化工总投资7.2亿元的复合肥磷铵项目和佳通公司总投资9.3亿元的全钢子午胎项目。

（六）信息软件产业基地。以铜峰电子、铜陵三佳、38所及合肥软件园等为重点，扩大合资合作和技术引进，壮大电子元器件、电子材料、信息设备等产品的规模；加快集成电路专用技术、网络技术与设备、数字移动通信系统技术、数字音视频技术的开发应用步伐，实现信息化应用软件、工业自动化软件的产业化；发展数字接入器件、新型显示器件、敏感元器件等新型电子元器件。电工薄膜及元器件规模达到全国前列。实施亿元以上项目23项，总投资62亿元，重点技术创新项目55项，总投资6.3亿元。

（七）农副产品深加工基地。充分利用我省丰富的农副产品资源，按“公司＋农户”的模式和“品牌＋集中度”的思路。结合资本运作和资源综合利用，加快纺织、造纸、烟草、酿酒等行业的改造步伐，壮大粮油及食品加工业。实施亿元以上项目70项，总投资155亿元，重点技术创新项目76项，总投资10.8亿元。

纺织行业以华茂集团、淮北飞亚、淮北印染等企业为重点，加快棉纺锭更新改造步伐，力争形成300万锭棉纺生产能力。提高无梭织机等先进设备比重，发展高档面料、替代进口，推广高效、短流程、自动化印染技术及工艺。加快产业用纺织品和高附加值纤维产品的开发与应用。推进茧丝绸原料基地及高档面料改造，发展真丝复合纱、混纺纱及高档化纤仿真面料。实施华茂集团面料、国产新型棉纺成套设备实验基地项目和10万锭紧密纺技改项目。烟草行业围绕200万箱规模，进一步增强行业整体核心竞争能力，推广片烟投料、膨胀烟丝、烟草薄片，计算机叶组配方及物流自动化，提高高档卷烟比重；加快实施芜湖、蚌埠、滁州等烟厂制丝、卷接包及物流系统改造项目。

造纸行业强化集约生产，加强污水治理工作。采用造纸制浆新技术及回收再生技术，高填料、低定量涂布、纸浆浓度微机控制等技术，提高产品质量。重点发展高档包装纸板、工业特种用纸、高档文化用纸、生活用纸，开发新型多层聚酯网等高档配套产品。做好林纸一体化项目规划。实施山鹰造纸总投资15亿元的箱板纸和胶印书刊纸项目；华辰造纸网总投资1亿元的新型造纸网项目。

对部分重点白酒、啤酒企业进行改造升级。利用现代生物工程技术，研究开发白酒新品种，提高和壮大名优品牌白酒比重，巩固我省白酒的强优地位；采用微电子控制技术和膜过滤技术，提高中高档啤酒比重和产业集中度。形成50万吨优质白酒、300万吨啤酒能力。

以丰原公司为龙头延伸农产品综合精深加工产业链。丰原公司投资110亿元，形成年加工玉米、小麦540万吨规模，重点实施燃料酒精联产酵母项目以及小麦、大豆、乳品深加工等项目，并围绕18万吨柠檬酸、20万吨L—乳酸和4万吨赖氨酸等产品进行系统改造。

以丰大、华康、华泰、福润、合肥统一等企业为重点，采用农副产品保鲜加工、食品卫生安全检测、绿色无菌包装等新技术，围绕菜籽、畜禽、果蔬、茶叶等特色农产品，加大深加工力度。组织实施亿元以上项目19项，总投资29亿元。

（八）煤电工业基地。依托我省煤炭资源优势和现有发电机组能力，围绕2007年重点煤矿产量达到1亿吨、两淮新增装机容量740万千瓦，建设华东能源基地的目标，加大投入。实施亿元以上技术改造项目31项，总投资210亿元，重点技术创新项目22项，总投资3.3亿元。一是进一步扩大煤炭生产规模。在抓好新建重点矿井的同时，加快对现有矿井和选煤厂进行改造，推广煤矿高效自动化采掘、安全生产、洁净煤与环保技术，加大安全生产、综采、洁净煤投资力度。淮南矿业集团投资42亿元，对谢桥、张集、潘一、潘三等矿井及选煤厂进行扩能改造，通过改造新增2000万吨能力。淮北矿业集团在加快新井建设，巩固主业的同时，实施总投资21亿元的安全、综采、洁净煤、综合利用电厂的系统改造。二是加大电源、电网投资力度。以50万千瓦输电线路为骨架，加大电网建设，解决北电南送、过江、本省西南地区输电困难的问题。开工建设淮南田家庵电厂等一批20—30万千瓦机组项目，抓紧淮南矿业集团等一批60万千瓦机组项目的前期工作。三是加快热电联营、铜电联营、煤电联营等资源综合利用项目的实施进度，提高能源利用水平和效率。

四、政策措施

（一）突出重点，加大投资力度。实施大企业、大项目战略，造就一批牵动力强的大企业、大集团。形成一批销售收入超200亿元、100亿元、50亿元的行业重点支撑企业群体，促进行业升级，提升产业层次。按照建成一批、开工一批、论证一批、调研一批的工作步骤，推进系统改造，保持连续不断的投资势头。

实施“小巨人”战略，培育一批铺天盖地的“专、精、特、新”中小企业群。省本级以扶持 100 户“专、精、特、新”中小企业为重点，推进企业技术进步，培育一批生产专业化、经营精细化、产品特色化、技术高新化，在国内有影响力，在省内有地位，有较强的市场竞争力，有持续发展后劲的“小巨人”和“专、精、特、新”中小企业群体，形成与大企业、大集团分工协作、专业互补的产业体系。

（二）采取经济性措施，推动企业技术改造、技术创新。要求企业足额提取企业技术开发费用，高新技术企业技术开发费占企业销售额的比例达到 5% 以上，技术中心企业达到 3% 以上，一般企业 1.5% 以上。鼓励企业加速折旧，重点企业的固定资产可按照 7—10 年的年限折旧，并依此考核其年度投资目标。加大财政资金支持力度，省、市、县科技三项费用占同级财政支出的比例应逐年增加，科技三项费用的增长应高于同期财政收入的增长速度。办好投资类企业，将有限的政府投资通过法人化管理和股份化经营，引导社会资金进行技术改造。

（三）进一步强化规划引导，做好项目储备。引导企业增强战略管理意识，进一步明确 70 户重要骨干企业和 100 户“专、精、特、新”中小企业发展战略，编制、修改、完善企业发展规划，提出技术创新及系统改造方案，筛选出一批产业链条长、辐射面广、牵动性大的重大项目。在注重工艺改造提升的同时，引导优势企业改进服务手段和方式，在延伸和争取市场份额上下功夫；高度重视安全、节能和环保。抓好一批行业共性和关键性重大技术专题的研究开发，推进产业化，继续围绕纳米技术、中药现代化和新医药、电子信息、先进制造技术、精细化工、环境保护和资源综合利用、农副产品深加工、重大技术装备创新研制等重点专题，组织一批技术创新项目，形成一批具备产业化条件的重大项目。

（四）实行新项目新机制，实现多元化投资。坚持技术改造、技术创新与资产重组、建立现代企业制度相结合，构架新的项目载体，形成项目载体的多元股权结构。通过推荐企业上市、吸收其他法人入股、内部经营者和职工持股、债转股等多种形式，推动企业进行规范的公司制改革，自主经营、自担风险。全面推行项目法人责任制、招投标制、监理制和项目管理合同制，规范投资行为。突出利用外资嫁接改造，特别是与国际大公司的合资合作、重组改造。把引进技术、管理和运行机制作为招商引资工作的重点，推进企业提升技术、管理、营销水平，增强核心竞争力。支持发展民营经济，坚持有进有退，推动国有经济布局调整；积极吸引省内外民间资本，引进国内外知名企业来皖进行资产重组，承接国际和沿海发达地区的产业梯度转移，壮大我省加工业的基础和实力。

（五）加快企业信息化建设，以信息化带动工业化。继续加大对企业信息化建设的政策引导与资金扶持，以 70 户重要骨干企业和 100 户“专、精、特、新”企业为重点，大力推进信息化建设。鼓励企业运用信息化手段不断提高设计、研发和制造能力以及管理和决策水平。引导企业运用信息系统集成技术改造提升成套设备和组合加工设备的集成化水平；用信息控制技术和电子信息产品改造提升钢铁、化工等大型连续加工工业的过程控制水平；用嵌入式软件技术提升消费品、工业品的智能化水平；用信息网络技术改造提升企业资源管理系统和管理信息系统；用电子商务技术改造企业物流系统和采购销售体系。实现企业内外部资源有效整合和协调运作，提升企业的市场竞争力。

（六）保持经济的可持续发展，抓好资源节约与综合利用。一是突出化工、冶金、轻工、纺织等重点行业和环保、节水、节能、综合利用等重点领域，组织实施一批资源综合利用和节能环保示范项目。二是加快资源综合利用和节能新技术、新工艺、新设备的推广应用。三是大力调整资源、能源消费结构，开发利用新能源和可再生能源，提高资源、能源利用效率；发展洁净煤技术，减少污染物排放；强化重点流域和缺水地区工业用水管理，加强工业废水治理，提高企业水重复利用率和利用效率。按照国家产业政策要求淘汰工艺落后、污染严重的企业和设备。四是全面推行清洁生产，提高资源利用效率，大幅下降污染物排放，根本改善环境面貌。

（七）突出企业的市场主体地位，转变政府职能。一是进一步优化环境，改进项目的管理方式，减少行政审批，还权于企业。按照市场经济的要求，做到谁投资、谁决策、谁受益，真正落实企业投资决策权，推行项目备案制。符合产业政策的项目，各有关部门积极支持，帮助解决项目前期工作、组织实施中的问题。二是更好地发挥产业政策、行业规划的导向作用和信息引导作用，研究培植产业链、跨行业发展问题。三是引导企业加强技术创新能力和机构建设。四是按照分类指导、重点突破的原则，选择一批5亿元以上的重大项目上报国家，争取获得国家批准，列入国家投资计划，并帮助完善项目前期工作，推进工作项目进度，促其早日开工建设。

附件：安徽省经济贸易委员会编制的《2003—2007年安徽省重点技术改造技术创新项目表》(略)

安徽省人民政府办公厅关于印发“数字安徽”建设管理办法的通知

（皖政办〔2004〕64号）

各市、县人民政府，省政府各部门、各直属机构：

《“数字安徽”建设管理办法》已经省政府同意，现印发给你们，请认真贯彻执行。

安徽省人民政府办公厅

二〇〇四年八月二十四日

“数字安徽”建设管理办法

第一条　为加强对“数字安徽”建设的管理，推动“数字安徽”健康发展，促进全省国民经济和社会信息化水平稳步提高，根据国家有关规定，结合本省实际，制定本办法。

第二条　从事“数字安徽”建设及其相关的管理活动，应当遵守本办法。

第三条　省“数字安徽”建设工作领导小组（省信息化领导小组）是“数字安徽”建设的领导机构，负责制定“数字安徽”发展战略和规划，督促并协调实施重大项目建设。省“数字安徽”建设工作领导小组下设办公室（以下简称省信息办），负责处理领导小组的日常工作。

第四条　各市、县人民政府和省政府各部门应当设立信息化领导小组，并明确信息化主管部门或者机构，具体负责本地区、本部门“数字安徽”建设方案制定、组织实施和管理协调工作，并将项目建设实施方案报省信息办备案。

第五条　各市、县人民政府应当将信息基础设施建设纳入本地区城市建设总体规划和村镇建设总体规划。

第六条　信息基础设施建设应当遵守《中华人民共和国电信条例》等有关法律法规和城市建设总体规划。

第七条 各市、县人民政府和省政府各部门要加强信息资源的开发利用和基础信息库的建设，充分发挥国家、集体和个人的积极性，按照统一的技术标准，合理开发和利用信息资源，实现信息资源共享。政府投资开发的信息资源，属国有资产。

第八条 从事信息资源开发的单位，应当遵守国家有关信息发布的规定，对其采集、加工和提供的信息负有审核真伪、优劣和实时维护的责任。禁止用错误信息危害社会，误导公众。严禁不健康的信息污染社会环境。

第九条 “数字安徽”建设中由政府投资建设的政务信息化工程，承担其项目设计、建设的单位，应当具备下列条件：

（一）依法设立的企业或者事业法人；

（二）具有从事信息化建设项目设计、建设所需的装备及相应的技术和管理人员；

（三）具有健全的质量保证体系、管理制度和成熟的信息化建设项目设计、集成能力以及良好的服务体系；

（四）执行信息化建设的有关国家标准、行业标准和地方标准；

（五）符合法律和国家及本省规定的其他条件。

第十条 政府投资的信息化建设项目，责任单位应当在每年 9 月底前编制《“数字安徽”建设项目申请表》和项目可行性研究报告，报送同级信息化主管部门。信息化主管部门组织有关部门和专家对申报的项目进行审核后，报同级信息化领导小组审定。

第十一条 省“数字安徽”建设工作领导小组确定的“数字安徽”建设重点项目，由牵头单位负责制定实施方案，报省信息办备案，每季度向省信息办书面汇报一次建设进展情况，接受省信息办的监督检查。

第十二条 各级信息化主管部门对于投资公益性信息资源开发利用和基础信息库建设的单位和个人，应当给予积极扶持，依法给予相应优惠政策。

第十三条 属于信息系统工程监理范围内的建设项目，应当按照信息系统工程监理的有关规定实施第三方监理。

第十四条 “数字安徽”建设项目完成后，应当按照国家和省有关规定进行验收。未经验收或者验收不合格的，不得投入使用。

第十五条 政府投资建设的“数字安徽”重点工程，应严格按国家有关规定实行招投标，用于购买软件产品和服务的资金原则上不得低于总投资的 30%。

第十六条 信息工程建设应当执行相应的技术标准和规范，建立相应的信息安全系统，保证建成的信息网络和应用系统安全运行。

第十七条 项目建设中应当遵守国家知识产权保护的有关规定。禁止使用盗版软件。

第十八条 本办法由省信息办负责解释。

第十九条 本办法自发布之日起施行。

安徽省人民政府办公厅转发省经贸委关于重点扶持100户专精特新中小企业改革发展若干意见的通知

（皖政办〔2003〕76号）

各市、县人民政府，省政府有关部门：

经省政府同意，现将省经贸委《关于重点扶持100户专精特新中小企业改革发展的若干意见》转发给你们，请认真贯彻执行。

安徽省人民政府办公厅

二〇〇三年十月十九日

关于重点扶持100户专精特新中小企业改革发展的若干意见

安徽省经济贸易委员会

（二〇〇三年七月十五日）

为全面贯彻《中华人民共和国中小企业促进法》，推动全省中小企业快速健康发展，现就重点扶持100户专、精、特、新中小企业（以下简称100户企业，名单附后）改革发展提出如下意见：

一、指导思想和发展目标

1、指导思想：以党的十六大精神为指导，按照《中华人民共和国中小企业促进法》和《国务院办公厅转发国家经贸委关于鼓励和促进中小企业发展若干政策意见的通知》（国办发〔2000〕59号）精神，结合我省实际，把大力扶持和培育专、精、特、新中小企业作为全省工业经济改革发展的一项战略任务，积极实施“小巨人”战略，通过市场引导和政府推动，加快 培育一批生产专业化、技术高新化、产品特色化和国内有影响、有较强市场竞争力的中小企业群体，形成与大企业分工协作、专业互补的产业体系，成为地方经济的骨干和全省新的经济增长点。

2、发展目标：到 2007 年，重点扶持的 100 户企业实施 100 个投资 3000 万元以上火炬计划项目、高技术示范工程项目和技改项目，拥有 100 个著名品牌和著名商标的主导产品，100 个产品或 100 项技术在省内领先、国内有地位，其中 10 户企业进入全省大企业、大集团行列。

二、大力推进改革调整

3、进一步规范企业公司制改革。100 户企业要严格按照《公司法》规定，明确股东会、董事会、经理层和监事会职责，形成各负其责、协调运转、有效制衡的公司法人治理结构，通过规范上市、法人及自然人投资入股、债转股以及股权出让等方式，实现投资主体多元化，尤其要支持管理和技术要素作价入股。加强企业管理，推进企业内部三项制度改革，建立经营者激励约束机制。开展 100 户企业信息化示范工程建设，引导和支持企业运用信息技术改进企业管理，促进管理上台阶。

4、大力推进产业结构调整。各地、各有关部门要坚持走新型工业化之路，充分利用当前结构调整的有利时机，根据国家公布的《淘汰落后生产能力、工艺和产品的目录》、《工商投资领域制止重复建设目录》和《当前国家重点鼓励发展产业、产品和技术目录》以及有关产业政策，淘汰关停 100 户企业中浪费资源、污染严重、技术落后、不符合国家产业政策的生产装备，围绕我省重点发展的支柱产业和高新技术产业，不断推动产业结构升级。

5、加快产品结构调整。要鼓励引导 100 户企业向专、精、特、新的方向发展，不断优化产品结构，提高产品质量和技术档次，加快产品更新换代步伐，坚决淘汰技术含量低、无发展潜力、亏损居高不下的产品，增强市场竞争力。要充分利用大企业、大集团的带动和辐射作用，在质量、价格和服务相同的条件下，大企业所需的配套件、零部件要优先在省内企业特别是 100 户企业中选购。要充分发挥专、精、特、新企业的自身特点和优势，整合行业功能，推进专业化分工协作，引导大企业将一些不是自身专长的产品及零配件分包、剥离或转让给中小企业尤其是 100 户企业生产，形成市场适应能力更强、效率和效益更高的产业链和产业群体。

6、加快 100 户企业联合重组步伐。各地要把积极推进专、精、特、新中小企业联合重组作为本地区中小企业多种形式改革的重点，努力做到“五个结合”：与促进生产要素合理流动、提高资源配置效率相结合，与实施经济社会长远发展规划、发展壮大县域经济和地方特色经济相结合，与全面推进企业改革调整、推动产业升级相结合，与引进外资、引进人才、引进先进管理和技术相结合，与加快个体私营经济发展、吸引社会投资相结合。要积极创造条件鼓励企业跨地区、跨所有制、跨行业进行联合重组，按照“先分离、后兼并，先分流、后重组，先破产、后收购”的原则，促进100户企业实现低成本扩张。凡100户企业兼并重组省内国有企业及参与国有大中型企业主辅分离、辅业改制安置富余人员的，在土地使用、税费减免等方面享受国家和省规定的有关优惠政策。

三、鼓励技术进步和技术创新

7、各地、各有关部门要认真贯彻党中央、国务院和省委、省政府关于加强技术创新、发展高科技、实现产业化的一系列重大决策部署，采取设立风险投资、提高技术创新能力、促进科技成果转化、培育技术创新和产业化基地等多种措施，加快推进100户企业实现高新技术产业化和传统产业高新技术化。

8、支持企业建设技术起点高、市场竞争力强的投资项目。100户企业要坚持“品种、质量、效益”的方针，以国内一流、国际先进为目标，运用高新技术和先进适用技术对传统生产线进行改造，全面提升装备水平，增强发展后劲和竞争力。各地、各有关部门要精心选择一批项目予以重点支持，特别是对技术含量高、市场前景好的项目，要积极争取国债技改贴息、“双高一优”、一般财政贴息项目等国家政策性资金支持，鼓励政策性投资机构投资参股100户企业新上的技术起点高、市场竞争力强的投资项目。省每年从企业技改资金中安排专项资金用于专、精、特、新中小企业技术进步项目贴息和补助。有关部门要提高项目审批的效率，凡符合国家产业政策规定、不需要政府政策性资金支持及平衡建设条件的项目，一律由企业自主决定。

9、大力提高企业技术创新能力。要积极创造条件，引导100户企业设立符合自身发展需要的技术中心或研发机构，以市场为导向推动企业加强新技术、新产品的研发。建立有利于技术创新和科技成果转化的催生机制，提高技术创新能力和科研成果的转化率。重点围绕行业共性、关键性和前沿性技术开发，积极推进产学研合作和与国内外大企业的合资合作，引进、消化和吸收国内外先进技术，尽快缩小与国内外大企业在技术上的差距。

10、引导企业加大对技术改造和技术创新的投入。鼓励企业按规定增提技术开发费，加速折旧，加大技术开发投入。工业生产经营企业发生的技术开发费，可全额计入管理费，对企业发生的此项费用比上年实际增长10%以上的，经审核批准，允许再按技术开发费实际发生额的50%扣减当年应缴所得税额。工业类企业集团统一组织开发的项目，经批准，可按规定集中提取技术开发费。

四、积极拓宽融资渠道

11、鼓励和支持国有商业银行、股份制银行、城市商业银行等金融机构在保障信贷安全的前提下，研究建立向100户企业发放贷款的激励约束机制，加大对中小企业信贷支持力度，切实解决中小企业融资难的问题。金融机构要积极向100户企业开办抵押担保贷款业务，企业可以用《担保法》规定的财产作抵押，也可以用有价证券、可转让商标专用权、专利权等知识产权以及自筹资金达到40%的在建工程项目作抵押。对有大中型企业生产订单、合作协议、有效委托合同、担保或还款承诺的100户企业，金融机构要积极贷款；对100户企业的合法商业票据，要及时办理票据承兑和贴现；对100户企业实行资信等级评定制度，金融机构要根据100户企业的各自特点，及时完善授信制度，减少贷款审批环节，提高工作效率。

12、积极创造条件，扶持100户企业中具备条件的企业上市融资或发行债券。引导、推动并规范企业通过合资、合作、产权出让等方式进行外资嫁接改造。鼓励引导100户企业吸纳社会和民间投资以及风险投资。探索设立中小企业风险投资公司，建立健全风险投资基金的投入和退出机制，严格风险投资的市场准入和从业资格管理，规范风险投资的市场行为，让100户企业获得多方面的资金支持。

13、各地、各有关部门要加快建立以中小企业为主要服务对象的信用担保体系。进一步完善担保机构准入、信用评估和风险控制以及行业协调与自律等制度，为中小企业融资创造良好条件。已建立的担保机构在担保额度和投放比例上要重点向100户企业倾斜。

14、按“建点联网”的原则组合中小企业信用再担保机构，推动企业互助担保和商业性担保业务发展，扩大担保实力，并促进全省担保体系建设，为中小企业尤其是100户企业提供再担保服务。

五、健全社会化服务体系

15、鼓励和引导科研院所、大型企业集团技术中心和技术创新中介机构为中小企业尤其是100户企业提供技术指导、信息咨询、人才培训等全方位服务。

16、大力发展各类中介组织，进一步完善有利于促进中小企业发展的中介服务体系。建立中小企业产权交易中心，研究制定产权交易管理办法，为企业结构调整、资金流动和产权交易提供服务。建立企业优秀管理人才、技术人才库和评估中心，为企业提供人才推荐和业绩评价等咨询服务。建立中小企业服务中心，充分发挥各类协会、学会、技术咨询机构等社会团体和中介组织的作用，为中小企业发展战略制定、人才培训、技术推广、质量认证、营销策划和贸易洽谈等活动提供全方位的服务。建立有效的行业自律机制和监督机制，加强对中介服务机构的管理。

六、创建有利于企业发展的外部环境

17、进一步规范政府管理行为，为企业提供规范、高效的服务。各地、各有关部门要创新工作方法，实行“一站式”服务，简化手续，公开办事内容、程序、标准，规定办理时限。特别是行政执法部门要强化服务意识，坚持公正执法。

18、坚持收费许可制度，杜绝“三乱”行为。严格按照国家有关规定，切实减轻企业负担。加强对已取消收费项目落实情况的监督检查，对巧立名目、变相增加中小企业负担的行为坚决予以查处。严格控制对企业进行的各种行政性检查，确需检查的，须经当地政府批准。

19、建立投诉举报制度和责任追究制度。对投诉举报“三乱”者，经有关部门查实后，一律按“三乱”实际发生额的1—5倍予以重奖，奖金由实施“三乱”行为的单位支出。“三乱”直接责任单位及其主要负责人不得参加当年的评先评优，情节严重的要予以处分。

20、为企业拓展国内外市场、参与国际竞争提供服务。积极创造条件，引导帮助100户企业开展对外合作交流、扩大出口、在国外投资设厂，及时为有出口业务的企业落实国家、省有关优惠政策。承担省部级以上科技计划项目的企业，需进口具有国际水平的科研、中试仪器设备，可比照国有科研院所的有关规定向海关申报减免税。

七、加强领导和管理

21、中小企业改革发展对推动经济发展、加快工业化和城镇化进程、促进就业、维护社会稳定具有非常重要的作用。各地、各有关部门要高度重视，切实加强组织领导，从全局出发，认真做好中小企业尤其是100户企业的改革发展工作。

22、扶持100户企业的改革发展工作，在省政府的统一领导下，由省经贸委牵头，会同计划、科技、乡镇企业、财政、税务、土地、外经贸、工商、质监等部门共同实施。

23、对重点扶持的100户企业实行动态管理。凡列入100户企业名单的企业，当年及下一年度即为省政府扶持和培育的重点。

24、100户企业的运行、监测、分析以及实施过程中的协调工作，由省经贸委负责。建立双月报表制，对100户企业的销售收入、利税、增长率等主要指标进行监测、分析。

附：安徽省100户“专、精、特、新”中小企业基本情况表

序号	企业名称	所在市（县）	企业性质	行业类型	2002年销售收入
	合计	—	—	—	865992
1	安徽国祯环保节能科技股份公司	合肥	民营	环保产业	7224
2	合肥安迪健身用品有限公司	合肥	民营	机械	15861
3	安徽四创电子股份公司	合肥	国有	电子	10521
4	合肥恒大自动化控制系统有限公司	合肥	民营	机电一体化	3280
5	科大创新股份有限公司	合肥	国有	电子	5897
6	合肥海丰精细化工股份公司	合肥	国有	精细化工	7183
7	安徽安科生物工程股份公司	合肥	民营	生物工程	6286
8	安徽金仕达集团	合肥	民营有限公司	医药	2723

9	合肥威胜利工程有限公司	合肥	民营	机械	5179
10	合肥合晶电子有限公司	合肥区属	民营	电子	4212
11	安徽长丰县彩印有限责任公司	合肥、长丰	民营	制造加工业	2771
12	安徽丰大股份公司	合肥、长丰	民营	食品	40100
13	合肥市长丰县新型建材总厂	合肥长丰	民营	建材	3500
14	淮北天宏集团实业有限公司	淮北	国有独资	农副产品深加工	22795
15	安徽金蟾生化股份有限公司	淮北	股份制	医药	5400
16	淮北万里媒矸石综合利用有限公司	淮北、烈山	股份制	电力	3195
17	安徽省皖北铝业公司	淮北、濉溪	公司制	铝冶炼加工	16141
18	安徽亚珠金刚石股份有限公司	亳州	股份有限公司	超硬材料	10610
19	安徽济人药业公司	亳州	民营股份制	医药	3035
20	亳州市亚强天然产物制品厂	亳州	股份制	食品	2617
21	蒙城县五洲食业有限责任公司	亳州、蒙城	股份制	食品	6000
22	安徽新宇纸业有限公司	亳州、涡阳	股份制	轻工	6417
23	安徽富利达织造公司	亳州、利辛	股份制	纺织	7484
24	宿州福润肉类食品有限公司	宿州	省外投资企业	食品	19846
25	安徽省皖北药业股份有限公司	宿州	股份制	制药	10800
26	宿州市信诚化工有限公司	宿州	省外投资企业	化工	10612
27	安徽车桥厂	宿州	股份合作	汽车、机械	9000
28	安徽省东方面粉厂	宿州	国有	农副产品深加工	4676
29	蚌埠市神风工业用布有限责任公司	蚌埠	股份有限公司	纺织	21241
30	天润化学工业有限责任公司	蚌埠	股份有限公司	化工	7190
31	蚌埠市金黄山凹版印刷有限公司	蚌埠	三资企业	轻工	12030
32	蚌埠江淮车轮有限公司	蚌埠	其他责任有限公司	机械	6994
33	安徽省固镇县华生集团	蚌埠	集体	轻工	7190
34	蚌埠市昊方汽车空调电磁离合器有限公司	蚌埠	有限责任公司	电子	2127
35	安徽省国营龙亢农场面粉厂	蚌埠、怀远	国有控股	食品	15750
36	阜阳轴承股份有限公司	阜阳	股份制	机械	12800

37	安徽昊源化工有限责任公司	阜阳	有限责任公司	化工	22583
38	阜阳市汽车工业有限公司	阜阳	股份有限公司	汽车工业	13018
39	安徽京九丝绸有限责任公司	阜阳	股份制	纺织	1938
40	安徽天安集体实业有限公司	阜阳、界首	有限责任公司		5260
41	安徽天都纸业有限公司	阜阳、颍上	有限责任公司	造纸	12819
42	安徽临泉化工股份有限公司	阜阳、临泉	股份制	化工	27887
43	安徽联谊药业股份有限公司	阜阳、太和	股份制	医药	9300
44	安徽华源广生药业有限公司	阜阳界首	有限责任公司	制药业	2420
45	阜南县生达饲料有限公司	阜阳阜南	股份责任公司		1919
46	安徽益益乳业有限公司	淮南	有限责任公司	乳品制造业	10536
47	安徽科立华化工有限公司	淮南、凤台	有限责任公司	化工	2008
48	中国杨子集体设备模具制造有限公司	滁州	国有	机械	4793
49	安徽诺克罗斯安全防护产品公司	滁州	中外合资	橡胶制品	4303
50	滁州市新江玻璃制品有限公司	滁州	民营	轻工制造	3815
51	安徽滁州华威科技有限公司	滁州	民营股份制	机械	6500
52	来安县华峰公司	滁州、来安	民营股份制	医药包装	5000
53	天长缸盖有限公司	滁州、天长	民营	汽车零部件	4876
54	皖东金瑞化工有限责任公司	滁州、来安	有限责任公司	化工	8535
55	安徽省长兴玩具集体有限责任公司	滁州、天长	民营	轻工	4510
56	凤阳县金星保温瓶总厂	滁州、凤阳	民营企业	轻工制造	6284
57	滁州市宏达模具有限公司	滁州	民营股份制	模具制造	1668
58	安徽明美矿物有限公司	滁州明光	中外合资	非金属矿制造业	836
59	安徽省皖西羽绒厂	六安	民营	羽毛、羽绒制品	8700
60	安徽应流铸造公司	六安、霍山	股份制	铸造	14687
61	安徽世林电光源有限公司	六安、霍山	股份制	机电	1980
62	安徽大别山科技开发有限公司	六安、金寨	有限责任公司	轻工	9876
63	安徽省庆发湖工艺品公司	六安、霍邱	中外合资	轻工	12499
64	安徽金寨县将军磁业有限责任公司	六安、金寨	股份制	电子铜造业	2836

65	安徽神虹变压器有限公司	六安、霍邱	民营股份制	变压器制造	2143
66	安徽野岭饮料公司	六安霍山	股份制	饮料制造	3000
67	马鞍山市黄池食品公司	马鞍山	股份制	食品	8900
68	安徽天源科技股份有限公司	马鞍山	股份制	矿机设备	5100
69	马鞍山市玉龙金属制品有限公司	马鞍山	私营	制造业	4900
70	马鞍山沪马机械设备有限责任公司	马鞍山当涂	股份制	工业	7982
71	巢湖市富煌轻型建材有限公司	巢湖	集体	建材	28166
72	安徽江淮电缆集团有限公司	巢湖、无为	私营	电工器材	15063
73	安徽华星化工股份有限公司	巢湖、和县	股份制	化工	14278
74	安徽金猴渔业科技股份有限公司	巢湖	集体	轻工	9400
75	安徽江星油脂化工总厂	巢湖、无为	集体	食品	9892
76	安徽官镇羽绒总厂	巢湖	集体	纺织	11860
77	安徽华辰造纸网股份有限公司	芜湖	股份公司	轻工	4426
78	安徽神剑化工有限责任公司	芜湖、繁昌	民营股份	精细化工	9889
79	因格瓷（芜湖）有限公司	芜湖、南陵	独资	矿物加工	10871
80	安徽精方药业有限公司	宣州	股份有限公司	医药制造	4885
81	宁国莱恩泵业有限公司	宣州、宁国	股份有限公司	机械	5297
82	安徽省铜陵泰成实业有限公司	铜陵	私营	制造业	4900
83	铜陵蓝天股份有限公司	铜陵	国有	机械	4977
84	铜陵金泰化工实业有限责任公司	铜陵	国有	精细化工	2659
85	中科铜都粉体新材料股份有限公司	铜陵	股份有限公司	金属材料	4619
86	池州新塞德化工有限公司	池州	私营	化工	3212
87	池州家用机床股份有限公司	池州	股份有限公司	机械	3556
88	石台县煤气仪表总厂	池州、石台	集体	轻工	11956
89	安徽东齿机械股份有限公司	池州、东至	股份有限公司	机械	4323
90	桐城市双永有限公司	安庆、桐城	民营	轻工	15300
91	安徽稼仙米业集团	安庆、怀宁	股份公司	农产品加工	32860
92	安徽天纺工艺制品公司	安庆、岳西	民营	轻纺	12780
93	安徽精科机器有限公司	安庆、潜山	私营	机械	3080

94	潜山利达轴承制造有限公司	安庆、潜山	私营	轴承	2473
95	黄山汽车电器有限公司	黄山、休宁	股份制	汽车零部件	5769
96	黄山绿洲人造板有限公司	黄山、祁门	股份制	木材加工	7231
97	黄山市泰达化工有限责任公司	黄山、徽州	民营	化工	1340
98	黄山市油墨厂	黄山、徽州	集体		3317
99	安徽省朝阳微电机厂	黄山、祁门	国有	机械	7835
100	黄山华盛丝绸集团	黄山、黟县	集体	纺织	5860

安徽省新型墙体材料推广应用管理办法

安徽省人民政府令　第159号

《安徽省新型墙体材料推广应用管理办法》已经2003年6月5日省人民政府第6次常务会议通过，现予公布，自公布之日起施行。

省长　王金山

二〇〇三年六月十三日

第一条　为了发展新型墙体材料，推进建筑节能，保护土地资源和生态环境，根据国家有关规定，结合本省实际，制定本办法。

第二条　本办法所称新型墙体材料，是指保温隔热、质量轻、强度高，有利于环境保护和改善建筑功能，并符合国家有关标准的墙体材料。

第三条　县级以上地方人民政府应当加强对新型墙体材料推广应用工作的领导，鼓励和支持发展新型墙体材料，限制生产和使用粘土实心砖。

第四条　县级以上地方人民政府负责墙体材料革新和建筑节能管理工作的部门（以下简称墙改行政主管部门），负责本行政区域内新型墙体材料推广应用工作，其所属的墙体材料革新和建筑节能管理机构（以下简称墙改管理机构）具体负责新型墙体材料推广应用的组织协调、规划指导和监督管理工作。

财政、国土、农业、规划、环境保护、质量技术监督、税务等有关部门，应当按照各自职责配合墙改行政主管部门及其墙改管理机构做好新型墙体材料推广应用工作。

第五条　县级以上地方人民政府及其墙改行政主管部门应当积极推广应用下列新型墙体材料：

（一）承重混凝土空心砌块和轻集料混凝土空心砌块；

（二）加气混凝土砌块和条板；

（三）多功能、轻质墙板；

（四）高掺量的利废制品；

（五）国家和省鼓励发展的其他墙体材料。

第六条　省人民政府墙改行政主管部门应当会同建设、国土、农业等行政主管部门，编制本省新型墙体材料推广应用规划和粘土实心砖总量控制计划。市、县人民政府墙改行政主管部门根据本省新型墙体材料推广应用规划和粘土实心砖总量控制计划，会同有关部门编制本行政区域新型墙体材料推广应用规划和粘土实心砖总量控制计划，并核定到粘土实心砖生产企业，报上一级墙改行政主管部门备案。

第七条　省人民政府墙改行政主管部门应当会同有关行政主管部门定期公布新型墙体材料产品目录，为建筑工程设计、施工提供信息服务。

第八条　县级以上地方人民政府建设行政主管部门应当结合建筑节能管理工作，推广应用新型墙体材料，按照国家有关规定组织编制应用新型墙体材料的建筑节能设计规程、施工技术规程和通用图集。

第九条　建筑工程设计单位应当按照国家和省建筑节能设计标准与有关规程，设计建筑项目，采用节能技术，标明应当使用的新型墙体材料。建设单位和施工单位应当按照设计要求使用新型墙体材料。

第十条　生产新型墙体材料，应当符合产品质量标准。无产品质量标准或者达不到产品质量标准的新型墙体材料，不得生产、销售和使用。生产新型墙体材料，不得使用危害人体健康的工业固体废物。新型墙体材料的认定，由省人民政府墙改行政主管部门按照国家有关规定组织实施。

第十一条　生产新型墙体材料，按照国家有关规定享受税收减免。

第十二条　鼓励建设现浇钢筋混凝土框架结构、承重混凝土空心砌块结构、钢结构、承重复合墙体结构等结构形式的建筑物。

第十三条　禁止新建、扩建粘土实心砖生产企业和生产线。

现有粘土实心砖生产企业和生产线，应当限产，并按照有关规定进行技术改造，转产新型墙体材料。

第十四条　新建、扩建、改建建筑工程，限制使用以粘土为主要原料的墙体材料；禁止框架结构及高层建筑的填充墙、围墙和临时建筑使用粘土实心砖。

2003 年 6 月 30 日后，合肥市城市规划区内应当禁止使用粘土实心砖；2004 年 12 月 31 日后，芜湖、马鞍山、安庆、淮南、黄山、淮北六个设区的市城市规划区内应当禁止使用粘土实心砖；2007 年 12 月 31 日后，其他设区的市城市规划区内应当禁止使用粘土实心砖。禁止使用粘土实心砖的具体规定，由省人民政府墙改行政主管部门制定。

第十五条　新建、扩建、改建建筑工程的，建设单位应当在工程开工前，按照工程概算确定的建筑面积，以每平方米 8 元的标准向所在地市、县墙改管理机构或者其委托的代征单位缴纳新型墙体材料专项基金。

建设单位未缴纳新型墙体材料专项基金的，有关部门不予核发建设工程规划许可证。农村村民自建住房未使用新型墙体材料的，不缴纳新型墙体材料专项基金。

第十六条 建设单位在建筑工程主体竣工后，凭购进新型墙体材料原始凭证等有关资料，经所在地市、县人民政府财政部门和原预收新型墙体材料专项基金的墙改管理机构核实后，按照有关规定返还其缴纳的新型墙体材料专项基金。

建设单位缴纳的新型墙体材料专项基金，计入建筑工程成本。

第十七条 除国务院及其财政部门规定外，任何单位和个人不得擅自减、免、缓征新型墙体材料专项基金或者改变新型墙体材料专项基金征收对象、扩大征收范围、提高征收标准。

第十八条 新型墙体材料专项基金全额缴入地方国库，实行预算管理。

市、县人民政府财政部门应当按照规定的比例按月足额向上级财政部门上缴新型墙体材料专项基金；逾期不缴的，由上级财政部门在办理财政结算时扣缴入库。

新型墙体材料专项基金的具体使用和管理办法，由省人民政府财政部门会同省人民政府墙改行政主管部门根据国家有关规定制定。

第十九条 违反本办法规定，有下列情形之一的，由县级以上地方人民政府墙改行政主管部门或者其委托的墙改管理机构按照下列规定给予处理：

（一）粘土实心砖生产企业突破核定的生产计划的，责令停止违法行为，处以5000元以上1万元以下的罚款；

（二）新建、扩建粘土实心砖生产企业和生产线的，责令限期改正，处以1万元以上3万元以下的罚款；

（三）建设单位未按照规定的标准缴纳新型墙体材料专项基金的，责令限期缴纳；逾期不缴纳的，从滞纳之日起按日加收应缴未缴新型墙体材料专项基金万分之五的滞纳金。

第二十条 违反本办法第十四条规定，使用粘土实心砖的，由县级以上地方人民政府建设行政主管部门责令改正；无法改正的，可处以工程造价2%以上5%以下的罚款。

第二十一条 违反本办法规定，有下列情形之一的，由县级以上地方人民政府财政部门责令限期改正，并按照《国务院关于违反财政法规处罚的暂行规定》处理，对直接负责的主管人员和其他直接责任人员，由其主管部门或者监察机关依法给予行政处分：

（一）擅自减、免、缓征新型墙体材料专项基金或者改变新型墙体材料专项基金征收对象、扩大征收范围、提高征收标准的；

（二）截留、挤占、挪用新型墙体材料专项基金的。

第二十二条 本办法自公布之日起施行。1997年2月23日省人民政府发布的《安徽省墙体材料革新和建筑节能管理规定》同时废止。

安徽省企业负担监督管理条例

（2003年8月 3日安徽省第十届人民代表大会常务委员会第四次会议通过）

第一章 总 则

第一条 为了加强对企业负担的监督管理，优化企业的生产经营环境，维护企业的合法权益，促进经济发展，根据有关法律、行政法规，结合本省实际，制定本条例。

第二条 县级以上地方人民政府应当加强对企业负担监督管理工作的领导，组织、协调和督促有关部门依法做好企业负担的监督管理工作。

第三条 县级以上地方人民政府主管企业负担监督管理工作的部门（以下简称企业负担监督管理部门）负责本行政区域内企业负担监督管理工作。

县级以上地方人民政府监察、审计、财政、价格、法制等有关部门应当按照各自职责，做好企业负担监督管理工作。

第四条 任何单位和个人有权对违法增加企业负担的行为进行举报、投诉。

第五条 新闻媒体应当对违法增加企业负担的行为进行舆论监督。

第二章 企业负担监督管理

第六条 各级人民政府及其他国家机关、组织制定规范性文件，应当以法律法规为依据，不得作出损害企业合法权益的规定。

第七条 涉及企业的行政事业性收费项目及收费标准，应当以法律、法规、国务院及其财政、价格行政主管部门以及省人民政府的规定为依据。没有依据的，不得向企业收取行政事业性费用。

第八条 向企业收取政府性基金（含附加，下同），应当以法律、行政法规、国务院及其财政行政主管部门的规定为依据。没有依据的，不得向企业收取政府性基金。

第九条 向企业集资，应当以法律、行政法规或者国务院的有关规定为依据。没有依据的，不得向企业集资。

第十条 对企业实施行政处罚，应当以法律、法规或者规章为依据。没有依据的，不得对企业实施行政处罚。

第十一条 涉及对企业的行政审批事项，应当以法律、法规或者依法可以设定行政审批的政府规章为依据。没有依据的，不得对企业实施行政审批。

第十二条 除法律、法规或者国务院、省人民政府规定外，任何单位不得对企业进行考核、评比、达标、升级等活动。依法进行考核、评比、达标、升级的，应当在开展活动前报同级人民政府企业负担监督管理部门备案。

第十三条 行政机关对企业进行执法检查应当以法律、法规或者规章为依据。

行政机关依法对企业进行执法检查，应当于检查前一个月将检查计划报同级人民政府企业负担监督管理部门和法制机构备案。企业负担监督管理部门应当对检查计划进行协调，可以联合检查的，应当联合检查，避免多头检查。实行垂直管理体制的行政机关对企业进行执法检查，应当于检查前一个月将检查计划报上一级行政机关备案。上一级行政机关应当对下一级行政机关的检查计划进行研究协调，避免重复检查。

同一行政机关对同一企业的执法检查一般每年不得超过一次。因企业涉嫌违法需要调查的，由县级以上人民政府行政主管部门负责人批准。法律、法规或者规章另有规定的除外。执法检查、调查时，执法人员应当出具检查通知书或者批准文书，并出示相关执法证件。

第十四条 邮政、电信、民航、铁路、公路、供电、供水、供气、广播电视等公用事业企业，不得擅自提高政府定价或者超出政府指导价规定的幅度制定价格，不得变相收取公共事业项目建设费用。

第十五条 禁止下列增加企业负担的行为：

（一）无偿占有、使用企业的房产、汽车等财物和劳务；

（二）要求企业为其他单位或者个人的债务提供担保；

（三）要求企业购买指定商品或者接受指定服务，向企业索要或者强行低价购买产品、物资；

（四）要求企业报销差旅费、旅游费、通讯费、交通费、餐饮娱乐费、会议费、医疗费、购物费等费用；

（五）强制企业提供赞助、资助或者捐献财物；

（六）强制企业刊登广告或者订购报刊、图书、音像制品，出资编写名录、年鉴、画册等图书资料；

（七）强制企业参加学术研讨、学会、协会、研究会等；

（八）强制企业参加展览会、新闻发布会；

（九）强制企业接受咨询、信息、商业保险等服务；

（十）违法要求企业参加培训、接受检测、提供办案经费；

（十一）违法增加企业负担的其他行为。

第十六条 省人民政府应当督促政府财政、价格行政主管部门，对涉及企业的行政事业性收费、政府性基金的项目和标准进行清理，并编制目录，于每年3月份向社会公布。

对未列入目录的行政事业性收费、政府性基金项目，企业有权拒绝缴纳。

第十七条 有收费权限的部门和单位实施行政事业性收费时，应当出示收费许可证，并使用省以上财政部门统一印制或者监制的行政事业性收费票据。有行政处罚权的机关实施罚款时，应当使用省财政部门统一印制的罚款收据。

对违反前两款规定收费或者实施处罚的，企业有权拒绝。

第十八条 在发生严重自然灾害、意外事件等紧急情况下，县级以上地方人民政府依法或者按有关规定可以向企业调用物资和劳务，事后应当归还或者给予适当补偿。法律法规另有规定的，从其规定。

第三章 投诉与处理

第十九条 企业认为人民政府及其他国家机关、组织制定的规范性文件侵犯企业合法权益的，可以要求有关机关对规范性文件予以审查处理。

第二十条 企业认为具体行政行为违法增加其负担的，可以依法申请行政复议或者提起行政诉讼；造成损害的，可以依法要求赔偿。

第二十一条 县级以上人民政府企业负担监督管理部门应当设立举报、投诉电话。

第二十二条 对违法增加企业负担的行为，企业可以向县级以上地方人民政府企业负担监督管理部门或者监察、审计、财政、价格等部门举报、投诉。有关行政主管部门应当为举报、投诉者保密，并在30日内依法处理，书面答复举报、投诉者；有关行政主管部门认为举报、投诉事项不属于本部门职责的，应当先行受理，并自接到举报、投诉之日起5日内移送其他有关部门。

前款规定的期限，法律、法规有规定的，从其规定。

第二十三条 举报、投诉者对举报、投诉事项的处理决定不服的，可以自接到书面答复之日起10日内向上一级行政主管部门申请复查。复查机关应当自接到复查申请之日起15日内作出复查决定。

上级行政主管部门发现下级行政主管部门对举报、投诉事项的处理确有错误的，可以直接处理或者责令下级行政主管部门重新处理。

第二十四条 被举报、投诉的单位及其工作人员，应当接受有关部门的调查，如实反映情况，不得拒绝或者阻挠调查工作，不得打击报复举报、投诉者。

第四章 法律责任

第二十五条 违反本条例规定，有下列行为之一的，由县级以上地方人民政府企业负担监督管理部门责令停止违法行为，并由所在单位或者监察机关对直接负责的主管人员和其他直接责任人员依法给予行政处分；给企业造成损失的，应当依法赔偿；构成犯罪的，依法追究刑事责任：

（一）擅自设立、扩大或者提高行政事业性收费、政府性基金或者集资的项目、范围、标准的；

（二）擅自实施行政处罚的；

（三）擅自设立行政审批事项的；

（四）擅自实施或者违反法定程序进行执法检查、调查的；

（五）违法进行考核、评比、达标、升级等活动的。

第二十六条 违反本条例第十四条规定，经营者不执行政府定价或者政府指导价的，由价格行政主管部门依据《中华人民共和国价格法》的有关规定进行处罚。

第二十七条 违反本条例第十五条规定增加企业负担的，由县级以上地方人民政府企业负担监督管理部门责令停止违法行为，限期退还全部财物，并由所在单位或者监察机关对直接负责的主管人员和其他直接责任人员依法给予行政处分；给企业造成损失的，应当依法赔偿；构成犯罪的，依法追究刑事责任。

第二十八条 对违法增加企业负担的举报、投诉者打击报复的，或者阻碍有关行政主管部门依法调查、处理举报、投诉事项的，由所在单位或者监察机关依法给予行政处分；违反《中华人民共和国治安管理处罚条例》的，由公安机关依法处罚；构成犯罪的，依法追究刑事责任。

第二十九条 县级以上地方人民政府企业负担监督管理部门和监察、审计、财政、价格、法制等有关部门及其工作人员有下列行为之一的，由所在单位或者监察机关对直接负责的主管人员和其他直接责任人员依法给予行政处分；构成犯罪的，依法追究刑事责任：

（一）从企业负担监督管理工作中获取非法利益的；

（二）包庇或者纵容违法增加企业负担行为的；

（三）对承办的举报、投诉事项拖延、推诿或者不依法处理的；

（四）不为举报、投诉者保密，致使举报、投诉者受到打击报复的；

（五）违反监督管理职责的其他行为。

第五章　附　则

第三十条 本条例所称企业，是指依法登记注册的各类企业。

第三十一条 对违法增加个体工商户负担的，参照本条例处理。

第三十二条 本条例自 2003 年 10 月 1 日起施行。《安徽省减轻企业负担若干规定》同时废止。

编纂始末

根据安徽省人民政府的部署，2007 年，安徽省地方志编纂委员会全面启动第二轮修志工作。按照《〈安徽省志〉（1986 — 2005）编纂工作方案》要求，安徽省经济委员会于当年年底牵头启动工业志编纂工作，建立省国防科工办、省盐业公司等单位共同组成的编纂工作组织，成立了编纂委员会、编辑室。制定编纂工作方案，将任务分解到有关单位、行业协会和机关处室局。2009 年机构改革后，省经济委员会、省信息产业厅撤销并成立省经济和信息化委员会。省经济和信息化委员会高度重视志书编纂工作，及时对承担的编纂任务进行梳理、整合和安排，积极予以推进。委主要负责同志多次就全面完成志书编纂的各项任务提出要求，历任分管负责同志亲自过问进展情况并提出具体意见。省地方志办公室主任朱文根、副主任吴静等多次亲临指导工作，推动了工业志编纂工作的顺利开展。

编辑室克服编纂人员力量不足、经验不足、资料缺乏等困难，在离退休老同志及系统相关干部职工的共同努力下，于 2011 年底完成资料收集工作，编写出各篇章初稿，并经反复征求意见、补充修改，形成评议稿，交至省地方志办公室进行审核。2013 年 3 月，省地方志办公室将审稿意见反馈编辑室，要求各承编单位进行修改、补充、完善。编辑室及时联系各承编单位开展修改工作，并印发各相关单位及老同志全面征求意见。2014 年 7 月，省地方志办公室召开了工业志编纂工作座谈会，对志稿提出了修改意见，各承编单位对志稿进行结构调整、内容整合、体例规范等方面的全面修改，最终形成了 100 多万字的评议稿。

2015 年 4 月 10 日，《安徽省志·工业志》稿评议会召开，省地方志办公室主任朱文根、副主任王守亚，省人大法工委副主任纪荣荣，省档案局资料征集处处长张敏，省地方志办年鉴处处长胡卫星、省志处处长吴良琴参加志稿评议会。省经济和信息化委员会主任牛弩韬、副主任王庆山及工业志全体编辑人员参加了会议。参会人员对志稿从篇目结构、体例文风、资料运用、内容记述、图表选用、行文规范、体现特色等方面进行了全面评议。

评议会后，编辑室对志稿进行认真细致地修改，2016 年 2 月形成送审稿，报省地方志办公室三审。2016 年 4 月，省志办胡卫星、吴良琴、王守亚反馈志稿三审意见，2016 年 8 月，出版社反馈审稿意见。根据两个方面的意见进行修改后，2017 年初进印刷厂排版，经多次校对形成了会审稿。2017 年 11 月 17 日召开会审会，省地方志办公室副主任吴静、年鉴处处长胡卫星、省志处处长吴良琴、资料处调研员孙平参加会审会，省经济和信息化委员会副主任柯文斌和办公室程英春、戴琳琳参加了会审会。

在编写过程中，省地方志办公室特约编辑胡卫星悉心予以指导，提出许多具体修改完善意见。诸多专家、学者在编纂和征求意见过程中提出了修改意见，从而保证了志书编纂工作的顺利开展。安徽大学外语系傅悦对目录进行英文翻译，省地方志办公室主任郭德成最后审定同意出版。

由于编者水平有限，加之资料有所缺失、人员力量不足，书中错漏之处在所难免，敬请读者批评指正。

《安徽省志·工业志》编辑室

2018年10月